THE COMPLETE WORKS OF

EUN HEE CHOI : A LONG JOURNEY OF KOREAN DANCE

최은희, 한국춤의 긴 여정

CHOI EUN HEE CHUM

C O N T E N T S

목 차

Ⅰ. 머리글 FOREWARD

삶은 춤입니다.
나의 삶이 투영된 생명입니다.
내 숨결과 몸짓이 조합된 살아있는 생명입니다.

나의 춤에 대한 영감의 원천은 꿈속에 나타나는 이미지, 생활 속에 살아있는 움직임, 특이한 몸짓, 온갖 이야기를 담고 일렁이는 파도 위를 날아가는 새 무리, 유영하는 물고기 떼, 흘러가는 구름 등입니다.

나는 무엇으로 어디로 가고 있는가 하는 질문, 즉 삶의 불확실성을 춤을 통하여 밝히기 위해 우리 고유의 몸짓인 굿판, 탈판, 마당놀이판과 전통춤을 전수받아 춤 세계를 넘나들었습니다. 삶에 대한 철저한 해석을 바탕으로, 인간과 사물에 대한 열린 마음을 갖고, 그리고 순간순간의 느낌에 충실한 인간의 순수한 감성을 춤을 통해 발현하고자 하였습니다. 이것이 내가 추구한 춤의 목표였습니다. 콘서트장과 전시장, 서점과 음악상점을 자주 방문하여 고유한 나의 춤 세계와 만나기를 바라면서 항상 탐색하였습니다.

1978년 '창무회' 창단 공연에 〈이 한송이 피어남에…〉를 첫 작품(독무)으로 올렸습니다. 이어서 1982년 무용계에 입단하는 본격적 신고식인 첫 개인발표회 〈하지제〉를 시작으로 하여 경성대학교를 퇴임한 2021년 7월 23일 '춤패 배김새'의 36주년 〈길〉 공연이 있기까지, 그 40여년의 작품 사진과 작품세계를 한 권의 책으로 엮었습니다.

이 책 발간은 단순한 회고가 아니라 그동안 살아온 춤의 삶을 정리하면서 앞으로 나의 춤 세계가 계속하여 펼쳐지길 바라는 간절한 소망입니다.

이미 고인이 되셨지만 올바른 춤의 정신을 이끌어주신 김천흥 선생님, 정제된 춤의 정수를 알려주신 한영숙 선생님, 내적인 춤의 호흡과 호방한 기교의 춤을 가르쳐주신 이매방 선생님, 진지한 탐구력으로 작품세계의 방법론을 유감없이 제시하신 김매자 선생님, 초창기 '창무회'에서 한국 춤의 현대화를 위해 함께 작업해온 동료, 선배, 후배, 그리고 춤에 대한 열망으로 가득 찬 제자들, 이들이 있었기에 나는 여기까지 올 수 있었습니다.

음악에 홍선례, 신혜영, 양용준, 김보빈, 무대장치에 정진윤, 백철호, 3D의 최성원, 드론의 오승환, 국제교류 공동안무의 프랑스 안무자 헤수스 히달고, 사진으로 남겨준 작가님들, 이처럼 함께 작업했던 동반자들에게 감사드립니다. 책 발간을 위해 특별히 대담하고 글을 써주신 채희완 교수님과 김태원 평론가님께도 감사드립니다.

오늘이 있기까지 함께 춤 작업을 해온 나의 분신 '춤패 배김새', 누구보다도 늘 곁에서 작품평과 조언, 그리고 묵묵히 무대장치에 도움을 준 하늘에 계시는 남편 정진윤, 작품에 몰두할 수 있도록 헌신적인 사랑하는 나의 가족들에게 감사드립니다. 특히 작품집이 나오기까지 방대한 자료 편집에 힘써주신 신동배 사장님께 감사드립니다.

2022년 10월

최 은 희

Life is Dance.
It is life reflecting my living.
It is alive life with my breath and gestures.

The resources of inspiration for my dance are the images appearing in dreams, the alive movements in daily life, unique gestures, the birds flying over the sea waves flowing with various stories, a shoal of floating fishes, and moving clouds.

Who am I and Where am I? To enlighten this uncertainty of life through dance, I went constantly in and out of the world of dance after learning the traditional Korean performances of exorcism, mask, outdoor plays, and dances. Based on a thorough study with an open mind, I tried to express pure emotions of human beings from the point of view of dance. This was my aim of dance up to this time. I ever explored concerts, exhibitions, and the stores of book and music with strong wishes to meet the world of my dance.

My first work as a solo dance, This Flower Is In Full Blossom was presented by The 1st Dance Concert of the Chang Mu Dance Company in 1978. Then Hajije: Midsummer Holiday by The 1st Special Dance Concert of Eun-Hee Choi was the beginning of my dance journey of 40 years till The Road by The 36th Anniversary Special Concert of Baegimsae Dance Troupe in 2021 when I retired from Kyungsung University. The book is bearing the world of my long journey of dance to you with photos.

To publish the book is not the simple recall of past but my ardent desire to spread my forward world of dance along with last footprints.

I will always be grateful to the late Chun Heung Kim who led me to the right spirit of dance, Young Sook Han who noticed us to see the essence of dance, Mae Bang Lee who taught us the breath of inner dance and the art of open-hearted dance, Mae Ja Kim who presented in its fullness the methodology of work with sincere inquiry, the fellows, seniors, juniors who worked together in the early stage of the Chang Mu Dance Company for the modernization of Korean dance, and my students who had ardent desire for dance. They helped me keep my long journey of dance.

Deep thanks to Sun Rea Hong, Hea Young Shin, and Yong Zoon Yang for music, Jin Yoon Cheong and Chul Ho Back for stage setting, Sung Won Choi for 3D, Sung Han Oh for drone, French choreographer Jesus Hidalgo for joint work, and photographers for their work. Also to Hee Wan Chae for his special interview for publication of the book and Tae Won Kim for his reviews.

Thanks to my other self Baegimsae Dance Troupe continuing the works of dance down to these days, my husband the late Jin Yoon Cheong who always helped me with reviews, advices, and stage settings, and my family who devoted their love to my absorption of work. Also to publisher Dong Bae Shin who made efforts to edit the book with massive material.

October, 2022
Eun-Hee Choi

최은희 약력 PROFILE OF EUN-HEE CHOI

1978.02 이화여자대학교 무용학과 졸업
1980.08 이화여자대학교 교육대학원 졸업
1983–1984. 부산시립무용단 안무자
1988. 제 24회 서울 올림픽 요트대회 개막식 안무
올림픽 폐회식 안무
2000–2002. 울산시립무용단 초대 안무자
1984–2021 경성대학교 무용학과 교수
춤패 배김새 총 감독
부산무용협회 고문(부산무용협회장 역임 2009–2012)
(사) 한국춤협회 부회장역임
(사) 민족미학연구소 감사
(사) 봉생문화재단 이사
(재) 부산문화재단 이사 역임
중요무형문화재 제 27호 승무 이수자(1994)

1978.02 Graduated from Ewha Womans University with a B.A. in dance.
1980.08 Graduated from Ewha Womans University with a Master's degree in dance education
1983.~1984. Choreographer of the Busan Municipal Dance Company
1988. Choreography and performances at the Opening and Closing Ceremonies of ' The 88 Seoul Olympic Yachting Game'
2000.~2002. Choreographer of the Ulsan Municipal Dance Company
1984.~2021. Professor of dance at the Kyung-Sung University

Executive director of Chum Pae Bae Gim Se
Advisor of Busan Dance Association (Director from 2009 to 2012)
Vice-director of Korean Dance Association
Inspector of Ethnologic Aesthetic Institute
Director of Bong-Saeng Culture Foundation
Director of Busan Culture Foundation
Title of cultral heritage and inheritor of Korean Buddhist Dance (1994)

최은희는 부산에서 한국의 창작품 텃밭을 일군 대표적 춤꾼이다. 1955년 인천에서 출생하여 이화여대와 동 교육대학원에서 한국무용을 전공하였다. 이어 국립 국악원(1978)과 정신문화연구원(1980-2)에서 궁중무용과 무속무용 등에 대한 체계적인 연구와 실기를 겸유하였다. 이 기간 동안 고 김천흥, 고 한영숙, 고 이매방, 고 김병섭(농악), 김매자님께 사사받는다. 그 후 부산으로 이주하여 부산과 경남의 무속과 민속춤의 연구에 전념하면서 이를 바탕으로 한국의 토속적인 제 의식들을 여러 작품에 담고 있다.

최초의 한국창작무용 민간단체인 '창무회' 창단 단원으로 시작하여 1979년부터 전통과 현대의 접목에 창작의 축을 두고 40여 년간 끊임없이 국내외에서 안무와 출연을 병행하여 각종 무용제 및 예술제 공연을 통하여 60여 편의 창작품을 형상화시켜 무용가의 위치를 굳히고 1982년 첫 개인 발표회 '하지제'를 갖는다. 여기서 '제'는 우리 무속의식을 의미하는데 전세의 업고는 뭉쳐진 매듭이므로 이것을 무당들이 제를 지내면서 춤으로 매듭을 푸는 이것을 형상화한 것이다. 그해 대한민국 무용제에서 '넋들임'을 안무하여 대상을 수상한다. 이 작품은 한국인의 삶에 대한 체험적인 인식논리를 우리의 무속의례 '진오귀굿'의 형식으로 표현하였다. 1988년 서울 올림픽 대회 요트경기 개회식 행사 '파도를 넘어서' 안무를 맡아서 현재 지역문화계 무용의 현실적 위상을 높이기도 하였다.

경성대학교 교수로 재직하면서 후진 양성에 힘쓰는 한편 지역문화 발전에 이바지하고자 '부산여름무용축제'를 개최하여 20년 동안 무용전문 축제를 운영하였다. 1985년 부산 최초의 민간단체인 '춤패 배김새'를 창단하여 지역에 담긴 우리춤 언어로 새로운 창작 기법을 모색하는데, 이 과정은 36여 년 동안의 한국창작무용 발전에 기여하였다.

외국 초청 공연으로는 동서베를린 민속문화축제 초청 공연 및 일본 나가사끼현 초청 공연, 북경 국제대학 페스티발, 인도네시아 국제 무용페스티발, 호주 시드니 문화축제, 중국 길림 예술대학 초청공연, 대만 카오슝 기와북 예술제, 26년(1993-2018) 동안의 대마도 조선통신사행렬 진흥회에서 주관하는 아리랑 축제, 일본 마유즈미 무용단 20주년 초청 아시아 한, 중, 일 민족무용교류전, 말레시아 쿠칭의 제 2회 델픽 세계문화올림픽 등에 참가하였다.

이와 같은 예술 활동과 교육 활동의 공로 및 성과를 인정받아 제 5회 부산시민의 날 부산시장 감사장 시상(1994), 광복 50주년 기념 문화체육부장관 표창장 수상(1995), 제 4회 부산무용제 대상 수상(연출) 및 제4회 전국무용제 연기상(1995), 제1회 부산바다축제 행사 실행위원 및 행사 안무를 맡아 공로패를 수상(1996)하였으며, 제2회 델픽 세계문화올림픽 최우수 여성무용수 수상(2005)도 하였다. 2013년에는 제 56회 부산시문화상 공연예술부문을 수상하였다.또 88서울 올림픽대회 요트경기 개폐막식 안무, 2002 부산 아시안게임 선수촌 개폐막식 안무, 2002 한일 월드컵 문수경기장 개막 행사 안무 등을 맡아 한국문화의 우수성을 세계에 널리 알렸다. 또한 민간단체 활동뿐만 아니라 부산시립무용단 안무장(1983-1984), 울산시립무용단 초대 안무장(2000-2002)을 역임하면서 부산과 경남의 문화발전에 폭넓게 이바지하였으며, 한국무용의 계승과 발전이라는 오늘날의 화두에 해답을 찾고자 창작활동 이외에도 전통무용을 습득하여 중요 무형문화재 제 27호 승무 이수자(1994)로 지정 되었다.

1998년 이후에는 네 차례의 홀춤 공연을 선보이면서 군더더기 없는 간결한 몸짓으로 과거의 춤과 오늘날의 춤을 되새겨 주고 있다. 제의식에 근간을 둔 초기의 작품과 달리 최근에는 무대 매커니즘 활용의 극대화, 한국 전통무용 춤사위의 이미지화와 서사적 구조의 상징화 등 작품의 내용적 측면뿐만 아니라 형식적인 측면에서도 변화를 꾀하여 한국 창작무용의 영역을 넓혀가고 있다.

연구 활동으로는 '한국 창작품의 표현 기법에 관한 고찰' (한국무용연구회), '강이문 선생의 학문 세계와 비평적 시각-강이문 선생의 학문 세계' (민족미학연구소), '새로운 우리춤에 대한 몇 가지 제안' (부산여름무용축제), '한국 대학 무용학과의 개편 방안' (한국춤평론가회), '배김허튼춤모형에 관한 연구' (한국무용연구회) 등의 논문이 있다.

Eun-Hee Choi is well-known as a leading performer and choreographer of traditional Korean dance, who has played a major role in cultivating creative dance movements around the metropolitan area of Busan. Born in Incheon, she had her first dance lesson at the age of seven. After graduating from Ewha Womans University with a B.A. in Dance and a M.A. in dance education, she continued studying a wide range of unique genres of Korean dance, such as dances of royal court, buddhist monks, and folklore at the National Center for Korean Traditional Performing Arts and the Academy of Korean Studies. During that time, her teachers were grand masters who were widely acclaimed in those genres. They are Cheon heung Kim, the late Young Sook Han, Mae Bang Lee, and the late Byeong Sub Kim. After she moved to Busan, she has covered the spectrum of a large repertoire of choreography and performance of traditional Korean dance by studying the Korean shamanistic dance.

She has created more than 50 original dance works that were performed in many major dance and art festivals. In addition, while serving as a member at the Chang Mu Group since 1979, she has choreographed international and domestic performances, in which she has grafted modern dance style onto Korean traditional dance. Her first individual performance entitled 'Ha Ji Jae' (the term Jae means a shamanistic ritual) was performed in 1982, where a shaman's dance would untangle knots from human sufferings. Korean ancestors traditionally thought that any wrong-doings in our previous life would result in a kind of knots in our present life, which a shaman could untie with their dance movements during a ritual. The same theme was re-choreographed and performed under the title of 'Neog-du-lim' at the 1982 Korean National Dance Competition, and she was awarded the Grand Prize. The performance expressed the theme in a form of exorcism, namely, 'Jin-oh-gwi-goot', which is one of Korean shamanistic ritual. She also choreographed 'Over the Wave' for an opening ceremony of the 1988 Seoul Olympic Yacht Race, which is considered to significantly enhance the role of dance arts among the cultural movement around Busan.

As a professor at Kyung-Sung University, Eun-Hee Choi has made remarkable efforts not only to teach and train students to inherit and preserve the genuineness of the traditional Korean dance, but also to contribute to the development and enrichment of regional culture; an example of which is that she has been the managing director of the 'Busan Summer Dance Festival' for 20 years. In addition, she founded 'Chum Pae Bae Gim Se' in 1985, which was the first private dance troupe in Busan. It is widely accepted that its works have made the significant improvement of Traditional Korean Creative Dance for 36 years. They danced through discovering our own dance languages and new creative techniques.

Eun-Hee Choi has been invited to perform at ceremonial performances for many international/foreign festivals, major sports games and events, some of which include The East and West Folk Cultural Festival, Japanese Nagasaki Ken Invited Performance, Peking International University Festival, Indonesia International Dance Festival, Australia Sydney Culture Festival, Invitation Performance from Kirin Art University in China, Taiwan Kaohsiung Drum Art Festival, and the 20th Anniversary Ethnic Dance Exchange Festival for Korea, China, Japan and other Asian countries Invited by the Mayuzmi Dance Company. She also has participated for 26 years in Arirang Festival in Thusima, Japan, which is sponsored by the Committee of the Parade of Ancient Korean Delegations visitation, as well as the Second Delfick World Culture Olympic held in Kutching, Malaysia.

Such continuous and active involvements in presenting various forms of dance arts have gained her wide recognition in a broad range of social sectors, let alone many significant awards and prizes. To name a few, a letter of appreciation from the Mayor of Busan about the 5th Busan Citizen's Day in 1994, an award from the Minister of Culture-Sports on the 50th independence commemoration day in 1995, the grand prize of the 4th Busan Dance Festival, the performing prize of the 4th National Dance Festival for the excellent production, and an award of performing arts from the 56th Busan Cultural Award in 2013. She also received the contribution award as a member of the executive committee as well as a choreographer of the first Busan Sea Festival in 1996, and the best female performer's award of the 2th Delfick World Culture Olympic. In addition she is also complemented for her role in raising the global awareness for the excellence of Korean Culture through her creative choreography and performances at the opening and closing ceremonies of 'the 88 Seoul Olympic Yachting game', 'the 2002 Busan Asian Game village' and the opening event of 'the 2002 Korea and Japan World Cup in Munsu Football Stadium'. While she has worked with her own dance group, she also led the Busan (1983-1984) and the Ulsan municipal dance companies (2000-2002) as a choreographer.

While she actively involved in creative choreographing and performing at various dance arts festivals and events, she became interested in unique forms and styles of Korean dance, and searched for the right answers to the succession and growth of Traditional Korean Dance. Thus she studied the Buddhist monk dance, which eventually earned her a certified title of cultral heritage and inheritor of special artistic skill of the unique genre of Korean dance.

Since 1998, Eun-Hee Choi has presented four solo performances demonstrating how the form of her dance movements has been changed over the years to become concise and nonredundant. They have shown differences between her works created and presented in the past and the works staged in recent years. Unlike her earlier works, which were mostly based on ritualic ceremonies, she has broaden the scope of creative traditional Korean dance by modifying the aspects of its contents as well as its forms and styles through maximizing the stage mechanisms, imaging traditional dance movements, and symbolizing the epical structures.

She has also published many research articles including "The Consideration of Expressive Movement Techniques in Korean Creative Dance" (The Association of Korean Traditional Dance Study), "The Study and the Critical Review on Lee Mun Kang's Works" (The research group of ethnicity esthetics), "Several Proposals on Dance Education in Korean Universities" (Association of Critics on Korean Dance), "New Korean Traditional Dance" (Busan Sea Dance Festival), and "The Research on Extempore Movement Patterns of Bae Ghim HuRTon Dance" (The research association of Korean Traditional Dance).

Ⅱ. 공연 활동 화보 PICTORIAL RECORD OF PERFORMANCE ACTIVITIES

1 . 창작 작품 *Creative Works*
   - *1978 ~ 80*년대 *1980s*
   - *1990*년대 *1990s*
   - *2000 ~ 2020*년대 *2000s*

2 . 춤패 배김새 *Baegimsae Dance Troupe*

3 . 전통춤 *Traditional Korean Dance*

4 . 야외공연 *Outdoor Performance*

1. 창작 작품 Creative Works

1978 - 80 年代

1980s

한국 민족정신에 기초한 원초적 제의성

작품의 저변에는 제의적인 것과 민속적 토대 작품을 구성한다.

'나는 어디에서 와서 어디로 가는가?' 하는 존재의 의미와 삶의 의미에 대한 의문을 담고 있다.

「넋들임」, 「소리굿」, 「현씨아미」 등에서 한국인의 삶에 대한 체험적인 인식논리를 이승과 저승, 삶과 죽음의 구조를 통해 표출되어지는 생에 대한 이미지로 보고 그것을 무대 위에서 그 형식과 내면적 인식을 시대적 감각에 맞추어 형상화 하고 있다.

그리고 현대인 치열적 생존 경쟁과 대립적 관계에서 인간의 끝없는 외로움과 소외감을 되풀이하여 느끼게 되는 현대인의 고뇌를 무속의례형식을 빌어와 표현한 「하지제」, 「제웅맞이」, 「매듭풀이」, 「외출하다」.

Primitive Ritualism based on the Spirit of the Korean Ethnicity

The works of Eun-Hee Choi's dance are mainly comprised of 'ritualism' and 'ethnic identity' with other components. These works are characterized by the question of 'Where am I from originally and where am I heading for ultimately?'. The main themes of her works seek answers for the fundamental questions of the meaning of 'being' and 'life'.

For instance, her works such as Soul Reception, Sori Goot: exorcism with sounds, and Ms. Hyun The Ami conceive the Korean people's perceptual theory for life experiences as a certain set of images that are portrayed in the process of 'present life versus afterlife' and 'birth versus death'. She, then, creates an interesting configuration of the images modified to the extent that they are presented in the contemporary sense and style on the stage. In other works such as Hajije, Je Ung Maji, Untying Knots, The Swamp, and To Go Out, she describes human being's agony felt through continuous loneliness and isolation that repeatedly occur in the present world of rigorous, high competition and adverse relationships.

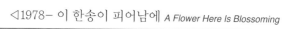

◁1978- 이 한송이 피어남에 *A Flower Here Is Blossoming*

▽1981-소리사위 *Moves of Sound* (창무회 공동안무)

▷1981-도르래 *Pulley* (창무회 공동안무)

◁1982-넋들임 *Soul Reception*

▷1982-하지제 *Hajije : Midsummer Holiday*

◁1983-늪 *A Strawman*

▽1983-허재비의 꿈 *A Strawman' s Dream*

▽▷1984-지난겨울 *Last Winter*

◁1983-춤 108 *A Strawman' s Dream*
▽1985-변신 *Transformation*

▷1985-소리굿 *Goot :Korean exorcism of Sounds*

△1986-제웅맞이 *Je Ung Maji : The effigy-g*

▽1987-왕의 뜰 *The King's Garden*

▷1986-파 문 *Ripples*

◁1988–외출하다 *To Go Out*

▷1989–누이여, 나의 누이여 *Sister, Oh My Sister*

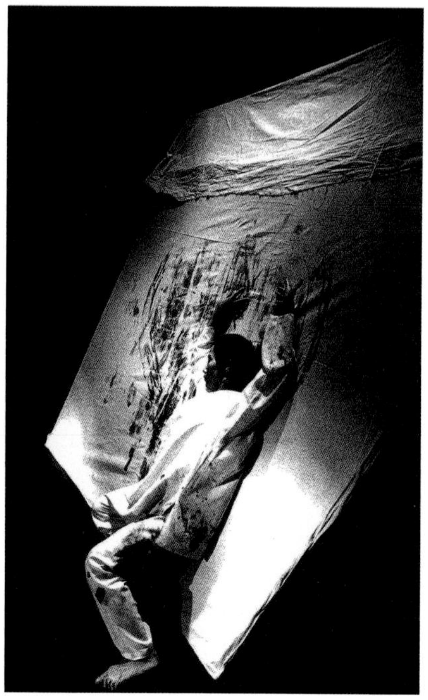

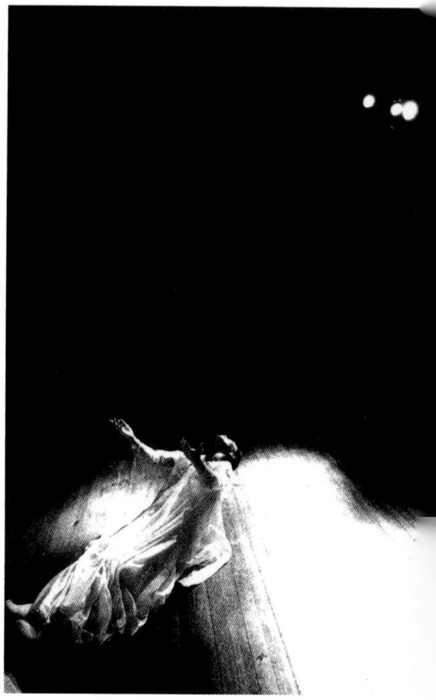

1990年代

Characteristics and Tendencies of E.H. Choi's works

온고지신 속에 감추어 온 사회 의식

최은희 교수의 춤의 힘은 사회성이다. 춤이 인간 정서를 표현한다는 일차적 성격을 넘어 사회를 반영하고 비판하는 기능과 역할을 해야 한다는 뚜렷한 주제의식이 춤에 나타나 있 다.

모든 예술이 사회를 비추는 거울이듯이, 춤도 복잡한 우리 민족의 현대사를 끌어안아 들임은 타당하다.

〈 김태원 글에서 발췌 〉

「춤패 배김새」와 함께 한다. 우리 사회의 현재 모습을 통해 예술로서의 한국무용이 나아가야 할 참다운 정체성을 찾고자 정기공연 및 다양한 기획공연을 쌓아가면서 사회 구조적 모순이나 갈등을 풀어내려고 하였다. 「누이여, 나의 누이여」, 「어두운 날들의 바람은 그치고」, 「천둥소리」, 「무궁화 꽃이 피었습니다」.

Social Consciousness Hidden In the Concept of 'Learning the New from Reviewing the Past'

The moving power of Eun-Hee Choi's dance mainly lies in its association with sociability. It expresses her belief and motif that dance should play an active role in the critical representation of society beyond its basic nature as a portrait of the human sentiment.

As all the forms of arts are like mirrors reflecting various aspects of human society, dance has its own legitimacy in embracing the complex history of modern people. This is one of the important reasons for her long-time companionship with the dance troupe 'Baegimsae'. Through the group projects, Eun-Hee Choi has striven to find answers to the structural problems and other conflicts in the contemporary Korean society. In the meantime, she has made the creative exploration for a true identity of the Korean dance. These works are Sister, Oh My Sister, The Wind of the Dark Days Is Over, A Rose of Sharon Is Abloom, and Sound of thunderstorm.

△1990-검은산 하얀방넘어 *After A Black Mountain and A White Room*

▽▷1991-어두운 날의 바람 그치고 *The Wind of The Dark Days Is Over*

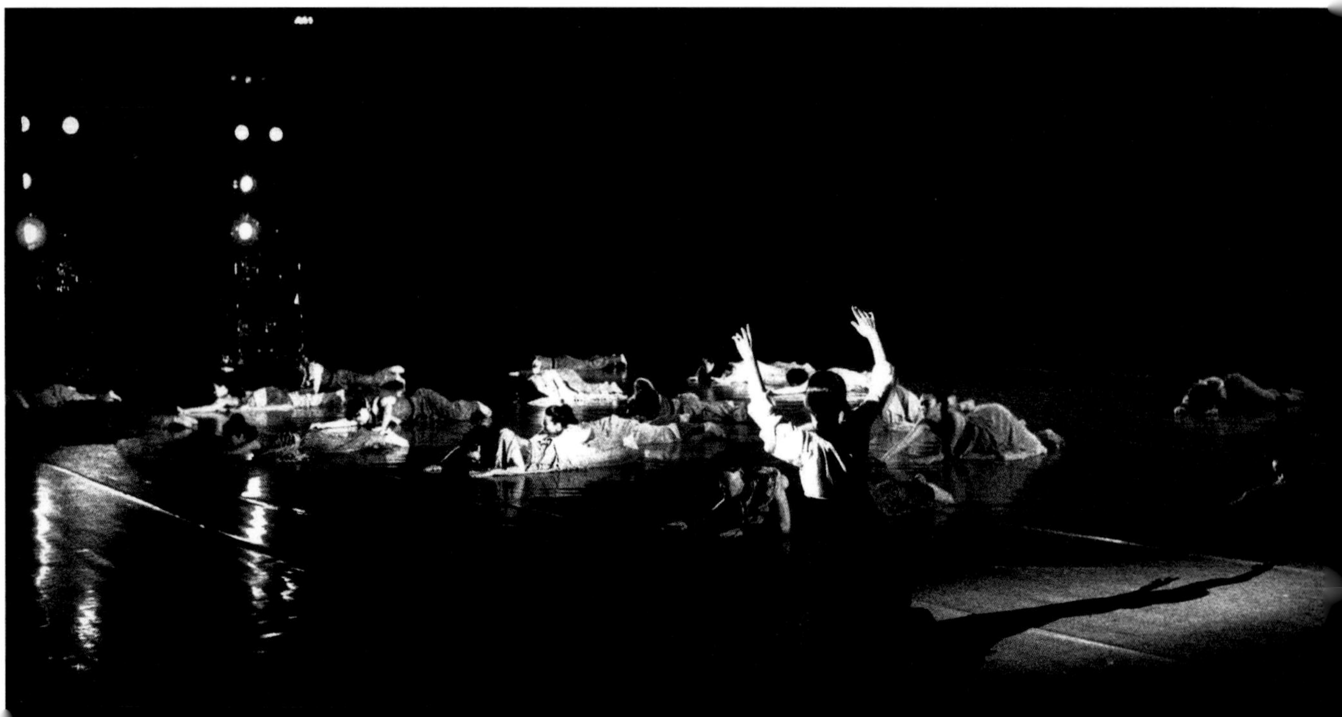

△1991-무 아 *Mu Ah : Losing Oneself*

▽1992-물맞이 *Goo! (: Korean folk exorcism) For Greeting Water Spirits*

▷1992-현씨아미 *Ms. Hyun, the Ami*
: a young female spirit featuring in a Korean exorcism

△ 1993-영산회상불보살 *Yeongsan Hoesangbul Bosa! : a traditional Korean buddhist folk song*

▽▷1994-여인등신불 *Yeoin Deungsinbul : a female Buddha*

◁1994-매듭풀이 *Untying A Knot*

▷▽1994-백 의 *White Robe / 출연*

◁1998-네개의 바다 *Four Seas*

▷1998-하얀배 *A White Boat / 초연*

1999-높새바람 *Nopsae : The North East Wind*

호흡으로 풀어 보는 생명과 자연

2000년 이후, 생명과 환경에 관심을 갖고, 우리 고유의 호흡법에 의한 자연스러운 움직임과 명상적 기운, 몸이 흐름에 따라서 자연적인 흐름을 구하는 추구한다.

우리의 몸이 여러 가지 요소들의 생명을 유지하게 해 주는 것이 '숨'이다. '숨'은 우주의 근본 원리이다. 호흡법은 몸 움직임의 에너지 원천인 단전호흡을 중심으로 하여 5단계의 몸현상으로 전이하면서 집중적으로 수련하는 신체훈련법을 마련한다.
'이름 없는 수초들의 노래'한국 전통사상을 핵심요소인 지(地) 수(水) 화(火) 풍(風)을 몸에 결합시켜 이미지로 표현하였다. 「나를 보내신 이를 찾아」, 「이름없는 수초들의 노래」, 「어머니의 강」, 「流 흐르다」 등 작품 양식에 있어서도 무용은 종합예술인 만큼 인접분야와의 끊임없는 교류로 다각적이고 개방된 실험 의식 속에서의 작업이 필요함을 알고 소리, 영상, 무대장치, 다른 장르와의 만남 등에서의 새로운 시도를 총체적으로 종합하는 작업을 시도하고 있다.

Life and Nature Interpreted/expressed Through Breathing

Since 2000, Eun-Hee Choi has expressed a great interest in the issues of the environment as well as life, and hence sought to harmonize her dance rhythms with the unique and natural breathing techniques like meditation and body flow in the traditional Korean dance. Breathing is a good exemplar of a fundamental principle of the cosmos as well as the main engine to keep our life going on. A skill of deep abdominal breathing provides a holistic training in transferring the air throughout our body in five different stages.

In the work A Song by Nameless Watergrass, for example, the four elements of earth, water, fire, and air become incorporated and expressed in the language of the body. These elements reflect the traditional Korean perception of the world. A similar approach can be noticed in such works as Looking For The One Who Sent ME Here, Song of A Water-weed Without A Name, The River of All Mothers, and Ryu as in To Flow.

Seeing dance as a complex yet generic art form, Eunh-Hee Choi realizes the interdisciplinary experimentalism of significance. And she tries various kinds of collaborative art projects while utilizing a wide range of media and equipment.

▷2005-보르딘의 현악4중주
Borodin's String Quartet No. 2 In D Major

◁2000-〈벑〉빛을 향한 떨림으로 *Beorht-Shaking Toward The Light*

▷2000-어머니의 강 *The River Of All Mothers*

◁2002-요놈, 춘풍아 *You Chap, Chun Pung!*

▷2002-태화강은 흐른다 *The Taehwa River Is Running*

요놈·춘풍아!
울산시립

요놈·춘풍아

◁2002-허황후 *Heo Hwang Hu : The Empress Heo* /출연

▷2003-수마트라의 꿈 I *Dreams Of Sumatra*

: a Korean folk dance for repelling and purging bad spirits,
performed with Hojeok, a traditional Korean wind instrument

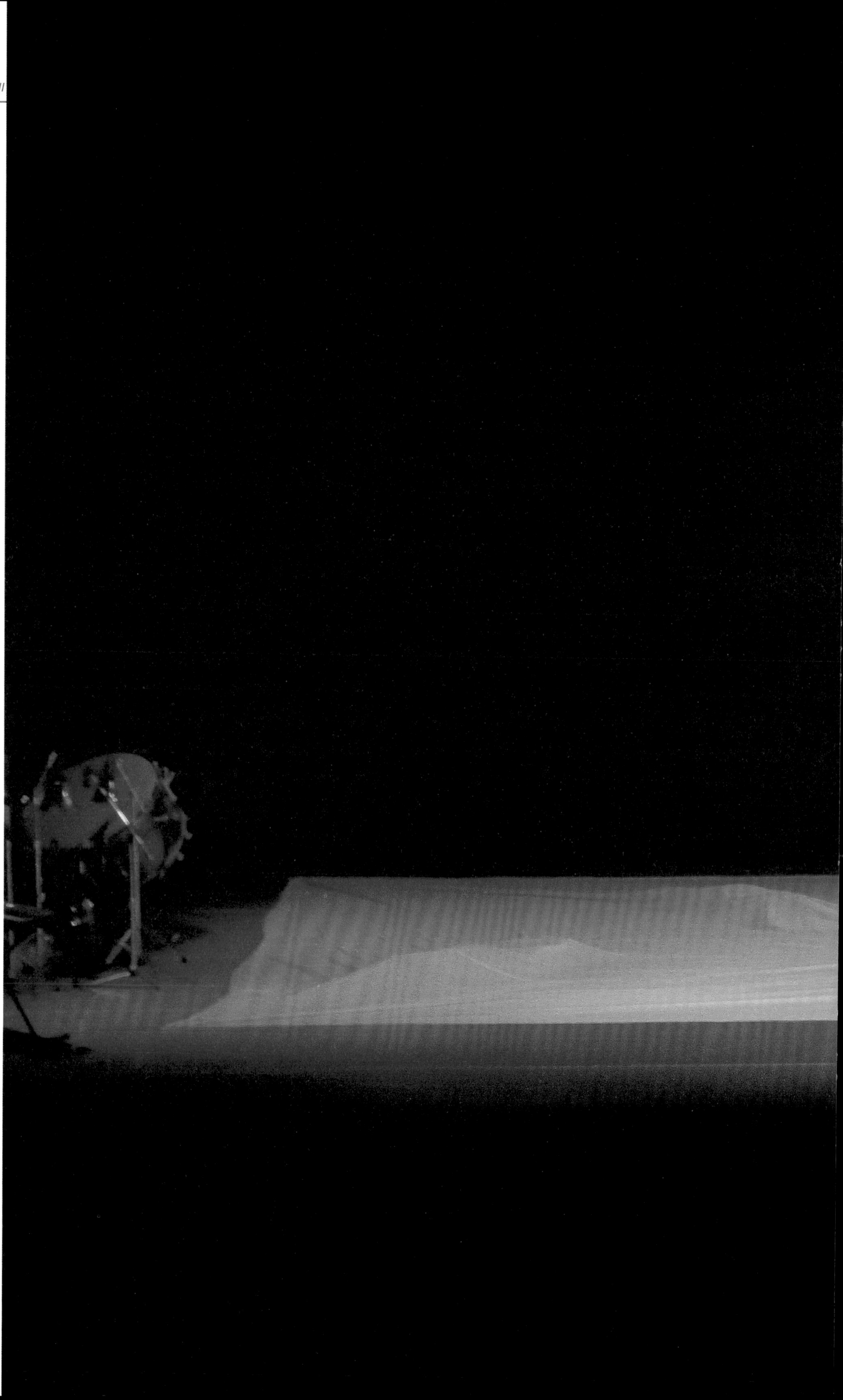

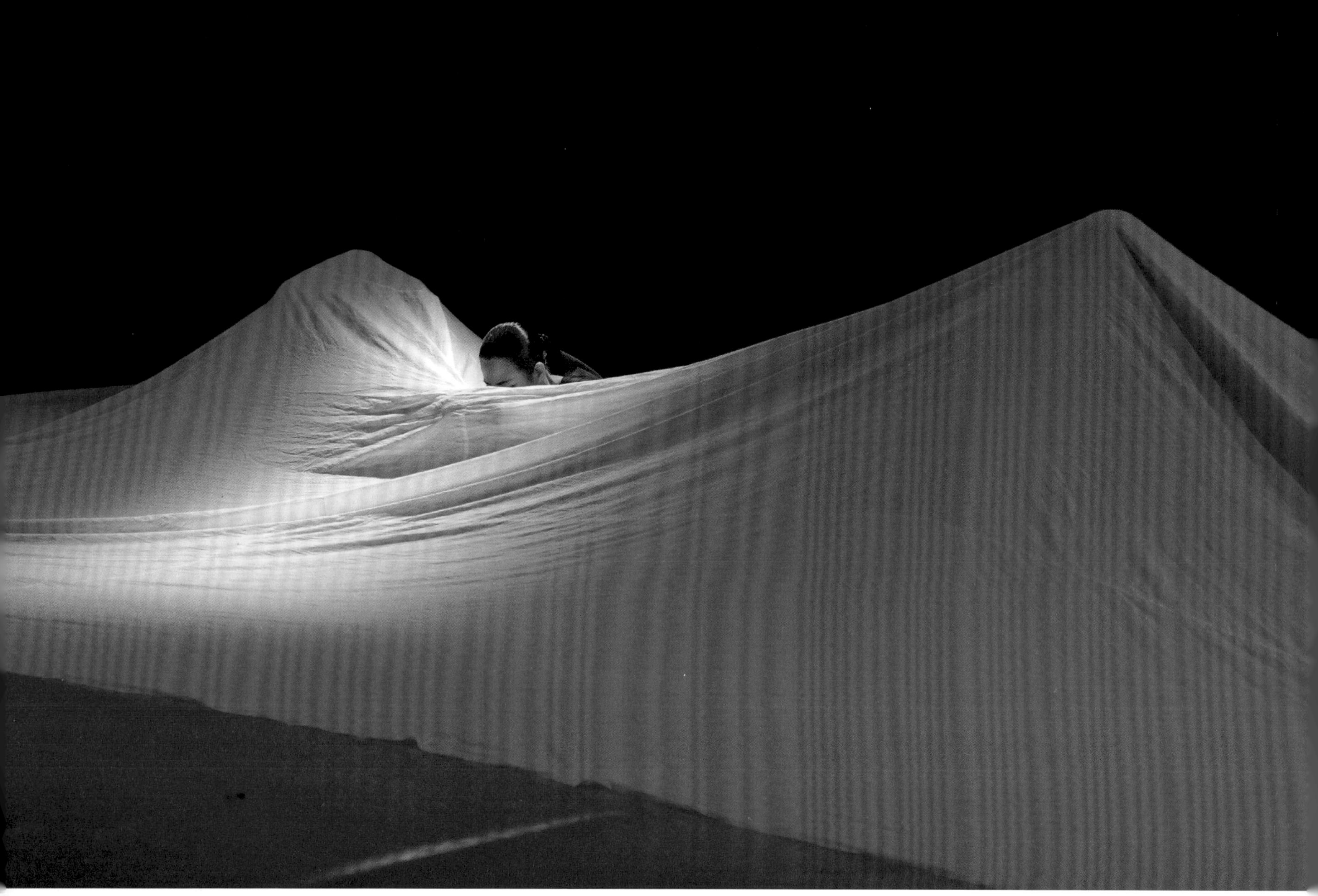

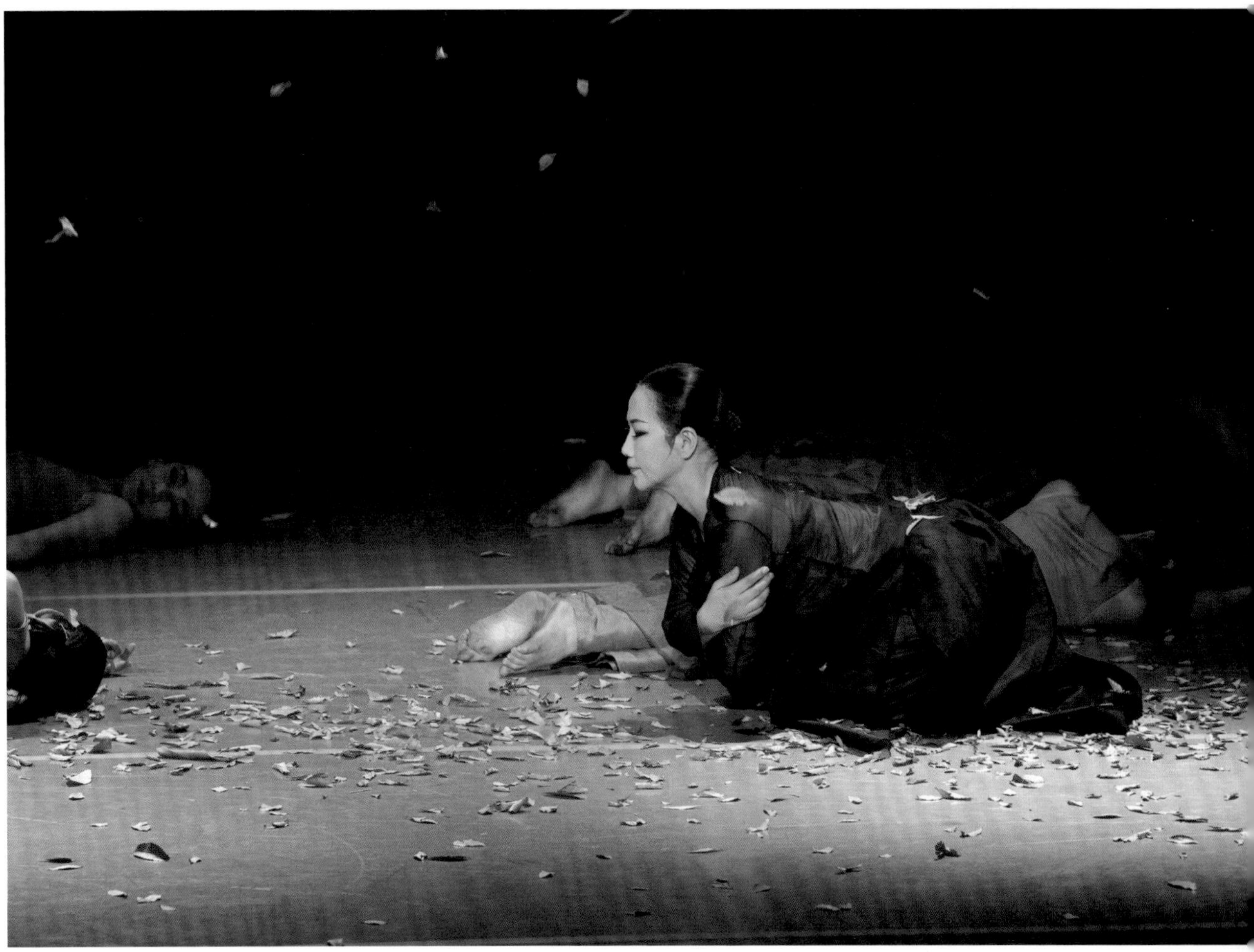

◁2012-숨, 움틈의 몸짓으로. . . *Breath-Motion of Sprouting*

▽▷2013-적멸 *Annihilation*

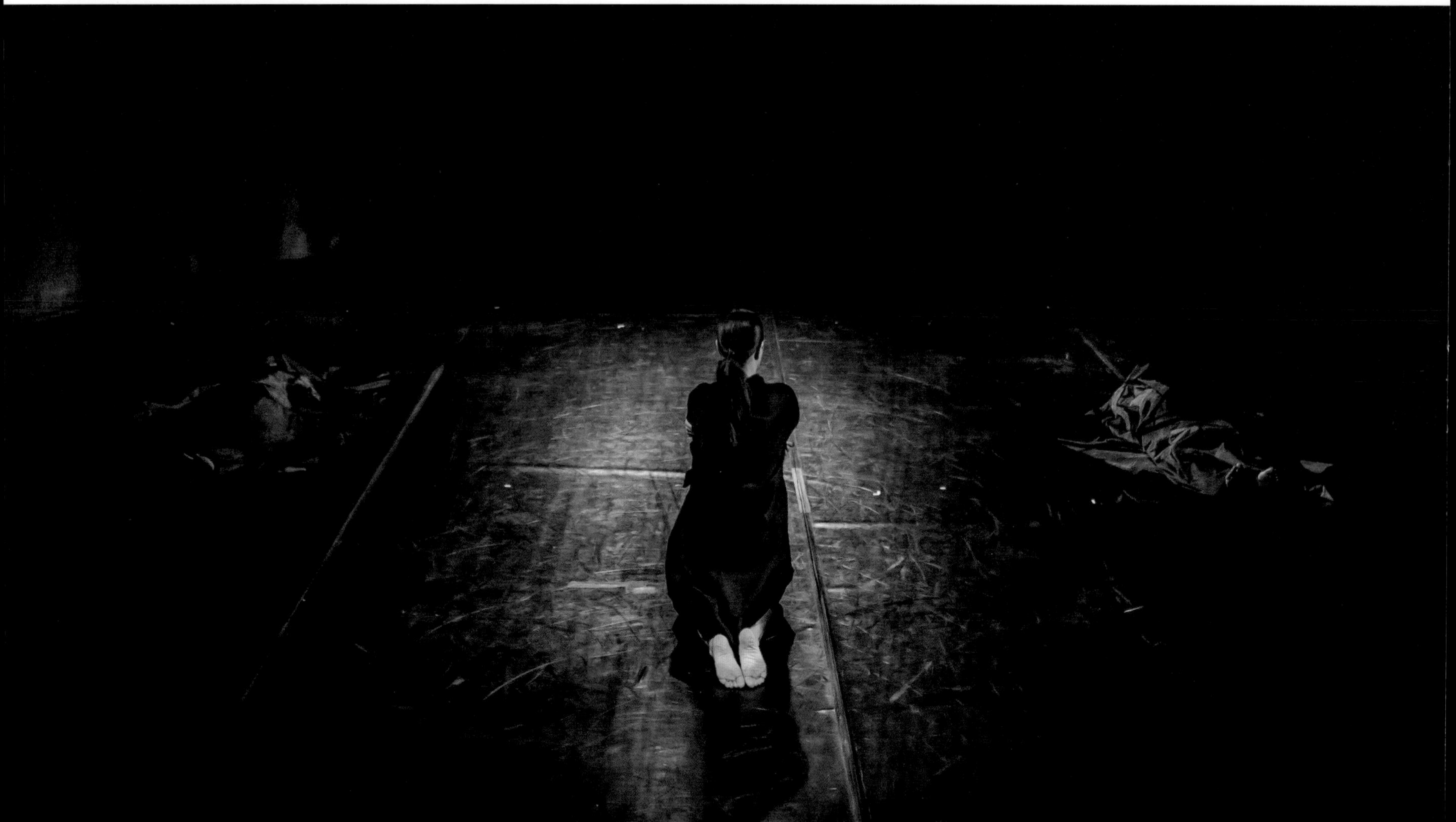

최은희와 헤수스 히달고의 공동안무

2018-망명 *Ex.iL : Eun Hee Choi & Jesus Hidalgo*

최은희와 헤수스 히달고의 공동안무

NYC

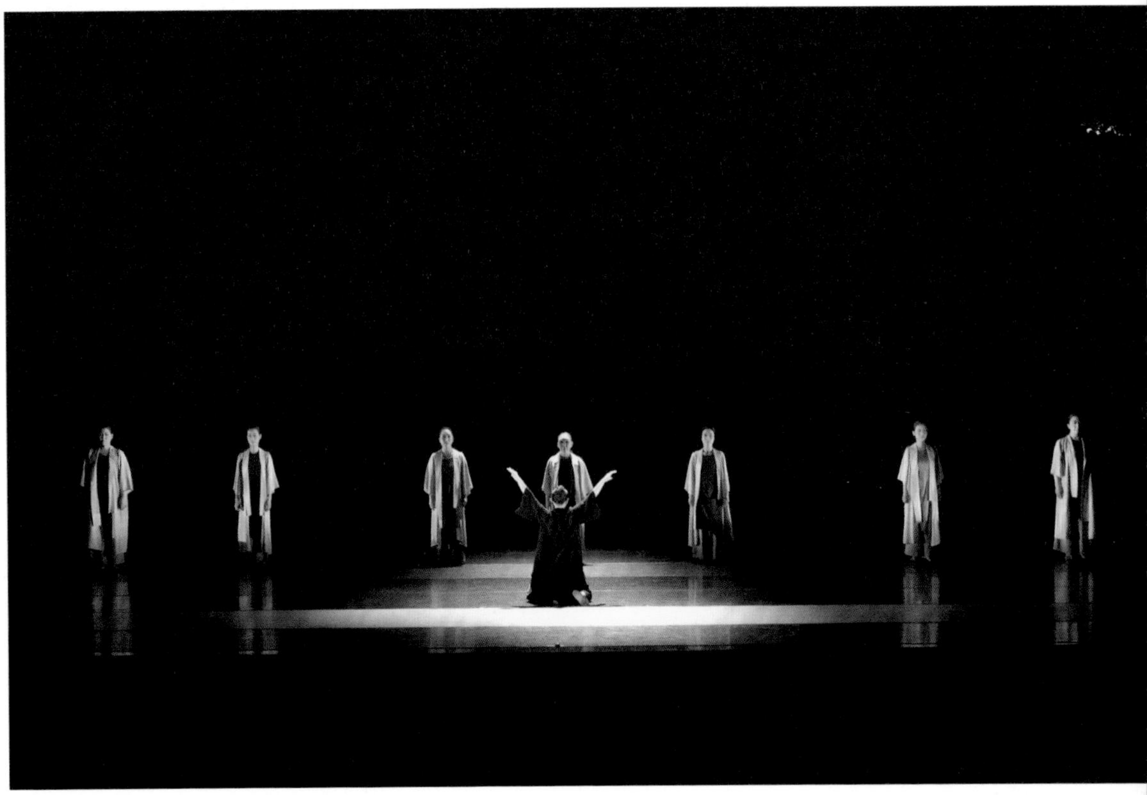

2. 춤패 배김새 Baegimsae Dance Troupe

86, 창단공연 – 무궁화꽃이 피었습니다.

91, 아리랑 진혼무

92, 도시의 새

92,
지상의 유토피아를 위한 불림

95, 백의

94, 꽃감관

94, 아가들도 세상을 뜨는구나

95, 히로시마,그리고 오늘1995

97, 속도의 꽃

99, 심지

99, 배김허튼춤

2003, 광야에서

004, 나비, 바다를 날다

2007, 푸른 눈물

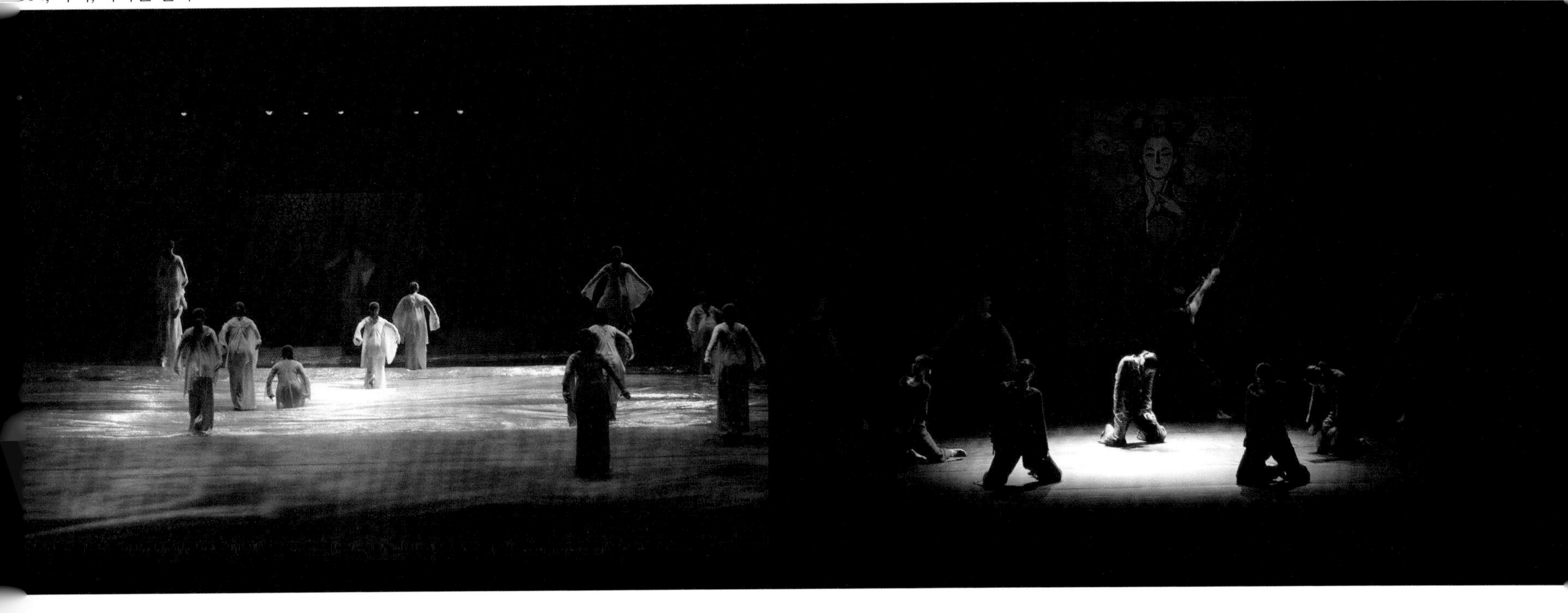

2015, 발등위에 하늘을 두고, 배기다

2013, 야마다세스코와 함께하는 즉흥 꼴라베이션 – 곁에 있다

2018, Hole – 심연

2019, 각시 – 불현듯 알아차리다

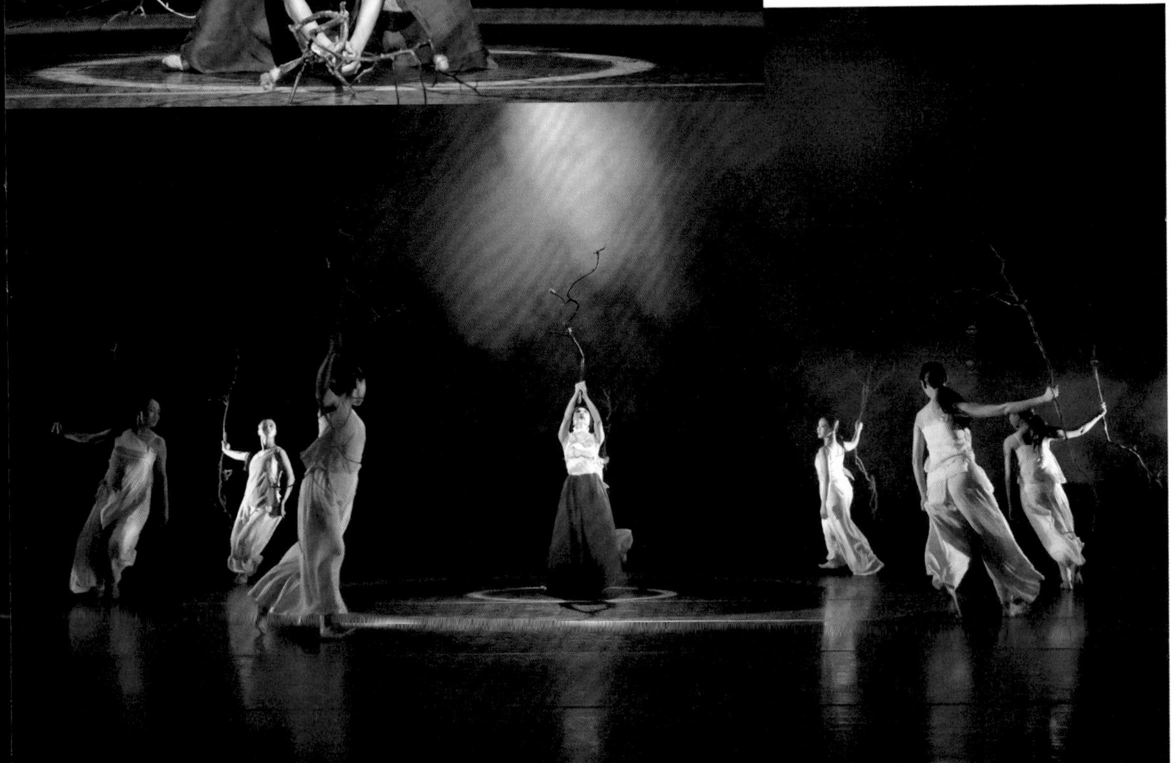

91, 신바람 91

96, 회향

90, 열린춤 한마당

98, 학춤

2000, 북춤

3. 전통춤 Traditional Korean Dance

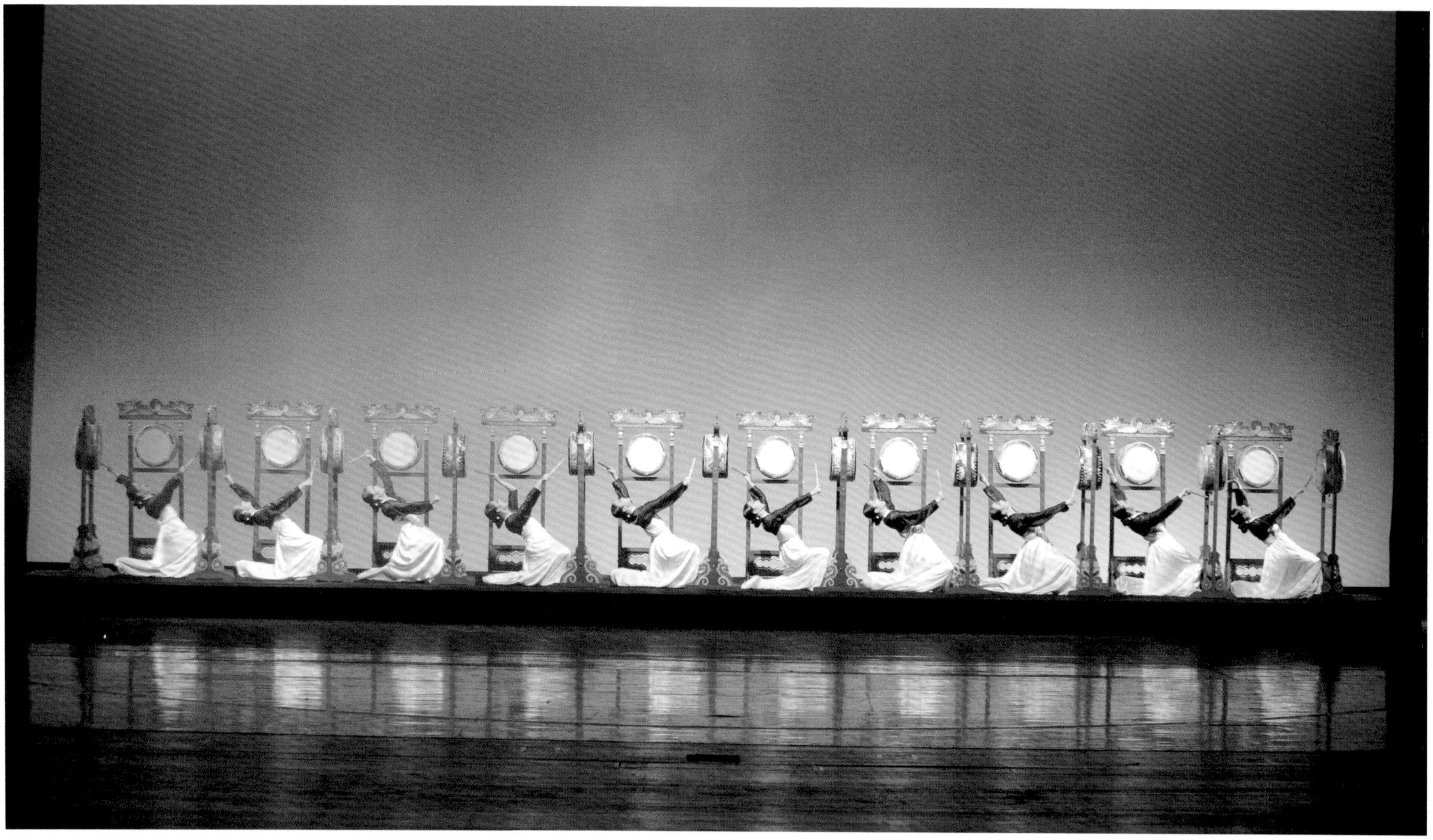

춘앵전 Chun Aeng Jeon : a Korean classical solo canary dance)

승 무 Seung Mu : a Korean classical monk dance

96 최은희 홀춤공연(제1회 전통춤) 우면당 안숙선씨와 함께

태평무Taepyeong Mu : a Korean classical queen dance wishing for welfare

입춤 Ip Chum : a traditional Korean duo dance performed by Gisaengs

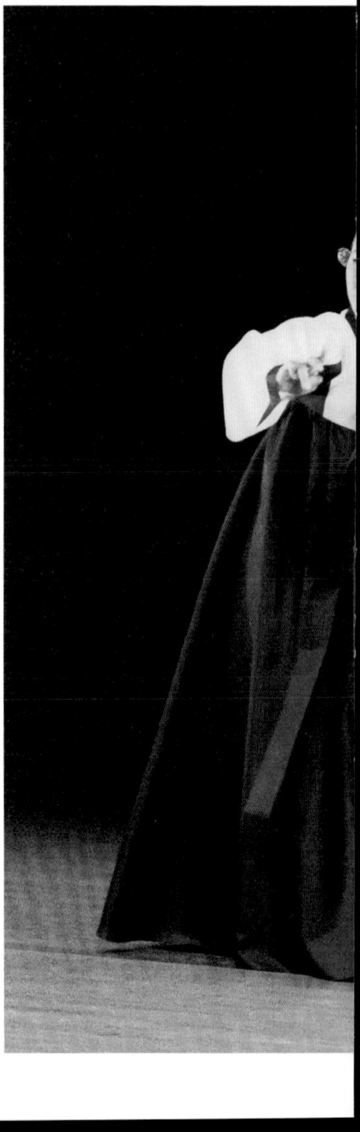

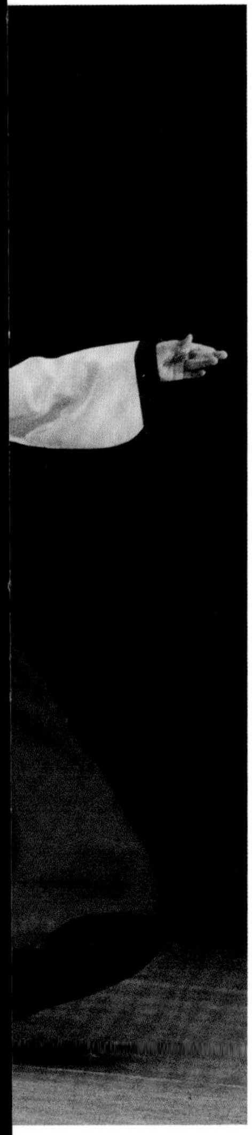

산조춤 Sanjo Chum : a dance to the Sanjo rhythm

4. 야외공연 Outdoor Performance

1996-태양꽃 *The Solar Flower*

▽1998-태양의 바라 *The Cymbals Of The Sun*

▷1999-새천년을 부르는 소리· 굿· 바람 *The Sound. Goot and Wind calling A New Millennium*

PUSAN SUMMER DANCE FESTIVAL '96

'98 PUSAN SUMMER DANCE FESTIVAL
'98 부산 여름 무용축제
일시 : 1998년 7월 5일 (일) PM 5
장소 : 광안리 해변

2000-나를 보내신 이를 찾아*Searching For The One That Sent Me Here*

▷▽2003-김해 황옥실버문화축제*Heo Hwang-Ok, Mul Maji: Greeting of Water S*

▷▽▽2010-시원의 메세지 *Message of origine*

황옥실버문화축제
• 일시 : 2003년 10월 3일~5일 (3일간)
• 장소 : 대성동 고분박물관 거리
• 주관 : 김해여성복지회관
• 주최 : 황옥실버문화제 제전위원회

Ⅲ. 최은희 춤의 흐름과 예술세계
THE TENDENCY AND WORLD OF DANCE OF EUN-HEE CHOI

작품 분석과 해석을 위한 평론가 채희완과
안무자 최은희의 대담

A Talk for Analysis and Interpretation of Works
by Aesthetic Critic Hee Wan Chae and Choreographer Eun-Hee Choi

부산춤의 새 창작작업과 확산에 큰 기여 – 춤 비평 김 태 원

Great Contributions to the New Creative Work and Diffusion of Dance in Busan –
Dance Critic Tae Won Kim

대표작품 목록, 연보 – 연보 세부사항 (초연을 중심으로)

List of Representative Works – Chronology of Premiere Showing

작품 공연평

Performance Reviews

작품 분석과 해석을 위한 평론가와 안무자와의 대담

A Talk for Analysis and Interpretation of Works by Aesthetic Critic Hee Wan Chae and Choreographer Eun-Hee Choi

채희완(부산대학교 명예교수) **- 최은희 대담**

일시 : 2022. 04. 08. 및 10. 14

장소 : 채희완 교수 경주 자택 및 민족미학연구소 서면 사무실

'최은희 춤의 흐름과 예술세계'는 채희완과 최은희의 대담 내용을 풀어내고 이를 항목별로 다시 묶어서 정리하였다. 크게 두 가지로 춤의 흐름에서는 최은희 춤의 시기별 전개과정을 추적하면서 지속과 변화의 활동사항을 짚어 보았고 예술세계에서는 최은희의 춤 공연 작품 분석을 통해 내용과 형식으로 구분 하에 의미규정을 한 것이다.

1. 삶과 예술 활동의 시기 구분

1) 일생의 시기구분

삶과 춤 활동 시기를 크게 4기로 나누어 본다.

〈제 1 기〉 태어나서 춤에 입문하여 대학에 입학하기까지 (1955년 ~ 1974년)
〈제 2기〉 대학 과정을 거치며 춤 전문인으로서 성장한 시기 (1974년~1 983년)
〈제 3기〉 결혼과 동시에 삶터를 이전하여 전문 무용가로서 활동한 시기 (1983년 ~ 1990년)
〈제 4기〉 예술가로서 춤 활동을 점진적으로 확대하고 춤 행정 등 대외 활동의 폭을 넓히는 시기 (1990년 ~ 2021년)

삶〈제 1기〉 – 태어나서 춤에 입문하여 대학에 입학하기까지 (1955년~1974년)

인천 송림동에서 아버지 최진준과 어머니 장경원의 맏딸로 1955년에 태어났다. 조부모와 함께 거주하였는데 늦은 나이에 자식을 봐서인지 끔찍이 예뻐해 주시고 시간 날 때마다 나를 사진을 찍어주셨다. 아버지가 인천시청에서 근무하시다가 6세 때 서울로 이사를 가게 되고 서울 가기 전 유치원에서 유희정도로 춤을 접하였는데 안암동에서 춤학원하는 이현자선생님께 한국춤의 첫 발을 딛게 되었다. 공연은 주로 미군부대 내 방송국 TV AFKN에서 촬영을 주로하였는데 극무용 형식의 춘향전에서 이도령 역할을 맡았고 밤새도록 어머니가 스팡크(빤짝이)를 달아주셨던 기억이 있다. 초등학교는 동신국민학교에 입학하면서 학교공부에 충실히 하기를 바라는 어머님의 뜻에 따라 학원을 그만두고 학교에서 창작춤과 발레를 익히고 처음으로 성신여자대학교에서 열리는 콩쿨대회에 「어미닭과 병아리」로 단체부에 참가, 이때 노란 튜튜를 입고 병아리로 출연하였다.

3학년 때 집안사정과 어머님의 죽음으로 춤을 그만두게 되었다. 한때 숙부님 댁에서 사촌들과 지내면서 사촌들과 피아노를 익혔는데 기초에 머물었다.(후에 사촌 최정희는 나와 같은 나이로 작곡가로 지망,창무회 창단공연때 「후정」이란 가야금곡으로 첫 작품인 「이 한송이 피어남에...」로 공연하였다.) 중학교(한성여자중학교) 때는 미술반에서 그림을 그리다가 고등학교 성신여고에 올라가 체력장을 하던 중 무용선생 황장덕 선생님 눈에 띄어 무용반을 들게 되었다. 콩쿨대회에 나가기위해 한 달간 학교 무용실에서 합숙하였는데 그때 선생님의 지독한 애살과 훈련방식이 훗날 내게 크게 영향을 주었던 것 같다. 고3때 강사로 오신 박재희 선생님의 작품 「휴전선의 철새」로 이화여대 콩쿨에서 단체 한국춤 1등을 받았고 연속 3년 종합우승을 하였다.(고교 선배로는 김기인, 김명수가 있다) 발레는 모던발레로 참가하였고 따로 학교외 학원을 다니면서 김인자선생님께 한국춤을 익히면서 다음해에는 원하던 이화여자대학교 무용학과에 입학을 하게 되었다.

〈제 2기〉 – 대학 과정을 거치며 춤 전문인으로서 성장한 시기(1974년~1983년)

고등학교에서 한국춤과 발레를 익히다가 대학에 와서 처음으로 현대춤을 접하게 되었다. 대학교에서 우연찮은 인연이다. 박외선, 육완순 교수님께 현대춤을, 나의 지도교수이며 고등학교 황선생님의 스승이셨던 홍정희 교수님께는 발레를, 나의 전공인 한국춤 김매자 교수님과의 배움으로 이루어졌다. 박외선 교수님은 표현과 창조성을 강조하셨고 육완순 교수님은 마사 그라함 테크닉을 체계적으로 지도해주셨다. 대학에 입학하여 첫 공연을 김매자 교수님의 춤 발표회 「자명고」에 출연하였는데, 부산시민회관 대극장에서 공연하면서 (지금 부산에서 삶터로 살고 있어 묘한 인연이다) 졸업할 때까지 교수님 공연에 「무고」, 「기도」, 「강산무진」, 「침향무」, 「비단길」 77년엔 독일 문화원 주최로 「작법-나비춤」에 출연하였다.

그리고 대학에 들어가자마자 한 때 고등학교 선생으로 있다가 국립국악원 연구원으로 가신 한옥희 선생님 소개로 전라도 우도 농악의 김병섭 선생님께 농악과 특히 설장구를 4년 동안 익혔고 대학 3학년부터는 인간문화재 한영숙 선생님께 승무를 익혔다. 김천흥 선생님께 특강 초청으로 「처용무」를 익혔다. 대학 재학시 한 학기마다 월례발표회를 통해 작품을 만드는 실습무대를 무용실에서 가졌는데 이때, 도서관에 가서 『댄스 메가진』 등 춤잡지를 빌려보면서 포즈등을 구상하기도 하였다. 대학 졸업 후 (78년) 국립국악원 연주단(춤)으로 입단하여 궁중춤과 연주를 통해 전통음악과 춤을 접하게 되었다. 이때 김천흥, 최현 선생님과의 깊은 만남이 이루어졌다. (국악원을 나와서는 김천홍 선생님 제자모임 〈심무회(**心舞會**)〉 81년에 궁중춤 공연에 참가했다) 국악원을 나가면서도 교육대학원 (78~80년)에 다녔는데 이 시기에 창무회 회원으로 (78년부터)창단공연에 「작법」(나비춤)과 「이 한송이 피어남에...」 작품을 올렸다. 그 후 5년간 창무회 활동을 하던 중 82년에 첫 개인발표회 「하지제」를 올렸다. 내림굿을 받듯 춤계에 입문하는 첫 신고식이다. 현란한 몸놀림이나 단순히 오락이나 즐거움으로 여기는 춤을 대신하여 철저히 나의 춤에 의식을 불어넣는 작업이었다. 그때 당시 직장 정신문화연구원 퇴직금 200만원과 집에서 100만원등, 300만원정도를 들여서 제작비로 올렸다. 그 해 ≪제4

창작탈춤예
지기금지

회 대한민국무용제≫에서 「넋들임」을 안무하여 대상을 받았다.

80년부터 2년간은 직장을 한국정신문화연구원 대사전 편찬부에서 편수원보로 있으면서 우리 민족의 원천적 심성이 맞닿은 굿에 관심을 갖고 굿에 대해 현장답사 출장을 빈번하게 가게 되었다. 이때 문화재 전문위원인 정병호, 김정녀 교수님과 김수남 사진작가, 천승요 촬영 영상작가와 함께 현장답사를 다녔다. 이러한 계기로 이후에 굿학회(회장:임석재)의 회원이 되었다. 직장 동료인 강진옥(대본), 홍선례(작곡)도 함께 굿현장을 다니면서 작품에 대해 서로 의견을 나누었다. 평소 어머님을 일찍 여의고 늘 삶과 죽음에 대한 생각이 깊어지면서 '나 라는 존재는 무엇인가' 그리고 춤에 대한 근원적 발생은 어디에서 시작이 되었는가 끊임없는 물음에서 그 발생은 굿에서 나왔다는 것을 알았다. 굿을 하는 이유가 살아있는자가 현재의 삶을 더 잘 살기위한 것이라는 것을, 이는 나중에 나의 작품에 중요한 철학적 근원이 되어주었다.(「넋들임」이란 제목은 제주도 굿의 종류로 혼이 나갔을 때 하는 것으로 제목을 따왔다.) 이 시기에 이매방 선생님과의 만남이 이루어져 「살풀이 춤」을 사사 받았다. 대상 수상 후 부산시립무용단 안무장을 제의 받아 화가인 정진윤과의 결혼이 83년1월에 이루어짐에 따라 〈부산시립무용단〉가는 것을 응낙하였다.(남편 고향은 부산이고 시댁도 부산이었다) 이때 29세의 나이였고 훈련장으로 현재 경상대 김미숙 교수와 함께 83년 4월에 임명을 받아 삶터를 부산으로 옮겨 현재까지 나의 생활 근거지가 되었다.

〈제 3기〉 – 결혼과 동시에 삶터를 이전하여 춤 예술가로서 창작 및 교육 활동을 한 시기 (1983년 ~ 1990년)

부산시립무용단 안무자로 83년~84년 8월까지 활동하였고 84년에는 경성대 무용과에 강사로 겸직하다가 9월부터는 정식으로 부임하게 되었다. (이때 큰 딸 정여름이 83년 12월에 태어났다.) 큰 단체에서는 개성적인 작품을 하기보다는 일반인들에게 쉽게 다가가는 안무 작품이 많아 부담이 컸던 것 같다.

85년 첫 경성대 제자를 배출하면서 동인 단체 〈춤패 배김새〉를 창단케 하여 예술감독으로서 지역의 춤을 배워야 한다고 하여 방학 때마다 학생들과 동래학춤, 수영야류, 밀양백중놀이, 고성오광대 등의 전수회관에 가서 직접 전수를 받게 하였다. 〈춤패 배김새〉는 첫 공연을 대청동 가마골 소극장에서 「무궁화 꽃이 피었습니다」로 시작으로 부산에 있는 소극장을 옮겨다니며 전전긍긍 공연하였다. 86년 둘째 딸 정보람이가 태어났고 주말부부였던 시기도 끝나 남편도 부산으로 이주해왔다. 88년에는 경성대 무용과 교수 이영희, 남정호, 신정희 교수 등과 함께 ≪부산여름무용학교≫를 개최하면서 지역의 특수성을 살려 ≪부산국제무용축제≫로 규모를 키워나갔다. 워크샵, 중견인 극장공연, 심포지움과 메인 행사인 바닷가에서의 공연 등을 펼치다가 제23회(2010.7)로 끝을 맺게 되었다.

〈제 4기〉 – 예술가로서인 춤 활동을 점진적으로 확대하고 춤 행정 등 대외활동의 폭을 넓히는 시기 (1990년 ~ 2021년)

이 시기엔 창작공연 외에 전통춤 공연도 본격적으로 올렸다. 1990년 이매방 「북소리Ⅲ」와 「북소리 Ⅳ」(94)에 출연하면서 그 해에 무형문화재 제27호 승무 이수자가 되었고 96년 첫 개인 전통춤 발표회를 국립국악원 우면당에서 가졌다. 93년에는 일본 ≪대마도 아리랑 축제≫에 참가하여 조선통신사절단 문화교류 역할을 하면서 2018년까지 20여년간 참가하였으며 코로나 발생 이후 지금은 축제 개최가 이루어지지 않고 있다. 이 기간 동안에는 〈민족미학연구소〉 학술위원으로 강이문 선생에 대한 업적 심포지움을 비롯하여 『한국탈춤의 몸짓말 갈래사전』 연구 등 학술적 체계에 대한 연구를 게을리하지 않았으며, 한국무용연구회 이사, 부이사장, 한국예술학회 편집위원, 이사 등을 지냈다. 2000년에는 〈울산시립무용단〉창단 안무자가 되어 2년간 대학을 겸직하면서 창단공연으로 「우로보로스」를 올렸다. 총체적인 춤작품을 위해 연주단과 무용단을 전국 시립무용단으로서는 처음으로 구성, 탄생케 하였다. 가족으로, 2007년 남편 정진윤 화백이 급격한 간암으로 타계를 하였다. 둘째딸 보람이는 김보빈과 2016년에 결혼하였고 큰딸 여름이는 이승엽과 2021년에 결혼이 이루어져 두 딸 모두 출가를 시켰다.

2007년 남편이 타계한 후 2009년부터 4년간 부산무용협회장을 지내면서 2011년 〈제20회 전국무용제〉를 유치하여 부산춤꾼들의 단합과 춤활성화를 꾀하였다. 이 시기엔 국제공연이 활발히 이루어져 ≪동서 베를린 민속문화축제≫, ≪북경 무도학원 무도절≫, ≪인도네시아 국제춤페스티벌≫, ≪중국 길림성 예술대학 초청공연, 말레이시아 쿠칭 델픽행사, 후쿠오카 교류, 카오슝 새천년 기와 깃발 축제≫, ≪중국 상하이 교류 방문≫ 등이 이루어졌다. 최근 5년 동안은 프랑스 안무가인 헤수스 히달고와는 두 번의 협업 공동작품으로 부산과 프랑스를 오갔다. 2021년 2월에 36년간 재직한 경성대학교를 퇴임하였고 지금은 노모(시모)와 함께 거주하면서 김해에 있던 남편의 작업실이었던 곳을 춤 스튜디오로 개조하여 부산과 김해를 오가며 춤작업을 계속해오고 있다.

2) 예술활동의 시기구분

예술활동은 대학을 졸업하고 〈창무회〉 창단 공연(1978.12)부터 본격적인 창작품을 시작하였다. 크게 6기로 예술활동을 나누어 볼 수 있다.

〈제 1기〉1978~1982: 창무회 활동(1978~1982년)과 제1회 개인발표회(1982년)

창무회 활동을 통해 실험 작품을 공동 안무하였다. "이 시대의 춤을 추자"라는 슬로건을 내세우고 현대한국춤의 시작을 알린 것이나. 창단공연(1978.12.9.)은 1부엔 전통춤 「춘앵전」, 「산조춤」, 「작법」과 2부엔 개인 창작품으로 이루어졌는데, 첫 창작 작품으로는 「이 한송이에 피어남에...」를 올렸고, 이후 제2회 공연(1982.4.4.)에 공동작품 「도르래」, 「소리사위」를 올려 '새로운 한국춤 시대는 시작되었다' '한국춤의 재창조를 훌륭히 · · · '했다는 평을 받았다. 제3회 공연(1982.6.8.)에 출연하고 이어 「넋들임(1982.10.28.~29)」을 안무하여 대상을 수상하였다. 그에 앞서 제1회 개인발표회 「하지제」를 문예회관 대극장에서 가졌다. 창무회 활동은 1978년부터 4년간에 걸쳐 활동하였는데 이때 「넋들임」은 제의적인 것과 민족적 정서를 토대로 작품을 구성하였다. 「하지제」와 더불어 '나는 어디에서 와서 어디로 가는가?' 하는 존재의 의미와 삶의 의미에 대한 의문을 담았다. 한국인의 삶에 대한 체험적인 인식논리를 삶과 죽음의 구조를 통해 표출되는 생의 이미지로 드러내고자 하여 그 형식과 내면적 인식을 시대적 감각에 맞추어 형상화하였다.

〈제 2기〉는 1983.4~1984.8: 대한민국 무용제 대상 수상후 〈부산시립무용단〉

제3대 안무자로서 1년 반에 걸쳐 작품 「늪」, 「허재비의 꿈」, 「지난겨울」, 「춤 108」 등을 안무하였다. 「늪」은 현대인의 치열한 생존경쟁과 대립적 관계에서 빚어지는 인간의 끝없는 외로움과 소외감, 현대인의 고뇌를 그렸고, 「지난겨울」은 양반세계를 풍자한 작품으로 전 시대의 한 여인이 겪었던 괴로운 체험들을 구체화하고 비유적으로 형상화하였다. 이전의 시립무용단 작품 경향(주요 무용극)에서 추상성 경향으로 바뀌어져 다소 신선하게 관객들에게 전해졌다.

〈제 3기〉는 1984.9~2000: 경성대학교

교수로 부임한 후 졸업생으로 구성한 부산에서는 처음으로 한국춤 동인단체인 〈춤패 배김새〉 태동이 이루어졌다. 이때 예술감독으로 참여하였고 〈배김새〉 창단 작품인 「무궁화 꽃이 피었습니다」은 공동안무로 창단 공연을 가졌고 그 이후 초창기 대표작품인 「아리랑 진혼무」, 「도시의 새」, 「백의」 등의 대본을 장정임 선생님이 써주셨다. ≪창무춤터 기획공연≫, ≪부산여름무용축제≫, ≪한국춤제전≫, ≪민족춤제전≫, ≪ 대학무용제≫, ≪ 현대춤작가12인전≫(중견무용인의 밤) 등 여러 기획공연에 참여하기 시작하였다. 주제는 시대의식을 강조하여 주로 사회상을 반영하면서 우리 사회의 현재 모습을 통해 예술로서의 한국춤이 나아가야 할 정체성을 찾으면서 사회구조적 모순이나 갈등을 풀어내는데 주안점을 두었다.

〈제 4기〉 2000~2002 :〈울산시립무용단〉 창단

안무자로 2년에 걸쳐 새로운 시도로 영상 3D와 무대장치, 생연주자,등 총체적으로 종합하는 대규모의 작품이 이루어졌다. 창단공연 「우로보로스」 외에 「붉 관회- 밝은 세상」, 「태화강은 흐른다」 등이 있다. 이 작품들은 울산의 태동과 지역의 역사적 흐름을 담았다. 특히 「우로보로스」는 우주의 모태로 생명의 영원함을 갈망하는 소재로 구성하여 원시시대의 생명력을 현대와 미래인들의 군상들을 상징하는 기호로서 약 50대의 거대한 멀티비전과 3D의 효과로 모든 생명의 근원적 의미와 모든 존재자들의 생명력을 담은 작품이다.

〈제 5기〉 2000년~2014년

생명과 환경에 관심을 갖고 우리 고유의 호흡법에 의한 자연스러운 움직임과 명상적 기운, 몸이 흐름에 따라서 자연적 흐름을 추구했다. 주로 「천둥소리」 「어머니의 강」, 「流-흐르다」 시리즈, 「목숨오름」, 「화신」, 「시린샘」, 「당신은 어디로 가고 있습니까」 등이 있다.

〈제 6기〉 2015 ~ 2018 :

현대무용가 프랑스 안무가 헤수스 히달고와의 공동안무 협업으로 부산과 프랑스에서 국제적 교류를 꾀하였다. 헤수스와의 만남은 ≪부산국제여름무용축제≫에 두번 참가하면서 동 서양의 춤의 장르의 경계를 확장하려는 서로의 욕구에 뜻을 같이하였다.

1시간이란 장편작품인 「Blizzard(눈보라)」, 「Ex.iL(망명)」 두 편의 실험적인 작품을 4년간에 걸쳐 부산,프랑스에서 공연을 가졌고 SID 축제에도 참여하였다.

2. 활동시기별 주요작품

1) 주목받은 작품

제1 기 「도르래」, 「소리사위」, 「하지제」, 「넋들임」
제2기 「늪」, 「허재비의 꿈」, 「지난겨울」
제3기 「제웅맞이」, 「매듭풀이」, 「어두운날들의 바람 그치고」, 「외출하다」
제4기 「우로보로스」, 「붉 관회 – 붉은 세상」, 「태화강은 흐른다」
제5기 「流-흐르다 시리즈」, 「목숨오름」, 「화신」, 「천둥소리」, 「당신은 어디로 가고 있습니까」
제6기 「Blizzrd(눈보라)」, 「Ex.iL(망명)」

2) 성취감을 준 작품

제1 기 「넋들임」, 「하지제」
제2기 「늪」
제3기 「제웅맞이」, 「매듭풀이」, 「외출하다」, 「여인등신불」, 「어두운 날들을 바람 그치고」
제4기 「우로보로스」
제5기 「천둥소리」, 「화신」, 「流흐르다 II」, 「일출」, 「목숨오름」, 「당신은 어디로 가고 있습니까」
제6기 「Blizzard (눈보라)」

3) 고통스럽게 떠오르는 작품

제 1기 「하지제」, 「넋들임」
제2기 「늪」
제3기 「어두운 날들의 바람 그치고」
제4기 「우로보로스」
제5기 「천둥소리」
제6기 「Ex.iL(망명)」

4) 다시 개작하고픈 작품

「태화강은 흐른다」, 「시린샘」

3. 향후 작품생산 활동계획

아직 구체적 계획은 없다. 작품으로 형상할 수 있는 환경이 주어진다면

(작품제작비, 춤꾼, 연습실 등) 작품주제는 그동안 해왔던 내용에 근거를 두고 삶에서 일어나는 모든 경험, 역사적 내용으로 원초적인 몸짓과 명상적인 기운을 더 강화시킨 작품, 기존 작품을 새롭게 재구성 , 레파토리화 하는 작업, 다매체 협동 작업을 하고 싶고 프로젝트를 받게 되면 부산 지역성을 살린 브랜드화, 자연현장에서의 현장성 있는 자연과 인간을 담은 작품 등을 하고 싶다.

4. 대표 작품에 대한 분석과 해석

12작품에 대한 분석과 해석은 작가자신의 언급을 중심으로 정리한 것이다.

***대표작품(12작) :「도르래」와「소리사위」,「하지제」,「넋들임」,「늪」,「제웅맞이」,「매듭풀이」,「외출하다」,「어두운 날들의 바람 그치고」,「천둥소리」,「Blizzard(눈보라)」,『Ex.iL(망명)」.**

「도르래」, 「소리사위」

1. 공연을 마친 후 기분은 어떠했나?

공동작품으로 기존 한국춤에서 새로운 형식을 창조하고자 춤꾼들이 혼연일체가 되어 성과를 내었다는 성취감이 있었다. 〈창무회〉가 원하고자 하는 "이 시대의 춤을 추자"라는 슬로건에서 부합되는 본격적인 현대 한국춤을 알리는 공연이었기에 두 작품 다 기존의 화려한 색상의 의상도 아니었고 음악에 맞춰 눈에 익은 춤사위가 아닌, 획일적인 군무형식에서 각자의 몸짓을 표현위주로 창안하느라 고심이 컸었고 망설임도 없지 않았다. 그러나 열띤 토론을 통하여 하나의 동작이 만들어졌을 때 공동체 작업으로서 의미가 있었다. 좀 더 많은 상징 언어를 찾아낼 수 없었던 점이 아쉬움을 남기기도 했다.

2. 작품의 공연 환경

1) 때,곳,공연공간 분위기
1981. 4. 4. 세종문화회관 소극장, 극장 시스템을 갖춘 몇몇 안 되는 공연장 중 대표적인 공연장이었다.

2) 기획,연출,제작환경
「도르래」「소리사위」는 제 2회 〈창무회 〉정기공연으로 구성원들의 회비를 모아 제작했으며「소리사위」는 이화여대 무용과 무대미술에 출강하셨던, 독일에서 현대 무대디자인을 공부하고 오신 조영래 선생님께 연출을 의뢰하였다.

3) 공연횟수,연보
「소리사위」는 초연으로 그치고 「도르래」는 제 4회 ≪대한민국무용제≫에 「넋들임」 대상수상 순회공연때 6개 도시에서 올려졌고, 창무회 대표작품으로써 계속적인 기념행사 및 해외공연시 주요 레파토리가 되었다.

3. 형상화를 위한 협업과정

1) 연출진용 : 대본짜기(드라마투르기), 안무, 음악, 무대공학
안무는 공동안무,「도르래」의 음악은 김영동 음악에 물허벅으로 무음악에 가깝게 박을 치는 것을 도입부에 덧붙였다.
「소리사위」는 조영래선생님의 연출에 따라 대본을 현대인의 하루 일과를 그리는 것으로 하였고 음악은 공해 소음 소리를 모아 편집하여 구성하였다.

2) 연행자(춤꾼)의 구성
「도드래」는 창무회 회원으로 구성된 6인이 공동 안무,출연하였다.
「소리사위」는 창무회 초창기 회원 12인과 공동안무,출연하였고 나레이터 역할에 김기섭(연극배우)씨가 출연하였다.

3) 특기할 인접 매체 활용 : 소도구, 의상, 무대장치, 조명, 분장
의상은 정선 담당.「도르래」는 토속적인 질감으로 황토색 의상을 전체가 통일되게 입었고 「소리사위」는 나레이터와 군무진의 의상을 달리 하였는데 나레이터는 현대인의 평상복, 군무진은 실폰과 같은 질감의 파스텔톤 의상을 입었다. 조명은 이상봉 담당.

4. 창작의 계기는 어떠했나?

〈창무회〉 제 2회 정기공연으로 〈창무회〉가 원하고자 하는 '한국춤의 현대화'라는 명제 아래 전통적인 것을 바탕으로 새로운 시각으로 재해석하고 민속적 차원을 넘어 새로운 형식을 창조해나가는 시도가 필요하다고 여기고 오늘을 표현하는 것을 과제로 삼아 출발한 작품이다.

「도르래」는 만남과 이별, 삶과 죽음의 관계가 인연이라는 끈에 의해 풀리며 돌아가는 것을 도르래로 상징화하였다.「소리사위」는 현대인이 겪는 하루 일과를 아침에서 잠자리에 들기까지 그린 것으로 도시사회의 메마른 정서를 표현하였다.

5. 안무와 실연 : 춤꾼 구성

1) 창작자(안무)와 실연자(무용수)
「도르래」는 여성춤꾼 6인으로 구성,「소리사위」는 한 사람의 나레이터와 군무진으로 구성 하였다. 두 작품 다 도입부에서 마칠 때까지 전부 출연하였다.

2) 실연자의 춤 언어

「도르래」
주로 춤동작 나열이 아닌 고유한 정서와 느낌을 중요시하여 각자의 몸짓과 극도로 절제된 움직임으로 동작을 되도록 호흡에 의한 표현 위주에 주안점을 두었다.

도입부 : 2인으로 구성된 3그룹의 움직임. 2인씩 끈을 들고 밀고 당긴다.

진행부 : 1인을 중심으로 하여 5인이 주위를 돌아가며 끈의 얽힘 –끈을 놓고 3인은 바깥, 3인은 각자의 감정표현을 하며 사이 사이 이동 – 다함께 휘몰아침

결론부 : 다시 2인씩 끈을 잡고 3인은 중심에서 모여 감겨 돌아가고 바깥 3인은 중심을 향해 감으면서 돌아감

「소리사위」

1장 – 제자리에서 각자 소리에 맞는 몸짓

2장 – 팀별로 막에서 막으로, 탈춤사위를 응용한 힘찬 도약으로 이동

3장 – 감아 돌아가는 반복된 기계적 움직임으로 이동

4장 – 소음이 최대로 고조되는 구간, 팀별로 강한 표현으로 이동
5장 – 천장에서 현대빌딩을 상징하는 오브제 신문이 내려오고 춤꾼은 이것을 찢는 동작, 쌓인 신문더미에서 현대인이 부시시 일어남

6. 작품의 구성, 틀, 짜임새

1) 대본(Libretto)

우선 대본(Libretto)은「도르래」와「소리사위」 모두 시 형식을 채택하였다.

「**도르래**」(시; 황루시)

도르래
어미는
잇발로 네
배꼽줄을 끊었다.
끊어도
끊고 또 끊어도

끊이지 않는 끈이 있어

나를 묶고
나와 너를 묶고

태초를 묶어
돈다.
끝없이 돌아간다.
봄바람이 영원히 불어간다.

「**소리사위**」 :

우두둥둥 쿠덩쿵 덜커덩 덩쿵
은빛 날개 하나 내 주위를 맴돈다.
한 조각 영상을 입에 놓고 불린다.
그것은 점점 커져서
나는 이제 밥을 먹을 수도 없다.
날아라 날자 작은 날개
나는 더 이상 존재하지 않는다.
덜커덩 덩쿵 삑! 삐이익!
찢긴 날개 조각 손안에 보여
나는 실없이 웃는다.
우두둥둥 쿠덩쿵 쿠르르르르
내일은 날자!

2) 구성, 틀(Structure)

작품의 구성, 틀(Structure)을 막 단위로 구분하자면,

「도르래」

도입부 : 물허벅 효과음

진행부 : 김영동 「상여」 1절

결론부 : 김영동 「상여」 2절

「소리사위」 (총 5장으로 구성)

1장 – 아침에 깨어나는 새벽장

2장 – 작업장에 일하러 가는 장

3장 – 작업장에서 일하는 장

4장 – 일과를 마치고 집으로 돌아오는 장

5장 – 잠자리에 드는 장

으로 구성하였다.

3) 짜임새

「도르래」와 「소리사위」 모두 기–승–전–결 방식

7. 무대 공간 구성

「도르래」

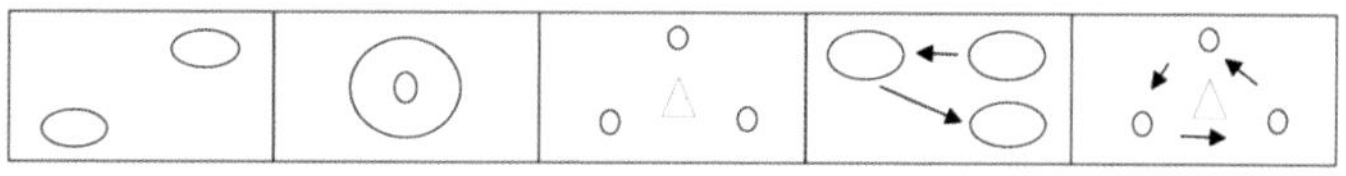

1) 상수 위에 2인은 서있고, 하수 아래에는 2인 씩 두 그룹이 앉아있다.

2)센터에 1인 중심으로 모여든다.

3) 3인은 원 밖에 앉아있고, 3인은 원 안에서 시계 반대 방향으로 돈다.

4) 다시 전체가 모여서 상수 위–하수 위–상수 아래로 이동한다.

5) 원 안의 3인을 중심으로 천을 허리에 연결한 바깥의 3인이 시계 반대 방향으로 돈다.

「소리사위」

현대인은 장면에 따라 상수 앞–중앙–하수 앞으로 이동하고 군무진들은 전체에 퍼져 각자의 표현을 한 뒤 그룹으로 나누어 각 막에서 등퇴장한다. 마지막 장면에서는 천장에서 내려오는 신문을 찢으면서 현대인 주위를 돌아가며 마지막엔 하수 앞에 쓰러지듯 각자 포즈를 취한다.

8. 역동적인 이미지의 형상, 흔들림, 변조, 반전 : 춤 언어, 리듬, 매체

「도르래」는 6인 공동안무, 출연으로 두 사람을 하나로 이어주는 3개의 긴 끈이 휘감겨 돌아가는 도르래의 형태로 구성하였다. 전체적으로 춤사위에 매이지 않고 끈을 위주로 사용할 때는 물허벅의 단순한 박을 치면 두 사람이 한 쌍으로 호흡을 맞추어 제자리에서 서로 밀고 당기면서 서서히 이동,다음 김영동 「상여」1절 끈을 갖고 형태를 이루다가 끈을 놓고 이동하면서 돌기도 하고 서로 팔과 엮어진다. 제2절 리듬이 빨라지면서 밝게 바뀌면서 끈을 다시 잡고있는 상태에서 각자의 느낌과 표현으로 3인은 중심, 3인은 시계반대 방향으로 각자 느낌의 몸짓으로 돌아간다.

「소리사위」는 평상복 차림의 현대인을 나레이터로 등장시켜 실존 인물로 상징하였고 춤꾼은 공상의 세계를 이미지화시켜 표현하였다. 춤꾼 각자 느낌의 몸짓을 창출하고 다양한 형태로 조합하여 하나의 춤 양식으로 구축하였는데 다양한 파괴음, 위압적인 군화소리, 시계소리, 자동차 경적소리, 브레이크 밟는 소리, 인형 태엽 감는 소리 등 여러 소음을 활용한 리듬으로써 각 소리에 맞는 몸짓이나 탈춤사위를 응용한 몸짓, 기계적 움직임 등을 활용하였다.
마지막엔 천장에 매달려 띠처럼 달린 신문이 내려온다.

9. 주제의식과 세계상

「도르래」는 삶의 숙명을 만남과 헤어짐, 탄생과 죽음, 윤회적인 사상을 담고 있으며 「소리사위」는 도시 사회의 메마른 감정을 표현한 문명비판적 성향을 띤 작품이다.

10. 공연 후의 반응은 어떠했나?

1) 춤계 반응 호응도

중극장 규모의 관객석 대부분이 채워졌고 춤계의 큰 충격을 주었다고 본다. 예상한대로 상반된 반응으로 관객의 원로들은 한국춤을 망친다라고 까지 하면서 등 기존 한국 춤계에서 커다란 반발 질타가 있었던 반면, 젊은춤꾼들 사이에서는 이들의 과감한 시도를 두고 용기 있는 도전에 호응도가 높았다.

2) 춤 비평계 반응

한국춤의 재창조를 훌륭히 하면서 "새로운 한국춤 시대가 시작되었다" 고 평하였고 혁신성과 실험성에 대한 고조된 관심을 보였다. 새로운 창작품으로 새로운 한국춤 세대로 주목을 받기 시작하여 춤계의 전환점을 마련하는 계기가 되었다고 하였다.

3) 사회문화계 반응

예술을 사회문화적 차원에서 다루려는 사상이라는 측면에서 실험을 통해 누구의 눈치에도 영합하지 않으려는 현대춤 정신이 지향하는 저항의식을 가진 새로운 한국춤 세대에 큰 관심을 가졌다.

이를 통해, 채희완의 논평을 덧붙이면,

「소리사위」는 신무용이 주류를 이루었던 한국 춤계에 커다란 파문을 일으키게 되어 한국 창작춤판에 새로운 양식을 출범케하는 기폭제 역할을 하게 되었다고 본다. 「도르래」는 오래되었으나 신선한 한국적 서정세계가 그려져 정결한, 깊이 있는 수채화 같은 느낌이 강렬하게 다가왔다.

「하지제」

1. 공연을 마친 기분

첫 개인공연을 한 시간이라는 긴 시간동안 마치 무당이 신 받듯이 춤에 입문하기 위해 여한이 없을 정도로 춤에 몰입한 희열감을 느꼈다. 참여한 출연자(연극전공자)들이 춤의 연륜이 없는 춤꾼들이여서 애로점이 있었고 주제가 제의 형식이다보니 이왕이면 새벽에 모여 연습하여 분위를 살렸다. 한 때 오지 않는 출연진을 기다리다가 원본 릴테이프를 내 던지고 밖으로 튀쳐나갔다가 동틀 무렵 돌아와 보니 두명의 출연자가 바닥 전체에 깔려있는 릴테이프를 감고 있었다. 서로의 상충되었던 작업이었지만 연출, 장치, 인쇄물에 판화가 김구림 선생님의 도움을 받아 무사히 공연을 잘 마칠수 있었고 언어가 아닌 춤과 연출만으로써 새로운 경험을 통해 만족감을 주었다.

2. 작품의 공연 환경

1) 때,곳,공연공간 분위기

1982. 8. 8. 문예회관 대극장, 700석 무대 시스템이 잘 갖추어진 대표적인 극장이다.

2)기획,연출,제작환경

단독 주최로 기획 및 제작을 모두 개인적으로 담당하였다.
연출은 판화가 김구림 선생님이 담당하고 무대장치를 설치해주었다.

3) 공연횟수는 초연 1회 공연.

3. 형상화를 위한 협업과정

1) 연출지요 : 대본짜기(드라마트루기), 안무, 음악, 무대공학

공(空), 생(生), 고(苦)의 3장으로 구성하여 안무하였고 음악은 1장-김용만작곡 영계(靈界), 2,3장-작곡 및 생음악 신혜영 담당 하였다. (한 때 국립국악원에 다닐 때 만난 인연으로 거문고 연주자이며 타악,구음등 다각적으로 연주 할 수 있어서 처음으로 춤연주를 혼자서 하였다.)

2) 연행자(춤꾼)의 구성

남자무용수 6인과 독무로 구성하였다.

3) 특기할 인접 매체 활용 : 소도구, 의상, 무대장치, 조명, 분장

소도구로 전등과 검은 천을 사용하였고 무대 장치로써 500여개의 스텐철사를 천장에 매달아놓았다. 의상 담당은 정선,의상을 준비할 때도 실험적 정신을 도입하고자 했다. 남자무용수의 의상은 하의 회색바지와 검은 도포였고 독무 의상은 마치 이사도라 던컨의 의상과 같이 하늘거리며 자연스러운 디자인에 착안한 흰 쉬폰의 긴 의상, 짧은 원피스 형태에 소매는 날개와 같은 스타일, 흰 한복으로 각 장 마다 다른 3가지 디자인의 의상을 사용하였다. 의상을 담당했던 정선 선생님이 종래의 한국춤 의상과는 거리감이 있어서 난감해 하였다. 조명은 이상봉 담당, 제의 분위기에 따라 화이트 톤에 가까운 빛을 사용하였다.

4. 창작의 계기

다니던 직장에서 벗어나 나만의 세계를 표출하고자 하는 춤에 대한 욕구를 갖게 될 때 『춤』지의 조동화 선생님이 독려해주셔서 용기를 갖게 되었다. 홍윤숙님으로부터 시 추천을 받았고 김구림 판화가님을 소개받아 현대적인 연출과 장치를 부탁드렸다. 음악을 독일 현대 음악가 스톡하우젠 곡을 추천해주셨는데 제의와 맞지 않아 훗날 제웅맞이 작품에 사용하였다. 홍윤숙의「하지제」시에서 방황하는 젊은이 영혼의 고통,삶,허공, 이런 것을 현대감각으로 풀어내고자하였다.

5. 안무와 실연 : 춤꾼 구성

남성무용수 6인과 함께 작업하였고 춤사위는 전통적인 요소로써 검무, 법고무 동작을 응용하였고 한 명의 여자춤꾼과 군무진 남성춤꾼으로 구성하였는데 주로 여성 춤꾼이 이끌어가고 남성춤꾼들은 주위를 맴돌거나 보조적인 역할만 하도록 하였다.

6. 작품의 구성, 틀, 짜임새

1) 대본(Libretto)

대본을 시로 채택하였다.

「하지제」(시: 홍윤숙)

둥, 둥, 둥,
낯선 땅 모래벌에
신명은 주문처럼 하늘에 닿았다.

불모의 여름을 유랑하는
곡마단

청춘은
그렇게 짐을 싸며 떠났다

땀으로 눈물 씻던
산하

함성처럼 떠오르다 사라진
별들

찢어진 희망들이
눈을 뜨고 죽어 갔다

시간이 안개빛 명정銘旌을 휘날리는 벌판

2) 구성, 틀(Structure)
공(空), 생(生), 고(苦)의 3장으로 구성하였다.

3) 짜임새
장면별 상황에 맞게 이미지화 하였다.

7. 무대 공간 구성

1장 – 상수 단 위에서 점차 대지속으로 들어가는 모습
2장 – 6인의 춤꾼과 독무, 처음에 제의적인 모습에서 점차 서로 대결 구조를 갖기도하고 독무의 주변을 돈다.
3장 – 6명의 춤꾼을 배경으로 하고 독무가 이동하는 단 위에 서서 중앙으로 이동

8. 역동적 이미지의 형성, 흔들림, 변조, 반전 : 춤언어, 리듬, 매체

1장 – '공'에서는, 음악「영계」는 계속 반복되면서 깔리는 음악으로, 매체로서는 바닥 전체에 검은 천을 깔고 독무가 점점 그 속으로 들어감으로써 천상에서 내려와 땅으로 들어가는 탄생(태어남)의 분위기를 표현하였다. 이 때 천 안에 춤꾼들이 있다.
2장 – '생'에서는 제의적 느낌을 자아냈는데, 김구림 선생님의 장치 (5백여개의 스텐 철사)엉키듯 묶어 매달아놓아 조명의 굴절 효과를 갖도록 하였고, 춤꾼들이 얼굴에 검은 전등을 괴기스럽게 비추고 방울과 북의 생음악 연주는 안무된 춤동작에 박을 맞추는 무장단과 느린삼채에서 점차 고조됨에 따라 젊은 영혼의 생에 대한 열망을 표현하였다.
3장 – '고'에서는 춤꾼들이 부조처럼 서있는 가운데 잔잔한 구음 소리를 배경으로 이동하는 검은단 위에 올라탄 한 춤꾼이 중앙에서 살풀이의 분위기를 내어 기원의 형식을 담아 내었다.

9. 주제의식과 세계관 : 기운의 파장

인간의 삶에 대한 굴레에서 비롯된 숙명적 인연들, 저승도 못가고 땅에도 머물 수 없는 떠돌이 원혼,젊은이의 방황하는 혼백이라도 좋고 제의적인 형식을 빌어와 표출하였다.

10. 공연 후 반응은 어떠했나?

1) 춤계 반응 호응도
젊은 신인이 혼자 공연을 하다보니 많은 관객 동원을 하기가 쉽지 않았다. 700석 규모에 400여석이 채워졌다. 더구나 화려한 작품이 아니다 보니 많은 관객은 기대하지 않았으나 신선한 바람을 원하는 관객들에게는 저돌적으로 느껴졌던 것 같다.

2) 춤 비평계 반응
양적인 볼륨이라든지, 잔가지들이 많이 섞인 기교라든가 과장에 의하지 않는 즉흥성을 거부하지 않는 야무진 자세라는 평판과 함께 기존의 춤 풍토에 안주하지 않고 자기 스스로의 목소리로 자신을 이야기해내는 어떤 도전적이며 한 맺힌 삶의 일대기를 흐트러짐이 없이 엄격한 자기절제로서 강한 개성을 돋보였다는 평을 받았다.(『춤』 채희완)

3) 사회문화계 반응
기존 예술 풍토에 던지는 새로운 세계로 향한 파문을 던져주었다는 평을 받았다.

이를 통해, 채희완의 논평을 덧붙이면,

오뉴월에 찬서리 내리듯 써늘한 뜨거움의 '최은희 춤선언' 작품이다.

「넋들임」

1. 공연을 마친 기분

경연에 대한 심적 부담감이 컸었는데 결과를 떠나 혼신을 다해 준 춤꾼과 스탭들에게 감사한 마음이 들었다. 과정에서 겪었던 어려웠던 점은 서양 작곡자와의 만남에서 원하는 음악이 만들어지지 않았던 부분이 있었다. 연주자들이 교체되었는데도 불구하고 결국 이 부분만 김덕수 사물놀이 음악일부를삽입했다. 신들린 부분의 음악에서는 악보대로 연주하기보다는 실제 동작을 실연하면서 연주자들의 악을 고조화시켰다. 다행히 전반적으로 음악이 순조롭게 탄생이 되어 춤과 음악이 유리되지 않는 평을 받아 과정에서 겪었던 고생이 눈 녹듯이 사라지는 느낌을 받았다.

2. 작품의 공연 환경

1) 때,곳,공연 공간 분위기
1982. 10. 28. – 29. 문예회관 대극장

2)기획,연출, 제작환경
제 4회《대한민국무용제》경연 참가작으로 〈창무회〉 단체로 출품하였다. 무용제 경연 지원금과 일부 제작비를 본인이 부담하여 제작하였다.

3)공연횟수, 연보/ 총 11회
1982. 10.28.–29. 문예회관 대극장.초연
1982. 11.17.–24. 대상 수상 기념 지방 순회공연(청주,대전,목포,진주,부산,대구)
1983. 1 .24. 한국정신문화연구원 지도자 특별간담회 공연.
1992. 10. 1. 부산문화회관 대극장, 최은희 개인발표회.
1992. 11.22. 창무예술원 개관 공연으로 올려졌다.

3. 형상화를 위한 협업과정

1) 연출진용 : 대본짜기(드라마트루기), 안무, 음악, 무대공학
대본은 강진옥의 시로 대신하고 작곡은 홍선레씨가 담당하였다.
두 분은 내가 한국정신문화연구원에 다녔을 때 만난 동료들이여서 서로의 만남이 용이하였고 작품에 대한 의논을 현장을 함께 다니면서 상시적으로 하였다. 홍선례는 서양작곡자였지만 오히려 탐구력으로 입체감 있는 선율을 타악,범패를 응용하여 만들었다.

2) 연행자(춤꾼)의 구성
〈창무회〉 회원(대부분 이화여자대학교 대학원생으로 구성)과 연극과 남학생 4인으로 총 15인의 춤꾼으로 구성되었다.

3) 특기할 인접 매체 활용 : 소도구, 의상, 무대장치, 조명, 분장
소도구로 제금, 넋종이, 오방깃발이 사용되었고 여자 춤꾼의 의상은 정선 제작으로 승려복식을 응용한 면계통의 흰 의상으로 하였고 남자 춤꾼의 의상은 잿빛 의상으로 하였다. 무대 장치로는 당산 나무를 상징한 빛이 나는 금속 철로 김구림 선생님이 제작 하였다.

4. 창작의 계기

다년간에 걸쳐 여러 형태의 민속놀이와 제례에 대한 현장 조사에 참여하면서 사람은" 어디에서 와서 어디로 가는가"에 대한 물음이 자연스레 생겨나 한국 문화에 끈끈히 흐르고 있는 무속의식 및 한의 맥락에서 믿음으로 참여하는 사람들을 통해 춤으로 표현하고자 하는 욕구가 발동하였다. 우리 민족의 심성에 깊이 뿌리박고 있는 원초적인 리듬과 의식으로 표출하고자하였다.

창작의도는 무속의례 「진오귀 굿」 형식을 빌어서 한국인의 삶에 대한 체험적인 인식논리를 이승과 저승, 삶과 죽음의 의미 구조를 통해 표출되는 생의 원형적 이미지로 드러내고자 하여, 그것을 무대 위에서 그 형식과 내면적 의식을 현대적 감각에 맞추어 형상화하였다.

5. 안무와 실연 : 춤꾼 구성

「작법」 바라춤에서의 대무, 진오귀 굿에서의 오방신장무, 씻김굿에서의 넋종이, 「살풀이춤」 을 응용하여 안무하였고 직접 무녀 역에 출연을 겸하였다. 군무진으로 무녀, 죽은 자, 동민으로 구성하였다.

6. 작품의 구성, 틀, 짜임새

1) **대본(Libretto)**
대본으로 시를 채택하였다.

「넋들임–새로와진 삶과 그대를 위해」 (시; 강진옥)

차마 보내고 싶지 않은 사람
떠나 보내기 위해 만나려는
안타까운 부름,
그 목소리 먼 먼 하늘에도 울렸구나 울렸구나.

– 중략 –

새벽이 오는가
어디 먼 곳에서부터
내내 어둠헤치며 걸어오신 손님
푸시시 깨어나는 세상
새로와진 사랑

2) **구성, 틀(Structure)**
1장. 초혼의 장 2장. 교감의 장 3장. 해원의 장(넋들임의 장)

3) **짜임새**
기–승–전–결 방식

7. 무대 공간 구성

1장 – 무대 중심에 무당이 엎드러져 있고 그 주위로 나머지 군무진이 앉은 상태에서 바라(제금)을 치면 회전무대가 돌아간다. 일어나 서로 교차되며 퇴장하고 길놀이 행렬(Z형태)로 재등장한다.

2장 – 무당이 앉아 꿈틀대면 군무진(죽은 혼령)이 등장한다. 혼령과 신도의 격렬한 만남 뒤 혼령들이 퇴장한다 오방신장 무녀들이 태극구조로 나와 중앙에 앉아 있는 동민(산 자)들을 사방으로 애워싸며 위로한다.

3장 – 뒷풀이 형식으로 신목을 향해 춤꾼들이 등장하는데 중앙에는 동민의 왕신도가 신목에 걸려있는 넋종이를 들고 솔로를 시작한다. 춤꾼들은 각자 춤을 추며 시계 반대방향으로 향한다. 넋종이가 하늘로 올라가며 끝난다.

2장에서 3장으로 넘어가며 뒤에 있던 흑막이 올라가며 생기는 빈공간에는 어둠에서 밝음으로 새벽의 느낌이 번진다.

8. 역동적 이미지의 형성, 흔들림, 변조, 반전 : 춤언어, 리듬, 매체

1장 – 마을의 굿 장소를 상징하는 당나무(신목)를 중심에 두고 대표 신도가 넋종이를 신목에 올리면서 단순리듬의 북소리로 시작한다. 동시에 나머지 동민들도 신목 주위에 앉아 제금을 치며 신을 불러들인다. 이때 회전무대가 함께 돌아간다. (절도, 통일된 의식적인 움직임)

2장 – 밝음과 어둠이 교차하는 장으로서 무녀의 공수, 신들림, 주술적 표현, 산 자(동민)와 죽은 자와의 치열함을 법고의 휘둘음 춤사위를 활용하여 동적으로 표현하였으며 오방신장무의 격렬한 위무의 표현을 사용하였다. 악기로는 타악기(탐탐, 방울, 징, 바라)를 위주로 하였다.

3장 – 환희와 기원의 장, 흑막이 올라가고 흰 배경의 호리존트를 배경으로 마지막 죽은 자와 산 자와의 교감 후 대표신도가 넋종이를 씻김 굿 형태로 하늘에 띄우는 방식을 택했다. 북소리에 가곡 형식을 띈 구음소리, 천상의 세계를 연상케하는 범패 선율을 응용한 성악음에 맞춰 나머지 동민들은 살풀이의 분위기로 기원하는 형식으로 표현하였다.

9. 주제의식과 세계관 : 기운의 파장

이승과 저승, 삶과 죽음의 구조를 통해 표출되어진 우리의 원초적인 리듬과 의식의 세계를 형상화 하였다.

10. 공연 후의 반응은 어떠했나?

1) **춤계 반응 호응도**
하루에 두 팀씩 이루어지는 경연작이라 아르코 대극장에 관객석이 대부분 채워진 상태이다. 종래에 보지 못했던 굿의 새로운 무대 형상화로 관객들의 고조된 관심과 무대를 성공적으로 이끌어 신선함을 안겨주었다.

2) **춤 비평계 반응**
한국인의 심성속에 뿌리 박고 있는 전통적인 종교 심리(충동)를 잘 이끌어 냈으며 음악과 장치가 서로 유리되어 헛되지 않고 음악 속에 춤이 있고, 또 그 춤이 음악을 끌어내면서 무대가 하나의 초점으로 집중되는 열기를 지닌 만다라의 도식을 무대에 펼쳐냈다는 평을 받았다. (『문학사상』 이순열)

3) **사회문화계 반응**
오늘의 우리 춤이 없다'는 그 공백을 메웠어야 할 시대적 요청에 부응할 수 있는 춤을 들고 나와 오늘의 우리 춤을 창조해가는 시발점으로 인식하는 계기가 되었다는 평을 받았다.

이를 통해, 채희완의 논평을 덧붙이면,

춤의 전환기에 함께 하는 춤 단체 〈창무회〉가 지향하는 춤세계가 과연 '한국적'인가, 아니면 '현대적'인가 하는 물음속에서 거듭되는 변신을 통해 새로운 현대적인 한국춤의 한 모형을 제시하였다고 본다. 카타르시스와는 다른 한국적 정화의식. 곧 '씻김'의 풍격(風格)이다.

「늪」

1. 공연을 마친 기분

직업무용단 정기공연에 올린 첫 창작 작품으로 새 젊은 안무자로 교체되었다는 소식에 많은 사람들의 이목과 시선을 받아 부담이 되었지만 〈창무회〉가 무용계에 새로운 한국춤을 던져 준것처럼 기존의 춤형태에서 벗어나 그 동안 접해보지 못했던 시대적 메시지로 새로운 춤세계를 던져주었다는 자부심을 가졌다.

2. 작품의 공연 환경

1) 때,곳,공연공간 분위기
1983. 10. 27 – 28. 부산시민회관 대강당(그 당시 부산에서 가장 대표적인 대극장)

2) 기획,연출,제작환경
부산시가 주최로 기획, 제작한 작품으로 정기공연 예산으로 집행되었다.

3) 공연횟수,연보/ 총 4회
1983. 10. 27 – 28. 제12회 정기공연,
1984. 5. 23 – 24. 제13의 정기공연,
제12회,제13회 정기공연에 각각 2회씩 걸쳐 4차례 올려졌다.

3. 형상화를 위한 협업과정

1) 연출진용 : 대본짜기(드라마트루기), 안무, 음악, 무대공학
몇차례 굿 현장을 함께 했던 황루시님과의 만남을 통해 대본을 부탁하였고 현대음악을 미국에 있던 장덕산님이 방학을 틈타 한국에 왔을때 부탁하여 신디음으로 작곡한 곡에 안무를 하였다.

2) 연행자(춤꾼)의 구성
〈부산시립무용단〉 전원(42명)으로 구성되었다.

3) 특기할 인접 매체 활용 : 소도구, 의상, 무대장치, 조명, 분장
정선 의상으로 한복을 응용하여 실폰 질감으로 푸른빛 및 갈색빛 계열의 의상을 사용하였다.

4. 창작의 계기

한국춤의 현대화에 초점을 두고 새로운 시각으로써 오늘을 표현하는 것을 과제로 삼아 출발한 작품이다. 몇 차례 민속놀이 현장(농악,탈춤,굿)을 찾아다니며 인간의 순수한 감성을 맡으러 애쓴 적이 있다. 그 반면 현대에 사는 생존경쟁 속에서 인간 관계의 균형이 깨어지고 점차 대립적 관계로 변하면서 인간의 외로움과 소외감은 끝없이 되풀이 되어지는 모습을 풍요와 기원의 축제 형식의 민속놀이에서 착안하여 시대적 메세지를 던져줄 수 있는 작품으로 구성하였다.

5. 안무와 실연 : 춤꾼 구성

군무진들은 서로 대결하는 모습의 인간군상으로 표현하였고 그들의 불안감을 휘몰아치는 바람으로서 이미지화하였다. 회오리 바람을 연상시키는 동작으로 횡적 이동과 대결의 휘둘움 사위를 통해 늪으로 빠져듬을 표현하였다.

6. 작품의 구성, 틀, 짜임새

1) 대본(Libretto)

「늪」(원작;황루시)

자연, 사회, 인간과의 관계를 그린 작품으로, 자연은 끊임없이 잉태되고 소멸되는 가운데 또 다시 반복, 생성되어진다. 그 속에 사는 인간의 삶은 자연에 대한 믿음이 있었으나 점차 오늘의 상황에서 생존경쟁으로 변해가면서 믿음에 대한 균형이 깨어진다.

2) 구성, 틀(Structure)

1장 – 자연과 인간의 분리
2장 – 인간과 인간의 분리
3장 – 현대의 생존경쟁에서 밀려난 인간들의 고독한 모습

3) 짜임새
기–승–전–결 방식

7. 무대 공간 구성

1장 – 암울한 군무진들이 누워있으며 마치 회오리바람이 일 듯 휘몰아 가는 동작
2장 – 대결 구도로 공간을 가로지르며 등퇴장을 반복
3장 – 오케스트라 박스를 향해 각자의 침울한 모습으로 이동하면서 늪으로 빠져드는 모습을 표현.
에필로그는 2장의 모습을 반복하되 소그룹을 만들어 동시에 반복한다.

8. 역동적 이미지의 형성, 흔들림, 변조, 반전 : 춤언어, 리듬,매체

현대음악 신디싸이저에 꽹과리 장단을 입혀 장별로 고조화시켰다.

1장 – 긴장감을 유발하는 음악으로 닥쳐올 인간과 자연 간의 균형이 깨어짐을 암시하였다. 계속적으로 돌면서 이동하는 동작.
2장 – 전개부에서는 본 투쟁을 작법의 법고 동작에 의한 휘둘음사위로 표현하였다. 리듬이 점차 빨라진다.
3장 – 종국에는 파멸(늪)로 빠져드는 장면으로 극적 표현성을 강조하였다.
에필로그에서는 대결과 투쟁을 되풀이 하는 장면으로 리듬이 고조화, 반복한다.

9. 주제의식과 세계관 : 기운의 파장

현대문명 비판을 메시지로 담아 생존경쟁에서 인간의 대립관계로 인간의 소외감이 되풀이 되는 것을 그렸다.

10. 공연 후의 반응은 어떠했나?

1) 춤계 반응 호응도
부산시민회관 대강당 무대에 객석 대부분이 채워졌다. 젊은 안무자에 대한 기대반 호기심반으로 호응도가 높았다. 작품 창작 구성인자 내에서는 주로 춤극의 구성미를 추구해왔던 것에서 표현 위주의 형상을 통해 새로운 형태미를 보여주고자 하는 도전적인 나의 심리가 반영된 것 같아서 스스로의 용기에 자부심을 가졌다.

2) 춤 비평계 반응
주지주의적 추상표현을 내새운 창작경향이여서 이때까지의 눈 익은 형태미나 기교미 위주의 상징적 춤이나 사실적 춤들과는 다르다는 점에서 관객과의 소통에 다소 무리함이 없지도 않았다. 세기말 병고에 시달리는 침울한 환경속에 발악 같이 살아가는 오늘의 세태를 날카롭게 관조한 문화비평적 작품이다. (『춤』 강이문) 라는 평을 받았다.

이를 통해, 채희완의 논평을 덧붙이면,

눈 익은 형태미나 기교미 위주의 상징적 춤이나 사실적 춤들과는 다르다는 점에서 대중과의 공감대를 새롭게 형성할 수 있는 시대적 공동감 추구를 강조한 작품이다.강인하면서도 섬세한 표현력이 돋보였다. 한편,서정적인 구도에서도 갈등구조의 도입이 극적 활기를 효과적 더할것이라는 점을 상기시켰다.

「제웅맞이」

1. 공연을 마친 기분

부산 춤꾼들이 서울의 소극장에서 한 시간 공연을 해야하는 부담감이 있었다. 연습 시간에도 정신력을 키우기 위해 다잡을 때가 많았는데 끝날 때까지 자유시간을 가질 여유조차 없었지만 불만이나 사고없이 무사히 마치게 되었고 끝마치고 나서는 해방감을 맛볼 수 있었다. 소극장 기획공연으로 5명의 춤꾼과 토속적인 질감의 타악과 현대음악의 조화 속에서 마치 신들린 듯이 본격적인 춤의 세계에 빠져들었다는 느낌을 받았다.

2. 작품의 공연 환경:때,곳,공연공간분위기,기획,제작 환경 ,공연 횟수,연보/총 6회

1986. 3. 14 – 16. 창무춤터(소극장 100석으로 기본 조명시스템이 구비되어 있음)에서 열린 ≪창무춤터 기획공연≫으로 대관 및 인쇄물을 지원받았다. 제작비는 본인이 부담해야 했으며 초연은 1986년도에 5회 이루어졌고 1987. 4.7일 부산산업대학교 콘서트홀에서 〈최은희 춤〉 공연으로 올려졌다.

3. 형상화를 위한 협업과정

1) 연출진용 : 대본짜기(드라마트루기), 안무, 음악, 무대공학
대본과 안무를 담당했고 음악은 스톡하우젠의 음악 일부를 사용하였고 신혜영 외 2인(방승환,원일)이 타악을 연주하였다.

2) 연행자(춤꾼)의 구성
남성무용수 1인 박은홍, 여성무용수 4인으로 구성된 군무진과 독무로 구성하였다.

3) 특기할 인접 매체 활용 : 소도구, 의상, 무대장치, 조명, 분장
꽹과리를 소도구로 활용했고 정선 의상으로 면 가제로 된 남여 한복 의상과 빨간 도포를 사용하였다. 장치는 정진윤선생으로 제웅이 오르내리도록 하였고 조명은 이성호 담당에 주로 화이트 계열로 사용하였다.

4. 창작의 계기

토속적이고 주술적인 제웅을 통해 오늘의 삶에서 빚어지는 맺힘을 풀어 위안받고 치유하고자 하였다. 평소 토속적 질감에 관심을 갖고 지푸라기로 만든 독특한 제웅을 소재로 삼아 맺힌 원한을 풀어보고자 약한자의 증오를 대변하는 신오름으로 표현했다. 제웅이란 무당이 앓는 사람을 위해 그 액을 막기위해 사용되는 사람의 형상으로 된 짚풀 인형이다.

5. 안무와 실연 : 춤꾼 구성

4인의 군무진, 남녀 춤꾼의 대결 구도, 독무로 구성했는데 독무는 주로 강한 액땜풀이의 본격적인 위무로 춤판을 이끌어 갔다. 도입부에는 군무진의 오방무로 춤사위는 궁중무 「춘앵전」 춤사위로 시작한다. 이후 허튼춤, 배김춤을 가미한 표현춤으로서 안무를 구성했다.

6. 작품의 구성, 틀, 짜임새

1) 대본(Libretto)

오늘+삶=맺힘의 사슬, 깊은 수렁 속에 갇혀있는 방황, 번민, 좌절, 고통,
소회.귀착점, 아득한 심연 그것은 죽음.
피해자와 가해자, 누르는 자와 억눌린 자, 밟힘과 밟음,
치유할 수 없는 병 앓음.
거부가 허락되지 않는 운명의 쳇바퀴, 그 속에 갇혀있는
우리들의 초상.
위안 받고자 하는 몸짓, 절대자를 위한 신앙,
제웅을 통한 존재의 의미, 삶의 의미들에 대한 것의 되새김.
그리고 다시 한번 힘의 응축, 좌절치 않는 용기과 희망을 원하며...

2) 구성, 틀(Structure)
혼맞이, 본풀이, 액풀이의 3장으로 구성했다.

3) 짜임새
기–승–전–결 방식

7. 무대 공간 구성

1장 – 오방위 구성으로 무대 중앙의 주무와 4방의 군무로 대무 형식을 가진다.
2장 – 군무진들이 휘몰아치며 원형으로 돌기도 하고 정지상태에서 차례대로 떨어지면서 쓰러지기도 한다. 2인무 남녀 대결무에서는 지그재그로 이동하면서 피해자와 가해자를 표현한다.
3장 – 뒷막에 걸려있는 제웅을 향해 한 춤꾼이 꽹과리를 치며 선두에서 등장, 뒤따라 1인 꽹과리 치며 등장, 2인이 앞에서고 나머지 춤꾼들은 일렬로 무릎을 꿇고 엎드려서 절형식으로 입장한다. 타악 장단에 맞추어 본격적인 군무와 독무가 이루어진다.

8. 역동적 이미지의 형성, 흔들림, 변조, 반전 : 춤언어, 리듬, 매체

1장(혼맞이) – 맨처음 제웅에 조명이 비쳐지면 무음악에 1인이 한바탕 강한 표현이 담긴 춤으로 몰아가다가 제웅에 걸쳐진 무녀옷을 입는다. 4방에 절을 하며 춤꾼들을 불러들인다. 절도있는 궁중무 「춘앵전」, 「처용무」 춤사위로 제의적 형식.
2장(본풀이) –현대음악가 Karlheinz Stockhausen의 괴기한 음에 각 춤꾼들이 피해자의 모습을 분절된 움직임과 남녀 2인의 대립된 몸짓으로 거침없이 강하게 표현한다.
3장(액풀이) –전체의 음악 분위기는 무당이 염불하듯 장단이 이루어지고 장고나 북타악으로는 중모리 장단을 다양하게 변화시켰고 몰아갈 때는 휘몰이로 고조시켜주었다. 특히 훈으로 전체적인 분위기를 나타내는 주선율로 이루었다. 본격적으로 덧배기 춤사위(토속적)와 표현을 가미한 응용춤를 구사하면서 리듬이 고조됨에 따라 독무는 제웅을 향한 접신 상태의 신들림을 강렬하게 도약한다.

9. 주제의식과 세계관 : 기운의 파장

토속신앙에서의 주술적이고 심리적 묘사에 주안점을 두었다.

10. 공연 후의 반응은 어떠했나?

1) 춤계 반응 호응도
소극장에서의 기획공연이라 객석 대부분이 채워진 상태에서 전달성에

서 긴장감이 고조되었고 의식의 절도감과 강한 표현력, 라이브 음악에 맞춤 춤동작 등 한 시간 내내 쉼없이 이어졌다. 관객과 가까이 마주하며 춤꾼들의 호흡하는 소리가 효과처럼 전달되었고 라이브 음악의 경우 관객과 혼연일체 되었다.

2) 춤 비평계 반응

춤은 그 정신적 거점을 전통적 민족정서에 두고 있다. 그러나 표현수단에서 굳이 전통성을 고집하시 않은 것은 보다 자유롭기를 바라는 생각과 나름대로의 현대적 시각을 강조하려는 심산에서인 듯하다. 점차 자신의 방법론을 분명한 모습으로 경작해가고 있으며 개성적 발성을 부각시키려 하고 있다. (「부산일보」 강이문)

제웅맞이는 옛 미신 같은 것을 떠나, 지금 그들이 서 있는 자리, 모든 심라만상의 되새김이다. 인간은 무엇인가 라는 반문이다. 최은희의 (인간은 무엇인가) 라는 되새김은 그래서 이 3장의 춤에서 가깝게 들린다. 그 소리가 들린 것은 최은희의 건재와 관계가 있다. (『춤』 김영태)

이를 통해, 채희완의 논평을 덧붙이면,

의식의 절도감과 강한 표현력, 라이브 음악에 맞춘 춤동작 등 한 시간 내내 쉼없이 새로운 형식에 몰입되고 하는 작품이다. "삶은 무엇으로 살 것인가?" 에 대한 근원적이고도 당올찬 질문과 각오가 최은희 작품세계로 세차게 드러나고 있다.

「매듭풀이」

1. 공연을 마친 기분

전체적으로 강한 표현과 절제력을 갖추면서 천의 사용을 움직임과 일치시키며 마지막 클라이 막스에서는 도약을 반복해야 하는 작품이었다. 계속 반복되는 연습과정에서 무용수들이 느꼈던 힘듦과 격앙된 상태가 작품에 잘 표출되어져 희열감을 느낄 수 있었다.

2. 작품의 공연 환경 : 때, 곳, 공연공간 분위기,기획, 제작환경,공연 횟수,연보/총 6회

1988. 5. 28. 문예회관 대극장, 제 4회 ≪한국무용제전≫ 참가작으로 〈한국무용연구회〉가 기획한 작품이다. 제작비는 본인이 부담했으며 대관 및 인쇄물을 지원받았다. 주제는 `제의`였고 하루에 2팀씩 으로 관객이 대부분 채워졌다. 1988.5.28 초연 이후 1989. 4.21-22 경성대학교 콘써트홀 최은희 춤, 1995.4.30. 대구 문화 예술회관에서 열린 제11회≪한국무용제전≫, 1995.11.3.-4. 부산문화회관 중강당에서 ≪최은희와 춤패 배김새 10주년 기념공연≫에 올려져 총 6회 공연을 하였다.

3. 형상화를 위한 협업과정

1) 연출진용 : 대본짜기(드라마트루기), 안무, 음악, 무대공학

대본,안무를 담당하였고 음악은 신혜영 담당하여 북소리를 입힌 전자음으로 작곡하였고 도입부에 제의적 허밍소리를 편집하였다.

2) 연행자(춤꾼)의 구성

5인으로 〈춤패 배김새〉와 남학생 2인으로 구성된 군무진과 독무로 6인으로 구성하였다.

3) 특기할 인접 매체 활용 : 소도구, 의상, 무대장치, 조명, 분장

의상은 가마골 소극장 연극의상을 하던 최은실이 담당. 차가운 유리옷을 입은 듯 투명한 비닐 소재로 된 겉옷과 가제천으로 된 군무 의상을 사용했으며 중심인물은 지푸라기를 연상시키는 디자인, 매듭형태로 디자인으로된 긴 빨간천(소창지)을 소도구로 활용하였다.토속적인 분위기의 천은 마치 뛰는 혈맥을 상징하기 위한 붉은색 천(소창지)을 사용하였으며 긴 천을 신체에 감아서 매듭을 짓고, 매듭을 끌어 당기고 풀어내었다. 조명은 최형오 담당.

4. 창작의 계기

주최 측에서 제시한 주제`제의`가 수어셨나. 시대적 상황으로는 정치적으로 이슈와 학내에서는 무용실 확보 현실화를 위한 무용과 학생들의 시위가 맞물려 학내에 계속 시위가 이루어지고 있는 때였고 갇혀있는 현대인의 모습에서 내재되어 있는 응어리를 제의로써 분출시키고자 하는 욕구가 컸던 만큼 진도 씻김굿의 고풀이에서 착안하여 긴 천으로 확대하였다. ('고'는 매듭을 뜻한다)

5. 안무와 실연 : 춤꾼 구성

5인 군무진과 함께 6인으로 첫 장면 독무로 시작 도입부 부터 마칠때까지 다같이 등장

6. 작품의 구성, 틀, 짜임새

1) 대본(Libretto)

오늘을 살아가는 인간들이 부딪히는 '현대'라는 굴레는 좌절, 번민, 고뇌 등의 응어리들을 만들어낸다. 끝이 보이지 않는 긴 터널의 칠흙 같은 어둠 ... 이러한 응어리를 우리 가까이에서 면면히 이어져 내려오는 민간신앙의 하나인 씻김굿 중의 한 과정인 고풀이 형식을 통하여 풀어내고 다시금 오늘의 삶을 충전시킬 살아 솟구치는 몸짓의 제의로 형상화한다.

2) 구성, 틀(Structure)

도입부 - 투명한 비닐(현대인을 상징)을 입은 군무진 춤꾼들이 등퇴장하면 춤꾼 1인이 긴 터널을 뚫고 등장.

진행부 - 몸에 감은 매듭을 풀어내는 과정.

결론부 - 풀어낸 천을 들고 용솟음치듯 공중위로 뿌리면 군무진들이 튀어오르는 장면. (클라이막스로 끝을 맺는다)

3) 짜임새

기-승-전 방식

7. 무대 공간 구성

도입부 - 1인이 바닥에 앉아서 사이드에서 중심으로 이동하면 사방에서 군무진들이 순발력 있게 차례대로 튀어들어온다.

진행부 - 1인은 차례차례 각 방향에 배치되어 있는 춤꾼들(주로 상수 앞, 하수 위,아래에 배치)과 만나고 5인과의 대결한다.(사선에서 밀고 들어온다).

결론부 - 1인이 각 방향에 있는 춤꾼들에게서 천을 잡아 당겨 풀어낸다.

8. 역동적 이미지의 형성, 흔들림, 변조, 반전 : 춤언어, 리듬, 매체

도입부 - 차갑고 투명한 비닐(현대인을 상징)을 입은 춤꾼들이 차례대로 등장하여 각자 자기 위치에서 멈춰서 분절된 꺾인표현을 하고 퇴장.춤꾼1 인이 사이드에서 중심으로 들어올 때 제의적 요소가 강한 허밍과 유사한 일본 음악을 배경으로 한다. 조명은 사이드 길 따라들어오고 중앙에 오면 탑으로 비춘다.

진행부 - 다시 매듭을 감고 튕기는 타음에 한명씩 재등장 하고 신디음으

로 된 깔리는 음에 맞춰 대결무가 이루어진다.이때 탈춤 취발이의 한 발로 미는 동작을 응용하면서 1 인을 밀어낸다. 점진적으로 신디음에 북소리가 입혀지면서 고조된다.

결론부 – 북소리 신디음이 점점 밝은 음으로 고조되면서 빨라진다. 가장 밝은 조명 아래 군무진들에게서 풀어낸 천을 들고 용솟음치듯 천을 공중위로 높이 뿌리면 군무진들은 튀어오른다.

9. 주제의식과 세계관 : 기운의 파장

굿 가운데 가장 대표적인 씻김굿 고풀이로 매듭을 풀어내어 삶의 활력을 가져다 주는 염원을 그렸다.

10. 공연 후의 반응은 어떠했나?

천 사용을 극대화시켜 소품의 활용도를 높힐 뿐만 아니라 신체와 일체감을 가질 수 있었던 작품으로 토속적인 것과 현대적인 것을 잘 조화시켰다고 본다.

1) 춤계 반응 호응도

하루에 2팀으로 이루어진 관객들로 대부분의 객석이 채워졌고 제의라는 주제에 의해 창작한 작품으로 긴 천을 활용하여 관심을 집중시켰다.

2) 춤 비평계 반응

너무나도 차갑고 구성적인 권력의 그늘에 짓밟혀 뒹구는 군상이 애잔함과 그것을 외면하고 설치는 얽키고 설킨 망상의 매듭들을 유혈이 낭자하도록 헤쳐나가려는 작가의 염원이 처절하게 투영되면서 오뇌의 몸부림이 흥건히 괸 어둠의 심연을 감동적으로 펼쳐주었다는 평이 있었다. (「국제신문」 강이문)

이를 통해, 채희완의 논평을 덧붙이면,

토속적인 것에서 현대감각을 캐어내는 미적 감수성과 미의식이 뚜렷한 형상력으로 표출된 견고한 작품이다.

「외출하다」

1. 공연을 마친 기분

시와 미술과의 만남을 처음으로 시도하면서 시 선정에서 미술의 효과에 대해 타분야 예술인들과 직접 만나는 작업에 호기심이 발동하였다. 비교적 춤 작업에 용이한 시인 황인숙 시「외출하다」로 선정하고 화가 한만영 선생님의 아이디어로 색다른 총체적인 작업과정이 새로웠던 경험을 갖었던 흥미로운 시간이었다.1시간을 독무로 진행하면서 4회의 공연과 리허설 때마다 마지막 장면이 무대장치(캠퍼스)에 몸을 던지면서 물감이 묻어나올 때마다 의상을 갈아입어야 했고 몸에 베어든 물감을 휘발유로 지울때 현대인의 멍든 듯한 속내를 후련하게 해소시켜 주는 느낌을 받았다.

2. 작품의 공연 환경 : 때, 곳,공연공간분위기, 기획, 제작환경,공연횟수와 연보/총5회

1988. 5. 14 – 16. 창무춤터 소극장, 4회 공연으로 진행되었고 연일 객석이 채워졌었다. ≪창무큰춤판≫기획 '춤과 미술과 시의 만남' 으로 대관과 인쇄물을 지원받았고 1988.12.12 Best 5인전에 1회 올려 총 5회 공연을 올렸다. 황인숙(시), 한만영(미술), 황장수(음악), 정선(의상), 김영진(영상) 등과 함께 작업했다.

3. 형상화를 위한 협업과정

1) 연출진용 : 대본짜기(드라마트루기), 안무, 음악, 무대공학.

대본은 황인숙 시로 대신하고 음악은 황장수는 경성대학교 출강 당시 만나서 작업을 의뢰한 황장수는 시를 읊는 소리, 다듬이 두들기는 소리,여인의 성악음,거리에서 말하는 소리등 주로 효과음을 만들었다. 그리고 여러 음악을 편집하여 사용하였다.

2) 연행자(춤꾼)의 구성

독무(1인)로 출연.

3) 특기할 인접 매체 활용 : 소도구, 의상, 무대장치, 조명, 분장

TV 모니터에 물감을 개는 모습을 보여주고 시를 낭송하는 입모양을 클로즈업하여 보이게하는 등 매체를 활용하였다.의상은 정선 담당하였고 1부는 하늘거리는 실크 흰치마에 파스텔톤 연보라빛 상의와 2부에서는 면계통 흰색 바지와 상의.

장치는 한만영 담당. 캠퍼스 대형(물감이 베어나올 수 있도록 장치)으로 설치.

공연 때마다 물감이 베어나와 2부 의상과 캠퍼스 천은 매번 교체하였다.

4. 창작의 계기

≪창무큰춤판≫ '춤과 미술과 시의 만남'에서 시인 황인숙, 화가 한만영과의 작업이 이루어졌다. 황인숙 작가의 시집 「새는 하늘을 자유롭게 풀어놓고」에서 춤작업 할 수 있는 이미지 와 장치의 효과(거울등)를 갖을 수 있는 시「외출하다」로 선정하게 되었다.

5. 안무와 실연 : 춤꾼 구성

독무로 진행했다. 외출하고픈 한 여인의 모습에서 외출 후 망신창이 된 모습을 그렸다.

6. 작품의 구성, 틀, 짜임새

1) 대본(Libretto)

시로 대체하였다.

「외출하다」 (시;황인숙)

거울 속의 거울을 들고 있는 나
내가 든 거울 속의 내가 든 거울
내가 든 거울 속의 거울을 든 나
그 내가 든 거울 속의 내가 든 거울

거울의 동굴을 지나면서
작아지고 작아지면서
거울 속의 거울을 들고 있는 나
내가 든 거울 속의 내가 든 거울
작아지면서

나는 쏟아져나왔다.
프리지아꽃은 다시 시들고
라디오의 아이들은 노래한다.
그 노래, 눈썹에
초록안개로 서리고

손뼉을 치래요. 발을 구르고
고개를 살랑살랑 지어보래요
봄 햇살에 고루고루
뺨을 비비는 꽃처럼요

초록안개 맺히고
프리지아꽃 청조해지고
나는 입술을 붉게 지운다.

2) 구성, 틀(Structure)
프롤로그 – TV모니터 장면(외출하는 모습, 물감을 개는 모습, 시를 읊조리는 입모양 등)
1부 – 방 안의 모습(샤막 안에서의 움직)
2부 – 외출하면서 처음엔 거리에 나와서 마임으로 시작하다가 캔버스를 향해 접촉하는 장면
3) 짜임새
장면에 따라 상황 전개로 펼쳐나감

7. 무대 공간 구성

1부 – 누운 상태에서 시작, 앉아서 화장하는 모습, 꿈을 꾸는 모습을 살풀이 춤을 응용하여 천을 들고 환상적인 모습으로 연출하였다.
2부 – 외출을 시작으로 객석을 보기도 하고 공간을 자유롭게 다니다가 클라이막스에 상수 위쪽 캔버스를 향해 사선 방향으로 돌진하며 몸을 반복하여 부딪힌다.

8. 역동적 이미지의 형성, 흔들림, 변조, 반전 : 춤언어, 리듬, 매체

프롤로그 – 암전 상태에서 TV 모니터에서 물감을 개는 모습과 입술 모양만 보이며 천천히 시 낭송을 하는 모습에 간간히 외출하는 모습을 하나씩 띄운다.

1부 – 방 안에서 누어서 다듬이 소리에 맞추어 천천히 일어나 앉아서 거울과 같은 비추는 후막에 설치하고 마치 화장하는 듯한 모습을 샤막 안에서 처리하고 외출하고 싶은 여인의 욕구를 투명한 천을 들고 살풀이춤을 응용하여 노래곡에 실려 꿈을 꾸는 듯한 모습으로 춤을 춘다,
2부 – 처음에 복주머니 같은 가방을 돌리면서 거리로 나와 두리번하는 마임을 하면서 발을 구르고 미술과의 만남이 점차 동작이 커지면서 적극적으로 진행된다. 한쪽에 대형 캔버스를 설치하여 춤꾼이 휘두름 사위로 캔버스로 향해서 부딪히면 의상에 물감이 묻어나오도록 설치하였다.이때 편집한 강한 음악이 점차커지면서 캠퍼스에 조명이 집중된다.

9. 주제의식과 세계관 : 기운의 파장

현대여성이 겪는 환상에서 깨어나 현실에서의 아픔을 그렸다.

10. 공연 후의 반응은 어떠하였는가?

1) 춤계 반응 호응도
3일 연일 소극장 공연으로 관객이 꽉찬 것이 호응도가 높게 보여졌으며 특히 기획의도에 맞게 올린 시+미술+독무와 마임등 총체적인 시도에 흥미를 가졌다.
2) 춤 비평계 반응
황인숙이 시, 한만영의 미술, 최은희의 움직임이 비교적 대등하게 어울리고 있었고 이에 따라 우리는 보통 때의 춤관람과는 다른 태도로 그들의 작업, 혹은 놀이를 보아야 할 필요성에 부딪히기도 했다는 평이 있었다.

이를 통해, 채희완의 논평을 덧붙이면,

30대 중반 도시 여성의 봄날 외출 심리를 잘 묘사해내었다고 본다.안무 및 출연자는 관객 한 사람을 두고도 치열하게 싸움 닭처럼 몸을 부딪쳐나갔다.

「어두운 날 바람그치고」

1. 공연을 마친 기분

대군무진들의 연습이 반복되는 과정에서 한 번에 에너지를 쏟는 남자 춤꾼들과의 힘든 과정을 겪었었다. 연습을 거부하는 일도 있었는데 몇차례 고비를 넘긴 과정을 거쳤다. 서울로 이동해야했기 때문에 춤꾼들의 단속에도 신경이 많이 쓰였는데 공연 전날 음식으로 탈이나 장염을 일으킨 춤꾼으로 하여금 또 한 차례 홍역을 치루고 난 공연이라 더 성취감을 가졌다.

2. 작품의 공연 환경 : 때, 곳, 공연공간 분위기,기획,제작환경,공연 횟수와 연보/총 6회

1991. 5. 8. 국립중앙극장 대극장,(공연 시스템이 잘 갖추어진 대표적인 대극장) 제7회 《한국무용제전》 공연으로 〈한국무용연구회〉 주최로 열린 공연이다. 대관과 인쇄물 등 일부 지원되었으나 제작 경비로는 본인이 대부분 부담하여 안무, 출연하였다. 초연 이후 1991.6.8. 부산문화회관 대극장에서 열린 최은희의 춤, 1993.6.15.–21.〈최은희와 춤패 배김새〉 3개 도시 순회공연(청주,울산,창원),1991.9.14.–23. 독일에서 열린 동서 베를린 민속문화축제, 개인공연등 총 6회 공연을 올렸다.

3. 형상화를 위한 협업과정

1) 연출진용 : 대본짜기(드라마트루기), 안무, 음악, 무대공학
대본엔 춤패 초창기 대표작품을 써주신 장정임, 음악은 초창기에 함께 작업한 신혜영의 대금,북,전자음등으로 작곡에 맞추어 안무와 출연을 담당하였다.
2) 연행자(춤꾼)의 구성
〈춤패 배김새〉와 경성대학교 남여 재학생 대군무진으로 구성하였다.
3) 특기할 인접 매체 활용 : 소도구, 의상, 무대장치, 조명, 분장
장치는 정진윤선생의 배경을 비닐막으로 하여 등퇴장함으로써 얼음벽의 효과를 주었고 의상은 고려사(김성만 담당). 푸른 하의에 붉은 상의(남성춤꾼), 회색 톤의 넓은 주름치마 (여성춤꾼), 남녀 모두 통일된 베이지 톤의 하의와 도포, 독무는 검정색 쉬폰 원피스에 흰색 저고리 등 다양한 색상의 의상을 사용하였다.

4. 창작의 계기

주최 측에서 주제가 "내일의 흐름찾아"가 주어줬다. 그동안 사회, 민족의 갈등 세계에 관심을 갖고 오늘날 현대인에게 숨겨진 내면적 갈등을 어떻게 드러낼것인가에 주안점을 두고 대극장에서 대군무 형식으로 대본을 장정임님께 의뢰하여 함께 역사의 질곡, 민족의 수난사 등을 나타내는 역사적 작업을 시도하였다.

5. 안무와 실연 : 춤꾼 구성

여인의 독무가 전체를 이끌어가고 다수의 여성춤꾼(12인)들은 거센 물결을 상징하고 남성춤꾼(7인)들은 거친 폭력자의 모습을 상징하여 군무진들이 대결구도를 펼친다.

6. 작품의 구성, 틀, 짜임새

1) 대본(Libretto)

민족의 수난사에는 개인사도 섞여 있다. 대립과 갈등의 인간적 숙명에 붙들려진 삶, 늘 수난 당하면서도 먼저 화해하는 우리 민족의 성정이 하늘의 섭리를 닮아 있다.

약한 것들의 슬픔과 인내, 저항보다 용서하는 자연귀의의 민족성이 슬프도록 아름답다. 그것은 인간 존재를 향한 경외심이리라. 얼마나 순결한 민족인가. 얼마나 순종적인 민족인가.

서막: 미명의 세상 한 모퉁이 한 사람이 서 있다. 산다는 것의 쓰라림이 출렁이고 풀 뿌리들의 갈증등...(중략)

일장: 갑짜기 엄습하는 제국의 폭력들, 억누르고 짓밟는 소리.광란의 소리 진실된 것들의 나약함,온나라에 번지는 침략의 불길,(중략)

이장: ...약한 것들의 길고 긴 인내는 맑은 물소리로 죽은 뿌리를 살려내고 압제의 용해인냥 새움이 돋는다.(중략)

삼장: 땅은 무엇이나 감싸안고 꽃 피운다...화해와 귀일의 만다라

종막: 사랑은 보다 높은 곳을 향해 함께 날아 오르는 것,(중략)..(조선은 여성이 아니었을까. 언제나 용서만 하는 여성이 아니었을까)

2) 구성, 틀(Structure)

전체 2막 3장으로 구성되있다.

3) 짜임새

장면 별로 상황에 맞게 이미지화 한 방식

7. 무대 공간 구성

서막 – 여인과 군무로 나뉘어 시작한다. 불길한 예감이 전체무대를 덮친다.

1장 – 남여군무로 분리된다. 폭력적 분위기가 대결구도로 표현된다. 여인과 남군무진의 대결, 여군무진과 남군무진의 대결, 전체가 대립적 구도를 이룬다.

2장 – 무대를 자유롭게 돌아다니며 새움이 움터 돋아나는 모습을 표현한다.

3장 – 하나로 일체감을 갖는다. 막 뒤에서 엎드려서 등장하여 함께 통일된 움직임을 한다.

에필로그 – 화합의 염원을 구심체로 모였다가 다시 솟구쳐오름으로 표현한다.

8. 역동적 이미지의 형성, 흔들림, 변조, 반전 : 춤언어, 리듬, 매체

서막 – 신디음으로 시작하여 물결 효과음을 사용하여 불길한 예감을 느끼는 여인과 물결을 표현한 군무진의 모습을 그려냈다.

1장 – 소리가 더욱 확대되어 주로 남성과 여성의 대립구조를 표현 위주로 극대화시켰다.

2장 – 독무로 구성,대금으로 가련하듯 약하게 시작하다가 중간에 대금의 문풍지가 떨리듯한 청(갈대막) 소리가 토해내듯 높이 질러낸다. 춤꾼은 날아오르듯 솟아오르며 잔걸음으로 이동한다.주로 배김사위와 휘몰아 갈때는 산조춤의 잦은 몰이로 응용.

3장 – 북소리 타악 소리가 계속 이어지면서 점점 고조되며 비닐막에서 등장한 춤꾼들은 공중으로 튀어오르며 탈춤의 불림을 빠른 동작으로 고조하였다.

에필로그 – 여성 음의 곡에 기원의 동작으로 춤꾼 전체가 하나가 되고 다시금 북소리에 튀어 오른다.이때 날아오르는 동작은 「춤본 1」 응용.

9. 주제의식과 세계관 : 기운의 파장

우리 민족 전체가 감내해 온 아픔과 민족 수난사를 고유한 민족 심성에 호소하여 그러한 아픔을 딛고 새롭게 탄생하고 화합하는 이상향에 대한 바램과 기원으로 제시하였다.

10. 공연 후의 반응은 어떠했나?

1) 춤계 반응 호응도는

국립극장 대극장에서 1일 두팀으로 구성 관객석이 대부분 채워졌었고 처음으로 역사적인 작품을 확대시켜 남녀 대군무의 움직임 및 서사적 내용에 몰입된 분위기이었다.

2) 춤 비평계 반응

"주제와 안무가 걸맞는 수준작이었다. 물론 순회공연이라는 조건 탓으로 매끄럽지 못한 진행이 춤의 흐름에 방해가 되긴 하였으나 무용수들의 대체적으로 고른 기량을 보여준 춤으로 큰 흠은 아니었다. 충주, 창원, 울산에서 펼친 순회공연은 다른 지역의 춤을 접할 기회가 없는 우리 고장의 의식있는 좋은 춤으로 받아들여지면서 춤을 통해 얻는 즐거움과 이해를 높여준 드문 춤판이었다." (『무용예술』 이지훈)

이를 통해, 채희완의 논평을 덧붙이면,

대군무로 구성, 특히 남자춤꾼들이 분출해내는 다이나믹한 힘이 볼거리를 제공함과 동시에 여성춤꾼들의 곡선 및 섬세함과 잘 어우러져 시각적인 대비와 조화를 이룬 작품이다. 최은희 안무로서는 보기드문 역동적 공간 구성이었다.

「우로보로스」

1. 공연을 마친 기분

새롭게 창단한 직업무용단에서의 첫 큰 무대여서 심적으로 부담을 느꼈다. 갓 대학을 졸업한 연륜이 짧은 춤꾼들, 장르를 현대 춤꾼들까지 넓혀 다양한 움직임에 역점을 두고 조화시키는 것, 수 · 차석 춤꾼들과 춤 모형 만드는 시간에 제한을 받다보니 작업하는데 한계를 가지기도 했다. 그러나 장르의 결합을 이루며 총체적인 요소와 많은 춤꾼들,연주단이 하나가 되어 현 시대를 담아 낸 춤역사에 남을 수 있는 작품이었기에 벅차오르는 느낌을 가졌다.

2. 작품의 공연 환경 : 때, 곳, 기획,공연공간분위기, 제작환경,공연 횟수와 연보/총3회

2001. 5. 24. 울산 문화예술회관 대극장(신생극장으로 시스템이 잘 갖추어진 대극장), 〈울산시립무용단〉창단공연으로써 울산광역시가 주최하고 시립예술단이 주관하였다. 초연 이후 2001.6.26. 부산문화회관 대극장, 부울경 3시도 예술단 교류 및 부산 초청공연, 2001.9.7. 창원 성산 아트홀, 창원 · 울산 시립무용단 초청공연 총 3회에 걸쳐 공연하였다.

3. 형상화를 위한 협업과정

1) 연출진용 : 대본짜기(드라마트루기), 안무, 음악, 무대공학

대본은 김열규, 『한맥원류』란 책에서 허락을 맡아 작품「파문」에 인용하였고 그 이후에 작품에 대한 평을 써주신 인연이 있고 민속학자로서 고대부터 초현대까지 아우를 수 있는 대본을 의뢰했다. 음악은 그동안 함께 호흡을 맞추어온 신혜영 작곡으로 국악기와 신디음으로 된 곡에 맞추어 연출,안무하였다.

2) 연행자(춤꾼)의 구성

〈울산시립무용단 무용단〉전원 40인과 타악 연주 4인 총 44인이 출연하였다.

3) 특기할 인접 매체 활용 : 소도구, 의상, 무대장치, 조명, 분장

무대미술 정진윤, 영상 최성원, 의상디자인은 현대춤 의상을 제작했던 디자이너로 배용, 의상제작 마레, 조명은 울산 예술회관 스탭인 김남웅 담당.

입체감 있는 무대 장치 3단 벽화에 조각처럼 군상들이 붙어있는 무대장치와 3D 영상과 50 여개의 멀티비전 매체를 활용하였다. 소도구는 긴 살풀이 수건과 등불,의상은 원시인들의 짙은 브라운, 물빛 짧은 원 피스, 흰 긴 원피스 ,현대인 청바지와 흰 셔츠등 장면별로 색상과 디자인을 달리 하였다.

4. 창작의 계기

〈울산시립무용단〉 창단을 축하하고자 생명, 탄생의 의지를 담은 작품으로 우주를 잉태한 원형, 온갖 생명의 싹이 하나로 어울린 장엄한 원형을 표현하고자 하였다. 주제와 내용 설정으로는 새 생명 탄생의 모태를 새로운 세기의 암각화의 상징성으로 풀어내어 원시시대의 생명력을 기계화된 현실과 대비시켜 미래의 새로운 비젼을 얻고자 제시한 작품이다.

5. 안무와 실연 : 춤꾼 구성

1부에서는 불의 춤(독무), 무녀 및 제의집단과 태초의 남,녀 2인무 2부에서는 물의 춤(군무진)과 남녀군무 3쌍 6인무.3부는 현대인 남녀 12인. 에필로그는 전원 총출연으로 구성했다.

6. 작품의 구성, 틀, 짜임새

1) 대본(Libretto)

프롤로그

칠흑! 천지엔 오직 잔혹한 어둠뿐, 그러면서 흑진주 빛 투명한 눈부신 깜장, 불현듯, 아슬하게 먼 곳에서 우주 태동의 기척!

제1부 비로소 하늘 트이고 땅이 열리니

제1장 하늘이여 땅이여
제2장 '목숨 꽃' 피어나는

제2부 물의 춤, 일어나는 물들

제1장 물의 춤
제2장 오지여 난장이여

제3부 춤추는 하이퍼 리얼리티

에필로그

이제 재생과 화해의 한 마당이다. 흰 수건의 길고 긴 행렬, 평화다.
그러나 이내 그것은 뜨거우지고 달구어진다.
(중략)
온 무대의 공간에는 생명의 꽃이 불꽃놀이로 표현되는 것과 함께 실제의 꽃송이들이 눈보라처럼 작열한다.
등불과 흰 수건이 거대한 거품이 된다.

2) 구성, 틀(Structure)

제5부(프롤로그, 1부, 2부, 3부, 에필로그)로 구성했다.

3) 짜임새

기-승-전-결 방식

7. 무대 공간 구성

제1부 – 독무 불의 춤이 후막에서 나와 중앙에서 상수 앞으로 하수 길 따라 가다가 무대 중앙에서 다시 뒤로 퇴장. 다음 군무진 원시인들이 후막 장치 1단, 2단에서 튀어나와서 등장,하수에 모여 있을때 상수에서 무녀 등장, 서로 상대적으로 만나 중앙에서 제의 춤을 춘다. 퇴장하면 무대 중앙에 남녀 2인무가 조명 탑안에서 이루어진다.

제2부 – 평화로운 분위기의 물의 춤은 전체 군무진이 바닥에 엎드려 있다가 서서히 일어나며, 물길 따라 자유롭게 이동하는 남녀 2인 군무진 3쌍이 주로 중앙에서 이루어진다.다음 소용돌이 분위기의 대군무는 크게 두 파트로 나누어 대립적으로 상대하다가 쓰러져 좌우로 퇴장한다.

제3부 – 3D 영상후 후반부 춤꾼과 멀티비전이 슬라이딩을 타고 하수에서 중앙으로 등장,
무대로 내려와 마임위주로 동작과 조명은 점점 박스 형태 갇힌 것처럼 몇단계로 좁혀지면서 암전된다.

에필로그 – 오케스트라 박스에서 춤꾼들이 무대중앙으로 등장, 3파트로 나누어 중앙 뒤,양 옆으로 나누어진다.점차 사선방향으로 2열로 길을 만들어 멈추면 현대인들이 길따라 들어오고 방향을 바꾸면서 한번 더 이동함. 총출연진 꽃불과 현대인들, 군무진들이 함께 어울어지고 마지막에 독무는 등불을 들고 상수3단위 올

라가 비춘다.

8. 역동적 이미지의 형성, 흔들림, 변조, 반전 : 춤언어, 리듬, 매체

프롤로그 – 장치 암각, 조각형상, 장치에 조명 들어온다.(스모크효과)
제1부 –강한 신디음에 독무 불의 춤은 빨간 천을 들고 후막에서 빠르게 등장하여 강렬하게 움직임을 한다(조명은 길따라 중앙으로) 다음 제의 춤은 난타소리에 춤꾼들 장치에서 떨어져 등장, 원시적이고 마임적으로 표현,무녀가 등장,계속 난타리듬에 상대적으로 추다가 함께 춘다. 다음 2인 남녀가 서서히 우주의 신비스러운 신디음으로 컨택을 제자리에서 구사한다(탑조명 안)
제2부–신디음에 물소리의 효과를 내며 평화스로운 대군무가 물결따라 펼쳐진다.이때 샤막의 물결효과,고부 효과에서 물결따라 이동한다. 소용돌이와 같은 신디음으로 움직임이 점차 큰파동과 같은 거세음에 쓸려 고조된다. 격동,투쟁,대결무로 이어진다.
제3부– 3D영상이 먼저 시작되며 멀티비전 50여개와 현대춤.로봇,기계적인 움직임으로 표현한다.이때 음악이 없이 멀티비전 앞에서 그림자 효과의 표현,점차 현대군무진들이 모여들고 음이 고조되면서 박스 조명 안에서 추다가 몇 단계로 점점 좁아진다.
에필로그 – 타악 및 생음악과 함께 전 출연진들이 오케스트라 박스에서 올라온다.
이때 1부의 첫 장면의 장치가 다시 나타나고 긴 수건을 든 춤꾼과 현대인과 어울어져 축제의 분위기를 낸다. 독무는 커다란 등불을 들고 3단 장치 위치 위로 올라간다.장단은 기본적인 3소박을 다양하게 변주하면서 느린 중모리에서 리듬이 놀이의 흥겨운 삼채,흥겨움을 더하여 휘몰아치는 휘모리장단으로 변해갈때 빛도 점점 밝은 빛으로 더해간다.

전체적 음악은 자연의 소리를 표현하고자 국악기의 음색으로만 표현할 수 없는 소리를 전자음악을 사용하였고 우리의 소리와 전자음을 콜라보하였다.

장치는 암각화를 상징한 3단 벽화(무대장치)를 후막 전체에 설치하고 인간들이 튀어나는 장면을 설정하여 인간과 신이 합일되는 접신의 장소로써 이미지의 구체성과 상징성을 구현하였다.

3차원 디지털 영상 작업으로는 고대, 중세, 근대, 현대 그리고 미래로 이어지는 기나긴 세기의 여정의 지속성을 표현하였고 현대인과 미래인들의 군상을 표현해주는 배경이미지로 수많은 멀티비전 화면 앞에서 춤추는 춤꾼들의 실루엣을 보여주는 효과를 십분 살렸다.

9. 주제의식과 세계관 : 기운의 파장

울산의 지역적 문화적 특성을 고대 원시대 생명의 원천은 암각화로, 초현대적 멀티미디어 세계에 이르기까지 현대 총체적 축제로 지양하였다.

10. 공연 후의 반응은 어떠했나?

1) 춤계 반응
창단공연에 대한 관심이 집중되었고 대군무진 출연으로 대공연장에 관객들로 채워졌다. 대극장에서 대 군무진과 입체감 있는 무대미술, 3D 멀티비전 영상매체 활용, 생음악 사용 등 총체예술을 추구하여 새로운 디지털시대로써 울산의 과거, 오늘, 미래를 그려내는 춤으로 평소에 눈익은 공연이 아니였기 때문에 새로움에 대한 기대감에 부응했다고 본다.

2) 춤 비평계 반응
이번 공연에서는 무엇보다도 창단 첫 번째 작품부터, 몸을 사리지 않고 대작에 도전하는 안무가의 예술적 진취성이 눈에 띄었다. 이번 작품에서 안무가는 '신화와 문명, 인간과 자연이 하나 되기를 결코 포기하지 않는' 울산의 역사적 문화적 특성을 작품 내내 끊임없이 천착하고 있었다. 초현대식 멀티미디어 화면 앞에서 무용수들이 원시의 아름다움을 하나씩 조각해 나가도록 하면서 결코 짧지 않은 대작의 작품전체를 전통과 현대가 절묘하게 조화되어 성공적으로 관류하게 하고 있었다. (「국제신문」 송종건)

이를 통해, 채희완의 논평을 덧붙이면,

관변단체로서의 몫을 다해 역사문물의 한 원천으로서의 울산성을 기림으로써 한 성공적인 역사문화춤을 산출하였다.

「천둥소리」

1. 공연을 마친 기분

억척스럽게 질긴 삶을 살아간 역사 속 한 여인의 울림에서부터 그것을 극복해내고 잔잔하게 날아오르고자 하는 이야기 춤을 처음 시도하였는데 장면 별로 이미지화에 어느정도 생각한 바 잘 살려내었다. 소품 사용시 천안에서 움직임을 연습 할 때마다 모습이 계속 바뀌어 애를 먹이기도 하였고 가장 불안했던 순간은 비닐 장치가 철골절에 걸렸던 순간인데 그럼에도 구성원 모두 맡은 역할에 최선을 다해주어 성취감을 주었다.

2. 작품의 공연 환경 : 때, 곳, 공연공간 분위기,기획, 제작환경,공연횟수와 연보/ 총 3회

2003. 10. 29~30. 을숙도문화회관 대극장(중극장 규모로 기본 시스템이 되어 있으나 거리가 멀고 교통이 원활하지 않은 곳이라 2회 공연의 전객석이 채워지기엔 한계가 있었다), 최은희 무용단 주최로 부산광역시로부터 지원금을 받아 제작되었는데 초연 2회 공연 이후 2004.3.17. 국립국악원 예악당에서 열린 최은희의 큰 춤에 올려져 총 3회 공연을 진행하였다.

3. 형상화를 위한 협업과정

1) 연출진용 : 대본짜기(드라마트루기), 안무, 음악, 무대공학
대본 양효윤(원작 : 김주영), 음악 마린뮤직등과 함께 작업하여 연출 및 안무하였다. 대본에 양효윤은 연극과 출신으로 두번째 작업이었고 음악은 평소에 관심있게 들었던 영화 Ost 「그녀에게」,김영동 「和」(화)에서 「하늘의 소리,「고해」를 편집하여 사용하였다.

2) 연행자(춤꾼)의 구성
〈춤패 배김새〉 6인과 경성대학교 남여 재학생 11인(남 3인,여8인)으로 구성

3) 특기할 인접 매체 활용 : 소도구, 의상, 무대장치, 조명, 분장
무대장치 정진윤, 조명 장훈석,(서울에서는 김철호) 의상 마레
무대 앞 쪽에 비닐막을 설치하였고 뒤 쪽으로는 철골절 입체 장치를 설치하였다. 장치로 항상 호흡을 맞춰왔던 정진윤 선생에게 의뢰하여 작업하였다.
의상은 여성 군무진의 베이지 하의 통바지와 흰색 상의,전체 군인복 상징 초록빛 바지와 상의(적청의 짧은 수건)길녀,흰색저고리와 빨간색,남색 치마 저고리, 독무 회색 실폰류 한복,군무진 진녹색 도포등

4. 창작의 계기

김주영의 장편소설 「천둥소리」를 읽기 전부터 눈에 먼저 들어왔었던 것은「천둥소리」제목이었다. 무언가 큰 울림을 전해줄 것 같은 기대감으로 소설을 모티브로 삼아 8.15 해방에서 6.25 전쟁으로 이어지는 5년간을 시대적 배경으로 두고 한 여인의 수난에 초점을 맞춰어 구상하였다. 이미 한 세기 전의 먼 이야기가 아니라 불과 60여년 전에 일어나 지금까지도 계속되어가고 있는 오늘의 문제라는 생각에서 현대사의 불행했던 한 시절을 형상화하고자 했다.

5. 안무와 실연 : 춤꾼 구성

세 명의 길녀가 등장한다. 주제적인 관념을 상징하는 존재로서 독무와 시간적 개념으로 두 번째, 세번째 길녀가 등장한다. 솔로와 군무사이에 남녀 듀엣 장면과 남자 군무와 맞서는 독무, 남북을 상징한 두 그룹의 군무진, 특정한 한 등장인물의 심리를 묘사하는 군무로 구성하였다.

6. 작품의 구성, 틀, 짜임새

1) 대본(Libretto)

프롤로그
그림자 드리운 검은 골짜기에 안개가 나리고
낮게 떠있는 하늘에는 천둥의 울음이 ...

1장 –천둥소리
절망의 벼랑끝에 다다라 더이상 고통의 그늘에서 헤어날 수 없을 때, 무언가를 선택해야 한다는 것은 '끝간데 없이 밀려가야 하는 인간의 숙명적 고통'임과 동시에 '그것을 해결할 수 있을지도 모를 단 하나의 가능성'이라는 동전의 양면과도 같은 이중적인 의미를 가진다.

2장 –이름모를 수초의 노래
죽음을 연상시키는 고통의 아비규한 속에서의 새 생명의 잉태라는 이 모순 같은 상황속에 던져진 한 여인, 커다란 시대의 그림자는 그녀의 운명을 시커멓게 안고 달아난다. 매 검은 강물처럼.

3장 –붉고 푸른 만가
전쟁으로 이 땅의 남자들의 목숨은 사라지고, 남겨진 자의 허망함만이 낮게 울린다.

4장 – 바람 너머로
그녀와 그녀 주위를 맴돌던 고통의 파편은, 소용돌이와 같은 바람의 끝자락에 매달려 시간의 저편으로 사라진다.

에필로그
수난시대에서의 억척스러운 그녀의 삶은 오히려 생명을 향한 적극적이고 능동적인 몸부림이었다.
강을 건너가는 길녀의 모습은 죽음을 넘어선 차라리 강인한 생명의 신화로 승화된다.

2) 구성, 틀(Structure)
총 6장(프롤로그, 1장, 2장, 3장, 4장, 에필로그)으로 구성되어있다.

3) 짜임새
기–승–전–결 방식

7. 무대 공간 구성

프롤로그 – 검은 천이 무대 전면에 깔려있고 신길녀가 객석에서 무대로 뛰어들어가 쓰러지면 남자 춤꾼이 안고 퇴장한다.

1장 – 계단형식의 길을 따라 이동하며 2인무

2장 – 독무와 군무진,뒤 일렬로 늘어서 있는 군무진과 무대 중앙의 독무,모두 중앙으로 모여듬

3장 – 철골 무대에서 떨어지는 군무, 대결 2인과 그 주위에 점점 조여드는 군무, 남북이 갈라지는 장면에서 두 그룹으로 나뉜 대결구도, 독무와 3인의 대결구도를 사선 방향에서 무대 중앙에서 서로 마주보고 밀면서 교차, 3인에게 둘러싸인 독무, 사선으로 밀고 들어오는 군무진들에 의해 헤어짐

4장 – 시간을 뜻하는 군무진들이 사방에서 튀어나와 일렬상태에서 다시 좌우로 사라진다.

에필로그 – 철망 사이로 솔로가 사라진다.

8. 역동적 이미지의 형성, 흔들림, 변조, 반전 : 춤언어, 리듬, 매체

프롤로그 – 천둥의 울음과 같은 북소리에 검은 천이 소용돌이 칠 때 한 여인이 도망치듯 객석에서 무대위로 올라가 쓰러지는 것으로 시작된다.

1장 – 긴장을 유발시키는 현악기에 길을 조명으로 처리하여 계단 라인과 같이 이동하는 효과를 가졌고 남녀 2인무의 마임과 유사한 몸짓으로 표현.

2장 – 여자 군무와 독무가 불길함을 조성하며 마치 불이 타오르는 듯한 신디음으로 몸부림을 친다.

3장 – 무대앞 비닐막 과 민중의 고통과 불안을 무대에 드리워진 철골 형상 장치에 붉은조명으로 전쟁의 타오르는 불길의 효과를 가졌다. 이때 춤꾼들이 떨어지면서 격정적인 춤으로 묘사.봉산 탈춤의 첫목 누워서 하는 발동작을 응용하였다.역시 신디음으로 처리.

4장 –비닐막이 올라가고 김영동의 「고해」명상과 같은 음에 독무가 잔잔하게 펼쳐지면서 긴박한 현음악에 사방에서 여자춤꾼들이 사방에서 물방울이 튀어나온다.

에필로그 – 독무가 후막 골절 사이로 잔잔하게 날아오르듯 형상으로 퇴장.
천둥소리에 검은 천이 바닥에서 요동치며 격정적인 장면을 효과적으로 처리했다. 무대 장치를 철골 형상으로 하여 입체감을 살리고 남북 대결구도에서는 비닐막을 통과하는 붉은 조명으로 전쟁씬의 참혹함을 효과적으로 처리했다. 또한 빨강과 파랑의 소형 깃발을 가지고 대결하는 등 역동적인 장면으로 작품의 스케일을 만들어냈다.

9. 주제의식과 세계관 : 기운의 파장

역사의 수난사에서 겪었던 여인의 질긴 삶, 생명의 소중함을 그렸다.작품 「천둥소리」의 주인공 '신길녀'라는 인물을 모티브로 하여 오랜 세월속 희생되어간 사람들을 대신하여 강물에 떠밀려 다니는 수초에 가까웠을, 그 평범한 여인을 통해 벗어날 수 없을 것만 같은 숙명과도 같은 그 고통 속에서도, 억척스러울 만큼의 인내와 구도자와 같은 희생의 연속으로 끊임없이 살 곳을 찾아 앞으로 헤쳐나갔던 신길녀의 삶을 통해, 산재되어 있는 일상의 수많은 비극을 겪어야 하는 오늘날의 인간들에게 경이로운 생명의 소중한 가치를 인식시켜 주고자 하였다.

10. 공연 후의 반응은 어떠했나?

1) 춤계 반응

무용수의 캐릭터가 있다보니 더욱 몰입되어 창작춤이 가지는 추상성에서 소설을 이미지화 한다는 신선한 전개가 용이하게 받아져 관객 대부분이 춤 이야기에 공감을 가졌다.

2) 춤 비평계 반응

"제의적 형식의 춤에 많이 치중해 왔던 흐름에서 벗어나, 김주영 소설을 이용, 서사적 형식의 춤을 시도해 본 색다른 경우였다. 소설에서 구체적으로 묘사되었을 법한 인물의 캐릭터를 간략히 추상적으로 상징화시키면서 우리 아픈 역사의 체현자로서 안무가 스스로가 그 역을 맡아 이 춤을 이끌어 갔다. 어둠 속에서 어떤 역사의 '소리없는 절규'를 듣는 듯한 아픔과 신비스러움도 있었다. 긴 이야기를 요령있게 축약한 대본과 음악편집도 장치와 함께 이 작품을 떠받쳤던 극장예술적 종합성의 측면들이었다." (『공연과 리뷰』 김태원)

이를 통해, 채희완의 논평을 덧붙이면,

서정적 분위기의 춤꾼이 서사구조를 능히 소화해내는 저력을 보였다고 본다.

「Blizzard (눈보라)」

1. 공연을 마친 기분

차가운 얼음판 위를 걷듯 문화적 차이를 극복하고 동서양의 춤을 어우르는 융합 에너지를 만들어내었다는 점에서 성취감을 가졌다. 언어가 순조롭게 통하지 않는 상태에서 매번 움직임을 만들고 수정하여 답답함이 있었지만 퍼즐 맞추듯 장면 전체를 이어나갔다. 눈이 내리는 듯한 효과를 주기 위해 영상을 사용하려 했으나 영상자와 상충되어 공연 당일 다른 사람이 영상을 틀다가 엉뚱한 글자(컴퓨터 바탕글)가 나와 기억 조차하기 힘든 참담한 마음이 기억에서 떠나지않았다.

2. 작품의 공연 환경 : 때, 곳, 공연공간 분위기,기획, 제작환경,공연 횟수와 연보/ 총 4회

2015. 10. 22 – 23. 영화의전당 하늘연극장(중극장 규모로 극장 시스템이 잘 갖추어져 있다). ≪최은희와 헤수스 히달고의 춤≫ 이라는 이름으로 이틀 간에 걸쳐 공연이 이루어졌으며 하루 객석 절반 이상이 채워졌다.〈 최은희 무용단 〉과 영화의 전당 하늘 연극장 공동 주최,주관으로 부산광역시(부산문화재단, 한국문화예술위원회)로 부터 후원 받아 제작되었는데 초연 2회 공연 이후 2016.11.29.–12.3 국제교류기금을 후원받아 프랑스 상로극장과 ,도빌극장에서 2회 공연하였다.

3. 형상화를 위한 협업과정

1) 연출진용 : 대본짜기(드라마트루기), 안무, 음악, 무대공학.

대본은 헤수스가 제안한 「Neige」라는 책에서 인용하였는데 평소에 관심을 두었던 눈과 얼음, 물의 이미지화에 이끌려 대본으로 정하였다. 음악은 영화의전당 음향감독이며 작곡에 김보빈 담당하여 서라운드(공간을 이동하는 음향효과)의 음향 기법을 사용하였다.

2) 연행자(춤꾼)의 구성

최은희 무용단 내부 오디션을 통해 외부춤꾼(현대춤) 구성.
남자춤꾼 3인과 여자춤꾼 5인(한국 춤꾼 2인과 현대 춤꾼 남여 각각 3인)

3) 특기할 인접 매체 활용 : 소도구, 의상, 무대장치, 조명, 분장

무대미술은 경성대 연극과에 출강하고 있는 백철호 담당,
의상 이헤빈, 무대감독, 조명 장훈석,
무대 바닥에 눈에 띄는 주황색 테두리를 4면으로하여 경계선 처럼 띠처럼 둘렀다. 춤꾼의 움직임이 경계선 중앙에만 집중되지 않고 바깥에서부터 안으로 움직임이 끊임없는 이어질 수 있도록 하였다. 의상은 흰색 쉬폰으로 무용수마다 디자인을 전부 달리하였다.
영상은 눈내리는 장면을 배경효과로 하였다.

4. 창작의 계기

한국 창작춤 춤꾼과 프랑스 현대춤작가의 공동작업을 통한 새로운 개념의 창작춤, 미술, 음악 등 다양한 장르의 예술가들과 협업하여 기존의 춤형식과 장르의 경계를 확장하며 실험적인 작품을 선보이고자 하였다. 내용설정으로는 Maxence Fermine의 「눈」을 대본으로 하고 공동안무자 헤수스의 제의로 제목을「눈보라」이미지화하여 에너지를 표출하는데 관심을 갖게되었다.

5. 안무와 실연 : 춤꾼 구성

장면에 따라 독무, 2인무, 3인무, 전체 군무 등 여러 설정을 두었다.

6. 작품의 구성, 틀, 짜임새

1) 대본(Libretto)

『Neige』(저자;Maxence Fermine)

빈 공간.. 순수성.. 끝 없는 공간..
조각들이 떨어지고 서로의 얼굴을 어루만진다.
그들의 움직임은 길을 따라 이루어지며 움직임을 똑같이 한다.

– 중략 –

그것은 어느새 녹아 물이 된다
그러므로 그것은 음악이다
물이 되어버린 눈은 강과 시내로 변해 하얗고 투명하게 흐르는
음표들의 교향곡이기 때문이다

2) 구성, 틀(Structure)

따로 장을 나누지 않고 전체적으로 눈의 이미지가 떠오르도록 각 장면마다 인원수를 달리하여 상징화하였다.

3) 짜임새

장면별 상황에 따른 움직임을 퍼즐 방식으로 조합,연결.

7. 무대 공간 구성

춤꾼들이 무대 테두리 안과 밖에서 자유롭게 붙었다 떨어졌다를 반복하며 움직인다.

8. 역동적 이미지의 형성, 흔들림, 변조, 반전 : 춤언어, 리듬, 매체

무대의 4면에 황색 테두리를 설치하여 무대 안과 밖의 뚜렷한 경계를 두었고 그 안에서 움직임을 구사한다. 눈이 내리는 영상과 조명효과로 직사각형의 구조안에서 2인무씩 동작을 구사한다. 춤꾼이 등퇴장하는 것이 지속적으로 이어지는데 눈송이, 바람, 조화의 이미지를 쫒아 동작을 각자 만들며 재조합, 반복 등의 과정을 통해 정적인 움직임과 동적인 움직임을 번갈아 가면서 여러 움직임을 조합하였다. 주로 현대춤의 움직임 요소를 사다리로 각자 선택하여 만들어 연결, 컨택 조합하여 계속 수정해 나갔다. 한국춤에서는 「탈춤」의 불림,「승무」에서 길게 뿌리는 상체와 호흡을 강조하였다.

음악은 신디음으로 10장면 정도로 만들어 특수 음향을 사용하였다.극장에 설치되어있는 7.1채널 서라운드 음향시스템을 활용하기위해 작곡되어졌고 무대에 설치된 서라운드 마이크로 춤꾼의 움직임을 소리로 잡아내어 객석과 무대가 같은 공간인 것처 럼 느낄 수 있게 하였다. 움직임과 음악이 하나가 될 수 있는 'MAX/MSP'프로그램을 이용하여 춤꾼들이 자유롭게 움직일 수 있도록 하였다.

9. 주제의식과 세계관 : 기운의 파장

움직임의 다양한 조합, 시간과 공간의 요소에 따라 얼마든지 무한대 신체 언어 확장이 가능하며 외부 매체와 어울리면서 이미지의 형상화가 이루어질 수 있다.

10. 공연 후의 반응은 어떠했나?

1)**현대춤 작가와 한국 창작춤꾼의 공동 협업**이라는 흔치 않은 작업으로 6인의 춤꾼들이 쉴새 없이 일사분란하게 움직이며 1 시간이라는 긴 시간을 채워갔다. 정적인 부분은 주로 한국춤과 그에 반하여 동적인 부분은 현대춤으로 동서양의 움직임 조합으로 무용계에 던지는 새로움에 대한 욕구를 부응시켜주었다고 본다.

2) **춤 비평계 반응**

우리는 최은희를 메타춤꾼(meta dancer)로 불러야 한다. 그녀는 더 이상 전승에 젖줄을 대고 춤추거나, 재갈 물린 민중의 한을 풀어내거나, 아니면 미학적 초월과 신비를 연행하는 프레임에 닫혀있지 않다. 그녀는 이제 춤의 본질 자체의 부름에 몸으로 응답하고 있는 듯하다. 「눈보라」에서 그녀가 보여주는 것은 춤이 아니라 춤의 춤, 춤의 본질, 요컨대 춤의 진이다. 메타춤꾼 최은희, 이제 우리가 그녀에게 바쳐야 할 응분의 타이틀인 듯 하다. (『춤』 이왕주)

이를 통해, 채희완의 논평을 덧붙이면,

눈.얼음.물,강물 등 존재 이전의 행로를 새로운 공간 형성을 통해 현시대적인 것으로 의미 부여 하고자 한 예술 의욕은 그것에 걸맞는 우연찮은 인연의 고리가 있어야만 몸 형상으로 표현될 수 있음을 역설적으로 말해주는 공연이었다.

「ExiL (망명)」

1. 공연을 마친 기분

전 작품 「눈보라」가 추상적 이미지를 살린 작품이었다면 「망명」은 제목에 주는 강한 상징성을 자극적 요소로 살린 작품이었다. 소수의 인원으로 빚어지는 1시간 작품이라 스펙타클한 요소보다는 규모가 작은 극장에서 진행했더라면 밀도가 더 강했지 않을까라는 아쉬움도 남았다. 한 춤꾼이 허리디스크로 한 번씩 연습이 진행이 되지 못할 때 안타까우면서 애가 많이 쓰였다. 다행히 연주자와 춤꾼이 교감을 이루면서 어둠속으로 사라져가는 빛의 마지막 순간까지 강렬한 여운이 남았다.

2. 작품의 공연 환경 : 때, 곳,공연공간 분위기,기획, 제작환경,공연 횟수와 연보/ 총3회

2017. 11. 24. 영화의전당 하늘연극장 (중극장 규모로 극장 시스템이 잘 갖추어져 있다), ≪최은희와 헤수스 히달고의 춤≫이라는 이름으로 초연이 이루어졌다. 〈최은희 무용단 〉주최로 〈알레르투르 무용단〉과 함께 주관하였고 부산광역시, 부산문화재단, 한국문화예술위원회로부터 후원 받아 제작되었는데 초연 공연 이후 2018.3.18. 프랑스 에루빌 극장과 2018.10.6. 서강대학교 메리홀에서 ≪SID 축제≫에 초청되어 총 3회 공연이 진행되었다.

3. 형상화를 위한 협업과정

1) **연출진용 : 대본짜기(드라마트루기), 안무, 음악, 무대공학**

특별한 대본을 두지않고 헤수스 히달고와 공동 안무하였다. 음악은 장면 별 구상할 곡명을 선정하여 연수사가 참여 할 장면과 소품을 활용한 장면 등으로 구분하였다. 연주자로는 노르베르트(베이스 클라리넷)가 윤이상곡과 피에르 블레즈곡을 실연하였고 사운드 디자인은 헤수스가 맡아서 진행하였다.(윤이상의「Monoloque」,「Salomo」. 피에르 볼레즈의 「 Domaines」)

2) **연행자(춤꾼)의 구성**

한국춤 전공자 1인과 현대춤 전공자 3인으로 오디션에 의해 출연진을 구성하였다.

3) **특기할 인접 매체 활용 : 소도구, 의상, 무대장치, 조명, 분장**

매체로는 대북, 봉을 소품으로 활용하였고 무대장치로써 스피커와 천장에 봉을 매달아 사용하였다. 의상으로는 곽세영 담당, 남녀 모두 베이지 톤의 양복 디자인으로 통일 하였다.
조명은 박신욱 담당

4. 창작의 계기

한국, 프랑스 춤 공동제작 두 번째 프로젝트이다. 한 번의 작업보다는 서로의 만남이 익숙해진 상태에서 음악인과 함께 하는 작업으로 공동안무자 헤수스가 제안하면서 독일에 망명한 세계적인 현대작곡가 윤이상에 대해 춤 작업을 하기로 했다. 윤이상의 삶이 투영된 음의 진동에 의한 엄청난 긴장감과 지속적인 이완들, 가히 충격적이라고 할 수 있는 제목에서 또 다른 극렬한 춤 작업에 흥미를 갖게되었다.(제목에 대한 아이디어는 헤수스 히달고에 의한 것이다.)

5. 안무와 실연 : 춤꾼 구성

4명의 춤꾼과 1명의 연주자가 어울어져 특별한 캐릭터 없이 장면마다 인원을 달리하여 연속적인 움직임을 진행하였다.

6. 작품의 구성, 틀, 짜임새

1) **대본(Libretto)**

대본이라기 보다는 작품의도이다.
윤이상의 음악은 확실했다. 우리가 찾아온 모든 것이 그의 작품 속에 있었다. 한국의 전통적 음악으로부터 문화적 영향을 받은 그의 음악적 공간적 거리, 망명, 그리고 현대화. 그러한 작곡에서부터 우리는 매우 강렬하게 한국음악의 리듬과 강조점 그리고 이완들을 여러 번의 움직임 창작과정을 거쳐 스스로 인지된 방식들로 안무 되어진다.

2) **구성, 틀(Structure)**

따로 장을 나누지 않고 막이 올라가면 북을 울리는 장면으로 시작하여 테이프로 거리들의 획을 긋는 장면, 2인의 격정적인 춤, 옷을 벗기는 장면, 끌려가는 장면, 봉을 사용하는 장면등으로 구성하였다.

3) **짜임새**

장면에 따라 상황에 맞는 동작을 퍼즐 방식으로 조합,연결

7. 무대 공간 구성

북치는 장면으로 시작하여 테이프를 바닥에 붙이면서 공간을 연결시킨다. 제자리에서 옷을 벗는 장면에서 끌려가는 장면으로 이어지면서 고조되어가는 속도에 2인 남녀 춤꾼들이 서로 붙었다 떨어졌다를 반복하며 극렬하게 표현한다. 천장에 매달려있는 봉전구의 불을 끄며 작품이 마무리된다.

8. 역동적 이미지의 형성, 흔들림, 변조, 반전 : 춤언어, 리듬, 매체

주요 테마는 공간적 거리의 망명이다.(제목에서 Ex. 밖의,iL 남자 즉 밖의 남자. 추방된 남자 윤이상) 공간적 거리는 우리가 뒤에 내버려둔 것들 또는 그 외의 것들 사이에 존재한다. 망명은 새로운 출발이라는 뜻을 함축하고 있다. 의식과 새로운 문화, 새로운 시공간, 생존. 이러한 것들을 동서양의 연결을 통해 막이 올라가면 북 치는 소리와 몸짓 장면, 손이 묶인 채 옷이 벗겨지고 몸과 입에 검은 테이프로 붙이는 장면, 동양의 북소리에 이어 서양의 베이스클라리넷 연주(윤이상의 「모노로그」), 무대 위에 적나라게 벗은 춤꾼들,손이 묶인채 여자 2인무 (한사람은 그림자)가 탈춤의 불림사위 응용, 끌려나가는 춤꾼,두 남녀 2인무 달려가고 안기고 떨쳐내며 점점 가속도로 극렬해질 때 북을 친다.전구를 단 빛의 봉을 3인무가 들고 추고 차츰 빛이 하나씩 꺼지고 , 춤도 멈추고 클라리넷도 멈춘다.

9. 주제의식과 세계관 : 기운의 파장

이념을 떠나서 공간적 거리의 망명은 새로운 출발을 뜻한다.동서양의 시공간을 연결하고 새로운 문화와 의식을 받아들이고자하는 의미를 내포하고 있다.

10. 공연 후의 반응은 어떠했나?

1)춤계 반응 호흥도에 있어서

춤과 연주(사운드)와의 만남에서 서로 분리된 관계가 아닌 함께 조화를 이루어 총체적인 작품으로 눈으로 보는 음악과 귀로 듣는 춤이 서로 어우러졌다고 할 수 있겠다. 처음부터 시종일관 움직임, 소품 사용 등으로 긴장감과 극렬한 장면들로 충격적으로 받아들였다.

2) 춤 비평계 반응

동서양의 경계, 그리고 이념의 경계에서 몸부림쳤던 윤이상의 삶과 음악은 '경계를 넘은 화합' 을 추구했던 것이었을지도 모른다. 그리고, 그러한 그의 삶과 음악은 〈최은희 무용단〉의 「망명」에서 관객의 오감을 적시며 다가오기에 충분하였다. (『몸』 박선정)

이를 통해, 채희완의 논평을 덧붙이면,

윤이상의 경계적 삶과 음악에 대한 춤 또는 몸으로의 형상 이미지 형성은 그의 음악적 시간이 보여주는 지속,분절,승화,이탈,극단대비,모순 지속을 특별한 공간 형성 구조로 풀어내야함을 어렵게 말해 주고 있다.

5. 최은희 춤에서 이미지의 형성과정, 흔들림, 변조

1) 매체활용 특이점, 창작과정의 비밀(동행자, 메모, 영감의 출처)

춤 작품에 대한 영감은 춤추는 세계를 꿈꾸면서 꿈에서 자연스럽게 나타났던 이미지들, 모든 생활에서의 살아있는 움직임, 생명과 자연에 대한 탐색, 삶과 죽음에 대한 원초적 물음에서 굿과 토속적 신앙을 통한 영감 등이 모든 것이 나의 춤의 원천이 되었다. 꿈에서의 몽상적 느낌의 주제를 드러낼 때는 사실적인 표현보다는 은유적, 상징적 형상을 통해 감지하도록 유도하였다. 공간형성의 에너지 흐름을 몸으로 그리는 작업은 회화적이고 선율적으로 형상하면서 마치 초여름에 쏟아지는 서릿발 같은 느낌으로 신비감을 자아내도록 추구하였다. 춤 공간의 환상성이 가지는 정신 정화적 기능을 살리려고 하였다.

비중 있는 작품은 무대장치의 효과를 받지 않을 수 없다. 단순히 배경막 역할보다는 시각적인 변화에 중점을 두고 상징성과 입체감을 살려 예술품으로써 춤과 춤꾼과의 일체감을 갖도록 한층의 효과를 갖도록 하는데 주안점을 두었다. 대표적으로 장치의 효과를 낸 작품은 화가인 정진윤선생의 도움을 받았던 「여인 등신불」, 「우로보로스」, 「천둥소리」로 국한시켜본다.

「여인 등신불」은 한 생명체를 잉태하여 탄생시키기까지 진통을 거친 어미가 마치 부처로 비유한 작품으로 후막에 마대의 재질로 토속적인 분위기를 자아내었고 사람의 눈 모양을 동굴로 만들어 그 안에서의 움직임을 형상화했는데 그것은 여인의 자궁을 뜻한다고 했다.

「우로보로스」는 〈울산시립무용단〉 창단공연 작품으로 새 생명의 탄생을 주제로 하여 선사 암각화 벽화에서 그 상징성을 이미지화 시켰다. 마치 고대 그리스 벽화에서 보이는 수많은 군상들을 입체적으로 보이도록 하였다. 세 단의 단을 만들어 1단 안에서 타악연주자들이 연주를 하고 2단 위에서 춤꾼(원시인)들이 튀어내려오는 것으로 연출하였고 주로 후막에서 등퇴장을 할 수 있도록 했다. 마지막 장면에서 빛이 담긴 등을 들고 3단 위까지 올라가면서 생명의 탄생을 상징적으로 그렸다.

「천둥소리」는 정진윤 선생의 마지막 무대 작품이다. 수난시대의 억척스러운 여인을 그린 작품으로 전쟁터의 모습을 상징한 무대후면에 세워진 철골에서 전쟁인들의 처절한 모습을 입체감있게 살리면서 엄청난 높이의 철골을 세운다고 많은 애를 먹이기도 했고 그 앞에 비닐 막이 올라가는 도중 걸리기도 하여그 정경이 지금도 눈에 선하다. 화가의 신분으로 무대장치가 배경막으로서만 존재하는 것이 아니라 상징성과 입체감을 살려 춤꾼과의 일체감을 갖도록 많은 노력을 했다.

3D 영상 공연으로는 「우로보로스」, 「목숨오름」, 「화신」이 있다.

「우로보로스」에서는 두 용의 머리와 꼬리를 연결한 모습, 태극의 모습을 담았고. 「목숨오름」에서는 우주의 별, 폭포, 생명의 싹을 나타내는 꽃잎, 태극, 태양의 불로 변모해가는 모습, 모노 톤의 빌딩이 무너지는 모습 등을 담았다. 「化身」(화신)에서는 여러 모니터가 탑 형태로 쌓여 올라가는 모습, 양귀비가 후막 전체를 메꾸는 모습을 담았다.

「당신은 어디로 가고 있습니까」에서는 헬리캠 드론 작업이 이루어졌는데 야외 경주 삼릉에서 찍은 부토 춤꾼 양종예와 함께 솔밭위에서 움직인 모습을 무대 배경에 파노라마처럼 펼쳐보이기도 했다.

3D 영상과 드론이 춤 창작계에 투입되기 전 초기 한국춤과 디지털 미디어의 조우, 영상 미디어의 확장으로 실험적으로 시도되었다. 3D는 프랑스에서 공부한 최성원 교수(용인대)와 드론은 같은 대학(경성대)에서 재직한 오승환 교수의 도움을 받았다.

2) 리듬(장단) 구성, 주조와 변화

주제에 따라 쓰여진 음악은 다양하다. 장단이 떨어지거나 선율적인 것보다는 라이브 타악과 현대 전자음악, 효과음(물,바람,목소리등), 정가,구음을 주로 혼용하였고, 서양음악과의 만남(클라식 등)명상계열, 즉흥연주등 다각적으로 시도하였다. 때로는 민요, 영화의 OST, 가요 등도 작품에 따라 삽입하기도 하였다.

3) 형상언어(춤동작)

전통 춤사위를 원용, 응용하였는데 주로 의식춤(무속, 작법, 일무의 제례무), 민속춤(탈춤, 농악, 민속놀이에서 파생되어진 춤과 행위, 병신춤, 강강술래 열무와 놀이), 궁중춤, 김매자 선생의 창작「춤본 I,II」등 그 밖에도 실생활과 밀착된 춤언어, 명상적 침묵, 무예적 동작, 요가, 현대 동작, 연극적 마임 등을 활용하여 움직임 언어를 개발해나갔다.

6. 최은희 춤의 주제의식과 세계관

1) 자신의 작품세계 자평

항상 한국춤이라는 고정관념에서 더 넓은 세계를 지향하고자 초기엔 '나는 무엇인가' 존재성에 대한 물음과 삶, 죽음에 관한 물음으로 시작하여 우리네 믿음의 의식을 지니고 무속의식에서의 토속적 원형이 있는 현장을 다녔다. 인간과 신의 결속, 인간과 자연과의 관계를 고심하여 그 느낌을 이미지화하였다. 전통적 이미지에 오늘날 갈등구조(사회 갈등, 시대적 모순)를 풀어내며 스스로의 몰입과 정화 기능을 추구하였다. 창작자로서 작품 세계는 항상 열려있어야 하고 모든 것이 소재가 될 수 있지만 끊임없이 새로움을 이끌어내고자 한국춤과 매체확장을 시도하였고 프랑스 현대춤 안무가와도 협업하여 2번에 걸친 국제적 공동 작품을 펼쳤다. 모든 작품에는 항상 아쉬움이 뒤따른다. 그러나 그 과정에 있어서는 우리 삶의 여정에서 모든 것들이 한순간 떠오르다 사라지는 것처럼 매순간 느껴지는 고통과 함께 그 과정 속에서 태어난 모든 나의 작품들은 완성도를 떠나서 소중한 생명체인 것이다.

2) 작품세계 변화의 전환점 모색

첫째는 우리의 원초적인 고유성을 지키면서 현대매체와 크로스오버하여 새로운 양식을 탄생시키는 것. 이때 다양한 것을 섞는 것보다는 극장 공연 형태의 확대화라고 볼 수 있다. 둘째는 공간매체를 확장하여 디지털 매체, 온라인 매체 활용, SNS, 유튜브, 메타버스, 줌 등 언텍스 시대에 새로운 매체에 영상 기술을 살려 많은 관객층을 확보하기 위한 시도. 셋째는 보다 많은 관중과 소통하기 위한 버스킹 또는 자연을 배경으로 한 거리춤의 현장성을 살리기 등으로 시도가 필요하다.

무의식(巫意識)의 탐사를 통해 이 땅의 민족적 심성과 정서의 원행을 찾아 이를 감성적으로 그리고 현대적 감각으로 서정적인 회화성을 표출해내었다. 사회생활의 의미 폭이 넓어지면서는 당대의 시대정신과 문명의식을 역동적인 군무와 갈등구조로 형상화하더니, 이윽고 몸과 춤에 대한 메타인식적 차원으로 주제영역을 옮겨갔다. 최근의 주제로 잡은 몸과 춤에 대한 형이상학 숙고들은 아직은 미발의 상태로 직관적 형상력을 찾아 암중모색하고 있는 듯하다. 형상력의 미발상태를 벗어나기 위해서는 우리의 현대회화에서 박생광의 현대무화(巫畫)와 같은 역동적, 역설적 전통회귀를 능히 참조로 삼을 만하다고 본다. **(채희완)**

3) 무엇이 나를 예술로 이끄는가

참으로 막연하겠지만 몽상가처럼 꿈에서의 이미지, 내재된 경험을 통해 경이로운 일출이나, 일렁이는 수많은 이야기를 하는 듯 파도를 치는 모습에서, 샘 솟는 욕망, 갈등, 신비로운 도취감을 불러일으킬 때, 특히 인간 존재에 대한 호기심, 사물에 대한 호기심 등 모든 생활에서 일어나는 현상 등 다름아닌 이 모든 것을 추구할 때 살아있음을 느낀다.

부산춤의 새 창작작업과 확산에 큰 기여

— **최은희 교수**의 부산춤 활동 40년

Great Contributions to the New Creative Work
and Diffusion of Dance in Busan
– Dance Critic Tae Won Kim

김 태 원
(춤비평·「공연과 리뷰」편집인)

한국무용사에서 1980년대는 한국 예술춤 활동의 큰 확산과 새로운 변화가 일어난 역사적 시기로 평가되고 있다. 그 춤의 큰 확산은 대학에서 무용을 전공한 새로운 춤세대층이 배출되면서 그에 따라 여러 춤단체들이 조직되어 공연활동의 횟수와 양이 크게 증가했고, 큰 변화는 특히 한국무용의 영역에서 1930년대 최승희 · 조택원 이래 그 예술적 맥이 이어져 오던 이른바 신무용을 대체할 한국창작춤이란 새 춤의 장르가 이 시기에 급부상했기 때문이다. 이 춤의 장르는 1979년부터 당시 문예진흥원(현 문화예술위원회)이 추진한 대한민국무용제란 춤제도에 의해 새로운 극장춤의 창작활동이 고무되면서, 또 그와 동시에 대학 춤전공생들을 중심으로 아카데믹한 동인제 춤단체들이 조직되어 활발한 창작 활동을 시작하였기 때문이다.

한국무용가 최은희 교수(이하 경칭생략)는 이 시기에 한국무용의 새로운 춤창작 활동을 목표로 당시 이화여대에서 한국무용을 지도하던 김매자 교수 지도하의 창무회의 첫 발표 단원으로 참가, 1978년 이 춤단체의 창단공연에서「이 한송이 피어남에」를 발표한 후 1981년 제2회 발표회에서 그녀는 향후 이 춤단체를 끌고가는 임학선,임현선,이노연 등과 공동창작으로「도르래」와「소리사위」를 발표하게 된다.

「도르래」는 김영동의 창작 국악을 써서 한국의 무속 혹은 농경문화 속 상징적 이미지를 크게 부각시키면서 우리들 삶의 공동체성을 표현해본 것이라면,「소리사위」는 일종의 콜라주 기법으로 우리 주변의 여러 소리들(음향)을 채집, 우리춤의 동작과 소리를 결합해본 나름 새로운 실험작업이라 하겠다. 이 2회 공연에서 우리 춤문화의 기저적 전통에서 새로운 춤창작의 모티브를 발견하는 작업방식과 당시 영향을 끼치고 있던 실험예술적 경향도 거리낌없이 수용하는 진취적인 춤작업의 태도를 보여주었다. 그같은 작업방식의 두 축—우리 '춤전통의 새로운 발견'과 '현대적 실험성'—은 향후 이 춤단체의 작업뿐만 아니라 그와 유사한 태도를 가진 한국무용의 새로운 창작작업에도 큰 영향을 끼친다.

최은희는 그러한 춤미학을 갖고 이듬해 서울의 진오귀굿이나 진도의 씻김굿에서 영향받아 당시 실험미술가로 잘 알려진 김구림과의 협업(김구림은 무대미술과 연출을 맡음)으로「넋들임」과 불교의 공(空)사상에 영향받은「하지제」를 발표한다. 이중 특히 창무단원들과 함께 한「넋들임」은 제4회 대한민국무용제에 출품되어 대상(大賞)'을 차지했다. 당시 20대 후반의 신진 무용인에게 주어진 이같은 큰 상은 창무회 중심의 새로운 한국무용의 창작작업에 대한 무용계의 깊은 관심과 전폭적인 지지가 있었기에 가능했다 하겠다.

최은희의 그 수상은 이듬해인 1983년 그녀를 부산시립무용단의 상임 안무자로 부임(그 이전은 김현자 선생)케 만들면서 또 그에 이어 1985년 당시 부산산업대(현 경성대) 한국무용 전임교수로 발령받게 했다. 이 지점에서 최은희는 서서히 부산시립무용단과 향후 '배김새'란 이름을 갖고 조직되는 산업대-경성대 한국 무용전공생들에게 한국의 춤전통에 기반을 두면서 거기에 현대적 감성과 극장예술적 표현기법을 더한 이른바 '한국창작춤'(이 용어는 80년대 중반이후 춤비평과 저널리즘에서 쓰인다)의 창작기법과 훈련체계를 교육하고 전파하게 된다. 최은희 스스로 그 흐름 위에서「넋들임」,「하지제」에 이어「소리,굿」(1985),「제웅맞이」(1986),「매듭풀이」(1988)와 같은 우리의 무속 · 민속 소재의 제의적 춤을 일관되게 발표했다.

최은희의 그같은 춤작업은 창무회를 중심으로 그와 유사한 춤작업을 하고있는 창무회 1~2세대의 안무가 곧 임학선,윤덕경,김영희,강미리 등과 함께 특히 우리의 춤문화 그 의식 속 숨은 상징적 이미지나 그것이 갖는 오늘의 의미를 밝혀 춤으로 표현하는 이른바 '제의파(祭儀派)'라 할 수 있는 창작적 흐름을 형성하는데 큰 기여를 했다.

이후 최은희의 춤작업은 제의라는 틀에서 벗어나 좀 자유스러워진다. 그러면서 제의적 틀에서 벗어났건 또는 그것의 연장이든 오늘의 춤창작은 오늘의 사회문제나, 그것을 갖고 알게 모르게 가슴앓이를 하거나 번민하는 오늘의 삶의 현상과 무관할수 없다는 것. 그런 점에서 최은희는 전통/현대를 이중적으로 살고있는 한국 여인상을 그린「외출하다」(1988), 외국인, 주로 일본인과 윤락행위를 일삼는 세태를 비판한「누이여,나의 누이여」(1989), 묵시적 기다림 속에서 어떤 삶의 낙관성을 상징적으로 표현한 「어두운 날들의 바람 그치고」(1991)와「태초의 공간 속에서」(1997),그리고 한국 현대사의 어두운 굴곡을 그린 김주영의 소설「천둥소리」를 갖고 동명의 공연명으로 서사적으로 그린 춤작업(2003)을 통해 한국춤의 창작과 오늘의 삶과의 연관성을 '열린 춤작업의 태도'를 갖고 다각도로 질문하고 무대화시키게 된다.

1985~1989년 사이에 서울의 신촌에 존속하였던 춤소극장 창무춤터의 '춤 · 시 · 미술 · 음악과의 만남'의 기획전에서 올려졌던 최은희 안무 · 출연의「외출하다」는 여성의 주체적 의식을 즐겨 노출시킨 황인숙의 시를 기본 텍스트로해서 흰 망사로된 막과 거울이 배치된 여성의 실내 공간과 그것을 벗어난 실외 공간을 구조적(構造的)으로 대립시키는 가운데, 비디오 영상과 일상적 동작의 퍼포먼스성을 활용해서 시를 읽는 여인의 입술,높낮이가 다른 두 보이스, 신경을 날카롭게 하는 막대 두드리는 소리와 물 떨어지는 소리 등을 실내 속 여성(최은희)의 미니멀한 움직임과 함께 제시하며, 그것을 벗어난 실외에서는 일상복 차림의 의상을 입고 일탈의 욕구를 무대 한켠에 세워진 흰 캔버스에 과감함 몸짓을 사용해 다양한 색채와 물감으로 번지게 했다.이 공연은 전통/현대를 함께 사는 한국 여인의 '이중 의식'이나 '분열적 의식'을 다채로운 표현기호를 써서 표출하는 다매체적(多媒體的) 작업의 시도였다. 그런 만큼 주된 두 협력자인 최은희와 한만영은 이 공연에서 춤 · 시 · 미술 · 음악(1부 작곡은 황장수, 2부는 편집)과의 만남을 내실있게 모색했다. 이 작품은 최은희의 춤작업 중 가장 현대적이며 이색적인 것이라 볼 수 있다.

한편「누이여, 나의 누이여」는 윤리적으로 지켜져야 할 것들이 우리의 삶의 중심을 차지하지 못하고 있는 일그러진 세태(윤락행위)를 대중가요(「돌아와요 부산항」)와 과장된 몸짓으로 풍자하고 비판한 것이라면,「어두운 날들의 바람 그치고」와 「태초의 공간 속에서」는 춤집단 배김새의 성장과 함께 창작춤이 가질수 있는 극장적 스펙타클성으로 제의적 세계관을 내면화하면서 우리의 과거 · 현재 · 미래가 묵시적 상징성을 갖고 엮어져 이어져 내리고 있는 것을 암시하고 표현했다. 이어서「천둥소리」는 최은희와 배김새의 춤작업을 묵묵히 받쳐주었던 부산화가 고(故) 정진윤의 무대설치에 크게 힘입어 그간 굴곡지고 황폐한 삶을 살아온 우리 현대사의 흐름을 아무렇게나 짐상자들이 높게 쌓여 올려져 있는 가운데 그 위를 덮은 거적이 세찬 바람에 펄럭이는 것과 같은 어둔 무채색 풍경의 야적장(野積場)과 같은 배경을 만들어 그 앞을 익명의 캐릭터들이 고통스런 표정과 몸짓을 보여주다 어둠 속에 사라지면서 연이어 이른바 민중의 삶과 역사의 위기감을 사선(斜線)의 열무(列舞)로 펼쳐보이는 등, 마치 어둔 단색조(모노크롬)의 큰 캔버스 앞에서 어느정도 추상화된 부조적(浮彫的) 존재성이 잠깐씩 부각되다가 어둠 가운데서 그 형태를 잃고마는 '어둠의 서사성(우리들 삶의 역사)'이 인상깊게 만들어졌다. 여기서 서사 속 주인공인 신길녀(최은희)조차 특별한 이름을 가질 필요가 없었다. 모두 '이름없는 우리'가 되어 어둠과 함께 스러져갔다. 공연은 마치 우리의 삶이 아직도 동란 후 1950~60년대와 같이 정리 안된 채 머물고 있는듯한 참담함을 주기도했다. 부산 을숙도 문화회관에서 올려진 이 작품은 그간 김동리. 황순원 · 이호철 · 오정희에 이어 우리 현대 소설가의 작품이 서사적인 스케일을 가진 창작춤으로 인상깊게 전환되면서 지역 춤집단(최은희와 춤패 배김새)의 성숙함과 전문성을 보여주고 있었다.

최은희의 춤창작 작업에는 초기 창무회의 공동작업에 영향을 미친 현대적 감각의 무대미술가 조영래를 비롯해 그간 김구림,한만영,정진윤과 같은 서양화가, 또 홍선례,신혜영,황병기,백병동,안일웅,황장수,장덕산과 같은 작곡가들이 직접 참여하거나 그들의 창작음악이 과감히 쓰이면서 수준높은 예술적 협업(콜래보레이션)이 이뤄졌다. 그런 점에서 무속 제의나 궁중무를 비롯한 우리춤의 전통지키기에 있어서 어느 하나도 섣불리 양보하지 않을 것 같은 그녀의 평소의 태도(그런만큼 보수적으로 여겨진다)가 예상외로 타장르의 예술가와 자유롭게 협업하면서 공존하는 '열린 예술작업의 태도'(의외로 개방적이다)를 보여주고 있었다.

최은희는 필자와의 인터뷰에서 자신의 춤작업은 창무회의 초기 작업 때 여러 동인들과 발견하고 시도한 그 지점—무속 · 민속문화의 창조적 활용과 실험—을 중요시하면서 끊임없이 우리의 춤예술이 오늘 우리의 삶과 접하고 어울려지는 그 지점 곧 '춤의 사회성'을 잃지 않겠다고 했다.

나는 그간 최은희의 춤 속에서 많은 무용가들이 마음 속 깊이 간직하고 있는 순수한 서정성의 노출을 잘 보지 못했다. (그 이후의 작품은 잘 관찰하지 못했다.) 있다면 2000년 한국무용제전에 올려졌던「네개의 바다」가 유일하다. 침묵 · 평화 · 격정 · 여명의 바다란 소주제를 가지고 안무자는 그 작품에서 배김새 춤꾼들의 허리 숙이며 길게 늘어뜨린 팔동작 등을 활용, 그녀의 춤에서 보기 힘든 독특한 서정성과 명상성을 인상적으로 보여준 바가 있었다.

이러한 춤창작 활동 이외에 그녀가 부산산업대 교수로 부임하면서 결성한 창작춤 동인 집단 배김새(1985)와 1988년 동 대학(경성대) 무용과 교수진(남정호,신정희,이영희 교수)과 공조하에 만든 '부산무용 여름축제'에 특별히 주목할 필요가 있다. 전자의 경우 부산에서 조직된 한국무용 계열의 첫 동인제 춤집단으로 같은 계열에서 동아대 중심의 짓무용단, 부산여대 중심의 겹사위무용단 등의 발족에 자극을 주면서 같은 해 조직된 하야로비현대무용단과 함께 부산 중심 동인제 춤집단의 창작활동을 크게 부추켰으며, 후자는 부산의 독특한 여름 자연 풍광을 등에 업고 춤의 교육과 춤페스티벌이 함께 진행되는 특별한 춤프로그램이었다. 특히 이 교육 프로그램에 참가하는 춤전공생들은 부족한 실기와 이론을 축제기간 동안 보완하면서 부산은 물론 전국에서 초빙된, 춤 스타일이 다른 여러 무용단의 공연을 볼 수 있었다.

이 시기 배김새와 함께 부산에서 번지기 시작한 한국무용 동인제 춤집단의 활동은 한국창작춤이 한국무용의 교육과 창작발표를 주조를 이루며 전면에 부각하게끔 되었고, 경성대 주관의 여름축제는 지역대학 무용과가 주도하는 전국단위의 춤축제가 한국 제2의 도시 부산에서 벌어지게끔 했다. 곧 서울 이외의 '또다른 춤의 중심지(中心地)'가 부상하게 되었던 것이다. 이것은 경성대 춤교수진의 단합된 힘과 더불어 최은희 교수가 가진 은근하면서도 강한 추진력이 빛을 발했던 것이라 보겠다. (필자는 1~2회 축제 때 초빙되어 춤이론과 비평 주제의 세미나와 강의를 했다.)

물론 이 모든 활동에는 늘 배김새 춤단원들 곧 정미숙,윤보경,김희선,신은주,하연화,한수정,홍이경,손미란,전현철 등과 같은 이들의 참여와 공조가 있었다.

끝으로 1991년 말 부산에서 특별히 기획되어 몇 달후 서울에서 보여지기도 했던 '전통춤 5인전' 속 엄옥자의「살풀이」, 김온경의「산초춤」,김은이의「태평무」에 이어 최은희가 우리의 궁중무「춘앵무」를 선택하여 묵묵히 인내하며 쉽게 갈흥을 얻기 힘든 그 춤판을 열어가는 것을 보고, 나는 무엇보다 그녀의 춤을 한국춤에 내재한 인내와 인고(忍苦)의 미를 표출하는 춤이라 보았다. 곧 한국춤은 쉽게 배워서 쉽게 추어지지 않기에 마치 산허리를 실바늘로 꿰매는 것과 같은 무한한 인내와 노력쌓임이 필요하다는 뜻이다. 이것은 그녀가「춘앵무」와 같은 엄격한 재현무를 출 때나「넋들임」이나「매듭풀이」와 같은 자유로운 창작춤을 출 때나 마찬가지라 하겠다. 따라서 이것 또한 그녀 춤의 숨은 기조(基調)라 할 수있다.

대표작품 목록, 연보 List of Representative Works

1978 – **이한송이 피어남에(독무)** / 15분 / 국립극장 소극장
The 1st Dance Concert of the Chang Mu Dance Company / ***A Flower Here Is Blossoming***. / Small Theater of the National Theater of Korea, Seoul

1981 – **도르래,소리사위(창무회 공동안무)** / 도르래 15분15초, 소리사위 20분 / 세종문화회관 소극장
The 2nd Dance Concert of the Chang Mu Dance Company / ***Pulley: Moves of Sound***. / Small Theater of Sejong Center for the Performing Arts, Seoul

1982 – **하지제** / 1시간, **넋들임** / 34분 / 문예회관 대극장
The 1st Special Dance Concert of Eun-Hee Choi / ***Hajije (:Midsummer Holiday): (Soul Reception)*** / Grand Hall of The National Culture & Arts Center in Seoul

1983 – **늪** 30분, **허재비의 꿈** / 13분 / 부산 시민회관 대강당
The 12th Dance Concert of Busan Metro Dance Company / ***Haseongmyeong; Mobuk Play; A Strawman' s Dream; The Swamp*** / Grand Hall of Siminhoegwan Community Center, B

1984 – **지난겨울** / 22분, **춤 108** / 20분 / 부산 시민회관 대강당
The 13th Dance Concert of Busan Metro Dance Company / ***Last Winter; A Piece; The Swamp*** / Grand Hall of Siminhoegwan Community Center, Busan

1985 – **변신** / 20분 / 문예회관 대극장
The 1st Korean Dance Festival / ***Transformation*** / Grand Hall of The National Culture & Arts Center in Seoul

1985 – **소리굿** / 14분 / 경성대 콘서트홀
The 2nd Special Dance Concert of Eun-Hee Choi / ***Goot (:Korean exorcism) of Sounds: (3 other pieces)*** / Concert Hall of Kyungsung University, Busan

1986 – **제웅맞이** / 1시간 / 창무춤터
Special Concert Series of Chang Mu / ***Je Ung Maji (: The effigy-greeting)*** / Chang Mu Chum Teo Dance Theater, Seoul

1986 – **왕의 뜰** / 20분 / 문예회관 대극장
The 2nd Korean Dance Festival / ***The King' s Garden*** / Grand Hall of The National Culture & Arts Center in Seoul

1987 – **파문** / 25분 / 문예회관 대극장
The 3rd Special Dance Concert of Eun-Hee Choi / ***Ripples: (2 other pieces)*** / Grand Hall of The National Culture & Arts Center in Seoul

1988 – **매듭풀이** / 20분 / 문예회관 대극장
The 4th Korean Dance Festiva / ***Untying A Knot*** / Grand Hall of The National Cul!ure & Arts Center in Seoul

1988 – **외출하다(독무)** / 1시간 28분30초 / 창무춤터
A Meeting of Dance, Fine Art & Poetry / ***To Go Out*** / Chang Mu Chum Teo Dance Theater, Seoul

1989 – **누이여,나의 누이여 !** / 38분30초 / 경성대 콘서트홀
The 5th Korean Dance Festival / ***Sister, Oh My Sister*** / Grand Hall of The National Culture & Arts Center in Seoul

1990 – **검은산 하얀방 넘어** / 20분 / 부산문화회관 대극장
The 1st University Dance Festival / ***After A Black Mountain and A White Room*** / Grand Hall of Busan Cultural Center

1991 – **어두운 날들의 바람 그치고..** / 37분16초 / 국립극장 대극장
The 7th Korean Dance Festival / ***After A Black Mountain and A White Room*** /National Central Theater Grand Theater

1991 – **무아** / 13분30초 / 부산문화회관 대극장
The 5th Special Dance Concert of Eun-Hee Choi / ***Mu Ah(: Losing Oneself) etc.*** / Grand Hall of Busan Cultural Center

1991 – **현씨아미(독무)** / 18분40초 / 경성대 콘서트홀
The 4th Busan Summer Dance Festival / ***Ms. Hyun, the Ami (: a young female spirit featuring in a Korean exorcism)*** / Concert Hall of Kyungsung University, Busan

1992 – **물맞이 굿--하늘은 열리고** / 35분 / 부산문화회관 대극장
The 3rd University Dance Festival / ***Goo! (: Korean folk exorcism) for Greeting Water Spirits*** / Grand Hall of Busan Cultural Center

1993 – **백방** / 17분40초 / 문예회관 대극장
Special Concert: 12 Modern Dance Composers of 1993 / ***Baek Bang (: a hundred ways)*** / Grand Hall of The National Culture & Arts Center in Seoul

1993 – **여인등신불** / 42분 / 문예회관 대극장
The 15th Seoul Dance Festival / ***Yeoin Deungsinbul (: a female Buddha)*** / Grand Hall of The National Culture & Arts Center in Seoul

1993 – **영산회상 불보살** / 23분 / 부산문화회관 대극장
The 4th University Dance Festival / ***Yeongsan Hoesangbul Bosal(: a traditional Korean buddhist folk song*** / Grand Hall of Busan Cultural Center

1995 – **백의(출연)** / 38분57초 / 대구 문화예술회관 대극장
The Special Art Performance For the 4th National Dance Festival in Korea (: a prize winning for the best performance) / ***White Robe*** / Daegu Culture & Art Center

1995 – **어방풀이** / 28분 / 광안리 해변야외 무대
The 8th Busan Summer Dance Festival / ***1995 Eobang Puli (: a kind of a folk ceremony performed in collaborative fishing in Korea)*** / Gwang Alli Beach, Busan

1996 – **영혼의 번제(독무)** / 15분 / 창무춤터 포스트극장
The 7th Chang Mu International Arts Festival / ***Burnt of soul*** / Chang Mu Art Center, Seoul; Post Theater, Seoul

1996 – **태양꽃** / 20분 / 광안리 해변야외 무대
The 9th Busan Summer Dance Festival / ***The Solar Flower*** / Gwang Alli Beach, Busan

1996 – **서기 2000년을 여는 춤--태초의 공간에서** / 22분 / 부산문화회관 대극장
The 7th University Dance Festival Of Korea / ***A Dance Calling The Year 2000 A.D. - in The Space Of The World's Beginning*** / Grand Hall of Busan Cultural Center

1998 – **하얀배(독무)** / 19분 / 창무춤터 포스트극장
Dance for Tomorrow/ ***A White Boat*** / Chang Mu Art Center, Seoul; Post Theater, Seoul

1998 – **태양의 바라** / 16분32초 / 광안리 야외무대
The 11th Busan Summer Dance Festival / ***The Cymbals Of The Sun*** / Gwang Alli Beach, Busan

1998 – **네개의 바다** / 27분 / 부산문화회관 대극장
The 9th University Dance Festival / ***Four Seas:*** / Grand Hall of Busan Cultural Center

1999 – **새천년을 부르는 소리 ·굿 · 바람** / 16분50초 / 광안리 야외무대
The 12th Busan Summer Dance Festival / ***The Sound, Goot and Wind calling A New Millennium*** / Gwang Alli Beach, Busan

1999 – **높새바람 (독무)** / 16분12초 / 부산문화회관 대극장
The 10th Special Dance Concert of Eun-Hee Choi / ***Nopsae The North East Wind*** / Grand Hall of Busan Cultural Center

2000 – **벍 – 빛으로 향한 떨림으로...** / 21분 / 문예회관 대극장
Special Concert: 12 Dance Composers/ ***Beorht – Shaking Toward The Light*** / Grand Hall of The National Culture & Arts Center in Seoul

2000 – **어머니의 강** / 20분 / 부산 문화회관 대극장
The 11th University Dance Festival / ***The River Of All Mothers: Buk Chum (: a Korean drum dance)*** / Grand Hall of Busan Cultural Center

2000 – **나를 보내신 이를 찾아** / 1시간 / 구포 덕천 고가다리 밑 강변(야외)
Special Concert of Eun-Hee Choi & Baegimsae Dance Troupe in 2000: Nature and Dance, A Way To Salvage Water and Our Life / ***Searching For The One That Sent Me Here***/ Gupo Riverbank near Geokcheon Bridge, Busan

2001 – **우로보로스** / 1시간 / 울산 문화예술회관 대극장
Special Concert For The Foundation Of Ulsan Metropolitan Dance Company / ***Ouroboros*** / Grand Hall of Ulsan Culture & Art Center, Ulsan

2001 – **벍관회(밝은세상)** / 1시간35분 / 울산 문화예술회관 대극장
The 4th Special Concert Of Ulsan Metropolitan Dance Company / ***'Beorht' Palgwanhoe (: a Korean Buddhist ritual): A Bright World*** / Ulsan Culture & Art Center, Ulsan

2002 – **요놈 춘풍아!** / 1시간 / 울산 문화예술회관 소극장
The 5th Special Concert Of Ulsan Metropolitan Dance Company / ***You Chap, Chun Pung!*** /Small Hall of Ulsan Culture & Art Center, Ulsan

2002 – **태화강은 흐른다** / 1시간 / 울산 문화예술회관 대극장
The 6th Special Concert Of Ulsan Metropolitan Dance Company / ***The Taehwa River Is Running.*** / Grand Hall of Ulsan Culture & Art Center, Ulsan

2002 – **춤추는 바다** / 19분 / 해운대 특설무대
The 15th Busan Summer Dance Festwal / ***A Dancing Sea*** / Special Outdoor Concert Hall of Haeundae Beach, Busan

2002 – **그 영혼은 새가 되어(독무)** / 10분16초 / 민주공원 소극장
The 3rd Eun-Hee Choi' s Traditional Korean Dance Concert / ***That Soul Becoming A Bird*** / Busan Democracy Park

2002 – **허황후 –** 아시아 축하공연**(출연)** / 1시간 6분25초 / 부산 문화회관 대극장
The Special Art Performance For The Busan Asian Games 2002 / ***Heo Hwang Hu (: The Empress Heo)*** / Grand Hall of Busan Cultural Center

2003 – **수마트라의 꿈** / 22분 / 부산문화회관 대극장
The 18th Korean Dance Festival / ***Dreams Of Sumatra*** / Grand Hall of Busan Cultural Center

2003 – **천둥소리** 1시간 3분30초 / 을숙도 문화회관 대극장
The 13th Special Dance Concert of Eun-Hee Choi / ***Sounds Of Thunderbolts*** / Grand Hall of Eulsukdo Culture Center, Busan

2004 – **수마트라의 꿈 II** / 20분 / 경성대 콘 서트홀
The 17th Busan International Summer Dance Festival: Ocean-Dance / ***Dreams Of Sumatra II*** / Concert Hall of Kyungsung University, Busan

2005 – **보르딘의 현악 4중주를 위한 야생곡** 16분, **무반주 바이올린을 위한 향** 13분 / 경성대 콘서트홀
The 10th Special Dance Concert of Eun-Hee Choi / ***Borodin's Siring Quartet No.2 In D Major; Fragrance For An Unaccompanied Violin; Soul On The Altar*** / Concert Hall of Kyungsung University, Busan

2006 – **호적 살풀이춤(독무)** / 12분41초 / 부산문화회관 대극장
The 16th Special Dance Concert of Eun-Hee Choi: The Grand Gala of Korean Dances by EunHee Cho / ***Hojeok Sal Puli (: a Korean folk dance for repelling and purging bad spirits, performed with Hojeok, a traditional Korean wind instrument)*** / Grand Hall of Busan Cultural Center

2006 – 류 흐르다.. / 25분 / 해운대 해변야외 무대
The 19th Busan International Summer Dance Festival / ***Ryu as in To Flow*** / Special Outdoor Concert Hall of Haeundae Beach, Busan

2007 – 역 – 물의 정거장 / 13분 / 문예회관 대극장
The 14th Chang Mu International Arts Festival 30 years of Chang Mu Dance Company / ***The Station of Water*** / Grand Hall of The National Culture & Arts Center in Seoul

2007 – 목숨오름(독무) / 50분 / 경성대 콘서트홀
The 17th Special Dance Concert of Eun-Hee Choi / ***Spark of Life Arising*** / Concert Hall of Kyungsung University, Busan

2008 – 일 · 출 / 12분35초 / 해운대 해변특설 무대
The 21st Busan International Summer Dance Festival / ***Sun - Rising*** / Special Outdoor Concert Hall of Haeundae Beach, Busan

2009 – 한여름에 내린 비(독무) / 20분 / 가마골 소극장
Special galal : 3Artists 3Colors / ***Rain that fell in the middle of summer*** / Kamagol Small Theater, Busan

2009 – 화신 / 1시간 / 부산문화회관 대극장
The 19th Special Dance Concert of Eun-Hee Choi / ***Incarnation*** / Grand Hall of Busan Cultural Center

2010 – 류... 흐르다 II / 1시간 / 경성대 콘서트홀
The 20th Special Dance Concert of Eun-Hee Choi / ***Ryu as in To Flowing II*** / Concert Hall of Kyungsung University, Busan

2010 – 시원의 메세지 / 17분6초 / 해운대 해변야외 무대
The 23rd Busan International Summer Dance Festival / ***Message of origine*** / Special Outdoor Concert Hall of Haeundae Beach, Busan

2012 – 류... 흐르다 III / 1시간 / 경성대 콘서트홀
The 22th Special Dance Concert of Eun-Hee Choi / ***Ryu as in To Flowing III*** / Concert Hall of Kyungsung University, Busan

2012 – 숨–움틈의 몸짓으로 / 15분 / 영화의전당 하늘연극장
The 23rd University Dance Festival / ***Breath-Motion of Sprouting*** / Haneulyeon Theatre of Busan Cinema Center

2013 – 시린샘 / 1시간 6분 / 영화의전당 하늘연극장
The 23rd Anniversary Special Dance Concert of Eun-Hee Choi / ***Well - Dazzling - Blue*** / Haneulyeon Theatre of Busan Cinema Center

2013 – 적멸 / 21분13초 / 창무 포스트극장
Dance for Tomorrow / ***Annihilation*** / Soul Reception Chang Mu Art Center, Seoul; Post Theater, Seoul

2014 – 어디로 가고 있습니까(독무) / 31분30초 / 경성대 콘서트홀
The 24th Special Dance Concert of Eun-Hee Choi / ***Where are you going?*** / Concert Hall of Kyungsung University, Busan

2015 – 눈보라 BLizzard (헤수스히달고 공동안무) / 1시간 10분 / 영화의 전당 하늘 연극장
Choi, Eun Hee & Jesus Hidalgo / ***Blizzard*** / Haneulyeon Theatre of Busan Cinema Center

2017 – 망명 Ex.iL (헤수스히달고 공동안무) / 1시간 / 영화의 전당 하늘연극장
Choi, Eun Hee & Jesus Hidalgo / ***Ex.iL*** / Haneulyeon Theatre of Busan Cinema Center

2021 – 길 / 1시간 / 영화의 전당 하늘연극장
The 36th Anniversary Special Concert of Baegimsae Dance Troupe / ***Road*** / Haneulyeon Theatre of Busan Cinema Center

연보 세부사항 (초연을 중심으로) Chronology of Premiere

대표작품 년보 세부사항 (출연진과 스탭)

년 도	공연명	작 품	장 소	음 악	연출및기타	무대미술	조 명	의 상	출 연
1978. 12.9~10	제1회 창무회 공연	이 한송이 피어남에...	국립극장 소극장	최정희				우인희	최은희
1981. 4. 4	제2회 창무회 공연	도르래, 소리사위	세종문화회관 소극장	도르래 : 김영동 소리사위 : 편집	도르래 : 공동안무 임학선,임현선,이노연, 최은희,김명희,황인주 소리사위 : 공동안무 임학선,윤덕경,김명숙, 임현선,최은희,이노연, 김명희,이혜순,김영희, 손정희,황인주 연출 : 소녕래		이상봉	정 선	도르래 : 임학선, 임현선, 이노연, 최은희, 김명희, 황인주 소리사위 : 김기섭, 임학선, 윤덕경, 김명숙, 임현선, 최은희, 이노연, 김명희, 이혜순, 김영희, 손정희, 황인주
1982. 8. 8	최은희의 춤	하지제	문예회관 대극장	신혜영(연주)	대본 : 홍윤숙 시 「하지제」 연출 : 김구림 무감 : 이병훈 음향 : 조갑중	김구림	이상봉	정 선	최은희, 이철진, 송영호, 이재의, 김세동, 남경주, 문성재
1982. 10. 28~29	제4회 대한민국무용제	넋들임	문예회관 대극장	홍선례(작곡)	무감 : 권영준 시 : 강진옥	김구림	이광우		임학선, 최은희, 이노연, 김영희, 황인주, 강인숙, 마복일, 강미리, 김선미, 이애현 오승희, 이철진, 송영호, 김일준, 조선묵
1983. 10.28	부산시립무용단 제12회 정기공연	허재비의 꿈 늪	부산시민회관 대극장	이성진(부산민속예술단) 작곡 : 장덕산	대본 : 황루시 훈련장 : 김미숙			정 선	이용환, 김순희, 신욱자, 송진수, 김광식, 황윤희, 박순애, 길옥례, 김희수, 김미영, 이미선, 이송희, 신영아, 문정숙, 김현임, 이상복, 김정숙, 김성근, 유명자, 이기원, 장대현, 김혜정, 손심심, 조종임, 주미선, 이영숙, 박성란, 이현미, 이돈희, 이종근, 엄미애, 이귀선, 최난지, 김춘기, 김영숙, 백자현, 이　철, 정경희, 조영선
1984. 5.23~24	부산시립무용단 제13회 정기공연	지난겨울	부산시민회관 대극장	음악: 이의경 쇠: 이용식 북: 김종기 장고: 김종대	대본 : 박진주 훈련장 : 김미숙 무감 : 권영준	한장원	김인환	정 선	최은희, 신욱자, 김광식, 박순애, 길옥례, 신영아, 김현임, 유명자, 장대현, 김혜정, 손심심, 박성란, 주미선, 엄미애, 이현미, 이돈희, 최난지, 백자현, 이　철, 조영선, 서순덕, 김현주, 하경자, 정말숙, 정경희, 김영진, 문영숙, 조종임, 신숙경, 손옥경, 장인숙, 김은숙, 박은경, 김금희, 양은경, 김영미, 박은홍, 김숙영, 주옥선
1984. 9. 7	부산시립무용단 제14회 정기공연	춤 108	부산시민회관 대극장	음악: 김용만 황의종	대본 : 송명희 훈련장 : 김미숙 음향 : 정정식	김응기	권영준	우인희	최은희, 신욱자, 김광식, 박순애, 신영아, 김현임, 유명자, 장대현, 김혜정, 손심심, 박성란, 주미선, 엄미애, 이현미, 이돈희, 최난지, 백자현, 이　철, 조영선, 서순덕, 김현주, 하경자, 정말숙, 정경희, 김영진, 문영숙, 신숙경, 손옥경, 장인숙, 김은숙, 박은경, 양은경, 김영미, 박은홍, 김숙영, 주옥선 **특별출연 : 이매방**
1985. 5.5	제 1 회 한국무용제전	소리굿 변신	문예회관 대극장	김영동 음악편집 김옥균		정진윤		정 선, Mr.리	최은희, 이명미, 정미숙, 윤보경, 이영화, 김죽엽, 김희선, 안줄이, 윤경화, 이영림, 장래훈, 김성홍
1986.	창무춤판 기획공연	제웅맞이	창무춤터	Karlheinz Stock- hausen「Mikro- phonie Ⅰ, Ⅱ」중편집 연주:신혜영 외 3인		정진윤		정 선	정미숙, 윤보경, 안줄이, 안귀숙, 박은홍, 최은희
1986. 4.25	제2회 한국무용제전	왕의 뜰	문예회관 대극장	왕의 뜰 – 김영동 「단군신화」		영상 : 이용관 이정태	김장태	정 선	김미숙, 안귀숙, 목혜정, 김미정, 박경아, 박현주, 이경미, 단정강, 안희영, 신은주, 장옥란, 차은정, 하연화
1987. 4. 30	제3회 한국무용제전	파문	문예회관 대극장	Ⅰ.백병동 「浦口」, Ⅱ.土取利行 「流水」, Ⅲ.장덕산 작곡				정 선	최은희, 이돈희, 정미숙, 김희선, 김미정, 박경아, 박현주, 이경미, 단정강, 신은주, 안희영, 장옥란, 김창명, 하연화, 주은선

년도	공연명	작품	장소	음악	연출및기타	무대미술	조명	의상	출연
1988. 5. 28	제4회 한국무용제전	매듭풀이	문예회관 대극장	신혜영				고려사	최은희, 정미숙, 안줄이, 목혜정, 전현철, 김창명
1988. 10.14~16	창무큰춤판 최은희의 춤판 – 시와 미술과의 만남	외출하다(독무)	창무춤터	황장수외 편집	시 : 황인숙	한만영	이성호	정 선	최은희
1989. 4.21-22	최은희의 춤	누이여, 나의 누이여!	경성대학교 콘 서트홀	황장수외 편집		정진윤		최은실	안줄이, 이경미, 서상순, 신은주, 하연화, 박은실, 김창명, 성동헌, 전현철, 배형섭, 최은희
1990. 11. 16	제1회 대학무용제	검은산 하얀방 넘어	부산문화회관 대극장		대본 : 김지하 시집에서 「검은산 하얀방」 훈련 : 윤보경			고려사	윤보경, 박미영, 윤혜란, 이상순, 이충실, 이혜영, 정유원, 김민정, 김수원, 성영은, 손미란, 박미영, 장윤정, 하선애, 허광이, 홍이경
1991. 5. 8	제7회 한국무용제전	어두운 날들의 바람 그치고	부산문화회관 대극장	작곡 : 신혜영	대본 : 장정임 무대감독 : 권영준 훈련 : 윤보경 음향 : 정정식	정진윤		고려사	윤보경, 김희선, 하연화, 박은실, 주은선, 오은주, 김수원, 손미란, 장윤정, 하선애, 허광이, 홍이경, 이정식, 박성호, 임형준, 최병규, 홍동운, 김종덕, 홍석기, 최은희
1991. 6. 8	최은희의 춤	무아	부산문화회관 대극장	작곡 : 신혜영	무대감독 : 권영준 훈련 : 윤보경 음향 : 정정식 섭외 : 정미숙		신상준	이수동	윤보경,김희선,하연화,박은실,강선미리, 진영자, 박미영, 성영은, 하선애, 홍이경, 김문경, 김인주, 김정원, 김현지, 박미라, 박재현, 박진희, 심지희, 이경희, 이명미, 이현정, 이지연, 이지영, 정영심, 한수정, 한영화, 최은희
1991. 7.18	제4회 부산여름무용축제	현씨아미(독무)	경성대학교 콘서트홀	음악 편집				고려사	최은희
1992. 11. 16	제3회 대학무용제	물맞이굿 – 하늘은 열리고	부산문화회관 대극장	신혜영 Sea Storm - Collings 제주도 시왕맞이 편집					윤보경, 신은주, 황지영, 손미란, 장윤정, 홍이경, 전현철, 천병일, 김종덕, 임형준, 김문경, 김정원, 김현지, 이경희, 이영미, 이지영, 이현정, 한영화, 정영심, 한수정, 곽지민, 김영란, 김정희, 김효정, 박미정, 박우영, 박은진, 양성미, 오수연, 윤수경, 이영주, 이화성, 이희정, 정재연, 조미성
1993. 3. 23	현대춤작가12인전	백방	문예회관 대극장	신혜영	대본 : 시 / 김지하 「검은산 하얀방」 서문에서			고려사	최은희, 김종덕, 전현철, 이정식, 김창명
1993. 10.23	제15회 서울무용제	여인등신불	문예회관 대극장	편집 : 신혜영	대본 : 장정임 무대 : 임연빈 음향 : 한동근	정진윤	박종찬	고려사	최은희, 신은주, 하연화, 김선미리, 오은주, 손미란, 홍이경, 이정식, 박재현, 한수정
1993. 11. 16	제4회 대학무용제	영산회상 불보살	부산문화회관 대극장	김영동 '선II','영산회상 불보살' 외편집				고려사	김문경, 김정원, 김현지, 박미라, 이경희, 이영미, 이지영, 이현정, 한영화, 강경민, 남선주, 신미랑, 곽지민, 김민경, 김애경, 김영란, 김효정, 김희정, 김정희, 박우영, 박소영, 박미정, 박은진, 오수연, 양성미, 윤수경, 이화성, 이영수, 정재연, 조미성
1995. 9.17	제4회 전국무용제	백의 (출연)	대구문화예술회관	편집 : 마봉진	안무 : 신은주 연출 : 최은희 기획 : 전현철 무감 : 권영준	박재현		김영곤	최은희, 신은주, 강선미리, 황지영, 손미란, 박미영, 김정희, 윤수경, 이화성, 이희정, 양성미, 오수연, 박미정, 김효정, 조미성, 하지훈, 박우영, 박은진, 한영화, 김민경
1995. 7. 9	제8회 부산여름무용축제	어방풀이	광안리해변 야외무대	두레패 '넋풀이' 외 편집 풍물 및 소리: 도태일 외 4명	지도 : 신은주, 전현철			고려사	강선미리, 오은주, 황지영, 홍이경, 손미란, 한영화, 박우영, 김정희, 조미성, 박소영, 박미정, 김민경, 오수연, 김효정, 이화성, 윤수경, 이희정, 박은진, 이영주, 김언희, 박계영, 박영애, 박정은, 배계영, 변미래, 선미숙, 안영주, 유윤영, 조성민, 채순희, 최윤정, 정경희, 정재은, 하은정, 황정옥, 황지환, 하지훈

년 도	공연명	작 품	장 소	음 악	연출및기타	무대미술	조 명	의 상	출 연
1996. 2.25	오늘의 춤꾼 내일의 춤꾼	영혼의 번제 (독무)	창무포스트극장	Stephan Micus Darkness and 'Light'	대본 : 장정임	정진윤		김영곤	최은희
1996. 7.7	제9회 부산여름무용축제	태양꽃	광안리해변 야외무대	황병기 '아이보개' 두레페 사물놀이 '수행' 편집	지도 : 신은주, 홍이경 소품(연)제작 : 이선우			김영곤	홍이경, 김종덕, 임형준, 김민경, 김정희, 김효정, 박미정, 박소영, 박우영, 박은진, 양성미, 오수연, 윤수경, 이영주, 이화성, 이희성, 조미정, 홍석기, 양윤선, 박영애, 박정은, 배계영, 변미래, 안영주, 최윤정, 한은정, 황정옥, 하지훈, 이현숙, 정수임 조혜진, 황여주, 류호정
1996. 10.29	제7회 대학무용제	서기2000년을 여는 춤 – 태초의 공간에서	부산문화회관 대극장	푸리 Fnngo Mokrzcoae ' The Dream And The Deek ' 외편집				김영곤	김민경, 김정희, 김효정, 박은진, 박미정, 오수연, 이희정, 안영주, 조미성, 홍석기, 박계영, 박정은, 박영애, 변미래, 인영주, 최윤정, 정경희, 황정옥, 정현진
1998. 5.29~30	내일을 여는 춤	하얀배 (독무)	창무포스트극장	<Breathing out> <Healing Seas> -Shamens Dream, <Salrel circle>- TULKU				김영곤	최은희
1998. 7.5	제11회 부산여름무용축제	태양의 바라	광안리해변 야외무대						홍이경, 하지훈, 홍석기, 김도연, 강선이, 강선화, 박계영, 박성혜, 박영애, 박정은, 배계영, 변미래, 안영주, 유윤영, 이영실, 이현주, 정경희, 황정옥, 황지환, 김명진, 김민주, 김보경, 김윤희, 김이영, 김현주, 남지원, 이경희, 장향인, 정연정 ,주임선, 채순희
1998. 11. 3	제9회 대학무용제	네 개의 바다	부산문화회관 대극장	Naoki Nishimura -space odyssey Shaman's Dream -breathing out Tulku-sacred circle 편집	음향 : 정정식	정진윤	신상준	김영곤	신은주, 하연화, 홍이경, 손미란, 박정은, 김민경, 정경희, 채순희, 박성혜, 서우정, 이창규, 김현주, 김윤희, 남지원, 이정아, 장향이, 권수임, 기묘영, 정남선, 최의옥, 강경숙, 공지원, 김경미, 김미정, 권수민, 이정은, 송화영, 조은정, 채윤희, 최은희
1999. 7.4	제12회 부산여름무용축제	새천년을 부르는 소리, 굿, 바람	광안리해변 야외무대	푸리 Sea Storm–Callings 시왕맞이(제주도 무악) 편집				고려사, 김영곤	홍이경, 김민경, 박정은, 정경희, 김현주, 김묘영, 권수민, 남지원, 장향인, 김윤희, 정남선, 채순희, 김승태, 최의옥, 황지환, 김경미, 김수현, 김미정, 권수임, 김기효, 권경미, 이정은, 이현희, 조하경, 조은정, 홍일지, 홍선영, 송화영, 채윤희
1999. 10. 1	최은희의 춤	높새바람 (독무)	부산문화회관 대극장	김덕수「명상」 이광수&red sun「까치」 Naoki Nishimura space,odyssey 편집	음향 : 정정식	정진윤	신상준	고려사	최은희
2000. 4. 2	춤작가12인전	붉 –빛으로 향한 떨림으로	문예회관 대극장	임동창「Meditation」 무익조「차가운 밤」				마레	박일환, 최은희
2000. 9. 7	제11회 대학무용제	어머니의 강	부산문화회관 대극장	음악 편집 : Stephan Micus 「Ocean」외 편집				마레	강선미리, 권수임, 김민주, 김윤희, 남지원, 정남선, 강경숙, 권경미, 권수민, 김경미, 김기효, 김수연, 정혜정, 조하경, 채윤희, 최아람, 홍선영, 김영찬, 장영진
2000. 10.28	최은희와 춤패 배김새	나를 보내신 이를 찾아	구포 덕천고가다리 밑 강변에서	음악 편집 : 김영동 – '조각배', '방황' 김수철 – '팔만대장경' 中 원일 – '꽃잎 메인 테마' 등 편집	대본 : 채희완	남영우		김영곤, 마레	최은희, 정미숙,신은주,하연화,강선미리, 홍이경, 정경희, 홍석기, 이창규, 김민주, 김현주,김윤희, 권수임, 남지원, 김묘영, 정남선, 이경희, 김경미, 김기효, 김미정, 권수민, 조은정, 최아람, 홍선영, 강원길, 김영찬 특별출연 : 우진수, 박용헌
2001. 9. 7	울산시립무용단 창단공연	우로보로스	울산문화예술회관 대극장	작곡 : 신혜영	안무 : 최은희 지도 : 현숙희 기획 : 전현철 대본 : 김열규	정진윤 3D영상 : 최성원			울산시립무용단 전원

년 도	공연명	작 품	장 소	음 악	연출및기타	무대미술	조 명	의 상	출 연
2001. 11.22	제4회 울산시립무용단 정기공연	**볼곰혜 –밝은 세상**	울산문화예술회관 대극장	작곡 : 지원석 대취타 : 부산대학교 국악과	연출, 대본 : 이병훈 재구성,안무 : 최은희 지도 : 현숙희 드라마트루기 : 최명석 탈춤지도 : 황해순 궁중정재지도 : 김영숙 기술감독 : 엄주권 무대감독 : 김 진수 음향감독 : 황재영	이경표	김남웅	이수동, 이영숙	울산시립무용단 전원 의물 : 경성대학교 무용학과, 울산예술고등학교 무용과 사자무 : 동해민속예술원
2002. 3.21	제5회 울산시립무용단 정기공연	**요놈, 춘풍아 !**	울산문화예술회관 소극장	작곡 : 지원석	대본 : 채희완 안무 : 최은희 연출 : 황해순 지도 : 현숙희 음향 : 이상문 무감 : 엄재영 기술감독 : 김기원	송관우	김정두	예원아트	한 량 들 : 우진수, 나민재, 박진수, 이성원 평양기생 : 길영경, 김영희, 유혜경, 이현경 개성기생 : 김윤희, 박민정, 박영신, 이진옥 허민정 진주기생 : 김현정,김현주, 박정은, 이민정, 이상희, 장수임, 황희정 주 모 : 김미정,정윤경,정지현 아 낙 : 박계영, 방명희, 류호정 마을처녀 : 홍이경, 길영경, 김영희, 김윤희, 박민정, 박영신, 유혜경, 이진옥, 이현경, 허민정 중국사신 : 구태우, 나민재, 박진수, 우성호, 이성원 풍 물 패 : 박상웅,강성주,박순호,박원우
2002. 6.19	제6회 울산시립무용단 정기공연	**태화강은 흐른다**	울산문화예술회관 대극장	작곡 : 지원석 연주 : 윤찬구, 우진수, 강성주, 박상욱, 박성태, 박순호, 김영희, 백시내, 이 진, 임세란, 엄현숙, 장은진, 정은아, 정영희, 최미란	대본 : 정일근 지도 : 현숙희 무술지도 : 강응순, 이정광 기술감독 : 엄주권 무대진행감독: 김기원 무감 : 김진수 음향 : 황재영	박재현	김남웅	마레	최은희, 현숙희, 홍이경, 한수정, 이창규, 홍석기, 구태우, 나민재, 이성원, 박원우, 박진수, 우성호, 길영경, 김영경, 김윤희, 김미정, 김현주, 김현정, 김영희, 류호정, 박정은, 박계영, 박민정, 박영신, 박지애, 방명희, 이상희, 이귀은, 이민정, 이주현, 이진욱, 이현경, 유혜경, 장수임, 정윤경, 정지현, 황여주, 황희정, 허민정
2002. 7.3	제15회 부산여름무용축제	**춤추는 바다**	광안리해변 야외무대					마레	남지원, 권수민, 이정은, 김미정, 조은정, 김기효, 홍선영, 하지원, 안창신, 홍현녀, 정수임, 남혜림, 이미진, 김수자, 홍정희, 이주현, 조인경, 성하진, 박유리, 김경아
2002. 12.31	2002최은희 홀춤	**그 영혼은 새가 되어 (독무)**	민주공원 소극장	작곡 : 지원석	글 : 정일근			마레	최은희
2003. 9. 8	제18회 한국무용제전	**수마트라의 꿈**	부산문화회관 대극장	음악편집	지도훈련 : 신은주 대본 : 양효윤			마레	김민경, 홍선영, 조은정, 김경아, 김진연, 나연경, 이미진, 이주현, 이현정, 정수임, 박유리, 윤화진, 이귀운
2003. 10.29~30	최은희의 큰 춤판	**천둥소리**	을숙도문화회관 대극장	음악편집 : 마린뮤직	조안무 : 신은주 지도훈련 : 하연화 대본 : 양효윤 무대감독 : 하지훈 진행 : 정미숙 기획 : 황정옥 원작 : 김주영	정진윤	장훈석	마레	최은희, 신은주, 하연화, 오은주, 손미란, 구영희, 김민경, 한종철, 조은정, 김경아, 정수임, 이은정, 최의옥, 김영진, 김민아, 김연경, 이혜정, 박수정
2004. 7. 4	제18회 한국무용제전	**수마트라의 꿈 II**	경성대학교 콘서트홀	음악편집	지도훈련 : 신은주 대본 : 양효윤			마레	김민경, 홍선영, 조은정, 김경아, 김진연, 나연경, 이미진, 이주현, 이현정, 정수임, 박유리, 윤화진, 이귀운
2005. 3.16	최은희의 춤	**음악과의 만남** 1.보르딘현악4중주야상곡 2.무반주바이올린-향제10번		1.보르딘현악4중주야상곡 제1악장Allegro moderato 제3악장Notturno:Andante 2.무반주바이올린-향제10번, 작곡–임우상				마레	신은주, 하연화 최은희 **특별연주 : 뮤즈현악4중주단** (Vn I **임병원**,Vn II **황지원**, Va**최영화**,Vc**김판수**) **특별연주 : 임병원**
2006. 4.11	최은희의 큰 춤판	**호적살풀이춤 (독무)**		남산놀이마당 괭과리 : 설영성, 장고 : 장재희 호적 : 김현일, 신디사이저 : 김한나					최은희

년도	공연명	작품	장소	음악	연출및기타	무대미술	조명	의상	출연
2006. 7.9	제19회 부산여름무용축제	류(流) 흐르다...	해운대 야외해변무대	음악 : 편집	지도 : 하연화, 김민경			비단길	박성호, 김민경, 김민아, 김경혜, 김연경, 김자연, 박수정, 이혜정, 김슬기, 정은주, 최혜림, 김동희, 김선현, 김보연, 심부근, 장하나, 하윤정, 황경아
2007. 1.29	제14회 창무국제예술제 –창무회30주년 기념작	역–물의 정거장	아르코 예술극장 대극장	작곡 : 양용준	대본 : 이재환				최은희, 김영찬, 김종헌, 장영진
2007. 6.12	최은희의 춤	목숨오름 –꽃을 위한 생명	경성대학교 콘서트홀	작곡 : 양용준 이아미(소리)	무감 : 장영진 홍보기획 : 김민경, 정수임	3D영상 : 최성원	장훈석	가아넷	최은희
2008. 7.6	제21회 부산국제여름무용축제	日·出	해운대 야외해변무대	EWinds of Warning 외편집	지도 : 하연화, 김민경			비단길	김민경, 장영진, 김동희, 박애리, 박지언, 장하나, 하윤정, 김보경, 서보경, 서아령, 신상규, 최혜란, 김희란, 김희리, 남진아, 민선혜, 박신영, 윤현숙, 정현주, 정혜미, 진현주, 박세준
2009. 7.25.~26.	3인3색 춤판	한 여름에 내린 비	가마골소극장	음악 편집 천수바라 외	대본 : 우빤디따사야도 「한 여름에 내린 비」에서			가아넷	최은희
2009. 12.1	최은희무용단의 2009 창작공연	化 身	부산문화회관 대극장	작곡 : 양용준	대본 : 안주현	3D영상 : 최성원 이욱상	곽동인	강동인	하연화, 구영희, 박성호, 한수정, 조은정, 김영찬, 장영진, 김경아, 안주현, 이혜정, 정은주, 하원겸, 박수정, 이사론, 김보경, 최혜란, 남진아, 정현주, 진현주, 백혜인, 최은희
2010. 11.2	최은희의 춤	류... 흐르다 II	경성대학교 콘 서트홀	최인식(연주)	무감 : 윤준호 기획 : 안주현 홍보 : 정은주 진행 : 이은숙, 이남정		장훈석	가아넷	최은희, 하용부 선화(그림) : 강영기
2010. 7.6	제23회 부산국제여름무용축제	시원의 메세지	해운대 야외해변무대	음악 : 경기도 당굿 中「진쇠 – 자진굿 거리」	지도 : 하연화, 구영희			비단길	이화성(특별출연 : 부산시립무용단원) 이사론, 남진아, 박신영, 정현주, 정혜미, 진현주, 김지선, 배지원, 백혜인, 양한나, 강보라, 김량현, 김민지, 빅민내, 이종태, 이혜경
2012. 10.31	최은희의 춤	류... 흐르다 III '숨으로 풀어보는 춤과 음악의 조우'	경성대학교 콘서트홀	김종욱	대본 : 최은희, 정재형 무감 : 박세준 기획 : 안주현 홍보 : 정은주, 김영경 총진행 : 정미숙	백철호 3D영상 : 최성원	장훈석	비단길	최은희, 하연화, 한수정, 허경미, 양한나
2012. 9. 7	제23회 대학무용제	숨–움틈의 몸짓으로	영화의 전당 하늘연극장	곽수은 「가야금이 있는 풍경」외	안무보 : 하연화 지도 : 한수정 기획 : 김영경, 양한나 음향 : 이혜경		장훈석	비단길	양한나, 엄효빈, 김민지, 김보라, 김윤지, 박세준, 강보라, 박민내, 김민지, 서수정, 심소민, 장서윤
2013. 9.17	최은희작가 춤데뷰 35주년 기념공연	시린샘	영화의전당 하늘연극장	총음악 : 김종욱 음악 : 곽수은, 김보빈 소리 : 이아미	무대제작 : 정현철, 백승범 무감 : 박세준 기획 : 안주현 총진행 : 정미숙 진행 : 손미란 , 이규화 대본 : 안주현	백철호	장훈석 오대영	노현주	최은희, 하연화, 한수정, 박정은, 정현주, 김동석
2013. 12. 19	내일을 여는 춤	적멸	창무 포스트극장	작곡 : 김보빈				김영곤	최은희, 하연화, 한수정
2014. 4. 4	최은희의춤 – 어디로 가고 있습니까?	당신은 어디로 갑니까? (독무)	경성대학교 콘서트홀	작곡 : 김보빈		영상드론 : 오승환		konon.T	최은희

년 도	공연명	작 품	장 소	음 악	연출및기타	무대미술	조 명	의 상	출 연
2015. 10.22~23	최은희와 헤수스히달고의 춤	눈보라 Blizzard	영화의전당 하늘연극장	작곡 : 김보빈	대본 : 시놉시스 –Neige (저자 Maxence Fermine) 중에서 공동안무 : 최은희& 헤수스 히달고 연출 : 최은희 무감 : 신상현 음향 : 김보빈 기획 : 김기효	백철호	장훈석	이혜빈	최은희, Jesus Hidalgo 한수정, 박재현, 김수현, 허종원, 구은혜, 박은지
2017. 11.24	최은희와 헤수스히달고의 춤	망명 Ex.iL	영화의전당 하늘연극장	작곡 : 윤이상 Monologue, Salomo 피에르 불레즈 Domaine S - P 사운드디자인 : 헤수스히달고	공동안무 : 최은희& 헤수스 히달고	소품 : 김한동 (한울림국악기)	박신욱	곽세영	최은희, 구은혜, 권수정, 강동환 연주 ; 노르베르트
2021. 07.23	춤패배김새 36주년 정기공연	길	영화의전당 하늘연극장	작곡 : 김보빈 생음악(타악) : 장재희,류재철, 임채형,김수진 대금 : 김현일	대본 : 송명희 연출 : 최은희 총감독 : 최은희 예술감독 : 하연화 기획 : 손미란 무감 : 정승민 무대보조 : 송종민, 강민수 진행 : 정경희, 정은주, 최우정, 박수정, 김지윤	3D영상 : 최성원 영상보조: 양예진	김경석	이혜빈, 김영곤	안무,춤 : 최은희,정미숙,하연화,한수정, 이화성 춤 : 손미란, 김정원, 장하나, 이다영, 백소희, 이소윤, 배정현

목록 일시 / 책,지면 / 글쓴이 / 제목(작품명)

1. 1981. 5 / 춤 / 채희완 / 새로운 한국무용시대는 시작되었다 – 창무회 제2 한국무용 발표공연 「도르래」「소리사위」
2. 1982. 9 / 춤 / 홍윤숙 / 원시를 뛰어넘는 공간의 시 「하지제」를 보고
3. 1982. 9 / 춤 / 김구림 / 의견상충해서 성취되는 기쁨 「하지제」 미술, 연출을 마치고
4. 1982. 9 / 춤 / 채희완 / 떠도는 혼이 머무르는 곳「최은희의 춤」을 보고 「하지제」
5. 1982. 9 / 춤 / 김영태 / 단순화시킨 한의 맥락 –「하지제」
6. 1982. 12 / 문학사상 / 이순열 / 제4회 대한민국무용제 대상 최은희의 작품세계「넋들임」 – 한국무용의 共同問題
7. 1984. / 춤 / 강이문 /「늪」「소곡」「정」「지난겨울」
8. 1985. 7 / 춤 / 강이문 /「소리굿」「변신」「산운」
9. 1986. 5 / 춤 / 김영태 / 춤의 시야확대와 내실 「제웅맞이」
10. 1987. 5.6 / 부산일보 / 강이문 / 「왕의 뜰」「제웅맞이」「파문」
11. 1987. 6 / 춤 / 김영태 / 한국무용제전「파문」
12. 1988. 11 / 엔터프라이즈 / 이상일 / 미술과 일치된 춤의 종합예술화「외출하다」 (춤의 세계와 드라마)
13. 1988. 11 / 객석 / 장광열 / 보다 적극적으로 융합된 이미지화 작업「외출하다」
14. 1988. 11 / 춤 / 김태원 / 축전열기 바깥의 세 춤 공연 「외출하다」
15. 1988. 12 / 춤 / 김영태 / 창무춤터 실험과 소재의 확대 「외출하다」
16. 1988. 12 / 춤 / 김열규 / 거듭나기 위한 춤을 보았습니다 「외출하다」
17. 1989. 1 / 문학정신 / 하재봉 / 「외출하다」
18. 1989. 4. 25 / 국제신문 / 강이문 / 「파문」「매듭풀이」「누이여 나의 누이여」
19. 1989. 6 / 음악동아 / 이상일 / 한국창작무용의 폭발적 장세 확인시킨 공연「누이여, 나의 누이여」 (춤의 세계와 드라마)
20. 1989. 6 / 춤 / 강이문 / 지방춤 지원에 대한 영단있어야 「파문」「매듭풀이」「누이여 나의 누이여」
21. 1989. 6 / 춤 / 김태원 /「누이여 나의 누이여」
22. 1991. 6 / 춤 / 김태원 / 제7회 한국무용제전 「어두운 날들의 바람 그치고」
23. 1991. 6 / 춤 / 강이문 / 삶의 실체를 춤으로 승화 「무아」「어두운 날들의 바람 그치고」
24. 1992. 7 / 춤 / 김태원 / [전통춤 5인전]과 낯선 방식으로의 춤 체험
25. 1993. 8호 / 문화통신 / 이지훈 / 최은희와 춤패배김새 공연을 보고 「어두운 날들의 바람은 그치고」
26. 1993. 5-6 / 무용예술 / 김영태 / 춤 작가 12인전 네 작품 「백방」
27. 1994. 5-6 / 무용예술 / 김열규 / 이승이 아닌듯한 유현한 기운 최은희의 춤 – 신비주의의 감도는 귀기 「여인 등신불」「새움」「물맞이」
28. 1995. 12 / 춤 / 김경애 / 춤패배김새 창단 10주년 기념공연 「매듭풀이」
29. 1996. 봄,여름 / 무용한국 / 이상일 / 오늘춤꾼 내일의 춤꾼 「영혼의 번제」
30. 1996. 9 / 무용예술 / 한혜리 / '96 부산여름무용축제 「태양꽃」
31. 1997. 5-6 / 공연과 리뷰 11호 / 김태원 / 예술 춤의 중심과 주변 (창무회 20주년) 「태초의 공간에서」
32. 1998. 7 / 몸 / 성기숙 / 전통과 접속된 한국창작춤의 역동성과 정체성 「하얀배」
33. 1999. 11 / 몸 / 최학림 / 최은희의 춤 「네개의 바다」「높새바람」「넋들임」
34. 1999. 11 / 춤 / 송기인 / 삶 곳곳 맺힌 것을 풀어내는 신명의 춤이 계속되길
35. 1999. 12 / 춤저널 제14호 / 정순영 / 돋보인 주술성과 신비성 「네개의 바다」「높새바람」「넋들임」
36. 2000. 4 / 춤과사람들 / 고석림 / 하늘을 부르는 춤「넋들임」
37. 2000. 4 / 춤 / 김영태 / 예속되는 여성의 운명과 갈매기들 「네개의 바다」
38. 2000, 5-6 / 공연과리뷰 / 김태원 / 지역춤의 활동과 기획전속의 몇 작품들「네개의 바다」
39. 2000. 5-6 / 공연과리뷰 / 성기숙 / 춤작가 12인전 「ㅂㅏㄺ – 빛으로 향한 떨림으로...」
40. 2000. 7 / 댄스포럼 / 송종건 / 춤패배김새 15주년 기념공연
41. 2000. 8 / 춤 / 송종건 / 우리춤의 미래는 젊은 안무가들의 치열한 창의력과 모험심에 「ㅂㅏㄺ – 빛으로 향한 떨림으로...」
42. 2000. 12 / 댄스포럼 / 정순영 / 「나를 보낸 이를 찾아」
43. 2001. 5.28 / 국제신문 / 송종건 / 울산 역사와 문화 상상력으로 천착 – 울산시립무용딘 창단공연「우로보로스」
44. 2001. 7 / 몸 / 이상일 / 퓨전양식과 작은 총체형식들「우로보로스」
45. 2002. 1 / 춤과사람들 / 이승자 / 「넋들임」으로 무용계 시선받은 최은희

46. 2002. 2 / 몸 / 박성혜 / 팔관회
47. 2002. 4 / 춤 / 장광열 / 진부한 형식에서 탈피한 신선한 시도 「요놈! 춤풍아」
48. 2002. 가을 / 예술부산 / 조봉권 / 바다로의 화려한 외출 「춤추는 바다」
49. 2003. 10 / 댄스포럼 / 정순영 / 현대춤으로 옷갈아입은 중견 한국 춤 작가들의 시선 – 한국춤연구회
제18회 한국무용제전 「수마트라의 꿈」
50. 2003. / 공연과리뷰 / 김태원 / 천둥소리, 혹은 춤을 통한 우리역사 읽기
51. 2003. 12 / 몸 / 김남수 / 한국의 근대를 바라보는 춤의 시선들 「천둥소리」
52. 2004. 8 / 춤 / 정순영 / 돋보인 주체성과 신비성의 춤 / 「네개의 바다」 「높새바람」 「넋들임」
53. 2007. 2 / 댄스포럼 / 정순영 / 메소드 시범과 함께 그 선상의 창작 (정순영 평론 제3집) / 「몸부림(메소드)」 「이름없는 수초의 노래」
54. 2007. 7 / 춤 / 정순영 / 〈관무기〉 다시 생각하게한 현상과 본질, 성공한 두 편의 지역춤 (정순영 평론 제4집) 「목숨오름」
55. 2007. 7 / 몸 / 조봉권 / 최은희의 「목숨오름」 – 꽃을 위한 생명
56. 2007. 9 / 댄스포럼 / 심정민 / 제21회 한국무용제전 「목숨오름」 – 꽃을 위한 생명
57. 2008. 8 / 미학부산을거닐다 / 임성원 / 2008년 부산국제여름무용축제 「일 · 출」
58. 2008. 11-12 / 예술부산 / 배학수 / 최은희의 「일 · 출」
59. 2010. 11-12 / 예술부산 / 배학수 / 최은희의 춤 「류, 흐르다 II 」
60. 2011. 7-8 / 예술부산 / 이은교 / 국립부산 국악원과 함께한 대학무용제 뿌리춤전 [사沙]
61. 2012. 1 / 몸 / 이상일 / 2011 포스트 춤판
62. 2012. 3 / 무용과 오페라 / 송종건 / 한국무용제전 최은희무용단 [사沙]
63. 2012. 11 / 무용과 오페라 / 송종건 / 최은희의 춤 「류, 흐르다 III 」
64. 2012. 11 / 예술부산 / 「류 흐르다 III」
65. 2012. 12 / 예술부산 / 윤여숙 / 부산 무용 활성화 어떻게 활성화 할 것인가 – 최은희의 「숨 – 움틈의 몸짓」
66. 2012. 12 / 춤저널 28호 / 유인화 / 춤평론가상 수상자 - 연기상 최은희
67. 2013. 가을 / 공연과리뷰 / 김태원 / 부산 전통춤 5인전
68. 2014. 4 / 무용과 오페라 / 송종건 / 제1회 대한민국 명무전 「태평무」
69. 2014. 5 / 예술부산 / 성은지 / 최은희 춤 「어디로 가고 있습니까」
70. 2015. 4-16 / 춤 웹진 / 김영희 / 산조예찬
71. 2015.12 / 춤 / 이왕주 / 〈관무기〉 설무, 사유하는 춤 - 최은희의 춤 「눈보라」
72. 2016.11 / 몸 / 조봉권 / 춤배 배김새 제 26회 정기공연 전통춤 레퍼토리 「행(行),교(交),합(合)」
73. 2016.11 / 무용과 오페라 / 송종건 / 춤배 배김새 제 26회 정기공연 전통춤 레퍼토리 「행(行),교(交), 합(合)」
74. 2017.05 / 몸 / 장정윤 / 2017 세계무용의 날 기념 공연 – 역사의 춤 오늘을 춤추다 「호적살풀이춤」 「춤신명」
75. 2017.12 / 춤 / 권경하 / 〈관무기〉 돌직구를 던지다 – 생명의 아픔 최은희 「Ex.iL 망명」
76. 2018.1 / 예술부산 / 하영신 / 최은희 히달고의 춤 「Ex.iL 망명」
77. 2018.1 / 몸 / 박선정 / 경계를 넘은 화합의 춤과 음악 – 최은희 무용단의 「Ex.iL 망명」
78. 2019.12.03. / 춤 웹진 / 권옥희 / 서울무용제 무념무상 「어디로 가고 있습니까?」
79. 2021.8. / 몸 / 조봉권 / 걸어온 길, 되새겨 보여준 것 만으로도 「길」
80. 2021.9. / 예술부산 / 김현숙 / 춤패 배김새 36주년 정기공연 「길」

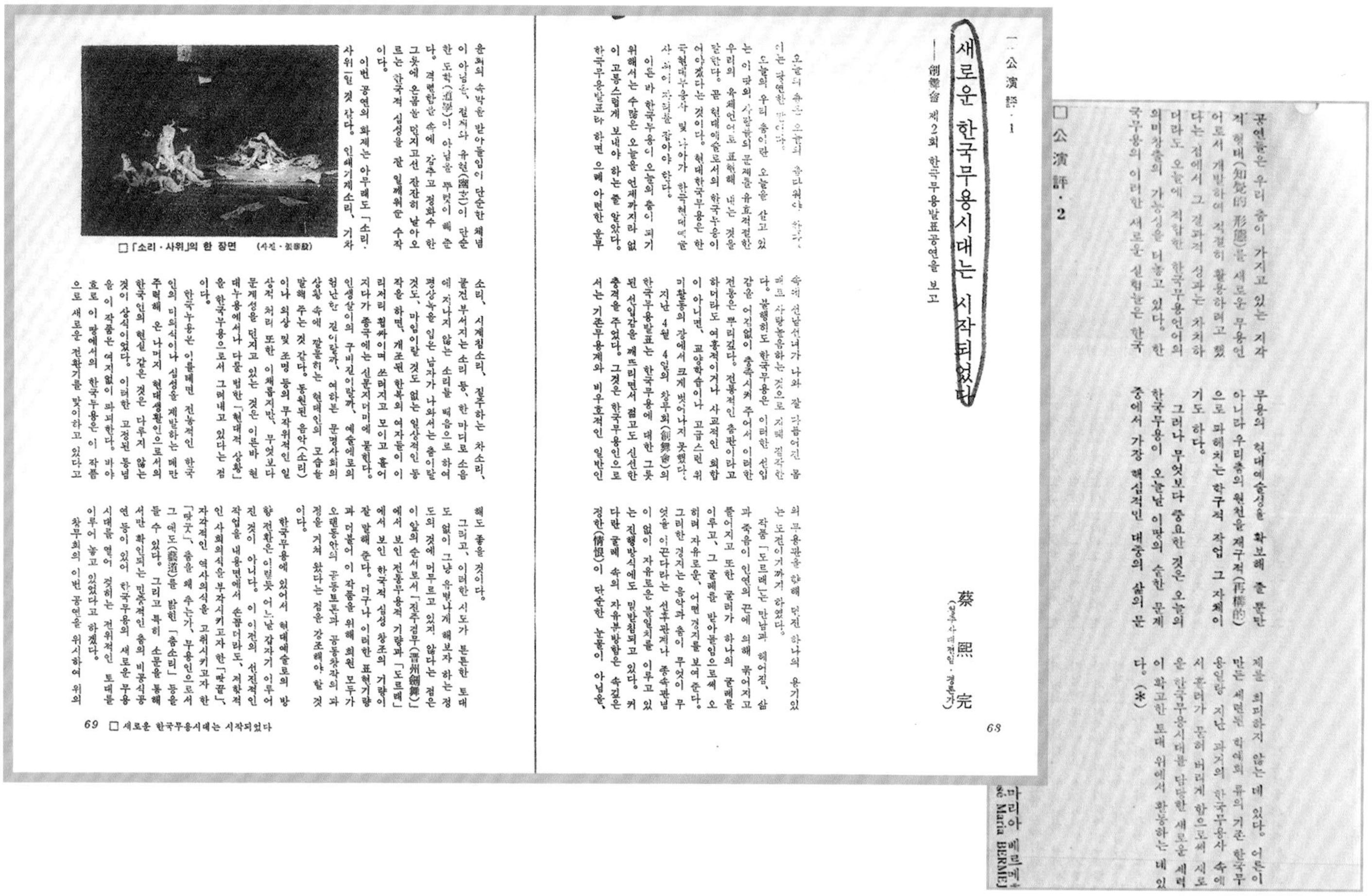
公演評·1
새로운 한국무용시대는 시작되었다
— 創舞會 제2회 한국무용발표공연을 보고
蔡熙完

1. 1981. 5 / 춤 / 채희완 / **새로운 한국무용시대는 시작되었다 – 창무회 제2 한국무용 발표공연「 도르래」「 소리사위」**

오늘의 춤은 오늘의 춤다워야 한다. 이는 당연한 말이다.
오늘의 우리춤이란 오늘을 살고 있는 이 땅의 사람들의 문제를 유효적절한 우리의 육체언어로 표현해내는 것을 말한다. 곧 현대예술로서의 한국무용이어야 겠다는 것이다. 현대한국무용은 한국현대무용사 및 나아가 한국현대예술사 위에 자리를 잡아야 한다.
이른 바 한국무용이 오늘의 춤이 되기 위해서는 수많은 오늘을 언제까지라 없이 고통스럽게 보내야 하는 줄 알았다. 한국무용발표라 하면 으레 아련한 운무속에 선남선녀가 나와 잘 다듬어진 몸매로 사랑놀음하는 것으로 지레 짐작한다. 불행히도 한국무용은 이러한 선입감을 어김없이 충족시켜 주어서 이러한 전통은 뿌리깊다. 전통적인 춤판이라고 하더라도 여흥적이거나 사교적인 회합이 아니면, 교양학습이나 고급스런 취미활동의 장에서 크게 벗어나지 못했다.
지난 4월 4일의 창무회(**創舞會**)의 한국무용발표는 한국무용에 대한 그릇된 선입감을 깨뜨리면서 젊고도 신선한 충격을 주었다. 그것은 한국무용인으로서는 기존 무용계와 비우호적인 일반인의 무용관을 향해 던진 하나의 용기있는 도전이기까지 하였다.
작품「 도르래 」는 만남과 헤어짐, 삶과 죽음이 인연의 끈에 의해 묶어지고 풀어지고 또한 굴레가 하나의 굴레를 이루고, 그 굴레를 받아들임 으로써 오히려 자유로운, 어떤 경지를 보여 준다. 그러한 경지는 음악과 춤이 무엇이 무엇을 이끈다라는 선후관계나 종속관념이 없이 자유로운 불일치를 이루고 있는 진행방식에도 밑받침되고 있다. 커다란 굴레 속의 자유분방함은 속깊은 정한(**情恨**)이 단순한 눈물이 아님을, 윤회의 속박을 받아들임이 단순한 체념이 아님을, 절제와 유현(**幽玄**)이 단순한 도학(**道學**) 이 아님을 뚜렷이 해준다. 격렬함을 속에 감추고 정화수 한그릇에 온몸을 던지고선 잔잔히 날아오르는 한국적 심성을 잘 일깨워준 수작이다.
이번 공연의 화제는 아무래도「소리 · 사 위」일 것 같다. 인쇄기계소리, 기차소리, 시계침소리, 질주하는 차소리, 물건 부서지는 소리등, 한 마디로 소음에 지나지 않는 소리를 배음으로 하여 평상복을 입은 남자가 나와서는 춤이랄것도, 마임이라 할것도 없는 일상적인 동작을 하면 개조된 한복의 여자들이 이리저리 휩싸이며 쓰러지고 모이고 흩어지다가 종국에는 신문지더미에 묻힌다. 인생살이의 구비길이랄까, 예술에로의 험난한 길이랄까, 여하튼 문명사회의 상황속에 깔끔히는 현대인의 모습을 말해 주는 것 같다. 동원된 음악 (소리)이나 의상 및 조명등의 무작위적인 일상적 처리 또한 이채롭지만, 무엇보다 문제성을 던지고 있는 것은 이른바 현대무용에서나 다룰 법한「현대적 상황」을 한국무용으로서 그려내고 있다는 점이다.
한국무용은 이를테면 전통적인 한국인의 미의식이나 심성을 계발하는 데만 주력해온 나머지 현대생활인으로서의 한국인의 현실 같은 것은 다루지 않는 것이 상식이었다. 이러한 고정된 통념을 이 작품은 여지없이 파괴한다. 바야흐로 이 땅에서의 한국무용은 이 작품으로 새로운 전환기를 맞이하고 있다고 해도 좋을 것이다.
그리고, 이러한 시도가 튼튼한 토대도 없이 그냥 유별나게 해보자 하는 정도의 것에 머무르고 있지 않다는 점은 이 앞의 순서로서「진주검무 (**晋州劍舞**)」에서 보인 전통무용적 기량과「도르래 」에서 보인 한국적 심성 창조의 기량이 잘 말해 준다. 더구나 이러한 표현기량과 더불어 이 작품을 위해 회원 모두가 오랜 동안의 공동토론과 공동창작의 과정을 거쳐 왔다는 점은 강조해야 할 것이다.
한국무용에 있어서 현대예술로의 방향전환은 이렇듯 어느날 갑자기 이루어진 것이 아니다. 이 이전의 선진적인 작업을 내용면에서 손꼽더라도, 저항적인 사회의식을 부각시키고자 한「땅끝」, 자각적인 역사의식을 고취시키고자 한「땅굿」,춤을 왜 추는가, 무용인으로서 그 예도(**藝道**)를 밝힌「춤 소리 」등을 들 수 있다. 그리고 특히 소문을 통해서만 확인되는 만중적인 춤의 비공식 공연 등이 있어 한국무용의 새로운 무용시대 를 열어 젖히는 전위적인 토대를 이루어 놓고 있었다고 하겠다.
창무회의 이번 공연을 위시하여 위의 공연들은 우리 춤이 가지고 있는 지각적 형태(**知覺的 形態**)를 새로운 무용언어로서 개발하여 적절히 활용하려고 했다는 점에서 그 결과적 성과는 차치하고라도 오늘에 적합한 한국무용언어의 의미창출의 가능성을 터놓고 있다. 한국무용의 이러한 새로운 실험들은 한국무용의 현대예술성을 확보해 줄 뿐만 아니라 우리춤의 원천을 재구적(**再構的**)으로 파헤치는 학구적 작업 그 자체이기도 하다.
그러나 무엇보다 중요한 것은 오늘의 한국무용이 오늘날 이 땅의 숱한 문제중에서 가장 핵심적인 대중의 삶의 문제를 회피하지 않는 데 있다.
어른이 만든 세련된 학예회류의 기존 한국무용일랑 지난 과거의 한국무용사 속에서 흘러가 묻혀 버리게 함으로서 새로운 한국무용시대를 담당한 새로운 세력이 확고한 토대위에서 활동하는 데 있다.(*)

2. 1982. 9 / 춤 / 홍윤숙 / 원시를 뛰어넘는 공간의 시「하지제」를 보고

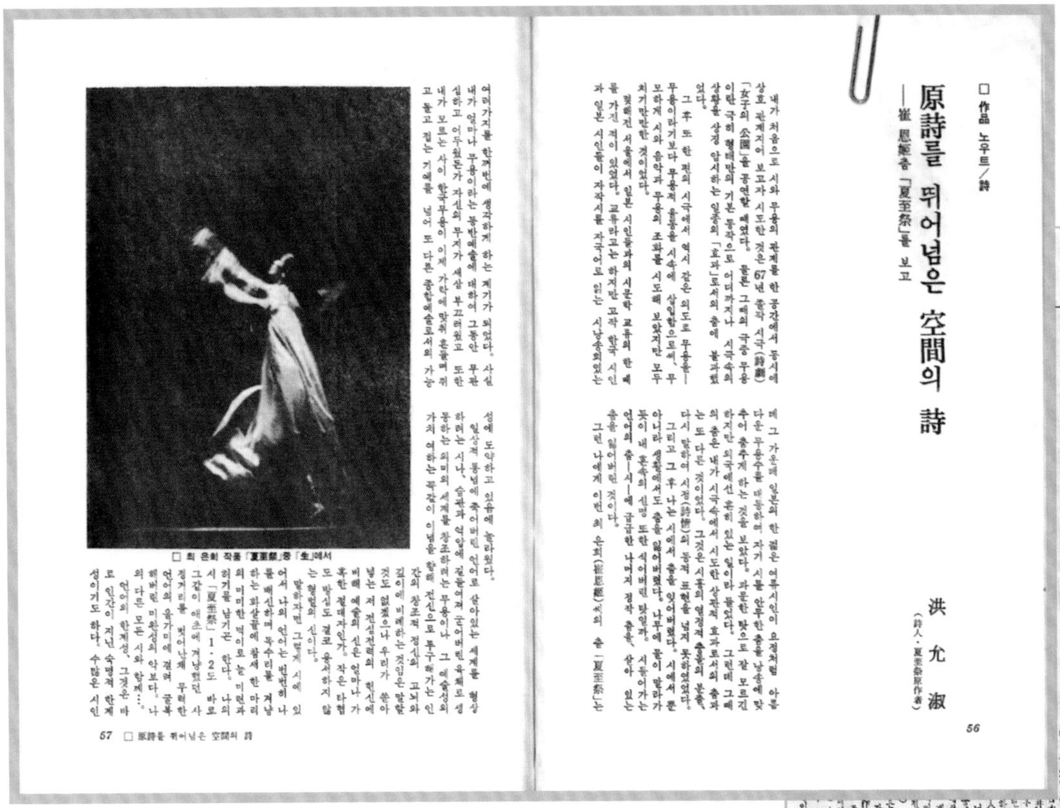
□ 作品 노우트／詩
原詩를 뛰어넘은 空間의 詩
— 崔恩姬춤「夏至祭」를 보고
洪允淑
(詩人・夏至祭原作者)
56
57 □ 原詩를 뛰어넘은 空間의 詩

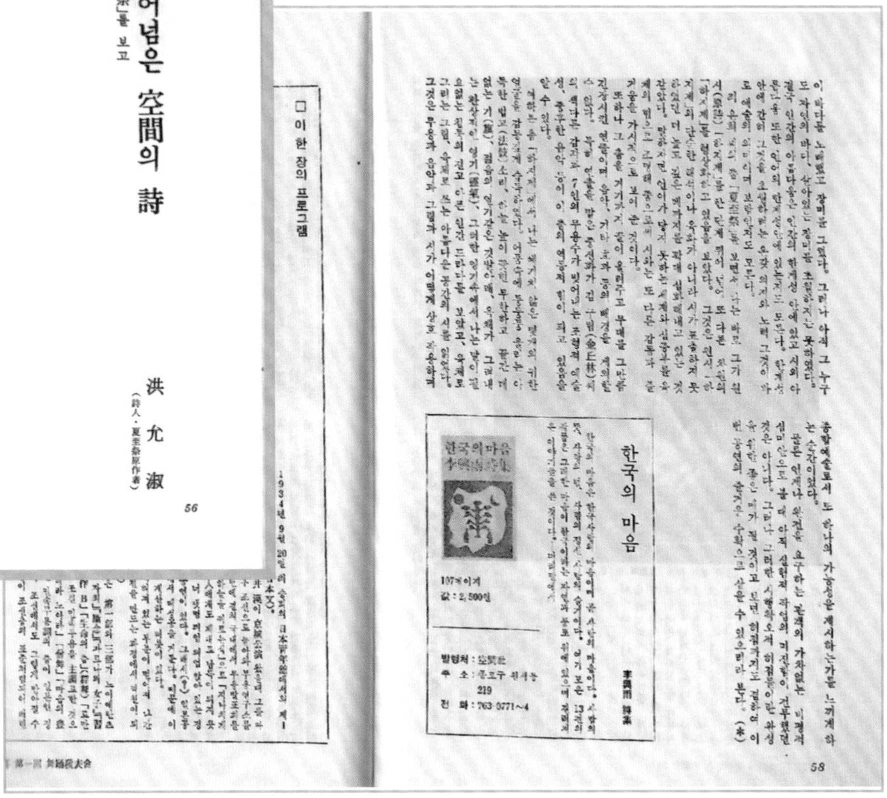
□ 이 한 장의 프로그램
한국의 마음
58

3. 1982. 9 / 춤 / 김구림 / 의견상충해서 성취되는 기쁨 「하지제」 미술 · 연출을 마치고'

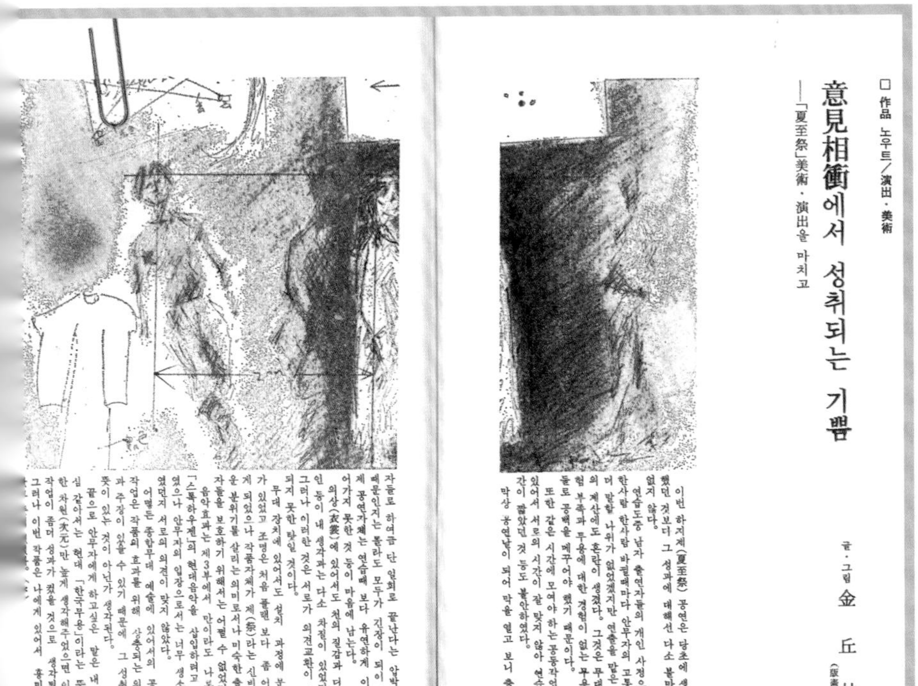
□ 作品 노우트／演出・美術
意見相衝에서 성취되는 기쁨
—「夏至祭」美術・演出을 마치고
글・그림 金丘林
(畫家)
54
□ 意見相衝에서 성취되는 기쁨

5. 1982. 9 / 춤 / 김영태 / 단순화시킨 한의 맥락「하지제」를 보고

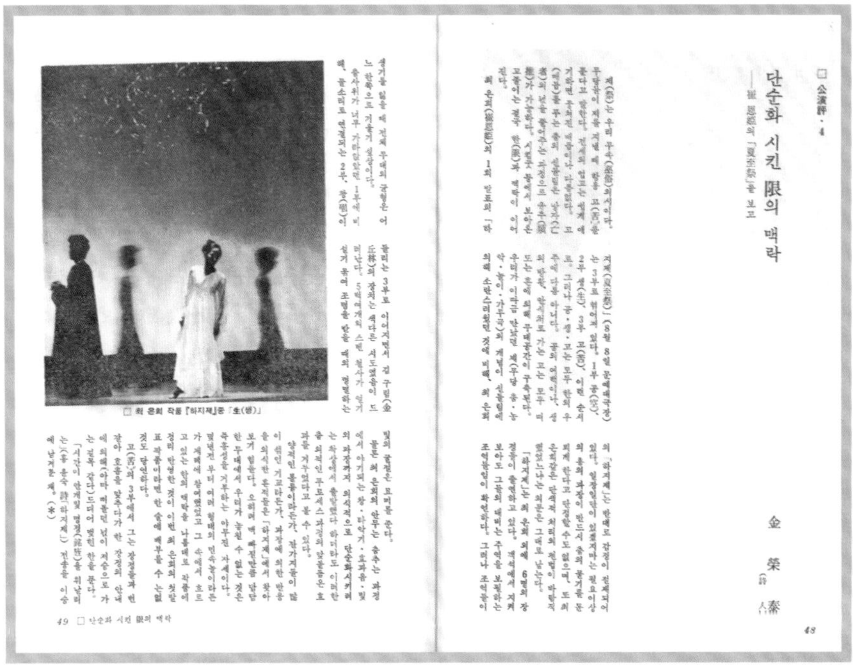
□ 公演評・4
단순화 시킨 限의 맥락
—崔恩姬의「夏至祭」를 보고
金榮泰
48
49 □ 단순화 시킨 限의 맥락

□ 公演評 · 5

떠도는 魂이 머무는 곳

—崔恩姬 춤을 보고

蔡 熙 完

50

51 □ 떠도는 魂이 머무는 곳

53 □ 떠도는 魂이 머무는 곳

52

4. 1982. 9 / 춤 / 채희완 / 떠도는 혼이 머무르는 곳 – 최은희의 춤을 보고「하지제」

어느 해보다 유난히 무더운 여름의 그 한복판쯤 되는 날에 춤공연이 있었다. 지난 8월 8일 서울 문예회관 대극장에서의「최은희(崔恩姬) 춤」이 그것이다. 날씨도 날씨였지만 특히 춤은 몸을 놀려 하는 것이기에 추는 사람은 물론 가만히 앉아서 보는 사람까지도 이 더위가 여간내기가 아니란 것을 몸으로 직접 느낄 수 있었다. 그러나 공연현장에서의 그 무더움은 공교롭게도「夏至祭」라는 뜨거운 이름으로 된 한 젊은 무용인의 열정이 뭉쳐내는 것과 은밀히 얽혀있는 것이어서 단순히 계절의 기후탓만은 아니었다. 따라서 그 뜨거움은 치밀하고 용의주도한 어떤 작전(?) 배려 (속셈)에 의한 것이었으리라.

어떠한 예술작업치고 거기에 따르는 남모르는 진통과 어려움을 겪지 않으랴마는 공연예술의 경우엔 더욱 그러하다. 작업 당사자 자신의 예술의욕도 의욕이려니와 무대주변과의 공동작업등 실제적인 여러가지 현실여건과 애호가들의 취향등 이른바 예술사회학적 요인들 때문에 자칫 작품보다도 작품 외적인것에 굴복하고 마는 수가 없지 않은 것이다. 그것도 첫 선을 뵈는 무대일 경우엔 그러기가 더욱 십상일 것이다. 그러나 그럴수록 작품외적인 것을 작품으로서 이겨낼 필요가 있다. 그렇다고 작품외적인 것을 도외시할 것이 아니라 보다 적극적으로 작품외적인 것을 작품속으로 끌어들여 작품으로써 작품외적인 상황에 변화를 가져오게 하는 것이 더 바람직하다.

그러므로 등용의 관문을 통과해야 하는 첫 무대일수록 단순히 개인적으로 자신의 예술적인 자질에 대해 공인(公認)을 받는 것 이상으로 기존 예술환경의 풍토개선 내지 구조개편에 대한 사회적 기여가능성(이를테면, 작품외적인 것의 불합리에 대한 도전성)도 함께 평가받아야 하는 것이다. 그런 의미에서 한 사람의 창조적인 예술가를 탄생시키는 첫 무대에 일반인이 거는 기대는 심미적(審美的)이라기보다 차라리 사회적이다.

여기서 사회적이라 함은 작품 내용속에 사회적 문제를 다루고 있다든가 사회적 멧세지나 이념을 담고 있다든가 하는 것과 같이 작품의 한 특성을 한정시켜 말하는 것이 아니라, 넓게는 예술작품의 사회적 기능이라든가 예술행위와 사회생활과의 관계, 또는 예술가와 일반 대중과의 연관성 등 보다 포괄적인 뜻으로 쓴 말이다. 가령 보다 비근한 예로서는, 하나의 무용행위가 기존무용계의 풍토에 던지는 어떤 파문이라든가 또는 예술행위를 통해 한 개인이 사회속에 자리잡는 것 등과 같은 따위와 연관된, 보다 실제적인 의미이다.

이번 공연은 이른바 한국무용을 가지고 무용계에 데뷔하는 일반적인 경우에 비추어 볼 때 다소 이채로운 면모를 보이고 있다. 그 이채로움이란 자기 스스로의 목소리(몸)로 자신을 이야기해내는 이를테면 개성적인 데에서 오는 것인데, 일반적으로 모든 예술이 창작자 자신의 예술세계를 스스로 드러내고자 하는 자기표현이라는 점에서 볼 때 이는 당연한 것이다. 한 개인의 작품발표회가 표출하지 않을 수 없는 내면의 응어리도 없이 단순히 표현기량만을 공식적으로 확인하는 시험장이 아니라면 그리고 물량적 공세로 사회적 지위를 과시하는 연회장이 아니라면, 전정한 의미에서의 창조적 개성이 드러나야 함은 지극히 당연한 것이다. 그러나 이렇게 당연한 것이 오히려 새로운 충격으로 받아들여져야 한다는 데에 바로 한국무용의 현실문제가 있는 것이다.

그런만큼 이번 공연은 강한 개성을 엿보였다는 점만으로도 한국무용풍토일반에 대한 어떤 도전적인 결의 같은 것을 느낄 수 있다.

이러한 숨은 결의 속에는 자기 자신에 철저하되 자기를 거느릴줄 아는 고집같은 것이 밑받침되어 있는 듯하다. 이는 그 자신의 살아가는 태도나 일을 대하는 태도의 한 단면이라고도 보여진다. 독기(?) 마저 어린 그 철저함은 종교적 경건성으로까지 진출할 힘을 지니는 것인지, 오뉴월에도 서릿발친다는 사무친 한, 원혼(寃魂)을 끝없는 유랑(流浪)끝에 드디어 새로운 세계속에 안착시키기까지 한다. 이승과 저승 사이를 떠도는 한맺힌 삶의 일대기를 뜨겁게 엮어가면서도 조금치의 흐트러짐도 없이 격정의 몸부림을 엄격한 자기절제로서 끝까지 다스릴 수 있음은 아마도 정신적 고행을 겪은 자만이 누릴 수 있는 하나의 경지가 아닌가 싶다. 바로 이러한 점이 이 작품의 개성적인 면을 더욱 돋보이게 해 준다고 여겨진다.

치열한 한 삶의 내면을 오히려 관조하는 듯한 태도는 무대위의 형상화 과정에서도 어김없이 드러난다.

속깊이 뜨거운 움직임이 고요히 절제되어 나타난 무대는 입체적이라기보다 다분히 평면적인 처리로서 시각화되어 있다. 현상의 부침(浮沈)에서 멀리 떨어져 정관하는 눈으로서는 입체적인 기복보다는 평면적인 고요함이 격에 맞기도 할 것이다. 그리고 움직임의 평면화가 어쩌면 사유의 깊이를 보증해 주는 효과적인 배려일 수도 있다. 감정의 절제 또한 현상의 내면을 철저히 처리하고자 하는 태도에서 비롯된 것일 게다.

그런데 감정이 절제되다 못해 억제되거나 소거되어 있는 듯한 대목에서는 일체의 현실적인 부피와 깊이를 제거한 나머지 선묘법(線描法)으로서의 드로우잉에 가까운 것으로 나타나기도 한다. 그러나 움직이는 현상을 평면적으로 고정시킬수록 현상의 사물화는 가속되는 것이고 그럴수록 거기엔 건조함이 개재될 소지가 많아진다. 색상이나 명암을 대비시키거나 실루엣등을 자주 사용할 수밖에 없음은 아마도 이러한 건조함에 벗어나기 위한 불가피한 조치였을지도 모르겠다.

대부분의 동작선의 라인이 무대 위를 가로지르는 횡적 라인인데도 불구하고 세로를 중심으로 한 시각적 효과(무대장치나 소도구를 통한 실루엣 효과)

에 압도되는 경우가 많아 전체적으로 볼 때 이 작품의 무대공간은 입체성이 다소 헐거운 평면적 부조와 같은 인상을 준다. 거기에다 공간적 율동성을 배가해주는 시간적 흐름을 의식적으로 차단시킴으로서 가는 곳마다 수많은 정지된 동작을 낳았는데 이러한 스톱 모숀의 평면적 배열이 관념의 덩어리를 또다시 사물화시키는데 이바지하고 있는 것이다. 제의적(祭儀的) 효과를 노리는 사방치기와 같은 반복적인 동작의 경우에도 시간적 경과를 제외시킴으로써 관중에게 응당 요구되어야 할 제의성에의 참여를 차단시키고 있는 것이다.

일방적이기까지 한 이러한 평면적 처리는 동작자체에 무게와 깊이를 더해줌으로써 동시에 내용상으로 무게와 깊이를 부여해주고 있지만 또한 이에 비례하여 관중에게는 그만큼 시각적 고통을 가중시켜 주는 것이다. 왜냐하면 무대상에서 시간을 먹어가며 평면적으로 멈추어선 동작을 관중은 현실적인 실제시간의 경과 속에서 사물로서 바라보아야 하기 때문이다. 이러한 것이 지나친 경우에는, 예를들어, 움직임의 마지막 절정으로서 움직임없는 동작의 그 속깊이 흐르고 있어야 할 내면적 움직임(이를 테면 정중동처럼) 마저 얼어붙게 한다.

특히 〈있음으로 향해 무한한 가능성으로서 열려진 없음(空)〉을 〈없음〉 그 자체로 고정시킴으로써 텅빈 무대공간이 주는 창조적 여백(餘白) 으로서의 충일함을 오히려 국소화시키기도 한 것이다.

일말의 감정조차 내비치지 않으려는 극도의 자기절제와 평면구성을 위한 대담한 생략구조는 무대전체 를 뒤덮은 암울한 분위기에 편승하여 관중의 호흡을 여지없이 중단시키곤 하였다. 바로 이러한 정조(情操)가 원혼이 발동하는 것을 드러내주는 효과적인 배려로서 착안되었다면 이 작품은 가히 성공적이라고 할 수 밖에 없다. 그러나 그토록 옥죄인 공간이 터질듯 터질듯하면서도 끝내 터지지 않음은 그것이 비록 고도한 표현정신의 자기조정의 것이라고 할지라도, 오히려 거기에서 관중이 신체적인 부담감마저 느껴야 함은 그 금방이라도 터져나올 듯한 그 뭔가에 대한 기대자체가 너무나 세속적인 것이어서일까.

한맺힌 원혼이 절규하며 떠도는 대목에서마저도 끈끈하게 묻어나와 확인되어야할 삶의 모습을 간파하지 못함은 단순한 예술감상의 패배감이기 이전에 삶에 대한 진지성을 우리 자신이 이미 버리고 있는 것이나 아닌지 새삼 돌이켜 보게 한다. 이런 형편에서는 마지막 영혼의 안착장면마저도 느닷없는 듯이 느껴진다.

감당하기 어려운 거대한 삶의 형이상학적 주제를 어떻게 성공적으로 무대형상화할 것인가 하는 것도 중요한 문제겠지만 생활인으로서 부딪치는 일상생활상의 사소한 문제를 어떻게 작품의 주제로서 진전시킬 것인가도 중요한 문제이다. 원혼으로서의 삶과 원혼이 될수밖에 없었던 원혼 이전의 삶을 다시 현실적인 삶의 모습으로 형상화시키고자 한 이 작품을 두고 우리가 생각해보아야 할 것은 형이상학적인 것만이 우리의 정신을 드높이는 통로일 것인가라는 점 이다.

그리고 첨가될 것은, 형이상학적인 것일수록 현실적인 토대 위에서 형상화되어야 할 것이 아닌가라는 점이다.

의미있는 데에서 의미를 찾지 못하는 고통보다 더욱 고통스러운 것은 실제로 아무런 의미도 없는 데에서 의미를 찾아내도록 강요받는 경우이다. 세속적으로 치열한 한 삶을 높은 정신적 고행속에서 관조적으로 표현한다고 하더라도 그렇게 표현된 것 속에서 소리없이 숨은 삶의 생생한 소리를, 적나라한 삶의 모습을 느껴 알지(感知) 못하게 되어 있다면, 현실적인 실제의 삶과 예술 속에 들어가 있는 삶과는 어떻게 연관될 수가 있겠는가.

한맺힌 원혼이 비록 한을 풀지 못한채 한없이 떠돈다고 하더라도, 그 원혼의 유랑이 이 시대의 삶의 유랑과 일치되어 있다면 우리는 그 원혼의 일시적인 안착을 꿈꿀 것이 아니라 차라리 끝없는 유랑을 선택해야할 것이다. 그렇게 하는 것이 한 세상을 보다 치열하게 사는 길인 동시에 보다 나은 세계에 정착할 수 있음을 기약해 주는 길이라고 보여지기 때문이다.

어느 예술가이든 첫 작품발표를 통해 일단 자기예술세계의 향방을 가름짓게 된다. 그러나 불행히도 그 첫 무대가 기존의 예술풍토에 안주하여 아무런 창조적 방향도 없이 화사한 표현기량만을 전시하고 있다면 그는 창작자라기 보다는 연주자일 뿐이고, 그것도 자기창조적인 연주자라기보다 는 흉내내기 연주자에 지나지 않는다. 그에게서 바라는 것은 예술에 관한 문제보다도 우선 삶의 문제에 대한 자기해결이다.

오늘의 한국무용계가 바라는 것은 어디라 머무르는 데 없이 보다나은 세계를 향하여 끝없이 유랑하는 창조적인 예술가의 혼이다.

이번 공연을 통해 속으로 뜨거운 몸을 내던져 유랑의 험한 길로 나선 한사람 을 만날 수 있었음은 근래에 드문 하나의 행운이 아닐 수 없다.

떠도는 혼이 머물다 가는 곳마다 우리의 안일하고 낡은 삶을 벌떡 벌떡 정신차리게 하는 뜨거운 춤판이 벌어질 것을 기대해마지 않는다.(*)

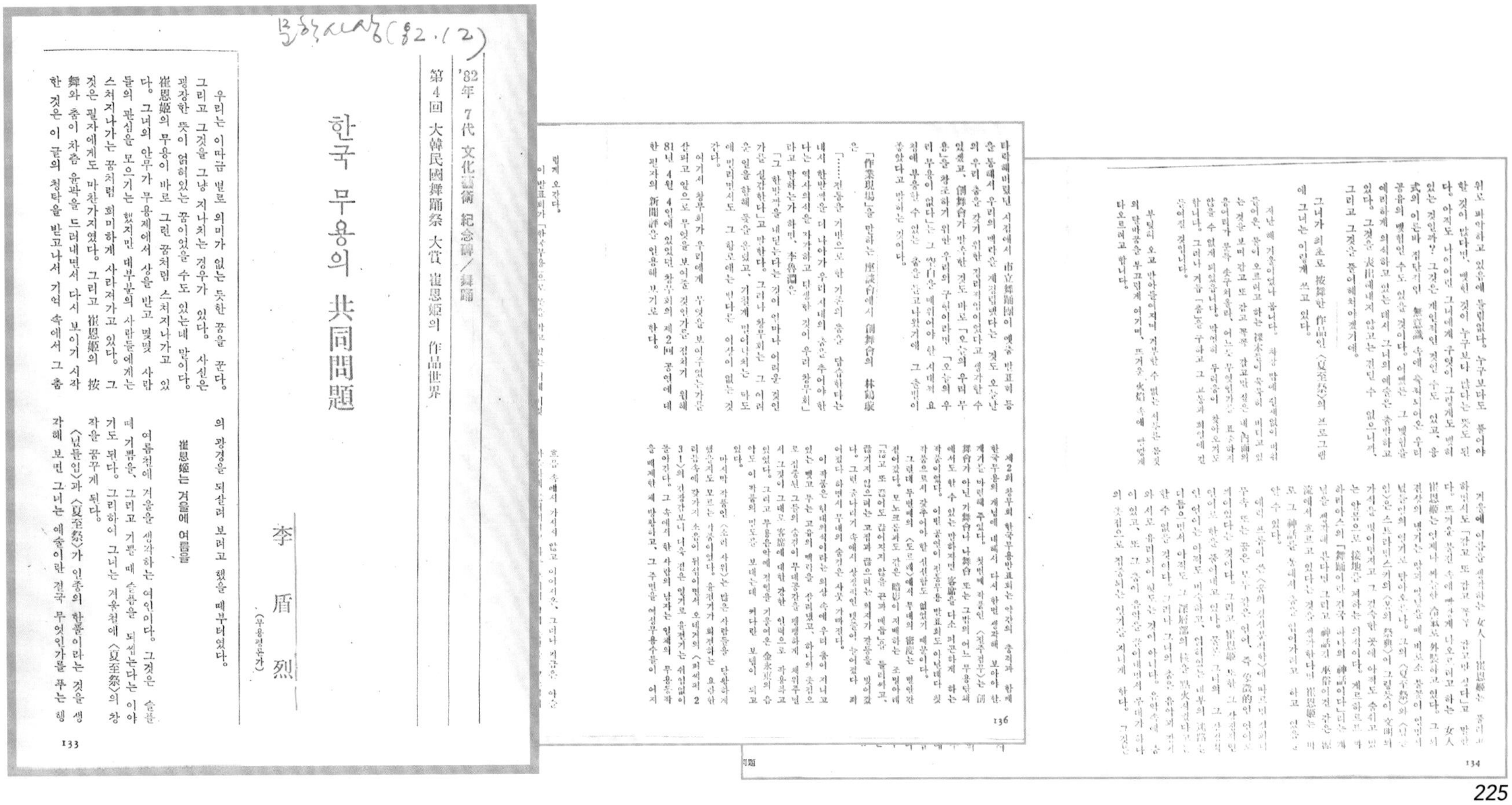
문학사상(82.12)

'82年 7代 文化藝術 紀念碑／舞踊

第4回 大韓民國舞踊祭 大賞 崔恩姬의 作品世界

한국 무용의 共同問題

李盾烈 (무용평론가)

우리는 이따금 별로 의미가 없는 듯한 꿈을 꾼다。 그리고 그것을 그냥 지나치는 경우가 있다。 사실은 굉장한 뜻이 엄혀있는 꿈이었을 수도 있는데 말이다。 崔恩姬의 무용이 바로 그런 꿈처럼 스처지나가고 있다。 그녀의 안무가 무용제에서 상을 받고 몇몇 사람들의 관심을 모으기는 했지만 대부분의 사람들에게는 스처지나가는 꿈처럼 희미하게 사라져가고 있다。 그것은 필자에게도 마찬가지였다。 그리고 崔恩姬의 按舞와 춤이 차츰 윤곽을 드러내면서 다시 보이기 시작한 것은 이 글의 청탁을 받고나서 기억 속에서 그 춤의 광경을 되살려 보려고 했을 때부터였다。

崔恩姬는 겨울에 여름을

여름철에 겨울을 생각하는 여인이다。 그것은 슬플 때 기쁨을, 그리고 기쁠 때 슬픔을 되씹는다는 이야기도 된다。 그리하여 그녀는 겨울철에 〈夏至祭〉의 창작을 꿈꾸게 된다。

〈넋들임〉과 〈夏至祭〉가 인종의 한풀이라는 것을 생각해 보면 그녀는 예술이란 결국 무엇인가를 푸는 행

133

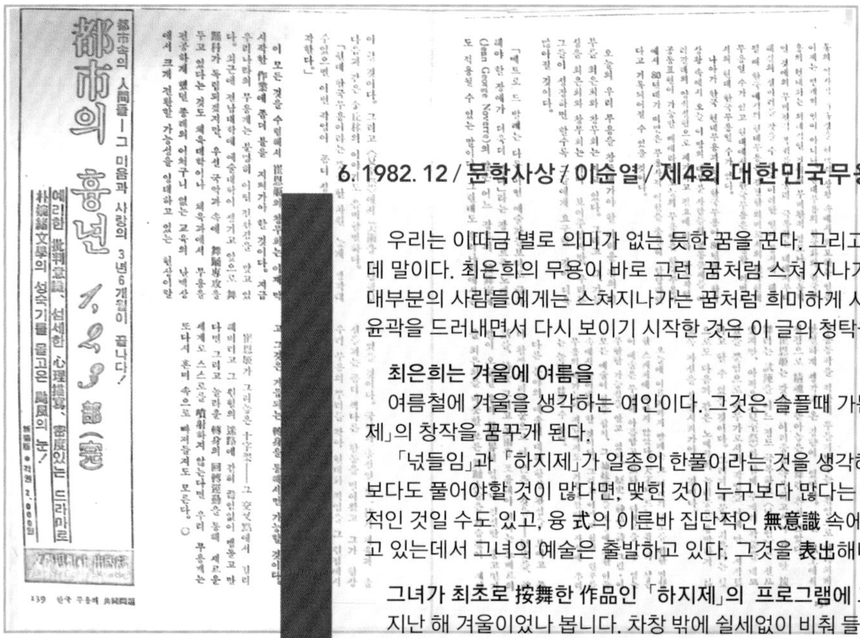
都市속의 人間들—그 미움과 사랑의 3년6개월이 끝나다!
都市의 흉년
139 한국 무용의 共同問題

6. 1982. 12 / 문학사상 / 이순열 / 제4회 대한민국무용제 대상 최은희의 작품세계「넋들임」 – 한국무용의 共同問題

우리는 이따금 별로 의미가 없는 듯한 꿈을 꾼다. 그리고 그것을 그냥 지나치는 경우가 있다. 사실은 굉장한 뜻이 얽혀있는 꿈이었을 수도 있는데 말이다. 최은희의 무용이 바로 그런 꿈처럼 스쳐 지나가고 있다. 그녀의 안무가 무용제에서 상을 받고 몇몇 사람들의 관심을 모으기는 했지만 대부분의 사람들에게는 스쳐지나가는 꿈처럼 희미하게 사라져가고 있다. 그것은 필자에게도 미찬가지였다. 그리고 최은희의 안무와 춤이 차츰 윤곽을 드러내면서 다시 보이기 시작한 것은 이 글의 청탁을 받고나서 기억 속에서 그 춤의 광경을 되살려 보려고 했을 때 부터였다.

최은희는 겨울에 여름을

여름철에 겨울을 생각하는 여인이다. 그것은 슬플때 가쁨을, 그리고 기쁠때 슬품을 되씹는다는 이야기도 된다. 그리하여 그녀는 겨울에「하지제」의 창작을 꿈꾸게 된다.

「넋들임」과「하지제」가 일종의 한풀이라는 것을 생각해 보면 그녀는 예술이란 결국 무엇인가를 푸는 행위로 파악하고 있음에 틀림없다. 누구보다도 풀어야할 것이 많다면, 맺힌 것이 누구보다 많다는 뜻도 된다. 아직도 나이어린 그녀에게 무엇이 그렇게도 맺혀있는 것일까 ? 그것은 개인적인 것일 수도 있고, 융 式의 이른바 집단적인 **無意識** 속에 축적되어온 우리 공유의 맺힘일 수도 있을 것이다. 어쨌든 그 맺힘을 예리하게 의식하고 있는데서 그녀의 예술은 출발하고 있다. 그것을 **表出**해내지 않고는 견딜 수 없으니까, 그리고 그것을 풀어헤쳐야 겠기에.

그녀가 최초로 按舞한 作品인「하지제」의 프로그램에 그녀는 이렇게 쓰고있다.

지난 해 겨울이었나 봅니다. 차창 밖에 쉴세없이 비춰 들어온, 물이 오르려고 하는 **裸木**들이 묵묵히 버티고 있는 것을 보며 감고 또 감고 꼭꼭 감고만 싶은 내 **內面**의 응어리가 솟구쳐올라, 어느듯 무엇인가를 표출하지 않을 수 없게 되었습니다. 막연히 두려움이 찾아오기도 합니다. 그러나 거듭 「춤」을 구하고 그 고통과 희열에 길들여질 것입니다.

부딪혀 오고 받아들여지며 거부할 수 없는 서투른 몸짓의 탈바꿈을 부끄럽게 여기며, 뜨거운 **火焰**속에 빨갛게 타오르려고 합니다.

겨울에 여름을 생각하는 여인 – 최은희는 풀려고 하면서도「감고 또 감고 꼭꼭 감고만 싶다」고 말한다. 뜨거운 불길 속에 빨갛게 타오르려고 하는 여인 최은희는 언제나 싸늘한 냉기로 외장하고 있다. 그 외견상의 냉기는 땅과 맞닿을 때 비로서 불꽃이 일면서 넋들임의 열기로 달아오른다.

그의「하지제」와「넋들임」은 스트라빈스키의 〈봄의 제전〉이 그렇듯이 문명의 가식을 벗어 던지고 그 깊숙한 곳에 아직도 숨쉬고 있는 알몸으로 **接地**를 꾀하는 의식이다. 게르하르트 짜하리아스의「무용이란 결국 하나의 신화이다.」라는 개념을 생각해 본다면 그리고 신화건 무속이건 같은 원류에서 흐르고 있다는 것을 생각한다면 최은희는 바로 그 신화를 통해서 엮어가려고 하고 있음을 알수 잇다.

에릭 프롬이 쓴「꿈의 정신분석학」에 따르면 신화나 무속 또는 꿈은 모두 같은 언어, 즉 상징적인 언어로 쓰여있다는 것이다. 그리고 최은희 또한 상징적인 언어로 한을 풀어내고 있다. 물론 그녀의 그 상징적인 언어는 아직도 미숙하고, 얽혀있는 내부의 미로를 더듬으면서도 아직도 그 심층부의 핵을 점화시켰다고는 할 수 없을 것이다. 그러나 그녀의 춤은 음악과 장치와 서로 유리되어 헛도는 것은 아니다. 음악속에 춤이 있고, 또 그 춤이 음악을 끌어내면서 무대가 하나의 촛점으로 집중되는 열기를 지니게 한다. 그것은 최은희가 의식적이든 무의식적으로든 만다라의 도식을 무대에 펼쳐갔던 데서 비롯되는것이기도 하다.

십자로 분할된 원형, 만다라의 도식은 동양 전체에 퍼져있을 뿐만 아니라 서양문화의 뿌리 속에도 스며들고 있다. 로마의 도시를 설계할 때도 동서의 선을 긋고 나서 다시 남북으로 선을 긋는다. 최은희는 겨울과 여름의 선을 그었다. 그리고 「넋들임」을 그 선에 교화시키고 있다.그래서 그녀는 이렇게 말한다.

「하지제」가 祭禮儀式을 주제로 엄격하고 절제된 분위기를 이끌어냈다면 이「넋들임」은 좀더 자연스러운 춤 사위를 통해 우리 민족의 원초적인 리듬과 의식을 표출해 보려고 힘썼어요.

崔恩姬 개인적인 **作品世界**라는 것을 떠나 최은회의 작품은 또 다른 측면에서 문제점을 던져주고 있다. 그것온 그가 보여준 춤을 어떤 범주에 귀속시키느냐 하는 것이다.

우리나라에서는 편의상 춤을 한국무용과 외국무용으로 크게 분류하고 있고, 한국무용 속에 족보가 애매한 신무용이라는 잡종이 엉거주춤하고 있는가 하면 외국무용을 발레와 현대무용으로 세분하고 있다. 그리고 바로 여기에 문제가 있다.

현대무용이 왜 외국무용이어야 한단 말인가? 바로 그런 무리한 분류때문에 갖가지 혼란과 오해가 빚어지고 있다.

현대무용이란 우리 시대의 우리 춤이어야하지 남의 춤이 현대무용일 수는 없다.만일 현대무용이 외국무용이어야 한다면 우리에게는 영원히 차용된 현대밖에는 없단 말인가? 우리 자신의 언어로 오늘의 의식을 표현할 수 없다면 우리가 서야 할 땅은 어디고, 우리가 우리 것이라고 주장할 수 있는 것은 무엇인가? 우리는 후세에게 「80년대에 이르러서도 우리 무용계는 누더기 원조물자를 몸에 걸치고 그것이 현대라고 뽐내고 있었다」라고 기록에 남겨야 할 것인가?

여기서 우리는 왜 우리가 최은희에게 기대를 걸고 있는가를 창무회와 관련시켜 살펴 보아야 할 것 같다.

왜냐하면 **按舞家**란 자신의 춤을 표현할 수 있 는 **傳達媒體**가 있어야 자신의 작품을 발표할 수 있으므로, 최은회를 개별적으로 다루기보다는 그가 속한 **創舞會**와 연락시켜 살펴 보는 것이 좋을 것같기 때문이다.

우선 무엇 보다도 먼저 할 수 있는 이야기는 **崔恩姬** 또는 **創舞會**의 출발이 좋았다는 점이다. 우리에게는 오늘날의 우리 무용이 없다는 비극을 우리는 오랫동안 감수해 왔고, 70년대가 바로 오늘날의 우리 무용을 갖기 위한 갈등속에서 암중모색을 해왔던 시기라고 말할 수 있을 것이다. 우리의 춤이 값싼 **觀光舞**로 타락해버렸던 시점에서 **市立舞踊團**이 옛춤 발표회등을 통해서 우리의 맥락을 재정립했다는 것도 오늘날의 우리 춤을 갖기 위한 정리작업이었다고 생각할 수 있겠고, **創舞會**가 빌족한 것도 바로「 오늘의 우리 무용이 없다 」는 그 **空白**을 메웠어야 할 시대적 요청에 부응할 수 있는 춤을 들고나왔기에 그 출발이 좋았다고 말하는 것이다.

「**作業現場**」을 말하는 **座談會**에서 **創舞會**의 **林鶴成**은

「…전통을 기반으로 한 기존의 춤을 답습한다는 데서 한발짝을 더 나아가 우리 시대의 춤을 추어야 한다는 역사의식을 자각하고 탄생한 것이 우리 창무회 」라고 말하는가 하면, **李魯淵**은 「그 한발짝을 내딛는다는 것이 얼마나 어려운 것인가를 실감한다 」고 말한다.

그러나 창무회는 그 어려운 일을 향해 돛을 올렸고, 거칠게 밀어닥치는는 파도에 밀리면서도 그 항로에는 별다른 이상이 없는것 같다.

여기서 창무회가 우리에게 무엇을 보여주었는가를 살피고 앞으로 무엇을 보여줄 것인가를 점치기 위해 81년 4월 4일에 있있던 창무회의 제 2 **回** 공연에 대한 필자의 **新聞評**을 인용해 보기로 한다.

제2회 창무회 한국무용발표회는 약간의 충격과 함께 한국무용의 개념에 대해서 다시 한번 생각해 보아야 할 계기를 마련해 주었다. 첫번째 작품인 「진주검무」는 **創舞會**가 아닌 가**舞會**나 나**舞會** 또는 그밖의 어느 무용단체에서도 할 수 있는 말하자면 **客席**을 다소 피곤하게 하는작품이었다. 이번 공연이 전통무용 발표회도 아닌데다 첫 작품으로서 갖추어야 할 신선함도 없었기 때문이다.

그런데 두번째의 「도르레」에서 무대의 **密度**는 별안간 짙어갔다. 모노크롬과도 같은 **暗影**이 지배하는 조명아래 〈끊고 또 끊어도 끊어지지 않을 끈과 매듭〉을 둘러싸고, 끊기지 않으려는 고집과 끊으려는 의지가 갈등을 빚어갔다. 그런 줄다리기 속에서 상징적인 탯줄이 늘어졌다 죄어졌다 하면서 무대의 숨결은 사뭇 가빠진다.

이 작품은 현대의식이라는 의상속에 우리 춤이 지니고 있는 맺고 푸는 고유의 맥락을 살려냈고, 하나의 촛점으로 집중된 그들의 숨결이 무대공간을 괭팽하게 채워주면서 그것이 그대로 **客席**에 대한 강한 인력으로 작용하고 있었다. 그리고 무용음악에 정열을 기울여온 **金永東**의 음악도 작품의 밀도를 보태는데 커다란 보탬이 되고 있다.

마지막 작품인 「소리사위」는 많은 사람을 당황하게 했을지도 모르는 작품이었다. 윤전기가 회전하는 요란한 리듬속에 갖가지 소음이 뒤섞이면서 오네거의 〈퍼씨픽 2 3 1〉의 긴장감보다 더욱 짙은 열기로 윤전기는 쉬임없이 돌아간다. 그 속에서 한 사람의 남자는 인체의 무용동작을 배재한 채 방황하고, 그 주변을 여성무용수들이 어지럽게 오간다.

이 발표회가 「 한국무용 」으로 못을 박고있는 터에 이것이 어떻게 한국무용이냐는 반발이 있음직도 하다. 그러나 한편으로는 그 참신한 착상과 우리 무용의 틀을 왜곡해서 한정시키고 있는 고정관념을 깨뜨리고 어디론가 날아오르려고 하는 그 자세를 높이 평가하는 관객도 있었을 것이다. 아뭏튼 그들이 표현하고 있는 것은 숨길 수 없는 우리의 현실, 오늘의 단면이었다. 그리고 무용이라는 **表現藝術**로 밀도높게 그것을 압축하고 있다.

최근의 몇몇 의욕적인 작품이 나오기까지 한국무용은 오랫동안 **方向**을 찾지 못한 체 방황을 거듭해 왔고, 바람직하지 못한 곳으로 표류해 왔다. 그럴 바에야 창작무용을 중단하고 다시 원점으로 돌아가 전통무용을 좀더 다지면서 그곳에서 다시 출발해야겠다는 것이 필자의 생각이었다. 그런 관점에서 본다면 「소리사위〉의 뿌리가 충분히 깊게 뻗었고 어제와의 맥락이 고스란히 살아있다고 할 수는 없을 것이다. 그러니까 「 한국무용」이라는 한정사를 굳이 붙여야 한다면 우리의 토속적인 냄새가 좀더 짙었으면 하는 아쉬움이 남을 수도 있다.

그러나 창작무용이 오늘의 무용이라면, 우리의 시대적인 요청과 생활환경이 그 속에 반영된다는 것은 지극히 당연한 일이고 창무회에서는 그 당연한 일을 해냈다. 당연한 것이가는 하면서도 변화와 발전을 갈망하는 사람들에조차 그들의 무용은 예상을 앞질러 돌연변이 처럼 등장했다.

한마디로 말해서 창무회의 이번 공연은 오렌 세월의 흐름속에서 가시지않고 이어져온, 그러나 지금은 아슬아슬하게 끊어지려고 하는 우리의 얼과 숨결을 고스란히 간직한 채 우리가 살고 있는 시대의 환경속에서 우리가 어떤 몸짓을 할 수 있는가를 다시한번 생각하게 해주는 공연이었다.

인용이 약간 길었지만, **崔恩姬**가 등장한 창무회의 **土壤**과 최은희를 격리시켜 생각할 수는 없을 것이다.

그리고 여기서 우리는 최은희와 창무회가 지향하는 춤이 한국춤인가 현대무용인가, 아니면 이것도 저것도 아닌 얼띠기인가에 대해서 생각해 볼 필요가 있을 것 같다. 그것은 창무회와 최은희의 춤이 한국무용측 으로부터는 〈저것이 어떻게 한국무용인가〉라는 비난을 받았는가 하면 일부 현대무용측에서는 〈현대무용의 기법도 제대로 소화하지 못한 체 현대무용의 흉내를 내려고 한다〉는 냉소를 받고 있기 때 문이다.

그렇다면 현대무용이란 도대체 무엇인가? 위에서도 우리가 오늘날 지녀야 할 춤이 현대무용 이라는 취지의 이야기는 충분히 했을 것으로 생각 하지만 이에 대한 **蔡熙完**의 견해를 인용해 보기로 한다.

한국에서의 외국무용이거나 현대에서의 한국무용이거나 그것은 오늘의 춤이어야 하고 이 땅의 춤이어야 하는 공동 과재를 앞에 놓고 있다.

서양의 충격을 한국적 상황 속에서 수용하는 일이나 전통의 역사적 지속성을 현대적 상황 속에서 확보하는 일은 아제는 별개의 일이 아니다. 현대무용의 한국화와 한국무용의 현대화는 외래적인 것에의 무비판적 경도나 전통적인 것에의 무비판적 복귀를 아울러 극복하는 데에서부터 해결의 실마리를 찾을 수 있고 이러한 일이 동시에 해결될 때 한국에서의 현대무용은 진정한 의미로서의 한국현대무용일 수가 있다.

나아가 한국 현대무용과 현대한국무용이 80년대의 한국 상황속에서 오늘 이 땅의 대부분 사람들의 공동문제를 여러갈래의 양식실험으로 제기하고 필요에 따라 공동작업, 공동표현이 가능할 때에라야 오늘의 무용인은 한국무용사에서 80년대가 떠맡은 무용사적 역활을 충실히 담당하였다고 기록되어질 수 있을 것 이다.

오늘의 우리 무용을 창조해가야 할 어려운 점의 일부를 최은희와 창무회는 지고 있다.

그리고 그 가능성 최은희와 창무회는 이미 보여주었지만, 우리는 그들이 성장하면 할 수록 그들에게 요구할 것이 더욱 많아질 것이다

「 메트로 」 드 발레는 다른 어떤 예술가들보다도 극복해야 할 장애가 더욱더 많다 라는 장 그르쥬 노베르(Jean George Noverre)의 말은 어느 장르의 **按舞家**에도 적용될 수 있는 말이다 . 그런데도 우리나라에서는 무용동작을 적당히 두들겨맞추는 작업으로 지나치게 안일하게 생각해 온 경향이 있었다. 이런 **風土**에서진정으로 **精魂**을」 쏟아놓은 **按舞**란 흔치 않았다.

崔恩姬는 갖가지 어려움을 극복하고서야 가능한 **按舞**라는 **試鍊**을 어느 정도 극복하고 「넋들임」을 선보였지만, 아직은 「 하지제 」와 함께 두개의 작품 을 내고 있을 뿐이므로 안무가로서의 작업을 이제 막 시작 했다고 할 수 있을 것이다. 그러기 때문에 최은희는 앞으로도 다음과 같은 노베르의 놀라움을 유발하 지 않도록 자신을 성장시켜가야 할 것이다.

오늘에 이르기까지 발레는 그 미래의 구도를 위한 빈약한 스케치에 지나지 않았다. **天才**와 드높은 취미가 낳은 이 예술은 무한히 아름답고, 보다 더 다채로울 수 있는 무한한 가능성을 안고 있다. **歷史. 神話, 詩.** 그림 이 모든 예술이 힘을 합치, 그 **姉妹藝術**을 오늘에 처한 어둠속에서 끌어내야 할 것이다. 그리고 이러한 힘찬 원조를 무용의 작가들이 지금까지도 거부해왔다는 사실에 우리는 놀라지 않을 수 없다.

다른 분야의 예술에 대해 항상 관심을 보이고 좀 더 활짝 열려진 문으로 더 많은 것을 – **歷史**를, **神話**를, **詩**를 그리고 **美術**을 포용해야 한다는 노베르의 말이 오늘날 우리 **舞踊界**에 얼마나 진실한 충고인가를 최은희를 비롯한 모든 **舞踊人**들은 가슴깊이 새겨야 할 것이다. 그리고 「하지제 」에서 **美術**을 담당했던 **金丘林**의 다음과 같은 이야기도 음미할만하다.

「현대 한국무용이라는 뜻을 한 차원 높게 생각해 주었으면 이번 작업이 좀더 성과가 컸을 것으로 생각한다.」

이 모든 것을 수렴해서 **崔恩姬**와 창무회는 이제 막 시작한 **作業**에 좀더 불을 지펴가야 할 것이다. 지금 우리나라의 무용계는 분명히 어떤 전환점을 맞고 있다. 최근에 전남대학에 예술대학이 생기고 앞으로 **舞踊科**가 독립되겠지만 우선 국악과 속에 **舞踊專攻**을 두고 있다는 것도 체육대학이나 체육과에서 무용을 전공하게 했던 종래의 어처구니 없는 교육의 난맥상에서 크게 전환할 가능성을 잉태하고 있는 현상이랄 수 있을 것이다. 국악과 출신인 **文一枝**가 체육과 출신들과는 좀더 색다른 활동을 벌여 왔고 그가 항상 우리 무용의 뿌리를 찾아 현대화 작업을 그 원점에서 시도하려고 했다는데서도 나타나듯이, 이제 우리에게도 무엇인가 달라져갈 조짐이 보이고 있다. 그리고 이 전환기에서 **崔恩姬**와 **創舞會**가 해야 할 역활은 크고 그것은 거듭되는 **轉身**을 통해서만 가능할 것이다.

崔恩姬가 그려놓은 **十字架** – 그 **交叉路**에서 정리해 버리고 그 원형의 **迷路**에 갇혀 끊임없이 맴돌고 만다면 그리고 놀라운 **轉身**의 **回轉運動**을 통해 새로운 세계로 스스로를 **噴射**하지 않는다면 우리 무용계는 또다시 혼미속으로 빠져 들지도 모른다.

8. 1985. 7 / 춤 / 강이문 / 「소리굿」 「변신」 「산운」

7. 1984. / 춤 / 강이문 / 「늪」 「소곡」 「정」 「지난겨울」

美理文(춤. 1984. 6)
(評論)

1984년 5월 23, 24일 부산시민회관에서 있은 이번 공연은 전에 없이 입추의 여지없는 관객으로 대성황이였다. 다만 주지주의적 추상표현을 내세운 창작경향이여서 이때까지에 눈 익은 형태미나 기교미 위주의 상징적 무용이나 사실적 무용들과는 다르다는 점에서 관객과의 소통에 다소 무리함이 없지도 않았다.

물론 대다수 대중을 대상으로 하는 공공집단이라는 역활에서는 생각할 여지가 있지만 한편 창조적 예술집단이라는 점에서는 관중의 취미 광정 (廣正) 과 그 향상이라는 의미에서도 어디까지나 산 오늘의 무용예술을 지향해야 하는 것이다.

즉 낡은 관념을 충족 (充足) 시키는 애완적 대상이나 화초적 역활에서는 감연히 탈피해야 함이 마땅하다. 이러한 점에서 오늘의 부산시립무용단은 한국무용전통의 창조적계승이라는 명제아래 새로운 무용의 지평을 여는데 무척 열의를 보이고 있다. 가령 예술이 당시대의 진실을 찾아 가꾸는 꿈 나무라고 한다면 결코 무용이라고해서 예외일 수는 없는 것이다.

이번 공연의 연목 내용을 살피면 「늪」은 세기말 병고에 시달리는 침울한 환경속에 발악 같이 살아가는 오늘의 세태를 날카롭게 관조한 문화비평적 작품으로 작년의 초연때 보다는 표현 심도가 가해진 것 같으나 아직도 작품 구성상 접속부분 처리에 미흡한 구석을 남기고 있다. 「소곡」은 지성과 기능을 겸비한 김미숙을 주축으로한 6 인무로 고전적 한국여인의 심성을 노래한 단아한 작품이였다. 시 낭송과 대금 독주와 빛의 배분에 의해 다양한 심성의 변화를 차분한 기교와 형식으로 처리한 유연한 분위기였다.

「정」은 솔리스트 신욱자 외 7 명에 의한 산조형식의 춤으로 고전적 색체가 짙은 기능적인 작품이였고 「지난겨울」 (안무 · 최은희, 음악 · 이의경, 원작 · 박진주)은 앞의 「늪」이 수동적 관조에 머물러 있는데 비해 이 작품에서는 능동적인 의지를 더하고 있다. 시대 배경은 비록 이조시대의 양반과 상민과의 상반된 생활 대비를 내세우고 있지만 실상은 현대사회의 부조리를 고발하는 주제로 이끌어졌다.

도입부에서는 귀신들의 난무와 이것을 밟아 없애려는 소복한 여인의 광기로운 솔로로 시작되고 발전부에서는 귀신들의 난무를 구체화하여 선량한 상민들의 진실한 삶의 움직임과 이에 대립하는 양반들의 호색과 무의도식과 그리고 본의 아니게 짓밟힌 여인과 물 병신들의 춤이 어울리는 어룩진 난무의 아수라가 펼쳐지다가 다시 여기에 경종같이 사물놀이패의 영동적인 움직임이 가해지고 회오리치면석 지나간 뒤의 공허한 마당에 소복한 맨발의 성난 여인 (최은희)의 통곡의 춤이 등장하여 감동적으로 펼쳐지면서 작품 전체를 압도했다. 이 춤에서 최은희는 비범한 안무자로서의 새로운 면모도 아울러 보여 주었다.

그러나 이 작품에서도 노정된 흠은 작품 색상과는 어울리지 못하는 구성적인 무대장치라던가 작품의 흐름을 몇차례나 단절하는 공백, 그리고 남성 무용수들의 미흡한 연기와 작품 의도에 흠벅 젖어들지 못하는 무용수들의 연기 등은 반성할 여지가 있었다. 그럼에도 불구하고 이 작품은 꼬믹을 곁들인 활기찬 작품이였다.

끝으로 당부할 것은 이 단체가 지니는 공공성이라는 측면을 고려하여 보다 대중과의 공감대를 돈독키 위한 공연 내용에 더 많은 관심을 가져줬으면 하는 일이다. 성공적인 공연이였다.

10. 1987. 5. 6 / 부산일보 / 강이문 / 「왕의 뜰」 「제웅맞이」 「파문」

美理文 부산일보. 87. 5. 6
(評論)

「최은희의 춤」 공연 (27일 · 産大콘서트홀)은 올해 부산무용계에서 공연선두 주자로서 만만찮은 의욕을 보여준 활기찬 무대였다.

세계의 작품중 (왕의 뜰)과 (제웅맞이)는 구작의 재현이였고 신작은 (파문)이였는데 전체적인 흐름이나 색상은 새로운 변신으로 눈여겨졌다.

물론 최은희의 춤은 그 정신적 거점을 전통적 민족정서에 두고 있다. 그러나 표현수단에서 굳이 전통성을 고집하지 않은 것은 보다 자유롭기를 바라는 생각과 나름대로의 현대적 시각을 강조하려는 심산에서인 듯하다. 점차 자신의 방법론을 분명한 모습으로 경작해가고 있으며 개성적 발성을 부각 시키려 하고 있다.

(왕의 뜰)은 궁중정재 (춘앵전)을 바탕으로한 창조적 상상력으로 다채롭게 재구성한 작품이다. 실상과 영상을 복합함으로써 원근감과 입체감을 살린 차분한 분위기를 조성했다.

(제웅맞이)는 현대판 주물숭배의 춤이었다. 주물인 제웅을 통해 주력이나 영험을 얻음으로써 맺힌 원한을 풀어보려는 약한자의 사무친 증오를 대변한 저주의 몸부림이었다. 따라서 춤도 접신 상태의 강렬함으로 생명력이 넘쳤다. 그러나 (Ⅲ액풀이)에서는 시각예술이 갖는 한계성이나 단순화의 미적법칙 이라는 점에서 지나친 자홍은 관객의 감명을 감소시킨다는 점도 감안했으면했다.

(파문)은 살아숨쉬는 물길이 환경따라 변화롭게 조성하는 파문과 영겁을 구비돌아 오가는 끈질긴 민족 기맥등에 초점을 맞춘 상징적인 표현이 인상적이었으며 전의 작품들에서 보여준 지나친 내면 집착에 비하면 감각적으로도 영롱함을 보였다. (무용평론가)

9. 1986. 5 / 춤 / 김영태 / 춤의 시야확대와 내실「제웅맞이」

최은희 창무춤판

요즘도 농촌에 가면 그런 인습이 남아있다. 제웅을 길가에 버려 액을 막는다. 제웅이란 짚으로 사람 형상을 만든 것. 제웅에 옷을 입히기도 했고, 짚 안에 푼돈을 넣거나 이름, 출생년월일, 간지(干支)를 적어 정월(正月) 14일 저녁에 길가에 내다버렸다. 그럼으로써 그해의 액땜을 예방한다는 미신이다. 무당이 환자를 위하여 제웅을 만들어 환자옷으로 감고 산 영장을 지내는 경우도 있었다.

최은희의 창무 춤판(3월 14일~16일) 제목이「제웅맞이」.「제웅맞이」는 〈혼맞이〉, 〈본풀이〉, 〈액풀이〉로 이어진다. 남성 무용수 박은홍 외에 정미숙, 윤보경, 안줄이, 안귀숙 여섯명이 출연한다. 사물(四物)이 직접 무대옆에서 반주, 추임세를 거든다.

최은희는 82년「하지제」를 발표햇고, 그 해 대한민국무용제때「넋들임」을안무해서 대상을 받았었다.「지난겨울」「허재비의 꿈」등의 춤을 나는 기억하고 있다. 그러다가 그가 부산으로 직장을 옮긴후 나는 그의 춤을 대할 기회가 없었다.

「제웅맞이」를 보면서 나는 최은희는 춤꾼이구나 하는 생각을 했다. 여섯명의 출연진속에 우뚝 서 있었다.우선 몸매가 그랬고, (최은희의 몸매는 서리가 서려있다) 표정이, 춤의 품위, 절제(節制)가 그랬고, 동작이 크지 않는데도 서릿발처럼 춤이음매가 차겁다. 최은희는 다른 출연자와 티나게 색삼 머리끈을 이마에 동이고「제웅맞이」를 춤추었다.

혼맞이는 혼(魂)과 만나는 의식이고, 그 다음 본풀이, 액풀이는 그것을 푸는 춤이다. 자기 일신이 주체스러울 때 박은홍과 액땜을 벗어나기 위한 2인무도 춘다.

「제웅맞이」에서 최은희가 액땜풀이를 원무(圓舞)로 끌어올린 것은 휘장을 떨쳐버리고 어깨선을 노출한 채 춤 출때이다. 이 원무 스탭은 밖으로 격렬하지 않고, 안으로 본풀이, 액풀이를 연소시킨다.「제웅맞이」는 옛 미신 같은 것을 떠나, 지금 그들이 서 있는 자리, 모든 삼라만상의 되새김이다. 인간은 무엇인가 라는 반문이다. 최은희의 《인간은 무엇인가》라는 되새김은 그래서 이 3장의 춤에서 가깝게 들린다.

그 소리가 들린 것은 최은희의 건재와 관계가 있다.(*)

□ 公演評 · 3

춤의 視野 확대와 내실

97 □ 춤의 視野 확대와 내실

11. 1987. 6 / 춤 / 김영태 / 한국무용제전「파문」

□ 公演評 · 1

숲속 美女들과 시간의 탈환

―金明會발레, 로열발레단, 국립발레단, 한국무용아카데미, 동랑댄스 앙상블 朴美羅의 춤, 金濟英현대춤,「한국무용제전」

金 榮 泰

7 □ 숲속 美女들과 시간의 탈환

117 □ 숲속 美女들과 시간의 탈환

12. 1988. 11 / 엔터프라이즈 / 이상일 / 미술과 일치된 춤의 종합예술화「외출하다」

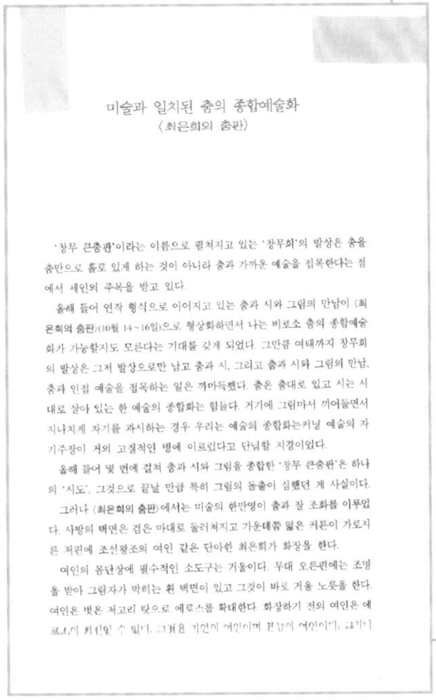
미술과 일치된 춤의 종합예술화

(최은희의 춤판)

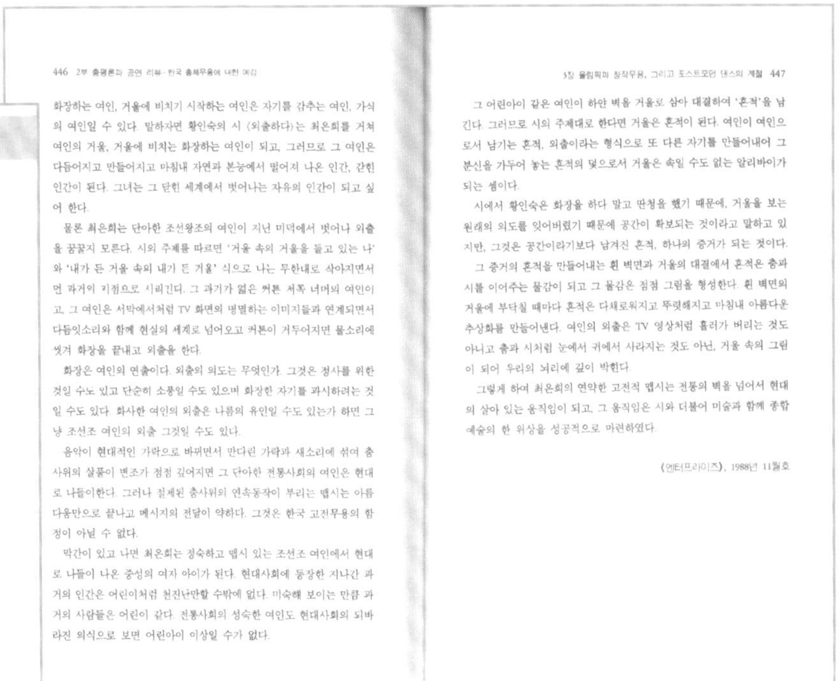
(엔터프라이즈), 1988년 11월호

13. 1988. 11 / 객석 / 장광열 / **보다 적극적으로 융합된 이미지화 작업「외출하다」**

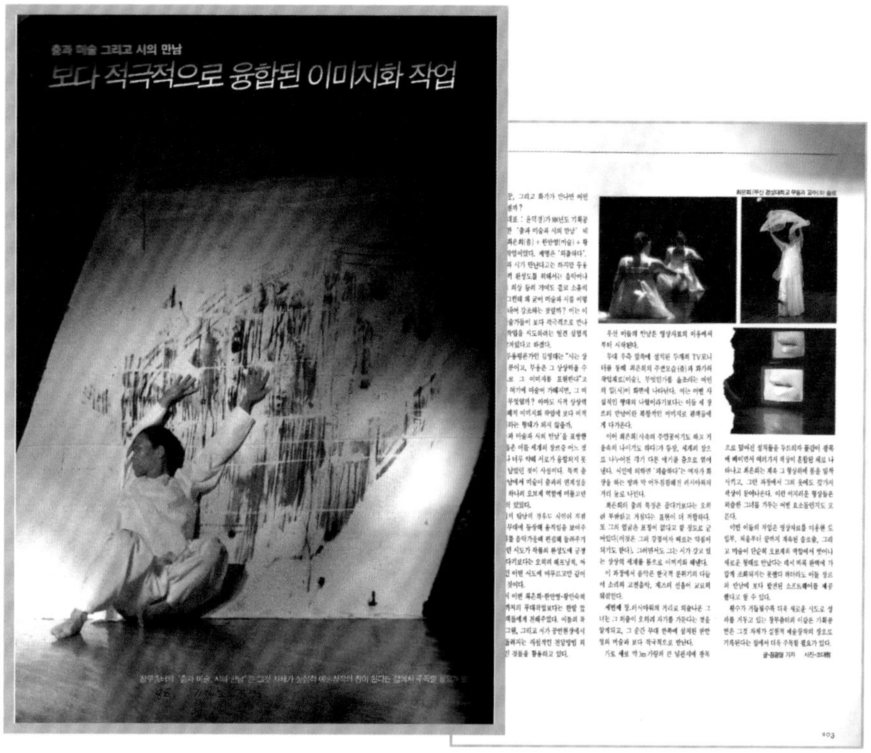

춤과 미술 그리고 시의 만남
보다 적극적으로 융합된 이미지화 작업

15. 1988. 12 / 춤 / 김영태 / **창무춤터 실험과 소재의 확대「외출하다」**

公演評 · 1
창무춤터 실험과 素材의 확대
—崔恩姬 · 金賢慈 춤아카데미 · 創舞會 · 키오로시 · 李愛賢 · 金末愛
金榮泰
79 □ 창무춤터 실험과 素材의 확대
80

14. 1988. 11 / 춤 / 김태원 / **축전열기 바깥의 세 춤 공연 「외출하다」**

최은희의 창무춤터에서의『외출하다』라는 공연 (10월 14 ~ 16일)은 종전의 최은희의 작업태도와 다른 것이었다. 즉 한만영의 미술, 황인숙의 시와 더불어 최은희로서는 어느 때보다도 변신과 용기가 필요한 이벤트적 성향의 공연이었기 때문이다.

공연『외출하다』는 황인숙의 시에 나오는 이미지를 따라 전개되어간다. 그 시의 중요 이미지로서는 첫부분에서 거울과 방의 이미지, 다음으로 라디오와 프리지아꽃의 이미지, 그 다음으로 아스팔트와 비둘기의 이미지가 있다. 첫 부분에서 비데오영상은 시를 한 음절 단위로 읽는 여자의 입술, 스튜디오에서 연습하다 외출하는(혹은 외출해서 연습하려가는) 최은희의 모습을 잡는다. 그리고 그다음, 흰 망사의 커턴뒤로 거울을 배경으로 잠잠히 누워있는 최은희의 모습이 보여진다. 여기서 최은희는 거의 움직임을 보여 주지 않다가, 서서히 일어나 자신의 모습을 거울속에서 보고 한 손들어 손거울을 보는 듯한 제스츄어를 보여준다.

흰 망사 뒤의 그 공간은 분명히 밀폐된 자의식의 공간이다. 두 개의 높낮이가 다른 여자의 보이스, 막대 두들기는 소리, 물소리등은 그 공간이 갇힌 공간이면서도 그 공간안에 또 다른 공간이 있는 듯한 느낌을 주게 된다.

이어, 그 공간의 막(幕)은 걷히고 최은희는 서서히 발꿈치로 마루를 때리면서 첫부분에서 보다 더 크게 움직이기 시작한다. 풀라멩고 음악에 맞춘 기타의 변주음에 최은희의 한국춤 동작이 조심스럽게 맞물려 간다. 그리고 마지막으로, 최은희는 의상과 분위기를 바꿔 흰 운동복이나 평상복차림으로 조그만 백을 들고 거리를 방황하는 듯한 모습을 보여 준다. 재즈풍의 음악 속에 휩쓸려 무대 한쪽 구석에 경사지게 설치되어 있는 흰 캔버스 (그 위에 엷은 줄이 그어져 있다)에 반복해서 자신의 몸을 격렬히 부딪친다. 첫 장면의 지극히 고요하던 몸짓과는 정반대의 몸짓이다. 이와 동시에, 캔버스뒤에서 부터 푸르고, 붉고, 적갈색의 물감들이 캔버스 바깥으로 번진다.

앞서의 그런 세 장면들은 전혀 불연속인 상황 같지만, 공연에서 최은희는 실내에서 실외로의 공간이동이란 변화를 움직임의 스케일을 달리해, 즉 일종의 미니멀적 움직임에서 격렬한 움직임으로 변화시켜 가면서 어떤 연속감을 줄려는 노력이 역력해 보였다.

물론 사려깊게 계산된 움직임이지만, 초반부에서 최은희의 움직임은 지나치게 조심스러웠다. 그런가 하면 후반부에서는 전혀 딴 사람같이 지나치게 격렬하다. 그 편차가 심해 어느 쪽이 진정한 최은희의 움직임인지 나로서는 측량키 어려웠다. 오히려 시의 이미지에 따라 좀더 분명하고, 큰〈움직임의 다발〉을 보여줬더라면 어떨까 싶었다.

그러나 작품『외출하다』는 화가 한만영의 공간구성과 영상의 도움을 받아 창무춤터라는 공간 속에서 외출함의 구조성을 보여주고는 있었다. 황인숙의 시 (좀 어렵지만), 한만영의 미술, 최은희의 움직임이 비교적〈대등하게〉어울리고 있었고, 이에따라 우리는 보통때의 춤관람과 다른 태도로 그들의 작업 혹은 놀이를 보아야 할 필요성에 부딪치기도 한다. (일종의 **共藝術的**, 혹은 **多藝術的** 관람의 방법이 요구된다고나 할까).

이 이벤트에서 아이로니컬하게도, 황인숙의 시명(詩名)『외출하다』란 최은희의〈外出〉로 이어졌다. 이것은 물론 조금은 고집스런 한국 창작춤꾼인 최은희로서는 분명 다른 예술적 만남이었고, 경험이었으리라.(*)

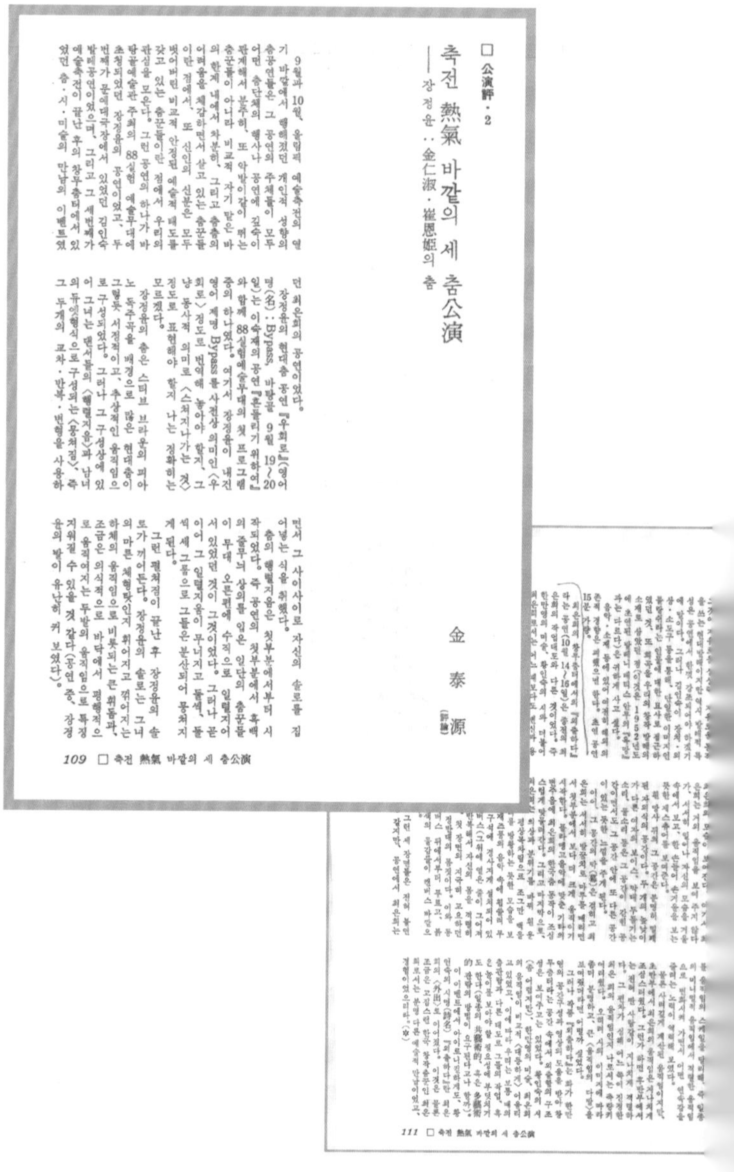

公演評 · 2
축전 熱氣 바깥의 세 춤公演
—장정윤 · 金仁淑 · 崔恩姬의 춤
金泰源
109 □ 축전 熱氣 바깥의 세 춤公演
111 □ 축전 熱氣 바깥의 세 춤公演

16. 1988. 12 / 춤 / 김열규 / 거듭나기 위한 춤을 보았습니다.「외출하다」

거듭나기 위한 춤을 보았읍니다
—崔賢玉敎授에게
金烈圭

잎이 진 나무들. 풀들이 시들어 누운 대지. 자연이 모처럼 그 타고난 진솔한 자기 표현을 되찾고 있는 철에 인간이 타고난 가장 진솔한 자기 표현의 육체언어, 말하자면 춤에 관해서 춤꾼인 최교수에게 글을 드리게 된 것을 기뻐하고 있읍니다.

편지란 워낙 은근하게 쓰는 줄로만 알았는데, 아예 세상에다 터놓고 쓰게 되니, 네 거리 한 복판에서 소리질러 가며 대화하는 것 같아서 미상불 민망하지 않은 것은 아닙니다만, 그러나 언젠가 제가 즐겨 다루던 〈원한〉을 崔교수께서 육화(肉化)해 주신 그 고마움을 앞세워 이 글을 엮고 있 읍니다.

지난 10월 16일,〈 창무춤터〉에서 공연하신「 외출하다 」가 끝났을 때, 불쑥 떠오른 귀절.

「 바쳐지는 목숨, 스스로를 바치는 육신.」

영감이듯 떠오른 그 귀절의 속사정은 글을 읽어 가시는 동안 차츰 헤아리게 되시리라고 믿기에, 우선 그 분의 춤판을 그 시작에서 끝까지 되짚어 볼까 합니다. 천천히 조명이 나가고 어둠이 한치의 간격도 없이 춤판을 메웠을 때, 그로 해서 공간이 본래의 부드러움과 자유로움을 되찾았을 때, 흰 옷에 몸을 감싼 춤꾼이 어둠에 포태된 모습으로 웅크려 누워 있었읍니다.

이윽고, 칠흙의 바다 밑을 파충류가 되어 나선형을 그리기 시작하면서부터, 그것은 스스로 육신을 꼬아가는 시늉이었읍니다. 거문고 산조, 진양조 가락에 실은듯, 느린 선율로 엮어지던 그 나선형의 움직임은 춤꾼 자신의 육신을 옥죄고 또 짜고 있었읍니다.

때로는 바닥에 등을 깐 채, 때론 팔을 한껏 뻗어서 엎드려 누운 채, 그리고 때로는 그 두 누운새를 번갈아 가면서 끝도 없이 나선(螺旋)을 조형하고 있었읍니다. 그것은 그치면, 무대 공간과 관객의 공간을 가득 메우고 있는 어둠이 누에 꼬치 이듯 뽑아내고 있는 어둠의 결정(結晶)인 흰 빛의 조형이었는지도 모를 일이었읍니다.

한순간, 송곳에 찔린 작은 곤충의 진저리 같았다가는 다음 찰나에는 여름철 남녘 밤하늘에 걸린 장대한 전갈 별자리로 변신해 가는 것이었읍니다. 고통인가 하면 환희인 것. 웅숭그림이면서 뻗어남인 것. 닥달인가 싶으면 이내 애무인 것. 춤꾼은 모순을 두려워하지 않는 기척이 역력했읍니다.

그렇게 엎치락거리기를 한참, 춤은 이내 굴신(屈伸)하는 모습, 앞뒤로 감겨 들고 펴고 하기 시작했읍니다. 더러 한적한 구름이 영마루를 넘어가듯, 더러는 소슬한 여울이 강바닥의 등어리를 타고 넘듯, 그렇게 굴신하고 있었읍니다. 관객 가운데는 드물지 않게 제법 덩치 큰 곤충의 움직임을 연상하고 있었을 법하다고 여겨집니다.

그렇습니다. 나선형의 무브망이나 굴신의 율동이나 땅바닥을 밀어 나가기로는 다를 바 없었던게 아닌지 모르겠읍니다. 그것은 참 원생(原生) 적이란 느낌, 원초적이란 느낌을 주고 있었읍니다만, 보기에 따라서는 달래는 몸짓 같기도 했읍니다. 무대 저 바닥밑에 묻혀서 고통받고 있는 것들을 쓸어 주고 또 기진한 것들 을 위무하는 것처럼 보이기도 했 읍니다. 제가 직접 은 못 보았읍니다만, 82년도에 무대에 올린 작품, 『 넋 들임 』 의 주제가 재현된 것이 아닌가 여겨집니다.

하지만, 그 원생적이고 도 원초성 짙은 춤, 예컨대, 전자 현미경에 잡힌 염색체며 핵산의 착색(着色)된 무늬의 움직임만 같은 그 누운 춤사위는, 우리들의 굳어진 대지, 생명체들의 터밭이기를 그만둔 대지와 밀착함으로 해서 그 불모(不毛) 의 대지를 깨워서 일으키려는 시늉, 그 수척한 대지에 젖을 물리는 시늉으로 보였다면 제 시각의 잘못이겠읍니까?

어찌, 대지만이겠읍니까. 대지 바닥에 묻혀서 굳은 잠에 빠져 있는 것들, 지각 깊숙히 산소도 필요없이 북받혀 있다는 전설적이나 그러나 실존하는 미생물에게 전해지던 춤꾼 생명의 파장이 제 눈에 집혀져 왔다고 해도, 누가 그것을 과장이라고 하겠읍니까.

비록, 그「 창무춤터 」의 좁은 무대가 대지에 씌운 탈에 지나지 않았다고 해도 춤꾼의 춤사위 낱낱이, 고숨도치 바늘을 곧추세우듯, 일어나는 대지의 맥박은 오히려 늠렬했읍니다.

바닥에 누워서 추는 춤, 바닥에 웅크리고 엎어져서 추는 춤. 그 땅춤은 대지의 생명을 채근하고 있었읍니다만, 그것은 오로지 대지에 밀착된 그 나선형이며 앞뒤의 굴신 탓이었읍니다. 마치, 목숨의 마지막 방울, 힘살 최후의 한 점까지 다그쳐 일으키며 스스로를 옥죄어들고 스스로를 눌러짜던 누운 춤의 사위 때문이었읍니다.

지대의 재생을 재 촉할 때, 무대 공간 가득한 어둠이 그리고 덩달아 관객 공간의 어둠까지도 전율하는 것을 춤꾼 자신은 느끼셨는지요. 어둠으로 해서, 본래의 황홀한 탄력성과 탐닉스러울 만큼의 부드러움을 되찾은 공간이 춤사위를 중심점 삼아 춤꾼과 동심원의 물멤, 이를테면 전기라도 탄듯한 전율하는 둥근 물살을 겹겹이 일으키고 있었음을 춤꾼 자신은 눈치 채셨던지요.

시들은 대지를 달래어 일으키는 춤꾼의 누운 춤사위에 대해서 어느 우주공간이 보내 온 메아리 말하자면 별들이며 은하수를 끝도 없이 잉태하고 있을 피임이라고 불러도 좋을 우주 공간에서 보내온 메아리를 춤꾼 자신은 느끼고 계셨는지요.

하지만, 춤은 필경 춤꾼 자신의 거듭남에 바쳐지고 있었읍니다. 대지를 깨워 일어나게 하고 더불어서 자신도 거듭나는 일에 바쳐지는 춤을 崔교수께서는 조형하고 있었읍니다. 서두에서「 바쳐지는 목숨’ 스스로를 바치는 육신 」이란 말이 영감처럼 떠올랐었다고 말씀 드렸읍니다만 그 까닭을 이제는 헤아리게 되셨으리라 믿습니다.

나선형의 움직임도 앞뒤의 굴신도 결국 자신을 지우면서 거듭하는 연속적인 자기 갱신의 몸짓이었읍니다. 여기서, 예술적인 창조는 언제나 창조가 자신을 새롭히면서 더불어서 세계를 새롭히는 일에 바쳐진다는 명제를 함께 확인하고 싶습니다.

이제 또 하나 보아 내신 게 있 으리라 믿습니다. 처음 막이 올랐을 때, 춤꾼이 어둠 속에 포태된 자세로 웅크려 누워 있다는 인상을 제가 왜 받게 되었는지를 읽어 내기란 쉬운 일이니까 말입니다.

만길도 더 넘을 바다 밑 깜깜 어둠 속에서 작은 심해어처럼 자신을 안으로 여미던 모습. 이내 나비 되어 나를 번데기의 꿈으로 누운 순간의 조형. 그것이 다름아닌 막이 오른 순간 춤꾼이 짓고 있던 모습이었읍니다.

꽃 한송이 열리는 것도 한 세기의 개벽에 버금할 일이라고들 하였읍니다만, 그러기 이전 꽃망울의 바늘끝 한 점에 몰리는 듯한 다부진 구심력을 사람들은 놓쳐 버리기 일쑤가 아닌지 모르겠읍니다. 오히려 펴지기를 거부하는 듯한 그 단단한 내밀(內密)의 힘없이 꽃은 피어 날 수 없음을 일깨우듯, 어둠의 만길 바닥에 한점 화석처럼 박혀 있던 춤사위, 그것은 자기 갱신을 예비한 포태였읍니다.

자기 혁신, 자신의 거듭남에 헌정된 춤, 구각을 벗고 새 모습으로 탄생하는 춤과 한 풀기를 어디서 달리 구하겠읍니까.

그러기에『 넋들임 』이후,『 매듭풀이 』까지 계속해서 崔교수께서 추궁하신 풀이의 주제가 이제『 외출하다 』에 이르러서 또 다른 조형을 얻게 되었음을 얘기해도 좋을 듯합니다. 전통에 기댄 풀이의 주제가 새롭게 변신하면서 그 절정에 다다른 것이라고 바꾸어 말해도 좋을 것 같다는 느낌이 들기도 합니다.

풀이의 주제에 맞추어서 작품들의 일관된 발전을 얘기하다 보니 놓친 게 있읍니다.『 외출하다 』에서 전통 춤사위가 오늘의 역사적 우의법(萬意法)을 담으면서 즉흥성과 해프닝성이 강한 새로운 퍼포먼스 문법과 절충한 경지는 崔교수의 새 예술로서 따로 강조해야 할 줄 압니다만, 지면이 워낙 좁아 토끼 두 마리를 한꺼번에 쫓을 수는 없었읍니다. 이 대목은 편지로 쓰기보다 는 직접 말씀 드리고 또 춤꾼자신의 의견을 구하는 것이 좋을 것 같아 따로이 아껴 두게 되었음을 살피시기 바랍니다.

자정도 훨씬 기운 시간 붓 잡은 손끝이 제법 시립니다. 밤은 처리로 멀기만 합니다만, 누리고 계신 예술의 빛, 지척인 듯 쏘일 수 있었으면 천행이겠읍니다. 붓 놓기 전에 예운(藝運) 날로 더하시기 빕니다.(*)

17. 1989. 1 / 문학정신 / 하재봉 / 「외출하다」

1989년 1월호 "문학정신" 하재봉

을 보여 주면서 어떤 새로운 공간을 제시하기 때문이다.

그런 점에서 하재봉의 시 「시간의 춤」을 바탕으로, 그의 다른 시들에서 재료를 삼아 삶의 출생에서부터 죽음과 부활까지를 한 무대에서 동시적으로 보여 준 이명진의 춤은, 시가 갖고 있는 추상성을 명료하게 입체적으로 형상화하였다고 볼 수 있다. 창무춤터의 2층 공연장으로 올라가는 입구에서부터 흰 광목천으로 휘감아 관객들이 춤터 공연장의 문을 여는 순간 커다란 동굴, 혹은 자궁 속으로 들어온 느낌을 갖도록 표현된 무대미술의 도움을 얻어, 던져진 존재로서의 삶이 아니라 탯줄을 스스로의 이빨로 끊고 두근거리는 맥박과 함께 사물과 부딪치며 세상을 살아가다가, 죽음을 통해 다시 부활의 광장에 이르는 춤의 안무는 극적 구성을 갖고 연출되었다.

삶의 환희를 표현하면서, 세 사람의 춤꾼이 무대 위에 수평으로 배열되어 왼쪽은 무의식의 세계 오른쪽은 환한 의식의 세계, 그리고 가운데에서는 두 면을 공유한 인간의 모습을 함축적으로 구성한 안무가 인상적이었으며, 시간의 흐름에 따라 진행되는 삶의 역동적 모습을 효과적으로 나타내기 위하여 무대를 세로로 길게 만든 것도 효과적이었다.

빛이 내 몸을 일곱 바퀴 반이나 감는 동안
나는 오직 눈썹 한 번만을 움직였을 뿐
아무런 주문도 외지 않았다

이제 그만, 그만 놓아다오
별들의 나이보다 오랜 순간부터
내 몸을 칭칭 결박한 이 빛의 사슬
움직이면 그것보다 더욱 커다란 힘으로
살 속에 파고드는 차가운 쇠의 촉감인
이 보이지 않는 빛의 사슬, 놓아다오
그만, 제발 이제는 그만

—— 하재봉, 「시간의 춤」 일부

황인숙의 시 「외출하다」는 그녀의 시 중에서 비교적 눈에 띄지 않는 작품에 속한다. 황인숙이 갖고 있는 특징적인 경쾌함, 순진무구한 어린아이의 장난기 많은 눈으로 바라보는 세계 접근이 이 시에는 나타나 있지 않기 때문이다. 그러나, 그럼에도 불구하고 안무를 맡고 또 독무로 출연한 최은희는 정확하게 작품이 갖고 있는 의도를 집어내어 형상화시키는 데 성공하

334

다.
일상에서 벗어나기 위하여 외출을 꿈꾸는 여인이, 거울로 뒤덮인 방에서
장을 하는 1장과 거리에 나와 사람들과 사람들 사이에서 프리지아꽃을
고 거니는 2장, 그리고 어두침침한 러시아워의 거리에서 소외감, 단절감
로 막다른 벽에 몸을 내던지는 3장으로 구성된 이 작품은, 특히 1장의 흰
일 건너에서 유리를 보고 춤추는 최은희의 춤이 돋보였으며, 마지막에
게 몸을 내던져 찢겨진 삶의 흔적을 보여 준 한만영의 미술이 작품의 의
를 극대화하였다.
그렇게 두드러지지 않은 작품을 골라 효과적으로 무대 위에서 형상화한
은희와 한만영의 작업은 황인숙을 아마도 행복하게 만들었을 것이다.
는 황인숙의 다른 많은 작품을 좋아하는 편이지만, 왜 안무가가 「돌벗
무 숲」이나 「나는 고양이로 태어나리라」같은 작품을 선택하지 않았는지
이유를 모르겠다.) 이런 점이 '춤과 시의 만남'을 통해 얻어지는 구체
소득일 것이다. 또 어쩌면, 시적 성과와는 별도로 무대언어로 형상화하
용이한 작품이 있는지도 모른다. 채 여과되지 않은 채, 언어로 집을 짓
만, 그 성긴 뼈대를 가지고 오히려 육체의 집을 짓기가 더 쉬울는지도
른다. 하지만 좋은 재료를 선택하여야 맛있는 요리가 되는 것이다. 인스
트 식품은 금방 먹을 수 있고 또 요리에서 실패할 확률이 적은 대신에,
속 깊숙이 짜릿한 맛을 전해 주지는 못한다.
박희진의 시 「빛과 어둠의 사이」는 원래 16편으로 구성된 장시인데, 빛
어둠, 희망과 공포, 영혼과 육체 등 인간 안의 양극적 요소를 팽팽한 긴
속에 번갈아 제시한 것이다. 원래 작품이 갖고 있는 설명적, 극적, 소도
적 요소를 제거하고 무용성을 강화하여 무대 위에 보여 준 이 작품은,
석을 오각형으로 배치, 무대를 원형에 가깝게 구성하였고 제의적 양식으
작품에 접근함으로써 시가 내포하고 있는 사상성을 전달하려고 애썼다.
그러나 춤은, 지나치게 무겁고 제의적으로 끌고 나가 조금 지루하였으며
러나, 춤의 언어로서 골격의 구축이 잘되었기 때문에 무리없이 진행된
품이었다.

너 혼자서만
불덩이를 불체찍으로 내리쳐서
어둠을 쫓는 것이 아니다.

336

19. 1989. 6 / 음악동아 / 이상일 / 한국창작무용의 폭발적 장세 확인 「누이여, 나의 누이여」 (춤의 세계와 드라마)

한국 창작무용의 폭발적 장세 확인시킨 공연
〈'89 한국무용제전 · 현대춤 작가 12인전〉

4월 28일부터 5월 4일까지 열린 '89 한국무용제전은 다섯 번째 맞는 한국무용연구회(이사장 김매자)의 춤잔치였고, 5월 5일부터 8일까지 한국현대춤협회(회장 김복희)가 마련한 '89 현대춤 작가 12인전은 이 협회의 세 번째 춤잔치이다

이런 민간 수준의 무용제는 많이 열릴수록 그만큼 우리 무용계의 숨은 힘을 과시한다는 점에서 환영할 일이지만, 한편 이 두 무용제에 선보인 작품이 스무 편이 넘는다는 점에서 춤을 보는 처지로는 여간 바쁘지 않다. 그것도 하루 이틀에 걸쳐 끝나버리는 공연이고 보면 여간 부지런하지 않은 경우 놓치는 공연도 많아진다.

'한국무용제전'에 출품된 10편의 공연작품 가운데서 그렇게 놓친 것이 국수호 무용단의 〈형상의 불〉과 'ㄹ'무용단의 〈길〉이다. 그러나 '한국무용제전'은 한국무용 위주의 창작무용이기 때문에 작품 계열이 비슷하여 물렀다면 일부러 관무를 기피할 수라도 있지만 '현대춤 작가 12인전'처럼 한국무용, 현대무용, 발레 등 12개 작품이 안배되어 있을 때는 완전히 한 장르를 놓치게 된다.

두 무용제에 선보인 스물 두 작품 가운데서 '한국무용제전'에 나온 미국과 일본의 두 작품은 별 의미가 없어 보이고 두 무용제에 동시 출품된 임학선 무용단의 〈민들레 왕국〉은 하나로 봐야 하니까 결국은 19개 작품이 창작 발표된 셈인데, 그 가운데 12개 작품이 한국 창작무용이라는 사실은 그만큼 한국무용의 창작의욕이 거세게 일고 있다는 것을 뜻한다.

2 2부 춤평론과 공연 리뷰–한국 춤체무용에 대한 예감

'한국무용제전'에서는 좋은 의미에서나 나쁜 의미에서나 최은희
의 〈누이여, 나의 누이여!〉와 임학선 무용단의 〈민들레 왕국〉이 화제
만하다. 〈누이여, 나의 누이여!〉는 전통무용의 현대화에 진력해 온
의 안무 경향으로 봐서 예기치 못했던 변모를 보였다. 우선 주제
근친상간의 뉘앙스를 풍기는데, 그것은 어쩌면 매춘 행위에서
일어날 수도 있는 위험한 만남일 수도 있다. 매춘하는 여인들이
리의 누이들이라는 아픈 인식을 춤 행위로 끌어안는 과정에서,
전통 춤사위로서는 담을 수 없는 참담한 현실을 안무가 어떻게
고 했는가를 보여주는 하나의 실험무대이기에, 우리는 최은희의
눈여겨봐야 할 것이다.
누이와 매춘. 누이일 수도 있는 거리의 여인은 함께 타락하는
성들에 대한 복수를 다짐할 수 있다. 그러므로 그 춤은 절망일 수
. 당연히 아름답지 않고 춤 자체도 천한 것이며 의상 또한 전혀
지 않고 야한 것이다.
한국 창작무용으로서는 드물게 유행가 가락마저 튀어나오는 〈
의 누이여!〉에서는 '한국무용'의 테두리를 벗어나 '현대무용 스
깝게 춤을 추기 때문에 우리는 이 작품에서 전통 한국무용과 현
창작공연으로서 갖는 차이점을 구별할 수가 없다. 문제는 그것이
술일 때 정서의 고양을 돕는 아름다움과 추함 또는 예술세계와
의 양면을 어떻게 구분하느냐 하는 것이다. 아름다움이 없는
실 반영을 우리는 (민중문화운동의 한 특성으로서) 질릴 만큼
다.
최은희의 양식미와 세련미, 그리고 높은 기량을 가지고 어설픈
을 만들어내었다는 사실을 나는 의아하게 여긴다. 그것은 의식이
가면서 기량이 뒤따르지 못하는 비전문가 그룹이 늘 빠져드는
모를 리 없는데, 그가 왜 그 정도의 미숙한 작품을 내놓았는가는
자신이 어쩌면 모색의 과도기를 지나고 있다는 사실과 연관될지도

18. 1989. 4. 25 / 국제신문 / 강이문 / 「파문」 「매듭풀이」 「누이여 나의 누이여」

姜理文(국제신문. 89. 4. 25)
(評論)

언제나 지칠줄 모르는 정염의 소유자 최은희의 춤 공연 (21, 22일 경성대 콘서트홀)에는 구작 2편과 신작인 누이여 나의 누이여)를 선보였다. 이것을 전통있는 지방지인 국제신문이 주최한 것은 그 선정대상에 걸맞는 대우인 동시에 지방자치적 문화창달을 위한 매스컴의 주체적 의식의 발현으로 고무적인 일이다.

최은희씨는 82년부터 무용작가로 출범한 이래 누구보다도 안정된 상승세를 타고 있는 신진기예한 무용가이며 개성있는 무용가로 각광을 받고있다. 이러한 최씨의 작품 저변에는 언제나 민족 시대 환경이라는 보이지않는 전통적 의식이 깔려 있고 그것이 또한 작품창작의 기반요소로 작용하고 있다.

따라서 그녀는 단순한 감정의 유희를 넘어 자신의 체험형식이 복잡하고 포괄적이며 다양한 감정적 사상적 체험에 의한 창작을 지향하는 이른바 몰개인적 작가로서의 일관된 작품경향을 보이고 있다.

그리고 그녀의작품 중심에는 항상 아르카익한 주술성과 신비성이 자리하고 있으며 따라서 그녀가 구사하는 무용언어도 표현의 자유로움을 얻기위해 전통적 정형성을 해체하고 원초적 무용언어에서의 출발을 시도하고 있는 것이다. 또한 그녀는 무용공간의 환상성이 가지는 정신정화적 기능을 최대한 창작영역에 활용하고 있다.

한편 그녀는 인간의 한정된 감각적 충동만으로는 이룰 수 없는 것을 우주적 창조력에 기대는 하나의 소재로서 자신을 맡김으로써 의도한 것보다 더 많은 것을 얻을수 있다는 믿음에서 언제나 자기작품 속에 스스로를 영적사제로 임하기를 바라며 그것이 또한 최은희예술을 특징지우고 있다.

(파문) 1장에서는 물과 물방울의 요정들이 서로 어울리는 발랄하고 탄력있는 움직임의 문양을 이루었고 2장에서는 격앙하는 흐름의 소용돌이를, 3장에서는 근엄한 수신 (水神) 들에 의한 생명의 찬가를 그리고 그속에 겨레의 유구한 역사의 흐름과 끈질긴 생명력을 상징적으로 담으면서 회화적이며 시적인 분위기로 영롱함을 보였다.

(매듭풀이) 는 너무나도 차갑고 구성적인 권력의 그늘에 짓밟혀 뒹구는 군상이 애잔함과 그것을 외면하고 설치는 얽키고 설킨 망상의 매듭들을 유혈이 낭자하고록 헤쳐나가려는 작가의 염원이 처절하게 투영되면서 오뇌의 몸부림이 흥건히 괸 어둠의 심연 (深淵) 을 감동적으로 펼쳐주었다.

(누이여 나의 누이여) 는 부산이라는 지역적 색조를 띠면서 시사성을 부각시키고 그 안에서 작가의 분노를 지긋이 안으로 삼키며 인간적 체온으로 비정을 소망으로 승화시킨 작품이 참삶의 사각지대, 무분별하게 흘러드는 외래문물의 소용돌이에 편승한 향락 산업이라는 거치른 발톱에 할퀴우고 찢기면서 어쩔수 없이 생존을 위한 노예로 전락하는 나와 너의 누나인 뭇여인들의 쓰라린 사연을 그리면서도 거기에 존건한 꿈을 심으려는 것이 이작품의 초점이다.

서두의 사실적인 풍경과 이것을 정리하는 한여인 (최은희) 의 독백 그리고 모두가 하나로 된 우렁찬 발구름소리로 엮어진 이 작품에서 최씨의 신음은 심오한 내재율로 꽃 피면서 발구름 소리와 더불어 맥박치는 생명의 고동으로 길게 메아리쳤다.

20. 1989. 6 / 춤 / 강이문 / 지방춤 지원에 대한 영단있어야 / 「파문」 「매듭풀이」 「누이여 나의 누이여」

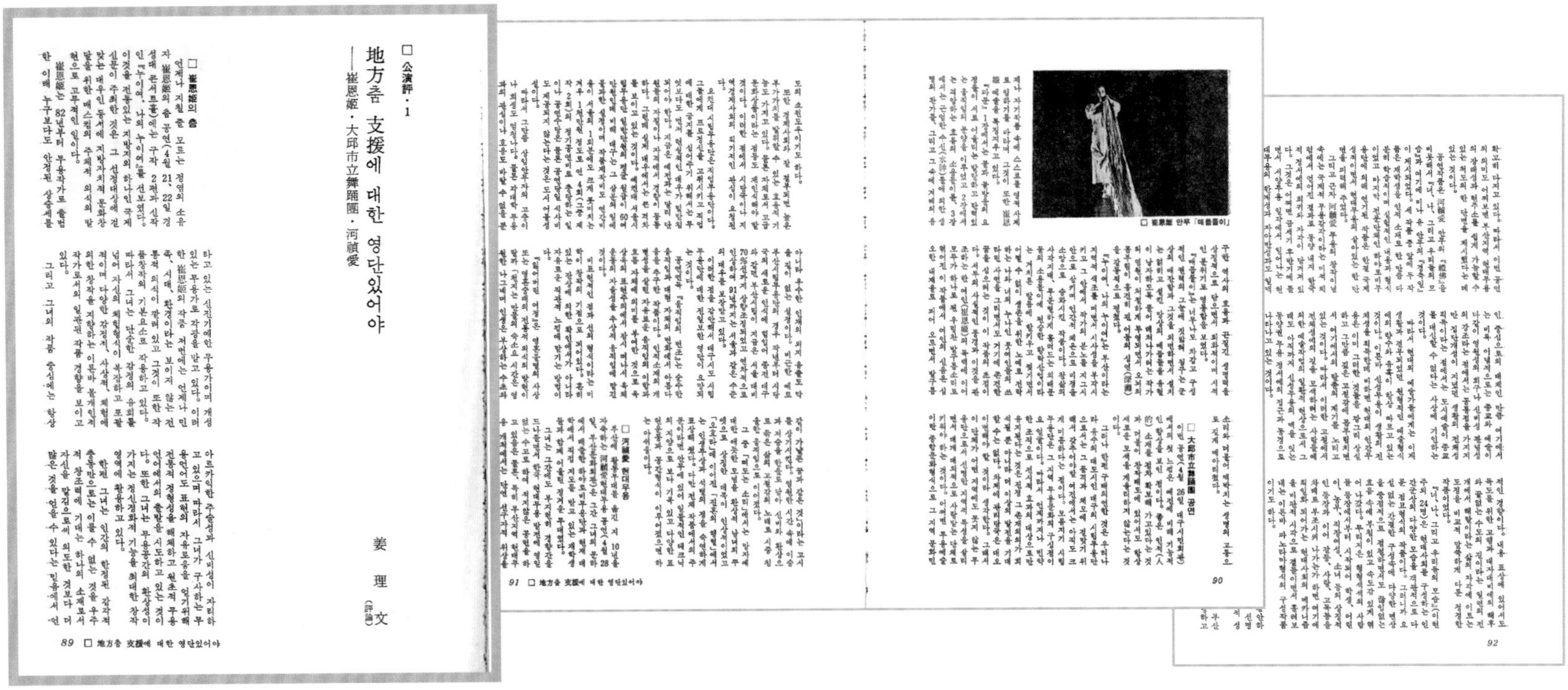

公演評·1
地方춤 支援에 대한 영단있어야
— 崔恩姬·大邱市立舞踊團·河頭愛
姜理文

21. 1989. 6. / 춤 / 김태원 / 「누이여 나의 누이여」

金泰源(춤 89. 6)
(評論)

崔恩희 안무의 『누이여, 나의 누이여』는 풍자적 느슨함과 서술성을 갖추려 했던 작품이었다. 이것은 해외인 (특히 일본인)을 상대로 윤락행위를 할수 밖에 없는 오늘의 한국여인의 삶을 안무자가 별 거짓없이 솔직히 재현해 보이려 했기 때문이다.

따라서 안무자는 「돌아와요, 부산항」과 같은 대중가요의 곡도 공연에 삽입했고, 경성대 무용과 졸업생중 일부를 누이들로, 또 일부를 그들과 놀고 유린하는 일본인으로 역할하게 만들었다. 또 崔恩姬 자신은 그런 현실로부터 유린당함이 없는, 즉 한국여인의 한 원형상을 고요한 춤짓과 걸음걸이로 표현하려했다.

성동헌을 비롯한 사내들이 발로 바닥을 때리며 큰 보폭으로 무대를 누빔, 누이들의 유혹의 몸짓, 그들의 춤, 그들 사이에서 고요하되 인고 (忍苦)속에 놓일 수 밖에 없는 한국여인의 상 (像). 「돌아와요, 부산항」과 같은 곡이 좀더 길게 반복되고, 댄서들의 움직임이 더 과장되었더라면하는 아쉬움은 남았다. 그리고 원형적 한국여인의 상도 더 풍부한 표정과 움직임을 보여줄 수 있었을 것이다.

그러나 우리의 창작춤이 훌륭하게 사회풍자적, 나아가서 비판적 기능을 가질 수 있다는 것을 『누이여, 나의 누이여』는 흥미롭게 예시해 주었다.

22. 1991. 6 / 춤 / 김태원 / **제7회 한국무용제전**
「어두운 날들의 바람 그치고」

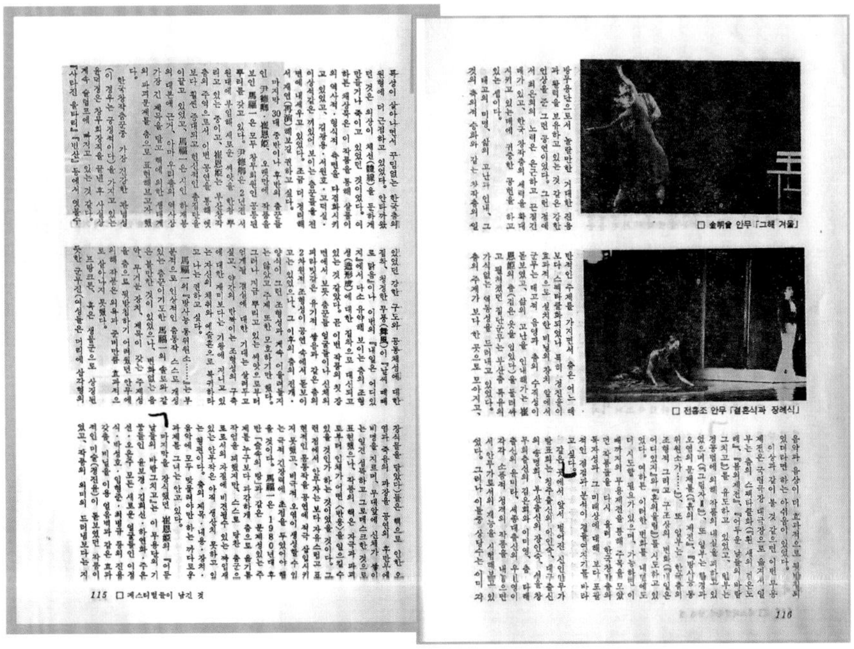

23. 1991. 6 / 춤 / 강이문 / 삶의 실체를 춤으로 승화 「무아」 「어두운 날들의 바람 그치고」

최은희의 춤

최은희의 춤(6월 8일, 부산문화회관)에는 가식이 없다. 삶의 실체를 통해 미적 당위를 추구하는 진지한 욕구로 충만해 있다.

지상적 인간의 지혜 탐구가 철학이요 인생에 있어서의 지혜를 사랑하고 구하는 사람을 철인이라고 한다면 최은희는 어쩌면 철인적 기질의 무용가일런지도 모른다. 지금 그녀는 인식과 생명적 몸짓을 통해 진실유(實體)를 찾으려는 무용예술에 몰두하고 있는 듯하다.

그래서인지 최은희의 춤은 언제나 어둠 속의 밝음, 즉 냉냉한 속의 정념을 지향하고 있다.

그러나 예술 창조의 기반적 요소는 미의식이며, 미의식의 특색은 무의지성과 몰개념성에 있다. 따라서 미의식에는 지성적인 것보다는 감성적인 것이 의지적인 것보다는 정감적인 것이 그 주축적 계기가 되는 것이며 아울러 예술은 개인적 삶의 인식의 일방적 표출이 아니라 표현과 전달이라는 양면성을 지니는 것이므로 이러한 점에서 볼때 최은희 무용작업에는 이성적 독단이 두드러짐과 관념성은 전달에 무리가 없지도 않다.

이런 춤판은 민족무용의 계승과 순수창작이라는 두개의 상반된 면모를 보여 주었다.

일찍이 70년대 후반에서부터 불기 시작한 전통의 현대화라는 명분아래 번성했던 창작춤이 80년대 후반에 들어서부터는 이미 그 명분을 잃은지 오래다. 그런가 하면 전통의 현대적 계승도 그 방법론에 있어서 답부상태에 있는 것도 현실이다.

모름지기 집단개성을 근저로하는 정형적 전통춤의 아름다움은 전적으로 독특한 것이다. 그리고 그 아름다움은 그 무용이 속하는 문화권 밖의 사람들에게는 그 진정한 아름다움에 몰입할 수 없는 것이 정상이다.

대체로 민족춤은 그 독특한 몸짓이나 흉내가 표현매체의 주체로 되어있으나 이것은 그들 언어나 감정을 대신하는 상징으로 되어있으므로 이러한 상징은 상호 공감에서만이 그 의미를 지니며 가치를 얻게되는 것이다. 따라서 민족춤은 불가피하게 지역적 민족적 방법론적 제약을 면할 수 없는 일이다. 여기에 반해 창작춤은 전적으로 작가 개인의 개성에 바탕을 두는 것이므로 그 표현적 방법론에는 제약이 없다. 따라서 이 양자를 같은 유형에 놓고 그 가치를 판단한다는 것은 어리석은 일이다.

그러므로 민족무용의 계승은 집단적 개성에 철저해야 하며 이른바 창작춤은 어디까지나 오늘의 무용으로서 국제성적 상징에 충실해야 하는 것이다. 그러면서 서로가 영향을 미치면서 상호 발전을 기할 때 여기에 여기서 비로서 제각기 뚜렷한 민족적 성격의 창조행위가 가능해 질 수 있을 것이다.

1부 「무아(無我)」는 지난 한성준이 민족춤의 기법들을 두루 모아 시대감각에 맞게 방안춤으로 재구성한 것처럼 최은희도 궁중정재에 기반을 두고 상대적 모방이나 맹목적 재현을 벗어나 시대감각적으로 재구성했다. 궁중의식과 정재 반주에 사용했던 악곡인 보허자와 음악의 악절에 따라 부른 수악절창사에 맞춰 춤은 중앙 안쪽 높이 설치된 붉은 단위에 지체 높은 여인의 춤을 중심으로 그 양옆과 앞에 배치된 궁녀들의 정재기법에 의한 대형변화로 장중한 움직임과 태를 살려 고아한 분위기로 태평성대를 구가함으로써 옛구중궁궐의 위엄을 시대감각적으로 재현해줬다.

2부 「어두운 날들의 바람 그치고」는 작가의 삶은 그가 밟고 숨쉬는 땅과 겨레의 역사와 명운의 한 편린이라는 공동운명체적 자각에서 고난으로 점철된 어두운 날에도 인종과 사랑과 용서로서 거듭 태어나면서 영원을 사는 민족의 얼룩진 영욕을 자연귀의의 섭리로 수용하면서 밝은 미래로 승화시키려는 애절한 염원이 담긴 작품이다. 작품구성은 주로 일인칭 복수로 주로 나를 구심점으로 하여 군무를 사용하되 관념변이 표상매체로 다루는 방법이었다. 이 작품에서 최은희 시종 강인한 열정으로 작품을 힘차게 이끌어 갔다.

삶의 실체를 춤으로 昇華
—崔恩姬·부산시립무용단
姜理文(評論)
91.6. 춤지
□ 崔恩姬 안무「무아」
□ 洪敬姬 안무「짜라투스트라는 이렇게 말했다」
97 □ 삶의 실체를 춤으로 昇華

24. 1992. 7 / 춤 / 김태원 / 「전통춤 5인전」과 낯선 방식으로의 춤 체험

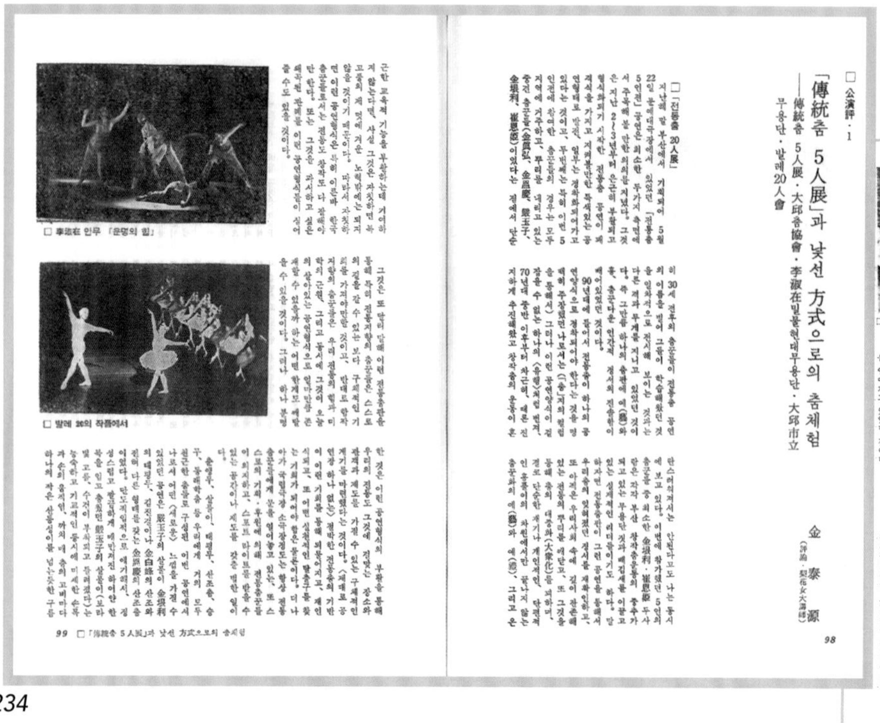
□ 公演評·1
「傳統춤 5人展」과 낯선 方式으로의 춤체험
—傳統춤 5人展·大邱舞協會·李淑在발레단·大邱市立무용단·발레20人會
金泰源(評論·啓明大교수)
□ 李淑在 안무「운명의 힘」
□ 발레 20인의 작품에서
99 □「傳統춤 5人展」과 낯선 方式으로의 춤체험
98

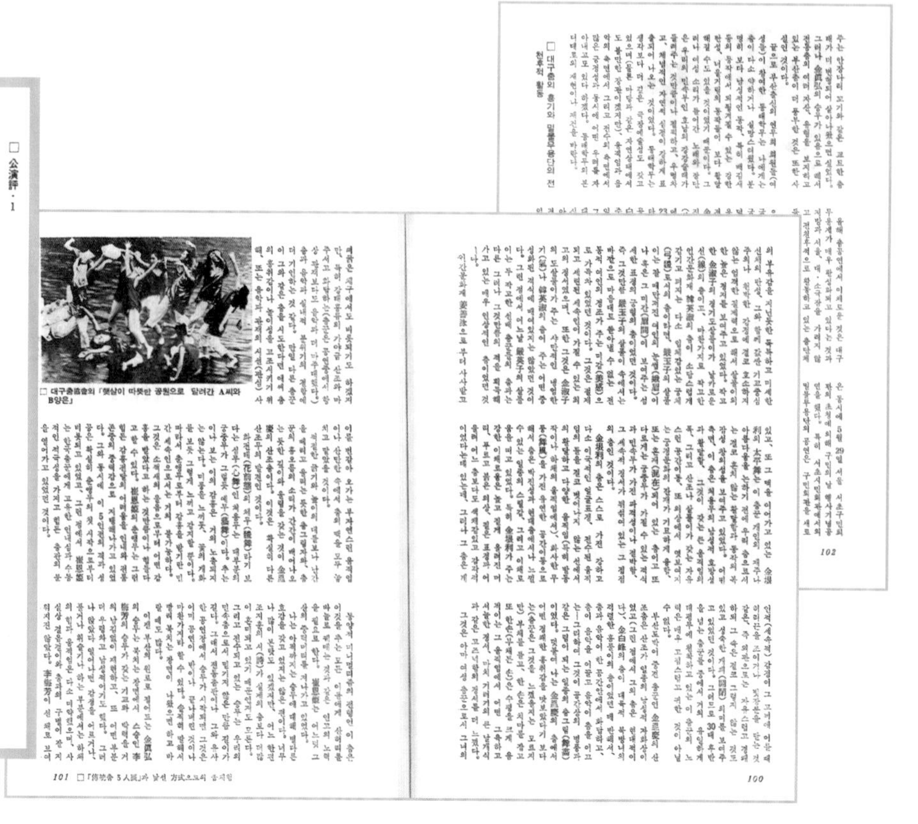
□ 대구춤협회의 「햇살이 따뜻한 공원으로 달려간 A씨와 B양은」
101 □「傳統춤 5人展」과 낯선 方式으로의 춤체험
100
102

25. 1993. 8호 / 문화통신 / 이지훈 / 최은희와 춤패배김새 공연을 보고
「어두운 날들의 바람 그치고」

무용평
본지가 지원한 배김새 창원공연
최은희와 춤패 〈배김새〉 공연을 보고
이지훈
204
205

최은희 · 춤패 배김새 지방순회공연
CHOI EUN HEE CHOOM PAE BAE KIM SAE DANCE COMPANY PERFORMANCE
206
207

일종의 정반합 구조로 그린 우리 민족의 역사

검은 옷으로 몸을 감은 최은희는 마치 그리스 비극의 엘렉트라 같기도 하고 그리스 신전 의 제단에서 선 여사제같기도 하다. 그의 냉엄한 얼굴과 자태에서는 차라리 중성적 아름다움이 내비친다. 그것은 어떤 초월적인 정신과 잇닿아 있는 사제의 얼굴이거나, 사무친 어떤 것(정념, 끼, 한)이 싸늘하게 가라앉아 있는 얼굴이다. 그의 춤은 그래서 육체를 통해 빚어지고 있지만 어느덧 육체 는 사라지고 춤 그것만이 남는다.

그의 유연한 움직임에서 가장 눈길을 끄는 것은 팔과 손의 선이다. 긴 팔이 표현하는 긴장과 이완은 길고 부드러운 손가락으로 흘러 내려 단순하면서도 풍부한, 역동적이고 고아한 움직임을 만들어낸다. 이 흐르는 팔의 선은 빈무대를 충만하게 채우고, 특히 그의 손은 보는 이들을 거역할 수 없는 강한 흡인력과 표정으로 사로 잡는다.

최은희의 춤은 남다르다. 흔히 보는 화사한 율동도 아니요, 알수 없는 것을 담은 요란한 포장도 아니다. 그의 춤의 뿌리는 우리 민족적 전통에 강하게 박혀 있으며 그의 춤 행위는 푸른 잎사귀들처럼 이 시대의 공기를 호흡하고 이 시대의 하늘로 열려 있다. 그가 피우려는 꽃은 지금 현재 살아 꿈틀거리는 우리의 아픔이고 상처이고 분노 슬픔일 것이다. 그래서 〈 배김새 〉는 도시의 공해로 죽어가는 새들을 그리며 「도시의 새」, 정신대라는 민족의 아린 상처를 드러내고 「아리랑 진혼곡」, 대립과 갈등 구조를 우리의 역사와 시대 구조로 파악한다 「어두운 날들의 바람 그 치고」. 이 춤들은 아직 조그만 꽃망울이지만 그 여린 봉우리 들에는 최은희 특유의 춤과 색깔이 선명히 나타나 있다.

6월 16일 밤 창원 KBS홀에서 열렸던 최은희와 춤패 「배김새 」의 무대는 두 가지 점에서 신선한 자극을 던졌다. 먼저 춤의 사회성이다. 춤이 인간 정서를 표현한다는 일차적 성격을 넘어 사회를 반영하고 비판하는 역할과 기능을 한다는 뚜렷한 주제 의식을 그들의 춤은 보여 주었다. 모든 예술이 사회를 비추는 거울이듯이, 춤도 복잡한 우리 민족의 현대사를 그 속으로 끌어안아들임이 타당하다. 우리 춤의 원형이 보존되어야 하는 한편으로, 고전이라는 틀에 박제화되어 있는 우리 춤을 삶의 광장으로 끌어내어, 생명의 피가 돌게 하는 것도 분명 오늘날 춤의 할 일이다. 그런 의미에서 부산에서 온 이들의 춤판은 지역의 춤꾼들에게는 하나의 도전이 되었다.

또 한 가지는 남자 무용수다. 이 날 밤의 무대는 남자 무용수가 있어 더욱 이채로왔다. 춤이 인간 공통의 표현이라는 너무나 당연한 명제임에도 불구하고 도내에서는 남자 무용수를 보기가 쉽지 않고 유일한 창원시립무용단에서도 남자 단원이 없는 실정임을 생각할 때, 남자무용수들이 표출해내는 다이나믹한 힘은 귀한 볼거리였다. 남성의 직선과 무게, 힘이, 여성의 곡선과 부드러움, 섬세함과 어우러질 때 주제도 잘 표출되고 시각적으로도 나은 조화를 꾀할수 있음은 자명한 사실이다.

『어두운 날들의 바람 그치고』(장정임 대본)는 이 세상 구조를 대립 갈등, 그리고 극복 및 화합이라는, 일종의 정반합(正反合) 구조로 그린 작품이다. 이 주제적 구조는 외세와의 관계에서 본 민족의 역사로 확대될 수 있고, 나아가서는 남북의 분단 대립과 통일의 비전까지를 제시한다.

최은희는 이 주제를 위해 무대를 이분한다. 그것은 때로 한 사람과 군집된 사람으로 나뉘거나, 기존에 존재하는 부드러운 유약한 세력과 새로 등장한 강한 세력으로 대치되기도 하고, 남과 여로 분리되기도하며, 또 한 무리가 두 쪽으로 쪼개지기도 한다. 무대 공간은 자주 대각선으로 길게 잘라지며 주제를 뚜렷이 나타낸다. 백색과 검은 색으로 처리된 의상과 남성 무용수들이 입은 군국주의적 의상도 주제를 보다 효과적으로 전달하기 위한 것이다. 이 모든 대립적 양상들이 폭발의 지점에 이르면서 이 정점에 최은희의 독무가 준비된다. 그는 한 몸에 대립적 구조를 싣고(흑백으로 나뉜 의상으로 표현되는데)그것을 춤으로 풀어 낸다. 그의 양 팔은 온 세상의 고통을 보듬어 감당해 내기도 하고 실존의 아픔을 하늘로 뿌려 던지기도 한다. 그런데 춤사위와는 달리 그의 얼굴은 부조처럼 더욱 냉엄하기만 하다. 그의 의식은 오히려 자신이 춤을 추고 있다는 사실을 관조하며 육체를 떠나 있는 듯이 보인다. 그래서 그의 춤은 폭발적인 신명이 뿜어져 나오는 것이라기보다 고고한 기품을 지니고 엄숙미를 느끼게 한다. 이 솔로는 마지막 장의 군무에 자리를 내어 주며 무대는 최후로 충돌되었다가 서서히 화해와 어울림의 자리로 바뀌어 간다. 의상은 모두 황토색으로 통일되고 분리되었던 무대 공간이나 동작선도 이제 하나로 모아지고 그 가운데로 다시 검은 옷의 최은희는 마치 이 화합을 예시하고 있었다는 듯이, 하늘과 인간의 중간자쯤 되는 모습으로 등장하는데 그 하나됨을 더욱 아름답고 빛나게 한다. 『어두운 날들의 바람 그치고』는 주제(대본)와 안무가 걸맞는 수준작이었다. 물론 순회공연이라는 조건 탓으로 매끄럽지 못한 진행(조명, 음악, 장면의 접속)이 춤의 흐름에 방해가 되긴 하였으나 무용수들의 대체적으로 고른 기량이 이를 보충해 주고 있어서 그리 큰 흠은 아니었다. 충주, 창원, 울산에서 펼쳐지는이번 순회 공연은 다른 지역의 춤을 별로 접할 기회가 없는 우리 고장에 의식 있는 좋은 춤으로 받아들여지면서 아울러 춤을 통해 얻는 즐거움과 이해를 높여준 드문 춤판이었다.

26. 1993. 5-6 / 무용예술 / 김영태 / 춤 작가 12인전 네 작품 「백방」

28. 1995. 12 / 춤 / 김경애 / 춤패배김새 창단 10주년 기념공연 「매듭풀이」

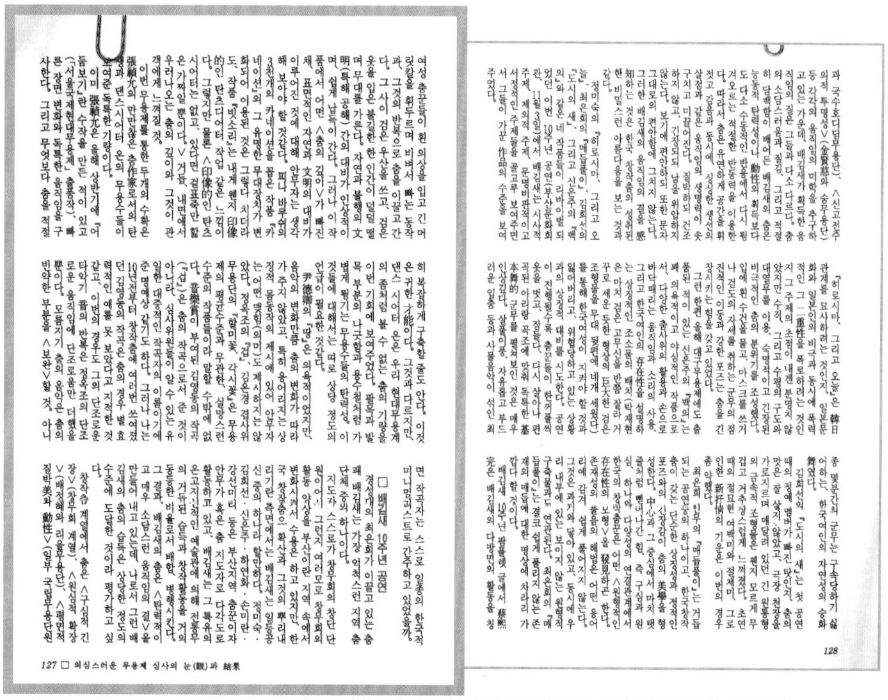

27. 1994. 5-6 / 무용예술 / 김열규 / 이승이 아닌듯한 유현한 기운 최은희의 춤 – 신비주의의 감도는 귀기 「여인 등신불」 「새움」 「물맞이」

지난 3월 24일, 부산문화회관 대강당에서 「최은희의 춤」, 특히 『여인등신불』과 『새움』을 보고 있는 동안 내내 「귀기」(鬼氣)를 느끼고 있었다. 섬듯섬듯한, 몸서리처지는 귀기가 온 무대를 서리감고 있었다면 말이 지나친 것일까?

그것은 사람이 춤추고 있는 것 같지 않았다. 귀신이라기 보다는 귀신기운 같은 것, 이를테면 비밀스럽고 신비로운, 이승의 것이 아닌 듯한 유현(幽玄)한 기운 그 자체가 춤사위를 펼치고 있었다. 우리들 시야가 닿지 않을, 영원히 닿지 못할 저 너머 피안의 기적만이 공연장안에 서리고 있었다.

『여인등신불』은 에로스와 생명이 우주의 극한에서야 비로스 꿈꿀 영상을 투사하고 있었다. 꿈꾸는 사람 자신의 안을 향해서 그윽하게 열린 눈동자를 통해서 관객들은 극비여야 할 에로스와 생명의 원초를 들여다보고 있었다. 남들로 하여금 무용수 자신의 꿈안을 들여다 보게 할 눈동자의 렌즈로서 최은희씨는 춤추고 있었다.

그 장면들은 생명의 골짜기가 아니고 죽음의 골짜기라고 해도 아무도 이의를 제기할 것 같지 않았다. 죽음의 탄생과 대비시켜도 하등 손색이 없을 생명의 잉태가 어느경지에서 어떻게 가능한가를 더듬는 촉수로서, 아니 촉신(觸身)으로서 최은희씨는 몸놀림하고 있었다.

공수(무당의 신탁)처럼 주어질 생명의 잉태, 현실의 끝장에서 열릴 신비의 계시로서만 비로소 가능할 목숨의 움을 누군지가 보고 싶었다면 바로 이 『등신불』 무대 앞에 앉아야 했을 것이다. 진작부터 있어왔던 최은희 신비주의가 이에서 절정에 서게 된 것이라고 해도 지나침이 없으리라. 이 밤 공연의 귀기의 일부는 적어도 이에서 발산되는 것이었다. 그러기에 필자는 이 대목에서 이승과 저승 사이를 바람처럼 넘나들고 있을 올포이스이 꿈, 그러면서 삶과 죽음을 가름없이 창조의 기틀로 삼고 있을 올포이스의 꿈을 그려보았다. 최은희씨가 동혈(洞血) 안과 밖을 넘나들고 있을때, 필자는 피치못하게 올포이스의 이승과 저승 사이의 귀거래를 연상했다. 그리고 더불어서 저 우리들 무속신화의 주인공, 바리데기의 모습을 떠올리고 있었다. 살아 생전에 이승과 저승을 자유로이 넘나든 유일한 존재인 그녀를. . .

그녀는 놀랍게도 저승에서 이승으로, 죽음의 누리에서 이승으로, 생명을 건져온, 생명의 움을 캐온 존재가 아니던가. . .

그런가 하면 『새움』은 또다른 귀기를 감겨진 우리들 눈동자 안쪽에다 대고 펼쳐 보였다. 그것은 외로움이 아닌, 다만 절대자아의 충족일 혼자있음의 서정에 받혀진 춤판이었다. 그 때 필자는 시종 이 춤판을 응시하면서도 '혼자 있음이 고독이 아니고 혼자 있음에 견디지 못하는 병이 고독"이란 경귀 비슷한 말을 연상하고 있었다.

그것은 실로 언제일까? 저 하늘의 뭇 별이 죄 이스러지고 난 절대의 무와 암흑의 대우주의 밤에 오직 혼자서 돋아난 별 빛 하나가, 인류의 온 세기가 그들 말로써는 차마 다 하지 못한 서정이며 그 「말 없을 노래」를 연출할 그 때는 언제일까? 『새움』은 이 물음에 대답하려 들고 있는 것처럼 보였다.

침묵이 영글린, 말없음이 익힌, 몸짓 없음이 가능하게 한 최종적인 상형(象形)문자와도 같은 춤사위라서 굳이 『새움』이라고한것일까? 진실로예술에서 부활할 것은 그리하여 새움이라고 이름지어져 마땅한 것은 침묵과 어둠에서 비로소 돋아난다는 것을 무용 『새움』은 보여주고 있었다.

태초 아무도, 무엇 하나 태어나지 못한 원시적 공간에 오직 혼자서 존재하게된 목숨 하나가 다만 자신만을 위해서 생명의 움을 묵시하고 있던 그 광경을 최은희씨는 어느 순간에 힐끗 넘겨다 본것일까? 「최은희 신비주의」는 여기서 또다른 대단원에 다다르고 더불어서 귀기를 안개처럼 피워 올리고있었다.

달은 우주 중력의 밤의 중심이다. 그것은 파도와 물살의 흔들림 한 올에도 힘을 끼친다. 팽팽히 바다의 가슴이 부푼 대보름 한 밤, 달이 바다의 그윽한 열정에 불심지를 댕기는 것을 본 사람이 있을까 ? 이 해월(海月)의 교감을 구현한 춤사위에서 드디어 최은희 예술은 그 신비주의를 우주화한다. 달빛에 흘리는 파도, 그리고 파도에 흘리는 달이 서로 밀고 끌면 그 선율은 언제 어느 무용수의 운명이 미리 내다 본 것일까? 그리하여 귀기의 춤이 있기를 미리 내다본 것 일까?

결국 이 번 춤판에서 최은희씨는 혼자 있음과 우주의 광막을 같은 저울로 가늠하려고 든 것이다. 그 들이 어느 알 수 없는 한알의 씨앗에서 움튼 쌍둥이임을 눈짓하는 춤, 그래서 귀기는 더한층 짙게 서렸는지도 모를 일이다. (*)

29. 1996. 봄,여름 / 무용한국 / 이상일 / 오늘춤꾼 내일의 춤꾼 「영혼의 번제」

오늘의 춤꾼, 내일의 춤꾼 —극적 드라마의 유념
〈영혼의 번제〉, 〈나의 댄스〉, 〈잿빛 비망록〉,
그리고 이연수의 〈怒〉

내 무용 리뷰는 당연히 나의 내부 세계로 다가왔던 무용공연에 대한 나의 반응을 담는다. 나는 그 반응의 근거를 찾는다. 만약 근거가 없으면 나의 리뷰도 한낱 말장난, 아니면 '주례사'로 끝나게 될 것이다.

내가 내세우는 근거는 나의 오랜 경륜에서 굳어진 드라마, 곧 극적 리뷰 방식이다. 극적인 고양(高揚)이 없는 예술은 내 관심 밖에 있다. 연극은 말할 것도 없고 음악에도, 미술에도 극적인 긴장이 없으면 나는 외면한다. 그것은 무용예술에서 더 두드러진다. 무용공연에서 나는 가장 극적인 감명을 받는다. 그런데 예상 밖으로 무용예술가들은 자기 작품에서 빛나는 불꽃처럼 타오르는 한 순간의 드라마에 대하여 날카로운 의식을 펼치지 못한다.

시에서 한 구절이 드라마가 되어 우리의 의식을 지배하게 되면 그 시 자체가 불후의 것이 되듯이 무용공연에서 남는 것은 한 순간의 이미지이다. 그 형상(形象)들의 집합체가 더할 나위 없는 드라마가 될 때 우리는 너무나 좋은 작품을 만난 기쁨으로 나직하게나마 앓는 소리를 내지 않을 수 없다. 시적 이미지가 이어지듯 극적인 감동이 이어질 때 무용예술은 커다란 충격으로 우리의 세속적인 감성을 뒤흔든다. 그 충격을 풀어내는 작업이 나의 무용 리뷰이다.

포스트극장의 기획공연인 〈오늘의 춤꾼, 내일의 춤꾼〉(2월 23일~3월 22일)

무대에서 최은희의 〈영혼의 번제(燔祭)〉와 김은희의 〈나의 댄스〉를 보았다. 드러나지 않는 드라마, 잠재한 채 솟구치는 극적 긴장이 한국무용에 배어 있다. 한국 창작무용을 지나치게 극적으로 풀면 어수선한 것이, 마치 민속극을 대극장 무대에 올려놓은 것처럼 품위 없는 너스레가 등장하여 우리의 얼을 빼놓는다. 그런 것은 예술 행위가 아니다. 그렇다고 한국무용에서 드라마를 빼버림으로써 관념적인 내용에 추상적인 춤사위가 덧붙어 생경해지면 차라리 무당 굿판 같은 너스레라도 있었으면 한다. 최은희는 민속무용의 활기에서 벗어나 있다. 고전적인 전통무용의 전반을 배운 그는 〈영혼의 번제〉에서 주제가 있는 제의를 절제된 창작무용으로 풀어낸다.

김은희의 〈나의 댄스〉는 달과 해의 정기를 몸으로 휘감고 푸는 춤으로 꾸며졌다. 달과 해의 형상 자체가 드라마틱하다. 그러나 그는 아직, 아니면 바야흐로 '존재의 관념' 세계로 빠져들고 일본 부토 무용 같은 검은 절제 속에 자기의 드라마를 숨기려 든다.

그런 절제된 드라마에 견주면 현대무용은 내재되어야 할 극적 긴장마저 밖으로 드러낸다. 박인숙의 〈지구 댄스 시어터〉(3월 15~16일, 예술의 전당 토월극장)는 관념적이고 추상적으로 처리하기 쉬운 무용적 테마를 매우 뚜렷하게 드라마화한다. 사회적 부조리를 다룬 시사무용이라는 말을 만들어낼 정도였던 〈잿빛 비망록〉 재공연은 5공 비리 청문회를 매개로 삼아 언론통합과 삼청교육대, 그리고 광주항쟁을 무용으로 재현한 것이다. 그 무거운 주제의 전개는 그야말로 드라마다웠고 오히려 무용인 까닭에 연극무대보다 훨씬 진한 아픔을 전달하면서 현실비판과 세태풍자를 아우른다. 장면이나 상황을 구성하는 방법이 연극적이기 때문에 메시지 또한 투명하다 할 것이다. 그런 시사성은 새로운 시대사조를 만나면 진부해지기 쉽다. 〈잿빛 비망록〉은 이제 박인숙의 안무만이 개척해 낼 수 있었던 현실 감각적 무용의 이정표가 되었다.

작품은 사회의식을 드러내는 알레고리를 지니고 있으며 2부에서 선보인 〈이삭 줍는 사람〉에서는 박인숙의 서정과 함께 이웃에게 베풀 수 없어

안타까워하는 사랑의 고뇌가 배어난다. 첫 장면에서는 밀레의 〈만종〉 그림을 보듯 서정과 평화가 엷은 사막(紗幕) 저 너머로 펼쳐진다. 선의(善意)가 분홍빛 색깔로 상징되고 가난과 고통은 남루한 옷차림의 무리가 된다. 선의는 가난과 고통에 동참하려 해도 거부된다. 선의가 소외됨으로써 그것이 고통이 된다.

시나 그림처럼 선의는 결코 낭만적으로 가난과 고통 속으로 섞여들 수가 없다. 박인숙은 거기에서 드라마를 발견하였다. 3인무를 통해 선의와 그 선의의 거부가 형상화할 때 거기에는 일종의 기(氣) 같은, 교류의 안개가 피어오른다. 그것은 〈잿빛 비망록〉에서 현대무용과 음악이 '광주항쟁'의 가슴 찢는 구음(口音)으로 조화를 이뤘던 내력과 비슷하다.

사랑의 시혜(施惠)를 베풀며 단순히 준다고 해도 선의는 그렇게 쉽게 먹혀들지 않고 그 가난한 마음은 닫혀 있기에 안무자가 얻게 되는 인식은 정당하다 할 것이다.

무용단 탐의 정기공연(호암아트홀, 3월 16일)에서 펼쳐진 오현옥의 작품 〈가스 챔버〉를 보면 인간이 얼마나 처참해지고 무관심해질 수 있는가를 실험당하는 고통을 맛볼 것이다. 그것은 나치스 시대의 지나간 이야기만이 아니다. 언제나 우리 주변에서 일어날 수 있는 위기상황에 대해서 어떤 비애와 허무감을 안고 안무자는 대답을 강요한다. 그만큼 드라마는 내재되어 있을 수밖에 없다.

그렇게 하여 무용공연의 드라마로서 내가 가장 감명을 받게 된 것은 이연수의 〈怒〉에서였다. 그것은 강렬한 충격이었다.

그의 노여움은 무엇에 대한 노여움인지 분명하지 않다. 그러나 그 노여움은 하늘이 인간 세상에 내리는 응징의 분노일 수도 있고 또는 인간 개개인이 겪는 하잘것없는 일상적 삶의 연속에서 비롯하는 분노일 수도 있다.

태양과 같은, 또는 태극원리 같은 그림을 배경으로 허공에 매달린 인간은 형벌을 받고 있다. 그 형벌이 신이 내린 형벌인지 스스로 자기의 죄에 대해 부과한 벌인지는 뚜렷하지 않다. 그러나 허공에 꿈틀거리는 고뇌는

하얀 천의 길다란 선(線)에 힘입어 충격적인 여운을 남긴다. 일상에 파묻혀 사는 부끄러움 속에 펼쳐지는 군무, 그리고 남녀가 어울리며 빚어내는 양극의 죄와 벌은 어쩌면 안무자의 나태에 대한 죄와 벌일 수도 있을 것이다. 아니면 그것은 일상생활의 연속에 대한 지겨움의 폭발인가.

춤꾼들은 스스로를 하늘의 분노를 달래는 제의의 희생 제물로 바친다. 따라서 공중에 매달린 인체는 하늘의 노여움을 달래는 인간의 가냘픈 호소일 뿐만 아니라 까닭 없이 제물로 바쳐진 인간의 운명에 대한 분노의 표현이기도 하다. 그것은 바로 우리의 관습, 지겨운 일상의 흐름에 대한 도발을 담고 있는 노여움이고 안무자 이연수의 깊은 우울이 폭발하듯 샘솟는 노여움이기도 하다. 그가 다스리는 무용수들의 변신 또한 넉넉히 드라마답다 할 것이다. 그들은 하나같이 매력적이었고 활기차고 신선한 조화를 이루어냈다. 무대장치 또한 드라마를 내재한 가운데, 주역들의 움직임으로 엷은 사막(紗幕) 너머를 감지하게 하고 중앙의 태극문양 같은 블랙홀에서 숱한 움직임들을 만들어낸다. 조명시설 또한 톡톡하게 노여움의 드라마를 채색한다.

무용의 드라마는 그렇게 감정과 정서를 통해 우리의 심금을 울린다. 이연수의 노여움은 해명될 수 없는 삶의 부조리에 대한 우리의 솟구치는 함성을 담고 있다. 아직 분명하게 밝혀질 수 없는 노여움의 정체를 몸으로 극화하는 이 작품에서는, 육체 언어의 서사화(敍事化)가 아닌, 충격으로 부딪혀 오는 감정의 흐름이 바로 이 젊은 안무자의 극적 모티브이다.

〈무용한국〉, 1996년 봄 · 여름호

30. 1996. 9 / 무용예술 / 한혜리 / '96 부산여름무용축제 「태양꽃」

무용공연 리뷰

특수한 경우에 열린 축제들

무용공연 리뷰

'96 부산 여름무용축제

31. 1997. 5-6 / 공연과 리뷰 11호 / 김태원 / 예술 춤의 중심과 주변 (창무회 20주년) 「태초의 공간에서」

리뷰

창무회 20년 기념공연과 주목할 만한 현대춤 신진들

김태원 / 총평론 · 동아대 교수

한국창작춤 20년의 의미

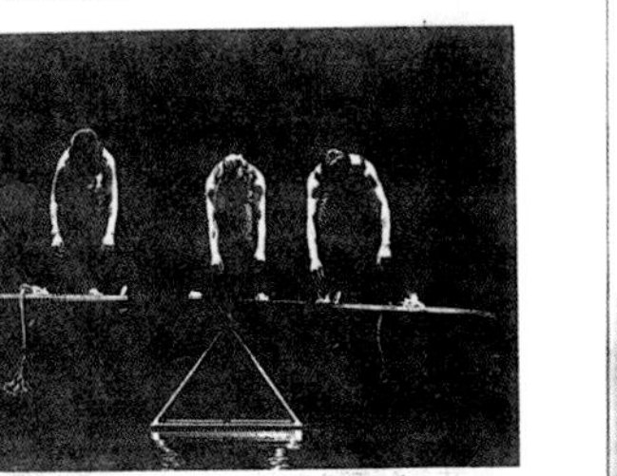

32. 1998. 7 / 몸 / 성기숙 / 전통과 접속된 한국창작춤의 역동성과 정체성 「하얀배」

특집 | 〈내일을 여는 춤〉을 중심으로 글/성기숙(무용평론가)

전통과 접속된 한국창작춤의 역동성과 정체성

'전통', 우리 예술춤의 영원한 화두

33. 1999. 11 / 몸 /최학림 / 최은희의 춤

99 최은희의 춤
10월 1일 오후 7시 30분 부산문화회관 대강당
최학림(부산일보 문화부 기자)

최은희의 춤
1999. 10. 1 부산 문화회관 대강당 〈네개의 바다〉

34. 1999. 11 / 춤 / 송기인 / 삶 곳곳 맺힌 것을 풀어내는 신명의 춤이 계속되길

애당초 가톨릭 교회의 사제인 제가 춤꾼에 대한 글을 쓴다는 것은 합당치가 않습니다. 우선 춤에 관해서는 전혀 문외한이며 또 몸을 주로 쓰는 분야이기에 어쩐지 사제와는 보이지 않은벽이 가로지르고 있다고 생각했기 때문입니다. 사제가 세속사 어떤 분야인들 관심갖지 않을 수가 있느냐며 면박을 줄지도 모를 일입니다. 주저함이 앞서는 것을 숨기지 못하겠습니다.

그러나 이렇게 외람되이 몇자 올림은 '사제와 춤꾼'의 관계를 떠나 제가 최은희씨와 그가 몸담은 '춤패 배김새'와의 각별한 인연에 연유한 바 큽니다. 그렇다고 최은희씨와 개인적인 친분이 두텁다기 보다는 일을 통하여 공유하고 더불어 협력하는 접점이 넓혀져왔던 터였고 앞으로도그 러할것이라는 예감이 앞서기 때문입니다.

'춤과 춤꾼은 원래 속세와는 다소 무관하여 일반인은 가까이 범접하기 힘든 세계'라는 편견을 여지없이 깨뜨려준 분이 바로 최은희씨와 춤패 배김새의 활동이었습니다. 이들의 공연을 처음 접하게 된 것도 화려한 실내공연장이기 보다는'마당판의 교주, 채희완과그 일당'들이 펼치는 각종 대동굿판이 그 계기가 되었습니다. 빛나는 조명불빛은 커녕 마치 시장바닥 같은 마당판에서 펼쳐보인 그네들의 투박하면서도 신명을 지펴올리는 춤판의 마력은 한마디로 저에게는 충격으로 와 닿았으며 평소 말로만 듣던 덧배기춤의 묵직한 아름다움도 눈여겨 볼 수 있었습니다.

성속일여(聖俗一如)' 란 말이 있습니다만 누구하나 제대로 알아주지도 않는 마당 굿판에 가녀린 여인네들이 겁 없이 추어보이는 마당춤 한 대목은 속세의 진흙탕 속에서 한잎 꽃을 받쳐 올리려는 구도자의 모습을 조심스레 비춰주기도 합니다. 최은희씨와 패거리들이 보여주는 소탈한 마음 씀씀이와 격의없이 어울리는 모습에서 오히려 자신에 대해서는 추상같이 엄격한 춤꾼들의 자세를 엿볼 수 있어 좋습니다.

'춤패 배김새'는 최은희씨가 중심에 서서 부산에서는 처음으로 85년 창단한 한국춤 동인단체라 듣고 있습니다. '춤의 고장 영남'이란 지역적 특색과 최은희씨를 떠올리면 절로 고개가 끄덕여집니다. 변변찮은 지원도 없이 10여 년의 세월을 줄기찬 활동으로 달려온 이력을 살펴보면 강한 신앙처럼 품고 온 춤을 향한 집념을 느끼게 합니다. 최은희씨는 79년부터 20여년간 10회의 개인 발표회와 각종 춤축전에 40여편의 창작품을 발표하여 지역문화계에 춤의 위상을 높이는데 헌신해 왔으며,'소극장 춤'을 활성화하는 열정도 아끼지 않고 있어 저 또한 뿌듯한 마음 금할 길 없습니다.

최은희씨의 춤은'주술적 신빙성을 저변에 두고 맺힌 것을 풀어내는 춤이되, 전통적 정형성에 매몰되지 않고 그것마저 해체하여 표현의 자유로움을 획득하고 있다'합니다. 99년 10월 1일 부산문화회관 대강당에 장중하게 펼친 「네 개의 바다」, 「높새바람」, 「넋들임」으로 구성된 최은희네의 춤판은 지금까지의 활동을 되돌아보고 새로운 각오를 다지는 자축과 약속의 마당이 아니었나 여겨집니다.

최근 우리는 부산시민과 온 국민의 민주화의 정신이 살아숨쉬는 〈 부산민주공원 〉을 전국민의 관심속에 개관한 바 있습니다. '민주공원'은 특별히 복합문화센터로 그 기능을 강화하여, 문화와 예술을 통하여 참된 교육의 도량으로 삼고자 하기에 문화예술단체의 지속적인 애용과 왕성한 활동을 여는 때 보다 절실히 바라고 있습니다

밝아오는 새천년이 화해와 상생의 기운으로 가득한 대회년이 되기 위해서는 척박하고 그늘진 삶 곳곳을 '있음직한 상태'로 생성, 변화시키려는 모든 이의 노력이 무엇보다 필요하며, 신명의 사제로서 최은희씨와 춤패 배김새의 힘찬 물림을 다시 한 번 기대해봅니다.(*)

□ 무용가에게 보내는 편지

삶 곳곳의 맺힌 것을 풀어내는 신명의 춤이 계속되길

— 최은희씨에게

송기인
宋基寅
(神父)

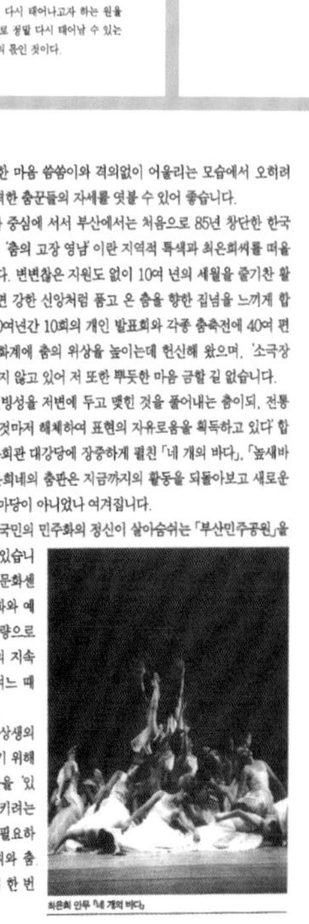
최은희 안무 「네 개의 바다」

35. 1999. 12 / 춤저널 제14호 / 정순영 / 돋보인 주술성과 신비성
「네개의 바다」 「높새 바람」 「넋들임」

돋보인 **呪術性**과 **神秘性**의 춤
_ **崔恩姬**의 **獨步性**

1999년 10월 1일(금) 부산문화예술회관에서 신작은 아니지만 심작(**心作**)을 접하였다. 최은희는 어둠속의 밝음을 찾고 냉냉속에 정염(**情炎**)이 있으며 항상 주술성과 신비성을 저변에 깔고 토속적인 정서를 풀어내는, 춤꾼이라기 보다 작가적 기질이 부조(**浮彫**)되는 춤꾼이다. 그는 한국춤의 전통성과 정형성을 일단 해체하고 원초적'무용언어'에서 출발하여, 줄곧 표현의 자유로움을 지향하고 있다. 그는 춤에서 인간의 정신정화 기능을 최대한 무용공간속에(창작적으로) 끌어 당기고 있음을 볼 수 있다. 94년 중요무형문화재 제27호『승무』이수자로 지정된 후 한국춤의 전통성을 새로운 시각의 무대양식으로 정립시키기 위하여 고심하고 있는 듯하다. 단순한 '감정의 유희'를 멀리하고 다양한 사유(**思惟**)적 체험에 의한 창작을 지향하는, 이른바 '몰입형작가'로서 일관하는 경향을 보이고 있다. 그리하여 작품의 핵(Core)에는 한정된 감각적 충동만으로 이룰 수 없는 우주적 창조력에 더 많은 것을 얻을 수 있다는 믿음으로 영적종속(**靈的從屬**)으로 임하기를 믿고 있는 것 같다. 이번 작품『네개의 바다』는 초연 98년 11월, 『높새바람』은 99년 6월 초연, 『넋들임』은 82년 10월 초연인데, 다시 이들을 다듬어 신작으로 발표한 것이다. 그냥 흘려버리지 않고 씹고 또 씹고 음미하면서 작품을 하는 자세를 보여 준 것 같다.

작품 1.『네개의바다』

네개의 바다는 첫째 조용한 바다, 참는 바다 즉「**沈默**의 바다」,둘째 잔잔한 바다, 술렁임 없는 편안한 바다「**平和**의 바다」, 셋째 파도치는 무서운 노한 바다 즉「**激情**의 바다」, 넷째는 희망의 바다 새빛의 바다「**黎明** 의 바다」등의 소단원으로 구분하여 전개된다. 인간 내면의 감정의 세계를 바다를 빌려 형상화한 작가의 심상(**心象**)인 것이 다.

발차(**發車**)는 호리존트에 구름이 떠 지나가고 조용한 타악으로 5 명씩 소복을 한 무희가 뒷걸음으로 등장하여 (또 추가적으로 가세하면서)춤이 시작된다. 차츰 무희는 20명이 되고 20명 무희가 펼치는 깔끔하면서도 감칠맛 있는 무적화폭(**舞的畵幅**)이다. 손에 낀 흰 한삼이 춤동작의 진폭을 배가시키면서 동양화같은 그림이 깨끗하게 펼쳐진다. 음악도 조용하고 동작도 되도록 억제되고 있음을 쉽게 감지할 수 있다. 이상이 『침묵의 바다』이다. 다음, 한삼은 사라지고 소매없는(sleeveless) 흰옷의 자유스런 무희들의 춤으로 바뀌더니 바닥(**床面**)에는 단풍잎 같은 노란 잎의 투영이 인상적으로 시선을 당긴다. 세류(**細流**) 의 흐름같이 잔잔한 춤꾼들은 가끔 광폭의 치마를 펼치고 무대를 누비며 평화를 구가한다. 이때의 음악과 동작의 색깔은 이미 한국춤 영역을 넘어선다. 살짝 한국 춤사위 같다가 금새 창작성 짙은 표현동작으로 변신(**變身**)하면서, 과격하거나 격동은 의도적으로 피하고 춤은 강한 내재율(**內在律**)로 끌고 나간다. 이때 전혀 한국춤이 아닌 남녀 두쌍의 회전동작의 삽입을 볼 수 있어 즐겁다. 어느덧 춤은「격정의 바다」로 넘어간다. 물론 회전과 도약 중심의 주제동작이 기조(**基調**)가 된다. 멍석말이처럼 딩굴며 등장하는 시초부터 격정을 표출한다. 소용돌이(**滿持**)를 암시하듯 둥지모양의 그림이 호리존트에 비치고 (사뭇 돌고 돌더니 커졌다 작아졌다 하면서), 돌연 음악이 그치고 딩굴며 들어간다. 다시 단풍잎 효과의 빛은 바닥에 떨어지고 춤꾼들 조용히 딩굴며 들어간다. 넷째 장면「여명」은 다시 한삼을 낀 무희들의 뒷거름 등장이 합창소리를 타고 라이트를 받는다. 이 때 손에 불빛 조명이 별빛같고 등대불 같기도 하여 예명을 암시한 것으로 보인다. 춤은 여기서도 편안하게 단조롭게 이어지고, 특기할 것은 승무에서 유도된 듯한 긴 장단의 느린 동작이 하나도 지루하지 않고 초조하지 않은 최은희의 안무기법이 여실하였다. 자연에 도전하지 않고 동반을 구상하는 작가가 바다에 인간의 내면 감정을 이입한 심비계를 춤에서 엿볼 수 있었다.

작품 2.『높새바람』 최은희 독무

이른바 태교음악같은 유현(**幽玄**)한 곡조가 관자(**觀者**)의 마음을 조용히 잠재운다. 컴컴한 무대 중천에 솟대만이 강열하게 시선을 응집시킨다. 그 아래에 빨간 색의 좀 높은 제례단(**祭禮壇**)과, 단에서 무대 전면으로 붉은 천이 권위스럽게 깔려있고 무대는 온통 어둠속이다. 신비스럽게 라이트를 받고 차츰 모양새가 들어난다. 흰 소복의 최은희 독무대. 붉은 재단을 향해 춤꾼은 서서히 오른다. 흰 천은 길게 꼬리가 되어 단상으로 이어져 신비성을 강조한다. 피리소리와 함께 긴 치마 뒷끝이 신명스럽게 대조를 이룬다. 단상에 오른 춤꾼, 뭔가 갈구하듯 멀리 바라보는 또는 뭔가 뚫어지게 집중하듯 응시, 그러면서도 간혹 당차게 힘주어 무언가를 희구한 눈치가 주술성에 찬다. 잠시 음악은 리드믹컬하게 변조된다. 장고소리,피리소리, 남자 노래소리 등이 함께 한다. 이 때, 단상의 춤꾼의 몸짓은 죽이고 또 죽이고 주로 어깨와 팔동작으로, 손을 엎었다 뒤집었다 하면서 온몸의 힘을 한데 모아 연소(**燃燒**)시킬 뿐이다. 뛰거나 재빠른 회전도 결코 하지 않는다. 누구도 함부로 모를 깊은 대화를 솟대와 나눈다. 애걸복걸, 흔들고 몸부림도 친다, 신기를 부른다, 쥐어 흔든다, 방울소리와 함께. 모두 샤만에 통하는 분위기이다. 땅에서 하늘로 어쩌면 반대로 인공위성통신처럼 송수신을 한다. 띵과 하늘 춤꾼의 제한된 좁은 스페이스가 다소 답답했지만 작자의 의도임을 프로그램에서 찾을 수 있다(한발 헛 딛으면.. 에서). 그렇다고 맥빠진 춤이 결코 아니다. 괴음소리와 함께 광기랄까 격정의 고통이 밀려오지만 다시 이를 몸안으로 끌어 보는나. 주인공 제례딘 뒤로 조용히 사라진다. 이어 무대는 회전하고 춤은 바뀐다. 옷에 가려 몸에서 흐르는 유선(**流線**)을 볼 수 없음이 본질적으로 흠이라면 흠이다.

작품 3.『넋들임』

북의 난타로 춤은 시작된다. 종소리 징소리 바라치는 소리, 삼자가 하나가 된다. 물론 합장(合掌)을 빠뜨리지 않는다. 바라소리는 쨍하고 커야만 되는 것이 아님을 보여준다. 즉 여기서 노리는 것은 살짝살짝 조용히 치는 간지러운 듯 얄미운 그래도 조용한 바라소리는 오히려 매력을 끌었다.

바라춤으로『초혼의 장』을 대신하고, 이어 두번째 장면은 암전속에서 조용한 깽맥이 소리로 시작된다. 여기서 진짜 한국 춤의 멋과 가락을 한판 보여준다. 8사람의 능숙한 전혀 창작맛을 없앤 순 우리춤 사위를 과시한다. 이어 남자 목소리 뭔가 주술적인 분위기가 밀고 들어온다. 이로써 두번째『교감의 장』은 끝인가. 세번째『넋들임』이다. 이 작품 3의 무대의 기본은 중앙에 설치된 선왕당이랄까, 마을 어귀에서 볼 수 있는 천하대장군의 목각상이다. 큰 나무 둘레에는 금줄이 쳐졌고 바로 무속의례를 감지케 한다. 작가는"삶의 논리를 외적형식과 내적인식을 잡아 현대감각으로 형상화 하고자 하였다" 라고 말한다. 다음 프로그램에 기록된 4개 단락(段落)의 시구(詩句)는 구체성이 없고 실효도 없이 독자에겐 짐을 줄 뿐이라고 생각된다. 본시 춤은 추상적이라서 모호해도 되지만 그 해설은 문맥적으로 투명한 논리성이 필요하다. 일반적으로 이점을 참 소홀히 하고 있다. 최은희는 작품자체가 다분히 추상적인데 진정 독자와의 교감을 얻고자 한다면 풀이는 안개성에서 벗어나 좀 뚜렷히 보여주어야 한다고 생각된다. 다시 작품에 들면 중앙의 무희 선왕당 앞에서 손을 비비며 축원기도를 드린다. 이어 세사람의 남자 춤꾼과 8명의 여자 춤꾼과의 교향곡은 조용한 여백의 맛과 우리춤의 멋으로 일관한다. 그 후 잠시 뛰고 돌며 다소 춤스런 기교를 보인다. 4명의 프레그(flag)의 나부낌과 춤은 아주 멋있고 양감(볼륨)이 커서 효과적이었다. 이 대목이 작품의 정점(頂点)이 었다. 에필로그로서 오브제인 천하장군의 몸통은 사라지고 둘레에 감긴 줄(새끼줄)만 자극적으로 남아 관객의 시선을 호소력있게 이끈다. 그런 가운데 흰 상징의 혼백(束)의 상징과 주연과의 깊은 대화가 이승과 저승 삶과 죽음을 신랄하게 호소하고 있는 것 같다. 배경음향도 이를 잘 돕는 다. 흰 혼백 다발 중천에서 차츰 하늘로 오르고 주인공 이를 의미롭게 그리고 애처롭게 응시하며 조용히 뭉클한 감동을 남긴 채 인생을 숙제로 남기고 오늘의 춤은 끝을 모두 맺는다.

36. 2000. 4 / 춤과사람들 / 고석림 / 하늘을 부르는 춤「넋들임」

하늘을 부르는 춤,『넋들임』

37. 2000. 4 / 춤/ 김영태 / 예속되는 여성의 운명과 갈매기들「네개의 바다」

예속되는 여성의 운명과 갈매기들

118 공연평

38. 2000, 5-6 / 공연과리뷰 / 김태원 / 지역춤의 활동과 기획전속의 몇 작품들「네개의 바다」

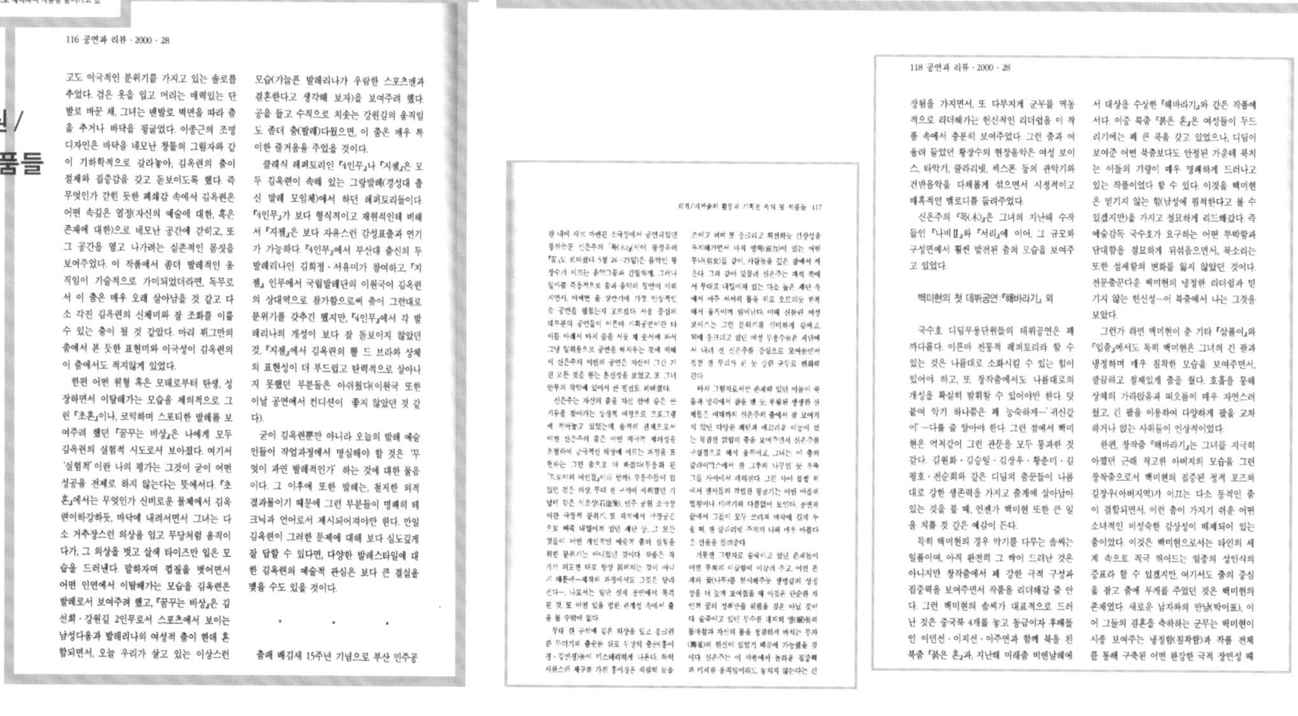
116 공연과 리뷰 · 2000 · 28

118 공연과 리뷰 · 2000 · 28

39. 2000. 5-6 / 공연과리뷰 / 성기숙 / 춤작가 12인전 「ᄇᆞᆰ – 빛으로 향한 떨림으로...」

□ 리뷰/무용(2)

의식부재의 공허한 몸짓 '춤작가 12인전'과 [...]용단의 성공적인 서울 무대입성

성기숙/춤평론

[...]가의 발언 / [...]00년 춤작 / [...]는 춤작가 / [...] 조은미의 / [...]말이다. 조 / [...] 주장하는 / [...]가들이 특 / [...]로 믿어 의 / [...]표하는 세 / [...]력의 결집 / [...]명성은 참 / [...]현대춤 구 / [...]리 시대를 / [...]동시대 예 / [...]준을 가늠 / [...]성을 규정 / [...]해 춤작가 / [...]식이 어느 / [...]면 솔직히 / [...]연히 공허

한 메아리가 되어 우리의 눈과 귀를 난타해 왔다.

춤작가 12인전 참가자 중 가장 젊은 서은정이 첫번째 주자로 무대사냥에 나섰다. 서은정의 『치마속 연꽃』은 우선 흰 천의 무드가 돋보였다. 오케스트라 박스 안에는 한 여인이 뒷모습으로 서있고, 흰 천이 길게 드리워져 있는 무대는 서은정과 류형근의 차지가 된다. 무대 중앙에 위치한 둥집모양의 물체가 갈라지고 그 안에서 한 여인이 매우 조심스럽게 모습을 드러낸다. 느리고 둔탁한 첼로의 선율이 짜증스럽게 울려 퍼지지만 무대를 압도하는 서은정의 춤은 이를 만회하는 경지에 이르러 있다. 마지막 장면은 남녀가 함께 둥집 속으로 들어가고 자리에 누운 남자의 시신에는 흰 천이 씌워지는 것으로 묘사된다. 사랑하는 님과의 이별의식이다. 저승길로 인도하는 서은정의 애절한 마음이 하늘 높이 쳐든 두 손에 담겨 어디론가 뿌려진다. 상징적으로 읽히는 무대세트, 2인무에 농축

최은희 안무, 『밝-빛으로 향한 떨림으로…』

된 남녀의 감성적 몸짓, 무난한 전개방식 등 그동안 서은정이 선보인 춤작업 중 가장 완성도가 높은 작품으로 자리매김 된다.

평소 윤미라의 춤에서 느껴지는 분위기는 범접할 수 없는 도도한 품격이었다. 님 그리며 서성이는 여인의 심정을 묘사한 이번 작함의 저력은 여전히 식지 않고 발휘되었다. 호리존트가 걸린 다소 을씨년스러운 배경, 난간에 서 있는 윤미라의 붉은 치마에 이는 세찬 바람이 그녀의 심상치 않은 심사를 대변한다. 사막이 올려지고 무대에는 3인무가 연출되나 양념처럼 스쳐지나갈 뿐이다. 나팔

[...]유자일 뿐이었다.

최은희의 『밝-빛으로 향한 떨림으로…』는 백의무사의 춤공연단장이라는 직책을 가진 박일환이 막을 연다. 힘찬 도약으로 등장하는 박일환의 몸짓은 춤이라기보다는 무술에 가깝다. 박일환의 무술적 몸짓이 계속되는 가운데 사막이 쳐진 무대중앙 부근에 위치한 최은희에게 탑조명이 잠깐 스쳐간다. 조용하던 무대는 변화무쌍한 음악적 리듬으로 전환되고, 정적인 춤사위에 몸을 맡겼던 최은희의 몸놀림도 차츰 빨라진다. 최은희는 새로운 세기에 다가오는 심상치 않은 기운을 신비로운 느낌으로 예감한다. 항아리 속 물을 찍어 몸을 정화하거나 하늘로 흩뿌리는 동작은 그 강렬한 예감에 대한 그녀 나름의 제의식으로 읽혀진다. 상생하는 기운을 맞기 위한 신성한 몸씻김인 셈이다.

손관중의 『척5, 기다림』은 기다림으로 대변된 사랑이 주제이다. '척 시리즈'에서 언제나 그랬던 것처럼 이 작품에서 역시 손관중의 여자 다루는 솜씨는 여전히 거칠고 난폭하다. 오케스트라 박스 안으로부터 솟아오른 무수한 발들의 집합이 시선을 압도하는 가운데, 발들 위에 올려져 있던 박은성이 발들의 반동으로 무대에 오른다. 손관중과 박은성의 원시적 감성이 농축된 2인무가 끝나면 첫장면으로 회귀되어 작품은 끝이 난다. 무수한 발들 속으로 침몰하는 박은성, 홀로 남겨진 손관중의 손에는 해골이 들려 있다. 생명이 다하는 순간까지도 사랑의 기다림이 지속된다는 메시지 같다. 손관중은 대극장의 넓은 무대를 정사각과 직사각 또는 마름모 등의 조명형상으로 극복해간다. 박은성과의 2인무에서는 박은성이 다양한 테크닉으로 자신의 매력을 배가했다면, 손관중은 그 수위를 조절하는 중심축으로서 자신에게 드리워진 예사롭지 않은 독특한 폼으로 일관했다. 그러나 2인무에서의 두 개의 몸의 부딪힘과 꼬임, 엉겨붙음으로 이어지는 교묘한 형상들은 신체미학의 장점을 염두에 둔, 손관중만이 연출할 수 있는 매우 독창적인 결실이었다.

백연옥 안무의 『묵』은 고독에 휩싸인 두 영혼의 비탄의 몸짓으로 출발한다. 남녀가 포옹하고 있는 포즈에서 시작되는 첫장면부터 침울하고 음습한 분위기가 느껴진다. 이영일의 건장한 체구에 비하여 작고 왜소한 백연옥은 고목나무 위의 매미 같다. 그러나 백연옥의 작은 체구는 이 작품에서 그다지 장애가 되지 않는다. 백연옥의 왜소한 체구에 비해 넘쳐나는 에너지, 그 활력의 근원마

40. 2000. 7 / 댄스포럼 / 송종건 / 춤패배김새 15주년 기념공연

11) 춤패 배김새 15주년 기념공연

부산 민주항쟁의 성지인 대청동 민주공원을 오르는 길에서는 어둠 속에 비치는 부산항의 화려한 불빛이 한 눈에 들어온다. 개관된 지 얼마되지 않은 민주공원 소극장의 송진냄새가 진하다. 춤패 배김새 15주년을 기념하는 공연인 신은주의 춤 『木(목)』이 지난 5월24일, 25일 이틀동안 부산 민주공원 소극장에서 있었다.

이번 공연은 안무의 디테일한 마무리가 미흡한 부분도 보였지만, 작품 전체적으로 차분히 분위기를 이끌면서, 움직임을 통해 객석과의 자연스러운 교감을 이루어내 관객들이 무용을 사랑하게 만들고 있었다. 특히 피아노, 첼로, 클라리넷, 바이올린 그리고 소프라노 성악이 가세한 작지만 탄탄한 클래식 실내악 라이브 반주는 대단히 인상깊었다. 무용과 음악의 성숙한 조화속에 무용창작의 새로운 전개방식을 진지하게 모색하고 있는 모습이었으며, 무용과 음악이 서로 겸손한 자세를 가지면서도 자신의 예술의 이야기를 마음껏 다하고 있는 모습에서, 예술간의 협조는 바로 이런 것이구나 하는 것을 느낄 수 있었다.

속삭이듯 느린 아다지오의 음향 속에서 한 여인이 무대 전방 우측에서 대단히 느리고 맑게 걸어 들어온다. 무대 후방의 수건을 든 여인과 빛과 그림자처럼 대비되는 움직임을 보인다. 전방의 여인이 어둠 속에서 생동감있게 움직일 때 무대 후방의 여인은 천천히 걷고 있다. 바로 이때즈음 나무처럼 건조하게 퍼지는 실험적인 불협화음 속에 무대 우측 후방에 석고상처럼 군집해있던 6명의 군무들이 꿈틀거리기 시작한다. 수정처럼 선명한 소프라노가 연주되기 시작하면서, 6명이 몸을 휘돌릴 때, 전방의 2인은 서로 대칭되는 움직임을 만든다. 이때 신은주가 혼을 갉아내는 듯한 애잔한 바이올린의 선율을 타며 무대 전방의 플랫폼 위에서 온몸을 바닥에 부딪치면서 절규한다.

플랫폼에서 내려와 나무의 성장처럼 느린 움직임으로 무대공간을 두텁게 확보해 나간다. 어둠 속에서 이루어지는 군무도 선명하다. 엄청난 타악기 음향 속에 폭발적인 움직임이 시작된다. 바닥에 던진 온 몸을 거칠게 회전시킨다. 작품의 전개는 초지일관 집요하다. 재가 뿌려진 무대는 폐허가 되고 무용수들 모두 암울한 모습으로(실제 이들은 몸과 마음을 모두 던지는 열연으로 온몸과 얼굴은 땀에 뒤범벅되어 있다. 흔히 한국창작춤 공연에서 얼굴에 짙은 화장을 하고 엉거주춤 왔다갔다하는 모습과는 판이하다) 쓰러져간다. 이때 피아노의 꺼져가듯이 이어지는 피아니시모음이 무대의 숨막히는 분위기를 한없이 증폭시키고 있다.

이번 공연에서 다시 한 번 거론하고 싶은 것은 실황으로 이루어진 음악 반주의 절묘한 모습이었다. 한국춤 전공자들의 움직임을 서구의 클래식 음악이 완벽히 반주해냈으며, 부산의 중견 작곡가 겸 지휘자인 황장수의 음악은 매혹적이기만 했다.

무용과 음악의 협력의 역사는 오래된다. 그중에서 대표적인 예를 몇 개 들어보면, 19세기 후반 러시아 클래식 발레 산파의 주역인 쁘띠빠와 차이코프스키의 협력, 20세기 초반 모던발레의 창시자인 포킨과 스트라빈스키의 협력, 그리고 20세기 중반 현대무용의 새로운 역사를 만든 머스 커닝햄과 존 케이지의 실험적 예술 협력 등을 들 수 있다. 사실 차이코프스키, 스트라빈스키, 존 케이지 등은 현대음악사 자체에서도 역사의 중요한 골격을 이루고 있다. 음악에서도 음악의 역사를 새로 쓴 사람들로 기록된다. 하지만 사실은 이들의 창조작업은, 비록 일부 음악하는 사람들은 인정하고 싶어하지 않는 것도 알고 있지만, 무용과의 협력작업 속에서 이루어져 왔다. 무용과 음악이 서로의 예술을 존중하면서 협력하는 가운데 위대한 음악들이 탄생하였던 것이다. 이번 공연은 바로 이런 무용과 음악의 협력 역사를 끊임없이 생각나게 해준 색다른 의미를 던지는 공연이었다.

〈'댄스포럼' 2000년 7월호 게재〉

41. 2000. 8 / 춤 / 송종건 / 우리춤의 미래는 젊은 안무가들의 치열한 창의력과 모험심에 「ᄇᆞᆰ – 빛으로 향한 떨림으로...」

□ 公演評 · 3

우리 춤의 미래는 젊은 안무가들의 치열한 창의력과 모험심에…

—「2000 부산여름무용축제」 · 이경호 · 김나영 · 「2000 젊은 안무가 창작공연」

송종건
宋 種 建
(舞評論)

□「2000 부산여름 무용축제」

올해로 열 세 번째를 맞는 「2000 부산여름무용축제」가 지난 7월 2일부터 6일까지 5일동안 경성대학교 콘서트 홀과 해운대 야외무대 등에서 거행되었다. 우리나라의 거의 유일한 순수무용페스티벌로, 그리고 주최자가 대학교가 되는 뜻 깊은 페스티벌로 자리잡고 있는 이번 행사 중 마지막날(6일) 오후 7시 경성대학교 콘서트 홀에서 있었던 '중견 무용인의 밤' 공연을 볼 수 있었다.

이날 공연은 말 그대로 성숙함이 무르익은 중견 무용가들의 진지한 예술적 열정이 살아 넘치는 무대였다. 우리 고전의 춤사위를 세련된 무대예술로 빛을 낸 정재만, 나이를 잊고 연습실에서 직접 자신의 몸을 훈련시키고 있는, 우리나라의 대표적인 장정윤, 조윤라, 최은희, 그리고 여기에다 지성적이며 선명한 무대 공간을 이루어 나갔던 프랑스 팀이 가세했다. 햇빛은 색깔이 없으나 프리즘으로 분광하면 찬연한 무지개가 나타난다. 이번 5명의 중견무용수들은 무용수 신체 움직임이라는 햇빛을 안무라는 분광작업을 통해 무지개의 감동 깊은 색깔을 찬란하게 만들어냈다.

혼을 울리는 듯한 북소리가 낮게 깔리는 절규 속에 시작되는 정재만의 『허튼 살풀이』는 잔잔한 움직임이 신중하고 진지하게 무대를 채워 나갔다. 아다지오의 느린 음 속에서, 푸른 조명이 무대 전체를 감싸고 있을 때 수건을 유연하게 뿌려내는 사려깊은 움직임은 오랜 전통의 우리 춤을 새롭고 밝게 이끌어 나간다. 작품 전체적으로 볼 때, 비록 날카롭고 선명한 춤사위는 사라졌지만, 오랜 관록과 연륜에서 우러나오는 곰삭은 예술미가 무대 위에서 무게를 잡고 있었다.

『지나간 기억의 그림자』에서 조윤라는 이준규의 섬세한 부축을 받은 농익은 데벨로페와 거의 곡예에 가까운 격렬한 리프팅 동작을 통해, 객석을 흘러간 시간을 반추하는 그리움에 빠져들게 하였다. 가슴을 파고드는 아련한 첼로의 음률 속에, 조윤라가 무대 좌측에 슬프게 엎드릴 때, 이준규가 이루는 독무는 단순한 제자리 회때 동작 하나에서도 무서운 듯한 감동의 전율을 던진다. 작품 후반부의 스페인 리듬에 맞춘 2인무도 경쾌한 느낌을 성공적으로 살리고 있다. 조윤라는 이 작품에서 마치 봄 · 여름 · 가을 · 겨울의 사계절의 순환적 변화의 리듬을 타는 듯한 안무로서 시간이 흐른 뒤 허전한 빈곳을 느끼는 순간 찾아오는 '지나간 기억의 그림자'를 몸을 적셔오는 감정으로 표현해냈다.

장정윤은 『타인』에서 빈틈없으면서도 간결한 안무구성으로 '한 여성의 자아성취' 과정을 잔잔한 피아노 음의 감성적 톤의 변화 속에 디테일하게 풀어나갔다. 아기자기하면서도 오밀조밀한 무대후방의 오브제 앞에서 장정윤의 뭔가를 갈구하는 움직임이 대단히 선명한 분위기를 만든다. 머스 커닝햄 테크닉 가운데 동체(torso)사용법을 응용한 팔 움직임과 다리 움직임의 독특한 비대칭이 시선을 끈다. 검정 의상으로 갈아입은 장정윤의 어깨로부터 라인을 그려나오는(흔히 잘못된 팔 움직임은 팔꿈치나 심지어는 팔목만 사용하는 경우도 많다) 포드브라 움직임이 빛나는 실루엣을 이룬다. 어깨를 비틀린 듯이 사선으로 놓아두고 두 팔을 수평으로 휘돌리는 모습은 건조하고 우울한 추상의 세계를 만든다. 장정윤은 이 작품의 움직임에서 모든 진부함을 철저히 배제시키고, 우리 모두의 현실 속에 숨겨져 있는 삶의 혼란이라는 예민한 문제를 섬세한 이미지로 한순간으로 요약한 한편의 추상화를 그렸다.

남영호와 프랑스와 라스칼루가 함께 안무한 『인생이여』는 지성미 넘치는 무용움직임이 논리 있게 펼쳐졌다. 10여분이상 음향없이 진행된 전반부의 두 사람의 움직임에는 엄청난 기교와 예술적 감성이 함께 하고 있었다. 작품 중반에는 여자(남영호 분)가 '엄마가 나 잘 살라고 했다'는 대사도 직접적으로 하기도 하고, 거의 비무용움직임(non-dance movement)같은 동작도 자유스럽게 사용하는데 전혀 거부감이 없다. 이들의 움직임이 어떤 의미를 지니는 예술적 승화가 이루어졌기 때문이다. 어두움 속에서 남자가 여자를 등위에 실은 채로 푸른 야광 물질을 무대 바닥에 한 점 한 점 박아나가는 '작업'도 살아있는 예술이 된다. 섹스폰을 꺼내 직접 불고 있는 남자를 두고 오른팔을 온 몸으로 휘돌리며 천천히 멀어져가고 있는 모습도 삶의 아련한 아름다움이 실려 있다. 이들의 춤에는 삶의 궁극을 체득하면서 얻은 정신의 품격과 우아함이 배어

최은희 안무 『ᄇᆞᆰ — 빛으로 향한 떨림으로』

이경호 안무 『거짓말』

를 정숙하게 창조해나갔다.

이날 참석한 5명의 작품 모두는 성공적이었다.

미국에는 해마다 8월 여름 되면 '링컨 여름 페스티벌'이 열린다. 이 무용축제는 누구나 보고 싶어하는 확실한 주제를 가지는 행사로서, 뉴욕이라는 지역문화 발전을 위해 시작되었다가 지금은 세계적인 춤문화행사로 발돋움되었다. 뉴욕이라는 도시의 문화를 중요롭게 할 뿐만 아니라 세계문화를 중요롭게 하고 있는 것이다.

앞에서도 이미 말했지만 「부산여름 무용축제」는 부산의 경성대학교에서 대학교 차원에서 추진하는 무용문화행사이다. 순수한 민간 차원의 축제가 부족한 우리나라의 문화실정에서는 대단히 중요한 행사라고 볼 수 있다. 이 행사의 성공적인 진행을 위해서 경성대학교 무용과 교수들은 이미 방학이 시작되었는데도 모두 학교에 정상 출근하여 땀을 뻘뻘 흘리며 무용문화발전을 위해 노력하고 있었다. 이것이 바로 자신을 지금까지 있게 만들어 준 사회에 자신의 능력을 환원시키는 것이 아닐까. 앞선 무용제로 자리잡고 있는 「부산여름 무용축제」가 더욱 힘차게 발전해 나갈 것을 기대해본다.

있었다.

쉽지 않은 주제를 진지하게 천착하고 있었던 최은희의 「ᄇᆞᆰ-빛으로 향한 떨림으로…」에는 섬세한 긴장감이 흐르고 있었다. 남자 검객이 직접 나와 긴 장대를 사용해 엄숙한 모습으로 씻김 의식을 한 다음, 최은희가 맑고 부드러운 피리소리와 함께 무대 위로 내려선다. 무채색의 순수함을 던지는 최은희의 결을 살려나가는 정숙한 움직임에서, 신체 속에 잠재해있는 강한 에너지를 느낀다. 두 팔을 들고 몸을 휘돌리다가 다시 방향을 바꾸어 앞으로 나서는 조그만 움직임들이 큰 울림을 만들며 무대 공간을 채워 나간다. 무대는 진하고 캄캄한 어둠의 이미지가 시종일관하고 있다. 하지만 이 작품에서 어둡다는 것은 컴컴하다는 것이 아니고, 어둠의 의미를 새롭게 본다는 것이 된다. 이번 행사의 주최자로서 행사 준비에 바빠서 무대 자체의 리허설에 익숙해지지 않은 듯한 핸디캡이 간간이 노출되었지만, 자신만의 독특한 동작구조

42. 2000. 12 / 댄스포럼 / 정순영 / 「나를 보낸 이를 찾아」

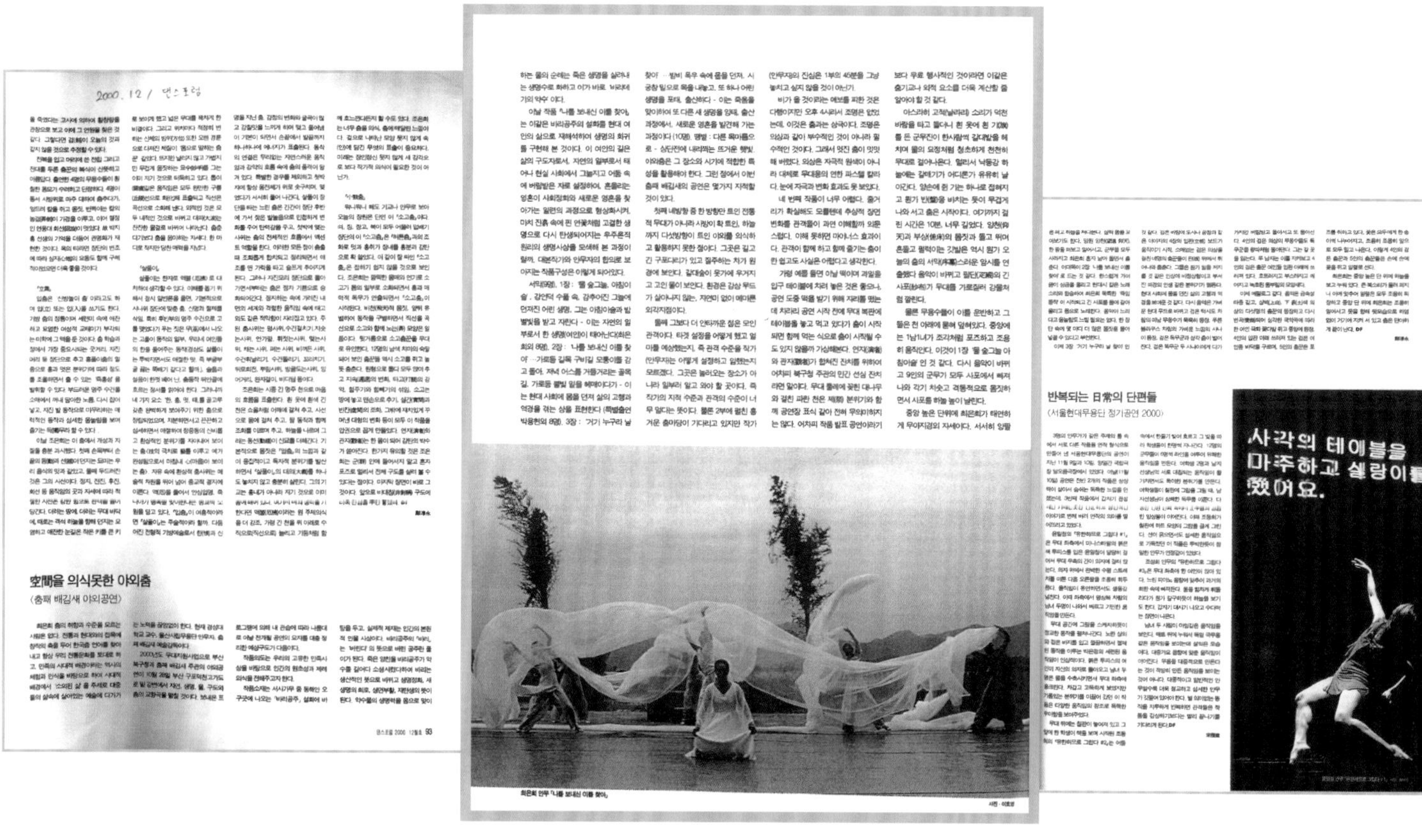

2000. 12 / 댄스포럼
空間을 의식못한 야외춤
(충북 배김새 야외공연)
반복되는 日常의 단편들
(서울현대무용단 정기공연 2000)
사각의 테이블을 마주하고 실랑이를 했어요.

43. 2001. 5.28 / 국제신문 / 송종건 / 울산 역사와 문화 상상력으로 천착 「우로보로스」

국제신문 www.kookje.co.kr
울산 역사와 문화 상상력으로 천착
리뷰
울산시립무용단 창단공연 '우로보로스'
전통과 현대 조화…일부 빠른 전개 있었으면
송종건

울산시립무용단 창단공연' 우로보로스'
전통과 현대 조화…일부 빠른 전개 있었으면

'원시시대의 생명력'과 '기계화된 현실'이 시공을 초월하며 깊숙이 교직(交織)되고 있던, 울산시립무용단 창단공연 '우로보로스' (안무 최은희)가 지난 24일 울산 문화예술회관 대공연장에서 있었다. 탄력 있는 긴장감이 작품 내내 흘러 넘쳤던 이날 공연에서는 선명한 이미지가 만들어내는 자유로운 상상력이 전체 무용의 대동맥을 타고 끊임없이 순환하고 있었다.

01번 공연에서는 무엇보다도 창단 첫 번째 작품부터, 몸을 사리지 않고 대작에 도전하는 안무가의 예술적 진취성이 눈에 띄었다. 특히 작품 중반 연푸른 타이츠를 입은 남녀 두 명이 느리고 유연하게 이룬 2인무는 신화적 상징이 살아있는 무궁무진한 변화의 세계를 연출하고 있었다. 또한 검푸른 파도가 일렁이는 푸른 대양 앞에서 20여명의 군무가 지극히 느리며 고요한 움직임을 유연하고 신비롭게 이어나갔다. 그리고 에필로그부분에서 흰색의상의 여인들이 칼날처럼 선명하게 사선을 이룬 다음 조용히 물결처럼 흩어져 나갈 때는 많은 연습의 모습이 역력히 나타나기도 했다.

그러나 작품전체가 아다지오 템포로 느리게 진행되었다고 볼 때, 작품의 일부에서는 좀더 경쾌하고 속도감 넘치는 전개가 필요했다. 그리고 작품일부에서 안무가의 작품의도가 움직임이나 안무구도에 완벽히 녹아들어가지 못하고 있었다. 또한 일부 안무구조나 움직임은 과거에 어디서 본 듯한 패턴을 진부하게 나열하고 있는 모습을 보이기도 했고, 자신만이 알 수 있을 것 같은 불분명한 움직임을 보이는 경우도 있었다. 사실 이런 문제점들은 우리나라 전체 안무가들이 극복해 내야할 예술적 한계라고 볼 수 있다. 이런 몇가지 예술적 결함에도 불구하고 이번 작품에서 안무가는'신화와 문명, 인간과 자연이 하나 되기를 결코 포기하지 않는' 울산의 역사적 문화적 특성을 작품 내내 끊임없이 천착하고 있었다. 초현대식 멀티미디어 화면 앞에서 무용수들이 원시의 아름다움을 하나씩 하나씩 조각해 나가도록 하면서 결코 짧지 않은 대작의 작품전체를 전통과 현대가 절묘하게 조화되어 성공적으로 관류하게 하고 있었다.

울산은 우리나라 산업화를 상징하는 대표적인 도시이다. 그런데 예술경제학적 입장에서 볼 때는 불균형을 이룬 도시였다. 우리나라 산업화의 대표적 상징도시인 울산이 이번 울산시립무용단 창단공연을 계기로 산업 뿐 아니라 문화와 예술도 함께 살아서 숨쉬는 도시로 새롭게 도약했으면 한다.(*)

2001. 7 / 몸 / 이상일 / 퓨전양식과 작은 총체형식들 「우로보로스」

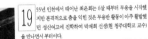

REVIEW - 이상일(무용평론가)

퓨전양식과 작은 총체형식들

울산시립무용단 〈우로보로스〉

Monthly MOMM 2001 / 7 · 62

한국무용의 현대화시도와 퓨전예술

울산시립무용단(단장 최은희)의 창단공연 (5월 24일 울산문예회관) 「우로보로스 · Uroboros」는 원형적 이미지로서의 영원 무궁성을 상징하는 「우주의 모태」를 일컫는다.

용이나뱀이 용트림한 원모양의 그 도형 아이콘은 고대 이집트, 중국 은나라 문양, 그리고 남미 잉카 · 마야 문명의 주술적 그림이다.

천지창조신화에 의하면 땅이 생기기 이전의 바다를 상징하는 용, 혹은 구렁이는 우주의 혼돈, 곧 생명이 탄생하기 전의 세계적 원초 상태를 체현한다. 그것은 동시에 그런 원시 상태로의 복귀, 생명의 종말을 뜻하는 상징이며 지구의 대이변과 홍수를 의미하는 심볼 이기도 하다. 따라서 파멸의 용(뱀)은 태양과 새로 상징되는 어둠과 빛, 뱀과 새=원반날개(有翼圓盤), 독수리 모양으로 여러나라 국기의 기본형태가 되기도 한다.

내가 울산시립무용단의 창단공연, 「우주의 모태」에 대한 신화적 근거를 제시하는 것은 추상예술인 무용에 있어서 신화나 우주나 근원과 같은 주제의 차용이 금기가 되어 있다는 사실을 지적하기 위한 것이다. 한국무용에 있어서 즐겨 차용되는 근원이라든지 기(氣),생명, 뿌리찾기 같은 전통적 주제는 관념적이다. 때문에 무용같은 추상성 짙은 예술적 형상화 과정에서는 잘못되면 적의의 이빨로 작품의 해체작용을 노린다는 점을 고려 해 봄직하다. (최승희와 비슷한 연배였던 도리스 험프리가 이미 그의 저서 「The Art of Making Dance(번역 · 무용입문서)」에서 우주니 인생이니 철학 따위는 소재로 삼을 일이 아님을 강조했다.)

이러나 저러나 「 우주의 모태 」 (김열규대본) 라는 주제는 매력적이고 가능하면, 그런 신화적 소재가 무용작품으로 형상화되기를 기대하는 것은 안무가의 야심일 것이다. 그래서 최은희 교수는 우로보로스의 상징을 형상의 도형으로 풀어내기 위해 동영상 화면을 이용하고 백남준의 비디오 아트와 함께 현대무용수법으로 풀어내려 했다. 울산시립무용단이 한국(전통)무용전공 멤버로 구성되어 있는 것으로 알고 있었던 관객입장에서는 이외의 느낌을 받게 된 것이다. 알고 보면 울산무용단은 전통무용전공자 외에 현대무용, 발레 전공자까지 포함하여 다양한 장르의 복합예술을 추구할 수 있는 자체역량 때문에 영상 · 미술 등으로 이른바 작은 총체예술 스타일을 시도한 듯 하다. 따라서 작품소재는 울산 반구대 암각화의 생명탄생을 동원시키며 뱀 · 용의 움직이는 영상 가운데 현대적 이미지들 갖가지 유전자들의 모양과 크론 양의 울음, 게놈도형, 기하학적 추상무늬안까지 집어 넣고, 백남준 비디오 아트와 어우러지는 춤의 영상으로 꾸며진다.

제1부 제의집단과 불의 춤(최은희),무녀(홍이경)춤, 그리고 태초의 남녀들은 전형적 신화소재로 무용형상이 모호하고 제2부 달의 정, 물의 정이 나오는 〈물의 춤〉은 제3부 〈춤추는 하이퍼 리얼리즘〉을 위한 고요한 전주곡같다.

그래서 원형적 이미지로서의 「우주의 모태」에 대한 형상화의 갈망이 성취되었는가. 전통무용집단의 현대무용화는 아직 이르다. 우선 남녀의 대무를 보더라도 접근거리의 유지 때문에 고난도의 테크닉을 활용할 수가 없고 애써 만들어낸 무용적 형상력이 그 여운을 가다듬기 전에 난폭하게 비집고 들어오는 다른 장르 매체 때문에 분산 · 약화되어 제대로 무용예술로서의 독자성을 확보하기까지 시간이 걸린다. 그만큼 형상의 공감대를 담보하는 데 손해를 본다.

내가 좋아하는 '창조의 생명적 근원'에 대한 무용적 희구는 험프리의 지적대로 영원히 불가능한 것일까, 아니면 한국무용의 영원한 과제로 남는 것일까. 이번 울산시립무용단의 창단공연을 보면서 나의 물음은 더 깊어갈 뿐이었다.

45. 2002. 1 / 춤과사람들 / 이승자 / 「넋들임」으로 무용계 시선받은 최은희

Then & Now

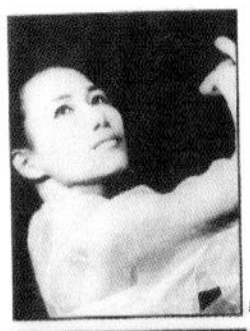

최은희

『넋들임』으로 무용계 시선 받은 최 은 희

78년 강원도 월정사에서

1955년 인천에서 태어난 최은희는 6살 때부터 무용을 시작했지만 본격적으로 춤을 익힌 것은 무용반 활동이 아주 활발했던 성신여고에 진학하여 박재희 선생(현 청주대학교 교수)을 만나면서 부터이다.

이화여자대학교와 동대학원에서 한국무용을 전공하면서 만난 김매자 선생에게서 춤 안무에 대한 많은 영향을 받는다. 78년에는 1년 동안 국립국악원의 지도위원으로 활동을 했다. 79년부터 지금까지 개인발표회 10회, 무용제 및 예술제 공연 출품을 위한 창작 등 총 40여편의 작품을 만들었다. 최은희는 임학선, 임현선, 이노연, 최은희 등과 주축이 되어 81년 창무회 창단 멤버가 되고, 제 1회 창단공연을 한다.

이 공연에 최은희는 〈이 한송이 피어남에...〉라는 자신의 첫 안무작품을 무대에 올렸다. 이듬해 1982년 제 1회 개인발표회와 대한민국 무용제에서 창무회 이름을 빌어서 자신의 안무작인 〈넋들임〉으로 대상을 수상한다.

83년부터 부산시립무용단 안무자로 일년 반 동안 활동하다가, 84년 9월 경성대학교에 교수로 부임하고, 그 이듬해인 1985년에는 부산에서 한국무용으로는 처음으로 순수 민간 무용동인 단체인 「춤패 배김새」를 창단하여 한국춤이라는 특수성과 지역적 특성을 살려 영남 지역 내에 산재되어있는 춤의 언어를 찾아내는데 주력하고 있다.

최은희가 만든 「춤패 배김새」는 정미숙, 윤보경, 신은주, 하연화, 홍이경 등 부산의 젊은 창작춤꾼들을 배출했으며, 2000년에 새로이 창단된 울산시립무용단의 초대 안무자로 선임되어, 그 해 〈우로보로스〉라는 작품을 탄생시킨다. 춤사 (글 / 이승자 기자)

· 프로필 : 이화여대, 동대학원 졸
現) 경성대학교 무용학과 교수, 춤패 배김새 예술감독, 울산시립무용단 안무자

· 안무작 : 〈넋들임〉, 〈제웅맞이〉, 〈매듭풀이〉, 〈외출하다〉, 〈어두운 날들의 바람 그치고〉, 〈여인 등신불〉, 〈네개의 바다〉, 〈현씨아미〉, 〈백방〉, 〈물맞이〉, 〈변신〉, 〈파문〉, 〈영산회상불보살〉, 〈하안배〉, 〈높새바람〉, 〈영혼의 번제〉, 〈누이여 나의 누이여〉, 〈이방풀이〉, 〈무아〉, 〈왕의뜰〉, 〈소리굿〉, 〈태소의 뿡산〉, 〈우로보로스〉 등

73년 이화여대졸풀 고3때

2001. 5 울산시립무용단 창단공연(우로보로스 중)

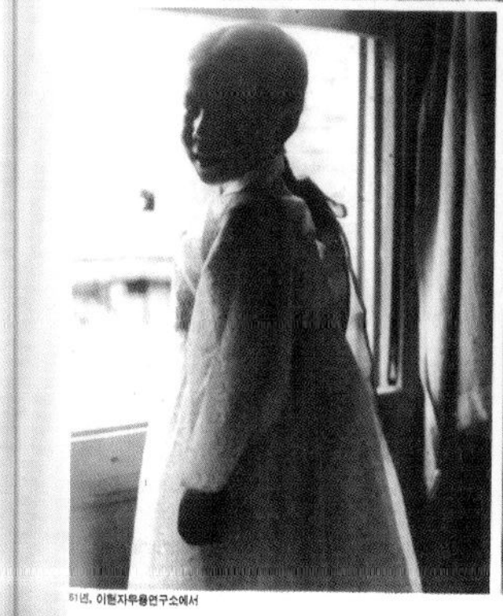

81년, 이현자무용연구소에서

김영숙, 김은이, 하루미선생님과 82년 8월 제11회 개인발표회 '하지레'

40 · 춤과 사람들 2002/1 41

46. 2002. 2 / 몸 / 박성혜 / 팔관회

Monthly MOMM 2002 / 2 · 61

REVIEW · 박성혜(몸지편집장)

팔관회와 성냥팔이 소녀

Monthly MOMM 2002 / 2 · 60

48. 2002. 가을 / 예술부산 / 조봉권 / 바다로의 화려한 외출 「춤추는 바다」

REVIEW

무용리뷰

예술부산 2002년 가을호

바다로의 화려한 외출

- 제5회 부산바다무용축제 -

조봉권 · 국제신문 문화부 기자

부산은 여름에 탈바꿈하는 도시다. 바야흐로 부산이 복작복작한 메트로폴리스에서 '해변휴양 도시'로 탈바꿈하는 순간이 여름이다.

여름철 부산의 핵심은 아무래도 바다다. 이 때가 되면 부산의 공연문화(좁게 말하면 춤)도 바닷가로 잠깐 외출한다. 이것이 가능한 것은 부산이란 도시의 입지조건 덕분이다. 메트로폴리스 중심에 해변휴양지가 안겨있는 형국. 그래서 공연문화의 바닷가 외출은 간단히 해결된다. 이건 다른 곳엔 흔치 않은 장점이다.

같은 바닷가 대도시 인천? 하고 싶어도 도심에 휴양해변이 전혀 없다. 볕 밝고 풍광 좋은 한적한 해수욕장에서 무용 페스티벌을 하는 것은 어떨까. 배후에 문화적 자생력이 있는 대도시라는 기반이 없는 한 꿈같은 이야기다. 부산에서 쓸만한 문화상품이 나온다면, 그 중 한가지는 도심 속 해변이라는 독특한 자연조건과 공연예술의 콘텐츠를 제대로 접합시키는 시도 속에서 탄생할 것이다.

올해는 춤을 비롯한 공연예술의 바닷가 외출행렬이 어느 해보다 풍성해 보였다. 지난 8월 1~4일 다대포해수욕장 등 시내 6개 해수욕장에서 열린 2002 부산바다축제, 같은 날 3일 해운대해수욕장 해변에서 열린 현대무용단사유(예술감독 박은화 부산대 무용과 교수)의 제9회 춤의로의 여행, 17일 광안리 민락수변공원에서 정귀인(부산대 무용학과)교수 주도로 열리는 제6회 2002 부산국제환상무용제, 그리고 해바다 이 모든 해변야외공연 행사들의 시작을 알리는 경성대 주최 부산여름무용축제의 바다춤행사(15회째를 맞은 올해는 지난 7월 3~7일 해운대해수욕장 특설무대에서 열렸다) 등이 주된 무대들이었다.

부산여름무용축제의 '바다춤'은 해변 야외춤공연을 정례 페스티벌 형식으로 정착시킨 첫 사례다. 그 이전에도 백사장을 무대 삼아 벌어진 실험적인 춤공연이 있었다. 하지만 상설화의 효시는 부산여름무용축제가 날렸고 어느덧 15회째를 맞았다. 출연진 또한 부산뿐만 아니라 전국에 걸쳐 있으며 고정팬도 갖고 있다.

지난 7월 7일 오후 5시 해운대해수욕장 해변특설무대는 춤추기에 좋았다. 태풍 라마순이 막 지나간 직후의 갠 날이었다. 무대는 언제나 수평선을 등지고 설치된다. 수평선이 갈라놓는 바다와 하늘 자체를 무대미술처럼 쓰겠다는 뜻이다(하지만 가끔씩 소리를 내며 무대 뒤로 달려드는 제트스키는 불가항력인 모양이다).

안성수(한국예술종합학교)교수 안무의 현대무용 '시점', 신정희(경성대)교수의 창작발레 '여름바다의 로망스', 이윤자(부산대)교수의 한국춤 '팔만사천', 박경숙(광주시립무용단 상임안무자)의 발레 '카르멘(Carmen Suit)', 대구시립무용단 단원 유창국씨가 안무한 현대춤 '모노가', 그리고 최은희(경성대 · 울산시립무용단 안무자)교수의 창작한국춤 '춤추는 바다', 이날 해변무대에 오른 작품들이다.

62 예술부산

구성을 통해 극적인 효과를 놓치지 않…
이 여전히 도드라져 보였다.

하지만 '춤추는 바다'와 이윤자 교…
춤 '팔만사천' 등 15명 넘는 춤꾼이…
한국창작춤은 예외 없이 비중은 특…

47. 2002. 4 / 춤 / 장광열 / 진부한 형식에서 탈피한 신선한 시도 「요놈! 춘풍아」

…같이 그리 좋지는 않았다. …타이틀과 일치하는 일차원적인 해석으로 처리되는데, 이 단면으로는 의미가 떨어지지만, 전체 …어지는 묘미, 다소 대카당한 전체 구성에서 어쩔 수 없이 예술감독 이연수의 색채를 보게된다.(*)

□公演評 · 3

진부한 형식에서 탈피한 신선한 시도

— 최은희 · 김나영

장광열
張光烈
(춤評論)

□울산시립무용단 제5회 정기공연 『요놈, 춘풍아』

우리나라 직업무용단은 각 시 · 도에 소속되어 있는 경우가 대부분이다. 시립무용단 체제로 운영되는 직업무용단의 경우에는 예술성 못지 않게 대중적인 레퍼토리를 확보하는 것이 무엇보다 중요하다. 각 지역의 문화적인 수준이나 정서를 고려한 새로운 레퍼토리의 개발은 해당 지역을 기반으로 하는 시립무용단의 경우에는 특히 대중적인 친화력을 높일 수 있기 때문이다.

울산시립무용단이 제5회 정기공연으로 무대에 올린 『요놈, 춘풍아』(3월 21일, 울산문화예술회관 소극장)는 무엇보다 이 지역 관객들의 눈 높이에 맞추어 다분히 의도적으로 제작된 작품이란 점에서 눈길을 끈다. 제목에서부터, 그리고 '한국의 마당놀이를 춤과 해학으로 풀어낸'이란 부제부터가 일반 대중들의 호기심을 자극하고 있다.

『요놈, 춘풍아』는 우선 작품의 근간이 되는 대본(채희완)에서부터 과욕을 부리지 않았다. 정기공연이란 타이틀을 걸었을 때 대부분의 직업무용단들이 대작 위주의 신작을 선보이는 것과는 달리 이 작품은 소극장이란 공간에서, 1시간 정도 부담 없이 볼 수 있는 작품이란 기본 구상에 부합된 규모를 보여주고 있다. 황해순의 연출 역시 소극장 공간에서의 특성을 십분 살리는데 중점을 두고 있다.

연출가는 장면 전환이나 상황 설명을 위해 몇몇 주요 출연자들에게는 대사나 노래, 혹은 창을 하도록 주문했다. 이 같은 시도는 복잡한 이야기 구조와 등장인물의 성격을 춤을 통해 보여주는 데서 오는 난해함과 복잡함을 상당부분 해결해 주고 있다. 일반적인 춤극 공연 스타일에서 벗어난 이 같은 시도는 마

최은희 안무 『요놈, 춘풍아』

중국에 조공으로 바쳐진 조선 처녀들을 구하기 위한 허생원과 중국 사신들과의 대결 장면은 해학적인 구성 면에서 가장 돋보였다. 씨름과 줄다리기를 응용한 두 차례의 대결 장면은 특히 안무를 맡은 울산시립무용단 안무자 최은희의 감각이 엿보였던 대목이다. 최은희는 씨름판에서는 남성들의 …

당놀이에서 흔히 보여지는 형태로, 작품 초반부에는 이 작품이 마당놀이에다 춤을 강조하는 형식이 아닌가 하는 의구심이 들었지만, 시간이 흐를수록 다양한 춤들이 무대 위를 수놓았다.

『요놈, 춘풍아』의 전체적인 내용은 고전 소설인 「이춘풍전」과 「허생전」에서 차용했다. 우리나라에서 연희되는 탈춤에 가증 등장하…

…의 작품 창작을 위한 터전으로 운영되는 예가 없지 않음을 볼 때 울산시립무용단의 이 같은 변화 있는 운영 모델은 한국 춤계에 시사하는 바가 결코 작지 않다.

□김나영댄스프로젝트 『칼멘 샌디에고의 행방』

김나영은 안무가란 타이틀이 부끄럽지 않은 무용가이다. 그는 안무가에게 요구되는 논리성과 상상력, 새로운 움직임을 조합할 줄 아는 재능을 갖고 있다. 치밀한 구성력, 움직임과 연기의 조화를 보여준 1995년 작 『스톨홀름 증후군』에서부터 이성적인 섬세한 심리를 표출해 낸 지난해 『왈츠』에 이르기까지, 작품의 완성도에서 다소 편차를 보이긴 했지만, 그는 많은 창작 작품에서 특별한 안무 감각을 보여주고 있다.

'김나영댄스프로젝트'란 새로운 단체 이름을 들고 나온 그가 안무한 『칼멘 샌디에고의 행방』(3월 13~14일, 토월극장)은 우선 작품의 뼈대와 소재부터가 창작발레 작품으로는 다소 파격적이다. 미국에서 출시된 같은 이름의 컴퓨터 게임에서 모티브를 따온 것이나 좌충우돌의 범인과 그를 쫓아다니는 탐정이란 설정 자체가 스토리 텔링에서 자유로울 수 없다. 이 같은 소재를 1시간이 넘는 창작 발레로 무대화하는 작업은 개인 무용단의 규모로는 그리 만만하지 않다.

그러나 『칼멘 샌디에고의 행방』은 이 같은 우려를 불식시키는, 기대 이상으로 선전한 작품이었다. 단순한 등장인물에다 그리 탄탄해 보이지 않는 뼈대를 갖고 80분이란 시간을 지탱할 수 있었던 것은 무엇보다 칼멘 샌디에고를 한 명이 아닌 여러 명의 무용수들로 설정하고, 이들을 통해 현실과 상상의 세계를 넘나들도록 한 연출과 여기에 무대미술과 음악, 그리고 조명과의 공조 작업을 통해 상당한 상승 효과를 끌어냈기 때문이다.

프롤로그와 에필로그에 흑백으로 제작된 영상을 통해 무대 스태프들을 소개하는 시도는 이 작품을 마치 한 편의 영화를 보는 듯 전개시키려는 안무가의 계산된 의도로 읽혀졌고 이는 신선했다. 막이 오르자마자 강렬한 음악과 빠른 템포의 춤으로 무대를 장악한 것 역시 어느 춤 작품과는 다른 구성이었다. 곧이어 챙이 큰 붉은 모자와 스타킹을 착용한 여러 명의 군무진들이 보여주는 스케이팅하는 듯한 움직임은 이들이 누군가를 피해 쫓겨다니는 캐릭터임을 한 눈에 드러나게 한다. 이런 모든 과정들은 상당히 빠른 템포로 전개되면서 마치 한 편의 추리 영화를 보는 듯한 환상에 빠져들게 만든다.

검정 색의 소용돌이 무늬와 백색이 묘한 배합을 이루는 김들내의 무대미술은 이 작품의 내용과 분위기를 설명하는 상징적인 도구로 80분 길이의 작품을 끌어가는 데 상당한 힘을 보태주고 있다. 도둑과 탐정의 미로 찾기, 때론 지문을 형상화한 듯한 이 소용돌이 무늬는 바둑판 무늬나 빛의 질감에 따라 주인공의 심리를 묘사해 내는 이의년의 조명과 함께 몸짓으로만 표현하는 스토리텔링의 춤 작품에서 오는 한계를 상당 부분 커버해 주고 있다.

왈츠에서부터 코믹한 분위기, 그리고 내재된 감정의 흐름을 표출해 내는 정밀한 느낌까지 분위기에 따라 자유롭게 변화시키는

…기까지 소화해 내야하는 것은 무용단원들에게는 분명 어려운 요구이다. 감칠 맛 나는 대사의 구사나 톤 조절, 시시각각 변하는 감정을 담아내는데 어려움을 겪은 몇몇 주인공들의 움직임과 연기력은 작품 전체의 밀도에 적지 않은 영향을 끼쳤다.

음악적인 면에서도 좀더 보완의 필요성이 있다. 전체적인 음악 구성은 극적 전개나 장면의 분위기를 적절하게 살려낼 만큼 뛰어났으나 정작 무대 뒤에서 행해진 라이브 연주는 음량 자체가 지나치게 작아 작품의 극적인 전개에 활력을 불어넣지 못했다. 악기 편성을 더욱 늘려 관객들이 극적인 흐름에 동화될 수 있도록 라이브 연주의 효과를 최대한 활용하도록 할 필요가 있다. 출연자들이 객석을 통해 무대로 등장하는 시도 등으로 인해 악사들을 무대 앞에 배치하지 못했다면, 무대 좌우에 악사 석을 따로 만들어 밖으로 나와서 연주하도록 하는 것도 고려해 볼 만하다.

『요놈, 춘풍아』는 흔히 초연 작품에서 자주 발견되는, 몇몇 부분에서의 세밀한 연출이나 안무 구성 면에서의 보완 필요성도 눈에 띈다.

그럼에도 불구하고 이 작품은 충분히 레퍼토리화의 가능성을 보여주었다. 그 만큼 대중적인 재미가 있다. 여기에 울산시립무용단 단원들이 자주 접하지 못했던, 쉽지 않은 움직임들을 비교적 무난하게 소화해 냈고, 마당놀이 형태의 공연에서 요구되는 특유의 분위기에도 비교적 잘 적응했다. 이는 이번 작품을 위한 단원들의 적지 않은 준비 작업이 있었기에 가능했을 것이다. 울산 지역에서의 공연 뿐 아니라 인근 지역과 다른 지역으로까지의 순회공연을 적극 시도하고 이 과정에서 꾸준히 작품을 다듬을 필요성이 있다.

선진 여러 나라의 경우 각 지방마다의 문화적인 수준 차이를 극복하기 위한 차별화 된 정책을 시행하고 있다. 울산시립무용단이 창단 된지 2년밖에 안된 신생 단체이고 아직은 무료 공연에 익숙해져 있는 관객들이란 문화적인 환경을 감안하면, 울산시립무용단의 쉽고 가벼운 소재의 작품을 통한, 대중들과 친숙해지기 위한 노력은 다른 도시의 시립 무용단체들도 본받을만하다.

직업무용단의 경우 궁극적으로 예술성 높은 작품을 통해 대중성을 획득해 나가야 하는 것이지만, 지역적인 여건을 무시한 채 직업무용단이 자칫 단장이나 상임 안무가 개인

김나영 안무 『칼멘 샌디에고의 행방』

49. 2003. 10 / 댄스포럼 / 정순영 / 현대춤으로 옷갈아입은 중견 한국 춤 작가들의 시선

한국 춤연구회 제 18회 한국무용제전「수마트라의 꿈」

댄스리뷰

현대춤으로 옷 갈아입은 중견 한국춤 작가들의 시선

– 한국춤연구회 제18회 「한국무용제전」

최은희 교수님께(공연과 리뷰 편집부/김태원, 02-745-9527, E-MAIL: meehak@daum.net)

「천둥소리」, 혹은 춤을 통한 우리 역사 읽기

김태원(춤비평·『공연과 리뷰』 편집인)

50. 2003. / 공연과리뷰 / 김태원 / 「천둥소리」 혹은 춤을 통한 우리역사 읽기

『천둥소리』, 혹은 춤을 통한 우리 역사 읽기

부산에서 춤패 배김새를 이끌고 있는 최은희의 새로운 안무작 『천둥소리』는 그간 이 춤꾼이 제의적 형식의 춤에 많이 치중해 왔던 흐름에서 벗어나, 김주영의 소설을 이용, 서사적 형식의 춤을 시도해본 색다른 경우였다. 소설에서 구체적으로 묘사되었을 법한 인물의 캐릭터를 간략히 추상적으로 상징화시키면서 우리 아픈 역사의 체현자로서 안무가 스스로가 그 역(役)을 맡아 춤을 이끌어간 이 공연(을숙도 문화회관, 10월 29 ~ 30일)은 한국창작 춤이 80년대 후반부터 적극 춤으로 전환시킨 소설가 오정희 · 황순원 · 김동리 · 이호철의 이름 위에 또 한사람의 이름을 덧붙이게 했다.

공연은 전반적으로 먹물을 뿌린 듯한 어두움 속에서 천둥소리가 들리고, 바람이 거칠게 불어 마치 어디에선가 천막조각이 날아간 듯한 황폐한 분위기 속에서 시작 되었는데, 오랜 경험이 있는 정진윤의 장치는 무대 호리존트에 나무상자들을 쌓아 올리고 검은 천을 둘러 쳐서 무대가 마치 비뿌리는 야적장과 같은 분위기를 갖도록 해주었다. 사실 그러한 분위기 만들기는 쉬운 듯하면서 결코 쉬운 것은 아닌데, 흥미롭게도 그 같은 '무기교의 셋팅'은 동란을 겪게 되는 우리 역사의 암울한 상황과 맞물려 이 같은 춤이 자칫 소홀하기 쉬운 리얼한 정서를 이 작품에 귀하게 부과해 주었다.

나로서는 소설을 읽지 못해 작품흐름의 구체적인 면을 지적하긴 힘들지만, 안무자는 작품속'신길녀'를 역사를 경험한'우리'로 대범하게 치환시키면서, 그 스스로를 역사의 체현자로서 또 작품의 해설자로 내세우는 한편 또 다르게는 어둠의 응시자로, 공포의 경험자로, 또 삶의 뻘밭을 뒹구는 자로 만들었다. 처음 천둥과 비바람이 치는 어둠 속에서 한쪽 기둥에 기대어 흰 얼굴로 공포에 질린 표정을 보여줄때, 또 공연의 후반부 어디에선가 무대 바닥을 뒹구는 아픈 몸짓을 보여줄 때, 역사적 삶의 체현자로서의 아픔은 비교적 쉽고 설득력 있게 부각되었다. 그러나 자신의 역을 제외한 너무 많은 것을 추상화시키다보니, 사실 안무자의 존재성만 돋보이는 결과를 또한 빚고 있었다. 이 춤 집단의 중간리더인 신은주와 하연화, 또 그들과 짝을 이뤘던 한종철, 최의옥과 같은 춤꾼들의 존재성은 어떤 측면 좀 더 구체적인 상황이 더 보태어졌다면 좋을법했는데, 작품속에서는 익명의 어둠속의 군상(群像), 그 이상은 못되었다. 단지 기하하적 동작선을 이용, 도피의 이미지를 형상화한 신은주의 절도있는 포즈, 비극을 차갑게 응시하는 듯한 흰 얼굴 바닥위에 뚜렷한 표정을 보여준 히연화만 지우기 힘든 어둠속의 잔영처럼 뇌리에 남는다. 그 외 많은 부분은 특히 후반부에서 배김새 특유의 유연한 흐름을 갖는 군무 – 대각선의 열무(列舞)일 때가 많았다 – 로 채워 갔는데, 이것은 일종의 코러스와 같은 기능을 했다. 즉 춤꾼들은 대금이나 종소리가 들리는 릴랙스된 상태 속에서 하늘로 두 팔을 올려 나무들처럼 정지해 있거나, 그 정지됨을 풀고 느린 물살들처럼 천천히 이동해가면서 맴돌기를 했다. 그것은 역사의 아픔과 그 소용돌이침의, 말없는 인내의 모습일 것이다.

필요한 부분에 좀 더 밝은 이미지가 부각되면서 그것이 어둠과 콘트라스트를 일으켜야 했을 것인데, 전반적으로 단색도의 묵화를 보듯, 혹은 어둠속에 벽면을 더듬듯 어두웠고 또한 이미지들은 모호했다. 그러나 이상하게도 그 어둠속에서 어떤 역사의 '소리 없는 절규'를 듣는 듯한 아픔과 신비스러움도 있었다. 긴 이야기를 요령 있게 축약한 대본(양효윤)과 음악편집(마린뮤직)도 장치와 함께 이 작품을 떠받쳤던 극장예술적 종합성의 측면들이었다.

2003.12 / 몸
한국의 근대를 바라보는 춤의 시선들

51. 2003. 12 / 몸 / 김남수 / 한국의 근대를 바라보는 춤의 시선들 「천둥소리」

고난의 역사를 두루마리 벽화로 그린 『천둥소리』

한국의 근대사에는 얼마나 많은 피가 묻어 있는가.

아직도 말 못할 억울함과 영혼의 피로, 비열한 죽임과 가혹한 운명의 그림자가 어른대지 않는가. 역사의 어둠 속에서 맹목적으로 떠밀려갔던 짐승의 시간들이 이제 망각의 항아리에 담겨 영원히 봉인될 수 있을 것인가. 살아남은 자의 죄스러움 뒤로 끔찍한 악몽들이 침묵할 뿐인가. 구천을 울리던 비명소리가 환청처럼 누군가의 가슴에 맺힌 것만으로 모든 것은 묻어질 수 있다는 것인가. 그건 아니다, 그렇지 않다, 라고 단호 하게 선언하는 춤이 바로 최은희의 『천둥소리』(10월 30일 을숙도문화회관 대극장)이다.

『천둥소리』는 두루마리에다 서사적인 역사화를 춤으로 그리는 듯한 작품이다. 불행했던 근대는 얼마나 풍부한 예술의 원천인가. 안무가 최은희는 작가 김주영의 원작을 정통 리얼리즘 형식의 큰 붓으로 대담하게 스케치하며, 미완의 역사적 책무마저 느끼게 하려 의도한다. 다만 리얼리즘 형식의 채용이 이채롭다. 그러나 모든 예술의 시초는 미메시스(모방)의 기원을 가지며, 제대로 표현되기만 한다면 리얼리즘의 진정성보다 깊은 울림을 가진 사조도 없으리라.

첫 장면 천둥소리를 모사한 음악과 성난 포효의 바다를 표현한 무대에는 출렁이는 거대한 천으로 가득하다. 심상치 않은 전조를 내비쳤지만 동시대의 감수성과 다소 거리가 있다. 이런 흐름의 굴곡이 최은희 솔로를 만나 극단적으로 치우친 조명의 강렬한 콘트라스트와 좌우의 끝간데까지 닿은 무대활용으로 증폭된다. 즉 독무는 꼬깃꼬깃한 몸에 깃들어 있던 억울한 사연을 펼치듯 무대 중앙을 향해 사각의 바퀴처럼 몸을 굴려간다. 생경함과 상징의 통과의례를 벗어나자, 한 여인의 불행한 개인사에 깃든 우리 근대사가 덩달아 돋을새김된다. 선과 질감의 표현이 정평이 난 신은주를 비롯한 남녀가 등장한다. 이들은 무대를 점유하고 갑남을녀의 사랑을 애틋하게 표현한다. 평범한 그들의 사랑이 어떻게 잔혹한 역사에 짓이겨졌는지, 어떻게 한국전쟁이 카인과 아벨의 형제, 살육전이었는지 보여준다. 급물살을 탄 이 공연의 리얼리즘은 일그러지고 능욕당한 사랑, 형제 살해의 모티브를 한국의 근대 풍경의 은유로서 제시하는 셈이다.

하지만『천둥소리』는 산문정신이 가진 현실주의와 역사적 재현능력에서 큰 장점을 수확하는가 하면, 그 표현 수위에서 생경한 감수성이 완전히 해소되진 못했다. 가령 두 편으로 나뉜 패거리가 청/홍의 손수건을 꽂은 밀리터리 룩을 보여줄 때 그것이 남과 북의 피내음이 묻은 대결을 알레고리(우화)로 표현한 것임은 알겠다. 그러나 자칫 홍위병처럼 속류화된 것은 핀트가 어긋난 디테일의 마감처리이다. 또한 샤막 대용의 반투명한 막이 무대를 반분할 때도 가난한 세트미학을 만났다. 뜻밖에도 그 막의 앞/뒤로 개인의 고독과 집단의 혼돈이 엇갈리는 스펙터클은 망외의 소득이다.

반면, 조명은 우리 근대의 관심사가 이념대결이었다는 사실을 사각이 생길 정도의 극단적인 좌우의 빛으로 무대를 갈라 형상화했다. 덕분에 예각의 빛과 그림자를 띤 무용수들의 마스크는 들끓는 내면의 망령에 시달리는 음울한 표현주의의 경계인처럼 나타나 인상적이었다. 무엇보다 지극히 어두운 무대 그 자체와 앙상하면서도 차거운 금속성의 빛을 내쏘는 철골구조물 역시 무대미술의 힘으로 역사의 뉘앙스를 힘있게 은유하고있었다.

후반부에서 한 여인의 넋을 들이듯, 혹은 그 여인의 회한이 체념하듯 최은희 솔로를 중심으로 보여준 위무의 춤은 전통적이면서도 탄탄한 베이스를 느끼게하는 은근한 기운이 가득했다. 이윽고 남성 무용수들과 교감하는 장면은 전쟁이 낳은 꺼지지 않은 슬픔의 불씨를 사람과 사람 사이의 신호같은 춤으로 풀어가는 듯했다. 다듬지 못한 디테일과 순일하지 않은 산문정신에도 불구하고, 리얼리즘의 역사적 상상력을 정공법으로 구사하여 많은 잠재력을 품은 공연이었다.

최은희의 큰 춤판
일시: 2003년 10월 29일-30일 오후 8시
장소: 을숙도 문화회관 대극장

52. 2004. 8 / 춤 / 정순영 / 돋보인 주술성과 신비성의 춤 「네개의 바다」 「높새바람」 「넋들임」

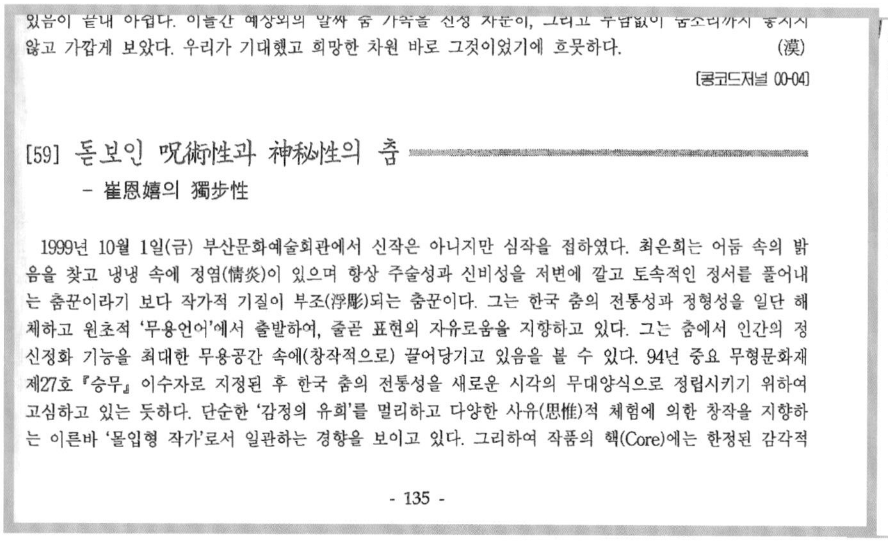

있음이 끝내 아쉽다. 이들간 예상외의 말싸 움 가족을 진정 자분히, 그리고 부담없이 숨소리까지 놓치지 않고 가깝게 보았다. 우리가 기대했고 희망한 차원 바로 그것이었기에 흐뭇하다. (漢)

[콩코드저널 00-04]

[59] 돋보인 呪術性과 神秘性의 춤

– 崔恩嬉의 獨步性

1999년 10월 1일(금) 부산문화예술회관에서 신작은 아니지만 심작을 접하였다. 최은희는 어둠 속의 밝음을 찾고 냉냉 속에 정염(情炎)이 있으며 항상 주술성과 신비성을 저변에 깔고 토속적인 정서를 풀어내는 춤꾼이라기 보다 작가적 기질이 부조(浮彫)되는 춤꾼이다. 그는 한국 춤의 전통성과 정형성을 일단 해체하고 원초적 '무용언어'에서 출발하여, 줄곧 표현의 자유로움을 지향하고 있다. 그는 춤에서 인간의 정신정화 기능을 최대한 무용공간 속에(창작적으로) 끌어당기고 있음을 볼 수 있다. 94년 중요 무형문화재 제27호『승무』이수자로 지정된 후 한국 춤의 전통성을 새로운 시각의 무대양식으로 정립시키기 위하여 고심하고 있는 듯하다. 단순한 '감정의 유희'를 멀리하고 다양한 사유(思惟)적 체험에 의한 창작을 지향하는 이른바 '몰입형 작가'로서 일관하는 경향을 보이고 있다. 그리하여 작품의 핵(Core)에는 한정된 감각적

- 135 -

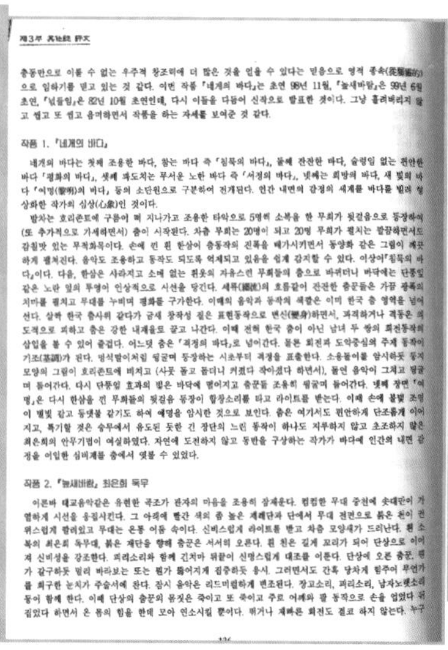

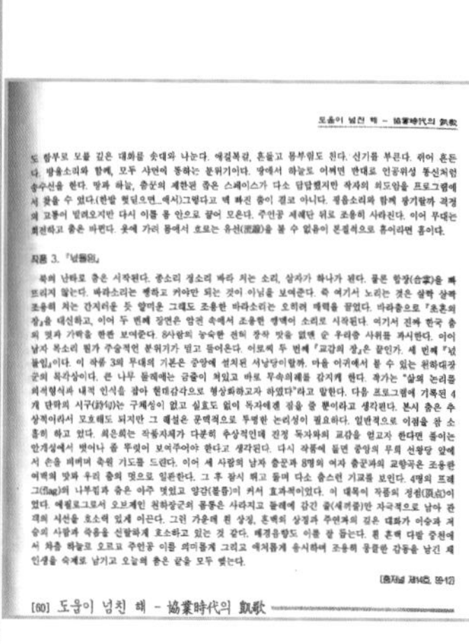

53. 2007. 2 / 댄스포럼 / 정순영 / 메소드 示範과 함께 그 線上의 創作 (정순영 평론 제3집)
「몸부림(메소드)」 「이름없는 수초의 노래」

창무 한국창작춤 "배김새"와 함께 崔恩姬 , 2006년12월18일– 19일, 포스트극장.

「창무 한국창작춤 메소드 공연 」

한국창작 춤의 엔진 창무회(김매자 주도)는 2006 년 1월부터 12월까지 포스트극장에서 릴레이 기획 공연을 가졌다. 매달 한 팀씩 12회(단체) 모두 제 나름의 춤을 보였다. 그 열 두 번째가 최은희가 그의 무용단 〈 배김새〉와 함께 공연을 하였다. 이 프로젝트(한국 창작춤 메소드 공연)는 1 월 창무회 김선미, 2월 임학선의 "We", 3월 윤덕경, 4월 박선옥, 5월 춤다솜 양선희, 6월 강미선, 7월 강미리, 8월 국민댄스시어터 이미영, 9월 정혜진, 10월 황희연의 리올, 11 월 윤미라, 12월 열두 번째로 창무회 창단멤버인 최은희와 배김새가 바통을 받았다. 필자는 이중 몇 편은 보았으나 이번처럼 메소드 훈련법을 따로 보여주지 않았다.

작품 1. 〈몸–부림(操)=메소드〉 배김새의 춤 메소드 일부 시범,

*무 음악, 조용한 걷기부터 시작이다. 여러 곳에서 같은 걷기로 모여든다. 참으로 대지(땅) 소리를 느낀 듯 조용한 걷기 모습이다. 상체는 부동. 오직 걷기다. 어느 덧 6명이 된다. 그 들의 몸–부림(기초과정)을 무대에 옮겨 놓고 있음을 직감한다. 무사 무념의 표정으로 서로 다른 방향의 전방 보행이다 . * 다음은 모두 눕는다. 이때 북소리와 함께 우리 음악이 함께 간다. 하반신의 동작단계다. 발을 들고 발목 돌리기, 한국 춤에서 발목에 대한 신경과 훈련은 새롭게 다가왔다. * 이젠 서서 팔 동작으로 넘어간다. 좌 우 팔을 바꾸며 휘돌린다. 몸 앞으로 구부리고. 손을 모으고, 양팔을 옆으로 길게 반드시 편다. 물론 춤꾼들의 몸 방향은 제 각기다. 팔과 함께 크게 돌린다. 서서 앞으로 몸을 구부린다. 뒤로 다리를 들어 올린다. 우리 춤에 자주 쓰이지는 않지만 표현 동작으로는 자주 본다. * 은은한 종소리, 징소리가 흐른다, 하늘 높이 양팔을 들어 올리고 아래로 내리고, 조용히 몸을 구부리고, 온몸을 늘인다. 몸을 뒤로 젖힌다. 그리고 좌우로 구른다. 그러고 나서 팔 흔들며 이리저리 걷고 뛰고 다시 무 음악, 몸 비틀기, 통통 제자리 뛰기, 그리고 호흡을 고르듯 종용한 자세가 된다. 이상 1부에서 배김새의 교과서적 메소드(몸 익히기)의 극히 일부분 단편을 보였을 것이다. 최은희는 신체를 **部位**에 따라〈 2**元**단전, 3**下**단전, 4**中**단전, 5**上**단 전 〉으로 분류했다. 이는 도가(**道家**) 에서 말하는 새 단전(**丹田**)의 원리와 같다. 단조로운 기초라서 흉내만 내면 되는 것아 아니라 뼈저리게 느껴야 그래야 살아남는 다를 알아야 할 것이다.

작품2. 〈이름 없는 수초들의 노래〉는 地–水–火–風–水草로 이어지는 구성이다.

작품 전개는〈플로로그=몸 맞이〉 지(**地**)의 장은 모체와 대지의 장은 자연의 일부로 태어난 생명의 탄생이고, 수(**水**)의 장은 시간과 공간의 흐름(**流**)의 장이고, 화(**火**)의 장은 방황이나 저항 등의 요소들 즉 대립의 장이다, 풍(**風**)의 장은 새로운 기류의 시간, 공간 등 전환의 장이며, 〈에필로그=사방풀이, 즉 총체적 모음으로서 하나가 됨, 갈등의 해서(**解舒**)와 솟구치 는 생명력으로 종말을 장식한다.

1장: 땅(**地**) – 작품은 최은희의 독무부터 시작한다. 땅의 기를 받아드리고 하늘로 피어오르게 하는 우주의 호흡을 내용을 느끼게 하는 춤이다. 가볍고 하늘거린 옷감의 옅은 흙의 색 깔과 노–슬리브 의상이 움직이는 몸의 선을 바로 숨김없이 나타내준다. 더하여 푼 긴 머리가 움직임의 폭을 넓혔고 뭔가 익숙함까지 풍겼다. 안무자는 춤을 안추고(어쩌면 못 추는) 시류에 대한 도전 같기도 했다. 교수직은 정년이 있지만 춤꾼에겐 그것이 없기에 말이다. 합장하여 하늘을 우러러 보이드니 뒤로 돌아 서서 땅을 보고 지기(**地氣**)를 모으고 있었다.

2장: 물(**水**) – 안무자의 속셈은 모르지만 전반은 양수(**羊水=生成**), 후반은 자연의 물 흐름으 로 필자는 보았다. 중앙에 누워있는 한 여인, 히프를 움직이며 둘레를 돌며 서성이는 여인 4사람, 은은한 종소리, 다리를 들고 흔들거리는 여인들의 여러 모습이 보인다. 서로 팔짱을 끼고 힘을 모으는 모습이 전반이다. 생명의 장이라 하고, 다음 후반은 자연 묘사의 장이라 할 수 있다. 맑고 흐르는 물소리(**細流**)가 들린다 춤꾼들은 물결처럼 기어가다 누워 옆으로 돌아간다. 느린 팔 동작과 맑은 물소리는 조화를 잘 이룬다.

3 장: 불(**火**) – 바쁘게 뛰어든 한 여인이 막다른 벽 앞에 멈춰 선다. 벽에 뛰어오른다. 그 몸짓이 예사롭지 않다. 잘 훈련되어있다. 또 3명이 가한다. 뭔지 위급한 소리를 지른다. 굴러 앞으로 나온다. 소리와 포즈가 이어진다. 새로 한 줄로 서서 몸부림을 친다. 뭔가 충격을 느낀 표정이 이어진다. 사이렌소리 같은 위급을 알리는 험한 효과음이 이어진다. 위기(**危機**)를 나타내는 동작을 한국 춤으로 실감 있게 표현했다. 몸에 익은 그들의 메소드가 표출했다. 구급차의 비상 음(**音**)은 계속되고 있다. 좌우로 뒹굴다 무릎 꿇고 하늘 보는 춤꾼, 모두는 앉은 체 몸을 뒤집는다. 이렇게 화(불)는 급(**急**)으로 이미지화 하였다.

4장: 풍(바람) – 최은희 독춤, 수건을 쥔 "살풀이"춤 조(**調**)로 바람을 대신했다. 역시 간 머리는 풀고 유연한 맴돌이 동작과 함께 나부끼는 하얀 수건춤이 아직 짱짱한 그의 저력을 과시했다. 한국 전통춤의 역(**域**)을 지키려는 노력도 잊지 않았다. 역시 광풍(**狂風**)은 아니고 미려(**美麗**)한 춤 속에서의 바람이었다. 그는 생력(**省力**)의 이치(Economy of Energy)를 알고 있었다.

5 장: **水草**(물풀) – 바람에 밀려 강변을 맴도는 이름 없는 수초처럼, 눈물의 가장자리로 흘러 들고. 떨어지는 눈물을 매만지기 전에 또다시 떠밀려가네, 어디로 어디로……. 이 같은 풍정(**風情**)을 안무자는 〈이름 없는 **水草**들의 노래〉란 제목으로 **地** – **水** – **火** – **風**과 더불어 점묘(**點描**)하였다. 5명의 수초들은 밀리고 떠가며 이동하는 모습을 보여주기 위해 춤을 추며 가로와 세로 대형(**隊形**)을 바꾼다. 2:3 대형이 되기도 한다. 생음악 (김영찬, 장영진)이 동행한다. 잔 발 굴리기와 이에 따른 어깨와 팔 놀림으로 빗 부린나. 5명의 춤은 너욱 고소(**高潮**)해 간나. 지솟기, 산발 빨리 굴리고 옆으로 가재걸음, 흥으로 줌추다 멈춰 서고, 포즈하고 또 이어지고, 신명으로 두드리는 북소리도 춤 따라 점점 빨라진다. 수초들은 모두 제 나름의 홍취에 도취된 듯 해맑은 미소와 함께 행복해 보였다.

〉 출연자는 최은희와 함께 정미숙, 하연화(배김새 대표), 신은주(안무보), 김미정, 김경아. 이주현. 이현정 등 8명이 상경하여 춤판을 벌렸다. 김영곤 의상은 움직이는 몸의 선을 돋보이게 배려하여 좋았댜

〉무용수들은 메소드를 기본으로 하되 작품에서는 이미지에 따라 다각적으로 변신한다. 개개인의 개성과 즉흥성과 역할에 따라 새로운 동작의 창출이 따라야 한다.

〉메소드란 "몸 훈련방법" 이지 이 메소드가 바로 작품에서 구사하는 테크닉은 아니다. 어떤 동작이라도 필요에 따라 해 낼수 있는 저력을 의미한다. 해 낼수 있는 몸과 기교의 훈련이 메소드이지 표현상 모든 기교를 다 메소드가 커버할 수 있는 것은 아니다. 정해진 메소드의 순서를 바꿔서 배열하거나 조합하였다하여 좋은 작품이 되는 것은 물론 아니다.

〉춤꾼온 정해진 춤사위를 감탄 하리만큼 잘 추고 물론 감정 내적 표현도 함께 중요하지만 춤 작가란 무엇을 춤의 내용으로 하느냐, 무엇을 말하고자 하느냐, 메시지가 무엇이냐가 작품 예술 가치를 좌우한다. 옛 춤 기교 속에 오늘의 자신의 생각을 함께 합승시킨다면 이 건 춤 작가의 일이다. 한국 창작춤의 발상이 바로 여기일 것이다. 박물관의 소장이 아니라 지금 이시대의 우리의 예술인 것이다.

〉나는 가끔 부질없는 이런 엉뚱한 생각을 할 때가 있다. 한복의 날을 정하여 모두 한복을 입고 거리예 나서자. 더러 모여서 거리의 춤을 추자. 궁중어와 같은 존대어가 일상용어가 된다면 얼마나 차분하고 정중한 사회가 될까? 모두 불성설 환상이다. 하두 끔직하고 반인륜적이 분노할 장이 매일 연발이다. 이런 와중에 최은희 물풀(水草)은 춤이기보다 사회 정화제이다. "민초"에는 아이들 미소같이 해맑은 서민의 얼굴들이 이야기가 그 배면에 깔려 있다. "이름 없는 수초들은 또다시 떠밀려 떠밀려가네, 어디로 어디로" 란 안무자의 말이 인상 깊다.

〉최은희에게는 튼튼한 춤밭 기반이 있다. 국립국악원(78), 정신문화연구원 (80- 82)동안 궁중무 및 무속무의 체계적인 연구와 실기를 연수하였다. 그리고 부산시립무용단(83- 84), 울산 시립무용단(00 - 02) 상임 안무장 경륜도 빠트릴 수 없다. 1985 부터는 배김새무용단을 통해 많은 작품을 발표했다. 그동안 사사는 김천흥, 한영숙, 김병섭, 강선영, 이매방, 김매자 까지 두루 거쳤다. 당초에는 한국 토속적인 제 의식무가 작품 근간이었다. 대학(경성대)에서 부터는 춤가락 전수보다 그 뿌리가 될 메소드에 깊은 관심과 전수할 체계의 확립에 고심하였고 전통의 계승의 발전적 향로를 모색하였다. 지금 그는 부산과 지역 춤 문화의 선도자로 조용한 구심점으로 알려져 있다. 1903년에는 김주영의 소설을 이용한 서사적 새로운 춤 형식을 시도했다. 동란을 겪은 우리의 암울한 역사를 〈천둥소리〉에 담아 춤 속에 이미지와 추상을 담는 시도를 하였다. 이번 춤도 그중 하나이다.

55. 2007. 7 / 몸 / 조봉권 / 최은희의「목숨오름」 – 꽃을 위한 생명

N·e·t·w·o·r·k 부산 BUSAN

최은희의 〈목숨오름〉

글_ 조봉권 국제신문 문화부 기자
사진제공_ 징무용단

텅 빈 무대였고 어두웠다. 환호작약이 됐든 생로병사가 됐든 생명 자체를 표현하기에 좋은 공간이었다. 물은 빈 곳이 있어야 모인다. 그릇은 비어야 채울 수 있다. 생명도 깃들려면 빈 공간이 있어야 한다.

무대 뒤 화면에 디지털 이미지가 맺혔다. 동그란 붉은 띠의 형상으로 시작한 디지털 이미지는 곧 혼돈과 안정이 교차하는, 시뻘건 태양의 이미지로 변하면서 운동하기 시작했다. 샤막이 걷히고 춤도 함께 시작됐다.

디지털 영상 이미지는 혼돈(chaos) 속의 잉태, 생동의 질감을 표현했다. 그러다 이내 차가운 디지털 감옥, 냉정한 금속성 마티에르로 그린 회색 도시, 사방을 막는 벽으로 변했다.

춤꾼은 그 이미지들을 등에 업고 홀로 춤췄다. 충만한 기(氣)를 보여준 몸짓과 반복된 도약이 생명의 생명력을 그렸다면, 뒤로 가서는 생명의 위축과 조락의 모습을 절실하게 표현하려 했다.

후반부에 춤꾼은 디지털 영상을 배제했다. 텅 비고 어두운 무대에서 홀로 춤추며 작품을 이끌고 갔다. 고통스런 혼돈 속에서 탄생했고, 팽팽한 기운으로 환호작약했던 생명이 구원의 땅인줄 알고 내딛었던 디지털 세계에서 갇힌 몸이 되어 바스러져 갔다. 마지막 장면에서 춤꾼은 '구원은 가능한가' 하고 묻는다.

최은희(경성대 무용학과) 교수가 지난 6월 12일(화) 경성대 콘서트홀에서 보여준 솔로 공연 〈목숨오름〉의 장면들이다. '한국춤과 디지털 미디어의 조우'가 부제이다. 최근 몇 년, '우리 춤의 우리춤다움' '춤의 춤다움'에 집중했던 그가 디지털 영상을 자신의 솔로 공연에 끌어들인 것이다. 이건 조금 뜻밖이었다. 과감하다는 느낌도 받았다.

이 공연을 보면서 작품 이전에 주목한 것은 최 교수의 춤 행보이다. "1978년 창무회 공연으로 〈이 한 송이 피어남에〉를 안무해 춤춘 것을 데뷔로 보면 올해가 창작 작업을 해온 지 꼭 30년이에요." 그 30년 동안 그의 주제와 관심은 민속에 기초한 춤의 제의성에서 사회참여적인 춤, 생명에 대한 관심 등으로 끝없이 변화했다. "큰 작품을 안무할 때는 필연적으로 창작자뿐 아니라 조정자 역할도 겸해야 하기 때문에 나만의 주제의식을 온전히 펼치기 힘들어요." 그가 꾸준히 솔로 공연을 올리는 이유 중 가장 큰 요소다.

이렇게 왕성한 활동과 멈추지 않는 고민은 후배 춤꾼들에게 분명히 귀감이 될만하다.

〈목숨오름〉의 경우 구성의 매듭이 분명하고 기승전결이 뚜렷해 작품에 흡인력이 있었다. 다만 두 요소가 한데 엮이어야 할 필연성의 고리는 그 악력(握力)이 다소 약하지 않았나 하는 의견들이 있었다. 춤과 디지털 영상 사이에 절실한 상호작용이 있었나 하는 물음이다.

다른 매체와 교호하는 것이 진정한 상호작용으로 발전하면서 춤의 확장으로 이어지려면 한쪽의 존재 없이 다른 한쪽의 존재도 성립될 수 없는 데까지 도달해야 할 것이란 이 주장에 관심을 기울일 필요가 있을 것 같다. 어쨌든 그는 과감하게 실험했다.

082 momm

텅 빈 무대였고 어두웠다. 환호작약이 됐든 생로병사가 됐든 생명 자체를 표현하기에 좋은 공간이었다. 물은 빈 곳이 있어야 모인다. 그릇은 비어야 채울 수 있다. 생명도 깃들려면 빈 공간이 있어야 한다.

무대 뒤 화면에 디지털 이미지가 맺혔다. 동그란 붉은띠의 형상으로 시작한 디지털 이미지는 곧 혼돈과 안정이 교차하는, 시뻘건 태양의 이미지로 변하면서 운동하기 시작했다. 샤막이 걷히고 춤도함께 시작됐다.

디지털 영상 이미지는 혼돈(chaos)속의 잉태, 생동의 질감을 표현했다. 그러다 이내 차가운 디지털 감옥, 냉정한 금속성 마티에르로 그린 회색 도시, 사방을 막는 벽으로 변했다.

춤꾼은 고 이미지들을 등에 업고 홀로 춤췄다. 충만한 기(氣)를 보여준 몸짓과 반복된 도약이 생명의 생명력을 그렸다면, 뒤로 가서는 생명의 위축과 조락의 모습을 절실하게 표현하려 했다.

후반부에 춤꾼은 디지털 영상을 배제했다. 텅 비고 어두운 무대에서 홀로 춤추며 작품을 이끌고 갔다. 고통스런 혼돈 속에서 탄생했고, 팽팽한 기운으로 환호작약했던 생명이 구원의 땅인줄 알고 내딛었던 디지털 세계에서 갇힌 몸이 되어 바스러져 갔다. 마지막 장면에서 춤꾼은'구원은 가능한가 하고 묻는다.

최은희(경성대 무용학과) 교수가 지난 6월 12일(화)경성대 콘서트홀에서 보여준 솔로 공연『목숨오름』은 장면들이다. '한국춤과 디지털 미디어의 조우'가 부제이다. 최근 몇 년, '우리 춤의 우리춤다움' '춤의 춤다움' 에 집중했던 그가 디지털 영상을 자신의 솔로 공연에 끌어들인 것이다. 이건 조금 뜻 밖이었다. 과감하다는 느낌도 받았다.

이 공연을 보면서 작품 이전에 주목한 것은 최교수의 춤 행보이다. "1978년 창무회 공연으로『이 한 송이 피어남에』를 안무해 춤춘 것을 데뷔로 보면 올해가 창작 작업을 해온 지 꼭 30년이에요." 그 30년 동안 그의 주제와 관심은 민속에 기초한 춤의 제의성에서 사회참여적인 춤, 생명에 대한 관심 등으로 끝없이 변화했다. '큰 작품을 안무할 때는 필연적으로 창작자뿐 아니라 조정자 역할도 겸해야 하기 때문에 나만의 주제의식을 온전히 펼치기 힘들어요." 그가꾸준히 솔로 공연을 올리는 이유중 가장 큰 요소다.

이렇게 왕성한 활동과 멈추지 않는 고민은 후배 춤꾼들에게 분명히 귀감이 될만 하다.

『목숨오름』의 경우 구성의 매듭이 분명하고 기승전결이 뚜렷해 작품에 흡인력이 있었다. 다만 두 요소가 한데 엮이어야 할 필연성의 고리는 그 악력(幄功)이 다소약하지 않았나 하는 의견들이 있었다. 춤과 디지털 영상사이에 절실한 상호작용이 있었냐 하는 물음이다.

다른 매체와 교호하는 것이 진정한 상호작용으로 발전하면서 춤의 확장으로 이어지려면 한쪽의 존재 없이 다른 한쪽의 존재도 성립될 수 없는 데까지 도달해야 할 것이란 이 주장에 관심을 기울일 필요가 있을 것 같다. 어쨌든 그는 과감하게 실험했다.

□ 관무기(觀舞記) 2007. 7. 춤「목숨오름」

다시 생각하게 한 현상과 본질, 성공한 두 편의 지역춤

— 최은희 · 임지형&광주현대무용단

정 순 영

최은희 인무 · 춤「목숨오름」

54. 2007. 7 / 춤 / 정순영 / 〈관무기〉 다시 생각하게한 현상과 본질, 성공한 두 편의 지역춤 (정순영 평론 제4집) 「목숨오름」 – 꽃을 위한 생명

0 : 1 속에 함몰된 현대인의 실존, 생명체의 흐느적거림 – 최은희 춤『목숨오름』

6월 12일(화) 오후 8시 (부산) 경성대학교 콘서트홀에서 최은희가 창작춤 30년 기념의 이례적 솔로댄스, 한국춤과 디지털 미디어의 조우『목숨오름』을 선보였다.

프롤로그「침묵과 빛」: 태초에 칠흑과 같은 어둠뿐 어떠한 소리도 없다. 세상은 인간의 땅에 목숨이 오르기 위한 절대적 침묵이다. 다만 외마디 비명을 지르듯 한줄기 빛이 간간히 비칠 뿐이다.

1장「목숨오름」: 물 불 흙 공기가 어우러지기 시작한다. 그건 태극의 소용돌이다.그 속에 생명의 씨앗이 잉태한다 .절대무의 땅에 생명이 탄생한다. 만물이 꿈틀 댄다. 이 목숨오름은 환희로 바뀌고 살아 움직인다. 목숨오름은 축제의 장이 된다.

2장「존재의 혼돈」: 허공에서 갑자기 빛들이 떨어진다. 0과 1의 무수한 조합들이 인간 군상들을 휘감는다. 이 땅의 생명체들은 0이 아니면 1이라는 흑과 백과 같은 나선상에 휩싸여 기계처럼 변해간다. 인간 땅에 모든 생명체는 한 치의 오차도 허락지 않는 논리와 회로 속에 갇힌 것이다. 인간은 핵이 있는 세포의 집합체가 아니면 박테리아 군(群)인 비인간으로 나뉠 뿐이다. 이같은 새로운 혼돈 속에서 인간의 땅은 소외된 군상들이 존재할 뿐이다. 비트(Bit)와 디지털세상.

3장「목숨내림」'인스턴트나 디스포잘 속에서 벗어나고 싶다. 탈출구가 보이지 않는다. 인간 종말을 예고하는 처절한 징조만이 이리저리 혼란스럽게 뒹굴 뿐이다. 흐느적거리는 생명체들의 외침(絕叫)이 들린다. 땅이 갈라져 소용돌이치듯 춤을 추는 대지! 이윽고 땅은 핏물아 홍수 되고 생명체가 부재하는 태초의 어둠에 휩싸인다.

과연 생명의 인간종(씨앗)은 사라졌는가? 아니면 오름의 예고인가? 이렇게 3장은 죽음의 내(川)가 소용돌이치듯 흐르고 땅이 찢어질 듯 천둥소리가 진동한다,

에필로그「구원의짓」: 인간의 목숨 오름(Arising= 生)과 내림은 (Declining=死) 의 갈림길을 어떻게 그려내고 마감할 것인가는 작가 영단이자 재량이다. "구원의 빛"이 말해주듯 최은희는 희망과 꽃이 피는 생명의 세계로 안내한 것이다.

솔로댄스가 전혀 없는 것은 아니지만 이번 최은희의 솔로댄스는 이례적이다. 재학생은 물론 동문 무용단을 이끌고 과시적(?) 시위 공연이 판례인 시점에 이번 최은희의 솔로댄스는 파격적이다, 물론 최은희도 지금까지는 제자들과 함께 또는 제자들 의 춤을 주도해왔다. 이건 신무용시대의 군무(群舞)의 영향도 없지 않다고 본다.「솔로시리즈」는장려거리.

크로스오버와 퓨전이란 이름의 부차적 요소, 즉 오브제나 첨단 기기를 활용하여 오히려 춤이 매몰되고 현란(眩亂)한 부차요소가 앞에 선 꼴의 춤이 고개를 들고 관객의 시선을 빼앗아가기 시작하고 인기를 모았다. 육체의 언어는 사라지고 춤은 눈을 즐겁게 하는 데 편중되었다. 매몰되기 쉬운 춤본질의 망각은 경고해야 한다.

낡은 세계, 열린 세계로 향하고자 하는 포스트모더니즘의 현시점에서 글로벌 인식 아래 새로운 시도로서 영상 미디어의 활용이 보편화된 시기이기에 과감한 춤영역의 확장을 느낀다. 한국춤 창작 영역의 확장을 위한 실험적이고 발전적 시도로서 이번은 과학기술과 춤과의 만남의 적극적 춤의 장으로, 새로운 경험의 장으로 30년 춤생활 유랑을 거친 작가 최은희는 "어디만치 왔니"를 알아보는 새로운 제시이기도 하다. 항상 거듭나는 춤작가로서 또 한번 태어나고 있다.

『목숨오름』에서 디지털미디어의 꽃을 위한 생명은 단연 압권. 육체의 언어와 비주얼아트(영상)가 합주하여 창출된 시각예술성과 추상화된 음악(효과음)의 교향악이었다. 편중되거나 주종의 자리 바뀜이 아닌 협업(協業)이 성공한 모델이었다. 솔로 댄스를 가능케 한 받힘(支援)이면서 독자적 생명을 함께 누리는데 성공했다. 특히 2 장 1:0의 디지털 문명의 총체를 보여준 상징적 기법. 무너지는 빌딩 불타는 온갖 문명의 종말과 같은 부분의 영상은 시각에 호소한 확연한 메시지전달이 압권이다.

영상이 대본으로 이어지는 그 중심에 최성원이 있다. 성균관대를 졸업하고, 프랑스 리옹2대학 방송영상 창작학과, 스위스 로잔예술대학 컴퓨터 이미지 종합학과를 졸업한 3D애니메이션 전공자로 현재는 용인대학교 디지털미디어학과 교수. 인간소외로 주도하는 디지털 매체의 도입이 협업의 계기가 되었다. 카오스오와 정체의 이원적 만남이 이루어지면서 이미지의 상징성과 구체성이 혼융되는 공간이 되고 단절된 시간성을 표현하면서 미래의 긴 여정을 춤과 함께 가고자 하였다. 그가 없다면 작품은 탄생 안했다. 또한, 테마뮤직의 크리에이터 양용준의 역할도 빼놓을 수 없다.

각론 : (1) 무대는캄캄한 암흑속이다. 인성(人聲)같기도 하고 현묘(玄妙)하기도 한 신기(神奇)로운 테마음악 속에, 가는 불빛 두 개가 좌우 바꿔 점멸할뿐이다. 별들이 총총 천공(天空)을 보여준다. 무수한 별들의 천체중심에 붉은 덩어리가 마치 태아 처럼 신기롭게 시선을 당긴다. 곧 이어 돌며 움직이는 완성운체(壞狀雲體?)가 뜨기 시작하고 핵분열처럼 사무 터진다. 중간 막(Screen)이 올라가고 본무대로 변한다. 지금까지가 영상으로 보여준 프롤로그「침묵과 빛」일 것이다.

(2) 배경은거대한 환(環= Ring)이다. 갓(i象)은 활활 타 오른다. 곡예단의 불환(火環)과 같다. 그 아래 최은희 혼자 서있다. 안정감 있는 절경이다. 팔 동작부터 시작 한 조용한 움직임과 환이 돌기 시작한다. 가경(佳景)이다. 목숨 오름의 태아가 다시 뜬다. 최은희는 물 흐르듯 돌기위주의 한국 춤가락 바탕의 움직임이 전개된다. 1장「목숨오름」으로 보인다.

(3) 중간 막 다시 하강, 본격 영상(1:0, Digital Media)과의 조우인 2장「존재의 혼돈 」이 펼쳐진다 적색과 청색 영상의 랑데부가 벌어지다가 끝내는 태극문양까지 되는 정경 또한 일품이었다. 하늘에서 낙하하는 인체, 거리와 치솟는 빌딩, 무어지는 고층 건물 불바다의 거리 모두 1:0의 세계를 표상하는 디지털비디오의 압축이었고 춤과 별도로 기발한 영상 작가의 상상의 나래가 분명했다.

(4) 다시 춤으로 돌아온다. 최은희는 혼자 무거운 걸음으로 나온다. 무음악이다. 네모 조명안에 들어선다. 3장「목숨내림」이다. 4각, 12개 4각라이트 속에서의 내림 = 고통을 춤으로 보여준다 .사색, 고민, 신음까지 세상의 부정을 혼자 업고 괴로워하 는 모습은 여실히 표현 전달되었다 .푹 앞으로 쓰러지고, 온몸의 떨림, 구르기까지 감당하기 어려운 몸짓을 구사하였다. 생력(省力)적 몸짓은 노련과 고령을 숨김 수 없었다. 최은희의 수지분(守持分)을 아는 현명함을 느꼈다.

(5) 에필로그「구원의짓」은 종장인 동시에 그의 인생좌표를 느끼게 한 대목이었다. 적(赤)과 흑(黑) 포(布)의 대비적 등장과 합장의 춤이 그것이다. 붉은 천을 풀어 나간다. 연무(스모그)가깔린다. 그 속에 매몰된다. 조용히 합장하고 겸허한 몸짓은 구원과 희망의 희구(希求) 바로 그것이다. 여성(女聲)의 창소리와 함께 한류(韓流)를다시 느낀다.

남은 말 : 그의 춤에는 뒷모습이 자주 보인다. 무엇 때문일까 .앞면과 뒷면의 선호 는 다시 생각해볼 여지가 없지 않다. 왜 그랬을까 .한국춤 출신이 아니라 현대춤 춤 꾼이라면 상황은 달라질 것이 아닐까 생각해본다 .광적일 만큼 더 유연하고 격하고 열도} 높았을 것이다. 최은희는 천성이 단아하고 비흥분적 체질이라서 춤전개가 차분한 감이 아쉽다면 아쉽다. 아무튼 이 거대한 주제를 떠안고 혼자서 처리한 용기와 동기가 위대하기까지 하다 .작가의 산고(頃浩) 못지않게 평론가는 고민한다. 작품이 태어나는 작가의 뒤안골을 통찰해야 하고 단회의 공연을 보고 그 신고(辛苦)의 뒤안 길 고민과 고통을 결코 경시할 수 없음을 부언하면서.. .

56 . 2007. 9 / 댄스포럼 / 심정민 / 제21회 한국무용제전 최은희「목숨오름」 – 꽃을 위한 생명

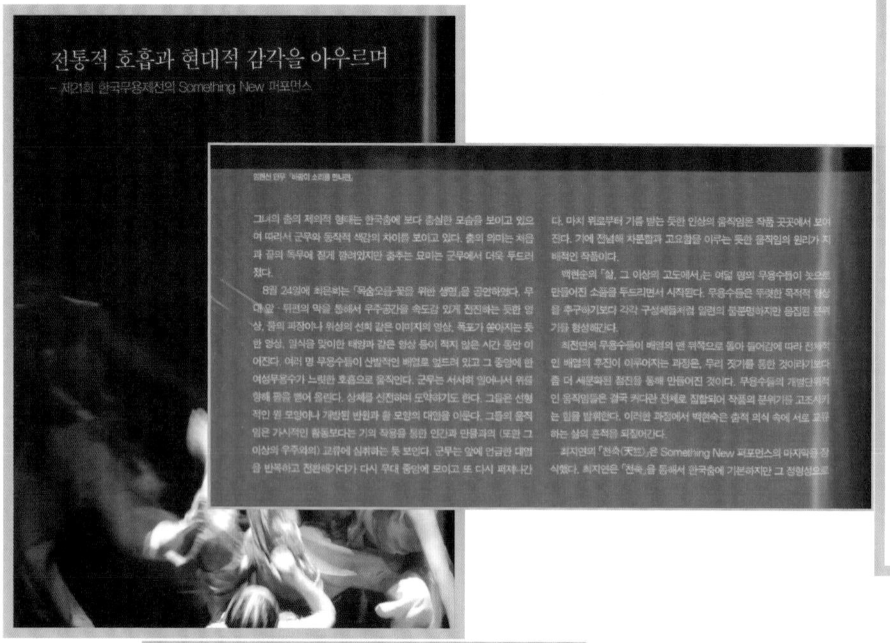
전통적 호흡과 현대적 감각을 아우르며
– 제21회 한국무용제전의 Something New 퍼포먼스

57. 2008. 8 / 미학부산을거닐다 / 임성원 / 2008년 부산국제여름무용축제「일 · 출」

2008 부산국제여름무용축제(BISDF)
'춤바람 나 바다에 첨벙 뛰어들다!'
2008 부산국제여름무용축제

58. 2008. 11-12 / 예술부산 / 배학수 / 최은희의「일 · 출」

무/용 들여다보기
19회 대학무용제
– 새싹이 움트는 부산 무용(부산문화회관 대극장, 2008. 10.23~24)
2008 September/October 69
THE ARTS TOWN BUSAN

무/용 들여다보기
2008 September/October 71

59. 2010. 11-12 / 예술부산 / 배학수 / 최은희의 춤「류, 흐르다 Ⅲ」

한 공간에 두 시간이 공존한다. (2010.11.2 경성대 콘서트홀) 하나는 최은희의 시간이며, 다른 하나는 무대 아래 관객들의 시간이다. 이것은 다시 각자의 시간으로 갈라져 수 백 개의 시간이 된다.

최은희는 이 작품에서 다양한 시간을 열어 보인다.이것은 아주 새로운 것이다.

최은희는 첫 작품「하지제」이래로 삶의 무게에 짓눌린 인간들에 대한 연민과 공포를 관객들에게 불러 일으켰다. 그렇다고 그 작품들이 사회주의 리얼리즘의 경향에 포함된다고 할 수는 없다.왜냐하면 작품의 소재는 노동자나 농민의 소외가 아니라 모든 인간의 보편적 고뇌이기 때문이다. '시학'(아리스토 텔레스)의 정의에 따르면 그녀의 초기 작품은 연민과 공포를 환기하여 그 감정을 정화한다는 점에서 비극적 무용이다.그 이후 그녀는 우주적 질서나 진리같은 형이상학적 주제로 관심을 전환했다. 그런데 이런 주제는 몸의 동작으로 표현하기에 매우 어려운 추상적 개념과 논리적 관계를 포함하고 있기 때문에, 작품은 불가피하게 난해하게 되었다. 필자는 최은희가 형이상학적 작품들을 계속 발표하는 시기에 무용 칼럼을 쓰기 시작하면서, 그녀가 왜 초기작품들처럼 관객의 내면적 고통, 다시 말해 인간이라면 누구나 겪어야 할 미움, 질투, 연민, 원망같은 근본 정서를 계속 다루지 않고, 거대 담론에 집중하고 있는지 안타까웠다.

「流 – 흐르다 Ⅲ」에서 최은희는 초기 시절로 돌아간다. 그러나 그 복귀는 기존의 과거로 되돌아오는 것이 아니라 좀 더 발전되고 변화된 것이다. 이 작품은 초기처럼 인간의 내면 정서를 다루면서도 감정적 분야보다 초월적 부분에 초점을 맞추고 있다. 인간은 유한한 존재이지만 한계를 넘어서 무한의 영역으로 들어가고자 한다.

인간의 초월적 태도를 최은희는 느리고 간결한 동작의 다양성 속에 건립한다. 그러면 관객은 자신의 시간으로 들어가 자신의 초월을 명상한다. 무대의 화면에 투사되는 하늘, 구름, 물방울, 기와집 처마의 문양등은 인간의 삶을 가능하게 하는 자연과 전통이라는 귀중한 터전인데도 우리는 그것들을 자주 잊고 살아간다.하늘에서 땅을 향해 중력의 저항을 느낄 수 있도록 두 팔을 천천히 내리고 다시 천상을 향해 치켜올리는 동작들은 자연과 인간, 그리고 전통과 현대의 통일을 염원하는 것이다.

최은희를 도와 두 명이 출연한다. 2장에서 강영기는 기공수련을 시행하며 인간이 우주의 기와 교류하는 것을 보여주려고 하였고, 4장에서는 밀양백중놀이 예능 보유자인 하용부가 나와서 기운을 아래에서 퍼올려 온몸으로 스며들게 하고 그것이 신명으로 연결되어가는 과정을 전통춤의 사위를 섞어가며 표출했다.

하이데거에 따르면 존재의 근본 조건은 하늘,대지,인간, 그리고 신의 사방四方이다. 인간이 하늘과 대지를 부려먹고, 신을 이용하는 것이 아니라 그들과 하나가 되어 살아가는 사유의 삶이, 필자의 눈에는, 이 작품에서 전개되고 있었다. 아마 최은희는 사유의 춤이라는 새로운 시기로 접어 드는 듯하다.

최은희의 춤
최은희의 춤, 流-흐르다 Ⅲ
글_배학수 / 편집위원
사진_이호형
36 | 예술부산

60. 2011. 7-8 / 예술부산 / 이은교 / 국립부산 국악원과 함께한 대학무용제 뿌리춤전「사 沙」

국립부산국악원과 함께한 대학무용축제 뿌리춤전
2011. 6. 28~29, 국립부산국악원 대극장

61. 2012. 1 / 몸 / 이상일 / 2011 포스트 춤판

dance review
2012. 1 / 몸

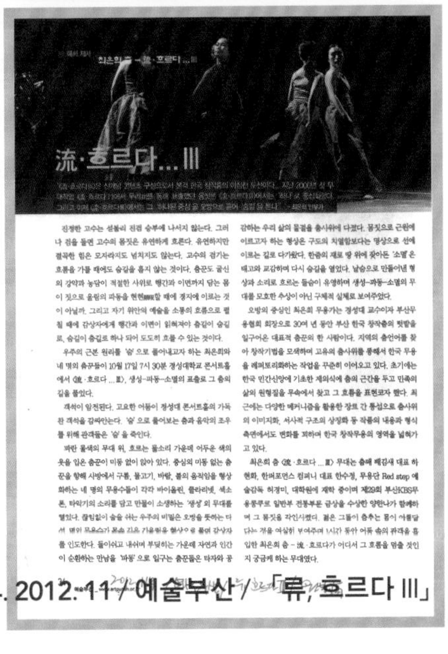

流·흐르다...Ⅲ

한국무용제전
최은희 등

62. 2012. 3 / 무용과 오페라 / 송종건 / 한국무용제전 최은희무용단「사 沙」

64. 2012. 11 / 예술부산 / 「류, 흐르다 Ⅲ」

최은희의 춤
류, 흐르다 III

63. 2012. 11/ 무용과 오페라 / 송종건 / 최은희의 춤 「류, 흐르다 III」

'자신의일상이 되어버린 춤과 삶을 고스란히 담아 녹였다'는 최은희의 춤 「流 – 흐르다 III」(안무: 최은희) 공연이 지난 10월 17일 저녁 부산 경성대학교 콘서트홀에서 있었다. 최은희와 부산을 대표하는 3명의중견 무용인 하연화, 허경미, 한수정, 등 4명의 솔리스트들이 함께 하던(이날 공연은 부산의 젊은 무용인 양한나 등도 함께 하며, 모두 5명이 공연했다) 이번 공연은 수많은 변호를 이루는 포맷의 안무 움직임을 예술적 에너지를 지키며 물 흐르듯이 이루어 내고 있었다.

인간 내면의 의미를 탐구하지만 그 움직임은 결코 안으로 파고들어 ' 내파 implosion)'하지 않고, 투명하게 외부로 ' 폭발(explosion)' 시키는 작업을 하고 있었다는 것이다. 그리고 이런 작업을 통해 객석과 그 의미가 소통되는 작품을 만들어 나가고 있었다는 것이다. 어떤 면으로 보면, 우리 전통춤의 현대화 작업을 서울보다 부산에서 더 객관적이며 깊숙이 이루어 내고 있는 공연의 현장이었다. 그리고 특히 이날 공연에서의 무용과 만나는 음악의 모습도 창의적이기만 했다.

경성대학교 음악학부 김종욱교수가 작곡하고 직접 실황연주를 하고 있던 이날 공연의 음악은 무용 움직임의 의미와 결을 고대로 살리면서도 객석에 어떤 예술적 표현까지 전달하던 수준 높은 작곡이요 (실황) 연주였다. 이것도 다시 서울의 창작 무용 공연 현장과 비교해야 할 것 같은데 서울의 공연장에서 '무용음악'을 만들었다고 하면서 그냥 무식하게 후두려치기만 하고 있는'무용음악'과는 그 예술적 의미와 표현의 차원이 달랐다

이날 공연에서의 창작음악과 창작무용과의 만남은, 아마도 평자가 그동안 본 무용공연에서의 음악과 무용과의 만남 중에서 가장 그 조화가 자연스럽게 이루어지던 설득력 있는 만남 중 하나였다. 막이 오르고 무대 중앙에 검정 의상의 최은희가 가부좌 자세로 앉아 있다. 그런데 최은희가 깔고 앉은 무대바닥을 가득 채우 는 흰 천이 여기저기서 꿈틀거리기 시작한다. 흰 천이 무대 후방으로 사라지고 네 여인이 그밑에서 나타난다. 이런 작품의 전개과정은 예술적 의미를 살려내고 있다.

다시 최은희가 등을 뒤로 하여 앉은 자세로 움직이고 4명의 솔리스트들이 사방에서 가만히 움직인다. 타악 음이 조금 더 강하게 이루어 지면서 5명이 서로 비대칭의 움직임을 이루는데, 물이 흘러내리는 듯한 느낌이 선명하게 만들어진다. 5명이 서로 독립된 상태로 자신들만의 움직임을 이루기도 한다. 작품 전체를 관통하여 흐르는 뚜렷한 메시지는 살아나지 못하는 아쉬움은 있지만, 안무 패턴의 변화는 정말 자연스럽게이루고있다.

다시 이제 솔리스트들의 독무가 순서대로 이루어지고 있다. 한수정은 두 팔을 들고 빠르게 회전하는 움직임 등을 이루고 있다. 그리고 다시 허경미는 두 팔을 서로 모아 빠르게 휘돌리는 듯한 움직임 등을 이룬다. 그리고 양한나는 두 팔을 앞으로 모으고 빠르게 쳐주는 듯한 움직임을 이룬다. 그리고 마지막으로 하연화는 트럼펫 연주와 함께 생동감 넘치는 움직임을 이루다가 갑자기 슬픈 듯이 자신의 얼굴을 손으로 감싸 안기도 한다.

다시 상대적으로 강렬한 타악기 음향이 연주되고 4여인이 기민한 움직임을 이루고 있을 때 최은희는 무대 중앙에서 어떤 균형을 이루는 움직임을 만들고 있다. 4여인이 바닥에 엎드려 있을 때, 최은희가 우측에서 합장하듯 서 있다가 몸을 깔아 앉히자 하늘에서 낙엽이 흩날려 떨어지고 있다. 계속 최은희가 생동감 넘치는 독무를 이루고 있는데, 이 정도 나이의 무용 수중에 이렇게 아직도 무대에서 직접 창작무용 표현을 하고 있는 무용수들이 많은가.

그런데 대부분들이 '원로'라는 타이틀만 붙이고 적당히 건들거리는 경우가 대부분이다. 그런데 최은희는 작품에 어떤 표현을 담는 움직임을 이루고 있다. 그리고 이 작품의 안무도 자유로운 분위기 속에서도 작품의 어떤 의미를 만들어가는 노력을 하고 있다. 다시 김종욱 교수의 한없이 맑은 피아노 음의 실황연주가 이루어지고 최은희와 4명의 솔리스트 여인들이 마치 깊은 우물에서 맑은 샘물을 길어 올리는 듯한 성스러운 움직임을 이루며 막이 내린다.

66. 2012. 12 / 춤저널28호 / 유인화 / 춤평론가상 수상자 - 연기상 최은희

| 춤 평 론 가 상 　 수 상 자 |

연기상

최 은 희 (부산무용협회장, 경성대 교수)

한국무용가 최은희 경성대 교수(56)는 2007년에 이어 이번에 다시 한국춤평론가회에서 수여하는 특별상을 받았다. 그만큼 부산지역에서 춤의 부흥을 다져왔다.

부산지역의 한국창작무용을 일귀온 그는 1985년 부산 최초의 민간동인춤단체인 '춤패 배김새' 를 창단해 부산의 한국창작춤바람을 일으킨 주인공이다. 그는 학생들에게도 춤 자체보다 춤의 정신을 우선으로 가르친다. "춤의 전통을 중시하되 우리의 주체성을 지키기 위해 역사와 철학적 사고를 겸비해야 한다. 또한 현실인식을 강조하고 시대의 정신을 향해 깨어있어야 한다" 고 강조하곤 한다.

최은희 교수는 한국무용협회 부산지회 회장으로 4년의 임기를 채우는 동안 굵직굵직한 행사를 유치했다. 2011년에 부산에서 개최한 전국무용제는 최은희 지회장의 저력을 또 한 번 과시한 행사로 꼽힌다. 부산이 제1회 전국무용제를 개최한 후 20년 만에 다시 전국무용제를 유치한 배경에는 최은희 지회장의 숨은 노력이 담겨있다. 또한 전국무용제사상 처음으로 한국 역사를 한눈에 살펴볼 수 있는 전시회를 마련하는 등 차별화된 전국무용제를 진행해 호평을 받은 바 있다.

무용가 최은희는 이화여대 무용과를 졸업하고 창무회에서 활동하며 실험적인 한국춤 세계를 과감하고도 날카로운 고유의 스타일로 가꿔왔다. 1982년 제4회 대한민국무용제에서 《넋들임–새로와진 삶을 위하여》로 안무대상을 수상한 후 1983년 부산시립무용단의 제2대 안무장으로 부임한 그는 1984년 부산 경성대 무용과 교수로 부임했고, 이후 부산에서 활동하며 한국창작춤의 발전을 이끌었다. 서울에서 만나 결혼으로 이어진 남편도 알고 보니 부산 출신 일만큼 부산과의 인연이 깊다.

30여 년 동안 50여 편의 작품을 안무하며 작품세계를 다진 그는 부산시립무용단 안무장으로 활동하던 1983년부터 한국무용의 메카였던 부산지역의 춤발전을 이끌어왔다. 이번 수상의 배경도 한국무용협회 부산지회를 맡아 4년 동안 부산 무용인들의 결속과 부산의 춤발전을 꾸준히 다져왔기 때문이다. 2011 전국무용제를 부산에서 유치했을 당시 해방공간부터 현재까지 부산에서 이뤄진 한국춤의 댁들과 공연들을 일목요연하게 정리한 춤 사신과 춤 프로그램 등 홍보물과 기념물들을 전시해 부산 지역의 한국창작춤의 터전이었음을 조명하는 등 부산의 한국춤이 우리나라 한국춤의 중심임을 부각시켰다.

또한 그는 대학 졸업 후 1980~82년 한국정신문화연구원 편수원으로 활동하며 한국학과 민족적 면에 관심 접근 굿의 현대적 해석을 다양하게 풀이했다. 자신이 추구하는 춤의 내용과 주제 면에서도 굿을 중심으로 한 죽음과 삶의 다양한 양상을 에너지 넘치는 무대에 과감하게 풀어놓았다.

최은희 교수는 "부산 지역의 춤은 다른 지역과 달리 다양하고 개성이 강한 춤들이 많은 편이다. 그러나 그 좋은 춤들을 후학들이 계승하고 보존하며 발전시켜야 함에도 오히려 점점 한국춤의 기반이 축소되는 느낌" 이라고 안타까워하면서 자신은 "전통춤을 기본으로 한 현대적 춤사위의 개발을 소홀히 하지 않겠다" 고 춤작업의 방향을 들려준다.

아울러 무용인구의 확산과 활성화도 그의 과제다. 부산지회 회장으로

128

활동하면서 중점적으로 고민했던 부분도 무용인구 증가였다. "제가 학교에 몸담고 있기 때문에 좀 더 활발하게 한국춤교육을 펼쳐야 합니다." 또한 "부산지역 무용인들의 창작열이 뜨겁게 불타오르도록 많은 계기를 마련하고, 그들의 공연을 위해 많은 무대를 만들겠다" 고 밝혔다. 글/ 유인화

65. 2012. 12 / 예술부산 / 윤여숙 / 부산 무용 활성화 어떻게 활성화 할 것인가 최은희의「숨 – 움틈의 몸짓」

부산무용 활성화
어떻게 할 것인가

67. 2013. 가을 / 공연과리뷰 / 김태원 / 부산 전통춤 5인전

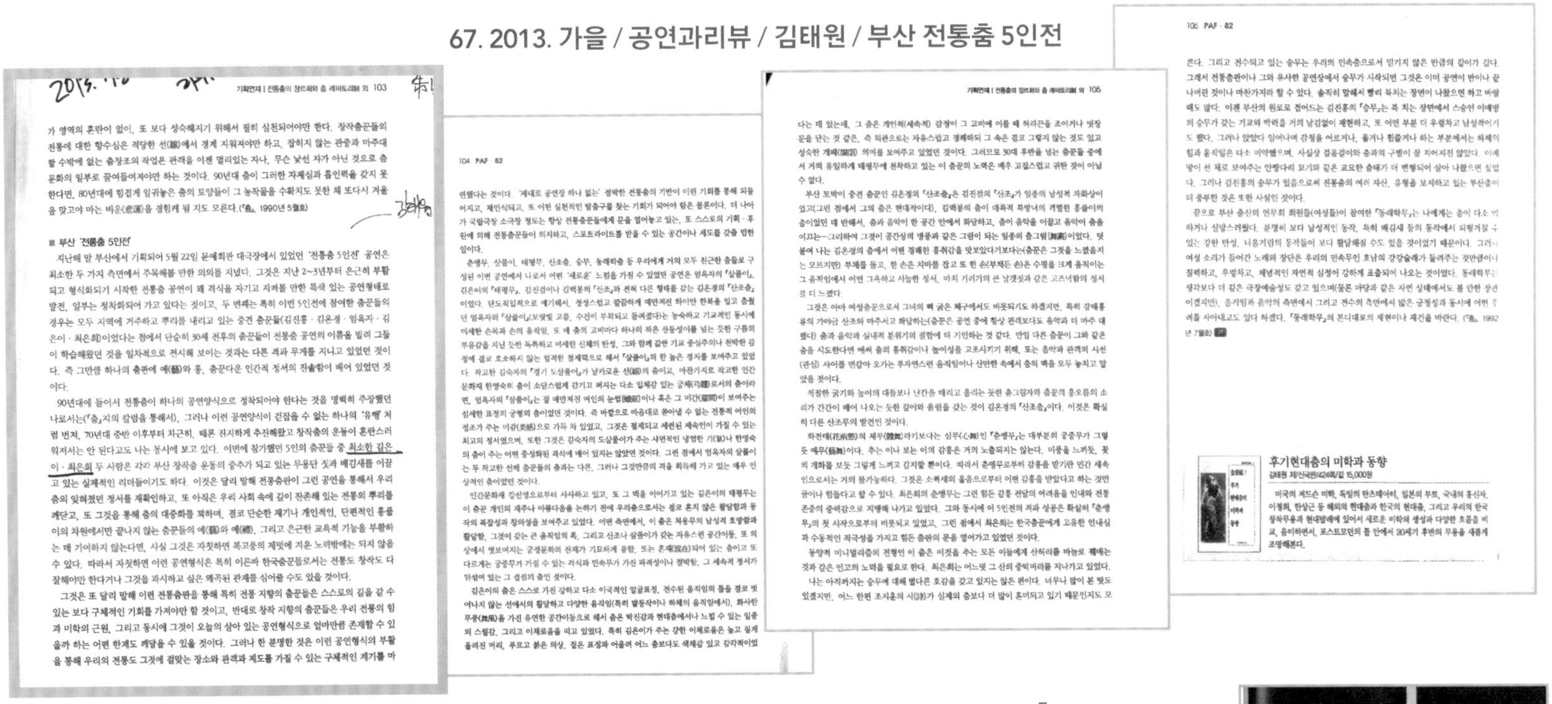

68. 2014. 4 / 무용과 오페라 / 송종건 / 제1회 대한민국 명무전「태평무」

제1회 대한민국명무전
'무용과오페라' 창간 2주년 기념

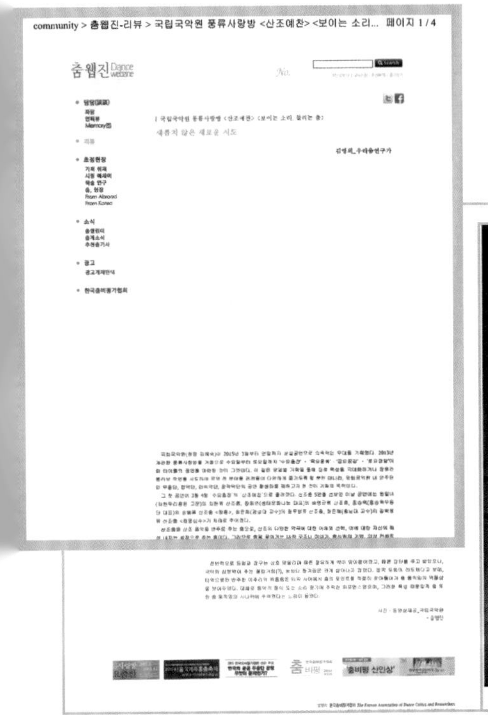

community > 춤웹진-리뷰 > 국립국악원 풍류사랑방 <산조예찬><보이는 소리... 페이지 1 / 4
춤웹진

황무봉류 산조춤 출연_최은희

70. 2015. 4-16 / 춤 웹진 / 김영희 / 산조예찬

최은희의 황무봉류 산조춤은 이선화(국립국악원 민속악단)의 거문고로 추어졌다. 머물렀다 기운을 모아 다른 춤사위로 넘어가는 기법은 스승 김매자의 모습과 흡사하다. 조금 힘이 들어간 듯했는데, 마지막 굿거리에서 길어올리는 듯한 대목이 인상적이었다.

들여다보기 · 무용/ 글 성은지 _ 부산예술고등학교 무용교육부장

2014/5月/예술부산/ 원본 有

최은희의 춤
어디로 가고 있습니까?

사진 _ 이호형

THE ARTS TOWN Busan 63

69. 2014. 5 / 예술부산 / 성은지 / 최은희 춤「어디로 가고 있습니까」

4월 4일 오후 7시 30분 부산 경성대학교 콘서트홀에서 경성대 최은희 교수와 현대무용가 김남진, 부토무용가 양종예가 출연하는「어디로가고 있습니까?」(Where are you going?') 라는 공연이 있었다. 지난해 부산시문화상을 받은 최 교수가 기념무대로 기획한 공연으로 부토와 현대무용 한국무용, 그리고 영상이 만나 각 분야의 예술가들이 시간과 그 흐름 속에 존재하는 자신의 의미를 춤과 영상으로 풀어 나갔다. '당신은어 디서 왔습니까?'(과거)', 당신은 어디에 있습니까'?(현재)',당신은 어디로 갑니까?'(미래)로 나눠 양종예의 부토, 현대무용의 김남진, 한국무용의 최은희 교수가 차례로 작품을 선보였다. 사실 언젠가부터 춤을 장르로 구분하는 것은 참으로 무의 미하다는 생각이 들었다. 4일 공연된 세 가지 장르만 하더라도 부토, 현대무용 혹은 한국무용이라 하지만 안무자에 따라 너무도 다른 부토, 너무도 상이한 현대무용, 너무도 개성 이 뚜렷한 한국무용을 볼 수 있으니 무엇을 기준으로 무용의 장르를 분류할 것인가 하는 것에 대한 명확한 답을 찾기 어렵기 때문이다. "어디로가고 있습니까? "를 보는 내내 표현의 수단보다 표현하고자 하는 내용이 더욱 중요하고 그것이 공연의 목적이기도 하니 구태여 부토무용가, 현대무용가, 등등의 수식어가 어떤 의미가 있을까 하는 생각이 계속 머리를 맴돌았다. 무용가 누구누구의 춤으로만 받아들여지는데 좀더 익숙해져야겠다는 생각도 떠오른다.

공연장에 입장하였을 때 평소와는 달리 뭔가 안온하고 따뜻한 느낌이 전해져 왔다. 객석에 앉아 무대를 바라보니 객석 쪽을 제외한 무대의 삼면이 천으로 둘러싸여 있고 그 천 은 이제 막공연장으로 들어서는 사람들의 움직임에 의한 공기의 흐름을 따라 시시각각 다른 모양을 하며 앞으로 펼쳐질 그 공간 속의 이야기를 속삭이고 있는 듯했다. 양종예의 안무노트처럼 당신이 보는 지금 이 모습은 1초 뒤에는 과거가 될 거라고... 그러면 당신은 과거, 현재, 미래 그 어떤 시간 속에 살고 있느냐고…

그리고 첫 장면, 세 무용수가 과거를 중심으로 한 무대에 서 있다. 왜 그들은 과거를 가운데 놓았을까. 과거, 현재, 미래가 아니고 현재, 과거, 미래라는 순서로 펼쳐 놓았다. 현재 도 미래도 과거를 향해 서 있다. 현재도 미래도 결국은 과거로 회귀하고 과거라는 시점으로 가서는 그냥 모두가 과거일 뿐이라는 것을 말하는 듯하였다. 수년전 부산바다축제에 초 청된 부토 무용단의 공연을 본 적이 있는데 모든 무용수들이 거의 속도감을 느낄 수 없을 정도로 아주 천천히 걸어 나오는 것으로 시작하였다. 그런데 그들은 두 검은 눈동자가 보 이지 않을 정도로 눈을 치켜뜨고 있었다. 거의 벗은 몸에 흰자위만을 한 깡마른 남자 무용수들의 움직임은 기괴하기까지 했다. 공연이 끝난 후 안무자에게 물었다. 왜 눈을 그렇게 뜨고 춤을 추냐고..그때 그 안무자는 이렇게 대답했다. 전생 을 보는 거라고..우리가 태어나기전 어머니의 몸속에 있었을 때 혹은 훨씬 더 이전 그 과거의 생으로 돌아가는 것을 표현하는 거라고…

양종혜의 부토도 과거의 시점을 말하고 있다. 시간을 걷는 여자. 찻잔은 머리 위에서 춤을 추고 테이블은 여자와 함께 무대에 눕는다. 하얀 레이스의 웨딩드레스 같은 의상은 수없이 그 모습을 바꿔가며 여자에게 시간의 강을 건너게 했다. 나는 어디에서부터 왔는가를 그래서 내가 아닌 당신은 당신이 아닌 냐는 누구인가를 끊임없이 묻고 또 묻는다.

그리고 현재의 나를 찾고자 하는 김남진의 춤이 이어진다. 태안반도 기름유출 사고에서 영감을 얻은 이 작품은'백조의 호수'가 주는 숭고함에서 이탈해 오염된 현실을 비판하고자 했다고 한다. 그러나 구태여 그런 설명들이 필요하지 않았다. 아니 오히려 환경이 어떻고 자연파괴가 어떻고 하는 생각들 이 방해가될 만큼그의 감정과 불쑥불쑥 내비치는그의 유머러스한 광기에 몰두하게 되었다. 닭발을 뒤집어쓴 빨간 바지를 입은 미친 백조…백조의 호수 음악이 흐르고 바지 속에 두 팔을 넣은 우스꽝스러운 백조 같지 않은 백조의 독백이 가슴 아팠다. 수년전 보았던 〈수동〉이란 작품에서 상체는 인간 이고 하체는 인형이거나 상체는 인형이고 하체는 인간인 불 완전하고 그로데스크한 모습의 김남진의 춤이 그러하였듯이 한참 동안이나 뇌리를 떠나지 않는 한 남자의 아픈 몸짓이 오래오래 여운을 남겼다.

그리고 '당신은 어디로 갑니까'라고 묻는 영상과 어우러진 춤이 시작된다. 영상은 시간의 흐름과 함께 술렁이던 무대의 삼면 하얀 천 위에 그늘을 드리웠다. 오승환 교수의 영상은 관객을 숲으로 이끌었고 모두가 자연의 한 조각이 되어 어디 로 가야할지를 고민하게 만들었다. 어디서 왔다가 어디에 있다가 어디로 가는지 어쩌면 아무도 알 수 없고 답도 없는 질 문일 수도 있다. 그러나 하나의 명제 속에서 고뇌하고 아파하고 헤매이며 영혼을 태우는 사람들이 예술가들인가 보다. 가장 순수한 몸짓으로 토해내는 존재의 의미를 바라보았고 그 이후 한 관객아 한동안 입속에서「백조의 호수」멜로디를 웅얼거렸다면 적어도 그날의 공연은 존재의 의미를 찾은 건 아닐까 생각한다. 흰 레이스, 붉은 바지, 닭발, 검은 기름, 마치 숲 속에 앉아있는 것 같은 느낌을 주었던 영상, 나무 향기에 흩날리던 하얀 치마폭이 현재에서 과거로, 그리고 미래로 이 끌어주었다. 그리고 모든 관객들은 2014년 4월 4일 저녁 7시 30분부터한 시간 반 동안 시간 위를 함께 걸었다.

관무기 · 2

설무, 사유하는 춤

– 최은희의 춤 『눈보라』

이 왕 주

최은희 안무의 『눈보라』

71. 2015.12 / 춤 / 이왕주 / <관무기> 설무, 사유하는 춤 - 최은희의 춤 「 눈보라」

『눈보라』는 세 개의 춤판에서 벌어지는 세 개의 춤으로 이뤄진다. 우선은 '사랑의 춤'이다. 삭풍이 몰아치는 대지에 놓인 여자의 주검을 두고 한 춤꾼이 춤추기 시작한다. 율동들은 하나의 목적에 수렴된다. 주검을 생명으로 부활시키는 것이다. 성스럽고 신령한 기운이 자신의 몸을 관통하여 주검에로 이르게 하려는 제의적 몸짓들은 성공의 낌새를 보인다. 손과 발의 조응은 오른쪽 다리의 떨림으로, 몸과 땅의 감응은 왼쪽 어깨의 들썩임으로 나타나는 것이다. 춤꾼의 몸이 천기운화(天氣運化)에 접속되었다는 신호다. 마침내 춤꾼의 간절한 입맞춤이 주검을 생명체로 일으켜세운다. 춤꾼과 여자는 하나로 꼬인 두 마리의 뱀처럼 서로의 상체를 부여잡고 일어선다. 등과 배가 교대 뒤틀리면서도 놓치지 않는 평형이 절묘하다. 하지만 이 기적의 사랑춤은 결코 해피엔딩으로 끝나지 않는다. 바디우도 지적했듯이 "사랑은 마술적 외재성의 한순간을 맞이하여 불타버리고, 소진되며, 동시에 소비" 될 수밖에 없기 때문이다. 역전을 거듭하는 밀땅 끝에 춤꾼은 떠나고 여자는 남겨진다.

그 비극적 결말에 상관없이 이 첫판은 춤의 한 본질인 제의적 기능을 우리에게 명증하게 보여준다. 그리고 이것이 상기시켜주는 사실 또한 분명하다. 춤 추는 우리의 몸은 '신기통'(神氣通)이니 마지막까지 깨끗한 길로 남아야 한다는 것이다.

홀로 남겨진 여인. 고독을 털어버리려는 간절한 열망을 춤으로 펼쳐보인다. 뻗은 손을 안타깝게 끌어당기며 들어오라고 호소하지만 누구의 호응도 얻어내지 못한다. 마침내 탈진해서 쓰러졌다가 가까스로 몸을 추스려 다시 시작한 춤에 겨우 두명의 춤꾼이 보폭을 맞춰준다. 그래도 떠나간 연인은 돌아오지 않고, 다른 남자들은 무심히 춤판을 가로질러 스쳐지날 뿐이다. 마침내 여인도 퇴각한다.

그렇게 해서 드러난 저 빈 공간 안으로 또 하나의 춤꾼이 아주 느린 아다지오 보폭의 뒷걸음으로 무대 중앙에 나타난다. 눈보라가 나부끼기 시작한다. 두 번째 춤판의 '존재의 춤'은 이렇게 시작되는 것이다. 참을 수 없이 느린 이 뒷걸음의 상징 코드를 어떻게 풀어볼 수 있을까. 어쨌든 그것은 숨가쁘게 달려온 일상의 완강한 질서로부터 물러서는 것이고, 또한 그런 식으로 몸을 순치시켜온 억압 코드들로부터 떨어져나가는 것이리라. 어쨌든 하나의 세계로부터 천천히 빠져나오는 백스텝의 춤사위는 춤꾼을 다른 세계로 끌어간다.

나는 이 두 번 째 춤판의 무대를 장악한 솔로 최은희의 연무를 주의 깊게 살피면서 이 다른 세계란 곧 '존재의 세계(Welt des Seins)'임을 직감했다. 하이데거는 '존재의 세계'와 '존재자의 세계(Welt des Seindes)'를 구분했다. 전자는 한 송이 꽃이 한 송이 꽃으로 피어나는 세계이고, 후자는 한 송이 꽃이 '대상'으로, 장미나 백합 따위의 '이름'으로 피어나도록 강요받는 세계다. 일상의 무대인 존재자의 세계에는 눈도 눈보라도 존재하지 않는다. 풍경과 기호, 코드와 체계만이 있을 뿐이다. 존재자의 세계에서 우리는 눈 한송이 조차 그 자체로서 만나지 못한다는 것이다. 인간 주체의 다양한 욕망들에 의해 왜곡되고 변조되고 덧씌어진 허상들로 스치는 것이 전부다.

풍경의 '눈보라'에 작별을 고하고 몸을 천천히 정면으로 돌이켜 세운 뒤 최은희가 처음으로 펼쳐보인 춤사위는 왼손을 하늘로 높이 들어 존재의 눈보라를 영접하는 것이다. 한 바닥의 회전무를 끝내고 한 줌 눈을 하늘로 봉헌한 뒤 핑그르르 몸을 돌리고 보여주는 것은 머리 위로 맞잡은 두 빈손이다. 봉헌이 실패한 것이다. 내린 눈은 땅 위에서 녹아 사라져야 한다. 춤꾼도 이 사실을 받아들인다. 이제 곧장 춤꾼 자신이 눈되기(becoming snow)를 시도한다. 잇달아 무대 위에서 펼쳐지며 나풀거리는 것은 춤꾼의 춤사위가 아니라 눈보라의 설무(雪舞)다. 두 손을 앞 뒤로 번갈아 펼치고 다소곳이 구부렸던 무릎을 펴며 세 번 앞으로 내 딛는 눈보라 춤은 나에게는 『눈보라』전편을 통해서 잊을 수 없는 가장 아름다운 연행 중 하나였다. 그것은 광막한 천상 어딘가에서 시작되어 흩날리는 눈송이가 마침내 땅에 떨어져 녹는 순간까지 나풀거림 중에서 춤꾼의 몸으로 미메시스해낼 수 있는 최대치의 아름다움이리라. 춤이 아니고서야 무엇이 이런 아름다움을 재현할 수 있겠는가. 이래서 춤은 소멸할 수 없는 영원한 예술장르인 듯 하다.

하지만 '존재의 춤'의 종착역은 미메시스가 아니라 눈되기이다. 최은희의 눈되기의 변곡점은 어느 대목에서 땅에 부복하듯 엎드렸다가 다시 몸을 일으켜세우는 순간에 도달된다. 정면을 향해 엎드린 몸으로 양손을 뒤로 맞잡고 천천히 일어서던 춤꾼은 다시 아래로 주저 앉으며 양손을 풀어 대지를 어루만지더니 이내 나뒹구는 눈송이로 변신하여 척박한 대지 위로 휩쓸린다. 그러다가 불현 천상의 고귀한 기원을 회상해내기라도 한 듯 천천히 일어서서 현란한 회전무로 공간을 잠시 누비다가 잠시 한숨을 고르더니 갑자기 오른 손을 섬광 같은 동작으로 비스듬히 치켜든다. 여기서 치켜들었던 왼손을 수평으로 거두는 듯 하다가 감아들이는 왼손의 탄력을 이용해서 다시 내딛는 오른발과 함께 오른쪽으로 평평히 뻗는 손의 춤사위가 앞뒤로 약하게 흔들거리는 미동을 섞어 같은 리듬으로 세 번 반복된다. 나는 개인적으로 이 연행에서 이제 원숙하고 난만하게 꽃핀 최은희의 춤예술의 최고 경지의 한 자락을 흘낏 훔쳐보았다는 쾌감을 향유했다.

이런 차원의 춤꾼의 눈되기에 우리가 보내는 신뢰는 당연한 것이다. 눈보라로 하늘 가득 나부끼는 눈이 풍경이나 대상이 아니라 '되기의 지향점'으로 받아들여지는 존재의 세계에서 그것은 더 이상 흩날리다 속절없이 H_2O 속으로 사라져가는 무엇이 아니라 천상에서 하강하는 동안 쉴 새 없이 제각각의 연행들을 거듭하는 춤꾼들이다.

어쨌든 '존재의 춤'은 모든 춤꾼들이 딩달아 눈되기에 동참하면서 하늘 가득 내리는 눈보라의 실무를 연행하는 것으로 마감한다.

마지막 춤판은 춤이 춤추는 춤판 곧 '춤의 춤'이다. 일상성의 포획 상황에 쉽게 투항해버리는 춤꾼, 갇힌 공간에서 발을 떼지 못한 절망을 온몸으로 울다가 무너지는 춤꾼, 스스로의 힘으로는 오른 팔이 자신의 왼팔조차 마음대로 붙잡지 못하는 춤꾼, 존재자의 세계 어디서나 쉽게 찾아볼 수 있는 이런 전형의 춤꾼들은 마침내 춤판을 떠나고야 만다. 차마 포기하지 못한 꿈을 위해 다시 어찌 모여보지만 지리멸렬하게 흩어지고 속절없이 무너질 뿐이다. 그 쓸쓸한 풍경 너머로 춤이 나타난다. 이런 상황은 피할 수 없는 물음 앞에 우리를 멈춰 세운다. '춤이란 무엇인가?'

'존재의 세계'를 주창 하이데거에 따르면 인간이 춤을 추는 게 아니라 "춤이 춤춘다"(der Tanz tanzt). 이 명제는 "춤이란 존재의 부름에 대한 몸의 응답"(Der Tanz ist die Antwort des Leibes zum Ruf des Seins)이라는 그의 춤에 대한 정의와 켤레를 이룬다.

세 번 째 춤판, 춤의 춤에서 춤꾼들이 새삼 익히는 것은 서는 법, 걷는 법, 호흡하는 법, 중력에 맞서 머리, 팔, 다리를 끌어가는 법 등, 요컨대 디바가 전수해주는 춤의 요결들이 아니다. 그것은 차라리 하늘의 섭리에 자신의 비우는 법, 대지의 속삭임에 귀 기울이는 법, 존재의 부름에 응답하는 법 같은 것들이다.

어쨌든 춤꾼 최은희를 등심원으로 해서 라르고의 리듬으로 이어지는 원무는 이 대목을 연행하고 있는 듯 하다.

휄덜린은 하이데거에게 단순한 시인이 아니었다. 그는 시인의 범주에서 빠져나온 다른 차원의 시인, 곧 '시인의 시인'이었다. 다른 시인들은 특정한 대상을 노래했지만 그는 시의 본질자체를 시작품으로 창작했기 때문이다. 적어도 휄덜린은 하이데거에게 '메타시인'(meta Dichter)이었다. 같은 이유에서 이제 우리는 최은희를 메타춤꾼(meta dancer)이라 불러야 한다. 그녀는 더 이상 전승에 젖줄을 대고 춤추거나, 재갈 물린 민중의 한을 풀어내거나, 아니면 미학적 초월과 신비를 연행하는 프레임에 닫혀있지 않지 않다. 그녀는 이제 춤의 본질 자체의 부름에 몸으로 응답하고 있는 듯 하다. 『눈보라』에서 그녀가 보여주는 것은 춤이 아니라 춤의 춤, 춤의 본질, 요컨대 춤의 진리(the truth of the dance)이다. 메타춤꾼 최은희, 이제 우리가 그녀에게 바쳐야할 응부의 타이틀인 듯 하다

72. 2016.11 / 몸 / 조봉권 / 춤배 배김새 제 26회 정기공연 전통춤 레퍼토리 「행(行),교(交),합(合)」

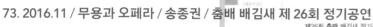

Performance Scene
춤패 배김새 제26회 정기공연 전통춤 레퍼토리
'행(行) 교(交) 합(合)'
Performance Scene
Performance Scene

73. 2016.11 / 무용과 오페라 / 송종권 / 춤배 배김새 제 26회 정기공연

전통춤 레퍼토리 「행(行),교(交), 합(合)」

제26회 춤패 배김새 정기공연
행(行) 교(交) 합(合)
Dance AND Opera
무용과 오페라
2016 11

74. 2017.05 / 몸 / 장정윤 / 2017 세계무용의 날 기념 공연 역사의 춤 오늘을 춤추다 「호적살풀이춤」「춤신명」

2017. 5. 몸

2017세계무용의 날 기념공연 "역사의 춤 오늘을 춤추다"

글 장정윤 동아대학교 교수 **사진제공** 박병민

주최 을숙도문화회관 **주관** 세계무용의날 기념축제운영위원회 **후원** 세계무용연맹, 국제극예술연합회

'무용은 곧 삶 자체이다.'
역사 속 무용가들의 이러한 신념은 무용발전의 원동력이 되었다. 무용과 생활의 일체를 이슈로 하는 작품은 그 형성의 과정에 목표가 있었다. 오늘날 시대적 삶과 무용을 통한 인간형성이 춤을 추고 만드는 일에 깊은 영향력을 미친다고 생각되었다. 세계무용의 날을 맞아 을숙도문화회관의 기획공연으로 추진된 2017세계무용의 날 기념공연 "역사의 춤 오늘을 춤추다"(대극장 4월29일 오후5시)는 무용과 조화로운 삶의 의미를 구체화하는 무용가의 작품을 접할 수 있도록 계획되었다.
이번 기념공연의 기본 목적은 세계 무용의 예술적 전통을 오늘날의 시각으로 접근하여 새롭게 해석함으로써 무용역사의 보존과 아울러 보다 폭넓은 공공성을 확보하기 위한 것이었다. 새로운 대중을 확보하여 그들로 하여금 예술적 전통을 만날 수 있고 새로운 움직임을 경험할 수 있도록 하는 것이었다.
세 명의 안무자(장정윤, 박은화, 최은희)들은 로고현대무용단, 하야로비현대무용단, 현대무용단 자유, 배김새무용단 등 부산의 동인무용단체 무용수들의 역량을 최대한 발휘할 수 있는 무대를 계획하였다. 무용의 역사에서 무용의 본질을 찾아보면서 그 가치의 재발견이라는 작품의 접근방향은 어려운 과제일 수도 있었다.
국내 무용계의 예술적 정신과 전통을 머스 커닝햄(1919-2009)과 앤나 핼프린(1920-)으로부터 찾아보는 것은 유효하다고 생각되었다. 왜냐하면 그들은 인간의 몸과 기술이 필요로 하는 기본적인 원리를 구체적 체계적 구조적으로 접근시키면서도 창조적인 정의 기틀을 잡아준다고 생각되었기 때문이었다.

공연에 앞서, 무용과 삶의 일체를 실천한 미국의 현대무용가 트리샤 브라운(1936-2017)의 글이 2017세계무용의 날 메시지로서 낭독되었다. 그 일부를 보면 "한 예술가의 인생은 나이와 함께 끝나는 것이 아니라고 함을 믿는다. 무용은 인간으로 만들어지며 인간과 아이디어로 만들어진다. 관객으로서의 여러분은 무용으로부터 얻은 창조적인 충동을 가지고 가정으로 돌아가서 여러분의 일상생활에 적용할 수가 있다."고 하였는데, 일반인들의 창조력을 끌어내기 위해 무용을 사용한 앤나 핼프린과 같은 맥락에서 일상생활 속의 무용의 창조적 영향력을 읽을 수 있는 글이었다. 그녀에게 있어서 무용은 삶이었고 세계의 모든 사람들에게 나누어 줄 수 있는 삶의 열정과 방식이 있었다. 우리는 무엇을 위해 살아가기도 하지만 삶 그 자체가

가장 뜻깊은 목표이자 아름다운 가치임을 그녀의 메시지를 통해 실감하게 되었다. 창조적 충동이 살아있는 가슴이 설레는 삶은 개개인의 인생에서 소중한 역할이 될 수 있다고 함을 메시지는 함축하고 있었다. 세계 역사에 남은 무용가의 춤과 정신을 오늘날 우리의 몸과 움직임으로 실현하고 무대를 통해 접하면서 갖게 된 경험이 무용의 기반과 가치를 굳게 한다는 그 의도 자체만으로 이 공연은 차별성을 가지고 있었다. 세계 누구나의 춤이 여기 부산의 무용수들의 몸을 통해 오늘의 현장에서 색다른 모습으로 소통되었다고 믿어진다.
첫 순서로 공연된 작품 〈Xing Mercism II〉(안무/장정윤 출연/장정윤과 무용수들)는 머스 커닝햄은 누구인가?라는 프로그램 노트의 글로부터 그에 대한 관심을 끌어들였다. 머스 커닝햄은 동양적 사유의 실천자였다. 동양의 禪과 철학문헌을 통해 동양에 가까워졌고 동양을 단서로 '무용의 인간형성''무용의 실천방법'등을 추구했다. 그는, "동양적 사고는 현실 세계와 영적 세계에 대해 많은 감각을 가지도록 해준다. 예를 들어 우리는 어떻게든 서로 연결되어 있다는 원인과 결과의 고리를 인식하게 한다"고 하였다. 머스 커닝햄은 무용을 통해 인간적 의미를 창조하였다. 인간형성을 위한 과정의 일부로서 무용을 접하였다. 그는 무용이 삶 자체의 변형이라고 생각하였다. 어떤 움직임도 무용의 일부가 될 수 있다고 하였다. 그러나 테크닉을 무시하지 않았다. 그에 의하면 무용은 테크닉을 통해 증폭되고 확장된다. 무용은 다른 방법으로는 불가능한 '증폭된 에너지의 표현'이며, 바로 이 점 때문에 무용에 관심을 갖게 되는 것이라고 하였다. 〈Xing Mercism II〉는 위의 안무이념과 커닝햄 테크닉을 바탕으로 일상적인 동작과 그 변형을 구성한 작품이었다. 확장된 공간과 에너지에 초점을 두어 습관화된 움직임을 새로운 눈으로 이해할 수 있도록 하였다. 을숙도의 자연환경이 주는 해방감과 정겨움이 무용수들의 정서와 교차하는 움직임들 속에서 함께 느껴지기도 하는 서정적 작품이었다.
다음 순서로 무대에 오른 〈호적 살풀이〉(안무와 출연/최은희)는 삶의 경험과 생활에서 느끼는 한과 서러운 심상을 환희의 세계로 승화시키고 있었다. 제의적 요소를 강조하여 인간본연의 이중적 감정을 표현하면서 삶의 새로운 기운을 풀어냄으로써 그 아름다움의 극치를 더하였다. 호적 소리와 구음의 구성이 살풀이춤의 동선 보다는 정적인 깊이에 더욱 빠져들게 하였다. 긴 수건이 공간에 뿌려질 때의 환상과 여운은 마치 환희의 세계로 승화시키고자하는 염원이 담겨져 있는 듯 보였다.
세 번째 순서로 공연된 〈풍경을 노래하다.〉(안무/박은화, 출연/박은화와 현대무용단 자유)는 앤나 핼프린의 작품방식에 접근하였다. 자연발생적 움직임의 보존이라는 머스 커닝햄의 무용이념을 실천한 무용가들 중의 한 사람이 앤나 핼프린이다. 핼프린은 움직임을 자극할 수 있는 대상을 주변의 자연환경에서 취하고 자연과 자신을 하나로서 경험한 자연친화적 무용가이다. 그녀에게 있어서는 즉흥에서 발견된 움직임이 작품형성을 위한 재료가 되거나 아니면 즉흥움직임 표출을 통한 예술치유의 한 방법이 되기도 한다. 앤나 핼프린은 자연과 자신과의 육체적 감성적 인지적 대화를 통해 움직임을 발견하고 발전시켜 나아간 것이다. 〈풍경을 노래하다.〉에서 무용수들은 움직임과 동시에 스스로 묻고 대답하면서 고유수용감각으로 움직임의 변화를 느끼고 읽고 발견하며 발전시켜가는 과정을 보여주었다. 주변환경으로부터 자극을 받으면서 일어나는 신체, 감정, 인지의 반응과 느낌을 자발적으로 표현함으로써 내적 주시를 표명하고자 한 것으로 보였다. 그것은 자연의 풍광 등에서 비롯되기도 하지만 현실의 사회적 상황으로부터 개인의 심리적 변화의 추이까지 다각적으로 해석할 수 있었다.
마지막으로 공연된 〈춤신명〉(안무/최은희, 출연/춤패 배김새)은 경남일대에 산재해 있는 독특한 춤사위와 배김사위가 지닌 한국춤 고유의 신명을 다루었다. 춤의 깊이와 폭이 크고 멋스러우며, 마당놀이 춤으로서 흥을 풀어가는 독특한 표현 동작을 접할 수 있었다. 남산놀이마당의 생음악연주가 신명을 돋구면서 경쾌한 미적 감각을 일깨워주었다. 공연 마지막은 출연자 전원이 강강술래로 마무리하였다. 공동체감의 형성과 구성원들의 결속을 다짐하면서 관객은 모두 함께 손을 잡고 원을 따라 돌 듯 설레는 가슴으로 공연장을 떠나는 느낌을 받았다. ■

75. 2017.12 / 춤 / 권경하 / <관무기> 돌직구를 던지다 - 생명의 아픔 최은희「Ex.iL 망명」

돌직구를 던지다

– 최은희 · 양선희 · 정현진 · 이경은 · 홍은주 · 이현주 · 김남진 · 강용기 · 박근태 · 박재현

權炅河
권 경 하
복쇼컴퍼니 대표

생명의 아픔

최은희 『망명』(11월24일 부산영화의전당 하늘연극장)

구한말과 일제 강점기를 거치면서 통영은 번영했고 부를 쌓았다. 그리고 많은 문화 예술인을 배출했다. 그중에 둘만 꼽으라면 박경리와 윤이상. 모두 이 두 사람에 대해 나름의 평가를 할 것이다. 박경리는 통영에서 출발하여 진주 서울 원주 등에서 글을 썼고 죽어서 통영으로 돌아 왔다. 윤이상은 통영에서 출발해서 서울 오사카 도쿄 파리 베를린에서 작곡을 했고 죽어서 돌아오지 못했다. 그는 베를린에 묻혔다.

안무가 최은희는 윤이상의 삶과 음악에서 영감을 받아 작품을 만들었다. 물론 윤이상의 음악을 주로 사용한다. 제목은 『망명』. 작품을 보기 전 망설임과 호기심이 교차한다. 윤이상의 음악을 제대로 들어본 일이 없다. 오히려 그에 대한 글을 많이 읽었다고 해야 옳다. 서울에서 그의 음악은 잘 연주 되지 않고, 그의 명성에 비해서 음악은 알려진 바 없다. 더구나 춤과 어울릴지는 미지수. 지루한 시간이 될까 두려움이 생긴다. 그러나 공동안무가로 이름을 올린 헤수스 히달고과 클라리넷 연주자 노르베르트 젠블린이 눈에 띈다. 클라리넷이 어떻게 무대에 오륵지, 공동안무라는 것이 무대에서 어떻게 구현될지 호기심이

생긴다.

사진 · 이상형

최은희 안무 「망명」

작품은 삼베옷같은 희미한 색을 옷을 입은 최은희가 무대 우편에 놓인 큰 북을 치며 시작한다. 온몸으로 큰북을 밀 듯 맨손으로 힘껏 북을 친다. 다른 세 명의 무용수는 회색 재킷을 입고 무대에 흩어져 서 있다. 돌아서 발을 디디는 동작은 망설임 없이 단호하다. 이제 북채를 쥐고 북을 친다. 댄서들이 움직이기 시작한다. 한 명의 옷을 벗긴다. 옷이 벗겨진 자는 감시당하고 조사받고 몸부림친다. 중간중간 중얼거리는 듯한 내레이션이 사용된다. 잘 들리지 않는다. '… 정의 … 진실 … 법정 … 신성…' 이런 단어들이 간간히 들린다. 작품은 빈틈없이 꼼꼼하게 짜여져 있어 지루할 틈 없이 재미있고 관객들을 집중하게 만든다. 일인무, 이인무, 삼인무, 클라리넷연주, 내레이션, 큰북, 최은희 등장 등이 계속 뒤섞이며 새롭게 부각되는 것이다. 무용수들의 작품이해도와 기량은 수준급. 움직임에 확신이 보인다.

클라리넷 연주는 인상적이다. 좋은 연주자다. 윤이상인지 불레즈인지 알 수 없는 소리가 뇌세포를 쭉 잡아당겼다 놓는 것 같다. 그 소리에 맞춰 춤을 춘다. 아니다. 그 소리에 맞춰 춤을 추지 않는다. 같은 시공간에서 음악을 연주하고

춤을 출 뿐이다. 서로 맞춰주려 하지않고 의존하지도 않는다. 서로 의존하지 않으면서 본질적으로 서로 교감한다. 망명객의 슬픔은 깊어진다.

그러면 안무가는 윤이상의 고통을 어떻게 이해 한 것일까. 작품은 분명 그의 망명의 고통에서 시작했다. 그러나 작품이 종반으로 치달으며 그의 고통은 개인의 고통에서 보편적인 고통으로 승화되는 것이다. 희미한 LED전구막대기는 생명의 빛이며, 꺼지면서 작품도 끝나는 것이다. 윤이상의 고통은 개인의 비극, 분단의 고통, 망명의 삶에서 출발하지만 그것은 곧 '살아남은 자의 슬픔'(브레히트)이며 한 발 더 나가 '생명의 아픔' (박경리)인 것이다. 최은희 춤의 경로도 그런 것이었다. 작가 박경리는 말년에 쓴 산문집 「생명의 아픔」에서 이렇게 썼다. '어떠한 사람에게도 고통은 있다. 산다는 것은 힘들고 생명은 애처로운 것이다.' 최은희의 작품 속에서 그 생명의 고통을 본다. 정지하고 움직이는 것, 그러다가 다시 멈추는 것, 다시 다르게 움직이는 것. 움직이는 것은 살아있는 것. 정지 한 것은 죽은 것. 춤에서 살아있음과 죽음, 그 사이의 고통을 윤이상의 음악과 함께 느꼈다. 최은희의 『망명』은 오랜만에 깊이 집중 할 수 있는

춤다솜무용단 『모던 홍길동–당신의 삶을 위로합니다』(양선희 연출, 권용상 · 정정윤 안무)

77. 2018.1 / 몸 / 박선정 / 경계를 넘은 화합의 춤과 음악, 최은희 무용단의 「Ex.iL 망명」

Performance Scene

2018. 1. 몸

최은희 무용단의 〈망명 Ex. il〉

경계를 넘은 화합의 춤과 음악

글 박선정 부산 가톨릭 대학교 외래교수, 영문학 박사 사진 이호형

춤은, 마치 우리들의 잠들어있는 감성과 사유를 깨우기라도 하듯, 커다란 북을 두드리는 소리와 몸짓으로 시작된다. 그 가운데 한 춤꾼이 온몸을 꿈틀거리며 서 있다.
그는 손이 묶인 채 다른 춤꾼에 의해 옷이 벗겨지고 몸과 입에 검은 테이프가 붙여진다.
말도 행위도 금지 당한다.
동베를린 사건에 연루되고, 진실은 어디로 간 건지.
그는 손발이 묶이고 말을 할 수도 춤을 출 수도 없다.

춤꾼은 자신의 몸을 옭매는 검은 테이프를 뜯어내고 다시 춤을 춘다.
동양의 춤과 서양의 춤이 섞인 듯한 몸동작이 이어지고
동양의 북소리에 연이어 서양의 베이스클라리넷이 연주된다.

54 | Dance Magazine MOMM Vol.277

Performance Scene

56 | Dance Magazine MOMM Vol.277

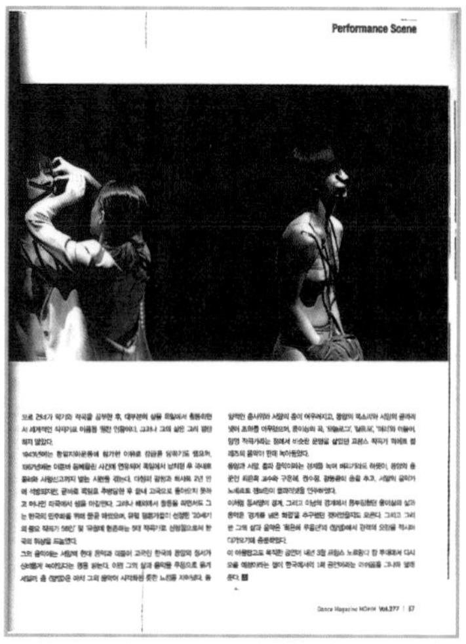
Performance Scene

Dance Magazine MOMM Vol.277 | 57

춤은, 마치 우리들의 잠들어있는 감성과 사유를 깨우기라도 하듯, 커다란
북을 두드리는 소리와 몸짓으로 시작된다. 그 가운데 한 춤꾼이 온몸을
꿈틀거리며 서 있다.
그는 손이 묶인 채 다른 춤꾼에 의해 옷이 벗겨지고 몸과 입에 검은 테이프가 붙여진다.
말도 행위도 금지 당한다.
동베를린 사건에 연루되고, 진실은 어디로 간 건지.
그는 손발이 묶이고 말을 할 수도 춤을 출 수도 없다.

춤꾼은 자신의 몸을 옭매는 검은 테이프를 뜯어내고 다시 춤을 춘다.
동양의 춤과 서양의 춤이 섞인 듯한 몸동작이 이어지고
동양의 북소리에 연이어 서양의 베이스클라리넷이 연주된다.

동양인으로 태어나 서양에서 살다간
(제목이 시사하듯 Ex. 밖의, il. 남자, 즉 밖의 남자 윤이상. 또는, 추방된 남자
윤이상) 그의 예술과 그의 삶과 그의 고뇌가 몸짓과 소리로 무대를 가득 채운다.
그리고 이어지는 두 춤꾼의 끈질긴 뒤엉킴.
서로 쫓고 쫓기는 추격. 잡은 듯 놓치고, 빠져나간 듯 잡히는 끝없는 도망과 붙잡음.
떨어질 만도 한데, 마치 사랑하는 두 연인이 뒤엉키듯.
결코 운명은 상대를 놓아주지 않는다.
그것은
윤이상과 음악과의 한판 뒤엉킴이었을까.
그와 운명과의 처절한 한판이었을까.

춤은 이제 클라이맥스 다다르고
세 춤꾼들은 과감히 옷을 벗는다. 음악도 춤도 멈춘다.
어두운 무대 위에 벗은 세 춤꾼만이 정지해있다.
영국의 미술사가 마틴 햄머는
'알몸이란 겉옷이나 가식을 배제한 자아를 상징한다. 눈에 보이지 않는,
사적이고 내면적인 자아를 가리킨다'고 말했다.
그렇다면 춤꾼들의 알몸은
눈에 보이지 않고 가식을 완전 배제한 어떤 실재를 보여주고자 한 것일까.

관객들은 완전한 그 실체를 볼 수가 없다.
아픔 때문이다. (이 순간 무대 위 조명은 아주 흐릿하다.)
진실은 어둠 속에서만 드러날 수 있는걸까.
아니면 진실은 끝끝내 그 실체를 완전히 드러내지 못하는 걸까.
설령 무대 위에 어둠이 걷히고
밝은 빛이 그들을 비추었다 한들
관객들은 오히려 자신의 두 눈을 감아 버렸으리라.
결국 진실은 (실재는) 이리저리 그 완전한 모습을 드러낼 수 없음이다.

다시 북을 치고자 하지만 손이 묶였다.
춤꾼에게서 손을 묶어버렸으니 이제 무엇으로 진실을 말하겠는가.

애써서 손발의 검은 테이프를 뜯어내고
그들은 빛이 든 막대를 든 채 다시 춤을 춘다.
그들의 춤과 음악, 그리고 윤이상의 삶이 빛이 되길 소원하는 듯하다.
그러나 차츰 무대 위의 그 빛들이 하나 둘씩 꺼지고
음악도 춤도 끝이 난다.
그리고 공연도 끝이 난다.
격동의 시대를 살다간 위대한 예술가의 삶도 조용히 끝이 난다.
관객석에 빛이 켜진다.
이로써 그가 세상에 남긴 빛은 우리들의 영혼에 영원히 남아있을 것이다.

경성대 무용학과 최은희 교수와 프랑스 안무가 해수스 히달고의 두 번째
한불 합작 프로젝트인 〈망명〉은 윤이상의 삶과 음악을 춤으로 형상화한 작품이다.
윤이상은 1917년 경남 산청에서 태어나 통영에서 성장하였고, 이후 일본으로
건너가 악기와 작곡을 공부한 후, 대부분의 삶을 독일에서 활동하면서 세계적인 작곡가로 이름을 떨친 인물이다.
그러나 그의 삶은 그리 평탄하지 않았다.

1943년에는 항일지하운동에 참가한 이유로 감금을 당하기도 했으며, 1967년에는 이른바 동베를린 사건에 연유되어 독일에서 납치된 후 국내로 끌려와 사망선고까지 받는 시련을 겪는다. 다행히 감형과 특사로 2년 만에 석방되지만 곧바로 독일로 추방당한 후 끝내 고국으로 돌아오지 못하고 머나먼 타국에서 생을 마감한다. 그러나 해외에서 활동을 하면서도 그는 한국의 민주화를 위해 줄곧 애썼으며, 유럽 평론가들이 선정한 '20세기의 중요 작곡가 50인' 및 '유럽에 현존하는 5대 작곡가'로 선정됨으로써 한국의 위상을 드높였다.
그의 음악에는 서양의 현대 음악과 더불어 고국인 한국과 동양의 정서가 신비롭게 녹아있다는 평을 받는다. 이런 그의 삶과 음악을 무용으로 옮겨서일까. 춤 〈망명〉은 마치 그의 음악이 시각화된 듯한 느낌을 자아냈다. 동양적인 춤사위와 서양의 춤이 어우러지고, 동양의 목소리와 서양의 클라리넷이 조화를 이루었으며, 윤이상의 곡, '모놀로그', '살로모', '피리'와 더불어,망명 작곡가라는 점에서 비슷한 운명을 살았던 프랑스 작곡가 피에르 불레즈의 음악이 한데 녹아들었다.
동양과 서양, 춤과 음악이라는 경계를 녹여 버리기라도 하듯이, 동양의 춤꾼인 최은희 교수와 구은혜, 권수정, 강동환이 춤을 추고, 서양의 음악가 노베르트 젠브린이 클라리넷을 연주하였다.

이처럼 동서양의 경계, 그리고 이념의 경계에서 몸부림쳤던 윤이상의 삶과 음악은 '경계를 넘은 화합'을 추구했던 것이었을지도 모른다. 그리고 그러한 그의 삶과 음악은 '최은희 무용단'의 〈망명〉에서 관객의 오감을 적시며 다가오기에 충분하였다.

이 아름답고도 묵직한 공연이 내년 3월 프랑스 노르망디 캉 무대에서 다시 오를 예정이라는 점이 한국에서의 1회 공연이라는 아쉬움을 그나마 달래준다.

76. 2018.1 Vol.151 / 예술부산 / 하영신 / 최은희 히달고의 춤 「Ex.iL 망명」

| 무용 |

최은희와 히달고의 춤 Ex.iL 망명

글_하영신 무용평론가

지난 11월 24일 영화의전당 하늘연극장에서는 우리나라 창작춤의 텃밭을 일궈온 최은희와 유럽과 우리나라를 오가며 활발한 활동을 벌이고 있는 스페인 출신의 안무가 헤수스 히달고Jesus Hidalgo의 두 번째 공동제작프로젝트인 〈Ex.iL 망명〉이 공연되었다.[1] 세계적인 현대음악작곡가 윤이상의 삶과 음악이 부산의 젊은 무용수들의 몸과 동시대적 감각의 연출을 통해 생생하게 현전되었다. 윤이상 탄생 백 주년이고 대한민국 역사의 한 패러다임이 전환된 한 해, '진실'과 '자유'와 '정의'를 위한 제의로서 의미 충만한 작품이었다.

'상처 입은 용'[2] 윤이상의 삶이다. 군사정권에 의해 망명의 삶을 강요받았던 자. 귀환할 수 없는 세월을 오선지라는 심연에 풀고 풀어 죽음 이후에야 고국에 당도할 수 있었던 세계적인 현대음악가. 2017년은 그의 탄생 백 주년이었다. 매년 누군가의 탄생과 서거를 기리는 연주회들로 넘쳐나는 클래식 음악계는 물론이거니와, 연극 〈상처 입은 용〉, 창작오페라 〈나비의 꿈〉, 무용극 〈떠난 자의 노래〉 등 각 장르의 작품들이 무대 위에 그 질곡의 삶을 풀어놓았다. 모질고 길었던 속박의 세월을 생각하면야 모자랄 노릇이겠지만, 물량공세는 피로감이 느껴지게 마련이다. 게다가 감각적으로도 시차가 작동할 수 있는, 결코 쉽지 않은 작업이었다. 1967년의 동백림 사건. 모국으로부터 버림받았던 거장의 삶은 지표가 너무 또렷하다. 자칫 상투적인 드라마로 그려지기가 쉽다. 그러나 현대의 무대가 어디 그러한 인과적이고 선형적인 시간의 축을 허용하는가.

특히나 본디 추상적 언어인 춤의 무대다. 서사와 추상 사이, 구체적인 사건의 시간과 보는 모든 이들의 개별적인 시간 사이에 〈Ex.iL 망명〉의 지대를 만들어야 한다. 게다가, 우리나라의 전통춤사위와 서양의 현대춤사위로부터 공유 가능한 언사言辭를 찾아내야 하고, 윤이상의 음악이라는 거대하고 빈틈없는 에너지 사이를 파고들어가 '진리'와 '자유'와 '정의'라는 거대담론의 언표言表를 건져올려야 했다. 이토록 녹록지 않은 작업이었다. 〈Ex.iL 망명〉이란 곱씹을수록 얼마나 의미심장한 제목이던지. 협업이란 '망명'과도 같은 과정을 거친다. 국경처럼 견고한 장르적 실선을 넘어 변용하고 적응하여 하나의 이름으로 살아남기. 협업이 시너지로 완결되기 위해선 두 배, 네 배, 여덟 배, 자승自乘의 소통이 필요하다. 어려운 일이다. 최은희와 히달고, 무용수 구은혜와 권수정과 강동환, 그리고 클라리넷 연주가 노르베르트 젠볼린Norbert Genvrin은 어떻게 더불어 〈Ex.iL 망명〉의 영토를 간척해내었을까.

최은희의 구고무久鼓舞로 시작된다. 시원始原의 시간, 신정일치神政一致의 시절, 아직은 '자유'와 '진실'과 '정의'가 추구되어야 할 무엇으로 탈각脫殼되지 않았던, 그저 생生 속에 녹아있었던 시간. 여제女帝는 박리剝離의 위험을 알린다. 각성을 청하고 해원상생解冤相生을 염원한다. 땅속에 뿌리내리고 있던 자유와 정의와 진리의 봉들은 하늘로 올라가 닿지 않는 곳에 매달리고, 현대의 아이들이 세상에 던져진다. 진실과 정의를 빼앗기고 자유를 박탈당한 결락의 아이들, 처절한 사투가 펼쳐진다. 그들은 눈과 입을 가리고 막은 검은 봉인封印을 뜯어내고, 금기禁忌로 예단豫斷되어진 하얀 예각銳角의 감옥을 탈주하며 진실과 정의를 갈구한다.

… 법정이 신성한 것은 그것이 법정이기 때문이 결코 아니며, 그곳에서만은 허위의 아름다운 가면을 갈기갈기 찢어버리고 때로는 추악해 보일지라도 진실의 참모습을 만날 수 있기 때문입니다 …

유시민의 항소이유서가 서라운드 음향시스템을 통해 세계를 부유한다. 우리는 정의를 요청하는 이 통렬한 시대의 명문名文을 명징하게 들을 수 없다. 사운드 마스터링으로 편집된 음향은 '허위'와 '가면'쯤을 제시한다. 참으로 세계는 찢어졌고 법정은 추악해졌으며 진실의 참모습

은 만나기 어렵다. 여제는 무력하다. 그저 피에타Pieta의 한 장면처럼 쓰러진 아이들을 안고 자비를 청해 볼 따름이다. 이 참혹한 지경을 유유히 돌아다닐 수 있는 자는 베이스 클라리넷을 연주하는 젠볼린뿐이다. 내도록 신경을 거스른다. 컨템포러리 작품에서 연주자들이 무대 위 행위자로 동참하는 일은 이미 익숙한 광경이건만, 그는 유난히도 이질적이다. 불청객과도 같은 그의 존재. 그는 어째서 이토록 불길하게 어슬렁어슬렁 무대 위에 출몰하는 것일까.

자유, 정의, 진실, 실존의 근거이자 가능성. 그중 무엇을 포기할 수 있겠는가. 전속력으로 쫓아가고, 가로막히고, 팽개쳐지고, 온몸으로 매달리고… 존재를 휘두르며 사력을 다해 추는 춤. 살아내는 일의 지난함, 살아남기의 혹독함이 고스란히 전해져 대목 대목 울컥했다는 후일담들이 증언된, '아해'들의 밀도 짙은 춤들이 끊이지 않는다.

그중 한 아해, 오래전에 입을 다문 북 앞에 서서 맨손으로 두드리고 훑는다. 에피스테메episteme는 변한다. 시대마다 사람들은 다른 진리값을 살기도 한다. 북은 고유의 오래된 소리를 잃었고 현대적인 사운드를 방출한다(히달고는 소리로 시공간을 다루는 특별한 감각이 있다. 앞서는 유시민의 항소이유서로 객석을 한 바퀴 돌아 공간을 확장시키더니, 이번에는 북소리의 변화를 주어 시간을 시원에서 현재로 이동시킨다). 그제야, 하늘에 매달렸던 봉들이 하나씩 아해들의 손에 주어진다. 아해들은 봉을 쥐고 춤을 춘다. 그러나 자유와 정의와 진실은 과연 다루기 어려운 것을. 이제 배회하던 자의 정체가 밝혀진다. 그는 온패된 권력, 새로이 등장하는 율법이었다. 그의 손에 의하여 자유와 정의와 진실의 불빛은 꺼지고야 말았다.

어쩌면 우리는 모두 정신적 망명자들이다. 첨예해진 삶, 사방이 실선으로 구획된 삶. 누군가를 잊었거나 잊혀졌거나, 무언가를 잃었거나 빼앗겼거나. 아무도 유기적인 삶을 영위하지 못하는 위독한 시절이다. 그러므로 망명자 윤이상의 시공간으로부터 우리의 피투성被投性을 사유하는 건 모두를 향한 위무의 근저根底가 된다. 그리고 그 위무가 컨템포러리 예술의 뚜렷한 한 경향인 융·복합의 형식으로 이루어진 것은 아주 적절한 선택이다. 우리는 너무 극명한 미분의 세월을 살아왔다. 학문과 예술이 소통과 조화를 테제로 삼은 것은 인류 경험치의 응당한 값이기도 하다.

최은희와 히달고의 아해들이 생으로부터 누락된 자유와 정의와 진실을 좇아 저리도 내달렸듯이, 최은희와 히달고의 연출은 악가무일체樂歌舞一體와 코레이아Choreia[3]의 시절로 적분해갔다. 한국춤과 서양무용이 공존하고 적응하고 변용하며 〈Ex.iL 망명〉이라는 작품의 이름을 찾아간 모든 과정 가운데 섬세하고 정교한 융합이 일어난다. 구체적인 서사는 추상적 관념으로 번지고, 전통의 시간과 현대의 시간이 중첩되고, 객석을 돌아다니는 소리를 따라 무대 위 공간이 확장되고, 최은희와 히달고는 무대 위 진실과 자유와 정의의 불빛은 꺼버렸지만 보는 이들의 마음속에 동명의 촛불들을 밝혔다. 망명, 진실과 자유의 정의를 복권하여 진정으로 살아남기, 살아있음의 자명함을 확인하는 것. 예술가가 작품을 만드는 이유, 관객이 작품을 주시하는 이유, 〈Ex.iL 망명〉의 시간을 통해 공명한 누군가들은 온전하게 살아있음을 경험하였다.

1) 첫 번째 공동프로젝트는 2015년에 초연된 〈눈보라Blizzard〉이다.
2) 2017년 출간된 윤이상과 루이제 린저의 대담집의 제목이다.
3) 예술에 있어서 융·복합 현상은 최신의 경향이지만, 그것은 현대적 고안물이 아니라 고대미학으로부터 출발하는 개념이다. 고대 그리스 사람들은 예술을 '표현적 예술'과 '구성적 예술'의 두 종류로 구별했다. 오늘날의 장르 개념으로 이해하자면, 표현적 예술에는 시·음악·춤이 속하고 구성적 예술에는 건축·조각·회화가 속한다. 이 표현적 예술을 '코레이아Choreia'라고 불렀다. 이러한 현상은 동양에서도 마찬가지로 '악가무일체樂歌舞一體'로 나타났었다. 말하자면 모더니즘 시대에 이르러 각 장르가 독립적으로 분화하기 이전까지, 고대와 중세 시대의 예술의 형태는 본래적으로 유기적이고 통합적이었다.

월간 THE ARTS TOWN BUSAN
예술부산
1 January Vol. 151
www.artpusan.or.kr

76. 2018.1 Vol.151 / 예술부산 / 하영신 / 최은희 히달고의 춤 「Ex.iL 망명」

지난 11월 24일 영화의전당 하늘연극장에서는 우리나라 창작춤의 텃밭을 일궈온 최은희와 유럽과 우리나라를 오가며 활발한 활동을 벌이고 있는 스페인 출신의 안무가 헤수스 히달고 Jesus Hidalgo의 두 번째 공동제작프로젝트인 「Ex.il 망명」이 공연되었다. 1) 세계적인 현대음악작곡가 윤이상의 삶과 음악이 부산의 젊은 무용수들의 몸과 동시대적 감각 의 연출을 통해 생생하게 현전되었다. 윤이상 탄생 백 주년이고 대한민국 역사의 한 패러다임이 전환된 한 해 '진실'과 '자유'와 '정의'를 위한 제의로서 의미 충만한 작품이었다.

'상처 입은 용' 2) 윤이상의 삶이다. 군사정권에 의해 망명의 삶을 강요 받았던 자, 귀환할 수 없는 세월을 오선지라는 심연에 풀고 풀어 죽음 이후에야 고국에 당도할 수 있었던 세계적인 현대음악가. 2017년은 그의 탄생 백 주년이었다. 매년 누군가의 탄생과 서거를 기리는 연주회들로 넘쳐나는 클래식 음악계는 물론이거니와, 연극 〈상처 입은 용〉, 창작오페라 〈나비의 꿈〉, 무용극 〈떠난 자의 노래〉등 각 장르의 작품들이 무대 위에 그 질곡의 삶을 풀어놓았다. 모질고 길었던 속박의 세월을 생각하면야 모자랄 노릇이겠지만, 물량공세는 피로감이 느껴지게 마련이다. 게다가 감각적으로도 시차가 작동할 수 있는. 결코 쉽지 않은 작업이었다.1967년의 동백림 사건, 모국으로부터 버림받았던 거장의 삶은 지표가 너무 또렷하다. 자칫 상투적인 드라마로 그려지기 쉽다. 그러나 현대의 무대가 어디 그러한 인과적이고 선형적인 시간의 축을 허용하는가.

특히나 본디 추상적 언어인 춤의 무대다. 서사와 추상 사이, 구체적인 사건의 시간과 보는 모든 이들의 개별적인 시간 사이에 〈Ex.il 망명〉의 지대를 만들어야 한다. 게다가 우리나라의 전통 춤사위와 서양의 현대 춤사위로부터 공유 가능한 언사**言辭**를 찾아내야 하고, 윤이상의 음악이라는 거대하고 빈틈없는 에너지 사이를 파고 들어가 '진리'와 '자유'와 '정의'라는 거대담론의 언표**言表**를 긴저올려야 했다. 이도록 녹록지 않은 작업이었다. 「Ex.il 망명」이란 곱씹을수록 얼마나 의미심장한 제목 이던지. 협업이란 '망명'과도 같은 과정을 거친다. 국경처럼 견고한 장르적 실선을 넘어 변용하고 적응하여 하나의 이름으로 살아남기. 협업이 시너지로 완결되기 위해선 두 베 네 배 여덟 베 자승**自乘**의 소통이 필요하다. 어려운 일이다. 최은희와 히달고, 무용수 구은혜와 권수정과 강동환 그리고 클라리넷 연주가 노르베르트 젠블린Norbert Genvrin은 어떻게 더불어「Ex.il 망명」의 영토를 간척해내었을까.

최은희의 구고무 **久鼓舞**로 시작된다. 시원**始原**의 시간, 신정일치**神政一致** 의 시절, 아직은 '자유와 '진실과 '정의'가 추구되어야 할 무엇으로 탈각**脫角**되지 않았던, 그저 생**生** 속에 녹아있었던 시간. 여제**女帝**는 박리**剝離**의 위험을 알린다. 각성을 청하고 해원상생**解究相生**을 염원한다. 땅속에 뿌리내리고 있던 자유와 정의와 진리의 봉들은 하늘로 올라가 닿지 않는 곳에 매달리고, 현대의 아이들이 세상에 던져진다. 진실과 정의를 빼앗기고 자유를 박탈당한 결락의 아이들, 처절한 사투가 펼쳐진다. 그들은 눈과 입을 가리고 막은 검은 봉인**封**Ep을 뜯어내고, 금기**禁**로로 예단**豫斷**되어진 하얀 예각**銳角**의 감옥을 탈주하며 진실과 정의를 갈구한다.

... 법정이 신성한 것은 그것이 법정이기 때문이 결코 아니며, 그곳에서만은 허위의 아름다운 가면을 갈기갈기 찢어버리고 때로는 추악해 보일지라도 진실의 참모습을 만날 수 있기 때문입니다. ...

유시민의 항소이유서가 서라운드 음향시스템을 통해 세계를 부유한다. 우리는 정의를.요청하는이 통렬한 시대의 명문**名文**을 명징하게 들을 수 없다. 사운드 마스터링으로 편집된 옴항은 '허위'와'가면'들을 제시한다. 참으로 세계는 찢어졌고 법정은 추악해졌으며 진실의 참모습은 만나기 어렵다. 여제는 무력하다. 그저 피에타Piela의 한 장면처럼 쓰러진 아이들을 안고 자비를 청해 볼 따름이다. 이 참혹한 지경을 유유히 돌아다닐 수 있는 자는 베이스 클라리넷을 연주하는 젠블린뿐이다. 내도록 신경을 거스른다. 컨템포러리 작품에서 연주자들이 무대위 행위자로 동참하는 일은 이미 익숙한 광경이건만, 그는 유난히도 이질적이다. 불청객과도 같은 그의 존재. 그는 어째서 이토록 불길하게 어슬렁어술렁 무대 위에 출몰하는 것일까.

자유 정의. 진실. 실존의 근거이자 가능성. 그중 무엇을 포기할 수 있겠는가. 전속력으로 쫓아가고. 가로막히고. 팽개쳐지고. 온몸으로 매달리고 존재를 휘두르며 사력을 다해 추는 춤, 살아내는 일의 지난함. 살아남기의 혹독함이 고스란히 전해져 대목 대목 울컥했다는 후일 담들이 증언된 '아해'들의 밀도 짙은 춤들이 끊이지 않는다.

그중 한 아해 오래전에 입을 다문 북 앞에 서서 맨손으로 두드리고 훑는다. 에피스테메episteme는 변한다. 시대마다 사람들은 다른 진리값을 살기도 한다. 북은 고유의 오래된 소리를 잃었고 현대적인 사운드를 방출한다(히달고는소리로 시공간을 다루는 특별한 감각이 있다. 앞서는 유시민의 항소이유서로 객석을 한 바퀴 돌아 공간을 확장시키더니, 이번에는 북소리의 변화를 주어 시간을 시원에서 현재로 이동시킨다). 그제야, 하늘에 매달렸던 봉들이 하나씩 아해들의 손에 주어진다. 아해들은 봉을 쥐고 춤을 춘다. 그러나 자유와 정의와 진실은 과연 다루기 어려운 것을. 이제 배회하던 자의 정체가 밝혀진다. 그는 은폐된 권력 새로이 등장하는 율법이었다. 그의 손에 의하여 자유와 정의와 진실의 불빛은 꺼지고야 말았다

어쩌면 우리는 모두 정신적 망명자들이다. 첨예해진 삶, 사방이 실선 으로 구획된 삶, 누군가를 잊었거나 잊혀졌거나, 무언가를 잃었거나 빼앗겼거나. 아무도 유기적인 삶을 영위하지 못하는 위독한 시절이다. 그러므로 망명자 윤이상의 시공간으로부터 우리의 피투성 **披投性**을 사유하는 건 모두를 항한 위무의 근저 **根低**가 된다. 그리고 그 위무가 컨템포러리 예술의 뚜렷한 한 경향인 융·복합의 형식으로 이루어진 것은 아주 적정한 선택이다. 우리는 너무 극명한 미분의 세월을 살아왔다. 학문과 예술이 소통과 조화를 테제로 삼은 것은 인류 경험치의 응당한 값이기도 하다.

최은희와 히달고의 아해들이 생으로부터 누락된 자유와 정의와 진실을 좇아 저리도 내달렸듯이. 최은희와 히달고의 연출은 악가무일체**樂歌舞一體**와 코레이아Chorera 3)의 시절로 적분해갔다. 한국춤과 서양무용이 공존하고 적응하고 변용하며「Ex.il 망명」이라는 작품의 이름을 찾아간 모든 과정 가운데 섬세하고 정교한 융합이 일어난다. 구체적인 서사는 추상적 관념으로 번지고. 전통의 시간과 현대의 시간이 중첩되고. 객석을 돌아다니는 소리를 따라 무대 위 공간이 확장되고. 최은희와 히달고는 무대 위 진실과 자유와 정의의 불빛은 꺼버렸지만 보는 이들의 마음속에 동명의 촛불들을 밝혔다. 망명, 진실과 자유의 정의를 복권하여 진정으로 살아남기. 살아있음의 자명함을 확인하는 것. 예술가가 작품을 만드는 이유. 관객이 작품을 주시하는 이유. 「Ex.il 망명」의 시간을 통해 공명한 누군가들은 온전하게 살아있음을 경험하였다.

1) 첫 번째 공동프로젝트는 2015년에 초연된 〈눈보라(Bilzzadrl) 이다
2) 2017년 출간된 윤이상과 루이제 린저의 대담집의 제목이다.
3) 예술에 있어서 융 복합 현상은 최신의 경향이지만 그것은 현대적 고안물이 아니라 고대미학으로부터 출발하는 개념이다. 고대 그리스 사람들은 예술을 '표현적 예술'과 '구성적 예술'의 두 종류로 구별했다. 오늘날의 장르개념으로 이해하자면, 표현적 예술에는 시·음악·춤이 속하고 구성적 예술에는 건축·조각·회화가 속한다. 이 표현적 예술을 코레이아Choreia'라고 불렀다. 이러한 현상은 동앙에서도 마찬가지로 '(악무일체**樂歌舞一體**)'로 나타났었다. 말하자면 모더니즘시대에 이르러 각 장르가 독립적으로 분화하기 이전까지. 고대 와 중세 시대의 예술의 형태는 본래적으로 유기적이고 통합적이었다.

78. 2019.12.03. / 춤 웹진 / 권옥희 / 서울무용제 무념무상「어디로 가고 있습니까?」

춤웹진 Dance Webzine

리뷰 좌담 시평 춤, 현장 기획·특집 학술 연구 From Abroad

인터뷰 Memory 에세이 춤*우리 춤계소식 문화*흐름

2019. 12. Vol. 124

리뷰

서울무용제 〈무념무상 Ⅰ〉

지나간 시간에서 현재를 보기

권옥희

올해 40주년인 서울무용제 대상수상작 세 편을 한 무대에 올린 '걸작선'과 청년과 중견, 원로들의 '춤판시리즈', 그리고 개막축하공연 무대 〈무념무상 Ⅰ, Ⅱ〉 눈에 띄었다. 특히 시간을 거슬러 소환한 〈무념무상 Ⅰ〉(11월13일, 아르코예술극장 대극장) 무대. 김화숙(1회), 이정희(2회), 최은희(4회), 안신희(5회) 이 세대의 놀라운 만듦, 놀라웠다.

영상을 통해 밝힌 작가들의 춤(삶). 그 많은 춤들이 엮어낸 아름다움과 춤(삶)의 성공. 그 바탕은 모두 일찍부터 분명한 춤철학을 가지고 안무가로, 예술인이 할 사회적 책임을(김화숙, 이정희) 다했다는 데 있다. 김화숙의 〈광주민중항쟁 무용3부작〉과 이정희의 〈살푸리 하나–아홉〉 연작은 자유를 억압하는 일이, 현실적 중압감이, 춤을 통해 도달하려 했던 꿈과 그 춤적 실천의 원기가 되었을 것이다.

서울무용제 〈무념무상 Ⅰ〉 최은희, 이정희, 김화숙 ©옥상훈/한국무용협회

"리어카에 아버지를… 집 마당에 핀 장미로 아버지를 덮은 뒤 동생이 그 리어카를 끌고…"라며 광주항쟁 때 돌아가신 아버지를 땅에 묻던 날을 담담하게 회. 화숙선생은 자신의 예술(춤)적 책임 앞에 놓여 있는 현실의 벽이 얼마나 두터운가를 이미 알고 있었다. 하여 〈광주민중항쟁 3부작〉이라는 그의 선택은 희망 고 말할 것이 아니라 희망 없음이 그의 선택을 막지 못했으며, 그것이 바로 그의 선택의 내용이었다고 말해야 할 것이다.

이정희 선생 또한 춤이 개인적 작업이라는 이유 때문에 망설이지 않았을 것이고, 개인적 작업이라는 이유로 광주항쟁이라는 미친 시절을 자기 성찰의 힘이 연작〉으로 풀어내는 것이 가능했을 것이다. 봄날, 거침없이 만발하는 검고 긴 머리칼의 서정으로.

최은희는, 춤이 한 개인의 감정에 따른 것만이 아니기에 보편적 집단의 춤 얼굴로 분석하려 했다고 말한다. 우리 춤의 근원을 찾고자 한 그 의도는 한국춤 춤의 투명성을 찾기 위한 것이리라.

해답이 아니라 다시 문제를 제기하고 있는 이 세대의 춤의 역사, 무겁다.

어쩌면 이들의 춤을 분석하는 일은 이미 나의 몫이 아닌 것 같다는 생각이 문득 들었다.

춤을 본다.

최은희의 〈어디로 가고 있습니까?〉 ©옥상훈/한국무용협회

첫 무대, 최은희의 〈어디로 가고 있습니까?〉. 머리를 푼 채 무릎을 구부리고 상체를 깊이 떨어트렸다가 양손으로 머리칼을 위로 쳐올리는 동작을 반복한 로 촬영한 아득해 보이는 영상, 풀었던 머리를 묶은 뒤 다시 추는 춤. 춤으로부터 멀리 떨어져 있는 춤은 얼마나 어렵게 춤이 되는지. 작품은 인간의 시선과 의 이미지, 한정된 공간, 그리고 춤. 드론이 보내준 영상을 통해 우리가 사는 세상의 단면이나 인간의 내면, 삶의 조건 형태 등에 대한 통찰, 성찰을 묻는 데 준 것으로 읽힌다. 머리를 푸는 일탈력과 머리를 묶는 수렴력 사이에, 머리를 올려치는 비상의 원심력과 머리를 떨어지는 중력의 구심력 사이에 언뜻 보이는 지만 그 트임이 투명하게 드러나기 위해 원작의(〈어디로 가고 있습니까?〉) 어떤 설명을 거쳐야만 하는 작품은 불투명한 것이 되기 쉽다. 디지털 문명의 시대 설 자리가 줄어드는 상황. 미래 춤에 대해 창의적으로 풀어내는, 혹은 대응할 수 있는 춤이란 어떤 것일까.

79. 2021.8. / 몸 / 조봉권 / 걸어온 길, 되새겨 보여준 것 만으로도 / 「길」

Review

걸어온 길, 되새겨 보여준 것만으로도

길 – 춤패 배김새 36주년 정기공연

글_조봉권(국제신문 선임기자 bgjoe@kookje.co.kr)

배김새의 배김 허튼춤만 보면 나는 힘 신이 났다. 들판에서 농사일하는 건 마당쇠가 된 기분도 들었고, 외적이 처 자 병졸이 되어 전선에 나가 싸우다 잔 쉬면서 동료들이 펼치는 공연을 보는 돌쇠가 된 느낌도 있었다.

요컨대 배김 허튼춤은 예쁜 척하지 않는다. 예쁜 척할 줄 모른다. 춤꾼들은 '…아무렇지도 않고 예쁠 것도 없는 사철 발 벗은 아내' 느낌의 흰옷을 입고 발 동동 걷고 자신감과 긍지를 밑장에 깔고 휘적휘적 성큼성큼 너울너울 춤추다가 수직으로 솟구치고 다시 땅에 '배기는' 춤사위를 보여준다.

예쁠 것도 없는 이 춤사위는 예쁘다. 때로 '오버'하는 동작도 나오고 격을 깨버리기 일쑤인데, 에너지가 짱짱하다.

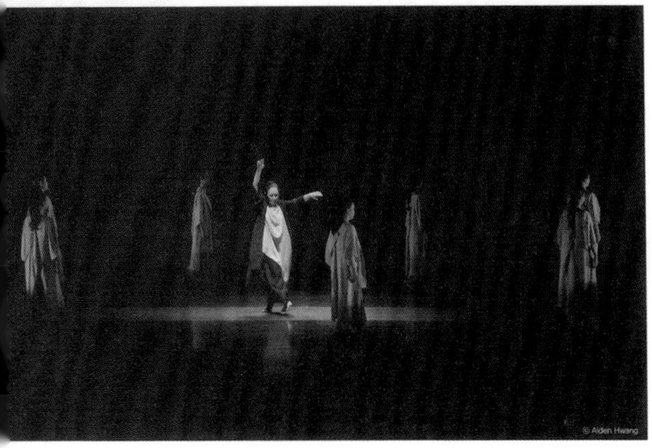

© Aiden Hwang

© Aiden Hwang

처음 이 춤을 보는 분이나 점잖은 춤이 예쁘다고 보는 분한테는 살짝 낯설고 순간 불편할 것이다. 그런 배김 허튼춤이 왜 예쁜가? 관객인 '나'에게 말을 걸어주기 때문이다. 고되게 일해서 돈 벌어 밥 먹고 사는, 노동하는 존재인 내게 배김 허튼춤은 말을 걸고 에너지를 준다. 밀양은 빽빽할 密(밀)에 햇볕 陽(양)이니 여름 들판 이미지다. 그 빽빽한 밀양의 햇볕조차 어쩌지 못하는 밀양 들판 일하는 아낙네들의 기운이 배김 허튼춤에는 들어있다.

올해 7월 23일 오후 7시 30분 춤패 배김새 36주년 정기공연 '길'이 부산 해운대구 영화의전당 하늘연극장(대극장)에서 펼쳐졌다

고되게 일해서 돈 벌어 밥 먹고 사는 노동하는 존재인 내게 배김 허튼춤은 말을 걸고 에너지를 준다

이 공연이 열린다는 소식을 듣고 먼저 받은 느낌은 '아득함'이었다. 아마 이런 이유 때문이었을 것이다.

1. 코로나19 팬데믹 장기화→거리 두기 고착→공연계 폭망으로 이어지는 이 지옥의 사이클 속에서도 저 뚝심의 배김새는 기어코 정기 춤 공연을 대극장에서 하는구나. 저 뚝심과 끈기, 따라갈 수 없다.

2. 1985년 창단해서 36주년이 됐구나. 그 긴 세월을 이어왔구나. 36주년이면 일제강점기보다 1년 길다. 한국 사회에도 온갖 변화가 일어난 기간이다. 춤패 배김새 또한 희로애락, 간난신고, 변화, 위축, 발전, 재도전의 길을 걸었고 여기까지 왔다. 아득했다.

Review

© Aiden Hwang

이번 작품 '길'은 코로나19 팬데믹 장기화라는 힘겨운 시절에도 여전히 길 위에 있는 춤패 배김새를 상징했다. 평범한 외관이지만 속 깊은 제목이었다.

작품 창작 출연진은 이렇게 소개돼 있다. 총안무 연출 최은희, 안무 춤 최은희 정미숙 하연화 한수정 이화성, 춤 손미란 김정원 장하나 이다영 백소희 이소윤 배정현, 예술감독 하연화, 음악작곡 김보번 등.

1985년 경성대 무용학과 최은희 교수가 주도해 창단한 춤패 배김새는 특히 초창기에 예쁜 척 가녀린 척하거나 함부로 추상의 길에 빠지는 짓을 하지 않았다. 창단작품 '무궁화 꽃이 피었습니다'는 절실한 사회 비판 작품이었고 "히로시마 원폭, 낙태, 정신대의 아픔 등 시대적 아픔을 초창기에는 담아냈다."(최은희 총감독)

2000년대로 접어들면서 춤패 배김새의 작품 경향에는 변화가 생겼고 주제의식 폭은 넓어졌다. 내면을 응시하고 추상을 끌어안는 작품이 나왔다. 그런데도 춤패 배김새 하면 여전히 초창기의 팔팔함, 솔직함, 현실 참여 이미지가 남아 있다.

'길' 또한 그런 자장 안에 있었다. 주제의식은 바깥이나 세상이 아니라 내면을 응시하는 쪽이었다. 이 어려운 시기, 내면을 응시하면서 견디고, 결국 새로운 나의 길을 만들어 가겠다는 춤패 배김새의 내면을 담았다.

배김 허튼춤으로 공연의 분을 열어젖혔다. 배김 허튼춤은 보고 있으면 힘이 나고 신이 난다. 여러 사람이 함께 추는데, 그 중 하연화는 도약이 선명하고 동작이 활달해 '저렇게까지 격을 깨도 되나' 싶다가도 어느 새 매료된다. 이번 공연에 중견 이화성 한수정이 출연해 조화로운 춤을 보여준 점도 반가웠다.

이어 상영한 춤패 배김새 36주년 역사 영상은 부산 지역 춤 예술의 역사를 담은 소중한 사료임을 밝혀둔다.

'길'은 정말로 길 위의 춤이었다. 한 명 또는 두 명이 앞쪽에서 내면을 응시하거나 표현하는 춤을 추는 사이 뒤쪽에서는 춤꾼 여러 명이 줄을 지어 어딘가로 함께 가는 움직임이 여러 차례 나왔다. 생각하고 떠올리고 되새기면서 어딘가로 길을 가는 것이다. 자극적이고 격렬한 동작은 거의 쓰지 않았다. 독무가 아닌 경우, 주역을 맡은 춤꾼들은 자주 서로 응시하고, 기대고, 동작을 맞추어 나갔다.

그리고 군무가 결합한다. 결합한 군무는 일정한 방향성을 갖고 어디론가 간다. 그 과정에서 손에 잡힐 듯한 김보번의 음악이 매우 돋보였다.

이 모든 게 무엇을 상징하는가? 묵시록의 느낌이 있다. 춤패 배김새가 과거에서 지금까지 걸어온 길, 지금 있는 길, 앞으로 있을 길을 담는다. 춤패 배김새는 길 위에서 자기 역사를 되새겼고 길에 대한 의지를 다졌다.

작품이 줄곧 좋았던 것은 아니다. 내면을 응시하는 경향이 강했으므로 진중했고 공감 포인트는 많지 않았다. 21세기 춤 예술이 관객과 호흡하기 위해 새로운 철학과 방법이 필요하겠다는 생각도 했다. 공연예술에서 관객은 대개 '공감'을 원하는데, 공감은 많은 경우 '이해'에서 비롯되므로 연극 뮤지컬 노래처럼 '공감의 도구'가 선명하게 있는 장르의 상황과 춤 장르의 본질을 잘 살필 필요가 있겠다는 뜻이다. 그런 의미에서 '길'은 길 위에 단지 있는 게 중요하지 않고 새로운 영역을 개척하면서 가야 함을 보여줬다. 앞으로 감당해야 할 과제다.

36주년의 세월을 지나 오늘 여기 이르러서도 힘껏 춤추는 춤패 배김새의 되새김이 인상 깊었다. ■

사진제공_춤패배김새(박병민)

춤패 배김새 36주년 정기공연 '길'

40여 년의 연령 스펙트럼을 아울러낸 단원 간 신뢰의 조화와 균형

2021. 7. 23. 영화의전당 하늘연극장

80. 2021.12.03.Vol.195 / 예술부산 / 김현숙 / 춤패 배김새 36주년「길」

SEPTEMBER 9
춤패 배김새 36주년 '길'
예술 부산
ART BUSAN MONTHLY
2021 VOL.195

40여 년의 연령 스펙트럼을 아울러낸 단원 간 신뢰의 조화와 균형

7월의 한여름 찜통더위 속, 코로나19 재확산으로 사회적 거리40여 년의 연령스펙트럼을 아울러낸 단원 간 신뢰의 조화와균형

7월의 한여름 찜통더위 속, 코로나19 재확산으로 사회적 거리두기를 강화하던 시기에 [춤패 배김새] (이하 배김새)의 창단 36주년 공연이 하늘연극장에서 다행히도 무사히 막을 올리게 되었다.

이번 공연은 무용단을 창단하고 총감독으로 있는 최은희교수가 올해 퇴직하며 준비한 마지막 무대로, 지금까지 배김새 단원들과함께 해왔던 응축된 시간의 회상이자 단원 한 사람 한 사람이 살아온길, 시대가 남긴 역사의 길 등을 보여주었다. 다양한 주제와 이슈를 끌어내 무용이 가지고 있는 예술적 가치 외에도 치유와 철학적 사유를 가능하게 함으로써, 인간을 이해하고 역사와 사회 인식에 반향을 불러 일으키고자 하는 배김새 창립 정신의 일면을 볼 수 있는 의미 있는시간이었다.

공연장에 들어서자 공연장 로비에서 느껴지는오랜만의 북적임이 좋았다. 티켓과 함께 받아 본 프로그램북 표지에 있는 故 정진윤 작가(최은희 교수남편)의「역사의 그늘 – 뿌리깊은나무」가 인상적으로 눈에 들어왔다. 붉은색 바탕의 캔버스 전체를 채우고 있는 뿌리 깊은 나무로부터 뻗어져 나오는 힘과 에너지는 창단 36주년을 맞은 오늘의 배김새를 상징하며, 굵고 가늘게 뻗은 수많은 가지는 지금까지 그들이 함께 걸어온 36년의 긴 세월을 보여 주는듯 했다.

객석의 조명이 꺼지고 잠시의 침묵이 흐르자 타악의 생음악이 강하게 울리며 무용단 이름의 어원이기도 한 영남의 향토성 짙은 춤 '배김허튼춤'을 추며 등장한 5명의 무용수에 의해 공연이 시작됐다. 이어지는 영상에는 어제까지 연습실에서 마스크를 끼고 무더위 속에서 연습하던 모든 출연진에 대한 소개 그리고 그동안 무용단이 해온 활동과 성과를 사진과 동영상으로 제작하여 내레이션을 얹었다. 36년전 이들 존재의 시작은 어떠했는지, 지금까지 어떤 길을 걸어왔는지를 보여 주는 무대 연출의 프롤로그였다.

작품의 각장은 최은희, 정미숙, 하연화, 한수정과 이화성이 안무하였고 춤과 춤의 연결을 자연스럽게 아우르는 안무의 총진행과 연출은 최은희 교수가맡았다. 본격적인 춤은 느리게 걸으며 나타났다 사라지는 여러 명의 무용수에 의해 원형 구도에 쌓안 최은희교수의 솔로로 시작됐다.

그 춤은 심해에서 들려오는 신비한 생명체의 소리 같은가 하면 아주 무거운 철문이 열리듯 미지의 세계가 펼쳐질 것만 같은 상상을 끌어 내기도 하는 전자음악과 매칭되어, 프로그램북에 그려진 뿌리 깊은 나무처럼 배김새 36년을 이끌어 온 그녀의 의지와 존재감을 명확히 보여 주었다.

동시에, 일정한 비트가 나오는 춤에서는 배김새 역사의 시작을 알리는 제의식처럼 느껴졌다. 등퇴장은 자연스럽게 오버랩되면서 다음장으로 연결됐다.

이번 작품에서 가장 동적으로 느껴진 2장에서는 한국의 전통 타악기와 호주 원주민의 악기인 디저리두(Didjeridu) 연주가 섞인 음악에 맞춰 정미숙의 빠른 잔걸음이 무대 전체를 나선형으로 휘저으며 회전하기를 반복하면서 구도의 길을 함께 떠나줄 다른 동행자들을 무대위로 하나 둘 씩 불러들였다. 변화무쌍한 동선의 춤이 끝나자 구음과 함께 잠시 느림의 시간을 가진 6명의 무용수는 멈출 수 없는 숙명처럼 구도를 위한 격정적인 춤을 다시 추었다. "춤을 왜 추었는지 모른다, 그러나 지금도 춤을 추고 있다"라는 정미숙과 그녀의 페르소나들 처럼 말이다, 3장은 3D 영상과의 융합을 보여주었다. 배김새의 동시대적 정신은 전통을 바탕으로 하지만 전통 안에만 머물지 않고 타장르와 과감하게 크로스 오버한 작업으로 과거와 현재를 이어가며 창작언어 개발과 작품세계의 확장을 실현해 갔다. 구름 아래 끝없이 뻗어 나가는 수많은 녹색의 선들은 시공간의 경계에 구애받지 않고 언제 어디서나 누구와도 소통 가능한 사회망을 의미하며 맥시멀하게 확장해 가는 소셜네트워크를 3D 영상으로 보여 주는 가운데, 한수정과 이화성의 이인무가 펼쳐졌다. 오히려 제한된 수평의 외길 조명 아래서 두 에너지는직접 컨택트하며 긴장과 대립을 미니멀하게 대조적으로 이끌어 가다가 마침내 동행의 길을 선택하여 떠나는 것으로 마무리 지어졌다.

늘 그렇듯 장(場)의 전환은 느린 걸음으로 사라지고 나타난다. 5개의 수평 조명 길이 열리면서 한국 전통춤에서 드러나는 끊길듯 말듯 이어지는 느린 곡선의 미학보다는 채찍질하듯 때려대는 비트 강한 타악소리와 함께 주로 수평과 수직의 심플한 직선 구도를 사용하고 절도 있는 일련의 동작들을 반복하며 속도감 있게 움직임을 전개해 가는 하연화의 안무에서는 춤의 내공과 함께 모던하다는 인상을 받았다. 또 우직하게 지금까지 달려온 그녀의 강한 신념이 잘 드러나 보였다. 이어지는 에필로그에서는 형형색색의 빛을 발사하며 우주를 떠다니는 은하계의 셀 수 없는 행성을 이미지화한 듯 보이는 3D 영상을 배경으로, 지구상에 존재하는 수많은 사람중에 배김새와 인연을 맺어 36년간 희로애락을 함께하며 춤으로 같은 길을 동행해 온 출연자 모두가 각자의 결을 떠나는가 싶더니 무대 중앙으로 에너지를 모으며 응집했다. 그러는 가운데 무대 위에는 비본질적인 요소들이 하나씩 사라지고 비로소 춤패 배김새의 본질은 그들 존재 자체임을 보여주며 조용히 엔딩을 맞이했다.

객석을 나오며 든 나의 직관적 인상은 안무자가 여럿인 옴니버스식의 작품일 경우 자칫하면 그흐름과 맥이 부자연스러울 수 있는데, 안무 · 음악 · 조명 그리고 3D 영상에 이르기까지 무대 진행의 치밀한 짜임과 타이밍은 어느 것에도 거슬림 없는 높은 수준의 팀워크를 보여 주었다는 것이다. 그러나 원고를 작성하기 위해 작품을 리뷰하다 보니, 스토리와 플롯이 없는 대본과 춤은 지나치게 관념적이라는 생각이 들어, 자의적 해석의 여지가 보장됨에도 그 상관성을 찾아 글로 풀어 내는데에는 많은 생각의 힘이 필요했다. 원고를 마친 지금은 안무자들에게 이번 작품에서 어떤 이야기를 풀어냈는지, 하고 싶은 이야기는 속 시원히 다했는지. 그리고 우리가 그들의 어떤 면을 보기를 기대했는지 등을 물어보고 싶다. 만약 그들이 나에게 "너는 어땠어?"라고 묻는다면 "관람자로서 나는 세련된 춤과 무대를 본 것에 만족하고 춤을 춘 무용수 모두를 격려한다"고 말하겠다.

배김새와 동시대에 창단된 수많은 동인단체중에 이미 사라지거나 유명무실해진 단체들이 많은 현실을 생각하면, 배김새의 오늘은 최은희 감독과 창단멤버인 정미숙을 선두로 하연화, 손미란, 한수정, 김정원, 이화성, 장하나, 이다영, 백소희, 이소윤, 배정현에 이르기까지 40여 년의 연령스펙트럼을 아우를수 있었던 단원 간 서로에 대한 신뢰가 조화와 균형을 지혜롭게 이루었기에 가능했다고 생각한다.

앞으로도 좋은 본보기가 되어주길 희망하며 동인단체 [현대무용단 주-ㅁ]의 창단멤버였던 나도 7월의 한여름 뙤약볕이 내리쬐는 남천비치아파트 방파제의 뜨거운 시멘트 바닥위에서 더운줄도 모르고 배김새와 함께 춤추던 열정의 1990년대를 향수해본다.

Ⅳ. 최은희의 글, 평, 대담, 세미나, 인터뷰, 신문기사

WRITINGS, REVIEWS, TALKS, SEMINARS, INTERVIEWS, AND ARTICLES BY EUN-HEE CHOI

최은희 글 Writings by Eun-Hee Choi

1. 1984. 3 / 창무회지 제2호 / 늪
2. 1986. 1.12 / 푸른뿌리85 / 흙의 연정
3. 1986. 7.05 / 부산일보 / 풀이의 미학
4. 1989. 9 / 현장 / 테마 에세이 내가 받은 피치 못할 오해 – 자정을 넘어서 귀가했으니
5. 1995.1.10 / 부산일보 / 세대 틈 융해 화합의 장 열매
6. 1995.3.04 / 부산일보 / 문화정치 숙성과 지역특성 전문화
7. 1995.8.02 / 부산일보 / 용두산을 부산상징 문화공간으로 – 예술행정가등 전문인력 절실
8. 1998. 3 / 몸 / 새 정부에 바란다. – 우리만의 문화상품 만들어 내기에는
9. 2000.7.01 / 사단법인 한국민족예술인총연합민족예술 / 민족예술인 이렇게 바란다
10. 2001. 1-02 / 울산문예 / 새해를 맞이하여
11. 2002. 1-2 / 울산문예 / 전통과 현대의 화합
12. 2002. 2 / 댄스포럼 / 차창 밖 풍경風景을 바라보며
13. 2002. 4 / 몸 / 바다냄새를 몰고다니는 춤꾼 신은주
14. 2003.3.24 / 경성대신문 / 하와이대학에서의 단상 – 사회를 이끌어가는 주체가 돼야
15. 2003.6.19 / 부산일보 / 창작춤「제웅맞이」– 한국인 심성 제웅 통해 형상화
16. 2004.10.18 / 경성대신문 / 오늘의 대학축제를 본다
17. 2005. 9 / 몸 / 제1회 부산국제해변무용제 – '탄생과 대중화를 위한 시도'
18. 2005.10.01 / 부산일보 / 내 생애 책한권, 인생의 '관문'도전케 한 용기 얻어 – 『개선문』
19. 2005. 10 / 춤 / 세계 예술인들이 한 자리에 모일 수만 있다면 – '말레이시아 제2회 세계 델픽문화축전을 참가하고
20. 2006.12.04 / 경성대신문 / 문화 공동체로서의 우리 춤의 정체성
21. 2007. 12 / 춤저널22호 / 춤패배김새 예술감독수상 제12회 춤비평가상 소감
22. 2012.10.19 / 국립국악원 / 김천흥을 추억하다 '김천흥 선생님의 기억을 떠올리며'
23. 태화쇼핑 / 자연에게서 배우리라
24. 2017. 02. / 춤 / 예술의 나라 프랑스에서의 춤 여정
25. 2017. 04. / 몸 / 우리는 춤추고 싶습니다
26. 2017.10.15 / 춤 / 춤이 있는 풍경 – 춤예찬
27. 2018.4. / 예술부산 / 무용감상 어떻게 해야할까?
28. 2019.1.16 / 부산일보 / 반려동물과 지내기 – 병원가는 일 잦아진 열한 살 유바
29. 1986.2.4 / 부산일보 / 신바람의 도시
30. 1986.2.14 / 부산일보 / 진통陣痛이라는 병
31. 1986.2.18 / 부산일보 / 名節과 문화
32. 1989.11.7 / 부산일보 / 해변가의 예술공간
33. 1991.10.15 / 국제신문 / 프라하에서의 斷想
34. 1991.10.30 / 국제신문 / 유학생의 미스金
35. 1993.3.10 / 부산매일 / 靈山을 다녀와서
36. 1993.3.10 / 부산매일 / 기념여행
37. 1993.4.9 / 부산매일 / 춤 예찬

1. 1984. 3 / 창무회지 제2호 / 늪

26
◎창작에세이 그리고 화보
늪
1984. 3 / 창무회
최 은 희

가을은 어머니의 품처럼 아늑하고 평온하다.
높다란 하늘, 맑고 차디찬 바다, 그리고 우리네의 내음과 빛깔이 배어 있는 황토길...... . 가을은 수많은 세월과 생명의 의미를 우리로 하여금 되새기게 하여 준다. 나는 가을에 대지 위의 수많은 외로운 영혼들을 생각하고, 새벽의 서리 묻은 잡초들을 아픈 눈으로 바라본다. 나는 가을의 아름다움과 안타까움과 서러움과 두려움의 복합된 감정에 빠져든다. 이러한 복합된 감정 속에서 나는 또 물어 본다. 나란 무엇인가, 어디로 가고 있는가, 무엇을 위해, 무엇을 추구하며 살아가고 있는가. 나에 대한 끊임없는 물음, 삶의 불확실성 속에서 나는 아직 답을 찾지 못한 채 춤이란 매체를 통해서 끝없는 물음과 방법을 추구하여 본다.

몇 년 전에 나는 한동안 역마살이 끼었던지 바람 따라 마음이 빌 때마다 우리네의 강산을 떠돌아 다니면서 인간의 순수한 감성을 맡으려고 애쓴 적이 있었다. 몇 차례의 민속놀이-농악, 탈춤, 굿과 그 주위에 무위롭게 앉아 있는 노인네들, 그들의 살아온 인생의 역정을 말해주는 듯한 깊게 패인 주름살, 아무 생각없이 덩실거리며 웃음짓는 그네들은 나로 하여금 삶에 대한 향수와 연민과 솟구치는 애정을 느끼게 했다.
슬픔이 많으면 많을수록, 괴로움이 크면 클수록 더 미친 듯이 풀어내지 않으면 안되는 것이 우리네 놀이판의 진실이요, 삶의 길이다. 니체는 인생은 고해다. 진정한 자유인은 허무하고 고독하다고 하였다. 삶에 대한 연민의 정, 뜨거운 만남과 헤어짐, 현대인의 고독, 타오르는 화염 속으로 뛰어들고픈 절망, 이러한 모든 고(苦) 의 연속됨이 바로 삶인 것이다. 나는 이러한 모든 것들을 춤에서 추구하고, 그 가운데서 풀어내며, 그것을 통해서 삶을 극복하고 아름답게 승화시킬 수 있는 지혜를 얻으려 춤을 추고, 춤을 만들어 낸다.

2년도 채 안되는 짧은 기간 동안에 부산 시립무용단에서 발표했던 작품 가운데서 가장 애정을 느끼는「늪」,「지난 겨울」,「춤 108」을 다시 떠올려 본다. 주제 설정에서부터 춤이 완전히 만들어져 무대에 올려지기까지 순간 순간이 자아와의 고독한 투쟁이며, 수행이었다. 그 중 첫번째의 관심으로 만들어 낸 작품이「늪」이다.
이 작품은 인간과 인간, 인간과 자연의 대립된 모습을 그린 것이다. 오늘날의 인간관계는 치열한 생존경쟁 속에서 사랑과 신뢰의 균형이 깨어지고, 인간과 자연의 관계도 조화가 아닌 대립적 관계로 변화하게 되었다. 이러한 상황 속에서 인간은 끝없이 외로움과 소외감을 되풀이 해서 느낄 뿐이다.
작품의 시초는 풍요와 기원의 축제 형식의 민속놀이에서 착안을 얻어 이것을 현대적 상황으로 재현하였다. 그러나 두 번째 단계가 어떻게 풀어나가야 할 지 막막했다. 그러다가 떠오른 생각이 우리의 타악기를 이용한 신트싸이즈 음악을 활용할 착상이었다. 우리나라 음악과 신트싸이즈 음악을 잘 구사할 수 있는 작곡가 장덕산씨를 한양 대학으로 연락해 보니, 그는 뉴욕에 유학중이 었다. 그러던 마침 방학을 틈타 잠시 한국에 들린 사이에 운좋게 만날 수 있었다. 원하던 작곡가와는 만났지만 과연 음악이 원하는 대로 나올지, 나는 몇 차례나 작품의 의도를 설명하면서 그로부터 만족할 만한 음악을 얻어 냈다. 그 음악을 들으니 나의 감정은 긴박감이 넘치면서 점차로 고조되어 갔다. 마음 속에서 불확실하게 떠돌던 상들이 분명한 상으로, 동작으로 구체화 되자 나에겐 저절로 자신감이 생겨났다.
상황, 등장인원의 재구성과 움직임을 만들기에 여념이 없었고 계속 수정 보완하여 연결 짓는 작업으로 의도대로 작품을 마치고 나니 무용수와 훈련과정의 투쟁만이 남았다. 인간과 인간이 부딪히는 작업, 찢어버릴 수도 구겨버릴 수도 없는 고함지르는 소리로 작업해야 하는 몸을 재료로 하는 예술을 택했는지…. 무한한 움직임의 가능성을 보면 무엇과도 바꿀 수 없을 만큼 기쁘지만 의도대로 되지 않을 때는 방관하고 싶은, 절망으로 빠져드는 듯한 이 모든 것이 바로 투쟁이고 그것을 표현하고 싶었는지 모른다.
이 작품에서 특징적인 움직임이라 할 수 있는 것은 주먹을 쥐고 팔을 휘두르는 것으로 의식무용 중 법고 동작을 확대시켜 인간의 투쟁을 상징적으로 처리하였다.
그때의 나의 심리 또한 도전적이었는가 보다. 끝으로 재정적으로 무대장치할 여건이 못되어 오케스트라 비트승강기를 이용하여 늪으로 빠져드는 인간의 함성을 처리하면서 마지막으로 뻗은 한 손이 매우 효과적이었다.

2번째 작품 「지난겨울」 그야말로 한차례의 겨울을 지내고 만든 작품이다.
韓末 전락되어 가는 양반상을 한 농민의 딸을 통하여 풍자적으로 처리한 것으로 이 작품 역시 민속놀이의 하나인 「밀양백중놀이」 형식을 따와 놀이의 절정인 각종 병신놀음을 야유하는 형식으로 바꾸어 전체적으로 템포를 빠르게 하며 코믹하게 이끌어 갔다.

마지막 고별작품이었던 「춤108」은 한 인간이 겪는 수많은 번민 욕망을 극복하는 정신의 고결함과 아름다움을 묘사한 작품이다.
우주만물과 만법은 우리의 마음에 일어나는 것이며 밖으로부터 나오는 것이 아니다. 부처 또한 먼 곳에 있는 것이 아니라 자신의 마음속에 있음을, 인간과 사물과 동물과 꽃이 우주적인 **等價**와 조화를 이루고, 죽음과 삶이 화해롭게 넘나들고, 번뇌가 바로 지혜의 별빛으로 무한이 빛남을 다시금 되새기며 모든 인간이, 곧 내가 추구하는 삶의 자세를 제시한 작품이다. 우리의 영혼과 가락이 스며져 있는 듯한 이매방 선생님의 북소리가 마음 깊이 여운을 남긴 채 넘어설 수 있는 용기 아직도 먼듯하다.

2. 1986. 1.12 / 푸른뿌리85 / 흙의 戀情

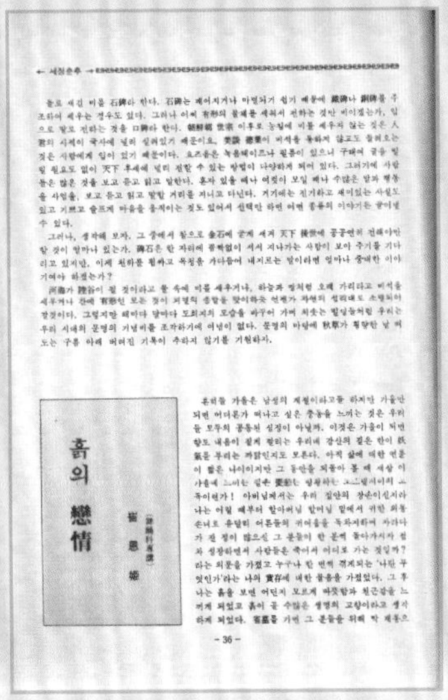
흙의 戀情
-36-

흔히들 가을은 남성의 계절이라고들 하지만 가을만 되면 어디론가 떠나고 싶은 충동을 느끼는 것은 우리들 모두의 공통된 심정이 아닐까. 이것은 가을이 되면 향토 내음이 짙게 깔리는 우리네 강산의 짙은 한이 **妖氣**를 부리는 까닭인지도 모른다. 아직 삶에 대한 연륜이 짧은 나이이지만 그 동안을 되돌아 볼 때 새삼 이 가을에 느끼는 짙은 **憂愁**는 방황하는 노스탤지어의 고독이련가! 아버님께서는 우리 집안의 장손이신지라 나는 어릴 때부터 할아버님 할머님 밑에서 귀한 외동손녀로 유달리 어른들의 귀여움을 독차지하며 자라다가 잔 정이 많으신 그 분들이 한 분씩 돌아가시자 점차 성장하면서 사람들은 죽어서 어디로 가는 것일까? 라는 의문을 가졌고 누구나 한 번씩 겪게되는 '나란 무엇인가'라는 나의 **實存**에 대한 물음을 가졌었다. 그 후 나는 흙을 보면 어딘지 모르게 따뜻함과 친근감을 느끼게 되었고 흙이 곧 수많은 생명의 고향이라고 생각하게 되었다. **省墓**를 가면 그 분들을 위해 막 재롱으로 익힌 춤솜씨를 발휘하기도 하였다. 지금은 네가 택한 무용이라는 전문예능직과 인연을 맺게 되었고 한 순간의 무대에 서기 위해서는 끊임없는 훈련과 인내를 감수하지 않으면 안된다. 아침에 해 뜨는 것을 보고 나오면 달이 떠 있는 고적한 밤에 연습을 마치고 돌아가게 된다. 그럴 때는 스스로 감격하여 눈물을 흘리기도 한다. 수많은 나날들…. 그 나날들의 뼈저린 고독으로 인해서인지 학창시절이면 한 번쯤 동경하게 되는 니체도 흠모해 보았고 헤세, 릴케, 전혜린 등의 저서와 일생은 나의 성장과정에 있어서 참으로 많은 영향을 주었다. 또 무용은 **觀者**의 **視覺**에 완연히 드러나 보이는 몸짓의 표현이어서인지 도스토예프스키의 말**中** "값싼 행복과 고통 중에서 어떤 것이 더 중요한가? 평범한 사람은 행복 속에 거의 산송장처럼 살고 싶어 하지만 고통을 겪음으로써 나는 결국 평범한 사람들보다 더 생생히 살아있다 할 것이다"라는 말

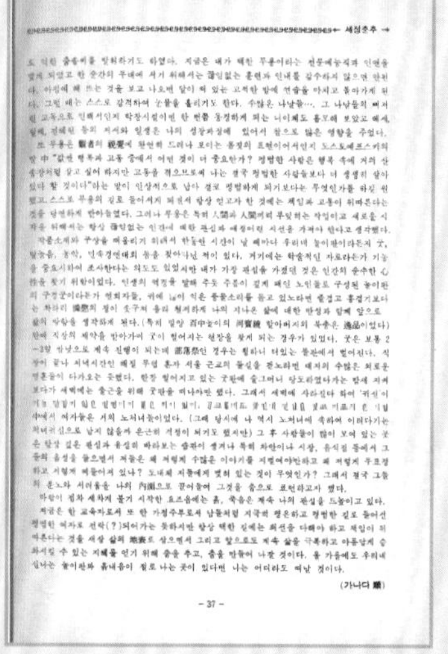

이 인상적으로 남아 결코 평범하게 되기보다는 무엇인가를 하길 원했고, 스스로 무용의 길로 들어서게 되면서 항상 얻고자 한 것에는 책임과 고통이 뒤따른다는 것을 당연하게 받아들였다. 그러나 무용은 특히 **人間**과 **人間**끼리 부딪히는 작업이고 새로운 시각을 위해서는 항상 끊임없는 인간에 대한 관심과 애정어 린 시선을 가져야 한다고 생각했다.

작품소재와 구상을 떠올리기 위해서 한동안 시간이 날 때마다 우리네 놀이판이라든지 굿, 탈놀음, 농악, 민속경연대회 등을 찾아다닌 적이 있다. 거기에는 학술적인 자료라든가 기능을 중요시하여 조사한다는 의도도 있었지만 내가 가장 관심을 가졌던 것은 인간의 순수한 **心性**을 찾기 위함이었다. 인생의 역경을 말해 주듯 주름이 깊게 패인 노인들로 구성된 놀이판의 구경꾼이라든가 연희자들, 귀에 많이 익은 풍물소리를 듣고 있노라면 즐겁고 흥겹기보다는 차라리 **憐愍**의 정이 솟구쳐 올라 철저하게 나의 지나온 삶에 대한 반성과 함께 앞으로 삶의 방향을 생각하게 된다. (특히 밀양 **百中**놀이의 **河寶鏡** 할아버지의 북춤은 **逸品**이었다.) 한때 직장의 제약을 받아가며 굿이 벌어지는 현장을 찾게 되는 경우가 있었다. 굿은 보통 2~3일 밤낮으로 계속 진행이 되는데 **部落祭**인 경우는 휑하니 터있는 들판에서 벌어진다. 직장이 끝나 저녁시간인 해질 무렵 혼자 서울 근교의 들길을 걷노라면 대지의 수많은 외로운 영혼들이 다가오는 듯했다. 한창 벌어지고 있는 굿판에 슬그머니 당도하였다가는 밤새 지켜보다가 새벽에는 출근을 위해 굿판을 떠나야만 했다. 그래서 새벽에 사라진다 하여 '귀신'이라는 달갑지 않은 별명마저 붙은 적이 있다. 공교롭게도 굿판에 관심을 갖고 사료차 온 사람 **中**에서 여자들은 거의 노처녀들이었다. (그때 당시에 나 역시 노처녀에 속하여 이러다가는 처녀귀신으로 남지 않을까 은근히 걱정이 되기도 했지만) 그 후 사람들이 많이 모여 있는 곳은 항상 깊은 관심과 유심히 바라보는 습관이 생겨나 특히 차안이나 시장, 음식점 등에서 그들의 음성을 들으면서 저들은 왜 저렇게 수많은 이야기를 지껄여야만하고 왜 저렇게 무표정하고 저렇게 찌들어져 있나? 도대체 저들에게 맺혀 있는 것이 무엇인가? 그래서 결국 그들의 분노와 서러움을 나의 **內面**으로 끌어들여 그것을 춤으로 표현하고자 했다.

바람이 점차 세차게 불기 시작한 요즈음에는 흙, 죽음은 계속 나의 관심을 드높이고 있다. 지금은 한 교육자로서 또 한 가정주부로서 남들처럼 지극히 평온하고 평범한 길로 들어선 평범한 여자로 전락(?)되어가는 듯하지만 항상 택한 길에는 최선을 다해야 하고 책임이 뒤따른다는 것을 새삼 삶의 **地表**로 삼으면서 그리고 앞으로도 계속 삶을 극복하고 아름답게 승화시킬 수 있는 지혜를 얻기 위해 춤을 추고, 춤을 만들어 나갈 것이다. 올 가을에도 우리네 신나는 놀이판과 흙내음이 절로 나는곳이 있다면 나는 어디라도 떠날 것이다.

3. 1986. 7.05 / 부산일보 / **풀이의 미학 -** 풍자통해 삶의 울분, 시름등 해소

부산일보
'86. 7. 5 土
문화논단
「풀이」의 美學
풍자통해 삶의 울분·시름등 解消
崔恩姬

우리 조상은 예로부터 **歌舞**를 즐겼던 민족으로 기록되어 있다. 상고대부터 있어왔던 **祭典儀式**에는 사냥이나 어획, 농산물의 다획 및 풍요를 기원하면서 부락민 모두가 참여하는 춤과 노래가 행하여졌다고 한다.

춤과 노래로 즐겨

노동의 현장에도 항상 노래가 뒤따랐다.모내기를 하면서 , 베틀에 앉아 길쌈을 하면서, 추수를 하고 난뒤 한 해의 수확에 대한 감사와 부락민들의 안녕을 기원하는 제의를 올리고 난후 뒤풀이로서 부락민 모두가 춤과 노래를 즐겼던 것이다. 이러한 공동체적 삶의 원형에 내재되어 있는 우리 민족의 **心像**은 어떤 것일까.이러한 공동체 문화가 형성되게끔 촉매 역활을 한 것이 바로 우리 민족심상의 원형으로서 의 [**興**]에 기원하는 것이 아닐까 생각한다.

탈춤의 미알과장에서 보이는 한을 그 자체로 들어내지 않고 익살과 해학으로 극복하는 형식이 바로 우리문화의 일반적 기본구조로 이해되어져야 한다. 이런 익살이나 해학이 바로 [**興**]에 그 뿌리를 두고 있다. 따라서 우리네 조상들은 이러한 흥을 바탕으로 하여 생활의 기쁨과 고뇌를 춤과 노래로 풀었던 것이다.

전해져 오는 우리 민속의 **演劇中**에 마당놀이라는 것이 있다. 이는 문자 그대로 마당에서 행해지는 즉 연회자와 관객의 구분이 없는 부락민 모두가 함께 참여하여 벌이는 놀이판을 말한다. 여기에는 격이 없다. 참여하는 사람 모두가 한 단위라는 뜻이다. 대표적인 마당놀이로서는 탈춤을 들 수 있다. 이때 행하여지는 놀이의 주된 주제중의 하나가 양반사회에 대한 풍자와 해학으로 이는 고된 노동에서 오는 피로, 계급사회에 대한 평민으로서의 울분 억압 등 요즈음 말로 스트레스를 이러한 놀이의 형식을 빌어 해소한 것으로 이해되어진다.

양반사회 풍자

이러한 연회에의 적극적인 참여와 그것을 통한 건강한 해학은 고된 평민들의 삶에 활력소가 되었음이 분명하다.그런데 중요한 것은 계급사회를 비판하는 것에는 한계가 있었겠지만 신분의 차이가 분명한 계급체계 속에서 그러한 양반계층 - 부도덕한 양반이나 몰락한 양반의 신분을 돈으로 매수한 신흥양반 -을 풍자한 놀이가 공공연하게 행하여졌다는 것이다. 거의 모든 탈춤에서 나타나는 말뚝이에 의한 양반풍자 특히 봉산탈춤의 양반과장은 그러한 풍자의 대표적인 예가 된다. 이것을 양반계급에서 모르리 없었을 것이다. 알고도 내버려 둔 것이다. 왜냐하면 평민들의 고된 삶 속에서 오는 울분 시름등을 어떤 방식으로든 풀어주어야 했기 때문에 그러한 연회를 통한 건전한 방식으로 해결한 것이다.

타고난 흉살을 미리 피하도록 하기위해 행하는 굿을 살풀이라고 한다. 이때의 [풀이]는 맺힌 감정이나 원한을 없앤다는 의미로 씌어진다. 또한 이러한 예로는 죽은 사람을 위한 **死靈**굿 즉 **亡者**의 **恨**을 풀어주기 위한 굿으로 지역에 따라 진오귀굿 오구굿 씻김굿등으로 불려지는 굿에도 푼다는 의미를 찾아볼 수 있다. 이처럼 우리굿의 원형에는「풀이」의 의미가 담겨있다. 즉 우리 선조들은 삶의 어려움을 이렇듯 여러가지 방식으로 풀면서 살아왔던 것이디.

감정 · 원한 없애

그래서 나는 우리 전래민속의 많은 부분이 이러한「풀이의 미학」에 기초를 두고 있다고 본다.

일전에 공연된 마당놀이 방자전이나 요즈음 연극에서 마당놀이 형식을 빈 마당극에 관객이 몰리는 것도 이러한 [풀이]와 무관하지 않을 것이다.청소년 문제가 날로 심각해지고 있다고 많은 사람들이 입을 모은다. 성적이나 입시에 대한 강박관념, 기성세대의 몰이해, 그로 인한 불신등은 가정에서나 학교에서나 그들은 주체가 아니라 끌려가고 있다는 느낌을 받게 만든다.

이들에게 막힌 물꼬를 터줘야 한다. [풀이]를 해야 하는 것이다. 어떤 방식이든 그들의 불만이나 스트레스를 해소하기 위한 지혜가 모아져야 할 때인것 같다. 나는 이렇게 제안해 본다. 청소년들이 주체가 된 마당놀이는 어떠할까?

4. 1989. 9 / 현장 / **테마 에세이 내가 받은 피치 못할 오해 -** 자정을 넘어서 귀가를 했으니

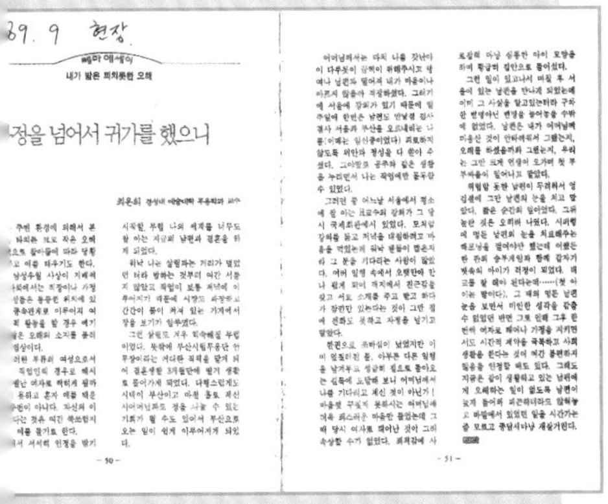
89. 9 현장
정을 넘어서 귀가를 했으니

인간은 주변 환경에 의해서 본의든 타의든 크고 작은 오해가 간헐적으로 찾아듬에 따라 당황하기도 하고 애를 태우기도 한다. 아직까지 남성우월 사상이 지배적인 우리 사회에서는 직장이나 가정에서나 여성들은 동등한 위치에 있기보다는 종속관계로 이루어져 여성이 대외적 활동을 할 경우 예기치 않게 많은 오해의 소지를 불러일으키기 쉽상이다.

나는 그러한 부류의 여성으로서 가정주부, 직업인의 경우로 해서 때로는 유별난 여자로 찍히게 될까봐 맞서지 못하고 혼자 애를 태운적이 한 두번이 아니다. 자신의 이야기를 한다는 것은 여간 쑥스럽지 않으나 한 예를 들기로 한다. 무용계에서 서서히 인정을 받기 시작할 무렵 나의 세계를 너무도 잘 아는 지금의 남편과 결혼을 하게 되었다.

워낙 나는 살림과는 거리가 멀었던 터라 밥하는 것부터 여간 서툴지 않았고 작업이 보통 저녁에 이루어지기 때문에 시장도 파장하고 간간이 불이 켜져 있는 가게에서 장을 보기가 일쑤였다. 그런 살림도 겨우 익숙해질 무렵이었다. 뜻밖에 부산시립무용단 안무장이라는 커다란 직책을 맡게 되어 결혼생활 3개월만에 별거 생활로 들어가게 되었다. 다행스럽게도 시댁이 부산이고 마침 홀로 계신 시어머님과도 정을 나눌 수 있는 기회가 될 수도 있어서 부산으로 오는 일이 쉽게 이루어지게 되었다.

어머님께서는 마치 나를 갓난아이 다루듯이 끔찍이 위해주시고 행여나 남편과 떨어져 내가 마음이나 아프지 않을까 걱정하셨다. 그러기에 서울에 강의가 있기 때문에 일주일에 한번은 남편도 만날겸 겸사겸사 서울과 부산을 오르내리는 나를(이때는 임신중이었다) 피로하지 않도록 위안과 정성을 다 쏟아 주셨다. 그야말로 공주와 같은 생활을 누리면서 나는 작업에만 몰두할수 있었다.

그러던 중 어느날 서울에서 평소에 잘 아는 H교수의 강의가 그 당시 국제회관에서 있었다. 모처럼 강의를 듣고 저녁을 대접하려고 마음을 먹었는데 워낙 팬들이 많은지라 그 분을 기다리는 사람이 많았다. 여러 일행 속에서 오랜만에 만나 뵙게 되어 객지에서 친근감을 갖고 서로 소개를 주고 받고 하다가 잠깐만 있는다는 것이 그만 집에 전화도 못하고 자정을 넘기고 말았다.

한편으로 조바심이 났었지만 이미 엎질러진 물, 아무튼 다른 일행을 남겨두고 성급히 집으로 돌아오는 길목에 도달해 보니 어머님께서 나를 기다리고 계신 것이 아닌가! 마음껏 꾸짖지 못하시는 어머님께 더욱 죄스러운 마음만 들었는데 그때 당시 여자로 태어난 것이 그리

속상할 수가 없었다. 죄책감에 사로잡혀 마냥 심통한 아이 모양을 하며 황급히 집안으로 들어섰다.

그런 일이 있고나서 며칠 후 서울에 있는 남편을 만나게 되었는데 이미 그 사실을 알고있는터라 구차한 변명아닌 변명을 늘어놓을 수밖에 없었다. 남편은 내가 어머님께 미움산 것이 안타까워서 그랬는지, 오해를 하셨을까봐 그랬는지, 우리는 그만 크게 언쟁이 오가며 첫 부부싸움이 일어나고 말았다.

위협할 듯한 남편이 두려워서 엉겁결에 그만 남편의 눈을 치고 말았다. 짧은 순간의 일이었다. 그 뒤 놀란 것은 오히려 나였다. 시퍼렇게 멍든 남편의 눈을 치료해주는 해프닝을 벌여야만 했는데 어쨌든 한 판의 승부게임과 함께 갑자기 뱃속의 아이가 걱정이 되었다. 태교를 잘 해야 된다는데..... (첫 아이는 딸이다). 그 때의 멍든 남편 눈을 보면서 미안한 생각을 감출 수 없었던 반면 그로 인해 그 후 한번 씩 여자로 태어나 가정을 지키면서도 시간적 제약을 극복하고 사회생활을 한다는 것이 여간 불편하지 않음을 인정할 때도 있다. 그래도 지금은 같이 생활하고 있는 남편에게 오해하는 일이 없도록 남편이 늦게 들어와 피곤하더라도 앉혀놓고 바깥에서 있었던 일을 시간가는 줄 모르고 종달새마냥 재잘거린다.

5. 1995.1.10 / 부산일보 / **세대틈 융해 화합의 장 열매**

[15] 제15669호
새해 부산문화 과제
⑤
최은희
무용
"世代틈 융해 화합의 場 열매"

부산 춤계는 92년 '춤의해'를 기점으로 그동안 대학에서 배출된 신인들의 등단과 더불어 그들의 두드러진 활동으로 창작춤에 대한 열기를 고조시켜왔다. 또한 그들을 배출시킨 중견급의 대학의 지도교수들과 대학중심의 무용문화권이 형성되기 이전의 학원에 종사하던 지도자, 향토성이 짙은 원로무용가 등으로 세대간의 계층이 다원화되고 증폭되면서 부산의 춤은 어느 문화예술 장르보다도 강세를 보이며 활기를 띠고 있다.

특히 '부산여름무용축제'(7회) '대학무용제'(5회) '부산무용제'(3회) 등 각종 무용페스티벌은 완전한 결실이라고는 할 수 없지만 선의의 경쟁을 통해 무용의 대중화와 부산의 특성을 살리는데 크게 기여해왔다. 이같은 부산 춤계의 외형적 성장 이면에는 우리 스스로가 선결해야 할 과제 또한 크다. 우선 춤세대간의 폭이 커짐에 따라 서로가 열린마음으로 개성을 존중하며 상호협조로 조화를 이루어 각자의 춤세계를 탄탄하게 구축하는 일이다.

둘째는 이러한 역량을 진단하고 검증, 이론적으로 뒷받침하여 제시할 수 있는 지도자들의 관심과 춤교육연구단체의 출현이 절실하다고 본다. 그 다음은 국제화에 따른 춤시장 개방 추세에 대한 대비가 요구된다. 예술적 인식도가 높은 레퍼토리와 춤터 확보가 과제이다.

이를 춤공연 측면에서 살펴보면 우성 공연 매니지먼트 운영고의 활성화가 시급하다.질높은 상업문화로서 정착시킬 수 있는 레퍼토리 개발과 고정 레퍼토리 시스템이 가능하기 때문이다. 거기에다가 한국인의 정서와 체형에 맞는 한국춤의 구조와 특성을 바탕으로 한 새로운 형태의 무대기법과 시대성에 부합되는 레퍼토리로 대처해갈 필요가 있다.

부산은 비교적 민족문화의 기층을 이루고 있는 전통문화의 뿌리가 많이 잔존하는 편이어서 한국춤의 특성을 찾기에는 용이하다. 또한 요즘들어 현대무용을 전공한 이들의 창작춤 추세들이 그러한 경향을 많이 띠기 시작하는데 가장 열악한 발레의 경우에도 이에 대한 연구를 보다 강화시켜 관객들에 다가갈 수 있는 모색이 필요하다.

그 밖에 아동, 청소년, 일반 성인들에게 맞는 레퍼토리로 일반 관람객들의 관심을 끊임없이 유발시켜 춤을 사랑하고 부산의 문화를 사랑하는 질 높은 관객층을 개발하여야 된다고 본다. 공연장측면에서는 보다 효율성이 잇고 부담 없이 탄력성 있는 무대변경(객석변경도 가능함)이 용이할 수 있도록 하여 시도, 실험의 장이 될 수 있는 춤 전용무대가 필요하다.(워크샵 공연장을 점차 자체 연습실에서 해결하려는 경향이 있다.)

관광객을 겨냥한 중국의 경극장, 일본의 가부키, 노 전용극장과는 대비되게 겨우 명맥만 잇고 있는 민속전수관의 활성화를 위한 아낌없는 지원과 여건도 더욱 요망되어진다. 그리고 부산이 해양도시의 특성을 살려 자연환경과 예술적 미감이 어우러져그동안 축적되어진 각종 해변행사를 더욱 활성화시켜 예굴적 볼거리를 제공하고 예술영역을 확대시킬 수 있는 계기의 야외 춤터가 마련된다면 세계적 문화행사로 자리매김을 하기에 충분하다고 본다.

시의 주관아래 치러지는 각종 시민축제가 겨우 구색을 맞추어 매스컴의 영상만을 지향하고 있는지는 않은지, 삼엄한 경비로 모처럼 참여한 시민들을 불쾌하게 만들고 있지는 않은지,오히려 예술적 미감을 저하시키지는 않은지를 점검하여 급변하는 세계국제개방화시장에 민족주체로서의 춤 문화를 예술적 인지도가 높은 레퍼토리와 춤 터를 확보해야 하는 일이 과제이다.

문화의 응집력을 구축하기에는 어느 도시보다도 배타적이지 않는 부산,춤꾼들 역시 건강한 문화적 자긍심을 갖고 정열과 끼(?)가 충만 되어 있어 구체적 전략의 문화예술행정과 토양만 형성된다면 부산 춤계의 위상과 전망은 무한대로 열려있음을 확인한다.

6. 1995.3,4 / 무용예술 / 문화정치 숙성과 지역특성 전문화

1995. 3 4월호 무용예술

문화정치 숙성과 지역특성 전문화

지방의 세계로 향한 다원화 전략은 세계시장에서의 경쟁력 확보에 필수요건일 것이다.
국제 경쟁력을 갖춘 수많은 도시를 포함하는 한국, 이것은 분명 우리의 생존 전략이다.

세계 경제 전략에 예술행정 영향크다.

올 6월에 전국적으로 실시되는 지방자치제선거와 WTO의 출범으로 우리사회는 어느때 보다도 사회, 경제는 물론 문화개방에 따른 파급 및 그 효과에 대한 우려와 대책 마련을 위한 여러가지 대안들에 부심하고 있다. 그런, 대안들중 가장 중심축에 놓여야 할 것은 뿌리의식과 지방문화의 독자성의 확립이 아닐까 생각된다.

지방화는 곧 국제화를 의미한다.

중앙정부의 통제와 부양이라는 이중적 정책에 길들여져온 지방의 세계로 향한 자주적 몸짓을 뜻한다. 이러한 지방의 세계로 향한 다원화 전략은 세계시장에서의 경쟁력 확보에 필수 요건일 것이다. 국제 경쟁력을 갖춘 수많은 도시를 포함하는 한국, 이것은 분명 우리 사회의 생존전략이다.프랑스 파리라면 막연히 예술적이라든가 문화적 품위가 느껴지는 듯한 그 기능을 예술 문화가 담당한다. 주지하다시피 이러한 이미지는 세계 경제 전략에 그대로 이용되고 있으며 우리 문화예술의 세계화 전략은 많은 지역문화의 독자성이 확보될 때 충분한 경쟁력을 담보할수 있다고 보여진다.

이러한 전략은 지역민의 예술적 의지의 충만함과 국제적 감각을 지닌 예술행정의 지원, 기획력의 재고와 더불어 각 예술행사의 주체들과 그 지원 체제를 맡아 줄 행정당국의 폭넓은 의견교환이 이루어져 서울의 중앙집권제에 따른 종속적 의미의 지방이 아닌 각 지역간의 문화 시장의 수평적 교류의 측면에서 지방문화의 독자성이 이루어져야 함은 지극히 당연한 일이 아닐 수없다.

지금의 현실은 서울에 편중된 중앙지원적인 경향에서 지방의 균형있는 문화가 이루어지기에는 많은 문제점을 발견할 수 있다.

그동안 교육문화시설, 지원금의 투자와 혜택이 형평성 원리에 어긋나 있기 때문에 자연적으로 중앙은 물질적, 숫적인면에서 비교할 수 없으리만큼 비대해짐에 따라 활발한 정보교환 학술세미나 등 체계화가 잘 이루어지고 있는 반면, 지방은 이제 대부분 걸음마에 지나지 않는 전문인력 배출시기로서 여건 조성, 기반마련에 부심하고 있는 실정이다.

서울에서 보면 문화회관(대규모 극장), 소규모의 실험무대 등이 시정책적으로나 개인능력의 소유자에 있어서 지방은 이제 건립을 시도 계획중이거나 있어도 숫적인 면에서 명목만 유지할 뿐, 거기에 따른 전문스텝진, 소프트웨어의 취약성과 원시성, 비전문적인 관리 책임자 1명정도가 평소에 극장을 관리하기 때문에 지방에서 공연을 하려면 스텝진을 주로 서울에서 데려오는 경우가 허다하며 이중적으로 경제적 시간적 손실을 안게 된다.

지역의 특성을 찾게 되면 의례 향토성 짙은 민속놀이, 춤, 소리에서 먼저 떠올릴수 있다.

무형문화재와 지방문화재들이 전통문화자산을 살려 지방 문화권을 형성하기보다는 인기 종목인 경우 아예 서울로의 이동으로 지방색 변질과 상업문화로 물들어가는 경향이 매우 우려된다.

그리고 지방의 문화수용에 있어서 지역민의 무비판적 수용자세와 지역에 대한 문화향수에의 욕구 결여, 지역민들간의 주도세력 갈등으로 인해 지역의식의 체질화에 걸림돌이 되고 있다. 이러한 취약성의 해결방안으로서 지역문화예술행정이 뒤따라 주지 못한 데서 더욱 드러난다고 볼 수 있다. 이른바 문예진흥기금의 운용에 있어서 지방문화의 지원정책의 효율적인 지원이 이루어지지 못하고 있다.

지방에서 거두어 들이는 공연 입장권 등 문예진흥기금 총액 20% 수준이 지역에 되돌려 배정되고 나머지 총 모금액의 80%는 서울로 보내져 서울의 문화예술의 뒤치닥거리에 쓰여지고 있다. (심의 정책 결정 과정도 서울인 중심으로 이루어짐) 또한 지원액이 전시효과적인 건수 위주로 지극히 미약하기 때문에 분배형식이 다수 건수의 지원보다는 각 지역의 독창성을 살리는 아이템을 갖는 행사나 지역민의 열성과 욕구에 의해 마련된 행사의 기여도와 애향에 따라 그 지역에 우선적으로 제대로 지원하여 지원대상에 따라 필요한 정도를 판단, 어느 정도 충족한지원이 되어야 할 것이다.

지역 특성 전문화시켜 문화적 자신감가져야

무엇보다도 정부예산, 시예산의 감축대상시에는 예외없이 문화예술정책진흥에 삭감대상이 되어 실로 예술인의 긍지를 무너뜨리게 하는 일이다.

특히 지역예술행정가들의 문화적의식, 역량의 미성숙을 벗어나 지역의 문화적자산을 확보하고 지역주체로서의 문화인식과 능동적으로 대처해나갈 자생적 자구책 마련이 시급하다고 볼 수 있다. 그 활로책에 있어서 지역의식의 체질화와 특성을 보다 전문화 육성시켜 지역문화자산을 형성시키는 일이다.

먼저 전통문화보존 육성을 위한 방안이 선결문제이고 두번째는 지역민의 정서와 삶을 구조로 한 지역민의 관심사를 높일 수 있는 예술문화정책이라고 본다.

첫번째 전통문화보존을 위한 방안으로서 현재 중요무형문화재, 지방문화재들이 각각 월60만원과 월45만원을 지급하는 생활비를 좀 더 현실화시켜 자신의 예술세계에만 전념할 수 있는 여건을 조성하고 상설무대의 활성화로 이를 관광자원으로 보호 육성하기 위한 생생한 살아있는 자료관의 산실로 각 지역단위의 축제를 활성화시킬 필요가 있다.

지역별로 호남권은 예로부터 소리(가락)면에서 강세를 보이고 영남권은 호방한 기질로 부산의 동래야류등 춤, 놀이면에서 보다 강화시킬 필요가 있다.

두번째로는 지역민의 관심사를 높일 수 있는 예술문화정책 활성화로 부산의 경우 해양도시의 면모를 갖추어 휴양기를 맞이하여 「부산여름무용축제」 「해변 무용제」를 국제적 규모의 예술제로 더욱 성장시킬 필요가 있다.

'89년부터 「춤의 대중화」 일환으로 시작한 「부산여름무용축제」의 야외공연은 '92년 춤의 해 여름야외이벤트를 겸하여 그동안의 역량과 노하우로 여름야외이벤트중 「부산야외이벤트」를 가장 큰 성과로 꼽아 부산무용의 위세를 과시하기도 했다. 또 예향의 도시인 광주인 경우 「'94광주국제발레페스티벌」을 개최, 격년제로 국제 발레콩쿨도 실시 계획에 있어 발레도시로 더욱 부각시킬 수 있고, 그동안 대구에서 민간단위의 지역간 연합무용제전을 주도적으로 이끌어 오고 있어 보다 정책적 지원이 더욱 요망되고 있다.

현재 실시되고 있는 「전국무용제」인 경우 서울로 제외시키고 있는 것과 심사위원 구성상 각 지역단위에서 선발하는 것으로 개선하여 보다 지역간의 유대와 교류가 이루어지도록 모색하여야 한다고 본다.

그밖에 예술활동활성화를 위한 지역단위의 특성을 지닌 강습회, 콩쿨, 학술심포지엄과 문화정보지, 정보교환을 위한 문화예술 자료관 설치 등으로 문화예술교류가 이루어지게 하면서 미래의 관객확보라는 측면에서 초.중.고 무용교육강화와 학교(교사)와 사회(단체)간의 서로 끊임없는 관심과 인간적 교류로 문화의 구심점을 형성시켜 나가야 한다고 본다.

끝으로 가장 중요한 것은 지역의식, 시민의식을 반영한 작가정신과 현실인식, 현실반영을 담은 진솔한 작품상의 질적 향상이 무엇보다도 중요하다. 결론적으로 지방자치제에 따른 거시적 문화전략으로서 경제적 타결모색과 행정적 지원이 우선되어 그동안의 「지방낙후중앙우수」의 통념을 불식시킬 수 있는 심도있는 예술적 미감을 맛볼 수 있는 역량있는 행사로 지역민의 관심사를 모으는 일이 지역문화 활성화의 지름길이라 생각된다. 서울에서의 상향적 경향과 지원보다는 타지역간의 수평적 인식과 타예술간의 교류를 끊임없이 실험, 시도작업을 통하여 전통과의 충돌로 또 다른세계와의 만남 신선함이 오늘의 삶의 질을 높여주고 지역민으로서 자긍심을 심어 줄 수 있는 정책이 가장 절실하다고 본다.

용두산을 釜山상징 文化
최은희 경성대교수·한국무용
전문가의견
예술행정가등 전문인력 절실
공동체의식 북돋울 프로그램 개발을

7. 1995.8.02 / 부산일보 / **용두산을 부산상징 문화공원으로 - 예술행정가등 전문인력 절실**

부산 도심속에 있으면서 시민의 안온한 휴식처가 되고 있는 용두산공원이 문화예술공간으로 새롭게 조성된다고 하니 문화예술인의 한사람으로서 여간 반가운 일이 아닐 수 없다.

용두산공원은 시민들이 부담없이 찾아갈 수 있고 교통이 편리하다는 이점 때문에 부산의 문화예술명소로 쉽게 자리매김할 수 있으리라 본다.

부산의 명소로 재탄생하기 위해 필요한 시설물설치와 공간확충에 주력하는 것은 당연한 일이 아닐 수 없으나 부산이 아직은 문화정책의 소프트웨어가 취약한 실정이어서 유능한 예술행정가, 스태프진과 행사의 마케팅과 홍보, 안내요원의 확보가 가장 시급한 현안이라고 생각된다. 장기사업으로 상설야외공연장 건립계획이 세워져 있어 공연시설물과 공연장에서 펼쳐질 각종 프로그램에 대한 전략도 세워져야 할 것이다. 날로 커져만 가는 국민의 정서적 욕구를 진정으로 충족시켜 줄 수 있고 각박한 도시생활에 찌든 시민에게 정서함양은 물론 생활속의 문화를 향유할 수 있는 기회를 주는 프로그램의 선정이 무엇보다 중요하다.

활발한 활동을 보이고 있는 젊은 동인단체 등을 비롯한 지역단체들이 열심히 갈고 닦은 기량을 지속적으로 발표할 수 있는 장소로 정착시키는 방안도 강구 되기를 바란다.

예술적 가치가 높고 레퍼토리가 시민에게 유익하다면 일회적 공연으로 그칠 것이 아니라 일정기간 혹은 계절단위의 프로그램으로 선정, 시민으로 하여금 충분한 예술적 향기를 맡을 수 있도록 했으면 하는 바람이다. 또 상설야외무대는 연극 음악 무용 뮤지컬 등 다양한 예술장르를 공연, 전통문화 인식과 지역문화인식을 높일 수 있는 계기로 제공되어져야 하며 더불어 시민예능교육의 장으로도 활용할 수 있을 것이다. 우리가락(풍물) 우리춤(동래학춤 탈춤) 등 시민들이 관심을 가질 수 있는 강습회 등을 마련한다면 문화정취를 함께 호흡하면서 부산시민으로서의 일체감과 공동체적 유대감을 더욱 결속시켜줄 수 있으리라 본다.

뿐만 아니라 이러한 장기적 문화전략이 부산의 자연적 관광명소와 어우러질 때 부가가치와 높은 새로운 관광 상품으로 자리 잡아 나갈 수 있으리라 본다. 용두산공원을 찾는 관광객에게 우리의 예술역량과 부산의 도심에도 이렇게 훌륭한 문화공간이 있음을 맘껏 자랑하며 부산시민으로서의 자부심도 가져보는 그날을 손꼽아 기다려 본다.

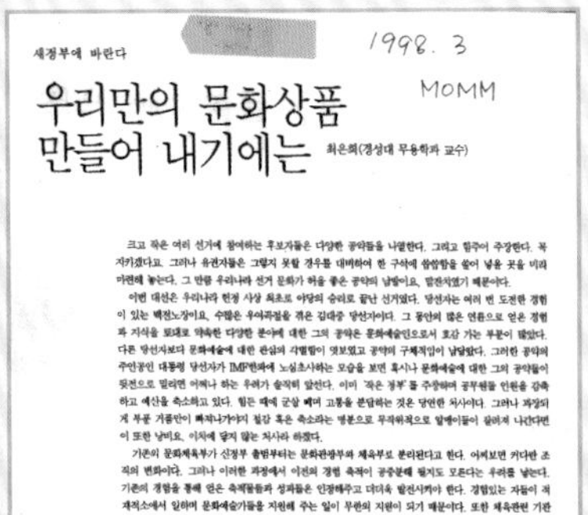
새정부에 바란다
1998. 3
MOMM
우리만의 문화상품 만들어 내기에는
최은희(경성대 무용학과 교수)
24 MOMM 1998.03

8. 1998. 3 / 몸 / **우리만의 문화상품 만들어 내기에는 -** 새 정부에 바란다.

크고 작은 여러 선거에 참여하는 후보자들은 다양한 공약들을 나열한다. 그리고 힘주어 주장한다. 꼭 지키겠다고. 그러나 유권자들은 그렇지 못할 경우를 대비하여 한 구석에 씁씁함을 쓸어 넣을 곳을 미리 마련해 놓는다. 그 만큼 우리나라 선거 문화가 허울 좋은 공약의 남발이요, 말잔치였기 때문이다.

이번 대선은 우리나라 헌정 사상 최초로 야당의 승리로 끝난 선거였다. 당선자는 여러 번 도전한 경험이 있는 백전노장이요, 수많은 우여곡절을 겪은 김대중 당선자이다. 그 동안의 많은 연륜으로 얻은 경험과 지식을 토대로 약속한 다양한 분야에 대한 그의 공약은 문화예술인으로서 호감가는 부분이 많았다. 다른 당선자보다 문화예술에 대한 관심의 각별함이 엿보였고 공약의 구체적임이 남달랐다. 그러한 공약의 주인공인 대통령당선자가 IMF한파에 노심초사하는 모습을 보면 혹시나 문화예술에 대한 그의 공약들이 뒷전으로 밀리면 어쩌나 하는 우려가 솔직히 앞선다. 이미 '작은 정부'를 주창하며 공무원들 인원을 감축하고 예산을 축소하고 있다. 힘든 때에 군살 빼며 고통을 분담하는 것은 당연한 처사이다. 그러나 과장되게 부푼 거품만이 빠져나가야지 절감 혹은 축소라는 명분으로 무작위적으로 알맹이들이 잘려져 나간다면 이 또한 낭비요, 이치에 닿지 않는 처사라 하겠다.

기존의 문화체육부가 신정부 출범부터는 문화관광부와 체육부로 분리된다고 한다. 어찌보면 커다란 조직의 변화이다. 그러나 이러한 과정에서 이전의 경험 축적이 공중분해 될지도 모른다는 우려를 낳는다. 기존의 경험을 통해 얻은 축적물들과 성과들은 인정해주고 더더욱 발전시켜야 한다. 경험있는 자들이 적재적소에서 일하며 문화예술가들을 지원해 주는 일이 무한의 지원이 되기 때문이다. 또한 체육관련 기관에서 얻었던 지원의 규모도 축소될까 우려된다. 지금까지 문화예술에 많은 지원을 한 한국마사회의 경우 이제 그 지원의 범위가 문화예술계를 떠나 체육계에만 국한될까 두렵다. 좀 더 확대한다면 이전까지는 각종 체육기금이나 체육관련 기관에서 받았던 지원이 축소되면 안된다는 것이다. 설혹 그렇다 치더라도 문화관광부는 이와 상응할 만큼 예산들을 확보해 놓았는지도 궁금하기도 하고 말이다.

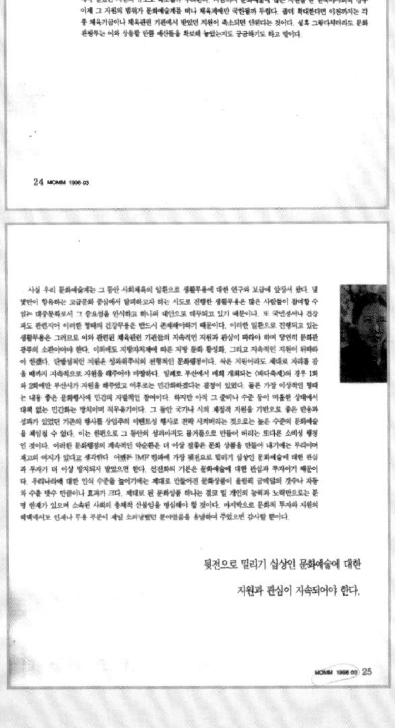
뒷전으로 밀리기 십상인 문화예술에 대한 지원과 관심이 지속되어야 한다.
MOMM 1998.03 25

사실 우리 문화예술계는 그 동안 사회체육의 일환으로 생활무용에 대한 연구와 보급에 앞장서 왔다. 몇몇만이 향유하는 고급문화 중심에서 탈피하고자 하는 시도로 진행한 생활무용은 많은 사람들이 참여할 수 있는 대중문화로서 그 중요성을 인식하고 하나의 대안으로 대두되고 있기 때문이다. 또 국민정서나 건강과도 관련지어 이러한 형태의 건강무용은 반드시 존재해야하기 때문이다. 이러한 일환으로 진행되고 있는 생활무용은 그러므로 이와 관련된 체육관련 기관들의 지속적인 지원과 관심이 따라야 하며 당연히 문화관광부의 소관이어야 한다. 이외에도 지방자치제에 따른 지방 문화 활성화, 그리고 지속적인 지원이 뒤따라야 하겠다. 단발성적인 지원은 성과위주식의 전형적인 문화행정이다. 작은 지원이라도 제대로 자리를 잡을 때까지 지속적으로 지원을 해주어야 마땅하다. 일례로 부산에서 매회 개최되는 〈바다축제〉의 경우 1회와 2회에만 부산시가 지원을 해주었고 이후로는 민간화 하겠다는 결정이 있었다. 물론 가장 이상적인 형태는 내용 좋은 문화행사에 민간의 자발적인 참여이다. 하지만 아직 그 준비나 수준 등이 미흡한 상태에서 대책 없는 민간화는 방치이며 직무유기이다. 그 동안 국가나 시의 재정적 지원을 기반으로 좋은 반응과 성과가 있었던 기존의 행사를 상업주의 이벤트성 행사로 전락 시켜버리는 것으로는 높은 수준의 문화예술을 책임질 수 없다. 이는 한편으로 그 동안의 성과마저도 물거품으로 만들어 버리는 또 다른 소비성 행정인 것이다. 이러한 문화행정의 계속적인 악순환은 더 이상 질 좋은 문화 상품을 만들어 내기에는 무리이며 재고의 여지가 있다고 생각한다. 어쨌든 IMF 한파에 가장 뒷전으로 밀리기 십상인 문화예술에 대한 관심과 투자가 더 이상 방치되지 말았으면 한다. 선진화의 기본은 문화예술에 대한 관심과 투자이기 때문이다. 우리나라에 대한 인식 수준을 높이기에는 제대로 만들어진 문화상품이 올림픽 금메달의 갯수나 자동차 수출 댓수 만큼이나 효과가 크다. 제대로 된 문화상품 하나는 결코 일 개인의 능력과 노력만으로는 분명 한계가 있으며 소속된 사회의 총체적 산물임을 명심해야 할 것이다. 마지막으로 문화적 투자와 지원의 혜택에서도 언제나 무용 부분이 제일 소외당했던 분야였음을 유념하여 주었으면 감사할 뿐이다.

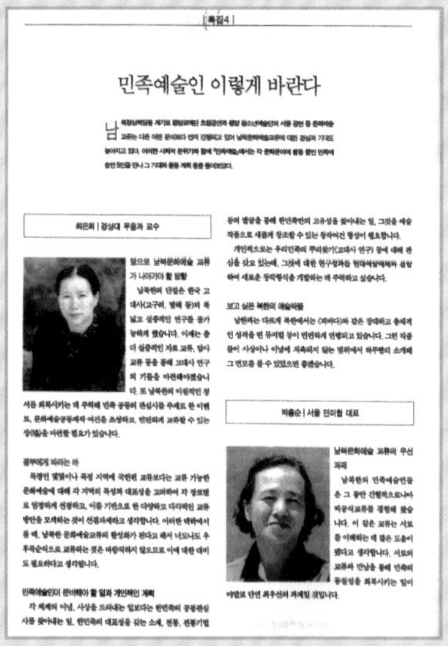
민족예술인 이렇게 바란다

9. 2000. 7.1 / 사단법인 한국민족예술인총연합민족예술 / **민족예술인 이렇게 바란다**

남북정상회담을 계기로 평양교예단 초청공연과 평양 청소년예술단의 서울 공연 등 문화예술 교류는 다른 어떤 분야보다 먼저 진행되고 있어 남북문화예술교류에 대한 관심과 기대도 높아지고 있다. 이러한 사회적 분위기와 함께 「민족예술」에서는 각 문화분야에 활동 중인 민족예술인 5인을 만나 그 기대와 활동 계획 등을 들어보았다.

앞으로 남북문화예술 교류가 나아가야 할 방향

남북한의 단절은 한국 고대사(고구려, 발해 등)의 폭넓고 실증적인 연구를 불가능하게 했습니다. 이제는 좀 더 실증적인 자료교류, 답사교류 등을 통해 고대사 연구의 기틀을 바련해야겠습니다. 또 남북한의 이질적인 정서를 회복시키는 데 주력해 민족 공동의 관심사를 주제로 한 이벤트, 문화예술공동제작 여건을 조성하고, 빈번하게 교류할 수 있는 장(場)을 마련할 필요가 있습니다.

정부에게 바라는 바

특정인 몇몇이나 특정 지역에 국한된 교류보다는 교류 가능한 문화예술에 대해 각 지역의 특성과 대표성을 고려하여 각 장르별로 엄정하게 선정하고, 이를 기반으로 한 다양하고 다각적인 교류방안을 모색하는 것이 선결과제라고 생각합니다. 이러한 맥락에서 볼 때, 남북한 문화예술교류의 활성화가 된다고 해서 너도나도 우후죽순식으로 교류하는 것은 바람직하지 않으므로 이에 대한 대비도 필요하다고 생각됩니다.

민족예술인이 준비해야 할 일과 개인적인 계획

각 체제의 이념, 사상을 드러내는 일보다는 한민족의 공동관심사를 찾아내는 일, 한민족의 대표성을 갖는 소재, 전통, 전통기법 등의 발굴을 통해 한민족만의 고유성을 찾아내는 일, 그것을 예술작품으로 새롭게 창조할 수 있는 창작여건 형성이 필요합니다.

개인적으로는 우리민족의 뿌리찾기(고대사 연구) 등에 대해 관심을 갖고 있는데, 그것에 대한 연구성과를 현대예술매체와 결합하여 새로운 창작형식을 개발하는 데 주력하고 싶습니다.

보고 싶은 북한의 예술작품

남한과는 다르게 북한에서는 〈피바다〉와 같은 장대하고 총체적인 성격을 띤 뮤지컬 등이 빈번하게 연행되고 있습니다. 그런 작품들이 사상이나 이념에 저촉되지 않는 범위에서 하루빨리 소개돼 그 면모를 볼 수 있었으면 좋겠습니다.

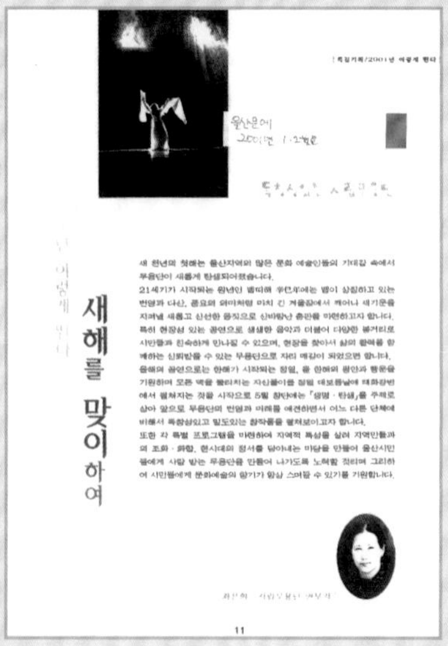
새해를 맞이하여

10. 2001. 1-2 / 울산문예 / **새해를 맞이하여**

새 천년의 첫해는 울산지역의 많은 문화 예술인들의 기대감 속에서 무용단이 새롭게 탄생되어졌습니다.

21세기가 시작되는 원년인 뱀띠해 辛巳年에는 뱀이 상징하고 있는 번영과 다산, 풍요의 의미처럼 마치 긴 겨울잠에서 깨어나 새기운을 지펴낼 새롭고 신선한 몸짓으로 신바람난 춤판을 마련하고자 합니다.

특히 현장성 있는 공연으로 생생한 음악과 더불어 다양한 볼거리로 시민들과 친숙하게 만나질 수 있으며, 현장을 찾아서 삶의 활력을 함께하는 신뢰받을 수 있는 무용단으로 자리 매김이 되었으면 합니다.

올해의 공연으로는 한해가 시작되는 정월, 올 한해의 평안과 행운을 기원하며 모든 액을 물리치는 지신풀이를 정월 대보름날에 태화강변에서 펼쳐지는 것을 시작으로 5월 창단에는 「생명 · 탄생」을 주제로 삼아 앞으로 무용단의 번영과 미래를 예견하면서 어느 다른 단체에 비해서 독창성있고 밀도있는 창작품을 펼쳐보이고자 합니다.

또한 각 특별 프로그램을 마련하여 지역적 특성을 살려 지역민들과의 조합 · 화합, 현시대의 정서를 담아내는 마당을 만들어 울산시민들에게 사랑 받는 무용단을 만들어 나가도록 노력할 것이며 그리하여 시민들에게 문화예술의 향기가 항상 스며들 수 있기를 기원합니다.

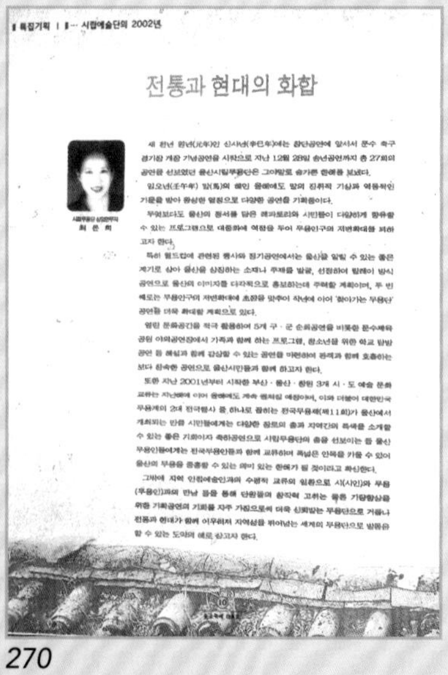
전통과 현대의 화합

11. 2002. 1-2 / 울산문예 / **전통과 현대의 화합**

새 천년 원년(元年)인 신사년(辛巳年)에는 창단공연에 앞서서 문수 축구경기장 개장 기념공연을 시작으로 지난 12월 28일 송년공연까지 총 27회의 공연을 선보였던 울산시립무용단은 그야말로 숨가쁜 한해를 보냈다.

임오년(壬午年) 말(馬)의 해인 올해에도 말의 진취적 기상과 역동적인 기운을 받아 왕성한 열정으로 다양한 공연을 기획중이다.

무엇보다도 울산의 정서를 담은 레파토리와 시민들이 다양하게 향유할 수 있는 프로그램으로 대중화에 역점을 두어 무용인구의 저변확대를 꾀하고자 한다.

특히 월드컵에 관련된 행사와 정기공연에서는 울산을 알릴 수 있는 좋은 계기로 삼아 울산을 상징하는 소재나 주제를 발굴, 선정하여 릴레이 방식 공연으로 울산의 이미지를 다각적으로 홍보하는데 주력할 계획이며, 두 번째로는 무용인구의 저변확대에 초점을 맞추어 작년에 이어 '찾아가는 무용단' 공연을 더욱 확대할 계획으로 있다.

열린 문화공간을 적극 활용하여 5개 구 · 군순회공연을 비롯한 문수체육공원 야외공연장에서 가족과 함께 하는 프로그램, 청소년을 위한 학교탐방공연 등 해설과 함께 감상할 수 있는 공연을 마련하여 관객과 함께 호흡하는 보다 친숙한 공연으로 울산시민들과 함께 하고자 한다.

또한 지난 2001년부터 시작한 부산 · 울산 · 창원 3개 시 · 도 예술 문화교류는 지난해에 이어 올해에도 계속 펼쳐질 예정이며, 이와 더불어 대한민국 무용계의 2대 전국행사 중 하나로 꼽히는 전국무용제(제11회)가 울산에서 개최되는 만큼 시민들에게는 다양한 장르의 춤과 지역 간의 특색을 소개할 수 있는 좋은 기회이자 축하공연으로 시립무용단의 춤을 선보이는 등 울산 무용인들에게는 전국무용인들과 함께 교류하며 폭넓은 안목을 키울 수 있어 울산의 무용을 중흥할 수 있는 의미 있는 한해가 될 것이라고 확신한다.

그밖에 지역 인접예술인과의 수평적 교류의 일환으로 시(시인)와 무용(무용인)과의 만남 등을 통해 단원들의 창작력 고취는 물론 기량향상을 위한 기획공연의 기회를 자주 가짐으로써 더욱 신뢰받는 무용단으로 거듭나 전통과 현대가 함께 어우러져 지역성을 뛰어넘는 세계의 무용단으로 발돋음 할 수 있는 도약의 해로 삼고자 한다.

12. 2002. 2 / 댄스포럼 / 차창 밖 풍경風景을 바라보며

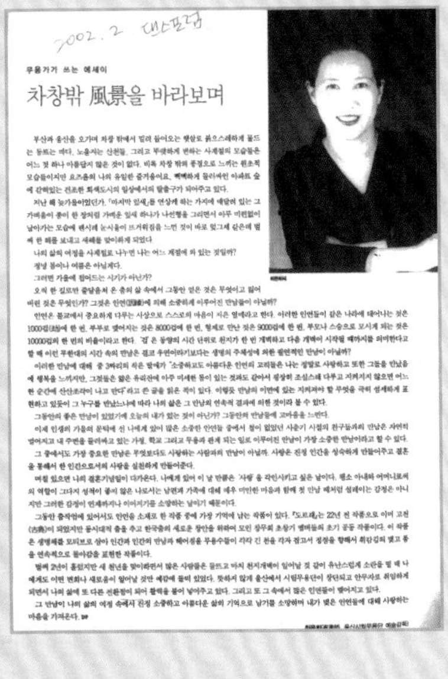
2002. 2 댄스포럼

차창밖 風景을 바라보며

부산과 울산을 오가며 차창 밖에서 밀려들어오는 햇살로 붉으스레하게 물드는 동트는 바다, 노을 지는 산천들, 그리고 뚜렷하게 변하는 사계절의 모습들은 어느 것 하나 아름답지 않은 것이 없다. 비록 차창 밖의 풍경으로 느끼는 원초적 모습들이지만 요즈음의 나의 유일한 즐거움이요, 빽빽하게 둘러싸인 아파트 숲에 갇혀있는 건조한 회색도시의 일상에서의 탈출구가 되어주고 있다.

지난 해 늦가을이었던가. 「마지막 잎새」를 연상케 하는 가지에 매달려 있는 그 가벼움이 종이 한 장처럼 가벼운 잎새 하나가 나선형을 그리면서 아무 미련없이 날아가는 모습에 괜시레 눈시울이 뜨거워짐을 느낀 것이 바로 엊그제 같은데 벌써 한 해를 보내고 새해를 맞이하게 되었다.

나의 삶의 여정을 사계절로 나누면 나는 어느 계절에 와 있는 것일까?
정녕 봄이나 여름은 아닐게다.
그러면 가을에 접어드는 시기가 아닌가?

오직 한 길로만 줄달음쳐 온 춤의 삶 속에서 그동안 얻은 것은 무엇이고 잃어버린 것은 무엇인가? 그것은 인연(因緣)에 의해 소중하게 이루어진 만남들이 아닐까?

인연은 불교에서 중요하게 다루는 사상으로 스스로의 마음이 지은 열매라고 한다. 이러한 인연들이 같은 나라에 태어나는 것은 1000겁(劫)에 한 번, 부부로 맺어지는 것은 8000겁에 한 번, 형제로 만난 것은 9000겁에 한 번, 부모나 스승으로 모시게 되는 것은 10000겁의 한 번의 비율이라고 한다. '겁'은 동양의 시간 단위로 천지가 한 번 개벽하고 다음 개벽이 시작될 때까지를 의미한다고 할 때 이런 무한대의 시간 속의 만남은 결코 우연이라기보다는 생명의 주체성에 의한 필연적인 만남이 아닐까?

이러한 만남에 대해 중 3짜리의 작은 딸애가 "소중하고도 아름다운 인연의 고리들은 나는 정말로 사랑하고 또한 그들을 만났음에 행복을 느끼지만, 그것들은 얇은 유리잔에 아주 미세한 틈이 있는 것과도 같아서 굉장히 조심스레 다루고 지켜지지 않으면 어느 한 순간에 산산조각이 나고 만다"라고 쓴 글을 읽은 적이 있다. 이렇듯 만남의 이면에 있는 지켜져야 할 무엇을 극히 섬세하게 표현하고 있듯이 그 누구를 만났느냐에 따라 나의 삶은 그 만남의 연속적 결과에 의한 것이라 볼 수 있다.

그동안의 좋은 만남이 있었기에 오늘의 내가 있는 것이 아닌가? 그 동안의 만남들에 고마움을 느낀다.

이제 인생의 가을의 문턱에 선 나에게 있어 많은 소중한 인연들 중에서 철이 없었던 사춘기 시절의 친구들과의 만남은 자연히 멀어지고 내 주변을 둘러싸고 있는 가정, 학교 그리고 무용과 관계 되는 일로 이루어진 만남이 가장 소중한 만남이라고 할 수 있다.

그 중에서도 가장 중요한 만남은 무엇보다도 사랑하는 사람과의 만남이 아닐까. 사랑은 진정 인간을 성숙하게 만들어주고 결혼을 통해서 한 인간으로서의 사랑을 실천하게 만들어준다.

며칠 있으면 나의 결혼기념일이 다가온다. 나에게 있어 이 날 만큼은 '사랑'을 각인시키고 싶은 날이다. 평소 아내와 어머니로써의 역할이 그다지 성적이 좋지 않은 나로서는 남편과 가족에 대해 매우 미안한 마음과 함께 첫 만남 때처럼 설레이는 감정은 아니지만 그러한 감정이 언제까지나 이어지기를 소망하는 날이기 때문이다.

그동안 춤작업에 있어서도 인연을 소재로 한 작품 중에 가장 기억에 남는 작품이 있다. 「도르래」는 22년 전 작품으로 이미 고전(古典)이 되었지만 동시대적 춤을 추고 한국춤의 새로운 창안을 위하여 모인 창무회 초창기 멤버들의 초기 공동 작품이다. 이 작품은 생명체를 모티브로 삼아 인간과 인간의 만남과 헤어짐을 무용수들이 각각 긴 천을 각자 잡고서 정점을 향해서 휘감김의 맺고 풂을 연속적으로 돌아감을 표현한 작품이다.

벌써 2년이 흘렀지만 새 천년을 맞이하면서 많은 사람들은 들뜨고 마치 천지개벽이 일어날 것 같이 유난스럽게 소란을 떨 때 나에게도 어떤 변화나 새로움이 일어날 것만 예감에 들떠 있었다. 뜻하지 않게 울산에서 시립무용단이 창단되고 안무자로 취임하게 되면서 나의 삶에 또 다른 전환점이 되어 활력을 불어 넣어주고 있다. 그리고 또 그 속에서 많은 인연들이 맺어지고 있다.

그 만남이 나의 삶의 여정 속에서 진정 소중하고 아름다운 삶의 기억으로 남기를 소망하며 내가 맺은 인연들에 대해 사랑하는 마음을 가져온다.

13. 2002. 4 / 몸 / 바다 냄새를 몰고 다니는 춤꾼

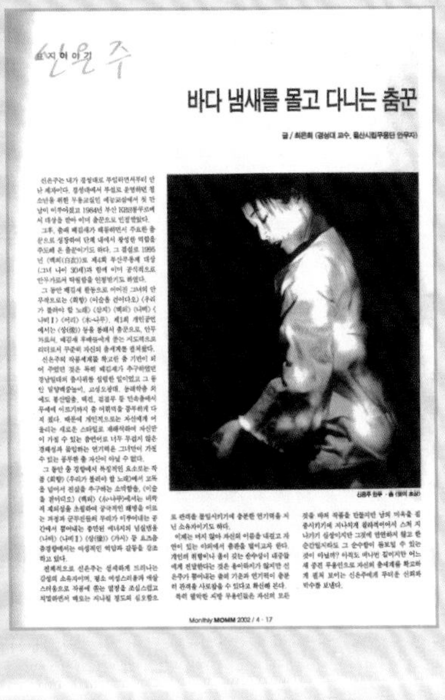
신은주

바다 냄새를 몰고 다니는 춤꾼

신은주는 내가 경성대로 부임하면서부터 만난 제자이다. 경성대에서 부설로 운영하던 청소년을 위한 무용교실인 예능교실에서 첫 만남이 이루어졌고 1984년 부산 KBS콩쿠르에서 대상을 받아 이미 춤꾼으로 인정받았다.

그 후, 춤패 배김새가 태동하면서 주요한 춤꾼으로 성장하여 단체 내에서 왕성한 역할을 주도해 온 춤꾼이기도 하다. 그 결실로 1995년 「백의(白衣)」로 제4회 부산무용제 대상(그녀 나이 30세)과 함께 이미 공식적으로 안무가로서 탁월함을 인정 받기도 하였다.

그 동안 배김새 활동으로 이어진 그녀의 안무작으로는 「회향」「이슬을 걷어다오」「우리가 불러야 할 노래」「심지」「백의」「나비」「나비 II」「서리」「木-나무」, 제1회 개인공연에서는 「상(像)」등을 통해서 춤꾼으로, 안무가로서, 배김새 후배들에게 쏟는 지도력으로 리더로서 꾸준히 자신의 춤세계를 펼쳐왔다. 신은주의 작품세계를 확고한 춤 기반이 되어 주었던 것은 특히 배김새가 추구하였던 경남일대의 춤사위를 섭렵한 일이었고 그 동안 밀양백중놀이, 고성오광대, 동래학춤 외에도 봉산탈춤, 택견, 검결무 등 민속춤에서 무예에 이르기까지 춤 어휘력을 풍부하게 다져졌다. 때문에 개인적으로는 자신에게 어울리는 새로운 스타일로 재해석하여 자신만이 가질 수 있는 춤언어로 너무 무겁지 않은 경쾌성과 몰입하는 연기력은 그녀만이 가질 수 있는 풍부한 춤 자산이 아닐 수 없다.

그 동안 춤 경향에서 특징적인 요소로는 작품 「회향」「우리가 불러야 할 노래」에서 고독을 넘어서 진실을 추구하는 소박함을, 「이슬을 걷어다오」「백의」「木-나무」에서는 비극적 제의성을 초월하여 궁극적인 해방을 이르는 과정과 군무진들의 무리가 이루어내는 공간에서 뿜어내는 충만된 에너지의 넘실댐을 「나비」「나비II」「상(像)」「가시」등 요즈음 춤경향에서는 여성적인 억압과 갈등을 강조하고 있다.

전체적으로 신은주는 섬세하게 드러나는 감성의 소유자이며, 평소 여성스러움과 애살스러움으로 작품에 쏟는 열정을 조심스럽고 치밀하면서 때로는 지나칠 정도의 심오함으로 관객을 몰입시키기에 충분한 연기력을 지닌 소유자이기도 하다.

이제는 머지 않아 자신의 이름을 내걸고 자연이 있는 야외에서 춤판을 벌이고자 한다. 개인의 취향이나 춤이 갖는 순수성이 대중들에게 전달한다는 것은 용이하지가 않지만 신은주가 뿜어내는 춤의 기운과 연기력이 충분히 관객을 사로잡을 수 있다고 확신해 본다.

특히 열악한 지방 무용인들은 자신의 모든 것을 바쳐 작품을 만들지만 남의 이목을 집중시키기에 지나치게 찰라적이어서 스쳐 지나가기 십상이지만 그것에 연연하지 않고 한 순간일지라도 그 순수함이 돋보일 수 있는 것이 아닐까? 아직도 머나먼 길이지만 어느새 중견 무용인으로 자신의 춤세계를 확고하게 펼쳐 보이는 신은주에게 누터운 신뢰와 박수를 보낸다.

14. 2003.3.24 / 경성대신문 / **하와이대학에서의 단상** - 사회를 이끌어가는 주체가 돼야

하와이대학에서의 단상

사회를 이끌어 가는 주체가 돼야

개강을 앞둔 일주일전, 나는 휴양지 하면 떠올리게 되는 하와이를 잠시 다녀왔다. 하와이에 간 목적은 내 춤의 정신적 지주이신 노(老)스승님과 함께 한국으로 돌아오는 것이었다. 하와이는 처음 가보지만 왠지 친숙하게 느껴지는 곳이었다. 아마도 부산과 같은 해변도시이기 때문일 것이다. 해변가에 병풍처럼 둘러싸여져 있는 관광호텔로 수많은 관광객들이 몰렸지만, 붐비는 것에 비해 그들은 매우 조용하고 질서가 있어 보였다.

내가 도착했을 때 그곳은 미주한인들의 이민 1백주년 행사가 다채롭게 펼쳐지고 있었다. 첫 한인 이민자들이 '신천지'의 꿈을 안고 호놀룰루 항구에 첫발을 디딘 지가 올해로 꼭 1백년이 된다고 한다. 이민 1세들은 고된 노동과 눈물로 점철된 파란만장한 역경을 극복하면서 자녀들의 교육 문제에 심혈을 기울였다. 그리하여 지금은 하와이의 주류사회의 일원이 된 것 이다. 한인들의 이민은 하와이에서 미 전역으로 확대되어 미국 사회의 모든 방면에 크게 기여하게 되었다.

내가 하와이에 도착하던 날, 마침 하와이대학 케네디 극장에서 '댄스 코리아'무용공연이 펼쳐져 하와이대학 학생들과 한국예술종합학교 학생들과의 합동 교류 공연을 관람하게 되었다. 가장 반가웠던 것은 한 때 같이 재직하였던 남정호 교수님이 참가하셨다는 것이었고, 또한 그 교수님의 제자들이 공연을 한다는 것이었다. 공연은 5일간 이루어졌는데 놀랍게도 전회 매진이었다.

다음 날 나는 노 스승님께서 본인의 장서를 기증하셨다는 하와이대학 한국관에 도서관 탐방을 갔다. 선생님이 기증하신 장서가 있는 곳에 가보니 춤패 배김새 (15년 동안 배출된 나의 제자로 구성되어 있는 춤 단체) 15주년 기념 화보집과 나의 석사학위논문이 눈에 띄었다. 한국관 자료실 탐방 후, 무용과 즉흥수업을 참관하였다. 수업은 한국 학생과 미국 학생들이 4명씩 5조를 이루어 각각 5명의 교수진과 함께 무용을 작품화하는 과정으로 진행되었다. 작품 공동 주제는 '만남, 교류, 이별'이었다. 주제에 맞게 끊임없이 움직임을 구사하고 있는 학생들에게서 진정한 교류를 느낄 수 있었다. 이러한 수업 참관 외에 나는 '훌라춤'을 청강하여 학생들과 함께 수업을 받았다. 훌라춤은 손, 팔의 움직임이 상징성을 띠면서 동양적 호흡과도 잘 조화를 이루고 있었다.

짧은 여행이었지만 우리무용의 문화수용에 대해 뿌듯함과 긍지를 가질 수 있었던 뜻깊은 시간들이었다. 노 스승님과 함께 돌아오는 길에 나는 이번 여행에서 느낀 것들을 생각해보았다. 이주민들의 성실함과 노력이 그 지역에 그들을 정착할 수 있게 하고 그 지역의 주인이 될 수 있게 함을 알 수 있었다. 또한 각기 다른 인종들이 모여, 서로의 문화를 교류하고 더불어 살아가려는 국제화 시대의 문화개방성을 실감나게 느낄 수 있었다. 그러한 문화들의 중심에서 주체가 되고 통로가 되어 주는 것이 바로 대학문화인 것이다. 일관되고 주체성 있는 문화로 이끌어 갈 수 있도록 노력하는 곳, 보다 역동적이고 개방된 생각으로 사회를 이끌어 가는 것이 대학이라고 본다.

대학의 주체가 되는 엘리트인 대학생 여러분이 항상 계획하고 목표를 세워 준비되어 있는 마음자세를 잃지 않기를 바란다.

15. 2003.6.19 / 부산일보 / **나의 대표작 나의 무대, 창작춤 '제웅맞이'** - 한국인 심성 제웅 통해 형상화

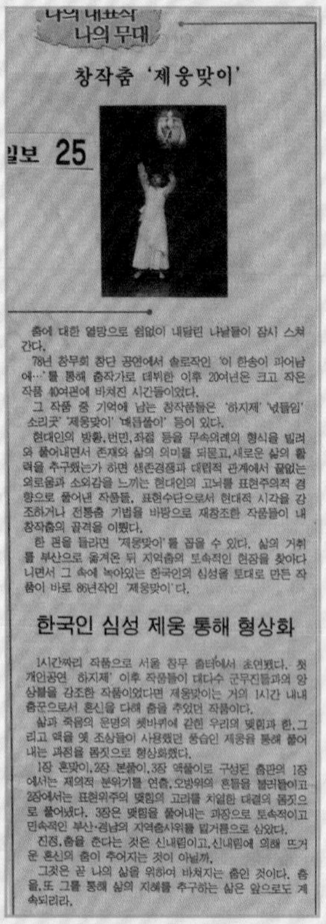
나의 대표작 나의 무대

창작춤 '제웅맞이'

한국인 심성 제웅 통해 형상화

춤에 대한 열망으로 쉼없이 내달린 나날들이 잠시 스쳐간다.

78년 창무회 창단 공연에서 솔로작인 '이 한송이 피어남에...'를 통해 춤작가로 데뷔한 이후 20여년은 크고 작은 작품 40여편에 바쳐진 시간들이었다. 그 작품 중 기억에 남는 창작품들은 '하지제' '넋들임' '소리굿' '제웅맞이' '매듭풀이' 등이 있다.

현대인의 방황, 번민, 좌절 등을 무속의례의 형식을 빌려와 풀어내면서 존재와 삶의 의미를 되묻고, 새로운 삶의 활력을 추구했는가 하면 생존경쟁과 대립적 관계에서 끝없는 외로움과 소외감을 느끼는 현대인의 고뇌를 표현주의적 경향으로 풀어낸 작품들, 표현수단으로서 현대적 시각을 강조하거나 전통춤 기법을 바탕으로 재창조한 작품들이 내 창작춤의 골격을 이뤘다.

한 편을 들라면 '제웅맞이'를 꼽을 수 있다. 삶의 거처를 부산으로 옮겨온 뒤 지역춤의 토속적인 현장을 찾아다니면서 그 속에 녹아있는 한국인의 심성을 토대로 만든 작품이 바로 86년작인 '제웅맞이'다.

1시간짜리 작품으로 서울 창무 춤터에서 초연됐다. 첫 개인공연 '하지제' 이후 작품들이 대다수 군무진들과의 앙상블을 강조한 작품이었다면 제웅맞이는 거의 1시간 내내 춤꾼으로서 혼신을 다해 춤을 추었던 작품이다. 삶과 죽음의 운명의 쳇바퀴에 갇힌 우리의 맺힘과 한, 그리고 액을 옛 조상들이 사용했던 풍습인 제웅을 통해 풀어내는 과정을 몸짓으로 형상화했다.

1장 혼맞이, 2장 본풀이, 3장 액풀이로 구성된 춤판의 1장에서는 제의적 분위기를 연출, 오방위의 혼들을 불러들이고 2장에서는 표현위주의 맺힘의 고리를 치열한 대결의 몸짓으로 풀어냈다. 3장은 맺힘을 풀어내는 과정으로 토속적이고 민속적인 부산 · 경남의 지역춤사위를 밑거름으로 삼았다.

진정, 춤을 춘다는 것은 신내림이고, 신내림에 의해 뜨거운 혼신의 춤이 추어지는 것이 아닐까. 그것은 곧 나의 삶을 위하여 바쳐지는 춤인 것이다. 춤을, 또 그를 통해 삶의 지혜를 추구하는 삶은 앞으로도 계속되리라.

16. 2004.10.18 / 경성대신문 / **오늘의 대학 축제를 본다**

사설

오늘의 대학 축제를 본다

우리 나라의 문화는 예로부터 농경생활을 중심으로 형성되어져 부락민들이 공동체 생활을 영위하기 위하여 마을의 안녕과 풍요를 기원하는 집단행사가 이루어졌다. 명절만 되면 각종 민속놀이가 부락민들의 공동체적 삶을 묶는 역할을 해왔다. 그러나 이러한 전통적 놀이 문화도 요즈음과 같이 생존을 위해 초를 다투는 각박한 현실속에서는 점차 그 흔적을 찾아 볼 수 없게 되고 있다.

그나마 대학 축제에서 우리 전통 문화의 명맥을 유지하는 것을 볼 수 있는데, 70년대 말부터 민속적인 것이 주를 이루고 80년대부터는 서구문화에 대항해 우리의 전통을 살리기 위한 공동체 문화로서 탈춤 부흥운동이 일어나 작게는 같은 학과 구성원에서 크게는 .대학 전체와 지역사회가 하나 될 수 있는 대동의 장을 형성해 지역사회발전에 기여해 왔다.

그러나 오늘의 대학 축제를 보면 주로 먹거리(술문화), 흥미, 오락 등 소모적인데 지나치게 치중되어 있지는 않은지. 지역사회의 주체로서 대학문화가 이끌어 가는 시대성의 반영과 날카로운 지성이 함께 어우러져 현실적 비판의식과 그러한 갈등을 해학적으로 풀어갈 진정한 대학 문화는 점차 간데 없이 사라지고 있는 것은 아닐까. 더욱이 축제의 역할을 일상적인 삶에 활력을 가져다주고 경직된 학교생활에서 자유로움을 느끼기보다는 오히려 행사 주최자와 관련 참여자들만이 참여하는 잔치로 전락(?)함에 따라 평소 때 교정보다도 오히려 더 썰렁함을 갖게 한다.

남을 배려하고 학교를 생각하고 함께 어울릴 수 있는 공동체로서의 삶보다는 이기적 삶 속에서 결국 감각적, 쾌락적, 소모적, 몰이해적 현상으로 치달아 물질 속의 풍요 속에서 정신적 공허함이 더욱 증폭되지 않을까 우려되어 진다.

빈 강의실에 누구 하나 소등하지 않은 채 켜져 있는 형광 불빛들, 강의실에 버젓이 일회용 컵을 들고 와서는 강의실에 두고 가는 몰염치한 학생의 행동, 과연 우리의 내일을 진정으로 걱정하고 지역사회를 이끌어갈 주체자가 될 수 있을까.

이러한 구조 속에서 공동체 문화로서 인간회복을 위한 생명력이 있는 대학 축제가 되려면 전통문화계승은 물론, 번쩍이는 지성, 삶에 대한 지적사고와 연결되어 이상적 세계를 꿈꾸는 젊은이들의 열정과 열기로 생명의 충일감을 맛볼 수 있는 난장으로서 거듭 태어나야 된다고 본다.

17. 2005. 9 / 몸 /《제1회 부산국제해변무용제》탄생과 대중화를 위한 시도

제1회 부산국제해변무용제
탄생과 대중화를 위한 시도

부산은 지역적 특성인 천혜의 바다를 끼고 있어 여름철 해변을 배경으로 펼쳐지는 야외 축제가 해마다 그 빛을 발한다. 이번에는 기존의 '부산국제여름무용축제(BIDF)'와 더불어 새롭게 '제1회 부산국제해변무용제(BIBDF)' 가 광안리 해변가에서 개최되었다. 그동안 바다를 배경으로 한 각종 해양 문화행사는 부산 바다예술제로 통합하여 개최해왔고 후에 바다축제로 개명되었다. 96년 제1회 부산 바다축제의 일환으로 부산국제 해변무용제를 개최한 바 있었지만 지속되지 못한채 2회로 그치고 말았다. 부산국제여름무용축제는 순수무용축제로서 자연과 더불어 춤 문화예술을 향유하자는 취지에서 마련한지 올해로 18회를 맞는다. 많은 일반인들에게 다가가고자 했던 그 노력의 결과가 부산국제해변무용제를 태동시키는 원동력 이 됐다고 본다.

부산은 명실공히 우리나라 제2도시, 환태평양시대의 중추도시, 국제 무역의 관문도시로 발돋움하면서 세계 첨단 해양도시 건설과 국제 문화도시로서 면모를 갖추고자 노력하고 있다. 그 노력의 일환으로 부산 비엔날레, 국제영화제, 국제연극제 등이 해마다 내실을 더해가고 있다. 더불어 국제해변무용제의 출범은 다소 늦은 감이 없지 않지만 부산의 4대 국제 예술축제로 부각되어진 것은 무용계로서는 매우 고무적이다.

풍부한 외국초청팀과 부대행사가 한가득

이번 부산국제해변무용제(집행위원장 김정순)는 부산시 예산1억 원과 협찬금 등 총 2억 원의 예산을 가지고 '비상-꿈의 바다로 축제의 감동으로…' 라는 슬로건으로 지난 8월7일 광안리 해수욕장 해변 특설무대에서 막이 올랐다. 8월 11일까지 광안리 해수욕장과 금정문화회관 대극장에서 개최되어 총 8개국 23개 팀이 참가하여 일반인들에게 동 · 서양 무용의 흐름을 감상할 기회를 선사했다. 영국, 독일, 프랑스, 호주, 대만, 싱가포르, 일본 등이 외국팀으로 초청되었는데 선정은 무용평론가인 장광열씨가 프로그래머로 참여, 단체를 구성하였다. 이외에도 참가한 무용가들이 강사로 초빙되어 다양한 메소드를 맛 볼 수 있는 무용 워크숍도 마련되었다.

행사 첫날인 7일에는 김온경 춤두레 무용단이 부산의 대표적 민속무용인 동래학춤을 재구성한 「학춤」과 주리 스페인 댄스 꼼바냐의 스페인 전통무용과 기타 앙상블의 민속음악 연주, 남산놀이마당의 판굿으로 문을 열었다. 8일부터 11일까지 본 행사에 참여한 외국팀은 자국의 다양한 문화를 선보였다. 영국의 현대무용단인 호페시세이트 댄스 컴퍼니는 「파편」, 「의식」2편을 선보였는데 높은 춤 기량과 함께 가장 역동적이면서 움직임의 에너지를 유감없이 발휘하여 많은 사람들의 인기를 모았다. 독일 뒤셀도르프 발레단의 「로미오와 줄리엣 - 발코니 장면」은 현대적 재안무로 연기력을 갖춘 기량과 표현력으로 사랑스러운 장면을 연출하였다. 또한 대만 댄스포럼 타이페이 무용단은 민룽 예술감독의 솔로작품 「가을하늘」, 「비 같은 푸른색」에서 마치 비상할 것 같은 고난도의 요가 동작 등 동양적 정서와 현대무용의 접목으로 눈길을 끌었다. 일본의 센니치마에 블루스카이 댄스 클럽의 「소녀들의 시간」은 부토의 새로운 감각을 지향한 얼굴표정, 앉아서 발맞추기, 마임 등 눈을 떼지 못할 정도로 이색적인 표현 언어로 사람들의 호기심을 발동시켜 동심으로 돌아가게 만든 작품이다. 일본의 또 다른 무용가 이와기타 토주의 솔로 「귀를 열고」역시 부토스타일로 즉흥적이고 현대적인 독특한 안무로 관객을 몰입시켰다. 호주 나탈리 쿠시오 컴퍼니의 「네사람, 청소중」은 여성 4인무로 구성하여 그녀들의 관계성에 내재되어 있는 실존과 상상의 심리를 유희적 요소로 표현해 내었다. 싱가포르 오디세이 댄스 씨어터의 「직관」, 「순순한 빛」은 인간의 본능적 이중성을 표현한 동양적 현대무용이다. 재불무용가 박화경과 2명의 남자 무용수로 구성된 프랑스의 '라 마신느 & 댄시엘 컴퍼니'는 아름다운 부산에 대한 느낌과 표현을 주제로 「2005 부산미인」을 완성하였다. 퍼포먼스적인 요소를 무용과 접목한 실험적 작품으로 이번 행사를 위해서 새롭게 구상하였다고 한다.

국내팀들의 열정적인 선전

국내팀 서울발레씨어터의 「도시의 불빛」은 남, 녀 2인무의 군상에서 모던 발레의 진면목을 보여주었다. 하루 현대무용단의 하정애 안무작 「1:1 & 6:1」은 스포츠 댄스를 가미한 현대무용으로 경쾌함과 발랄함을 강조하고 있었다. 장정윤 순수무용단의 「물고기 법칙」은 택견의 원리와 현대적 움직임을 접목시켜 주제를 형상화시켰다. 신정희 발레단의 「여름해변에서의 환희」는 젊은이들의 빠른 템포와 열기를 소품과 라이브 음악 연주를 적극 활용하여 표현하면서 관중들이 손뼉 치도록 유도하였다. 박은화 현대무용단 '자유'의 「놀이-여섯번째」는 인간의 은밀한 내면적 요소를 현대기법의 즉흥성, 유희적, 요가적 요소를 결합하여 색다른 표현을 시도했다. '김양근 & 가리온 무용단'의 「귀소」는 삶에서 부딪치는 절망감을 침묵 속에 묻어두기도, 외쳐보기도 하는 삶의 윤회를 진지하게 표현해내고 있었다. '최은희 & 춤패배김새' 의 「태양꽃」은 태양을 상징한 소도구 바라를 들고 태양의식과 바라의 부딪히는 소리에 피어나는 태양의 꽃망울을 표현한 한국 창작춤이다. '연정 CNM무용단'의 이규운 안무 「해를 품은 바다」는 남녀의 움직임의 해체와 조합됨에서 뿜어져 나오는 강한 에너지의 파동을 느끼게 해 준 한국 창작품이었다.

극장공연에는 이윤자 무용단 「열림」, 김정순 발레단「코펠리아」, 정기정 현대무용단 「소풍가는 길」등이 한국 팀으로 참가하였다. 전 국립발레단 수석무용수이면서 프랑스 파리 오페라 국립발레단 드미 솔리스트인 김용걸 발레단의 「아레포」는 3분의 짧은 시간이지만 완벽한 테크닉을 유감없이 구사하여 관객들에게 많은 인기를 얻었다.

아쉬움과 실수를 딛고 국제적 행사로 발전하길

그동안 보기 어려웠던 해외 춤과 국내무용을 다양하게 선보이면서 관객들은 춤이 빚어내는 동양적 정서, 현대적인 역동적 움직임, 섬세한 표현력, 퍼포먼스적 요소, 요가, 택견, 유희적 요소들이 만들어내는 진기함, 기묘함, 황홀함, 흥취에 매료되었다. 특히 밤바다와 부산의 상징물인 광안대교를 배경으로 한 무대설치와 조명이 춤과 어우러져 환상적, 낭만적인 분위기를 증폭시켰고, 관객들은 춤과 함께 한 여름 밤의 열기 속으로 빠져들기에 충분했다.

이번 행사의 야외공연에서 3일 내내 고정관객들이 1000~2000명이 몰려와 무용의 대중화를 확산시키는 장으로서 기여한 것이 가장 큰 성과라고 본다. 앞으로 보완할 점은 준비과정에서 특히 외국팀 선정, 야외무대용 컨셉에 어울릴 수 있는 작품제작을 위한 충분한 시간이다. 외국팀 선정에 있어서 일정이 촉박했던 탓에 마지막 날 공연에는 외국팀 일부에게 비자문제가 발생히여 공연을 취소하는 진행상의 문제가 옥의 티로 남았다. 그리고 관객들이 좀 더 적극 참여할 수 있는 현장 퍼포먼스를 통해 누구나 자연스럽게 생활의 춤으로 즐길만한 체험의 장이 마련되었으면 하는 아쉬움이 남는다. 그동안 도시의 규모에 비해 이렇다 할 무용국제행사가 없었는데, 이번 행사가 국제적 면모를 갖추고 춤의 교류를 더욱 활발하게 이룰 수 있도록 관심과 노력이 필요하다고 본다.

18. 2005.10.1 / 부산일보 / 내 생애 책한권, 인생의 '관문' 도전케 한 용기 얻어 - 『개선문』

내 생애 책 한 권
□ 개선문 / 에리히 마리아 레마르크
인생의 '관문' 도전케 한 용기 얻어
최 은 희
경성대 무용학과 교수

냉랭한 바람이 일기 시작한다. 이즈음, 학교 교정벽보에는 취업정보망을 알려주는 자보가 곳곳에 눈에 띤다. 문득 25여년전 나의 대학 졸업시즌이 떠오른다. 미래에 대한 불확실함과 두려움이 엄습하던 시기였다. 하지만 동시에 내가 가는 길에 대한 신념과 확신으로 가득차 있던 때이기도 했다. 그 때 눈에 띤 책이 레마르크의 '개선문'이었다.

'개선문' 은 파리를 배경으로 한 망명가의 고독한 방황으로 점철된 삶을 이야기하고 있었다. '모든 것이 허공에 떠 있어 무게를 전혀 느낄 수 없었다. 미래와 과거가 하나로 합쳐졌다. 양쪽 모두 소망도 없고 고통도 없다. 어느 쪽이 더 중요하다고도 강하다고도 할 수 없다.

운명이란 태연자약하게 이것과 직면하는 용기보다는 절대로 강력하지 않다. 주인공 라비크의 말이 유난히 확대된 채 나의 시선을 사로잡았다. 이 말 속에서 나는 불확실한 미래를 향해 혼자의 힘으로 걸어가야 한다는 중압감에서 벗어나는 힘을 얻게 되었다.

전후 혼란스런 사회를 배경으로 과거도 미래도 없이 오직 현재에만 매몰된 인간상의 표현은 어쩌면 강박에 갇혀 현재를 살고 있는 우리들의 자화상에 다름 아니었다. 급박한 상황속에서 서로 만나 사랑하며 생명의 불꽃을 지피는 남녀 주인공들. 그들에게서 나는 삶이란 새로운 도전과 극복이 순환되는 과정이라는 메시지를 읽어냈다.

대학 졸업 후 수 년 뒤 나는 개인공연 결정을 해야 하는 기로에 섰다. 하지만 개선문에서 도전이란 교훈을 얻은 나는 과감하게 첫 개인 무대를 열었다. 그 작품이 바로 '하지제'로 한 맺힌 원혼이 이승과 서승 사이를 떠돌며 성착하지 못하는 과정을 그리고 있다. 맛있고 화려한 전통춤이 아닌 무용과 미술이 결합한 실험적인 작품으로 향후 내 춤의 정체성을 아로새긴 대표작이다. 당시의 틀에서 벗어난 파격적인 작품으로 나는 과감한 도전의 길을 선택한 것이었다. '둥,둥둥/낮선 땅 모래 벌에/신명은 주문(呪文)처럼 하늘에 닿았다.//불모의 여름을 유랑하는/곡마단...' (홍윤숙 시).

'개선문'을 통해 인간은 독립해야 하고, 무슨 일이건 의존하는 데서부터 일이 벌어진다는 것을 알았다. 나는 책을 읽고 난 뒤 습관과 타성이란 덫에 걸리지 않는 것을 삶의 지표로 삼게 되었다. 결국 '개선문'은 어떤 절망 속에서도 좌절하지 않고 치열하게 살아야 한다는 메시지를 전해줬고 이후 나의 삶과 춤 작품 활동을 지탱하는 든든한 뿌리가 됐다.

19. 2005. 10 / 춤 / 세계 예술인들이 한 자리에 모일 수만 있다면 - 말레이시아 제2회 세계 델픽문화축전을 참가하고

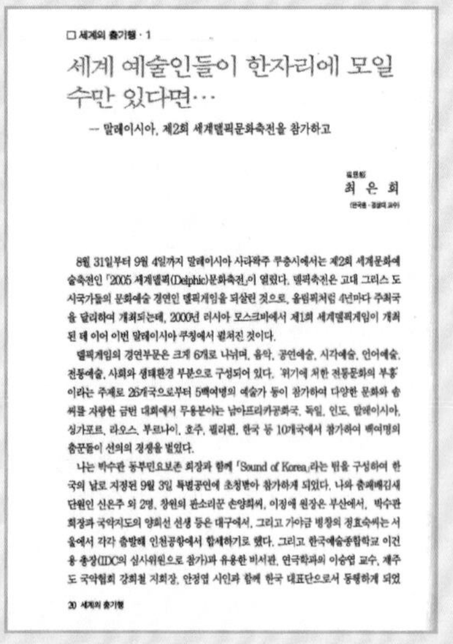
□ 세계의 춤기행 · 1
세계 예술인들이 한자리에 모일 수만 있다면…
— 말레이시아, 제2회 세계델픽문화축전을 참가하고
최 은 희
20 세계의 춤기행

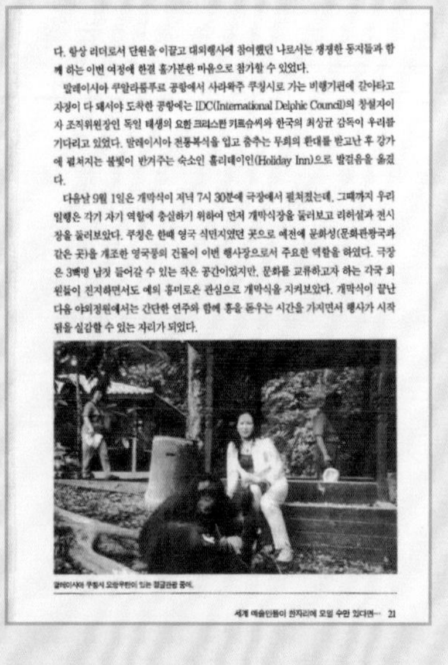
세계 예술인들이 한자리에 모일 수만 있다면… 21

8월 31일부터 9월 4일까지 말레이시아 사라왁주 쿠충시에서는 제2회 세계문화예술축전인 「2005 세계델픽(Delphic)문화축전」이 열렸다. 델픽축전은 고대 그리스 도시국가들의 문화예술 경연인 델픽게임을 되살린 것으로, 올림픽처럼 4년마다 주최국을 달리하여 개최되는데, 2000년 러시아 모스크바에서 제1회 세계델픽게임이 개최된 데 이어 이번 말레이시아 쿠칭에서 펼쳐진 것이다.

델픽게임의 경연부문은 크게 6개로 나뉘며, 음악, 공연예술, 시각예술, 언어예술, 전통예술, 사회와 생태환경 부분으로 구성되어 있다. '위기에 처한 전통문화의 부흥'이라는 주제로 26개국으로부터 5백여명의 예술가 등이 참가하여 다양한 문화와 솜씨를 자랑한 금번 대회에서 무용분야는 남아프리카공화국, 독일, 인도, 말레이시아, 싱가포르, 라오스, 부르나이, 호주, 필리핀, 한국 등 10개국에서 참가하여 백여명의 춤꾼들이 선의의 경쟁을 벌였다.

나는 박수관 동부민요보존 회장과 함께 「Sound of Korea」라는 팀을 구성하여 한국의 날로 지정된 9월 3일 특별공연에 초청받아 참가하게 되었다. 나와 춤패배김새 단원인 신은주 외 2명, 창원의 판소리꾼 손양희씨, 이정애 원장은 부산에서, 박수관 회장과 국악지도의 양희선 선생 등은 대구에서, 그리고 가야금 병창의 정효숙씨는 서울에서 각각 출발해 인천공항에서 합세하기로 했다. 그리고 한국예술종합학교 이건용 총장(IDC의 심사위원으로 참가)과 유용한 비서관, 연극학과의 이승엽 교수, 제주도 국악협회 강희철 지회장, 안정엽 시인과 함께 한국 대표단으로서 동행하게 되었다. 항상 리더로서 단원을 이끌고 대외행사에 참여했던 나로서는 쟁쟁한 동지들과 함께 하는 이번 여정에 한결 홀가분한 마음으로 참가할 수 있었다.

말레이시아 쿠알라룸푸르 공항에서 사라왁주 쿠칭시로 가는 비행기편에 갈아타고 자정이 다 돼서야 도착한 공항에는 IDC(International Delphic Council)의 창설자이자 조직위원장인 독일 태생의 요한 크리스탄 키르슈씨와 한국의 최상균 감독이 우리를 기다리고 있었다. 말레이시아 전통복식을 입고 춤추는 무희의 환대를 받고난 후 강가에 펼쳐지는 불빛이 반겨주는 숙소인 홀리데이인(Holiday Inn)으로 발걸음을 옮겼다.

다음날 9월 1일은 개막식이 저녁 7시 30분에 극장에서 펼쳐졌는데, 그때까지 우리일행은 각기 자기 역할에 충실하기 위하여 먼저 개막식장을 둘러보고 리허설과 전시장을 둘러보았다. 쿠칭은 한때 영국 식민지였던 곳으로 예전에 문화성(문화관광국 과 같은 곳)을 개조한 영국풍의 건물이 이번 행사장으로서 주요한 역할을 하였다. 극장은 3백명 남짓 들어갈 수 있는 작은 공간이었지만, 문화를 교류하고자 하는 각국 회원들이 진지하면서도 예의 흥미로운 관심으로 개막식을 지켜보았다. 개막식이 끝난 다음 야외정원에서는 간단한 연주와 함께 흥을 돋우는 시간을 가지면서 행사가 시작됨을 실감할 수 있는 자리가 되었다.

시간상 충분한 리허설을 하지 못한 탓에 다음날은 오전 8시부터 피곤한 몸을 이끌고 극장으로 출발하는 것으로 하루를 열었다. 습기가 많은 곳이라 자꾸 지치는 것 같아 되도록 다니는 것을 삼가하고, 전시장에서 펼쳐지는 각종 전시를 둘러보고 잠깐 짬을 내 박물관 등 관광을 하려고 했는데, 갑자기 비가 쏟아지는 바람에 그 계획은 취소하고 대신 행사장 주변에 있는 시장을 둘러보며 기념될 만한 것들을 찾아다니기로 했다.

저녁에는 전통춤 경연대회가 펼쳐졌는데, 흩어진 각 나라 회원들과 단원들이 극장으로 속속 모여들기 시작했다. 대부분 예선에 참가한 작품들은 그 나라의 고유성을 무대에 맞게 구성하여 펼쳤다. 남아프리카공화국은 많은 인원들이 생음악 연주와 함께 다채롭게 작품을 구성하였는데, 아프리카의 샤머니즘에 입각한 주술사가 등장하여 원시형태의 쌍쌍춤이 어울리면서 광부이야기, 선술집에서의 흥겨운 춤으로 바뀌는 남아프리카의 근대 역사를 이야기하듯 버라이어티하게 펼쳐졌다.

독일은 민속 농민들의 생활모습을 그린 작품으로 와인잔을 머리에 얹고 춤을 추는 여인과 2명의 농부가 마치 말을 타듯 의자를 소품으로 타고 넘고 하는 곡예적인 요소를 첨가하여 민속춤을 재구성한 작품이었다. 또, 인도는 2명의 여성으로 구성하여 시바신에게 드리는 전통춤을 매우 기교적이고 섬세하게 시종일관 빠른 템포로 반복하여 구사하고 있었다.

그밖에 말레이시아 오랑룰루(강의 상류)는 보르네오 원주민이 북에 맞추어 사냥과 전쟁을 뜻하는 남자의 역동적인 춤과 평화와 다산을 기원한 여성 춤으로 구성하였고, 필리핀 1인무는 북쪽 산악지방의 사냥꾼의 춤으로 악기(천연거북이 등껍질)와 대나무를 이용한 춤, 그리고 싱가포르는 어부들의 군무춤이 펼쳐졌는데, 관객들은 가장 인기있는 나라를 조사하는 앙케이트에 참가하기도 하였다. 대부분들의 춤들은 원주민들의 수렵, 사냥과 농민들의 춤이 무대에 맞게 재구성되어 각 나라의 고유한 풍습을 비교할 수 있던 시간이었다.

9월 3일은 '한국의 날'로 지정되어 우리팀의 단독공연이 계획되어 있었다. 극장사정상 리허설을 하지 못하게 되어 우리는 호텔 내에 있는 야외무대에서 리허설을 가졌는데, 영국의 BBC방송국에서 우리의 판소리, 창을 취재하기 위해 녹취를 하였다. 또한 이날은 토요일이자 이 나라의 축제

일이어서 그런지 강변은 조정경기로 많은 구경꾼 인파로 붐볐고, 호텔에서 행사장까지 이어지는 강변에는 마치 야시장처럼 임시 점포장이 줄을 잇고 있었다. 우리는 복잡함을 피하기 위해 일찍 극장을 출발하여 공연준비에 여념이 없었다.

우리가 준비한 전통춤으로는 태평무와 살풀이춤, 깃발춤과 북놀음춤이었고, 한오백년에 맞춘 창작춤, 「칭이나 칭칭나네」에 맞추어 흥겨움을 돋웠다. 스케일은 크지 않았지만 각 나라에서 온 회원들은 우리 춤과 소리에 몰입되어 공연 속으로 빨려 들어오는 듯했고, 우리보다 이틀 뒤에 도착한 이상만 고양문화재단 총감독도 무대 위로 올라와 함께 뒤풀이 어울림에 합세하였는데, 시간가는 줄 모르고 우리의 신명에 도취되었다.

한국으로 돌아오기 전 마지막날 우리는 간단하게 오랑우탄이 나오는 정글관광을 하기로 했다. 꽤 무더운 날씨인데도 마치 정글탐험자마냥 정글속으로 향해 오랑우탄 이 있는 곳에 도달하자 모두들 숨죽이고 주시하며 기념사진 촬영에 여념이 없었다. 가장 기억에 남는 것은 어미원숭이가 코코넛 같은 열매를 돌에 꽝꽝 깨어서 어린 원숭이에게 열매즙을 먹여주는 것이 어쩜 우리 인간과 똑같은지… 새끼에 대한 짐승의 모성애에 가슴이 찡했다. 우리는 7일까지 계속되는 이 행사의 결선과 폐막식을 보지 못하고 4박 5일의 여정을 마쳐야만 했다. 쿠칭은 '고양이'라는 뜻으로 시내 곳곳에 있는 고양이 동상의 다양한 표정이 지금도 눈에 선하다.

말레이시아는 요즘 관광국가로 부상하기 위하여 많은 노력을 하고 있는데, 이번 행사도 그러한 목적으로 유치한 것으로 추측된다. 그러나 아직 역부족인지 진행상 현지인보다는 타 국가에서 온 회원들이 진행을 도맡아 하는 것을 볼 때 이번 제2회 세계델픽축전은 규모적으로 커나가기 위한 한 과정으로 생각된다. 다음 2009년에 펼쳐질 개최지 선정을 위해 우리나라의 제주도와 인도의 뉴델리가 경합중이라고 한다.

한국에 돌아와서 며칠이 지나 뒤늦게 우리 Sound of Korea 팀이 특별상을 수상했다는 소식과 함께 내가 최우수 여성무용수상을 받았다는 수상 축하 메시지를 전해 들었다. 예상치 못했던 일이라 수상의 기쁨보다는 이번 행사에서 한국을 알리는 홍보 역할로서 기여한 기쁨이 크다. 앞으로 델픽문화축전 행사에 적극적으로 참여하라는 뜻으로 받아들이고, 더욱 많은 국가와 예술인들의 참여로 진정한 세계문화올림픽으로 커나가길 바란다. 아울러 제3회 델픽축전이 부디 우리 제주도에서 열리기를!(*)

20. 2006.12.04 / 경성대신문 / 문화 공동체로서 우리 춤의 정체성

문화 공동체로서 우리 춤의 정체성
최은희

한창 태양이 작열하는 8월에 더위도 잊은 채 '우리춤'을 알리기 위해 푸르른 바다를 가로질러 일본 쓰시마와 중국 소수민족 중 조선족이 가장 많이 살고 있는 연변을 다녀왔다.

정보와 문화의 시대라고 불리우는 세기에 즈음하여 문화의 꽃이라 할 수 있는 우리 춤으로 '춤패 배김새'와 함께 '쓰시마 아리랑 축제'에 민간외교 사절단으로서 13년째 참가하고 있다. 이 행사는 원래 서기 1604년 성립된 한국과 일본간의 성신교린의 외교정신이 이어진 행사이다.

양국의 외교적인 현안을 해결하기 위해 500여 명의 각각 사절단 일행이 통과하는 객사 중에서도 한시문과 학술의 '필담창화'라고 하는 문화상의 교류가 성대하게 이루어진 과정에서 지리적으로 중요한 역할을 하는 곳이 이곳 부산과 일본의 쓰시마이다.

선조의 정신을 이어받아 쓰시마시와 주민들이 공동으로 조선 통신사 행렬 재현행사를 성공리에 펼쳐 왔으며 또한 문화행사로 활발히 행하여짐에 따라 양국간의 지속적인 문화교류의 장으로 우리 춤을 알릴 수 있어 일본과 한국의 많은 관객들을 매료시켜오고 있다.

한편 반세기가 지난 51년째 맞이하는 광복절 전후에 문화적 동질성으로서 우리 춤을 알리고자 탈춤 일행들과 합세하여 조선족이 가장 많이 살고 있는 중국의 연변과 민족의 산인 백두산천지를 찾았다. 연변은 한글과 중국어로 된 간판을 혼용으로 사용하고 있어 민족적 동질감을 느끼게 해 이국이라는 실감이 나지 않았다. 특히 용정시 '개산툰'마을에서의 춤 공연은 우리 춤의 정체성을 확인할 수 있었던 곳이라 더욱 감회가 깊었던 곳이다. '개산툰'은 지금도 북간도라고 부르는 곳으로 연변 주변 용정시에 있는 마을로 일본 침략당시 두만강 물줄기의 두 갈래 사이에 있다하여 '간도'라 하였던 곳을 후에 '북간도'라 명명되어진 곳이다. 개산툰 촌장의 극진한 협조로 마을 주민 1000여 명에게 우리 춤을 선사할 수 있는 기회를 갖고 우리 일행들은 다음날 백두산을 향해 출발하였다.

중국은 백두산을 '장백산'이라 하여 관광객 개발을 위한 도로와 온천, 호텔을 동시 다발적으로 들어 세우고 있었다.

백두산 장백폭포에 이르자마자 압도당하였는데 정신을 가다듬고 장대한 폭포수를 따라 백두산 천지에 올라서니 절로 백두산의 정기를 받아 마치 선녀가 된 듯 한라에서 백두까지 통일로 이어지는 기원의 춤을 추지 않을 수 없었다.

이렇듯 우리 춤의 정체성을 옛 선조들의 정신을 잇는 조선 통신행렬 재현 행사와 쓰시마 아리랑 축제에서, 중국 개산툰에서의 민족의 동질성을 위한 춤공연과 통일의 염원을 비는 백두산 천지에서의 기원무를 통하여 우리 춤이 더욱 더 가치 있게 거듭 태어나길 바라며 모든 문화교류에서 영원히 감동을 줄 수 있도록 기원해 본다.

21. 2007. 12 / 춤저널22호 / 춤패배김새 예술감독수상 제12회 춤비평가상 소감

최은희(춤패 배김새 예술감독)
한 해를 마무리하는 행사가 줄을 잇는 바람에 늦은 시간까지 연습실은 언제나 무용수들의 열기로 가득 차 있었다. 오랜만에 텅 비어 있는 연습실에서 혼자만의 춤에 몰두하는 시간을 갖고 있을 때 수상 소식을 접하게 되었다. 쑥스럽다는 생각이 들었다. 춤과의 인연, 춤은 내 생의 존재율로서 분신이 되어버린 지금, 춤 작업들은 오직 나의 삶의 의미를 확인하는 시간의 연장선에서 해왔던 것들인데…수상을 결정 해주신 춤평론가회 여러 선생님들께 감사드리며 각고의 세월을 함께한 춤패 배김새와 다시 한번 힘의 응축, 앞으로도 좀더 깨어 있는 정신으로 춤의 열정을 나누었으면 한다.

한 해를 마무리하는 행사가 줄을 잇는 바람에 늦은 시간까지 연습실은 언제나 무용수들의 열기로 가득 차 있었다. 오랜만에 텅 비어있는 연습실에서 혼자만의 춤에 몰두하는 시간을 갖고 있을 때 수상 소식을 접하게 되었다. 쑥스럽다는 생각이 들었다. 춤과의 인연, 춤은 내 생의 존재율로서 분신이 되어버린 지금, 춤 작업들은 오직 나의 삶의 의미를 확인하는 시간의 연장선에서 해왔던 것들인데…. 수상을 결정 해주신 춤평론가회 여러 선생님들께 감사드리며 각고의 세월을 함께한 춤패 배김새와 다시 한번 힘의 응축, 앞으로도 좀 더 깨어 있는 정신으로 춤의 열정을 나누었으면 한다.

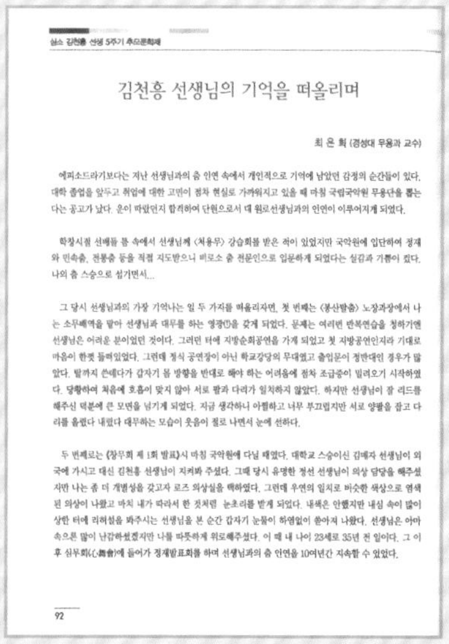
김천흥 선생님의 기억을 떠올리며

최 은 희 (경성대 무용과 교수)

▲ 좌측 앞줄 네번째 김천흥 그 옆 신부 최은희

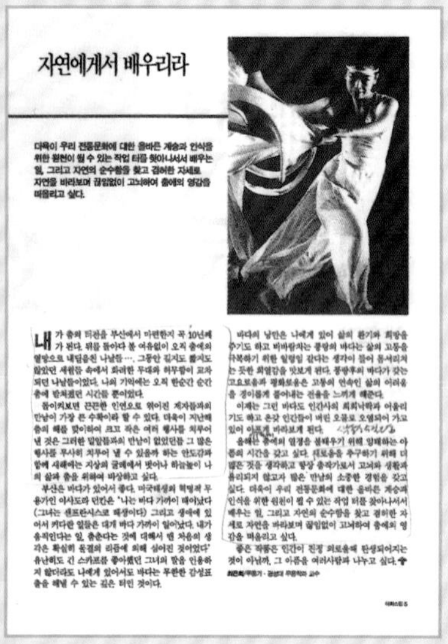
자연에게서 배우리라

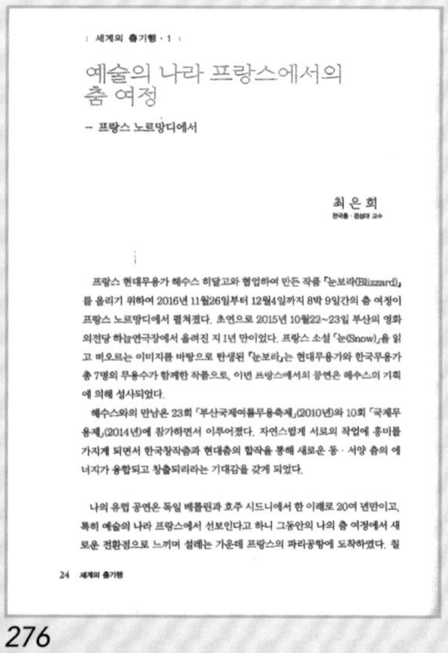
세계의 춤기행 · 1

예술의 나라 프랑스에서의 춤 여정

– 프랑스 노르망디에서

최 은 희

22. 2012. 10.19 / 국립국악원 / **김천흥을 추억하다** - '김천흥 선생님의 기억을 떠올리며'

에피소드라기보다는 지난 선생님과의 춤 인연 속에서 개인적으로 기억에 남았던 감정의 순간들이 있다. 대학 졸업을 앞두고 취업에 대한 고민이 점차 현실로 가까워지고 있을 때 마침 국립국악원 무용단을 뽑는다는 공고가 났다. 운이 따랐던지 합격하여 단원으로서 대 원로선생님과의 인연이 이루어지게 되었다.

학창시절 선배들 틈 속에서 선생님께 〈처용무〉 강습회를 받은 적이 있었지만 국악원에 입단하여 정재와 민속춤, 전통춤 등을 직접 지도받으니 비로소 춤 전문인으로 입문하게 되었다는 실감과 기쁨이 컸다. 나의 춤 스승으로 섬기면서...

그 당시 선생님과의 가장 기억나는 일 두 가지를 떠올리자면, 첫 번째는 〈봉산탈춤〉 노장과장에서 나는 소무배역을 맡아 선생님과 대무를 하는 영광(!)을 갖게 되었다. 문제는 여러번 반복연습을 청하기엔 선생님은 어려운 분이었던 것이다. 그러던 터에 지방순회공연을 가게 되었고 첫 지방공연인지라 기대로 마음이 한껏 들떠있었다. 그런데 정식 공연장이 아닌 학교강당의 무대였고 출입문이 정반대인 경우가 많았다. 탈까지 쓴데다가 갑자기 몸 방향을 반대로 해야 하는 어려움에 점차 조급증이 밀려오기 시작하였다. 당황하여 처음에 호흡이 맞지 않아 서로 팔과 다리가 일치하지 않았다. 하지만 선생님이 잘 리드를 해주신 덕분에 큰 모면을 넘기게 되었다. 지금 생각하니 아찔하고 너무 부끄럽지만 서로 양팔을 잡고 다리를 올렸다 내렸다 대무하는 모습이 웃음이 절로 나면서 눈에 선하다.

두 번째로는(창무회 제1회 발표)시 마침 국악원에 다닐 때였다. 대학교 스승이신 김매자 선생님이 외국에 가시고 내신 김천흥 선생님이 지커봐 주셨다. 그때 당시 유명한 정선 선생님이 의상 담당을 해주셨지만 나는 좀 더 개별성을 갖고자 로즈 의상실을 택하였다. 그런데 우연의 일치로 비슷한 색상으로 염색된 의상이 나왔고 마치 내가 따라서 한 것처럼 눈초리를 받게 되었다. 내색은 안했지만 내심 속이 많이상한 터에 리허설을 봐주시는 선생님을 본 순간 갑자기 눈물이 하염없이 쏟아져 나왔다. 선생님은 아마 속으론 많이 난감하셨겠지만 나를 따뜻하게 위로해주셨다. 이 때 내 나이 23세로 35년 전 일이다. 그 이후 심무회(心舞會)에 들어가 정재발표회를 하며 선생님과의 춤 인연을 10여년간 지속할 수 있었다.

다시금 그때를 떠올리면서 평생 나의 춤 지주로 삼아 선생님과 같이 해맑은 웃음지으며 춤추고 싶습니다. 선생님, 그립습니다.

23. 태화쇼핑 / **자연에게서 배우리라**

더욱이 우리 전통문화에 대한 올바른 계승과 인식을 위한 원천이 될 수 있는 작업 터를 찾아 나서서 배우는 일,
그리고 자연의 순수함을 찾고 겸허한 자세로 자연을 바라보며 끊임없이 고뇌하여 춤에의 영감을 떠올리고 싶다.

내가 춤의 터전을 부산에 마련 한지 꼭 10년째가 된다. 뒤를 돌아다 볼 여유없이 오직 춤에의 열망으로 내딛음친 나날들..., 그동안 길지도 짧지도 않았던 세월들 속에서 화려한 무대와 허무함이 교차되던 나날들이었다. 나의 기억에는 오직 한순간 순간 춤에 바쳐졌던 시간들 뿐이었다.

돌이켜보면 끈끈한 인연으로 엮어진 제자들과의 만남이 가장 큰 수확이라 할 수 있다. 더욱이 지난해 춤의 해를 맞이하여 크고 작은 여러 행사를 치루어 낸 것은 그러한 밀알들과의 만남이 없었던들 그 많은 행시를 무사히 치루어 낼 수 있을까 하는 안도감과 함께 새해에는 지상의 굴레에서 벗어나 하늘높이나 의 삶과 춤을 위하여 비상하고싶다.

부산은 바다가 있어서 좋다.미국태생의 혁명적 무용가인 이사도라 던칸은 "나는 바다 가까이 태어났다 (그녀는 샌프란시스코 태생이다) 그리고 생애에 있 어서 커다란 일들은 대개 바다 가까이 일어났다. 내가 움직인다는 일, 춤춘다는 것에 대해서 맨 처음의 생 각은 확실히 물결의 리듬에 의해 심어진 것이었다." 유난히도 긴 스카프를 좋아했던 그녀의 말을 인용하 지 않더라도 나에게 있어서도 바다는 무한한 감성표 출을 해낼 수 있는 깊은 터인 것이다.

바다의낭만은 냐게게 있어 삶의 환기와 희망을 주기도 하고 비바람치는 풍랑의 바다는 삶의 고통을 극복하기 위한 일렁임 같다는 생각이 들어 몸서리치는듯한 희열감을 맛보게 된다. 풍랑후의 바다가 갖는 고요로움과 평화로움은 고통의 연속인 삶의 어려움을 경이롭게 풀어내는전율을 느끼게 해준다. 이제는 그런 바다도 인간사의 희희낙락과 어울리기도 하고 온갖 인간둘이 버린 오물로 오염되어 가고 있어 아프게 바라보게 된다.

올해는 춤에의 열정을 불태우기 위해 잉태하는 아픔의 시간을 갖고싶다. 새로움을 추구하기 위해 더 많은 것을 생각하고 항상 춤작가로서의 고뇌와 생활과 유리되지 않고자, 많은 만남의 소중한 경험을 갖고 싶다. 더욱이 우리 전통문화에 대한 올바른 게승과 인식을 위한 원천이 될 수 있는 작업 터를 찾아나서서 배우는 일, 그리고 자연의 순수함을 찾고 겸허한 자세로 자연을 바라보며 끊임없이 고뇌하여 춤에의 영감을 떠올리고 싶다.

좋은 작품은 인간이 진정 외로울때 탄생되어지는 것이 아닐까, 그 아픔을 여러사람과 나누고 싶다.

24. 2017. 2. / 춤 / **예술의 나라 프랑스에서의 춤 여정**

프랑스 현대무용가 헤수스 히달고와 협업하여 만든 작품『눈보라(Blizzard)』를 올리기 위하여 2016년 11월 26일부터 12월4일까지 8박 9일간의 춤 여정이 프랑스 노르망디에서 펼쳐졌다. 초연으로 2015년 10월 22~ 23일 부산의 영화의전당 하늘연극장에서 올려진지 1년 만이었다. 프랑스 소설「눈(Snow)」을읽고 떠오르는 이미지를 바탕으로 탄생된『눈보라』는 현대무용가와 한국무용가 총 7명의 무용수가 함께한 작품으로, 이번 프랑스에서의 공연은 헤수스의 기획에 의해 성사되었다.

헤수스와의 만남은 23회「부산국제여름무용 축제」(2010년)와 10회「국제무용제」(2014년)에 참가하면서 이루어졌다. 자연스럽게 서로의 작업에 흥미를 가지게 되면서 한국창작춤과 현대춤의 합작을 통해 새로운 동·서양 춤의 에너지가 융합되고 창출되리라는기대감을 갖게 되었다.

나의 유럽 공연은 독일 베를린과 호주시드니에서 한 이래로 20여 년만이고, 특히 예술의 나라 프랑스에서 선보인다고 하니 그동안의 나의 춤 여정에서 새로운 전환점으로 느끼며 설레는 가운데 프랑스의 파리공항에 도착하였다. 칠흑 같은 밤, 공항에 도착한 일행은 우리를 마중 나온 헤수스의 렌트카에 몸을 싣고 약 2시간 거리에 떨어진 노르망디의 캉(Caen) 시에있는 로얄호텔에 머물게 되었댜 너무 늦은 시간이라 짐을 풀고 한국인이 매니저로 있는식당에서 간단하게 저녁 식사를 하는 데부터 캉에서의 일과가 시작되었다.

오! 처음부터 나온 음식이 온통 빵에다 치즈, 햄뿐···. 단원들에게 미리 햇반 과 컵라면을 준비하라고 단단히 알려줬건만 짐의 부피상 많이들 준비 못한 것에 대한 후회의 눈빛들이 가득했다. 식사를 하며 다음날 스케줄을 의논하여 매주 일요일 오전10시부터 오후1시까지 열린다는 야외장터를 둘러보고 헤수스의 극장 히포캠프 소극장에서 공연 리허설을 하기로 하였다.

다음날인 27일, 창문사이로 비쳐든 햇살에 의해 깨어나면서 커튼을 거두니 마치 성같이 가지런히 늘어선 건물들이 눈에 들어왔다. 이제부터 이

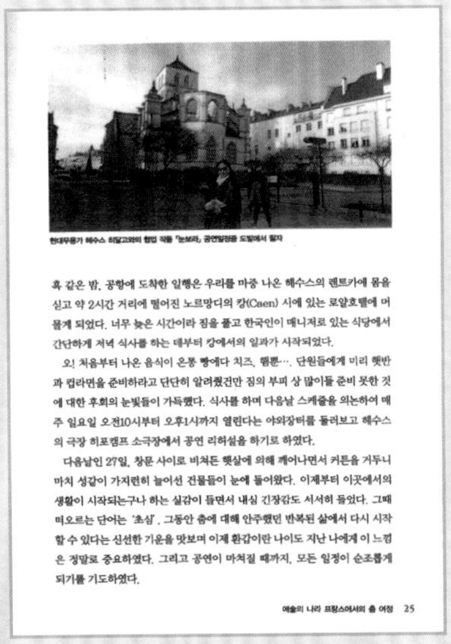

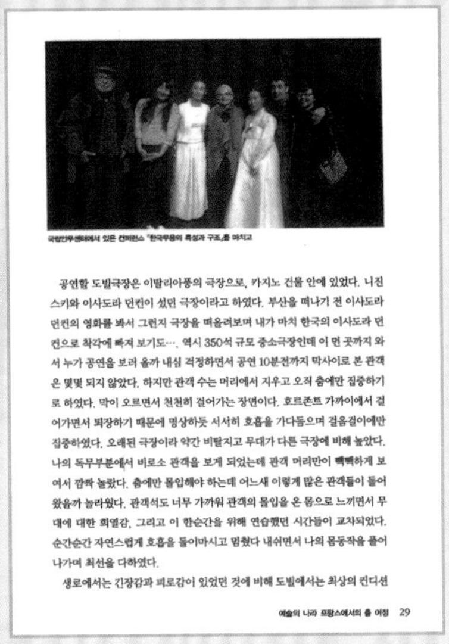

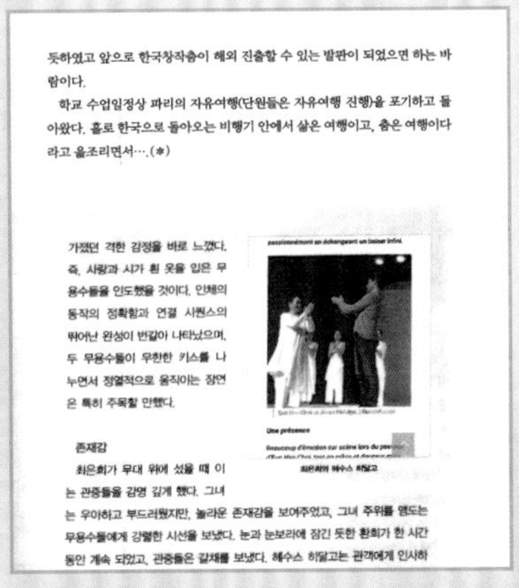

Special
"우리는 춤추고 싶습니다"

곳에서의 생활이 시작되는구나 하는 실감이 들면서 내심 긴장감도 서서히 들었다. 그때 떠오르는 단어는'초심'. 그동안 춤에 대해 안주했던 반복된 삶에서 다시 시작 할 수 있다는 신선한 기운을 맛보며 이제 환갑이란 나이도 지난 나에게 이 느낌 은 정말로 중요하였다. 그리고 공연이 마쳐질 때까지, 모든 일정이 순조롭게 되기를 기도하였다.

노르망디는 2차 세계대전때 폭격을 맞아 완전히 폐허 상태에서 새로이 복구된 도시여서 마치곳곳이 유적지 같이 고풍스러웠다. 오래된 교회나,성당, 성벽들을 그대로 보존하면서 원래의 옛모습인 건물들을 볼 수있도록 하였다. 우리나라는 오래된 건물들을 찾아 볼 수없게 현대빌딩으로 둘러싸인 것과는 비교가 되었디. 야시장에서 점심거리로 통닭과 과일을 마련하고 리허설 장소인 히포캠프스소극장으로 향하였다. 춤 전용 소극장인 히포캠프스소극장은 100석 정도의 규모로 높은 천장과 오디오, 조명시설, 분장실, 소품실, 그리고 휴식공간도 있었는데, 공연이 없을 경우에는 무상으로도 빌려준다고 하였다. 내심 우리나라도 이런규모의 극장들이 많았으면 하는 부러움을 느끼면서『눈보라』 작품과 히포캠프에서 공연할단원들의 소품리허설을하였다.

그 다음날 (28일) 첫 공연 장소인 약 40분 거리의 생로(Saint- Lo)시로 이 동하였다. 한국의 높고 푸른 하늘과도 같은 맑은 날씨가 계속되어 이동하는데 큰 불편함이 없었고, 산은 없고 끝없이 펼쳐진 푸른 초원 위로 여러 마리의 하얀소들이 여유롭게 풀을 뜯는 모습을 볼 수 있었다. 이곳에선 우유가 유명하다고한다.

마치 휴양지의 단층건물같은 뤼노텔(Restaura nt Lunotel) 호텔에 짐을 풀고 생로극장으로 향하였다. 꽤 오래된 극장인 생로극장은 350석 정도의 중·소극장으로 로비엔 2016~ 2017년 공연스케줄 홍보물이 전시되어 있었다. 조명과 영상은 다비아노(원래 현대무용가였던)가 담당하였고 음악은 헤수스가 담당하여 나는 춤 외 무대스태프 일에는 신경 쓰지 않고 온전히 춤만 출 수 있어 매우 행복했다.

29일 첫 공연은 기대감과 긴장 탓인지 일부 유연하지는 못하였지만 무사히 마칠수가 있었다. 공연에 대한 호응도를 알고싶어 했지만 뒷마무리를 해야하는 헤수스를 분장실에서 기다리다가 대화를 원하는 일반관객들과 만나지도 못하고 돌아갔다고 해서 단원들이 못내 섭섭해 하였다.

아쉬움을 안고 생로에서 캉으로 처음 묵었던 호텔로 다시 이동하였다.

30일 히포캠프에서 단원 허종원, 박은지, 구은혜의 작품을 발표하였고 외국인 참여 무용인은 6명(30~ 40대)이 참여하였는데 각 작품마다 개성과 의식의 에너지가 넘쳐보였다. 대부분 라이브와 인터렉터 작업 위주로 총 11작품을 선보였다. 한국 유학생들을 만날 수 있었는데 한국 전통춤을 매우 보고 싶어했다. 직접 헤수스에게 말해서 다음 기회에 볼 수 있도록 하라고 하였다.

12월1일과 2일 양일간은 캉국립안무가센터에서 워크숍과 컨퍼런스를 진행하였다. 국립 안무가센터는 전국적으로 16개로, 노르망디에 2개가 있다고 한다. 워크숍대상으로 주로 무용지도자 10여명이 참여하였고 1일 허종원과 구은혜는『눈보라』에서 시도한 동작을, 2일은 한수정이『봉산탈탈춤』 기본무로 워크숍을 진행했다. 나의 컨퍼런스로는 한국춤의 특징과 원리를『살풀이춤』 시연 과 함께 설명하면서 덧붙여『눈보라』 작품과 정도 발표하였다. 발표를 들은 전공자 및 일반시민들은 동·서양의 만남에 대한 흥미와 관심을 가지며 질문하였다. 그리고 단원 박재현은 거리에서 본인의 춤을 시연하기도 하였다.

2 일 오후에 간단한 짐만 가지고 다음날 공연장소인 캉에서 도빌(Deauville) 시로 40분간 이동하였다. 도착 즈음 홍보물에 CHOI가 보여서 여기도 CHOI 가 있네 하면서 스쳐지나갔는데 알고 보니 우리공연의 홍보물이었던 것이다. 도빌은 바다가 있어 해산물이 유명하고 아름다운 도시로 관광객들이 많이 찾는 곳이다. 한때 국제 아시아 영화제가 개최되었던 곳이고, 명품의 거리와 백화점이있다.

공연할 도빌극장은 이탈리아풍의 극장으로, 카지노건물안에 있었다. 니진스키와 이사도라 던컨이 섰던 극장이라고 하였다. 부산을 떠나기 전 이사도라 던컨의 영화를 봐서 그런지 극장을 떠올려보며 내가 마치 한국의 이사도라 던컨으로 착각에 빠져 보기도…. 역시 350석 규모 중소극장인데 이 먼곳까지 와서 누가 공연을 보러올까 내심 걱정하면서 공연 10분전까지 막사이로 본 관객은 몇몇 되지 않았다. 하지만 관객 수는 머리에서 지우고 오직 춤에만 집중하기로 하였다. 막이 오르면서 천천히 걸어가는 장면이다. 호르존트 가까이에서 걸어가면서 퇴장하기 때문에 명상하듯 서서히 호흡을 가다듬으며 걸음걸이에만 집중하였다. 오래된 극장이라 약간 비탈지고 무대가 다른극장에 비해 높았다. 나의 독무 부분에서 비로소관객을보게 되었는데 관객 머리만이 빽빽하게 보여서 깜짝놀랐다. 춤에만 몰입해야하는데 어느새 이렇게 많은 관객들이 들어 왔을까 놀리웠다. 관객석도 너무 가까워 관객의 몰입을 온몸으로 느끼면서 무대에 대한 희열감, 그리고 이 한순간을 위해 연습했던 시간들이 교차되었다.

순간순간 자연스럽게 호흡을 들이마시고 멈췄다 내쉬면서 나의 몸동작을 풀어 나가며 최선을 다하였다.

생로에서는 긴장감과 피로감이 있었던 것에 비해 도빌에서는 최상의 컨디션을 갖고 공연에 임하는 단원들에게 너무도 감사하고 헤수스,다비아노, 관객들에게도 감사한 마음뿐이었다. 이제 프랑스에서 의 모든 춤 여정이 마쳐지는구나 하는 안도감과 함께 도빌의 유명한 석화와 화이트와인은 아쉽게 뒤로 하고 캉으로 다시 되돌아왔다.

약 일주일 동안 3번의 호텔을 옮기면서 숨가쁜 일정이었지만 한국춤이 녹아든 작품을 유럽에서도, 특히 예술의 나라인 프랑스에서 올린 점이 무엇보다 뿌듯하였고 앞으로 한국창작춤이 해외 진출할 수 있는 발판이 되었으면 하는 바람이다.

학교 수업일정상 파리의 자유여행(단원들은 자유여행 진행)을 포기하고 돌어왔다. 홀로 한국으로 돌아오는 비행기 안에서 삶은 여행이고, 춤은 여행이다 라고읊조리면서....

25. 2017. 4. / 몸 / 우리는 춤추고 싶습니다.

전국적으로 지방대학교 무용학과가 사라지면서 사립대학으로서는 영남지역엔 대구 · 부산, 호남지역엔 광주 외에는 점차 폐과로 인해 자취를 감추기 시작하였다.

경성대 무용학과는 1981년 체육무용학과로 개설된 후, 1982년 무용학과로 독립되어 아주 오랜 역사와 뿌리를 자랑하며 그 동안 수많은 무용인들을 배출하여 왔고, 23년간 부산국제여름 무용축제 등으로 우리나라의 무용계를 이끌어오는 무용 역사의 산실이었다. 그런데 6 년 전부터 통폐합 수순으로 구조조정에 들어갔다. 융 · 복합을 내세우면서 순수무용과 무용교육에 대한 유지를 대안 없는 방안으로 취급하였고, 학과평가를 잣대로 지속적으로 폐과를 시도해왔다. 지난 2016년에는 프라임 사업으로 폐과를 결정하려다가 언론 등을 통한 반발로 인해 폐과철회를 가졌다. 그러나 2017년 폐과 방침으로 학령인구 감소, 무용 부문 수요 감소와 학교 전체의 운영 유지가 힘들다는 이유를 들어 이에 대학의 정원을 감축한다하여 지난 3월 14 일 폐과 사실이 명시된 학칙 개정안이 대학 포털사이트에 공고되었다. 공람을 정식으로 알리기 전에는 2월 28일 본관 회의실에서 정원조정설명회(그 이전엔 소명에 관한 회의가 있었음)를 학과 교수들, 학생대표, 졸업생 대표로 구성하여 구두로 알렸다.

폐과에대한 부당함을 알리기 위해 졸업생 등이 폐과반대를위한 대책위원회를 구성하여 부산 예총, 무용협회, 만예총 시민연대의 성영서 발표

기자회견을 3월 8일(수)2시30분 경성대 예마당에서 가졌고 학생들의 충판으로 이어졌다. 학생들의 춤판은 이후 토요일마다 서면에서 3월 11일(토),18일(토)거리에서 행해지며 일반 시민 들에게 알리고 서명을 받아내고 있다.

그러나 3월 21일(화) 학 · 처장 교무회의에서는 폐과로 최종 승인되었으며, 마지막으로 대학평의원회만 남아있다고 한다. 이에 한국무용협회, 한국춤협회에서 뒤따라 성명서(총 6개 성명서)를 제출한상태이다. 이 문제는 한 대학의 단순한 학내 문제라기보다 는 한국의 춤예술 전체의 위기를 초래할 수 있다는 것이다.

경성대학교 무용학과는 부산의 무 형문화재 동래고무의 전수학교이기도 하는데 전승의 맥을 이어가는데 큰 어려움이 뒤따르게 된다. 앞으로 무용지도자 배출, 양성에도 맥이 끊길 것이고 그렇게 되면 지역 문화 정체성의 위기와 미래예술진흥 전승발전에 커다란 위기로 맞게 된다. 또한 지방에서 무용을 전공하는 지망생들은 지명도가 떨어지더라도 무용학과가 있는 수도권 대학으로 힘겹게 진학하고 있는 실정으로, 앞으로 점차 무용인구의 감소는 더욱 불보듯 뻔한 일이다.

부산이 춤의 도시라는 말도 이제는 무색하게 되지 않을까.

학교 운영난에 도움이 되지않는다고 우수한 인재를 육성하지 않고 문화의 싹을 무참히 없애는 것은 무지한 정책이 아닐 수 없다. 무용은 부산 문화의 정체성을 대변을 하는 한요소이므로 이는 곧 지역문화 전체의 위기로 다가올 것이다.

26. 2017. 10.15 / 춤 / **춤이 있는 풍경 -** 춤예찬

메마른 대지를 적시는 봄비처럼, 우리 춤에 대한 애정으로 예술 춤 한편을 감상하는 것은 각박한 현대를 사는 많은 이들의 가슴을 촉촉이 적셔줄 수 있는 샘이 되지 않을까?

흔히 춤에 대에 일반인들은 홍겨울 때 취하듯 추어대거나, 여성의 전유물로 여겨 원시적이고 감각적이며 진지하지 못한 것으로 보려는 시각들이 많다.

내가 택한 춤, 무대에 서기까 지 끊임없는 훈련과 인내를 감수하며 삶의 결을 표현하고자 했던 춤, 다층적 인생의 분노와 서러움도 담아내고자 했던 춤, 이런 춤들은 많은 춤꾼들이 노력으로 예술로서의 위상을 갖추게 되었다. 그러나 아직도 춤에 대한 대중의 시선 은 싸늘하기만 하다.

인간은 고래로 춤에의 열정을 가지고 있었다. 열정이 모두가 춤이 되는 것은 아닌 법. 춤꾼들은 자신의 신체를 수련하듯 꾸준히 반복되는 고행으로 춤을 무대에 울린다. 춤꾼둘의 환상에 세계가 무대에서 봄날의 꽃봉오리처럼 피어나는 것이다.

현대인이여! 몸의 언어로 전해지는 춤꾼들의 몸짓올 보라. 무언에서 감동을 맛볼 수 있을 것이다 .

27. 2018. 4. / 예술부산 / **무용감상 어떻게 해야 할까?**

문화와 예술은 개인적으로나 사회적으로 풍요롭고 행복한 삶올 추구하는 데 있어서 필요한 필수요소이다. 현대의 무대 예술은 우리 삶을 풍요롭고 행복하게 해준다. 이 시대의 무용은 단순히 볼거리가 아닌 생활의 반영인 동시에 정신적 심미적 감흥을 불러일으키는 예술이라고 볼 수 있다.

근대 이후 무용은 '표현'이라는 것을 강력히 주장해왔기 때문에 표현이란 것이 중심이 되어 왔다고 할 수 있다. 한마디로 무용이란 "인간의 신체 운동의 공간형식에 의해 우리들의 사상이나 감정을 표현하고 또한 작가의 기치판단 즉 미적 가치판단을 나타내는 예술"이라고 할 수 있다.

무용에 내한 정의는 시대에 맞게 항상 진보되고 변화하여 오고 있다. 20세기후반부터는 각 장르 간의 벽 허물기를 통한 예술의 융합이다. 퓨전적 예술개념으로 모색되어지고 있으며 그 개념 바탕에는 장르 간의 통합, 해체를 통한 새로운 예술정신의 개척 또는 새로운 시대정신의 구현 등 복잡한 개념이 깔려 있지만 무의식적으로의 표출로 인한 의도된 순간성을 지양하면서 행위예술, 디지털예술, 설치예술 및 팝아트 같은 장르에 많이 등장하여 한 예술의 형식의 시류로서 기존 장르에 구속되지 않는 새로움을 추구하고 있다.

무용은 크게 예술무용과 대중무용으로 분류된다. 대중무용은 모든 사람이 직접 참여하는 무용으로 사교무용, 교육무용, 민족무용이 있다. 여기에서의 무용 감상은 예술무용 중 창작된 작품에 국한하고 오락무용, 민족무용은 제외한다. 창작무용은 타 예술 장르와 마찬가지로 작가가 의도하는 내용을 신체 움직임, 무대(공간), 음악(시간) 등의 요소로 종합 예술의 형태를 지닌다. 무용수들은 자신의 신체를 수련하듯 꾸준히 반복되는 고행을 반복한다. 그리고 이것을 몸짓으로 표현하면서 예술로서의 위상을 갖추며 무대에 울린다.

아직도 춤에 대한 대중들의 시선은 씨늘하기만 하다. 스토리텔링(무용극)은 그나마 전개에 따라 보기 때문에 감상하기에 용이하지만 일반 관객의 대부분은 잘 모르겠다는 반응을 하기도 한다. 특히 춤은 말이 없이 (요즘은 간혹 대사를 곁든기는 하지만) 무언의 몸짓이기에 더더욱 어렵게 여기는 것이 당연하다고 본다. 한마디로 이해하거나 해석하기보다는 정서적, 감정적, 정신적 교류로서 '느껴보라'고 권하고 싶다. 작품 제목은 곧 주제이기도 하다. 관객들 스스로 그 주제에 대한 각자 나름대로의 연상을 가지면서 주제와 동작을 유기적으로 바라볼 필요가 있디. 작품을 감상하기 전에 먼저 작품이 어떻게 만들어질까에 대한 이해가 필요 하다.

무용감상,
어떻게 해야 할까?

작품 창작을 할 경우 크게 무엇을 어떻게 표현할 것인가, 내적요소(내용)와 외적요소(형식)로 나누어진다. 내적요소는 창작할 수 있는 기반으로 즉 마음의 움직임, 무엇올 표현하는 테마를 찾는다. 작가의 삶의 경험 속에서 감웅적 이미지를 대상에 대한 표현적 관찰, 작품의 스타일을 정하고 이미지를 만든다. 외적 요소로는 기술적인 면으로 동작과 동작의 연결 공간, 전체적인 조화, 춤의 형식에 관한 다양한 요소, 즉 공간구성과 시간 구성 울 전개하면서 창조적인 움직임으로 구체화하는 작업울 한다. 부수적 요소로는 반주, 의상, 조명, 장치, 소품 등의 효과물이 적절하게 작품을 도와주고 있는가를 보아야 힌다. 현대에 와서 는움적임 대신 영상으로 상황을 표현 영역의 확대를 위한 도구로써 사용하는 것아 대세이다.

그럼 감상을 어떻게 해야 하는가? 볼 줄 아는 눈을 가져야 한다. 첫 번째 작품 창작에 따르는 의도를 알아차려야 한다. 차분한 감각이 주가 되어 차분한 기분으로 보이는 무용에서 우러나오는 것을 감득하고 체험함으로써 감상자가 그 가치를 만들어 갈 수 있다. 작품 자체를 분석힌다거나 자신을 작품과 분리해서 보기보다는 작품을 진행하는 동안 공감적인 태도로 접근하여 순수한 미적 경험을 순간순간을 파악하여 감상하라고 권하고 싶다.

이에 따른 예시로 최은희 안무작 『시린샘』은 프랑스 고전주의 화가 장 오귀스트 도미니크 앵그르의 '샘'이라는 작품의 이미지다. 샘의 정령인 젊은 여인이 나신으로 물가에서 물 항아리를 들고 서 있다. 마지 일부로 쏟아버리려는 듯한 자세로 들고 있는 물 항아리에서는 자연의 근원을 뜻

최은희_경성대학교 무용학과 교수

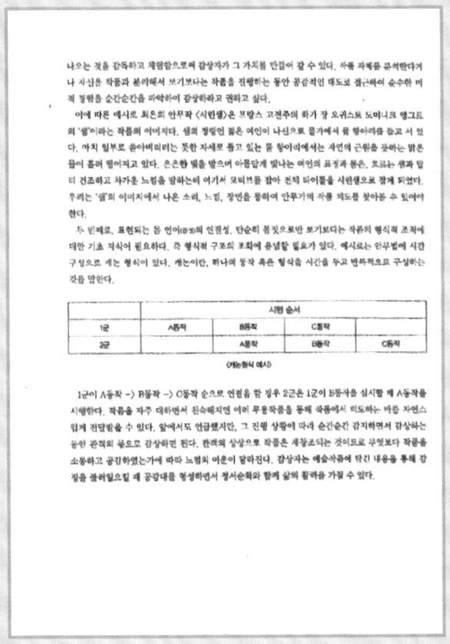

하는 맑은 물이 흘러 떨어지고 있다. 은은한 빛을 받으며 아름답게 빛나는 여인의 표정과 몸은, 흐르는 샘과 달리 건조하고 차가운 느낌을 발하는데 여기서 모티브를 잡아 전체 타이틀을 시린샘으로 잡게 되었다. 우리는 '샘'의 이미지에서 나온 소리, 느낌, 장면을 통하여 안무가의 작품 의도를 찾아볼 수 있어야 한다.

두 번째로, 표현되는 몸 언어(몸짓)의 연결성, 단순히 몸짓으로만 보기보다는 작품의 형식적 조직에 대한 기초 지식이 필요하다. 즉 형식적 구조의 조화에 유념할 필요가 있다. 예시로는 안무법에 시간 구성으로 캐논이란 형식이 있다. 캐논이란 하나의 동작 혹은 형식을 시간을 두고 반복적으로 구성하는 것을 말한다.

시행 순서

1군	A동작	B동작	C동작	
2군		A동작	B동작	C동작

〈캐논형식 예시〉

1군이 A동작→ B 동작→ C동작 순으로 연결을 할 경우 2군은 1군이 B동작을 실시할 때 A동작을 시행한다. 작품을 자주 대하면서 친숙해지면 여러 무용작품을 통해 작품에서 의도하는 바를 자연스럽게 전달받을 수 있디. 앞에서도 언급했지만, 그 진행 상황에 따라 순간순간 감지하면서 감상하는 동안 관객의 몫으로 감상하면 된다. 관객의 상상으로 작품은 재창조되는 것이므로 무엇보다 작품을 소통하고 공감하였는가에 따라 느낌의 여운이 달라진다. 감상자는 예술작품에 담긴 내용을 통해 감정을 불러 일으킬 때 공감대를 형성하면서 정서순화와 함께 삶의 활력을 가질 수 있다.

28. 2019. 1.16 / 부산일보 / **반려동물과 지내기 -** 병원가는 일 잦아진 열한 살 유바

"유바야 아프지 마라"꼭 언아 주면서 딸집에서 나설때는 발걸음이 떨어지지 않는다. 어렸을 때 진돗개, 스피츠를 키운 적이 있다.

초등학교 시절때 일이다. 조금이나마 움직임이 더 자유롭기를 바라며 스피츠목에 목줄을 두개 길게 이어놓고 학교에 다녀왔는데 그날 개가 사라졌다. 그 실종이 나로 인해 일어난 것 같아 상실감이 너무도 컸다. 다시는 개를 키우지 않으려고 마음에 새겨 두었다. 그런데 뜻하지 않게, 뒤늦은 나이에 유바와의 만남이 이뤄졌다, 유바는 골든리트리버 종인 대형견으로 몇 대나 길게 이어져 온 혈통견이란다. 그래서인지 유독 기품있게 잘 생겼다.

유바는 둘째딸이 일하던 곳의 사장이 키우는 개였다. 서울 일정이 있을 때 딸을만나러 갔다가 처음으로 보게 되었다. 그때는 대형견이라 덩치가 너무 커서 쉽게 접근할 수 없었다. 유바 보호자는 유바를 일본으로 데리고 갔다.

꽤 시간이 흐른뒤 어느날, 두딸이 의논하자면서 유바를 언급했다. 사정상 주인이 유바를 키우기 어려워지자 딸들에게 키우겠냐고 제의를 해왔다는 것. 자기 둘이 키울 테니 유바를 데려오겠다고, 하도 절실히 간청하기에 뿌리칠수 없어 허락하였다. 그 후 공항으로 유바를 데리러 갔는데 유난히 차멀미를 하는지 뒷좌석에서 비닐봉지로 토하는 것을 받아내면서 왔다.

노모가 계셔서 집에선 못 키우고 근처에 큰딸이 오피스텔을 얻어 유바와 살기로 하였다. 밤 늦게까지 일하는 큰딸을 위해 저녁에 사료 주는 일과 산책하는 일을 내가 도맡아 하게 되었다. 작은딸은 일정상 서울로 다시 갔다.오후 9시까지 일과가 마쳐지지 않으면 유바 생각에 안절부절 못했다. 아니나 다를까 늦어지면 온통 쓰레기통을 엎어놓고 해맑은 얼굴로 반긴다. 산책은 주로 해운대 바닷가를 거쳐 동백섬을 돌아오는 코스였다. 다른 반려견도 그런진 몰라도 집이 점차 가까워 질 때면 무거운 덩치로 바닥에 주저앉아 버리거나 나를 다른방향으로 끌고 가려했다. 그래서 수시로 길을 바꾸거나 일부러 빙 둘러서 집으로 돌아오곤했다.

하루는 바닷가를 걷고 있는데, 유난히 유바를 부서워하는 여자행인이 있었다. 얼마 후 경찰관이 나를 찾어왔다. 신고한 것이다. 유바를 데리고 걸을때는 다른 사람에게 피해를 주지않으려고 목줄을 짧게 쥐고 한쪽 곁으로 몰아서 걸었다. 짖는소리를 들어본 적이없을 정도로 너무도 유순하고 착한 아이다. 오히려 작은 개라는 이유로 목줄을 자유롭게 풀어놓거나 짖고 위협해도 크게 신경 쓰지 않는 주인도 있는데…. 경찰관은 나와 유바를 번갈아 보고는 별 말없이 가버렸다, 참 별난 사람도 다 있구나.

큰저택에서 살아야 할 대형견을 좁은 오피스텔에 갇혀 살게하니 애가 쓰였다. 시간 여유가 많은 어느날 인적이 없는 달맞이 언덕 넓은 공터에 풀어놓고 공을 던지고 받고 하다가 어디론가 쏜살같이 사라져 버렸다. 연신 유바를 불러대면서 겨우 찾아서 집으로 데리고 왔다. 얼마 후 유바 몸상태가 좋지 않은 일이 발생하여 수술을 하게 되는 상황이 벌어졌다. 딸들은 노심초사하면서 수술비, 입원비, 치료비 등 돈이 많이 들어가 걱정이 이만저만이 아니다. 수술을 하고나니 몸 안에서 긴 가시가 나왔단다. 짐짓 나의 잘못 같이 느껴서 딸들에게는 말도 못하고 수술비 일부를 보태기만하였다.

이제는 유바를 데리고 두딸과 테라스 있는 찻집에서 차를 마시는 시간이 가장 행복한 시간이 되었다. 둘째 딸이 2년전 결혼하면서 신혼살림을 하는 양산으로 유바를 데리고 갔는데, 딸이 이따금 사진, 동영상을 보내 줄 때마다 너무도 보고 싶어 시간이 나게 되면 꼭 유바를 보러간다. 이제 나이가 열한 살(대형견은 수명이 짧아 사람나이로는 87세란다)로 몸에 훅도나고, 한번씩 절뚝거리기도 하고, 설사도 하면서 제대로 먹지 않고 병원 가는 일이 잦아 딸들과 나를 안타깝게한다. 오랫만에 만난 두딸의 재잘거림 속에 목줄은 내가 잡고 유바와 같이 산책한다. 함께 지내는시간은 한 순간이지만 애틋함과 끈끈한 유대감으로 서로를 따뜻하게 어루만져준다.

언세나 헤어지는 현관문 앞에서 유바를 꼭 끌어안고 '아프지마라'를 반복하며 발걸음이 떨어지지 않는다.

부산일보 라이프 2019년 1월 16일 수요일 25

병원 가는 일 잦아진 열한 살 유바… '아프지 마' 되뇌어 봅니다

반려동물과 지내기

최은희 경성대 무용학과 교수

29. 1986. 2.4 / 부산일보 / **신바람의 도시**

신바람의 도시

살롱

崔恩姬

나의 운세를 집안 어른들에 의해서나 육갑을 잘 보는 친구에 의해서 재미로 본 점괘에 의하면 나는 지독히도 역마살이 센 여자로 나온다. 운세 탓인지는 모르나 유달리 바람이 불기 시작하면 공허감도 엄습해와 어디론가 떠나지 않으면 못배겨 일단 신바람이 나는 곳이 있으면 어디든지 찾아나서게 된다.

「신바람」이란 다른 말로「신명이 난다」「신난다」라고 일컫기도 하고 신과 인간과의 영적인 교류에 의해 일치감을 맛보는 순간 도취되고 흥분된 심적 상태를 말하기도 한다.이러한 현상은 흔히「굿」에서 찾아볼 수 있다. 굿이라 하면 좁은 의미의 굿과 넓은 의미의 굿이 있다. 좁은 의미의 굿은 신지핌 혹은 신실린 무당에 의한 굿을 의미하며 넓은 의미의 굿은 마을의 생산과 풍요를 기원하는 부락제라든가 그밖의 공동제례의식을 가리켰다.

또 예전에는「굿친다」「매구친다」「풍물친다」로 통용되어졌던 것이 근래에 농악이란 명칭으로 통칭되어져 오고 있다.

또 흥과 도취가 가장 연희성으로 강하게 나타나는 놀이로서 탈춤등을 들 수 있다.

신바람의 성격은 다분히 전이현상이 있어서 주로 굿판에 모여있는 구경꾼들에 옮겨져 신비스러운 경험을 같이 나누어 갖는 것이 특징이다. 그래서 자연히 기쁨과 신명이 나는 난장판을 형성하게 된다.

그렇게 볼 때 유달리 상업도시이며 항구도시인 부산은 부단히 그런 여건을 예부터 다분히 내재하여 형성되어져 온 곳이다.

그 예로서 영남지역 내에 있는 향토무용 가운데 탈춤을 예로 든다면 낙동강을 기점으로 왼쪽지역(현재 부산지역)에는 野遊가 형성되어 수영 동래 부산진야류가 유명하고 오른쪽 지역엔 五廣大라 하여 고성 통영 마산오광대놀음등이 있다. 그 밖에 삼천포농악이라든가 밀양지역의 백중놀이(머슴놀이의 일종)는 참으로 신바람이 나는 놀이가 아닐 수 없다. 열거하면 수도 없이 많은 놀이가 있지만 현재에는 현장의 놀이판으로 형성되지 못하고 소멸되어 이름만 남아있는 놀이가 더 많다.

어떻든 억세게 역마기가 센 나의 호기심의 발동 때문인지 결국 신바람이 많은 도시인 부산에 와 정착하고 있지만 부산의 항구를 보고 있노라면 이곳엔 필시 나처럼 역마기가 낀 사람이 많이 살고 있으리라는 생각까지 해 보는 것이다.

신바람의 도시 부산은 그래서 내가 사랑하지 않을 수 없는 곳이며 다른 많은 사람들 또한 나와 같은 생각일 것이다.

<부산산업대교수・한국무용>

30. 1986. 2.4 / 부산일보 / **陣痛이라는 병**

陣痛이라는 병

살롱

崔恩姬

나는 줄곧 진통의 아픔을 겪곤 한다. 내게 있어서 진통만큼 지독한 병도 없는 것 같다.

물론 진통 그 자체가 병의 이름은 아니다. 진통이란 어떤 병을 앓게 될 때 수반되는 하나의 현상이다. 진통은 크게 두가지로 나누어 볼 수가 있다. 생체내의 통증에 의한 물리적 현상과 심리적인 갈등을 수반하는 정신적 현상이 그것이다.

모든 일에 있어서 이 진통이 갖는 의미는 상당한 것 같다. 진 이 따르지 않는 상태에서 좋은 과를 기대하기란 어려운 노릇 다. 하나의 좋은 상품을 산출 위해서 혹은 훌륭한 예술작 완성하기 위해서는 그만한 을 필요로 한다. 또 많은 시 걸친 그 아픔을 슬기롭고 롭게 수용하고 인내하는 과 서 하나의 결실을 잉태하게 이다. 바로 그 진통을 제대 극복하는 것이 무척 중요

가의 경우에는 한층 그러 고호라든가 李箱 李仲燮 등은 종국에는 그 섬세한 심성으로 인한 자신과 사회와의 괴리현상을 예술적 감흥으로 발전시키지 못한채 심리적 불안상태 즉 극한상황에 빠져서 정신분열증환자가 되는 불행한 사태를 초래하고야 말았다.

나의 경우 거의 매년 1~2회, 그것도 단 하루나 길어야 2, 3일 동안의 공연무대를 갖기 위하여 그 준비 기간은 거의 1년 전부일 수도 있고 어떤 때는 365일도 모자랄 정도로 바쁘다.

진통은 진정 나에게 있어서 하나의 지독한 병이다. 이 병을 한번 앓고 나면 그때마다 이제껏 해온 모든 것을 포기하고 싶을만큼 진저리가 쳐지는 것이다. 그러나 인간은 망각에도 쉽게 익숙해져 살아가고 있는가 보다. 한번 앓고 난 후 또 언제 그랬더냐 싶듯이 갑자기 좋은 영감이나 새로운 관심거리가 생기면 다시 진통이라는 병을 스스로 자초하여 앓게 된다.

결국 진통이라는 병 또는 그 과정은 인간의 삶에 있어서 참으로 귀중한 체험이며 나날이 살아가고 있는 삶의 의미를 더욱 새롭고도 진하게 물들여 주고 있는 것이라고도 하겠다.

아픔을 두려워하거나 안일한 기대감만으로는 우리는 아무런 결실도 맺지 못할 것이다. 또한 구하고자 하는 어떠한 것도 얻지 못하고 말 것이다.

그래서 진통이란 비록 지독하고 부조리한 병이라고 할지라도 그 아픔 자체를 우리는 사랑하고 있는지도 모른다.

<부산산업대 교수・한국무용>

31. 1986. 2.18 / 부산일보 / 名節과 문화

名節과 문화

요즈음과 같이 생존을 위해 초를 다투는 각박한 사회에서도 명절만 되면 고향으로 가기 위한 차표를 밤새도록 예매하는 모습이라든가, 수많은 귀성인파를 볼 때마다 우리네들에게 명절이란 무엇인가를 생각하게 해준다.

우리나라 문화는 예로부터 농경생활을 중심으로 형성된 것이기 때문에 농어촌의 생활양식과 밀접한 관계를 갖고 있다. 농촌이나 어촌에서는 부락민의 오락과 가지 제의적 행사 기타 모든 공동생활을 영위하기 위한 공동체의 안녕과 풍요를 기원하는, 즉 신성이 바탕이 된 집단행사가 주를 이루었다.

이 정월 명절놀이로서는 설날부터 집집마다 돌면서 재해를 극복하고 새해의 복을 빌어주는 地神밟기를 비롯, 정월 대보름날에는 달이 동쪽에 솟아오르는 것을 지켜보며 제각기 소원을 빌며 1년농사를 미리 점치는 달맞이, 東 義城 지방에서 행해져 동부와 서부로 나뉘어 사람으로 만든 다리 위에서 노는 놋다리밟기(마치 기와가 누운 것같다 하여 기와밟기라고도 함), 풍요다산을 기원하는 편싸움류의 놀이인 車戰놀이 고싸움 石戰 횃불쌈 줄다리기 등의 놀이가 있다.

그리고 어촌에서 행해지고 있는 풍어제는 마을의 안녕과 평화 특히 풍어를 기원하고 어업의 무사고를 비는 굿으로 주로 영남지방에서 많이 행해지고 있는 것을 별신굿이라 하여 매년 또는 수년 걸러 행해지고 있다.

명절만 되면 이러한 각종 민속놀이들이 연중행사로서 온 촌락 부락민들이 함께 참여하여 춤과 풍물소리가 어우러지면서 부락민들을 공동체적 삶으로 묶는 역할을 했을 것이다.

그러나 오늘날의 도회지가 뿜어내는 인간생활의 무미건조한 규격화 이기심 등은 물질만능주의와 어울려 평소에는 인간이란 더불어 산다는 것을 깨닫지 못하고 명절만 돌아오면 그제야 친족을 깨닫고 이웃을 찾게 되는 것인지….

우리네 옛 토속적인 신앙이나 놀이에서 보이는 인간의 믿음과 인간의 굴레에서 비롯된 숙명적 인연들, 살아온 역경을 잊기나 한듯 도취되어 웃고 즐기며 뭔가 풀어버리고자 하는 노인네들에게서 나마 우리네 조상의 끈끈한 인간내음을 맡을 수 있다.

깽 깨갱 깽깽깽…어디선가 풍물소리가 간간이 들려온다. 아마도 우리동네 노인회에서 벌이는 문화행사(?)지신밟기인가보다.

崔恩姬

<부산산업대 교수·한국무용>

32. 1989. 11.17 / 부산일보 / 해변가의 예술

해변가의 예술공간

약2년전만 해도 부산광안리해변 근처가 집이어서 종종 첫 딸아이를 데리고 시간이 날 때면 바닷가로 나와 산책도 하고 일광욕을 시키곤 하였다.

주택주변에 쉽게 바닷가를 산책할 수 있는 곳에 살고 있음에 진정 스스로 혜택받은 삶이라고 새삼 행복감에 젖어보기도 하였다.

하루는 모래사장 위에서 모래성을 쌓고 있는 딸아이를 보면서 평온한 마음이 되어 잠시 소녀와 같은 낭만적인 환상에 젖어본 적이 있다. 『한없이 넓고 푸른 바다, 은빛 모래사장, 해변가에는 유리로 뒤덮인 조그마한 소극장, 그 옆에는 아이들이 뛰어놀 수 있는 푸른 잔디가 있는 놀이터와 구수한 코피 냄새가 나는 서부극에서나 보아왔던 통나무로 만든 찻집, 은은한 음악소리, 그곳에서 열심히 자기 예술관을 토로하는 다양한 예술가들, 그리고 예술애호가들의 모습들.』

그 후 이사를 하여 바닷가를 가려면 차를 타고 가야만 하기 때문에 일부러 아이를 데리고 산책하려 나오기에는 불편해져 자주 바닷가를 찾지 못하게 되었다. 그러다 올여름내내 행사를 하느라 바닷구경한번 제대로 시켜주지 못한 아이들을 위하여 모처럼 시간을 내어 광안리 해변가를 찾았다. 아이들은 흥분이 되어 모래사장으로 내달음쳐 들어갔다.

최 은 희

그러나 모래사장위에는 즐비한 파라솔과 집단 해양훈련단의 텐트가 차지하고 있고 파라솔주인과 텐트 경비원들의 눈치보기에 급급하여 모래장난질하는 꼬마들을 데리고 쉴 공간을 찾아 황급히 그곳을 빠져나와 성냥갑처럼 지어진 찻집에 찾아 들어갔다. 그런데 그곳은 낭만적인 휴식처가 아니었다. 건물 한채가 전부 유흥업소였고 즐비하게 늘어선 현란한 모습의 건물들과 짙은 화장과 유행의 첨단을 걷는 듯한 이상야릇한 옷차림을 한 방황하는 듯한 젊은이들로 가득 채워져 있었다. 그 자리에서 빨리 벗어나고 싶었다.

두 아이를 끌고 파김치가 되어 돌아오는 차안에서 2년전의 그 꿈이 산산히 깨어져버렸다는 서글픔을 씹어야 했다. 그리고 성장하여 이런 곳에 쉽게 현혹되어 과장된 향락만을 추구하는 소비적인 아이가 되지 않을까 하는 걱정이 앞서기도 했다. 그러나 옛날의「바닷가 예술부락」의 꿈을 가지고 광안리가 아닌 송정이나 기장쯤의 해변가에 미련을가져본다. <경성대교수·무용>

33. 1991. 10.15 / 국제신문 / 프라하에서의 斷想

프라하에서의 斷想

얼마전 TV에서 소개된 체코의 프라하는 우리가 도착한 날 밤새 내리던 비가 아침까지 계속 내리고 있었다. 이틀을 묵었던 호텔라셴은 몰다우강변에 위치한 조그만 호텔이다. 호텔주변이 강가이다보니 더욱 한적하게 느껴져 마치 우리나라의 古都 경주를 연상케 했다.

비로 인해서인지 도시는 회색빛 그자체이고 잿빛의 거리가 옛모습으로 남아있는 둥근지붕들로 인해 오히려 동양적이면서 고전적 분위기를 자아내게 되어 더욱 친근감을 느끼게 했다.

비자발급시 많은 시간이 걸렸던 체코에도 이제는 개방의 물결을 타고 많은 관광객으로 붐비었는데 특히 바로크 양식들의 궁전과 로레트 성당 던처치의 양식은 종교적 신비로움을 주기에 충분하였다. 이때문에 이곳을 찾는 노인들과 학생들의 단체관광단이 눈에 많이 띄었다.

崔恩姬

도시중심가도 완전히 固城으로 둘러싸여져 있어 도시란는 인상보다는 시간의 역류로 인해 마치 과거로 되돌아 간듯한 착각에 빠져 넋을 잃을 정도였다. 또 길가에서 엽서를 팔고 있는 다정한 연인들의 모습에서도 시간이 멈춰진채로의 프라하를 보는듯 하였다.

도로사정이 좋지 않아 마치 기워놓은 듯한 도로는 우리나라의 나쁜도로를 보는듯 하였으나 그러나 매연같은 것은 느낄 수가 없었다. 나즈막하게 거미줄처럼 얽혀있는 전선과 전차는 어렸을 때 전차를 탔던 기억을 새롭게 되살려 주었다.

새로운 추억만들기와 과거의 추억들의 교차속에서 나의 새로운 경험들은 더욱 삶에 대한 의욕을 불러일으켜 주기에 충분한 시간들이었다.

근대화란 미명아래 우리의 옛거리 건물들이 불도저에 밀려나고 우리의 정서와 주위의 경관과는 무관하게 삭막한 빈딩숲만이 들어서있는 우리의 도시를 생각해볼때 옛정취를 그대로 간직하고 있는 프라하의 거리에서 문화의 뿌리가 얼마나 소중한가를 다시한번 느낄수 있었다.

문화란 자연스러운 흐름이지 결코 강제로 되어지는 것은 아니다. 프라하의 잿빛거리는 우리의 산하, 우리의 정서를 다시한번 생각하게 했다. <慶星大 무용과 교수>

34. 1991. 10.30 / 국제신문 / **유학생 미스金**

유학생 미스金

뜨락

崔恩姬

베를린에 거주하는 한국인은 약 3천명이며 그중 유학생은 6백명 정도라고 한다. 지난번 독일공연여행중 만났던 한국인들중에서 미스 김이라는 유학생을 잊을 수 없다. 베를린으로 유학온지 약 8년이 된 30대 초반의 컴퓨터 공학도였다.

맨 처음 만남은 도이치 오페라극장에서 <지젤>공연을 관람할 때였는데 우리 일행중 독일어를 아는 사람이 없어 통역 및 안내자로서 소개를 받아 만났었다.

그녀는 우리가 베를린에 머무는 약 열흘동안 통역과 시내관광안내는 물론, 공연이 있을 때는 스태프로 도와주기도 했고 마치 매니저처럼 불편한 사항이 있을 때 해결해주는 등 우리 일행에게 있어선 보배와 같은 존재였다. 각박한 요즘 더욱이 이해타산이 앞서고 자신의 처신에 바쁜 이국에서 동족간의 만남은 친절이상의 본능적인 것이긴 하지만 그녀에게서 형제애와 같은 끈끈함 이상의 무엇을 느낄 수 있었다. 특히 88년 우리나라에서 열렸던 올림픽때에는 하루도 빠짐없이 TV를 지켜 보았다는데 한국인으로서 무한한 자긍심을 느꼈다고 한다. 그녀도 한때는 무용을 하였다는데 특히 그때의 무용선생과 내가 많이 닮아서 더욱 친근감을 갖게 된다고 했다.

그녀와의 만남은 평소 이웃과도 단절된 채 오직 학교강의와 연습 등으로 분주하게 나 자신만의 시간을 위해 지낸 것을 되돌아 보게 했다. 그녀의 헌신적인 도움은 주변에 가까이 있는 이웃 및 친지에 대한 관심과 애정에 대해 내가 얼마나 소홀했는가를 일깨워주기에 충분했다.

내년 여름 귀국해 결혼을 할 것이라는 미스 김에게서는 전문인으로서의 위치와 가정을 갖게 될 한 여성으로서의 위치 사이에서 갖는 갈등을 엿볼 수도 있었다.

그녀는 나와의 만남을 통해서 전문인으로서의 성공과 한 가정의 훌륭한 주인을 겸할 수 있다는 희망을 느낀다고 말하기도 했다. 이국땅에서 부지런하고 규모있게 살아가는 그녀의 모습에서 도전하고 성취하는 90년대의 새로운 여성상을 읽을 수 있었다.

<경성대 무용과교수>

35. 1993. 3.10 / 부산매일 / **靈山을 다녀와서**

93. 3 10 부산매일

鄕閑散筆

靈山을 다녀와서

최은희

부산의 봄맞이는 무척이나 변덕스럽다. 바다가 있어서인지 비바람과 낮게 깔린 찌푸린듯한 구름이 더욱 새봄을 시샘한듯 좀처럼 햇빛을 보기가 힘들다. 봄바람에 실려 어디론가 춤구상을 위해 떠나고 싶은 발동(?)에 영산의 줄다리기 놀이현장을 찾아나섰다.

영산줄다리기는 세시풍속놀이의 하나로 정월대보름날 행해지던 놀이. 묵은해를 보내고 새롭게 맞이한다는 상징적 의미와 함께 한햇동안의 안녕과 풍요의 기원을 담고 있다.

영산 3·1문화제는 올해로서 제32회를 맞이하게 되었다. 3월1일부터 3일에 걸쳐 첫날엔 어린아이들의 골목줄놀이 등과 둘쨋날엔 쇠머리대기 마지막날에 줄다리기놀이로 이어지고 있는데 나는 3일째 되던날 풍요와 다산을 기원하며 행해지는 일종의 편싸움인 줄다리기 현장을 찾았다. 놀이현장엔 청장년들이 동편 서편으로 나뉘어 응원하는 농악대와 합세하여 줄을 당겨대는 함성과 갖가지 옛장터를 연상케하는 재주부리는 곡예자들로 구경꾼들의 흥미를 한층 돋우고 있었다.

요즘과 같이 옛풍습을 유지하기 힘든 시대에도 수많은 동네 주민들의 참여인파로 장관을 이루고 있는 것을 보면 민족적 정서와 맥은 강제되어진 어떠한 힘에 의해서도 끊어지지 않으며 오히려 그 정신적 맥락을 고스란히 이어받고 있는 것 같았다. 산능성이 위에 무위롭게 앉아있는 노인들의 모습에서 되돌아올 수 없는 지난세월에 대한 회한과 향수에 젖은채 함성의 놀이판을 응시하는 것 같아 연민의 정이 솟구쳐 오르기도 하고….

줄다리기의 전후 막간을 이용하여 참여자들간에 격의없이 한데 어우러져 봄맞이 신바람에 취한듯 허튼춤 한바탕의 춤판은 공동체적 정신의 맥과 연결된 끈끈한 우리 민족간의 동질감을 불러일으키기에 충분하였다. 그것은 우리 후대에게 3·1정신을 일깨워주는 역사의식의 소산의 시간들로 보였다. 또한 우리춤의 참다운 원형인 신명의 토속적 몸짓은 곧 나의 새로운 춤을 위한 욕구를 한층 고조시켰으며 그것의 근원에는 나의 삶과 춤이 주는 의미를 함축하며 신선하게 다가오는 무엇이 있었다.

<무용가·경성대교수>

36. 1993. 3.10 / 부산매일 / 기념 여행

鄕園散筆

기념 여행

지난 10년은 결혼과 더불어 출산직장 작업등이 한꺼번에 이루어진 무척 바빴던 나날들이었다.

그래서 여행이라곤 고작 공연 강습회등을 통해서나 할수 있었을 뿐이다. 그러니 가족과 함께하는 기회가 거의 없었다.

올해는 결혼생활 꼭 10년째가 된다. 결혼은 인간과 인간의 만남중에서 가장 소중한 만남이라 할 수 있지만 막상 생활에 접하다보면 번번이 사소한 일로 서로가 아픔을 갖기도 한다.

결혼생활 동안 주부로서 제대로 역할을 하지 못한 남편에 대한 미안함과 인내하여준 고마움으로 기념여행을 멋있게 구상하고 여행지를 물색하느라 고민 아닌 고민을 했다. 요즘 한창 해외 여행을 부추기는 관광안내 선전에 매료되어 여행지를 하와이 괌 사이판 타일랜드를 떠올려보기도 하였다.

그러던차에 마침 제주도에서 산과 세당굿을 한다는 이야기를 듣고 남편을 설득시켜 굿구경 가기로 마음을 굳혔다.

10여년전, 한동안 우리네 강산을 떠돌아다니며 나의 삶에 대한 실존적 물음과 인간의 순수한 감성을 말이려고 동네굿을 몇차례 보러 다닌 적이 있었다.

자연과 친밀하게 지낸 우리선조들의 믿음은 곧 인간 삶을 지탱해주는 신성함에 대한 경외요, 지혜였던 것이다.

더욱이 제주도는 토착적 내음이 가장 짙은 곳으로 요즘같은 생활의 각박함과 정신적 고갈에서 벗어날 수 있는 더욱 원초적이고 순수한 감성이 살아 있는 곳이다.

오늘날 인간관계는 치열한 생존경쟁으로 사랑과 신뢰의 균형이 깨어지고 인간과 자연의 관계도 조화가 아닌 대립적 관계로 변하고 있다. 그결과 인간들의 삶의 터전인 자연을 지키기 보다는 편의위주의 무분별한 개발과 이기심으로 우리 후대에 물려줄 아름다운 강산이 훼손되어 심각한 사회문제가 돼 버린지도 오래다.

마을의 안녕과 풍요를 빌기 위해 주민들의 자발적인 제례의식 참여가 원형 그대로 잘 보존되어 있는 제주도 마을굿을 보면서 자연과 인간, 인간과 인간에 대한 믿음과 신뢰의 회복이라는 점에서 접하고 싶은 충동을 느꼈다.

결혼 10주년의 값진 여행기념이라 생각하며 굿현장을 같이 다닌다고 피곤해 하는 남편과 나의 주변 가까이 있는 모든이들에 대한 애정을 생각해 본다.

최 은 희

<경성대교수·무용과>

37. 1993. 4.9 / 부산매일 / 춤 예찬

鄕園散筆

춤 예찬

메말랐던 대지에 축복을 내리는듯 물이 오른 수많은 나뭇가지에 어느새 꽃망울이 터져나와 봄을 알리고 있어 누구나의 가슴에도 설레임과 아지랭이처럼 피어오르는 원인모를 그리움을 느끼게 한다.

메마른 대지를 적시는 봄비처럼 우리 춤에 대한 애정과 예술춤 한편의 감상은 각박한 현대를 사는 많은 이들의 가슴을 촉촉히 적셔줄 수 있는 샘이 되지 않을까.

흔히 춤에 대한 일반인들의 생각은 흥겨울때 취한듯 추어대거나 여성의 전유물로 여겨 원시적이고 감각적이며 진지하지 못한 것으로 보려는 시각들이 많다.

내가 어렸을 때도 유달리 어른들의 귀여움을 독차지하여 시키는대로 춤을 배워 성묘를 가면 예쁜 장신구를 주렁주렁달고 할아버지 할머니 묘소앞에서 막 재롱으로 배워 익힌 춤솜씨를 발휘하기도 하였다.

그때의 영향인지 지금은 내가 택한 춤예술전문직과 인연을 맺게 되어 한 순간의 무대에 서기까지 끊임없는 훈련과 인내를 감수하며 고적한 밤 늦게까지 연습을 마치고 돌아갈 때는 스스로 감격하여 웬지 눈물을 흘리게 되는 수많은 나날들…。

그 나날들의 뼈저린 고독으로 인해서인지 더욱 더 삶에 대한 고통과 수많은 사람들의 분노와 서러움을 나의 내면으로 끌어들여 그것을 춤으로 표현하고자 했다.

춤이 예술의 한 장르로 인식되기 시작한 것은 해방이후 신문화가 들어옴으로부터 불과 50여년밖에 되지 않는다.

그동안 많은 춤꾼들의 노력으로 춤이 예술기능으로서의 위상을 갖추게 되었지만 아직도 춤에 대한 일반대중들의 인식은 미약하기만 하다.

놀이문화가 빈곤한 우리사회에서 창조된 삶과 새로운 시대를 맞이하기 위해서는 현대인에게 무엇보다도 중요한 것은 정서체험일 것이다. 현대인들 모두 춤에의 열정을 갖는다면 근원적 에너지의 분출로 생명의 기운을 얻게 될 것이다. 한번쯤 우리춤 강습회에 참여한다거나 또 용솟음치는 뜨거운 여름날, 난방시설을 제대로 갖추지 못한 추운 겨울날, 휴일에도 아랑곳없이 자신의 신체를 수련하듯 춤꾼들의 苦行으로 무대에 올린 춤공연을 만나본다면 춤꾼들이 빚어내는 환상의 세계가 마치 따스한 봄날의 미묘한 기운과 같이 삭막한 가슴에 훈훈하게 전하여지는 無言의 갈등을 맛볼 수 있으리라.

최 은 희

<경성대교수·무용과>

대담 Talks

1. 1983. 8 / 춤 / 우리 영남 춤의 특성을 발전시켜야 〈부산시립무용단〉
2. 1993.8 / 춤 / 선배무용가들의 대사회적 발언을 기대하고 있다.
3. 1995. 6-6 / 부산일보 / 부산아시아드 – 아시안게임 개최의미와 대책좌담 "경제적 실리–삶의 질 제고 병행을"
4. 1997. 5-6 / 공연과리뷰 / 최은희와 김태원 – 초기창무회 작업과 굿의 현대적 전한으로서의 춤
5. 2000. 3 / 춤 / 새로운 작가정신의 확립 – 새 세기를 맞는 춤계의 전망과 반성
6. 2007. 9 / 춤` / 한국 창작춤의 선두를 지켜온 긍지를 살려 〈한국 무용연구회〉 25년을 되돌아보며
7. 2011. 3 / 춤 / 배김새 25주년 – 부산지역 춤을 다져온 것에 자부심을 느낀다 – 창단 25주년 기념공연을 마친 〈춤패 배김새〉
8. 2011. 8 / 춤 / 부산지역 춤인재들의 큰성과와 미흡한 인식을 염려한다
9. 2012. 7 / 춤 / 부산춤의 르네상스를 꿈꾸다 《부산국제 무용제》를 통한 춤의 활성화를 모색
10. 2016.vol.20 봄 / 공감 그리고 / 최은희와 이광혁 – 말문을 열다, 그녀의 열정을 닮고 싶다
11. 2021.11.vol.197 / 예술부산 / 위드 코로나를 잘 맞이하기 위한 부산 예술문화 좌담회

<기 타>

2010. 5 / 예술부산 / 상해시 문학예술계 연합회

1. 1983. 8 / 춤 / 우리 영남 춤의 특성을 발전시켜야 〈부산시립무용단〉

□ 放談 / 作業現場을 말한다
우리 嶺南 춤의 特性을 發展시켜야
— 釜山市立舞踊團
창단 10주년을 맞아 앞으로의 방향을
金光式
辛郁子
金順姬
金美淑
崔恩姬
宋鎭秀
□ 때 : 1983년 6월 7일 오전 10시

2. 1993.8 / 춤 / 선배무용가들의 대사회적 발언을 기대하고 있다.

□ 이달의 座談
선배무용가들의 對社會的 발언을 期待하고 싶다
— 젊은 리더들이 말한다(1)
崔恩姬 (한국춤 聖心大敎授)
吳文子 (현대춤 圓光大敎授)
金明會 (발레 「발레블랑」代表)
□ 때 : 1993年 7月 16日 午後 6時
□ 곳 : 「춤」編輯室

3. 1995. 6-6 / 부산일보 / 부산아시아드 – 아시안게임 개최의미와 대책좌담 “경제적 실리 – 삶의 질 제고 병행을”

제15791호 釜山日報 1995년6월6일 火요일 [8]

부산 아시아드 〈10〉
2002년을 향해 달린다

아시안게임 개최 의미와 대책 좌담

"경제적 실리·삶의질 제고 병행을"

특별 지원법·전문 경영단 구성필요
각계각층 의지 결집 부작용 최소화

지난달 23일 2002년 부산아시안게임 유치확정 이후 그동안의 추진 경과, 기대효과, 향후 과제들을 살펴보는 「부산아시아드」 시리즈를 9차례 게재해 온 본지는 지난 3일 우병택 부산아시안게임 추진위 회장, 강영수 부산발전연구원장, 최인섭 부산시기획관리실장, 최은희 경성대 무용과교수, 하형주 LA올림픽 금메달리스트겸 동아대 체육과 교수 등을 본사 회의실에 초청해 좌담회를 갖고 부산아시안게임에 대한 전반적인 의미와 대책을 재조명해 보면서 이 시리즈를 마친다.
<편집자註>

우 병 택
<유치추진위 회장>

강 영 수
<부산발전연구원장>

최 은 희
<경성대 무용과교수>

최 인 섭
<부산시기획관리실장>

하 형 주
<동아대 체육과교수>

낙후 도시구조 일신을

-2002년 부산아시안게임이 갖는 의미는.

▲우병택 회장=3장(화장장 쓰레기매립장 분뇨처리장)3난(주택난 교통난 용지난)으로 일컬어지는 부산의 낙후된 도시구조를 일신 시키고 항만시설확충, 신공항 건설등을 통해 선진화된 국제도시로 부산을 발전시켜나가자는게 금번 아시안게임을 부산에 유치한 가장 큰 목적이 아닌가 생각한다.

▲강영수 원장=2차대전 당시 원폭 투하로 일본내에서 거의 「버림받은 도시」로 낙인찍혔던 지방도시 히로시마가 94년 제12회 아시아경기대회를 성공적으로 치러 냄으로써 사회간접자본시설 확충은 물론 전반적 도시발전을 10년이상 앞당긴 것 등은 아시안게임이 갖는 의미를 잘 표현한 것이다.

▲최인섭 실장=적극적인 정부투자를 통해 부산의 외형적 발전을 도모하는 것 못지않게 시민들의 애향심 고취와 세계화의식 함양에 결정적 계기를 마련할 수 있다는데도 그 의의가 크다 할 것이다.

▲하형주 교수=아시안게임이 갖고 있는 근본정신은 올림픽 정신을 토대로 한다.

아시아의 젊은이들이 4년마다 한자리에 모여 신체적·도덕적 자질을 함양시키고 상호간의 이해와 우의를 돈독히 함으로써 평화스런 아시아건설에 기여하자는데 아시안게임의 존재의미가 있다.

-주경기장등 여타 시설의 위치선정과 사후활용방안이 논란이 되고 있는데.

▲우=21세기 부산의 도시구조와 서낙동강권 개발 측면에서 신중히 검토되어야 할 사안이다.

민선시장과 대회조직위원장, 관계전문가들의 의견을 종합적으로 수렴하는 절차를 반드시 거쳐야 할 것이다.

기존의 사직동 메인스타디움을 굳이 고집할 필요는 없다고 본다.

▲최=주경기장의 위치가 강서지역으로 와야한다는 지적은 명분과 가용적측면에서 상당한 설득력을 갖고있다.

하지만 이지역은 주경기장인근에 들어서야 할 2천세대의 선수촌아파트건립이 현재 그린벨트법에 묶여 불가능할 뿐아니라 수송을 담당할 지하철망의 구축도 연약지반과 엄청난 재원부담, 짧은 공정기간 등으로 인해 엄두를 내기 힘든 상황이다.

경제파급효과 국가적

▲강=아시안게임은 부산만의 행사가 아닌 전국적인 경제파급효과가 미치는 국가적 사업이다. 더구나 숙박시설 등이 턱없이 부족한 부산의 실정에서 경남권과의 접근성은 매우 중요하다. 히로시마와 후쿠오카의 예처럼 스포츠센터를 중심으로 신도시를 건설하는 것은 도시의 균형적 발전에 필수적이라고 생각한다.

따라서 「아시안게임 특별지원법」 제정을 통해 재원조달 및 그린벨트문제를 해결해야 한다. 지하철 연약지반문제와 공정문제는 공사비 부담이 있겠지만 3호선 통과지점인 덕천로터리에서 대저지역쪽으로 지상철 또는 모노레일로 10㎞정도만 연결한다면 현재 우리기술로 충분하다.

아울러 주경기장 이외의 경기장시설은 경비절약과 사후관리측면에서 각 대학들과 연계해 건설하는 방안도 검토해 보는 것이 바람직하다.

▲하=경기장시설은 21세기중 올림픽 개최라는 부산의 미래지향적 관점에서 건설돼야 한다.

후손들에게 물려줄 자랑스런 유물로서 청소년들이 꿈과 희망을 지니고 마음놓고 뛰놀 수 있는 문화공간이 되어야 한다.

아시안게임 개최후 급증하게 될 생활체육인구를 감안할 때 시민들이 골고루 체육혜택을 받을 수 있도록 각 권역별로 경기장시설을 분산시켜야 한다.

현재 프로야구경기만 열려도 도심기능이 마비될 정도인데 선수 신변보호를 위한 철저한 외곽경비 등이 예견되는 아시안게임의 경우 엄청난 시민불편이 가중될 것이므로 사직동쪽에 주경기장과 선수촌이 들어서는 것은 매우 불합리하다고 생각한다.

▲최은희 교수=아시안게임시설은 문화적인 측면에서도 깊이 고려가 돼야 한다.

서울올림픽개최와 함께 잠실주경기장주변에 「올림픽공원」과 「올림픽기념관」등이 조성된 것처럼 부산아시안게임을 치르고 난뒤 주경기장주변을 「아시안게임특구」로 선포, 부산시민들의 문화휴식공간으로 적극 활용토록 해야 할 것이다.

시민관심에 흥행좌우

-흑자대회 방안은.

▲우=아시안게임의 흥행여부는 결국 시민들의 관심도에 달려있다. 지난 84년 LA올림픽이 사상 유례없는 흑자대회로 성공할 수 있었던 것은 LA올림픽조직위원회산하에 유베라사업단이라는 민간조직이 만들어져 이를 총괄했기 때문이다.

특히 7만여명에 달하는 시민자원봉사자들의 관심과 참여를 유도해 이들이 기획·운영 등 모든 어려운 일들을 해결하도록 했는데 향후 출범할 부산아시안게임 조직위원회가 꼭 염두에 둬야 할 것이다.

▲강=부산아시안게임의 재원을 국고보조에 전적으로 의존하는 것은 타지역의 거센 반발을 유도하므로 일단 최소화시켜야 한다.

즉 아시안게임을 축으로 부산을 널리 알리고 관광객을 대거 유치하기 위한 영화제나 패션쇼, 박람회, 공연등 세계적인 수익성 이벤트사업을 개최해야 한다. 2002년 월드컵축구대회가 유치되면 그 파급효과에 대한 이해득실을 잘 따져 유용한 것은 적극 활용하고 불리한 분야에 관해서는 충분한 사전 대비책을 세워 나가야 할 것이다.

이를 위해서는 조직위원회내에 전문적인 지식과 현장경험을 보유한 사람들로 전문경영사업단을 구성하는것이 필요하다.

▲최=부산아시안게임 특별법이 만들어지면 수익사업에 대한 구체적 범위나 기부금 찬조에 따른 세제혜택 등이 포함될 것이다.

복권발행 휘장사업 기념품 판매사업등 풍부한 관광자원개발이 뒤따라야 한다.

▲하=스포츠마케팅은 현재 체육분야에서도 상당히 각광받고 있는 영역인 만큼 외국의 사례를 충분히 참고해야 한다. 삼성 롯데등 부산연고기업을 비롯한 국내 재벌그룹들이 공식후원업체로 적극적인 참여를 할 수 있도록 조직위원회의 강력한 역할이 필요하다. 해저터널 민속촌 특산품개발 등 부산고유의 관광명품을 만드는 것도 중요하다.

▲최은=우리 주변엔 원형적인 자산이 많다. 단지 이를 확대재생산하고 포장하는 기술노력이 너무 미약한 것이 흠이다. 행정분야를 비롯한 관계전문가들이 국제적인 안목을 넓히고 기획능력을 배양하는 것이 급선무라고 생각한다.

-강과 바다를 소재로 한 관광자원의 개발방안은.

▲우=해양관광사업은 각국의 시대적 특수성에 따라 성공여부가 판가름난다. 20년전 한 재일교포가 홍콩의 사례를 본받아 송도앞바다에 선상호텔을 계획했다가 결국 수포로 돌아갔다.

반면 일본은 경정(競艇)사업이 최근 경마장보다 더 큰 수익을 올리고 있다. 부산지역 천혜의 절경인 해운대와 오륙도, 태종대를 묶는 「해상관광벨트」의 개발등 해양을 소재로 한 다양한 수익사업을 긍정적으로 검토해 봐야한다.

▲최=해양관광사업은 아이디어 못지않게 접근성과 사업수익성이 중요하다. 폐선과 해상구조물을 이용한 각종 이벤트사업이 과연 투자에 비해 얼마만큼의 수익을 거둘 수 있느냐가 관건이다. 국민소비행태와 사업의 규모 등이 복합적으로 얽혀 있는 문제이다.

▲하=낙동강 하류지역은 수로가 잘 발달되어 있다. 외국의 경우처럼 배(요트)를 이용한 레저산업의 개발도 한번쯤 검토해 볼만 하다.

자발적 참여운동전개

-자원봉사자 확보 등 원만한 대회운영을 위한 방책은.

▲최=LA올림픽당시 미국인들은 성화봉송과 각종 문화행사에 출연하는 것을 개인의 영광으로 여겼다.

즉 개인 또는 클럽차원에서 성금을 내가면서까지 행사에 적극 참여했다. 항상 대가를 기대하는 우리의 의식구조가 이제는 변해야 할 때라고 생각한다.

▲하=2002년 자원봉사자의 주역은 지금의 국민학생들과 중학생들이다. 교육청차원에서 이들에게 인류평화 실현이라는 올림픽이념 확산운동을 전개해야 한다. 부산아시안게임과 연관한 글짓기대회 미술대회 운동회의 개최와 함께 외국어교육 정신교육을 병행해 나갈 때 이들의 자발적 참여가 이뤄져 성공적 대회를 치를 수 있을 것이다.

▲최은=개·폐회식 등 아시안게임기간중에 펼쳐지게 될 다양한 문화예술행사에 대한 종합적인 기획프로그램 준비작업이 하루빨리 시작되어야 한다. 원시성과 토속성을 지닌 부산특유의 문화예술행사가 될 수 있도록 전체 문화인의 의지와 노력을 결집시켜야 한다. 부산시나 대회조직위원회는 그동안 국내외에서 성공적이었던 문화예술행사자료들을 수집하는 한편 호텔내에 상설무대인 전용문화극장의 설치, 부산문화의 독창성이 내재된 VTR 음반 등 문화기념품의 개발등에도 적극 앞장서야 할 것이다.

-대회개최후 야기될 부작용문제는.

▲우=무엇보다 과다시설투자에 따른 채무의 증가이다. 이같은 부담이 국가나 시민들에게 무리하게 지워지지 않기 위해서는 조직위원회가 앞으로 얼마만큼 주도면밀한 사업전략을 수립해 이를 수행해 나가느냐가 최대관건이 될 것이다.

▲최=시민들의 아시안게임에 대한 지나친 「장밋빛 환상」도 우려될 만한 사안이다. 이와함께 막대한 시설의 사후관리 및 활용문제와 개발에 따른 환경파괴, 소외계층의 문제등도 사전에 충분히 고려돼야 한다.

▲하=지난 70년도에 영국의 그린벨트법을 모방해 만들어진 개발제한법으로 인해 부산아시안게임의 단추가 잘못 꿰어진다면 이는 두고두고 부산 발전의 오점으로 남을 것이다.

아시안게임의 성공적 개최를 위해 이법의 개정이 절실히 요구된다.

▲강=21세기 부산발전의 전기가 될 빅이벤트사업인 만큼 수반될 각종 부작용에 대해 미리 겁을 먹기보다는 이를 최소화하는데 지혜를 모아야 한다.

장식용 그치지 않도록

-끝으로 하고 싶은 말은.

▲최은=문화예술분야가 결코 부산아시아드의 장식용에 그치지 않도록 관계자들의 인식 전환이 요구된다.

아시안게임이 너무 경제적인 측면에 집착한 나머지 시민들의 삶의 질을 높이고 정신건강을 향상시키는 문화적 가치를 소홀히 취급해서는 안될 것이다.

▲하=올림픽을 개최한 역대 도시중 멕시코와 몬트리올은 한개의 금메달도 획득하지 못해 오히려 대회후 시민들에게 엄청난 실망감과 패배의식을 심어 주었다. 따라서 부산은 지금부터 꿈나무 육성에 적극나서야 한다.

일선 체육지도자들은 우수한 재목발굴 육성에 앞장서고 시체육회 등 관련단체들은 이들 지도자들에 대한 처우개선 등 사기앙양책 모색에 최선을 다해야 한다.

부산지역 각 체육대학들은 나름대로 메달획득전략을 수립하고 과학적인 스포츠연구활동에 총력을 기울여야 할 것이다.

▲강=부산아시안게임은 서낙동강권 개발이라는 부산의 미래 도시구조와 반드시 연계되어야 한다.

2001년 완공예정인 경부고속전철은 향후 내륙과 일본까지 뻗어나갈 수 있는 전략적 요충지인 만큼 종착역은 강서지역쪽으로 와야 할 것으로 본다.

▲우=2002년 아시안게임유치는 400만 시민의 결집된 의지로 일구어낸 값진 승리이다. 이제부터 시작이라는 각오로 우리 모두 성공적 대회개최를 위해 또다시 한마음 한뜻으로 뭉쳐 나가자.

<정리=김영호기자>

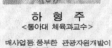

-끝-

□ 인터뷰 1

초기 창무회 작업과 굿의 현대적 전환으로서의 춤

대담 : 최은희 vs 김태원
장소 : 부산 대연동 센츄리 시티 커피숍
일시 : 1997년 4월 9일

PAF 3월 13~14일에 걸쳐 부산 문화회관에 있었던 〈창무회 20년, 창작춤 20년〉 공연은 여러모로 인상적이었던 것 같다. 관객들은 공연장을 가득 메웠고, 말로만 듣던 창무회 중심의 여러 창작춤의 유형들을 관객들이 실제로 전체적으로 볼 기회가 있었던 것 같다. 그같은 힘든 기획을 거의 혼자 치뤄낸 것으로 아는데…….

최은희 타이밍이 좋았던 것 같다. 우선 시기적으로 무엇인가 우리 춤계뿐만 아니라 부산 춤계도 어떤 전환기에 와 있는 것 같은 시기에 공연이 있게 되었다. 창무회 자체의 입장에서는 내가 『넋들임』으로 제4회 〈대한민국무용제(현재는 서울무용제)〉에서 대상을 받은 이래, 근 15년에 가까이 와서야 창무회 이름으로 출품은 안했지만 창무회를 중심으로 활동하고 있는 강미리 씨의 『류(柳)-생명의 나무』가 대상을 받게 됐고, 이번 공연에서 특히 이 작품이 많은 관심을 끌면서 공연되어졌기 때문이다. 한편 부산 춤계 또한 오늘날처럼 모습을 갖추게 된 게 10년이 조금 넘는데, 요즈음은 더 나아가지 못하고 현재에 만족하는듯한 분위기이다. 리더들은 계속 어떤 일들을 추진해야 하는데…….

PAF 최근에 창무회가 어떤 구조라 할까, 진용이라 할까 할 수 있는 것을 바꾼 것 같다. 김선미 씨가 회장을 맡고, 강미리 씨가 상임안무자를, 그리고 최은희 씨가 고문을 맡은 것으로 되어 있다. 90년대 들어서 창무회와 창무단으로 이원화(二元化)되었던 구조는 파기되었는가?

최은희 나를 고문이라고 하는 그 명칭이 부담스럽고 부자연스럽다고 김매자 선생께 말씀드렸다. 명칭은 따로 생각하겠지만, 김 선생은 창무회를 위해 직간접적으로 도와주고 관심을 기울여주는 이들을 모두 고문으로 추대할 뜻을 비췄다. 90년대 초까지만 해도 김매자 선생이 학교(이화여대 무용과)에 있을 때 당시의 창무회는 결속이 잘되었고, 창무단의 상임안무사들도 김 선생을 돕고 있는 처지였다. 그러나 이젠 창무회 혹은 창무단과 연관된 많은 이들이 분가(分家)를 하고 있어, 이원화된 조직보다는 일원화된 조직이 더 운영하기가 수월하다고 여겨졌기 때문에

하나로 통일한 것 같다. 회장을 맡아 활동을 많이 했던 윤덕경 씨도 서원대를 중심으로 독자적으로 활동을 하고 있고, 창무단의 상임안무자였던 김영희 씨도 얼마 전부터 독자적인 무용단을 조직해서, 활동하고 있지 않은가. 쉽게 말해 윗 세대는 다 떨어져 나가고, 아랫세대에서는 공급의 맥이 거의 끊겨져 있는 상태다. 올해의 경우 한양대 등 '비이대(非梨大) 출신'을 포함하는 신입회원이 3~4명이 들어온 것으로 안다.

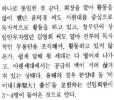

PAF 최은희 씨는 1976년에 결성된 창무회의 창단멤버였는가? 상당히 일찍부터 창무회에 몸담아 온 것으로 아는데…….

최은희 거기에 관해 좀 혼란이 있는데, '창단멤버'와 '첫 공연멤버'는 다르다. 나는 제1기 첫 공연멤버 중 한 사람이었다. 1976년 창단멤버는 실제 공연을 갖지 않았고, 동인제였으니까, 회장 선출시 여성들 집단만이 갖는 독특한 심리로 해서 잘 결속이 되지는 않았던 것으로 알고 있다.(창무회 사(史)를 통해 공식화되지는 않았지만, 창단 단원으로 알려진 이들은 임학선·김은희·유정희·장푸르메·김영숙과 같은 이들이다.) 그리고 당시의 모임은 일종의 대화모임체 같은 것이었다고 여겨진다. 그러다 내가 졸업하던 1978년 12월 창무회 그 첫 공연은 임학선, 임현선, 이노연, 그리고 내가 참가하게 된다.

국립소극장의 첫 공연에서는 1부와 2부로 나눠져 있었는데, 1부는 전통으로서 『춘앵무』, 『여운』, 『작업』과 같은 것이 들어가 있었다. 『여운』은 김매자 선생이 스승인 황무봉 선생으로부터 받은 산조(散調)풍의 춤으로서 임학선 씨가 추었고, 『작법』 중 나비춤은 이노연·최은희, 바라춤은 임현선 씨가 추었고, 법고는 남학생이 추었다. 그리고 2부에는 이노연 씨의 졸업작인, 일종의 무당춤이었던 『초신(招神)』, 나의 솔로였던 『이 한송이 피어남에』, 그리고 임학선 안무의 『거미줄』이 공연되었다. 이 『거미줄』에는

최은희(배김새 예술감독·경성대 교수)

임현선 씨와 남학생들이 춤추었다.

PAF 그러니 실제 첫 공연멤버는 임학선·임현선·이노연·최은희 4인이 되는 셈이라 할 수 있겠죠.

최은희 그러나 실제 김매자 선생님의 말을 들어봐야 하는데, 선생님도 혼돈되는지 일정하지는 않은 것 같다. 한 예로 현재는 연극인으로 더 알려져 있는 이영란 씨도 언젠가 자신도 첫 창단멤버라고 하자, 김매자 선생이 "글쎄, 이영란이도 첫 창단멤버래"라고 얘기해서 크게 웃은 적이 있다.(웃음)

PAF 그 이후 1981년의 세종문화회관 소극장에서의 제2회 공연 때 『도르래』, 『소리사위』와 같은 오늘날 창무회의 성격을 구축한 공연들이 선보이게 되는 것으로 되어 있다. 이때 전통춤 어법을 활용한 춤창작과 현대적 주제들이 보다 정식적으로 등장하게 된다. 실상 이 2회 때의 공연이 '창무회다운' 첫 공연이나 다름없지 않는가. 춤의 주제와 동작의 밀착성 — 성공하지는 않더라도 — 의 측면에서도 그렇다. 창무회와 연관된 채희완

교수의 평(評)이나 개인적인 언급도 1981년의 제2회 공연을 비중두어 얘기하는 것 같다. 사실상 1976년 12월의 창무회의 발족에서부터 1981년 4월 4일 제2회 공연이 있기까지 초기사(史)의 어떠한 자료나 정리된 것이 거의 없는 것 같다. 공연한다고 되어 있는데 실제 그와 같이 공연이 없는 것도 있다.

최은희 그것은 제2회 공연이 있기 전 1980년 12월에 세종문화회관 소극장에서 공연하겠다고 대관을 해놓았다가, 당시 미술과 연출을 맡으면서 우리의 공연에 큰 영향력을 미친 조영래 선생이 우리의 작업을 보고 도저히 안되겠다고 해서 취소시킨 건이다. 당시 우리의 춤작업에 많은 영향력을 끼쳤던 조 선생은 이화여대에 시간강사로 나오시면서 컨템포러리현대무용단의 제1회 〈대한민국무용제〉 출품작의 미술을 하셨다. 현대적인 무대미술에 관심이 많으셔서 항상 현대적인 것을 우리에게 요구했다. 그리고 김영동 씨도 일조를 했는데, 그는 김매자 선생의 개인공연인 『사물』(1981)의 음악을 맡았다.

공동안무작이었던 『도르래』의 주제는 나의 아이디어였고 기타 음악이 나오는 부분은 임학선 씨가 김영동 곡의 테이프로 갖고 있어서 그것을 사용했다. 공연의 초반부 물허벅 소리는 우리가 나중에 붙였다. 한편 『소리사위』의 음악은 조영래 선생의 지시에 의해 여러 소음을 채집했고, 같은해 제3회 〈대한민국무용제〉에 창무회의 이름으로 출품했던 『고시래』(임학선 안무)는 현대인의 삶을 상징하는 수많은 시계소리를 녹음해서 그것을 음악으로 사용하였다. 이 제3회 〈대한민국무용제〉였든가, 아니면 당시 국제문화회의 후원은 받아 했던 이듬해 1982년의 제3회 정기공연 때(이때 『도르래』, 『고시래』, 『사물』의 리바이벌이 있었고, 김명숙 안무의 신작인 『신새벽』의 공연이 있었다)였든가, 현재 조명디자이너로 명성은 갖고 있는 이상봉 씨가 우리의 공연 조명디자인을 위해 연습실로 왔다. 현재도 그렇지만 당시도 그는 꼬치꼬치 무엇인가 묻고, 매우 까다롭게 행동했다. 그의 그런 태도는 당시 세종문화회관 등의 조명기사들의 그것과는 현격히 달랐다. 크게 봐서 앞서의 김영동 씨나 이상봉 씨도 '창무회와 함께' 성장했다고 보는 것이 좋을 듯싶다.

PAF 『도르래』 등의 공동안무작인 경우 동작을 만들거나, 혹은 안무하는 과정에서 어떤 원리가 원칙, 혹은 구성법을 가졌었나? 창무회의 경우 유독 공동안무작이 많은데 어떻게 작업의 합의점을 만들어갔나?

최은희 전체적인 것은 항상 선배격이었던 임학선 씨가 봐주면서 만들어갔다. 그러나 개인적인 춤이 필요한 부분에서는 각자 순서를 정해놓고 각자 안무를 했다. 처음엔 각자하고, 그것을 두 번 반복할 때에는 전체적으로 다 해 보고, 또 어떤 한 지점에서는 통일된 동작을 해보면서 정리를 했다. 그렇게 각자 할 부분과 통일된 부분을 정해서 춤을 만들었는데, 통일된 부분의 춤을 할 땐 임학선·임현선 등이 돌아가면서 춤을 짜기도 했다. 이동동작의 경우는 각자 만들어갔다.

특히 작품 『고시래』의 경우 다리를 꼬아서 엽전형태를 만들었는데, 그때 각자 재미난 움직임을 고안해내기도 했다.

PAF 춤의 주제적 발상의 경우 기왕의 전통춤이나 조탁된 신무용과는 다른 현대적이고, 세태 비판적인 주제를 많이 택하게 되는데 이것은 앞서 독일에서 현대적인 무대디자인을 공부하고 들어오게 되는 조영래 선생이나, 같은 학교에 기반을 두어 활동했던 컨템포러리 현대무용단 등의 영향이 있었는가. 아니면 다른 춤공연(가령 홍신자 등의 실험춤) 등을 참조했는가?

최은희 물론 그런 영향을 안 받을 수는 없었다. 이 점에서 나의 세대와 임학선 선배의 세대와 약간의 갭이 있는데, 임학선 선배의 경우는 남다른 고민이 있었던 것으로 안다. 임 선배의 경우는 전통이나 신무용과 가까울 수 밖에 없었는데, 1기 춤공연 참가자인 나나 이노연, 2기 멤버인 이혜순·김영희·윤덕경·김명숙·한명옥(모두 『소리사위』나 『고시래』 등에 출연했다) 등 당시의 멤버들이 무엇인가 색다른 것을 하자고 우겼고, 자연 사회비판적이거나 현대적인 주제에 춤의 초점을 점차 맞추게 되었다.

『소리사위』를 할 때 무엇인가 분명한 춤의 방향이 필요하다고 생각해 나도 고집스럽게 나의 의견을 개진, 어느 정도 관철시키기도 했다.

PAF 춤평론가인 채희완 교수와 창무회의 관계는 어떠한가? 통상 창무회의 작업에 채 교수의 의견이 많은 영향력을 미치거나 반영되는 것으로 되어 있는데…….

최은희 나 개인으로 채 교수를 만났던 것은 1982년 8월, 나의 개인공연인 『하지제(夏至祭)』 공연 직후였다. 공연 후 월간 『춤』지의 조동화 선생을 만났더니, 채희완 선생을 한번 만나보라고 해서 만났다. 나로서는 그와 첫 만남이었고, 이후 『춤』지를 보면서 채희완 교수가 1981년 김매자 선생의 공연평(『사금파리』, 『사물』)을 쓴 것을 알았다. 그러나 직접적으로 특히 창무회 초기작업에 채 교수가 관여하거나 영향력을 미친 적은 없다. 개인적으로 김매자 선생과 채 교수가 그 전부터 알고 지냈는지는 모르겠지만(『사금파리』에 김지하 씨가 나오는데 이것은 채 교수의 추천이 아니었는가 싶다). 그리고 당시로서는 실제 작업에 있어서 김매자 선생이 무대감독으로 활동하고 있는 유경환 선생의 이야기를 많이 들어서, 조영래선생과 유경환선생과 작품을 보는 눈이 달라 서로 사이가 벌어졌던 적이 있었다. 작품 『고시래』를 할 때 그런 갈등이 컸다. 따라서 당시 안무자였던 임학선 씨는 울기도 하고, 붙임성이 있고 활발했던 이혜순 씨가 그 중간에서 중개자 역할을 하면서 미움을 사기도 했다. 임학선 씨나 우리는 조영래 선생의 얘기를 들었고, 김매자 선생은 창무회의 첫 〈대한민국무용제〉 공식참가이니 경험이 있었던 유경환 감독의 말을 더 들었다. 공연의 마지막에서 임신했던 임학선 씨가 통 위에 올라 있는 장면이 안 좋다고 유 감독은 내려올 것을 강력히 요구했다.

따라서 초기 창무회 작업에 가장 큰 영향력을 미친 것은 조영래 선생이고, 『고시래』까지의 작업에는 채 교수의 관여는 없었다. 그러나 이후 채 교수와 김매자 선생, 그리고 이노연, 강미리 등의 작업과 연관맺어진 것으로 안다. 그런데 조영래, 유경환 선생 모두 컨템포러리현대무용단과 관련을 갖고 있었다.

PAF 개인적으로 1982년 〈대한민국무용제〉 대상 수상작이었던 『넋들임』과 같은 해의 『하지제』에 대해 이야기 좀 해달라.

최은희 두 작품 모두 미술·연출에서 김구림 선생의 도움을 받았다. 특히 8월에 『하지제』를 할 때 창무회 단원들은 모두 외국공연중 이어서 거의 개인 솔로로서 1시간 상당의 공연을 메꿔갈 수밖에 없었다. 당시 이병훈(현재 연극연출가) 씨가 좀 도와주었고, 작곡가 신혜영 씨가 생음악으로 연주를 했다. 무용수들은 거의 서울예전의 남자무용수를 썼는데, 이 속에는 현재 뮤지컬 배우로 활약하고 있는 남경주도 끼어 있었다. 안무의 개념은 선(禪) 사상에서 영향을 받아 '공(空)'으로 하면서 젊은 영혼의 방황을 그려보았다. 좀 관념적인 작품이라 할 수 있다. 그것에 비해 『넋들임』은 여러 춤동작이 많이 들어갔다. 한국적 리듬과 군무를 위주로 조화를 맞추려고 했다. 앞의 『하지제』가 거의 동작이 없는 상태라 할 것 같으면, 『넋들임』은 역동적이라 할 수 있다.

『넋들임』의 첫 부분은 『작법』에서 힌트는 얻어 바라춤을 사용했고, 이어 두번째 부분은 신명으로 해서 작품을 끌고 가려 했다. 그

러나 당시 음악(홍선례) 때문에 상당히 애를 먹었는데, 작곡자나 나나 열의는 있었지만 구체적으로 어떤 것을 서로 원하는지 잘 몰랐다. 그래서 이 부분은 진오귀 굿에서부터 춤을 끌어왔고, 마지막은 진도씻김굿에서부터 춤을 응용했었다. 특히 작곡가 홍선례 씨는 우리의 장단과 가락을 갖고 하는 창작음악에 익숙치 않아 황병기 선생을 쫓아다니면서 매우 힘겹게 조언을 얻기도 했다. 『넋들임』, 『하지제』 두 작품을 통해 홍선례, 신혜영과 같은 창작작곡가들이 거의 데뷔한 것이나 마찬가지였다.

PAF 그런 1982년 이후 15년을 경과하면서 최은희 씨는 부산에서 많은 시간을 보내고 되고, 후학들을 배출케 되는데 스스로 생각하는 춤의 철학이라 할까, 방법론 혹은 미학적 방향은 어떤 것이라 할 수 있나?

최은희 나와 창무회의 작업은 『넋들임』에서 끝나게 되고, 다행히 나는 그 작품이 무용제에서 대상을 받았기 때문에 부산 경성대의 전임으로 오게 된 계기가 되었다. 그러나 그 이후에도 우리의 춤에 대한 어떤 생각의 변화가 있는 것이 아니고, 창무회 그 초기의 생각을 그대로 이어가려고 하고 있다. 나의 춤작업관은 무엇보다 첫째로 어떻게 춤이 '시대적인 문제, 혹은 분위기, 혹은 정신'과 관련되면서 그것을 반영하느냐 하는 것이며, 둘째는 우리의 풍부한 춤문화인 '굿'을 어떻게 변용, 춤의 형식(形式)으로 전화시킬 수 있을까 하는 것이다. 특히 후자와 연관되어 나는 그 이후 『제웅맞이』(1986), 『매듭풀이』(1988) 등과 같은 작품을 통해 '현대인·현대사회의 갈등구조를 어떻게 춤으로 풀어갈 수 있을 것인가'에 초점을 맞추어 작업했다.

다음으로 나는 어차피 학생들을 지도하는 교육자의 신분을 갖고 있기 때문에, 창무회의와 같은 질의 동질성의 집단은 되지는 못하지만, 여하튼 하나의 춤집단은 필요하다 싶어 1985년 춤패배김새를 발족시키게 되었다. 이 집단을 통해서도 내가 강조하는 것은 오늘의 춤이 일종의 매개체적 역할로서 여러 유형의 사회적·인간적 갈등을 푸는 것이어야 한다는 것이다. 옛날의 굿은 그런 역할을 충분히 해내었는데, 오늘의 예술춤은 어떤 시각적·감각적·형식적 즐거움과 볼거리를 주는 것으로 만족하는 것 같다.

PAF 나로서 최은희 씨의 춤과 배김새의 춤을 보면서 높이 평가하고 있는 부분은 춤의 질(質)적인 측면이다. 질이라면 동작의 다양성도 포함되기 때문에 오히려 '결'이라고 할 수 있겠는데, 항상 그 춤의 결을 보면 질박하다 할까, 탄력성이 있으면서 적절한 부피감이 있는 것을 느낀다. 그리고 부드럽고 적당히 촉촉하다. 이것은 형태만 강조하는 창작춤이나, 포즈만 강조하는 창작춤에서만 볼 수는 없는 것이다. 특별한 훈련법은 있는가? 전통무를 어떻게 수업에 활용하는가?

최은희 결국 춤의 결은 나의 성격과 연관되는 것이 아니겠는가. 내가 좋아하는 쪽으로 계속 가다듬어 가니까, 그쪽이 강화되어 나타나는 것이라고 본다. 춤의 질과 연관시켜 창무회의 춤에서 나타나는 설정된 주제성과 그것을 동작으로 뒷받침으로 해야 하는 문제(동작의 창안성과 다양성)는 점진적으로 풀어나가고 쌓아가야 할 수밖에 없다고 본다. 하루아침에 되는 것도 아니고, 동작이 다양하고 많다고 해서 그것이 모두 효과적인 표현성(表現性)을 지니는 것도 아니다. 편식의 염려는 있지만 '자기의 몸에 맞는 것(동작)'을 계속 추구할 수밖에 없다. 전통춤에 관심을 갖는 것도 그런 측면, 즉 나의 성격과 몸에 맞으니까 더 관심과 애정을 가지게 된다고 할 수밖에 없다.

그간 여러 가지 춤의 창작을 해왔다. 그러나 요즈음엔 무엇을 주제에 맞게 짜맞추는 춤보다는, 순수하게 춤을 추는 것에 더 흥미를 가지게 된다. 이것은 앞으로 얼마나 더 춤

을 출 수 있겠는가라는 판단과도 연관된다. '무위(無爲)의 신명'에 푹 빠져 몸을 바치고 싶은 심정이다.

PAF 대부분의 춤꾼들은 그런 욕구를 강하게 느끼는 것 같다. 최은희 씨의 은사인 김매자 선생도 입버릇처럼 춤만 추고 싶다고 언제부터인가 말했지 않은가. 또 지난해 무용예술상 연기상 수상자였던 김현자 선생도 춤꾼과 안무자의 차별들 — 마치 안무자가 춤꾼의 상위에 있는 것처럼 — 에 강력히 항의하면서, 그 둘 사이의 대등함은 강조했다. 그런데 아이러니컬한 것은 김매자·김현자 씨 모두 우리 창작춤의 주도자였지 아니한가. 따라서 이런 욕구는 크게 봐서 지난 80년대와 90년대 초반까지 창작, 즉 작품만들기에만 치중해온 우리 춤문화의 주된 기류에 대한 일말의 권태감과 거부의 표시라고도 할 수 있다. 그러나 바로 이 점에서 그런 무위의 욕구에 모든 춤계가 빠진다면, 또다시 과거 전통무용기와 신무용기로 후퇴할 수밖에 없을 것이다. 그러나 순수한 춤춤의 가치에 대한 눈뜸을 기왕의 춤문화에 대한 어떤 조정이 필요하다는 점을 어느 한면 일깨워준다. 오늘, 초기 창무회사(史)의 증언은 의미로웠고, 춤을 '갈등 풀기'로 보는 춤인식은 보다 깊게 음미할 필요가 있다고 본다. (P)

『공연과 리뷰』가 '계간지'에서 '격월간지'로 변경되었습니다.

계간 『공연과 리뷰』는 1997년 3월부터 2개월에 한 번, 홀수달에 발행되는 '격월간'으로 바뀌면서, 공연문화의 현상과 영화에 대한 속도감 있는 리뷰성의 글을 대폭 강화하여 독자를 위한 잡지가 되고자 합니다. 앞으로 독자 여러분의 많은 질타와 비판을 부탁드립니다.

□ 발행일 : 홀수달(1월, 3월, 5월, 7월, 9월, 11월)의 10일
□ 독자 투고 원고는 발행 1개월 전까지 편집부(766-3527)로 보내주시기 바랍니다.

4. 1997. 5-6 / 공연과리뷰 / 최은희와 김태원 – 초기 창무회 작업과 굿의 현대적 전환으로서의 춤

김태원 3월 13～14일에 걸쳐 부산문화회관에 있었던『창무회 20년, 창작춤 20년』공연은 여러모로 인상적이었던 것 같다. 관객들은 공연장을 가득 메웠고, 말로만 듣던 창무회 중심의 여러 창작춤의 유형들을 관객들이 실제로 전체적으로 볼 기회가 있었던 것 같나. 그 같은 힘든 기획을 거의 혼자 치러 낸것으로아는데……

최은희 타이밍이 좋았던 것 같다. 우선 시기적으로 무엇인가 우리 춤계뿐만 아니라 부산 춤계도 어떤 전환기에 와 있는 것 같은 시기에 공연이 있게 되었다. 창무회 자체의 입장에서는 내가『넋들임』으로 제4회 대한 민국무용제(현재는 서울무용제)에서 대상을 받은 이래, 근 15년에 가까이 와서야 창무회 이름으로 출품은 안 했지만 창무회를 중심으로 활동하고 있는 강미리 씨의『류(柳) — 생명의 나무』가 대상을 받게 됐고, 이번 공연에서 특히 이 작품이 많은 관심을 끌면서 공연되어졌기 때문이다.

한편 부산 춤계 또한 오늘날처럼 모습을 갖추게 된 게 10년이 조금 넘는데, 요즈음은 더 나아가지 못하고 현재에 만족하는 듯한 분위기이다. 리더들은 계속 어떤 일들을 추진해야 하는데 ......

김태원 최근에 창무회가 어떤 구조라 할까 진용이라 할까 할 수 있는 것을 바꾼 것 같다. 김선미씨가 회장을 맡고, 강미리씨가 상임안무자를 그리고 최은희씨가 고문을 맡은 것으로 되어 있다. 90년대 들어서 창무회와 창무단으로 2원화 되었던 구조는 파기 되었는가?

최은희 나를 고문이라고 하는 그 명칭이 부담스럽고 부자연스럽다고 김매자 선생께 말씀드렸다. 명칭은 따로 생각하겠지만, 김매자 선생은 창무회를 위해 직간접적으로 도와주고 기울여 주는 이들을 모두 고문으로 추대할 뜻을 비쳤다. 90년대 초까지만 해도 김매자 선생이 학교(이화여대 무용과)에 있을 때 당시의 창무회는 결속이 잘 되었고, 창무단의 상임안무자들도 김매자 선생을 돕고 있는 처지였다.

그러나 이젠 창무회 혹은 창무단과 연관된 많은 이들이 분가를 하고 있어, 이원화된 조직보다는 일원화된 조직이 더 운영하기가 수월하다고 여겨졌기 때문에 하나로 통일한 것 같다. 회장을 맡아 활동을 많이 했던 윤덕경씨도 서원대를 중심으로 독자적으로 활동을 하고 있고, 창무단의 상임안무자였던 김영희씨도 얼마 전부터 독자적인 무용단을 조직해서 활동하고 있지 않은가. 쉽게 말해 윗세대는 다 떨어져 나가고, 아랫세대에서는 공급의 맥이 거의 끊겨져 있는 상태이다. 올해의 경우 한양대 등 '비이대(非梨大) 출신'을 포함하는 신입회원이 3～4명이 들어온 것으로 안다.

김태원 최은희씨는 1976년에 결성된 창무회의 창단멤버였는가? 상당히 일찍부터 창무회에 몸담아 온 것으로 아는데……

최은희 거기에 관해 좀 혼란이 있는데, '창단멤버'와 '첫 공연멤버'는 다르다. 나는제 1기 첫 공연멤버 중 한 사람이었다. 1976년 창단멤버는 실제 공연을 갖지 않았고, 동인제였으니까. 회장 선출시 여성들 집단만이 갖는 독특한 심리로 인해서 잘 결속이 되지는 않았던 것으로 알고 있다. (창무회사(史) 를 통해 공식화되지는 않았지만, 창단 단원으로 알려진 이들은 임학선, 김은이, 유정희, 장푸르매, 김영숙과 같은 이들이다.)

그리고 당시의 모임은 일종의 대화모임체 같은 것이었다고 여겨진다. 그러다 내가 졸업하던 1978년 12월 창무회의 그 첫 공연에 임학선, 임현선, 이노연, 그리고 내가 참가 하게 된다

국립 소극장의 첫 공연에서는 1부와 2부 로 나눠져 있었는데, 1부는 전통으로서『춘앵무』,『여운』,『작법』과 같은 것이 들어가 있었다. 『여운』은 김매자 선생이 스승인 황 무봉 선생으로부터 받은 산조풍의 춤으로서 임학선씨가 추었고, 『작법』중 나비춤은 이노연, 최은희, 바라춤은 임현선씨가 추었고, 법고는 남학생이 추었다. 그리고 2부에 는 이노연씨의 졸업작인, 일종의 무당춤이었던『초신(招神)』, 나의 솔로였던『이 한 송이 피어남에』, 그리고 임학선 안무의『거미줄』이 공연되었다. 이『거미줄』에는 임현선씨와 남학생들이 춤추었다.

김태원 그러니 실제 첫 공연멤버는 임학선 임현선 이노연 최은희 4인이 되는 셈이라 할수있겠죠.

최은희 그러나 실제 김매자 선생님의 말을 들어 봐야 하는데, 선생님도 혼동되는지 일정하지는 않은 것 같다. 한 예로 현재는 연극인으로 더 알려져 있는 이영란씨도 언젠가 자신도 첫 창단멤버라고 하자, 김매자 선생이 "글쎄, 이영란이도 첫 창단멤버래"라고 얘기해서 크게 웃은 적이 있다. (웃음)

김태원 그 이후 1981년의 세종문화회관 소극장에서의 제2회 공연때『도르래』,『소리 사위』와 같은 오늘날 창무회의 성격을 구축한 공연들이 선보이게 되는 것으로 되어있다. 이때 전통춤 어법을 활용한 춤창작과 현대적 주제들이 보다 정식적으로 등장하게된다.

실상 이 2회 때의 공연이 '창무회다운' 첫 공연이나 다름없지 않는가. 춤의 주제와 동작의 밀착성 – 성공하지는 않더라도 – 의 측면에서도 그렇다 .창무회와 연관된 채희완 교수의 평이나 개인적인 언급도 1981년의 제2회 공연을 비중 두어 얘기하는 것 같다. 사실상 1976년 12월의창무회 발족에서부터 1981년 4월 4일 제2회 공연이 있기까지 초기의 어떠한 자료나 정리된 것이 거의 없는 것 같다. 공연한다고 되어 있는데 실제로는 공연이 올려지지 않은 것도 있다.

최은희 그것은 제2회 공연이 있기 전 1980년 12월에 세종문화회관 소극장에서 공연하겠다고 대관을 해놓았다가 당시 미술과 연출을 맡으면서 우리의 공연에 큰 영향력을 미 친 조영래 선생이 우리의 작업을 보고 도저히 안되겠다고 해서 취소시킨 건이다.

당시 우리의 춤작업에 많은 영향력을 끼쳤던 조선생은 이화여대에 시간강사로 나오시면서 컨템포러리 현대무용단의 제1 회 대한민국무용제 출품작의 미술을 하셨다. 현대적인 무대미술에 관심이 많으셔서 항상 현대적인 것을 우리에게 요구했다. 그리고 김영동씨도 일조를 했는데, 그는 김매자 선생의 개인공연인『사물 』(1981)의 음악을 맡았다.

공동안무작이었던『도르래』의 주제는 나의 아이디어였고 기타 음악이 나오는 부분은 임학선씨가 김영동 곡의 테이프를 갖고 있어서 그것을 사용했다. 공연의 초반부 물 허벅 소리는 우리가 나중에 붙였다. 한편『소리 · 사위』의 음악은 조영래 선생의 지시에 의해 여러 소음을 채집했고, 같은 해 제3회 대한민국무용제에 창무회의 이름으로 출품했던『고시래』(임학선 안무)는 현대인의 삶을 상징하는 수많은 시계 소리를 녹음해서 그것을 음악으로 사용하였다.

이 제3회 대한민국무용제였든가 아니면 당시 국제문화회의 후원을 받아 왔던 이듬해 1982년의 제3회 정기공연때(이때『도르래』·『고시래』·『시물』의 리바이벌이 있었고, 김명숙 안무의 신작인『신새벽』공연이 있었다)였든가, 현재 조명디자이너로 명성을 갖고 있는 이상봉 씨가 우리 공연의 조명디자인을 위해 연습실로 왔다 .현재도 그렇지만 당시도 그는 꼬치꼬치 무엇인가 묻고, 매우 까다롭게 행동했다. 그의 그런 태도는 당시 세종문화회관 등의 조명기사들의 그것과는 현격히 달랐다. 크게 봐서 앞서의 김영동씨나 이상봉씨도 창무회와 함께 성장했다고 보는것이 좋을듯 싶다.

김태원 『도르래』등의 공동안무작인 경우 동작을 만들거나 혹은 안무하는 과정에서 어떤 원리가 원칙, 혹은 구성법을 가졌었나? 창무회의 경우 유독 공동안무작이 많은데 어떻게 작업의 합의점을 만들어 갔나?

최은희 전체적인 것은 항상 선배격이었던 임학선 씨가 봐주면서 만들어 갔다. 그러나 개인적인 춤이 필요한 부분에서는 각자 순서를 정해 놓고 각자 안무를 했다. 처음엔 각자 하고, 그것을 두번 반복할 때에는 전체적으로 다 해보고, 또 어떤 한 지점에서는 통일된 동작을 해보면서 정리를 했다. 그렇게 각자 할 부분과 통일된 부분을 정해서 춤을 만들었는데, 통일된 부분의 춤을 할 땐 임학선, 임현선 등이 돌아가면서 춤을 짜기도 했다. 이동 동작의 경우는 각자 만들어 갔다. 특히 작품『고시래』의 경우 다리를 꼬아서 엽전형태를 만들었는데, 그때 각자 재미난 움직임을 고안해 내기도 했다.

김태원 춤의 주제적 발상의 경우 기왕의 전통춤이나 조탁된 신무용과는 다른 현대적이고, 세태 비판적인 주제를 많이 택하게 되는데 이것은 앞서 독일에서 현대적인 무대디 자인을 공부하고 들어오게 되는 조영래 선생이나, 같은 학교에 기반을 두어 활동했던 컨템포러리 현대무용단등의 영향이 있었는가, 아니면 다른 춤공연(가령 홍신자 등의 실험춤)을 참조했는가?

최은희 물론 그런 영향을 안 받을 수는 없었다, 이 점에서 나의 세대와 임학선 선배의 세대와 약간의 갭이 있는데, 임학선 선배의 경우는 남다른 고민이 있었던 것으로 안다. 임선배의 경우는 전통이나 신무용과 가까울 수밖에 없었는데, 1 기 춤공연 참가자인 나나 이노연, 2기 멤버인 이혜순 · 김영희 · 윤덕경 · 김명숙 · 한명옥(모두 『소리 사위』 나 『고시래』 등에 출연했다) 등 당시의 멤버들이 무엇인가 색다른 것을 하자고 우겼고, 자연 사회비판적이거나 현대적인 주제에 초점을 점차 맞추게 되었다.

『소리 사위』를 할 때 무엇인가 분명한 춤의 방향이 필요하다고 생각해 나도 고집스럽게 나의 의견을 개진, 어느 정도 관철시키기도 했다.

김태원 춤평론가인 채희완 교수와 창무회의 관계는 어떠한가? 통상 창무회의 작업에 채 교수의 의견이 많은 영향력을 미치거나 반영되는 것으로 되어 있는데……

최은희 나 개인으로 채 교수를 만났던 것은 1982년 8월, 나의 개인공연인 『하지제(夏至祭)』 공연 직후였다. 공연 후 월간 『춤』지의 조동화선생을 만났더니, 채희완선생을 한번 만나 보라고 해서 만났다. 나로서는 평론가와 첫 만남이었고, 이후 『춤』지를 보면서 재희완 교수가 1981년 김매자 선생의 공연평(『사금파리』,『사물』)을 쓴 것을 알았다 그러나 직접적으로 특히 창무회 초기작업에 채 교수가 관여하거나 영향력을 미친적 은 없다. 개인적으로 김매자 선생과 채 교수가 그 전부터 알고 지냈는지는 모르겠지만

(『사금 파리』에 김지하 시가 나오는데 이것은 채 교수의 추천이 아니었는가 싶다), 그리고 당시로서는 실제 작업에 있어서 김매자 선생이 무대감독으로 활동하고 있는 유경환 선생의 이야기를 많이 들어서, 조영래 선생과 유경환 선생과 작품을 보는 눈이 달라 서로 사이가 벌어졌던 적이 있었다.

작품 『고시래』를 할 때 그런 갈등이 컸다. 따라서 당시 안무자였던 임학선씨는 울기도 하고, 붙임성이 있고 활발했던 이혜순씨가 그 중간에서 중개자 역할을 하면서 미움을 사기도 했다. 임학선씨나 우리는 조영래선생의 얘기를 들었고, 김매자 선생은 창무회의 첫 대한민국무용제 공식참가이니 경험이 있었던 유경환 감독의 말을 더 들었다.

공연의 마지막에서 임신 중이던 임학선씨가 통위에 올라 앉아 있는 장면이 안좋다고 유감독은 내려올 것을 강력히 요구했다.

따라서 초기 창무회 작업에 가장 큰 영향력을 미친 것은 조영래 선생이고, 『고시래』 까지의 작업에는 채 교수의 관여는 없었다. 그러나 이후 채 교수와 김매자 선생, 그리고 이노연, 강미리 등의 작업과 연관 맺어진 것으로 안다. 그런데 조영래, 유경환 선생 모두 컨템포러리 현대무용단과 관련을 갖고 있었다.

김태원 개인적으로 1982년 대한민국무용제 대상 수상작이었던 『넋들임』과 같은 해의 『하지제』에 대해 이야기 좀 해달라.

최은희 두 작품 모두 미술, 연출에서 김구림 선생의 도움을 받았다. 특히 8월에 『하지제』를 할 때 창무회 단원들은 모두 외국공연 중이어서 거의 개인솔로로서 1시간 상당의 공연을 메꿔 갈 수밖에 없었다. 당시 이병훈 (현재 연극연출가) 씨가 좀 도와주었고, 작곡가 신혜영 씨가 생음악으로 연주를 했다. 무용수들은 거의 서울예전의 남자 무용수를 썼는데, 이 속에는 현재 뮤지컬 배우로 활약하고 있는 남경주도 끼어 있었다. 안무의 개 념은 선(禪) 시상에서 영향을 받아'공(空)'으로 하면서 젊은 영혼의 방황을 그려 보았다. 좀 관념적인 작품이라 할 수있다. 그것에 비해 『넋들임』은 여러 춤동작이 많이 들어갔다. 한국적 리듬과 군무를 위주로 조화를 맞추려고 했다. 앞의 『하지제』가 거의 동작이 없는 상태라 할 것 같으면, 『넋들임』은 역동적이라 할 수 있다.

『넋들임』의 첫 부분은 『작법』에서 힌트를 얻어 바라춤을 응용했고, 이어 두 번째 부분은 신명으로 해서 작품을 끌고 가려 했다 .당시 음악(홍선례) 때문에 상당히 애를 먹었는데, 작곡자나 나나 열의는 있었지만 구체적으로 어떤 것을 서로 원하는지 잘 몰랐다. 그래서 이 부분은 진오귀굿에서부터 춤을 끌어왔고, 마지막은 진도씻김굿에서 부터 춤을 응용했었다. 특히 작곡가 홍선례씨는 우리의 장단과 가락을 가지고 하는 창작음악에 익숙지 않아 황병기선생을 쫓아 다니면서 매우 힘겹게 조언을 얻기도 했다. 『넋들임』,『하지제』 두 작품을 통해 홍선례, 신혜영과 같은 창작작곡가들이 거의 데뷔한 것이나 마찬가지 였다.

김태원 그런 1982년 이후 15년을 경과하면서 최은희씨는 부산에서 많은 시간을 보내게 되고, 후학들을 배출케 되는데 스스로 생각하는 춤의 철학이라 할까, 방법론 혹은 미학적 방향은 어떤 것이라 할 수 있나?

최은희 나와 창무회의 작업은 『넋들임』에서 끝나게 되고, 다행히 나는 그 작품이 무용제에서 대상을 받았기 때문에 부산 경성대의 전임으로 오게 된 계기가 되었다.

그러나 그 이후에도 우리의 춤에 대한 어떤 생각의 변화가 있는 것이 아니고, 창무회 그 초기의 생각을 그대로 이어 가려고 하고 있다. 나의 춤작업관은 무엇보다 첫째로 어떻게 춤이 '시대적인 문제, 혹은 분위기, 혹은 정신'과 관련되면서 그것을 반영하느냐 하는 것이며, 둘째는 우리의 풍부한 춤문화인 '굿'을 어떻게 변용춤의 형식(形式)으로 전환시킬 수 있을까 하는 것이다.

특히 후자와 연관되어 나는 그 이후 『제웅맞이』(1986) 『매듭풀이』(1988) 등과 같은 작품을 통해 '현대인 · 현대사회의 갈등 구조를 어떻게 춤으로 풀어갈 수 있을 것인가' 에 초점을 맞추어 작업했다.

다음으로 나는 어차피 학생들을 지도히는 교육자의 신분을 갖고 있기 때문에, 창무회와 같은 질의 동질성의 집단은 되지는 못하지만, 여하튼 하나의 춤집단은 필요하다 싶어, 1985년 춤패배김새를 발족시키게 되었다. 이 집단을 통해서도 내가 강조하는 것은 오늘의 이 춤이 일종의 매개체적 역할로써 여러 유형의 사회적 인간적 갈등을 푸는 것 이어야 한다는 것이다. 옛날의 굿은 그런 역할을 충분히 해내었는데, 오늘의 예술춤은 어떤 시각적 · 감각적 · 형식적 즐거움과 볼거리를 주는 것으로 만족하는 것 같다.

김태원 나로서 최은희씨의 춤과 배김새의 춤을 보면서 높이 평가하고 있는 부분은 춤의 질적인 측면이다. 질이라면 동작의 다양성도 포함되기 때문에 오히려 '결'이라고 할 수 있겠는데, 항상 그 춤의 결을 보면 질박하다 할까, 탄력성이 있으면서 적절한 부피감이 있는 것을 느낀다. 그리고 부드럽고 적당히 촉촉하다. 이것은 형태만 강조하는 창작춤이나 포즈만 강조하는 창작춤에서는 볼 수는 없는 것이다. 특별한 훈련법은 있는가? 전통무를 어떻게 수업에 활용하는가?

최은희 결국 춤의 결은 나의 성격과 연관되는 것이 아니겠는가. 내가 좋아하는 쪽으로 가다듬어 가니까 ,그 쪽이 강화되어 나타나는 것이라고 본다.

춤의 질과 연관시켜 창무회의 춤에서 나타나는 설정된 주제성과 그것을 동작으로 뒷받침해야 하는 문제(동작의 창안성과 다양성)는 점진적으로 풀어 나가고 쌓아 가야 할 수 밖에 없다고 본다. 하루아침에 되는 것도 아니고, 동작이 다양하고 많다고 해서 그것이 모두 효과적인 표현성(表現性)을 지니는 것도 아니다. 편식의 염려는 있지만 '자기의 몸에 맞는 것(동작)'을 계속 추구할 수 밖에 없다. 전통춤에 관심을 갖는 것도 그런 측면, 즉 나의 성격과 몸에 맞으니까 더 관심과 애정을 가지게 된다고 할 수밖에 없다. 그간 여러가지 춤의 창작을 해왔다. 그러나 요즈음엔 무엇을 주제에 맞게 짜맞추는 춤 보다는, 순수하게 춤을 추는 것에 더 흥미를 가지게 된다 .이것은 앞으로 얼마나 더 춤을 출 수 있겠는가 라는 판단과도 연관된다.

'무위(無爲)의 신명'에 푹 빠져 몸을 바치고 싶은 심정이다,

김태원 대부분의 춤꾼들은 그런 욕구를 강하게 느끼는 것 같다. 최은희씨의 은사인 김매자 선생도 입버릇처럼 춤만 추고 싶다고 언젠가부터인가 말했지 않은가. 또 지난해 무용예술상 연기자 수상자였던 김현자 선생도 춤꾼과 안무자의 차별 둠 ㅡ 마치 안무자가 춤꾼의 상위에 있는 것처럼 ㅡ 에 강력히 항의하면서, 그 둘 사이의 대등함을 강조했다. 그런데 아이로니컬한 것은 김매자 · 김현자씨 모두 우리 창작춤의 주도자였지 아니한가. 따라서 이런 욕구는 크게 봐서 지난 80년대와 90년대 초반까지 창작, 즉 작품 만들기에만 치중해온 우리 춤문화의 주된 기류에 대한 일말의 권태감과 거부의 표시라고도 할 수 있다. 그러나 바로 이 점에서 그런 무위의 욕구에 모든 춤계가 빠진다면, 또다시 과거 전통무용기와 신무용기로 후퇴할 수밖에 없을 것이다.

그러나 순수한 춤의 가치에 대한 눈뜸을 기왕의 춤문화에 대한 어떤 조정이 필요하다는 점을 어느 한편 일깨워 준다. 오늘, 초기 창무회사(史)의 증언은 흥미로웠고, 춤을 '갈등 풀기'로 보는 춤인식은 보다 깊게 음미할 필요가 있다고 본다. (『공연과 리뷰』 11호 1997년 5- 6월호)

5. 2000. 3 / 춤 / 새로운 작가정신의 확립 – 새 세기를 맞는 춤계의 전망과 반성

□ 新春座談

새로운 作家精神의 확립

작가정신

– 새 세기를 맞는 춤계의 전망과 반성(3)

安愛順(현대춤)
蔡熙完(춤평론 · 부산대 교수)
崔恩姬(한국춤 · 경성대 교수)
(가나다 순)

□ 때: 2000년 2월 9일 오후 3시
□ 곳: 「춤」잡지사 편집실

* 왼쪽으로부터 최은희, 안애순, 채희완

춤의 직업화를 위한 사회적 인프라 구성이 시급하다

蔡熙完(채희완): 새로운 세기를 맞이하여 여러 분야에서 의욕적인 행사를 벌인 바 있습니다. 춤도 그에 못지 않게 많은 움직임을 보이고 있는데, 향후 천 년이 어떻게 전개될지 기대가 큽니다. 천 년도 천 년이지만 우선 한 분씩 올해의 계획이나 전망부터 들어보고 싶습니다. 새해 인사가 늦었습니다만, 이 달은 춤지 창간 24주년이니 자축하는 의미도 있고 해서 반성과 전망이 오가는 자리가 되었으면 합니다.

그래서 개인적으로 자연주의로 되돌아가고 싶습니다. '주의'라는 것은 사실상 그 어느 시대에나 같은 내용을 담고 있지만 방법(way)면에서 그 이전의 것과는 다른 숨겨졌던 것을 찾아내어 새롭게 포장하는 것이라고 생각합니다. 되돌아가 보는 것도 하나의 방법적인 측면에서 좋을 듯 합니다. 컨템포러리적인 요소들 역시 결국은 항상 그 이전의 것들로부터 퇴색되거나 지나치게 비약되어 혼란스러워질 때 발생하며 그 원형을 가지고 다시 접근할 때 새로운 것이 탄생된다고 봅니다.

개인적인 계획은 아직 구체적으로 결정된 상황이 아니지만, 5~6개 무용 페스티벌 초청과, 객원안무가 제의를 받고 있습니다. 그러나 주최측과의 최소한의 경비지원
…셔널한 저변을
…에 학교 교육이
…열한 경쟁과 함
… 합리적인 선에
…고 있는 무대에

崔恩姬: 문예진흥기금과 스폰서에 의존하고 있지만 그것으로는 제작을 감당하기가 어렵습니다. 정말 개인적으로도 우수한 창작활동을 할 수 있는 사람이 월급받는 무용단에 흡수되는 것을 보면 안타깝습니다. 그래서 직업무용단이 없어도 가장 왕성하게 창작 욕구를 가지고 활동을 하는 현대춤을 좋은 예로 들기도 합니다.

직업무용단 오디션이 있으면 모두 거기에 몰릴 때가 많은데, 그러면 자존심도 상합니다. 지역과 중앙의 경계도 무너지고 있고, 나름대로의 자부심도 갖고 있는데 말입니다. 자신을 위해서 좀더 좋은 창작열을 가지고 했으면 좋겠는데, 이들이 점점 큰집단 속에 파묻혀 버리면서 개성이 죽어가는 것을 보면 안타깝습니다.

安愛順: 요즘 신세대는 상당히 경제성을 따집니다. 순수 춤에 예술의 가치기준을 두고 하는 것이 아니라 월급을 주는 무용단에 가는 것이 일순위죠. 그런데 나는 386세대라서 애매합니다. 위 세대는 자기 순수 예술을 지킬 수 있는 – 교수든 그 어떤 직업이든, 지원 측에서든 – 기회가 많았죠. 그런데 현재는 많은 인원들이 그 밑에 있으면서 나름대로 경쟁이 치열합니다. 그런데 이것을 사회가 얼마만큼 수용할 수 있는지는 생각해 봐야 할 것 같습니다.

蔡熙完: 공연이라는 것은 일정 정도의 재정적인 측면이 뒷받침이 안되면 예술 자체를 할 수 없는 것이니 지원세력의 확보와 개발은 필수적일 것입니다. 개인단위로라도 이를 구축해야 직업적으로 할 수 있는 여건이 마련되지요. 그런데 여러분은 이미 자기 세계를 구축해 온 것으로 평가를 받는데, 후배 세력을 어떻게 확보할 것인가도 문제인 것 같습니다. 성장하는데 도움을 주고 싶은 사람이 있습니까? 구체적인 인물을 얘기해도 좋습니다.

安愛順: 그동안 좋은 무용수들과 작업을 했습니다. 현대춤의 이윤경씨나 박소정씨, 남성무용수로 많은 활동을 하고 있는 류석훈씨나 정왕수씨 등이 있지요. 안무가로는 박호빈씨를 꼽고 싶어요. 춤테크닉을 어렸을 때 접했던 안무가들과 달리 연극으로 시작해서 무용을 하게된 박호빈씨는 무용을 다른 시각에서 풀고 있어서 가능성을 갖고 있는 것 같습니다. 한국의 현대춤은 외국의 감각적인 테크닉의 영향은 잘 받지만 스스로 소화되지 않는 상태에서 왕성한 활동을 벌여서 혼란스러운 상황입니다. 그런데 무엇보다도 중요한 것은 작가정신입니다. 외국의 유명한 안무가들이 자신의 내면이나 컨셉을 보여주는 방식에서 뚜렷한 작가 정신을 느낄 수 있었습니다. 그런데 우리의 춤교육이 무용수로서 무대에 선다는 것 자체에 대한 막연한 동경으로 이루어

져서 문제가 많습니다. 나도 그 작가적인 부분에서 더 노력하려고 합니다.

崔恩姬: 부산은 아직도 극장이나 스텝에 있어서 어려운 부분이 있지만 바탕은 많은 가능성을 가지고 있습니다. 기대할 만한 무용가들이 나름대로 많습니다. 그런데 이들이 두드러질 기회를 만나지 못하고 지속적이고 연계적인 작업 없이 한 번 발표를 하고 끝나는 경우가 많아 안타깝습니다. 계속적인 관심과 기회를 마련하지 못하는 지도자로서 책임감도 느낍니다. 나도 무용수로서 작품 활동에 애정을 가지고 있다보니 춤행정이나 기획 면에서 다가갈 노력이 시간적으로 부족합니다.

춤이야말로 가장 주목받는 21C의 예술장르

蔡熙完: 지방에서 활동하는 사람에게는 중앙으로 진출하는 것이 중요할 수 있겠지만, 지역 단위의 힘이 중앙으로 집중될수록 지역적 특성이나 다양성이 흐려질 수도 있습니다. 모든 공연이 마찬가지겠지만 부대조건, 공연환경 등이 지역 단위에서 마련되고, 중앙과 지역의 특색에 맞는 방식이 개발돼야 할 것이라는 생각도 듭니다.

나의 작품의 메시지, 내가 던져 보고 싶은 이야기, 주제들이 작가 정신을 말해주는 것일텐데, 향후의 자신의 춤세계에 어떤 전망을 가지고 있는지요?

崔恩姬: 초창기에 작품을 할 때는 우리 것에 대해서 모르는 것이 너무 많았습니다. 그래서 우리적인 표현을 찾는 방향으로 갔지요. 그런데 너무 그것에 강하게 집착하는 것은 아닐까라는 생각이 들어서 좀더 다양하게 기법도 활용해보고 즉흥적인 생각을 그때그때 표현해 보고 싶은 욕구가 있었습니다. 하지만 외형적으로만 추구한 것 같은 느낌도 들었습니다. 이제는 다시 처음에 생각했던 것을 그 때와는 다른 형태로 찾고 싶은 겁니다. 앞으로 실존적 문제를 다루거나 새로운 만남 등을 시도하고 싶습니다. 외형적인 다양한 모습에서 벗어나 조금 더 무용수로서 내면적인 곳으로 향하고 있습니다. 여하튼 간결하게 하고 싶은 마음입니다.

安愛順: 10여년간 한국적인 소재를 가지고 현대적인 춤사위로 만들어왔습니다. 외국인들의 눈에 독특한 것을 보여주려면 우리 것이 가장 유리하다고 생각했기 때문이지요. 그래서 한때는 불교적인 부분을 작품에 접목시켰는데, 그 중에서도 음악 부분, 율조리는 「회심가」, 「반야심경」 같은 것이 미니멀한 컨템포러리 음악과 통하고 있다고 보았기 때문입니다. 지난 해 『온 타임』으로 상을 받았는데, 그 동안의 내 작품 형식을 부수고 싶다는 생각이 많았습니다. 스스로 내 형식을 만들었지만 오히려 이것

이 진부할 수도 있다는 생각이 든 거죠. 물론 작은 작품 안에서 너무 한국적인 것에 연연해하지 말자라는 생각으로 작품에 임했습니다. 다국적으로 혼합되고 하나가 되는 이 시대에 한국적인 것에 연연해하는 것이 오히려 국제성을 잃고 진부함으로 이끌고 갈 수 있다는 생각이 들었기 때문이지요. 그리고 전에는 "연변 무용수를 보는 것 같아"라는 말을 한 적이 있습니다. 미니멀한 느낌으로 풀었는데, 추는 사람들이 동작에 의미를 주고 해석는 과정에서 신파적인 요소가 들어갔으니까요. 나름대로 연기가 될 수 있었는지 모르지만 처음에 의도했던 것과는 많은 차이가 있다는 것을 느꼈고, 도리어 한국적인 것에서 벗어났을 때, 계속 컨템포러리 정신을 받아서 한국적인 것을 찾을 수 있지 않을까 하는 생각을 하고 있습니다.

蔡熙完: 한국적인 것이 지엽적 편협성으로 치중되어 해석되기 때문에 그 보편적인 가치, 국제적인 성격에도 불구하고 협소하게 생각하고 있는 것은 아닌가 싶습니다. 참고로 김노경시인은 자기 것을 저마다 잃지 않으면서 한편으로는 서로 얽혀들어가는 것이 한국 문화의 특성이라고 지적한 바 있습니다. 두 가지가 대립적인 관계 속에서 서로 얽히는 '흰그늘', 밝고 어둠이 교차되는 지점이 한국적인 미의 근원이라는 것이지요.

개인적으로 덧붙이자면 몸의 반응이 던져줄 수 있는 상상력의 세계, 몸을 통한 사유 방식의 개발이 21세기적 전망이 아닌가 합니다. 그렇다면 몸적 발생, 몸적 사고방식을 택할 수밖에 없는 춤은 어떤 예술장르보다도 주목받는 장르가 되지 않겠는가 예측합니다. 그리고 다시 근원적인 세계로 회복되는 페스티벌, 큰 굿판이 문화적 과제로 등장하지 않을까 합니다.

崔恩姬: 대중화라고 하면서, 춤과 대중을 많이 연결하려는 시도들을 하기도 하는데요, 나는 대중을 위한 춤을 볼 때 참다운 대중화가 무엇인가를 생각합니다. 앞으로 축제를 겨냥한 춤은 작가적 정신이 보다 더 돋보이고 참여하고 같이 즐기는 경향이 있었으면 합니다.

安愛順: 사실 춤꾼들 스스로 무대의 틀 안에 갇혀 있는 부분이 더 많습니다. 자신의 춤 안에 머물러 있는 경우가 많기 때문에 쉽게 공감대를 형성할 수도 없고 신명나게 행위를 할 수 없을 정도입니다. 예전에는 내 경험에서 우러나온 메시지들이 너무나 절실하게 했기 때문에 그 생각에 집착했는데, 요즘 들어서는 남이 어떤가를 보고 싶은, 관점 자체가 바뀐 것을 느낍니다. 공통 부분을 남에게서 찾는 것이 적극적인 방

법이고 빠르게 우리가 원하는 형태를 만들 수 있지 않을까 합니다.

蔡熙完: 남과의 관계설정에서 남을 '나를 비춰주는 거울'로 삼는 자기 객관성이 필요하다는 얘기군요. 실제로 춤을 추면서 인간간의 교류뿐만 아니라 그를 넘어선 신적 존재나 자연이나 우주의 기운과 접촉한 경험이 혹 있었습니까? 몸 전체가 충만한 어떤 에너지로 휩싸여진 듯한 기운 같은 것 말입니다.

安愛順: 그것은 스스로 자유로워지지 않으면 안됩니다. 무용수도 도구화되면 안되고, 안무자도 퀘어 맞추고 운영하는 자가 아니라 자유롭게 해주는 사람이 되어야 합니다. 실제로 무대에서 춤을 출 때도 엄청난 부분을 즉흥으로 놔둘 때 자유로운 춤을 맞이할 수 있습니다. 힘든 부분이긴 하지만 말입니다. 한국춤이 기호화되거나 체계화되지 않는 것은 무한히 열려있는 시간 · 공간 · 사람에 따라 끊임없이 달라지는 즉흥적 요소 때문이라고 보는데 그런 즉흥적인 부분이 지금의 컨템포러리 정신과 잘 맞고 있습니다. 요즘에는 춤이 우연성이나 찰나적인 것으로 가기 때문에 무궁무진하며 한국적인 것이 더 선명하게 미래적인 것으로 풀릴 수 있다고 봅니다.

崔恩姬: 한번은 저녁에 산기슭에서 공연을 했습니다. 말로 표현하기 힘든 부분이긴 한데, 그 교감의 상태가 충만하다는 느낌을 받았습니다. 그리고 또 『원효대제전』 때 황룡사터에서 가진 밤 공연은 그 환경이 주는 분위기가 춤을 추고 싶은 마음이 생기게 하더군요. 그런 터를 마련해야 하지 않을까 합니다. 지역마다 춤터를 개발해야죠. 그런 것을 살려서 춤판을 많이 기획했으면 좋겠습니다. 요즘에 알맹이 없는 행사가 너무 많지 않습니까? 상업위주의 먹거리 행사, 획일적으로 하는 것을 보면 회의가 들기도 합니다.

蔡熙完: 열린 시 · 공간에서 자연과 인간과의 교감을 염두에 두고 춤공연이 기획되었으면 좋겠다는 말씀이셨습니다. 그랬을 때 춤추는 이뿐만 아니라 관중은 한정된 축소된 공간에서 벗어날 수 있는 계기가 될 수 있을 것입니다. 안선생의 얘기 중에 중요한 것이 자유로움입니다. 자기 스스로 얽매이는 데서 스스로 풀어헤쳐 나올 수 있는, 자기 존재의 굴레에 대한 역류겠지요. 자기에 대한 새로운 인식이 춤을 통해서 어떻게 가능할 수 있는가를 얘기해볼 만 합니다. 우리 춤의 특성의 하나가 卽興(즉흥)성, 興(흥)에 卽(즉)한다는 것이죠. 그렇다면 흥이 무엇일까요? 사실 춤의 기본 방식도 즉흥에서 출발하고 있는데, 창작 과정에서 우연성의 계기도 즉흥의 한 성격이라면 이것이 단순히 우연적인 것인지, 아니면 우연적 필연인지, 필연의 세계와 순간적으로

적용되는 우연적인 것이 어떻게 만날 수 있는지, 예를 들면 큰 틀 속에서 각각의 자유로움에 대한 자기 반응을 즉흥이라고 말할까요? 즉흥이 무엇인지 구체적인 사례가 있다면 말씀해 주세요.

작가정신이야 말로 무용수와 무용가를 가르는 관건

安愛順: 즉흥이나 우리의 흥은 자신을 최면에 거는 하나의 방법이라 할 수 있습니다. 즉흥은 이성적이거나 논리적이지 않습니다. 그래서 행위자로 하여금 모든 것이 응축된 상태로 예리한 감각을 통해 무의식적인 행위를 펼칠 수 있게 만듭니다. 내가 무용을 통해 경험한 구체적인 즉흥은 일단 자기 몸에 흐르는 음악적인 리듬을 찾아낼 수 있는 것이었고 무용수들에게도 그것을 구체적으로 끌어내도록 유도합니다. 그것이 가장 자연스러우면서 유연하고 세련된 모든 것들을 만들어 냅니다. 우리의 사물놀이도 우리가 가지고 있는 무박자, 그 이상의 부분들이 우리 몸의 리듬을 저절로 나오게 만드는 겁니다. 구체적으로 자기 몸의 리듬을 찾게 해주는 것이 무용즉흥의 묘미를 최대화 할 수 있습니다.

蔡熙完: 자기가 개발한 자기춤의 언어를 교육시키는 방식으로서의 춤훈련프로그램 기본이 있을텐데, 기본이라는 틀 속에서 즉흥성의 발휘를 가능케하는 방법을 개입하고 있는지요?

安愛順: 뭐가 우선이 되어야 하고 나중이 되는 것인지는 모르지만 병행하거나 즉흥이 우선되어야 한다고 생각합니다. 구체적으로 알고 나서 자신의 문제점이나 판단의 근거를 던져줬을 때 그것이 자기 것이 되지요. 그런데 자기가 가지고 있는 한국춤의 리듬의 섬세함, 세밀함, 빠름, 박자안에 가지고 있는 그런 것을 정말로 알고 춤으로 푸는 분들이 없습니다. 특히 외국은 박자개념이 정확한데 반해서, 우리는 늘 4박자 무용교육 때문에 춤의 해석이 안됩니다. 박자의 운영도 이미 잊어버린 거죠. 현대춤, 발레 등에서는 교육적으로 유도해내지 못하는 부분이 많고, 도리어 한국춤쪽에서 무용수의 음악적 해석력을 쉽게 교육할 수 있다고 보는데 이런 부분을 정말 잘 교육하고 있는지 의심스럽습니다.

崔恩姬: 음악을 예로 들면 시나위를 들 수 있겠지요. 박자는 일정하되 그 액센트가 옮겨가면서 자유로우나 통일성이 있고 전체 악절로 보면은 하나의 단락을 이루고 그에따라 춤사위도 맺고, 푸는 동작이 한 단위로 이루어집니다.

安愛順: 시나위는 그런데, 춤을 추는 사람들이 그에 대한 구체적인 대화가 됐냐는 겁니다.

蔡熙完: 즉흥이라고 해서 형식적인 틀에서 해방된다는 것만은 아닐 듯 싶습니다. 보이지 않는 큰 흐름의 세계 속에서 제 각각의 자기 반응이 즉흥이 아닐까 합니다. 그런데 무엇이 흥을 내게 해주는 것인가, 그 무엇이 중요한 것이라고 보는데 그것은 곧 나를 있게 해주고 있는 것은 무엇인가라는 물음과 통합니다. 몸을 통해서 만날 수 있는 그 무엇이라고 하는 세계를 춤에서 묵상해야 할 것이라고 보는 겁니다.

安愛順: 춤은 이렇게 풀어져야 한다고 생각합니다. 변증법적인 사고를 가지고 우주적인 것, 내지는 막연한 개인의 이미지 공간을 풀어야 합니다. 그러나 괴리가 큽니다. 메시지를 얘기할 때 변증법적으로 가야하는데, '흥'이라는 어떤 부분에 대한 체험은 주관적인 부분이거든요. 이것을 다른 사람이 보도록 하는 방법은 참 어렵습니다. 춤이라는 애매모호한 수단을 통해 전달돼야 한다고 했는데, 우리나라에 '氣(기)춤', 기에 관한 논문도 있지만 사실 구체적인 언어로 나오지 못하고 있습니다. 누군가가 구체적으로 얘기를 하면서 풀어갔으면 좋겠습니다. 반대적인 부분들이 서로 만나 잘 가고 있는지, 어쩌면 더 멀어져가고 있는 것은 아닌지 말입니다. 외국의 사고구조와 논리성과 비교할 때 우리는 더욱 애매모호하게 가고 있는 것은 아닌가 합니다.

蔡熙完: 여태까지는 춤에 대한 사고 방식, 춤이론의 체계화가 일반 예술론이나 미학에 크게 의존하곤 했었지요. 앞으로는 춤이 미학을 위해서 기여할 바가 많을 것입니다. 춤이론의 향상을 통해서 예술의 이론을 새롭게 열어젖힐 수 있지 않을까 하는 희망을 갖고 있습니다.

이제는 스스로 되돌이켜보아 나의 세계를 적절히 전달해주고 있는 나의 춤의 언어는 어떤 것인지를 말했으면 합니다. 마사 그래이엄 기법, 험프리의 기법이 있듯이 말입니다. 혹시 지금 살고 있는 사람들의 일상적인 몸짓, 몸동작, 이를테면 가령 길거리의 걸음새에서도 개발해야 할 단어, 언어들이 있지 않을까 합니다.

安愛順: 나는 한국춤도 하면서 마사 그래이엄 기법도 배웠습니다. 내 몸의 구조, 리듬 상 외국 사람들은 하늘을 향한 춤이 우리와 달라요. 신체를 움직일 때 공중에 많이 떠있는 것이라면 우리는 도리어 땅의 기운에 밟이 연결이 돼있어요. 실제로 마사 그래이엄도 그런 쪽의 움직임이 아닌가 싶습니다. 그래서 지금 나의 춤의 공간을 보면 바로 땅에서 골반 직전까지의 부위의 부분들이 중요합니다. 나는 많은 한국적인 춤사위

와 마사 그래이엄적인 부분을 접합시키면서 죽은 공간을 찾고 싶었고 소박한 춤, 절제된 춤을 유도하고 싶었습니다.

崔恩姬: 개인적으로 보면 의례적인 면에 관심이 많아서 실제로 춤을 추는 것보다는 의식을 들이는 장면, 각종 민속놀이나 탈춤에서 보여지는 춤형식에서도 판놀음외에도 앞놀음인 길놀이나 뒷풀이의 난장적 무형식에 관심이 많았고 특히, 무속에서 보여지는 의식에서 많이 따왔습니다. 본질적으로 리듬에 맞추는 춤보다는 의식을 어떻게 무대의 춤으로 보여줄 수 있을까를 생각했죠. 여기서 춤이 접신된 형태만 사람들이 관심을 가졌다면 나는 그 전 단계인 접신되는 단계와의 연계를 생각했습니다.

새로운 삶의 지평을 열어줄 작품을 발굴해 내는 것은 평론가의 임무

蔡熙完: 작품생산자와 관중의 관계, 특히 그 중에서도 안무가와 비평가의 긴장된 동반자 관계를 언급하지 않을 수 없습니다. 춤을 만들어서 공인된 자리에서 펼쳤을 때, 관중의 반응이 무엇보다 중요하겠지만 아무래도 이를 역사화하는 것은 평론가의 몫이겠죠. 그래서 춤작품과 평론사이의 긴장된 관계가 조성됩니다. 그리고 평론가 저마다 가지고 있는 독특한 시각 속에서 새로운 해석, 또는 곡해도 있을 겁니다. 자신의 체험 속에서 볼 때 평론과 작품과의 바람직한 관계 설정은 어떤 것입니까?

安愛順: 평론하시는 분들도 개인적인 기호선택을 할 수 있고, 또 그 부분을 따라 가는 것이 당연하다고 생각합니다. 그런데 많은 부분이 객관성과 주관성이 마구 왔다갔다하는 겁니다. 내가 이해하고 있고 특별히 좋아하는 부분과 사회적인 여론과 더불어 가는 평가가 혼란스러워서 기준이 왔다갔다합니다. 평론은 어쨌거나 역사를 기록하는 기록자입니다. 가끔은 객관적이지 않은 평론을 접할 때마다 그 기준을 다시 한 번 생각하게 됩니다.

崔恩姬: 안선생이 전체적인 얘기를 해주셨으니까, 개인적으로 하겠습니다. 사실 나는 춤을 만들 때, 관념적인 추상성에 매료됐습니다. 그러다 보니 관념적인 것을 형상화시킬 수 있는 이미지적인 것이 떠오르지 않으면 상당히 작업이 힘들더라구요. 그런 이미지 쪽에 연결을 하다 보니까, 조금 더 극적인 구조를 가져야 할 부분에 맥도 못추고 접었다 폈다한다는 이야기를 들었죠. 물론 좋은 지적이긴 했지만 그것은 나의 한계이기도 하면서 어떤 이들이 나의 독특한 분위기라고 한 것이기도 하지요.

蔡熙完: 미학의 마지막 과제가 예술비평론이라고 하는데, 한 작품의 평가에 대한

객관적 기준이 과연 있을 수 있을까, 모든 작품을 두루 평가할 수 있는 객관적인 춤의 틀이란 과연 있는 것인가, 있다면 무엇인가 하는 것이 미학의 마지막 과제라고 하지요. 어떤 사람은 세 가지로 춤의 틀을 설정합니다. 일반화된 이야기로, 작품의 심도와 진실성 즉 내용적 측면입니다. 표현매체나 언어의 적절한 활용과 구성력 곧 미학적 측면입니다. 그리고 그것이 지니고 있는 예술사적 위상 등이 그것입니다. 그런데, 그것조차도 결국 자신의 관점에서 설정을 한 것이기 때문에 어차피 주관적인 영역에서 크게 벗어날 수는 없지요.

나로서는 그렇게 해서 만들어낸 작품이 예술의 역사에서, 예술사상의 흐름에서 어떤 위상을 차지하는가를 따져봅니다. 17세기에 적합한 것을 21세기에 똑같이 하고 있다면 잘잘못을 따지기 전에 안 맞는다는 겁니다. 자기회귀라고 하면 모르지만 그것은 21세기의 것으로 순환적 진화를 겪은 17세기의 것이어야 한다는 겁니다. 그러기에 그야말로 당대적이지 못하다는 점에서 그것을 작품 평가에서 제외하거나 저급한 것으로 볼 수밖에 없습니다.

安愛順: 세 가지 부분이 듣기로는 너무나 틀에 박힌 기준이 될 수 있고 옛스럽다는 겁니다. 미국의 현대춤을 생각해볼 때, 이론가들의 이론이 컨템포러리적인 정신을 다시 틀에 묶이게 하는 것과 비슷합니다. 반대로 작업자가 채선생의 틀을 생각하고 만든다면 내 느낌으로는 진부한 느낌이 듭니다.

蔡熙完: 진부하다기보다 이런 구조는 원천적인 겁니다. 변할 수 없는 점은 평론이 바로 작품이라고 하는 현상에 대한 사후 의미부여거든요. 이 현상이 가지고 있는 예술적 위치가 어디라고 점을 찍어주는 것이 비평의 마지막 과제이기 때문이지요. 이 세 가지 측면에 따라 평론가마다 가지고 있는 관점이 있는 겁니다. 나는 춤이란 현장적인 것을 떠날 수 없는 공연양태이기 때문에 현장에서 관중의 반응이 어떻게 나타나고 있는가도 하나의 현상으로 보고 있습니다. 현장적 일회성을 감안하지 않은 공연평가는 잘못된 겁니다. 비록 관중의 반응이 저급한 수법의 것이라고 해도 그것은 엄밀한 실상이니까요.

崔恩姬: 사실 관객과의 대화 시간도 좀더 마련되어야 합니다. 꼭 평론가들에게만 듣는 것이 아니라 주변의 다른 사람에게서도 들어야 하니까요. 그런 방법들이 좀 더 모색이 되어야 할 것 같습니다.

安愛順: 평론가는 이론적인 부분에 더 강할 것이고 실제 작업하는 사람은 실리적인 부분에 근거합니다. 그래서 대화의 표현에도 가장 애매모호한 것이 예술성이란 집

| 이달의 좌담 |

한국창작춤의 선두를 지켜온 긍지를 살려

– 「한국무용연구회」 25년을 되돌아보며

「가나다순」

김 운 미 (金雲美/한국춤 · 한양대 교수 · 우리춤연구소 소장)
오 은 희 (吳恩姬/한국춤 · 서울예대 교수 · 서울문화홍보원 원장)
최 은 희 (崔恩姬/한국춤 · 경성대 교수 · 춤패배김새 총감독)
사회 윤 덕 경 (尹德卿/한국춤 · 서원대 교수 · 한국무용연구회 이사장)

• 때 : 8월 17일 오후 4시 • 곳 : 「춤」 편집실

왼쪽부터 오은희, 최은희, 윤덕경, 김운미 씨

「한국무용제전」을 통해 한국춤의 안무자들이 대부분 배출

윤덕경 한국무용연구회는 1981년 초대 이사장인 김매자 당시 이화여대 교수를 비롯해 김영동, 문일지, 손진책, 이상봉, 정승희, 정재만, 채희완 선생 등을 주축으로 창립되었습니다. 한국무용문화의 학술연구 활동과 창조적인 예술창작 활동으로 예술무용 발전에 기여한다는 목적으로 출발하였지요. 그리고 25여년이 흘렀습니다. 2대 임학선 이사장을 거쳐 2002년부터 제가 지금 이사장직을 맡고 있습니다. 25년의 역사를 바탕으로 이제 우리 한국무용연구회는 또 다른 발돋움을 해야 할 상황에 놓였어요. 그래서 25주년을 기념하는 「제21회 한국무용제전」을 앞두고 한국무용연구회를 되돌아보는 자리를 마련하게 되었습니다. 먼저 올해 「한국무용제전」으로 이야기를 시작해볼까 합니다. 작년 25주년 기념 심포지엄을 하면서 한국무용연구회가 거듭난다는 뜻의 행사를 가질 필요가 있다는 걸 생각해 올해 이 행사를 준비하였습니다. 한국무용제전은 1985년 국제무용주간을 기념하여 문화방송국(MBC)과 공동으로 처음 열렸

습니다. 최은희 선생님은 1회 때부터 참여하신 걸로 아는데, 소감을 들으며 좌담을 시작하겠습니다.

최은희 제가 한국무용제전에 몇 번이나 참여했나 돌아보니 이번까지 21회 중 11번이더군요. 1984년 부산 경성대 교수로 부임하면서 공연활동보다는 교육에 좀 더 신경을 써야겠다고 마음먹었어요. 그런데 1985년에 제1회 한국무용제전이 열리면서 『소리굿, 변신』이라는 작품으로 참여하기 시작해 5년 연속 참여하게 되었어요. 2회 때 「전통춤을 재해석한 창작춤」이라는 주제가 생기면서 그 후부터는 공동주제를 가지고 작품을 만들었지요. 그래서 「춘앵무」를 바탕으로 『왕의 뜰』을 창작하고, 「강강술래」를 새로운 시각으로 재조명해서 『파문』을 공연했는가 하면, 「춤과 제의」라는 주제로 『매듭풀이』, 「내일의 흐름 찾아」를 주제로 『어두운 날들의 바람 그치고』 등, 하나의 주제를 두면서 한국춤의 창작성을 많이 고민하게 되었던 것 같아요. 즉, 한국무용제전은 내가 꾸준히 한국창작춤을 할 수 있게 된 중요한 발판이 되어주지 않았나 싶습니다. 지금 30여년 간 작품활동을 해오고 있지만, 어떻게 보면 그때 했던 레퍼토리가 제

| 이달의 좌담 |

부산지역 춤을 다져온 것에 자부심을 느낀다

— 창단25주년 기념공연을 마친 춤패 배김새

최은희 (崔恩熙 / 춤패 배김새 총감독 · 경성대 무용학과 학과장)
정미숙 (鄭美淑 / 춤패 배김새 예술감독 · 경성대 외래교수)
하연화 (河蓮花 / 춤패 배김새 대표 · 경성대 외래교수)
한수정 (韓秀精 / 춤패 배김새 단원 · 울산 처용무 전수학교 회장)
안주현 (安株鋗 / 춤패 배김새 기획 · 단원)
사회 박성호 (朴成浩 / 춤패 배김새 · 경성대 겸임교수)

▪ 때 : 2월 23일 오후1시
▪ 곳 : 경성대학교 무용학과 최은희 교수 연구실

부산지역을 중심으로 활발한 활동을 벌여온 춤패 배김새의 25년

박성호 춤패 배김새가 2010년 창단25주년을 맞았습니다. 춤패 배김새의 총감독이신 최은희 교수님과 창단멤버이면서 초대대표이신 정미숙 선생님, 초창기부터 같이해온 현 대표 하연화 선생님, 그리고 한수정 단원, 안주현 단원, 사회로 저 박성호 이렇게 6명이 지나온 배김새의 지난날과 현재 그리고 앞으로의 비전에 대해 이야기 나누는 의미 있는 자리를 마련하게 되어 기쁩니다. 우선 배김새 25주년을 맞은 감회를 들으며 이야기를 시작하겠습니다.

최은희 부산에 처음 와 낯설음을 적응해 갈 때 쯤 만들어진 단체입니다. 서

좌로부터 하연화, 안주현, 최은희, 박성호, 한수정씨

울에서 활동하던 내가 부산에 와서 부산 춤을 접하고, 단체가 만들어 지고 또 단체가 성장해 가며 많은 추억들이 가슴에 자리 잡고 있고 지금은 함께 하지 못하는 제자들까지 사실 생각이 아주 많이 납니다. 나와 함께 나이를 먹는 춤패 배김새에 대한 애정이 깊은 것은 단원 모두가 알고 있을 것이라 생각해요 이 시간동안 춤패 배김새를 통해서 도모한 지역무용의 활발함에 뿌듯하게 생각합니다. 더불어 창단부터 지금까지 단체에 함께 있어준 정미숙 선생과 하연화 선생에게도 고마운 마음입니다.

정미숙 정말 많은 시간이 흘렀습니다.

이러한 시간의 흐름을 느끼지도 못하고 어느 날 돌아보니 10주년이라 하였고 … 그러다 오늘 25주년을 맞게 되었습니다. 늘 같은 일상 … 사람들과 함께하다보니 크게 실감하지 못하고 있었습

… 같은 길을 갈 수 있도록 항상 지켜주신 최은희 교수님께 감사드립니다.

부산지역 최초의 한국춤 전공 동인단체로 시작, 대표적인 단체로 성장해

하연화 춤패 배김새 25주년은 여러 가지 감회와 더불어 남달리 큰 의미를 가진다고 봅니다. 부산에서 한국무용 전공 동인단체로서는 처음으로 만들어졌고 현재 춤패 배김새가 배김새라는 단체 이름처럼 무용계에 단단히 뿌리내리고 깊이 박혀 25년을 이어오고 있습니다. 춤패 배김새에 처음 입단을 하여 총감독이신 최은희 교수님의 열정과 춤 정신을 하나도 놓이지 않으려고 배우며 애쓰던 때가 엊그제 같은데, 춤패 배김새 25년 역사 속에 5번째 대표로 벌써 12년이나 되었습니다. 대표를 맡으면서 이렇게까지 무거우리라 생각하지 못했는데 한발 한발 내딛는 것이 마치 가시밭길을 맨발로 걷는듯한 고통을 느끼게 합니다. 그동안 배김새가 쌓아올린 업적에 누가 되지 않으려는 몸부림 이라고 할까요? 이제 25주년을 뒤로하고 새로운 각오로 더 무거운 발걸음을 그동안은 앞에서 끌었다면 이제는 뒤에서 밀면서 30주년, 50주년을 향해 한발 한발 내딛으려 합니다.

박성호 연습실에서 여러 선배님들과 후배들이 함께 밤새도록 시간가는 줄 모르고 서로의 몸을 부딪치며 온 시간이 어느덧 20년이 훌쩍 넘어가고 있습니다. 시간은 정말 번개와도 같이 흘러가는 것 같습니다.

우리는 작품하나 하나에 많은 고민과 연구로 젊은 열정을 담아 그 속에 쉼 없이 달려왔습니다. 때로는 창작의 고통 때문에 힘들기도 하였고 단원들과의 의견충돌로 인해 서로 힘든 상황까지 가 보기도 했습니다. 무엇을 위해 그렇게도 열심히 달려 왔을까 하고 자신에게 질문을 던져보니 벌써 40대 초반이 지난 나와 마주치게 됩니다. 가끔 그 옛날로 다시 돌아가 젊음의 열정으로 한 번 더 신명나게 춤패 배김새와 같이 놀아 보고 싶다는 생각도 해 보기도 합니다.

저희 춤패 배김새는 25주년이라는 대한민국에서도 찾아보기 힘든 긴 시간동안 서로의 힘을 모아 활발한 활동을 하였고 세월의 무게와 단원을 이끌어가는 교수님의 노력만큼 부산 춤계가 아닌 대한민국 춤계에서도 자리 매김하고 있

… 달려 온 결과라고 생각합니다. 늘 묵묵히 결 … 을 해주신 최은희 교수님과 저희 춤패 배김 … 리고 싶습니다.

… 여러 단원님들의 얼굴에 주름과 머리카락 사이사이 흰머리가 점점 늘어가고 육체는 점점 노화되어 가고 있지만 오랜 시간 동안 다져지고 다져진 텃밭에 새 생명이 잘 자라듯이 한층 더 발전된 작품을 보여줄 수 있도록 더욱 더 분발하는 배김새가 되었으면 합니다.

춤패 배김새가 그동안 꾸준히 지켜올 수 있었던 이유는 끈기와 희생정신, 단원들 간의 믿음과 두터운 애정이 있었기 때문

한수정 무용단 생활을 위주로 한 저가 느꼈던 춤패 배김새는, 요즘 사라지거나 활동이 미비한 동인단체들의 아쉬움을 뒤로하고 그동안 꾸준히 지켜오고 있던 이유는 끈기와 꾸준함 그리고 희생정신, 단원들 간의 믿음과 두터운 애정이 있었기 때문이라고 생각합니다.

… 를 두고 싶습니다.

최은희 때마침 활동을 왕성히 하던 30대 단원들이 출산으로 빠지게 되었어요. 모색하건대 그렇다면 스무 다섯 해를 보낸 배김새의 체계의 정리를 담은 공연물보다는 기존의 오랜 세월을 함께했던 하연화 대표와 이제 활동을 시작한 안주현 단원이 작품을 하나씩 내어 춤패 배김새의 뿌리와 발전에 도전해보는 것은 어떤가 하고 생각했습니다.

박성호 네, 춤패 배김새의 어제와 오늘 그리고 내일을 담는다는 취지가 잘 살아있는 공연이었습니다. 안무자들께서도 감회가 클 텐데 한 말씀 부탁드립니다.

25주년 기념공연 "환(還)"은 춤패 배김새를 다시 한 번 되돌아본다는 뜻

하연화 춤패 배김새의 25주년 기념공연의 타이틀인 "환(還)"은 춤패 배김새를 다시 한 번 되돌아본다는 뜻이 담겨있습니다.

그래서 초창기 단원으로 그동안 했던 기존작품들 중에서 하나를 선정하여 보다 완성도 있는 작품으로 재보완 하고, 춤패 배김새에 새로 수혈되어진 풋풋한 단원들 중에서 한 명이 새로운 작품을, 그렇게 두 작품을 올리기로 하였습니다.

기존 작품으로는 제가 안무하여 「2005 부산 무용제」에 나갔던 작품인 『바다를 건너는 나비』를 수정, 보완 재구성 하여 『나비 날다』로, 신작인 『꿈꾸는 식 …

25주년 기념공연이고 해서 초심의 마음으로 춤패 배김새 단원들로만 무대를 만들어 보려고 했던 처음 취지와 다르게 객원들의 출연이 부득이 하게 많아 진거죠, 덕분에 공연이 무사히 잘 끝나긴 했지만 같이 하지 못한 단원들 때문에 많은 아쉬움이 남습니다.

무엇보다도 개인적으로 공연이 끝나고 『바다를 건너는 나비』 때보다 안무, 조명, 무대미술 모두 완성도가 높았고 무용수들의 훈련도 잘되어있다는 관객들의 좋은 반응과 후일담을 들었을 때 그동안 가졌던 부담과 고생과 걱정들이 한순간에 기쁨으로 변하더군요, 가슴을 열고 마음으로 봐주는 관객이 있기 때문에 무대에 중독되면 끊지 못한다고 하나봅니다.

안주현 능력이 많이 부족한데 선배님들의 개인사정으로 얻어 받은 기회인 듯 했습니다(웃음). 처음에는 부담으로 스트레스가 많았죠. 춤패 배김새로서 본격적 활동을 한 것도 아직 4년 정도밖에 되지 않아서 춤패 배김새의 정신을 아직 다 알지 못한다고 생각했기 때문이었는데, 하연화 대표님의 조언을 받아 자기 색을 내는 것 또한 춤패 배김새의 색이 되는 것이란 말에 많은 용기를 얻었습니다.

현재 활발히 활동하는 춤패 배김새의 신, 구 단원의 차별화된 무대의 본보기를 보여준 작품구성

한수정 두 작품이 올랐는데, 현재 활발히 활동하는 춤패 배김새의 신, 구 단원의 차별화된 무대의 본보기라고 할 수 있겠습니다. 25년 춤패 배김새의 역사와 함께한 하연화 대표님의 작품과 춤패 배김새에서 무용수와 기획을 담당하며 개인의 춤의 세계를 다져가는 춤패 배김새 단원인 안주현의 작품은 작품 속에서 다른 것 같지만 한길을 함께 걸어가는 모습이 무대에서 확연히 보여졌습니다.

안주현 저는 지난 8월부터 「차세대 안무가 인큐베이팅」이라는 프로그램에 참여하고 있었습니다. 그때 트래킹이란 것을 태어나서 처음하게 되었는데 섬진강의 시작인 데미샘을 시작으로 강줄기를 따라서 걷는 프로그램이 있었습니

25주년 기념공연, 하연화 안무 『나비 날다』

다. 그때 온지 하루 만에 외할머니의 부고를 받았죠. 내 주위에 누군가가 떠나기는 처음이라 무척 힘들었지만 장례를 치르고 다시 트래킹에 참여 하였습니다. 또 특이하게 그날이 남해, 즉 섬진강의 마지막이었어요. 그때 느꼈던 말로 다 할 수 없는 감정들을 작품에 담고 싶었습니다.

남아 있는 내가 누군가의 죽음으로부터 어떤 고리로 연결된 느낌을 표현 하고 싶어서 공간의 의미를 나눈다는 컨셉을 큰 줄기로 잡았습니다.

처음에는 실로 엉킨 무대를 만들고 싶었는데 무대미술 황경호 씨와 함께 의견을 나누고 밴딩으로 소품을 정했고, 바닥도 관의 색깔처럼 일부 만들어 달라 했는데 생각보다 셋트가 정말 잘 나와서 무척 만족했습니다. 공간의 나눔의 의미성도 잘 전달되었던 것 같아요.

공연준비기간에 무용수들의 개인사정으로 중간에 두 명이나 빠지고, 독감까지 걸려 에너지를 이끌어 가는데 많은 고난이 있었지만 공연 후 나이에 비해 정말 심도 깊었다는 말씀에 내심 힘든 만큼 기분이 뿌듯했습니다.

박성호 뿌듯함은 그런 노력에 대한 당연한 보상일 수 있겠지요. 좋은 작품을 안무한 두 안무자와 연출하신 최은희 교수님께 감사드리고, 그리고 물론 멋진 무대를 보여준 우리 춤패 배김새 단원 전부가 축하와 박수를 받아야 하겠지요.

사실 지난 25년 동안 많은 작품활동을 하고 또 공연을 진행해왔는데요, 이 자리를 빌어 창단멤버이면서 초대대표를 역임하신 정미숙 예술감독님께서 그 당시를 한 번 말씀해주시지요. 창단 당시에는 지금처럼 인원이 많지않았지요?

창단공연인 「무궁화 꽃이 피었습니다」는 부산의 춤계에 신선한 충격과 화제를 몰고와

정미숙 춤패 배김새는 처음에 세 사람으로 창단됐어요, 세 사람으로 시작해서 오늘날의 춤패 배김새가 된 것이지요. 그때는 작품도 같이 만들고 의상도 시장에서 천을 사다가 직접 만들었고 음악편집도 직접 편집했어요. 모든 단원이 무용수이고 안무자이고 스텝이고 올라운드플레이어였어요.

그렇게 만든 작품이 『무궁화 꽃이 피었습니다』였는데, 그래도 부산에서는 신선한 충격이었어요. 그 당시 중앙동 가마골 소극장 이라는 곳에서 초연되었는데 대부분의 사람들이 모르는 곳이었어요. 무용하시는 분들도 당연 몰랐었고요. 그곳에서 창단공연을 하면서 관심을 많이 받았어요. 나름 팬들도 생기고.

그때는 정말 아무것도 모르고 겁 없이 시작 했어요. 지금도 그때로 돌아가고 싶고, 돌아가면 정말 잘 할 수 있을 것 같아요.

춤이 있는 곳이라면 여기 저기 참 많은 곳을 찾아다니며, 같이 먹고 자면서 학구열에 불탔던 기억이…

하연화 25년… 수없이 많은 인연과 다양한 공연들이 영화 필름처럼 지나가는 것 같습니다. 제가 창단멤버는 아니지만 대학 2학년때 정미숙, 윤보경, 안출이, 안귀숙 등 선배들이 『무궁화 꽃이 피었습니다』를 그 시절 용두산 공원 언덕 옆에 자리했던 가마골 소극장이라는 곳에서 창단 공연할 때 스텝으로 참여

하게 되면서 처음 춤패 배김새와의 인연이 시작 되었습니다.

그 당시 부산에서 춤공연을 소극장에서 접할 기회는 없었어요. 공연이 진행
되면서 소극장의 특색으로 무용수들의 숨결까지 감지되었고, 가까이서 지켜보
던 저로서는 그때의 그 열정적인 모습이 너무나 인상이 깊었습니다.

그 후로 재학생 때부터 춤패 배김새의 다양한 공연에 참여하게 되면서 졸업
하면 꼭 춤패 배김새에 들어가서 같이 작업을 해야겠다는 다짐을 마음속으로
만 했었어요. 그런데 정신을 차려보니 어느새 춤패 배김새에 들어가 대표로 있
네요(웃음).

초창기 춤패 배김새는 창단의 돛을 올린 후 쉬지 않고 달렸던 것 같아요. 최
은희 교수님께서 30대의 젊고 혈기 왕성 하던 때라 춤이 있는 곳이라면 여기
저기 참 많은 곳을 찾아다니며, 같이 먹고 자면서 학구열에 불탔던 기억이 납
니다.

경남 일대 춤사위를 섭렵하기 위해 「밀양 백중놀이」, 「고성오광대」, 「동래학
춤」 외에 「봉산탈춤」, 「작법」, 「택견」, 「기천무」, 「검결무」, 「선무도」 등 궁중무
용, 전통춤은 물론 민속춤에서 무예에 이르기 까지 다양한 춤 어휘력을 풍부하
게 다지기 위해 많은 노력들을 했습니다.

그렇게 너무 부지런하여 타인의 질투를 받기도 하였지만, 지
역 춤 단체로서 그런 부지런함을 과시 하지 않았다면 사실 그
존재성이 희미해 졌을 겁니다. 그리고 그것이야말로 지금의 춤
패 배김새가 부산의 어느 단체보다 굳건히 자리매김하고 25년
을 이어 올수 있는 힘의 원천이 아니었나 하는 생각이 듭니다.

**전통춤은 물론 민속춤에서 무예에 이르기 까지 다양한 춤 어휘력을 풍부
하게 다져온 내공**

박성호 그렇습니다. 그런 노력들이 또한 춤패 배김새에 다양한 레파토리로
남아있는데요. 이번 기회에 한 번 살펴보았으면 합니다.

하연화 춤패 배김새는 여러 가지 다양한 레퍼토리를 보유하고 단체로도 유
명합니다. 각종 전통춤은 물론 앞서 말한 영남 일대의 다양한 춤사위를 바탕으

12 이달의 좌담

로 만들어진 춤패 배김새의 대표적인 레퍼토리 작품으로 「배김 허튼춤」과 「물맞이 굿」, 「신명춤」, 「춤바라」, 「오방신장무」 등이 있고 정기공연, 기획공연, 무용제등에서 다양한 창작품들이 나왔습니다.

우선, 시대의 아픔과 정신대를 그린 「아리랑 진혼무」, 「히로시마 오늘 1989」, 「백의」와 환경문제를 다룬 「도시의 새」도 있었고, 소외된 계층이나 사회를 다룬 「아가들도 세상을 뜨는 구나」, 「교실이데아」, 사회와 개인의 긴장과 강한 욕구와 열망을 그린 「꿈」, 「달」, 「향」, 「장미, 그 가시를 품다」, 「푸른 눈물」, 「춤추는 아리랑」, 「꿈꾸는 식물」, 「나비 날다」 등 그 외 많은 작품들이 있습니다.

앞으로도 우리는 춤패 배김새다운 새로운 전통춤을 바탕으로 한 전통재구성 레퍼토리와 창작 춤 작업을 계속해 나갈 것입니다.

최은희 그동안 「물맞이」, 「신명」, 「배김 허튼춤」 등 토속적 지역성을 모티브로 짠 창작 레파토리가 많아요. 그 중 「배김 허튼춤」은 단연 으뜸이라 생각합니다. 마당놀이가 중요하게 자리 잡은 지역성을 무대와 잘 접목한 작품인데 이러한 작품들을 춤패 배김새 단원들이 잘 간직하여 이어나갔으면 좋겠네요.

전통춤을 바탕으로 한 새로운 전통재구성 레퍼토리와 창작춤 작업을 계속해 나갈 것

박성호 지역성과 무대를 잘 접목한다는 것이 말로는 쉽지만 실제로 작품화하기는 정말 어려운 일인데요, 춤패 배김새는 한결같이 열정을 가지고 시도해 오고 있습니다. 이를 통해 춤패 배김새가 한국의 춤계에서 부산을 중심으로 뚜렷한 족적을 남기고 있는 것이지요.

최은희 지역에서 만들어진 단체가 이리 장수하기도 어렵다는 말이 무색하게 25주년이나 이어져 나간 것에 스스로도 놀랍습니다. 많은 단원들이 영호남의 춤에 대해 모색하고, 창작적 욕구를 끊임없이 발산해준 덕분이라 생각해요. 한국춤이 급속히 무대화 하면서 사실상 북쪽 지방의 트랜드에 따라가는 모습이 많이 연출됩니다. 특히나 공연 문화예술이 집중된 중앙의 문화 파급효과를

부산지역 춤을 다져온 것에 자부심을 느낀다 13

보면 지역이 가진 개성이 얼마나 소중한지 인식되어야 하고, 해외이
받는 여러 가지 좋은 작품들도 많지만, 그 나라가 가진 특질들을 잘
가져가야 한다는 것이 나의 모토입니다. 지역성을 앞으로 지키지 않
됩니다.

하연화 춤패 배김새 25년은 단지 시간적인 길이의 의미 외에 춤패
한국춤계에 이룩한 공적과 성과는 크다고 봅니다. 부산을 기점으로
요구하는 예술행위를 선구적으로 해왔으며, 춤계에 뚜렷한 산맥을 이
할 수 있습니다.

또한 중앙의 그 어느 단체보다도 순수하고 밀도 있는 작품세계를 펼
부하고, 뛰어난 창의력과 부단한 기량연마 등으로 눈부신 발전을 해왔
지역 특유의 전통을 살려 창작한 실험적인 창단공연을 시작으로 20
의 공연을 통해 동시대의 아픔과 모순을 제시했고,
조리를 파악하며, 추상성에 기울이지 않는 구체성,
호를 경계하는 형상성, 모방을 탈피한 조형성으로서
새가 뿌린 춤들은 험난한 상황과 쉽지 않는 춤 여건
구하고 새로운 창작을 위해 끊임없이 매진해 왔습니다
뿐만 아니라 우리 춤패 배김새는 다양한 공연 속에서 일반 대중과
하고자 노력하고 우수한 기량을 갖춘 무용단, 의식 있는 춤패로 진가를
가 받고 있습니다.

박성호 앞으로 춤패 배김새의 방향이나 계획에 대해 이야기를 나
으면 합니다.

최은희 기존에 해오던 많은 작업들도 뜻 깊지만, 25주년 기념 공연
되었듯이 몸과 의식이 합일된 육체적 세계인식이라는 정신을 잃지
좋겠습니다.

**6월에 있을 정기공연이
남을 주제로 공연**

회공연"과, 자기 자신을 되돌아보고 각오를 다지는 "워크숍" 그리고 "레퍼토리 공연", "정기공연", "순회공연", "해외공연" 등을 해왔습니다.

그동안의 춤패 배김새 공연은 주로 윗세대의 안무로 올려 졌는데요, 25주년 기념공연을 계기로 젊은 단원들의 왕성한 활동의 계기를 마련해 주려고 합니다.

6월에 있을 춤패 배김새의 정기공연은 30대 전후의 단원들이 두 사람씩 팀이 되어 모두 네 팀이 전통춤과 창작춤의 만남을 주제로 소극장에서 공연할 예정입니다. 전통춤으로 「학춤」의 손미란, 「한량무」의 박성호, 「처용무」의 한수정, 「진주교방굿거리춤」의 김정원 등 네 사람과, 이를 각자 다른 전통춤으로 창작 할 젊은 안무자로 남지원, 조은정, 안주현, 박수정 등이 공연하게 되는데, 개개인의 개성을 살려 독창성과 실험성의 세계로 자신만이 가질 수 있는 춤 언어와 호흡이 나올 수 있는 신선한 작품이 나오리라 기대해 봅니다.

한수정 저출산의 영향으로 인한 인구감소, 무용수의 부족현상이나 무용전공 기피 등의 이유로 요즘 춤계가 많이 힘든 상황인데, 어느 때보다 회원들의 결속력이 강조되어야 할 것이고, 그 속에서 춤패 배김새의 모습을 찾고, 춤패 배김새다운 춤의 맥을 이어가야 할 것입니다.

춤패 배김새는 부산에서 활동해 오면서 지역적 특색을 강조하고 다져왔으며, 대표라 할 수 있는 「배김 허튼춤」을 만들어 춤패 배김새의 이미지를 부각시키고, 그동안의 작품에서 사회적, 정치적, 환경적인 시사성을 내포한 수작들이 춤패 배김새의 색깔로 자리매김하는 성과를 보였다고 생각합니다.

억지로 꾸미지 아니하고 생활모습 그 자체에 의미를 두고 우리 속에서 우리의 것을 찾아가는 노력과 열정이 지금의 춤패 배김새의 참모습으로 다가가고 있는 것이라 생각합니다.

현재의 물밀듯 쏟아져 나오는 매체와 각양각색으로 빠르게 변화하는 삶 속

15

울리 하지 않고 새로운 삶의 방향을 제시할 수 있는 작품으로 관객에게 다가갈 것이고, 지역 춤을 알리기 위한 다양한 기획공연을 통해 점점 줄어드는 무용인구의 저변확대는 물론 일반 시민들의 무용에 대한 관심도를 높일 수 있는 작업을 계속할 계획입니다.

또한 다각적인 방면으로의 국제교류를 모색하여 기금확보등 국제무대에서의 보다 활발한 활동을 계획하고 있습니다.

또 하나는 춤패 배김새의 전문단체로의 진화입니다. 동인단체로서 머물지 않고 끝나지 않고 단원의 역량을 더 강화하고 다져, 독창성 있고 내실 있는 춤 작가의 산실로 거듭나기 위한 관리와 레퍼토리 정비 등으로 보다 체계적인 운영과 기획 조직개편으로 전문단체로서 손색이 없도록 커나가기 위해 새롭게 발 돋음을 하는 시점이라고 봅니다.

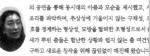

앞으로 춤패 배김새의 한국춤의 다양한 기법이 정제된 모습으로 새로운 언어로 보일 수 있도록 연구는 멈춰지지 않을 것이라 생각하고 예술가로서의 기반을 잡아줄 심도 깊은 작품 활동을 기대해 봅니다.

안주현 지금까지 작업하던 것들을 또 한번 깨어보는 것과 지금 새롭게 들어온 신 단원들과 함께 춤패 배김새의 정신을 잃지 않고 맥을 이어가는 무리가 되도록 노력하는 것이 희망 입니다.

25주년 기념공연을 계기로 젊은 단원들의 왕성한 활동의 장을 열어갈 예정

박성호 단체인 춤패 배김새에게도 큰 의미가 있어지만 단원들 개인적으로도 이번 25주년이 자신의 활동을 되돌아보는 계기가 되었을 것으로 생각합니다. 각자 작게는 올 한해, 길게는 앞으로의 25년 등 향후의 계획이나 소망들을
호기롭게

최은희
고 봅니다
이라는 두

16 이달의 좌담

25주년 기념공연, 안주현 안무 「꿈꾸는 식물」

수 있는 것에 관심이 많다고 생각합니다. 특히 한국춤은 우리 것인데, 아직도 우리조차 우리 것에 대하여 모르는 것이 많죠. 이것을 세계적으로 알릴 수 있는 방법에 대하여 요즘 연구하고 있는데 이 일들이 차질 없이 진행되었으면 좋겠고, 춤패 배김새 또한 이점을 인식했으면 좋겠습니다.

내 개인적으로는 올해 협회장을 맡고 있는 부산무용협회에서 벌이는 행사중 가장 큰 무용행사인 「전국무용제」의 성공적인 개최에 역점을 두고 전력을 다하려 합니다.

정미숙 창단 당시에는 우리 지역의 전통적인 춤들의 움직임을 습득하고 그 움직임에 춤 정신 바탕으로 그 시대적 사회상을 주제로 춤을 만들어 왔습니다.

작품을 만들어가는 방법론, 움직임의 본질, 주제 등에서 춤패 배김새만의 색깔을 가지려고 노력했고, 그래서 괄목할 만한 결과물들로 춤패 배김새만의 작품이 탄생되었습니다.

그러한 면에서 시간이 흐르면서 점점 춤패 배김새의 색깔이 퇴색되어 가는 것 같은 안타까운 점도 있습니다. 물론 꼭 그 틀에 갇혀 있기를 바라는 것은 아

니더라도 춤패 배김새만의 움직임의 언어와 방법론을 찾아 끊임없이 공부하고 연구하여 근원을 생각하고 뿌리가 튼튼한 나무의 열매가 되었으면 합니다.

한국춤은 우리 것인데, 아직도 우리조차 우리 것에 대하여 모르는 것이 많고, 이것을 세계적으로 알릴 수 있는 방법에 대하여 더욱 매진하고 싶어

하연화 춤패 배김새 대표로서의 임무에 충실하면서 춤꾼으로서의 부족한 역량을 채우기 위해 자기개발의 시간을 보다 많이 가져보려 합니다. 우선 생명 사상을 주제로 한 작품을 해볼 생각입니다. 생명이라는 것이 없는 데가 없지 않는데 요즘 들어 가만히 생각해보면 생명에 대한 고귀함을 미처 깨닫지 못하고 살아온 것 같아요. 생명은 생명을 먹고 사는데 말입니다.

또 하나는 개인적으로 우리 춤의 호흡과 정신을 다지는 의미로 꾸준하게 연습해온 전통춤들을 2008년부터 매년 공연해오고 있습니다. 일반인들에게는 지겹거나 기피되는 공연 장르중의 하나인 전통춤의 단점을 보완하고, 공연에서 추어지는 작품들의 의미와 역사를 쉽게 풀어 설명하는 등, 전통춤의 원형에는 충실하면서 우리 춤의 아름다운 순수한 멋, 신명을 관객들에게는 쉽고 편하게 전달하고자 하는 노력으로 「하연화의 "해설이 있는 우리 춤"」이라는 공연을 기획해 매년 해오고 있습니다.

첫 해 공연 때부터 관객들의 호응이 아주 높아 일반 관객들을 무용에 관심을 이끌어 내는데 성공한 공연이라는 평을 받고 있고, 앞으로도 계속 이어나갈 생각입니다.

박성호 저 역시 10월 초에 개인공연인 춤탈극 「몽(夢)」 작품이 잡혀 있습니다. 이 작품은 우리 고유의 가면극인 탈춤을 일본의 「가부끼」나 중국의 「경극」처럼 하나의 가면극 상품으로 발전시키고자 기획했습니다.

서민들의 일상을 다루거나 양반의 생활 모습을 풍자한 소서사시 위주의 탈춤 내용에서 벗어나 역사성을 가미하여 실존의 역사적 인물과 사건을 중심으로 내용을 구성하여 원의 침입 및 간섭과 그에 동조하는 귀족들에게서 벗어나 강력한 왕권을 행사하고자 했던 공민왕의 이야기를 다루어 보고자 합니다.

18 이달의 좌담

작년에는 「부산 무용제」와 「전국 무용제」 그리고 개인공연으로
배김새 활동에 많이 참석하지 못한 것 같아 좀 더 적극적으로 춤패
에 참여하는 한해가 되도록 노력하겠습니다.

한수정 가장 먼저는 자신의 춤의 세계를 굳혀나가는 일과 좋은
만들어내는 것입니다. 무대공연의 다양성에 대한 많은 고민과 실
험적인 무대, 공연자와 관객이 함께 소통하는 무대를 만들고자 합니
관심분야의 더 풍부한 지식의 수집과 폭넓은 인식의 전환을 위하
게을리 하지 않을 생각입니다.

안주현 지금 하고 있는 많은 경험들과 두드림을 지속해서 시도
니다. 동인단체가 아닌 다른 곳에 다녀와 보니 내가 얼마나 노력을 해야 되는지 많이 깨닫게 되었고, 선후배님과 함께 탄탄한 모습으로 거듭 태어나기를 생각하고 있습니다. 2008년에 개인공연을 했었는데 두 번째 개인 공연도 생각중이고 삼년을 보내며 했던 작업들을 생각중입니다.

박성호 2010년으로 춤패 배김새 25주년이 성공적으로 이루어 졌습니다. 지난 25년 동안 해왔듯 변함없는 진정성과 성실성으로 작업하는 춤패 배김새의 노력은 앞으로도 계속 될 것이라 기대하며, 우리 모두에게 오늘의 이야기와 고민들은 초심으로 돌아가 새로운 다짐을 하는 자리가 되었을 것으로 믿습니다. 감사합니다.(*)

부산지역 춤을 다져온 것에 자부심을 느낀다 19

| 이달의 좌담 |

부산지역 춤인재들의 큰 성과와 미흡한 인식을 염려한다

배상복 (裵相福 / 제주도립무용단 예술감독 · 최현춤보존회장)
최은희 (崔恩姬 / 부산무용협회장 · 경성대 교수 · 춤패배김새 총예술감독)
사회 성기숙 (成基淑 / 춤평론 · 한국춤평론가회 회장 · 한국예술종합학교 교수)

※ 때 : 7월24일 오전 9시30분
※ 곳 : 본지 편집실

좌로부터 배상복, 성기숙, 최은희 씨

1962년에 국립무용단 창설 이래 50년만에 처음으로 국 · 공립무용단을 단일주제로 삼은 한국춤평론가회의 정책세미나

성기숙 오늘은 최은희 부산무용협회 지무상인 경성대 교수와 제주도립무용단 상임안무자 배상복 선생 두 분 모시고 좌담을 진행할까 합니다. 올해 상반기 춤계 흐름과 국공립무용단의 역할, 부산 동아대 무용과 폐과 위기를 통한 대학 무용과의 현실, 그리고 부산무용협회 주최로 열리는 전국무용제 준비와 제주도립무용단의 활동에 대해 얘기를 나눠보도록 하겠습니다.

우선은 지난 7월 8일 한국춤평론가회 주최로 "국 · 공립무용단 이대로 좋은가"라는 정책세미나를 대학로 예술가의집 다목적홀에서 가졌는데, 춤계 안팎의 관심이 뜨거웠습니다. 당시 참석한 청중이 130여 명으로 집계됐습니다. 1962년에 국립무용단이 창설되었으니까 국공립무용단의 역사도 약 50년 되는 셈인데요. 그동안 국공립무용단을 단일 주제로 공론화한 것은 이번이 처음이 아닌가 합니다. 그래서 많은 분들이 관심을 보였고, 특히 전 · 현직 국 · 공립무용단 단장, 예술감독이 대거 참석했습니다. 오후 2시에 시작하여 7시 30분에 마쳤습니다. 시간이 부족하여 종합토론이 충분히 이뤄지지 못한 점은 아쉬웠습니다.

세미나 발제도 국립무용단, 국립발레단, 국립현대무용단 등 중앙정부의 지원을 받는 서울 중심 단체에 집중되어 사실 지방이 시 · 도립무용단에 대해서는 소홀히 다루어진 측면이 없지 않습니다. 종합토론에 전 · 현직 지방무용단 예술감독을 모셨는데, 시간관계상 발언 기회가 생략될 수밖에 없었습니다. 최은희 선생은 일찍이 부산시립무용단 예술감독을 지내고 울산시립무용단 초대 예술감독을 역임했습니다. 그리고 배상복 선생도 서울시립무용단 출신으로 작년에 제주도립무용단 상임안무자로 발탁됐는데요. 우선 국립공립무용단 관련 세미나 때 못다 한 얘기들을 나눠보도록 하겠습니다.

배상복 일단 저는 서울시립무용단에서 단원으로 출발해서 부수석, 수석, 지도위원, 단장 직무대행까지 다양한 직분을 경험했습니다. 그 시절 항상 느꼈던 것은 한 예술단체에서 예술감독이나 단체장의 이야기도 중요하지만 단원의 입

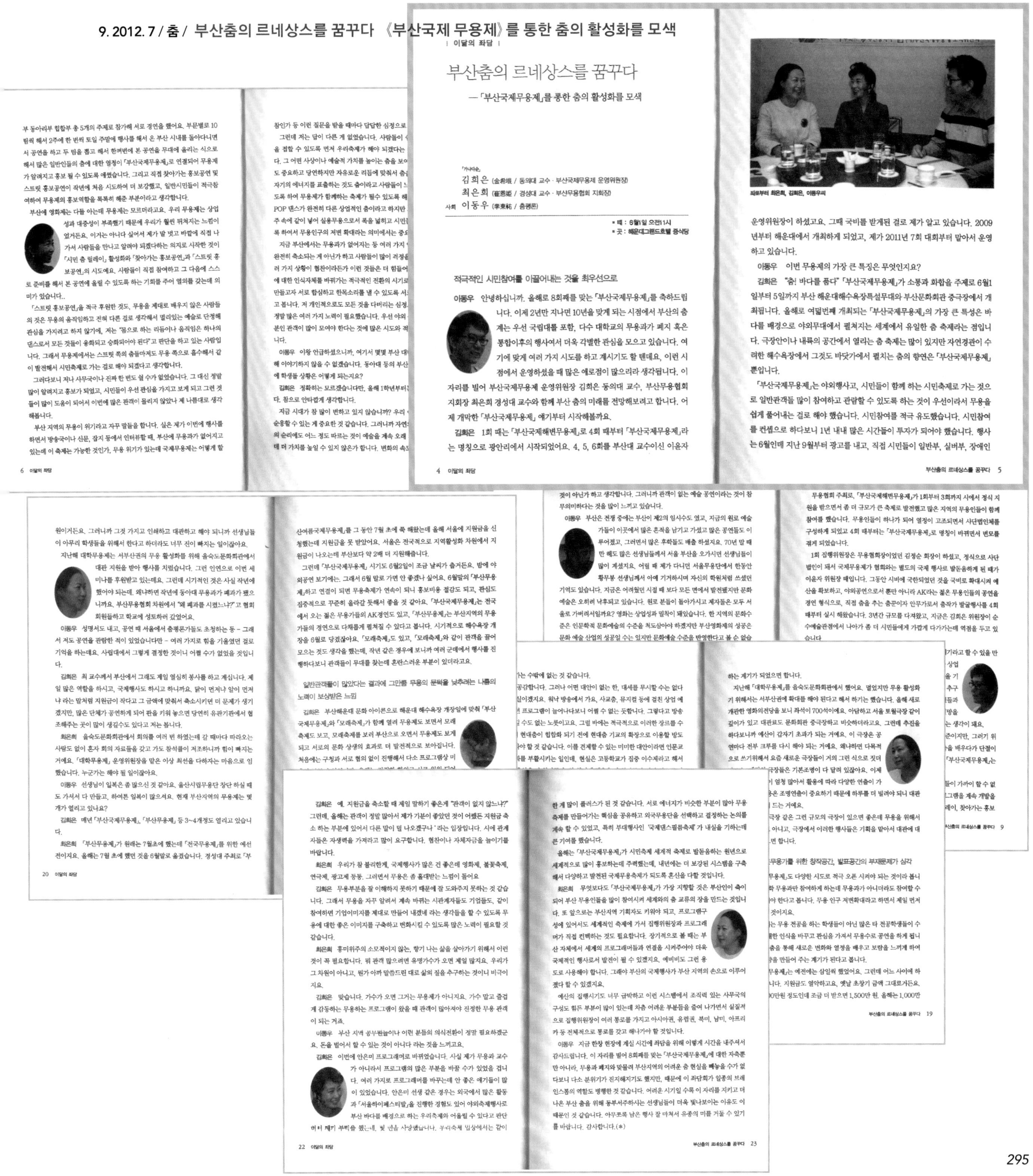

| 이달의 좌담 |

부산춤의 르네상스를 꿈꾸다

—「부산국제무용제」를 통한 춤의 활성화를 모색

「가나다순」
김희은 (金希垠 / 동의대 교수 · 부산국제무용제 운영위원장)
최은희 (崔恩姬 / 경성대 교수 · 부산무용협회 지회장)
사회 이동우 (李東祐 / 춤평론)

■ 때 : 6월1일 오전11시
■ 곳 : 해운대그랜드호텔 중식당

적극적인 시민참여를 이끌어내는 것을 최우선으로

이동우 안녕하십니까. 올해로 8회째를 맞는 「부산국제무용제」를 축하드립니다. 이제 2년만 지나면 10년을 맞게 되는 시점에서 부산의 춤계는 우선 국립대를 포함, 다수 대학교의 무용과가 폐지 혹은 통합이후의 행사여서 더욱 각별한 관심을 모으고 있습니다. 여기에 맞게 여러 가지 시도를 하고 계시기도 할 텐데요, 이런 시점에서 운영하셨을 때 많은 애로점이 많으리라 생각됩니다. 이 자리를 빌어 부산국제무용제 운영위원장 김희은 동의대 교수, 부산무용협회 지회장 최은희 경성대 교수와 함께 부산 춤의 미래를 전망해보려고 합니다. 어제 개막한 「부산국제무용제」 얘기부터 시작해볼까요.

김희은 1회 때는 「부산국제해변무용제」로 4회 때부터 「부산국제무용제」라는 명칭으로 광안리에서 시작되었어요. 4, 5, 6회를 부산대 교수이신 이윤자

4 이달의 좌담

좌로부터 최은희, 김희은, 이동우씨

운영위원장이 하셨고요. 그때 국비를 받게된 걸로 제가 알고 있습니다. 2009년부터 해운대에서 개최하게 되었고, 제가 2011년 7회 대회부터 맡아서 운영하고 있습니다.

이동우 이번 무용제의 가장 큰 특징은 무엇인지요?

김희은 "춤! 바다를 품다" 「부산국제무용제」가 소통과 화합을 주제로 6월1일부터 5일까지 부산 해운대해수욕장특설무대와 부산문화회관 중극장에서 개최됩니다. 올해로 여덟번째 개최되는 「부산국제무용제」의 가장 큰 특성은 바다를 배경으로 야외무대에서 펼쳐지는 세계에서 유일한 춤 축제라는 점입니다. 극장안이나 내륙의 공간에서 열리는 춤 축제는 많이 있지만 자연경관이 수려한 해수욕장에서 그것도 바닷가에서 펼치는 춤의 향연은 「부산국제무용제」뿐입니다.

「부산국제무용제」는 야외행사고, 시민들이 함께 하는 시민축제로 가는 것으로 일반관객들 많이 참여하고 관람할 수 있도록 하는 것이 우선이라서 무용을 쉽게 풀어내는 걸로 해야 했습니다. 시민참여를 적극 유도했습니다. 시민참여를 컨셉으로 하다보니 1년 내내 많은 시간들이 투자가 되어야 했습니다. 행사는 6월인데 지난 9월부터 광고를 내고, 직접 시민들이 일반부, 실버부, 장애인

부산춤의 르네상스를 꿈꾸다 5

말문을 열다 · 그녀의 열정을 닮고 싶다

그녀의 열정을 닮고 싶다
현재의 이야기를 담아내는
무용가 최은희

글 | 이광혁
스카웨이커스 밴드 대표

일시 2016년 3월 23일(수) 오후 1시
장소 경성대학교
대담 최은희
경성대학교 무용학과 교수
이광혁
스카웨이커스 밴드 대표

사진 최철민 포토그래피

046 공감그리고

최은희
교수

"사람들이 (춤을 보고 혹은 음악을 듣고) 활력을 얻을 수 있었으면 좋겠어요."

어느 한 분야가 아니라도, 모든 예술가의 가장 큰 희열은 바로 누군가에게 에너지를 전하고 영감을 주는 것이 아닐까. 음악으로 표현하는 인디밴드 '스카웨이커스' 이광혁 대표와 몸짓으로 표현하는 무용가, 최은희 교수가 한자리에 모여 유쾌한 토킹 콜라보레이션을 펼쳤다.

이광혁 처음 뵙겠습니다. 저는 부산에서 밴드음악을 하고 있는 이광혁이라고 합니다. 젊은 예술인 대표로 선생님을 뵈러 왔는데 굉장히 민망하네요. 너무 젊어보이셔서 독자들이 사진만 보고 제가 원로예술인이라고 착각할까봐 걱정돼요.

최은희 하하. 감사해요. 저는 경성대학교 무용학과에서 교수로 재임 중인 무용수 최은희입니다. 춤패 배김새의 총감독이기도 하지요.

이광혁 익히 들어 알고 있습니다. 선생님에 대해 뒷조사(?)를 많이 하고 왔어요. 워낙 유명하신 분이라 언론에 관련기사도 많고 검색도 쉽게 되더라고요. 작년에 큰 공연을 많이 하셨던데, 기억에 남았던 작품 이야기 좀 부탁드릴게요.

최은희 지난2015년은 춤패 배김새를 창단한지 30주년이 되는 해였어요. 부산 무용계에 크게 한 획을 그은 일이지요. 이를 기념하기 위해 지난 4월에 경성대학교 콘서트홀에서 승무, 동래학춤, 살풀이 같은 전통춤을 기반으로 구성한 〈최은희의 신 굿판〉을 올

이광혁
대표

있어요. 정말 말 그대로 땅과 밀착해서 땅에 박히듯이 추는 춤이에요. 한국 춤이 가지고 있는 특성이기도 하죠. '배김새'라는 이름은 거기서 따왔어요. 재미있는 건 한국 춤의 특성을 가장 잘 담아내고 있는 곳이 서울도 전라도도 아닌 바로 부산이라는 거죠. 부

Spring 2016 049

말문을 열다 · 그녀의 열정을 닮고 싶다

산은 진정한 의미에서 춤의 고장이라고 할 수 있어요. 그래서 제가 여기에 머무르게 된 것 같기도 해요. 어쨌든 춤패 배김새는 언제나 현재의 이야기를 담아내려고 노력하는 전통 춤패입니다.

이광혁 '현재의 이야기를 담는다'…정말 멋지네요. 저희 밴드 '스카웨이커스'도 언제나 현재의 이야기를 담아내려고 노력해요. 멤버들이 다들 민중가요 동아리 출신인데, 민중가요가 너무 오래전의 방식과 감성으로 불리는 것이 안타까워서 무작정 인디밴드를 시작했었어요. 민중가요의 정신은 이어가되, 현재 우리들이 할 수 있는 음악을 해보자는 생각으로 여기까지 오게 되었지요.

최은희 굉장히 좋은 선택을 했네요. 저도 언제나 새로운 시도들을 하려고 해요. 그러다보니 요즘은 현대무용수들과 함께 작업을 많이 하게 돼요. 아무래도 요새 컨템포러리 작품들이 많이 만들어지니까.

이광혁 아! 꼭 여쭤보고 싶었던 게 있어요. 제가 예전에 컨템포러리 무용 공연을 보고난 후 무용수와의 대담에서 질문을 했던 적이 있어요. 어떤 특

최은희 나야 좋지만, 감당할 수 있겠어요? 요즘 젊은 사람들이 시간이 별로 없더라고, 너무 바빠요. 그렇게 하면 작품에 집중할 수가 없을 텐데. 1991년도에 '하지제'라는 작품을 만들 때 저는 새벽에 나와서 작업했었어요. 그 시간대의 기운이 그 작품과 맞는 것 같았거든. 광혁씨, 새벽에 나올 수 있겠어요?

이광혁 하하. 뭔가 가슴에 팍팍 꽂히네요. 젊은 예술가들이 먹고살기 바빠서 이리 뛰고 저리 뛰다 보니 작품에 집중할 시간이 없는 게 사실인데, 선생님 말씀 들으니 더 열정적으로 작품 활동에 집중해야겠다는 생각이 들어요. 끝으로, 그런 의미에서 저희 같은 젊은 예술가들에게 한말씀 부탁드립니다.

최은희 예술인들에게 있어 '작품'이라 할 수 있는 것은 여러가지 나올 수 있는 게 아니더라고요. 평생에 손꼽힐 수 있는 그런 작품 말이죠. 저 같은 무용수가 몸을 안쓰면 무대에 서기가 두렵듯이 저 또한 평생 하나가 될 지도 모를 '작품'을 위해 무대작업은 계속할 생각이에요. 에너지를 쏟고 십중해서 작품을 만들고, 또 그것을 기반으로 더 많은 작품활동도 하고, 많은 예술가가 자신만의 이름을 건 '작품'을 만들어갔으면 합니다.

최은희
경성대 무용학과 교수
1978년 창작춤 동인 창무회 창단공연 멤버
1982년 8월 개인 첫 발표회 '하지제', 10월 '넋들임' 대한민국무용제 대상
1983년 부산시립무용단 안무장
1994년 중요무형문화재 27호 승무 이수자 지정
2009~2012년 부산무용협회장
2013년 부산시문화상 수상 등

이광혁
스카웨이커스 밴드 대표
인디밴드 스카웨이커스 리더(드럼)
인디밴드 하떠스, 스왈로우테일버터플라이 드럼
인디레이블 루츠레코드 대표
각종 악기 세션(젬베, 드럼 등 타악기, 건반, 기타 등)
강사 및 기획인력으로도 활동 중

Spring 2016 053

052 공감그리고

11. 2021.11.vol.197 / 위드 코로나를 잘 맞이하기 위한 부산 예술문화 좌담회

위드 코로나를 잘 맞이하기 위한
부산 예술문화 좌담회 I

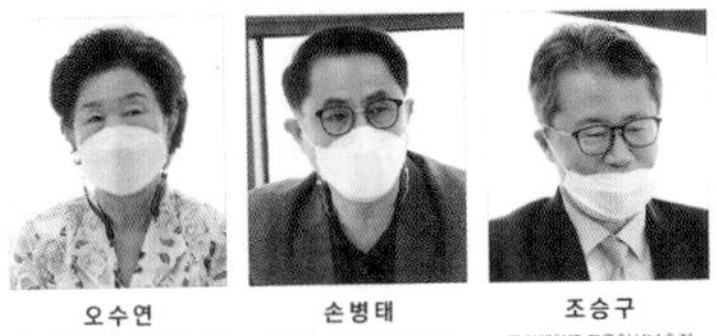

오수연
부산예술문화단체총연합회 회장

손병태
부산예술대학교 연극과 교수
부산예총 수석부회장

조승구
동의대학교 교육혁신부총장
전 부산건축가회 회장

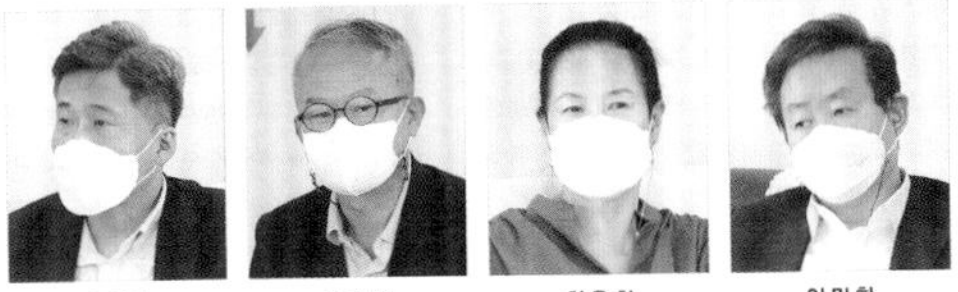

유영욱
부산음악협회 회장
한국국제대학교 음악공연학과 교수

이경렬
푸드앤펀연구소 소장

최은희
전 경성대학교 무용과 교수

이민한
부산대학교 미술학과 교수

튜브가 됐든 새로운 방식으로 대중과의 소통점을 만들겠다는 의미입니다. 저희 오수연 회장님께서도 내년에 참신한 기획을 열성적으로 해보겠다고 하셨는데, 어찌 보면 그 또한 일회적인 그저 그런 행사일 것 같은 느낌도 조금 듭니다 전 어떤 사업이든 누가 맡느냐에 따라 결과가 달라진다고 생각합니다 그런 면에서 보면 예총에는 정책기획 부서가 없었다는 게 가장 큰 문제입니다 새로운 축제 모델을 제시하고 시도해보면서, 실패하더라도 새롭게 나아가는 모습들을 보여야 하는데 지금까지는 전혀 그렇지 못한 거죠. 만날 지원금 받아서 똑같이 운영하고 나눠 먹고 하다 보니까, 주변 사람들이 보기에는 '예총은 변하지 않는다'는 인식이 생기는 것 아니겠습니까? 그런 인식을 바꾸려면 처음에는 한 사람이라도 좋으니 정책기획 부서를 만들어 새로운 아이디어와 트렌드에 맞는 정책을 만들어낼 수 있도록 해야 합니다.

이민한 말씀 하신 것처럼 외부에서 초빙할 여력이 안 된다면, 자체적으로나마 기획 조직을 운영하면서 그 안에서 많은 관객을 동원할 방법, 새로운 예술 콘텐츠들을 만들어내야 한다고 봅니다. 아마도 지금 젊은 층에서는 그런 아이디어들을 굉장히 많이 가지고 있을 거로 생각해요.

이경렬 제 관점에서 이 문제에 대해 말씀드리자면, 저희 경영 컨설턴트가 보는 시각과 문화예술인들이 보는 시각의 격차가 확연하다는 것입니다. 이제는 예술단체도 보조금에 의존할 것이 아니라 스스로 경영을 해야 할 때입니다. '우리가 이 축제 잘합니다'라고

어제와 오늘

나19로 인해 더욱 빠르게 변화하는 예 을 고찰하고, 장차 지역 예술계에서 활 술인들과 소통하기 위해, 지금 부산예 연합회(이하 부산예총)에 필요한 것이 과연 해 이야기 나누고자 여러분을 모시게 소 생각해온 문제점이나 발전 방향성 말씀해주시면 예총 발전에 큰 도움이 니다.

예총은 60년의 역사를 가지고 있지만 어찌 보면 정권의 하수인 비슷한 이미 거든요. 문화예술 분야가 지원금 체계 이상, 사실 진영 논리에 의해서 예술가 때가 많습니다. 자기 실력이나 재능으 받아서 작품을 해나가는 풍토가 만들어 어느 순간부터 진영 논리에 의해서 지 지되더라고요. 지금껏 그런 것들을 많 또 겪어 왔습니다. 이러한 상황에서 '앞 총이 과연 어떻게 새롭게 도약할 것인가' 대해 같이 고민을 해봤으면 좋겠습니다.

태 회장님 말에 동의하시는 분이 많이 많이 느낍니다. 이게 진짜 슬픈 현실이 데, 예산으로 받은 지원금이 정권에 따 다가 5% 깎이고, 또 5% 올랐다가 몇 퍼 식으로 반복되어 왔습니다. 실제로 정 산에 반영되고 있는 겁니다. 현재 예산 있는 다른 단체들을 보면, 저희보다 인원이 훨씬 적은데도 활동가들 위주로 나름의 논리를 앞세워서 활발히 움직이고 있어요. 우리도 이대로 머물러 있어서는 안 되겠다는 생각이 듭니다.

최은희 단체 내에서 혈기 왕성한 젊은 사람들이 설 자리가 없는 것 같습니다. 새로운 세대가 젊은 에너지를 다 펼치지 못하고 사라진다고 생각하면 정말 아쉬워요. 요즘 세대들은 곧바로 자기를 표현하고 싶고, 본인들이 직접 현장에서 뛰고 싶어 하는데 서로의 생각이 안 맞는 거죠. 다른 젊은 단체에는 원로들이 없으니까 그런 위계적인 관계도 없지 않을까 하는 생각도 들고, 그런 점에서는 오히려 이점으로 작용하는 게 아닌가 하는 생각도 드네요.

조승구 네, 그런 단체들은 저희보다 규모는 작지만 수평적인 관계 속에서 대중과 친밀하게 창작을 하나의 페스티벌 개념으로 열고 있거든요. 하지만 우리는 '전통적인 옛것이 좋다'라는 이유로 타협을 거부하고 있죠. 코로나 시대를 맞이해서 획기적인 변화를 추구해본다면 우리도 발전 가능성이 생기지 않을까 싶습니다. 최근에 떠오르고 있는 SNS나 유튜브, 메타버스 등의 새로운 매체를 활용해서, 직접 전시장이나 공연장을 방문하지 않는 사람들도 관객으로 만들어 판을 키워나갈 수 있으면 좋겠네요.

손병태 맞습니다. 최근 서울문화재단에서 코로나 시대에 달라진 예술지원 정책을 봤는데, 그중에 단절된 코로나 시대에 새로운 형태의 축제모델을 만들겠다는 내용이 있었습니다. 그게 메타버스가 됐든 유

어스2(Earth 2)에서 본 부산예술회관

야 하는 건, 다름 아닌 각 단위협회의 방향성을 제시하고 컨설팅 할 수 있는 능력입니다. 저는 예술도 경영을 해야 된다고 보거든요. 예술하시는 분에게 예술의 작품성이 가장 중요한 것처럼, 경영에서는 새로운 사업을 위한 예산을 어떻게 마련하느냐가 가장 중요한 문제입니다. 지금 예총에서 지원금을 사용하는 모습을 보면, 받은 곡식을 가지고 당장 배가 고프니까 그걸로 그냥 밥 해 먹고 마는 구조거든요. 근데 그 곡식으로 씨를 한번 뿌려보면 어떨까 하는 생각이 필요합니다. 제가 지난번에 부산국악협회에서 열었던 〈부산국악축제〉를 관람했었는데요. 그렇게 멋진 공연을 잘 끝내놓고도 예술인들끼리 "서로 우리 잘했어" 하고는 그냥 땡 하고 끝내버리더라고요. 저는 도저히 이해가 안 됐습니다. 그런 공연으로 어떻게 수익을 창출할 것인가에 대한 고민이 전혀 이루어지지 않고 있었습니다. 제가 드리는 말씀은 예술로 장사를 하자는 것이 아닙니다. 효과적인 경영으로 만들어낸 수익으로 예술인 모두에게 실질적인 도움을 주자는 것입니다. 각 단위협회에서 곡식을 예총에 몰아주고, 씨를 뿌려서 키워서 수확하게 되면, 각 협회에도 처음 받았던 것보다 더 많은 양을 나눠줄 수 있거든요. 저는 이게 가능하다고 봅니다. 예를 들면 한 5~6년 전인데 제가 부산에서 실외 축제를 한번 열어보면 돈이 되겠다 싶어서 준비했어요. 부산광역시 후원을 하나 따는 데 27일이나 걸렸지만, 그거 하나 받아 놓고 보니까 가장 먼저 뛰어오는 곳이 축제 기획사예요. 그쪽에서 하는 말이 현금 1억을 바로 지원할 테니까 얼마나 줄 수 있겠느냐고 물어보더라고요. 지금 예총에서 5천만 원으로 행사를 진행한다면, 그걸 시드머니로 해서 내년에는 2~3억으로도 만들 수 있을 텐데 참 아쉬운

〈기타〉 2010. 5 / 예술부산 / 상해시 문학예술계 연합회

상해시 문학예술계연합회

상해시 문학예술계연합회

(사)한국예총 부산광역시연합회(이하 부산예총) 최상윤 회장과 상해시문학예술계연합회上海市文學藝術界聯合會(이하 상해문연) 츠쯔강[遲志剛]Chi Zhi Gang 부주석(회장)이 2009년 12월 23일 상해문연 사무국에서 예술문화교류 협약을 체결했다. 이 협약은 양 도시 예술문화단체 연합회 조직의 대표 부산예총 최상윤 회장과 상해문연 대표 츠쯔강[遲志剛] 부주석이 지리적으로 인접한 한국과 중국의 풍습과 문화를 통해 우호적인 교류의 역사를 잇는 가운데 각종 예술문화 교류 관계를 추진하기 위해서였다. 이날 부산예총과 상해문연은 동일 장르에서 동일한 형식의 방문교류를 원칙으로, 예술문화의 시찰대표단 교류, 전시예술의 교류 및 홍보, 공연예술의 교류 및 홍보, 문학 영화 등 기타 장르의 교류 및 홍보를 하며 상업성 공연과 전시에 대해서는 별도로 정하기로 협약했다. 양 측의 교류 시 발생하는 이동경비(도항비)는 참가자가, 방문 목적지 도착 후의 공식 체재비는 초청자 측이 부담하기로 협의했다.

2010년 5월 13일 오후 5시 상해문연 102호 회의실로 부산예총 최상윤 회장, 국악협회 김정애·무용협회 최은희·문인협회 정영자·사진협회 최부길 회장, 김경화 사무처장이 상해문연을 방문했다. 지난 12월에 협약한 위의 내용에 대해 장르별로 구체적인 협의를 위한 자리는 상해문연에서는 츠쯔강[遲志剛] 부주석, 왕웨이리[王蔚莉]Wang wei li 처장과 관련 협회의 대표들이 참석했다.

상해문연 츠쯔강[遲志剛] 부주석(회장)은 "역사적으로나 지리적으로 상해와 부산은 친근하고 가까웠으며 특히 근래에는 자매도시로서 더욱 가까워졌습니다. 작년 12월 부산예총과 상해문연은 상호간의 예술문화교류와 우호적인 각종 교류 관계를 추진하기로 합의서를 교환하였는데 오늘은 부산예총 최 회장을 비롯하여 문인협회장, 국악협회장, 사진협회장, 무용협회장님이 직접 방문해주심에 환영해 마지않습니다. 우리 문연은 13개 단위협회가 모여 구성된 연합체입니다. 귀 측의 4개 장르에 해당되는 협회장이 동석했으니 오늘 좋은 이야기가 교환되어 원만한 합의가 도출되기를 희망합니다."고 인사했다.

부산예총 최상윤 회장은 "상해박람회 기간 중 바쁘신 일정 가운데 부주석께서 직접 참석하시어 저희들을 따뜻이 영접해주셔서 대단히 감사합니다. 부주석님과는 오늘이 두 번째 만남이지만 후덕한 인상으로 십년지우 같은 친밀감을 느낍니다. 부주석께서 말씀하셨습니다만 두 도시는 지정학적으로 유사점이 많고 인습 문화 등 공통점이 많아 이번 예술교류로 더욱 많은 발전이 기대됩니다. 특히 이제부터는 경제교류보다 예술문화를 교류함으로써 자매도시간의 품격을 한껏 높여 보고자 오늘 재차 방문하였습니다. 2009년 12월의 방문은 예술문화의 개괄적 합의를 보았습니다만 오늘은 장르별로 구체적인 협의를 위해 방문했으니 모쪼록 좋은 결과가 나오기를 희망

합니다."고 답했다. 또한 부산예술제의 개막식 〈가곡과 아리아의 밤〉 무대에 상해의 성악가 두 사람이 함께했으면 하는 최 회장의 요청에 부산음악의 명성을 언급하며 부산의 음악적 명성에 뒤지지 않는 실력 있는 음악가를 추천하겠다고 츠쯔강[遲志剛] 부주석은 확답했다.

부산과 상해 두 도시 예술단체 대표의 인사말이 오간 뒤 장르별로 협회장들이 협의를 이어갔다. 먼저 **부산문협 정영자 회장**과 상해문연의 추천으로 **상해시작가협회 장지엔민[臧建民]Zang Jian Min 비서장**이 만나 첫 교류의 물꼬를 텄다. 상해시작가협회는 원래 상해문학예술계연합회의 일원이었으나 12,000여 명 회원 수의 확대와 저작이라는 표현매체 등의 이유로 지금은 독립된 단체로 상해시작가협회를 운영하고 있다. 부산문협의 정 회장은 부산시 자매도시인 후쿠오카, 시모노세키, 상해, 부산 시인들의 작품으로 부산예술제 기간인 9월 24일부터 〈교류 시화전〉을 제안했다. 각 도시에서 시인들의 작품을 7월 중에 받아 번역과 더불어 〈교류 시화전〉을 열고 시화집도 엮어 출판하겠다고 했다. 또한 〈교류 시화전〉이 열리는 부산예술제에 상해시에서 네 사람을 초청하여 자매도시예술교류뿐만 아니라 인적교류도 돈독히 엮어갈 예정이라고 말했다. 상해시작가협회 장臧 비서장은 협의를 끝내면서 최선을 다해서 작품을 선정하겠다며 초대에 화답했다.

사진예술교류는 **최부길 부산사진협회 회장과 장웨인민[張元民] 상해시촬영가협회 주석(회장)**의 만남으로, 2010년 10월 4일부터 7일 부산예술제 및 회원전에서 〈사진교류전〉을 열기로 협의하였다. 전시용 사진 및 규격은 16인치×20인치(40.64×50.8)로 정해 상해에서 50점의 작품을 출품, 부산 작품 250점을 더해 총 300작품을 2010년 부산예술제 및 회원전에서 해외자매도시 예술교류전으로 '액자전시'하며 도록을 제작키로 했다. 상해시촬영가협회의 주제는 상해발전·전통·민속·역사 사진을, 부산사진가협회는 한국적 부산발전·전통·민속·역사·문화예술 사진을 주제로 정했다. 상해시촬영가협회는 1962년 창립, 1,700여 회원들이 활동하고 있는데 세계 각국과 국제교류전을 하고 있으며 현재 미국, 영국, 프랑스, 이태리, 일본 등과 교류전을 진행하고 있다. 부산사진협회는 상해시와는 처음으로 교류전을 갖기에 그 의미가 상당히 크다.

부산국악협회는 한국의 전통음악인 판소리, 기악, 민요 등을 전승 전수하는 순수 민족음악계열의 조직인 반면, 상해음악가협회는 서양음악과 민족음악계열인 중국의 전통음악예술인이 함께 조직된 단체이다. **부산국악협회 김정애 회장과 젠유[余震]Zhen Yu 상해음악가협회 부주석 겸 비서장**의 만남에서 김 회장은 2010년 10월 2일 부산예술제 국악음악공연에 상해 전통음악예술가 등 5명 정도의 공연단 파견에 20분 정도의 연주를 요청하였고 젠유[余震] 부주석은 긍정적이자 적극적인 추천을 약속하였다.

최은희 부산무용협회장과 리잉[李莹]Li Ying 상해시무용가협회 부주석 겸 비서장의 만남은 최 회장이 9월 30일 개최하는 무대예술제에 '춤 그리고 여행' 이란 주제로 영상과 더불어 15분짜리 현대무용 작품으로 참가를 요청했고, 리잉[李莹] 부주석은 무용수 추천을 위해 검토를 약속했다.

부산예총에서는 예술문화의 확장과 소통을 위해 지역의 경계를 넘나들고자 한다. 이를 위해 부산예총에서는 해외자매도시들의 예술단체와 다방면의 협의를 이어왔다. 몇 년 동안 부산 상해 후쿠오카를 잇는 '부사후계획'으로 명명된 예술문화교류 안은 2009년부터 구체적인 결실을 맺게 되어 해외 '부산자매(우호)도시예술교류'로 후쿠오카, 시모노세키, 상해로 협약의 영역을 넓혀가고 있다. 2010년 5월 13일 상해문연과의 순조로운 협의는 부산예총이 추구하는 지역의 경계를 넘는 예술교류의 긍적적인 미래를 도출할 것이다.

인터뷰 Interviews

1.1982. 09 / 춤 / 최선을 다한 공연이었기에 만족한다

2.1983. / 여성동아 / 굿판의 춤꾼, 한국무용가 최은희씨 - 신들린 「恨의 춤」

3.1994. 10 / 동일문화 / 춤꾼 최은희의 부산 굿거리 장단

4.1996. 03-04 / 무용예술 / 한국적 여인상이 그리는 춤

5.2000. 10 / 울산문예 / 만나보고 싶었습니다. 시립무용단 안무자 최은희

6.2000. 11 / 울산문예 / 마음의 그림, 춤꾼의 길

7.2000. 겨울호 / 울산사랑 / 2002년을 준비하는 예술단체 〈울산시립무용단〉

8.2001. 03 / 춤 / 창작정신에 산실이 되고싶다 《춤패 배김새 15주년 기념집》 발간을 기념하여

9. 2001. 08 / 현대백화점 / 우아한 카리스마

10. 2002.10.29 / 국제신문 / 몸은 춤 도구 아닌 지성의 실천 그자체

11. 2002. 11 / 춤 / 예술가를 무시하는 하는 행정 처리는 바로 잡혀야

12. 2003. 02 / 노블레스 / 삶과 춤을 위하여

13. 2004. 01 / 대우버스 / 최은희 큰 춤판 「천둥소리」

14. 2004.01.30 / 부산일보 / 능력 · 색깔 지닌 젊은 춤꾼 많아 '희망'

15. 2004. 03 / 몸 / 최은희 큰 춤판 「천둥소리」

16. 2004. 봄호 / 함께가는 예술인 / 민족정신을 응집시키는 무언의 몸짓

17. 2004. 05 / 댄스포럼 / 나의작품 연보를 만들어가겠다.

18. 2004. 10 / 예술에의 초대 / 이 시대의 아픔을 풀어내는 춤

19. 2005. 5-6 / 예술부산 / 존재성의 발현으로 나아가다 '음악과 무용의 만남'

20. 2007. 09. 20 / 경성유레카 / 열린 춤판에서 자유롭게 노래하리

21. 2009. 03 / 춤과 사람들 / 한국무용협회 부산광역시 지회장 취임 최은희

22. 2009. 04 / 예술에의 초대 / 부산무용협회 신임회장 최은희

23. 2009. 12 / 봉생문화 / 제 21회 봉생문화 공연부문 수상소감

24. 2010. 01-02 / 예술부산 / 봉생문화상 공연부문 - 무용가 최은희

25. 2010. 01-02 / 차와 문화 / 당신은 어디에서 왔습니까

26. 2010. 01 / 경성유레카 / 봉생문화상 수상자 무용학과 '최은희 교수'를 만나다.

27. 2010.01 / 부산이야기 / 한국 창작춤 텃밭 일군 부산대표 춤꾼

28. 2010. 05 / 시사뉴스투데이 / 최은희 교수를 통해 본 아름다운 춤 인생이야기 !

29. 2010. 12 / 김해뉴스 / 순간순간의 느낌 춤으로 되살아나다 - 김해의 예인 최은희

30. 2011. 12 / 몸 / 성년식을 무사히 마친 제20회 전국무용제 – 한국무용협회 부산광역시 지회장 최은희

31. 2015.04.30 / 부산일보 / "삶과 죽음에 대한 원초적 질문이 내 춤의 원천" 한국춤 현대화 40년 최은희

32. 2017.05 / 성찰과 전망 / 춤을 없애는 일은 인간을 스스로 부정하는 행위다

33. 2018. 04 / 몸 / 최은희 40년 춤, 한국춤의 현대화를 말하다.

34. 2019. 11 / 몸 / 서울무용제 40주년 <서울무용제 걸작선> 초청 안무가 4인의 춤 인생

35. 2020. 01 / 예술부산 / 예술가 열전 한국무용의 오늘을 이끌다.

36. 2020. 05 / News Report / 춤은 인생 그 자체다 – 우아한 춤선으로 내면세계 표출, 한국무용의 대가

1. 1982. 09 / 춤 / 최선을 다한 공연이었기에 만족한다

□ 인터뷰

最善을 다한 공연이었기에 만족한다

――첫 작품 「夏至祭」를 공연한 崔 恩姬씨

――창무회(創舞會)로서는 최 은희(崔恩姬·28세)씨가 첫 개인공연(8월 8일·문예회관대극장)이어서 모두들 관심을 가졌을 것이다.

□ 신인이고 작품이 훌륭하면 누구든 관심있게 봐 줄 것이 아닌가。 창무회원이라고 특별한 것이 있겠는가。(웃음)

――관객은 얼마나 됐는가。

□ 문예회관 대극장의 정원은 7백9석인데 입장인원은 4백명 좀 넘을 정도、 그중 유료(有料)가 1백 30명이었다。 아마 시기적으로 나빴던 것 같다。

그러나 이번 공연은 나의 의욕에서 시작해서 최선을 다했기 때문에 모든 면에 결점도 있었겠지만 뉘우침은 없다。 그런데 「무용계 기별」란에 내가 창무회를 탈퇴한 것 처럼 됐는데 그건 사실과 다르다。 정정해 주기 바란다。

――정정하겠다。 아마 창무회원들이 주가된 한국무용연구회원들이 모두 해외공연 가는데 유독 최 은희 씨만이 남아서 혼자 공연한다는 사실에 대한 표현이 문제가 된 것 같은데 어떻든 미안하다。 그런데 왜 해외공연은 안갔나。

□ 직장(한국정신문화연구원) 때문이었다。

――그 직장은 그만두지 않았는가。

□ 최 은희 씨

□ 그러나 해외여행 수속을 할 당시는 그 직장에 있을 때였다。 그후 생각이 바뀌어 학교같은데 가야만 나의 무용생활에 도움이 될 것 같아 그만 두었고、 혼자 남게 되는 기간에 공연을 갖는다는 생각을 하게 된 것이다。

――공연 연습은 어디서 했는가。

□ 여의도 쪽에 홀을 빌렸었고 공연 며칠전부터 문예회관 연습실을 빌려서 했다。

――공연비용은 모두 얼마나 들었는가。

□ 3백만원 가량 들었다。 2백만원은 내가 벌어서 저축했던 것이고 나머지 백만원은 집에서 도움을 받았다。 그랬으면서 출연자나 공연을 도와주신분들에게 혜택도 드리지 못한 가난한 공연이었다。

――최 은희 씨의 가족상황은。

□ 내가 맏딸이고、 대학 1학년인 여동생(21세)、 이렇게 딸 둘 형제 뿐이다。

――아버지는 딸만으로 외로워 하시지 않는가。(웃음)

□ 그러실테지만 할 수 없질 않는가。 그것도 아버지의 운명이실테니까。(웃음)

――작품 하지제(夏至祭)에 대한 이야기를 듣고 싶다。

□ 「하지제」는 홍 윤숙(洪允淑)씨의 시에서 구상한 춤이다。 「둥둥둥/낯선 땅 모래벌에/신명은 주문(呪文)처럼 하늘에 닿았다/불모의 여름을 유랑하는/곡마단/청춘은/그렇게 짐을 싸며 떠났다/땀으로 눈물 씻던/山河/함성처럼 떠오르다 사라진/별들/찢어진 희망들이/눈을 뜨고 죽어갔다/시간이/안개빛 명정을 휘날리는 벌판――」 이렇게 이어지는 시인데 내가 항상 구상하고 있던 영혼이、 방황같은 것이 바로 이 뜨거운 하지제 시상(詩想)으로 응결(凝結)될 수 있다고 생각했다。

말하자면 저승도 못가고 땅에도 머물어 있을 수 없는 떠돌이 원혼(寃魂)、 이런중간 존재랄까――그것이 혼이래도 좋고 혹은、 우리 젊은이의 방황하는 혼백이래도 좋고――하는 그런 고통、 삶、 허공(虛空) 이런 것을 작품화한 것이다。

――생각대로 작품이 만들어졌다고 보는가。

□ 관객이 어떻게 보았는지는 몰라도 내 생각으로는 어느정도 뜻했던 분위기에 접근했다고 본다。 원래 이 작품은 소극장에서 남자 셋과 나――이렇게 하는 것으로 구상한 것인데、 문예회관 극장은 큰무대여서 남자를 여섯으로 늘리기로 했다。 그래서 출연자중 그전부터 창무회와 관계하여 온 두사람이 자기들끼리 수소문해서 서울예전대학 1~2학년생들 세 사람을 끌어 들인 것이다。 따라서 작품 만들기는 너무 어렸으나 다른 도리가 없었다。 그 학생들 역시 나의 작품 의도를 이해하지 못했고 그래서 싫증을 느끼고 지쳐버린 듯한 눈치였다。 속상했으나 서로 노력하여 생각을 접근시켰다。

비밀스러운 얘기 하나를 공개하자면、 막이 올랐는데 음악이 나오지 않아 빨리하라는 싸인을 눈으로 하다가 그만 콘텍트렌즈가 튀어나와 눈밑에 걸려버렸다。 떨어지지는 않고……거북했다。(웃음) 끝마친후 눈(콘텍트렌즈)을 찾으러 손전등을 켜들고 모두 무대위를 뒤졌는데――결국 내가 찾아냈다。(웃음)

――앞으로의 일은。

□10월에 있을 대한민국무용제에 참가하는 창무회 작품 「넋들임」이란、 굿의 세계를 주제로한 작품의 안무를 하게 된다。 비교적 바빠질 것 같다。

――지난 봄 창무회 공연을 보면서 느꼈건데 동인체로서의 창무회에 어떤 한계같은 것을 느꼈는데 괜찮겠는지。

□집단이 춤을 추고 있지만 안무는 개인이니까 그것은 한갓 보는이들의 기우에 불과하다。

――그러나 창무회는 대중 예능적(민속춤)인 것을 거부하고 나오는 것에 그 뜻이 있는 것으로 아는데 그 방법론이 처음 그대로 멈춰 있다면 관객에게 새로움을 줄 수 없지 않는가。

□너무 성급한 것같다。 계속 지켜 봐 주기 바란다。 적어도 기대는 저버리지 않으리라고 생각한다。(＊)

(8월 12일 오후 2시、 「춤」편집실에서)

□ 춤이 있는 風景

춤、 경탄의 藝術

사람에게는 더러 우연한 기회에 의외의 결과를 얻는 경우가 있다。

몇해전 마침 창건되고 얼마되지 않은 우리의 큰 무대에 올려놓여졌던 외국 현대무용단의 내한공연이 내게는 바로 그런 경우였던 것 같다。

그것은 그 때 까지 한낱 참고예술로서 소녀적인 수 밖에 없었던 나의 무용관(?)에 강타를 퍼붓는 것이 되었던 것이다。

인류가 창조해낸 문명가운데 그 어느 것이라고 육체를 도외시하고 이룩된 것이 있으랴만、 육체의 힘을 그토록 요구하는 예술이 다시 없었던 것처럼 그 무대는 황홀하여 관객(나)은 완전히 압도되고 말았었다。

그 정직한 표현、 성실한 자세 그리고 그 맹열한 열기、 오늘도 나는 나의 화폭 앞에서 그날의 감격을 되새겨 본다。 그것은 바로 육체를 대가로 치룬 경탄스러운 문명인 것이다。(＊)

글·그림 洪 淳 珠 (韓國畵)

굿판의 춤

신들

현대적인 감각을 도입한 살풀이춤(현대무용)

경기 농악의 춤

움을 잊기위한 춤, 풍요를 위한 기원, 신을 즐겁게 해드리기 위한 춤 등。 공동체의 단결을 도모하고 그런 과정을 통해 오락적이고 축제적인 효과를 얻기도 하지요。 이제 시대가 바뀌고 사회가 변모되므로 해서 이러한 것들이 사라져가고 있어요」

이런 사라져가고 있는 것들에 대한 아쉬움과 우리것에 대한 애착이 전통적으로 내려온 춤에 눈을 돌리게 됐다고 말한다。

「춤은 무형의 것이므로 유형의 것과는 달리 기능 보유자가 사라지면 끝나죠。 그래서 그들이 갖고있는 춤을 공부하고 그것을 바탕으로 현대 감각을 살려 무대에 올려놓고 그 맥을 이어가고 싶습니다」

—직접 무당에게서 춤(巫舞)을 배우기도 했는지요。

「이지산(李芝山·서울의 유명한 박수무당)씨에게서 지노귀굿을 배웠어요。 굿의 전 거리를 배운 것이 아니고 일부 춤사위만 배웠죠。 처음에는 깊은 맛을 몰랐는데 추다보니까 신비스러운 느낌이 들고 신명이랄까 그런 것이 나기 시작했지요。 그때 삼지창、칼、오방기、부채、방울、쾌자 등 무당이 갖춰야할 기본적인 도구를 마련했었는데 삼지창하고 칼은 차마 집에 못갖다두고 있어요。 연구소에 보관해 두었는데 진짜 무당이 되는 것같아서요(웃음)」

그는 79년도 「바리데기」에서 군무(群舞)의 일원으로 무당의 보조 역을 맡았었다。

무당춤(巫舞)을 그대로 무대에 올릴 수는 없고 그 깊이를 바탕으로 창작이 되어야 하는데 그 작업이 무척 힘들다고 한다。 그는 창작할 때 한국의 의식(儀式)적인 것 즉 토속적인 신앙이나 부라제 등에서 느낄 수 있는 인간의 믿음과 통일된 정신 혹은 인간의 굴레에서 비롯된 숙명적인 인연들— 만남과 헤어짐、정、연민 따위를 춤으로 나타내고 싶어 한다。 그러려면 춤에 들어가기 전에 신과 영혼과의 만남으로 영적인 연결이 먼저 있어야 하지 않겠느냐고 한다。

—그 동안 익힌 춤들은?

「대학 시절(이화여대 무용과)에는 김매자 선생에게서 배웠고、승무는 한영숙、설장구는 김병섭、살풀이는 이매방、태평무는 장선영、궁중무용은 김천흥。 이렇게 여러 선생님들에게서 배웠지요」

—한국 춤을 추면서 느끼는 것은?

「살풀이에는 한(恨)이랄가 원(怨)이랄가 뭔가 깊은 맛이 들어 있어요。 몸속에 내재된 감

용가 崔恩姬씨

恨의 춤

하고 있다.(경기도 평택지방)

굿에는 우리 전래의 가락과 춤이 가장 잘 보존되어 있다. 서민들의 애환을 달래주며 생활에 밀착되어왔던 이 굿판에 뛰어들어 무당, 탈춤꾼, 농악대들과 어울리며 이들의 춤과 절절한 감정을 연구하고 현대 한국춤으로 표현하고 있는 무용가가 있다.

한국 무용 전공의 최은희(崔恩姬·28·경기대 강사)씨. 그를 굿판에서 만났다. 굿과 춤, 그런 것들에 대해 애기하자니까 아직 애기할

우리는 타분야를 잘모르고 타분야에서는 춤을 모르고. 만나서 애기할 때 서로 겉도는 느낌을 느낄 때가 많아요. 더우기 현대무용의 연륜이 짧아서 대중적으로 연결이 잘 안된 편이지요」

그에게 있어서 춤이란 삶의 의미이자 목적이다. 고달플 때도 춤에 의지하고 모든 생각과 행위가 춤에 연결된다. 사랑의 경험, 사랑의 고통도 춤으로 소화시키는 여자이다. 그녀에게 사랑에 깊이 빠져 본 적이 있는가고 물었다.

「별것 다 물어보네요. 이젠 그만합시다」

그렇지만 다시 춤 애기로 돌아가면 진지해진다.

평일에는 6시에서 10시까지, 토·일요일에는 하루 종일 20여명이 공동연습을 하는데 끝나면 다리가 후들 후들 떨린다. 연습할 때는 몰입되어 기분이 좋은데 돌아가는 길은 완전히 혼자라는 느낌이 든다. 그래서 몇이서 켄터키 치킨 집에서 하루의 피로를 풀겸 저녁을 맥주 한잔으로 하는 경우도 있나.

「기자들도 똑 같을 텐데요. 맺힌 것을 풀어야 하긴 마찬가지죠?」

그는 춤을 추지 않으면 시름 시름 병을 앓는다고 한다. 이러한 현상은 무당들 거의 모두가 하는 이야기이다. 굿을 안하면 몸을 앓게 된다고. 단지 그들은 모시던 신이 노여워하기 때문에 앓게된다고 믿고 있지만. 어쨌든 그녀는 멈추면 아픈데 춤을 추면 시원해진다고. 춤에 신들린 무용가랄까, 삶기도 춤으로 낫고. 항상 가만있지 못하고 움직인다. 그래서인지 그는 활동적이고 적극적으로 인생을 사는 것 같나.

올해의 계획을 보면 더욱 그렇다. 6월에 국제 문화회 주최로 창무회(이화대학 무용과 졸업생으로서 창작 한국무용하는 사람들로 이루어진 단체. 그가 속해 있다) 단체 발표회가 있고, 8월에는 개인 발표회, 10월 대한민국 무용제 출품 작품 안무를 맡고 또 굿판현장을 부지런히 돌아다녀야 하고……。

〈글/사진·김수남 기자〉

서울 지노귀굿의 현장에서.

⇩ 궁중무용 발표회에서 첩승무(疊勝舞)를 추는 최은희씨.

정을 깊은데서 끌어 올리는 희열이 있지요. 춤은 감청의 표출 아니겠어요. 그 속에 잠기고 빠져들게 되지요. 또 승무에는 긴 장삼을 뿌릴 때 뭔가 토해내고 하소연하고 바라는 것이 있지요. 사실 장삼을 뿌리는 것이 일종의 큰 마막스인데 흔하게 너무 장삼을 휘두르고 무대를 헤매다니는 그런 경향이 있지요.

기교적인 것을 추구하는 맨손춤보다는, 수건이라든가 부채, 한삼자락 등 손에 뭔가를 들고 추는 춤이 우리나라 춤에 많은데, 손에 든 그것들이 춤추는 사람에게는 가장 친근하게 되죠. 거기에 기대고 하소연하고……」

—흔히 한국의 문화를 한(恨)의 문화라고 하는데 춤에서는……

「한(恨)이라는 것이 너무 흔히 얘기되고 있는 것 같아요. 춤은 생활하고 가장 밀접한 것이예요. 삶의 여러가지를 춤으로 풀고 있거든요. 농촌에서도 슬픈 춤은 없어요. 웃고 즐기며 뭔가 잊고 풀어버리는 춤들이지요. 살풀이 말고서는 토속적이고 전통적인 춤에는 슬픈 춤이 없어요. 이것은 역설적인 얘기로 그만큼 슬픔이 많다는 것이 되기도 해요. 난장판 속에서 도취되어 춤추는 노인네들을 보고나면 더욱 그런 생각이 들어요」

—춤은 몸을 통한 일종의 표현일텐데 어떤 점이 힘든지……

「표현을 위한 동작이 힘들어요. 표현하는 동작에 한계를 느끼므로 전통무 등 여기 저기서 동작을 차입하게 되지요.

그러나 더욱 어려운 것은 춤은 공동작업을 통해 완벽한 전달이 가능한데 무용대본, 음악, 조명, 무대미술 등 타분야의 관계가 문제예요.

3 1994. 10 / 동일문화 / 춤꾼 최은희의 부산 굿거리 장단

1994. 10 동일문화

기마골 사람

춤꾼 최은희의 부산 굿거리 장단

춤꾼 최은희 씨를 보면 그녀가 한국무용을 할 것이란 추측을 어렵지 않게 해 낼 수 있다. 서양 문화에 그 뿌리를 두고 있는 현대무용의 힘과 절도와는 달리 가는 윤곽의 얼굴 선에서부터 눈위를 걸어도 발자국을 남길 것 같지 않은 살폿한 걸음걸이 마디에서 우리 춤이 가지고 있는 단아함과 섬세함을 느낄 수가 있다.

우리의 춤사위에 몸을 맡긴 지 20여 년. 밥먹고 자는 시간을 뺀 나머지 절반 이상을 우리 장단에 맞춰 춤을 추다 보니 그녀의 자태 구석구석에 어느덧 우리의 정서가 그대로 밴 까닭이리라.

부산 사투리를 전혀 쓰지 않는 최은희 씨가 몸담고 있는 부산의 무용계는 왕성한 활동력을 가진 비슷한 연배의 젊은 교수들이 경쟁적으로 작품 창작 활동을 벌이고 있다. 그 결과 부산은 무용만큼은 그 어느 장르보다 탄탄한 토대를 마련하고 있다.

실제로 부산의 대학에서 학생지도와 작품창작을 하고 있는 교수들은 대부분 자신이 이끄는 무용팀을 가지고 있다. 새암춤회, 겁사위 무용단, 주-ㅁ 등을 비롯해 그 팀들의 수는 아마도 서울에서 활동하고 있는 수보다 많을 것이라 한다.

춤패 배김새. 최은희 씨가 이끌고 있는 한국무용 전공자들로 구성된 순수 민간예술단체이다. 지난 7월 부산 무용제에서 '꽃감관(花監官)'이란 창작무용을 선보여 갈채를 받은 바 있다.

후배들을 지도하는 시간에는 최은희 씨 특유의 '악발이 기질'이 나타난다. 이화여자대학교에서 수업을 받던 그 시절. 친구들로부터 '최안달'이라고 불릴 정도로 무섭게 연습을 했던 그 '악발이 기질'로 느슨해져 있는 후배들을 몰아 부친다.

한번은 학생 몇 명이 주동이 되어 연습을 빼먹고 '도망'가기로 모의했다가 '봉변'을 당한 일이 있다. 휴게실에서 최은희 씨와 맞닥뜨려 당황한 나머지 이리저리 몸을 숨기는 학생들에게 '전부 나와'라는 불호령이 떨어졌다. 화를 참지 못해 눈물까지 흘리면서, 너희같이 나태한 학생들을 지도할 수 없다며 나가시려는 선생님을 붙잡고 울며 불며 잘못했다고 빌어 가까스로 사태가 진정 되기는 했지만 그 일을 당했던 학생들은 아직도 그때의 '악몽'을 잊지 못한다. 지금도 연습하기 싫어 조금이라도 꾀를 부릴라 치면 어김없이 날아오는 불호령. 무척 화가 났을 때면 북채까지 던져가며 학생들을 질타한다.

그의 지론은 학생시절엔 적어도 하루에 세시간 정도는 연습을 해야 하고 전문가는 6시간 이상을 해야 한다는 것이다.

최은희 씨의 고향은 인천이고 공부를 한 곳은 서울이나. 부산으로 거주지를 옮기게 된 계기는 29살이라는 어린 나이로 선배 무용가들을 제치고 부산시립무용단 안무장을 맡게 된 일이 었다.

그후 경성대학교 무용과 교수로 자리 잡고 앉아 부산의 무용예술이 단단히 자리매김할 수 있도록 하는 일을 해오고 있다. 춤패 배김새 예술감독으로서의 일뿐 아니라 민족춤 위원회 기획위원, 사단법인 한국무용연구회 이사, 부산 여름축제 운영위원이 현재 최은희 씨 이름 앞에 붙는 직함이다. 이 중 부산여름무용축제는 그녀가 유독 신바람나게 준비하고 진행해 나가는 행사이다.

외국에서라면 부산 정도의 휴양도시엔 거의 이름을 내세울 만한 크고 작은 예술 페스티벌이 있기 마련이다. 만일 부산에 그런 내세울 만한 예술 페스티벌이 없었다면 국제화 시대에 부끄러운 현실이 되었을 것이다. 그 체면을 살려주고 있는 '부산여름무용축제'를 모의한 장본인들이 경성대학교 무용과 교수들이고, 그 중 최은희 씨도 적극적으로 '가담'한 사람이다. 88년부터 시작되어 매년 개최되어 온 이 축제는 부산시민들 뿐만 아니라 서울을 비롯한 다른 대도시 사람들의 무용에 대한 관심을 높이고 부산무용에 대한 인식을 다져 나가며 장족의 발전을 거듭하고 있다.

후배를 지도해야 하는 교수로서, 작품창작에 열의를 갖고 있는 전문인으로, 우리 정서에 맞게 우리 춤에 기본을 두고 현대무용과의 접목을 시도하는 노력가로. 그리고 '여자'로 돌아가서 해야 하는 역할. 어느 하나 수월한 것은 없다. 특히 주부로서의 역할은 그다지 성적이 좋은 편이 아니다. 담임 선생님을 찾아가 아이의 학교생활에 대한 얘기를 듣기도 하고 장난치며 노는 두 딸들에게 공부 좀 하라고 꾸지람을 치면서 관심을 보이기도 하지만 다른 엄마들에 비한다면 낙제도 한참 낙제다. 으레 주말엔 연습이나 약속, 공연 등으로 평일보다 더 바빠져 일년에 서너번 함께 외출해 아이들 비위를 맞추는 것으로 '엄마노릇'을 흉내내고 있다. 그래도 별탈 없이 잘 크는 아이들이 대견스럽지만 가끔은 섭섭함을 느끼기도 한다. 딸들에겐 혹시 '어미'의 존재가 그리 크지 않은가 보다. 하는 소심증이 문득 발동할 때가 그렇다.

12살 된 큰딸 여름이는 춤추는 것에 관심이 있다. 얼마 전부터 시작한 에어로빅이 재미 있는지 한번도 거르지 않고 신나게 다닌다. 이젠 그만 하고 공부를 더 하는게 어떻겠냐는 엄마의 말에 조금 더 하고 싶다고 고집을 부려 2학기까지만 다니기로 타협을 보았다. 9살인 보람이는 화가인 아빠의 '끼'를 닮았는지 그림 그리는 것을 좋아한다.

남편 정진윤 씨에게도 미안한 마음을 마찬가지다.

대학을 다니던 시절. 늦게까지 연습을 하다 허기지면 늘 찾아가던 밥집에서 지금의 남편을 만났다. 가끔씩 얼굴을 마주치던 서로에게 끌려 어느날인가부터 그 밥집에서 함께 식사를 한 후 바로 옆에 있던 조그만 찻집에 마주 앉아 웃음을 주고 받는 사이가 되었다. 그리고 동갑나기인 두 사람은 결혼을 했다.

최은희 씨는 남편과 아이들에 대한 얘기를 할 때면 늘 웃음을 띄운다. 교수실 한 쪽 벽에는 최은희 씨의 '승무'를 그린 남편의 그림이 걸려 있다. 늘 연애시절처럼 설레이는 감정일 수는 없지만 이들 부부는 이렇게 가끔씩 애정이 듬뿍 담긴 선물로 서로에게 '행복'을 확인시켜 준다.

최은희 씨의 작품에는 무속적인 요소들이 많이 배어있다. 한국정신문화연구원의 사전편찬을 위한 무용파트 연구원으로 있는 동안 민속학자들과 함께 전국 각지를 돌아다니며 묻혀있던 우리 굿과 춤, 노래 등을 발굴하는 현장을 볼 수 있었던 것도 알게 모르게 그녀의 작품 성향과 관련되었을 것이다.

그녀는 우리 한국인의 정서가 담겨 있는게 1차적으로는 무속이라고 본다. 옛사람들이 갈등이 생기면 무속을 통해 풀어내려 했듯이 오늘 우리의 갈등과 번민 따위도 무속으로 풀어 보려는 것이다. '푼다'는 것. 최은희 씨는 이 '풀이'를 중요하게 여긴다.

부산 무용계가 장족의 발전을 해오고 있고 그 자리를 단단히 구축해 놓고 있기는 하지만 아무런 문제 없이 발전일로에 있는건 아니다. 젊은 지도자들이 자기 개성을 살린 춤판을 벌이고 있어 개방되어 있다는 것과 후배들에게 등용의 장이 되는 무대나 페스티벌이 많다는 점, 비슷한 나이 또래의 지도자들이 선의의 경쟁을 벌이면서 발전으로 이끌어 오고 있다는 점 등이 부산 무용의 장점이기는 하지만 모든 역량을 끌어 모을 수 있는 마땅한 구심점이 없다는 문제도 있다. 부산 무용계 지도자들이 앞으로 해결해야 할 과제라고 본다.

이제 최은희 씨는 자신의 춤에 역사도 담아볼 생각이다. 우리의 한많은 역사, 역사 속에서의 민초들의 삶을 춤으로 또 한바탕 풀어내고 싶어한다.

춤은 더 나은 삶을 살기 위한 수단이며 수련의 과정, 자아발견의 과정이며 한 세계에서 다른 세계로 넘나드는 하나의 종교라고 그녀는 생각한다. 그리고 앞으로도 계속 이 '종교'에 심취해 지낼 작정이다.

나이 40이면 자신의 얼굴에 스스로 책임을 져야 한다고 한다. 춤과 함께 생활하면서 춤으로 고민해온 그녀의 얼굴이 한국무용의 분위기와 닮아 있음은 너무나도 당연하다. 앞으로 억척스럽게 풀어낼 춤판에 대한 기대 만큼이나 춤과 닮아 갈 모습도 궁금해 진다. ㅁ

사진/주명덕 글/이강희

13

15

4. 1996. 03-04 / 무용예술 / 전용종 / 한국적 여인상이 그리는 춤

1996. 3·4월 무용예술

표지의 인물

최은희

한국적 여인상이 그리는 춤

겸허하고 진솔함, 그러면서도 지혜와 관용으로 항상 중용을 지키는 최은희씨. 한국의 여인상으로 표본이 될 수 있는 그녀의 심성과 더불어 한국춤과의 만남은 숙명적인 것이기도 하다.

한국무용과 최은희씨. 이 둘의 만남과 대결은 이미 숙명적이었던 것으로 주변사람들은 단정한다. 최은희씨 자신이 갖는 천성적인 캐릭터- 즉 단정하고 소박하고 늘 진솔함. 지혜롭고 이지적이면서도 관용과 넉넉함이 그녀의 몸가짐과 마음씀씀이에서 항상 역력하다. 그녀는 나댐으로해서 세속의 속기를 보이는 일도 없으며, 그렇다고 푼수가 짧아 부족함도 없다. 정도와 정량속에서 끊임없이 자신의 예지를 펼칠 뿐이다. 그 진실됨은 어쩌면 「한국의 여인상」내지 「구원의 여인상」으로 부조되어져야 할 가장 이상적인 표본이라 해도 과언이 아니리라.

바로 이 가장 한국적이라 할 그녀의 인성과 한국춤의 만남은 예술이다 작품이다 하는 것을 말하기 이전에 양측의 이상실현을 위해 참으로 행복하고 빛나는 만남이라 하겠다. 「우리의 춤이 선택한 최은희」「최은희가 선택한 우리의 춤」. 이 불가분의 선택은 상호상승 관계를 이루면서 어느새 우리나라 무용계에 한 그루 거수(巨樹)로 우뚝 솟아 있음은 어쩌면 예측했던 당연한 귀결이기도 하다.

이제까지 그녀가 보여온 작품세계는 다양하다. 무속의 신기(神氣)가 너울거렸는가 하면, 여인의 한을 넘어서 괴기의 모습을 연출하기도 했다. 민속의 의미를 살려 하지의 열기를 뿜어냈는가 하면 정신대의 통한을 부각시킨 역사의식도 발휘했다. 또 공해를 고발하는가하면 벼랑에 선 영혼을 위해 번제를 올리는 순도 높은 작품들도 보여주었다.

일련의 이러한 작업과 함께 부산을 거점으로 활동해온 그녀는 그가 이끌어온 무용단 춤패배김새가 어언 10년을 맞이해 연륜을 증명하기도 했다.

그의 춤을 보느라면 '어느듯 육체는 사라지고 춤만이 남는다'고 평자들은 말한다.

언제나 무대를 가득히 채워주는 그녀만의 특이한 춤사위는 그녀가 갖는 지순한 심성과 함께 관객을 사로잡는 마력이 넘실대고 있을 뿐이다. D

56

5. 2000. 10 / 울산문예 / 만나보고 싶었습니다. 시립무용단 안무자 최은희

최은희
울산시립무용단 초대 안무자

만나보고 싶었습니다 | 시립무용단 안무자 최은희

울산시립무용단 안무자로 위촉된 최은희 교수는 1955년 인천생으로 이화여대, 동교육대학원에서 한국무용을 전공하고 국립국악원, 한국정신문화연구원을 거치면서 궁중무용, 굿학회 창립회원으로서 무속에 관심을 갖고 민족문화에 대한 체계를 쌓았으며 이 기간동안 김천흥, 故한영숙, 이매방, 故김병섭(농악)님께 전통무용을 사사받았고 임석재, 정병호 선생님과의 만남이 있었으며 94년에는 중요무형문화재 제27호 승무자로 지정받았다.
그동안 스승인 김매자 교수의 주축으로 이루어진 창무회 창단회원으로 '79년 창작공연으로부터 전통과 현대화의 접목에 창작의 축을 두고 15년간 타 장르간의 만남 등을 통하여 끊임없는 실험작업을 지속해 오면서 꾸준히 안무의 출연을 병행하여 개성적 춤작가로서 주목 받았다.

'82년 첫 개인 발표회인 '夏至祭'를 갖고 그 해 대한민국 무용제에서 '넋들임'을 안무하여 대상을 수상하였고 '88년 10월 창무춤터기획의

울산지역민들의 정서에 맞는 작업과 이 시대에
부응할 수 있는 실험적으로 작업에 임하고자 한다.

'춤과 미술, 시의 만남'에 외출하다를 발표, 이어 12월에는 '외출하다'가 소극장춤 BEST5에 선정되어 초대공연을 갖었다.
그 동안 개인공연과 창무춤터 공연, 국내의 저명한 춤제전인 한국무용제전, 부산여름무용축제, 대학무용제, 서울무용제, 현대춤 작가 12인전, 민족춤제전 등에 참가하였다.

'88서울 올림픽 대회 요트경기 개회식 행사 '파도를 넘어서' 안무를 맡기도 했다.
부산시립무용단 안무장('83~'84)를 거치면서 경성대학교 무용학과에 자리를 잡아 '85년에 부산에서는 처음으로 한국무용 전공자 모임인 순수 민간예술단체 '춤패 배김새'를 창단케 하여 소극장활동과 야외춤 등 국내외 다각적인 활동으로 한국춤의 질적향상을 꾀하며 생활속의 살아있는 예술로써 춤의 대중화를 위해 노력해 왔다.

30
울산문예

❖ 초대 안무자로 위촉된 소감은 …

새 천년의 새해가 울산소재의 간절곶에서 떠오름과 함께 울산에서 처음으로 마련되는 울산시립무용단의 초대 안무자로 위촉되어 기쁘게 생각합니다. 또한 새로이 창단되는 무용단인 만큼 젊고 신선한 무용단으로 발전시킬 수 있는 가능성을 안고 있으며, 역량있는 참신한 춤꾼들로 구성해 우리나라 무용계의 신선한 바람을 불어넣을 수 있다는 생각에 가슴이 벅차 오릅니다.

❖ 창작 활동은 …

78년부터 본격적인 창작활동을 시작했으며 한국무용을 전공했다. 이화여대 재학시절 한국무용을 전공하던 동기 4명과 함께 '창무회'라는 단체를 창단해 다양한 창작활동에 임하게 되었다. 82년에는 현재 실시하고 있는 서울무용제의 전신인 대한민국무용제에 넋들임이란 작품을 안무하여 대상을 수상한 바도 있다. 그 당시의 작품내용은 무속신앙(굿)을 소재로 한 창작 작품 이였다. 그 후 부산시립무용단 상임안무자를 거쳐 현재 경성대학교 무용학과교수로 재직하면서, 85년 경성대학교 무용학과 졸업생들로 구성된 춤패배김새를 창단케하여 부산 무용제 대상 등 국·내외 무용제에 참여하였다.

❖ 창단 단원 선발은 …

창작활동은 시대에 맞는 의식세계와 실험정신으로 이루어져야 합니다. 그리고 시립무용단은 시민들을 위한 행사를 위하여 다양한 레퍼토리를 축적한 상태에서 활동할 계획입니다. 단원선발 또한 다른 무용단과 차별을 두어 선발할 계획입니다. 한국무용단이지만 단원가운데 일정비율을 현대무용전공자들을 수용하고 전문 무용국악 연주단이 만들어질 것입니다. 그렇게 되면 어느 것이나 소화할 수 있는 다양한 작품경향을 추구할 수 있을 것입니다. 단원 위촉 후에도 각 개인의 역량을 발굴·훈련하여 관객들에게도 호응을 얻을 수 있는 무용단원을 구성할 것입니다.

❖ 창단 후의 작품활동은 …

형식에 매어진 틀을 탈피하여 창단하게 됩니다. 작품활동은 크게 세가지로 추구하고자 합니다.
그 첫째로 전통을 원형을 보존하고 연희하는 보고 들을 수 있는 재구성작업으로 임하고자 합니다. 예로부터 한국의 민속문화는 樂·歌·舞一體라 하여 음악, 소리, 춤이 함께 어우러져 일반대중들에게 보여 주었습니다. 그러나 현재 구성되어 있는 일반 시립·국립예술단체들은 각 각 구별되게 구성되어 연희되고 있는 상황이빈다.
두 번째, 공연형식으로 다양한 장르의 복합예술을 추구할 것입니다. 예술 창작작업의 단계로 강한 테크닉과 에너지를 발산하는 현대 한국춤 작업을 추구하며 울산 지역민들의 정서에 맞는 작업과 이 시대에 부응할 수 있는 실험정신으로 작업에 임하고자 합니다.
세 번째로는 일반대중들에게 쉽게 다가설 수 있도록 찾아가는 생생한 예술단이 되고자 합니다.

31
울산문예

6. 2000. 11 / 울산문예 / 마음의 그림, 춤꾼의 길

울산문예
이천년 11 월호
커버스토리 /
객석에서… / 내일을 향해 쏴라
기획연재 /
기획공연하이라이트 / 한국 천년의 춤 II
재미난 합창이야기 /

마음의 그림, 춤꾼의 길

그립다 말을 할까
하니 그리워 그냥 갈까
그래도 다시 더 한번

김소월님의 「가는길」 이란 詩다

뜬금없이 "왠 시?" 라고 반문할 지 모르겠으나 최은희안무자에게 느껴지는 향이다. 마음의 붓으로 그린 그림을 그리움이라 한다면 최안무자에게서 느껴지는 행보는 바로 이 마음의 그림이 아닐까?

울산시립무용단 초대안무자인 최은희교수.
그는 "무대에서 자신이 살아있음을 발견한다"고 말한다
인천출생으로 이화여대와 동 대학원에서 한국무용을 전공한 그는 지난 83년 부산시립무용단안무장으로 한강이남인 부산과 인연을 맺었고 경성대교수로 후진을 양성하고 있다.
이미 국립국악원과 정신문화연구원, 굿학회 창립회원으로 궁중무용과 무속무용 등 민족문화에 대한 체계적인 연구와 실기를 겸비한 그의 춤은 부산지역 창작춤 활성화의 기폭제가 됐다.

특히 최초의 한국창작무용단체인 창무회 창단회원이기도 한 최안무자는 전통과 현대의 접목이라는 창작세계를 펼쳐왔다.
그의 춤세계는 지난 82년 대한민국무용제에서 그가 안무한「넋들임」이 대상을 수상함으로 활짝 꽃을 피우게 된다.
이후 그는 순수민간무용단체인 춤패 「배김새」를 창단하여 소극장활동과 야외춤 등 다양한 춤판을 펼쳤다.

7. 2000. 겨울호 / 울산사랑 / 2002년을 준비하는 예술단체〈울산시립무용단〉

WORLDCUP ULSAN
울산사랑
2000 겨울호 · VOL.9
I·L·O·V·E·U·L·S·A·N

2002년을 준비하는 예술단체

울산시립무용단

많은 시민들의 기대 속에 지난해 12월 울산시립무용단이 53명의 인원으로 출범했다. 안무자로 최은희 경성대 교수, 지도자로 현숙희 울산대 사회교육원 교수가 영입됐고, 엄격한 심사를 거쳐 무용단원 39명과 연주단원 12명이 선발됐다. 올 5월말 창단공연을 위해 문화예술회관 연습실에서 하루도 쉬지 않고 구슬땀을 흘리고 있는 무용단의 춤사위에서 '생명사상'의 뜨거움이 느껴진다. 안무자 최은희 교수는 "미래를 향해 분출되는 에너지를 통해 울산만이 가질 수 있는 무용의 색깔을 내겠다"고 말하고 있기 때문이다.
그런 작품을 만들기 위해 울산의 문화, 역사의 현장을 답사하는 학문적인 접근과 실험적인 소극장 공연을 통해 내실을 다져나겠다는 계획이다. 분리된 춤과 음악을 한 자리에 모으고, 갈래와 갈래를 넘나들며 해체와 결합을 통해 전통에서 현대를 하나로 연결하는 울산의 색을 찾겠다는 것이다.
시립무용단에게는 2002년이 기다리고 있다. 2002년 울산 월드컵 경기 때 시립무용단은 축하무대를 주도해나가야 한다.
"큰 무대는 늘 기회가 된다. 월드컵을 울산시립무용단의 위상을 정립하는 계기로 삼겠다"는 것이 최 안무자와 현 지도자의 포부다.

최은희 안무자

현숙희 지도자

28 울산사랑

8. 2001. 03 / 춤 / 창작정신에 산실이 되고싶다 《춤패 배김새 15주년 기념집》 발간을 기념하여'

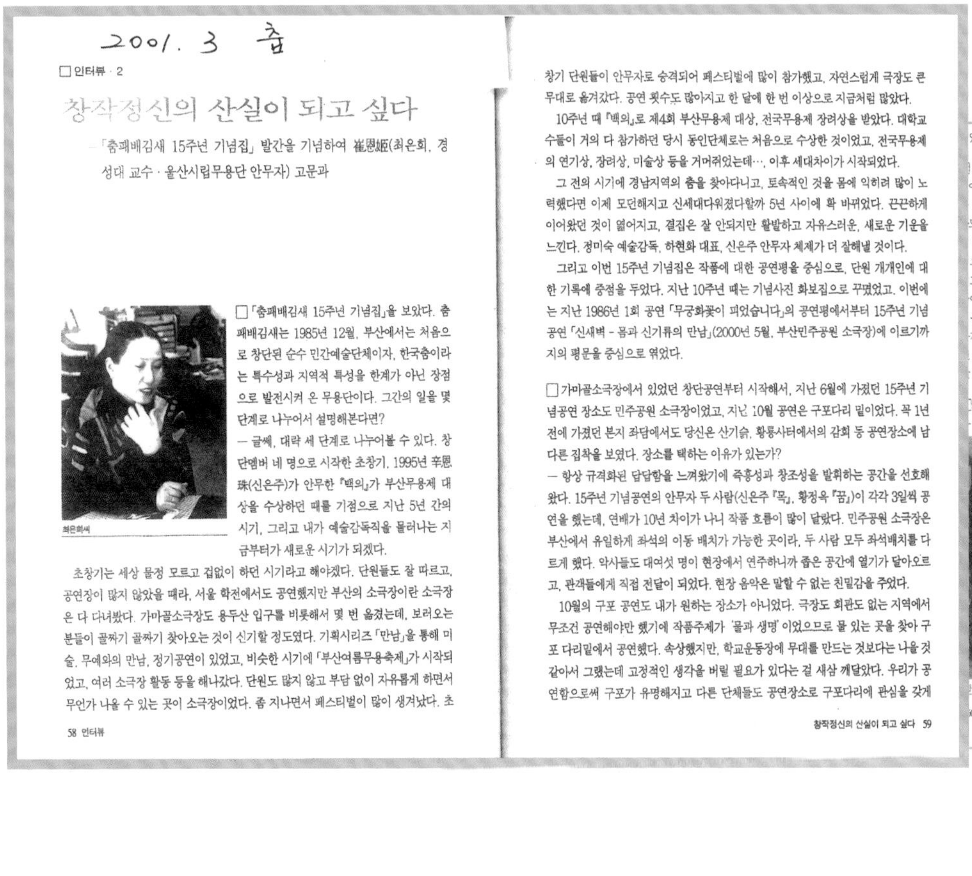

2001. 3 춤

□ 인터뷰 · 2

창작정신의 산실이 되고 싶다

—「춤패배김새 15주년 기념집」 발간을 기념하여 崔恩姬(최은희, 경성대 교수 · 울산시립무용단 안무자) 고문과

최은희씨

□「춤패배김새 15주년 기념집」을 보았다. 춤패배김새는 1985년 12월, 부산에서는 처음으로 창단된 순수 민간예술단체이자, 한국춤이라는 특수성과 지역적 특성을 한계가 아닌 장점으로 발전시켜 온 무용단이다. 그간의 일을 몇 단계로 나누어서 설명해본다면?
— 글쎄, 대략 세 단계로 나누어볼 수 있다. 창단멤버 네 명으로 시작한 초창기, 1995년 辛恩珠(신은주)가 안무한 『백의』가 부산무용제 대상을 수상하던 때를 기점으로 지난 5년 간의 시기, 그리고 내가 예술감독직을 물러나는 지금부터가 새로운 시기가 되겠다.

초창기는 세상 물정 모르고 겁없이 하던 시기라고 해야겠다. 단원들도 잘 따르고, 공연장이 많지 않았을 때라, 서울 학전에서도 공연했지만 부산의 소극장이란 소극장은 다 다녀봤다. 가마골소극장도 용두산 입구를 비롯해서 몇 번 옮겼는데, 보러오는 분들이 골짜기 골짜기 찾아오는 것이 신기할 정도였다. 기획시리즈 「만남」을 통해 미술, 무예와의 만남, 정기공연이 있었고, 비슷한 시기에 「부산여름무용축제」가 시작되었고, 여러 소극장 활동 등을 해나갔다. 단원도 많지 않고 부담 없이 자유롭게 하면서 무언가 나올 수 있는 곳이 소극장이었다. 좀 지나면서 페스티벌이 많이 생겨났다. 초창기 단원들이 안무자로 승격되어 페스티벌에 많이 참가했고, 자연스럽게 극장도 큰 무대로 옮겨갔다. 공연 횟수도 많아지고 한 달에 한 번 이상으로 지금처럼 많았다.

10주년 때 『백의』로 제4회 부산무용제 대상, 전국무용제 장려상을 받았다. 대학교수들이 거의 다 참가하던 당시 동인단체로는 처음으로 수상한 것이었고, 전국무용제의 연기상, 장려상, 미술상 등을 거머쥐었는데…, 이후 세대차이가 시작되었다.

그 전의 시기에 경남지역의 춤을 찾아다니고, 토속적인 것을 몸에 익히려 많이 노력했다면 이제 모던해지고 신세대다워졌다할까 5년 사이에 확 바뀌었다. 끈끈하게 이어왔던 것이 엷어지고, 결집은 잘 안되지만 활발하고 자유스러운, 새로운 기운을 느낀다. 정미숙 예술감독, 하현화 대표, 신은주 안무자 체제가 더 잘해낼 것이다.

그리고 이번 15주년 기념집은 작품에 대한 공연평을 중심으로, 단원 개개인에 대한 기록에 중점을 두었다. 지난 10주년 때는 기념사진 화보집으로 꾸몄었고, 이번에는 지난 1986년 1회 공연 「무궁화꽃이 피었습니다」의 공연평에서부터 15주년 기념공연 「신새벽 - 몸과 신기류의 만남」(2000년 5월, 부산민주공원 소극장)에 이르기까지의 평문을 중심으로 엮었다.

□ 가마골소극장에서 있었던 창단공연부터 시작해서, 지난 6월에 가졌던 15주년 기념공연 장소도 민주공원 소극장이었고, 지난 10월 공연은 구포다리 밑이었다. 꼭 1년 전에 가졌던 본지 좌담에서도 당신은 산기슭, 황룡사터에서의 감회 등 공연장소에 남다른 집착을 보였다. 장소를 택하는 이유가 있는가?
— 항상 규격화된 답답함을 느껴왔기에 즉흥성과 창조성을 발휘하는 공간을 선호해왔다. 15주년 기념공연의 안무자 두 사람(신은주 『목』, 황정옥 『꿈』)이 각각 3일씩 공연을 했는데, 연배가 10년 차이가 나니 작품 흐름이 많이 달랐다. 민주공원 소극장은 부산에서 유일하게 좌석의 이동 배치가 가능한 곳이라, 두 사람 모두 좌석배치를 다르게 했다. 악사들도 대여섯 명이 현장에서 연주하니까 좁은 공간에 열기가 달아오르고, 관객들에게 직접 전달이 되었다. 현장 음악은 말할 수 없는 친밀감을 주었다.

10월의 구포 공연도 내가 원하는 장소가 아니었다. 극장도 회관도 없는 지역에서 무조건 공연해야만 했기에 작품주제가 '물과 생명'이었으므로 물 있는 곳을 찾아 구포 다리밑에서 공연했다. 속상했지만, 학교운동장에 무대를 만드는 것보다는 나을 것 같아서 그랬는데 고정적인 생각을 버릴 필요가 있다는 걸 새삼 깨달았다. 우리가 공연함으로써 구포가 유명해지고 다른 단체들도 공연장소로 구포다리에 관심을 갖게

58 인터뷰

창작정신의 산실이 되고 싶다 59

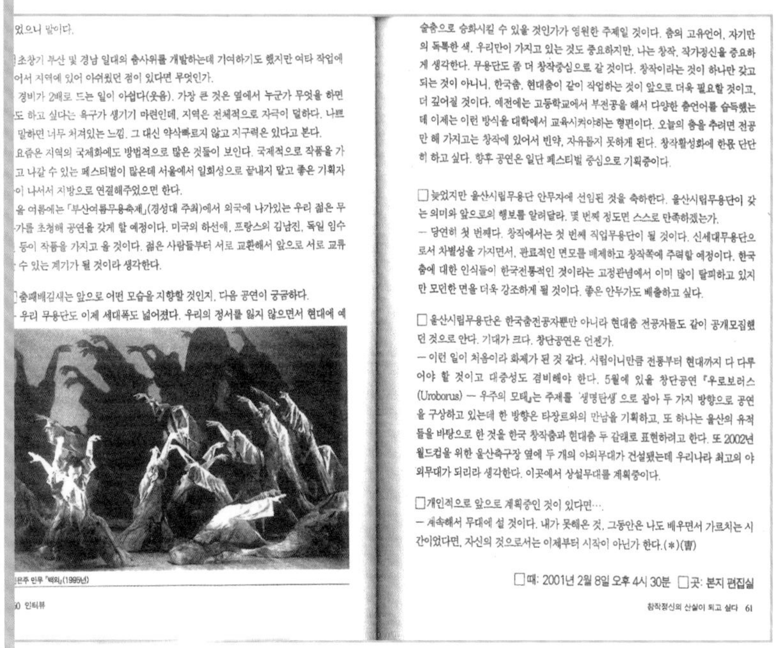

었으니 말이다.

□ 초창기 부산 및 경남 일대의 춤사위를 개발하는데 기여하기도 했지만 여타 작업에 …어서 지역에 있어 아쉬웠던 점이 있다면 무엇인가.
— 경비가 2배로 드는 일이 아쉽다(웃음). 가장 큰 것은 옆에서 누군가 무엇을 하면 …도 하고 싶다는 욕구가 생기기 마련인데, 지역은 전체적으로 자극이 덜하다. 나쁘… 말하면 너무 처져있는 느낌. 그 대신 약삭빠르지 않고 지구력은 있다고 본다.
요즘은 지역의 국제화에도 방법적으로 많은 것들이 보인다. 국제적으로 작품을 가…고 나갈 수 있는 페스티벌이 많은데 서울에서 일회성으로 끝내지 말고 좋은 기획자…이 나서서 지방으로 연결해주었으면 한다.
…올 여름에는 「부산여름무용축제」(경성대 주최)에서 외국에 나가있는 우리 젊은 무…가를 초청해 공연을 갖게 할 예정이다. 미국의 하선애, 프랑스의 김남진, 독일 입수… 등이 작품을 가지고 올 것이다. 젊은 사람들부터 서로 교환해서 앞으로 서로 교류… 수 있는 계기가 될 것이라 생각한다.

□ 춤패배김새는 앞으로 어떤 모습을 지향할 것인지, 다음 공연이 궁금하다.
— 우리 무용단도 이제 세대폭도 넓어졌다. 우리의 정서를 잃지 않으면서 현대에 예술춤으로 승화시킬 수 있을 것인가가 영원한 주제일 것이다. 춤의 고유언어, 자기만의 독특한 색, 우리만이 가지고 있는 것도 중요하지만, 나는 창작, 작가정신을 중요하게 생각한다. 무용단도 좀 더 창작중심으로 갈 것이다. 창작이라는 것이 하나만 갖고 되는 것이 아니니, 한국춤, 현대춤이 같이 작업하는 것이 앞으로 더욱 필요할 것이고, 더 깊어질 것이다. 예전에는 고등학교에서 부전공을 해서 다양한 춤언어를 습득했는데 이제는 이런 방식을 대학에서 교육시켜야하는 형편이다. 오늘의 춤을 추려면 전공만 해 가지고는 창작에 있어서 빈약, 자유롭지 못하게 된다. 창작활성화에 한몫 단단히 하고 싶다. 향후 공연은 일단 페스티벌 중심으로 기획중이다.

…은주 안무 『백의』(1995년)

□ 늦었지만 울산시립무용단 안무자에 선임된 것을 축하한다. 울산시립무용단이 갖는 의미와 앞으로의 행보를 알려달라. 몇 번째 정도면 스스로 만족하겠는가.
— 당연히 첫 번째다. 창작에서는 첫 번째 직업무용단이 될 것이다. 신세대무용단으로서 차별성을 가지면서, 관료적인 면모를 배제하고 창작쪽에 주력할 예정이다. 한국춤에 대한 인식들이 한국전통적인 것이라는 고정관념에서 이미 많이 탈피하고 있지만 모던한 면을 더욱 강조하게 될 것이다. 좋은 안무가도 배출하고 싶다.

□ 울산시립무용단은 한국춤전공자뿐만 아니라 현대춤 전공자들도 같이 공개모집했던 것으로 안다. 기대가 크다. 창단공연은 언젠가.
— 이런 일이 처음이라 화제가 된 것 같다. 시립이니만큼 전통부터 현대까지 다 다루어야 할 것이고 대중성도 겸비해야 한다. 5월에 있을 창단공연 『우로보러스(Uroborus) — 우주의 모태』는 주제를 '생명탄생'으로 잡아 두 가지 방향으로 공연을 구상하고 있는데 한 방향은 타장르와의 만남을 기획하고, 또 하나는 울산의 유적들을 바탕으로 한 것을 한국 창작춤과 현대춤 두 갈래로 표현하려고 한다. 또 2002년 월드컵을 위한 울산축구장 옆에 두 개의 야외무대가 건설됐는데 우리나라 최고의 야외무대가 되리라 생각한다. 이곳에서 상설무대를 계획중이다.

□ 개인적으로 앞으로 계획중인 것이 있다면…
— 계속해서 무대에 설 것이다. 내가 못해온 것, 그동안은 나도 배우면서 가르치는 시간이었다면, 자신의 것으로서는 이제부터 시작이 아닌가 한다.(*)(曺)

□ 때: 2001년 2월 8일 오후 4시 30분 □ 곳: 본지 편집실

60 인터뷰

창작정신의 산실이 되고 싶다 61

국제신문 기 획 2002년 10월 29일 화요일 15

"몸은 춤 도구 아닌 知性의 실천 그자체"

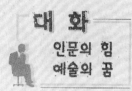

대화 인문의 힘 예술의 꿈

〈11〉몸의 시대, 춤의 미래

'몸의 시대'. 21세기를 일컫는 또 하나의 문화적 별칭이다.

춤은 이 몸의 시대를 맞아 여러 예술장르의 새로운 중심으로 떠오르고 있다. 춤의 고장으로 이름 높은 부산 경남의 춤은 이 시대를 어떻게 맞이하고 있는가.

춤의 현장을 지키면서 지역 춤예술을 이끌어 온 현대무용가 장정윤(동아대 무용학과) 교수와 한국춤꾼 최은희(경성대 무용학과) 교수가 부산문화회관 국제회의실에서 '몸의 시대, 춤의 미래'에 대해 이야기를 나눴다.

대담을 마친 장정윤(왼쪽) 교수와 최은희 교수가 부산문화회관 앞에 나란히 섰다. /강덕철기자 kangdc@kookje.co.kr

 # '몸의 시대' 21세기-그 중심에 춤이 있다

최은희=정신은 우월하고 몸은 열등한 것이라는 인식은 1970년대부터 도전받기 시작했고 21세기 초입을 전후해서 세계적으로 인식의 대전환기를 맞았죠. 정신과 몸이 하나라는 철학적 인식에 닿은 것인데 현대 춤예술은 이 새 흐름의 중심에 서 있어요. 최근 여러 예술 장르에서도 춤언어에 대한 관심이 많이 높아졌지요. 그런 현실을 반영하는 것이 아닌가 해요.

장정윤=무용에서 몸을 도구 수단 매체로 보는 것은 이미 역사적으로 낡은 규정이지요. 무용수의 몸은 피아니스트의 피아노가 아니란 거죠. 오늘날은 몸을 실천 자체라고 봅니다. 무용문헌에도 지성적 실천이라는 말이 나와요. 몸이 인간-지성의 실천 자체라는 인식은 수단 매체로 몸을 보는 것과 거리가 멀어요. 그런데 몸 자체가 지성적 실천이라고 가장 예민하게 인식하는 단계가 바로 지금이라고 봐요. 그런 점에서 몸의 시대죠.

최은희=문화 영역의 새로운 중심으로서 춤을 다시 보아야 할 때라고 말할 수 있어요.

장정윤=몸의 시대, 지성의 실천이라는 개념으로서 몸을 가장 먼저 생각한 것은 무용가들이었어요. 60년대부터 그런 인식이 싹텄고 굉장히 실험적인 작품들도 많이 나왔죠. 하지만 무용 주변의 사람들을 포함해서 정치 사회권 사람들은 그걸 인식하지 못하고 오히려 여전히 몸을 수단으로 보는 경우가 많아요. 그들은 단지 춤을 이데올로기적인 동원의 대상, 이용의 대상으로 여기는데, 무용인들은 이점을 각별히 유의할 필요가 있어요. 채희완 교수가 책에서 '육화'라는 말을 썼는데 '몸으로 사유하기'라는 뜻과 맥이 통하죠. 이 시대에 깊이 되씹어 봐야 할 중요한 개념이라고 생각해요.

 # 우리 춤이 와 있는 자리는

장정윤=무용은 비약적 발전할 수 있는 단계에 와 있어요. 하지만 웬지 우리 무용은 어디로 가야할지를 모르고 서성대고 있다고 느낍니다. 아주 좋은 시기가 왔는데 교수 무용전공자 평론가 같은 무용 주체들이 한 덩어리로 뭉치지 못하고 방황하는 형국이랄까요.

최은희=순수 공연예술에서 공공영역과 지역사회 특히 국가지원은 중요한 요소입니다. 예술경영에서도 주요 영역이죠. 프랑스나 미국이 21세기의 국가 문화프로젝트로 현대무용을 집중지원하는 것도 관심을 끌어요. 얼마 전 대구에서 무대공연지원금 심사를 한 적이 있는데 관행인 소액다건 지원 대신 굵직한 작품에 지원금을 몰아주더라고요. 바람직한 모습이 아닌가 해요.

장정윤=지역무용계의 방황에 대해서는 여기 오래 몸담아 온 저 역시 죄인이라는 반성이 듭니다. 그런데 잘돼 온 건 일단 놔두고, 우리 무용의 문제점으로 '낭비'라는 말이 딱 떠올라요. 인력 경제 에너지의 낭비. 에너지를 집중적으로 쏟을 수 있다면 얼마나 좋을까. 공연예술지원금 등이 왜 그렇게 자꾸 쪼개지느냐. 하나라도 제대로 지원돼야 하는 것 아니냐 하는 거죠. 엄정한 기준으로 객관적으로 심사해서 좋은 작품을 가려내고 제대로 지원하는 '판단'이 필요해요.

"한 작품속 감동은 천차만별 관객 눈높이만 맞춰선 곤란"

최은희=소액다건식 지원이 지금까지 춤예술의 확산에 초점을 맞춘 것이라면 지금부터는 '집중'에 맞출 필요가 있어요. 전문화죠. 형평을 내세운 지원금 균등배분이 공연의 긴장감을 떨어뜨리고, 공연운 늘어도 눈에 띄는 작품은 별로 없는 현재의 상황을 초래한 면이 있어요. 공급은 넘치는데 수요는 적은 것이 춤공연의 자화상인데 지원의 전문성 확보는 이 현실을 타개할 중요한 방안이죠

장정윤=이상론으로 비칠지 몰라도 저는 그 해결책을 이런 식으로 찾아요. 엄정함과 전문성을 갖춘 심사제도를 전제로, 지원의 비중을 높이는 거예요. '죽느냐 사느냐'의 문제로 인식될 만큼. 지원을 받으면 실력과 가능성을 공인받은 것으로 인정하는 것이죠. 지원을 못받으면 어떻게든 그 범주에 들고 살아남기 위해 창고든 거리든 끊임없이 관객을 만나고 노력하도록 해야죠. 1960~70년대 미국 뉴욕에서 이 경쟁과 집중의 시스템을 잘 활용했어요(지금 뉴욕은 세계 현대무용의 중심지다). 그러면 목숨 걸고 하지 않을까요?

최은희=그래선지 춤은 다른 예술영역에 비해 합당한 대우를 못받거나 기획 음악 무대 이론처럼 꼭 필요한 주변 영역이 전문화되지 못하는 것 아닐까요. 중심이 잡혀야 춤전공자들이 꼭 공연에만 매달리지 않고 춤 주변의 다양한 영역을 개척해서 전문인 그룹을 이룰 수 있어요.

장정윤=관심 영역이 공연에만 쏠리고 있어요. 선배 가는 거 보고 정해요. 기획 비평 취업까지, 관심영역이 다양화되면 좋을텐데.

장정윤 교수

△현대무용가. 동아대 무용학과 교수.
△서울 출생.
△이화여대 무용학과, 미국 UCLA 대학원 무용과 안무 전공. 미국 머스커닝햄무용재단 교환교수. 로고현대무용단 예술감독.
△주요 안무 작품: '얼룩소 마을' '실크웜' 작은집의 요괴' '재는 재로, 흙은 흙으로' 등.

최은희 교수

△무용가. 경성대 무용학과 교수
△경기도 인천 출생.
△이화여대 무용학과, 이화여대 교육대학원 무용교육 전공.
△부산시립무용단 안무자, 울산시립무용단 초대 안무자 역임. 춤패 배김새 예술감독. (사)한국무용연구회 부이사장
△주요 안무 작품 : '넋들임' '제웅맞이' '어두운 날 바람은 그치고' '우로보로스' '태화강은 흐른다' 등.

 # 21세기는 문화의 시대 - 문화는 감성에 기초

최은희=예술적 감흥이란 감정적 소산이거든요. 그렇게 볼 때 인간의 감정을 간단히 희로애락으로 볼 수 있어요. 저는 그것을 추상화시켜 몸으로 표현하는 것을 중요시해요. 이야기나 해석 그런 쪽보다는 감성적이고 이미지 중심이죠. 춤예술이 다른 장르와 구분되고 점이고 가장 잘 해낼 수 있는 영역이죠.

장정윤=저는 (무용이 주는)경험이 항상 새로워야 한다고 생각해요. 틀에 넣어서 이건 기쁨이고 저건 슬픔이라고 하지 않아요. 한 작품 속에는 관객의 수만큼 천차만별의 기쁨 슬픔이 있을 수 있고 관객은 나를 통해 저마다 그걸 발견할 수 있죠. 그것은 나(관객의 자아)의 발견과도 통해요. 그래서 굳이 관객의 눈높이와 맞출 필요는 없다고 봐요. 내가 생각지도 않은 것을 관객은 느낄 수 있으니까. 무용은 그 과정이 가장 역동적으로 이뤄지는 장르죠.

최은희=하지만 공연예술인만큼 관객과 어떻게 나눌까 하는가는 문제죠. 우린 언제나 관객을 바로 눈앞에 두고 하잖아요.

장정윤=그러니까 거리춤이고 실험적 작품이고 많이 나오잖아요. 우리 무용은 1980~90년 그런 과정을 통과했어요. 일전에 한 국제무용학회에 다녀왔는데 관객참여 테크놀로지는 계속 발전해요. 객석의자 팔걸이에 센서가 있어서 관객이 움직이면 소리가 삑 나요. 그럼 무용수가 센서로 그 신호를 받아서 춤을 춰요. 머리만 쓰면 관객과 더 잘 동화될 수 있는 방식은 널려 있죠. 꼭 관객을 끌고 나와서 춤을 추는 것이 아니라도 말이죠. 그것이 무용예술의 장점이고 미래 예술의 한 모습이 그 속에 있는 거죠.

"침체된 춤예술 극복위해 지원금 배분 차별화해야"

#미래 1-대학 무용교육 현장은 안녕한가

최은희=알다시피 요즘 지역 대학은 고민하고 있어요. 학생 수 감소라는 추세 탓인데 여기에 대응해 여러 가지 시도가 있어요. 사실 예전이라고 무용수가 특별히 많은 것은 아니었거든요. 요즘은 춤전공자들조차 춤 말고도 관심영역이 많아졌어요. 한 마디로 힘든 것은 피하려는 세태인데 춤은 줄곧 수련이 필요하고…. 그래서 어려운 상황이죠. 순수하게 지금의 예술춤 형태로 가느냐, 실용춤 등 다양한 영역을 끌어들여서 가느냐를 놓고 고민하고 있는 것이 사실이죠. 쉬운 문제는 아니예요..

장정윤=선결해야 할 문제는. 무용전공자들이 사회에 나가 직업인으로서 사회적 기능을 할 수 있는 영역을 더 개척해야 한다는 점입니다. 몇년 뒤를 내다봐야죠. 공연 중심의 순수한 무용예술 전공자들을 길러내는 것은 매우 중요합니다. 반면 실용무용이든 고전무용이든 무용의 저변을 넓히는 것도 중요하죠. 대중의 여가시간이 늘어나고 있잖아요. 예술감상의 대상으로서 무용, 그리고 나 스스로가 즐기는 무용 양쪽을 다 중요하게 생각하고 대처하는 것이 부산 무용의 미래와도 아주 밀접한 문제입니다..

#미래 2-그렇다면 미래는 어두운가

최은희=저는 우리 지역의 무용자원은 어디 내놔도 뒤떨어지지 않는다고 생각해요. 오히려 특유의 자연환경, 예술적 감성, 에너지가 다른 지역보다 높아요. 요는 그걸 어떻게 활성화시키고 프로페셔널한 쪽으로 키워가는 가죠. 최근에는 한국춤을 포함해서 퓨전공연 기획도 많고 장르 사이 충돌도 많아졌어요. 관객들에게 호기심, 새로운 자극을 주면 반응도 오죠.

장정윤=저는 서울에서 공부하고 미국 유학을 거쳐 곧장 부산으로 왔어요. 그때 동래학춤을 처음 봤어요. 굉장히 인상 깊었죠. 다른 나라의 전통춤과 다른, 높은 수준의 무용을 보는 것 같았거든요. 저도 부산의 역동감 넘치는 기질이 춤예술 발전에 다른 어떤 지역보다 유리한 조건이라고 생각해요. 내륙도시에서는 볼 수 없는 그런 환경에서 부산 무용의 미래를 찾을 수 있을 겁니다.

최은희=제가 이번에 아시안게임 공연과 무용극 허황후에 참여하면서 새롭게 느낀 것은 그때 이미 국제결혼도 있었고…, 아시아 차원의 춤예술 교류를 강화시킬 때라는 점이었어요. 일본은 벌써 그 일을 하고 있어요. 그런 시도가 우리에게도 많이 필요하지 않나, 그렇게 되면 춤예술의 지평이 훨씬 넓어지지 않을까 하고 생각합니다.

장정윤=무용 전문인력들이 양성되어야 하고 그 중에서도 총제작자의 역할이 중요하다고 봐요. 예를 들어 지난 제1회 부산공연예술제도 춤과 연극, 춤과 춤이 서로 충돌해서 좋은 작품을 내놓을 수 있는 기회였는데 아쉬움을 남겼어요. 그런 대화와 충돌이 더 필요합니다.

최은희=춤예술의 활성화를 통해 요즘 넘쳐나는 지역축제도 내실을 기할 수 있고, 그런 역량을 모아 한국 최고의 국제적인 춤페스티벌이 부산에서 열렸으면 하는 바람입니다.

/정리=조봉권기자 bgjoe@kookje.co.k

9. 2001. 08 / 현대백화점 / 우아한 카리스마

2001. 8 현대백화점

People & Culture | 8월에 만난사람 최은희 울산시립무용단 안무자

우아한 카리스마

울산광역시립무용단 안무자

최 은 희

춤을 추는 사람들은 어딘가 모르게 다르다. 오랜 세월 함께한 춤의 가락이 몸에 배어서일까. 두손을 가지런히 한채 찬찬히 이야기를 하거나 가볍게 쥔 주먹으로 턱을 괴는 무심한 동작에서도 숨길 수 없는 우아함이 드러난다.

최은희 울산시립무용단 안무자는 그런 맥락에서 보면, 전형적인 춤꾼의 몸가짐을 하고 있었다. 화장기 없는 얼굴에 까만 치마 하얀 저고리의 개량한복, 가운뎃 가르마로 뒤로 묶은 머리. 참, 단아하다.

최은희 안무자는 무용인으로는 전형적인 엘리트 코스를 밟아왔다. 대학과 대학원에서 무용을 전공한뒤 20대 후반의 나이로는 파격적으로 부산시립무용단의 안무자를 맡았다. 갓 서른의 나이에는 대학강단에 섰다.

대한민국 무용제 대상, 수십여 차례의 국내외 공연, 88서울올림픽 요트경기 개막공연 안무, 춤패 배김새 예술감독, 한국무용연구회 이사. 그리고 지난해 창단된 울산시립무용단 초대 안무자로 지금 이 자리에 서 있다. 한치의 머뭇거림도 없이 줄곧 앞으로만 치달은 사람이 갖는 카리스마가 있을 법도 한데.

"숨겨져 있던 내면이 춤에서 드러나나봐요. 춤을 본뒤에는 저를 새롭게 보게 됐다는 말씀을 종종 듣곤 해요"

과연 그녀의 말처럼, 그녀가 울산에서 선보인 춤은 한국무용에 대해 고정된 생각을 갖고 있는 사람들에게는 파격적인 것이였다.

문수구장 개장기념 공연에서 선보인 현대적인 붉은 색감이나 창단공연 '우로보로스'에서 시도한 춤과 비디오 영상, 라이브 연주, 애니메이션과의 결합 등은 안주하기를 거부하는 그녀의 창작열을 반영하고 있다.

"전통을 바탕으로 새로운 것을 만들어 내야지요. 줄거리만 그대로 따라가려고 하면 당연히 식상해지지 않겠어요? 시대의 흐름을 따라가기 위해서는 새로운 각도로 보는 것이 중요합니다"

그런 그녀가 오는 10월에 '식상한' 소재로 미래지향적인 레퍼토리를 공연하는 거에요. 좋은 작품을 위해서는 충분한 시간을 가져야 하는데, 만들자 마자 보여줘야 하니 그런 점이 좀 아쉽기는 하지요. 하지만 울산시립무용단은 젊고, 국내에서는 유일무이하게 반주단이 있는 무용단체입니다. 울산 무용발전에서 중심역할을 충분히 할수 있을겁니다"

4_HYUNDAI DEPARTMENT STORE

최은희 안무자는...

이화여대, 동교육대학원에서 한국무용을 전공하고 국립국악원, 한국정신문화연구원을 거치면서 김천흥, 고 한영숙, 이매방, 고 김병섭씨로부터 전통무용을 사사받았다.

AUGUST : 5

11. 2002. 11 / 춤 / 예술가를 무시하는 하는 행정 처리는 바로 잡혀야

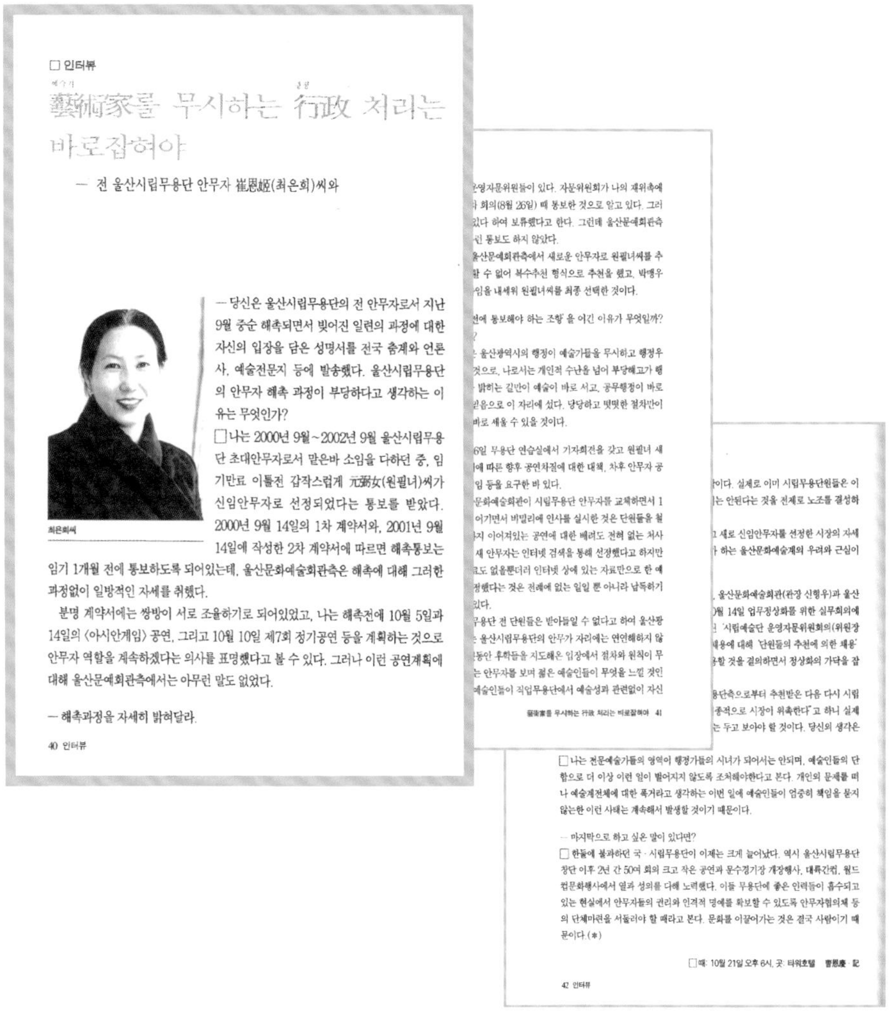

□ 인터뷰

藝術家를 무시하는 行政 처리는 바로잡혀야

— 전 울산시립무용단 안무자 崔恩姬(최은희)씨와

— 당신은 울산시립무용단의 전 안무자로서 지난 9월 중순 해촉되면서 빚어진 일련의 과정에 대한 자신의 입장을 담은 성명서를 전국 춤계와 언론사, 예술전문지 등에 발송했다. 울산시립무용단의 안무자 해촉 과정이 부당하다고 생각하는 이유는 무엇인가?

□ 나는 2000년 9월~2002년 9월 울산시립무용단 초대안무자로서 맡은바 소임을 다하던 중, 임기만료 이틀전 갑작스럽게 元弼女(원필녀)씨가 신임안무자로 선정되었다는 통보를 받았다. 2000년 9월 14일의 1차 계약서와, 2001년 9월 14일에 작성한 2차 계약서에 따르면 해촉통보는 임기 1개월 전에 통보하도록 되어있는데, 울산문화예술회관측은 해촉에 대해 그러한 과정없이 일방적인 자세를 취했다.

분명 계약서에는 쌍방이 서로 조율하기로 되어있었고, 나는 해촉전에 10월 5일과 14일의 〈아시안게임〉 공연, 그리고 10월 10일 제7회 정기공연 등을 계획하는 것으로 안무자 역할을 계속하겠다는 의사를 표명했다고 볼 수 있다. 그러나 이런 공연계획에 대해 울산문예회관측에서는 아무런 말도 없었다.

— 해촉과정을 자세히 밝혀달라.

최은희씨

40 인터뷰

예술가를 무시하는 行政 처리는 바로잡혀야 41

— 마지막으로 하고 싶은 말이 있다면?

42 인터뷰

12. 2003. 02 / 노블레스 / 삶과 춤을 위하여

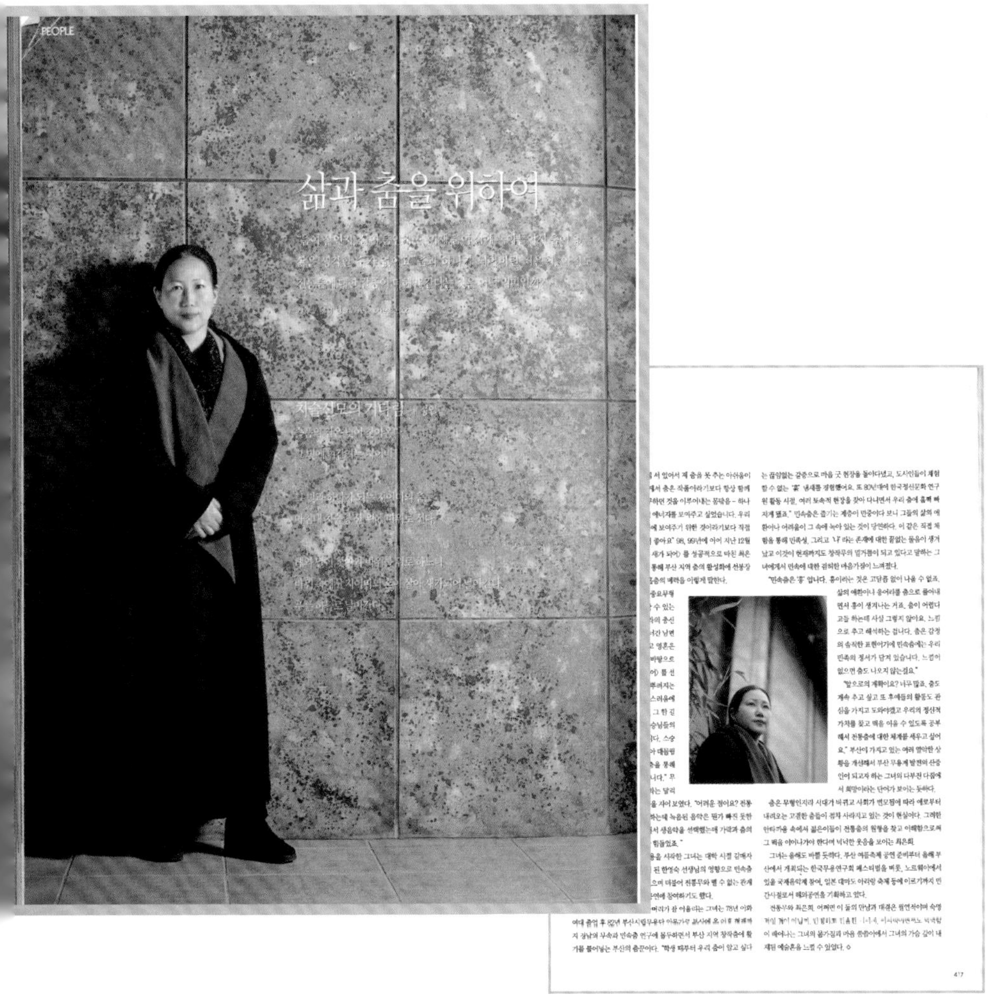

PEOPLE

삶과 춤을 위하여

13. 2004. 01 / 대우버스 / 최은희 큰 춤판「천둥소리」

Art in Busan

2004. 1 대우버스

최은희 교수의

큰 춤판 -천둥소리

경성대 최은희 교수의 '천둥소리' 공연이 10월 29일, 30일 2회에 걸쳐 을숙도 문화회관에서 있었다. '천둥소리'는 김주영 선생의 장편소설 '천둥소리'를 모티브로 하여 형상화한 작품이다. '천둥소리'는 우리 마음의 통곡소리인 동시에 끊임없이 변하고자 하는 바람에 대한 모색의 소리이며, 우리 가슴을 충동질 시켜주는 욕망의 소리이기도 하다.

김주영의 소설 '천둥소리'를 무용화 한 이번 작품은 문학이 지니고 있는 역사사적 의미와 서사적 구조, 인물들의 갈등구조 및 성격을 움직임이라는 언어로 해석하여 표현하고, 또한 음악, 조명, 장치 등 복합적인 무대 메커니즘으로 시각화 하는 것에 중점을 둔 역동적인 한국무용의 가능성을 실험해 본 작품이라 할 것이다.

조국의 해방, 한민족간의 전쟁, 그리고 뒤이은 남북의 분단. 한 여인으로의 삶에 있어 스치고 간 생채기와도 같은 남자들… 그 무엇도, 그 어느 하나도 그녀가 원하고 결정 한 것은 아무것도 없었다. 절망의 벼랑 끝에 다가가 더 이상 고통의 그늘에서

프롤로그

그림자 드리운 검은 골짜기에는
안개가 내리고
낮게 떠있는 하늘에는 천둥의 울음이…

천둥소리

울어라, 울어라
천둥아
날 대신 울어다오
그리고 나는, 나는 보내다오.
울어라, 울어라, 천둥아
날 대신 더 크게 울어다오.

14. 2004.01.30 / 부산일보 / 능력 · 색깔 지닌 젊은 춤꾼 많아 '희망'

부산일보 　　　　 문화

22 　 2004년 1월30일 금요일 제18458호

능력·색깔 지닌 젊은 춤꾼 많아 '희망'

부산문화계 올해 갑신년에는

침체한 지역 무용계의 문제점들을 되돌아보고 새해의 전망을 짚어보기 위해 한국춤꾼인 최은희 경성대 교수와 최찬열 부산민예총 춤위원회 위원장이 만났다. 전반적인 창작춤의 부진 속에서도 지역 정서와 순수한 에너지, 자신만의 색깔을 지닌 춤꾼, 특히 젊은 춤꾼들이 있는 부산 무용계는 그래도 희망적이라는 데 의견을 같이 했다.

순수한 에너지와 자기 색깔을 지닌 춤꾼들이 있어 부산 춤판이 희망적이라고 입을 모으는 최은희(왼쪽) 경성대 교수와 최찬열 부산민예총 춤위원회 위원장. 　 이재찬기자 chan@

■무용

창작 답보·동인 활동 주춤

'초심' 잃지 않았나 자기 점검

엄격한 현장 비평 활성화

돋보인 재원 부각시킬 필요

시립무용단 '대중화 강박' 재고

예술·작품성과 조화시켜야

▲최찬열=창작춤의 답보상태가 가장 큰 문제입니다. 또 동인단체의 활동이 수년째 위축되고 있고요. 단체를 이끌고 있는 '고수급' 춤꾼들의 예술적 의욕이 떨어져 있지 않나 하는 의구심이 듭니다. 12월에 동인단체들의 공연이 몰려있었던 것이 그 단적인 예죠. 지원금 처리에 급급한 인상을 받았습니다.

▲최은희=지역 대학에서 무용과가 생긴지 20년쯤 됩니다. 1990년대 초반까지 동인단체는 춤판의 인큐베이터 역할을 해왔죠. 그를 바탕으로 춤판의 다양한 층이 형성되고 있는 중입니다. 그 과정에서 중심이 없어보이거나 의욕이 떨어지기도 합니다. 수년째 지속된 관행사에의 동원도 개인의 창작 에너지를 소모시켜왔고요. 그러나 타지에 비해 부산이 희망적입니다. 서울로 진출해 좋은 평가를 받는 춤패나 춤꾼들도 있고요.

▲최찬열=부산이 희망적이라는 데는 동의합니다. 그러나 호평받는 단체나 춤꾼들은 동인단체에서 벗어나 있습니다

동인단체의 형태가 변해야 할 때라는 증거입니다. 이는 대학 무용학과 교육과정의 문제와 연결됩니다. '전공'이 비특성화된 현재의 교육체계로는 줄어드는 학생수나 동인춤패의 위축을 막을 수 없습니다. 교육방식의 대대적인 전환이 필요합니다.

▲최은희=동인단체들이 '초심'을 잃지는 않았는지 혹독한 자기점검을 해야겠지요. 그러나 현길을 포기하는 이들도 많습니다. 이들을 판에 붙잡아 둘 수 있는 '신인 기획전' 등 장기적이고 지속적인 노력이 있어야지요. 기획력을 지닌 전문 극장이 이런 시도를 해야 합니다. 또 젊은 춤꾼들을 격려하는 시상제도들도 생겼으면 합니다.

▲최찬열=민족미학연구소의 '젊고 푸른 춤꾼 한마당', 부산시립무용단의 '젊은 작가전', 부산무용협회의 '젊은 신인 한마당' 등이 그런 의도의 기획들이죠. 그러나 10년째인 '젊고 푸른 춤꾼 한마당'의 경우 일부 대학과 소통이 안되면서 역할이 축소됐습니다.

▲최은희=창작춤판의 미래는 확실히 부산에 있발레의 테크닉으로 회귀하는 데 반해 부산엔 지역 특유의 에너지가 끓고 있어요. 동시에 춤의 비평과 이론 연구도 활성화돼야죠. 현장과 비평이 서로를 인정할 수 있는 구조를 만들어 활동이 돋보인 춤꾼들을 부각도 하고 비평도 하면서요.

▲최찬열=올해 안에 '춤비평연구회'를 만들 계획입니다. 이런 측면에서 부산시립무용단의 지난해 공연을 평가할 필요가 있습니다. 지난해 공연에서는 안무가의 춤판이 보이지 않아 답답했습니다. 신임으로서의 부담이 작품에 고스란히 반영되면서 대본이나 연출에 지나치게 의존하고 있었습니다.

▲최은희=1년에 2회의 창작 공연은 현실적으로 무리인데 강행하다보니 두 작품의 구조도 비슷하고 의존도도 높아져 누구의 작품인지도 모르게 된 듯 싶어요. 창작과 전통의 재구성 등 차별화한 공연으로 안무가의 예술적 색깔을 보여줘야겠지요.

▲최찬열=시립무용단이 대중과 만나야 한다는 '강박관념'도 재고돼야 합니다. 정기공연이나 젊보여주고, 여타 기획공연이나 강습을 통해 문턱 낮추기와 춤의 대중화를 이루는 식으로 나눠 생각해야 합니다.

▲최은희='춤의 대중화'와 관련해 올해 대학무용제에선 '무용 독립교과 국회상정'을 위한 심포지엄을 열 계획입니다. 초등학교 때부터 예술교과 교육이 자연스럽게 이뤄져야 미적 인간으로 성장하겠지요.

▲최찬열=이와 더불어 동인단체나 시립무용단의 강습 등 시민들과 함께하는 작업도 꼭 필요합니다.

춤의 대중화는 곧 춤의 미래가 걸린 문제니 소홀히 할 수 없습니다. 학원들도 장기적인 안목을 지녀야 하고요.

▲최은희=지금은 춤을 취미로 배우는 데도 일정한 도식이 있어요. 어른은 한국전통무용, 아이는 발레라는 식이죠.

'생활 무용'으로의 정착을 위한, 다른 틀의 방향 설정이 필요합니다.

15. 2004. 03 / 몸 / 최은희 큰 춤판

「천둥소리」

최은희의 큰 춤판 〈천둥소리〉
수난시대 역사 속 여인의 울림

3월 17일(수) 국립국악원 예악당에서 〈천둥소리〉의 춤판
최은희 선생을 창무예술원 연습실에서 만나기로 했다. 이
부산에서 출발한 여정만으로도 빡빡하실 텐데, 공교롭게
대학교의 졸업식 때문에 정체된 도로 위에서 한참을 더 소
보다. 그러나 피로한 내색도 없이, 무용가 최은희와 조안무
를 비롯한 정예 멤버들은 큼직한 여행용 가방을 내려놓자마
로 진지한 연습실 풍경을 연출해낸다. 딱히 사전에 조율하지
았다는데, 비슷한 질감과 색으로 통일된 검정색 연습복이 눈
뜨인다. 신뢰에 기반한 무언의 단합력을 보여주는 것일까?
7분 가량, 마치 동굴 속 바람이 몸을 뒤트는 듯한, 물방울
는 듯한 음악소리가 쉼없이 이어지자 단원들은 침묵의 몸
춤 추기 시작한다. 이들이 마치 무대 위에서의 실시간 공
무섭게 집중하자, 긴 역사의 시간을 인내하고 헤쳐온 서
속 여인이 살아난다. "김주영의 소설 〈천둥소리〉를 읽다
인공인 '신길녀'의 삶을 무용의 상징 구조 속에 담아 보고
습니다. 억척스러울 만큼의 인내와 구도자의 희생으로 살
시간 속의 여인, '신길녀'의 이야기는 비단 과거의 것만이
다. 시대만 달리할 뿐, 혼란과 수난은 연속선상에서 돌고
것이니까요. 〈천둥소리〉는 현실 세태에 대한 안타까움을
새로움을 지향하고픈 제게 일종의 돌파구를 상징하지요."
최은희는 말한다. "스토리 자체에 치중하거나 원작을 구
로 나열하기보다는 관객들이 상상할 수 있도록, 상황마다
징성을 살리는 데 주력했어요. 예를 들어 금속성의 쇠소리
한 시대상황을, 천둥 소리로 전쟁의 상황을 암시하도록
편집을 했지요."
실미도를 연상시키는 전투 장면이나, 남북의 분단 등. 소
아이스크림의 달콤함에 더 쉽게 끌릴 관객들은 역사의 무
현실에 대한 치열한 대면을 버거워할지도 모른다. 그러나
는 시대를 타고 넘어가는 이 시점에서 화해의 씻김굿을
벌이고 싶었나 보다. "결국, 신길녀의 끈질긴 생명력을 통
상황에 유연히 대처하는 강인함과 희망의 불씨를 형상화하
었어요." 〈천둥소리〉에서 물방울 소리를 듣게 된다면, 화해
을 열망하는 신길녀, 아니 최은희의 비상의 욕구를 엿보
다. 글 | 윤경덕 · 사진 | 이도희

2004년 3월 17일(수) 오후 7시 30분
장소 : 국립국악원 예악당
문의 : 051-620-4964, 011-876-0836

01 20년 동안 한국창작춤의 지평을 넓혀온 안무가 최은희. 현재 경성대학교 교수로 재직하면서 춤패 배김새의 총감독으로 활동하고 있다. 이 작품의 관념주제를 상징하는 존재로서의 '신길녀'로 분해 독무를 추다.

02 정성을 올리는 듯 여인들이 경건한 팔동작으로 하늘을 우러른다. '천둥소리'가 들리는 하늘을. "천둥소리는 우리 마음의 통곡의 소리이자 끊임없는 변화를 통해 다른 단계로 초월하고픈 욕망의 소리이죠."

03 여기 길녀들의 강인한 기가 모이니, 손가락 끝은 전진하는 황소의 뿔이요, 기울여진 몸체는 결코 물러서거나 꺾임을 모를 견고한 기둥이 된다.

민족예술인을찾아서

춤꾼 | 최은희

민족정신을 응집시키는 무언의 몸짓

최은희 선생 춤의 힘은 사회성이다. 춤이 인간정서를 표현한다는 일차적 성격을 넘어 사회를 반영하고 비판하는 역할과 기능을 해야 한다는 뚜렷한 주제의식이 그의 춤에 나타나 있다.

▲살풀이 ▶98 여인등신불
▲승무 ▶2003. 천둥소리
▶여인등신불 (초연)

황해순, 최은희 선생과 함께

예총과 민예총의 관계를 슬쩍 묻자 예술에 보수와 진보가 명확한 건 아니라고 한다. 세대의 층이 많다 보니 한쪽으로만 발전하는 건 균형에서 문제가 있다고 그러니까 예총은 오래되었으니 보수적 기류들이 많은 거고 민예총은 신선함과 새로움이 있을 거라고 한다. 보수의 좋은 것들을 관록 있게 잘 보존하고 또한 참신함, 새로운 것들을 받아들여 서로 대립하지 말고 상생, 공존하는 기류가 형성되어야 한다고 한다.

"연륜이라는 것은 무시할 수 없잖아요. 그런데 오래 가다 보면 깨쳐야 될 때 못 깨치면 문제가 있는 것이고 진보 쪽에서는 너무 새 것만 하다 보면 아무것도 축척이 안 될 수도 있잖아요. 그리고 단체 속에서 개인이 살아가는 문제에 대한 고민도 필요하다고 봅니다. 제가 볼 때는 민예총도 불만이 많거든요. 하려고 하는 영역도 많이 있는데 답습하지 말고 뭔가 새롭고 창의적인 것을 끊임없이 추구해야하는데 여기도 오래 되면 비슷해지지 않겠어요."

자신의 작품을 통하여 끊임없이 환골탈태를 하는 예술가는 아름답다. 그것은 자신의 열정을 자신을 위해 받치는 것이 아니라 춤을 통하여 인간의 정서를 표현하고 시대의 현실을 반영하는, 더불어 살아가는 모습이다. 전통춤에 뿌리를 두고 있는 그의 춤사위는 흐트러진 민족정신을 응집시키는 무언의 몸짓이다.

아무런 형식이나 틀 없이 변신과 탈피를 거듭할 수 있는 자유로운 춤을 추고 싶다고 하는, 스스로 신선해지고 싶다고 말하는 최은희 선생은 정말 프로다운 춤꾼이다.

글 | 황해순

2004_봄호 17

2004_봄호 18

인사이더 · 아웃사
최은희 안무「바지씨」

17. 2004. 05 / **댄스포럼** / 나의작품 연보를 만들어가겠다.

나의 작품연보를 만들어가겠다

— 경성대학교 교수 최은희(崔恩姬)씨

최은희씨

신무용 이후 소위 「창작무용」 제1세대라는 지칭을 듣는데....

- 내가 대학을 졸업하던 1978년 「창무회」가 창단되었다. 창단공연 작품은 「이 한송이 피어나네...」였다. 이 작품은 임학선씨, 임현선씨, 이노연씨, 그리고 나, 네 명이 참여했다. 그리고 두 번째 공연은 경기도 서울굿인 「진오귀굿」을 재현하는 무대로 대관까지 신청해놓았었는데 재현에는 의미가 없다고 의견이 모아져서 공연하지 않았다. 그리고 다음 무대에 공연했던 작품이 「도르래」 「소리사위」 「진주검무」 였다. 「도르래」도 공동작품으로 아이디어는 내가 제공했고, 음악이나 작품구성은 임학선씨가 했다. 「소리사위」는 조영래 선생님이 아이디어를 주셨다. 현대인들의 하루 일과를 소음에 가까운 효과음들을 갖고 표현한 작품으로 깨지는 소리, 인쇄소에서 나오는 기계소리를 비롯해 클락션 소리 등 온갖 소리를 장면장면에 사용했다. 특히 우리들은 이 작품을 위해 많은 의견을 나누었으며, 그 과정에서 작품을 풀어가는 방법론에 대해 많은 연구를 하게 되었다.

그리고 「고시래」란 작품도 조영래 선생님이 미술과 대본을 맡아주셨는데, 「소리사위」의 연작일 정도로, 기계 돌아가는 소리, 동전 떨어지는 소리 등, 온갖 효과음을 집어넣었다. 「고시래」는 99개를 가진 자가 1개를 갖고 있는 자를 착취해가는 과정을 그린 작품이다. 작품이 시작되면 무대에는 아파트 투기를 하는 복부인, 술집여자, 화투를 치고 있는 여자무리, 이렇게 세 장면이 마임식으로 보여진다. 군무진들을 돈을 쫓는 무리로, 때로는 돈의 형상으로 묘사되는데, 마치 우리가 어렸을 때 흔히 하고 놀던 「꼬리잡기」 놀이를 이용하여 있는 자와 없는 자가 서로의 꼬리를 잡으려고 피해 다니는 모습으로 표현했다. 그 다음으로는 김명숙씨 안무의 「신새벽」에 출연했고, 제4회 「대한민국무용제」에 「넋들임」으로 참가했다.

우리가 올렸던 이러한 작품들이 시대적으로 받아들여지는 때는 아니었다. 사람들은 우리가 하는 무용을 보고 한국무용이 아니라고들 말했었다. 그리고 임학선씨의 「고시래」란 작품은 「대한민국무용제」에 출품했었던 작품인데, 너무나 실험적인 작품이라서 이혜순씨가 신인상을 받는 것으로 그쳤다.

어떻게 무용을 시작했는가.

- 초등학교를 입학하기 전 한국춤으로 시작했다. 학교에 입학해보니 창작무용반이 있었고, 그때 성신여사대에서 어린이들을 위한 창작무용대회가 있었다. 이때는 발레형태의 포즈와 움직임을 가지고 스토리에 맞추어 춤추었다. 경연대회에 많이 출전했던 것은 아니지만 그때 그 경연대회에 나가기 위해서 물론 지도선생님은 계셨지만 친구들과 작품의 스토리에 대해 이야기하고 연습했던 기억들이 지금도 생생하게 남아있다. 그 후 나는 개인적인 사정이 생겨 무용을 하지 못했다. 그래서 상급학교로의 진학은 예술학교가 아닌 성신여고였다. 그런데 다행히도 그때의 성신여고 무용반은 광주의 엄영자 선생님의 라이벌이 될 정도로 꽤 유명했었다. 그때 우리학교에 무용선생님으로 계셨던 홍정희 선생님의 제자인 황창덕 선생님이 나의 소질을 알아 보셨는지, 콩쿠르에 나가보라고 권유한 것이 계기가 되어 다시 무용을 시작하게 되었으며, 지금까지 춤인생을 살고 있다.

잠시 무용을 하지 않았던 공백기간 때문에 아마 내가 더 무용을 간절히 원했을지도 모르겠다. 그때 내 마음은 대학

최은희 안무 「천둥소리」

최은희 안무 「넋들임」

2002년 부산아시안게임 기념공연 「허왕후」 커튼콜

최은희 안무 「제웅맞이」

ㅓ도 뽑았다. 무용은 종합예술이라 모든 분야의 사람들
협력작업이 필요해서 그렇게 했다.
ㅓ고 시립단체라고 하는 곳은 시민을 위한 공연을 많이
ㅏ 한다. 울산이라는 곳은 조그마하던 도시가 인구가
ㅣ 넘으면서 갑자기 광역시가 된 곳이라서 예산은 광역
산만큼을 쓸 수 있다. 그래서 개인적으로는 할 수 없는
들을 해보았다. 나름대로는 창단 작품 「우로보로스」는
ㅔ체로 3D애니메이션, TV 모니터 등을 도입하였고 전통양식으로서 공연을 악가무 종합 형태의 총체적인 춤 공연과 대중을 위한 춤마당 기획 공연도 하였다.

내가 일복이 많아서인지 창단하고 나서부터 부산과 창원, 그리고 울산을 잇는 교류공연이 기획되었고 실행에 옮겼다. 그래서 부산과 창원에서도 공연할 기회가 있었다.

그리고 지역적인 소재를 갖고 작업했던 「태화강은 흐른다」는 마지막 장면에서 「난타」 형식을 도입하여 울산 공업도시의 도약적인 장면을 연출해내기도 하였다. 이 작품은 힘있고 무예적인 장면과 난타장면 등 남자무용수들을 대거 장면마다 출연시켰는데, 너무 욕심을 내다보니 산만해진 부분도 있어 다시 정리해서 무대에 올렸으면 한다.

두 직업무용단의 경험으로 하고 싶은 말이 있다면.

진심으로 예술가를 예술가로 대해주길 바란다. 이 부분에 대한 갈등만 해소된다면 나머지 어려움은 견딜 수 있다. 울산시립무용단에서도 늘 마찰은 대작품을 할 때마다 의상, 소품 등 대부분을 입찰에 붙이고, 그렇게 하면서 시간은 흘러가니까 작품을 안무해야 하는 안무자로서 작품에 몰입할 수가 없었다.

어쨌든 나는 울산시립무용단을 자연스럽게 그만두지는 못해 단원들이 봤을 때는 불안했을 것이다. 하지만 길게 생각해보면 매번 갈등을 겪어가면서 작업한다면 내 몸 상하고 나의 주위 사람들에게도 힘들게 했을 것이라는 생각이 들기 때문에 지금은 오히려 홀가분하다는 생각이 든다.

'98 한국춤 평론가회 신년 세미나를 마치고 나서

는 상당히 비중이 높다.

최근 「교수예술제」를 개최했는데...

우리 경성대에서는 학교 극장시설을 이용할 수가 있어서 작년부터 「교수예술제」를 개최하고 있다. 축제의 예산이 없다보니까 학과수준으로 했었는데, 올해는 조금 색다른 이벤트를 마련해서 효과를 많이 얻었다. 예산 관계로 집행하는 사람들과의 갈등도 있지만 그래도 의외로 학교에 계시는 교수분들이나 학생들이 모두 관람할 수 있다는 점을 생각해볼 때는 상당히 좋은 기획인 것 같다. 사실 항상 관객을 바깥에서만 찾을 것이 아니라 대학생이나 학교의 중심이 되는 분들은 엘리트 관객들이다. 이런 사람들에게 볼 기회를 마련해준다는 측면에서도 이 기획공연은 좋은 반응을 얻었다. 그래서 내년에도 계속할 것 같다. 이번 행사를 하면서도 타장르와 가장 잘 조화롭게 공연할 수 있는 장르가 무용이었고, 그 점에 대해서는 모두가 인정을 한다.

앞으로 꼭 해보고 싶은 것이 있다면.

나는 지금 학생들을 가르치고 있는 교육자이다. 학교라는 곳은 많은 의미를 내포하고 있다. 이론을 강화시켜 학생들을 잘 지도해나가는 것도 중요하지만 사실 내가 가장 해보고 싶은 것은 원없이 생을 마감하는 순간까지 춤추고 싶고, 작품도 할 수 있는 순간까지 열심히 하고 싶다.

외국처럼 하나의 작품을 갖고 여러 번의 손질을 거쳐서 질높은 작품을 만들어 여러 장소에서 춤추고 싶다. 그러한 여건이 마련되지 않으니까 작품에 대한 욕심보다는 춤을 많이 추고 싶고 궁극적으로 내가 춤출 수 있는 무대가 있다면 계속해서 춤추고 싶다. 내가 계속 춤을 출 수 있을까 혹은 잘 만들 수 있을까 하는 의문도 있지만 말이다. 그렇지만 계속 도전하면서 나의 작품세계에 대한 체계를 세워나갈 것이며, 나의 춤의 역사를 만들어가고 싶다. DF

일시 및 장소 : 2004년 4월 10일 오후 2시, 댄스포럼 '편집실'에서

정리 · 崔美善

제4회 방일영 국악상 시상식

제4회 방일영국악상 시상식 후 김천흥, 김매자, 황병기, 허순선씨와 함께

2003 「부산국제무용제」에서 독일 무용가 Marcus Grolle과 함께

시립이라는 곳은 항상 시민을 염두에 두고 작업을 해야 하니까 너무 개인적인 취향으로만 흘러서도 안되고 그렇다고 너무 개성이 없어도 안된다고 생각한다. 다만 우리의 창작춤은 한국적인 정서와 춤사위에서 뭔가를 끄집어내서 나름대로 여러 가지 방법론으로 해석하면서 우리의 정체성을 잃지 말아야 한다고 생각한다. 또한 시립무용단은 주로 전속극장에서 대작을 올리기 때문에 연출이 필요하다. 하지만 요즘은 안무자보다 연출자가 오히려 작품에 더 깊숙이 관여하는 것은 아닐까 하는 생각이 들 때가 있다. 작품의 완성도를 높게 만들기 위해서 동반자로서의 역할은 좋지만 같은 연출자가 이 공연, 저 공연을 맡아서 하는 경우에 개인도 개인이지만 단체의 색깔이 퇴색되어버리는 같아 안타까울 때가 있다.

자기 작품세계의 근원에 대해 설명하면.

나는 무의식적으로 무언가가 나오길 바란다. 참으로 막연한 대답이겠지만 주제에 대해서 골똘히 생각하다보면 꿈속에서까지도 춤추는 장면이 떠오른다. 꿈속의 이미지들이 작품에 도움이 되는 경우도 종종 있다.

나는 제의적인 것과 민속적인 주제와 자료를 찾아 작품을 해왔다. 왜냐하면 내가 어디서 나와 어디로 가는가 하는 불투명한 명제에 대한 의문을 갖고 있기 때문이다. 그런 것들의 근원을 찾다보니까 우리의 무속이었다. 나는 어떻게든 나의 존재성을 찾아보고 싶었다.

「하지제」 「넋들임」과 같은 연장선에서 만들었던 작품이 「제웅맞이」 「매듭풀이」 등이다. 단순히 우리의 무속을 재현하는 것이 아니라 나의 삶에 대한 정체성과 삶에서 부딪치는 부분들을 풀어내고 싶은 것이다. 춤패 배김새를 창단하면서부터는 우리의 사회문제의 갈등, 인간과 인간이 겪는 갈등을 풀어내는 작업으로 일구어 가고 있다.

지금까지 해온 작업 중에서 자부심을 갖고 있는 것이 있다면.

지금 활동 해온지 30년 가까이 된 것 같다. 그동안 창작무용 1세대로 우리가 해온 창작무용의 발전상을 생각해볼 때 조금의 자부심은 가지게 된다. 특히 나 같은 경우 서울에 있지 않고 부산에서 창작무용활동을 했다는 점이 더 그러하지만.

요즘은 특히 중앙무대는 정보가 한꺼번에 다각적으로 들어와 쉽게 얻을 수 있어 좋기도 하겠지만 한편으로는 오염이 될 수도 있다. 그런 점에서 부산은 여러 가지로 환경은 열악하지만 순수성이나 자신들의 정체성, 그리고 에너지의 원천이 그대로 존재한다고 생각한다. 그런 측면에 누군가가 불씨만 당겨 줄 수 있는 춤의 풍토를 만들어 준다면 춤의 고장이 될 수도 있을 것이다. 어차피 나는 서울에서 공부하여 부산에 있지만 되도록 지역성과 세계적인 추세로 연결시키는 작업을 하고 싶어 오히려 중앙을 닮지 않으려고 노력하는 면도 있다.

근 30년 동안 무용가로서 활동하면서 어려웠던 점이나 보람을 꼽으면.

보람은 역시 제자들이다. 나의 춤 정신과 색깔들이 제자들에게서 묻어나올 때 춤을 함께 한다는 느낌을 받아 가장 보람이 있다. 어쨌든 무용가로서의 길을 가는 사람으로 인정받는 제자가 배출될 때 '내가 헛된 삶을 산 것은 아니구나' 하는 자부심도 생기는 것 같고, 그런 면에서 내가 내 역할을 다 했다는 것을 느끼는 순간이다.

어려운 점이라기보다는 오히려 가장 고마운 것은 내가 춤의 길을 잘 갈 수 있도록 늘 내 춤을 이해해주고 힘이 되어주는 남편이다. 남편은 미술을 한다. 처음 결혼하고 초창기에는 내 작업에 협조를 잘 해주더니만 요즘은 예전만큼은 아니다. 하지만 누구보다도 나를 이해해주고 특히 무대 미술에 대해 의논하고 싶을 때 제일 쉽게 이야기할 수 있어 도움을 많이 받고 있다. 그래서 요즘은 내게 무대장치가 들어가지 않는 작품을 하라고 투덜거리기도 하지만 무대라는 것은 관람을 위한 것이므로 무대장치의 효과는 무용에 있어서

을 들어가면 평생 무용을 놓지 않겠다는 일념으로 열심
했을 정도였으니까. 고3때는 이화여대에서 개최하는 무
콩쿠르에 우리 학교가 3년 연속 우승을 해서 종합깃발을
고 올 정도였다. 그런데 이때에도 나는 발레는 좋아했지
체형적으로 버거웠고 맞지 않는 것 같아서, 결국 대학에
는 한국무용을 전공했다. 하지만 잠재적으로 그런 요소들
지금 춤출 때도 도움이 되는 것 같다. 다행히 내가 원하
이화여대 무용과에 입학하면서 운명인지는 알 수 없지만
의 길로 들어섰고, 정말 내 일생에 있어 대학은 중요한 역
을 했다.

첫 개인발표회는 언제 가졌는가.

- 1982년 8월에 개인발표회를 가졌다. 그때 창무회 단
들은 모두 해외공연을 떠난 상태였고, 나는 창무회에서
동하면서 정신문화연구원에 다니고 있었기 때문에, 단원
과 같이 해외에 나갈 수가 없었다. 후에 연구원을 그만두
서 홍윤숙 선생님의 글인 「하지제」를 갖고 작품을 만들어
예회관대극장 무대에서 공연했었다.

작품은 3부로 나눠, 1부는 「苦」, 2부는 「生」, 3부는 「空」
었으며, 삶의 여정을 얘기하고 싶었다. 물론 시에서 모티
를 가져왔지만, 내 나름대로의 생각의 도표를 그려가지
구성해보았다. 음악은 신비로운 느낌을 표현하기 위해 구
으로 처리했으며, 신혜영씨가 직접 불러주었다. 작업 외
으로 홍이 고조되는 부분은 타악기로 구성했다.

「하지제」는 정말 혼신을 다해서 작업했기 때문에 막이
리고 나서는 마치 사람이 일생을 살다 죽으면 끝나는 것
마찬가지라는 생각에 VTR을 별도로 찍지 않았고 그나마
은 사진은 전부 밖으로 내보내져서 지금은 별로 남아있지
않다. 이 공연은 어떻게 보면 무당이 되기 위해 신받듯
내가 춤에 입문하기 위해 내림을 받는 하나의 의식이었
그러면서 창무회의 정신이 이어짐과 동시에 기존에 해왔
방식보다는 내 나름대로의 스타일을 추구해본 작품이다.

「하지제」는 내게 있어 춤의 운명으로 가는 일종의 신고
이었다. 그리고 이어서 내놓은 작품은 「넋들임」이었다.
작품은 내가 정신문화연구원에 재직하고 있을 때 굿의 현
을 직접 찾아다니면서 보고 느꼈던 것들 중에서 요소요소
을 뽑아서 한국인들의 죽음이 죽음으로 끝나지 않는, 삶
대한 원형적인 이미지를 표출해보고 싶었다. 그래서 부제
'새로워진 삶' 이었다. 즉 죽음이 죽음으로써 끝내지는 것
아니라 새롭게 삶을 맞이하려는 우리들의 정서를 굿에서
티브를 따와 형상화했다. 도입부에는 죽은 자를 불러들이
의식으로써 불교의식에서 추어지는 바라춤을 무당 바라(
금)로 바꾸었다. 쉽게 얘기하자면 죽은 사람들을 위해 제
지내는 것이다. 다음 장면은 죽은 자와 산 자의 갈등을 대

했다. 이 장면에서는 「오방깃발춤」을 새롭게 응 했다. 마지막 장면은 우리 마당판의 뒷풀이 형 . 즉 처음에 무용수들이 일렬로 나열해있다가 서 서서히 재생의 원돌이를 하는 가운데 왕신 았던 임학선씨는 넋전을 보내면서 이 작품은

하는 가운데서도 춤을 직업으로서 고민한 적

길을 걷고 있는 무용가들은 한번쯤은 그런 고 기가 있을 것이다. 계속 춤을 추어야 하는데, 을 통해 활동은 하지만 그런 고민은 많을 것 도 그랬다. 「하지제」를 작업할 때 너무 간절하 넋들임」도 그랬다. 나는 다행히도 「넋들임」이 제에서 대상을 받고 나서 춤의 길로 가라는 운 지 않아 직업무용단인 부산시립무용단 단장

대에 부산시립무용단을 맡았는데…

로 대한민국무용제에서 대상을 받은 후였다. 받으면 전국 순회공연을 했었다. 마지막 공 예정되어 있었고, 그에 앞서 부산에서의 공연 런데 부산 공연을 마치고 예총회관에서 리셉 는데, 순회공연이 끝나간다고 생각하니까 마 서 혼자 밖으로 나와 시민회관을 한 바퀴 빙 그런데 그 시민회관을 다음 해 단장이 되어 . 부산으로 갈 운명이었는지 그때 부산 태생 (정진윤씨)을 만나 결혼하였고, 결혼 직후 부 안무장 제의가 들어와서 처음에는 겁도 났지 고 나의 세계에 도전하고 싶다는 마음으로 다. 사실 그때 결혼하지 않았으면 문예진흥원 해외연수도 가서 견문도 넓히고 할 수도 있 적으로 갈 수 있는 처지가 아니었다.

단에서의 작업은 어떠했는가.

의 시발점이 무용계에 뭔가 새롭게 해보려는 럼 나도 부산시립에서 뭔가 기존에 보지 않았 고 싶었다. 그래서 첫 무대는 「늪」이었다. 이 활에 부딪치는 현대인의 고뇌를 표현한 것이 은 이러한 스타일의 무용에 대한 개념이 제대 는 아니었다. 은 기존에 봤던 화려한 춤도 아니고, 스토리가 고, 음악도 새롭게 해본다고 하는 것이 장덕 맡아 꽹과리 등 컴퓨터 음악을 입혀 만들었 다. 인간이 파괴되어가는 모습, 그리고 투쟁하는 장면에서는 현대음악을 사용했다. 부산시립무용단은 정기공연을 일년에 두 번 갖는다. 내가 올렸던 정기공연에서의 작품은 「지난 겨울」「춤108」이다. 그런데 구조적으로 시립무용단이라고 하는 곳은 매우 열악하다. 무용실도 없어 시민회관 4층을 부산시향과 함께 사용한다. 그래도 그때 나는 단원들이 다 돌아간 다음에 훈련장을 맡고 있었던 김미숙씨와 안무한다고 매일 밤늦게까지 작업했었다.

사실 부산시립무용단을 갈 때 나의 작품세계가 만들어질 수 있다고 생각했기 때문에 모든 것을 감수할 수 있을 것 같았고, 부딪쳐 봐야겠다고 생각했었다. 하지만 막상 작업에 들어가면 내가 의도하고 춤추고자 하는 방향으로 가는 것 같지 않았다. 그래서 자유롭게 작품세계를 하고 싶어 그 이후 대학교로 옮겨 경성대에서 작업하게 되었다.

교육자로서 학생들과 함께 한 작업은.

시립무용단에 1년 반 정도가 있다가 대학교수가 되었다. 학교에서는 겸직하는 것을 원했지만 나 자신 부담도 되고 무용단에서도 원치 않았다.

학교로 옮기면서 나는 내 제자들과 마음껏 나의 작품세계를 펼쳐볼 수 있다는 욕심이 있었다. 그야말로 제자들과의 작업이 본격적으로 시작되었던 것 같다. 진정 나는 자유롭게 원없이 춤추고 싶었다. 이즈음 해서 창무춤터에서 공연했던 「제웅맞이」란 1시간 짜리 작품을 안무했다.

내가 학교로 옮겨가면서부터 창무회의 자체활동도 상당히 활발하게 이루어지고 있었다. 창무춤터에서 기획하는 「한국무용제전」도 생겼다. 그런데 나는 운좋게도 지방팀이라 해서 매번 기회가 주어졌다. 그래서 학생들을 데리고 순발력 있는 작품을 많이 할 수 있었다. 물론 그 전에 했었던 규모의 작품이라고는 말할 수 없지만. 그러면서 제자들을 모아서 만든 단체가 춤패 배김새이다.

이때 부산에는 동인단체로는 하야로비무용단이 있었고, 배김새가 두 번째이다. 이때부터 본격적으로 작업하면서 춤도 추었다. 창무춤터에서 했던 「제웅맞이」란 1시간 짜리의 작품이 있다. 이 작품도 효과음과 생음악을 사용했으며, 현대판 액풀이 같은 작품이다. 사실 이 작품을 할 때 둘째를 임신하고 있었는데 한달 만 늦게 했어도 공연할 수가 없었다. 그리고 이 「제웅맞이」는 둘째를 출산하고 난 후에 부산에서 재공연을 갖기도 했다.

또 독무로서 1시간 길이의 작품은 「외출하다」가 있다. 이 작품은 「미술과의 만남」이라는 기획전에 출품했던 것으로 재즈풍의 음악을 사용했다. 캔버스 뒤에서 온 몸에 물감을 칠해가지고 캔버스에 몸을 부딪히면 캔버스에 색깔이 배어 나오게 하는 것이었다. 이 작품은 공연이 끝날 때마다 물감이 온 몸에 배어서 집에 가서 알코올로 닦아내는데만도 시간이 꽤 걸리는데, 그해에 베스트 5에 뽑혀 또 다시 서울에서 공연했었다.

솔직히 말해 요즘은 학생들이 예전의 우리 때 만큼의 열의는 없는 것 같다. 가면 갈수록 적극적이어야 하는데, 예전에는 동인단체에도 우수한 졸업생들이 들어오곤 했었는데, 요즘은 졸업하자마자 직업무용단으로 가버리는 추세이다. 그러다 보니 늘 신진단원들과 작업해야 하는 어려움이 있다. 그리고 요즘은 공연한다고 생각하면 경제적인 면부터 생각해야 한다. 그래서 뭔가 해보고 싶은 욕구가 자꾸 사라지는 것 같아 안타깝다. 이러다 작품을 하기보다는 그저 가르치는 사람으로 끝나는 것은 아닌지에 대한 불안감도 있다. 그래서 계기가 필요하다고 생각하고 있었다. 그런데 마침 새 천년인 2000년 울산에서 시립무용단 안무자로 제의가 들어와서 또 다시 직업무용단을 맡게 되었다. 물론 전에 부산시립무용단을 맡아본 경험이 있어서 힘들다는 것을 알고 있었지만 내게 신선한 자극과 변화가 필요했었다..

부산이라는 지역사회의 춤발전의 기수 역할을 했었는데…

우선 남정호씨와 함께 지역 춤문화 운동을 위해 「부산여름무용축제」를 기획했다. 「부산 여름 무용축제」는 올해로써 17회를 맞이한다. 부산의 지역적 특성과 더불어 지역적인 한계를 벗어나 무용이라는 매개를 통해 보다 다양한 공간과 사람들의 만남속에서 이루어지는 진정한 의미의 축제라고 할 수 있다. 이는 무용창작 작업의 질적 향상을 꾀하며, 지역민들에게 삶의 질을 높여 주면서 부산 무용문화의 발전을 꾀한다.

그리고 1993년을 시작으로 「일본 대마도 아리랑 축제」에 참가하였다. 이 축제는 1604년 성립된 한국과 일본의 교린관계에서 기원이 되어 지리적으로 중요한 역할을 하였던 곳이 쓰시마와 부산이었다. 그 교린정신과 외교정신을 이어받은 조선통신사 행렬진흥회의 초청으로 시작하여 어느덧 10년의 세월동안 공연을 하였다. 이 공연으로 서로의 전통과 현재의 모습을 이해하고 바라보는 계기도 되었다.

그리고 「대학무용제」가 있다. 「대학무용제」는 올해로써 15회를 맞는 미래를 이끌어 나갈 우수한 학생들을 위주로 지도교수들의 적극적이고 열정적인 작품을 발표하는 본격적인 장이다.

울산시립무용단의 초대 단장이었는데…

사실 직업무용단을 맡아 운영한다는 것이 어렵다는 것을 알면서도 또 맡게 되었다. 처음에 부산시립무용단을 맡았을 때는 작품세계를 펼쳐보이겠다는 일념으로 작업했었지만 이번에는 지역의 활성화를 염두에 두고 작업했다. 창단은 2000년 12월에 정식으로 발족했다. 이때 단원으로 한국무용을 비롯해 현대무용, 발레, 그리고 음악연주를 하는 사람

18. 2004. 10 / 예술에의 초대 / 이 시대의 아픔을 풀어내는 춤

이 시대의 아픔을 풀어내는 춤

경성대학교 교수 **최 은 희**

부산과 경남의 자연, 무속, 민속춤에 많은 관심을 기울이며 꾸준히 작품을 발표해온 경성대학교 최은희 교수(49세). 올해로 부산에 정착한지 20년이 되는 그는 매번 작품을 구상하면서 부산과 부산의 자연을 떠나 살 수 없는 부산 사람이 된 것을 실감하고 있다.

지역의 춤 언어를 찾고 새로운 창작기법을 모색해온 최은희 교수의 작품 속에는 부산의 젖줄인 낙동강과 낙동강의 생명성이 작품 곳곳에 녹아있다. 특히 최은희 교수는 생태파괴에 대한 경각심을 일깨우고 관객과 하나 되기 위해 그가 예술 감독으로 활동하고 있는 배김새 단원들과 함께 야외 춤판을 통해 관객들과 직접 만나 왔다.

춤패 배김새는 최은희 교수가 부산에서 활동을 시작하면서 1985년 부산에서 처음으로 창립한 동인 춤패로 내년에 창립 20주년을 맞는다. 요즘 그는 한국춤이라는 특수성과 지역성을 살려온 배김새의 20년 활동을 기념하는 다양한 기획을 구상하고 있다. 배김새는 일본 대마도에서 열리는 아리랑축제에 11년간 초청받았을 정도로 우리 춤을 알리는 민간 사절단으로도 인기를 누리고 있다.

"춤은 무대에서는 춤꾼의 역할 뿐 아니라 역량있는 스텝들의 독창적인 아이디어가 결집된 종합예술입니다. 전통과 현대, 지역과 세계를 아우를 수 있는 많은 작업들이 함께 이루어집니다."

제 4회 대한민국무용제에서 '넋들임'으로 대상을 수상한 그는 1998년 이후 네 차례의 개인공연을 선보이면서 군더더기 없는 간결한 몸짓으로 과거의 춤과 오늘의 춤을 되새겨주고 있다.

2000년 10월 공연장이 없는 북구, 그것도 덕천 고가도로 아래서 가진 무대를 잊을 수 없다는 최은희 교수는 앞으로도 이 시대, 이 지역 정서를 담은 관객들과 호흡할 수 있는 춤을 추고 싶다는 소망을 가지고 있다.

2004년 10월 . 17

19. 2007. 09. 20 / 존재성의 발현으로 나아가다 '음악과 무용의 만남'

FOCUS

한국무용가 최/은/희

존재성의 발현으로 나아가다

무대는 어둡다. 검은 정장의 현악 4중주단이 무대 왼쪽에 앉아 활을 치켜들고 어둠을 흔들기 시작한다. 러시아 작곡가 보로딘의 〈현악4중주 제2번 라장조〉의 첫 악장 '알레그로 모데라토'가 어두운 공간 속을 빠르게 유영한다. 무대는 암전으로 잠시 숨을 고르고, 3악장 '야상곡-안단테'로 접어들자 어둠을 배회하던 선율이 비로소 제 모습을 드러낸다. 그 음화(音畵)의 주체는 '몸'이다. 소리를 들숨으로 빨아들여 날숨의 형상으로 토해내는, 몸짓의 '춤'이다.

지난 3월 31일 오후 경성대 콘서트홀에서 열린, 경성대 교수예술제의 '음악과 무용의 만남' 경성현악4중주단(임병원 김성은 최영화 김관수)이 연주한, '동방적 음색의 로망스'로 불리는 보로딘의 〈현악4중주 제2번〉이 한 춤꾼에게 육화되고 있다. 춤꾼은 농현(弄絃)의 예민한 떨림을 몸의 더듬이로 감지하고 그 파르르한 여운을 춤사위로 거푸 풀어낸다. 손과 팔을 들어 소리를 그러모으고, 한 번 기운을 휘둘러 밖으로 떨쳐낸다 밝은 햇살 한 줌 무대로 쏟아지면 소리는 빛을 좇는 해바라기처럼 둥근 원이 되고, 앞서거니 뒤서거니 혹은 좌우로 건들거리듯 넘실대며 무대와 객석으로 동심원의 파문들이 물결친다

한국 춤으로 클래식을 그려 보인 춤꾼 최은희(50, 경성대 무용학과 교수). 보로딘의 음악 세계는 혼자서, 이어진 임우상의 작품 〈무반주 바이올린을 위한 鄕〉(바이올린 임병원)은 제자들과 더불어 소리의 진동을 빛의 그림으로 안무한 그는 현(絃)의 몸짓'을 스스로 달가워했다.

"서양음악과는 자주 만났지만 클래식에 맞춰 춤을 춘 것은… 글쎄요, 기억이 잘 안 나네요. 보로딘이나 임우상의 음악이 동양적 정서를 바탕에 깔고 있어 그런지 별 무리 없이 춤으로 표현할 수 있었습니다. 훈련된 동작도 있었지만 자연스럽게 음악의 흐름에 맞추려 했지요. 다른 악기는 단절된 느낌이지만 가야금 거문고 해금처럼 바이올린이나 첼로 등 현악기의 선율은 우리 춤과 잘 어울리는 것 같아요."

필자가 보기에 한국춤꾼 최은희의 춤에는 늘 물기가 묻어난다. 물결을 타는 듯 음악과 만난 이번 춤판을 비롯하여 최근 서울과 부산서 선보인 창작춤 〈천둥소리〉에 나오는 '수초의 노래' 울산시립무용단 창단 작품으로 울산 반구대 암각화를 소재로 삼은 〈우로보로스〉의 '물의 춤 일어서는 물들' '자연과 춤, 물과 생명, 구도의 길'이라는

38 I 예술부산

제로 낙동강변에서 마련한 창작춤판 〈나를 보
신 이를 찾아〉, 이제 레퍼토리 중 하나로 자리
은 〈물맞이 굿〉… 흥미롭게도 인천 출생으로,
살에 부산시립무용단 안무장을 맡아 지금은 경
대 교수로 자리를 잡고 있는 부산, 또 한번 시
무용단 안무장을 맡았던 울산, 그리고 지난 93
부터 10년 넘게 아리랑축제로 인연을 맺어온
본 쓰시마 등 삶의 지나온 이정표도 물과의 인
이 예사롭지 않음을 보여준다

물의 정화력은 씻김굿에서 잘 드러난다. 씻김은
洋)의 서쪽으로 가면 기독교의 세례로 변주된
. 현대음악 작곡의 거장으로 떠오른 중국계 미
인 탄 둔이 바흐 서거 250주년을 맞아 신마태
난곡 '워터 패션'(Water Passion)을 세상에 내놓
것도 동서양의 차이에 아랑곳 않는 물의 시원
始原性)을 웅변한다. 세상의 70%를 채운 자연
질서를 닮은 인간의 몸도 꼭 그만큼인 70%가
이다. 양수의 넉넉한 터로 유영하려는 욕망은
은희 춤의 자궁이자 귀향점으로 보인다

'춤의 세계가 항상 같지는 않아요. 예전에는 갈
구조를 풀어가는 굿 등에 관심이 많았어요. 사
성 짙은 내용들을 담았고 현대에 와서 부딪히
는 모순들을 춤으로 풀어내고 했습니다. 지금은 다양한 시도를 해보려고 합니다. 대본이 딱히 있는 것이 아니고, 의미 부여도 많이 하지 않고…시대에 맞는 춤동작을 풀어내면서 내부에서 강하게 일어나는 표현욕구 즉 존재성의 발현에 무게를 두고 있습니다."

자연은 선도 악도 아니다. 밥맛만큼이나 싱거운 것이 물맛일 수 있다. 보편성 혹은 시원성이 갖는 높낮이 없는 덤덤함의 한계다. 물이 한자리에 고이지 않듯, 오늘의 물이 어제의 물이 아니듯, 물은 순환하면서 끊임없이 변주된다. 시대의 가파른 굴곡을 따라 굽이치고 요동치는 것이 물의 숙명일 것이다.

"살아있는 판이 유지되어야 합니다. 춤은 순간 예술이니까, 순간순간 연속적으로 활동이 이어져야 좋은 작품이 나오고 활력도 생깁니다. 오늘 우리가 맞고 있는 순수예술의 위기를 살아있는 판으로 헤쳐 나가야지요. 애정을 갖고 삶을 바라보는 것에서 춤의 소재가 나옵니다. 예술은 그래서 인간관계의 윤활유입니다. 우리 춤꾼들의 수명이 너무 짧은 것은 개인적으로 늘 안타깝게 여기는 대목입니다" 〈임성원 | 부산일보 문화부 기자〉

20. 2007. 09. 20 / 경성유레카 / 열린 춤판에서 자유롭게 노래하리

꿈과 닮아가는 경성인 _ 은사를 찾아서 경성유레카 04_0

열린 춤판에서 자유롭게 노래하리

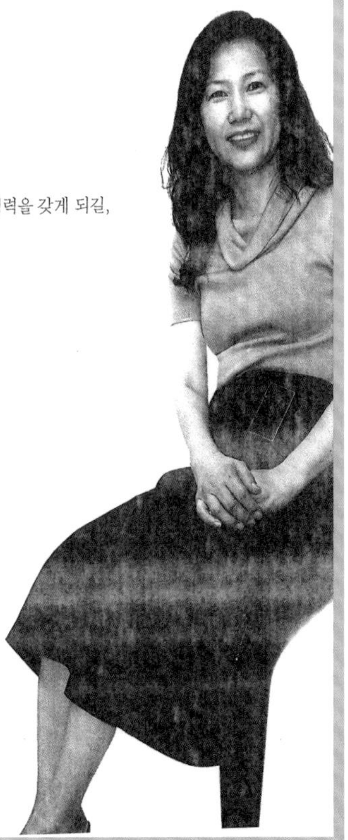

경성에서 작품 활동의 자유로움, 제자 양성의 기쁨을 누리다

초등학교 입학 전 재롱거리 삼아 배우게 된 한국 춤, 배울수록 그 매력에 빠져들었고 특히 창작 춤을 추면서 그 집중력에 사로잡혀 춤꾼의 길에 들어서게 되었어요. 1984년에 부산시립무용단에서 안무자로 재직했는데 큰 단체장의 책무보다 나만의 자유로운 춤 세계에 목말랐지요. 마침 경성대학교에서 한국무용 교수로 채용될 기회를 얻어 내 제자들과 함께 마음껏 작품 활동을 할 수 있게 되었어요.

"우리 춤이 삶의 광장으로 확장되길, 이 시대에 맞게 생명력을 갖게 되길, 다양한 분야와 접목되어 새롭게 창조되길 원해요"

내 춤의 원동력, 삶과 존재의 의미를 거듭 생각하다

올해로 안무가로 활동한지 30년이 되네요. 변함없이 존재의 의미, 삶의 의미에 대해 의문을 갖지요. 탄생에서 죽음까지 생에 대한 이미지를 춤으로 형상화하는 과정이 제 작품의 중심이 됩니다. 절제된 움직임, 한 호흡 한 호흡으로 그려가는 회화적 수법에 주안점을 두고 있지요. 또한 무의식적인 꿈의 영상에서도 많은 영감을 얻어요.

함께 어우러지는 춤판, 세상과 교감하는 춤꾼을 꿈꾸다

한국 창작춤의 영역이 확장되기 위해서는 새로운 과학기술과 다양한 문화와 만나 새롭게 창조되어야 한다고 생각해요. 올해 '목숨오름 - 꽃을 위한 생명' 이란 작품도 그 시도 가운데 하나였어요. 한국 춤과 디지털 미디어가 만나 더 신명나는 춤판을 벌여본 것이에요. 앞으로 더욱 많은 고민과 노력을 통해 좋은 작품을 만들어 가는 것이 제게 주어진 과제겠지요. 끝으로 우리 학생들이 먼저 삶에 대한 이해와 인간에 대한 사랑을 바탕으로 성장하는 춤꾼, 함께 하는 질서와 조화를 추구하며 살아가길 진심으로 바래요.

최은희 교수, 예술대학 무용학과

Profile 이화여자대학교와 동 교육대학원 졸업
1982 제4회 '대한민국무용제'에서 대상 수상 / 1985년 '춤패 배김새' 창단
1983-84년 부산시립무용단 안무장 / 2000-02년 울산 시립무용단 초대 상임 안무장
1984년부터 경성대학교에서 재직하며 부산여름무용축제를 20년 동안 운영

21. 2009. 03 / 춤과 사람들 / 한국무용협회 부산광역시 지회장 취임 최은희

한국무용협회 부산광역시 지회장 취임 최은희

– 한국무용가, 경성대 교수

경성대 최은희 교수가 지난 1월 31일 오후 부산시민회관에서 열린 한국무용협회 부산지회의 정기총회에서 4년 임기의 신임 회장으로 선출되었다. 최은희 교수는 1984년부터 경성대에서 재직하는 한국무용가로서 부산시립무용단 상임 안무자, 울산시립무용단 초대 안무가를 지낸인물이다. 월간 춤과 사람들이 만났다. – 편집자 주

선생님 한국무용협회 부산 지회장 선출을 축하드립니다. 앞으로 부산시의 무용계를 어떻게 이끌어 나갈 생각이신가요?

– 네. 감사합니다. 부산무용협회–한국무용협회 부산지회는 개인단체가 아니고 부산무용인을 대변하는 기관입니다. 저는 부산 지방 무용계가 안고 있는 문제, 예를 들면 무용 저변인구의 확대 등에 많은 노력을 기울일 생각으로 있습니다.

좋은 착안이신데요. 어떤 방안을 가지고 계시나요?

– 청소년 계층에서의 무용의 활성화가 기해져야 한다고 봅니다. 지방 교육청과 연계된 프로그램 등을 통해 교육도 시키고 인재도 발굴을 해야지요. 또한 중국, 일본 등의 도시와 맺고 있는 자매결연 등을 활용, 국제 교류를 많이 해야 한다고 봅니다. 무료 강습회, 실기 강좌 개최 등도 함께 실현되어야 한다고 봅니다.

지회가 개최하는 행사가 여럿 있지요?

– 네. 청소년 무용콩쿠르, 청소년 예술제 등이 5월에 열리며, 전국무용제 대표 선발을 위한 부산 무용제 그리고 부산예술제, 새물결 동인전이라는 신진안무가를 위한 공연 등을 개최합니다.

한동안 선생님의 개인 작품활동은 접으셔야 되겠군요.

– 요즈음 부산 무용계도 어려워요. 여러 현안들이 늘어져 있고 또 대학들도 위기를 겪고 있어 힘든 상황입니다. 그래도 열심히 협회 일을 하면서 작은 공연은 틈틈이 할 생각입니다. 7월 가마골 소극장 개관시 솔로를 추게 되어 있어요.

지회의 이사진은 어떤 분들이신가요?

– 이사진은 신청희교수, 윤여숙, 민병수교수, 안균자, 이미경, 현인숙, 조황재, 문혜경, 부지회장은 이성훈, 서지영 선생 등입니다.

최은희 경성대 교수 누구인가

– 이화여자 대학교와 동 교육대학원을 졸업. 김천흥, 한영숙, 김병섭, 강선영, 이매방, 김매자 선생 등에게 사사. 창무회 창단 단원, 대표작 〈넋들임(1982)〉, 또 제4회 「대한민국무용제」에서 대상 수상. 「부산여름무용축제」 17년 동안 운영 「부산국제여름무용축제」로 그 개편. 부산 최초의 민간단체 「춤패 배김새」 1985년 창단. 부산시립무용단 안무장 (1983~1984) 울산 시립무용단 초대 상임 안무장 (2000~2002)을 역임. 춤사

주요안무작 : 〈이 한송이 피어나네〉, 〈넋들임〉, 〈누이여 나의 누이여〉, 〈하지제〉, 〈저용맞이〉, 〈매듭풀이〉, 〈한씨이미〉, 〈백발〉, 〈외출하다〉, 〈변신〉, 〈꽃맞이〉, 〈어두운 날들의 바람 그치고〉, 〈여인등신불〉, 〈파문〉, 〈인산회상별보살〉, 〈하얀 배〉, 〈네 개의 바다〉, 〈어머니의 강〉, 〈새 천년을 부르는 소리 · 굿 · 바람〉, 〈빛으로 향한 떨림으로〉, 〈우로보로스〉, 〈태화강은 흐른다〉, 〈월관회 – 밝은세상〉, 〈처용의 북울림〉, 〈오늘, 춘몽이〉, 〈천둥소리〉외 다수

22. 2009. 04 / 예술에의 초대 / 부산무용협회 신임회장 최은희

2009. 4 / 예술에의 초대

춤은 누구나 쉽게 이해할 수 있는 몸의 언어

부산무용협회 신임회장 최은희

경성대학교 최은희 교수가 제 16대 부산무용협회장으로 취임하면서 2009년 부산무용계가 새로운 변화를 맞았다.

"부산무용협회장이라는 중책을 맡게 되어 어깨가 무겁습니다. 부산은 예로부터 전국적으로 인정받던 춤의 고장인 만큼 부산 춤의 명성을 찾고 대중들과 호흡하기 위해 노력하겠습니다."

1983년 부산시립무용단 안무자로 부산과 인연을 맺은 최은희 신임회장은 1984년부터 경성대학교 교수로 재직하면서 지금까지 부산무용계를 든든하게 지켜왔다.

1982년 20대의 열정 넘치는 춤꾼으로 제 4회 대한민국무용제 대상을 수상하며 우리무용계의 스포트라이트를 받은 최은희 교수는 중요무형문화재 제 27호 승무 이수자로 우리 춤의 전승, 보급에 남다른 열정을 쏟아왔다. 경성대학교 제자들을 주축으로 우리 춤의 새로운 방향을 모색하기 위해 1985년 부산에서 처음으로 한국무용전공자모임인 춤패 배김새를 결성했고, 그동안 한국 전통춤을 토대로 지역적 특성을 살린 화제작을 발표해왔다.

2000년에는 울산시립무용단 초대안무자로 취임하면서 지역무용 활성화를 위해 부산과 울산을 오가며 다양한 창작무대를 열어왔다. 2005년 제2회 델픽 세계문화올림픽 최우수여성무용수상을 수상하기도 한 최은희 회장은 지난해 '2007 춤 비평가상 특별상'과 '한국무용연구회 공로상'을 수상하기도 했다. 특히 그는 한국대학 무용학과의 개편 방안, 영남 춤의 활성화 방안, 배김 허튼춤의 모형에 관한 연구 등 다양한 연구 활동을 병행하며 우리 춤의 영역을 넓혀왔다.

"부산의 무용계를 위해 봉사한다는 생각으로 시작한 만큼 지역 무용계가 안고 있는 문제점을 하나하나 풀어가고 한편으로는 교육적인 부분을 연구발굴하고 대중들에게 다가가도록 노력하겠습니다."

최은희 신임회장은 취임과 함께 부산지역의 명성 재건과 혁신적인 변화를 위해 팔을 걷어 올리고 바쁘게 움직이고 있다. 그러기 위해 부산무용계를 이끌어 왔던 원로무용인을 위한 복지 정책을 마련하고 전국문화예술프로젝트와 문화사업에 적극 참여해 나갈 계획이다. 또 미래의 무용인, 애호층을 양성하기 위해 부산교육청과 연계해

23. 2009. 12 / 봉생문화 / 제 21회 봉생문화 공연부문 수상소감

제21회 봉생문화상 시상식

제 7 회 봉생청년문화상 시상식

초대합니다

"생명존중의 봉생 이념을 실천한다"

일 시 | 2009년 12월 4일(금) 오후 6시

장 소 | 부산일보사 10층 대강당

주 최 | 사단법인 봉생문화재단

〈이 팜플렛으로 초대장을 대신합니다〉

제21회 봉생문화상 수상자 수상소감 · 심사평

제21회 봉생문화상 공연부문

수상소감

최 은 희

경성대학교 무용학과 교수, 춤패 배김새 총 감독

중요무형문화재 제 27호 이수자

부산무용협회지회장 등

부산의 모든 예술인들의 그랑프리라 할 수 있는 봉생문화상의 수상 대상자로 결정되었다는 소식에 너무 기쁩니다. 그 동안 지역 예술인들을 위해 봉생문화상 제정에 물심양면으로 뒷받침해온 봉생문화재단과 정의화 이사장님께 먼저 감사의 말을 올립니다. 아울러 여러 심사위원들에게도 감사를 드립니다. 더구나 이번 수상 소식을 12월 1일에 있을 개인공연을 위한 준비에 제자들과 함께 무용실에서 땀 흘리고 있을 때에 듣게 되어 더욱 기쁘게 여겨집니다.

오늘에 이르기까지 쉼 없이 춤작업을 함께 해온 제자들로 구성된 춤패 배김새 단원들, 그리고 경성대 학생들과 기쁨을 나누고 싶습니다. 특히 내년은 제가 경성대로 부임하여 춤패 배김새를 태동시킨 지 만 25년째가 되는 해입니다. 그 25주년의 선물이라 여기고 싶습니다.

단순히 지내온 시간의 길이가 아니라 한결같이 춤에 몰입해 왔던 순수한 시간들...이러한 시간이 있기 까지는 격려와 질책, 충고를 아끼지 않았던 분, 공연이 있을 때면 항상 무대미술을 도맡아주던 화가이자 지금은 고인이 되신 남편 정진윤님께 이 상을 바치고자 합니다. 그리고 나의 가족들에게도 고마움을 전합니다.

춤은 나의 영원한 삶의 동료이자 동반자입니다. 항상 춤의 원천이 되어주고 있는 부산의 바다를 무척 사랑합니다. 앞으로 부산의 역량 있는 춤꾼들, 유능한 춤 인재 발굴에 주력하여 부산의 춤 발전에 이바지하고 싶습니다. 감사합니다.

24. 2010. 01-02 / 예술부산 / 봉생문화상 공연부문 - 무용가 최은희

2010. 1.2월 예술부산

인물 FOCUS

봉생문화상 공연부문

무용가 최은희

제21회 봉생문화상 공연부문 수상자로 [춤패 배김새]의 총감독인 경성대학교 무용학과 최은희 교수가 선정되었다. 봉생문화상은 '생명을 받드는(奉生)' -생명존중의 이념을 실천한다는 의미에서- '사람이 사람답게 살 수 있는' 문화의 텃밭을 일구는데 기여한 현장의 부산 문화예술인들을 지원해왔다. 햇수로는 1989년부터 시작해서 지난해 12월로 21년이 되었다.

수상소감에서 최은희 선생은 공연이 있을 때면 항상 무대미술을 도맡아주던 화가이자 이제 고인이 되신 남편 정진윤 님께 수상의 영예를 돌렸었다. 인천 출생으로 서울에서 주로 활약하던 선생이 20대 중반 무렵부터 부산에서 터를 닦게 된 것도 알고 보면 부부의 연이라는 우연 같은 필연 탓이다. 필연의 인연으로 더불어 선생의 우리춤의 원류를 찾고자 한 노력도 새로운 전기를 맞게 되었다. 고(故) 한영숙, 고 김천흥 선생과 이매방 선생을 춤 스승으로 모시고 사사받은 경력과 창무회의 김매자 선생의 제자로 국립국악원(1978), 정신문화연구원(1980~82)을 거치며 궁중무용과 민속무용에 대한 실기와 연구를 겸비해온 것들이 바탕이 되어서, 선생이 살고 있는 부산과 경남의 무속과 민속춤의 지속적인 연구에 배진하게 된 것이다. 또 이러한 노력의 결실이 오늘의 [배김새]로 꽃피워졌다고 볼 수 있다. '배김새'란 사전적 의미로 몸을 어느 한쪽으로 힘차게 던져 디디고 감정을 맺은 뒤 천천히 푸는 것을 지칭한다. 동래(東萊) 지방의 탈놀음인 동래야류에서 원양반과 말뚝이가 하는 춤사위에서 유래된 것으로, 춤의 폭이 크며 맺고 풀어가는 멋과 흥이 독특한 영남지역 고유의 춤사위로, '땅에' 뿌리 깊숙이, 힘차게 '내려박히다' 라는 의미를 지니고 있다 한다.

"... 문득 부드러움에 가려진 / 강인한 의지와 믿음이 / 겸손과 신념으로 고이한 / 한 마리의 학 / 저 높은 바위에 뿌리내린 / 한 그루의 소나무 / 순결한 조선의 영혼이 / 그 손길 그 몸짓에 / 배김하였구나 ..."(시인 장정임의 '하이얀 새' 중 – 부제 : 배김새에게 –)

배김새 연구는 선생이 초기부터 천착했던 춤의 원류를 찾는 작업이 구체화된 것으로, 한국의 민족정신에 기초한 원초적인 제의성을 복원코자 한 것이다. 민족의 삶의 원형질을 무속에서 찾고 그 흐름을 표현코자 한 노력들은 이전부터 계속되어 온 것이기도 하다. 대한민국무용제에서 대상을 수상한 바 있는 선생의 초기 안무 작품인 〈넋들임〉(1982)의 경우, 이승과 저승, 삶과 죽음에 대한 한국인의 원형적 인식을 제주도의 진오귀굿의 형식을 빌려와 춤 이미지로 그려내었다. 여기에 시대적인 것을 입힘으로써 레퍼토리를 활성화하려는 노력은 시대적인 것을 입히는 노력들로 지속되어 왔다. 한편 고유한 배김새를 바탕으로 허튼춤의 여러 모형들을 제시한 '배김허튼춤'은 몇 가지의 춤놀이인 밀양백중놀이, 고성오광대, 동래학춤 등에서 보여지는 독특한 춤사위들을 마당 형식의 춤으로 구사한 것인데, 즉흥성을 가미한 춤이 되어 신명을 자아내고 있다.

배김새에 부산 경남의 혼을 심다

올해는 최은희 선생이 경성대 무용학과 교수로 부임하고 [춤패 배김새]를 태동시킨 지 만 25년이 되는 해이기도 하다. 춤패 배김새가 추구한 것은 한민족의 전통문화, 그 뿌리 찾기에 있었던 만큼, 오늘의 춤패 배김새는 부산과 경남 지역의 춤을 대물림한 단체의 위상을 가지게 되었다. 배김새의 고유성은 우리의 민족성을 토대로 부산이라는 지역성에 기반하고 있기에 더욱, 국제사회 진출을 위한 세계성의 획득 가능성과 열린 미래를 잉태하고 있다. 그러기에 고유의 춤사위를 통해서 시대를 넘어서는 중심적인 삶의 양식을 길어내고, 다시금 시대를 입혀서 그 원형질을 보존해가는 작업은 그만큼 예민한 작업이 된다.

이와 같은 한국무용의 계승과 발전이라는 화두에 대응하고자 최은희 선생은 보이지 않는 양 날개로 작업을 해오셨다. 온고지신을 위한 각고의 노력은 제27호 승무이수자(1994)라는 중요무형문화재로서 자신의 몸을 민속의례에 '드린' 과정에서도 잘 드러난다. 그저 앉고 서고 걷고 하는 속에서도 드러나는 단아하고 고아한 자태가 예사롭지 않게 여겨지는 것은 과연 자신의 몸을 산 예배로 드린 향기로움 때문인가. 몸으로 입력되고 기억되는 것은 이외에도 많을 것이다. 우리 춤의 정수로 엄격하고 절제된 궁중무인 춘앵전, 자유로움과 신명의 민속무인 태평무, 그리고 삶의 애환을 호적 소리에 담아 거듭 태어남을 기원한 호적살풀이춤 등이 그것이다. 눈으로 확인할 수는 없지만, 선생의 몸에 녹아 있기에 미세한 움직임을 통해서 마치 향기처럼 번져나는 자락들이 아닐는지.

한편 선생이 교육자의 길을 걸으며 출범시킨 부산지역 최초의 한국춤 동인단체인 오늘날의 춤패 배김새는 지역에서 우리 춤 언어를 찾고, 새로운 창작기법을 모색하는 과정을 통해 한국창작 무용사를 증언하는 산실이 되고 있다. 언론과 평론은 춤패 배김새에 대해 "춤을 대중 가까이 가져간 의식 있는 춤패" 혹은 "시대의 정신이 담긴 단체"라고 칭하는가 하면, 한국 전통춤을 토대로 지역적 특성을 살린 단체로 평가하고 있다. 그 힘은 아마도 '전통춤과의 만남' 뿐 아니라 '인접예술과의 만남'으로 꾸준히 이어지는 일관된 주제의식으로 읽혀진다. 선생이 무속에서 길어올리고자 한 것은 오늘에도 여전히 신비일 수밖에 없는 삶의 불가사의며, 춤과 연극이 갈라서기 이전의 그 무엇으로 드러내고자 했던 생명현상 그 자체 곧 '움직이는 말씀'으로 통하는 영원무궁함을 향한 것이기 때문이다.

선생의 행보는 지난해부터 시작해서 향후 3년간 부산무용협회장으로 재직하게 되면서 더욱 바빠지고 있다. 선생에게는 이제 삶의 동반자인 춤을 무대에서뿐 아니라, 문화예술 교육정책에 대한 관심과 예술행정의 안목을 가지고, 춤의 삶과 삶이라는 무대 전방을 안무해야 하는 역할이 주어졌기 때문이다. 우리는 부산경남의 혼이 심겨진 배김새 자락을 맛보며 과거와 오늘날의 춤을 되새김질 하게 된다. 동시에 춤을 보는 것과 춤을 '하는' 커다란 '움직임'이 들숨과 날숨처럼 직조되어서, 우리가 살아가는 기운찬 진동으로 매순간 부활하기를 꿈꾼다.

글_ 홍성희 / 객원기자
사진_ 강현덕 / 사진기자

2010 January/February 47

26. 2010. 01 / 경성유레카 / 봉생문화상 수상자 무용학과 '최은희 교수'를 만나다.

KS of Support

2010. 1 / 경성유레카

봉생문화상(공연부문) 수상자 무용학과

'최은희 교수'를 만나다.

각박하고 정서가 메마른 현대 사회일수록 철학 · 종교 · 예술이 절실히 필요하며, 그 대안으로 '춤'이 현대인들의 정신적인 구원이 될 수 있을 것이라 말하는 최은희 교수의 몸짓인생을 들어본다.

봉생문화상 공연부문 수상 소감

봉생문화상은 봉생병원 문화재단에서 주는 상으로, 내가 이 상을 받은 것은 올해 25주년을 맞이하는 춤패 배김새의 총감독으로 매우 뜻 깊은 상이다. 횟수가 긴 것이 중요한게 아니라 끊임없이 하나의 길을 함께해 온 '춤패 배김새' 가족들의 흘린 땀에 대한 성과라 생각한다. 그래서 우리 춤패 배김새 단원들과 함께 이 상의 영광을 나누고 싶다. 더불어 하나의 길을 갈 수 있도록 모든 것들을 배려해줬던 가족들에게도 감사의 말을 전한다.

'춤패 배김새'의 최근 활동 소개

'춤패 배김새'의 활동은 진취성을 가지고 실용성의 작업을 한다. 배김새의 '배기다'는 '지역에 뿌리를 박다'라는 의미로서, 지역춤을 익히고 그것을 바탕으로 각자의 춤세계를 하나의 자양분으로 삼는다. 예술가로서의 춤 성향을 갖기도 하며, 지역의 춤을 발전시키고 알리기 위해 노력 중이다. 오히려 생활과 공감 할 수 있는 주제를 가지고 시대적인 상황, 사회적인 상황 등을 포함해 사회성을 많이 접목하기 위해 노력중이다. 지역 춤문화를 위해 다양한 행사에도 참여를 한다. 대표적으로 대마도 '아리랑 축제'에 10년 이상 배김새가 초청을 받고 있다. 축제공연 뿐만 아니라, 지역민들과의 교류 속에서 '배김새'라는 것이 기여를 하고 있다. 올해 지역행사로 조선통신사 행렬에도 참여했다. 이러한 활동을 통해 배김새가 가지고 있는 예술적인 성향도 중요하지만 지역에서 요구하는 행사에도 많은 기여를 하고 있다.

무용인으로서 삶의 철학

철학이라 할 것 없이, 무용을 계속하게 된 것이 실존적인 자신에 대한 물음에서 시작하게 되었다. 그 물음의 답을 우리 삶의 본거지에서 찾아보니 무속현장을 많이 접하게 되었다. 그 현장에서 순수한 민간신앙에 대한 관심을 가지게 되면서, '그 믿음이 어떻게 계속 이어져오고 있나?'라는 의문을 품게 되었다. 또한 우리의 삶에서 태어나고 죽음에 대한 성찰을 하게 되었다. 나의 춤의 깊이를 더해가는 그런 공부가 되어졌고, 그것을 바탕으로 나를 찾아가는 여정이 되었다. 하나의 자기 정체성을 찾는 도중 '춤'이 하나의 길이 되어 지금까지 걸어왔다. 그 하나의 길에 춤을 시작했고, 그 춤은 화려한 외형적인 말보다도 몸 자체가 가지고 있는 순수성을 가장 잘 표현할 수 있는 것으로 생각된다. 내 삶의 순수성을 표현하기 위해 춤으로서 승화시키고 있다.

일반대중들에게 바라는 점

일반대중에게 바라는 점이라기보다는 무용인으로서 좀 더 적극적으로 대중들에게 다가서야 한다고 생각한다. 그 동안 공연문화가 무대 위 공연을 만들어가는 사람들과 별개인 관객의 입장에서 무대가 형성되었다. 그러한 공연관람 형태를 벗어나 일반대중들에게 몸소 체험을 하고 즐길 수 있는 공연문화를 만들어가고 있다. 그 대안들로 찾아가는 우리문화, 우리춤, 우리가락 등을 통해 일반대중들이 체험기회를 만들고, 접근성을 높여가고 있다. 체험의 장을 모색하고 방안들을 마련하는 데 가장 중요한 것은 일반대중들의 관심과 사랑이 아닐까 생각한다.

앞으로의 계획

춤꾼으로서 인생을 살아가는 지금이 너무 좋다. 대학이라는 좋은 환경 속에서 일회성으로 끝나버리는 무용 공연문화를 뒷받침할 수 있는 계획을 세우고 있다. 무용비평문화 · 기획 · 행정 · 재정 및 관련분야의 인력 확보를 통해 교육과 무용을 접목시켜 질적으로 삶에 보탬이 될 수 있는 무용현장을 만들어가는 것이 최종목표이다. 이 세 가지를 진행하기 위해 많은 제자들과 더불어 무용협회인들과 함께 꾸준히 노력 중이다. 현재 전국에서 손꼽히는 좋은 환경 속에서 활동하는 무용인으로 우리 대학교에서 보내는 시간들에 보람을 느낀다. 시대적으로 무용 인력의 감소추세에서도 경성인들의 열정이 대단하다는 찬사를 보내면서, 경성인이라는 자부심과 학교에 대한 애정을 가질 수 있도록 더 많은 관심과 성원을 부탁한다.

6 _ Kyungsung University

당신은 어디에서 왔습니까
시원(始原)을 향한

그리움의 춤

무용가 최은희

'당신은 어디에서 왔습니까? 당신은 어디로 갑니까?'
누군가 우리에게 묻기 전에 우리는 안다. 다만 모른 척 할뿐이다. 그러는 사이, 우리는 우리가 어디서 왔는지 잊어버리고 우리가 가야하는 곳에 대해 알기를 거부한다. 하지만 삶은 늘 곁다리로 죽음을 동반한다. 내일이 오늘처럼 이어질 거라고 기대하는 순간, 우리를 배신하고 우리에게 죽음을 확인시켜준다. 춤꾼 최은희(54.경성대 교수)는 삶의 지난한 여정을 춤을 추며 극복해왔다.
어릴 적 그녀에게 춤은 '재롱'이었다. 돌아가신 할아버지 산소 앞에서, 사람들 앞에서 그녀는 빛나는 별처럼 늘 춤을 췄다. 그러나 그녀와 춤은 잠시 이별을 해야 했다. 삶의 기둥이었던 어머니가 초등학교 4학년때 그녀의 곁을 떠난 것이다. 어머니를 떠나 보낸 어린 여자아이의 상실감을 위로할 수 있는 건 춤 뿐이었지만 어려운 가정 형편은 그녀의 발목을 잡았다. 갑자기 최교수의 눈에 눈물이 그렁거린다. 톡하고 건드리면 터질 것만 같다. 가장 감성적인 시간에 맞닥뜨린 죽음, 자신을 세상에 내놓고 사라진 시원(始原)과 접속하기 위해서는 춤을 추어야 했다. 간절히 원하면 이루어진다던가! 대학을 가기 위한 체력장 연습에서 가뿐히 멀리뛰기를 하는 그녀를 보고 무용 선생님은 그녀에게 춤을 춰 보라는 권유를 한다.
"나는 남들과 같은 인생을 사는 게 싫었어요. 내가 좀 청개구리 기질이 있거든요. 춤을 추지 않을 때는 그림을 그렸어요. 그런데 나를 가장 잘 표현할 수 있었던 게 춤이었어요."
다시 무용을 시작하면서 아무리 힘들어도 그만두지 않겠다는 생각으로 했다. 당연히 그녀는 혼신을 다했다. 하지만 그 가혹한 시간이 그녀를 더 절절하게 춤으로 이끌었으니 일장일단(一長一短)이었던 셈이다. 그녀는 이화여대 무용과를 졸업하며 동문들과 함께 '창무회'를

그러나 운명과 행운을 이어가는 건 결국 사람의 몫이다.
"직장 생활을 하며 번 돈으로 갈 수 있는 굿판은 다 찾아다녔어요. 진도 다시래기굿, 씻김굿, 밀양백중놀이, 전라도로 경상도로 안 가 본 데가 없어요. 밤새 굿판에 있다가 아침이면 일하고 했으니까. 내 별명이 한때는 귀신이었어요."

내 별명이 한때는 귀신이었어요

정신문화 연구원에서 만드는 '한국민족문화 대백과사전'의 편찬 작업은 자유롭게 출장을 다닐 수 있는 일이었다. 그 일은 그녀에게 민족정신이 무엇인가를 알게 해 준 매우 중요한 작업이었다. 친구들이 유학을 가고 안무만을 교육 받을 때 그녀는 현장에서 삶과 유착된 춤의 세계를 배우게 된다. 그렇게 현장에서 배우던 춤은 〈하지제〉를 통해 처음 선보이게 된다. 내림굿을 받듯 무용계에 입단하는 첫 신고식으로 그녀는 홍윤숙 선생님의 글을 각색한 〈하지제〉를 굿의 형식으로 재구성해낸 것이다. 1부는 고(苦), 2부는 생(生), 3부는 공(空)으로 표현한 이 작품에서 그녀는 온 정성을 기울여 춤을 추었다. 그것은 마치 세상을 떠난 어머니와의 접신이기도 했다. 그만한 작품을 하기가 쉽지 않다고 그녀는 말한다.
"둥 둥 둥 낯선 땅 모래벌에 신명은 주문처럼 하늘에..."로 시작되는 그녀의 〈하지제〉가 매우 보고 싶어졌다. "제 춤은 재미없어요."
현란한 몸놀림도 없고 익숙한 음악도 틀어주지 않는 그녀의 춤, 춤을 단순히 오락이나 즐거움으로 여기는 것에 대한 오해를 불식시켜 주고 싶어서 그녀는 철저히 자신의 춤에 의

그 몰입의 축을 이매방 선생님을 통해 얻었다. 원형으로 자신의 왼손을 보며 돌아가는 춤사위, 결을 따라서 흐르는 듯 추는 선생님의 모습은 그녀가 가고 싶은 길이다.학교에서 평소 제자들에게 주로 한영숙 선생님의 표현법을 가르친다. 하지만 정말 무용가가 되겠다고 하는 제자에게는 이매방 선생님처럼 몰입하라고 한다. 민족미학의 채희완 부산대 교수는 '춤패 배김새' 창단 10주년에 부쳐 그녀의 춤을 이렇게 말한다. "최은희의 작품은 대체로 화사하고 상큼하다. 어두운 색조가 깔리다가도 비온 후 거리의 풍경처럼 어느새 말끔한 풍광 속에 숨은 윤곽을 드러내고는 역광으로 빛을 분사시킨다. 길게 숨 죽인 끝에는 호흡을 고루 분절 시키면서 으레 몰아치는 회오리 바람이 따르기 마련이다. 훌날리는 꽃잎처럼 흐드러지다가 문득 멈추인 채 두 손을 치켜들어 소리쳐 맞잡은 양이라든가 휘돌려 활짝 펼친 두 팔로 학채 형상을 짓는 것도 잠깐 갓 뺀은 매화 동결인 양 매듭지어 깡똥깡똥한 어름새라든지, 콩 하니 한 발 굴러 땅을 차고는 잰 걸음으로 내닫는 디딤새라든지, 이런 폼새는 달아 어르다가 맺고 푸는 것이어서, 전통춤에 어긋남은 없지만 전통적 풍미보다 차라리 산뜻한 현대 감각을 내풍긴다. 시원한 공간 활용조차 역동적인 동력선이기에 오히려 경쾌한 선묘법에 가깝다"
어머니를 일찍이 보내고 이제 남편을 보내고 도리어 그녀의 춤은 화사하고 상큼해졌다. 삶에 순응하기로 한 것이다. 그 순응은 춤에 의지할 수 있기 때문에 가능할 것이다. 그녀에게

상처는 사람을 자라게 한다. 자가 치유 능력을 필요로 하는 세상에서 상처는 자양분이 되기도 한다. 그녀의 경우도 마찬가지이다. 얼마 전 그녀는 평생 함께 할 거라고 믿었던 동반자를 잃었다.
"늘 그에게 도움만 받고 아내 노릇도 못해 주었어요. 부산에 와서 무용을 할 수 있었던 것도 그이 고향이 부산이어서 가능했는데...... 창작무용은 무대미술이 중요하거든요. 처음 공연할 때는 그이가 다 해주었어요. 연습도 지켜봐주고 가족이라 남들이 뭐라 하면 서운할 일도 괜찮았는데...... 춤추는 여자들은 남편이 도와주지 않으면 못해요."
화가 고 정진윤씨는 작년에 암으로 그녀 곁을 떠났다. 남편에 대한 미안함 때문에 말을 잘 잇지 못하던 그녀의 눈가에 또다시 눈물이 맺히고 만다. 그녀는 확실히 영혼의 교감을 빨리 전달하는 영매이다. 대책 없이 그녀를 따라 같이 눈시울을 붉히며 헤아릴 수 없는 또 다른 부재감에 대하여 가슴이 먹먹해 온다. 연구년인 올해 그녀는 큰 일거리를 만들었다. 부산무용가협회장 직을 맡아 종횡무진, 그리움을 잊기 위하여 또 다른 시도를 하고 있는 것이다. 인문고에서는 이미 사라진 체육시간, 그리고 더 이전에 사라진 무용 시간을 만들어 생활 속에서 춤 문화를 만들려고 여기저기 뛰어다니며 울산 시립무용단 안무시절 그녀가 그토록 힘들어 했던 '춤 행정'을 다시 하고 있다. 공연도 게을리 하지 않고 있다. 지난 12월 1일에는 남편을 떠나보낸 후 첫 작품으로 〈화신(化身)〉을 무대에 올렸다.
〈화신〉은 우리 몸을 이루고 있는 네 원소, 지(地) 수(水) 화(火) 풍(風)의 순환을 통해 이 땅에 새 생명을 계시하는 구원자인 여인의 여정을 담고 있다. 현재 우리 주위를 둘러싸는 모든 갈등과 야만성과 혼란, 대립, 갈등을 미륵불인 여인을 통하여 정화시키고 새 생명의 탄생을 축원하는 것이다. 석가가 중생을 구원하기 위하여 여러 모습으로 나타났다는 형상인 화신은 가상과 현실을 구분하지 않기 위하여 춤과 영상을 하나로 묶어 놓았을 뿐만 아니라 절절한 그리움의 단면들을 여러 장치속에 숨겨놓아 작품의 완성도를 최대한 높였다. 자신이 그 동안 축적해 놓은 모든 방법과 기법을 총동원한 것이다.

그녀는 자신의 춤에 기본 구조를 가지고 있다. 처음엔 뜸을 들이듯 천천히. 이것은 일종의 신을 불러들이는 의식이기도 하다. 중간에는 역동적으로 다양함을 표출한다. 이 때는 신나게 자신의 내면의 기운을 끌어 당긴다. 마지막에는 정적인 동선과 동적인 동선을 끌어 모아 융화와 조화를 이루려고 한다. 마치 신에게 메시지를 보내는 것처럼 모든 기운을 한곳에 집중한다. 그녀의 이런 구조는 승무에서 많이 차용했다. 고깔을 쓴 승려는 자신을 드러내지 않지만 거기에 승려의 번뇌가 스며있다. 장삼을 흩뿌리며 날아갈 듯 환희에 젖는 순간 아름다움은 절정을 이룬다. 그리고 마지막 북을 통한 해탈, 춤의 엑기스가 다 녹아있는 것이 승무라고 한다. 초기 80년대 그녀의 춤이 원초적인 제의의 형태를 띄었다면 90년대에는 그것을 공유하면서 주제의식도 놓지 않는 춤을 추려고 했다. 어느 곳이든 사회적인 소외와 시대적인 아픔이 있으면 달려가 춤추기를 거부하지 않았다. 그녀가 만든 '춤패 배김새'의 창단공연작 〈무궁화 꽃이 피었습니다〉는 숫자로만 사는 세상을 꼬집으려고 만들었다. 사회구조적인 모순이나 갈등을 푸는 것이 춤의 역할이라는 것을 그녀는 믿기 때문이다.

사회 구조적인 모순과 갈등을 해원 시키는것이 춤의 역할

"춤은 말을 필요로 하지 않아요. 그냥 추는 거지요. 몸으로 느끼는 거에요. 말을 하면 오히려 딴생각이 들어요. 몰입해야 하는데 못하게 되고."
처음 춤을 전공하겠다고 이화여대에 들어갔을 때 자신도 선생에게서 말이 아닌 춤을 먼저 배웠다. 그녀도 처음 경성대에서 말보다 먼저 춤을 가르쳤다. 한 시간 내내 춤만 추고 열 바퀴쯤 돌리고 나면 다 쓰러져 버리지만 온전히 몰입하는 자신을 느끼게 하고 싶었던 것이다. 하지만 요즘은 두 바퀴도 채 못 돈다고 한다.
그녀는 그런 제자들에게 매우 야멸차다. 공동 창작집단인 춤패를 이끌기 위해서 뛰거나 연습에 빠지는 제자들을 끌고 가기위해서는 어쩔 수가 없다. 누구 하나라도 없으면 빈자

27. 2010.01 / 부산이야기 / 한국 창작춤 텃밭 일군 부산대표 춤꾼

BUSAN PEOPLE 부산의 예인 - 최 은 희 무용가
한국 창작춤
텃밭 일군
부산대표 춤꾼
부산 첫 동인춤패
'배김새' 창단
부산무용 활성화 온 힘

수많은 춤꾼 배출… 승무 이수자

그는 민간단체 활동뿐만 아니라 부산시립무용단 안무장(1983~84)을 비롯, 울산시립무용단 초대 안무장(2000~02)을 역임하며 부산, 경남 문화발전에 힘을 보태고 있다 한국무용의 계승과 발전이라는 화두를 쥐고, 그 해답을 찾기 위해 창작활동 이외에도 전통무용을 습득 중요무형문화재 제27호 승무 이수자로 지정을 받았다

개인적으로 가장 즐겨 추는 춤도 승무

"태평무 살풀이, 춘앵전도 대표춤이라 할 만하지만 승무에 가장 애착이 갑니다 승무는 자신을 드러내는 춤이 아닙니다 춤을 추면 더 없이 편안해지고, 자기만의 세계에 빠져들지요. 요란하지 않고 담백합니다 우리 심성을 가장 많이 닮은 것 같습니다"

그는 1998년 이후 다섯차례의 홀춤 공연을 선보이며 군더더기 없는 간결한 몸짓으로 과거의 춤과 오늘날의 춤을 되새기는 작업을 해오고 있다 제(祭) 의식에 근간을 둔 초기의 작품과 달리 최근에는 무대 매커니즘 활용의 극대화 한국 전통무용 춤사위의 이미지화 서사적 구조의 상징화 같은 작품 내용적 측면뿐만 아니라 형식적인 측면에서도 변화를 시도, 한국창작무용의 영역을 넓혀가고 있다 전통 한국춤판에 오케스트라를 끌어들여 현대음악을 접목하고, 멀티 영상을 함께 펼쳐내는 것 등이 일련의 시도들이다

부산무용협회장… 부산무용 활성화 고민

요즘은 어떻게 하면 침체된 부산 춤판을 활성화할까 하는 고민에도 빠져 있다

"전국무용제가 18회를 넘었지만, 부산은 1회 대회를 개최하고는 아직 전국무용제를 유치하지 않았습니다 내년쯤 전국무용제를 부산에서 개최하면 어떨까 하는 방안을 고민하고 있습니다 지역에서 큰 행사를 치르고 나면 아무래도 많은 관심을 가지게 되고, 침체일로를 걷고 있는 부산 춤판에도 생기가 돌지 않을까 하는 기대이지요."

힘이 빠져 있다가도 무대에 오르면 기운이 솟구친다 한국춤에 무슨 정년이 있으랴 춤꾼이니까 세계무대에 내놓을 부산대표 춤을 안무하고, 춤꾼이니까 칠순이건 팔순이건 최은희만의 춤판을 벌일 생각이다 그는 천상 타고 난 춤꾼이다

글_박재관 본지 편집위원

1. 인터뷰 중인 최은희 교수.
2. 공연 모습.

부산이야기

28. 2010. 05 / 시사뉴스투데이 / 최은희 교수를 통해 본 아름다운 춤 인생이야기 !

Culture

People | 부산 경성대학교 최은희 교수

최은희 교수를 통해 본 아름다운 춤 인생 이야기!

동적인 美를 자랑하는 우리 전통예술의 힘

무용교육은 누구나 할 수 있고 누구나 즐길 수 있다. 무용은 전문무용만이 하는 것이 아니다. '댄스'라는 사회적 상징이 일제 때 사교댄스라는 이미지가 강하게 남아 있지만 그 존재의 의미는 무용이고 춤이다. 댄스는 '전문무용만의 것이다'라는 것은 너무나 좁은 개념의 의미이다. 춤은 모든 사람들을 위한 무용이다. 다시 말해, 춤이라는 것은 특별한 사람만이 추는 것이 아니라는 것이다. 지난 25년간 부산 경성대학교에서 무용학과 교수로 많은 학생들을 가르치고 있는 최은희 교수는 "훌륭한 인재들을 많이 양성하는 일이 무엇보다 중요하다."면서 "우리 것을 세계에 올바로 알릴 수 있는 기회의 장이 지금보다 활성화 되어야 한다."고 설명했다. 이어 "그러기 위해서는 우리 춤에 대한 폭넓은 이해와 사랑이 가장 절실하다."고 강조했다.

봉생문화상 · 봉생청년문화상 시상식

로 원로 무용인 복지와 예술 활동지원 시스템 구축 연 1회 무료 강습 개최, 분기별 세미나 및 실기 강좌 개최 등을 내걸었다

교육지도에 있어서나 또 공연에 있어서 정말 확신을 가지고 열정을 다해 무용에 대한 사랑을 표현해 내고 있는 최은희 교수야말로 이 시대의 진정한 예술인의 모습이 아닐까. 다시금 생각해본다. 앞으로 경성대학교 무용학과의 무궁한 발전이 있길 바란다

취재_박동국/이은주 기자

· 최 은 희 교수 약력 ·

이화여자 대학교 / 이화여자대학교 교육대학원
경성대학교 무용학과 교수
1982년 대한민국무용제 대상
1998년 올림픽 폐회식 안무
부산시립무용단 안무장, 울산시립무용단 초대안무장 역임
중요무형문화재 27호 승무 이수자
춤패 배김새 총감독
(사) 한국무용연구회 부이사장
한국무용예술학회 부회장
(사)민족미학연구소이사
(사)한국무용협회 부산광역시 지회장

· 수상경력

1982. 제 4회 대한민국무용제 대상 (안무 및 출연)
1995. 제 4회 부산무용제 대상 (연출)
제 4회 전국무용제 대구광역시 시장상의 연기상 수상 (연출 및 출연)
광복 50주년 95세계한민족 축제 한민족 예술제 주관
1996. 제 1회 부산바다축제행사 실행위원 및 행사 안무
부산바다축제 공로패 시장상 수상
2005. 제 2회 멜릭 세계문화올림픽 최우수여성무용수상 수상
2008. 1. 한국춤평론가회 2007 춤비평가상 특별상 수상
2008. 1. 한국무용연구회 공로패 수상

sisa news today 121

29. 2010. 12 / 김해뉴스 / 순간순간의 느낌 춤으로 되살아나다 – 김해의 예인 최은희

김해뉴스 | 문화 | 제 4호 | 2010년 12월 22일 수요일 | 11

순간순간의 느낌 춤으로 되살아나다

김해의 예인 ④ 최은희 (경성대 무용학과 교수·춤패 '배김새' 총감독)

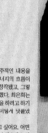

남편 고 정진윤 서양화가의 작업실을 리모델링해 만든 김해 생림의 무용실. 그 벽화 앞에 최은희 무용가가 섰다.

춤은 에너지의 흐름을 미처 통제하지 못하거나 반대로 철저히 통제하며 추게 된다. 그렇기에 굿판에서 신이 나 저절로 몸을 움직이게 되는 것이나, 손가락 하나까지 짜인 안무에 따라 움직이는 것 모두 어쨌든 '춤'이다.

무용가는 이 두 가지 종류의 춤을 모두 자유자재로 추는 사람이라고 할 수 있다. 자신의 에너지를 마음껏 발산하되, 표현하고자 하는 느낌이나 주제를 충실하게 실을 것. 이것이 무용가에게 주어진 '업'이다.

경성대학교 무용학과 교수이자 춤패 '배김새'의 총감독인 무용가 최은희는 이 '업'을 누구보다 충실하게 수행하고 있는 이다. 그는 여러 작품을 통해 '에너지의 흐름과 발산을 제대로 표현하는 무용가'라는 평을 받고 있다.

아주 어릴적 재롱 삼아 췄던 율동까지 포함한다면, 그가 춤을 춘 지는 반 백년이나 된다. 그 긴 세월 동안 변하지 않은 것은 그가 추는 춤의 근간이다. 학창시절, 발레와 한국무용을 모두 접한 후 최종적으로 한국무용을 택한 최은희에게 '춤의 정신'을 가르쳐준 곳은 다름 아닌 '굿판'이었다.

"어머니께서 일찍 돌아가셨기 때문에 삶과 죽음에 대한 생각을 늘 했었죠. '나라는 존재는 무엇인가'라는 의문도 많이 가졌어요. 그래서 굿판에 더 관심을 가지게 된 겁니다."

그는 정신문화연구원에 들어간 후 현장조사를 나간다는 명목으로 굿판을 자주 찾았다. 일단은 그가 말한대로 삶과 죽음에 대한 끝없는 생각 때문이었다. 거기에 외형적·기교적인 현재 춤의 바탕에 대한 의문이 더해졌다. 그는 굿판에서 사람들의 순수한 믿음, 영과 육신이 교감하는 순간 등을 보았다. 여기서 받은 영감을 바탕으로 1982년 서울 아르토극장에서 첫 개인전 <하지제(夏至祭)>를 발표했다. 홍인숙 시인이 쓴 동명의 시에 맞춰 춤을 췄다. 같은 해, 굿판에서 보고 느낀 모든 것을 투영해 <넋들임>을 발표하고 제4회 대한민국무용제에서 대상을 수상하기도 했다. 그의 나이 28살 때였다.

이렇듯 80년대에는 무속적인 요소를 바탕에 깔고, 현대인들의 연민과 고통을 담아 춤으로 갈등을 푸는 작품들을 만들었다. 이어 90년대에는 생명력을 잃어가는 자연을, 2000년대에는 끊임없이 순환과 생성, 소멸을 거듭하는 우주적인 내용을 춤에 담았다. 그의 작품은 주로 에너지의 흐름이나 삶 속에서 받은 영감을 위주로 창작됐고, 그렇기에 '어렵다'는 말도 자주 들어야 했다. 최은희는 '춤을 보면서 해석이나 스토리텔링을 하려고 하기 때문에 어려운 것'이라고 말하며 미소를 지어 보였다.

"나는 영감에 의해 작품을 만들고 싶어요. 어떤 '느낌'들을 많이 받으려고 하죠. 그 순간순간 느끼는 것들이요. 정 선생님(최은희는 고 정진윤을 '남편' 대신 꼭 이렇게 불렀다)이 돌아가신 후 미얀마에 가서 탑과 일출을 보며 적막감을 느낀 적이 있습니다. 그때의 느낌을 살려 <일출>이라는 작품을 만들었죠."

굿판에서 배우고 깨달은 '춤의 정신'
자신의 에너지를 마음껏 발산하고
느낌이나 주제를 충실하게 싣는 것
그것이 그에게 주어진 '춤의 업'이다

최은희를 이야기할 때, 절대 빼먹을 수 없는 사람이 바로 서양화가 고 정진윤이다. 최은희의 동반자였던 그는 2007년 간암으로 타계했다. 그 당시 최은희는 '완전히 혼자가 됐다'는 느낌에 빠져들었다. 늘 최은희의 작품마다 무대장치·인쇄물 등에 도움을 주고, 객관적인 조언을 아끼지 않았던 그였기에 상실감은 더욱 컸다.

"그 시간을 극복하기 위해서 더 바쁘게 지냈습니다. 재작년부터는 한국무용협회장을 맡기도 했지요. 정 선생님이 돌아가신 후로 일을 더 많이 하게 됐고, 더 많은 사람들을 만나게 됐어요. 그 사람의 빈자리가 저를 더 성장하게 만든 것 같습니다."

현재 최은희는 김해 생림에 무용실을 두고 있다. 이곳은 원래 '정 선생님'의 작업실이었지만, 2008년 리모델링 해 무용실로 만든 것이다. 최은희는 한 달에 한 두번 정도 이곳에 온다. 평소 학교 업무 등 빡빡한 일상의 틀에 갇혀 살기에, 마음껏 호흡할 수 있는 공간을 둔 것이다. 그의 말에 따르면 김해 생림 무용실은 '에너지가 다른 곳'이란다.

생림 무용실 내부 모습.

남편 고 장진윤 화백의 추모비.

여기서 받은 영감을 부산에서 작업으로 구체화하기도 한다. '영감에 의한 창작'을 가장 중요시하는 그이기에 특히 의미있는 공간이라 할 수 있다.

지금부터 내년까지, 그는 한동안 바쁠 예정이다. 우선 오는 29일 그가 총감독을 맡고 있는 춤패 '배김새'가 부산 국립국악원에서 <환(還)>이라는 제목으로 25주년 기념공연을 연다. 또한 지난 7월에 발표했던 <시원(始原)의 메시지>를 더욱 구조적으로 만들어 내년 4월 한국무용제전에 올릴 예정이기도 하다. 마지막으로, 내년 10월 중순부터 말까지 부산에서 열릴 '전국무용제'의 프로그램을 짜는 일 또한 그의 손에 달려 있다.

안무가, 총감독, 무용가, 교수 등 '최은희'라는 이름 앞에 붙은 수식어는 많다. 그는 무용학계를 이끌고 있는 사람으로서 '일반인들이 춤을 가깝게 느낄 수 있는 환경을 만들겠다'는 포부를 갖고 있기도 하다. 그러나 최은희에게 가장 어울리고 그 또한 가장 있고 싶은 자리는 '무대'이다.

"무대는 나를 새롭게 만들고 살아있다는 느낌을 받게 합니다. 무대에 서면 내 손끝 하나에 관중들이 환호하는 모습을 보죠. 그 순간, 내가 관중들을 빨아들이고 있는 힘을 깨달을 때 희열을 느껴요. 그렇기 때문에 끝까지 춤을 춰야 하지 않을까, 하는 생각을 합니다. 춤을 만드는 게 다가 아니라, 무대에는 꼭 서야죠."

몇 십년 후가 될 최은희의 마지막 무대를 상상해 본다. 조명이 켜지고, 굳은 살이 박힌 맨발로 그가 무대 위를 걸어나온다. 그리고 변함없이 자신의 에너지를 모두 쏟아부어 춤을 추기 시작한다. 그 모습 뒤로 그가 춤과 함께 보낸 시간의 흔적들이 길게 스쳐 지나간다. 그 순간, 최은희의 모든 움직임은 한국 무용계의 '역사'로 기록될 것이다. 그의 섬세한 손끝 하나, 사소한 고갯짓 한번까지도.

황효진 기자 atdawn@gimhaenews.co.kr

최은희는

50여편 창작… 승무 이수자 지정

최은희는 1955년 인천에서 태어났다. 이화여대와 동 교육대학원에서 한국무용을 전공하고 1978년에 국립국악원에서, 1980년부터 1982년까지는 정신문화연구원에서 궁중무용과 무속무용 등에 대한 체계적인 연구와 실기를 겸비해 왔다. 그 후 부산으로 이주해 부산과 경남의 무속과 민속춤을 연구했다. 이러한 경력으로 인해 그의 작품은 한국의 토속적인 제의식들이 근간을 이룬다.

1982년 첫 개인 발표회인 <하지제(夏至祭)>를 갖고 그 해 대한민국 무용제에서 <넋들임>을 안무해 대상을 수상한 바 있다.

1983년부터 1984년까지는 부산시립무용단 안무장을, 2000년부터 2002년까지는 울산시립무용단

30. 2011. 12 / 몸 / 성년식을 무사히 마친 제20회 전국무용제 - 한국무용협회 부산광역시 지회장 최은희

CHANGMU ARTS CENTER
몸
12
Vol.205
무용월간지 Monthly Dance Magazine momm
Cover Story 중견작가들의 홀춤 '2011 내일을 여는 춤'
New Brain 춤계의 야인 현대무용가 최경실
People 예술을 위한 비평의 자존심 굳이는 무용평론가 심정민
Foreign Desk 일본 일상의 소실 〈요코하마 차경(橫浜借景)〉
Focus on Dance 한국 '2人무 페스티벌'의 전통춤 소극장 공연
성년식을 무사히 마친 제20회 전국무용제
사)한국무용협회 부산광역시지회 회장
최은희
대한민국
제2의 춤도시 부산

제20회 전국무용제를 성황리에 잘 마무리 했는데… 개최 배경이 궁금하다

전국무용제가 처음 만들어진 계기가 무용예술이 서울 편중현상이 심각하다보니, 지역의 무용예술 기반을 강화시키고 활성화시켜보자는 취지에서 대한민국 각 지역을 돌며 매년 개최하는 무용제이다. 당연히 무용가들도 지역 출신의 무용인들 참가를 원칙으로 하고 있다. 이런 무용제의 목적을 살리기 위해 제1회 전국무용제 개최지였던 부산이 20회를 맞이하여 부산에서 다시 한 번 개최의지를 밝혔고, 이렇게 무사히 잘 마무리 할 수 있었다.

한국무용협회 지회장으로서 큰 행사를 치루었는데, 전국무용제 개최가 지회장으로서의 숙원사업이었는가

단임제의 회장직은 4년이 임기이다. 올해가 3년째인데, 회장으로 부임하기 전 공약으로 부산지역의 무용예술의 기반을 다져보는 사업들을 구상하였었다. 그 중 부산에서의 국제적인 행사를 개최하고 싶다는 의사를 밝힌 적이 있었고 그러기 위해서는 부산무용예술의 역동적인 힘을 키워보자는 의견들이 모아져 제20회 전국무용제를 개최할 수 있었다.

무용제의 준비과정과 행사가 끝난 지금 아쉬운 점은 없는가

2010년에 예산을 상정했고 2011년 예산이 확정되었다. 사무국의 직원들은 그 이전부터 전국무용제 준비를 해왔었다. 10월 20일(목)부터 29일(토)까지 짧지 않은 기간 동안 경연과 다양한 부대행사들로 부산뿐만 아니라 무용예술인으로서 긍지를 심어 주고 역사를 되짚어 볼 수 있는 기회를 마련했다고 생각한다.

전체 행사의 규모로 보았을 때 수상자들 상금을 포함해 약 6억 3천만원의 예산으로 진행된 이번 행사가 성공적으로 끝날 수 있었던 것은 무엇보다 부산무용협회의 이사님들과 여러 회원들의 협조 덕분이었다고 생각한다.

각자 분담한 영역에서 최선을 다해서 열심히 뛰어주었고, 이런 분들이 보여준 소속감과 책임감이 부산무용의 원동력이라고 생각한다. 무엇보다 이번 행사를 진행하면서 느꼈던 것은 일반인들의 참여확대를 많이 원하는 분위기였다. 단순히 전문인들의 잔치가 아닌 그동안 다양한 경로를 통해 춤을 접한 사람들의 욕구가 수용되어지는… 꼭 전공자, 전문인들의 잔치가 아닌 춤을 함께 공유할 수 있는 무언가가 필요하다는 인식을 가지게 되었고, 이런 부분의 노력이 아쉬웠다.

최근에는 커뮤니티댄스가 유행처럼 번지고 있지 않은가

춤이 예술성을 강조하는 전문가 계층이 있는가 하면, 줄어드는 무용인구를 위해서라도 춤의 사회적 보급이 필요하다. 그래서 시민들을 위한 콘텐츠 개발에 고민 중이다.

최근 이어지고 있는 무용예술의 위기의식이 탁상공론으로 끝날 것이 아니라 무용인들이 발 벗고 나서서 무언가 하지 않으면 안된다. 몇 해 전부터 해왔던 일이지만 내년에는 '이 시대에 왜 무용이 필요한가?'에 대한 주제로 심도 깊은 의견들을 모을 수 있는 심포지엄을 마련할 계획이다.

경연과 모든 공연이 끝난 지금 작품에 대한 전반적인 평가를 한다면

춤예술이 점점 더 어려워진다는 생각이 든다. 무대, 스태프 등 공연예술의 전반적인 활용도가 높아졌다는 생각이다. 하지만 한편으로는 춤 하나로 승부하는 것이 아니라 워낙 다양한 장치와 아이디어들이 들어 오다보니 오히려 춤의 비중이 약해지는 것이 아닌가라는 생각이 든다.

반면에 좋은 작품들도 많이 있었는데… 본인의 예술성을 보여주는 것으로 끝나는 것이 아니라 경연이라는 상대평가의 관점에서 본다면 춤 소재의 다양성이 부족하지 않았나 생각한다.

인구감소와 모든 분야의 서울편중 현상이 지역의 무용예술을 어렵게 만들었는데, 부산은 대한민국 제2의 도시가 아닌가? 부산무용계의 현황이 궁금하다

얼마 전 동아대학교 무용학과가 폐과되는 등 많이 어려운 것이 사실이다. 아무래도 대학에서 무용학과 폐과 조치의 파장은 생각보다 크다. 대학평가제의 기준에서 본다면 무용과를 비롯해 순수예술학부의 위기는 심각한 수준이다. 예술분야의 특성상 입시율과 졸업 후 이렇다 할 일자리가 없지 않은가?

이런 위기를 극복하기 위해서는 춤예술의 저변확대를 위해 일반인들에게 효율적인 춤 보급에 대한 대책을 마련하고 각 대학마다의 특화된 교육분야가 필요하다고 생각한다. 지금처럼 모든 대학에서 한 방향만을 바라본다면 해답을 찾기 힘들다고 본다. 몸

사진제공 이현준 **에디터** 김지희

31. 2015.04.30 / 부산일보 / "삶과 죽음에 대한 원초적 질문이 내 춤의 원천" 한국춤 현대화 40년 최은희

"삶과 죽음에 대한 원초적 질문이 내 춤의 원천"

손정호기자의 피플&

한국춤 현대화 40년
최은희 경성대 무용과 교수

최은희 교수는 "부산 창작춤의 기반을 닦고 활성화시킨데 자부심을 느낀다"며 앞으로 삶이 녹아있는 춤을 추고 싶다고 말한다 작은 사진은 공연 모습.
김병집 기자 bjk@

"보기에는 여성스러운데 무대에만 서면 다른 사람이 돼요. 젊었을 때 굿판을 많이 돌아다녀서 그런가 봐요. 원초적인 힘을, 에너지를 분출하고 싶어요. 고정적이고 수동적인 것은 재미없어 했지요. 근원에 대한 설렘·두근거림을 춤으로 표현하고 싶었어요."

부산에 정착한 지 30년이 훌쩍 넘은 최은희(60) 경성대 무용과 교수를 지난 23일 남구 대연동 교수연구실에서 만났다 4월 초 '최은희의 신굿판'이라는 전통춤과 창작춤의 어울림으로 을미년의 액을 풀어내고 환희를 기원하는 춤판을 한바탕 쏟아낸 최 교수 그날 중요무형문화재인 승무와 살풀이춤을 직접 췄다. 올해는 경성대 부임 30년, 춤패 배김새 창단 30년을 맞는 의미 있는 해란다

"제가 을미년(1955년)생이니까, 제2의 춤꾼 인생을 새롭게 시작한다는 의미도 담겼지요. 30대 땐 주제가 정해지면 안무가 순간순간 떠올랐어요. 무대장치를 어떻게 할 것이며, 어떤 음악을 집어넣고, 춤은 무엇을 출 것인지 등등 말이죠. 이젠 순발력보다는 원숙미로, 삶이 녹아있는 춤을 새로운 형식으로 표현하고 싶어요."

인천 태생인 최 교수는 이화여대 무용과를 1978년 졸업하고 곧바로 창작춤 동인 단체인 '창무회' 창단멤버가 돼 활동했다. 창무회는 '이 시대의 한국춤을 추자'는 모토로 당시로선 파격적인 무대를 많이 선보였다고 전한다

"79년 제2회 공연이 평론가들의 주목을 많이 받았지요. '소리사위'라는 공해를 표현한 공동안무·공동출연의 춤이었는데 단원 각자가 소음이라고 생각하는 음악을 녹음해 와 편집한 뒤, 그 소리에 맞춰 춤을 췄습니다. 현대인의 하루 일과를 그렸는데 아침에 병 깨지는 소리에 일어나고 인쇄소 기계 소리와 군화 소리에 반복되는 일상을 암시하고 클랙슨 소리와 브레이크 밟는 소리로 퇴근길 러시아워를 표현한 춤이었지요."

최 교수는 '저게 무슨 한국무용이냐' 질타에서부터 '한국춤의 새 지평을 열었다'는 극찬까지 반응은 극과 극이었다고. 최 교수는 이 시기에 한국정신문화연구원에 근무하면서 전국 굿판을 2~3년간 현장 답사했는데 이 경험이 이후 최은희 춤의 원천이 됐다고 설명한다 삶과 죽음에 대한 원초적 질문을 끊임없이 되새겼으며 굿과 토속 신앙을 통해 많은 영감을 받았다고 한다.

어머니 죽음 뒤 '존재'에 관심
전국 굿판 돌며 영감 얻어

대학 졸업 후 창작춤 단체 활동
안무한 '넋들임' 한국무용제 대상
시립무용단 안무장으로 부산 정착

젊을 땐 순발력, 지금은 원숙미
말로 표현 못 해 춤을 추는 것
내 춤 보며 한 풀고 활력 얻길

최은희 교수는

1955년 인천 출생. 78년 창작춤 동인 창무회 창단 멤버. 80~82년 한국정신문화연구원 근무 82년 8월 개인 첫 발표회 '하지제', 10월 '넋들임' 대한민국무용제 대상. 83년 부산시립무용단 안무장. 85년 경성대 무용과 전임교수, 춤패 배김새 창단. 94년 중요무형문화재 27호 승무 이수자 지정. 2000년 울산시립무용단 초대 안무장 2009~2012년 부산무용협회장 2013년 부산시문화상 수상.

"82년 8월 서울 아르토극장에서 첫 개인전 '하지제'를 발표했습니다 곧바로 10월 제가 안무한 창무회 작품 '넋들임'으로 대한민국무용제 대상을 받았지요. 둘 다 굿과 제의 형식을 바탕에 깔고 새로운 무대예술로 재해석한 작품입니다 넋들임은 제주에서 마음이 아픈 사람 치료할 때하던 무당굿을 말하는데 고생하며 만든 작품이라 더 기뻤습니다"

최 교수는 대상 수상을 계기로 전국적인 명성을 얻었다고 말한다 당시 만 28세였다. 전국 순회공연 때 부산에 처음 왔는데 시민회관 공연에서 많은 환대를 받았다고. 부산시립무용단 안무장 제의가 와 83년 4월 삶의 터전을 부산으로 옮겼다.

"당시 사귀던 남편이 부산사람이었던 게 또 하나의 결정적 이유였죠. 남편은 서양화가였는데 3년 뒤 부산으로 따라 내려와 대학 강의 등을 하면서 광복동에서 대안공간 성격의 사인화랑을 운영했습니다. 초창기 제가 작품 안무를 할 때면 무대장치와 온갖 뒷바라지를 다해 줬어요. 하지제 공연 전인 81년 이대 앞 '시나위'란 커피숍에서 작품설명회를 하던 중 운명처럼 만났습니다"

그 남편 정진윤 화가는 비판적 역사의식을 갖고 부산 미술계에서 곧고 바른 소리를 냈다고 한다. 부산청년비엔날레 운영위원장 등 궂은일을 도맡으며 지역 신진작가 발굴에 힘을 쏟았다고. 정 화가는 2007년 지병으로 먼저 세상을 떠났다. "한 번씩 그이가 보고 싶을 땐 결혼 전 그려준 승무 그림을 봐요." 평생 자신의 든든한 버팀목이었다고 최 교수는 회고한다.

"경성대에선 84년 2학기부터 강의를 했어요. 85년부터 시립무용단 안무장을 그만 두고 전임교수가 됐지요. 당시 부산엔 문화 욕구가 분출되던 시기였어요. 동아대 부산대 신라대 등 무용과가 봇물처럼 생기고 현장 작업도 왕성하게 할 때였습니다 부산 첫 민간 춤패 배김새는 이런 분위기 속에서 경성대 무용과 졸업생을 주축으로 85년 창단됐지요."

최 교수는 배김새는 경상도의 '배김사위'에 따온 말로 무용가들이 지역에 뿌리를 내리라는 뜻이었다고. 배김새를 통해 수많은 제자들을 키워냈다 현재 춤꾼으로 활발하게 활동하는 정미숙 배김새 예술감독, 신은주 신은주무용단 대표, 김종덕 천안시립무용단 안무자 등이 여기 출신이다 다른 장르와의 만남도 활발히 했다고 강조한다 새로운 시도는 최 교수 춤의 특징이 된다. 최근엔 3D애니메이션을 배경으로 '목숨오름'이란 작품도 올렸다 헬리캠 드론으로 촬영한 사진과 작업하기도 한다.

"춤은 초등학교 때부터 학교 무용반에 들어가 추기 시작했어요. 부모님이 춤추며 재롱떠는 것을 좋아하셨거든요. 그러다 어머니가 갑자기 돌아가셔서 중단했는데 마음에 남아 있었나 봐요. 고등학교 때 무용 선생님이 권해서 다시 시작했지요. 그때 결심했어요. 평생 춤을 안 놓치겠다고요. 뭔가 몰입할 수 있는 게 당시엔 필요했던가 봐요."

최 교수는 어머니의 부재가 굿이나 무속에 더 관심을 갖게 된 계기가 됐다고 설명한다 평생 삶과 죽음에 대한 물음과 생명과 자연에 대한 탐색을 해 왔다고. 최근 '시린샘' '어디로 가고 있습니까'부터 '어머니의 강' '천둥소리' '네 개의 바다' '하얀배' '춤바다 춤굿' '물맞이' '어두운 날들의 바람은 그치고' '매듭풀이' '제웅맞이' 등 그동안 안무한 50여 작품 제목만 봐도 느낄 수 있다. 최 교수는 자신의 춤을 '추상계열'이라고 말한다. 흰색을 좋아하는 것은 여백이 있는 색으로 많은 것을 수용하기 때문이라고 설명한다.

"꿈을 많이 좋아했어요. 꿈속에서 작품을 많이 구상했지요. 직접적인 것은 너무 아프기 때문에 아픔을 추상화시켜 표현합니다. 말로 표현할 수 없기 때문에 춤을 추는 거지요. 궁극적으로는 사람들이 제 춤을 보고 맺힌 것을 풀고 활력을 얻을 수 있었으면 좋겠어요. 막 떠오르는 아이디어가 구체적인 작품으로 만들어지는 과정에서 희열을 느낍니다."

최 교수는 요즘엔 대학 무용학과도 구조조정 여파로 축소 내지는 폐과가 되는 현실이 안타깝다고 말한다. 취업률이 가장 큰 평가 기준인데 많은 인재들이 부산을 떠나는 현실이 우려스럽다고. "순간적인 느낌을 가장 중요시한다"며 아이디어가 고갈 안 되도록 항상 탐색하고 사니 무엇을 하든 자유롭지 못한 게 업보라고 밝힌다

"40년 가까이 거의 창작춤만 췄어요. 부산 창작춤의 기반을 닦고 활성화시켜 뿌듯해요. 88년부터 시작한 부산여름무용축제를 2010년까지 23년간 계속한 것도 큰 보람이었죠. 제 춤이 아름답고 화려하지는 않지만, 내면의 아픔을 제의형식을 빌려 무대화, 현대화하는 작업은 계속될 거예요."

soney97@busan.com

인터뷰

황경민 성찰과 전망 필진

춤을 없애는 일은 인간을 스스로 부정하는 행위다

인터뷰- 경성대학교 무용학과 최은희 교수

고용노동부와 한국고용정보원은 '2014~2024 대학 전공별 인력수급전망'에서 향후 공학계열 인력은 부족하고, 사회과학 및 인문계열, 그리고 중등교육 계열은 인력이 남아돌 것이라고 발표한다. 이에 따라 교육부는 사회수요에 맞게 학과를 개편하고 정원을 조정하는 것을 골자로 하는 프라임 사업, 다시 말해 대학구조조정 사업을 추진한다. 사회상황에 맞추어 인문계열과 사회과학계열 학과는 축소하고 공학계열 학과는 확대하도록 유인하는 정책이 프라임 사업이다.

각 전공별로 향후 10년간의 인력수급 전망을 산출해 인력의 과대공급이 예상되는 학과는 정원을 줄이고, 과소 공급이 예상되는 학과는 정원을 늘리도록 유도하여 2016년에서 2018년까지3 년에 걸쳐 해마다 최대 300억에서 최소 50억 원을 지원하는 단군 이래 최대의 대학 재정지원 사업이다. 하지만 이는 각 대학끼리 피 터지는 싸움을 붙여 선정 기준에 통과하는 대학교만 돈을 지원받는 사업으로 심지어 경쟁에서 떨어진 대학교조차 제출했던 내역대로 학과 통폐합을 진행해야 한다. 이는 결국 마구잡이 학과통폐합을 조장한 꼴이 되었다. 프라임 사업은 기본적으로 인문사회, 예술계통 학과의 통폐합과 정원감축을 통해 이공계열학과를 확대하는 학교 중 일부

인터뷰

최은희 경성대 무용과 교수
춤을 없애는 일은 인간을 스스로 부정하는 행위다
황경민

대학에게만 지원을 약속하는 정책이다. 그런데 사업에 참가하는 대학들은 지원사업에서 탈락하더라도 정원감축과 계열 이동을 약속을 이행해야 한다. 소형 사업에 지원한 대학교들은 비교적 잡음이 적으나 대형사업에 지원한 대학들은 적게는 10% 많게는 30%의 정원을 조정해야 하는데 탈락된 대학의 경우 지원은 못 받고 교육부에 제출한 이행각서 대로 구조조정을 이행해야 하는 것이다.

2011년 동아대 무용학과가 폐과된 이후 올해 신라대 무용학과는 학부 내 무용전공으로 남게 됐고, 지난 3월 29일 경성대는 무용학과를 폐과하기로 결정했다. 국립대인 부산대만 빼고 부산의 사립대학 무용학과가 모두 사라져버린 것이다. 세상에서 가장 아름다운 예술장르를, 세상에서 가장 인간적인 예술을, 고래적부터 이어온 가장 오래된 예술을, 예술이고 자시고를 떠나 인간이면 누구나 춰왔고, 춰보기를 갈망하는 '춤'을, 공기처럼 흔해 빠져서 가장 고귀한 '춤'을 없애기로 결정했다. 춤을 없애는 일은 육신을 없애는 일이고, 육신에 깃든 영혼을, 인간의 존엄을 부정하는 일이다. 춤은 인간이 피운 꽃이다. '경제적 논리고, 효용이고'를 떠나 이것은 '인간'을 스스로 부정하는 행위다. 인간이라는 존재의 근원을 부정하는 악랄한 '바보짓'이다.

최근 폐과과 결정된 경성대 무용학과 최은희 교수를 만났다.

한문학과, 교육학과, 정치외교학과와 더불어 무용과가 폐과됐다.

•

참담하다. 전국적으로 지방대학교 무용학과가 사라지고 있다. 경성대 무용학과가 폐과됨으로써 대구와 광주를 제외한 모든 지방사립대학의 무용학과가 없어진 것이다. 경성대 무용학과는 1981년 체육무용학과로 개설된 이후 1982년 무용학과로 독립해서 수많은 무용인들을 배출해왔다. 23년간 부산국제여름무용축제 등을 주도하며 한국의 무용계를 이끌어 온 무용예술의 산실이었다. 그런데 단지 경제적 논리 때문에 무용과가 사라지게 됐다. 이는 오직 밥만 먹고 살아라는 소리며, 대학이라는 이름, 큰 배움터라는 이름을 무색케 하는 결정이다.

왜 무용학과가 타겟이 되었나?

•

6년 전부터 통폐합에 대한 이야기가 있었다. 순수무용과 무용교육이 경쟁력이 없다는 것이다. 취업률이 낮다는 이유로, 신입생의 지원이 적다는 이유로 학교에서 지속적으로 폐과를 시도해왔다. 이는 다만 경성대 무용학과만의 문제가 아니다. 예술계열 학과들이 계속 폐과되고 있다. 오직 경제적 논리를 교육을 바라보는 교육정책 자체의 문제다.

지역 예술인들과 동문들의 폐과반대 움직임이 있었다.

•

폐과에 대한 부당함을 알리기 위해 동문들과 지역예술인들이 폐과 반대를 위한 대책위원회를 꾸렸다. 부산예총, 무용협회, 부산민예총, 시민연대 등이 기자회견을 열어 폐과 반대 성명서를 발표하기

도 했지만 결국 폐과를 막지 못했다. 무용과 폐과는 한 대학의 단순한 학내 문제가 아니다. 이는 한국의 춤예술 전체의 위기를 초래하는 일이다. 경성대 무용학과는 부산의 무형문화재 동래고무의 전수학교이기도 한데 전승의 맥을 이어가기 어렵게 됐다. 뿐만 아니라 앞으로 지역의 무용지도자를 배출할 수 없게 됐다. 지역에서 활동하는 예술가를 배출하지 못하는데 앞으로 어떻게 지역문화가 유지되겠는가? 춤을 배우려는 사람은 이제 모두 수도권의 대학으로 진학해야 한다. 부산이 춤의 도시라는 말도 이제는 무색해졌다.

춤의 도시라는 부산에서 무용과를 줄줄이 폐과하고
있다니 참 아이러니 하다

•

대학이 교육부 정책에 따르지 않
니까 무리한 학과통폐합이 진행
대학의 문제이기도 하지만 지역
제 2의 도시인데다가, 춤의 고
보니까 무용을 필요로 하는 지역
는 토양 자체가 사라지게 된 것
립할 수 없다. 무용만 하더라도
업을 통해 존재한다. 다시 말해
라 음악 등 기타 예술장르도 위
중친화적이고 생활과 밀접한 예
다는 발상은 지역문화, 지역민
탈하는 짓이다.

3월 29일 평의회에서의 결정을 되돌릴 수 없는 것인가?

•

이미 결정된 것이다. 되돌릴 수 없다. 그 동안 경성대는 예술학교로서의 위상이 있었다. 극장도 있어서 학생들은 외부극장을 대관할 필요 없이 학교 공연장에서 공연할 수 있었다. 그만큼 자부심이랄까, 애교심 같은 게 강했다. 그런데 그 모든 역사와 노하우와 인프라가 다 사라지게 생겼다. 이렇게 지역의 무용학과 다 사라지면 앞으로 공연할 무용수는 어디 구하는가? 결국 외부에서 데려올 수밖에 없게 됐다. 이제 무용을 가르칠 사람도, 무용을 배울 사람도 없어지게 된 셈이다. 다른 방안을 강구해야 한다. 시 차원에서 지역예술학교나 예술인센터 같은 걸 만들어서 지역예술인을 배출할 수 있는 구조를 만들어야 한다고 본다.

감성적, 예술적 가치만 사라지는 게 아니라 무용예술의 인력을
외부에서 데려와야 한다면 경제적으로 손해가 아닌가?

•

그렇다. 경제적 논리로 접근했지만 결국 경제적으로도 손해가 될 것이 불을 보듯 뻔하다. 교육부 정책이 일관된 장기적 전망에 따라 나온 게 아니라 단기적 효과를 노리고 진행되다 보니 이런 일이 생기는 거다. 쉽게 얘기해서 이렇게 간다면 앞으로 방과 후 무용수업을 할 사람마저 사라지게 된다. 일반인이 춤을 배울 수 있는 기회도 줄어들게 된다. 지역에서 배출한 예술인들이 지역의 문화를 이끌어

가는 게 아니라 외부에서, 서울이나 외국에서 수급한 예술인들이 지역문화를 이끌어가야 하는 역설이 발생하는 것이다. 문화가 축적되지 않고 소비되고 증발해버리는 구조가 고착화될 것이다. 그것은 이름만 문화요 예술일 뿐 지역민의 삶과 괴리된 이벤트적 예술만을 부추기는 결과를 초래할 것이다.

답이 없는 인터뷰일 수밖에 없다.
마지막으로 당부하고 싶은 말을 해주시라.

•

무용과가 사라지고 나면 무용을 전공하는 학생들만 피해를 입는 게 아니다. 일반 학생들이 무용을 배우고 싶어도 배울 수 없게 된다. 단순히 무용과만 사라지는 게 아니라 일반학생들도 문화를 누리를 수 있는 권리를 빼앗기게 된다. 마을의 경로잔치에도 춤과 노래는 안 빠지는데, 가장 원초적인 예술이 춤하고 노래인데, 원시시대 때부터 이어져 온 예술인데, 이렇게 허망하게 없어진다고 생각하니 너무나 참담하다. 물론 한국의 대학수가 너무 많은 것은 사실이다. 당연히 대학수를 줄여야 할 필요는 있다. 다만 자연스럽게, 수요가 사라지면 자연스럽게 사라지도록 내버려뒀어야 한다. 돈을 미끼로 정부가 나서서 대학의 구조조정을 강제해서는 안 된다. 생각해 보라. 당장 무용과를 지원하려는 고3 학생은 어떡하나? 그들의 불이익은 어디서 보상받나? 올해 입학한 친구들은 얼마나 또 얼마나 억울한가? 대학이 단순히 학문만을 배우는 곳인가? 선배들과 후배들과 함께 작업하고 가르치고 이끄는 작업 자체가 수업이요 공부가 아닌가? 특히 무용은 몸을 써서 하는 예술이라 서로 식구처럼 작업을 하는데, 앞으로 후배를 못 받는 그들은 누구와 공연을 올리고, 누구와 협업을 해야 한단 말인가? 지역의 문화예술을 위해서라도 이제는 시에서 나서서 시립예술대학 같은 걸 만들어야 한다고 본다. 먼

저 맥이 끊어질 것 같은 예술부문을 유지할 수 있는 구조를 만들어야 한다. 오페라 하우스를 지으면 뭐하나? 거기서 공연할 사람이 사라지는데, 결국 외부에서 사람을 수급해야 하는데. 하드웨어만 만들면 뭐하나? 소프트웨어가 없는데.

답은 없다. 그러나 희망은 있다. 동문들과 지역예술인들이 대책위원회를 꾸려서 계속 문제제기를 하고 있어야 한다. 그래야 나중에 정권이 바뀌든, 시장이 바뀌든, 시 차원에서 일을 추진하든 간에 주도권을 쥘 수 있다. 공청회도 열고, 자료집도 내고, 세미나도 하면서 지역문화, 지역예술을 지키자는 여론을 조성해 나가야 한다. 가능하다면 학생들은 손해배상 소송 등을 제기하면서 이 문제가 잊히지 않도록 만들어야 한다. 춤은 사라질 수 없는 예술이다. 인간이 존재하는 한 춤도 존재한다. 이 명백한 사실을 잊지 말아야 한다.

33. 2018. 04 / 몸 / 최은희 40년 춤, 한국춤의 현대화를 말하다.

최은희 40년 춤, 한국춤의 현대화를 말하다

"창무회 활동(1978~1982년)"

글 사진제공 김지영 창무회 상임안무가

〈눈보라(2015)〉

근래의 프랑스공연을 하셨다고...

한국 프랑스 무용공동제작 프로젝트로 헤수스 히달고와 함께 작업한 〈눈보라(2015)〉를 기초로 동서양의 연결을 시도하고자 독일에 망명한 세계적인 현대작곡자 윤이상님의 망명을 주제로 시작된 작업입니다. 클라리넷 연주자 노르베르트 젠볼린과의 라이브연주로 협업자들 간의 상호 의식의 조우와 침투되는 문화들 그리고 현대음악과 한국무용이라는 경험을 통해 고대한 공간과 역동적 몸짓 그리고 에너지가 분출되는 움직임을 체험하기 위한 것으로 먼저 한국에서 공연되었고 이번 3월초에는 프랑스공연을 하게 되었습니다.

요즘의 근황과 2018년도 계획은...

무용은 1회성 공연의 소모전이 늘 아쉽게 여겨졌는데 지속적으로 할 수 있는 방안으로 10월 1일에 서울에서 많은 세계무용인과 교류하는 SIDance 2018(서울세계무용축제)에 참가 할 계획을 가지고 있습니다. 1993년부터 춤패 배김새가 계속해오던 조선 통신사 대마도 공연을 8월에 초청 받았고 11월에는 영남권을 중심으로 대학무용제가 있어 학생들을 위한 작품을 준비하고 있어 올 해는 이렇게 3가지의 굵직한 공연을 기다리고 있습니다.

1 1982, 10 넋들임 2 1986, 제웅맞이_조대형 3 1988, 매듭풀이_최명모 4 1988, 외출하다_최명모 5 1994, 어린동산별_최명모 6 2001, 우로보로스_이호형

> 말로 표현 못 해 춤을 추는 것
> 내 춤 보며 한 풀고 활력 얻어 가길

지난 해 경성대학교 무용과 폐지이후의 상황은?

많은 노력을 기울였지만 구조조정 여파로 축소 내지는 폐과가 되는 어려운 현실입니다. 현재 다니고 있는 학생들 졸업 때 까지는 책임지고 유지합니다. 점차 무용인들은 줄어들고 문화행사는 많아지고 있으니 아이러니입니다. 취업률이 가장 큰 평가 기준인데 예술을 상업적인 잣대로 측정 할 수 없는 문제입니다. 이번 일을 겪으면서 제도적으로 빈약한 우리 무용계가 한목소리를 낼 수 있고 공동적으로 대처 할 수 있는 연대차원의 법안들을 제도화하는 과제가 남아 있습니다. 그리고 이에 부산에서의 특수 무용원 설립 방안도 문화단체와 함께 구상, 소통하기 위한 모색을 강조하고 있습니다.

1976년 12월 창무회 창단에 관하여...

첫 창단은 1976년 이화여대 무용과 졸업하고 대학원생이던 몇 명으로 시작되었고 저는 이화여자대학을 1978년 졸업하고 곧바로 '창무회' 창단공연 1978년 12월 임학선, 이노연, 임현선, 최은희 이렇게 1기 멤버가 되었습니다. 창무회는 '이 시대의 한국춤을 추자'는 모토로 당시로선 파격적인 무대를 많이 선보였죠. 1부는 주로 전통춤 〈춘앵전〉, 〈작법〉, 〈여운〉(황무봉류 산조춤) 이었고 2부는 각자의 창작작품을 선보였어요. 제 1회 발표회에선 주목받지 못했습니다. 그런데 81년 제2회 공연에서는 달라졌어요. 선배였던 윤덕경, 김명숙이 합류했고 〈진주검무〉, 〈도르래〉, 〈소리사위〉를 올렸습니다. 〈소리사위〉는 공동안무의 작품이었는데 단원 각자가 소음이라고 생각하는 음악을 녹음해 와 편집한 뒤, 그 소리에 맞춰 춤사위를 만들었습니다. 현대인의 하루 일과를 그렸는데 아침에 병 깨지는 소리에 일어나고 인쇄소 기계 소리와 군화 소리에 반복되는 일상을 암시하고 클랙슨 소리와 브레이크 밟는 소리로 퇴근길 러시아워를 표현한 춤이었어요. '저게 무슨 한국무용

7 가야허황후 2002년(2002년 아시아게임 문화축전 춤과 소리의 총체 가무극) 8 2006, 호작살풀이 9 2007.6 목숨오름_이선화 10 2012, 흐르다_이호형 11 2013, 시런셈_이호형 12 2017, 망명

창무회 밖에서의 활동...

대상 수상을 계기로 전국적인 명성을 얻었던 당시가 28세였어요. 대상수상 기념 전국 순회공연 때 부산에 왔는데 시민회관 공연에서 많은 환대를 받았고 다음해에 바로 부산시립무용단 안무장 제의가 와서 83년 4월 삶의 터전을 아예 부산으로 옮겼습니다. 경성대에선 84년 2학기부터 강의를 했어요. 85년부터 시립무용단 안무장을 그만 두고 전임교수가 됐지요. 당시 부산엔 문화 욕구가 분출되던 시기였어요. 동아대·부산대 신라대 등 무용과가 봇물처럼 생기고 현장 작업도 왕성하게 할 때였습니다. 부산의 첫 민간 춤패 배김새는 이런 분위기를 타고 경성대 무용과 졸업생을 주축으로 85년 창단 되었어요. 창무회에서는 돌아가면서 안무했지만 매년 서울을 오가며 안무 기회도 많았고 더욱 활발한 창작 작업을 할 수 있었던 것 같습니다.

40년 가까이 거의 창작춤만 췄어요. 부산 창작춤의 기반을 닦고 활성화시켜 뿌듯해요. 88년부터 시작한 부산여름무용축제를 2010년까지 23년간 계속한 것도 큰 보람이었고, 지금 생각해 보면 제 춤이 아름답고 화려하지는 않지만, 내면의 아픔을 제의형식을 빌려 무대화, 현대화하는 작업에 몰두 했고 앞으로도 창작 작업은 계속될 거예요.

「몸」지의 Performance Scene 집필은?

부산에서 많은 공연들이 이루어지는 현장작업들이 사장된 다는 것이 많이 아쉬웠어요. 「몸」지의 전신이었던 「무용예술」일 때 글을 썼고... 글을 쓴다는 것이 쉽지만은 않아요. 부산지역의 춤활동을 알리고자하는 마음으로 동아대 교수 장정윤과 제가 번갈아가면서 소개하고 있습니다.

소개로써 끝나는 것이 아니라 보다 전문성을 띈 젊은 필진으로 수혈하고자 하는 계획도 가지고 있답니다.

> "부산 창작춤의 기반을 닦고 활성화시킨데 자부심을 느끼며 앞으로도 삶이 녹아있는 춤을 추고 싶어요."

무용가의 삶은...

그냥 내 삶을 춤에 받친다. 삶을 살아가는 시간이 춤이었기에 삶과 춤은 같이 가는 것이 아닐까요. 순간적인 느낌을 가장 중요시 합니다. 아이디어

이나' 질타에서부터 '한국춤의 새 지평을 열었다'는 극찬까지 반응은 극과 극이었고 비로소 평론가들에게 주목받기 시작했습니다.

창무회 안에서의 활동...

81년 2회 정기발표회 전 80년도에 경기도도당굿을(나는 이노연 선생과 별상거리를 준비) 올리려 했는데 전통춤도 무당의 굿거리도 아닌 것 같고 창무회 취지에 맞지 않아 세종문화회관 소극장 대관을 취소하고 다시 한 것이 2회 발표회였어요. 그 당시 무대미술 하시던 조영래 선생님의 영향으로 공동안무의 〈도르래〉, 〈소리사위〉가 탄생되었고 제3회 대한민국무용제 임학선 안무작 〈고시래〉에 함께 출연하기도 했습니다. 물질만능시대 표현으로 황금덩어리 상징과 여러 가지 시계소리만으로 현대사회를 표현 했고 신인연기상을 이혜순회원이 수상했던 기억이 나네요. 그리고 82년 제 3회 창무회 정기공연은 〈도르래〉, 〈고시래〉, 〈사물〉, 김명숙 안무 〈신새벽〉이 올려졌어요.

가 고갈 안 되도록 항상 탐색하고 사니 무엇을 하든 자유롭지 못한 게 업보라 생각됩니다.

늘 학생들에게 하는 말이 있어요. 하루 삶 중에 춤을 연습하거나, 춤을 만들기 위해 필요한 요소를 찾는 일에 게으르지 않게 하거나, 그리고 춤을 만들어 보는 일(공연을 포함) 중에 하나는 꼭 실천하는 것 이렇게 세 가지를 당부합니다.

후학들에게 한마디...

중요한 것이 '춤 테크닉 우수' 보다는 춤의 열망을 가지고 작품으로 '어떻게 풀어 가느냐'에 초점을 맞추어 정진하세요. 삶의 관심, 애정으로 탐험하듯이 살아간다면, 치열한 탐구심을 통해 자기만의 독창성을 찾아 가는 것, 자아를 찾는 작업을 꼭 해내시길 바랍니다.

keyword...

'열정' 아닐까요 삶의 대한 열정 춤의 대한 열정

'춤이 곧 나'라면 사랑과 인내심으로 내실 있는 춤작가로 살아있는 것이라 한마디로 정의할 수 있겠네요. ■

Focus

서울무용제 40주년 〈서울무용제 걸작선〉
초청 안무가 4인의 춤 인생

「서울무용제」는 우수한 창작무용 공연을 통하여 대한민국 무용예술의 진흥에 기여하고자 설립된 무용제로서, 1979년 「대한민국무용제」로 발족하여 2019년 제40회를 맞이하는 서울대표 예술축제이다.
무용계를 이끌어갈 스타무용수, 안무가 탄생의 산실일 뿐만 아니라 세계적으로 경쟁력 있는 문화 상품으로서의 무용예술작품 발굴을 비롯해 대한민국 무용예술의 진흥 및 대중화를 위해 힘쓰고 있다.
「서울무용제」에서는 일부 장르에 국한된 공연이 아닌 한국무용, 현대무용, 발레 전 장르의 순수무용 공연을 즐길 수 있다. 축제와 경연을 겸비한 「서울무용제」는 예술인에게는 다양한 창작 활동을 펼칠 기회를 제공하고 관객에게는 열정 가득한 좋은 작품을 감상할 기회를 제공한다.
올해 서울무용제 40주년을 맞이하여 역대 서울무용제 대상작 중, 역사적 발자취를 남겨온 작품을 다시 보는 특별공연 '서울무용제 걸작선'을 펼친다. 특별공연에 초청된 4분의 춤 인생이야기를 들어보고자 자리를 마련했다.

안무가 김화숙

안무가 안신희

안무가 이정희

Focus

Interview

이 시대의 진정한 명불허전
안무가 최은희

'남기고 싶은 고전' – 대학무용(아카데미즘)의 1세대 중 한 분이셨으며, 당시엔 '대한민국무용제'이었던 지금의 '서울무용제' 대상 수상자였던 최은희 교수님이 올해 2019년 서울무용제에서 〈명불허전〉이란 프로그램 하에 공연하시게 되어 인터뷰하였다.

마지막 장면에 여운을 주기 위해 3D 영상을 배경에 흐르게 할 겁니다. 초연 당시에는 무대 배경 전체를 하얀 천으로 싸서 3D 영상을 흐르게 했지만, 이번 공연은 그런 여건은 안되어서요.

2020년에 교수님의 활동 계획은요?
11월에 있을 〈대학무용제〉에 제자들을 데리고 〈사언 트리〉라는 원초적이고 역동적인 작품을 올릴 예정인데 공동체의 결속을 표현한 작품입니다. 내년에는 아직 작품 계획은 없네요.

연습은 어디서 하고 계시나요?
제가 몸담은 경성대 무용과 연습실에서 하고 있어요.

젊은 나이에 교수가 되셨는데요. 후학들에게 예술가로서 어떤 바람이 있으신지요?
춤이라는 것은 우리가 살아있다는 걸 확인해주는 삶의 수단입니다. 전 제 후배들이 춤을 통해서 열정의 시간을 끊임없이 창조적으로 만들어서 삶의 활력을 줄 수 있는 주인공들이 되기를 전 바라요.
특히 전통춤은 우리의 자산이기 때문에 몸의 수련을 게을리하지 말고 자기 수련의 과정으로 꾸준히 닦아나가야만 합니다. 전통춤을 계승하면서 다른 한 편으론 이 시대에 맞는 창조 작업도 같이해나가는 예술가가 되길 격려합니다.

부산의 동인 무용 단체인 〈배김새〉를 창단하시고 오래 이끌어오셨는데 어떤 활동 계획을 세우고 있으신지요?
얼마 전에 정기 공연을 끝냈고 20년이 넘게 2년마다 참여해온 〈아리랑 축제〉가 내년에도 대마도에서 열릴 예정인데 한일관계가 악화되어 난항을 겪었지만 결국 일정대로 열리게 됐습니다. 저희도 거기에 참가할 예정입니다. 〈배김새〉 단원들도 연륜이 많다 보니까 크고 작은 행사에 개인적으로 참여하고 있고요.

교수님의 춤 인생을 한마디로 정의하신다면요?
제가 작가로서 얘기하자면 78년에 대학 졸업 후, 창무회에서 첫 발표를 했고요. 그게 창무회의 창단 공연이었어요.
그 후로, 한순간도 춤을 잊은 적이 없이 살아왔다고 볼 수 있습니다. 글쎄요. 아직 더 살아봐야 알 거 같고 춤 인생이라고 하면 너무 거창한 거 같네요. 저는 제 춤을 제 몸과 마음을 씻어주는 역할을 한다고 생각하고 춤을 출 때 제가 몰입하고 관객과 같이 호흡하는 순간을 사랑해왔어요. 춤의 몰입이 인생의 기쁨이라고 하고 싶군요.

위안부 사건 등의 우리 시대의 굵직한 사건을 당신 춤에 반영해오셨는데요.
이 시대에 춤을 추려 하니까, 시대의 구조적인 갈등을 춤이라는 도구를 통해서 승화시키지 않을 수 없더군요. 그래서 작품의 주제로서 채택해왔죠.

무용계에 바라시는 의견이 있으시다면요.
전통춤이든 창작 춤이든 무용수 각자가 가진 개성을 살리며 다양성을 가지면서 무용계가 더 풍성해지길 바라고요. 다른 예술 장르와 비교하면 무용이 생명이 짧다고 볼 수 있어서 많은 젊은 무용수들이 미래에 대한 불안감을 느끼고 있다고 생각하는데, 우리 무용인 전체가 그런 난점을 같이 해결하기 위해 하나의 목소리를 냈으면 좋겠어요. 무용인 스스로가 더 단결해야 한다고 봅니다. 서로 다름을 인정하면서 다 같이 갔으면 하고 바라고요.

전문 무용잡지인 저희 〈몸〉 지에 바라시거나 조언을 주실 게 있으신지요?
지금은 매체가 종이에서 인터넷으로 변하고 있는데, 〈몸〉 지가 더욱 전문성을 갖추고 우리 무용 자료를 기록적으로 남겨서 대한민국 무용역사에 큰 자산이 되어주기를 바랍니다.

개인적으로 요즘 좋은 일이 있으신지요?
전 요새 수업하랴, 제 무용제 공연 준비하랴, 학생들 작품 준비시키느라 너무 바쁜데요. 이게 제 삶인 걸 인정하고 교수로서 무대 인으로서 병행해오고 있는데, 저로선 더는 바랄 건 없습니다. 다만, 전 학교에 있지만, 앞으로는 일반인에게 우리 전통춤을 알리는 전문가로서 새로운 통로를 찾고 싶다는 생각을 요즘 합니다.

두 따님도 무용계에 있나요?
큰딸은 의상을 전공했는데, 이번에 제 독무의 의상을 맡아주었고요. 작은딸은 조리 과를 나와서 〈안단테 스위트〉라는 디저트 카페를 양산에서 운영 중인데 꽤 잘되나 봐요.(웃음) 아이들이 무용을 안 하는 것에 관한 아쉬움은 없습니다. 걔들이 미술 쪽이었던 제 남편을 닮아서 손재주가 뛰어나거든요. 자기들의 재능을 따라서 직업을 선택해야 하는 거니까요. 큰딸이 직접 디자인한 의상을 입고 무대에 서게 되어 흐뭇합니다.

춤이 뭐라고 생각하시는지 정의를 내려주신다면요?
제가 앞에서도 얘기했듯이 춤을 제 삶의 '몸 씻김의 의식'이라고 말하고 싶군요. 이번 제 공연을 보시면 그 의미를 아시게 될 거라고 믿습니다.

대담정리 김민영

35. 2020. 01 / 예술부산 / 예술가 열전 –
한국무용의 오늘을 이끌다.

예술가열전 · 169

한국무용의 오늘을 이끌다
경성대학교 무용학과 교수 최은희

무용과의 만남, 이별 그리고 재회

1955년 인천에서 태어난 최은희 교수는 여섯 살에 서울로 이사를 한 후, 무용학원에 다니기 시작했다. 어린 소녀는 작은 손으로 북을 치고 승무 동작을 따라 하며 처음 한국무용을 만났다. 초등학교에 들어가면서 공부에 전념해야 한다는 부모님의 강요에 그는 무용학원을 그만둬야 했다. 하지만 학교의 무용반에서 발레를 배우며 계속 춤의 끈을 놓지 않았다. 초등학교 3학년, 병을 얻고 위독해진 어머니가 1년 뒤 세상을 뜨면서 집안 형편이 어려워졌다. 학교 무용반조차 다닐 여유가 없어졌다. 무용과 이별해야 하는 아픔은 실연과 비슷했다. 길게 기른 머리를 짧게 자르기도 했다. 무용 수업을 그만두고 나서도 그의 마음속에는 춤에 대한 갈증이 사그라지지 않았다.

성신여자고등학교 1학년 때, 체력장에서 가뿐히 뜀뛰기를 하는 그의 모습을 지켜본 무용 교사는 그녀에게 무용을 전공하면 어떻겠냐고 제안했다. 여전히 무용에 대한 꿈을 품고 있던 그는 그 말에 굳게 마음을 먹고 '다시는 한평생 무용을 놓지 않겠다'고 다짐했다. 다시 춤추기 시작한 최은희 교수는 이화여자대학교 무용학과에 들어가며 무대 위에 인생을 올렸다.

경성대학교 무용학과 교수 최은희

한국무용을 배우며 현재가 담긴 춤을 추구하다

발레와 한국무용을 함께 배우던 그는 대학에 입학하면서 한국무용의 길을 선택했다. 한국무용 특유의 자연스러우면서도 흐르는 듯한 춤사위와 나긋나긋한 느낌이 좋았다고 한다. 당시 가르침에 열정적이었던 대학교수는 그를 포함한 학생들에게 한국무용뿐 아니라 가야금 등의 국악기를 가르치며 한국무용을 둘러싼 전통문화를 알려주었다. 다양한 무용 행사에 학생들을 대동하기도 했다. 그는 교수님을 기러기처럼 따라다니며 배움에 몰두하였다. 한국무용에 깊이 빠져들수록 우리의 가락과 춤을 더 배워야겠다는 욕심이 들었다. 학생 최은희는 대학 동기 세 명과 함께 전라도에서 올라온 우도농악 설장구 명인 故 김병섭의 학원에 찾아가 4년 동안 농악을 배웠다. 김병섭 명인이 대학교 축제에 초청되면 따라가 함께 길놀이도 했다. 대학교 3학년 때는 국가무형문화재 제27호 승무보유자 故 한영숙 선생의 자택을 직접 방문하며 승무를 본격적으로 배워나갔다. 그는 춤에 대한 호기심보다 '인간문화재'에 대한 호기심, 승무를 추는 사람에 대한 궁금증으로 승무를 시작했다고 솔직하게 말했다. 한영숙 선생이 … 는 중요무형문화재 제27호 승무 예능보유자 … 문화재 제97호 살풀이 예능보유자인 故 이매… 아 살풀이춤과 승무를 배웠다. 그는 승무를 … 그 매력에 빠져들었다. 승무를 출 때는 남에… 의 모습보다 자신이 표현하고 싶은 내면의 … 수 있었다.

"승무에는 민속 가락이 골고루 깔려있어 … 데 많은 도움이 됩니다. 또 춤을 추기 시작할 … 드려 합장하는데, 그 순간 자신을 낮추며 마… 수 있습니다. 그래서 학생들에게 반우스갯소… 제가 승무를 열심히, 잘해서 일이 잘 풀렸다… 승무를 열심히 해야 한다고요. (웃음)"

한국무용에 전념하던 최은희 교수는 대학… 정 수업으로 현대무용을 처음 접했다. 그는 …

Art Bu…

… 해 시대상이나 인간의 모습 … 법을 배우며 깊은 감명을 받 … 고, 함께 무대에 오를수록 … 교수는 생각했다.

"현대무용처럼 한국무용도 현시대의 메시지를 담아 자유롭게 출 순 없는가?"

아름다운 기교나 전통을 있는 그대로 선보이는 춤뿐 아니라 메시지를 전하는 춤, 자기 표현이 강하게 드러나는 춤을 추기 위해 한국무용을 더 유심히 연구했다. 그리고 대학을 졸업한 직후 1978년 이화여대의 춤 동인단체 [창무회]에 들어갔다. 그는 창무회에서 기존의 한국무용 기법을 고수하면서도 시대에 맞는 춤을 선보이겠다는 포부 아래 열심히 창작 공연을 올리기 시작했다. 노력은 그를 배신하지 않았다. 1982년, 한국 창작 춤 〈넋드림〉을 안무하여 제4회 대한민국무용제에서 연출 부문 대상의 영예를 안고 세간의 주목을 받기 시작했다.

부산에 내려와 춤 세계를 펼칠 기회를 찾다

이후 그는 한국정신문화연구원에서 대백과사전을 편성하는 일을 맡았다. 취재를 위해 문화재전문위원들을 따라 부산과 경남 지역을 자주 오갔다고 한다. 그는 부산을 보며 동래와 수영을 중심으로 향토적인 무용이 많이 남아있다고 생각하고, 본격적으로 부산과 경남의 무속과 민속춤을 연구하기 시작했다. 서울에 살던 때에도 밀양까지 내려와 밀양 백중놀이에 참여하는 등 여유가 있을 때마다 지역의 춤판을 찾아다녔다.

1983년 4월, 부산시립무용단의 안무자로 위임되며 그는 완전히 부산에 정착했다. 그런데 오래지 않아 그의 가슴에 '자신의 춤을 추고 싶다'는 갈증이 일기 시작했다. 자신이 시민 관객의 눈에서 온전히 자유롭지 못하다는 생각이 들 … 성인 제자와 함께 자신의 무대를 작업할 수 있는 환경을 갖춘 곳이었다. 자신의 춤 세계를 펼칠 기반을 다지기 위해 무용가 최은희는 1984년 2학기부터 경성대학교 무용학과에서 교수생활을 시작했다.

춤패 배김새

경성대학교에서 학생을 가르치면서 그는 무대에서 몸으로 같은 주제를 표현하는 사람끼리 일체감을 키울만한 요소가 필요하다고 느꼈다. 또한, 부산에서 배어난 제자들이 부산의 춤을 더 풀어나가길 바랐다. 그는 졸업을 앞둔 제자들에게 모임을 만들어 함께 춤을 배우고, 의식을 담은 춤을 표현하자고, 또 춤을 추면서 새로운 의식을 찾아 나가자고 제안했다. 제자들이 졸업한 1985년, 그렇게 부산 최초의 한국춤 동인단체인 [춤패 배김새]를 창단했다.

"'배김새'는 뛰어 올랐다가 땅을 찍듯이 내리누르는 동래야류의 춤사위를 의미합니다. 부산의 무용은 그런 춤사위가 바탕에 깔려있어요. 부산에 내려와 부산무용을 경험한 이후 '배김새'라는 표현이 가슴에 와닿았기에 단체 이름을 배김새로 정했죠."

그는 춤패 배김새를 이끌며 학창 시절의 경험을 고스란히 살렸다. 제자들과 함께 부산, 밀양, 고성의 여러 전수관과 춤판이 벌어지는 각지를 돌아다니며 지역의 전통춤을 공부하고 숙식을 해결했다.

이후 춤패 배김새는 지역의 전통을 살려 창작한 창단공연 〈무궁화 꽃이 피었습니다〉를 시작으로 30년이 넘도록 수많

ART BUSAN MONTHLY
예술부산
February
Vol. 176

경성대학교 무용학과 교수 최은희

은 공연을 펼쳤다. 이들은 각자가 바라보는 시대의 문제에 대한 메시지를 고스란히 춤에 담아 선보였다. 공연을 통해 전한 소재는 핵무기, 환경오염, 낙태, 영혼, 기의 흐름과 순환 등 셀 수 없이 많다. 부산 해운대에서는 위안부를 기리는 해원상생굿 〈아리랑 진혼무〉를 올렸다. 고성오광대 문둥춤을 현대적인 형식으로 풀어내며 인간의 생명에 대한 문제를 이야기하기도 했다. 전통의 몸짓 속에 현재의 목소리를 담은 춤패 배김새만의 춤사위는 전국 무용계에서 인정받았다. 춤패 배김새는 1995년 종군 위안부의 이야기를 다룬 〈백의〉(안무 최은희)로 제4회 부산무용제 대상을 수상했고, 제4회 전국무용제 장려상, 연기상(최은희), 미술상(박재현)을 받았다. 오늘날 춤패 배김새는 사회 문제를 이슈화한 작품으로 시대정신을 담는 무용 단체라는 평을 받고 있다. 한국무용을 바탕으로 의식적인 춤을 추겠다는 바람이 이루어진 셈이다.

진화하는 무대

현재 최 교수는 긴 시간 춤을 추며 자신도 모르게 정형화된 무대의 틀을 넘어설 방법을 고민하고 있다. 그는 틈나는 대로 영화관, 음악 공연장, 연극 무대, 갤러리 등 다른 장르의 예술 현장을 찾아보며 새로운 영감을 얻는다고 전했다. 2010년대부터는 무대 벽면에 3D 애니메이션을 재생하거나, 촬영 드론으로 야외 현장을 다각도에서 녹화하는 등 공연의 형식을 발전시키는 중이다.

"무용은 공간예술이기 때문에 배경에 무언가를 설치하거나 걸들일 때 작품을 훼손하진 않을지 신중하게 고민해야 합니다. 하지만 지금 시대는 끊임없는 변화를 추구하고 있지요. 그래서 시각적인 변화를 더하거나 작품의 내용을 효과적으로 전달할 수 있는 매체를 찾아 사용하고 있어요."

앞으로 그는 자신의 키워드를 '부산', '대학', '동인단체'로 한정하지 않고 확장할 계획이다. 자신이 쌓은 무용의 노하우를 전수하고, 부산을 넘어 전 지역과 국가가 문화로 교류하는 장을 만드는 데 이바지하기를 바란다. 그에게는 발 디디는 곳뿐 아니라 바라보는 곳까지, 모든 자리가 그의 내면을 펼치는 '무대'인 셈이다. 옛것을 잇는 새로운 춤을 통해 지금의 세상과 소통하는 무용가 최은희는 오늘도 '무대' 위에 서 있다. 글_김지희

36. 2020. 05 / News Report / 춤은 인생 그 자체다
– 우아한 춤선으로 내면세계 표출, 한국무용의 대가

Artist

"춤은 인생 그 자체다"
우아한 춤선으로 내면세계 표출, 한국무용의 대가

최은희 경성대학교 무용학과 교수

손짓 하나, 동작 하나에 삶의 희로애락이 녹아 있는 한국의 춤. 경성대학교 무용학과 최은희 교수는 "삶을 살아가면서 얻은 경험과 지식을 춤으로 자연스럽게 표현할 수 있는 것이 한국 춤의 장점"이라며 그간 한국무용을 이어오게 된 이유를 말했다. 최 교수의 사무실 한편을 차지하고 있던 수많은 공연 팸플릿과 상패들은 40여 년간 열정을 쏟아온 최 교수의 예술 여정을 증명하고 있었다.

 # 춤의 뿌리를 찾아서

최 교수와 춤은 항상 함께였다. 어린 시절 학원에서 한국무용을 배웠으며 초등학교 입학 후에는 무용반 활동을 했다. 여의치 않아 무용을 그만둔 적도 있었지만, 고등학생 때 무용 교사의 눈에 띄어 무용단으로 발탁돼 다시 춤을 시작했다고 그는 밝혔다.

최 교수는 이화여자대학교에서 한국무용을 전공, 최초 한국창작무용 민간단체인 창무회 창단 공연에 참가했다. 춤에 의미를 담고 싶었던 그는 춤의 뿌리를 찾아 전국을 다녔다. 그 결과 1982년 제4회 대한민국무용제에서 '넋들임'을 안무해 대상 수상의 영예를 안았다. 대한민국무용제는 지난 1979년 국내 무용 예술 발전을 위해 개최됐으며, 유구한 역사를 자랑하는 무용축제이다. 한국문화예술진흥원과 한국무용협회의 공동 주최로 추진됐으며 현재 서울국제무용제로 명칭이 바뀌었다.

최 교수는 당시를 회상하며 "대상을 받는 순간, 춤으로 세례를 받은 기분이었다. 상을 받았다는 사실에 기쁘기도 했지만, 미래 한국무용을 이끌어 나가야 한다는 책임감에 어깨가 무거웠다"고 말하면서 춤에 대한 소명 의식을 품게 된 배경을 전했다.

 # 창작무용의 불모지였던 그 시절, 춤패 배김새 창단

최 교수는 대상 수상 후 1983년 부산시립무용단 안무가 제의를 받았다. 1984년 2학기부터는 경성대학교 무용학과 교수로 부임했다. 교수 활동도 좋았지만 춤에 대한 갈증이 높아져 네 명의 제자와 함께 춤패 '배김새'를 창단했다. 배김새는 1985년 창단된 부산 최초의 한국 춤 민간 예술 단체다. 전통춤을 바탕으로 지역 춤의 특성을 더해 새로운 창작 기법을 모색, 35년간 한국창작무용 발전에 이바지했다. 또한, 정신대 및 원폭 문제, 환경오염 등 시대의 아픔과 현 시대의 갈등, 사회의 문제점을 춤으로 풀어내면서 관객과 소통해오고 있다. 최 교수는 한국무용을 "단순히 아름답기만 한 춤이 아니라, 몸짓 하나하나에 의미를 담고 내면의 세계를 표현하는 것"이라고 설명했다.

2021년 정년을 맞는 최 교수는 "항상 춤에 대한 갈증이 있었다. 춤을 추고 있어도 마음껏 추지 못했다는 생각에 자꾸만 아쉬웠다"고 밝히며 "고등학교 때 무용을 다시 시작하면서 죽을 때까지 무용을 하겠다고 결심했듯, 교단을 떠나더라도 춤을 놓지 않을 것"이라고 굳은 각오를 전했다. 이어 최 교수는 "전통문화의 입지가 점점 좁아지고 있다. 전통문화와 한국무용을 널리 알릴 수 있도록 강의활동을 활발히 하고, 나아가 일반인들에게 보급하는데 노력할 예정"이라고 포부를 밝혔다.

최 교수는 한국 춤의 발전을 위해 그간 쌓아온 노하우를 후배들에게 전수할 예정이다. 춤에 대한 그의 숭고한 정신으 [illegible] 기대할 수 있었다.

R 뉴스리포트 = 부산취재본부

「도르래」

무용 評

창무회 발표회

韓國무용의 재창조 훌륭히

現代意識 표출하며 고유의 얼 살려

제2회 창무회 한국무용발표회(4일·세종문화회관소강당)는 약간의 충격과 함께 한국무용의 개념에 대해서 다시한번 생각해보아야할 계기를 마련해 주었다. 첫번째작품인「진주검무」는 창무회가 아닌 가무회나 나무회 또는 그밖의 어느 무용단체에서도 할수있는 객석을 다소 피곤하게 하는 작품이었다.

이번 공연이 전통무용발표회도 아닌데다 첫작품으로 어울리는 신선함도 없었기 때문이다.

그런데 두번째의「도르래」에서 무대의 밀도는 별안간 짙어갔다. 모노크롬과도 같은 암연이 지배하는 조명아래「풀고 또 풀어도 풀리지 않는끈」을 둘러싸고 풀리지 않으려는 집념과 풀으려는 의지가 갈등을 빚고있었다. 그런 줄다리기 속에서 상징적인 그 댓줄이 늘어졌다 죄어졌다 하면서 무대의 숨결은 사뭇 가빠졌다.

이 작품은 현대의식이라는 외상속에 우리 춤이 지니고 있는 고유의 맥락을 살려냈고, 하나의 초점으로 집중된 그들의 숨결이 무대공간을 팽팽하게 채워주면서 그것은 그대로 客席에 대한 강한 인력으로 작용했다. 그리고 무용음악에 정열을 기울여온 金永東의 음악도 이 작품의 밀도를 높이는데 커다란 보탬이 되고있다.

마지막의「소리·사위」는 상당히 많은 사람을 당황하게 했을지도 모르는 작품이었다. 윤전기가 회전하는 요란한 리듬속에 갖가지 소음이 뒤섞이면서도「오네거」의「퍼시피23」의 긴장감보다 더욱 짙은 열기로

윤전기는 계속 회전한다. 그속에서 단한사람의 남성무용수는 일체의 무용동작을 배제한 채 방황하고 그 주변을 여성무용수들이 어지럽게 오간다. 이 발표회가「한국무용」으로 못을 박고 있는터에 이것이 어떻게 한국무용이냐는 반발이 있음직 하다. 그러나 한편으로는 그 참신한 착상과, 우리무용의 틀을 왜곡해서 한정시키고있는 고정관념을 깨뜨리고 어디론가 날아오르려는 그자세를 높이 평가하는 관객도 있었을것이다. 그들이 표현하고있는것은 숨길수없는 우리의현실, 오늘의단면이었다.

최근의 몇몇 의욕적인 작품이 나오기까지 韓國무용은, 오랫동안 방향을 찾지 못한 채 방황을 거듭해 왔고 바람직하지못한 방향으로 표류해왔다.

그럴바에야 창작무용을 중단하고 전통무용을 좀더 다지면서 거기서 다시 출발해야겠다는 것이 필자의 주장이었다.「소리·사위」의 뿌리가 충분히 깊게 뻗었고 어제와의 맥락이 고스란히 살아있다고 할수는 없어 우리의 토속적인 냄새가 좀 더 아쉬웠다.

그러기 위해서는 앞으로 더 많은 노력과 성찰이 필요할 것이다. 그러나 창작무용이 오늘의 무용이라면, 시대적인 요청과 생활환경이 그 속에 반영된다는 것은 지극히 당연하고 창무회에서는 그 당연한 일을 해냈다. 당연한 것이기는 하지만 변화와 발전을 바라고 있는 사람에게조차 예상을 훨씬 앞질러 돌연변이처럼 등장했다.

창무회의 이번 공연은 오랜 흐름속에 가시지 않고 이어져온, 그러나 지금은 그 맥락이 아슴아슴하게 풀어지려고 하는 우리의 얼과 숨결을 고스란히 간직한 채 우리가 살고 있는 시대와 환경속에 우리가 어떤 몸짓을 할수 있는가를 다시한번 생각하게 해주는 공연이었다.

李盾烈〈무용평론가〉

첫 舞踊발표회 갖는 崔恩姬씨

오는8일(하오7시30분) 서울東崇동 문예회관대극장에서「夏至祭」(연출·미술 金丘林)라는 제목으로 무용발표회를 갖는 崔恩姬씨(28)。

이번 발표회준비를 위해 한국무용연구회의 유럽및 美國순회공연도포기했다。

매사에 최선을다해 스승인 金梅子씨로부터「미울만큼 열심히 한다」는 소리를 들을정도。

仁川출생으로 梨大무용과와 同校 교육대학원을 졸업했으며 國立국악원 연주원, 梨大무용과 조교를 거쳐 韓國정신문화연구원에서 편수원보로 일하다 이번 공연을 위해 지난4월 그만 뒀다。

이번에 선보이는 작품「夏至祭」는 洪允淑씨의 詩를 바탕으로 한것인데 제1부「苦」、제2부「生」、제3부「空」등 세가지소품을 엮은「죽음과 祭」를 주제로 한것이다。

招待席

「죽음과 祭」를 主題로 한「夏至祭」선보여

苦·生·空등小品 첫시도…"하나의過程일뿐"

「춤을 추지 않고서는 견딜수 없었어요。그리고 특히 제 마음속에 응어리진것들을 表出하지 않으면 안되겠다 싶었지요。게다가 가을에 열릴 大韓民國무용제에서 創舞會의 작품「넋들임」의 안무를 맡았는데 제 발표회를 갖지않고서는 도저히 해낼수 없을것 같았어요」

결국 다니던 직장에도 사표를낸채 한여름을 춤과 씨름하게 됐다는것。「죽음과 祭」를 작품의 내용으로 삼은 것은 한국무속학회 회원으로 가입한만큼 평소 우리나라의 토속적인 신앙에 관심을 갖고있었는데다 돌아가신 어머니에대한 안타까운 그리움을 쏟아내기 위해서였다고 얘기한다。

創舞會회원으로서 처음 개인발표회를 갖는만큼 커다란 심적 부담을 느낀다는 崔씨는 그동안 永東에 있는 연습실에서 생활하다시피 하면서 맹연습을 했다고 털어놓는다。

崔씨외에 출연자6명이 전원 남자인 점, 음악을 거의 효과음으로 구성한 것, 여러개의 소품으로된 작품을 만든것등 새로운 시도도 하고있어 관심과 기대를 모으고 있는데 崔씨 자신은「하나의 과정」일 뿐이라고 잘라말한다。〈[illegible]〉

8일 개인발표회「夏至祭」를 갖는 무용가 崔恩姬씨。

대한민국舞踊祭 大賞
「넋들임」按舞 崔恩姬양

民俗의 原初的인 리듬·의식 표출
남자舞踊手 길러내는 노력 필요

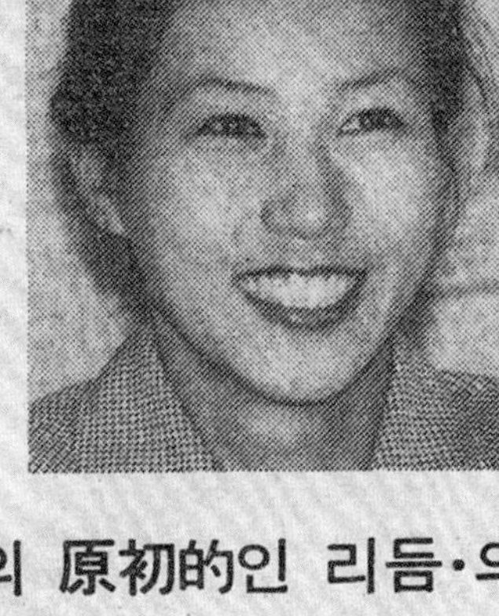

제4회 대한민국무용제에서 대상을 받은 창무회의「넋들임」을 안무한 崔恩姬양(27·경기대강사 사진)은 이번 무용제 작품에 전념하기위해 직장(한국정신문화연구원)마저 그만둘 정도로 정열을 가진 신예무용가다。78년 이화여대를 졸업하고 국립국악원과 창무회에서 무용활동을 계속한 그는 지난 8월 8일 문예회관 대극장에서 첫번째 개인발표회를 가져 안무자로서도 이미 첫발을 내디딘 셈이다。

올 무용제에서 대상을 받은「넋들임」은 축은 혼을 위로하는 진오귀굿을 소재로한 작품。현대화시킨 한국춤사위를 도입、혼을 불러 위로하고 다시 영혼의 세계로 보내는 진오귀굿의 과정을 새롭게 형상화시킴으로써 관객들의 공감을 샀다。崔양은 한국굿학회의 핵심회원으로 전국 여러곳의 굿현장을 둘러본 경험때문인지 이번 작품에서도 신들린 무당역을 맡아 탁월한 연기를 보여주기도 했다。

『지난 첫 발표회 작품「하지제」가 祭의식을 주제로 엄격하고 절제된 분위기를 이끌어냈다면 이「넋들임」은 좀더 자연스러운 춤사위를 통해 우리 민속의 원초적인 리듬과 의식을 표출해 보려고 힘썼지요』

이화여대 교육대학원에선 궁중무용을 전공, 정신문화 연구원의 민족문화대백과사전 편수원을 지냈던 그는 우리 주위에서 흔히 볼수있는 소재에서 현실적인 삶의 유형들을 발견해내는 작업에도 남다른 관심을 갖고있다。

휴게실

『남자무용수들이 없다고 탓할 것이 아니라 능동적으로 길러내는 노력이 더 절실한 것 같아요。무용제의 경우 대부분 수상자들이 여자들인데 남자무용수들을 격려하고 용기를 주는 의미에서 비록 잘하진 못했더라도 같이 힘쓴 남자들에게도 수상 혜택이 돌아갔으면 해요』

崔양은 뛰어난 안무자가 부족한 무용계에 이론과 안무역량을 갖춘 가능성있는 무용가로 그의 성장을 눈여겨 보는 무용관계자들이 많다。〈洪贊植기자〉

實驗精神 강한 肉體言語 기대
─부산市立무용단 새按舞者 崔恩姬씨─

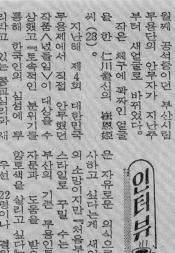

인터뷰

『우선 단원들이 한마음을 이뤄야 작품이 되겠지요。저도 낯선、부산에 처음와서 모든게 서툴지만 서로 예술작업과정은 도우면서 서로 배워가는데 의미가 있지 않을까요?』그간 4개월째 공석중이던 부산시립무용단의 안무자가 지난주부터 새얼굴로 바뀌었다。

작은 체구에 짝짜인 얼굴을 한 仁川출신의 崔恩姬씨(28)。

지난해 제4회 대한민국무용제에서 직접 안무했던 작품〈넋들임〉이 대상을 수상했고『토속적인 분위기를 통해 한국인의 심성에 뿌리박고 있는 종교심리와 새로운 悲壯美를 보여줬다』는 평을 들었던 것처럼 그는 한국무용을 즐곧 현대적이고 실험적인 감각에서 다뤄왔다。

현대인에게 공감을 줄수 있는 창작무용을 젊은이다운 자유로운 의식으로 구사하고 싶다는게 새안무자의 소망이지만『처음부터 제스타일로 꾸밀 수는 없고 부산의 기존 무용인들에게 자문과 도움을 받으면서 향토색을 살리고 싶다』고。

우선 22명이나 결원중인 무용단원을 이달안에 오디션을 통해 충원하고 봄 정기공연 스케줄을 짜는 한편 2회까지 계속됐던 청소년무용제에 관한 계획도 숙제로 남아있어 새 안무자가 할 일은 태산같다。

또 대학원출신의 동료들과 여태까지 함께 일했던 創舞會와도 서로 교분을 갖고 무용을 위한 제반사항을 언제라도 의논할것이라고。예술세계의 발전을 위해서는 다양성있는 초청안무도 생각하고 있다며 꿈을 펼쳐보인다。지난해 8월에 가졌던 첫 개인공연〈夏至祭〉에서도 방황하는 젊은이의 정신과 꿈을 나름대로 표현해『한국무용풍토일반에 도전장을 던진것 같은 분위기를 연출했다』는 평을 들었다。

젊은 감각이 돋보이는 새 안무자 崔은희씨。

부산시립무용단은 우선 기본적인 실력이 있는 단체여서 일하기엔 좋은 조건이지만 그만큼 더 노력하지 않으면 돋보이지 않는다는 단점도 있음을 새안무자다운 시선으로 지적하고 있다。55년 仁川출생。梨花여대 무용학과와 동대학원을 졸업하고 국립국악원、한국정신문화연구원、겸기대 강사등을 거쳤다。

현대화가인 부군 鄭鎭潤씨와 지난 1월에 결혼한 수줍은 새댁이기도 하다。〈珣〉

---

8 문 화 〈제3종우편물(가)급 인가〉 스

"춤사위 15년작업 재평가 받고파"

창무춤터 '외출하다' 주인공 최은희씨

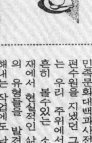

'일상의 틀' 벗어나고픈 인간욕구 형상화
육체언어로 함축된 정서 관객반응 궁금

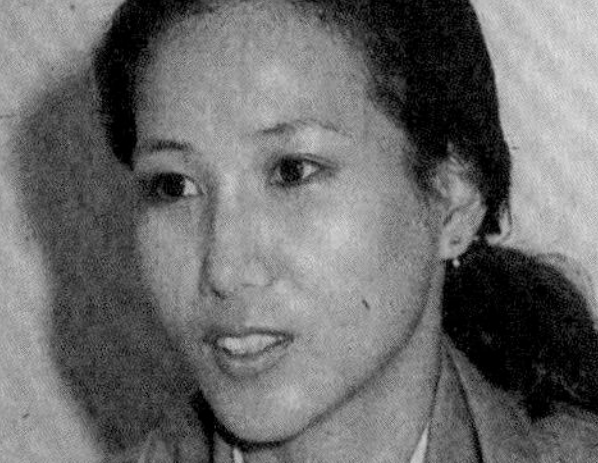

인터뷰

"이번 무대는 제 춤 15년간의 중간결산이라 생각해요。그런만큼 최선을 다했고 제가 그동안 변해온 모습을 일목요연하게 보실수 있을겁니다"

창무춤터가 연속기획으로 마련하고 있는 '춤과 미술과 시의 만남'여덟번째 무대의 주인공 최은희씨(33)。

'춤과 미술…'은 무용과 관련된 인접예술분야인 미술 문학등을 춤판에 원용하는 시도로 육체언어만의 제한된 표현력을 보다 극대화시켜 보자는 의도를 담고 있다。

최은희씨가 이번 공연의 텍스트로 선정한 시는 신예 여류 황인숙씨의 '외출하다'。

'외출하다'는 답답한 일상의 굴레와 그일상에서 벗어나고 싶은 욕구를 담백하게 그린 시로 지극히 현대적인 정서를 담고 있다。

최은희씨는 이화여대, 동대학원에서 한국무용을 전공했다。

그녀의 전통춤사위와 '외출하다'의 현대적 정서가 어떻게 만날지 궁금하다。"살아가면서 겪는 느낌을 전통에만 국한시켜 표현하기에는 한계가 있다고 생각해요。저희 세대의 춤꾼들이 공통적으로 느낀점이 이같은 한계였고 그래서 전통과 현대를 접목하는데 창작의 주안점을 두기 시작했습니다"

전통 현대의 접목작업은 78년 이대무용과 출신으로 구성된 창무회를 중심으로 활발하게 이루어졌으나 처음 한동안은 전통, 현대 양쪽으로부터 배척을 당해 우리 무용계에 뿌리내리기까지는 10년쯤 걸린셈。

"제 개인적으로도 한국무용 한가지로 정착하고 싶은 마음과 거기에서 벗어나고 싶은 욕구가 꾸준히 교차하는 가운데 지금 이 시간까지 여기 서 있는 것 같습니다。그러나 제 춤의 바탕은 분명히 전통적인 것이고 그 틀위에 현대무용적 내용이 얹혀집니다" 처음부터 끝까지 최은희씨 솔로로 추는 '외출하다'는 전3장으로 구성됐다。

(거울속의 거울을 들고 있는 나/내가 든 거울속의 내가 든 거울/내가 든 거울속의 거울을 든 나/그 내가 든 거울속의 내가 든 거울/거울의 동굴을 지나면서/작아지고 작아지면서 거울속의 거울을 들고 있는 나/내가 든 거울속의 내가 든 거울/작아지면서/나는 쏟아져 나왔다… 황인숙의 '외출하다'중)

1장은 외출전의 실내상황, 2장은 외출에서 기대되는 일들을 꿈속의 아름다운 이미지로 채웠고 3장은 외출해서 부딪치는 현대생활의 단면들을 현대무용에 근접한 표현기법으로 안무했다。

여기에 한국적 분위기의 다듬이소리, 고전음악, 황장수씨의 재즈 등 음악적 효과와 한만영씨의 전위적 무대장치들이 어우러진다。

81년 결혼, 2녀를 두고 있는 최은희씨는 현재 부산 경성대학 무용과에 재직중이며 공연은 14일부터 3일간 신촌 창무춤터에서 갖는다。

〈황성기기자〉

세계일보 (1989. 8. 10)

판도와 어우러진 춤판

한국무용단 '배김새' 釜山광안리서 야외공연

장구·꽹과리 장단에 피서객들도 함께 어깨춤

…다닥 쿵닥」「얼쑤」… 게 춰 보세요」 …구와 꽹과리가 열을 …부저녁 釜山여름무용…의 「열림굿」이 벌어…있는 광안리해수욕…과제。

…山경성대예술대학무…학생들로 구성된 한…용단 「배김새」(대표…姬)와 같은학교 재학…의 춤판이 한창 무르…있다。

…해 50여평남짓한 방파…장에는 이들의 춤을…기위해 모여든 7백…의 시민들로 발디딜…없을 정도。

「요일」「피서철」이라…의성과 맞아 벌어진 춤 판은 놀이가족 친…끼리 어울려 한국춤…거움에 흠뻑 취할 수 …「신명」그자체였다。

14일 경성대학교강당과 강의실을 중심으로 열리는 부산여름무용축제는 이제껏 실내공연장위주로 열렸던 「무용제」와 달리, 공연 이론강의 실기 워크숍 VTR감상이 한꺼번에 시도되는 전국규모의 춤페스티벌이다。

공연휴면기인 「여름」의 공백을 메우고 피서지를 찾아 대중속에 파고들며, 서울중심의 무용활동근거지를 부산으로 옮겨 지방무용계의 자생적 터전을 마련하는 등 이번 페스티벌은 무용문화의 새 이정표가 될 듯하다。

丹曙暻 鄭美淑 安笛伊 金希宜 徐鮮順 睦惠晶등 배김새단원 15명이 출연한 이날밤의 프로그램은 길놀음굿 판놀음굿(神율림 북놀음굿) 춤한마당 모두 다함께등 4마당으로 구성됐다(총소요시간 1시간10분)。

예날 마을입구에서 서커스나 쇼단의 출연자들이 꽹과리를 치며 동네를 돌아 사람들의 마음을 들뜨게 만들듯, 오후 7시10분 시작된 길놀음굿은 비치맨션입구 제과점에서 방파제까지(3백여m) 장구 북춤을 추며 출연진들이 호객행위를 하는 것으로 시작됐다。

「북놀음굿」에서는 중들이 중중몰이에서 휘몰이로 돌아가는 장구소리에 맞춰 밀양백중놀이중 오북춤이, 「춤한마당」에서는 동해별신굿과 말춤 강강수월래 백중놀이중 범부춤등의 민속춤사위를 재구성한 창작무가 소개됐고 「모두 다함께」시간(10분)에는 관객들과 춤꾼들이 한데 어울려 어깨춤으로 몸을 푼 후 강강수월래로 마무리졌다。

◇89년 부산 여름무용축제의 전야제。광안리 방파제에서 춤패 배김새가 열림굿을 벌이고 있다(6일저녁7시30분)。 동그라미는 崔恩姬교수。

오북춤·창작民俗춤등 흥돋워
이론강의·실기워크숍 곁들여

이날 구경나온 한관객은 「바닷가에서 우리네춤을 접할 수 있는 것은 매우 유쾌한 일」이라며 四物(북 꽹과리 징 장구)의 시원한 소리에 스트레스가 다 풀린듯 하다고 밝힌다。또 「흔히들 「서울=문화 문명」, 「지방=山野의 경치」로 사고가 굳어있는데 그벽을 허물고 자연과 문화를 같이 즐길 수 있어 흐뭇하다」고 소감을 피력하는 관중도 있었다。

한편 전야제 「안녕…」을 총연출한 崔恩姬씨(34·경성대무용과장)는 「춤에대한 일반인의 관심을 불러모으고 시민과의 거리감을 없애기 위해 축제형식의 야외공연을 벌이게 됐다」며 「실내공연에 비해 무용테크닉과 예술성이 부족하고 진행이 다소 산만했지만 「바다」(모든 것을 감싸는)가 배경이란 이유만으로도 배김새의 춤은 의미가 있다」고 야외공연을 되짚어 봤다。

南貞鎬씨(경성대교수)는 89무용축제에 대해 「프랑스의 아블르 팜펠리아 아상프로방스 아비뇽등의 댄스페스티벌에 비하면 초보단계」라며 여름철피서지 「釜山」에 위치한 경성大의 여건을 최대한 살린 「바캉스+문화=이상적인 문화」의 공식을 제시한다。

남정호 이영희 신정희 정재만 김복선 플라라무라카미 채희완 김태원씨등이 강사로 참여하고 13~14일 저녁에는 열림굿이 벌어진 방파제에서 현대무용단 「춤」의 「여름땀식히기」야외공연이 여름밤을 식힌다。 〈劉仁■기자〉

<세계일보 .89. 8.10>

국제신문 西紀 1989년 4월 19일 水曜日

本社주최 崔恩姬 무용공연

傳統과 현대어울린 우리춤

21~22일 <누이여…>등 펼쳐

외래·향락문화속 멍드는 女性인권 고발
현대인의 고뇌·좌절 「고풀이」로 승화도

…7시)·22일(하오5시)양일간 경성대학교 콘서트홀에서 본사 주최로 열린다.

국제신문이 지역문예 진흥에 이바지하기 위한 뜻으로 마련한 <파문><매듭풀이><누이여, 나의 누이여>등 세 작품이 공연된다.

<파문>은 물결무늬의 형상과 치열한 삶속에 분출되는 우리민족의 심상을 대비… 이 작품에는 신은주 하연화 주은선 외 14명이 출연한다.

<매듭풀이>는 「현대」라는 굴레가 만들어내는 좌절 번민 고뇌등 응어리들을 씻김굿의 한 과정인 「고풀이」형식을 통해 삶의 몸짓으로 승화시킨 것으로 崔교수의 「전통적 바탕위에 현대무용적 내용을 접목시킨」 춤세계가 잘 드러난 작품. 최은희…

…는 사회고발적 요소를 담은 작품으로 가장 관심을 모으고 있다.

외래문화가 몰아닥치는 관문으로서의 해양도시 부산, 현지처 관광접객업소 윤락가등 향락산업속에 고립돼 있는 바로 「우리들의 누이」, 그들의 꿈과 사랑 그리고 「여성인권침해」라는 현실 상황을 형상화한 것이 <누이여…>이다. 최은희 안출이 이경미 외 13명 출연.

88서울올림픽 요트경기 개회식행사 <파도를 넘어서> 안무자로서도 잘 알려진 崔교수는 82년 첫 개인발표회 「夏至祭」를 갖고 그해 대한민국 무용제(4회)에서 <넋들임>을 안무해 대상을 수상했다.

부산시립무용단 안무자를 역임한 崔교수는 85년부터 한국무용제전에도 매년 참가하는 등 왕성한 활동을 통해 전통적 틀위에 현대무용을 접목시켜 표현영역의 확대를 추구해왔다.

주요안무작품으로 <늪><지난 겨울><춤 108><허재비의 꿈>등 다수가 있다. <朴■煥기자>

<매듭풀이>의 한장면

출공연 갖는 崔恩姬교수

'現地妻·윤락여성 아픔 그리려 노력'

「이번 무대는 내면적인 문제제기에서 한단계 나아가 우리 이웃들의 삶과 직결되는 현실성있는 문제에 초점을 맞췄어요.」

崔恩姬교수의 세공연작품중 <누이여, 나의 누이여>는 우리 민족 고유의 정신적 맥락인 「恨」을 향락산업속에서 매몰돼가는 직업여성들의 애환에 맞물린 것이라고 말한다.

「지금까지 춤을 춰오면서 항상 현실감각을 살려야 한다는 생각을 해왔어요. 아마도 그러한 생각들이 <누이여, 나의 누이여>를 형상화시킨 것 같아요.」

崔교수는 연습과정에서 출연자들과 현지처 관광접객업소 윤락가 등 자신들과 다소 유리되어 있을수 밖에 없는 계층을 더욱 이해하고 이를 춤으로 표출하고자 노력했다는 것。

「그러나 한국춤이 지닌 예술적 차원의 특성과 다분히 사회성을 띠는 소재를 결합시키는데는 어려움이 많았다」고 토로했다.

「우리 민족이 恨에 찌든 민족이라고는 생각하지 않습니다. 역사적 전개과정에서 恨이 내재되어왔을 뿐 우리 고유의 감정은 이러한 恨을 벗어나 좀더 밝은 것을 추구하는 심성이지요.」

따라서 <누이여…>는 곡소리 휘파람 소리 등 어두운 분위기로 진행되지만 결말부분에 가서 <돌아와요 부산항에>가 효과음으로 나오기도 하는 등 밝음으로의 전환을 꾀하고 있다고 崔교수는 덧붙인다.

이날 공연에는 3, 4회 한국무용제전에 각각 선보였던 <파문><매듭풀이>도 포함돼 최은희교수의 춤을 보고자하는 사람들의 기대를 한껏 돋우고 있다.

崔교수는 「온몸에 맞는 새로운 춤은 전통에 뿌리를 박고 다각적 기법을 시도, 관객들에게 좀더 근접해야할 것」이라고 말해왔…

1988. 10. 5. 수 부산일보

춤-美術-詩의 만남

—在釜 무용가 崔恩姬씨 발표회

재부무용인 崔恩姬씨(慶星大교수)가 춤과 미술과 시가 만나는 의욕적인 무대를 14~16일 서울 신촌의 창무춤터에서 내보인다。 솔로로 공연될 崔씨의 작품은 <외출하다>인데 황인숙씨의 詩와 한만영씨의 미술작품을 배경으로 펼쳐진다。

창무춤터서 <외출하다>공연
人間의 갇힌상태 表現

이공연에서는 시가 낭송되고 시의 내용이 비디오를 통해 영상으로 처리되는가 하면 미술도구에 崔씨가 몸을 부딪치기도 하는 등의 시도를 통해 시와 미술을 춤판으로 끌어들일 예정이다。

공연은 모두 3장으로 구성되는데 일상생활의 반복과 갑갑함을 견디지못해 그것을 탈피하려고 외출을 하지만 결국 인간은 어떤 형태로든 갇혀있는 상태를 벗어나지 못한다는것을 나타내 보인다。

전통과 현대의 춤 접목작업을 꾸준히 해오고 있는 崔恩姬씨는 부산시립무용단 안무자등을 역임했으며 82년 대한민국 무용제에서 <넋들임>으로 대상을 수상한 바 있다。 안무작품으로는 <왕의 뜰><늪>등 15개 정도가 있다。 <哲>

「무용축제」준비에 분주

崔恩姬 경성대 무용과 학과장 ‖ 민족춤위원회가 주최한 「무용예술 대강좌」(7월18~22일)에서 「춤창작의 이론과 실제」를 주제로 강연을 한데 이어 경성대주최의 「89여름무용축제」(6~14일)…

영남지역 지점장회의

李翰■ 住宅은행 영남지역본부장 ‖ 2일관내 38개 지점장 회의를 주재하며 수신고 증대운동과 함께 최근의 금융사고와 관련, 각점의 보안시설에 대한 특별점검을 지시。

89. 8. 4.

人物近況

관내어린이 가장 초청

金鶴祚 자유총연맹…

…준비및 마무리작업으로 1주。

88예술단 총감독에

문화

마음 가난한 사람들 향한 신명난 춤

인물로 본 95 부산문화계 <5>

한국무용가 최은희씨

제의성(祭儀性)과 사회성(社會性)이 결합된 춤으로 독특한 춤세계를 형성해온 한국무용가 최은희씨.

춤패 <배김새> 예술감독으로 10년 열정

<백의>로 부산무용제 대상· 한민족예술제 성료 한몫

한국무용가 최은희씨(40·경성대 교수)에 대한 춤계의 평가는 여러가지다. 그러나 무엇보다 그 잘 표현한 말은 「끈기하나는 아줘야 한다」는 것일게다. 동 무용인이고 후배 제자할 것 이 그를 두고 「끊임없이 일을 이고 또 잘도 해낸다」고 이구 성으로 말하는데는 그만한 이 가 있다.

그는 올해도 여느 해와 마찬가 로 참 많은 일을 해냈다. 더 이 무용가라면 모름지기 개인 업에 욕심도 낼만한데 그것보 는 자신이 예술감독으로 있는 인춤패 「배김새」의 10년을 결산하는 한 해로 아예 못 박은 듯 그들과 늘 함께 했다.

그래서 「최은희」는 「배김새」와 별개이자, 또 별개일 수가 없었다. 최씨의 표현대로라면 「배김새」도 최씨의 열성에 「전염」됐는지 역시 무던히도 따라주어 여러가지 일들을 할 수 있었다.

「배김새」가 생긴 지 10년째 되는 올해 가장 뜻깊었던 일이라면 아무래도 제4회 부산무용제에서 정신대 문제를 다룬 <백의>(안무 신은주)로 첫 대상의 영예를 안았던 것과 지난 8월 「95 한민족예술제」 부산행사를 기획해 성공적으로 치러냈던 것, 또 지난 11월 창단 열돌을 기념해 성대한 공연을 가졌던 것이다.

덧붙여 「배김새」는 새해맞이 신맞이굿, 민족춤제전 서울공연, 한국무용제전 대구공연(최은희 개인) 이매방류 이수자 부산·광주발표회(최은희 개인), 부산여름무용축제 야외공연, 전국무용제(대구)참가, 익산 울산 구미 등 공단지역 순회공연 같은 크고 작은 춤판을 열거나 이에 참가하는 열의를 보였다.

이중 「한민족 예술제」는 특히 광복 50주년을 맞아 우리나라에 초청된 8개국 재외동포 예술가들의 만남의 자리를 주선, 한민족으로서의 동질성과 긍지를 심어준 드문 기회였다. 또 부산무용제 대상에 이어 전국무용제에선 단체 장려상(대구광역시장상)에다 연기상(최은희) 미술상(박재현)의 개인상 2개 부문을 보태기도 했다.

『구미공연(20일)으로 한 해를 마감했다』는 최씨는 『내년엔 개인적으로는 전통춤을 위주로 재충전에 나설 생각이지만 「배김새」는 작은 무대, 소극장 공연을 통해 개인기량 향상에 비중을 둘 계획』이라고 밝힌다.

최씨는 또 『삶을 풀어가는 매체로써 춤을 선택한 만큼 자기만족보다는 이땅의 현안이나 마음이 가난한 사람들을 위해 계속 춤을 출 것』이라며 『다만 전통춤을 기본으로 한 현대적 춤사위의 개발을 소홀히 하지 않겠다』고 춤작업 방향을 들려준다.

<김은영기자>

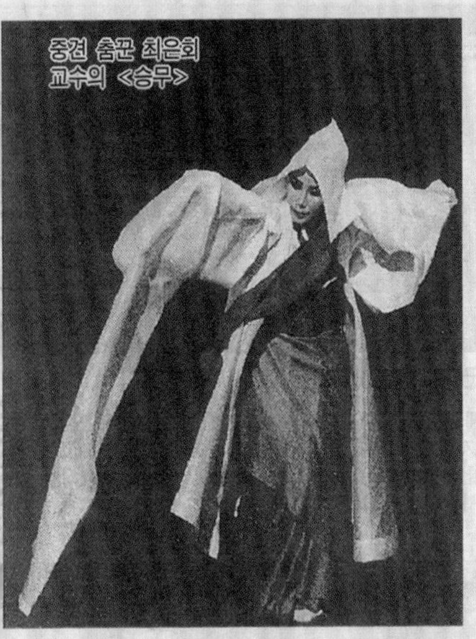

중견 춤꾼 최은희 교수의 <승무>

'최은희의 홀춤' 그 화사함

4월7일 경성대 콘서트홀 공연

우리춤의 뿌리를 찾기 위해 한국춤 레퍼터리를 하나 식 점검해 보는 흔치 않은 무대가 마련된다.

중견 한국춤꾼 최은희교수(경성대 무용학과)는 오는 월7일 오후 7시30분 경성대 콘서트홀에서 한국춤 레 퍼터리 I <최은희의 홀춤>을 선보인다. 이번 공연은 전통춤만을 모은 부산 최초의 개인 춤판이라는 점에서 관심을 모으고 있다. 최씨는 이화여대와 동대학원을 거쳐 김천흥 고(故)한영숙 강선영 이매방 김매자 선생 께 사사했고 지난 82년 「넋들임」으로 대한민국 무용제 대상을 수상하기도 했다.

최씨는 『스승들이 살아계실 때 그들의 춤을 이어간 다는 의미에서 이번 무대를 준비했다』며 『전통춤을 하 나 하나 무대에 올린 후 마지막에는 나의 대표적 작품 도 만들어 볼 생각』이라고 말했다.

이번공연에서 최씨는 중요무형문화재 제27호(승무) 97호(살풀이) 보유자인 스승 이매방류의 승무, 살풀이 춤과 중요무형문화재 제92호 강선영류의 태평무, 허튼 춤(이매방 구성)등을 선뵌다.

지난 94년 승무 이수자로 지정받은 최씨의 춤은 간 결함이 특징. 이번 공연에서는 전통춤의 영원한 화두 인 승무와 살풀이춤을 호화로운 뿌림사위와 매서운 발 디딤 사위로 때로는 애절하게 때로는 파격적으로 풀어 보인다. 특히 승무와 태평무는 완판을 다 출 예정이다.

김경화씨(극단 「맥」대표)의 사회로 진행되는 이번 공연에는 그룹 여명의 음악감독이자 국악실내악단 슬기 둥 단원인 빈영지씨가 특별출연, 대금산조, 부지음(不知音) 연주로 춤사위 간극을 메운다. (620) 4960, 4964.

<강승아기자>

환경파괴·정신대문제 "무대告發"

최은희씨·춤패 「배김새」 순회공연

1부 「도시의 새」·「아리랑 진혼무」 감동 선사

16일 KBS창원홀·21일 KBS울산홀서

2부 「어두운 날들의…」 현대인 갈등 묘사

부산의 무용인 최은희씨와 춤패 배김새의 창원 울산 순회공연이 오는 16·21일 오후7시 KBS창원홀과 KBS울산홀에서 화려하게 펼쳐진다.

이번 공연에서는 시대의 구조적 모순에 희생된 삶을 표현한 작품들인 「도시의 새」「아리랑 진혼무」「어두운 날들의 바람 그치고」를 무대에 올린다.

제1부 첫작품 「도시의 새」는 現춤패 배김새대표인 김희선씨의 안무로 11명이 출연하며 죽어가는 새의 고통을 통하여 자연파괴의 위협을 고발하고 그로 인하여 스스로 묘혈을 판는 인간의 어리석음과 배반의 무정함을 그리고 있다.

두번째 작품 「아리랑 진혼무」는 통한의 여성사이며 민족사인 정신대문제를 주제로 다루고 있는데, 열다섯부터 스무살 꽃다운 나이에 무참히 짓밟히고 죽어간 우리의 딸들, 세상의 모든 것에서 아직 울고 있는 그들을 불러내어 영혼구환의 모티브를 마련하고 있다. 現경성대 무용과강사인 윤보경씨가 안무를 맡고 12명이 군무 혹은 독무를 선보인다.

제2부 「어두운 날들의 바람 그치고」는 現경성대 무용과 부교수이며 춤패 배김새 예술감독인 최은희씨의 안무로 윤보경씨등 쟁쟁한 부산의 춤꾼 19명이 출연한다.

이 작품은 우리의 고유한 민족심성에 호소하여 오늘날 현대인에게 숨겨진 내면적 갈등을 드러내는데 주안점을 두고 있다. 민족의 수난사에는 개인사가 섞여있듯 늘 수난당하면서도 먼저 화해하는 우리민족의 심성을 그리고 있다.

무용인 최은희씨와 춤패 배김새의 이번 공연은 한국문화예술진흥원 후원으로 이루어지는데 최은희씨는 전통과 현대와의 접목에 창작의 춤을 두고 작품활동을 하고 있는 중견무용인으로 88올림픽 요트경기 개회식행사 「파도를 넘어」를 안무하기도 했다.

춤패 배김새는 부산경성대에서 한국무용을 전공한 졸업생 동인단체로 한국무용이란 특수성과 지역적 특성을 살려 영남지역에 산재한 춤의 언어를 찾아내고 이것을 바탕으로 현시대에 맞는 춤을 다각적인 실험과 아울러 관객과 공감할 수 있는 몸짓으로 표현해 나가자는 취지아래 85년12월 창단됐다.

이번 순회공연은 배김새 창단이후 8년동안 노력한 흔적들을 하나하나 모아 처음으로 자리를 마련하게 된 것이다.

최은희씨는 인사말에서 『앞으로도 무대가 있는 곳이라면 언제나 찾아갈 것이며 영원히 기억되는 작품을 남기려는 노력을 게을리하지 않을 것』이라고 말했다.

<李鍾眞기자>

舞踊

춤패 「배김새」의 「아리랑 진혼무」공연모습. 이 작품은 정신대문제를 주제로 부각시키고 있는데 윤보경씨가 안무를 맡고 12명이 군무 혹은 독무를 선보인다.

3.15.1[?] 동아일보

예술가夫婦 동시발표회
남편美術에 아내는 舞踊

鄭鎭潤·崔恩姬부부 같은기간 다른장소서

話題

똑같은 기간에 남편은 한곳에서 전시회를 열고, 아내는 또 다른 곳에서 무용발표회를 갖는다。

서양화가 鄭鎭潤(32) 한국무용가 崔恩姬(31)부부가 바로 그들。남편 鄭씨는 15일부터 28일까지 서울麻浦구西橋동 한강미술관에서 개인전을, 아내 崔씨는 14일부터 16일까지 서울 新村창무춤터에서 개인춤판을 펼치게 돼 15、16일 이틀간 부부는 양쪽에서 각각 발표회를 갖게 된 셈이다。

『미술관과 극장의 스케쥴에따라 날짜를 잡다보니 우연히 그렇게됐어요。일부러 그렇게잡기도힘든데…』

남편鄭씨의 얘기다。

鄭씨의 전시회그림중에는「아내의 꿈」이란 작품도 포함돼 있다。하얀옷에 빨갛고 길다란 천을 든 무용수가 춤을 추는 모습이다。

『무용작업에 고뇌하는、그래서 뭔가를 끊임없이 추구하는 아내의 모습을 같이 예술하는 사람의 입장에서 그려봤읍니다』

같은 기간、서로 다른 곳에서 각각 개인전과 무용발표회를 꾸미는 鄭鎭潤 崔恩姬부부。

부인 崔씨가 벌이는 춤판의 무대미술은 역시 남편 鄭씨의 작품이다。전혀 무대미술과 무관하던 그는 아내를 만난후 무대미술에도 눈을 돌[려] ... 이들 부부는 팔[?]... 나 무대를 꾸며주고 있다。

전시회作品중엔 춤추는모습그린「아내의 꿈」도

이들이 처음만난것은 82년봄、우연한자리에서였다。

『예술작업이란 사실 외로운 것이지요。그 외로움속에 두사람 다 파묻혀 있었던때라 쉽게 친해졌어요』

아내 崔씨의 얘기。이들은 마침내 83년초 결혼、지금은 두살난 딸을 두고 있다。

鄭씨는 중앙대와 홍익대 대학원을 졸업하고 앙데팡당전 겨울대성리전등 이작업전 젊은의식전 인간시대전등에 참여했다。개인전은 이번이 처음。

崔씨는 이화여대와 대학원을 졸업하고 국립국악원 釜山시립무용단등을 거쳐 현재는 釜山산업대에 재직중이다。

□ 이 한장의 프로그램

'94 최은희 춤

'94
최은희 춤
CHOI EUN HEE DANCE PERFORMANCE

1994년 3월 24일 부산문화회관 대강당에서 있은 「'94 최은희 춤」 공연 때 프로그램.

1부 (여인 동신불)(초연 93년) 출연: 신은주, 황지영, 손미란, 장윤정, 홍이경, 김문경, 박재현, 한수정, 이경희, 이정식, 최은희.

2부 (새울) 출연: 최은희 (굿맞이)(초연 92년) 출연: 윤보경, 신은주, 황지영, 손미란, 장윤정, 홍이경, 전현희, 천병일, 김종덕, 임형춘, 김문경, 김정원, 김현지, 이경희, 이영미, 이지영, 이현정, 한영화, 정영심, 한수정, 곽지민, 김영란, 김정희, 김효정, 박미정, 박우열, 박은진, 양선미, 오수연, 윤수경, 이영주, 이화선, 이희정, 정재연, 조미선

안무: 최은희 대본: 장정임 안무보: 윤보경, 신은주 음악: 신해엽 미술: 정진윤 무대: 권영준 조명: 신상준 음향: 정정식 의상: 김성만.

□ 크기: 31.5㎝×22㎝
□ 소장: 琴硏齋

日刊스포츠
특집 제7058호 1992년7월25일(토) 21

신나는 춤판 "여름 외출"

문화마당

야외이벤트 "활짝"

여름 야외이벤트의 시작을 열었던 인천 월미도(5일)에서의 인천시립무용단의 공연.

'92 춤의해 ...
주최 '92 춤의해운영위원회

조승미 발레단의 캣츠(19일 해운대해수욕장).

전국 해수욕장 누비며 '꾼과 관객의 한마당'

'야외무용도 예술'

올여름, 무용은 결코 실내에서만의 예술이 아니다. 동료와 제자들이 객석을 메우는 '집안잔치' 같은 우리나라 무용공연분위기 공연을 해온 우리 무용이 여름 외출에 나섰다.

춤의해인 올해 처음 시작된 '여름야외이벤트' (7.3~8.17)는 ...

아있는 춤판이다.

지난20일 부산 해운대 해수욕장 백사장. 해가 질무렵인 6시. 무대 주위를 둘러싼 피서객·관광객들은 처음엔 호기심과 어색함으로 어정쩡한 표정들.

전국을 쫓아다니며 야외이벤트 사회를 맡아와 얼굴이 까맣게 그을린 춤의해 운영위 기획실장 박인구씨의 ... "무용공연 ...

산여름무용축제참가팀들의 공연. 89년부터 광안리 해수욕장 방파제에서 야외공연을 꾸준히 가져왔다. 올해는 특별히 야외이벤트와 일정을 맞춰 3천만원의 지원을 받고 수입한 가설무대위에서 부산무용의 위세와 그동안의 노하우를 맘껏 과시했다.

람인에서 청·홍팀의 대결을 코믹하게 그린 현대무용단의 '게이 ...

있는 관객들에게 외쳤다.

새암춤회가 바다오염을 경고하는 내용을 그린 '바다가 죽어간다'를 공연하기 위해 오르자 "쓰레기 던지는 것 또한다"며 리허설때부터 죽 지켜본 관객이 아는체를 한다.

화려한 의상 '신바람'

... '이슬을 ...

...'가 화려한 의상의 남녀로 무대를 가득 채우자 관객들은 더욱 신이 났다.

동랑댄스앙상블의 현대무용 '하나뿐 셋 넷'과 목포시립무용단의 한국무용 '미로-동살풀이' 및 부채춤 '이땅의 별이되어'까지 이르자 짧은시간동안 객석매너가 부쩍 세련된 구경꾼들은 중요한 장면에서마다 박수를 보낸다.

얻은 조승미 발레단은 이날까지 14일동안 거의 쉼 없이 참가해 지칠대로 지친 모습. 하지만 조승미 교수는 "발레를 이렇게 좋아할 줄 몰랐다. 우아함을 생명으로 하는 것이라 야외무대는 어울리지 않는다고 생각했는데 정반대였다. 관객들이 공연이 끝난 뒤 '정말 수고했다'며 무용수들의 손을 잡아줄 때 너무나 기뻤다"며 이번 장 ...

꼼짝않고 지켜본 관객들에게 사회 박일규교수는 "이제 무대는 여러분의 것입니다"며 무대에 뛰어오르기를 권유하자 이번에는 구경꾼들의 신명이 펼쳐졌다.

'춤 대중화'에 한몫

'춤의 대중화'를 가장 큰 목표로 삼은 무용인들에게 관객들과 생생한 만남의 장이 된 여름야외이벤트는 의미있는 작업임에 틀림없다.

남은 공연일정은 다음과 같다.

진하해수욕장, 28일 포항

◇4조-겹사위 무용단, 아브락사스, 엄정자무용단=29일 칠포해수욕장, 30일 대진해수욕장, 8월1일 망향해수욕장, 2일 장오 해수욕장, 3일 맹방 해수욕장, 4일 삼척 해수욕장

◇5조-경희발레단, 강화자 무용단, 동랑댄스 앙상블=5일 망상 6일 경포대, 7일 주문진, 8일 낙산, 9일 속초, 10일 삼포해수욕장

◇6조-대구무용단, 가림다 현대무용단=12~13일 설악산 국립 ...

부산 여름무용축제 경성대 최은희 교수

알찬 공연'뿌듯'

89년부터 시작된 부산여름무용축제의 야외공연은 올해 춤의해 여름야외이벤트를 겸해 어느해보다 알찼다.

부산여름무용축제를 주최하는 부산 경성대 무용학과장 최은희교수(37·한국무용)는 지금까지 여름야외이벤트중 부산이 가장 성공적이었다는 평을 듣고 "그동안 꾸준히 야외공연을 펼쳐 온 보람을 느낀다"며 기뻐했다.

부산여름무용축제는 이론강의, 실기 등의 워크숍과 공연이 합쳐진 종합무용캠프다. 서울 중심으로 행해지는 무용활동을 피서지인 여름철을 맞이하여 중심을 옮겨보겠다는 의도로 경성대에서 마련, 이제 전국의 유명무용단이라면 한번씩 거쳐 갈 정도가 됐다.

매년 광안리 해수욕장 방파제에서 가설무대도 없이 공연을 가져온 이들은 그래서 번듯한 가설무대가 마련된 올해는 더욱 신이 났다.

최은희교수는 "피서지를 찾는 사람들이 해마다 이맘때면 광안리 바닷가에서의 무용공연을 기대하게 만드는 것"이 야외공연의 가장큰 목표라고 밝힌다.

모닝국제 1999년 9월 28일 화요일 ht

한국춤꾼 최은희씨가 10월1일 부산문화회관에서 새천년맞이 개인춤판을 벌인다.

'한국 춤꾼' 최은희 부산 춤판

내달 1일 문화회관서 아홉번째 개인공연

「네개의 바다」「높새바람」등 3작품 선봬

한국인의 삶속에 담긴 이승과 저승간의 의식구조를 무대화한 작품 「넋들임」으로 지난 82년 제4회 대한민국 무용제에서 대상을 받은 한국춤꾼 최은희씨(경성대 무용학과 교수). 그 작품으로 전국적인 명성을 얻은 그가 오는 10월1일 부산문화회관 대강당에서 아홉번째 개인공연을 갖는다.

이날 무대에 올릴 작품은 「네개의 바다」「높새바람」 그리고 「넋들임」.

「네개의 바다」는 생명을 가진 바다를 의인화, 환경에 의해 물결지는 이미지로 구분해 침묵의 바다, 평화의 바다, 격정의 바다, 여명의 바다로 표현한다.

「높새바람」과 「넋들임」은 우리나라의 토속신앙적인 제의성이 녹아있는 작품으로 최교수는 이 두 작품에서 무당으로 나온다.

「높새바람」은 최교수의 홀춤으로 태초에 갈라진 하늘과 땅사이에 춥고 어두운 바람인 높새바람이 부는 언덕의 제단에서 한 여인이 신성함을 의미하는 솟대아래서 춤을 춘다.

하늘과 땅을 잇고 저 먼 미래까지 인간의 정신과 영혼은 끊임없이 걸어가 마침내 닿을 것을 기약하면서.

무속의례인 「진오귀굿」에서 형식을 빌려온 「넋들임」은 「새로워진 삶과 그대를 위해」라는 작은 주제를 달고 있다.

즉 죽은 자들의 넋을 불러 산자들과의 교감을 통해 살아있음과 죽음을 구획, 살아있는 사람들에게 새 세상을 열어준다는 의미로 풀어나간다.

이러한 춤풀이를 위해 초혼의 장, 교감의 장, 넋들임의 장 등 3개의 장으로 무속적인 춤을 통해 새천년을 맞이하고자 한다. 최교수는 이 작품으로 83년 부산과 인연을 맺었다.

한편 그의 춤은 항상 주술성과 신비성을 저변에 두면서 토속적인 정서로 춤 표현을 다양화시키고 있다는 평을 듣고 있다. 620-4960.

조해훈기자

국제신문

8년 4월 3일 금요일

전통춤 파노라마 무내

7일 최은희교수 개인춤판

허튼춤·승무등 차례로 공연

한국전통춤을 하나씩 훑어
는 춤판이 마련된다.
최은희교수(경성대)가 오
7일 오후 7시 30분 경성
콘서트홀에서 여는 「최은
홀춤-레퍼토리 I」. 창작
동에 주력해온 최교수가 96
서울공연이후 부산에서는
음 갖는 전통춤 개인공연
다.
한국춤의 맥을 잇기위해
요 전통춤을 여러차례 공
으로 나눠 추기로 했다.
첫번째인 이번무대는 허
춤와 무형문화재인 승무
매방류) 살풀이춤(이매방
태평무(강선영류)등을
보인다. 승무와 살풀이춤
한을 신명으로 승화시켜
면의 응축미를 표현했다.
평무는 춤의 활달함과 멋
러움을 느낄 수 있다. 특
승무와 태평무는 30분씩
판을 춘다는 점에서 관심
끌고 있다. 한국최초의
작무용단체인 창무회 창단
원으로 활발한 창작활동을
고 있는 최교수의 춤은 간
함과 절제미가 특징.
최교수는 이화여대와 동대
원을 졸업하고 국립국악원
정신문화연구원에서 궁중
중 무속무용등을 섭렵했으

며 김천흥 故 한영숙 강선영 이매방 김매자선생에게 사사했다. 『스승들이 지켜봐 주실때 전통춤을 하나 하나 무대에 올리고 싶다』며 『진솔한 춤꾼으로 거듭나 나만의 대표적인 작품을 만들어 볼 것』이라고 기획의도를 밝혔다. 한편 이번공연에는 국악실내악단인 슬기둥 단원 민영치씨가 특별출연하며 극단 맥 대표 김경화씨가 사회를 맡게된다. 620-4964.

/이은정기자

성숙한 예술로 꽃피운 춤꾼·화가의 만남

藝人 가족을 찾아 <6>

최은희교수 정진윤화백 부부

오랜만에 함께 포즈를 취한다는 정진윤·최은희씨 부부.

최씨 부산춤패 「배김새」 창단 승무 이수자로 명성

정씨 시대상황 작품화하는 현실 참여 작가로 활동

『무용이라는게 종합예술이다 보니 무대장치며 조명 등 여러가지에 신경을 기울여야 하는데 그럴 때마다 일일이 사람을 섭외하고 부탁하는 일이 여간 힘든게 아닙니다. 그런 일을 해줄 사람이 옆에 있고 확실하게 도와주니 편합니다.』

학교수업하랴, 오는 10월1일 개인공연 준비하랴. 하루 24시간이 모자랄 정도로 바쁘게 지내고 있는 한국무용가 최은희씨(44·경성대 교수)는 오랜만에 남편인 정진윤씨(45·서양화가)와 광안리의 한 찻집에서 만나 남편에 대한 고마움을 부끄러운듯 나타냈다. 정씨 역시 지난 16일부터 10월21일까지 서울 포스코 아트뮤즘에서 초대전을 하고 있는 중에 잠시 틈을 냈다.

『아내와는 지난 82년 무용을 하는 사람과 그림을 그리는 사람으로 만나 1년뒤인 83년 1월 결혼했습니다. 아내의 스승인 김매자선생의 무대미술도 하는 등 무용에 오랫동안 관여하다보니 아내의 무용에 대해 간섭을 하는 편이지요.』

두 사람이 만날 당시 최교수는 이화여대 무용학과 대학원을 졸업하고 본격적으로 무용을 하고 있을 때이고 정화백은 홍익대 서양화과 대학원에 재학중이었다.

최교수는 이화여대 무용학과 출신들로 구성된 무용단 「창무」의 창립멤버로 활동했으며 결혼후 3개월만에 부산시립무용단 안무장으로 내려와 시립무용단을 이끌다가 84년 경성대로 옮겨 지금까지 제자들을 양성하고 있다. 그는 지금까지 9회의 개인발표회와 각종 무용제 공연을 통해 40여편의 창작품을 형상화시켰다. 85년에는 부산에서 한국무용으로는 처음으로 순수 민간 무용동인단체인 춤패 「배김새」를 창단케 했고 현재 중요무형문화재 제27호인 승무 이수자로 지정돼 있다.

정화백은 부산뿐만 아니라 전국적인 명성을 얻고 있는 작가로 현실적인 시대상황을 작품화해 참여적인 활동을 줄기차게 해왔다. 특히 84년부터 당시 김응기 박은주 예유근씨 등과 대안공간인 「사인화랑」을 89년까지 운영, 전국 미술계에 신선한 바람을 불러일으키기도 했다. 이러한 미술운동의 하나로 미술평론가 강선학씨와 「조형과 상황」이라는 잡지를 내기도 했다. 94년엔 부산 비엔날레 운영위원장을 맡아 국제미술전을 성공리에 치러내기도 했다.

『고1인 여름이와 중1인 보람이 두딸도 미술을 하고 싶어합니다. 하고 싶은대로 해주어야지요.』

정화백은 작가이전에 한 가정의 남편인 것을 강조하면서 부부가 같이 예술을 한다는게 쉽지만은 않다고 농담삼아 털어놓았다. /조해훈기자

부산일보 제 17450 호 2000년 10월25일 수요일 문화

‘생명의 시원’으로 거슬러가는 춤판

최은희·춤패 배김새
28일 낙동강변 공연
물의 ‘생명 사상’ 노래

낙동강에서 물의 생명력을 노래하는 춤판이 열린다. 물은 생명을 배태하는 근원이고 정화하는 ‘영혼의 세례’이며 모든 것을 받아들여 함께 아우르는 회귀와 대동이다 낙동강에서의 물의 춤판은 그래서 자연의 생명력을 몸짓하는 원초성으로 거슬러 올라간다

최은희(경성대 무용학과 교수)와 춤패 배김새가 2000년 무대지원사업공연으로 28일 오후 4시 부산 북구 덕천동 덕천고가다리 밑 낙동강변에서 야외춤판을 연다. ‘자연과 춤, 물과 생명, 구도의 길’이라는 부제가 붙은 이번 창작춤판의 제목은 ‘나를 보내신 이를 찾아’. 안무 최은희, 대본 채희완(부산대 무용학과) 교수

무대에 오르는 작품은 전통 서사가무 중 동해안 오구굿에 나오는 ‘바리공주’ 설화에 바탕을 두고 있다. 버림받은 바리공주가 약수를 길어 죽은 양친을 되살리듯 물의 생명사상을 강조한다. 이같은 한국인의 뿌리깊은 물의 정신을 오늘을 살아가는 한 여인의 삶에 녹여내고 있다

1장 ‘물 숲 그늘·아침이슬’은 자연의 일부로 한 여인이 태어나는 모습을, 2장 ‘나를 보내신 이를 찾아’는 오늘의 삶을 살아가는 고행의 과정을 그려낸다. 3장 ‘거기 누구라 날 찾아’는 또 다른 생명의 잉태와 출산을 통해 새로운 영혼을 발견하는 과정을, 마지막 장인 ‘땡볕-타는 목마름으로’는 본원적인 생명력으로의 회귀를 보여준다

45분에 걸친 창작춤판이 끝나면 관객들이 춤꾼들과 어울려 신명을 낼 수 있는 ‘관객과 함께 하는 춤 한마당’이 마련되며 음식을 나누는 시간도 갖는다

객석에서 보면 춤판은 낙동강을 배경으로 삼는다 자연환경을 최대한 배려한 무대인 셈 100여개의 솟대와 천들이 강변의 풀숲을 장식하며 객석은 무대를 아래로 내려다보는 둑이다 무대 세트들은 무용수의 춤동작을 통해 이리저리 움직이면서 춤의 공간을 열어주게 된다. 출연 최은희 정미숙 신은주 하연화 강선미리 홍이경 등 28명 051-620-4960.

임성원기자 forest@pusanilbo.com

최은희와 춤패 배김새의 ‘나를 보내신 이를 찾아’ 춤 공연이 28일 오후 4시 북구 덕천동 덕천고가다리 밑 낙동강변에서 열린다

日 쓰시마 최대 연례행사 ‘아리랑 축제’

한국 춤사위에 “스고이” 연발

<멋지다>

일본 쓰시마섬의 최대 연례행사인 ‘아리랑 축제’가 열린 지난 주말, 쓰시마 주민들은 한국 그중에서도 부산 문화를 충분히 즐겼다.

매년 8월 첫째 주말, 쓰시마의 정치 경제 문화 중심지로 한국 문물을 받아들이는 관문이었던 남단 이즈하라에서 열리는 축제는 올해도 어김없이 통신사 행렬 재현과 부산 경성대 동인춤패인 ‘춤패 배김새’의 공연을 중심으로 펼쳐졌다

특히 지난 1993년 아리랑 축제에 첫 참가한 이래 10년이나 교류를 지속해 온 민간 사절단으로 의미를 더하는 춤패 배김새는 올해로 여섯번째 공연을 선보였고 쓰시마 아마추어사진작가들은 10년간 교류를 이어온 배김새의 공연 장면을 담은 사진전시회로 화답하는 등 축제 분위기를 고조시켰다.

모두 15명의 아마추어 사진작가가 참여한 사진전시회는 2일과 3일 양일간 쓰시마 이즈하라 문화회관 로비에서 열렸는데 모두 40여점의 배김새 사진이 선보였다.

전시회를 마련한 사진작가 니이 다카오씨는 “지난해 11월 부산일보 갤러리에서 열린 ‘조선통신사의 길’ 전시회 때 사진을 빌려준 것이 계기가 돼 쓰시마에서도 이 같은 전시회를 기획하게 됐다”며 “앞으론 부산과 쓰시마 교류 사진전을 매년 번갈아가면서 열 계획이다”고 밝혔다

또 3일 오후 춤패 배김새와 남산놀이마당의 길놀이로 시작된 통신사 재현 행렬은 이즈하라 지역 1.3㎞구간에서 1시간 동안 흥겹게 진행됐다

춤패 배김새와 남산놀이마당의 길놀이로 길을 연 통신사 재현 행렬이 쓰시마에서 흥겹게 진행됐다

통신사 재현 길놀이에 ‘춤패 배김새’ 공연
주민·학생 등 자발적 참여 민간축제 승화

행렬 참가자는 모두 500여명. 춤패 배김새와 남산놀이마당 그리고 부산 정보여고 취주악대와 정사 부사일행을 제외하곤 모두 쓰시마 주민과 학생들이 자발적으로 참여해 민간축제의 의미를 더했다.

무더운 날씨에도 아랑곳없이 거리 양옆을 가득 메운 섬 주민들은 한국의 춤사위와 가락에 “스고이(멋있다)”를 연발하며 박수를 보내는 한편 연신 즐거운 표정으로 사진 촬영에 열을 올리기도 했다

“처음으로 행렬을 구경 나왔다”는 오요토우 리에츠씨는 “일본과는 편이나 다른 한국 음악이 흥겹고, 배김새의 춤사위나 의상이 너무 예쁘다”고 말했다.

또 이날 오후 8시 축제 끝 무대로 7천명의 관객이 지켜보는 가운데 이즈하라 항구 야외무대에 오른 춤패 배김새는 바라춤을 시작으로 장고놀이와 소고춤, 멋든춤, 삼고무, 태평무에 이어 신맞이, 북춤, 배김허튼춤 3부로 구성된 물맞이굿을 선보여 박수 갈채를 끌어냈다 안무 최은희. 출연 최은희 정미숙 하연화 신은주 등 23명.

또 통신사 행렬과 배김새 공연 등을 주관한 야마모토 히로미 조선통신사행렬진흥회장은 “춤패 배김새는 활력과 열기를 더해주는 축제의 꽃이자 부산과 쓰시마 교류의 핵심”이라고 밝혔다.

쓰시마=김아영기자
yeong@busanilbo.com

2001년 10월23일 화요일 제17754호 29

부산일보

이 책 ■마사 그레함 격정의 기억
/마사 그레함 지음,정명진 옮김

불꽃같이 산 美 최고 무용가 자서전

최은희
경성대 무용과 교수

미국 현대무용사에 가장 크나 큰 발자취를 남긴 무용가, 안무가이며 무용교사였던 마사 그레함의 자서전적 이야기 '격정의 기억'(원제 BLOOD MEMORY)은 무용의 길을 추구하고 갈망하는 미래의 예술가들에게 권하고 싶은 책이다. 무용에 대한 확고한 신념과 열정적인 태도를 보여주는 훌륭한 지침서로서 여겨진다.

'격정의 기억'은 1991년 4월 그녀가 96세의 나이로 세상을 떠나기 한달전 탈고한 책으로 아직도 기억에 생생한 그레함을 추억할 수 있도록 100장이 넘는 사진을 수록하고 있다.

자서전적인 이 책을 통해서 그녀의 어린시절을 비롯해 경제적 생존을 위한 무용생활, 그녀와 함께 동반자로서 활동했던 시인, 무대 장치가, 음악인 등과의 작업에서 나타난 작품에 대한 수많은 내용이 수록되어 있고 가장 사랑했던 단원 겸 남편이던 에릭 홉킨스와의 사랑 등을 담고 있다.

순간 순간 삶의 치열함 속에서 마사 그레함은 무용가를 선택했다기 보다는 "나는 무용가가 되도록 선택받았다고 생각한다"는 그녀의 말에서 춤에 대한 강인함이 와닿는다.

그녀는 자의식이 강하여 무용에서 미국적인 어떤 독특함을 이루어 내기를 원했으며 대부분 미국과 그리스 신화의 여성을 표현하였다.

한때 멕시코에 거주하면서 멕시코의 인디언 문화에 사로 잡혀서 삶의 흥분, 축복, 신비함을 받아 그녀의 가장 대표적인 작품 중의 하나인 '애팔래치아의 봄'을 탄생시키기도 했다. 또한 동양적 체취의 무용가로 동양식 꽃꽂이를 춤으로 표현하기도 했다.

마사 그레함은 동시대적 춤을 추구하면서 안무가 이전에 무용가이기를 고집하여, 노령인 76세까지 무대에 섰던 불꽃같은 삶을 살았던 무용가로 기억된다. 나에게 있어서는 그녀의 삶에 대한 열정과 창작의 근원으로서의 사물에 대한 끊임없는 성찰이 어우러져 만들어 내는 활화산 같은 예술적 열망에 더욱 관심이 가는 것은 어쩔 수 없다.

"연습이란 자신의 목표를 관철시키기 위한 완벽의 경지에 도달 할 수 있는 유일한 수단이다…육체를 통해서 삶의 진수를 표현하게 된다. 이 육체는 삶과 죽음, 그리고 사랑까지 기억으로 남아 한 인간의 중요 역사를 모조리 담보하고 있지 않는가. 정신적 안락은 다름이 아니고 바로 강인한 신념이다."

2000년 11월 25일

낙동강 갈대밭에 펼쳐진 춤

자연과 춤, 물과 생명, 구도길 형상해

최은희와 춤패 배김새 공연 〈나를 보내신 이를 찾아〉를 보고

문화예술공연에 목말라 있던 주민들에게 지난 10월 28일 낙동강 갈대를 배경으로 펼쳐진 춤패 공연은 신선하다. 최은희와 춤패 배김새의 공연 〈나를 보내신 이를 찾아〉가 낙동강 덕천배수장 뒷편에서 있었다.

작품 〈나를 보내신 이를 찾아〉는 서사무가 중 동해안 오구굿에 나오는 〈바리공주〉 석화에 바탕을 두고 있다. '바리공주'의 '바리'는 '버린다'의 의미로 해석하였는데 이를 죽은 양친을 약수를 길어다 소생시킨 공주라 보아 '바리'를 생산적인 뜻으로 바꾸었다. 이번 작품은 이러한 '바리공주'의 설화를 현대 한 여인의 삶으로 재해석하여 오늘의 새생명회귀를 구현하여 본 것이다.

2부에는 관객과 함께하는 춤마당으로 61명 전원이 출연하는 한마당 춤판이 벌어졌다. 그러나 아쉬운 것은 정작 이런 행사에 관객이 적었다는 점이다. 모처럼 문화예술의 불모지라는 우리 북구에 이런 공연이 마련되었는데 말이다.

아무튼 이번 공연은 북구지역 주민들은 물론 많은 관객들의 생활에 약간의 여유와 풍요로움을 주었다고 생각된다.

박용수 명예기자

2002년 12월18일 수요일 제18118호 25

물같은 흐름 간결한 線의 美

'그 영혼 새가 되어- 최은희 홀춤'

중견 한국춤꾼 최은희(경성대 무용학과 교수)가 한국춤 레퍼터리 시리즈 '최은희의 홀춤' 공연을 갖는다. 21일 오후 7시 민주공원 작은방에서 열리는 '그 영혼은 새가 되어-2002 최은희 홀춤'.

1998, 1999년에 이은 세번째 '홀춤'공연으로 전통과 창작 독무를 선보인다. "거듭된 창작 활동을 통해 발산됐던 호흡을 안으로 가다듬고 정제시키기 위한 자리"라는 게 공연을 준비하는 그의 말. 우리 전통 춤을 이어간다는 뜻도 함께 담고 있다.

간결한 선의 미학을 추구하는 그가 이번 공연에서 선보일 전통춤은 한국춤의 화두라 할 만한 승무와 살풀이춤.

21일 민주공원 작은방
이매방류 승무·살풀이
'배김새' 등 찬조출연

지난 94년 중요무형문화재 제27호 승무 이수자로 지정받은 그는 물같은 흐름과 역동성을 중시하는 '이매방류 승무'의 전과장을 재구성해 선보이고 '정중동·동중정'의 미로 대변되는 남도 굿춤 '이매방류 살풀이 춤'을 펼쳐낸다.

특히 이날 공연엔 부산시립국악관현악단 채수만(대금) 박성희(판소리) 김경수(피리) 김성수(아쟁) 신문범(장구)가 직접 반주자로 나서 무대의 생생함을 더한다.

창작춤 '그 영혼은 새가 되어'는 신라 충신 박제상의 부인 김씨설화를 다룬 정일근 시인의 시 '치술신모의 기다림'을 모티브로 한 작품.

또 소리꾼 박성희가 '수궁가'중 한 대목을 들려주고 춤패 배김새가 찬조출연해 '배김 허튼춤'의 신명과 흥으로 무대를 마무리한다. 051-462-1016.

김아영기자 yeong@

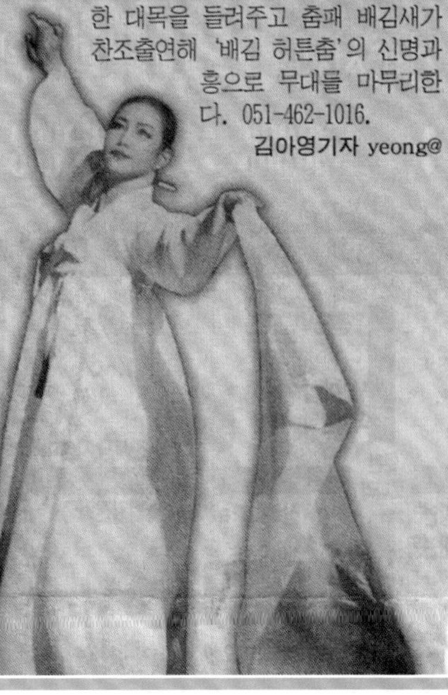

한국춤과 현대무용 접목 자체 국악연주단 '독특'

울산시립무용단 창단 결실

안무자· 최은희교수

울산시립무용단(안무자 최은희·경성대 무용학과 교수)이 지난 1일 공식 출범했다. 지난 9월15일 안무자를 위촉한 뒤 단원 오디션을 거쳐 두달반 만에 창단의 결실을 보았다.

무용단 총단원은 53명. 안무자 최교수를 비롯, 지도자에 현숙희, 단무장에 전현철이 선임됐다

수석단원으로 홍이경(무용) 윤찬구(연주), 차석단원엔 이현주 이창규 홍석기 강희정(무용), 우진수(연주)가 선발됐다. 일반단원은 무용부문이 34명, 연주부문이 10명.

울산시립무용단의 특징이라면 우선 한국춤과 현대춤을 아우르고 있다는 점이다.

춤의 장르 파괴를 선언하고 나선 셈이다. 한국춤을 모태로 하되 현대무용의 에너지와 테크닉도 수용하여 시대의 흐름을 호흡하는 강력한 무용단을 만들겠다는 의도다.

'악·가·무 일체' 강조

무용 34명 연주 10명

한해 12차례 공연

게다가 자체 국악연주반을 무용단 안에 설치했다. 춤과 가락이 원래부터 하나(樂歌舞一體)라는 것을 강조했기 때문이다. 그래서 춤과 가락이 긴밀하게 서로 소통하는 춤판을 계획하고 있다

창단공연은 내년 5월말께로 잡고 있다 창단공연은 한국춤과 현대춤이 어떻게 어우러질지, 무용단 소속의 국악연주반이 실제 어떤 효과를 거둘지, 전국 시립무용단으로서는 처음 시도하는 울산시립무용단의 조치가 평가받는 무대가 될 듯하다

울산시립무용단은 1년에 정기공연 4차례, 특별기획공연 8차례 등 시립무용단으로서는 보기 드물게 왕성한 춤판을 열어 울산시민을 찾아갈 예정이다 우선 내년 1월에 '간절곶 해맞이 행사'와 '정월 대보름 지신밟기'를 계획 중이다

최은희 안무자는 "울산의 문화 유적을 비롯, 지역적인 소재를 적극 발굴하여 울산시립무용단만의 독특한 춤의 빛깔을 내보이겠다"고 말했다 052-276-0372.

임성원기자

2000. 12. 1(금)
울산광역시립무용단 창단

울산시립무용단이 지난 1일 울산문화예술회관에서 창단식을 갖고 공식 출범했다

창단공연 '우로보로스' 24일 문예회관

울산시립무용단 창단공연이 오는 24일 오후 7시30분 울산문화예술회관 대공연장에서 열린다. 김경우기자 woo@ksilbo.co.kr

울산시립무용단(안무자 최은희) 창단공연이 오는 24일 오후 7시 30분 울산문화예술회관 대공연장에서 열린다.

우로보로스'(Uroboros)라는 제목의 춤으로 최은희 시립무용단 안무자가 안무하고 김열규 인제대교수가 대본을 맡았다.

우로보로스는 문화인류학에서 널리 쓰이는 용어로 우주를 잉태한 원형, 인류의 대부신과 대모신이 한 몸으로 온갖 생명의 싹이 하나로 어울린 장엄한 원형을 말한다.

'비로소 하늘 트이고 땅이 열리니' '물의 춤, 일어서는 물들' '춤추는 하이퍼 리얼리티' 등 3부로 구성된 춤은 반구대 암각화에서 생명력을 찾아내면서 시작돼 창단의 의미와 새천년의 이미지를 하나로 묶어내고 기계화된 현대사회 인간들의 고민을 모색한 뒤 미래의 새로운 생명의 원천을 제시한다.

창작 춤으로는 쉽지않은 1시간여 되는 긴 작품으로 호흡은 내면적이고 정제된 한국춤에, 기능이나 표현법에서는 자유로운 테크닉의 현대무용에 바탕을 두고 있다. 춤동작은 최안무자 특유의 강한 힘과 에너지, 지역성을 바탕으로한 질박함이 두루 묻어난다.

최안무자는 "한국춤과 현대무용의 장점을 살린 이 두가지가 서로 분리되지 않고 하나로 녹아나도록 하는, 춤의 새로운 모델을 제시하고자 한다"고 말한다.

첨단 영상매체과 스펙타컬한 무대장치도 현시대를 반영하면서 무용이 종합예술이라는 다양성을 보여주는 것도 이번 작품의 특징이다.

무대장치는 2000 PICAF국제현대미술전 위원장을 지낸 정진윤씨가 맡았다. 7m가 넘는 조각으로 새로운 암각화를 무대에 펼쳐보인다.

영상매체는 동명정보대 컴퓨터그래픽학과 최성원 교수가 맡아 무용무대에서 볼 수 없었던 3차원 영상 애니메이션과 멀티비전으로 원시시대부터 미래까지의 역사성을 담았다.

음악은 무용음악을 많이 해온 신혜영씨가 맡았고 시작과 마침부분에는 무용단 연주단원들이 무대장치 속에서 생음악으로 연주함으로써 생동감을 더한다.

울산시립무용단은 지난해 12월에 창단된 시립예술단으로서 6개월여에 걸쳐 창단공연을 준비하는 한편 정월대보름맞이 지신밟기, 울산문수구장 개장공연 등을 통해 울산시민들과의 만남을 가져왔다. 단원은 한국무용과 현대무용, 발레를 전공한 무용수와 전통악기를 연주하는 악단 등 54명으로 구성돼 있다.

정명숙기자 jms@ksilbo.co.kr

최은희 울산시립무용단 안무자

"관객이 함께 느끼고 감동하는 무대 만들터"

욕심을 부렸다. 창작춤으로는 어려운 1시간에 이르는 대작인 현대무용과 한국무용의 기법이 묶여지고 생음악과 영상매체까 장하는 종합예술로서의 격을 유 보여준다. 그래서 서울과 부 우리나라 무용계에서도 많은 보이고 있다.

개월이라는 준비기간이 다소 빠 습니다. 이제 대학을 갓 졸업한 들로서는 새로운 무용언어를 익 도 벅찬 기간이죠. 단원들이 대 체로 젊으니까 노련미보다는 패기로서 강한 에너지를 보여주려 합니다"

여러 유형의 사회적, 인간적 갈등을 푸는 것을 춤의 중요한 기능으로 생각하고 있는 최안무자는 시대적인 문제, 분위기, 정신 등을 어떻게 춤에 반영하는가를 고민하는 대표적인 안무자이자 춤꾼이다. 이번 공연에서도 직접 무대에 선다.

최안무자는 이화여대와 동대학원에서 한국무용을 전공했다. 제4회 대한민국무용제에서 〈넋들임〉을 안무하여 대상을 수상했고 현재 경성대 무용학과 교수로 있으면서 춤패 배김새의 예술감독으로도 활동하고 있다.

정명숙기자 jms@ksilbo.co.kr

시립무용단 창단공연 '우로보로스'

지난 24일 열린 시립무용단 창단공연 우로보로스 임규동기자 photolim@ksilbo.co.kr

대중·작품성 조화 '기대이상' 평가

원시~현대 방대한 스케일 다양한 볼거리 제공

고전 현대무용 연결, 영상 춤의 조화 ㅁ 흡 아쉬움

울산시립무용단(안무자 최은희)의 창단공연 우로보로스(Uroboros)'는 대중성과 작품성을 적절히 조화시킨 수준있는 창작품으로 기대이상'이라는 평가를 얻었으나 한국춤과 현대무용의 연결 영상과 춤의 조화가 매끄럽지 못했다는 지적이다.

지난 24일 오후 7시 30분 울산문화예술회관 대공연장에서 펼쳐진 이날 공연에는 시립예술단의 공연으로는 유래가 없이 많은 2천여명이 입장 관객들이 계단에까지 앉아 감상하는 성황을 이루었을 뿐 아니라 서울과 부산 등지에서 조흥동 한국무용협회 이사장 김매자 창무예술원 이사장 무용평론가 이상일 채희완 김경애씨 등 무용계 인사들이 대거 참가, 관심을 나타냈다.

이번 공연은 시립무용단으로서는 보기 드물게 '보여주기용' 전통무용이 아닌 최은희씨 특유의 민속성과 시대성 탄력성을 잃지 않은 1시간20분이라는 큰 규모의 창작춤이었다는 점에서 우선 평론가들의 호평을 끌어냈다.

춤전문 월간지 댄스포럼의 발행인이자 무용평론가인 김경애씨는 "지역의 요구와 문화수준을 고려하면서도 작품성을 잃지않는 수준있는 작품이었다"며 원시부터 현대까지의 방대한 스케일을 다양한 볼거리 속에 소화해냈다"고 평했다.

창작춤을 보여주기에는 6개월간이라는 길지 않은 준비기간이었지만 무용수들의 탄탄한 기량도 기대를 낳게 했다. 특히 1부 '비로소 하늘 트이고 땅이 열리니'에서는 한국무용가 홍이경씨의 힘있는 전통춤사위와 관객을 끌어당기는 카리스마가, 3부 '춤추는 하이퍼 리얼리티'에서는 현대무용가 강희정씨의 에너지 넘치는 자유로운 몸짓이 눈길을 끌었다. 또한 1부 2장 '목숨 꽃 피어나는'에서 2인무를 보여준 이성원씨와 장수임씨도 지극히 아름다운 춤결을 보여주었다.

김매자 창무예술원 이사장은 "연습기간이 짧아 기대를 많이 하지 않았으나 의외로 무용수들의 기량이 뛰어나다"며 "그동안 직업무용단들이 보여준 상투적인 춤을 한단계 뛰어넘는 기대되는 무용단"이라고 평했다.

전국시립무용단으로서는 처음으로 한국춤과 현대무용 전공자들이 함께 하는 무용단이라는 이색적인 출발도 관심을 끌기에 충분했다. 우리나라 무용계는 한국과 현대무용의 구분이 무의미하다는 주장이 만연돼 있음에도 불구하고 엄연하게 구분되어 활동하고 있으나 이번 울산시립무용단이 과감하게 이러한 벽을 뛰어넘어 창작'이라는 공통분모 속에 어우러냈던 것이다. 그러나 그 연결과 함께함에 있어서는 부자연스러움이 적지 않아 울산시립무용단의 과제로 남았다.

'한국최초로 시도된다'고 내세운 3차원영상과 멀티비전의 활용을 오히려 극적 효과를 떨어뜨리며 산만함을 안겨주었다. 영상은 마치 장면전환을 위해 별도로 마련한 '막간 작품'처럼 춤과 연결되지 못했다. 무용수를 실루엣으로 처리하면서 현대적 의미를 담아내려했던 멀티비전은 내용을 전달하지도, 몸짓을 드러내지도 못하고 한동안의 지루함만을 안겨주었다.

이번 공연에서 가장 문제점으로 지적된 것은 조명. 조명은 암각화를 연상시키면서 춤과 조화된 분위기를 나타내는 무대장치를 거의 살려내지 못했을 뿐아니라 강약의 구분도 뚜렷하지 않아 무용수를 집중적으로 드러내는데도 실패했다.

이에 반해 시립무용단 연주팀의 생음악과 신혜영씨가 작곡한 재생음악은 전통과 현대 역동과 절제를 긴장감있게 표출하면서 춤과 조화를 이루었다. 그러나 생음악이 소리가 약해 관객에게 현장감과 강렬함을 전달하지 못해 다소 아쉬웠다.

정명숙기자 jms@ksilbo.co.kr

8 울산매일 문화

전통-현대 접목 '춤문화' 가꾸기

○지난해 12월 1일 창단한 울산시립무용단(안무자 최은희)은 올 한해를 울산시민들에게 얼굴 알리기에 주력하는 가운데 많은 시간을 연습 할애하고 있다.

지역 예술계 '2001 비전'

시립무용단 ③

내달7일 시민과 첫만남

움직이는 무용단 활성등

울산무용 홍보에 주력

"전통 바탕 새로운것 창작"

최은희 시립무용단 안무자

이연옥 기자

---

6 2001년 5월 21일 (월) 울산광역일보 교육·문화

울산의 생명력 환상적인 춤으로…

시립무용단 첫 무대 '우로보로스-우주의 모태'

24일 오후 문화예술회관 대공연장

안무자 최은희

지난해 12월 창단한 울산시립무용단이 첫 무대로 '우로보로스-우주의 모태'(Uroboros)를 24일 오후 7시 30분 문화예술회관 대공연장에 올린다.

새천년을 맞아 출발한 울산시립무용단은 이번 무대를 창단 첫 공연이라는데 의미를 두고 울산과 창단의 개념을 한데 묶어 반구대 암각화에서 생명력을 찾아내는 것으로 서두를 풀어낸다.

또 춤과 환상적인 이미지, 원시시대의 생명력을 기계화된 현실로 미래를 끌어내어 미래의 새로운 원천, 생명의 원천을 제시한다.

특히 태초의 원시와 울산의 생명력을 제시하기 위해 암각화를 형태로 한 높이 7미터의 스펙타클하며 입체감이 살아있는 세트를 조각해 무대 위에 새로운 암각화를 제시한다.

시립무용단 안무자 최은희씨는 "울산의 유적지를 바탕을 한 지역적인 소재를 발굴해 한국 춤 내면의 호흡기법과 현대 춤의 자유로운 테크닉을 펼쳐 시대의 흐름을 함께 호흡할 수 있는 현대의 예술 춤으로 승화시키고자 했다"며 "영상매체를 활용한 실험적인 작업으로 통합예술을 추구하는데 초점을 둬 새로운 춤 세계관을 생명의 땅, 문화의 땅 울산에 독창성 있는 시립무용단으로 태어나고자 한다"며 작품 의도를 밝혔다.

이번 공연의 대본은 인제대 김열규 교수가 맡았으며 △지도-현숙희(시립무용단 지도자) △작곡-신혜영(한국예술종합학교 무용원 강사) △미술-정진윤(PICAF 국제현대미술전 위원장) △영상-최성원(동명정보대 컴퓨터 그래픽 교수) △기획-전현철(시립무용단 사무장)의 스탭과 47명의 단원들이 출연한다.

/정선회기자

〈작품소개〉

▲프롤로그와 1부(비로소 하늘 트이니 땅이 열리니)

탄생의 의미를 가지고 춤판의 의미를 열어간다. 원초적인 생명의 탄생을 불의 춤과 제의적인 춤으로 엮어내며 한국고유의 악기(대고, 모듬북, 바라, 공악기)로 생음악을 연주한다.

▲2부(물의 춤, 일어서는 물들·오지여 난쟁이여)

자연과 인간의 갈등을 새로운 변화, 새로운 물결과 자연과 하나인 목숨, 우주와 어울린 목숨이 누리는 이상향으로 한국 춤의 내면적 호흡을 물결로 묘사한다.

변화와 인간의 갈등으로 인해 평화의 땅은 점점 퇴색되어 가고 천둥은 천지를 위협해 광기의 난장판이 펼쳐지며 생명의 원천인 제단 앞에는 물소리의 곡성이 춤으로 형상화돼 터져나온다.

▲3부(춤추는 하이퍼 리얼리티)

현대적, 획일적, 기계적 이미지에서 '인간과 인간의 대립'으로 충돌과 갈등을 통해 새로운 에너지를 얻어 발전적이며 미래로 뻗어가는 춤으로 현대 춤의 자유로움과 속도감을 표출하며 현대문명의 급속한 변화를 컴퓨터 노트북 등을 소품으로 사용하고 있으며 한국 최초로 시도되는 3차원 영상 애니메이션과 멀티비전의 장엄함을 느낄 수 있다.

▲에필로그

재생과 화합의 한마당으로 한국의 사상인 윤회사상과 한국전통 춤 살풀이를 바탕으로 한 현대춤의 자유로움과 속도감의 신 살풀이를 생음악, 신디 사이즈 연주와 어우러지면서 신명을 고조시킨다.

울산매일 제2735호 2001년 3월 16일 금요일

시립무용단 창단공연 '우로보로스'

새천년 새물결 생명탄생을 모태로

대본은 김열규 교수

5월25일 오후 문예회관

○시립무용단이 5월 25일 창단공연을 갖고 울산이 후천 개벽의 선두에 서야 한다는 당위성을 춤사위로 표출한다.

이연옥 기자

부산일보 2001년 3월12일 월요일 제17565호 19

울산시립무용단 무용수들이 오는 5월 창단공연을 위해 연습에 비지땀을 흘리고 있다. 정종회기자 jjh@

'춤사위 활짝' 비상준비 한창

■울산시립무용단 5월25일 창단 공연

반구대 소재 '우로보로스'로 시민에 첫 선

멀티비전 동원 영상·춤 환상무대 마련

임성원기자 forest@pusanilbo.com

울산여성신문

1999. 1 25 창간　주간 제108호　2001년 5월 31일　(우) 680-013 울산광역시 남구 신정3동 507-2　대표전화 : (052)258-0064　FAX : 258-5774

4　ULSAN WOMEN' S NEWSPAPER　조대석·녹사바ㅇ　2001년 5월 31일(목)

여성초대석　최 은 희　울산시립무용단 안무자

"무용은 내 종교" 무대위 혼신

전국비평가 공인받은 실력가

객석 가운뎃줄 일곱 번째 좌석으로 몸을 얹은 40대 여성. 무대 쪽을 겨냥한 핸드마이크의 낭랑한 미성(美聲)이 어둡고 넓은 공간을 가른다. 부드러움 속에 거부할 수 없는 무게가 느껴진다.

"혜경이하고 안 맞아. 두 사람이 왜 못 맞춰? 좀더 앞으로 나와야지." "발소리 내지 말고 맨발로 연습해 봐야 해요." "덜커덩 소리가 너무 너무 커. 분위기 다 깨버리면 어떡해." "음악 달라지면 조명 변화 주세요."

창단기념 공연을 불과 사흘 앞둔 지난 21일 오후 3시, 울산시문화예술회관 대공연장. 목소리의 주인공은 울산시립무용단 최은희 안무자. 올해 만 나이 마흔여섯. 당시 문예회관장(황성환 동구 부구청장)이 신중한 인선(人選) 끝에 지난해 9월 어렵사리 낙점(落點)한 지역 무용계의 새 히로인. 전국의 영향력 있는 무용비평가들의 자문을 죄다 거친 실력파라 했다.

창단후 첫선 보일 작품 「우로보로스」. 몸동작 훈련은 이미 마으나 무대에 올리려면 마무리 조율이 필수적. 때마침 이날은 조명팀과 호흡 맞추는 날. 안무와 구성 모두를 책임진 터라 행여 빈틈이라도 생길까봐 걱정이 태산. 목소리엔 긴장감마저 감돈다.

"독종(? 毒種)에 속한다 할까…" "악바리 근성이 있죠."

측근들의 농담 섞인 전언이다. 작품 완성도 높이기에 쏟는 열정에 대한 다른 표현이랄까. 어떤 땐 연습을 새벽 4시에 시작하거나 밤 12시까지 시킨 적도 있다고 들린다. 잠깐의 휴식시간, 발바닥이 아파 무대 옆에서 다리 저는 단원의 모습이 눈길에 잡힌다. 그래선지 당시 관장은 단원들을 너무 혹사(?)시키지 말고 지정병원이라도 두도록 조언했다던가.

"안 그래요. 제가 양띠인데, 정말 양같이 순해요."

'악바리'에 대한 반론 같다. 이지적이지만 부드러운 눈매를 보노라면 '독종' 따위 표현은 걸맞지 않아 보인다. 주위 여건이 그런 쪽으로 끌고 갔을 뿐, 순수하고 마음이 여리다는 주위의 귀띔이 맞아떨어지는 느낌.

시립무용단은 지난해 12월 오디션을 거쳐 남성무용수 15명을 포함, 단원 54명을 채웠다. 이후 여러 달 동안 '몸 만들기'에 심혈을 쏟았다. 그 와중에도 민속축제나 문수구장 잔치 같은 옥외행사에 품앗이 출연을 강행해야 했다. 무리수가 따른 것도 무리는 아니었을 게다.

"특별한 신앙은 없어요. 굳이 말한다면 무용이 제 종교인 셈이죠."

부산 경성대 무용학과 교수이기도 한 최은희 안무자. 그녀 말대로 그녀에게 종교는 무용이다.

인천서 태어나 서울 성신여고를 거쳐 이화여대 무용학과에서 한국무용을 전공. 79년도엔 창작무용 춤꾼들 모임 「창무회」의 창단 멤버로도 참여했다. 부산에 뿌리 내릴 무렵인 85년 말엔, 올해 초 15회 공연을 마친 한국무용 동인모임 「춤패 배김새」를 만들어 이끌기도. 울산예고 윤보경 교사는 경성대 무용학과 1회 제자이자 배김새 창단 단원.

최 안무자는 제4회 대한민국무용제 대상을 비롯, 수상경력이 다채롭다. 창작발표 또한 숱하다. 그러나 이름 날릴수록 유명세가 따라붙는 법 '우로보로스' 무대미술 설치에 남편을 끌어들였다 해서 구설수에 올랐다. 하지만 24일의 성공적 공연은 이를 능히 잠재웠다는 후문.

"자연염색이에요."

거듭 묻는 질문에 망설이다 끄집어낸 코멘트. 가운데 가르마 틈새로 수줍은 듯 드러난 흰색 머리카락이 무척 인상적이다. 누가 보아도 한국적 미인.

지역의 어느 원로 남성무용가는 '춤꾼 나이는 묻지 않는 게 예의'라 했다. 하지만 그녀는 그런 면에서도 숨김이 없었다. 한 살 위인 부군 정진윤씨(47)와의 사이에 고3, 중3인 두 딸이 있다.

글=김정주 주필

경상일보　2001년 5월 11일(금)

시립무용단 '생명탄생의 몸짓'

창단공연 '우로보로스' 24일 문예회관

울산시립무용단(안무자 최은희) 창단공연이 오는 24일 오후 7시 30분 울산문화예술회관 대공연장에서 열린다.

우로보로스(Uroboros)라는 제목의 춤으로 최은희 시립무용단 안무자가 안무하고 김열규 인제대교수가 대본을 맡았다.

우로보로스는 문화인류학에서 널리 쓰이는 용어로 우주를 잉태한 원형, 인류의 대부신과 대모신이 한 몸으로 온갖 생명의 싹이 하나로 어울린 장엄한 원형을 말한다.

'비로소 하늘 트이고 땅이 열리니' '물의 춤, 일어서는 물들' '춤추는 하이퍼 리얼리티' 등 3부로 구성된 춤은 반구대 암각화에서 생명력을 찾아내면서 시작돼 창단의 의미와 새천년의 이미지를 하나로 묶어내고 기계화된 현대사회 인간들의 고민을 모색한 뒤 미래의 새로운 생명의 원천을 제시한다.

창작 춤으로는 쉽지않은 1시간여 되는 긴 작품으로 호흡은 내면적이고 정제된 한국춤에, 기능이나 표현법에서는 자유로운 테크닉의 현대무용에 바탕을 두고 있다. 춤동작은 최안무자 특유의 강한 힘과 에너지, 지역성을 바탕으로한 질박함이 두루 묻어난다.

최안무자는 "한국춤과 현대무용의 장점을 살린 이 두가지가 서로 분리되지 않고 하나로 녹아나도록 하는 춤의 새로운 모델을 제시하고자 한다"고 말한다.

첨단 영상매체과 스펙타컬한 무대장치도 현시대를 반영하면서 무용이 종합예술이라는 다양성을 보여주는 것도 이번 작품의 특징이다.

무대장치는 2000 PICAF국제현대미술전 위원장을 지낸 정진윤씨가 맡았다. 7m가 넘는 조각으로 새로운 암각화를 무대에 펼쳐보인다.

영상매체는 동명정보대 컴퓨터그래픽학과 최성원 교수가 맡아 무용무대에서 볼 수 없었던 3차원 영상 애니메이션과 멀티비전으로 원시시대부터 미래까지의 역사성을 담았다.

음악은 무용음악을 많이 해온 신혜영씨가 맡았고 시작과 마침부분에는 무용단 연주단원들이 무대장치 속에서 생음악으로 연주함으로써 생동감을 더한다.

울산시립무용단은 지난해 12월에 창단된 시립예술단으로서 6개월여에 걸쳐 창단공연을 준비하는 한편 정월대보름맞이 지신밟기 울산문수구장 개장공연 등을 통해 울산시민들과의 만남을 가져왔다. 단원은 한국무용과 현대무용, 발레를 전공한 무용수와 전통악기를 연주하는 악단 등 54명으로 구성돼 있다.

정명숙기자 jms@ksilbo.co.kr

울산시립무용단 창단공연이 오는 24일 오후 7시30분 울산문화예술회관 대공연장에서 열린다.

김경우기자 woo@ksilbo.co.kr

부산일보

문화　2001년 5월21일 월요일 제 17623 호　19

우주를 잉태한 원형의 몸짓 '훨훨'

□ 울산 시립무용단 창단 공연 '우로보로스'

탄생·지역성 요소 절묘한 조화

한국춤 내면 호흡·현대테크닉 대화

천지창조·갈등·격변 클라이막스 볼만

칠흑같은 어둠속에서 수평선을 건넌 여명의 엷은 햇살이 태화강 상류 대곡리 골짜기 암각화에 스며들고 이곳 우주의 모태에서 비로소 하늘과 땅이 제이름을 부르며 생명의 탄생을 선언한다 그리고 춤이 시작된다

24일 오후 7시30분 울산문화예술회관 대공연장에서 열리는 울산시립무용단(안무 최은희 경성대 교수 창단공연 '우로보로스(Uroboros)'. 우주를 잉태한 원형(圓形)을 말하는 '우로보로스'를 주제로 택한 울산시립무용단은 이 주제를 탄생과 울산이라는 시공간적 그릇에 담았다.

멀리 고대 암각화에서 포착된 원시의 생명력에서 시작한 탄생은 자연과 자연, 자연과 인간과의 갈등 속에서도 시간의 흐름에 맞춰 새로운 탄생을 거듭한다. 기계화된 현대의 문명도 원시의 생명력과 서로 화해해 미래의 새로운 원천이다.

탄생이란 요소와 함께 울산이라는 ㅈ성도 춤을 풀어가는 중요한 동인의 나 반구대 암각화의 원시성과 공업 라는 산업문명이 공존하는 이 도시의 미지가 춤과 영상을 통해 녹아든다.

춤의 형식에서는 한국춤의 정제된 호흡기법과 현대춤의 자유로운 테크 대화하면서 조화를 이룬다.

작품 구성도 이 두 요소를 부각하 맞춰져 있다. 반구대 암각화로 형상 는 프롤로그에 이어 1부 '비로소 하늘 이고 땅이 열리니'에선 불의 신과 ㅈ 집단이 천지창조의 굿판을 벌이고 태 인간 탄생을 알린다.

2부 '물의 춤, 일어서는 물들'에 구심에서 원심으로 휘돌아 감는 한국 소용돌이로 평화를 노래하다 인간과의 등으로 난장판이 펼쳐지는 장면을 형 했다.

현대의 시점인 3부 '춤추는 하이퍼 얼리티'에서는 현대문명의 급속한 변 멀티비전의 영상이 투사된 무용수의 한 기계적인 움직임과 현대춤의 자유 으로 표출한다. 인간과 인간의 립을 그린 3부가 끝나면 에필 에선 윤회사상과 살풀이춤을 으로 현대춤이 교묘하게 어우 면서 대단원의 막을 내린다.

춤의 흐름은 주변 여건의 뒷받침에서 욱 화려하게 진행된다. 바라 모듬북 타악기의 생음악을 연주하는 이들이 무용단에 소속된 전속악사들. 그래서 과 음악과의 호흡이 절로 산다 프롤 에서 선보일 무대위 높이 7m의 암각 형상화한 세트와 3부에서 선보일 3 영상애니메이션, 50대의 멀티비전과 만남도 국내에서 처음 시도된다는 점 신비스러움을 더한다. 052-2 0372.

이상헌기자 tt

인제대 김열규 교수의 대본으로 만들어진 울산시립무용단 창단공연 우로보로스 는 우주를 잉태한 원형, 생명의 싹이 하나로 어울린 장엄한 원형을 상징한다.

001년 11월19일 월요일 제 17777 호 문화

부산일보

'팔관회' 화려한 외출

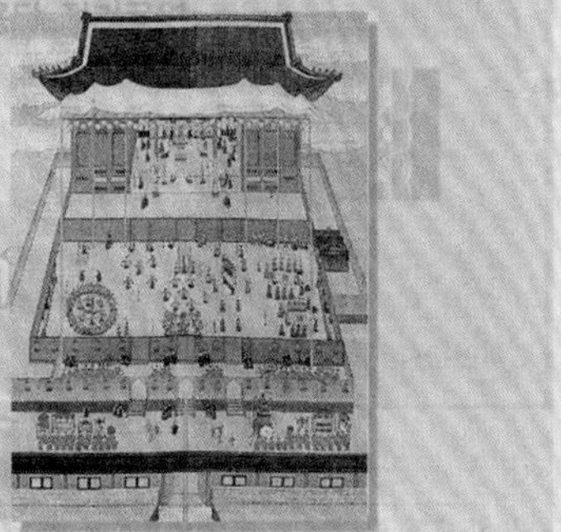

고대부족 제천의식 무대 예술로 재탄생
22일 울산 문화회관서 관객과 만날 채비

고대부족국가의 제천의식에 기원을 두고 있는 팔관회는 고려말까지 국가최고의 의식으로 계승된 민족대화합의 축제판.

임금과 신하,백성이 하나돼 화합을 기원하는 춤과 노래를 즐겼던 팔관회가 무대예술로 다시 만들어졌다.

22일 오후 7시30분 울산문화예술회관 대공연장에서 열리는 울산시립무용단의 제4회 정기공연 '팔관회-밝은 세상'.

2막2장의 구성으로 짜여진 이번 무대는 팔관회에 녹아있는 고대 제의적인 요소,궁중 정재,민간 전승놀이,불교의식 등 다양한 양식들을 모두 풀어놓았다.

1막 '왕실팔관'은 궁중이 주요 무대.

행사장까지 임금이 이동하는 긴 행렬을 묘사한 1장 '팔관위장'과 처용무,포구락,선유락으로 이뤄진 2장 '궁중정재'로 구성했다. 화합과 관용을 상징하는 처용무와 놀이적 형식의 춤인 포구락 이별의 아픔을 역설적으로 화려하게 표현한 선유락이 펼쳐진다.

2막 '화합의 장'은 신단수와 솟대에서 상징되듯 백성의 무대. 궁중정재와 달리 화려하지 않고 소박하지만 신명이 넘친다

1장 '마당놀이'는 풍물패와 잡색,마을사람들이 질펀하게 벌이는 해학의 굿판. 2장 '화합'은 연등의 불빛 아래서 연등춤과 바라춤으로 백성들의 염원을 하늘과 땅에 전한다

울산시립무용단 전단원을 비롯해 부산대 국악과,경성대 무용학과,울산예고 무용과,동해민속예술원 등 모두 109명이 출연하는 웅장한 스케일의 무대다.052-276-0372. 이상헌기자 ttong@

경상일보 2002년 3월 20일(수)

익살과 해학이 넘치는 시립무용단 마당극 한마당

'요놈, 춘풍아!' 21일 문예회관 공연

널리 알려져 있는 고전 '이춘풍전'이 '무용적' 마당놀이라는 새로운 형식으로 재구성되어 울산 시민들에게 다가선다.

울산시립무용단(안무자 최은희)이 '요놈, 춘풍아!'를 오는 21일 오후 7시30분 울산문화예술회관 소공연장에서 마련한다.

제5회 정기공연으로 마련되는 '요놈, 춘풍아!'는 무용의 동선, 대사와 움직임 등을 통한 연극적 요소를 조화시킨데다 창을 가미시켰다. 시립무용단이 마당놀이를 꾸미기는 이번이 처음으로 울산시립무용단의 연주단이 함께 한다.

안무는 최은희씨가 맡았으나 극적 효과를 위해 채희완 부산대학교 무용학과 교수가 대본을 썼고 극단 자갈치 황해순 대표가 연출을 맡았다.

울산시립무용단이 제5회 정기공연으로 마당놀이 '요놈, 춘풍아'를 무대에 올리기로 하고 연습에 열중이다. 임규동기자 photolim@ksilbo.co.kr

최은희 안무자는 "고전문학을 현대적 춤 언어로 재구성한 창작무용극으로 전통악기의 해학적 소리와 관객의 상상을 뛰어넘는 재치있는 음악으로 꾸며 신명나는 무대가 될 것"이라고 말했다.

조선시대 양반사회의 가부장적 권위의 허와 실, 몰락 양반의 한량적 기질로 인한 처·첩간의 갈등과 사랑을 주제로 허풍이나 익살, 희비가 엇갈리는 사건의 전개속에서 남성 본위의 사회상을 비판적으로 형상화한다.

1막은 프롤로그와 허생원의 풍류마당, 2막 명산대첩 팔도유람마당, 매향둥둥 내사랑마당, 처녀조공마당 3막의 구출작전 마당 등 전체 3막으로 구성돼 있다.

시립무용단은 월드컵 분위기 조성을 위해 이번 공연 이후 야외용으로 세트와 내용을 새로 꾸며 구·군 순회공연에 나설 계획이다. A석 1만원, B석 5천원. 최석복기자 csb7365@ksilbo.co.kr

---

경상일보 2002년 6월 21일(금)

울산 정체성 제대로 살려냈다

객석

시립무용단 정기공연 '태화강은 흐른다'

울산시립무용단(안무자 최은희)이 월드컵 개최에 맞춰 지난 19일 정기공연으로 마련한 〈태화강은 흐른다〉는 시립무용단의 창단 공연작품 〈우로보르소〉에 이어 울산의 정체성을 가진 대형 창작춤을 또하나 만들었다는 의미를 가지는 무대였다.

〈태화강은 흐른다〉는 젊은 무용단이자 한국무용과 현대무용을 전공한 단원이 고루 섞여 있는 장점을 충분히 활용하여 울산의 역사적 흐름을 풍요, 충절, 산업 세부분으로 나누어 애절하면서도 역동적인 울산의 역사를 성실한 춤언어로 풀어냈다.

또 간결하면서도 상징적인 무대가 돋보였으며 연주단원들이 생음악으로 만들어내는 전통음악이 전통과 역사성은 물론이고 산업수도의 역동성을 표현하기에도 충분했다.

박제상을 기다리는 김씨부인과 두딸의 애절함을 표현한 춤에서는 진한 감동을 주었고 역동적인 산업도시를 나타낸 힘 있는 마지막 무대도 관객의 공감을 끌어냈다.

반면 내용을 많이 전달하려는 욕심에서 오는 구상적인 표현 때문에 상징성이 다소 부족했다는 지적이다.

무용수들이 구르는 동작이나 휜천을 덮고 움직이는 동작으로 통해 강의 흐름과 역사의 흐름을 표현한 것이나 봉춤, 선무도 등의 전통춤의 동작을 차용한 굵고 힘있는 춤으로 의병과 쇠부리를 표현한 것 등은 의미전달을 용이하게 하는 반면 너무 설명적이기도 했다.

역동적 산업도시 표현 '눈길'
많은 것 전달하려는 욕심 탓
상징성 다소 부족 평 받아

월드컵을 맞아 풍요과 충절, 산업수도 등 울산의 다양한 이미지를 춤으로 형상화해 세계에 널리 전하기 위해 기획된 이날 정기공연에는 관객이 700여명 입장, 울산시와 시립무용단이 월드컵개최 도시의 이미지 제고를 위해 마련한 무대라는 취지를 제대로 살리지 못했다. 특히 지역 무용인들의 저조한 관람도 문제점으로 지적됐다.

글 최석복기자 csb7365@ksilbo.co.kr
사진 임규동기자 photolim@ksilbo.co.kr

울산의 들

우리를

이미정무용단(단장 무용, 현대무용 등 히 구분짓지 않는 싶은 이야기나 대상 그에 가장 잘맞는 8명의 많지 않은 가지만 안무를 전공 해 한국무용과 현대 공한 이들이 고루

각기 다른 전공
여러 장르 작품

연습때마다 각 장르 시켜 나간다.

이미정씨는 "작품 타고 명성을 얻는 추구하는 작품세계 감하는 관객들을 목표"라며 "색깔 는 이야기를 듣기도 여러 장르를 소화해 요하다"고 말했다.

춤사위에 제한을 구한다.

부산일보

6 2003년 10월27일 월요일 제 18379 호 **문화**

일상의 수많은 비극 훨훨~

최은희 큰 춤판 '천둥소리'

29·30일 을숙도 문화회관

경성대 무용학과 학과장으로, 배김새 총감독으로, 창무회 부회장으로 숨가쁜 한 해를 달려온 최은희 경성대 교수.

크고 작은 행사를 벌이고 치르며 '일꾼'의 면모를 유감없이 드러낸 그가 이번엔 3년동안 별러왔던 창작춤판을 통해 '한국춤꾼'으로서의 본령을 보여준다.

29, 30일 오후 8시 을숙도문화회관 대극장에서 열리는 최은희 큰 춤판 '천둥소리'.

창작춤꾼으로서 새로운 한국춤 언어의 발견 가능성을 실험해보는 이번 공연은 지난 2000년 이후 3년만의 창작무대로 '신화'에서 모티브를 따오던 종래의 작품들과 달리 김주영의 소설 '천둥소리'을 모티브로 했다.

"'천둥소리'는 내 마음의 통곡소리인 동시에 변하고 싶은 바람을 다룬 모색의 소리이자 내 가슴을 충동질 시키는 욕망의 소리같기도 했다. 그 느낌들을 춤으로 표현하고 싶었다"는 게 그의 설명.

숙명같은 고통을 인내와 희생, 억척스러움으로 헤쳐갔던 여주인공 신길녀의 삶, 그리고 오늘날 여성들 삶을 발견한 그는 일상의 수많은 비극을 겪어야 하는 인간들에게 경이로운 생명의 소중한 가치를 춤의 메시지로 전한다.

모두 4장으로 이뤄진 작품은 스토리텔링을 형상화하기보다는 장마다의 느낌에 집중했다. 1장 천둥소리는 불안한 예감과 긴장을, 2장 수초의 노래는 여자주인공의 방황과 흔들리는 마음을, 3장 붉고 푸른 만가는 대립과 반목의 격렬함을, 4장 바람 너머로는 어느덧 추억이 돼버린 기억들을 각각 형상화한 것.

"아무리 고민을 해도 작품의 이미지나 동작이 잘 떠오르지 않을때도 있는데 이번 작품을 하면서는 잘 걸러져 정리된 느낌들이 적이나 많았다. 작업하는 내내 편안하고 만족스러웠던 만큼 관객들도 춤에 대한 향기를 느낄 수 있을 것"이라는 게 그의 귀띔이다.

그와 오랜 세월 호흡을 함께해 온 배김새 신은주 하연화 손미란 김민경과 오은주 구영희 한종철 조은정 김경아 정수임 이은정 최의옥 등 제자들이 함께 출연한다. 051-620-4964.

김아영기자
yeong@busanilbo.com

2003년 10월 28일 화요일 국제신문

'우르르 쾅쾅'… 김주영 장편 '몸짓으로'

경성대 무용학과 최은희 교수가 '천둥소리' 공연을 앞두고 연습에 몰두하고 있다. /곽재훈기자 kwakjh@kookje.co.kr

최은희 창작춤판 '천둥소리'

전쟁 등 숨가쁜 역사 그려내

경성대 무용학과 최은희 교수가 3년만에 개인 창작춤판을 벌인다.

부산의 중견 한국무용가인 최 교수는 29-30일 오후 8시 을숙도문화회관 대극장에서 '최은희의 큰 춤판-천둥소리' 공연을 갖는다.

최 교수는 한 주제를 놓고 60분 동안 이어갈 대작을 무대에 올리는 이번 공연을 통해 새로운 형태의 '한국무용 언어'를 발견해보겠다는 의욕에 차 있다.

그는 또 무대에 직접 올라 후배 춤꾼들과 함께 호흡하면서 전체 극을 이끌어나갈 예정이다.

최 교수는 "지난 2000년 울산시립무용단 창단 안무자로 활동하는 등 그동안 '얽매인 형태'의 기획공연을 해오다 이번에 홀가분한 마음으로 단독 창작공연을 하게 돼 애착이 간다"고 말했다.

이번 작품은 작가 김주영의 장편소설 '천둥소리'를 춤꾼들의 몸짓으로 형상화하는 것이다. 문학이 지니고 있는 역사적 의미와 서사적 구조, 인물들의 갈등 성격 등을 몸짓으로 표현하는 것이다.

최 교수는 이 때문에 음악 조명 장치 등 복합적인 무대 메커니즘을 통해 소설작품의 극적 구조를 시각화하는 데 중점을 두고 있다.

이 작품은 동족상잔의 전쟁과 남북분단, 한 여인을 생채기내는 남자들의 모습 등을 숨가쁘게 그리고 있다. 5년이라는 시간 속에는 여인 '신길녀'라는 인물이 등장한다. 그 여인은 강물에 떼밀려 다니는 수초와 같은 평범한 인물이다.

여인은 숙명과도 같은 고통을 겪으면서도 끊임없이 살 곳을 찾아 앞으로, 앞으로 헤쳐나간다.

최 교수는 '신길녀'를 통해 쫓고 쫓기는 일이 반복되는 현대인의 모습을 투영시킨다.

작품의 주제에 따라 전체적으로 대결구조로 이뤄진 무용 '천둥소리'는 극적인 긴장이 연속된다.

이 작품은 끝짜기에 안개가 흩날리고 천둥 소리로 시작되는 프롤로그에서부터 에필로그까지 모두 6개 단락으로 이뤄져 있다.

최 교수는 "특정 춤꾼을 부각시키는 주인공이 따히 설정된 것이 아니고 모든 춤꾼들이 전체 극을 힘있게 이끌어가는 공연이 될 것"이라고 말했다.

하연화 신은주 오은주 손미란 구영희 김민경 조은정 한종철 김경아 정수임 이은정 최의옥 김영진 김민아 김연경 이혜림 박수정 등이 함께 무대를 꾸민다. 620-4960.

/강춘진기자 choonjin@kookje.co.kr

춤패 배김새 총감독 최은희 교수

20년 '춤꾼' 열정 쏟아부어…

16일 경성대서 솔로작품 창작춤판

현악연주 등 곁들여 네 작품 선봬

"춤꾼들이 조로해 안무가로만 머무는 풍토나 창작품의 수명이 1회 공연으로 끝나고 마는 풍토 모두가 아쉬웠다"

16일 오후 7시30분 경성대학교 콘서트홀에서 '2005 창작춤판' 공연을 여는 최은희 경성대 교수

특유의 추진력과 열정으로 20여년의 세월 왕성한 활동력을 보여 온 그는 '천둥소리' 이후 2년만인 이번 창작춤판에 대해 무용수로서의 각오를 내비치는 한편 솔로 작품의 레퍼토리화를 내세웠다

부산시립무용단과 울산시립무용단 안무장 역임, 성년을 맞은 춤패 배김새의 총감독, 50여편의 한국창작춤 안무 등 화려한 이력을 자랑하는 그지만 '춤꾼'으로서는 새로운 각오가 필요하다는 것. 또 솔로 작품들을 남기고 싶은 마음도 들었단다

이를 위해 창작품 중 안무하고 직접 출연했던, 각별한 느낌의 네 작품을 엄선했다 "고르고 보니 인생의 시작과 마무리를 모두 품게 됐다"는 게 그의 설명. 그가 솔로로 직접 출연하는 공연은 라이브 연주가 함께하는 무대로도 의미를 띤다

문을 여는 '하얀배'(1998년)는 인생의 시작, 그 두렵고도 떨리는 심경을 느린 호흡으로 풀어낸 작품으로 창무춤터의 '내일을 여는 춤' 1회 출연작이기도 하다 전통춤 '승무'를 바탕으로 우리네 인생을 긴 항로를 지나가는 하얀배의 이미지로 풀어냈다

'승무'를 바탕으로 우리네 인생의 시작을 풀어낸 '하얀배'

이어지는 '보르딘의 현악 4중주를 위한 야상곡'(2004년)은 임병원 경성대 교수가 이끄는 뮤즈 현악4중주단의 연주가 곁들여지는 무대. 동양적 시정이 넘치는 서양음악과 자연스러운 호흡, 섬세한 발디딤새의 한국춤이 만나 발랄한 젊음을 형상화한다

무반주 바이올린을 위한 '향 제10번'(2004년)은 소리로서 고행의 인생을 표현한 현대음악가 임우상의 곡을 바이올리니스트인 임병원이 연주하는 무대. 춤패 배김새의 대표 하연화와 상임안무가 신은주가 출연해 전원적 인상의 인생 행로를 그린다. 이렇듯 인생의 거쳐온 무대는 '영혼의 번제'(1996년)에서 절정을 맞는다 그는 이 작품에서 만남과 이별, 사랑과 미움, 희망과 좌절 등 수많은 숙명의 벼랑을 겪고 난 이후 찾아온, 고요한 절제의 순간의 느낌과 영혼의 법열을 춤으로 풀어낸다. 051-620-4964.

김아영기자 yeong@

2005년 3월 10일 목요일 문화

16일 '최은희 창작 춤판'

열정적 춤꾼의 색다른 '몸짓'

직접 안무·출연한 작품 재구성

구원과 동경 환상적 무대 선사

부산의 한국춤을 이끌어가고 있는 최은희(경성대 무용학과) 교수가 모처럼 개인 춤판을 마련한다.

최 교수는 오는 16일 오후 7시30분 경성대 콘서트홀에서 '2005 최은희의 창작춤판'을 열면서 중진 춤꾼의 식지 않은 열정을 과시한다.

그는 이번 공연에서 부산춤판을 중심으로 지난 10여년 동안 전국 무대에 선보였던 50여편의 창작 작품 가운데 직접 안무하고 출연까지 한 작품만을 선정, 현 시대에 맞게 재구성했다. 특히 뮤즈현악4중주단과 경성대 음악학과 임병원 교수의 바이올린 연주를 바탕으로 색다른 분위기를 자아내는 춤판이 열린다

동양적 시정이 넘치는 음악 연주와 한국춤 특유의 자연스러운 호흡과 정서, 섬세한 발디딤들이 어우러져 부산의 신춘 춤판을 화려하게 장식한다.

최 교수는 이번에 지난 1996년 초연된 '영혼의 번제'와 98년 처음 무대에 올린 '하얀배', 그리고 지난해 초연해 호평을 받았던 '보르딘의 현악 4중주를 위한 야상곡' 등을 새로운 몸짓으로 단장해 무대에 올린다. 역동적이면서도 단아한 '홀로 몸짓'이 던지는 메시지가 선명할 것이라고 최 교수는 말한다.

이와 함께 최 교수의 '애제자'이자 차세대 춤꾼인 하연화 신은주씨가 듀엣으로 출연해 지난해 초연된 '무반주 바이올린을 위한 향 제10번'을 통해 스승의 개인 춤판을 축하한다.

'영혼의 번제'는 구약시대의 하느님께 올리는 제사의 한가지를 의미하는 '번제'를 춤으로 형상화해 우리 인간의 숙명을 그리고 있다. 인생에서 어쩔 수 없이 접할 수밖에 없는 만남과 이별, 사랑과 이별, 희망과 좌절 등이 숨가쁘게 교차하는 춤이다.

인간의 삶을 긴 항로 상의 배에 비유한 '하얀배'(사진)는 척박한 삶이 구원과 동경에 대한 환상의 구도여행이라는 것을 보여준다.

이 작품은 승무의 긴 장삼 소매자락이 공간에 뿌려지는 모양새가 환상적인 분위기를 연출한다.

'보르딘의 현악 4중주를 위한 야상곡'은 꿈결처럼 달콤한 연인들의 대화 형식으로 펼쳐지는 음악 연주를 배경으로 한국춤의 진수를 유감없이 보여주는 작품이다. 최 교수가 자신의 모든 역량을 집중시켜 야심만만하게 준비한 독무다.

그는 부산시립무용단 안무장과 울산시립무용단 초대 안무장을 역임하는 등 자타가 인정하는 부산의 한국춤맥을 이어가고 있는 춤꾼이다. 한국 전통무용 춤사위의 이미지화, 서사적 구조의 상징화 등 자신만의 고유 색깔을 고집하는 독특한 형식의 춤작업을 통해 지역 무용을 한 단계 끌어올렸다는 평가를 받고 있다.

최 교수는 "홀로 추는 춤이지만 전체 무대를 골고루 활용해 관객들에게 스케일 큰 작품이라는 인상을 심어주겠다"고 말했다. 011-876-0836

강춘진기자 choonjin@kookje.co.kr

국제신문
THE KOOKJE DAILY NEWS
2004년 3월 29일 월요일 문화

춤이 그린 그림, 음악과 만난 춤

낯선 풍경 '퓨전 이중주'

29일~내달 1일 경성대 예술대 '교수예술제'

음악·미술 등 5개과 장르연합 총체적 예술

'춤이 있는 전람회' 춤꾼의 미술作 등 선봬

춤 음악 미술 등 각 예술분야의 '퓨전 예술제'가 열린다. 사진은 경성대 무용학과 최은희 교수가 공연연습을 하고 있는 장면. /강덕철기자 kangdc@kookje.co.kr

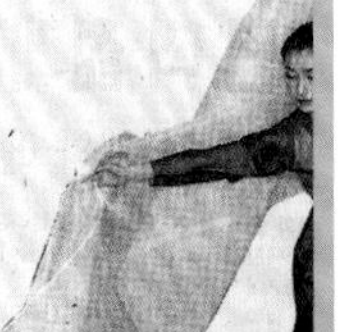

"춤이 그림을 그린다. 음악이 춤을 춘다." 예술 분야에도 이른바 '퓨전' 장르가 있다면 그런 것이 아닐까.

왠지 낯선 이같은 풍경이 부산의 한 대학에서 현실화된다.

부산 경성대 예술대학은 29일부터 다음달 1일까지 미술관 컨벤션홀, 콘서트홀 소강당에서 두번째 '교수예술제'를 펼친다. 행사명은 '경성대 예술대학 Faculty Show'. 음악 미술 공예디자인 체육 무용학과 등 예술대학 소속 5개 학과 전임교수와 시간강사들이 참여해 기량을 뽐낸다.

지난해 3월 지역 예술대학으로는 처음 열린 경성대 교수예술제에서는 '비전과 정신'을 주제로 각 장르별로 역량을 선보였다.

올해는 '혼합과 초주제'를 주제로 5개 학과의 특성을 살리면서 장르를 연합하는 총체적인 예술 한마당을 꾸민다.

이번 예술제는 장르의 영역파괴가 이뤄지고 새로운 장르의 탄생을 예고하는 실험무대가 될 것으로 기대된다.

29일 오후 5시 경성대 미술관과 컨벤션홀에서는 북울림-버슴새(단장 최정민)가 출연하고 임병원씨의 바이올린, 조현선씨의 피아노 연주에 이은 감미희씨의 무용 퍼포먼스로 교수예술제의 시작을 알린다.

이날 오후 7시부터는 경성대 콘서트홀에서 바이올린, 피아노 듀오, 남성8중창, 오케스트라 연주, 성악 협연 등이 뒤를 잇는다.

30일에는 무용과 미술이 만나는 '춤이 있는 전람회' 행사가 제1미술관에서 열린다.

평면 입체 작품이 전시된 미술관에서
숙 양윤선 등 7명의 춤꾼들이 몸으로
술작품'을 선보인다.

31일에는 경성대 콘서트홀에서 음악
만난다.

보르딘 현악 4중주 2번 D장조, 무반
을 위한 鄕 등이 연주되는 동안 최은희
은주 등 경성대가 자랑하는 춤꾼들의 '
이 벌어진다. 성악가 장원상 허영은이
몰래 흐르는 눈물'을 배경음악으로 김
정두순 함주희 등 젊은 춤꾼들이 펼치는
볼만하다.

행사 마지막 날인 4월1일에는 '무용
만남'을 주제로 댄스스포츠 탱고 '올
' 공연 등이 잇따라 마련된다.

이밖에 계명대 석좌교수 김열규씨의
화 그리고 예술-그 반휴머니즘의 탁
주제로 한 초청강연(30일 오후 2시 소
녀 장원상 교수와 음악평론가 김원명
춤 VTR 상영을 곁들여 꾸미는 '세계민
문화의 이해'(4월1일 오후 2시 소강당)
을 끈다.

교수예술제 준비위원장 최은희(무용
는 "현대를 살아가는 예술가로서의 역할

2006년 4월 5일 수요일 문화

"제 이름을 걸고 대극장에서 이렇게 큰 규모로 공연하는 것은 근 10년 만입니다. 춤공연을 처음 보는 관객이라 하더라도 우리 춤의 멋과 흥을 느낄 수 있는 무대로 만들어 보려 하는데 역시 전통춤의 세계는 어렵네요."

신들린 우리춤… 쉼없는 2시간30분

'2006 최은희 우리춤 큰춤판' 11일 부산문화회관

새해 신맞이굿 형태 독무 군무 등 다양하게 펼쳐

'최은희 우리춤 큰 춤판' 공연의 한 순서인 굿거리 춤.

오는 11일 오후 7시30분 부산문화회관 대극장에서 '2006 최은희의 우리춤 큰 춤판' 공연을 앞두고 있는 무용가 최은희(경성대 무용학과) 교수의 얼굴은 편안해 보였다. 하지만 언뜻언뜻 긴장감도 엿보였다.

"이번 공연은 전통춤만 모아봤어요. '전통춤' 하면 고루하다고 생각하는 경향이 은연중에 퍼져 있는 것 같아요. 그런 생각은 전통춤의 한쪽 면만 보는 시각이라고 생각합니다. 우리 춤의 특별한 아름다움, 돋보이는 스펙터클, 넉넉한 규모를 큰 무대를 통해 선보이고 싶다는 생각을 하게 된 것도 이런 인식에 대해 '그렇지 않다' 하고 말하고 싶었기 때문인가 봅니다."

최 교수는 "이 무대는 춤꾼만 서른 명이 넘고 연주팀까지 합치면 모두 50여명이 출연하는 큰 작품"이라고 덧붙였다.

이번 공연은 최 교수가 이끌고 있는 춤패 배김새가 해마다 열어오던 새해 신맞이굿 공연의 형태와 흡사하다. 쉬는 시간없이 장장 2시간30분 동안 진행되는 이 무대를 최 교수는 춤열림(請神-신을 부름), 춤맞이(娛神-신을 즐겁게 함), 춤내림(送神-신을 보냄)의 세 마당으로 나눴다. "새해의 복을 빌고 나쁜 기운을 쫓는 뜻을 담으면서 각 순서마다 개성 있는 우리 춤을 배치했다"는 설명이다.

선보이는 춤들은 독무와 군무를 넘나들면서 다양하게 펼쳐진다. 첫 마당에서는 북공연 바라춤 화랑춤 오방신장무가, 두 번째 마당에는 5명이 함께 추는 춘앵전, 정재연구회가 특별출연하는 향발무, 최 교수가 홀로 추는 승무, 같은 대학의 이영희 교수가 추는 살풀이춤, 인기 레퍼토리인 교방굿거리춤 등을 공연한다. 세 번째 무대에서 최 교수는 한국 전통춤의 대표 춤인 호적살풀이춤을 자신의 춤언어로 변주해 선보인다.

최 교수는 "전통춤은 출수록 어렵다"고 말했다. 창작춤은 정해진 틀의 제약을 덜 받으면서 안무자의 예술적 개성을 마음껏 드러낼 수 있지만 전통춤은 지킬 것을 지키면서도 춤추는 사람만의 맛을 내야하기 때문"이라는 것이다.

그는 "개인적으로 앞으로 창작춤을 더 출 계획이고 한국 춤계에도 더 좋은 창작춤들이 더 많이 나와야 하지만, 이번에 큰 규모의 전통춤 공연을 10년만에 준비하면서 배운 것도 많았다"고 밝혔다. "전통춤은 우리가 단순히 계승하는데 만족할 '문화유산'이 아니라 더 많은 관객들을 춤의 무대로 끌어들여 함께 즐길 수 있는 좋은 문화적 자산"이라는 것이다.

최 교수는 지난 1982년 첫 개인 춤판 '하지제'로 데뷔한 이래 '넋들임'으로 이 해 대한민국무용제 대상을 받았으며 20대 나이에 부산시립무용단 안무자를 지냈고 2000년 초대 울산시립무용단 안무자를 지내는 등 지역 춤계에서 활발하게 활동하고 있다.

조봉권기자 bgjoe@kookje.co.kr

부산일보 2007년 6월8일 금요일 제 19487 호 21

디지털미디어와 만난 한국춤, 어떨까?

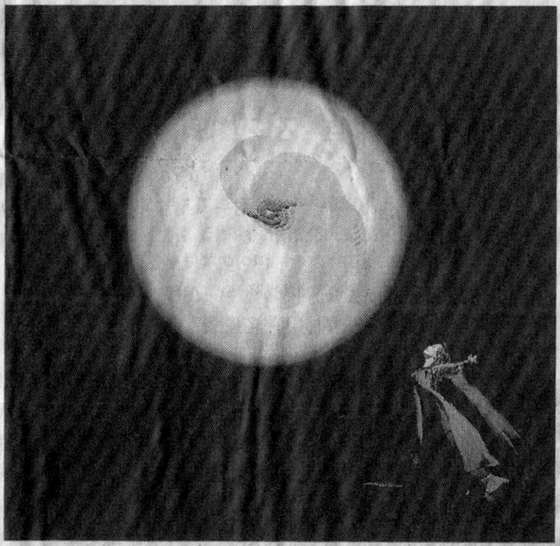

생명의 씨앗이 잉태되는 태극 소용돌이 이미지와 최은희 경성대 교수의 춤이 어우러진 장면.

최은희 경성대 교수 12일 '목숨오름'공연

영상·실험적 음악과 어울려 새로운 '도전'

공연을 일주일 앞둔 5일 오후. 경성대 무용학과 연습실에서 만난 최은희 교수는 음악 작곡가 양용준씨와 통화하느라 바빴다 "불경 외는 소리 나오는 부분 다시 넣어주세요. 그 부분, 몰입하게 하는 느낌이 좋아요. 영상이랑 잘 붙는지도 한 번 확인해 주시고요." 통화가 끝나면 곧바로 강의실로 향해야 하는 그는 오는 12일 최은희춤 '목숨오름'을 준비하고 있었다. 오후 8시 경성대 콘서트홀. 디지털영상과 현대음악이 함께하는 이번 공연은 그로서는 새로운 도전이 될 터이다.

"첫 개인 발표회 때, 세트처럼 몇몇 무용수를 세우고는 혼자 무대에 섰던 게 엊그제 같은데, 결국은 다시 혼자하는 작업으로 돌아왔네요." 그 발표회가 1982년 작품 '하지제'이다 그는 그해 대한민국무용제에서 춤 '넋들임'으로 대상을 안았고 이를 계기로 이듬해 그는 부산시립무용단 2대 안무자로 전격 기용돼 부산과 인연을 맺었다 그의 나이 스물 아홉이었다

"생각해보면 그동안 나이가 들고 작품 경향도 변해 왔지만, 고통스럽고 막막한 삶이라도 유랑자처럼 세상을 살아가려는 제 춤의 태도는 첫 발표회 때나 지금이나 달라진 게 없어요." 경성대 교수로 부산에 뿌리내린 뒤 1985년에는 부산 최초의 민간춤단체 '춤패 배김새'를 만들어 지역에 있는 우리춤 언어를 찾고 한국무용을 레퍼토리화하는데 열중했다

50여 차례의 창작 작품과 15차례의 개인 공연은 그의 춤 인생 기록이다. 민속에 기초한 원초적 제의성에 이끌렸던 80년대, 춤패 배김새와 더불어 민족의 현대사와 사회문제를 고민했던 90년대를 지나 그의 관심은 생명과 자연, 기의 순환에 머물고 있다. '한국춤과 디지털미디어의 조우'라는 부제를 단 이번 공연도 그 연장선에 있다.

"어둠 속에서 태초의 생명이 잉태되는 '목숨오름' 자연에서 소외돼 '갇혀 있는 존재'로서의 인간 군상을 표현하는 '존재의 혼돈', 죽음의 내(死川) 속으로 매몰되는 인간 종말의 징조 '목숨내림', 구성은 이래요. 영상작가 최성원씨의 디지털영상과 현대음악가 양용준씨의 실험적인 음악으로 관객들에게 새로운 경험을 던져주고 싶습니다 "

올해는 78년 이화여대 출신으로 구성한 창무회의 창단 공연부터 시작하면 춤작가로서 창작작업을 해온 지 꼭 30년째 되는 뜻깊은 해다 그러나 그는 "30년에 큰 의미를 두고 싶지는 않다"고 했다 이번 공연은 그에게 '완성'이 아니라 30년 동안 내내 그랬듯 '언제나 시작'이기 때문이다.

"춤은 제게 화려한 것이나 보여주기 위한 것이라기보다 언제나 하나의 발언이었습니다. 공연을 통해 새로운 것에 부딪쳐 보고 그 부딪침에서 얻어지는 에너지로 끊임없이 또 다른 욕구들을 찾아나가고 싶어요. 춤꾼으로 활발하게 활동하는 제자들 앞에서 앞으로 더 책임감을 가져야 할 때가 아닌가 합니다 "

최혜규기자 iwill@

24 2008년 1월28일 월요일 제 19683 호 부산일보

"순수예술의 사회적 확대 노력"

춤비평가상·한국무용연구회 공로상 경성대 최은희 교수

한국무용은 현대 사회에 어떤 의미일까. 단순히 '우리 것' '과거에 의미 있었던 몸짓'이라고만 한다면, 현대에 그 존재 의미는 떨어진다. 최은희(춤패 배김새 예술감독·사진) 경성대 교수는 한국무용에 현대적 숨을 불어 넣고 의미를 심는 무용가다. 창작춤을 무대에 올린 지 30년 됐고, 부산에서 한국창작춤 운동을 펼친 지 20년 지났다.

이 같은 최 교수의 뜨거운 몸짓이 최근 여러 곳에서 조명받고 있다. 지난 5일 한국춤평론가회(회장 김태원 로부터 '2007 춤비평가상 특별상'을 수상한데 이어 26일 한국무용연구회에서 공로상을 받았다. 지난 23일 열린 부산시립국악관현악단 신년음악회에서 '무(舞)'를 주제로 향악정재 '춘앵전' 공연을 마친 최 교수를 만났다.

-새해들어 춤비평가상과 공로상을 연이어 받았다 수상 소감은.

▲오래했다고 주는 상이다(웃음). 지난 30년 동안 춤에 빠져 헤어나오지 못했고, 나를 표현하고 생명을 드러내기 위해 온갖 노력을 다했다. 더 헌신하라는 뜻으로 받아들이고 더 바삐 살겠다.

-꾀꼬리 소리를 듣고 지었다는 춘앵전의 곡과 춤이 이번 공연에서 유달리 무게를 더하는 것 같다.

▲단순히 보여주는 공연이라기보다는 내 내면과 이야기를 하는 시간이었다 궁중무용의 대명사였고 나의 스승이었던 김천흥 선생님이 지난해 돌아가셨다. 왼쪽으로 가면 오른쪽으로 반드시 돌아오는 대칭적 구조를 가진 춘앵전을 추는 동안 '중심을 잡고 거듭 태어나야 한다'고 김 선생님이 내게 말을 하는 것 같았다.

-지난 2000년 이후 생명과 환경에 '숨'을 불어넣는 춤을 춰왔는데, 춤이 달라질 것이라는 뜻인가

▲춤이 달라질 것은 없다. 한국무용은 원초적인 몸짓을 갖고 있다 이런 몸짓을 바탕으로 인접 예술과의 교류, 새로운 시도와 파격적 무대를 더할 뿐이다 다만 이제부터 비워가는 작업을 하려고 한다 화려한 색감의 풍경화에서 색도 빼고 풍경도 빼서 단순한 선과 여백이 남도록 하고 싶다

-올해가 안식년인데, 이를 반납했다고 들었다.

▲올해는 쉬면서 작품 구상도 하고 발표도 하려고 했는데, 한국무용 전공인 이영희 교수가 퇴임을 한다 내가 빠지면 수업이 안된다. 또 학교도 새로운 변화를 필요로 하고 있다. 순수 예술을 지키면서도 사회적으로 춤을 확대하는 방법을 모색하고 있다

-'춤의 사회적 확대' 어려운 일이다 이를 실현하기 위해 구체적인 방법이라도 있나.

▲춤에는 치유적인 의미가 있다 춤의 목적은 카타르시스다. 카타르시스는 현대인의 신경정신적인 질환을 치유할 수 있다. 또 춤은 정서 발달과 신체의 올바른 성장에도 탁월한 효과가 있다 이런 춤의 의미를 사회, 특히 학교에 알려 무용의 영역을 넓히고 새로운 무용가를 양성하는 기반을 만들어 나갈 계획이다.

김수진 기자 kscii@

국제신문
국제신문 2009년 11월 27일 금요일 문화

창작춤 '화신' 선보이는 최은희

내달 1일 부산문화회관 대극장

조봉권 기자 bgjoe@kookje.co.kr

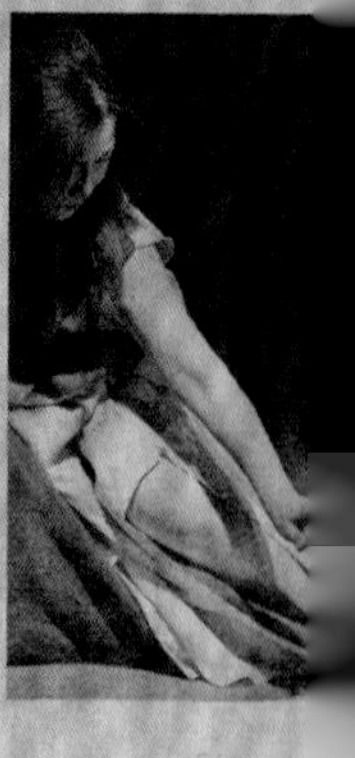

예술작품으로서 '창작춤' 공연을 볼 때, 관객마다 눈여겨 보는 요소가 다른 경우가 많다. 메시지를 중시하는 관객도 있고, 동작과 구성의 새로움에 모든 것을 거는 관객도 있으며, 최소한의 논리적 전개를 갖추지 못한 작품은 가차없이 버리는 관객도 있다.

안무가로서 경성대 최은희(무용학과·사진) 교수는 평소 "여러 가지 관점을 존중하지만, 나는 근본적으로 춤이 이미지를 통해 표현된다는 점을 중시한다"는 입장을 견지해왔다 표현하고 싶은 메시지는 결국 안

춤의 메시지는 이미
'화신'은 오랜 고행고
부처 같은 존재를 상

혼란의 시대 나타난 부처 같은 여인

12월 1일 최은희무용단 창작춤 '화신'

전쟁과 자연재해, 욕망과 허상으로 어지러운 세상이다 혼란한 시대는 구원자를 원한다

12월 1일 오후 7시30분 부산문화회관 대극장에서 열리는 최은희(경성대 교수)무용단의 창작춤 '화신(化身)'은 전쟁과 재앙으로 불구가 된 중생 앞에 나타난 미륵부처 같은 여인의 여정을 그린 작품이다

작품은 특이하게 죽음에서 시작한다 끝없는 전란과 대재앙으로 모든 생명이 스러진 상황에서 춤판을 시작하는 건 새로운 생명의 탄생을 염두에 두고 있기 때문. 인간사가 탄생과 소멸의 반복인데, 소멸과 죽음은 재탄생을 위한 의미 있는 생명의 여정임을 강하게 드러내고자 한 것이다 1982년 무속의 구조를 가져와 삶과 죽음을 몸짓으로 풀어냈던 '넋들임'에서부터 2001년 울산시립무용단 시절 '우로보로스'를 거쳐 그동안 천착해온 윤회 혹은 생명에 대한 주제를 놓지 않고 있는 거다

생명 소멸 탄생의 윤회 주제

춤 정수 모아놓은 총체적 작품

영상과 현대음악 도입 '신선'

한줄기 빛이 뻗쳐 오면서 새 생명의 씨앗을 뿌리는 '태(胎)-새 생명의 탄생' 작은 다툼이 큰 전란으로 번지면서 주검이 쌓이고 통곡소리가 진동하는 아귀 같은 세상을 그린 '염(炎)-욕망의 신천지' 허상만 가득한 욕망의 탑을 모래 위에 쌓아가며 불구가 되어버린 현대인의 모습을 담은 '사(沙)-이전투구의 세상' 고통을 안은 사람들의 아픔을 치유하는 씻김의 몸짓으로 새 생명의 계시자가 도래함을 보여주는 '화(花)-낙원의 도래'로 춤판은 이어진다 마지막으로 씻김을 받아 소생한 이들이 108배를 하며 60분에 걸친 춤판의 막을 내린다

한데, 춤판은 세상을 구성하고 있는 네 원소(흙 불 바람 물)의 순환을 몸짓으로 풀어낸 것처럼 보이기도 한다 흙에서 태어나 불로 상징되는 분쟁의 아귀다툼을 벌이고, 바람 같은 시간의 변화를 겪어, 결국 물로 씻김을 받아 새로 태어나는 인간의 여정이다

현대음악을 배경으로 끌어들이거나 모래 위에 바벨탑을 쌓는 영상 혹은 거미줄에 갇힌듯 수많은 선이 뻗쳐 있는 정보사회의 영상을 도입함으로써 주제를 부각시킨 점도 주목할 부분이다

최은희 교수는 "연극적 기법 혹은 새로운 가능성을 생성시키는 호흡법 등 그동안 보여줬던 춤의 정수들을 모아놓은 총체적인 작품이라 앞으로 레퍼토리 작업도 진행할 생각"이라고 했다

안무 최은희. 대본 정재형. 영상 최성원. 음악 양용준. 무대미술 이욱상. 출연 최은희, 하연화, 구영희, 박성호, 한수정 등. 051-663-4964.

이상헌 기자 ttong@busan.com

---

kie.co.kr 1947년 9월1일 창간 제17411호 대표전화(051)5

어떤 메시지를 읽을까

서 이미지로 잘 만들어지
냐에 따라 승패가 갈리며
개는 중요하지만 연극 영
사성 강한 장르에 갖다대
준의 잣대를 춤에 동일하
선 작품을 파악하기 어렵
다.
산무용협회장을 맡고 있는
무작인 창작춤 '화신'(化
12월1일 오후 7시30분 부
관 대극장에서 공연한다.
"'화신'은 부처 같은 존재,
과 수련을 거쳐 평안의 단
존재를 상징한다"고 말했
6개 장으로 나뉜다. 욕망
그 후과로 인간이 멸망한
이 움을 틔운다. 하지만 반
한 인간의 욕망도 함께 되

살아난다. 다시 다툼과 우상의 세상이 온다. 이런 현실에서 인간은 지극한 정성으로 자신을 닦고 욕망을 내려놓아야 씻김을 통한 평안의 세계를 열 수 있다는 메시지를 전한다.

최 교수 지론대로, 이 작품은 이야기 구조보다는 이미지를 통해 관객에게 말을 건다. 이를 위해 디지털미디어 전문가 최성원 씨가 애니메이션, 영상 등 시각요소를 배치했다. 최 교수와 하연화 구영회 박성호 한수정 김영찬 장영진 김경아 등 저력 있는 춤꾼 20명이 출연한다. 최 교수는 "모처럼 갖는 대극장 창작춤 공연이어서 나름대로 새롭고 적극적인 시도를 했다. 이 작품을 계속 무대에 올리고 싶다"고 의욕을 보였다 1만~3만 원. (051)663-4964

국제신문
2013년 9월 10일 화요일

데뷔 35년, 자연의 이치를 춤에 담다

경성대 최은희 교수 17일 공연

오는 17일 춤 데뷔 35주년 기념 공연을 준비하고 있는 경성대 무용학과 최은희 교수.

최은희 춤

1994년 최은희 춤 공연 포스터.

이승렬 기자 bungse@kookje.co.kr

도미니크 앵그르 '샘'서 영감
'시린샘' 영화의전당 무대에
그간 펼친 공연 포스터 전시도

경성대 무용학과 최은희 교수가 오는 17일 오후 7시30분 영화의전당 하늘연극장 무대에서 '최은희 작가 춤 데뷔 35주년 기념-시린 샘'을 공연한다. "불현듯 작품을 발표한 지 35년째라는 것을 깨달았다"는 최 교수는 "언제까지 무대에 서고 새롭게 더 발전한 작품을 창작할 수 있을까"를 고민하고 있다. 이번 공연이 그 '언제까지'의 가능성을 타진하는 무대가 될 것으로 보인다. 최 교수가 초심을 생각하면서 혼신의 힘을 쏟은 무대다.

그는 이화여대 무용학과와 대학원을 졸업하던 1978년 첫 작품을 발표했고, 국립국악원을 거쳐 27세가 되던 1982년 정신문화연구원에서 무속에 담긴 주술적 몸짓과 우리 춤을 연구하면서 첫 개인전인 하지제(夏支祭)를 열었다. 같은 해 안무작 '넋들임'으로 제4회 대한민국무용제 대상까지 거머쥐었으니 당시 그는 어느새 전도유망한 춤꾼의 반열에 올랐다. 서양화가이자 남편인 고 정진윤 화백과 함께 생면부지의 땅인 부산으로 터전을 옮긴 것도 그때였다. 이듬해인 1983년 부산시립무용단의 안무자로 깜짝 등장했다. 자신은 미처 자각하지 못했지만, 올해는 최 교수가 부산 무용계와 연을 맺은 지 30주년이 되는 해이기도 하다. 1983년 이후 그는 경성대 교수로서 울산시립무용단 초대 안무자, 부산무용협회장 등을 거치면서도 끊임없이 한국 전통춤에 바탕을 둔 창작품을 발표했다. 20회가 넘는 개인 공연과 50편이 넘는 창작품을 내놓았다. 정순영 평론가는 1991년에 "최은희는 단순한 춤꾼이라기보다 작가적 기질이 부조된 춤꾼이다"며 "한국 춤의 전통성과 정형성을 일단 해체하고 원초적 무용언어에서 출발해 줄곧 표현의 자유로움을 지향하고 있다"고 평가하기도 했다.

최 교수는 무대에서 새로운 정신과 몸짓을 마음껏 펼치는 춤꾼으로 존재할 때가 가장 행복하다고 전했다. 제1장 '시린 샘', 제2장 '붉게 타는 사막', 제3장 '하얀 섬'으로 구성된 이번 작품에서도 줄곧 무대를 떠나지 않는다. 춤패 배김새의 하연화 대표, 배김새 단원이기도 한 한퍼포먼스컴퍼니 한수정 대표, 울산시립무용단 박정은 지도자, 정현주 배김새 단원이 무대에 서고 유일한 남성 무용수로서 현대무용단 M-note의 김동석 등 역량 있는 그의 제자들이 이날 무대를 함께 꾸린다.

작품 '시린 샘'은 프랑스 고전주의 화가 장 오귀스트 도미니크 앵그르의 작품 '샘'에서 이미지를 따왔다. 손에 든 항아리에서 자연의 근원을 뜻하는 맑은 물이 흘러내리지만, 그것을 든 여인의 몸은 건조하고 차갑다. 결국 인간의 원초적 욕망과 존재에 대한 무의식적 갈망이 모든 강과 바다 자연의 원천인 샘으로 귀결되고 다시 그것은 순환한다는 자연의 이치를 작품 속에 담아낸다. 음악감독은 경성대 음악학부 김종욱 교수가 맡았고, 무대미술은 백철호 경성대 외래교수가 담당한다.

공연 당일 하늘연극장 로비에서는 최 교수가 그동안 펼쳐온 공연의 포스터 전시회가 열린다. 35년간 펼친 공연의 포스터 30여 점을 한눈에 볼 수 있으며, 여기에는 2007년 별세한 남편이 그려준 1994년 공연 포스터도 있다. (051)663-4963

"제 속도를 지키고

4일 '최은희 춤-어디로
과거·현재·미래 3부작 춤
양종예·김남진 '색다른
생명력 있는 전통춤으로

1, 2부 무대에 서는 춤꾼 양종예 씨와 김남진 씨의 공연 장면.
최은희 제공

'모든 것이 LTE급 속도로 변하고
정도로 사회는 빠르게 흘러가고 있
인간은 자신의 속도를 지키며 살
않다.

춤꾼 최은희(경성대 무용학과 교
통해 이 질문에 대한 답을 찾고자
는 4일 오후 7시 30분 경성대학교
'최은희 춤-어디로 가고 있습니까
올린다 내가 어디서 와서 어디로
의문을 과거, 현재, 미래의 3부작
했다.

1부 '당신은 어디서 왔습니까'는
무대에서 오브제화(자신이 아닌 다
로 변화)되는 과정을 보여 준다. 반
물체를 만나 새로운 이름을 얻는

"더 많은 춤, 자유롭게 추고 싶어요"

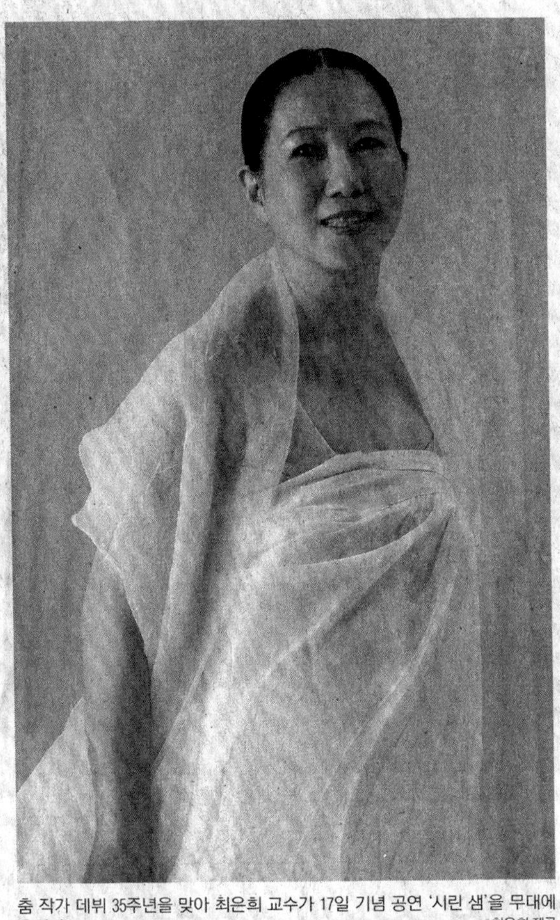

춤 작가 데뷔 35주년을 맞아 최은희 교수가 17일 기념 공연 '시린 샘'을 무대에 올린다. 최은희 제공

경성대 무용학과 최은희 교수
춤 데뷔 35주년 기념공연 '시린 샘'
"늘 춤이 그립고 춤에 목말라 있어"

"늘 춤이 그립고 춤에 목말라 있죠. 춤을 추고 싶어요."

17일 영화의전당 하늘연극장에서 데뷔 35주년 기념공연을 여는 경성대 무용학과 최은희 교수. 부산시립무용단, 울산시립무용단, 춤패 배김새 예술감독으로 큰 무대 공연도 많이 올렸고 개인 공연도 꾸준히 열며 누구보다 많은 무대에 올랐던 최 교수. 그러나 데뷔 35주년 공연을 앞두고 감회를 묻는 말에 "더 많은 춤을 자유롭게 추고 싶다"는 답을 했다.

그래서일까. 35주년 기념 공연의 제목이 '시린 샘'이다. "목마를 때 찾는 샘처럼 이번 무대는 춤이 고픈 저에게 샘이 되어 주지 않을까 해요. 첫 개인 공연 이후 35년의 세월이 흘렀지만, 여전히 무대는 설레고 두려운 곳입니다. 이번엔 조금 더 편하게, 자유롭게 춤을 출 수 있으려나 기대를 하죠."

3장으로 구성된 '시린 샘'은 때 묻지 않는 백지 상태, 자연의 느낌을 살린 무대로 출발한다. 최 교수를 중심으로 다섯 명의 무용수가 몸의 언어로 물의 움직임을 표현하고 청아한 물소리가 무대 전면에 퍼진다. 삶의 원천이자 자연 상태 그대로의 샘은 2부에서 치열한 삶의 현장으로 변한다. 욕망을 탐하던 사람들로 인해 혼탁해진 샘은 3장에서 시리고 아프지만, 다시 흘러가는 모습이다. 어려움을 이기고 현실의 삶을 꿋꿋하게 산다는 희망의 이야기를 담고 있다.

최 교수는 '류(流)·흐르다' 연작 공연을 통해 그동안 물에 대한 이미지 작업을 다양하게 펼쳐 왔다. 35주년을 맞은 지금, '샘'을 떠올린 건 모든 강과 바다의 원천이자 줄기의 시작이기 때문이다. 여기에 고통의 의미가 담긴 '시리다'는 표현을 넣어 아픔을 넘어 새로운 세계로 나가는 느낌을 전하고자 했다.

춤패 배김새 하연화 대표와 한 댄스컴퍼니 한수정 대표, 울산시립무용단 박정은 훈련장, 춤패 배김새 정현주 단원, 엠노트 현대무용단 김동석 씨가 최 교수가 함께 무대에 오른다. 최 교수 제자들로, 지역에서 걸출한 춤꾼으로 성장한 이들이 함께 펼쳐 낼 몸짓에 대한 기대도 많다. 여기에 교회 음악을 전공한 경성대 김종욱 교수의 음악이 더해진다.

최 교수는 부산에서 한국 창작춤의 텃밭을 일군 대표적 춤꾼이다. 82년 첫 개인발표회를 했고 그해 대한민국무용제에서 대상을 받으며 무용계에 큰 관심을 받았다. 이듬해 부산시립무용단 안무장으로 취임해 삶의 터전을 부산으로 옮겼고 84년 경성대 무용학과 교수로 부임해 교육자와 춤꾼으로서 춤 외길 인생을 걸어 왔다.

공연 당일 영화의전당 하늘연극장 로비에서 '최은희 교수 춤 인생 데뷔 35주년'을 기념해 최 교수의 개인 공연과 시립무용단 안무자로 올린 작품들의 포스터 전시도 같이 열린다. ▶최은희 작가 춤 데뷔 35주년 기념공연 '시린 샘'=17일 오후 7시 30분 영화의전당 하늘연극장. 051-663-4964.

김효정 기자 teresa@busan.com

…까?" 춤으로 묻다

…출신으로 일본 부토 무용단에서 활…예 씨가 무대에 나선다. 한국무용을…본 부토 무용단 정식 단원으로 세계…인 양 씨는 시간의 개념을 부토라는…을 빌려 색다른 몸짓으로 전달할 예…

…은 어디에 있습니까'는 유명한 현대…진 씨가 무대를 준비했다. 환경파괴…간이라는 주제로, 춤추는 백조의 가…진 환경 파괴의 단면을 몸짓으로 적…현한다. 연극적인 요소가 강한 김남…경 파괴에 대한 메시지를 입체적이…관객에게 전달한다.

…은 어디로 갑니까'는 최은희 교수가…하고 싶은, 가장 압축적인 메시지를…숨'에서 기인하는 명상적 기운과 춤…가 생명의 느낌을 전달한다. 특수 공…인 트론을 이용해 사진과 영상, 춤이…독특한 무대로 준비했으며 최 교수…력 있는 전통춤을 만날 수 있다. ▶…어디로 가고 있습니까'=4일 오후 7…대 콘서트홀. 051-663-4964.

김효정 기자 teresa@busan.com

3부 메인 무대에 나서는 최은희 교수의 공연 모습 최은희 제공

춤꾼 최은희와 걸출한 두 제자 과거·현재·미래를 몸짓에 담다

4일 부산 경성대 콘서트홀 '어디로 가고 있습니까' 공연
원시 인식 바탕한 日 부토 환경오염 비판 현대무용 명상적인 창작춤 선보여

김희국 기자 kukie@kookje.co.kr

일본의 현대무용 부토와 한국 현대무용 그리고 한국 창작무용을 한 무대에서 볼 수 있다. 그냥 보는 수준에 그치는 것이 아니다. 각 분야 최고의 무용가 3명이 자신의 춤으로 존재의 의미를 묻는다. 그 무대는 4일 오후 7시30분 부산 경성대 콘서트홀에서 열린다. 경성대 최은희 교수와 현대무용가 김남진, 부토 무용가 양종예가 출연하는 이 공연은 '어디로 가고 있습니까?(Where are you going?)'이다. 지난해 부산시 문화상을 받은 최 교수가 기념 무대를 마련하면서 경성대 제자들인 김남진과 양종예에게 공연 제의를 했다.

이번 공연은 '당신은 어디서 왔습니까?'(과거), '당신은 어디에 있습니까?'(현재), '당신은 어디로 갑니까?'(미래)로 나눠 양종예, 김남진, 최은희 교수가 차례로 무대에 오른다. 특히 영상과 사진이 결합해 몽환적인 분위기를 자아낸다.

■양종예-일본 부토무용가

2009년 일본으로 건너가 부토컴퍼니 '다이라쿠다칸'에 입단할 때 양종예는 34세였다. 그는 15세에 한국무용을 시[illegible] 무용가와 안무가로 열정적인 활동을 했다. 서울에서 처음 부토무용을 보고 '이산가족'을 만난 것 같은 감정을 느낀 양종예는 모든 것을 부수고 무에서 새롭게 시작하는 부토무용처럼 한국에서 쌓은 것을 뒤로하고 부토무용가로 새롭게 태어났다.

지난해 부토 안무가로도 데뷔한 양종예는 고향에서 처음으로 부토 공연을 한다. 원시, 무, 공백 등 인식을 바탕으로 한 부토무용이 이번 공연의 주제인 과거와 딱 맞아떨어진다. 자신의 춤을 찾아 여행을 떠난 지구인 양종예가 보여주는 이번 무대는 여러모로 관심의 대상이다.

■김남진-현대무용 큰 형님

김남진 댄스시어터 창 대표는 현역으로 활동하는 최고령 현대 무용가 겸 안무가다. 그는 프랑스 국립현대무용단과 현대무용의 안방인 벨기에서 활약해 세[illegible] 있다. 김남진은 '미친 백조의 호수'를 공연한다. 태안반도 기름유출 사고에서 영감을 얻은 이 작품은 '백조의 호수'가 주는 숭고함에서 이탈해 오염된 현실을 비판한다. 그의 공연은 재미있다. 추상적인 무용에 스토리를 넣어 연극적인 요소가 강하다. 무용가가 무엇을 무대에서 말하는지 관객이 느낄 수 있는 공연을 펼치는 것이 김남진의 특징이다. 올해 47세. 최고령이라는 자랑스러운 타이틀을 달고 김남진은 식지 않는 열정으로 언제나 그리운 곳, 고향 부산 무대에 선다.

■최은희-춤은 내 인생

최은희(59) 교수의 삶과 춤을 분리하는 것은 무의미하다. 경성대 강단에 선 지도 벌써 30년이 됐다. 한국 창작춤 분야를 개척해 이제는 그의 이름 자체가 하나의 춤이 됐을 정도. 3년 만에 단독 공연을 갖는 최 교수는 40분 동안 혼자 무대를 지킨다. 초심으로 돌아가겠다는 선언을 한 최 교수는 한국적 고유성과 자신의 삶을 녹여서 표현한다. 추상적이고 정적이며 명상적인 움직임 속에서 존재에 대한 최 교수의 메시지가 관객에게 전달된다.

최 교수는 "각기 다른 장르에서 활동하는 최고의 안무가들과 무대를 만들어 관객에게 다양한 춤의 모습을 보여주고 싶었다. 또 사진과 영상 분야에서 활동하는 전문가들이 결합해 한 단계 더 나은 공연을 선보일 것"이라고 말했다. 2만 원. (051)663-4964

미래-최은희

현재-김남진

과거-양종예

'눈보라' 공연을 앞두고 안무자 헤수스 히달고 씨와 최은희 교수(오른쪽 첫 번째와 두 번째), 출연진이 경성대 무용학과 연습실에서 작품을 다듬고 있다. 최은희무용단 제공

한불합작 춤 '눈보라' 영화의전당에 몰아친다

최은희 교수·헤수스 히달고 안무
22, 23일 하늘연극장서 공연
서양 현대춤의 힘·한국氣의 만남

"새로운 관점에서 보고, 새로운 에너지를 뽑아내서, 새로운 작품을 만들 수 있었죠."(경성대 무용학과 최은희 교수)

"아주 좋은 춤꾼들과 작업했어요. 그들은 안무자의 아이디어를 능숙하고 창조적으로 표현하더군요."(헤수스 히달고의 설명에서는 이번에 몰아칠 '블리자드'가 만만찮게 강한 에너지를 내장했다는 암시가 선명했다.

'눈보라'는 오는 22, 23일 오후 7시30분 부산 해운대구 영화의전당 하늘연극장에서 공연한다. 최은희무용단, 영화의전당, 부산프랑스문화원이 이번 공연을 함께 주최한다. 영화의전당이 현대춤 공연에 단순히 장소를 대관하는 데서 그치지 않고 공동 주최자로 나선 점이 눈길을 끈다.

려했고, 극장 음향장비도 조정했다"고 설명했다. '눈보라'에서는 Abelton Live 등의 프로그램을 활용한다. 이는 정해진 음악에 따라 춤꾼이 움직이는 게 아니라 춤꾼의 움직임 자체를 음악과 연계해 실시간 서라운드 효과를 낸다.

출연진도 눈길 끄는 요소다. 부산 지역 춤꾼인 한수정 박재현 김수현 허종원 씨와 한국예술종합학교 출신 구은혜 씨가 나오고 최 교수와 히달고 씨도 무대에 오른다. 히달고 씨는 스페인 태생의

"'블리자드'는 같은 제목의 프랑스 책에서 영감을 받았다 바람이 불고, 눈보라가 치는 길, 그 길에 나서는 여행자 눈보라 몰아치는 험한 길에서 얼음에 갇힌 물체를 발견하는데 그것은 사람이었다." 그가 설명하는 이 작품에서는 강렬한 에너지, 음향과 영상, 뜻밖의 상황, 몸과 동작의 힘과 충돌을 떠올릴 수 있다.

최 교수는 "6개월간 교류하고 워크숍을 하면서 만든 작품으로 공동 창작의 바람직한 모습을 선보였다. 서양 현대춤

귀로 듣는 춤사위… 무용수 발자국 소리를 잡아 낸 무대

최은희 교수·佛 춤꾼과 협연
무대 바닥에 마이크 설치해

최은희 교수와 헤수스 히달고가 함께하는 공연 '눈보라' 연습 모습. 경성대학교 무용학과 제공

무용수의 발걸음을 소리로 들을 수 있는 공연이 온다. 한국무용의 현대화를 일군 경성대학교 최은희 교수와 프랑스 출신으로 스페인과 체코, 러시아에서 활발히 활동하는 춤꾼 헤수스 히달고가 22일과 23일 부산 영화의전당 하늘연극장에서 공동 제작한 무용을 선보인다.

이번 합작 공연 '눈보라'는 눈이 흘러내려 강과 시내로 변해 하얗고 투명하게 흐르는 과정을 온몸으로 표현한다. 눈이 흘러가는 순환, 눈이 행하는 여행이 주제다. 최 교수는 "동양의 춤이 자연을 끌어안는 구심이라면 서양의 춤은 바깥으로 뻗어 나가는 원심이다"면서 "이번 공연에선 자연을 표현하는 융합에너지를 느끼실 수 있을 것"이라고 말했다.

이번 공연에선 무용수들의 걸음걸음을 귀로 들을 수 있다. 지난해 최은희 교수는 드론으로 찍은 영상을 무용의 배경 화면으로 사용하며 무용과 영상을 합친 데 이어 올해는 무용과 소리를 결합했다. 무대 바닥에 마이크를 설치해 무용수의 움직임을 소리로 잡아내어 관객에게 전달한다 헤수스 히달고 춤꾼이 직접 객석을 오가며 음향을 점검했다. 그는 "객석과 무대가 마치 하나의 공간인 것처럼 느끼게 하는 것이 목표"라고 말했다. ▶'눈보라'=22, 23일 오후 7시 30분 영화의전당 하늘연극장. 051-780-6000. 조소희 기자

선은 약속입니다
정지선 지키기

국제신문

단기 4350년 (음력 9월 25일)

1947년 9월 1일 창간 대표전화 (051)500-5114 부울경 최고신문 kookje.co.kr (33판) 제19856호 2017년 11월 13일 월요일

생탁

한·불 무용가, 윤이상 선생 삶과 음악을 춤사위로

최은희 교수·헤수스 히달고 안무 '망명' 24일 영화의전당서 공연

"독일로 망명한 세계적인 현대 음악 작곡가 윤이상의 음악을 정말 좋아해서 제가 먼저 작업을 제안했죠."(헤수스 히달고)

"편안하게 보는 안무보다는 생각하게 만드는 움직임을 펼친다는 점에서 흥미로울 거예요."(경성대 무용학과 최은희 교수)

춤 작품 '망명'(Ex.iL)은 경성대 무용학과 최은희 교수와 프랑스 안무가 헤수스히달고가 두 번째로 함께 안무한 한·불 합작 프로젝트이다. 20세기 후반, 세계에서 가장 중요한 작곡가의 한 사람으로 확고하게 자리 잡은 윤이상 선생의 삶과 음악을 주요 테마로 한 점이 눈길을 끈다. 올해는 윤이상 선생의 탄생 100주년이 되는 해이기도 하다.

'망명'은 오는 24일 오후 7시 30분 부산해운대구 영화의전당 하늘연극장에서 공연한다. 최은희무용단이 주최하고 부산문화재단 등이 후원한다. 히달고 안무가는 "'망명'은 사람을 이동시키고 새로운 문화를 통합하는 움직임이자 정치적인 행위다. 이번 작품 역시 동양과 서양, 전통과 현대의 융합이라는 점에서 연관성이 있다"고 설명했다.

윤이상이 작곡한 '모놀로그', '살로모', '피리'를 비롯해 프랑스 작곡가인 피에르 불레즈의 음악이 춤과 함께 올려 펴진다. 최 교수와 구은혜 권수정 강동환이 출연해 한국춤과 현대춤이 혼합된 공연을 선보인다. 클라리넷 연주가 노르베르트 젠브린도 무대에 오른다. 젠브린은 최 교수와 히달고 씨가 2015년 공동 제작한 첫 작품 '눈보라'(Blizzard)를 본 후 이들 작업에 관심을 두고 참여하게 됐다.

최 교수는 "지난해 11월 프랑스에서 '눈보라' 공연 때 히달고 씨가 먼저 제안한 후 1년간 교류하면서 공동으로 작업했다. 앞서 윤이상의 곡을 배경으로 사용한 작품은 있었지만, 그의 음악적 삶에서 영감을 받아 작품을 창작한 것은 처음"이라고 설명했다. 1만~3만 원. (051)780-6000

정홍주 기자 hjeyes@kookje.co.kr

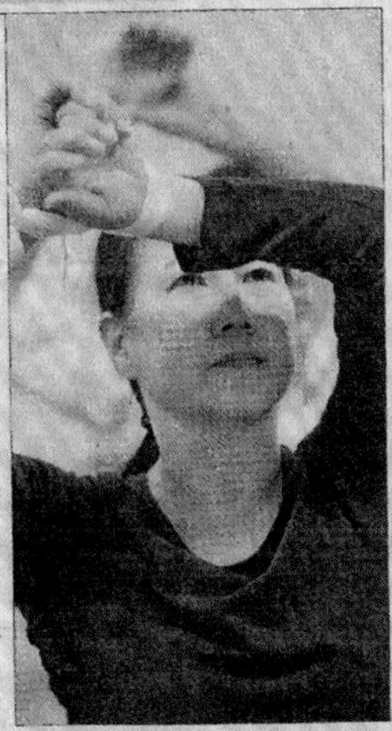

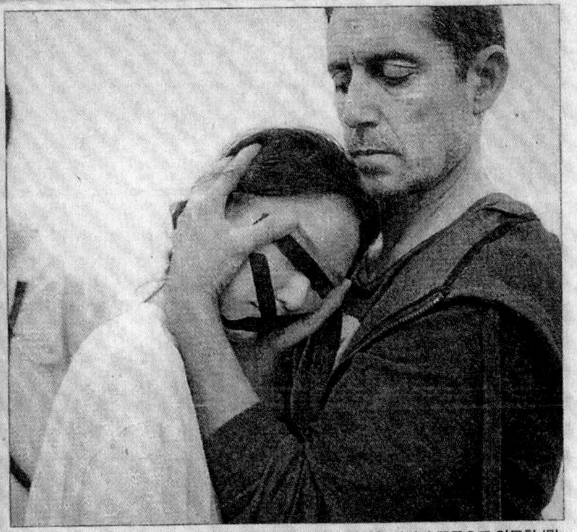

춤 예술가 최은희(경성대 무용학과·왼쪽 사진) 교수와 프랑스 안무가 헤수스 히달고가 음악가 윤이상 선생을 기리며 공동으로 안무한 '망명'의 연습 장면. 이 작품은 오는 24일 부산 해운대구 영화의전당 하늘연극장에서 공연된다. 최은희무용단 제공

윤이상의 향수, 춤사위로 풀다

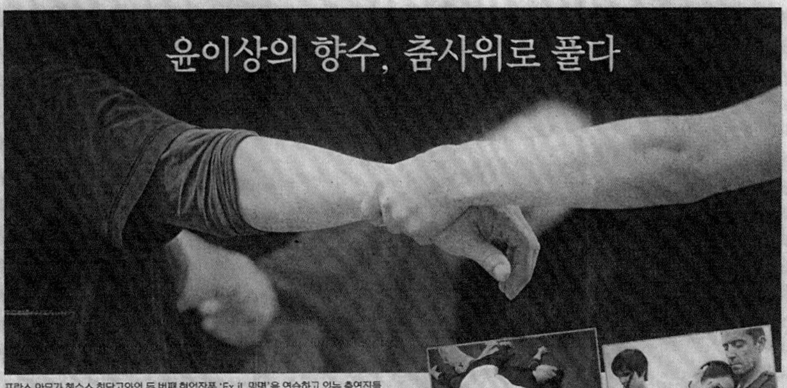

프랑스 안무가 헤수스 히달고와의 두 번째 협업작품 'Ex.iL 망명'을 연습하고 있는 출연진들. 최은희무용단 제공

망명 작곡가 윤이상 음악 춤으로 해석 'Ex.iL 망명' 24일 영화의전당서 초연

부산 최은희무용단 佛 안무가 헤수스 히달고 두 번째 협업프로젝트

한국이 낳은 세계적인 음악가. 고향으로 돌아오지 못하고 독일에서 생을 마감한 망명 작곡가 윤이상(1917~1995). 탄생 100주년을 맞아 그의 음악과 함께 '망명'의 의미를 풀어낸 춤사위가 부산에서 펼쳐진다. 2년 전 프랑스 안무가 헤수스 히달고와 첫 협업작품('눈보라')을 선보인 최은희무용단의 두 번째 프로젝트다.

오는 24일 부산 영화의전당에서 공연하는 'Ex.iL 망명'은 여러 면에서 의미가 남다른 만남이다. 독일로 망명한 두 작곡가 윤이상과 피에르 불레즈(프랑스)의 음악이 함께하고, 한국의 전통 춤사위와 유럽의 현대무용이 어우러진다.

2년 전 첫발을 뗀 최은희무용단의 한-프 무용공동제작 프로젝트가 해를 거듭하면서 연결·확장되고 있다는 점도 의미 있다. 공간적 거리의 망명을 주요 테마로 한 이번 작품은 평소 윤이상의 음악과 일생에 관심이 있었던 헤수스 히달고가 먼저 제안을 하며 이뤄졌다. 그는 "전통춤을 바탕으로 새로운 춤을 만들어내는 작업은 늘 흥미롭다. 특히 한국무용과의 만남에서 혁명적으로 발전하는 느낌을 받았다"며 "윤이상의 현대음악 속에도 한국의 문화적 전통이 녹아 있듯, 한국 전통춤에 현대적인 움직임을 더해 새로운 길을 찾아보려 했다"고 말했다.

이번 작품에는 최은희무용단을 이끄는 최은희 교수(경성대 무용학과)와 함께 춤꾼 구은혜, 권수정, 강동환이 무대에 오른다. 아시아와 유럽을 잇는 다리, 사람들의 이동과 다양한 문화의 통합, 새로운 출발을 알리는 정치적 행위 등에 대한 이야기를 몸짓으로 풀어낸다.

이번 공연은 최 교수에게도 의미 있는 시도다. 윤이상의 '살로모'를 배경으로 독무와 북 연주를 선보인다. 최 교수는 "과거 윤이상 음악을 주제로 작품을 구상한 적이 있는데, 춤이 들어갈 자리가 없을 정도로 음악이 너무 완벽해 결국 시도하지 못했다"며 "이번 공연을 위해 지난봄 1박 2일간 통영국제음악제를 찾으면서 실마리를 풀 수 있었다"고 말했다.

헤수스 히달고의 작업은 춤만큼 소리에 큰 비중을 둔다. 'Ex.iL 망명'에는 4명의 춤꾼과 함께 프랑스 클라리넷리스트 노르베르트 젠블린이 출연해 생생한 음악을 더한다. 윤이상의 '모놀로그' '살로모' '피리', 피에르 불레즈의 'Domaine' 'Miroirs' 등 5곡을 연주한다. 이번 작품은 부산 초연에 이어 내년 3월 프랑스 노르망디 캉 무대에도 오를 예정이다. ▶최은희무용단 한-프 무용공동제작프로젝트 'Ex.iL 망명'=24일 오후 7시 30분 영화의전당 하늘연극장. 1만~3만 원. 051-663-4964..

이대진 기자 djrhee@busan.com

국제신문

단기 4350년 (음력

부울경 최고신문 kookje.co.kr (33판) 제19 2017년 11월 28

'경계인' 윤이상, 무대를 누비다

현장 톡톡 한불합작 무용 '망명'

동양 북소리와 서양 클라리넷 생생 전통 춤과 현대무용의 어울림 폭발 윤이상 음악·삶, 몸짓과 소리로 합일

한국 출신의 세계적 작곡가 윤이상(1917~1995) 선생. 1967년 동백림(동베를린) 사건에 연루되면서 생전에 고향인 통영 땅을 밟지 못한 채 머나먼 이국땅 독일에서 눈을 감았다 그는 천재와 비운의 작곡가, 민족주의자와 친북주의자라는 상반된 평가를 받아 왔다 이러한 윤이상의 아픈 삶과 예술 세계를 담은 춤사위가 부산에서 펼쳐졌다 독일로 망명한 두 작곡가 윤이상과 피에르 불레즈의 음악이 함께하고, 한국의 전통 춤사위와 유럽의 현대무용이 어우러졌다 자연인으로는 남과 북, 음악인으로는 동양과 서양 사이의 경계인이었던 그의 삶을 떠올리게 했다

24일 부산영화의전당에서 열린 춤 작품 '망명'(Ex.iL)은 커다란 북을 두들기는 소리와 몸짓으로 시작된다 무대 한가운데 옷이 벗겨지고 온몸과 입에 검은 테이프가 붙여진 춤꾼이 온몸을 꿈틀거리며 서 있다 행동과 말이 금지당한 듯하다 춤꾼 4명이 자아내는 동작은 윤이상 선생이 살아생전 겪은 온갖 고통과 차별을 표현한다 공간에서 벗어나려는 춤꾼과 이를 막아서는 춤꾼들이 쉼 없이 동작을 만들어갔다 이들의 끈질긴 뒤엉킴이 결코 벗어날 수 없는 윤이상의 운명을 드러냈다 보는 내내 긴장하며 윤이상의 삶이 무대에 오버랩되는 것을 느꼈다. 그의 삶과 음악적 고뇌가 몸짓과 소리로 전해지는 공연이었다.

공연이 절정에 다다르자 춤꾼들은 과감히 옷을 벗고 있는 그대로를 보여주고자 한다 조명이 든 막대를 휘두르며 춤을 추는 장면에선 춤과 음악, 빛이 하나 됨을 느낄 수 있다 참신한 무대연출이 돋보였다 프랑스 클라리넷리스트 노르베르트 젠블린의 라이브 연주가 주는 시너지도 상당했다.

작곡가 윤이상의 삶을 테마로 한 춤 작품 '망명'의 한 장면. 최은희 무용단 제공

동양의 북소리에 이어 서양의 베이스클라리넷이 춤꾼들의 격렬한 동작에 속도감을 붙였다 평소 듣기 어려웠던 윤이상의 대표곡인 '모놀로그', '살로모' '피리'를 비롯해 프랑스 작곡가인 피에르 불레즈의 음악이 안무와 함께 올려 펴진다. 처음 열광적인 몸짓에 낯섦을 느끼던 관객들은 시간이 갈수록 인간미가 묻어나는 무대에 감동하며 환호했다

망명은 부산 무용계를 대표하는 최은희 교수와 프랑스 무용가 헤수스 히달고의 명성과 개성을 확인하는 무대였다 2년 전 첫발을 뗀 최은희 무용단의 한불합작 무용프로젝트가 해를 거듭하면서 확장되고 있다는 느낌이 들었다 최 교수는 "독일이라는 먼 땅에서 세계적인 작곡가로 살다간 윤이상의 음악과 삶, 고뇌를 몸짓에 담고 싶었다 동양과 서양 전통과 현대의 융합을 통해 합일(合一)의 쾌감과 함께 윤이상의 경계적 삶을 표현했다"고 말했다 이번 작품은 부산 초연에 이어 내년 3월 프랑스 노르망디 캉 무대에도 오를 예정이다 올해는 한번만 부산에서 공연을 한다는 사실이 안타까울 뿐이다

정홍주 기자 hjeyes@kookje.co.kr

심포지엄 Seminars

발표자

1. 한국창작춤의 표현기법에 관한 고찰 : 초창기 창무회작업을 중심으로 (창무회20주년 기념심포지엄 / 1997.11)
2. 강이문 선생의 학문세계와 비평적 시각 : 강이문 선생. 의 학문세계
   (민족미학연구소 . 고. 프른 구름 강이문 선생 7주기 기념 학술심포지엄 / 1999.4.30)
3. 새로운 세기.오늘의 무용,새로운 우리춤 : 새로운 우리 춤에 대한 몇가지 제안 ('99 부산여름무용축제 제4회 학술 심포지움 / 1999.7.8)
4. 21세기 춤예술의 발전방향과 무용학과 구조개선 : 한국 대학 무용학과의 몇가지 제안 (2000 한국춤평론가회 신년 춘계 세미나 / 2002.4.28~30)
5. 21세기 한국 무용계의 향방과 지역춤 활성화 방안 : 영남 춤의 활성화와 방안 (2002 한국춤평론가회 비평 워크숍 및 세미나 / 2002.4.19~20)
6. 무용의 대중화를 위한 방안 (제 11회 전국무용제 주최 울산광역시,한국무용협회 울산광역시지회 주관 / 2002)
7. <배김허튼춤>의 춤모형 분석 연구 (제 21집 사)한국 무용연구회 / 2003.12.30)
8. 무용교육 개혁을 통한 무용예술 대중화 방안 : 대학 예 술교육 변화와 개선을 위한 방안 (대학무용제 제6회 심포지움 / 2004.11.23)
9. 근대외경과 희망을 말하다-지역의 근대춤을 일군 무용가 : 지역춤의 선구자,김해랑 (한국무용연구회 제15회 학술 심포지엄 / 2008.6.23)
10. 영남춤의 맥을 찾아서 II – 영남지역 권번문화를 지켜 온 마지막 예인들 (2015 영남춤학회 학술대회 / 2015.11.27)
11. 한국전통춤 컨퍼런스 (National Choreographic center in Caen 2016.11.30)
12. 부산의 예술문화 진흥과 확산을 위한 과제:부산의 예술문화 진흥과 확산을 위한 순수예술인의 역할
    (사) 부산예술문화단체총연합회 예술심포지엄 / 2018.10.18)

토론자

1. 대학의 무용-그 기대와 전망:지역사회에서 대학무용 의 역활 (대학무용제 제2회 심포지움 / 1998.11.4.)
2. 아시아 춤의 근대화와 한국의 근대춤 (제3회 동아연극학회 국제학술대회 / 2001.10.5)
3. 동북아시아 한민족문화의 정체성과 문화적 동질성 회복II : 조선예술무용의 전승과정에 관한 고찰
   (제2회 사)민족미학연구소국제학술심포지엄 / 2003.3.24)
4. 불교의식무용의 춤사위실제와 내재된 형식의 의미 - 한국무용학 연구를위한방법론적 접근
   (제14회 한국무용연구회 학술심포지움 / 2004.2.20)
5. 동북아시아 한민족문화의 정체성과 문화적 동질성 회복VI (제6회 사) 민족미학연구소 한 · 중 · 일 국제학술발표회 / 2006.8.14)
6. 무용학의 전망과 취업 모색 -무용학의 다양화와 무용인의 진로개척 (한국무용연구회 제2회 국제학술심포지엄 / 2011.10.6)
7. 동시대인들의 춤 창작을 위한 과제와 전망:한국 젊은창작자들의 현실인식을 위하여 (제8회 부산국제무용제 포럼 / 2012.6.02)
8. 2013 BIDF 10년 비전과 방향 (부산국제무용제 2013 학술 세미나 / 2013.6.15)
9. 영남춤의 맥을 찾아서:부산춤의 명인 김진홍 연구 (2014년 영남춤학회 학술대회 / 2014.4.26)
10. 'DANCE FESTIVAL ' : Culture Discourse of. Folk Song- Dance on World / 2014.10.03)
11. 임학선 춤 세계관을 조명하다 : 초기 한국창작춤을 말하다 (임학선 춤 50년 임학선댄스위30년기념 학술심포지엄 / 2014.11.01)
12. 아시아 예술 문화의 전망 : 동남아시아 예술문화담론- 인도 (2015 One Asia in Dance 국제포럼 / 2015.9.03)
13. 한중일의 춤축제와 예술정책 : 본질에 입각한 특색있는 교육체계 수립 전통을 계승한 민족무용의 발전 촉진 –
    운남예술학원 무용학원 중심의 연구 및실습 (2016One Asia in Dance국제포럼 / 2016.9.01)
14. 무용예술 활성화를 위한 영역 확대 방안 : 소매틱 예술치료 방법론으로서의 타말파 심리.동작 이미지화 과정.(PKIP)
    (제16회 대학무용제 학술 심포지엄 / 2016.10.30)
15. 창무이즘 – 창무회의 춤 사상 (창무회40주년 학술 심포지엄 / 2016.12.06)
16. 치유의 관점에서 본 재외한인 문학과 예술 – 모국에 대한 향수에서 새로운 삶을 위한 원동력으로 :
    20세기초 연해주 한인들의 공연예술 활동을 중심으로 (부경대 인문사회과학연구소 학술발표대회 / 2016.07.01)
17. 영남춤의 맥을 찾아서IV : 영남 지역의 춤평론 1세대를 말하다 – 국석 강이문의 국무론 (제4회 영남춤학회 학술대회 / 2017.9.22)
18. 춤 형성의 발생론적 근거추적을 위한 '학예굿' (2018한국민족미학회 춘계학술대회 / 2018.5.24)

문헌

최은희 (1995) 최은희 와 춤패 배김새 10주년 공연화집. (춤패배김새 / 비매품)
최은희 (2001.1.20) 최은희 춤패 배김새 15주년 기념집 (춤패배김새 / 비매품)

韓國舞踊研究 1997, 제15집, 55~66
The Journal of Korean Dance
1997, Vol. 15, pp 55~66

한국창작춤의 표현기법에 관한 고찰

-초창기 창무회 작업을 중심으로-

최 은 희
(한국무용 부산 경성대 교수)

Ⅰ. 서 론

모든 문화가 그 시대성과 가변성을 지니고 형성되고 있음을 아무도 부인하지 않는다 더욱이 무용은 가장 오래된 인간 본연의 움직임으로 인간의 사고와 감정 표현에 바로 직결 축적된 에너지가 행동으로 발산되는 것을 보여준다고 할 때 알맞은 생각과 상징을 표현하는 것은 지극히 당연하지 않을 수 없다.

오늘 논제인 '한국창작춤의 표현 기법에 관한 고찰'은 앞으로 지속적인 나의 과제이자 춤창작 발전을 도모하기 위한 진단의 계기로 삼고자 한다.

본 논고의 연구방법은 어느 한 작가의 작품으로 국한시키거나 사적으로 드러난 창작춤 모두를 다루기보다는 그동안 80년대 한국춤의 새로운 줄기로서 크게 기여해 온 창무회가 지향하였던 창단 당시의 대표적인 작품 중심으로 제한시켜 그 당시의 현장에 참여하였던 상황을 토대로 고찰하고자 한다

창무회의 창작춤에 대한 이념은 회지 창간호에 "요즈음 한국무용은 감각적으로 많은 변화를 보여주고 있습니다 한국무용은 현대화라는 시점에서 볼 때 전통적인 것과 현대적인 것을 접목시켜 봄으로써 새로운 형식을 창조해 나가려고 하는 시도가 필요하다고 생각됩니다 표현방법으로서의 춤사위가 현대적 감각에 맞는, 즉 이 시대를 말할 수 있는 새로운 언어가 절실히 요구되는 바입니다 하나의 작품을 표현하고자 함에 있어서 '무엇을 전하느냐'하는 문제와 '어떻게 말하는가'하는 것이 중요한 것이라 생각됩니다……"[1]라고 밝히고 있다 이와 같이 오늘의 춤을

1) 창무회(1983), 동성문화사, p.4.

韓國舞踊硏究 2003, 제21집, 35~66
The Journal of Korean Dance
2003. Vol. 21, pp.35~66

『배김허튼춤』의 춤모형 분석 연구

최 은 희
(경성대학교 교수)

목 차

1. 머리말

우리춤이 다양한 공연 예술의 형태로 발전 모색되어지는 오늘의 시점에서 보면 예로부 터 공동체 문화로써 전해 내려온 민속춤은 새로운 춤 형태 창출에 중요한 모태가 된다고 볼수있다.

그런 관점에서 민속춤은 우리의 커다란 춤 자산이 아닐 수 없다. 그러한 춤 자산인 민속춤이 요즘들어 생활 여건에 의해서 점차 사라져 가고 있는 것은매우 안타까운 실정이 아닐 수 없다

그래서 「 배김허튼춤의춤 모형 분석 연구 」 는 가장 지역성이 살아 있는 향토성이 강한 경남일대의 춤들을 바탕으로 그 춤의 구조원리와 형식을 생생한 오늘의 춤 형태로 형상 화하여 춤모형의 한 방법론으로서 제시하고자 한 것이다

이러한 작업은 단순히 정형화되고 형상화 되어진 일회성 몸짓이 아닌 우리 춤의 주체 적 특성을 살려 춤의 본질성에 밀집한 연관성을 갖기 위한 하나의 시도 이기도 하다. 특히 우리춤이 갖고 있는 가장 특징적 요소인 즉흥성이나 형식의 자유로움을 살려 하나의 춤 모형으로 발전시킨 것으로 그 의미를 조명해 보고 또 다른 과정으로 거듭나고자 모색 하여 본 것이다.

2. 배김허튼춤의형성

작품 배김허튼춤' 1) 초연은 1998년 춤패 배김새 단원들이 공동으로 구성 초연 되어져 그 이후로도 거듭 여러차례 발표되어진 작품이다. 본 논고에서는 2002 년 발표되어진 작품을 토대로 분석하였다.

배김허튼춤의 어휘는 허튼춤과 덧배기 춤이 합하여 어우러진 단어이다.

먼저 허튼춤이란 '일정한 형식에 구애됨이 없이 자기 멋대로 즉흥적으로 추는 춤을 말 한다 (생략) 특별한 기교가 필요없이 춤추는 사람이나 보는 사람들이 구음 즉 입타령으 로 하면서 추기도 하는데 어떤 의미에서는 한국 춤의 참모습이 나타난 춤이라 할 수 있다. 또한 허튼춤은 자기 생명의 실상을 생활속에 자유.자재로 미화시키는 춤으로 개인적 의지가 강하게 투사되는 창작적 자유무라 할 수 있으며 어느 의미에서는 가장 인간적 춤이라 할 수 있다 .2)

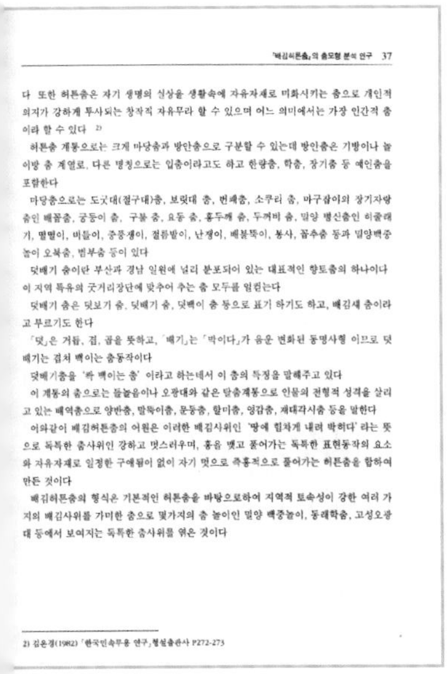

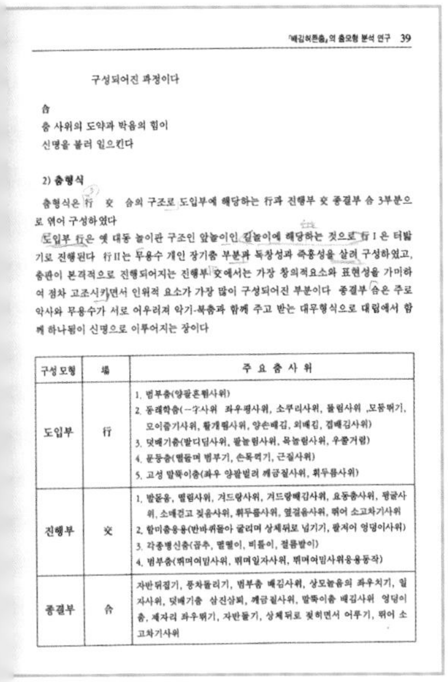

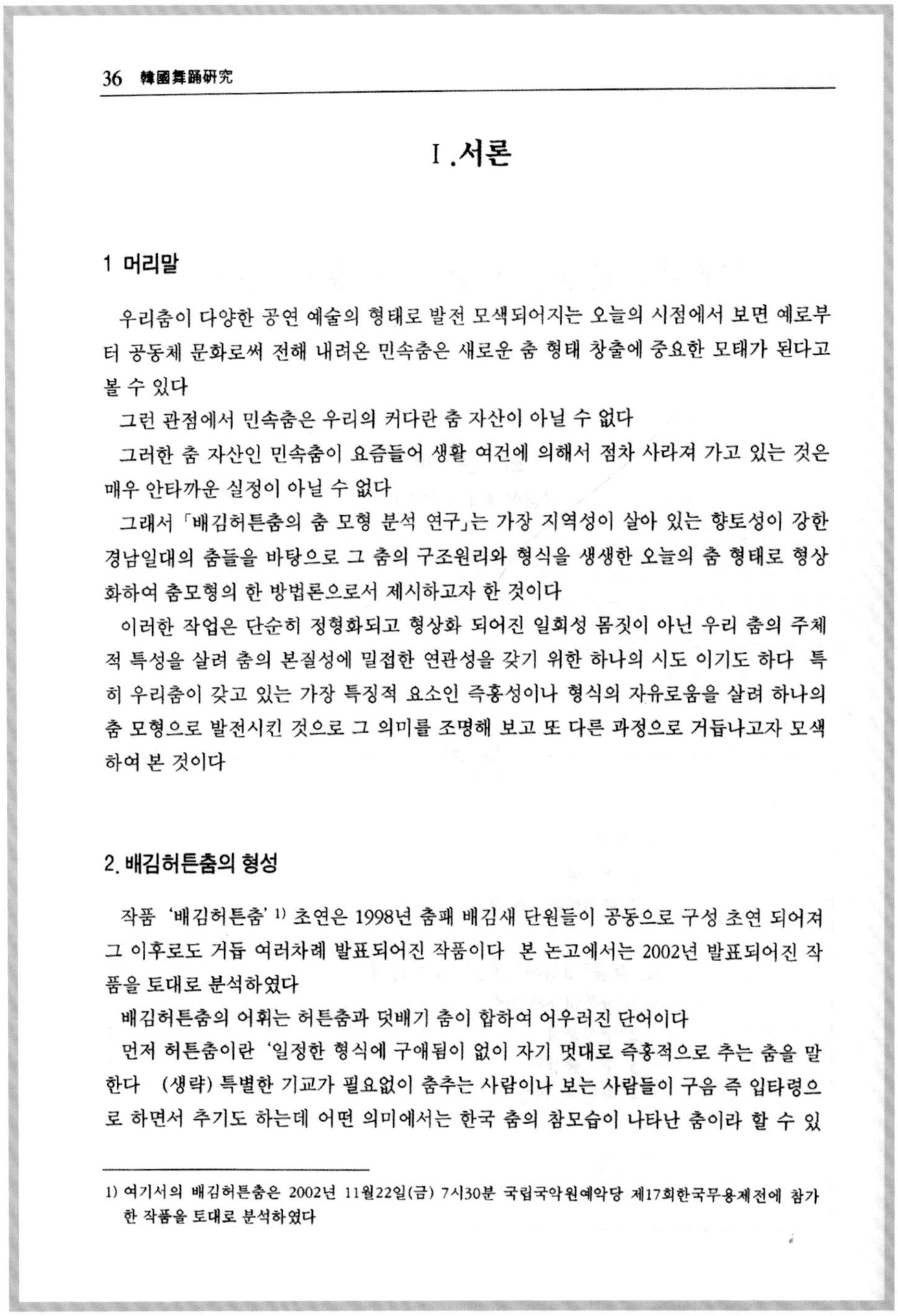
36 韓國舞踊硏究

Ⅰ.서론

1 머리말

우리춤이 다양한 공연 예술의 형태로 발전 모색되어지는 오늘의 시점에서 보면 예로부터 공동체 문화로써 전해 내려온 민속춤은 새로운 춤 형태 창출에 중요한 모태가 된다고 볼 수 있다

그런 관점에서 민속춤은 우리의 커다란 춤 자산이 아닐 수 없다

그러한 춤 자산인 민속춤이 요즘들어 생활 여건에 의해서 점차 사라져 가고 있는 것은 매우 안타까운 실정이 아닐 수 없다

그래서 「배김허튼춤의 춤 모형 분석 연구」는 가장 지역성이 살아 있는 향토성이 강한 경남일대의 춤들을 바탕으로 그 춤의 구조원리와 형식을 생생한 오늘의 춤 형태로 형상화하여 춤모형의 한 방법론으로서 제시하고자 한 것이다

이러한 작업은 단순히 정형화되고 형상화 되어진 일회성 몸짓이 아닌 우리 춤의 주체적 특성을 살려 춤의 본질성에 밀접한 연관성을 갖기 위한 하나의 시도 이기도 하다 특히 우리춤이 갖고 있는 가장 특징적 요소인 즉흥성이나 형식의 자유로움을 살려 하나의 춤 모형으로 발전시킨 것으로 그 의미를 조명해 보고 또 다른 과정으로 거듭나고자 모색하여 본 것이다

2. 배김허튼춤의 형성

작품 '배김허튼춤' 1) 초연은 1998년 춤패 배김새 단원들이 공동으로 구성 초연 되어져 그 이후로도 거듭 여러차례 발표되어진 작품이다 본 논고에서는 2002년 발표되어진 작품을 토대로 분석하였다

배김허튼춤의 어휘는 허튼춤과 덧배기 춤이 합하여 어우러진 단어이다

먼저 허튼춤이란 '일정한 형식에 구애됨이 없이 자기 멋대로 즉흥적으로 추는 춤을 말한다 (생략) 특별한 기교가 필요없이 춤추는 사람이나 보는 사람들이 구음 즉 입타령으로 하면서 추기도 하는데 어떤 의미에서는 한국 춤의 참모습이 나타난 춤이라 할 수 있

1) 여기서의 배김허튼춤은 2002년 11월22일(금) 7시30분 국립국악원예악당 제17회한국무용제전에 참가한 작품을 토대로 분석하였다

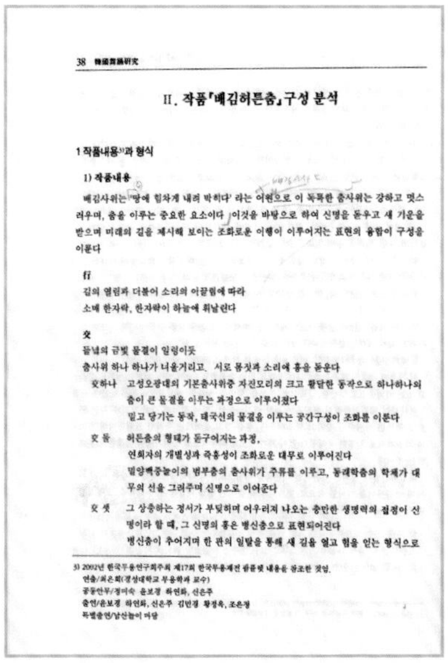

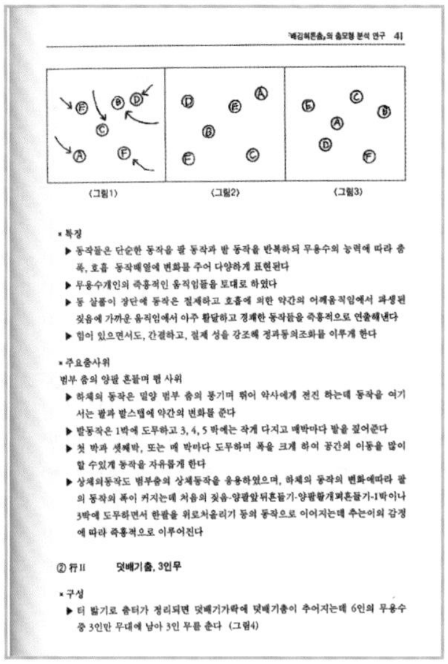

허튼춤 계통으로는 크게 마당춤과 방안춤으로 구분할 수 있는데 방안춤은 기방이나 놀이방 춤 계열로, 다른 명칭으로는 입춤이라고도 하고 한량춤, 학춤, 장기춤 등 예인춤을 포함한다.

마당춤으로는 도굿대(절구대)춤, 보릿대 춤, 번쾌춤, 소쿠리 춤, 마구잡이의 장기자랑춤인 배꼽춤, 궁둥이 춤, 구불 춤, 요동 춤, 홍두깨 춤, 두꺼비 춤, 밀양 병신춤인 히줄래기, 떨떨이, 비틀이, 중풍쟁이, 절름발이, 난쟁이, 배불뚝이, 봉사, 꼽추춤 등과 밀양백중 놀이 오북춤, 범부춤 둥이 있다.

덧배기 춤이란 부산과 경남 일원에 널리 분포되어 있는 대표적인 향토춤의 하나이다. 이 지역 특유의 굿거리장단에 맞추어 추는 춤 모두를 일컫는다.

덧배기 춤은 덧보기 춤, 덧배기 춤, 덧백이 춤 등으로 표기 하기도 하고, 배김새 춤이라고 부르기도 한다.

「덧」은 거듭, 겹, 곱을 뜻하고, 「배기」는 「박이다」가 음운 변화된 동명사형 이므로 덧배기는 겹쳐 백이는 춤동작이다.

덧배기춤을 콱- 백이는 춤'이라고 하는데서 이 춤의 특징을 말해주고 있다.

이 계통의 춤으로는 들놀음이나 오광대와 같은 탈춤계통으로 인물의 전형적 성격을 살리고 있는 배역춤으로 양반춤, 말뚝이춤, 문둥춤, 할미춤, 영감춤, 재대각시춤 둥을 말한다

이와같이 배김허튼춤의 어원은 이러한 배김사위인 '땅에 힘차게 내려 박히다'라는 뜻으로 독특한 춤사위인 강하고 멋스러우며, 홍을 맺고 풀어가는 독특한 표현동작의 요소와 자유자재로 일정한 구애됨이 없이 자기 멋으로 즉흥적으로 풀어가는 허튼춤을 합하여 만든것이다.

배김 허튼춤의 형식은 기본적인 허튼춤을 바탕으로하여 지역적 토속성이 강한 여러가지의 배김사위를 가미한 춤으로 몇가지의 춤 놀이인 밀양 백중놀이, 동래학춤, 고성오광 대 등에서 보여지는 독특한 춤사위를 엮은 것이다.

· · · 中 略 · · ·

1 작품내용j) 과 형식

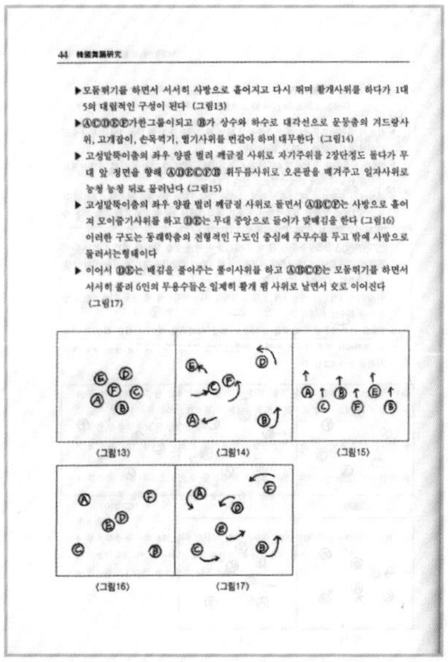

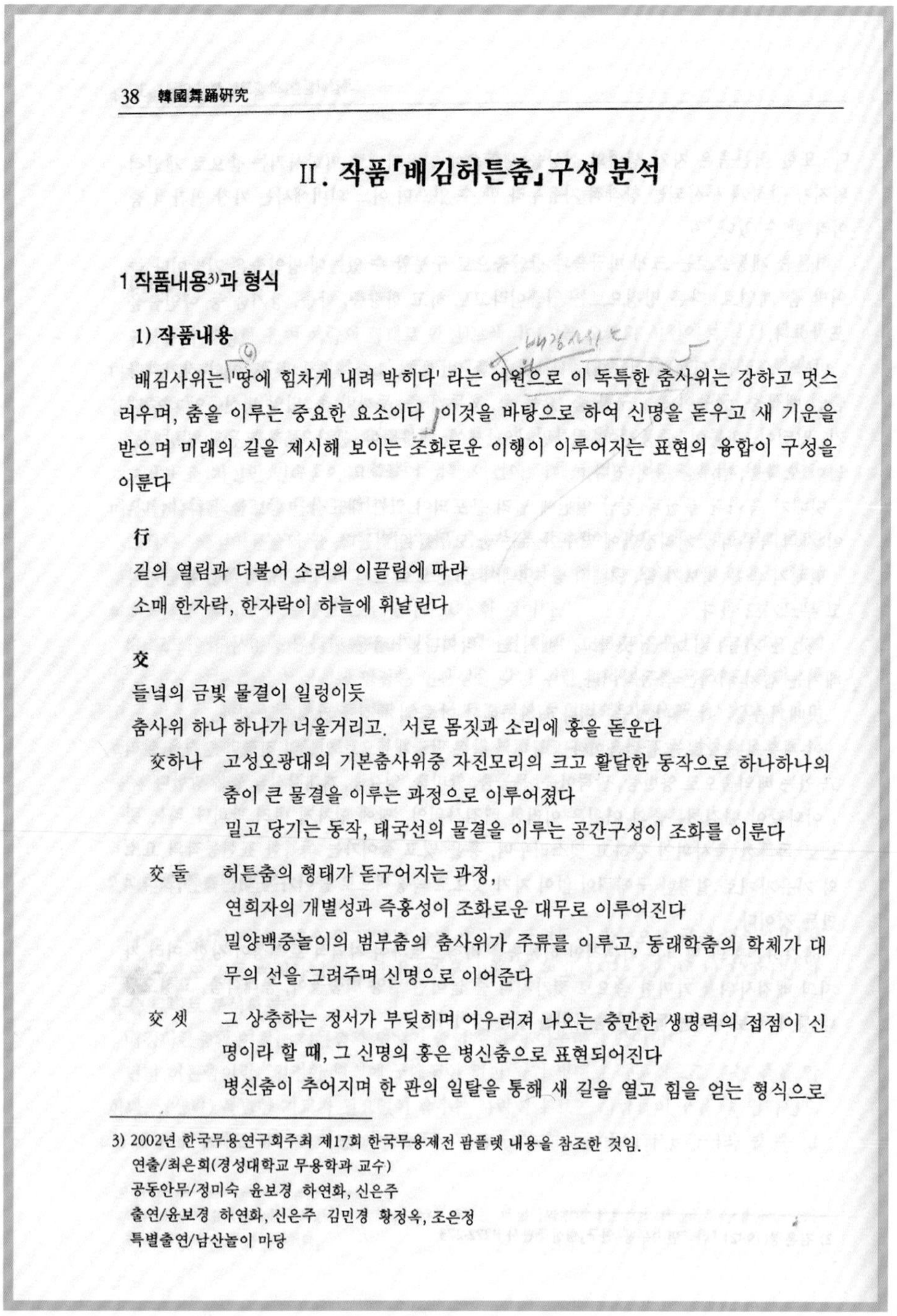

38 韓國舞踊研究

II. 작품「배김허튼춤」구성 분석

1 작품내용[3]과 형식

1) 작품내용

배김사위는 '땅에 힘차게 내려 박히다' 라는 어원으로 이 독특한 춤사위는 강하고 멋스러우며, 춤을 이루는 중요한 요소이다 이것을 바탕으로 하여 신명을 돋우고 새 기운을 받으며 미래의 길을 제시해 보이는 조화로운 이행이 이루어지는 표현의 융합이 구성을 이룬다

行

길의 열림과 더불어 소리의 이끌림에 따라
소매 한자락, 한자락이 하늘에 휘날린다

交

들녘의 금빛 물결이 일렁이듯
춤사위 하나 하나가 너울거리고. 서로 몸짓과 소리에 흥을 돋운다

交하나 고성오광대의 기본춤사위중 자진모리의 크고 활달한 동작으로 하나하나의 춤이 큰 물결을 이루는 과정으로 이루어졌다
밀고 당기는 동작, 태극선의 물결을 이루는 공간구성이 조화를 이룬다

交 둘 허튼춤의 형태가 돈구어지는 과정,
연희자의 개별성과 즉흥성이 조화로운 대무로 이루어진다
밀양백중놀이의 범부춤의 춤사위가 주류를 이루고, 동래학춤의 학체가 대무의 선을 그려주며 신명으로 이어준다

交 셋 그 상충하는 정서가 부딪히며 어우러져 나오는 충만한 생명력의 접점이 신명이라 할 때, 그 신명의 흥은 병신춤으로 표현되어진다
병신춤이 추어지며 한 판의 일탈을 통해 새 길을 열고 힘을 얻는 형식으로

3) 2002년 한국무용연구회주최 제17회 한국무용제전 팜플렛 내용을 참조한 것임.
연출/최은희(경성대학교 무용학과 교수)
공동안무/정미숙 윤보경 하연화, 신은주
출연/윤보경 하연화, 신은주 김민경 황정옥, 조은정
특별출연/남산놀이 마당

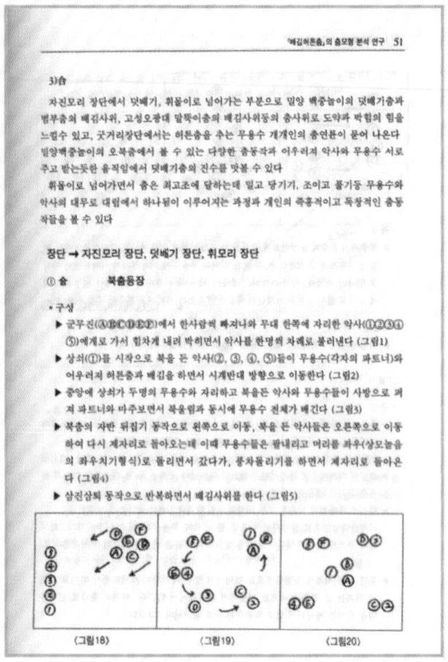

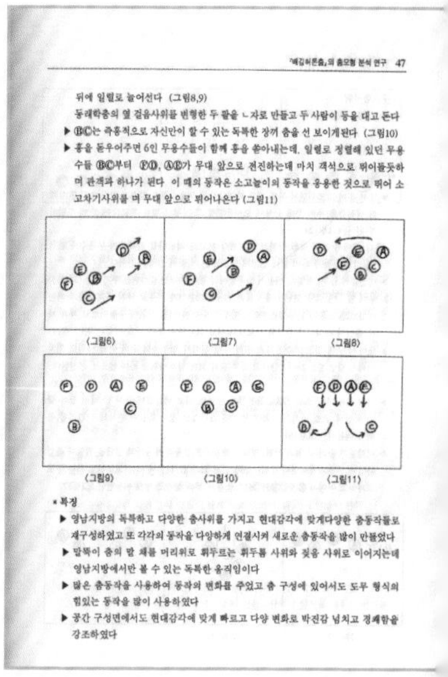

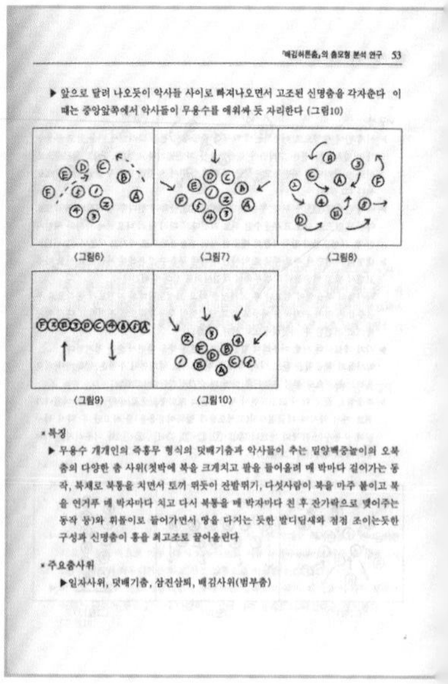

결 론

배김허튼춤은 계절과 자연에 순응한 한국적 자연관을 간직한 풍류 사상에서부터 해학 적 요소에 이르기까지 역사속에 녹아 전승되어져온 향토색이 짙은 춤의 특징을 발췌하여 만든 춤 모형이다 이러한 특정 원리를 고스란히 간직한 경남지방의 야류나 고성오광대, 밀양백중놀이, 동래학춤의 현장에서 다년간 이루어진 경험을 바탕으로 경남지방의 기질 에서 온 독특한 표현동작에 주안점을 두어 만든 춤모형인 것이다 신명을 일으키고 지역 적 토속성이 강해 고유한 정서의 공감대 확인과 더불어 오늘의 새로운 춤 양식화 작업으 로 제시하여 본 작품O 라 할수 있다

이 작품에서 주안점을 둔 특징을 강조하면 다음과 같다

첫째, 배김허튼춤의 특징은 덧배기춤의 구조인 다지며 맺고(배기고) 얼르고(우쑬그 림) 품(이어지는)의 구조로 이어지며 주로 배김온 통일된 동작으로 어루고 푸는 동작은 각자의 즉흥적이고 개성적 허튼춤으로 풀어 나가는 것을 주안점으로 삼 았다

특히, 하체 발디딤의 특징은 잔가락이나 엇박보다는 원박으로 발디딤새 수평걸 음(평발걸음)을 강조하였고, 상체 사위의 특징은 주로 일자사위로 완만하고 유장 한 흐름으로 가다가 가끔씩 팔을 든채 제자리에서 우쭐거리며 먹어주는 너름새를 보다강조하였다

둘째, 춤 공간에 있어서 진행 구조는 주로 시계반대 방향으로 하였으며 춤 공간 전환시 나 이동시에는 뛰며 활개사위 동작과 자반동작의 연결의 고리로써 공간의 큰 변 화를 주었다 주로 배김사위는 대무할 때나 구심점을 향하여 배김을 할 때 하는 것이 특징이다

셋째, 악기편성과 장단의 구조는 공연의 규모에 따라 악기의 수가 변하기도 하나 쇠1, 장고1 , 북4, 태평소1 로 구성한다

전체의 구성은 굿거리가 주조를 이루고 동살풀이와 자진모리가 앞뒤를 받쳐주고 절정예 이르면 휘모리 장단이 가세한다 주로 동살풀이 장단으로 흥을 돋군 다음 덧배기 장단 자진모리 장단 휘모리 장단 자진모리 장단 휘모리 장단 자진모리 장단 덧배기 장단 휘모리 장단 순으로 진행되었다

전체의 춤 구성온 行맛은숨 의 구조로 구성하여 각자 개인의 즉홍성을 강조하면서 도입부 行온 무용수들의 등장과 터밟기, 덧배기 장단에 맞추는 도입부분이며, 진행부 交는 춤 판이 자진모리 장단으로 점차 고조되는 부분으로 개인 장기춤과 交의 절정인 병신춤으로 이어지는 부분이다 숨

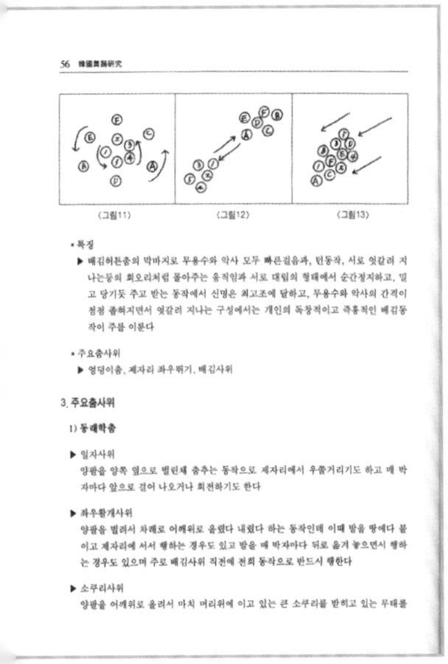

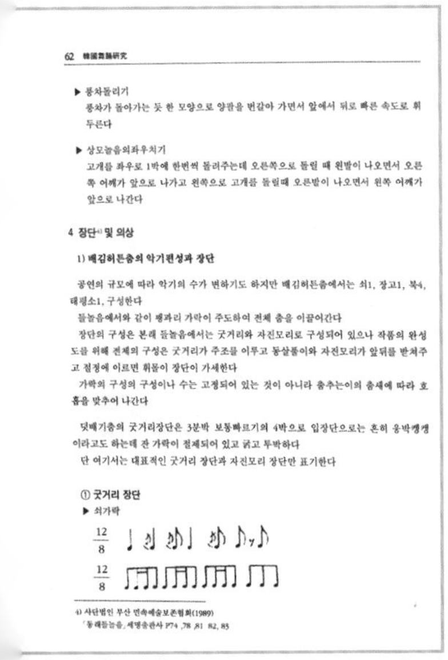

III. 결론

배김허튼춤은 계절과 자연에 순응한 한국적 자연관을 간직한 풍류 사상에서부터 해학적 요소에 이르기까지 역사속에 녹아 전승되어져온 향토색이 짙은 춤의 특징을 발췌하여 만든 춤 모형이다 이러한 특정 원리를 고스란히 간직한 경남지방의 야류나 고성오광대, 밀양백중놀이, 동래학춤의 현장에서 다년간 이루어진 경험을 바탕으로 경남지방의 기질에서 온 독특한 표현동작에 주안점을 두어 만든 춤모형인 것이다 신명을 일으키고 지역적 토속성이 강해 고유한 정서의 공감대 확인과 더불어 오늘의 새로운 춤 양식화 작업으로 제시하여 본 작품ㅇ 라 할수 있다

이 작품에서 주안점을 둔 특징을 강조하면 다음과 같다

첫째, 배김허튼춤의 특징은 덧배기춤의 구조인 다지며 맺고(배기고) 얼르고(우쭐그림) 품(이어지는)의 구조로 이어지며 주로 배김은 통일된 동작으로 어루고 푸는 동작은 각자의 즉흥적이고 개성적 허튼춤으로 풀어 나가는 것을 주안점으로 삼았다

특히, 하체 발디딤의 특징은 잔가락이나 엇박보다는 원박으로 발디딤새 수평걸음(평발걸음)을 강조하였고, 상체 사위의 특징은 주로 일자사위로 완만하고 유장한 흐름으로 가다가 가끔씩 팔을 든채 제자리에서 우쭐거리며 먹어주는 너름새를 보다 강조하였다

둘째, 춤 공간에 있어서 진행 구조는 주로 시계반대 방향으로 하였으며 춤 공간 전환시나 이동시에는 뛰며 활개사위 동작과 자반동작의 연결의 고리로써 공간의 큰 변화를 주었다 주로 배김사위는 대무할 때나 구심점을 향하여 배김을 할 때 하는 것이 특징이다

셋째, 악기편성과 장단의 구조는 공연의 규모에 따라 악기의 수가 변하기도 하나 쇠1, 장고1, 북4, 태평소1 로 구성한다

전체의 구성은 굿거리가 주조를 이루고 동살풀이와 자진모리가 앞뒤를 받쳐주고 절정에 이르면 휘모리 장단이 가세한다 주로 동살풀이 장단으로 홍을 돋군 다음 덧배기 장단 자진모리 장단 휘모리 장단 자진모리 장단 휘모리 장단 자진모리 장단 덧배기 장단 휘모리 장단 순으로 진행되었다

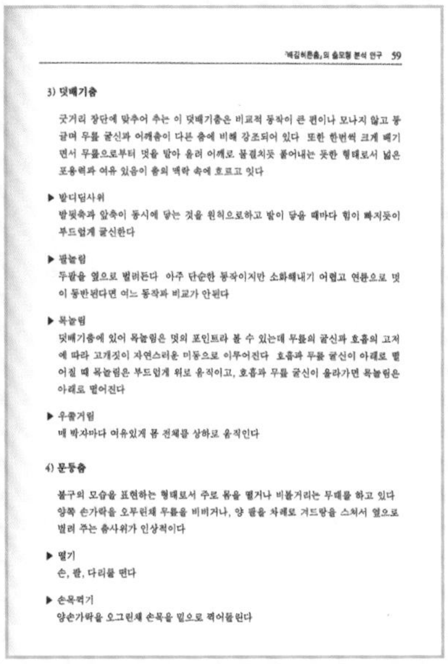

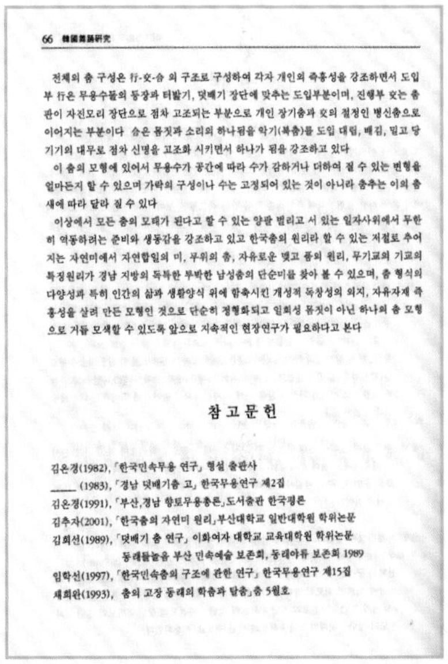

온 몸짓과 소리의 하나됨을 악기(북춤)를 도입 대립, 배김, 밀고 당 기기의 대무로 점차 신명을 고조화 시키면서 하나가 됨을 강조하고 있다

이 춤의 모형에 있어서 무용수가 공간에 따라 수가 감하거나 더하여 질 수 있는 변형을 얼마든지 할 수 있으며 가락의 구성이나 수는 고정되어 있는 것이 아니라 춤추는 이의 춤 새에 따라달라 질수있다

이상에서 모든 춤의 모태가 된다고 할 수 있는 양팔 벌리고 서 있는 일자사위에서 무한 히 역동하려는 준비와 생동감을 강조하고 있고 한국춤의 원리라 할 수 있는 저절로 추어 지는 자연미에서 자연합일의 미, 무위의 춤, 자유로운 맺고 품의 원리, 무기교의 기교의 특징원리가 경남 지방의 독특한 투박한 남성춤의 단순미를 찾아 볼 수 있으며, 춤 형식의 다양성과 특히 인간의 삶과 생활양식 위에 함축시킨 개성적 독창성의 의지, 자유자재 즉 홍성을 살려 만든 모형인 것으로 단순히 정형화되고 일회성 몸짓이 아닌 하나의 춤 모형 으로 거듭 모색할 수 있도록 앞으로 지속적인 현장 연구가 필요하다고 본다

참고문헌

김온경(1 982), 「한국민속무용 연구」 형설 출판사

_ (1983), 「경남 덧배기춤 고」 한국무용연구 제2집

김온경0 991), 「부산,경남 향토무용총론」 도서출판 한국평론

김추자(2001), 「한국춤의 자연미 원리」 부산대학교 일반대학원 학위논문

김희선(1989), 「덧배기춤 연구」 이화여자 대학교 교육대학원 학위논문

동래들놀음 부산 민속예술 보존회, 동래야류 보존회 1989

임학선(1997), 「한국민속춤의 구조에 관한 연구」 한국무용연구 제15집

채희완(1993), 춤의 고장 동래의 학춤과 탈춤」 춤 5월호

최은희의 평 Reviews

최은희의 평 Reviews by Eun-Hee Choi

1. 1992. 03-31 / 부산일보 / 춤창작 작가배출의 새로운 장 기대 – 제1회 시립무용단 신춘무용제
2. 1992. 05-25 / 부산일보 / 참신 진지함 넘친 활력의 무대 –「부산 젊은 춤꾼들의 창작전」을 보고
3. 1993. 03-04 / 무용예술 / 시대흐름 인식하는 우리 춤 창작춤 '92 부산 춤 마무리 하면서'
4. 1993. 05-06 / 무용예술 / 윤여숙의 춤 '전통춤 새 기교 잘 다듬어져' (원본 책 없음)
5. 1993. 06.10 / 국제신문 / 객원안무 시도 큰 성과 – 〈짓〉 창작춤 공연을 보고
6. 1993. 07-08 / 무용예술 / 뚜렷한 자기색깔 요구되는 젊음의 역동적 에너지
7. 1993. 09-10 / 무용예술 / 독창성과 진지함이 함께 어우러진 춤 성숙한 관객과의 만남 – 부산시립무용단 제29회 정기공연 93년 부산여름무용축제
8. 1993. 11-12 / 무용예술 / 깨어있는 정신으로 지속적인 성장을 심도있게 그린 내면세계
9. 1996. 6.17 / 국제신문 /「심청」화려한 무대 관객 압도
10. 1996. 7-08 / 무용예술 / 재구성보다 재해석을 '부산시립무용단 정기공연「심청」
11. 1996. 12 / / 부산시립무용단 제36회 정기공연 – 정제된 군무, 부담없는 무대
12. 1998. 03 / 몸 / 부산시립무용단 솔리스트 2인전 '또 다른 만남'
13. 2005. 봄호 / 함께가는 예술인 / 춤패 〈배김새〉 20주년을 맞아
14. 2014. 10 / 몸 / 부산시민과 함께하는 시민의 축제 – 2014 부산무용예술제
15. 2014. 11 / 몸 / 김옥련 발레단의「오데뜨변무」
16. 2015. 01 / 몸 / 2014 춤으로 갈무리하다
17. 2015. 05 / 몸 / 봄날, 부산무용계 기지개 펴다
18. 2015. 07 / 몸 / 부산시립무용단「오래된 미래」
19. 2015. 08 / 몸 / 치열한 경연의 장 – 제 24회 부산무용제
20. 2015. 10 / 몸 / 명무류일가(名舞流一家) 이윤혜, 하연화, 황지인의 춤
21. 2015. 12 / 몸 / 11월 부산의 대표 작품을 지향하는 두 편의 춤판
22. 2016. 05 / 몸 / 이은영의 '맥, 그 뿌리에서 줄기까지'
23. 2016. 07 / 몸 / 국립부산국악원 상설공연「왕비의 잔치」
24. 2016. 12 / 몸 / 제27회 대학무용제
25. 2017. 06 / 몸 / 부산시립 무용단 제 76회 정기공연「춤, 인상(印象」
26. 2017. 06 / 몸 / 정신혜 무용단 20주년 기획공연「획(劃)–기적」
27. 2017. 10 / 몸 / 영남춤축제 〈춤, 보고싶다〉 한국춤의 과거와 현재 그리고 미래를 담아내는 그릇
28. 2018. 02 / 몸 / 자기만의 창작 춤 세계에 도전, 신선한 무대 – 부산시립무용단「몸으로 쓰는 시 (Body Language)」
29. 2018. 06 / 몸 / 박재현의 춤「고독 · 명품」
30. 2021. 05 / 몸 / 제14회 국립부산국악원 무용단 정기공연「無我(무아)」–바람을 딛고 오르다.
31. 2021. 07 / 몸 / 부산시립무용단 정기공연 〈본색(本色)〉, 김미자의 춤–천년의 세월이 흐르는 춤.
32. 2021. 09 / 몸 / 2021 영남춤 축제 〈춤, 보고싶다〉.
33. 2021. 10 / 몸 / 부산문화회관 기획「MOTI–어디로부터」에서 춤의 미래를 보다.
34. 2021. 12 / 몸 / 경북도립무용단 제9회 정기공연 〈춤, 춘향가〉, 제 31회 부산 대학무용 커뮤니티 예술축제
35. 2022. 01 / 몸 / 울산시립무용단 제44회 정기공연「고래화」에서 지역의 상징성을 보다.
36. 2022. 05 / 몸 / Field Sketch 제 28회 신인춤제전 – 젊고 푸른 춤꾼 한마당
37. 2022. 07 / 몸 / Field Sketch 부산의 국,시립단체 정기공연에서 지역의 춤,정체성 찾기「부산 40계단」
38. 2022. 07 / 몸 /「야류별곡」음악이 풀어가는 서사에 힘입은 춤의 향연

1. 1992.3.31 / 부산일보 / **춤 창작·작가배출의 새場기대** - 제1회 시립무용단 신춘무용제

釜日評壇
춤 창작·작가배출의 새場 기대
— 제1회 시립무용단 신춘 무용제
崔恩姬씨

올해 부산춤의 봄을 알리는 제1회 신춘무용제가 3월26~27일 양일간에 걸쳐 열려 부산시립무용단원들의 안무작품들이 부산문화회관 소강당에 올려졌다. 이러한 춤기획은 단원 개개인의 기량향상은 물론, 이들이 직접 작품을 만들어 봄으로써 춤작가로 발돋움할 수 있는 기회를 제공한다는 측면에서 매우 뜻깊은 시도라 여겨진다.

개인적으로는 부산춤계의 구심점이자 유일한 직업무용단인 시립무용단에서 뛰어난 재목감들이 나와 마치 무당이 강신을 받아 입문하듯 춤작가로 입문하여 끼(?)있는 선배 무당들과 만나졌으면 하는 바람을 가져보았다.

이틀에 걸쳐 올려진 다섯 안무자들의 작품은 홍기태안무자의 〈**死胎**〉 서순덕의〈**春舞**〉 최찬열의 〈겨울강, 겨울저녁〉 이송희의 〈비어있음=침묵〉 장래훈의 〈여기가 어딘가요?〉등이다.

이번에 선보인 단원들의 안무작품은 그동안 축적된 역량으로 인해 비교적 안정되어 보였다. 「춤을 갈망하는 까닭은 춤을 추는 사람이 그 속에서 마력(Magic)을 얻게 되고 그 마력은 그에게 승리와 건강과 생명감을 가져다 주기때문」이라는 쿠르트작스의 말을 인용하지 않더라도 전체적으로 단원들이 뿜어낸 열기는 매우 진지하였다. 그러한 의욕은 한명의 안무자도 빠짐없이 나름의 무대장치와 소도구등을 개성있게 사용한데서도 입증된다.

이들 작품중 〈**死胎**〉와 〈비어있음=침묵〉이 주제전달과 기량면에서 안정된 모습을 보였다. 그러나 전자의 작품에서는 의상천(소매)의 휘둘림이 지나쳐 오히려 산만하고 절제력이 부족해 보였으며 후사는 반대로 짖은 절제로 긴장감이 지나쳐 자연스럽고 이완된 호흡과 감정표현이 아쉬웠다.

〈겨울강, 겨울저녁〉은 탈춤사위를 바탕으로 현대 삶을 사회풍자적으로 처리한 작품이었는데 작가의 메시지를 진술하게 표현하여 전달상에 있어 난해한 추상무용보다는 비교적 무리가 없어보였다. 다소 춤기량이 미흡하였고 마지막 처리부분의 완성도가 낮았지만 전통춤사위를 잃지 않고 사회비판적 기능을 살리면서 현대의 삶을 표현하고자 한 창작의도에서 한 방법론적 제시가 되었던 작품이다. 〈여기가 어딘가요?〉는 다양한 공간활용과 기량면에서는 우수하였지만 춤작가로서 뚜렷한 주제전달이 미흡하였고 무대장치가 오히려 춤동작의 공간성을 살려주지 못하고 산만하며 거슬려 보였다. 그러한 점은 다른 작품에서도 마찬가지이다. 그러나 전체적인 조명에 있어서는 극적갈등등 상황제시를 효과적으로 뒷받침해 주었다.

다소 아쉬웠던점은 춤작가로 입문하는 무대치고는 작품수와 시간이 다소 길어 앞으로 이부분을 조절하여 보다 알찬기획으로 많은 관객들에게 다가갔으면 하는 점이다. 더불어 이번 공연이 부산춤 창작의 한영역을 다지는 발판이 되었다는점을 확신하며 밝은 미래를 기약케 하였다.

단원 각자는 지역춤꾼으로서의 사명감과 투철한 예인의식으로 예술세계를 확립하기 위한 노력을 계속 경주하기 바라며 다각적인 표현언어 개발등으로 공감을 얻는 작품들이 나오길 기대한다.

2. 1992.5.25 / 부산일보 / **참신·진지함 넘친 활력의 무대** 「부산 젊은 춤꾼들의 창작전」을 보고

釜日評壇
최은희
참신·진지함 넘친 활력의 무대
—「부산 젊은 춤꾼들의 창작전」을 보고

「춤의 해」를 맞아 각 단체공연 개인춤판 「눌원 무용페스티벌」과 같은 기업체 주최의 춤행사들이 풍성하게 열리고 있다.

이중 지난 18~19일이 이틀에 걸쳐 부산문화회관 대극장에서 열린 「부산 젊은 춤꾼들의 창작전」 공연은 여러모로 시사하는 바가 컸다. 춤의 축제를 공식적으로 선언한 첫 행사였고 부산춤계의 밝은 내일을 알리는 신호탄과도 같았기 때문이다.

부산에서 활동하고 있는 14개 젊은 춤단체가 축제의 향연을 벌인 이 행사는 창작지원금과 충분한 리허설로 별 지원 없이 홀로 성장한 선배세대들에게 부러움을 자아냈을 정도였다. 특히 다른 공연장에서는 보기 어려운 많은 스승과 무용지도자들이 공연장을 찾아 이들에게 격려와 충고를 아끼지 않는 흐뭇한 광경을 보여주기도 했다.

이렇듯 많은 춤단체들이 한자리에서 선의의 경쟁을 펼치고 선 · 후배 무용인들간에 격의없는 대화가 오고간 자체만으로도 이번 공연의 의의는 사뭇 컸다고 할 수 있다. 부산무용의 미래를 가늠해보는 14개팀의 활력이 뿜어내는 신선한 열기가 진지해 보였다.전체적으로 나날이 성장하는 기량을 보이고 있고 안무자로서도 활약하고 있는 윤여숙 엄창홍 하연화 유봉준의 활약이 두드러져 보였다.

작품의 앙상블과 안정감으로는 줌의〈여행자〉, 춤열림의〈풀이〉, 그랑발레단〈그늘진 그림자...〉, 땡브르발레단〈5월을 위한...〉, 하야로비〈볼 수 없는 한계〉가 돋보였다.

그밖에 새얇춤회의〈외래문화 위험지대〉는 메시지가 담긴 사회춤의 독특한 스타일로 짓의〈승화되기까지는〉은 한국창작춤의 다양한 기법과 자유로움을, 그리고 전문대 출신의 춤패두릅과 부산경상무용단의 공연은 축제적 분위기에 어울리는 주제와 열기가 신선하게 보였다. 참여단체들의 참신한 소재개발 진지함이 돋보여 미래 춤꾼으로서의 발판이 제공된 무대라는 점에서 성공적이었다고 전반적인 평가를 내리고 싶다. 그러나 대극장을 의식하고 축제적 분위기에 걸맞는 작품선정에 대한 노력이 더 있었으면 하는 아쉬움이 남았다. 또 춤꾼 개개인의 심도있고 강렬한 개성의 돌출이 별로 눈에 띄지 않았으며 완성도에 있어 처져있었다. 그리고 관객숫자가 다른 춤공연 수준에 머물러 있었다는 것은 짚고 넘어가야 할 부분이었으며 다음 기획공연에 있어서는 적극적인 홍보가 절실하다고 하겠다.

이번 무대를 발판으로 체계적인 기본기량의 확고함은 물론 작품탐색 분석 동작개발등에 있어 끊임없는 작가적 고뇌가 뒤따라 완성미를 갖춘 전문춤꾼들이 배출되기를 기대한다.

그리고 젊은 춤꾼들의 건강한 의식이 하나로 모아져 과시형의 제한된 무대공연에서 벗어나 해변 생활공간 소극장등 대중이 원하는 어느 곳에서든지 열기가 너울대는 열린춤판을 기대해본다.

3. 1993. 3-04 / 무용예술 / **시대 흐름을 인식하는 우리춤 창작춤** '92 부산춤을 마무리하면서

'92년은 「춤의 해」로 올 한 해 동안 부산무용계는 양적인 면에서 크게 늘어나 부산 춤계를 활성화시키는 기반을 마련한 한 해였다. 춤의 해 기획 행사만 해도 『젊은 춤꾼들의 창작전』(5월), 『부산 무용인 합동공연』(6월), 『제1회 부산 무용제』(7월), 『제1회 부산 해변무용제』(8월), 『제1회 전국 무용제』(9월)가 열렸다.

민간기업 차원에서도 기획춤판을 마련한 『눌원무용 페스티벌』(3월)이 있었고 그밖에 『부산여름무용축제』(7월), 『제5회 지역간 연합무용체전』(10월), 『대학무용제』(10월) 등 페스티벌 형식이 무려 8개, 경연형식이 1개로 9개의 풍성한 큰 행사와 많은 춤꾼들의 개인 작품발표회 등으로 다양한 장르의 춤작품들을 선보여 지역무용의 평준화, 대중화의 새 발판을 마련한 해이기도 하다.

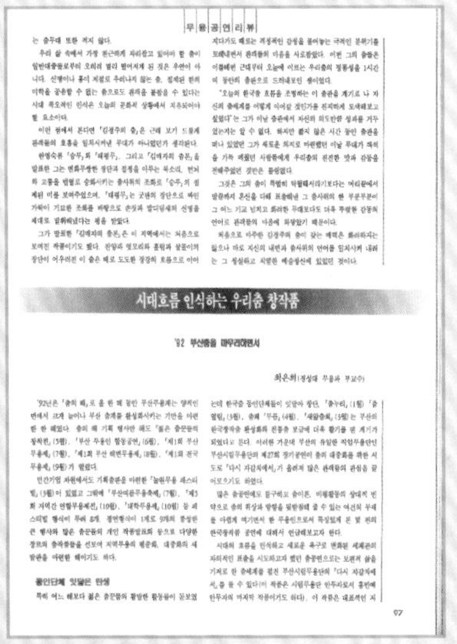
시대흐름 인식하는 우리춤 창작품

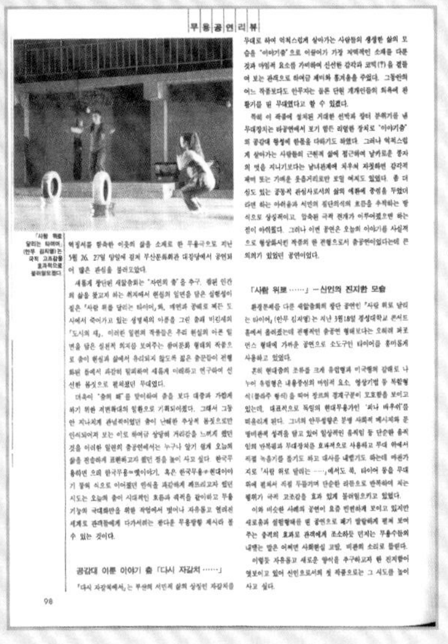

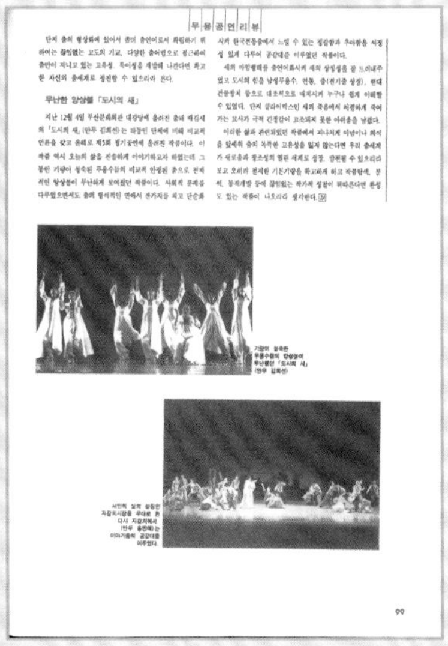

동인단체 잇달은 탄생

특히 어느 해보다 젊은 춤꾼들의 활발한 활동들이 돋보였는데 한국춤 동인단체들이 잇달아 창단, 『춤누리』(1월), 『춤열림』(3월), 춤패 『두름』(4월), 『새앎춤회』(3월)는 부산의 한국창작춤 활성화와 전통춤 보급에 더욱 활기를 띤 계기가 되었다고 본다. 이러한 가운데 부산의 유일한 직업무용단인 부산시립무용단의 제 27회 정기공연이 춤의 대중화를 위한 시도로 『다시 자갈치에서』가 올려져 많은 관객들의 관심을 끌어모으기도 하였다.

많은 춤공연에도 불구하고 춤이론, 비평활동의 상대적 빈약으로 춤의 위상과 방향을 뒷받침해 줄 수 있는 여건의 부재를 아쉽게 여기면서 한 무용인으로서 특징있게 본 몇 편의 한국창작품 공연에 대해서 언급해보고자 한다.

시대의 흐름을 인식하고 새로운 욕구로 변화된 세계관의 자의적인 표출을 시도하고자 했던 춤공연으로는 보편적 삶을 기저로 한 춤세계를 펼친 부산시립무용단의 『다시 자갈치에서』를 들 수 있다(이 작품은 시립무용단 안무자로서 홍민예 안무자의 마지막 작품이기도 하다). 이 작품은 대표적인 지역정서를 함축한 이웃의 삶을 소재로 한 무용극으로 지난 5월 26, 27일 양일에 걸쳐 부산문화회관 대강당에서 공연되어 많은 관심을 불러모았다.

새롭게 창단된 새앎춤회는 "자연의 춤"을 추구, 참된 인간의 삶을 찾고자 하는 취지에서 현실의 일면을 담은 실험성이 짙은『사람 위를 달리는 타이어』와, 매연과 공해로 찌든 도시에서 죽어가고 있는 생명체의 아픔을 그린 춤패 배김새의 『도시의 새』, 이러한 일련의 작품들은 우리 현실의 아픈 일면을 담은 실천적 의지를 보여주는 참여문화 형태의 작품으로 춤이 현실과 삶에서 유리되지 않도록 젊은 춤꾼들이 전형화된 틀에서 과감히 탈피하여 새롭게 이해하고 연구하여 신선한 몸짓으로 펼쳐졌던 무대였다.

더욱이 "춤의 해"를 맞이하여 춤을 보다 대중과 가깝게 하기 위한 저변확대의 일환으로 기획되어졌다. 그래서 그동안 지나치게 관념적이었던 춤이 난해한 추상적 몸짓으로만 인식되어져 보는 이로 하여금 상당히 거리감을 느끼게 했던 것을 이러한 일련의 춤공연에서는 누구나 알기 쉽게 오늘의 삶을 진솔하게 표현하고자 했던 점을 높이 사고 싶다. 한국무용하면 으레 한국무용=옛이야기, 혹은 한국무용≠현대이야기 등의 식으로 이어졌던 인식을 과감하게 깨뜨리고자 했던 시도는 오늘의 춤이 시대적인 흐름과 궤적을 같이하고 무용기능의 극대화만을 위한 작업에서 벗어나 자유롭고 열려진 세계로 관객들에게 다가서려는 참다운 무용방향 제시라 볼 수 있는 것이다.

공감대 이룬 이야기 춤 『다시 자갈치 … 』

『다시 자갈치에서』는 부산의 서민적 삶의 상징인 자갈치를 무대로 하여 억척스럽게 살아가는 사람들의 생생한 삶의 모습을 "이야기춤"으로 이끌어가 가장 지역적인 소재를 다룬 것과 마임적 요소를 가미하여 신선한 감각과 코믹(?)을 곁들여 보는 관객으로 하여금 재미와 흥겨움을 주었다. 그동안의 어느 작품보다도 안무자는 물론 단원 개개인들의 의욕에 찬 활기를 띤 무대였다고 할 수 있겠다.

특히 이 작품에 설치된 거대한 선박과 장터 분위기를 낸 무대장치는 타공연에서 보기 힘든 리얼한 장치로 "이야기춤"의 공감대 형성에 한몫을 다하기도 하였다. 그러나 억척스럽게 살아가는 사람들의 근원적 삶에 접근하여 날카로운 풍자의 멋을 지니기보다는 남녀관계에 치우쳐 자칫하면 감각적 재미 또는 가벼운 웃음거리로만 보일 여지도 있었다. 좀 더 심도 있는 공동적 관심사로서의 삶의 애환에 중점을 두었더라면 하는 아쉬움과 서민의 집단의식의 흐름을 추적하는 방식으로 상징적이고, 압축된 극적 전개가 이루어졌으면 하는 점이 아쉬웠다. 그러나 이번 공연은 오늘의 이야기를 사실적으로 형상화시킨 작품의 한 전형으로서 춤공연이었다는데 큰 의의가 있었던 공연이었다.

『사람 위로 … 』 –신인의 진지한 모습

환경문제를 다룬 새앎춤회의 창단 공연인 『사람 위로 달리는 타이어』(안무 김지영)는 지난 3월 18일 경성대학교 콘서트홀에서 올려졌는데 전형적인 춤공연 형태보다는 오히려 퍼포먼스 형태에 가까운 공연으로 소도구인 타이어를 흥미롭게 사용하고 있었다.

흔히 현대춤의 조류를 크게 유럽형과 미국형의 갈래로 나누어 유럽형은 내용중심의 마임적 요소, 영상기법 등 복합형식(콜라주 형식)을 띠어 장르의 경계구분이 모호함을 보이고 있는데, 대표적으로 독일의 현대무용가인 '피나 바우쉬'를 떠올리게 된다.

그녀의 안무성향은 분명 사회적 메시지와 문명비판적 성격을 담고 있어 일상적인 움직임 등 단순한 움직임의 반복됨과 무대장치를 효과적으로 사용하고 무대 위에서 직접 녹음기를 틀기도 하고 대사를 내뱉기도 하는데 마찬가지로 『사람 위로 달리는…』에서도 북, 타이어 등을 무대위에 펼쳐서 직접 두들기며 단순한 리듬으로 반복하여 치는 행위가 극적 고조감을 효과 있게 불러일으키고 있었다.

이와 비슷한 사례의 공연이 요즘 빈번하게 보이고 있지만 새로움과 실험형태를 띤 공연으로 패기 발랄하게 펼쳐 보여주는 충격의 효과로 관객에게 조소하듯 던지는 무용수들의 내뱉는 말은 어쩌면 사회현실 고발, 비판의 소리로 들린다.이렇듯 자유롭고 새로운 양식을 추구하고자 한 진지함이 엿보이고 있어 신인으로서의 첫 작품으로는 그 시도를 높이 사고 싶다.

단지 춤의 형상화에 있어서 좀 더 춤언어로서 확립하기 위하여는 끊임없는 고도의 기교, 다양한 춤어법으로 접근하여 춤만이 지니고 있는 고유성, 특이성을 개발해 나간다면 확고한 자신의 춤세계로 정진할 수 있으리라 본다.

무난한 앙상블 『도시의 새』

지난 12월 4일 부산문화회관 대강당에 올려진 춤패 배김새의 『도시의 새』(안무 김희선)는 타동인 단체에 비해 비교적 연륜을 갖고 올해로 제5회 정기공연에 올려진 작품이다. 이 작품 역시 오늘의 삶을 진솔하게 이야기하고자 하였는데 그동안 기량이 성숙된 무용수들의 비교적 안정된 춤으로 전체적인 앙상블이 무난하게 보여졌던 작품이다. 사회적 문제를 다루었으면서도 춤의 형식적인 면에서 잔가지를 치고 단순화시켜 한국전통춤에서 느낄 수 있는 정갈함과 우아함을 서정성 있게 다루어 공감대를 이루었던 작품이다.

새의 마임형태를 춤언어화시켜 새의 상징성을 잘 드러내주었고 도시의 힘을 남성무용수, 연통, 줄(전기줄 상징), 현대 건물장치 등으로 대조적으로 매치시켜 누구나 쉽게 이해할 수 있었다. 단지 클라이막스인 새의 죽음에서 처절하게 죽어가는 묘사가 극적 긴장감이 고조되지 못한 아쉬움을 남겼다.

이러한 삶과 관련되었던 작품에서 지나치게 이념이나 의식을 앞세워 춤의 독특한 고유성을 잃지 않는다면 우리 춤세계가 새로움과 창조성의 열린 세계로 성장, 발전될 수 있으리라 보고 오히려 철저한 기본기량을 확고하게 하고 작품탐색, 분석, 동작개발 등에 끊임없는 작가적 성찰이 뒤따른다면 완성도 있는 작품이 나오리라 생각한다.

5.1993.6.10. / 국제신문 / 객원안무 시도 큰 성과 「짓」 창작춤 공연을 보고

국제신문 93. 6. 10
(9) 제 12328 호

객원안무 시도 큰 성과

객석에서

「짓」 창작춤 공연을 보고

소극장 공연을 시작으로 의욕적인 몸짓을 자아냈던 「짓」공연이 새롭게 단장된 부산문화회관 중강당에서 한달만인 지난 8일 연이어 정기공연을 갖게돼 그동안의 역량을 과시, 어느 때 보다도 기대를 갖게 한 무대였다.

이번 공연에서는 「짓」단원인 배정현 안무의 〈독백〉과 김옥경 안무의 〈서로 감추기〉, 또 객원안무와 객원출연을 시도한 서울의 창무단 출신인 강미리 안무의 〈慾·辱·浴〉 3편이 올려졌다.

이번 무대에서 현대적 감각의 무대가 새롭고 신선하게 펼쳐졌는데 〈독백〉은 약40분에 가까운 대작으로 많은 무용수나 장치 의상의 변화에 이르기까지 의욕적인 무대를 펼쳐보였다. 그러나 그동안 「짓」공연에서는 춤체 활용의 자유로운 구사로 매우 진취적이고 대담하게 느껴진데 비해 이번 무대에서는 안무자의 의욕이 오히려 주제를 살려내지 못하고 있었다. 〈독백〉이라는 제목에서 은근함을 내포하리라는 기대와는 달리 시종일관 강하게 이끌어 갔다. 첫장에 돋보여졌던 구성이 점차 중반부로 가면서 지나치게 무리한 동작의 나열과 중도에 내려온 장치가 무대를 좁게 만들었고 특히 새롭게 단장한 중강단 무대에 대한 세심한 구조연구가 부족하여 반원형의 돌출무대의 앞부분의 활용도가 적어 전체적으로 무대사용이 답답하게 느껴졌다.

지나치게 군무진을 의식해서인지 군무진 구성에 이끌려 압축미가 미약하여 오히려 산만하게 느껴졌다. 좀 더 동작의 절제와 강조할 부분에 집중하였더라면 동작선이 크게 보여질텐데 하는 아쉬움을 남겼다.

그런 현상은 다음 작품인 〈서로 감추기〉에서도 마찬가지로 보여졌는데 반해 객원안무작인 〈慾·辱·浴〉에서는 춤의 절제와 여운이, 그리고 주로 천을 사용한 장치가 표현의 확대로서 적절하고 자연스럽게 사용되어 효과적인 면에서 산뜻한 이미지를 구축하였다. 안무자에 따라서 무용수가 얼마나 달라질 수 있는가가 이 작품에서 확연하게 드러났는데, 이번 객원안무의 시도가 「짓」정기공연의 가장 큰 성과로 꼽고싶다.

전체적으로 세작품의 음악이나 동작표현적인 면에서 장면마다 지나치게 강한 효과의 신디사이저를 사용하여 통일감이 없었고 오히려 단절감을 낳았다. 가장 아쉬운 점은 순화된 우리 정서와 우리 가락을 바탕으로한 작품이 한가지라도 곁들여졌더라면 하는 것이다. 더욱 다듬어진 무대와 성장한 모습의 다음 공연을 기약해 본다.

6.1993.07-08 / 무용예술 / 뚜렷한 자기색깔 요구되는 젊음의 역동적 에너지

뚜렷한 자기색깔 요구되는 젊음의 역동적 에너지

장정윤 로고무용단 「왈츠 서곡」 외 불확실한 미래에 대한 존재의 물음
한국춤모임 짓 『독백』 외 의욕 넘치는 대작에의 도전
춤패 두름 『물신의 꿈』 외 흑백으로 대비된 생동하는 이미지

장정윤 로고현대무용단 '93 창작공연

지난 해 부산무용제, 대학무용제, 개인공연 등 쉼없이 무대를 가진 장정윤의 공연이 올해에도 이어져, 올 초에 서울 원정무대와 로고현대무용단과 함께하는 창작공연이 6월 2일 부산문화회관 중강당에서 올려졌다.

이번 공연의 무대에서는 4편의 작품 중 2편의 작품에서 장정윤이 직접 안무 출연하여 그녀의 열정을 유감없이 펼쳐보였다.

장정윤 안무의 『왈츠 서곡』 은 이미 발표된 『사랑가 왈츠』의 서곡부분으로서 필립그라스의 『미시마』에 맞추어 경쾌한 템포로 빠른 등퇴장과 남성4인 군무, 독무, 2인무, 여성군무, 전체무용수 등장으로 공간의 다양한 변화와 동작에 절대성을 부여하여 끊임없는 역동적 에너지를 분출해 냈다.

미국의 현대무용단 라르보비치무용단에서는 필립그라스의 음악을 주로 사용하여 매끄럽게 이어지는 경쾌한 역동성을 자아내고 있는 반면, 장정윤의 『왈츠 서곡』은 비교적 암울함과 공포 증오와 같은 어둠이 깔려있어 마치 불확실한 미래에 대한 존재의 물음을 던지는 서곡으로 비춰졌다.

『왈츠 서곡』이 기교적 춤언어에 중점을 두었던 것에 비해 서영주 안무의 『장자의 변신, 그 환상』은 메시지를 강하게 드러낸 작품으로 중반부 2인무의 대결에서 신인의 패기와 투지가 역동적 에너지로 힘이 있었다. 그러나 지나친 의식과잉(?)의 제목과 강한 음악에 계속 이끌려 지속적인 긴장감을 고조시키지 못했다.

포스트모던댄스의 대표적 무용가 루이즈 찰즈의 작품 제목과 동명인 『무제의 트리오』에서는 존 케이지의 음악을 사용해 한 방법론을 제시함으로서 흥미를 주었다. 존 케이지는 동양역학과 불교의 선(禪)을 추구하여 우주적인 작품관을 펼쳐 보였다. 불확정성과 우연성의 새로운 표현 영역을 시도했던 케이지의 음악정신에 비추어 『무제의 트리오』는 음악과 무용수가 자유롭게 넘나들 수 있는 테크닉의 조화가 역부족이었다. 동양의 내적 호흡에 의한 움직임으로 강화를 시켰더라면 효과적으로 보여졌을 아쉬움이 남았다.

마지막 작품 장정윤 안무의 『너는 지금』에서는 그동안 다른 작품에서도 호흡을 맞춘 장정윤과 염창홍이 두드러진 기량과 중량감으로 작품을 압도해 갔다. 염창홍은 점차 부산을 대표하는 남성무용가로 기대가 되는 재목감이다.

철학적 명제와 절대적 춤을 표방한 로고무용단은 부산의 정상급 현대무용단으로서의 면모를 보여주었다. 관념적 명제에서 보여지는 의미의 정체성과 무용의 역동적 힘과의 조화를 단원마다의 개성적 몸짓으로 풀어가는 것이 앞으로 이 무용단의 과제로 남는다.

한국춤모임 짓 창작품

올해 소극장 공연을 시작으로 의욕적인 몸짓을 자아냈던 짓무용단의 공연이 지난 6월 8일 또 다시 정기공연을 갖게 돼 그 동안의 기량 성숙에 기대를 갖게 했다.

이번 공연에서는 「열린 공간, 열린 춤」의 부제를 달고 객원안무를 시도하여 짓무용단의 창작 영역을 넓히는 계기로 삼았다. 3편의 작품이 올려졌는데 배정현 안무의 『독백』 과 김옥경 안무의 『서로 감추기』 서울 창무회 출신인 강미리 안무의 『慾·辱·浴』이 올려졌다.

현대적 감각의 무대가 새롭고 신선하게 펼쳐졌는데 『독백』은 약40분에 가까운 대작으로 많은 무용수의 출연과 장치·의상의 변화에 이르기까지 의욕적인 무대를 펼쳐보였다. 그동안 짓무용단의 춤언어 활용은 매우 진취적이고 대담한 바가 있었다. 신인으로서 40분이란 적지않은 시간의 작품에 도전하여 나름대로의 자기 색깔을 찾으려 했던 안무자의 노력이 돋보였다.

그러나 『독백』이라는 제목에서 느껴진 은근함을 내포한 고독한 외침의 기대와는 달리 시종일관 군무진이 너무 강하게 돌출되었다. 잘 정리되어 안정감을 주던 초반부가 중반 이후로 가면서 군무진의 동작이 산만해지면서 늘어졌다. 절제와 압축으로 주제를 살렸으면 하는 아쉬움이 남았다.

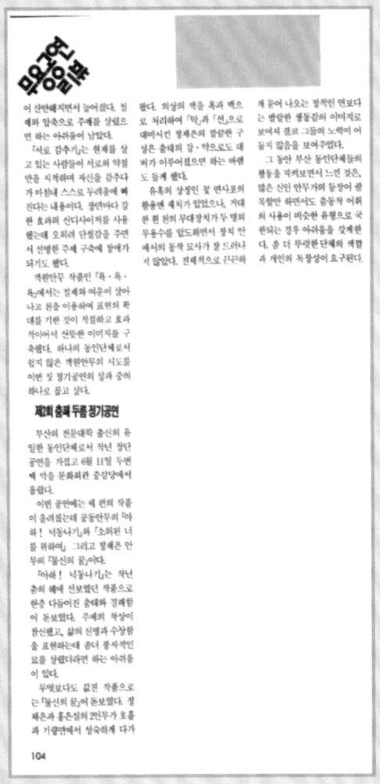

「서로 감추기」는 현재를 살고 있는 사람들이 서로의 약점만을 지적하며 자신을 감추다가 마침내 스스로 두려움에 빠진다는 내용이다. 장면마다 강한 효과의 신디사이저를 사용했는데 오히려 단절감을 주면서 선명한 주제 구축에 장애가 되기도 했다.

객원안무 작품인 「욕 · 욕 · 욕」에서는 절제와 여운이 살아나고 천을 이용하여 표현의 확대를 기한 것이 적절하고 효과적이어서 산뜻한 이미지를 구축했다. 하나의 동인단체로서 쉽지 않은 객원안무의 시도를 이번 짓 정기공연의 성과 중의 하나로 꼽고 싶다.

제2회 춤패 두름 정기공연

부산의 전문대학 출신의 유일한 동인단체로서 작년 창단공연을 가졌고 6월 11일 두 번째 막을 문화회관 중강당에서 올렸다.

이번 공연에는 세 편의 작품이 올려졌는데 공동안무의 「아하! 넉동나기」와 「소외된 너를 위하여」 그리고 정채은 안무의 「물신의 꿈」이다.

「아하! 넉동나기」는 작년 춤의 해에 선보였던 작품으로 한층 다듬어진 춤태와 경쾌함이 돋보였다. 주제의 착상이 참신했고, 삶의 신명과 수상함을 표현하는데 좀 더 풍자적인 묘를 살렸더라면 하는 아쉬움이 있다.

무엇보다도 값진 작품으로는 「물신의 꿈」이 돋보였다. 정채은과 홍은실의 2인무가 호흡과 기량면에서 성숙하게 다가왔다. 의상의 색을 흑과 백으로 처리하여 「악」과 「선」으로 대비시킨 정채은의 깔끔한 구성은 춤태의 강 · 약으로도 대비가 이루어졌으면 하는 바램도 들게 했다.

유혹의 상징인 꽃 면사포의 활용엔 재치가 있었으나, 거대한 흰 천의 무대장치가 두 명의 무용수를 압도하면서 장치 안에서의 동작 묘사가 잘 드러나지 않았다. 전체적으로 끈끈하게 묻어 나오는 정적인 면보다는 발랄한 생동감의 이미지로 보여져 결코 그들의 노력이 어둡지 않음을 보여주었다.그 동안 부산 동인단체들의 활동을 지켜보면서 느낀 것은, 많은 신인 안무가의 등장이 괄목할만 하면서도 춤동작 어휘의 사용이 비슷한 유형으로 국한되는 경우 아쉬움을 갖게 한다. 좀 더 뚜렷한 단체의 색깔과 개인의 독창성이 요구된다.

7.1993.09 Ⅰ-10 / 무용예술 / 독창성과 진지함이 함께 어우러진 춤 성숙한 관객과의 만남

독창성과 진지함이
함께 어우러진 춤
성숙한 관객과의 만남

부산시립무용단 「명인」 김진홍 예술감독의 또 다른 역량

'93 부산 여름무용축제 – 지역축제의 확실한 자리매김

부산시립무용단 제29회 정기공연

새로이 수석안무장 김진홍과 서숙자 안무지도자를 맞은 부산시립무용단이 정기공연을 5월 21~22일 양일에 걸쳐 부산문화회관 대극장에서 펼쳤다.

이번 무대에 올려진 『명인』은 그동안 꾸준히 부산춤꾼을 대표해 왔고 전통춤의 명무로써 작업을 해온 김진홍 안무장의 또 다른 변신을 엿볼 수 있던 무대였다.

시대적 변모속에서도 끝까지 장인정신으로 외길의 삶을 살아가는 한 춤꾼이 겪는 인고의 나날을 총 3장으로 엮어 승화시킨 이 작품은, 비교적 관객들 누구나 쉽게 이해할 수 있는 내용이었다.

무용수들의 성숙한 기량과 다양한 춤장면 전이를, 박철홍 음악에(때론 생음악의 타악기도 실제 등장)힘입어 볼거리로 제공해 주었다. 특히 시립무용단의 수석무용수 홍기태는 연이어 주인공역을 맡았는데, 이번 그의 열연은 한층 연기력이 심도있게 깊어지면서 시종 작품전체를 리더해 가고 있었다. 흥미로웠던 것은 작중 인물 중 현재 실존 무용인들과 관련있는 듯한 배역진에 부산의 연륜있는 많은 무용인들은 새삼 감회에 젖어보기도 하였으리라 …

심혈을 기울여 올린 이번 작품에서 연결이 다소 단절됨과 군무진들의 춤 구성에 있어 장면마다 가운데를 향하여 모여든다든가 하는 점이 아쉬움으로 남았다. 한 춤꾼이 겪는 삶의 여정을 비교적 담담하게 그리면서, 대단원의 막을 극복과 승화됨의 기원형식으로 웅장하게 맺고 있다. 전통을 바탕으로 한 창작적 계승의 측면에서 이번 공연은 많은 일반 관객들에게 한국춤의 멋을 충실한 공감대를 이루며 전하고 있었다.

'93 부산여름무용축제

올해도 6회째 맞이하는 「93 부산여름 무용축제」는 부산의 순수 민간축제로 해를 거듭할수록 자리매김해가고 있다. 금년의 무용축제는 크게 강습회와 중견무용의 밤(7월 8일), 젊은 안무가의 밤(7월 9일), 그리고 마지막날 해변가에서 이루어지는 야외공연(7월 11일)으로 진행되어졌다. 지난 해와 마찬가지로 이틀동안 객석을 꽉 매운 관객들의 열기는 한 여름의 더위를 잊기에 충분하였다.

첫날 중견무용가의 밤에 참가한 장정윤의 『너는 지금』은 어느 작품보다도 여인됨의 성숙함으로 다가온 작품이다. 의자형태의 소도구를 즐겨 쓰는 그녀는 이번에도 2개의 의자를 사용하여 양편에 각각 놓아 서로 다른 세계(밝음과 어두움, 이상과 현실, 냉랭함과 그리움)가 교감되어짐을 육화해내고 있다. 이번 작품에서도 끊임없이 연속되는 동선의 민첩성과 경쾌한 역동감을 내포한 특징적인 춤세계를 그려내고 있었는데, 마지막 장면에서의 의자에 앉아 기다리는 정제된 동작이 앞에서 펼쳐졌던 역동적인 품새와 잘 대비되어 긴장감을 더욱 유발시키지 않았나 생각된다.

발레작품인 문병남 · 최태지의 『우울한 세레나데』(안무 문병남)는 이루지 못할 사랑을 2인무로 환상적으로 처리하여 여름날의 낭만을 흠뻑 적시게 해 준 작품이다. 특히 최태지의 뛰어난 기량과 연기에 심취한 관객들이 많은 갈채를 보냈다.

전통춤으로 이영희의 『살풀이춤』은 여늬 살풀이춤과 다르게 신명을 느끼게 하는 토속적 분위기를 자아내고 있었다. 특히 발디딤의 배기는데서 그녀의 개성있는 춤태가 만들어졌다. 한을 한으로서 극복하고자 하는 의지가 강하게 돋보여졌는데, 연속적 동작보다는 정지(맺음)동작으로 멈춤이 아닌 호흡의 다스림이 오히려 호소력 있어 보였다.

스위스 현대무용가 프라이는 우리나라에 이미 85, 89년에 선보인바 있다. 이번에 발표한 『인간과 소리』는 쟝 꼭토의 희곡에 기초를 두어, 한 남자가 떠나가버린 애인의 전화를 텅빈 방에서 기다리며 생기는 혼란감을 그린 작품이다. 처음 시작은 그의 대사로 시작되는데 전화줄을 사용하여 대화하는 듯한 마임적 동작에 긴장감을 준다. 마지막 장면엔 전화줄에 감긴 그를 누군가 잡아당기는데 그 정체가 의외로 한 여인의 등장이었다. 그간의 심각한 분위기에서 매우 유머스러운 감각으로 끝을 맺는 것이 인상적으로 남았다.

여름날의 낭만에 흠뻑 취해

둘째날인 젊은 안무가의 밤은 서로 다른 세계가 어울려 젊은이다운 의욕적 무대를 장식했다. 전은자의 『허리에 묻은 하늘색 물감』에서는 회고 형식으로서 처음에 타계한 시인을 위한 꽃을 헌화하면서 시작이 된다. 우울한 색채감보다는 옛 기억속의 되새김을 위한 2인의 발랄한 몸짓, 그리고 자유롭게 여행하듯 3인의 어울림의 몸짓에서 삶을 긍정적으로 아름답게(하나의 추억처럼) 바라보는 작가의 숨결이 엿보인다. 단지 2명만의 무용수로는 작품이 갖는 분위기가 왜소하여 다양한 춤구성이 아쉬웠고 음악에 이끌리는 듯해서 춤동작의 질제가 아쉬웠지만, 전은자의 춤맵시와 표정의 밝음이 꽤 돋보여졌다.

암울한 농촌현실
「우리의 것」으로 쉽게전달
부산여름무용축

깨어있는 정신으로
지속적인 성장을
심도있게 그린 내면세계

이은경, 김미애의 『나는 나처럼』은 3번째 올린 작품으로 이번 무대에서는 울어나오는 움직임의 질감이 꽤 짙은 여운으로 무르익어 보였다. 소외된 현대인의 정체성을 찾는 두 여성이 탄력있게 두팔과 두다리로 기어나오는 첫 장면을 두 마리 암컷 수컷의 동물로 느껴졌다. 도형 형태의 소도구를 장난스럽게 2인이 번갈아 사용하기도 하고 서로 쟁취하는 과정에서 꽤 계산있게 사용하여 공간의 변화를 주고 있었다. 구멍 뚫린 도형사이로 기어가는 마지막 장면은 마치 화해하며 둥지를 찾아가는 듯한 모습으로 사랑스러움을 준다.

김옥련의 『슬픈 사중주』는 한국의 곡(哭)하는 형식을 빌어와 창작한 발레작품이다. 부산의 창작발레가 좀체로 다양한 형태의 작품이 많지 않음에서 이번 『슬픈 사중주』는 오랜만에 매우 귀하게 보여졌던 작품이다. 발레 테크닉에 토속적 분위기(소도구로 흰천, 천정의 새끼줄, 장승)와 현대무용적 표현을 가미시켜 한국적 정서적인 비애감을 고조시키고 있었다. 의욕적으로 사용한 많은 소도구가 오히려 무대를 좁게 만들었고 계속 이어지는 비애적인 마지막 장면을 압축시켰더라면 하는 아쉬움이 남는다.

강송원의 『잉태』는 명상적 분위기와 충격적인 효과로 부산 관객들에게 또 다른 신선함과 독창적 세계를 보여주었다. 움직임의 동작선보다는 동작 하나 하나에 의미를 부여하려는 강송원의 안무는, 탄생의 상징성(피묻은 것과 같은 천으로 처리)을 서서히 연소시켜 간다. 그의 육화된 몸짓을 보고자 했던 기대와는 달리, 박호빈의 몸짓으로 대신 보여준 것은 다소 유감스러웠다. 박호빈의 표현도가 떨어진 것은 아니었으나 부산 무대가 강송원의 첫 대변이고 보니 아쉬움으로 남는다.

전체적으로 진지함과 다양한 춤세계를 한 자리에서 보여주었던 춤작품과 성숙된 관객의 만남으로 인해 부산여름무용축제공연이 앞으로도 계속 발전할 것이라는 기대감을 갖게 하였다.

8. 1993. 11-12 / 무용예술 / 깨어있는 정신으로 지속적인 성장을

겹사위 무용단 정기공연 새순에 물오른 청량함 「젊은 춤꾼의 겨울나기」 공연 실존적 의미에 던지는 질문 그랑발레 정기공연 우수한 기량 안정감 줘

심도있게 그린 내면세계

9월로 들어서면서 젊은 춤꾼들의 공연이 마치 결실의 계절을 예고하듯 앞을 다투어 무대에 올려졌다.

9월의 무대를 첫번째로 장식한 겹사위무용단 공연이 9월 10일에 부산문화회관 중강당에서 올려졌다. 창단공연이래 3번째 정기 공연으로 김옥경 안무의 『바다쪽으로 바람이 분다』, 양승희 안무의 『이제는 알 것도 같은』, 윤여숙 안무의 『누구지?』 3편이 마치 봄날 새순에 물이 오르듯 청량감을 자아내고 있었다.

김옥경의 『바다쪽으로 바람이 분다』는 유연한 호흡처리가 돋보였고 무리한 구성이나 동작에 지나친 욕심을 내지 않고 자연에 순응하고자 하는 심성이 맞닿아지면서 전체적으로 청색 바탕의 여운이 흐르고 있는듯 산뜻한 이미지를 구축하고 있었다.

양승희의 『이제는 알것도 같은』은 반복된 동작 연결과 단순한 춤구성이 단조롭게 보여 미지의 세계에 대한 끊임없는 물음의 춤동작이 주제를 구체화시키는데는 미약하게 보여졌다. 종결부분에서 벗은 겉옷을 다시 무용수에 하나하나에 걸쳐 놓는것이 설명적인 제시로 긴장감보다는 오히려 압축미가 부족하였다. 그러나 양승희가 뿜어내는 독무에서는 옹골차게 내젓는 작은 몸짓의 파문에서 앞으로 자신의 춤을 좀 더 확고하게 다지고 확대시킨다면 더욱 강렬한 그녀의 에너지 분출의 춤세계를 기대하여 볼 수 있다.

윤여숙의 『누구지?』는 지난 개인공연에 사용된 소품장치(천의 사용)가 비슷한 느낌을 들게 하면서 무대가 넓어진 탓인지 더욱 천의 효과를 재치있게 살려내고 있다. 3명의 작은 수의 군무진임에도 불구하고 짜임새 있는 동선 처리와 안정된 기량으로 예전에 비해 더욱 다듬어진 안무력과 깜찍하게 느껴지는 개인 기량이 돋보여졌다. 단지 목에서 어깨로 이어지는 상체의 선이 자유롭게 표출되지 못함이 아쉬움으로 남는다.

부산시립무용단의 단원들의 기량과 춤작가로 발돋음할 장(場)인 『젊은 춤꾼들의 가을나기』가 9월 17일에 3명의 안무자에 의해 올려졌고 역시 수석무용수인 홍기태의 첫 개인 춤판이 9월 24일에 펼쳐져 눈길을 끌게 하였다.

『젊은 춤꾼들의 겨울나기』에서 3편의 작품 중 이송희의 『끝없는 길가는 소외된 인간』이 돋보였는데 공교롭게도 홍기태의 제목 『길 없는 길』에서 작가 개인들의 실존적 물음이 동일한 주제로 보여졌다.

단지 전자는 이송희 개인기와 감수성으로 전체 분위기를 현대적 감각으로 살려내고 있다면 후자는 탄생에서 죽음의 길까지 생의 전과정을 군무진과 개인의 대비와 무용수의 다양한 구성으로 약 1시간 동안 전통 고유의 질감의 의상 처리 등에서 많은 것을 보여주고자 시도하고 있었다.

이송희는 이윤택 연출의 『이 비를 기다리며』에서 현대 감각을 가미시킨 연작과 같은 선상에서 한결 심도있게 여인의 내면의 흐름을 다스림과 뛰어난 기량으로 2명의 군무진과 유감없이 발휘하고 있었다.

첫장면에서 무대 아래의 옆 벽면에 기대어 시작하였는데 무대정면 아래의 의자에 앉으면 무대 위의 막이 열리면서 또 하나의 '나'(자아)가 나타나는 전체적으로 무대위, 아래의 이분법을 활용, 또 무대 앞면의 보조 무대위에서 자동으로 움직이는 무대를 사용하는 등 소극장의 무대를 효과적으로 객석과 가깝게 접근 시도하고 있었다. 그녀의 어둡고 차면서 공포스러울 정도의 강한 절제력이 긴장감을 불러 일으키게 하면서 감정의 기복처럼 점차 밝은톤으로 이어져 자유롭게 펼쳐 보인 군무춤이 오히려 진부하게 느껴져 옥의 티로 보여졌다.

남성무용수인 류민관의 민첩함과 강한 에너지 분출의 몸짓에서 앞으로 많은 가능성 있는 신인으로 느껴졌다. 개인공연으로 첫 춤판을 연 홍기태 역시 이번 작품은 무대 공연으로는 4번째 안무작이다. 안정된 기량의 군무진들과 함께 지루한 감을 주지 않고 적절한 소도구 사용 등으로 많은 노력을 기울여 올 9월에 열린 젊은 춤꾼들의 발표 공연 중 가장 큰 수확으로 손꼽고 싶다.

첫 도입부의 암울한 분위기는 여인의 독무로 탄생의 과정을 암시하면서 첫 4휘장을 걷으면 4명의 무용수가 눈을 가리고 긴장감을 조성, 절제력 있는 움직임으로 4인무가 이어지면서 홍기태의 등장과 함께 독무가 정적 움직임에서 서서히 갈등, 번민의 장에서 그의 춤을 가열시켜 가고 있었다. 종결부에서 기원 형식의 깔끔한 구성처리로 여인들이 정한 수를 들고 마치 승천하듯 떠다니는 움직임의 마지막 장면을 세련되게 처리하고 있었는데 단지 정한수의 물을 비닐로 처리 떨어뜨리는 것은 그의 지나친 노력으로 보여지는 것을 제외하고는 전체적으로 무용수들의 고른 기량으로 일관된 통일감과 함께 작품을 압도해가고 있었다.

두 무대에서 갖는 공통된 아쉬웠던 점은 첫번째로 뛰어난 기량과 체격에 비해 무대가 너무 좁게 여겨졌다는 점과 두번째로는 적절한 소품 처리에 비해 음악 편집에 있어서 귀에 익은 강한 음악이 춤의 신선도를 떨어뜨리고 음량 변화에 의존한 동작 변화와 갑자기 커지는 음량에 의해 강한 움직임이 거부감을 느끼게 하였다.

세번째는 개인의 실존에 관한 물음에서 좀더 현실 삶을 바탕으로한 이 시대에 공유할 수 있는 현실의 문제 등의 확고한 주제의식을 갖고 더욱 예리하고 저돌적으로 표출해 낸다면 춤이 갖는 마력으로 한층 더 공감대를 형성하리라 본다.

우수한 안무력을 발휘

그랑 발레단의 제3회 정기공연은 「혼자사는 노인돕기 자선공연」을 겸하여 10월 6일 경성대 콘서트홀에서 올려졌다.

이번 공연에는 김옥련안무의『슬픈 사중주』『꿈꾸는 비 상』우태화 안무의『빨 · 주 · 노 · 초 · 파 · 남 · 보』박현숙 안무의『원죄』4편이 올려졌다. 『슬픈사중주』는 한국적 정서를 표출한 창작발레로 '93부산여름무용 축제에 공연되어졌던 작품으로 한결 정돈되고 간결화 되어진 소품장치와 그동안 기량성숙으로 인하여 안정되고 완성된 작품으로 다가왔고 『꿈꾸는 비상』은 판토마임을 가미한 발레작품으로서의 시도가 흥미롭게 보여졌다.환상의 백조를 쫓는 나약한 현대인의 모습을 현실과 이상의 공간을 넘나들며 코믹을 가미한 우스꽝스러운 어릿광대의 몸짓을 박준호의 마임에 힘입어 삶의 갈증을 시원스럽게 풀어내고 있었다.

『빨 · 주 · 노 · 초 · 파 · 남 · 보』는 영롱한 빛의 분배를 음률에 맞추어 각각의 색을 음미하는 무용수들이 사랑스러움, 명랑함, 우아함을 7명의 요정들로서 그 기량을 뽐내었다. 전체구성으로는 7명의 군무진, 빨 · 주의 2인무, 노 · 초의 2인무, 파 · 남 · 보로 이어지면서 다시 7명의 군무진으로 펼쳐졌는데 전체 무용수 기량이 고르지 않아 다소 불안감을 조성하기도 하였다.

『원죄』는 아담과 이브에 관한 것을 모티브로 한 것 이었다. 그동안 무용공연에 빈번하게 형상화 된 것을 주제로 삼아 모리스 베자르의 모던 발레를 연상시키는 매우 관능적 묘사가 김옥련의 뛰어난 기량으로 일품을 이루고 있었다.

첫장면에서 서서히 나무 뒤에서 등장하는 간교한 뱀의 유연한 몸짓이 시종 시선을 집중시키고 있었는데 전반부에 비해 뱀과 이브의 2인무에서 김진향의 차분함이 뱀과의 대조를 이루면서 연기력이 다소 미약하게 보여졌다. 이번 공연에서 2편의 작품을 안무하고, 자신의 작품 1편과 『원죄』에 출연한 김옥련이 단연 우수한 기량과 표현력, 안무력을 발휘하여 단체의 중추를 이루면서 어느 때 공연보다 노련함과 안정감을 자아내고 있다. 점차 부산의 발레단으로서 면모를 갖추게 되어감을 느낀다.

무용평
「심청」
최은희
화려한 무대 관객 압도
생생한 歌舞樂 · 판소리 도입 신선
심청 춤사위 장마다 반복돼 산만
<경성대교수>

9.1996.6.17 / 국제신문 / 「심청」 화려한 무대 관객 압도

이번 「심청」의 무대는 전체2부 18장으로 나눠 펼쳐졌다.

전통적인 효사상을 활기차고 친근감있게 재구성한 창작한국무용으로 올렸다는 점과 부산시립국악관현악단, 부산시립합창단의 찬조출연, 그리고 어느 때보다도 적극적인 홍보전략으로 「심청」은 공연전부터 많은 사람들에게 기대감을 갖게했다.

이번 공연의 몇가지 의의를 간추려본다면, 우선 부산시립무용단 공연에 다른 시립예술단체들이 동참하여 생생한 악(樂)가(歌)무(舞)에 일조한 점이 가장 귀하게 여겨졌다. 특히 적절하게 판소리를 도입한 점이 무엇보다도 인상깊었다.

다음으로 대형규모의 무대미술 장치들이 각 장마다 화려하게 선보여 극의 전개에서 이해도를 높였고, 스팩터클한 볼거리를 제공했다.

또 수석안무자인 이노연씨가 안무와 함께 직접 주인공인 심청역을 맡아 무용수로서의 기량을 아낌없이 발휘한 점등이 돋보였다.

관객과의 소통에도 무리가 없었고,물량공세(?)로 관객석을 압도해 성공적인 무대로 이끌었다. 그러나 어느 무대에서도 작은 아쉬움이 남듯이 「심청」도 예외는 아니었다. 생생한 음악, 생동하는 춤사위, 현대적인 동작구사의 발휘라는 장점에도 불구하고 「심청」은 흔히 무용극에서 범하기 쉬운 과거의 나열식 춤형태로 빠질 우려가 있었다.

무대의 단절된 전환으로 춤의 여운을 살리지 못한 점, 높은 기량에도 불구하고 장면마다 반복되는 심청의 춤사위, 일률적인 악기편성, 고르지 못한 악기편성, 타악기의 청각적 거부감,합창단의 빈번한 등퇴장이 전체무대를 산만하게 만들었다.

그러나 전체적으로 생동감 넘치고 웅장한 스케일의 무대로 창출하고자 한 안무자의 땀흘린 의지가 돋보였고, 우리춤에 대한 애정과 메마른 대지를 적셔주는 단비처럼 많은 관객들에게 문화적 청량감을 주었다.

시립예술단이 시민의 세금으로 운영되는 공공단체라는 점에서 이번 공연은 대중을 의식한 무대로 별 의의를 제기할 요인은 없다.

그러나 평소 시 행사 혹은 여타 여러형태의 위문공연 형식으로 빈번하게 초청공연되고 있는 현실을 감안할 때, 이런 정기공연에서는 지나치게 대중을 의식한 무대가 아닌 무용만이 표출할 수 있는 예술적 성취도에 초점이 모아졌으면 하는 바람이 남는다.

10.1996.07-08 / 무용예술 / 재구성보다 재해석을

재구성보다 재해석을
부산시립무용단 정기공연 「심청」
대중성과 예술성의 사이에서

부산시립무용단 정기공연『심청』
대중성과 예술성의 사이에서

부산시립무용단은 지난 해에 새로이 수석 안무자 이노연씨를 맞이하여 안정된 안무와 종합예술로서의 무용에 대한 새로운 인식을 바탕으로 순조롭게 돛을 올린 지 벌써 1년째가 된다. 이번 무대의 심청은 2부로 나누어 총 18장으로 구성하여 전통적인 효사상을 활기차고 친근감있는 창작무용으로 재구성했다. 한국무용으로 무대에 올려지는 것이 처음이라는 점(필자가 아는바로 는 75년 제10회 국립무용단 정기공연에 김백봉 안무로 올려진 바가 있는 것으로 안다.) 과 부산시립국악관현악단과 부산시립합창단 출연, 그리고 어느때보다도 홍보전략으로 많은 사람들에게 기대감을 갖도록한 무대였다고 본다. 이번 공연(6월 14일 부산문화회관 대강당)에서 몇 가지 의의를 찾는다면 우선 부산시립무용단 공연에 드물게 타 시립단체들이 동참하여 생생한 악 · 가 · 무(樂歌舞)에 일조한 점이 이번 공연에서 가장 귀하게 여겨진다. 특히 적절하게 판소리를 도입한 점이 무엇보다도 인상깊게 느껴졌다. 둘째 대형의 무대미술의 장치들이 각 장마다 화려하게 선보여 극의 전개상 이해도를 높이고 스펙타클한 볼거리를 제공하였다는 점, 셋째로는 수석 안무자 이노연씨가 안무와 함께 직접 주인공 심청역을 맡아 무용수로서 기량을 아낌없이 발휘한 점등이 이번 공연에 가장 귀하게 여겨졌다. 특히 많은 대중을 대상으로한 무대라고 볼 때 관객을 압도하여 성공적인 무대로 이끌었다고 본다.

그러나 몇가지 아쉬움도 뒤따른다. 18장으로 구성되어 펼쳐지는 군무가운데 장면마다 거의 나오는 화려한 장치와 소도구가 생동적인 춤사위의 여운을 살리는데 때로는 방해가 되지 않았나 하는 것이다.

전통의 재구성이 주는 묘미와 전통 재해석의 무대가 주는 맛은 물론 각기 다르다. 『심청』의 경우 전자에 속한 것으로 보인다. 재공연의 기회가 있을 때 후자를 택한 변화를 준다면 관객은 또 다른 모습의 『심청』을 만날 수 있을 것 같다. 일률적인 악기편성, 합창단의 빈번한 무대 등 · 퇴장이 보다 정리가 되었다면 더욱 명쾌한 무대가 되었으리라고 본다. 부산시립무용단이 진일보 해가는 모습을 부산시민이 자랑하거나 우리 지역 것을 뽐내고 싶어하는 시민의식을 고취 시켜주는데 소임을 다해가고 있다 하겠다. 말하자면 세금을 내고 있는 시민의 권리를 충족시켜주고 있다 하겠다.

그러나 일견 시민의 권리주장이나 예술적인 작품의 섭렵과 만족해하고 싶은 욕구는 다양할 수 있다. 한국의 관립무용단이 대개 마치 정부의 지침이라도 받아 이를 충실히 이행하려는 것처럼 보이는 것이 일반적인 인상이다. 아울러 대중성도 고려되어 왔다. 부산의 유일한 직업무용단인 부산시립무용단은 이제까지의 연륜, 체험 그리고 가장 큰 자산이 되는 기량을 닦은 무용수와 창의력 있는 안무자. 이런 요소들의 갖춤세로 볼때 정기공연 한번쯤은 대담하게 진보해도 무리가 아닐것 같다. 더욱 현대적이고 더욱 실험정신이 투철한, 그래서 예술성에서 순도 높은 작품을 시민들에게 보여주는 것도 시민들이 요구하는 권리의 일부일 것이다. 물론 이 경우 대중성의 외면이라는 문제점이 있다. 대중성과 예술성의 적절한 절충이란 말처럼 쉬운 일은 물론 아니다. 그러나 부산시립무용단의 성숙도를 보아 이제 용기를 갖고 모험을 해도 무리가 가지 않으리라 믿어진다.

아무튼 전체적으로는 생동감 있고 웅장한 무대를 창출하고자 한 안무자의 각별한 의지와 점차 안무자 영역을 확고하게 넓혀가고 있음을 이번 무대에서 여실히 증명해 주었다. 우리춤에 대한 애정과 함께 마치 메마른 대지 위를 적셔주는 단비처럼 많은 이들에게 문화적 청량감을 줄수 있었던 공연이었다.

11.1996.12 / 부산시립무용단 제36회 정기공연 - 정제된 群舞 부담없는 무대

무용리뷰 부산시립무용단 제36회 정기공연
최은희
정제된 群舞 부담없는 무대
<경성대교수·한국무용>

부산시립무용단의 제36회 정기공연은 병자년을 마감하는 문턱인 지난달 29일 부산문화회관 대강당에서 올려졌다.

1부와 2부로 나뉘어 1부에서는 전통춤을 재구성한 작품들과 2부에서는「맹진사댁 경사」의 내용을 바탕으로 우리 고유의 전통 혼례를 극적인 재미를 가미한 장면만을 발췌하여 소품형식으로 새롭게 다듬어「우리 춤, 멋과 신명」이라는 타이틀로 올려졌다.

이번 정기공연은 다른 공연에 비해 단일 주제에 의한 규모가 큰 작품에 대하여 창작의 시도나 안무자의 고민과 의도를 알아내려는 노력보다는 단순히 춤꾼이 풀어내는 춤사위에 몰입되어 부담없이 즐길수 있었던 무대였다.

그러나 그동안 반응이 좋았던 전통춤과 해외공연을 겨냥했다고는 하나 자칫 소품나열의 안일한 기획으로 보여질 우려도 없지 않다.

1부에서 선보였던「북소리 사위」는 그동안 춤꾼들의 잘 다듬어진 숙달된 기량과 잠시도 여유를 주지 않는 音의 역동성과 호흡의 일체감으로 보는 관객을 고조시키기에 충분하였다.「밀양북춤」은 무대구성에 변화와 속도를 주어 단조로움을 극복하고자 한 의도는 좋았으나 밀양 특유의 가락과 토속적 맛이 다소 반감된 듯 했다.우리춤의 특징을 흔히「한과 흥의 춤」「정중동의 춤」「역동성과 고요함」으로 삼는다면 또 하나의 커다란 특징으로「해학성」을 들 수 있다. 해학성은 푸근하고 넉넉한 인간미를 갖게 한다.

2부에서 소품 형식으로 올려진「시집 가는 날」은 이미 영화나 마당극에서 선보여 코믹한 연기로 재미를 선사하였던 작품으로 조선시대를 배경으로 펼쳐지는 고전 풍자희극이다. 이 작품에 신인 정진희와 한수정을 과감하게 주연으로 발탁하여 직업무용단에서 자칫 빠지기 쉬운 고정배역선정에 신선감을 주었고 장래훈과 콤비로 코믹한 연기를 연출하여 웃음을 선사하기도 하였다.

이번 공연은 지난해 바로 수석안무자로 부임한 이노연씨의 4번째 정기공연으로 다른 정기공연에 비해 규모가 작게 느껴졌으나 그동안 다소 산만하게 느껴졌던 군무자들이 잘 다듬어지고 안무자와의 호흡이 점차 일치되어가는 안정감을 느낄 수 잇었던 무대였다. 단지 전통춤의 재해석에 있어 무대공간변화를 위한 역동성과 속도감을 강조하다보면 섬세한 호흡과 디딤새, 절박한 토속적 움직임이 변질되는 경우가 생긴다.

때문에 전통춤에 맞는 공간에 대한 배려가 이루어진다면 춤멋이 보다 살아나고 더욱 신명난 춤판으로 태어나지 않을까 생각한다.

12.1998. 03 / 몸 / 부산시립무용단 솔리스트 2인전-또다른 만남

공연리뷰
부산시립무용단 솔리스트 2인전-또다른 만남
16 MOMM 1998 03

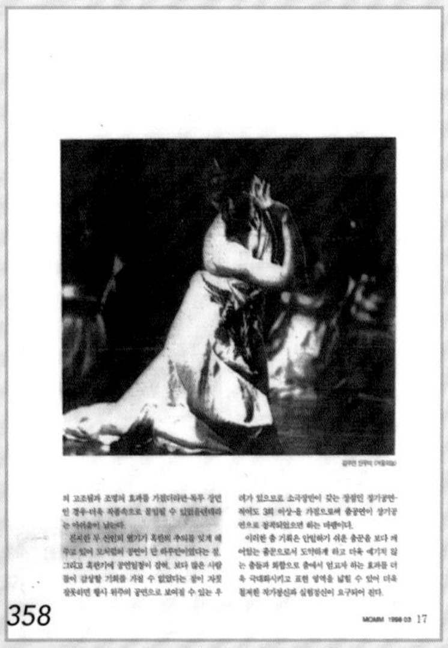
MOMM 1998 03 17

IMF로 인한 경제불황의 여파로 가장 타격을 받을 수 있는 문화예술계에서는 여러 우려와 자성과 함께 지금의 위기 상황 극복 방안을 찾고자, 모든 문화예술인들이 관심을 모으고 있다. 그동안 행해졌던 각종 행사들의 허세적 형태의 요인을 점검하며 실용적인 관점을 모색하고 있는 때에 무용계에서도 내실을 꾀하고자 혼란스럽게 펼쳐졌던 공연들을 점검하여 변화를 시도하던가 혹은 정리해야 한다는 자성의 소리가 높게 일고 있다. 이런 관점의 바탕에는 예술가들의 보다 철저한 자기 성찰과 작가 정신이 요구되어져야 하리라 본다.

부산에서의 올해 첫 춤판으로는 부산시립무용단의 젊은 무용수 두 사람의 창작 안무작을 무대에 올리는 〈솔리스트 2인전-또다른 만남〉이 부산 문화회관 소극장에서 지난 1월 20일(일년 중 제일 춥다는 대한)에 올려졌다.

가뜩이나 움츠려져 있는 요즈음에 젊은 열기의 무대가 훈훈하게만 느껴졌다. 이번 공연에는 김주영의 〈겨울하늘〉이 전통타악기인 장고와 징으로 시립국악관현악단의 이장우씨가 참여, 음악과의 만남을 시도하였고 이화성의 〈내게 들리는 세상〉은 현재 경성대 연극과 졸업예정인 정승재씨가 참여하여 함께 연극과 만나는 공동 작업을 모색하는 방식으로 시도되었다.

두 작품은 우연하게도 도입부 첫 장면이 공통점을 갖고 있는데, 때묻지 않은 순수함을 동경하는 어린 시절의 회상 혹은 열망하는 것을 주로 고무줄뛰기(김주영), 혹은 술래잡기, 공 튀기 놀이 등(이화성)을 도입, 마임으로 처리하고 있었다. 김주영의 〈겨울하늘〉에서는 유연한 호흡과 순발력 있는 몸짓으로 재치있게 처음부터 끝까지 독무로 관객을 사로잡아 춤꾼으로서 기량을 한껏 과시했던 반면 녹음음악이 지배적으로 치중된 점과 가장 고조되어야 할 부분에 생음악이 받쳐주지 않아 평범하게 끝나버린 아쉬움이 남았다. 그리고 조명처리에 있어서도 연주자가 시종일관 드러나 음악이 갖는 신비한 힘과 여운의 효과를 살리지 못한 점이 아쉬움으로 남는다.

이화성의 〈내게 들리는 세상〉은 사회적 이데올로기와 흔들리는 개인의 가치관 사이의 갈등을 정신 착란에 빠진 사람들의 아픔을 자신의 철학적 깊이와 함께 내면세계로 끌어들여, '연극과의 만남'으로 극적인 효과를 추구한 작품이라 할 수 있다. 그동안 연극과의 만남은 부산 춤꾼 몇몇에 의해 시도된 바 있는데, 현대춤꾼인 김보영씨와 한국춤패 〈배김새〉의 소극장 기획공연 등으로 선보인 바 있어서 신선하다는 느낌보다는 작가의 개성과 비교해 볼 수 있는 기회로 여겨졌다.

첫번째로, 네명의 무용수가 등장하되 보조적인 역할로만 그쳐 실제 춤보다는 마임 부분만 참여하였고 독무위주로 이끌어간 점, 연극인이 직접 무용수와 함께 등장하고 실제 대사로 실연한 점, 둘째로는 자막과 나레이션을 도입, 관객들이 각자 사고 할 수 있는 상상의 시간을 부여하고 있는 점 등이 독창적인 요소로 다가왔다.

특히 부토와 유사한 몸짓의 비틀거림과 기계적 움직임의 반복이 혼합된 움직임으로 춤꾼이 의도하고자 하는 것을 관객들이 지루할 정도로 집요하게 자기 몸짓의 언어로 육화(肉化)시키고 있어 흔히 보이기 위한 춤 보다는 춤작가로서의 고집과 개성을 엿볼 수 있어서 모처럼 신인에게서 진지한 탐구적 무대로 보여졌다. 단지 치밀하게 계산된 음악의 고조됨과 조명의 효과를 – 가졌더라면 독무 장면인 경우 – 더욱 작품속으로 몰입될 수 있었을텐데라는 아쉬움이 남는다. 진지한 두 신인의 열기가 혹한의 추위를 잊게 해주고 있어 모처럼의 공연이 단 하루만이였다는 점, 그리고 혹한기에 공연일정이 잡혀, 보다 많은 사람들이 감상할 기회를 가질 수 없었다는 점이 자칫 잘못하면 행사 위주의 공연으로 보여질 수 있는 우려가 있으므로 소극장만이 갖는 장점인 장기공연 – 적어도 3회 이상을 – 가짐으로써 춤공연이 장기공연으로 정착되었으면 하는 바램이다.

이러한 춤 기획은 안일하기 쉬운 춤꾼을 보다 깨어있는 춤꾼으로서 도약하게 하고 더욱 예기치 않는 춤들과 화합으로 춤에서 얻고자 하는 효과를 더욱 극대화시키고 표현 영역을 넓힐 수 있어 더욱 철저한 작가정신과 실험정신이 요구되어 진다.

13.2005. 봄호 / 함께가는 예술인 / 춤패 〈배김새〉 20주년을 맞아

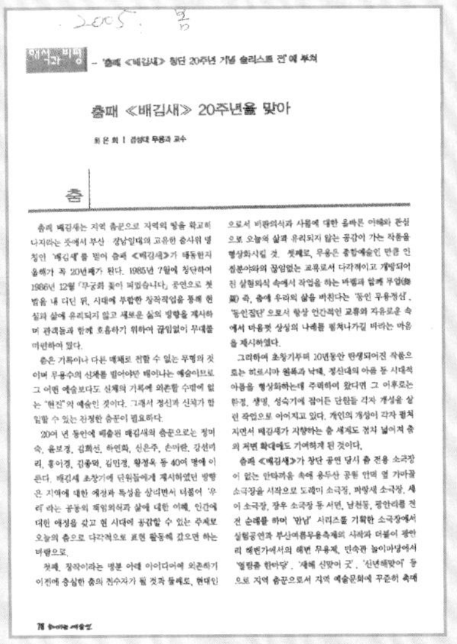
2005. 봄
– '춤패 ≪배김새≫ 창단 20주년 기념 솔리스트 전'에 부쳐
춤패 ≪배김새≫ 20주년을 맞아
최은희 | 경성대 무용과 교수
춤

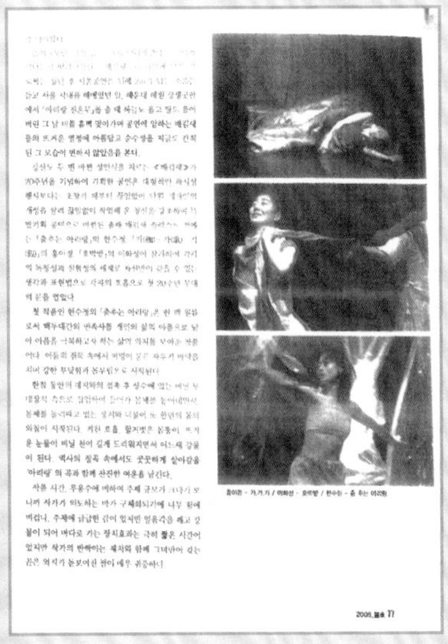

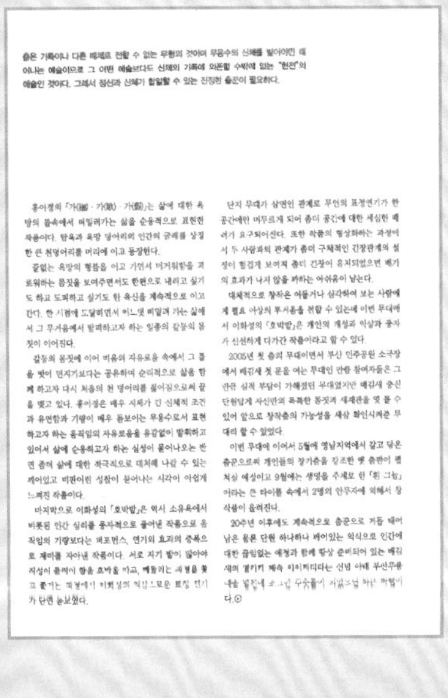

춤패 배김새는 지역 춤꾼으로 지역의 땅을 확고히 다지라는 뜻에서 부산 · 경남일대의 고유한 춤사위 명 칭인 '배김새'를 빌어 춤패 《배김새》가 태동한지 올해가 꼭 20년째가 된다. 1985년 7월에 창단하여 1986년 12월 「무궁화 꽃이 피었습니다」 공연으로 첫발을 내디딘 뒤, 시대에 부합한 창작작업을 통해 현실과 삶에 유리되지 않고 새로운 삶의 방향을 제시하며 관객들과 함께 호흡하기 위하여 끊임없이 무대를 마련하여 왔다.

춤은 기록이나 다른 매체로 전할 수 없는 무형의 것이며 무용수의 신체를 빌어야만 태어나는 예술이므로 그 어떤 예술보다도 신체의 기록에 의존할 수밖에 없는 "현전"의 예술인 것이다. 그래서 정신과 신체가 합일할 수 있는 진정한 춤꾼이 필요하다.

20여 년 동안에 배출된 배김새의 춤꾼으로는 정미숙, 윤보경, 김희선, 하연화, 신은주, 손미란, 강선미리, 홍이경, 김종덕, 김민경, 황정옥 등 40여 명에 이른다. 배김새 초창기에 단원들에게 제시하였던 방향은 지역에 대한 애정과 특성을 살리면서 더불어 '우리'라는 공동의 책임의식과 삶에 대한 이해, 인간에 대한 애정을 갖고 현 시대에 공감할 수 있는 주제로 오늘의 춤으로 다각적으로 표현 활동해 갔으면 하는 바램으로.

첫째, 창작이라는 명분 아래 아이디어에 의존하기 이전에 충실한 춤의 전수자가 될 것과 둘째로, 현대인으로서 비판의식과 사물에 대한 올바른 이해와 관심으로 오늘의 삶과 유리되지 않는 공감이 가는 작품을 형상화시킬 것. 셋째로, 무용은 종합예술인 만큼 인접분야와의 끊임없는 교류로서 다각적이고 개방되어진 실험의식 속에서 작업을 하는 바램과 함께 무업(舞業) 즉, 춤에 우리의 삶을 바친다는 '동인 무용정신', '동인집단' 으로서 항상 인간적인 교류와 자유로운 속에서 마음껏 상상의 나래를 펼쳐나가길 바라는 마음을 제시하였다.

그리하여 초창기부터 10년동안 탄생되어진 작품으로는 히로시마 원폭과 낙태, 정신대의 아픔 등 시대적 아픔을 형상화하는데 주력하여 왔다면 그 이후로는 환경, 생명, 성숙기에 접어든 단원들 각자 개성을 살린 작업으로 이어지고 있다. 개인의 개성이 각자 펼쳐지면서 배김새가 지향하는 춤 세계도 점차 넓어져 춤의 저변 확대에도 기여하게 된 것이다.

춤패《배김새》가 창단 공연 당시 춤 전용 소극장이 없는 안타까움 속에 용두산 공원 언덕 옆 가마골 소극장을 시작으로 도레미 소극장, 파랑새 소극장, 세이 소극장, 장우 소극장 등 서면, 남천동, 광안리를 전전 순례를 하며 '만남' 시리즈를 기획한 소극장에서 실험공연과 부산여름무용축제의 시작과 더불어 광안리 해변가에서의 해변 무용제, 민속관 놀이마당에서 '열림춤 한마당', '새해 신맞이 굿', '신년해맞이' 등으로 지역 춤꾼으로서 지역 예술문화에 꾸준히 촉매가 되어왔다.

돌이켜보면 지역 춤을 먼저 익혀야겠다는 일념에 어디든지 따라다녔던《배김새》가 기억에 남을 일로써는 창단 후 서울공연을 위해 2m가 넘는 소품을 들고 서울 시내를 헤매었던 일. 해운대 해원 상생굿판에서 「아리랑 진혼무」를 출 때 하늘도 울고 땅도 울어 버린 그 날 비를 흠뻑 맞아가며 공연에 임하는 배김새들의 뜨거운 열정에 아름답고 순수성을 지금도 간직된 그 모습이 변하지 않았음을 본다.

강산도 두 번 바뀐 성인식을 치르는《배김새》가 20주년을 기념하여 기획한 공연은 대형적인 과시성 행사보다는 초창기 때부터 끊임없이 단원 개개인의 개성을 살려 끊임없이 작업해 온 정신을 강조하여 특별기획 공연으로 마련된 춤패 배김새 솔리스트 전에는 「춤추는 아리랑」의 한수정, 「가(枷) · 가(歌) · 가(假)」의 홍이경, 「호박밭」의 이화성이 참가하여 각각의 독창성과 실험성의 세계로 자신만이 가질 수 있는 생각과 표현법으로 각자의 호흡으로 첫 20주년 무대의 문을 열었다.

첫 작품인 한수정의 「춤추는 아리랑」은 한 맥 원류로서 백두대간의 민족사를 개인의 삶의 아픔으로 담아 아픔을 극복하고자 하는 삶의 의지를 보여준 작품이다. 어둠의 침묵 속에서 피멍이 묻은 자루가 바닥을 치며 강한 부딪힘과 몸부림으로 시작된다.

한참 동안의 대지와의 접촉 후 상수에 있는 비닐 무대장치 속으로 진입하여 들어가 몸체를 들어내면서, 몸체를 둘러싸고 있는 장치와 더불어 또 한번의 몸의 외침이 시작된다. 거친 호흡, 헐거벗은 몸뚱이, 뜨거운 눈물이 비닐 천이 길게 드리워지면서 어느새 강물이 된다. 역사의 질곡 속에서도 꿋꿋하게 살아감을 '아리랑'의 곡과 함께 잔잔한 여운을 남긴다.

작품 시간, 무용수에 비하여 주제 규모가 크다가 보니까 작가가 의도하는 바가 구체화되기에 너무 힘에 버겁다. 주제에 급급한 감이 있지만 얼음각을 깨고 강물이 되어 바다로 가는 장치효과는 극히 짧은 시간이었지만 작가의 반짝이는 재치와 함께 그녀만이 갖는 곧은 의지 가 돋보여진 점이 매우 귀중하다.

춤은 기록이나 다른 매체로 전할 수 없는 무형의 것이며 무용수의 신체를 빌어야만 태어나는 예술이므로
그 어떤 예술보다도 신체의 기록에 의존할 수밖에 없는 "현전"의 예술인 것이다.
그래서 정신과 신체가 합일할 수 있는 진정한 춤꾼이 필요하다.

홍이경의 「가(枷) · 가(歌) · 가(假)」는 삶에 대한 욕망의 틀속에서 떠밀려가는 삶을 순응적으로 표현한 작품이다. 탐욕과 욕망 덩어리의 인간의 굴레를 상징한 큰 천덩어리를 머리에 이고 등장한다.

끝없는 욕망의 형틀을 이고 가면서 버거워함을 괴로워하는 몸짓을 보여주면서도 한편으로 내리고 싶기도 하고 도피하고 싶기도 한 육신을 계속적으로 이고 간다. 한 시점에 도달하면서 어느덧 떠밀려가는 삶에서 그 무거움에서 탈피하고자 하는 일종의 갈등의 몸짓이 이어진다.

갈등의 몸짓에 이어 비움의 자유로움 속에서 그 틀을 벗어 던지기보다는 공유하며 순리적으로 삶을 함께 하고자 다시 처음의 천 덩어리를 짊어짐으로써 끝을 맺고 있다. 홍이경은 매우 지체가 긴 신체적 조건과 유연함과 기량이 매우 돋보이는 무용수로서 표현하고자 하는 움직임의 자유로움을 유감없이 발휘하고 있어서 삶에 순응하고자 하는 심성이 묻어나오는 반면 좀 더 삶에 대한 적극적으로 대처해 나갈 수 있는 깨어있고 비판어린 성찰이 묻어나는 시각이 아쉽게 느껴진 작품이다.

마지막으로 이화성의 「호박밭」은 역시 소유욕에서 비롯된 인간 심리를 풍자적으로 풀어낸 작품으로 움직임의 기량보다는 퍼포먼스, 연기의 효과의 증폭으로 재미를 자아낸 작품이다. 서로 자기 밭이 많아야 직성이 풀려야 함을 호박을 따고, 빼돌리는 과정을 쫓고 쫓기는 과정에서 이화성의 익살스러운 표정 연기 가 단연 돋보였다.

단지 무대가 삼면인 관계로 무언의 표정 연기가 한 공간에만 머무르게 되어 좀더 공간에 대한 세심한 배려가 요구되어진다. 또한 작품의 형상

화하는 과정에서 두 사람과의 관계가 좀더 구체적인 긴장관계의 설정이 헐겁게 보여져 좀더 긴장이 유지되었으면 배가의 효과가 나지 않을까 하는 아쉬움이 남는다. 대체적으로 창작은 어둡거나 심각하여 보는 사람에게 필요 이상의 무거움을 전할 수 있는데 이번 무대에서 이화성의 「호박밭」은 개인의 개성과 익살과 풍자가 신선하게 다가간 작품이라고 할 수 있다.

2005년 첫 춤의 무대이면서 부산 민주공원 소극장에서 배김새 첫 문을 여는 무대인 만큼 참여자들은 그만큼 심적 부담이 가해졌던 무대였지만 배김새 중진 단원답게 자신만의 독특한 몸짓과 세계관을 엿볼 수 있어 앞으로 창작춤의 가능성을 새삼 확인시켜준 무대라 할수있었다.

이번 무대에 이어서 5월에 영남지역에서 갈고 닦은 춤꾼으로써 개인들의 장기춤을 강조한 옛 춤판이 펼쳐질 예정이고 9월에는 생명을 주제로 한 「흰 그늘」이라는 큰 타이틀 속에서 2명의 안무자에 의해서 창작품이 올려진다.

20주년 이후에도 계속적으로 춤꾼으로 거듭 태어남은 물론 단원 하나하나 깨어있는 의식으로 인간에 대한 끊임없는 애정과 함께 항상 준비되어 있는 배김새의 열기가 계속 이어지리라는 신념 아래 부산무용예술 발전에 조그만 주춧돌이 되었으면 하는 바램이다.

부산시민과 함께하는 시민의 축제
2014 부산무용예술제

14.2014.10 / 몸 / 부산시민과 함께하는 시민의 축제 - 2014 부산무용예술제

부산무용협회(무용협회장 서지영)에서는 시민과 함께 화합할 수 있는 행사의 장으로 2014년 문화축제로서 부산무용의 활성화를 위한 해외교류 부산무용예술제를 개최했다. 9월22일(월) 오후 7시 30분, 부산시민으로 가득 메워진 부산시민회관 대극장에서 펼쳐졌다.

올해 52회째를 맞는 부산 유일의 종합예술제인 부산예술제는 부산예총 산하 12개 장르의 예술전문단체들이 펼치는 부산 유일의 순수종합예술제이기도하다. 2009년 부터 해외자매도시 예술교류를 진행하면서 국제적 예술문화축제의 장으로 영역을 넓혀나가며 국내외 동북아시아권의 해양도시들이 참여하여 공연을 통해 지역간의 동질성과 차별성으로 예술의 폭 넓은 감상기회를 제공하고 있다.

이번 2014 부산예술제에는 텐진, 청도, 후쿠오카, 시모노세키, 호치민에서 온 무용예술가와 함께하는 무대를 마련하였다. 부산예술제 개막을 무용예술제에서 거행하여 부산시장, 교육감을 비롯하여 많은 산하예술단체장들이 참여, 지켜보는 가운데 막이 올랐다. 개막식은 30분에 걸쳐 식을 거행한 후 참여한 해외자매도시를 영상으로 소개하였다. 축제형식으로 각 장르별로 발레, 한국무용전통과 창작, 현대무용 사이사이에 해외자매도시들이 참여, 다른 해에 비해 많은 해외자매도시들이 참여하였다.

개막공연으로는 뗑부르발레연구회의 「아름답고 푸른 도나우」를 발레형식으로 갖추면서 도나우왈츠에 맞추어 밝고 경쾌한 선율로 첫 프로그램을 장식하였고, 두번째는 일본 시모노세키에서 온 무용 민화 '카치카치야마'에서 영감을 받은 리듬적이고 재미있는 곡으로 토끼가 너구리에게 복수하는 모습을 그린내용인데 함축된 동작의 절제를 상징적으로 잘 묘사하고 있었다.

다음으로는 부산 중견무용가로 차세대 부산무용계의 주역인 윤정미무용단이 「태평무」를 군무형식으로 행사를 축하하며 재치있게 다양한 구성을 구사하면서 시각적 볼거리로 제공하고 있었다.

자매도시 호치민은 누구나 간직하고 있는 조국에 대한 추억들을 현대무용으로 선보였다. 평소에 베트남의 현대무용을 볼 기회가 없었는데 이번 무대에서 첫 선을 보이면서 영혼 깊은 곳에서부터 간직하고 있는 추억들을 잘 표현하고 있었다. 다음은 한퍼포먼스컴퍼니의 「처용, 아사날 엇디 하릿고」는 창작춤으로 오색의 처용들을 상징하는 5방위로 설정하여 한국 고유 몸짓에 생태적 모태인 여성의 모습을 빨간 천 안에서 안무자의 자유로운 해석으로 적정한 에너지 분배와 마지막 장면에서 군무진이 서로 상생하며 윤회하듯 흘러가는 여운을 남기고 있었다.

그 외에 흥과 신명을 돋구는 진도북춤과 중국 텐진의 세 명의 소녀가 로맨틱한 사랑의 아름다운 장면을 묘사하고 이족의 춤을 중국 청도의 몽고 민족춤과 한국 민간무용 「산동인상」을 선보였다. 그리고 현대무용 준댄스컴퍼니의 「The Moment of Truth」에서는 현대무용이 갖는 미니멀리즘과 동작의 반복설정으로 점차 자유로운 춤 형식을 전개하면서 흔들리는 배경막에 조명효과를 시도하고 있었으나 오히려 무용수 전달에서는 어두워서 잘 보이지 않게 되어 아쉬움으로 남았다.공연이 끝난 후 2시간 가까운 장시간 진행으로 펼쳐졌던 축제의 행사로 '부산시민 대동춤'을 시민회관을 메운 시민들과 즉석에서 흥이 실린 어깻짓으로 마지막을 장식하였다.

'부산시민 대동춤'은 2012년부터 부산무용협회에서 부산시민이 모이는 곳 어디에 서든 전파할 수 있는 대동단결의 춤이다.

50 여년이 넘는 긴 세월에서 부산무용제가 시민과 함께하는 무대로 가득 찬 무대였던 이번 축제의 특징은 차세대 부산무용계를 이끌어갈 무용가들의 무대가 선보였던 점을 들 수 있다. 단지 앞으로의 과제로는 보다 문화의 높은 가치와 예술성있는 작품으로서의 전문성과 매끄럽지 않은 진행에 대한 전체 무대연출을 담당할 인력에 대한 과제를 남기고 있었다.

김옥련발레단의 〈오데뜨 변무〉

15.2014.11 / 몸 / 김옥련발레단의 「오데뜨변무」

일회성의 공연을 지양하고 상시적으로 무용단체들이 활동을 할 수 있는 지원책으로 무용상주단체가 있다.

부산에서는 두 단체가 선정이 되어 해운대 문화회관 상주단체인 김옥련발레단과 민주공원 소극장의 허경미레드스텝이 상주단체로 활동 중이다.

지난 10월 16일(목)-18일(토) 동래문화회관과 해운대문화회관 두 곳에서 김옥련발레단이 〈오데트변무〉(연출김현숙)를 3일간에 걸쳐 올렸다. 클래식발레의 대표 〈백조의 호수〉에서 주인공 오데트는 순결하고 우아한 여성상의 대표 이미지로 정형화된 모습에서 현대적으로 재해석된 다양한 오데트의 모습으로 4개의 옴니버스 춤극으로 구성하였다.

현대무용에서 정통발레의 파드되(2인무), 전통과 현대가 다채롭게 변주되면서 문명의 이기 속에서 자기를 찾는 오데트(여성)의 여정이 흥미롭게 펼쳐졌다. 일반적으로 발레공연은 대학교수 혹은 동인그룹의 발표와 간간히 젊은 뜻있는 발레리나가 실험적 공연에 참여하고 있고 그나마 김옥련발레단에서는 어린이 발레를 통해 춤의 대중화로 꾀하면서 그 명맥을 유지하고 있다. 그러나 상주단체라 해도 전문무용수가 상주하고 있다고 보기에는 현실적으로 어려움이 있다. 그 어려움을 창작과 타 장르와의 융합된 무대공연으로 다양한 장르의 객원 출연진들을 참여시키고 있다.

이번 공연에서는 각각의 개성이 강한 안무자들이 참여하고 있다.

첫 번째 작품 〈사각의 미로-오데트,사각 미로에 빠지다〉는 서울에서 댄스시어터 창을 이끌고 있는 현대무용가 김남진이 안무했다. 자신의 2014년 안무작 〈바늘〉을 재구성하여 사각 문화에 빠져 있는 여성으로 오데트를 묘사했다. 4명의 남자무용수들이 일사불란하게 각 장면마다 소품과 영상을 통해서 도시문화를 표현하고 있는데 특히 소품 바늘과 세트 사각형을 강조하면서 다채롭게 활용해 방, 벽, 관 등 끊임없이 새로운 사각형을 만들고 현대빌딩의 영상 등 또 거기서 빠져나가는 움직임들 속에서 스마트폰 중독 현상을 폭력적으로 그려내고 있었다.

두 번째는 정통발레 '파드되'를 몽골국립발레단 출신 절몬봇과 박영진의 2인무가 호흡을 맞추어 순수했던 시절로 돌아가고 싶은 오데트의 의지를 보여주고 있다.

세 번째는 부산의 현대 춤판 박재현 안무・출연의 〈주르륵 텅텅〉은 발레리나 서정애와 2인무로 펼쳤다. 두 남녀 간의 사랑과 갈등의 표현을 앞무대로 제한하여 등불의 소품을 들고 서로 찾는 듯한 표현으로 시작하여 마치 갈구하던 것을 찾아 두 남녀 간의 밀착된 동작으로 끈끈하게 묻어나오는 듯한 애무로 뜨겁게 달구고 있다. 그러던 중 황당히 여인은 사라져버리고 얼마 후에 다시 나타난 여인은 머리엔 접시와 포크, 가슴은 매우 크게 부풀려진 모습으로 멈추어진 상태에서 퍼포먼스가 이루어진다. 여인 가슴을 부여잡은 박재현은 가슴에서 빵(?)이 나오고 불빛이 비추어진다.

머리에 얹었던 접시에 빵을 담아 먹기 시작한다. 유연한 몸짓에서 갈구하던 것을 찾아 욕구를 채우는 장면에서 재기발랄한 안무자의 의도가 돋보이면서 주제를 한층 부각시켜주고 있었다.

네 번째 작품은 전체 연출을 맡은 김현숙의 안무 〈한 줌 재에서 새 숨으로〉와 미하일 포킨 안무의 〈빈사의 백조〉를 엮어서 오데트의 죽음과 새로운 탄생을 담은 작품이다. 커튼콜도 겸한 이 연출은 객석 위에서 전체 출연자가 등장하고 오데트의 강렬한 마지막과 새로운 탄생을 희망적으로 제시하고 있었다. 임신 8개월의 춤꾼 이정임이 새로운 오데트의 기다림으로 새롭게 비상하고자 하는 의지를 구하면서 막을 내렸다.

10월의 부산 춤판은 곳곳에서 연이어 뜨겁게 열리고 있다. 특히 발레리나 김옥련의 열정으로 올렸던 기획 무대에서 춤문화가 살아 숨 쉬고 있는 것을 새삼 확인해보는 시간이라 할 수 있을 것이다.

단지 대다수 관객이 어린 발레리나를 꿈꾸는 아이들과 학부모들로 채워져 기획에 따른 관객 층을 고려하여 각각의 눈 맞추기 기획공연으로 이루어져야 함이 아쉬움으로 남는다.

16. 2015.1 / 몸 / 2014 춤으로 갈무리하다

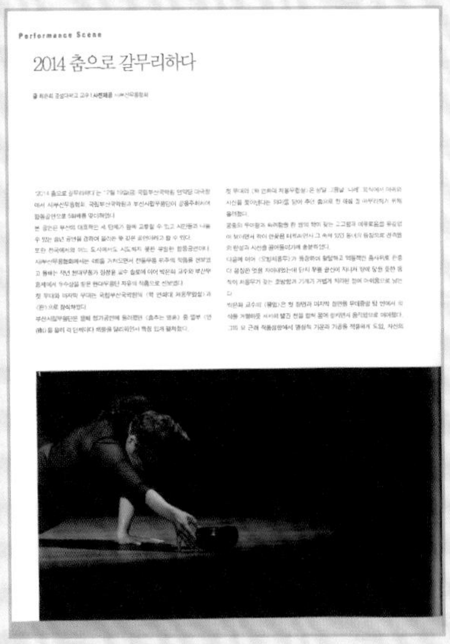

Performance Scene
2014 춤으로 갈무리하다

'2014 춤으로 갈무리하다'는 12월 19일(금) 국립부산국악원 연악당 대극장에서 사)부산무용협회, 국립부산국악원과 부산시립무용단이 공동주최하여 합동공연으로 5회째를 맞이하였다.

본 공연은 부산의 대표적인 세 단체가 함께 교류할 수 있고 시민들과 나눌 수 있는 송년 공연을 겸하여 올리는 뜻 깊은 공연이라고 할 수 있다.

또한 전국에서의 어느 도시에서도 시도하지 못한 유일한 합동공연이다. 사)부산무용협회에서는 4회를 거쳐오면서 전통무용 위주의 작품을 선보였고 올해는 작년 현대무용가 장정윤 교수 솔로에 이어 박은화 교수와 부산무용제에서 우수상을 받은 현대무용단 자유의 작품으로 선보였다.

첫 무대와 마지막 무대는 국립부산국악원의 〈학연화대 처용무합설〉과 〈판〉으로 장식하였다.

부산시립무용단은 올해 정기공연에 올려졌던 〈춤추는 영혼〉 중 일부 〈연(緣)〉을 올려 각 단체마다 색깔을 달리하면서 특징 있게 펼쳐졌다.

첫 무대의 〈학 연화대 처용무합설〉은 섣달 그믐날 '나례' 의식에서 마귀와 사신을 쫓아낸다는 의미를 담아 추던 춤으로 한 해를 잘 마무리하기 위해 올려졌다.

궁중의 우아함과 화려함을 한 쌍의 학이 갖는 고고함과 여유로움을 유감없이 보이면서 학이 연꽃을 터트리면서 그 속에 있던 동녀의 등장으로 관객들의 탄성과 시선을 끌어들이기에 충분하였다.

다음에 이어 〈오방처용무〉가 등장하여 활달하고 역동적인 춤사위로 한층 더 웅장한 멋을 자아내었는데 단지 무릎 굴신이 지나쳐 땅에 닿을 듯한 동작이 처용무가 갖는 호방함과 기개가 가볍게 처리된 점이 아쉬움으로 남는다.

박은화 교수의 〈몰입〉은 첫 장면과 마지막 장면을 무대 중앙 탑 안에서 의식을 거행하듯 서서히 빨간 천을 펼쳐 몸에 걸치면서 움직임으로 이어졌다. 그의 요 근래 작품 성향에서 명상적 기운과 기공을 적절하게 도입, 자신의 춤 언어로 표현하고 있는 경향이 짙게 보이는데 곧 무대는 2분화 좌우로 분할하여 붉은색과 푸른색의 대조된 조명 속에서 신탁받은 여성의 내면세계를 표출, '몰입'의 경지가 잘 전달되었다.

부산시립무용단의 〈연(緣)〉은 『이생규장전』의 조선 로맨스소설을 각색한 일부 장면으로 정기공연에서는 보여줬던 무대장치 없이(여러 단체가 참여하고 또다시 제작하기 어려운 여건으로 인하여)펼쳐졌는데 오히려 무용수들의 움직임이 선명하게 드러나 보였다.

각각 맡은 배역들 중에 특히 여자주인공 '최랑'역과 '동자', '향아'의 역할을 맡은 무용수들의 뛰어난 연기가 두드러졌고 소품을 들고 화려하게 등장하는 여성 무용수들의 군무진, 동래학춤을 응용한 남성 선비들의 군무, 익살스럽게 극적 요소를 가미한 마임으로 돋보인 '동자', '향아' 주인공 '이생'과 '최랑'의 듀엣, 각각의 구성들이 볼거리를 제공하면서 직업무용단의 면모를 유감없이 발휘하였다.

단지 무용극의 스토리를 전달하려다 보면 자칫 진부해질 수 있는 여지가 있기 때문에 앞으로의 과제로 남겨놓으면서 새로운 또 다른 면모의 시립무용단을 기대해본다.

자유무용단 〈관심〉은 올해 부산무용제와 새 물결 춤 작가전에서 눈에 띄었던 신인 조현배의 작품이다.

요즘 미디어를 주제로 하여 젊은 무용가들이 다각적으로 무대에 올리고 있는 추세를 보인다. 작품 〈관심〉또한 주제로는 내세우고 있지는 않지만 그와 같은 경향이 짙었다.

일사불란하게 움직이는 군무진들의 배열과 구성에서는 의도적으로 짜여 있는 요소들의 흐름들이 장면 장면으로 이어졌다.

안무와 출연을 한 조현배의 〈관심〉의 배열은 관심으로 보였지만 구체적으로 메시지를 어떻게 담을 것인가는 다음 무대에서 기약해본다.

마지막 작품 〈판〉은 부산 영남의 지역 춤 활성화에 기여하기 위해 만든 브랜드 작품, 춤극 야류 〈문디야 문디야〉중 수영야류와 고성오광대의 말뚝이춤에 오북춤과 꽹과리춤, 장구춤(솔로)등을 더해 각색하여 재구성한 작품이다.

라이브음악 연주와 함께 상생한 현장감의 춤판을 더욱 돋보이게 하였으며 천지인 합일의 하나됨을 신명나는 한판 춤으로 마지막 무대를 장식하였다.

잘 다듬어진 군무와 생동감은 일품이었으나 이러한 세련됨이 오히려 영남춤의 투박함과 무게감을 실어내는 특징을 잘 드러내기에는 부조화스러운 면이 보였다.

'2014 춤으로 갈무리하다'는 부산에서의 대표적인 세 단체가 한 무대에서 각각의 특성과 면모를 조화롭게 올리면서 춤이 시민들에게 다가가기 위한 기획의도로 마련한 점을 매우 높이 사야 할 것이다.

17.2015.5 / 몸 / **봄날, 부산무용계 기지개 펴다**

봄날, 부산무용계 기지개 펴다

봄날 4월로 접어들면서 부산 무용계는 활력을 되찾아 개인공연, 즉흥 춤 페스티벌, 국립부산국악원 주최의 '예인과 함께하는 우리문화–화요공감무대' 와 제7회 정기공연 등이 다채롭게 펼쳐졌다.

'예인과 함께하는 우리문화–화요공감무대'는 지역의 원로에서 중진에 이르기까지의 예인들이 전통무용을 선보이고자 기획한 무대이다. 올해 첫 공연으로서 지난 4월 7일 국립국악원 예지당에서 엄옥자 원향춤판이 올려진 것에 이어서 서정연, 유은주, 정소연, 윤정미, 이경화 5명의 중진 무용가가 잇따라 공연을 선보인다.

국립부산국악원 무용단 초대 예술감독을 역임한 원향 엄옥자의 춤판 〈으아린 버선발로 젖겨드랑 곱사위 마루〉는 정상박(민속학자) 교수가 사회 및 대담하는 자리를 마련하여, 엄옥자 선생이 중요무형문화재 제21호 승전무 예능 보유자로 되기까지의 과정을 영상을 곁들인 설명을 통해 관객으로 하여금 더욱 쉽게 전달될 수 있는 무대를 꾸몄다.

〈통영입춤〉, 승전무 〈통영검무〉, 〈원향살풀이춤〉, 〈원향지무〉, 승전무 〈통영북춤〉으로 구성되었는데, 특히 홑춤으로 올려진 〈원향살풀이춤〉은 단연 이 공연의 압권이었다. 예인답게 삶의 연륜과 호흡의 기품이 묻어나오면서 섬세한 버선발과 손짓 하나하나에 정성을 쏟아 강한 흡인력으로 관객을 몰입시키기에 충분하였다.

그 뒤를 이어 통영기방예술의 진춤 등을 바탕으로 독창적인 춤으로 만든 〈원향지무〉는 춤의 대를 잇는 딸 변지연의 춤으로, 정 · 중 · 동의 무게를 실어 담백하게 이어졌다.

이번 무대에서는 승전무 계승에 대한 확고한 신념과 앞으로 더욱 거듭나기 위한 춤 성찰에 대한 원로의 열정을 유감없이 보여준 무대였다.

올해로 벌써 7회째 정기공연을 맞이하는 국립부산국악원은 개원당시 부산지역의 무용, 음악에 관련된 모든 시선이 집중되었던 곳이다. "경상도는 춤, 전라도는 소리"라는 말이 있을 정도로 부산은 춤의 도시이면서 우리나라 제2의 도시이지만 근 30년간 부산시립 예술단체만이 문화정체와 재창조의 작업을 담는 직업단체로서 유일했기에, 그동안 숱하게 배출되었으나 오갈 데 없는 전문인들의 새로운 터전과 기회로 여겨져 더욱 관심이 쏟아졌었다. 초대 엄옥자 무용단 예술감독이 취임하여 기틀을 마련하였고, 재작년부터 제2대 오상아 예술감독이 그 바통을 이어받았다.

제7회 무용단 정기공연 '이십사월 춤방'이 연악당(대극장)에서 4월 9일과 10일 양일간 열렸다. 항상 정기공연이라는 그릇은 우리 춤 정체성을 어떤 식으로 담았는지, 그 내용에 대한 기대와 호기심을 갖게 한다. 또 하나는 부산시민들에게 얼마나 한 발 가까이 다가가 우리 것을 인지시키고자 했는지에 대한 표현력에 대해서도.

그동안 정기공연에서는 부산, 경남의 지역적인 춤을 가미한 작품을 선보이려고 했던 것에 비해 이번 정기공연에서는 공연 소품들을 모아 다채롭게 선보이는 것에 역점을 두었다. 또한 30여 명의 기악단, 성악단, 풍물패들이 직접 연주하는 생음악이 어우러져 국악원에서만의 면모를 한껏 살렸다.

첫 무대는 〈승무〉와 〈나비춤〉을 함께 재구성하여 올렸는데, 〈승무〉는 대부분 뒤로 보고 시작하지만 방향을 앞으로 바꾸고 고풍스러운 영상과 〈나비춤〉을 배경으로 하여 고정적인 시각을 탈피하려는 시도와 그 노력이 엿보였다.

부산의 대표적인 〈동래학춤〉은 토속적인 색채보다는 드라이아이스를 사용하여 몽환적인 분위기를 연출하여 실제 학이 나는 듯한 인상을 주었다.

무용단의 고정레퍼토리인 〈부채춤〉, 〈장구춤〉, 〈살풀이춤〉, 〈산조춤〉, 〈동래한량무〉를 단순하게 열거하기보다는 무대 위에 또 하나의 사각무대를 앞쪽 가운데에 설치하여 개인무를 더욱 돋보이도록 하는 효과를 주었는데, 자칫 지루하게 보일 수 있는 전통춤을 조명 외에도 훨씬 입체감을 살리도록 무대의 메커니즘을 십분 잘 활용했다고 볼 수 있다.

대부분 마지막 무대에서는 신명을 고조시키고자 악기와 어우러지는 춤판이 있기 마련이다. 이번 무대도 예외 없이 고성오광대, 북춤, 사물악기 등 흥겨운 춤과 가락으로 장식하였는데 개인 춤기량을 한껏 발휘하는 무용수들로 인해 관객들에게 높은 호응을 불러일으킨 것에 비해 빈번한 군무들의 스톱모션이 효과를 절감시켰고 12발 상모 등 개인 사물놀이가 길어지면서 모처럼 멋스럽게 재구성한 무대의 미감을 오히려 반감시킨 것 같아 아쉽게 여겨진다.

이번 정기공연의 의의로, 전통춤을 시민들에게 더욱 흥미롭게 다가가기 위한 무대구성 연출력이 돋보인 점과 '보는 소리'인 연주자의 음악과 함께 엮은 춤 등의 시도를 들 수 있겠다. 앞으로의 정기공연은 부산의 정체성을 담는 사적자료와 배경을 토대로 하여 단순히 볼거리로서의 춤에서 정신적 고양으로 한 단계 나아갈 수 있는 무대를 기대해본다.

18.2015.7 / 몸 / **「오래된 미래」** 부산시립무용단

부산시립무용단 「오래된 미래」

부산시립무용단의 제72회 정기공연이 지난 5월28,29일 양일에 걸쳐 문화회관 대극장에 올랐다.

한국춤 최고의 명인명무를 초청하여 그 춤 속의 정신과 전통을 계승하고 미래를 향하여 맥을 이어가기 위한 취지에서 '오래된 미래'라는 타이틀로 펼쳐졌다. 작품을 재구성하여 기획된 이번 정기공연에 부산춤의 대명사로 불리어지고 있는 김진홍을 비롯해 김온경, 김옥자, 김명자 4명과 서울에서 활동하는 배정혜, 김매자, 국수호 3명이 명인명무로 초청되어 부산시립무용단원과 함께 웅장하게 무대에 올려졌다.

첫 무대로 부산의 대표 남성무용가인 김진홍의 「승무」로 막을 열었다. 그동안 숱하게 많은 제자를 육성해왔을 그가 현 단원으로 있는 제자들과 함께 한 큰 무대의 춤은 보는 이로 하여금 무언의 교류가 함께 전해지는 듯 하였다. 화려하지는 않지만 연륜을 초월한 듯 마치 한마리의 나비가 살포시 꽃 위로 넘나들 듯 첫무대를 장식하였다.독무인 승무에 이어 뒷 막이 열리면서 24명의 군무진 오고무로 이어졌다. 단순히 흥겨운 가락으로서만이 아닌 북을 치는 웅장한 소리와 함께 일사분란한 춤동작이 일치라면서 관객들의 탄성을 자아내게 했다.

두 번째 무대는 김명자의 이매방류의 「살풀이춤」이 올랐다. 살풀이 천을 든 우아한 손 끝에서의 울림이 잔잔하게 퍼지듯 양 사이드 막에서 한 명씩 교차로 등장한 군무진들이 어느새 중심에 선 독무를 에워싸고 함께 호흡을 일치시키면서 단아하고 깊이감 있는 정제된 맛을 그렸다.

무대 맨 앞 오케스트라 박스를 사용하여 관객들과 가장 근접한 거리에서 앉아 시작한 김온경의 「산조춤」은 강태홍류 가야금 산조 선율에 춤을 얹혀 부채를 한 손에 들고 마치 선비인 양 고고하면서도 빠른 장단에 아기자기한 몸놀림으로 맛을 살리고 있었으나 바로 「동래고무」가 군무로 이어지기 때문에 극히 공간에 제약을 받는 듯한 점이 아쉬움으로 남는다. 군무로 이어진 「동래고무」는 쌍으로 올려졌는데 이번 무대에서 유일한 전통군무이다 보니 굳이 전수무대가 아닌데 꼭 올렸어야 했는지에 대해서는 의문을 들게하였다.

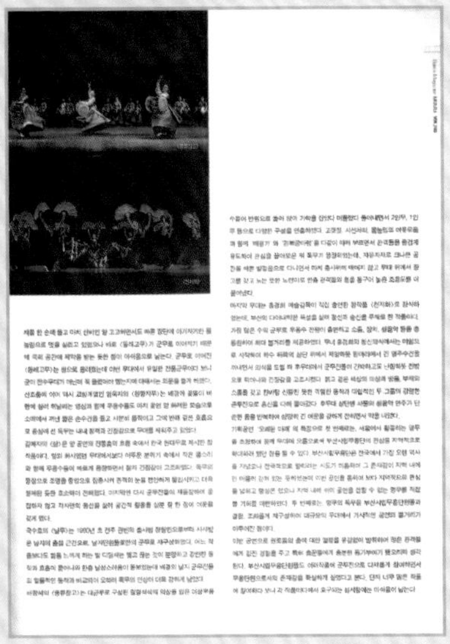

산조춤에 이어 역시 교방계열인 엄옥자의 「원향지무」는 배경에 꽃들이 바람에 실려 휘날리는 영상과 함께 무용수들도 마치 꽃인양 화려한 모습으로 소매에서 꺼낸 짧은 손수건을 들고 사뿐히 움직이고 그에 반해 깊은 호흡으로 중심에 선 독무는 내내 정적과 긴장감으로 무대를 채워주고 있었다.

김매자의 「삶」은 앞 공연의 전통춤의 흐름 속에서 한국 현대무로 제시한 창작품이다. 앞의 화사했던 무대에서 보다 어두운 분위기 속에서 작은 물소리와 함께 무용수들이 빠르게 등장하면서 점차 긴장감이 고조되었다. 독무의 등장으로 조명을 중앙으로 집중시켜 관객의 눈을 편안하게 몰입시키고 더욱 절제되어진 듯한 호소력이 전해졌다. 마지막엔 다시 군무진들이 재등장하여 응집하지 않고 각자만의 동선을 살려 공간적 활용을 십분 잘 한 점이 여운을 갖게했다.

국수호의 「남무」는 1960년초 전주 권번의 춤사범 정형인으로부터 사사받은 남자의 춤을 근간으로, 남자단원들로만의 군무로 재구성하였다. 어느 작품보다도 힘을 느끼게 하는 발 디딤새는 맺고 끊는 것이 분명하고 강인한 동작과 호흡이 묻어나와 한층 남성스러움이 돋보였는데 배경의 남자군무진들의 일률적인 동작과 비교되어 오히려 독무의 인상이 더욱 강하게 남았다.

배정혜의 「풍류장고」는 대군무로 구성된 형형각색의 의상을 입은 여성무용수들이 반원으로 둘러 앉아 가락을 잡았다 머물렀다 풀어내면서 2인무, 1인무 등으로 다양한 연출을 구성하였다. 고개짓, 시선처리, 몸놀림의 여유로움과 함께 '태평가'와 '경복궁타령'을 다같이 따라 부르면서 관객들을 즐겁게 유도하여 관심을 끌어모운 뒤 독무가 등장하였는데 자유자재로 크나큰 공간을 빠른 발걸음으로 다니면서 마치 춤사위에 매이지 않고 무대위에서 장고를 갖고 노는 듯한 노련미로 한층 관객들의 흥을 돋구어 높은 호응도를 이끌어냈다.

마지막 무대는 홍경희 예술감독이 직접 출연한 창작품 「천지화」로 장식하였는데, 부산의 다이나믹한 특성을 살려 청신과 송신을 주제로한 작품이다. 가장 많은 수의 군무로 무용수 전원이 출연하고 소품, 장치, 생음악 등을 총동원하여 최대 볼거리를 제공하였다.무녀 홍경희 의 청신의식에서는 마임으로 시작하여 하수 뒤쪽의 상단위에서 제압하듯 항아리에서 긴 명주수건을 꺼내면서 의식을 드릴 때 후무대에서 군무진들이 긴박하고도 난립하듯 전방으로 튀어나와 긴장감을 고조시켰다. 붉고 검은 색상의 의상과 방울, 부채의 소품을 갖고 한바탕 신들린 듯한 격렬한 동작과 대립적인 두그룹의 강렬한 군무진으로 혼신을 다해 몰아갔다. 후무대 상단엔 사물의 생음악 연주가 단순한 음을 반복하여 상당히 긴 여운을 전하면서 막을 내렸다.

기획공연 '오래된 미래'의 특징으로 첫번째로는, 서울에서 활동하는 명무를 초청하여 함께무대에 오름으로써 부산시립무용단의 관심을 지역적으로 확대하려했던 점을 들 수 있다. 부산시립무용단은 전국에서 가장 오랜 역사를 지녔으나 전국적으로 알리려는 시도가 미흡하여 그 존재감이 지역내에만 머물러 갇혀있는 듯 하였는데 이번 공연을 통하여 보다 지역적으로 관심을 넓히고 명성은 있으나 지역내에 쉬이 공연을 접할 수 없는 명무를 직접 볼 기회를 마련하였다. 두번째로는, 명무의 독무를 부산시립무용단들과 결합, 조화롭게 재구성하여 대규모의 무대에서 가시적인 공연의 볼거리가 이루어진 점이다.

이번 공연으로 원로들의 춤에 대한 열정을 유감없이 발휘하여 많은 관객들에게 값진 경험을 주고 특히 춤꾼들에게 충분한 동기부여가 됐으리라 생각된다. 부산시립무용단들도 여러작품에 군무진으로 다채롭게 참여하면서 무용단원으로서의 존재감을 확실하게 실었다고 본다. 단지 너무 많은 작품에 참여하다보니 각 작품마다에서 요구되어지는 섬세함에는 아쉬움이 남는다.

08
Vol.249
몸
Cover Story
The Dancer
Issue
Special
Reportage

Performance Scene
치열한 경연의 장
제24회 부산무용제

19.2015.8 / 몸 / **치열한 경연의 장** - 제 24 회 부산무용제

부산무용협회가 주관하는 제24회 부산무용제가 7월 5일(일)부터 7일(화)까지 3일에 걸쳐 부산문화회관 대극장에서 펼쳐졌다. 부산무용제는 전국무용제의 발판이 되는 부산의 대표적인 작품을 선정하는 자리이자 무용인들이 가장 큰 관심을 갖는 행사이기도 하다. 경연 형식의 본 행사와 시민과 함께하는 축하 행사로 구성되었는데, 축하 행사는 본 행사가 시작하기 전 문화회관 앞 광장에서 신명나는 춤으로 펼쳐져 일반시민들의 적극적인 참여를 유도하고 있었다.

대회 규정상 만 45세 미만의 무용가들로 규정되어 5팀의 젊은 안무자들이 참여하였는데 부산발레연구회의 김한나, 판댄스시어터의 김수현, 손영일무용단, 현대무용단 자유의 안성희, 김옥련발레단의 최연순이 참여하여 열띤 경연이 펼쳐졌다.

첫날에는 김한나 안무의 「IF…」와 김수현 안무의 「Left Behind – 남겨진 자들」이 올려졌다.
부산발레연구회의의 「IF…」는 전체 기량이 고른 수준의 무용수들과 현대의 표현적 기법의 남녀 주역 무용수에 의해 조화롭게 펼쳐졌던 작품이다. 모처럼 창작발레의 면모를 보여주었으나 주제 자체가 추상적이다 보니 그것을 전달하는 것에 있어서도 모호한 느낌을 주었고 장면 장면마다의 연결이 끊어져 전체를 이끌어가는 힘이 더 요구된다.
판댄스시어터의 「Left Behind – 남겨진 자들」은 우선 주제성이 분명하고 이야기를 구체화시켜 그것을 표현하는데 있어서도 쉽게 전달하고자 한 노력이 엿보였다. 장면 설정마다 무대장치의 변화모색을 매우 효과적으로 처리하고 보편적인 춤사위와 기존의 패턴과는 다르게 스토리텔링이 용이한 움직임을 보여준 것이 신선하게 다가왔다. 단지 대극장이다 보니 장치 전환하는 시간이 길어지면서 다소 작품이 무대세트에 치중하는 듯한 인상을 주기도 하였다. 비록 대상은 아니고 우수상에 머물기는 하였지만 설득력 있는 전달성으로 가장 공감대를 주었던 작품이었다고 본다.

둘째 날 「잊혀질 권리」를 안무한 손영일은 공연 내내 강렬한 동작으로 메시지를 인상적으로 각인시켜 대상을 수상한 작품이다. 구성의 변화나 동선보다는 표현성에 치중하여 시종일관 강하게 반복하여 메시지를 전달하고 있었다. 전체적으로 의욕이 넘치긴 하나 긴장과 이완이라는 측면에서 보면 오히려 강조할 부분이 감소되어 절제력이 요구되는 아쉬움을 주었다.
현대무용단 자유의 「12피트(ft)」는 공공적 거리로 12걸음 떨어진 거리에 직접 나서지 않고 곁에서 보기만 하는 방관적인 태도의 거리라는 뜻으로, 공연 시작과 마지막을 12걸음을 나타내는 발자국 소리를 직접 마이크로 동시 전달하면서 주제의식과 현장감을 살리는 아이디어가 돋보였다. 도입부에서의 군무진의 유연한 움직임은 관객을 몰입시키기에 충분하였으나 지속적인 전개에서는 평이하고 단조로운 느낌을 주어 처음의 긴장도가 떨어지면서 크게 주제를 부각시키지 못하였다. 하지만 이번 안무상과 여자 연기상을 수상한 안성희는 부산이 낳은 대표적인 춤꾼이라고 할 정도로 강렬한 에너지와 기교의 소유자라고 볼 수 있다.

이상 4작품은 특히 군무진, 주역들의 무용수 활약이 우열을 가리기 힘들 정도로 매우 뛰어났다고 볼 수 있다.

마지막 날에는 김옥련발레단의 「해운… 그 위를 거닐다」가 참가하였다. 한 마디로 발레작품이라기보다는 다양한 장르가 섞인 마치 한 편의 총체극을 보는 듯하였다. 바다(물)의 배경영상과 부분적으로 TV모니터세트를 설치하여 다양한 미술적 효과로 볼거리를 주었으나 이전에 발표한 작품을 줄여서 올리다 보니 많은 장르의 혼재와 광범위한 내용을 30분 이내에 표현하기엔 무리가 따랐다고 본다. 집중력 있게 연출하여 주제를 전개시켰더라면 공감대를 더 형성하지 않았을까.

이상 3개의 현대무용과 2개의 발레작품이 출품되었는데 지난해 한국창작무용이 대상을 차지해서인지 한국무용단체들의 참여가 전무한 상태로 치러진 점이 무용제라는 타이틀을 무색하게 만들어 아쉬움을 남겼다.

이번 부산무용제의 가장 큰 특징은 어느 때보다도 무대장치효과가 두드러지게 보였고 조명과 영상이 풍성하게 볼거리를 제공하여 치열하게 경연이 치러졌던 점과 차세대 부산무용계를 이끌 무용가들의 등장으로 부산무용계의 위상이 높아진 점을 들 수 있다.

단지 작품을 만드는 의지와 의욕에 비해 작품을 극대화시키는 구성력은 크게 돋보이지 않아 좀 더 치밀한 구조와 완성도를 위한 고민은 과제로 남았다. 앞으로 무용제가 단순히 전문인들만의 잔치가 아닌 일반시민들에게도 질 높은 무용을 감상할 수 있는 계기가 될 수 있고 진정한 시민춤축제로 거듭나기를 위한 다각적인 모색이 필요하다고 본다.

명무류일가(名舞流一家)
이윤혜, 하연화, 황지인의 춤

20.2015.10 / 몸 / **명무류일가(名舞流一家) -** 이윤혜, 하연화, 황지인의 춤

연행기획 면(面)-얼굴이 주최하는 '명무류일가(名舞流一家)'가 9월 13일 부산 해운대문화회관 해운홀(200명 규모 객석)에서 열렸다.

부산에서 전통춤을 이어가는 중견인 이윤혜, 하연화 황지인 춤꾼들에 의해 각각 두 가지의 독무로 「승무」, 「태평무」, 「산조춤」, 「진주교방굿거리춤」, 「춘앵전」, 「살풀이춤」이 추어지고 남성 춤꾼과 2인무로 황지인과 이광호의 「사랑가」, 하연화와 남기성의 「허튼 덧배기춤」, 이윤혜와 류재철의 「소고춤」으로 다채롭게 올려졌다.

황지인은 3인 중 가장 연소자로 첫 무대를 김진홍에게 사사받은 「승무」로 장식하였다. 스승의 춤을 전수받은 그대로 보여주려 한 의도는 좋았으나 본인의 호흡으로 녹아 묻어나올 수 있는 재해석된 춤사위가 아쉬웠다. 한영숙류의 「태평무」에서는 담백하고 우아함보다는 화사함으로 더 다가왔고 위로 감는 팔의 절제됨이 더 요구되었다.

하연화의 「산조춤」은 강태홍의 가야금 산조가락에서 탄생해 직계 제자인 김온경으로 이어져 온 춤이다. 한 손에 작은 부채를 들고 추는 것이 특징인 이 춤은 고도의 절제된 기교를 요하는데, 마치 선비가 풍류의 멋을 갖듯 안정된 춤사위로 잘 표현하고 있었다.

「진주교방굿거리춤」은 교방의 기녀들과 후에 유입된 무속인들에 의해 태어난 춤으로 민속적인 흥보다는 섬세하고 우아한 기품을 요한다. 굿거리장단에서 잦은몰이로 넘어갈 때 치마허리띠를 졸라매는 맵시와 소고를 갖고 흥을 돋우는 부분에서 이 춤의 묘미를 잘 살리고 있었다.

이윤혜는 평소 맛갈스러운 춤동작을 선보이는 그녀가 가장 절제된 미를 강조한 궁중무 「춘앵전」을 올려 무리 없이 소화해내고 있었고 이매방류 「살풀이춤」 역시 정제된 아우라로 춤의 맛과 멋을 애틋하게 전하고 있었다.

각각 독무에서 황지인의 화사함과 간결하면서 산뜻함을, 하연화의 정확하게 맺고 끊는 다부진 멋을, 이윤혜는 연장자답게 탄탄함과 여유로운 춤내공을 전하고 있었다.

새롭게 기획한 남성과의 2인무는 기획 면에서 신선하게 다가왔지만 급조된 감이 없지 않았다. 각각 2인무를 「사랑가」, 「허튼 덧배기춤」, 「채상 소고춤」과 「고깔 소고춤」의 어우름을 선보였는데, 남성 춤꾼들 대부분 마당 춤꾼 출신이다 보니 세심한 여성춤과의 조화에 다소 이질감이 느껴졌다. 젊은 소리 '쟁이' 대표 박준식을 비롯한 연주자들이 9가지나 되는 궁중무, 민속무를 생음악으로 반주하여 무대를 한층 빛내주었다.

공연을 보고 나서 아쉬웠던 점은 앞으로 이 시대의 전통춤 계승과 현대화를 위해 기획된 무대라는 점은 높이 사지만 그러한 기획의도가 뚜렷하게 제시되어 있지 않았다는 것인데, 한 번의 기획무대로서 일회성으로 끝내는 것보다는 상설극장 무대가 선결이 되어 부산 춤꾼들이 상시적으로 무대에 오를 수 있었으면 하는 바람이 있다. 또 명무류일가를 잇는 무대에 객석에 스승들이 한 분도 보이지 않았다는 점(물론 타계하신 분은 제외하더라도)이 씁쓸케 하였다. 스승들에게 체계적인 가르침과 지도를 전해받는다는 교감도 필요하다고 본다.

앞으로는 스승들과 이어지는 중견인들과의 춤판을 모색하면서 이 시대에 새로운 전통을 만들어가는 기획도 기대하여본다.

21.2015.12 / 몸 / **11월 부산의 대표 작품을 지향하는 두 편의 춤판**

올해 메르스의 여파로, 11월에 몰린 무대공연으로 인해 연일 춤공연 열기가 이어졌다.

춤추는 남자들, 「한일문화교류-어미꽃 세계를 품다」(예술감독 서지영), 국악원 화요공감(윤정미무용단의 「해해무해」), 새물결춤작가전, 부산시립무용단 제73회 정기공연 '新 월.인.천.강', 국립민속국악원 대형 창극 〈청, 춘향〉 등 풍성한 무대공연이 펼쳐졌다. 계속해서 강미선의 「춤_춤이 있는 정원」, 김진홍 「풍류 무고천」 공연이 연이어 남은 11월을 마무리할 예정이다.

부산 중견 춤꾼으로 가장 에너지를 열정적으로 뿜어내는 윤정미무용단(11월 17일(화) 국립부산국악원 예지당)의 무대와 부산시립무용단의 정기공연(11월 19일(목)-20일(금) 부산문화회관 대극장) 무대는 부산을 대표하는 춤꾼들의 열기로 가득 채워졌다.

부산 춤꾼으로서 활발하게 다각적으로 춤활동을 펼쳐오고 있는 윤정미의 「**解解舞解**(해해무해)」 춤판이 국립부산국악원 주최로 화요공감무대에 지난 11월 17일 예지당에 올려졌다.

「해해무해」는 곧 '춤으로 푼다'는 의미로, 한국무용이 가진 공통적인 특징인 음 · 양, 심 · 신, 맺음 · 품, 한 · 신명 등을 뜻한다. 프로그램으로는 〈아랑흥춤〉, 〈승무〉, 〈호접화무〉, 〈문둥탈춤〉, 〈풍물과 시나위〉, 〈살품이춤〉, 〈세요고 타타타〉로 올려졌는데, 중요무형문화제 제45호 대금산조 이수자인 이성준의 재치 있는 사회와 연주로 더욱 관객들에게 호응도를 높였다.

〈아랑흥춤〉은 소고에 빨간 천을 입히고 밀양아리랑의 음악에 맞춰 흥을 돋우며 첫 무대를 장식하였고, 〈호접호무〉는 부채를 꽃과 나비에 비

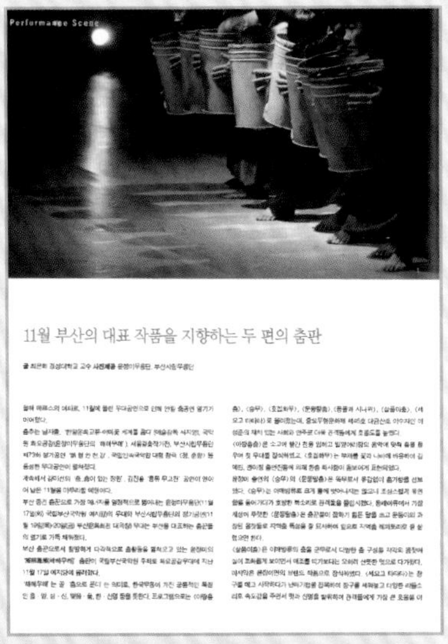
Performance Scene

11월 부산의 대표 작품을 지향하는 두 편의 춤판

유하여 김예린, 권미정 출연진들에 의해 한층 화사함이 돋보이게 표현되었다.

윤정미 출연의 〈승무〉와 〈문둥탈춤〉은 독무로서 유감없이 춤기량을 선보였다. 〈승무〉는 이매방류로 크게 틀에 벗어나지는 않으나 조심스럽게 유연함을 풀어가다가 호방한 북소리로 관객들을 몰입시켰다. 동래야류에서 가장 개성이 뚜렷한 〈문둥탈춤〉은 춤꾼들이 접하기 힘든 탈을 쓰고 문둥이의 과장된 몸짓들로 지역춤 특성을 잘 묘사하여 앞으로 지역춤 레퍼토리로 잘 살 렸으면 한다.

〈살풀이춤〉은 이매방류의 춤을 군무로서 다양한 춤 구성을 각각의 몸짓에 실어 조화롭게 보이면서 애조를 띠기보다는 오히려 산뜻한 멋으로 다가왔다. 마지막은 윤정미만의 브랜드 작품으로 장식하였다. 〈세요고 타타타〉는 장구를 메고 시작하다가 난타기법을 접목하여 장구를 세워놓고 다양한 리듬소리로 속도감을 주면서 멋과 신명을 발휘하여 관객들에게 가장 큰 호응을 이끌어내며 마무리되었다.

이번 무대의 특징은 주로 일반인들을 대상으로 춤지도를 해온 덕분인지 전체적으로 작품 색깔이 화사하고 산뜻했으며 관객층에게 대중적으로 다가가기 위한 흥미로운 레퍼토리가 주를 이루었다.

윤정미와 함께한 춤꾼 남선주는 부산의 대표 중견 춤꾼으로서 쉼 없는 활동과 에너지를 보여줘 지역 춤판의 미래가 든든하게 느껴진다.

단지 아쉬움이 있다면 문화재로 지정된 작품이라도 내적 호흡으로 끌어들여 자신만의 춤으로 승화시킬 필요성도 있지만 섣불리 재구성하기보다는 먼저 충실한 수련자로서의 전승의 자세가 더 필요하다고 본다.

부산시립무용단 제73회 정기공연 「新 월.인.천.강」이 11월 19일(목)–20(금)일 부산문화회관 대극장에서 부산의 브랜드 작품으로서의 도약을 꿈꾸며 펼쳐졌다.

요즘엔 전통무용공연들이 계보나 전승체제도 갖추지 않은 상태에서 명인, 명무전이 너나 할 것 없이 판을 이루고 있는 반면에 창작춤은 융복합의 시대를 맞이하여 보다 적극적으로 다양한 장르와 접목시키고자 다각적으로 모색하고 있다. 이번 정기공연에서는 유희성 극작 · 연출, 현대무용가 이태상 안무로 새로움과 다양성을 추구하였다.

크게 4장으로 '月–와우산의 달빛', '人–유엔기념공원', '天–40계단과 산복 도로', '江–생명의 샘 그곳', '깊고 뜨거운 바다' , 에필로그로 구성하였다. 2장과 3장은 이태상 안무, 1장과 4장, 에필로그는 홍경희 예술감독의 안무로 이루어졌다.

1장 도입에는 독무로 나선 무용수의 유연한 긴 팔로 날렵하게 선을 그리면서 정령을 상징적으로 표현(출연 박미나), 압도적으로 관객을 몰입시켜 1장 내내 오랜 시간 잔상을 남겼다. 그 뒤 군무진들이 소망과 기원을 담은 소품배에 달을 띄우며 절제된 동작으로 첫 장을 열었다. 2장과 3장은 삶과 죽음, 전쟁과 평화, 망자와 산자 그리고 전쟁 후에 오는 삶에 대한 의지와 욕망을 표현하였는데, 소품으로 노동에 대한 상징으로 양동이를 사용하여 대부분 일렬의 구도를 보여주었고 적절한 마임과 토해내는 듯한 소리치는 '똥'은 표현전달에 효과적이었다.

중앙 뒤 상수쪽의 단무대에서의 반복되는 동작전달이 객석까지 오기에는 멀게 느껴져 보다 확대된 구조의 단무대와 많은 수의 무용수가 함께 하였더라면 하는 아쉬움이 남았지만 근대사라는 시대적 표현은 탁월하였다고 본다.

마지막 장과 에필로그는 순환되는 자연의 모습으로 내일의 부산에 희망을 제시하였다.

절제되었던 2장과 3장보다 역동적인 동선에 많은 무용수들이 흰 천으로 강을 상징하며 무대를 메우고 배경영상으로 동백꽃잎이 한 잎씩 쌓이며 흰 막에 가득 채우면서 피날레를 장식하였다.

수년 전 부산시립무용단과 현대무용가인 정귀인, 남정호의 안무로 컬래버레이션했던 공연 이후 오랜만에 현대무용가 이태상 안무가와의 만남이 이루어져 새로운 창조세계를 향한 시도를 했다는 점에서는 높이 사고 싶다.

예산의 어려움도 있었겠지만 소품과 미술로 채워진 외형적으로 화려한 무대 연출 대신 요란하지 않은 간결한 무대로, 부산하면 떠오르는 '다이내믹'을 표현하기보다 정적인 미를 보여준 협동안무였다. 부산을 상징한다고 하는 각 장면들을 내세우다 보면 흐름 없이 나열하기 급급할 우려가 있었는데도 불구하고 각 장마다 조화롭게 펼쳐졌다고 본다. 하지만 무용수를 장면별로 안배하다 보니 정작 역동적으로 보여야 할 2장 3장에서는 보다 큰 에너지 전달이 안된 것 같아 아쉬움이 남았다.

이번 무대를 보면서 시립무용단이 작품 전달에 있어서 시민들에게 다가가기 위한 노력과 보다 고양된 무대를 창출할 수 있는 창작을 위한 다양한 장르와의 결합, 춤메소드의 형성으로 확대된 춤 세계를 제시할 수 있기를 바라본다.

22.2016.5. / 몸 / 이은영의 '맥, 그 뿌리에서 줄기까지'

Performance Scene

이은영의 '맥, 그 뿌리에서 줄기까지'

4월의 충만한 봄기운으로 꽃망울이 서로 다투면서 피어나듯 봄을 알리는 공연과 행사가 연이어 펼쳐졌다. 부산의 산과 바다의 자연 속에서 만물이 생동하는 봄, 신과 자연과 하늘에 감사하는 의식인 2016 강미리 금정산 생명굿 〈나비야 훨훨 생명의 춤이 되어〉가 작년에 이어 음력 삼월삼짇날 4월 9일에 야외공연으로 선보였고 (향후 10년간 프로젝트로 진행할 예정), 제9회 부산국제 즉흥춤축제 (4월 16일–18일) 첫날인 4월 16일에 가설무대가 아닌 해운대의 넓은 백사장에서 일상적인 움직임과 즉흥이 어우러진 공연으로 관객에게 다가가는 시도를 하였다. 타지역과 차별화시킬 수 있는 자연환경적 배경으로 인해 부산의 자연과 어울리는 춤콘텐츠로서 가능성을 보였던 행사들이었다.

무대공연으로는 사)민족미학연구소 주최로 4월 6일–8일 민주공원 작은 방에서 '제22회 젊고 푸른 춤꾼'이 올라 부산 경남지역 대학 무용학과를 갓 졸업한 신인들과 이미 참여했던 춤꾼들이 함께 신선한 춤언어로 젊은 몸짓을 풀어냈다.

24일엔 사)한국무용협회 부산지회에서 춤 어울림 대축제 –안녕하세요! 춤입니다'를 부산시민공원에서 개최한다. 지난 2월 부산지역 두 대학의 무용과 존폐위기로 어려운 역경을 맞아 위기는 모면하였으나 완전히 문제를 해결하지 못한 상황을 극복하려는 의지로 무용관계자와 일반시민이 신명으로 모두 함께하는 대축제를 진행하려고 한다.

국립부산국악원이 주최하고 기획한 2016년 화요공감은 지역의 전통예인의 등용과 무대를 제공하여 지난 4월 12일 소극장(예지당)에서 이은영의 '맥, 그 뿌리에서 줄기까지'를 첫 춤 공연으로 선보였다.

춤꾼 이은영은 현재 부산예술고등학교 무용부장으로 그동안 학생들 지도에 여념이 없었지만 춤꾼으로서 꾸준히 연마하고 무대공연에도 소홀히 하지 않아 어느새 부산의 중견 무용인으로 두각을 나타내고 있다. 지난 2010년 부산국립국악원 대극장(연악당)에서는 지도학생들을 올렸으나 이번 공연에서는 자신의 독무 외에 찬조 출연으로 무대를 꾸몄다.

레퍼토리로는 〈부채춤(김백봉 작)〉, 〈달구벌 입춤(박지홍제 최희선류)〉, 〈양산 사찰학춤(김덕명류)〉, 찬조출연에 〈태평무(화성재인청 이동안류)〉, 윤미라작의 〈장고춤〉 과 〈향발무〉, 김용철의 〈바라춤〉으로 전통무, 신무용계의 춤, 재구성의 춤 등으로 다양하게 구성하였다.

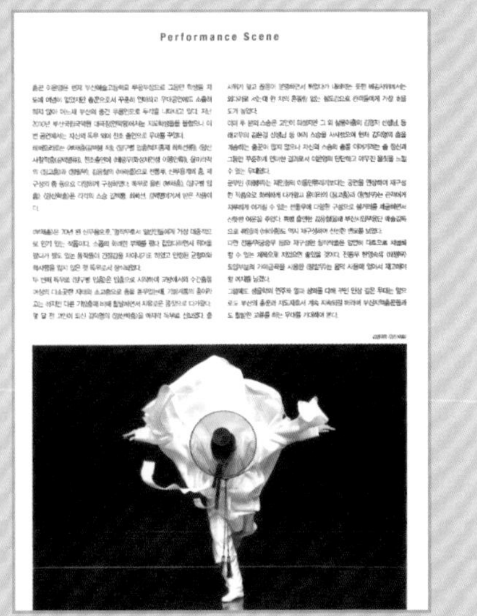
Performance Scene

독무로 올린 〈부채춤〉, 〈달구벌 입춤〉, 〈양산학춤〉은 각각의 스승 김백봉, 최희선, 김덕명에게서 받은 작품이다.

〈부채춤〉은 70년 된 신무용으로, 명작무로서 일반인들에게 가장 대중적으로 인기 있는 작품이다. 소품의 화려한 부채를 폈다 접었다하면서 튀어올랐다가 절도 있는 동작들이 긴장감을 자아내기도 하였고 안정된 균형미와 화사함을 잃지 않은 첫 독무로서 장식되었다.

두 번째 독무로 〈달구벌 입춤〉은 입춤으로 시작하여 교방에서의 수건춤을 여성의 다소곳한 자태와 소고춤으로 흥을 돋우었는데, 기방계통의 춤이라고는 하지만 다른 기방춤에 비해 활달하면서 자유로운 몸짓으로 다가왔다. 몇 달 전 고인이 되신 김덕명의 〈양산학춤〉을 마지막 독무로 선보였다. 춤사위가 맺고 끊음이 분명하면서 튀었다가 내리박는 듯한 배김사위에서는 외다리로 서는데 한 치의 흔들림 없는 절도감으로 관객들에게 가장 호응도가 높았다.

이미 두 분의 스승은 고인이 되셨지만 그 외 살풀이춤의 김명자 선생님, 동래고무의 김온경 선생님 등 여러 스승을 사사했으며 현재 김덕명의 춤을 계승하는 춤꾼이 많지 않으나 자신의 스승의 춤을 이어가려는 춤 정신과 그동안 꾸준하게 연마한 결과로서 이은영의 단단하고 야무진 몸짓을 느낄 수 있는 무대였다.

군무인 〈태평무〉는 재인청의 이동안류라기보다는 궁안을 연상하여 재구성한 작품으로 화려하게 다가왔고 윤미라의 〈장고춤〉과 〈향발무〉는 관객에게 지루하게 여겨질 수 있는 전통무에 다양한 구성으로 볼거리를 제공하면서 산뜻한 여운을 주었다. 특별 출연한 김용철(올해 부산시립무용단 예술감독으로 취임)의 〈바라춤〉도 역시 재구성하여 신선한 변모를 보였다.

다만 전통무(궁중무 등)와 재구성한 창작작품은 엄연히 다르므로 차별화할 수 있는 제목으로 지었으면 좋았을 것이다. 전통무 한영숙류 〈태평무〉 도입부분의 가야금곡을 사용한 〈향발무〉는 음악 사용에 있어서 재고해야 할 여지를 남겼다.

그럼에도 생음악의 연주와 열과 성의를 다해 꾸민 인상 깊은 무대는 앞으로도 부산의 춤꾼과 지도자로서 계속 지속되길 바라며 부산지역춤꾼들과도 활발한 교류를 하는 무대를 기대하여 본다.

23.2016.7 / 몸 / **국립부산국악원 상설공연 -** 왕비의 잔치

Local Stage

국립부산국악원 상설공연 〈왕비의 잔치〉

부산 관광공연 콘텐츠로 제작된 〈왕비의 잔치〉가 작년(2015년 7월 28일-12월 27일)에 이어 올해 새로 다듬어져 국립 부신국악원과 부산관광공사 주최로 (2016년 5월 13일-12월 25일) 상설공연으로 올려지고 있다.

해운대 그랜드 호텔 전용극장에서 서울의 상설무대 정동극장과 같이 부산의 관광작품으로 관광객들과 일반인들에게 한국의 전통예술을 선보이기 위해 마련한 것이다. 공연이 시작하기 전 무대에서는 투호놀이를 할 수 있도록 해놓고 출연진들이 관광객들이게 투호 화살을 건네주면서 권유하여 한국 전통의 놀이를 즐길 수 있도록 하였다.

공연이 시작되고 〈왕비의 잔치〉가 시작되었음을 일려주었다. 〈왕비의 잔치〉 (국수호 안무. 배종섭 연출)는 궁중정재를 비롯해 동래학춤, 고성오광대. 북의 대합주 등의 지역 민속무용과 창작춤, 판소리를 내레이션으로 다양하게 볼거리를 제공하고 있다.

작품구성은 총 5부로 구성하여 진행하였는데 제1부 기원, 2부 천상의 잔치, 3부 궁중의 잔치, 4부 백성의 잔치, 5부 화합의 잔치로 구성하고 있다.

1부 기원에는 처용무와 일무, 2부 천상의 잔치에서는 학춤, 선녀춤, 왕과 왕비춤, 3부 궁중의 잔치에서는 춘앵전과 여명의 빛, 4부 백성의 잔치는 음식가 1과 2, 동래고무, 동래학춤, 고성오광대, 5부 화합의 잔치에서는 쾌지나 칭칭나네, 북의 대합주로 마지막을 장식하고 있다. 그야말로 '춤의 잔칫상'과 같이 대부분 다양한 전통레퍼토리를 압축하여 많은 춤들을 지루하지 않도록 하고, 이동식 차단막(마치 병풍 같이)을 설치하여 스피드하게 무용수들이 입·퇴장할 수 있도록 하였다. 그리고 장면과 장면 사이엔 판소리를 도입하여 작품내용 설명을 효과적으로 전달하고 있는데 그중에서도 특징적 연출효과는 제3부 궁중의 잔치에서 왕비가 대례복을 입는 퍼포먼스를 연출하여 무대 후면 상단 위에는 악사들이 연주할 수 있도록 하고 얇은 막과 조명을 이용하여 왕비가 16겹의 대례복을 차례차례 갖추어 입는 장면으로 왕비의 신비로움을 한층 돋보이게 하였다. 부산 경남 지역의 춤인 동래고무, 동래학춤, 고성오광대의 양반과정을 짧게나마 선보이면서 집중도를 높이고 관객들의 이목을 끌어내기에 충분하였다고 본다.

마지막을 장식하고 있는 경상도 민요인 쾌지나 칭칭나네의 소리는 메기고 받는 방법으로 관객들에게 유도하여 흥을 돋워 주는 것이 다른 지역과는 차별성을 갖게 해준다. 이어서 무용수들이 나와서 다 같이 최고조의 흥을 악기와 북의 대합주로 장식하고 있는데 그동안 여러번 대공연장에서 공인되었던 것을 그랜드호텔 전용극장에 올리기에는 무대가 너무 협소하게 느껴졌다. 앞에서의 궁중의 우아함과 지역의 토속적인 것을 살린 것에 비해 갑자기 화려한 의상으로 펼쳐져 오히려 민간인들의 신명적 모습으로 다가갔더라면 하는 아쉬움을 남겼다.

1시간 남짓 공연된 〈왕비의 잔치〉는 악·가·무의 엔터테이먼트적 요소를 생동감 있는 영상과 무대연출로 하나의 관광 상품 콘텐츠로서 제시하면서 관객들에게 쉽게 다가가고 즐겁게 관람할 수 있는 무대였다고 본다. 다음의 새로운 레퍼토리는 좀 더 경상도 일대의 설화나 혹은 고도의 신라를 상징할 수 있는 배경의 내용으로 지역의 역사성과 특징을 살려갔으면 하는 기대를 하여본다.

24.2016.12 / 몸 / **제27회 대학무용제**

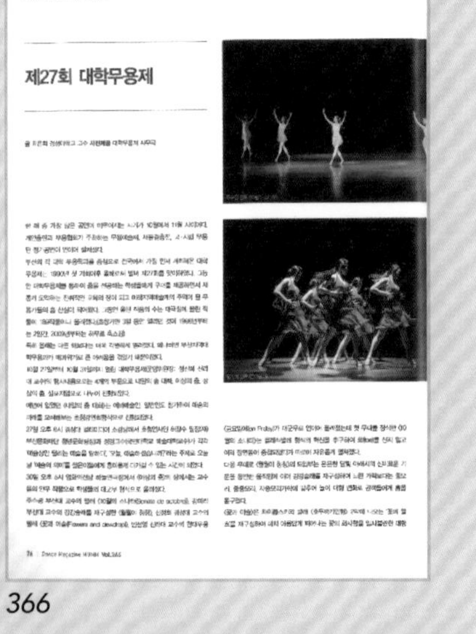
Performance Scene

제27회 대학무용제

한 해 중 가장 많은 공연이 이루어지는 시기가 10월에서 11월 사이이다. 개인춤판과 무용협회가 주최하는 무용예술제, 새물결춤전, 국·시립 무용단 정기공연이 연이어 펼쳐졌다.

부산의 각 대학 무용학과를 중심으로 전국에서 가장 먼저 개최해온 대학무용제는 1990년 첫 개최이후 올해로써 벌써 제27회를 맞이하였다. 그동안 대학무용제를 통하여 춤을 전공하는 학생들에게 무대를 제공하면서 새롭게 도약하는 진취적인 교육의 장이 되고 미래지역예술계의 주역이 될 무용가들의 춤 산실이 되어왔다. 그동안 올린 작품의 수는 대극장에 올린 작품이 189작품이나 올려졌다. (초창기엔 3일 동안 열리던 것이 1996년부터는 2일간, 2009년부터는 하루로 축소됨)

특히 올해는 다른 해보다는 더욱 각별하게 열려졌다. 왜냐하면 부산지역대학무용과가 폐과위기로 큰 어려움을 겪었기 때문이었다.

10월 27일부터 10월 31일까지 열린 대학무용제(운영위원장: 정신혜 신라대 교수)의 행사내용으로는 4개의 부문으로 내일의 춤 대화, 이상의 춤, 상상의 춤, 심포지엄으로 나누어 진행되었다.

예년에 없었던 〈내일의 춤 대화〉는 예비예술인, 일반인도 참가하여 예술의 미래를 모색해 보는 초청강연회형식으로 진행되었다.

Performance Scene

27일 오후 6시 경성대 멀티미디어 소강당에서 초청연사인 허장수 팀장(재)부산문화재단 청년문화팀장)과 정경교수(국민대학교 예술대학교수)가 각각 '예술상인 팔리는 예술을 탐하다', '오늘, 예술하셨습니까?'라는 주제로 오늘날 '예술의 의미'를 젊은이들에게 흥미롭게 다가갈 수 있는 시간이 되었다. 30일 오후 5시 영화의전당 하늘연극장에서 〈이상의 춤〉의 장에서는 교수들의 안무 작품으로 학생들의 대군무 형식으로 올려졌다.

주수광 부산대 교수의 발레 〈10월의 소나타(Sonata de actobre)〉, 강미리 부산대 교수의 강강술래를 재구성한 〈월월이 청청〉, 신정희 경성대 교수의 발레 〈꽃과 이슬(Flowers and dewdrop)〉, 민선영 신라대 교수의 현대무용 〈금요일에(on Friday)〉가 대군무로 연이어 올려졌는데 첫 무대를 장식한 〈10월의 소나타〉는 클래식발레 형식의 혁신을 추구하여 토(toe)를 신지 않고 여러 장면들이 중첩되었다가 따로이 자유롭게 펼쳐졌다.

다음 무대로 〈월월이 청청〉의 도입부는 은은한 달빛 아래서의 신비로운 기운을 동반한 움직임에 이어 강강술래를 재구성하여 느린 가락보다는 중모리, 중중모리, 자중모리가락에 맞추어 놀이 대형 변화로 관객들에게 흥을 돋구었다.

〈꽃과 이슬〉은 차이콥스키의 발레 〈호두까기인형〉 2막에 나오는 '꽃의 왈츠'를 재구성하여 마치 아름답게 피어나는 꽃의 화사함을 일사불란한 대형변화로 눈길을 끌기에 충분하였다.

마지막 무대엔 〈금요일에〉는 실용무용에 가까운 현대무용으로 도전을 의식한 젊은이들의 열정적 몸짓의 무대로 마지막을 장식하였다.

대학무용제 마지막 날인 31일 오후 7시 30분 경성대학교 예노소극장에서 무용학과 재학생들, 지도자(교수 및 강사진), 학부모 등이 지켜보는 가운데 부산대, 신라대, 경성대 무용학과 재학생들이 안무한 작품 각각 세 작품씩 총 9작품을 선보이면서 학생들이 펼쳐 보이는 독창적이고 실험적인 참신한 작품들로 열기가 가득한 분위기로 막을 내렸다.

제16회 심포지엄은 10월 30일 1시 30분에 부산 시청자미디어 센터 공개 홀에서 '무용예술 활성화를 위한 영역확대 방안'을 주제로 황인주 신라대 교수가 좌장을 맡고 조기숙 이화여대 교수, 한혜주 신라대 외래교수, 이정명 타말파연구소 연구소장이 발제하였다.

예전의 주제는 대학무용의 전망, 대학무용교육의 발전방향, 무용예술 대중화 방안 등 대학에서의 무용의 위치와 기능을 강조하였다면 올해는

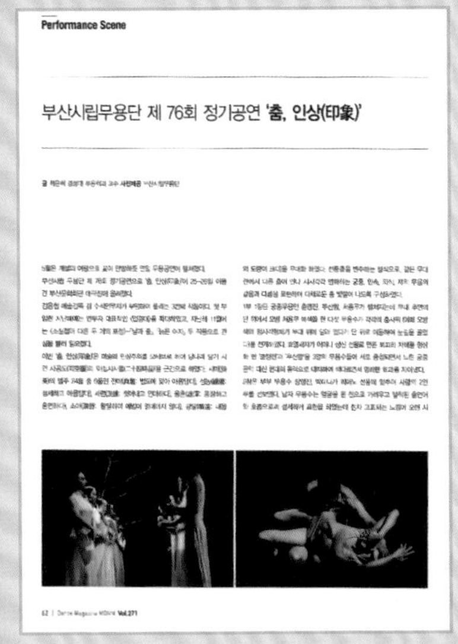
Performance Scene

부산시립무용단 제 76회 정기공연 '춤, 인상(印象)'

25.2017.6. / 몸 / 부산시립무용단 제76회 정기공연「춤, 인상(印象)」

5월은 계절의 여왕으로 꽃이 만발하듯 연일 무용공연이 펼쳐졌다.

부산시립 무용단 제76회 정기공연으로 '춤, 인상(印象)'이 25-26일 이틀간 부산문화회관 대극장에 올려졌다.

김용철 예술감독 겸 수석안무자가 부임하여 올리는 3번째 작품이다. 첫 부임한 지난해에는 안무자 대표작인 〈업경대〉를 확대하였고, 지난해 11월에는 〈소실점이 다른 두 개의 표정〉 -「날과 줄」,「늙은 여자」 두 작품으로 관심을 불러 일으켰다.

이번 '춤, 인상(印象)'은 미술의 인상주의를 모티브로 하여 당나라 말기 시인 사공도(司空圖)의 '이십사시품(二十四時品)'을 근간으로 하였다. 시미(詩美)의 범주 24품 중 6품인 전아(典雅 : 법도에 맞아 아름답다), 섬농(纖穠 : 섬세하고 아름답다), 세련(洗鍊 : 씻어내고 연마하다), 웅혼(雄渾 : 웅장하고 혼연하다), 소야(疎野 : 활달하여 예법이 얽매이지 않다), 광달(曠達 : 내용의 도량이 크다)을 무대화하였다.

전통춤을 변주하는 형식으로, 같은 무대 안에서 다른 춤이 만나 시시각각 변화하는 궁중, 민속, 의식, 제의 무용의 같음과 다름을 표현하며 다채로운 춤 빛깔이 나도록 구성하였다,

1부 1장은 궁중무용인 춘앵전. 무산향, 처용무가 펼쳐지는데 무대 후면의 단 위에서 오방 처용무 복색을 한 다섯 무용수가 각각의 춤사위 (이때 오방색의 정사각형체가 무대 위에 달려 있다가 단 위로 이동하여 눈길을 끌었다)를 전개하였다. 효명세자가 어머니 생신 선물로 만든 꾀꼬리 자태를 형상화한 '춘앵전'과 '무산향'을 3명의 무용수들이 서로 중첩되면서 느린 궁중 음악 대신 현대의 음악으로 대치하여 색다르면서 명쾌한 효과를 자아냈다.

2장은 부부 무용수 장영진, 박미나가 피아노 선율에 맞추어 사랑의 2인무를 선보였다. 남자 무용수는 얼굴을 흰 천으로 가리우고 밀착된 춤언어와 호흡으로써 섬세하게 표현을 하였는데 점차 고조되는 느낌이 오랜 시간 동안 지속되다 보니 오히려 처음의 밀도가 떨어져 신선함이 덜하게 되었다.

3장은 산조춤과 씻김굿 구조를 황병기의 가야금 곡에 맞추어 대군무진들로 구성하였는데 전통적인 춤 어법에 따른 걸음이 아니라 긴 드레스를 착용한 무용수들이 옆이 티여진 사이로 다리를 드러내며 검은 선글라스를 쓰고 옆으로 걸어가는 모습이 코믹하게 시선을 끌었다. 장면 중간에 머리에는 바라와 같은 모자를 쓰고 원시적인 몸짓 1인무에 이어 느린 호흡의 2인무를 보여 주었는데, 지난해 대만에서 온 리첸린 무용단의 'poetry in motion' 작품에서 보여준 느린 움직임이 연상되어졌다. 2인무가 끝나고 갑자기 두 사람의 평상복 차림의 퍼포먼스가 이어졌다 제사상을 차리고 죽은 자를 위한 제사를 지내는 장면, 그리고 해원하는 듯 씻김을 현대적으로 재구성하여 다양한 볼거리를 제공하였다.

Performance Scene

1부가 끝나고 2부로 가면서 4장에서는 전체 여자 군무진들이 앉아서 웅장한 타악 장단에 맞추어 일사불란하게 소고놀음의 손놀림 동작을 하면서 태권도와 혼연한 모습을 연출해냈다. 다만 춤과는 이질감을 자아내는 듯했으나 묘기를 보이자 관객들의 호응도가 높았다.

5장은 전통 고유의 놀음인 줄타기와 스트리트 댄스인 팝핀이 어우러졌다. 공중에서는 아슬아슬한 줄타기 재주를 보이고 그에 맞춰 즉흥적으로 추는 팝핀은 현란한 시각적 흥미를 유발하였다.

6장은 마지막장으로 불교의식무와 승무의 흰 장삼을 입은 수십 명의 무용수들로 제의적인 요소와 함께 현대적 음악과의 만남을 이루면서 유유자적 무소유로 무대의 막을 내렸다.

앞으로 시립 무용단이 대중에 다가가기 위한 새로운 시도로서 이미지적인 작품을 내놓았다고 여겨지며 여러 요소들의 총체적인 만남을 신선하고 인상적으로 처리하여 작품의 절제함은 잃지 않되 품격 있는 유희의 무대로 담아내었다고 본다. 또한 일본인 음악감독인 이지 마스모토씨의 동·서양 악을 아우르는 다채로운 편곡은 분위기를 한층 효과적으로 만들었고 그에 맞춰 다양한 몸짓으로 정연하게 움직이는 무용수들의 스케일이 크게 돋보였다.

그러나 전통무용을 단순히 해체와 재조합이라는 차원보다는 예술로서 승화된, 보다 고양된 정신세계로 높여주기 위한 수단으로 각고한 노력이 뒤따라야 한다고 본다.

Performance Scene

정신혜무용단 20주년 기획공연 '획(劃)–기적'

Performance Scene

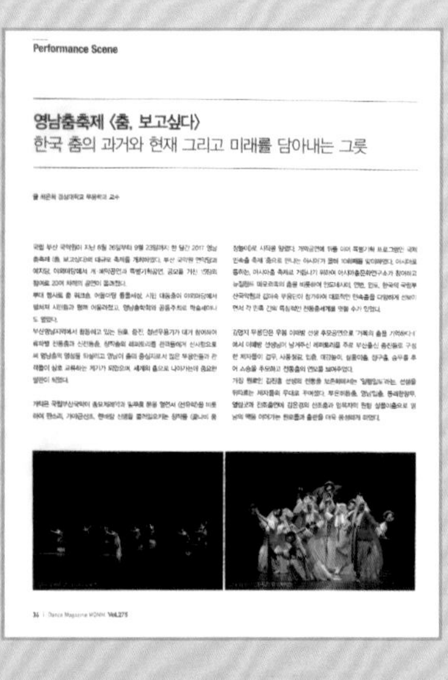
Performance Scene

영남춤축제 〈춤, 보고싶다〉
한국 춤의 과거와 현재 그리고 미래를 담아내는 그릇

26.2017.6 / 몸 / 정신혜무용단 20주년 기획공연「획(劃) - 기적」

정신혜 무용단 창단 20주년 기획공연이 23일부터 28일까지 닷새간 KB아트홀(전 LIG공연장)무대에서 펼쳐졌다

정신혜 무용단은 1997년 민간 독립 무용단체로 출범한 후 창작춤과 전통춤의 세계를 매년 다양한 작품으로 꾸준히 발표하며 한국의 대표적인 무용단체로 자리매김해 오고 있다.

그동안 구성심, 박혜경, 최지은, 권예원, 최영지, 윤혜선, 양해인, 박미향, 박성아 등 차세대 부산 춤꾼들을 배출하면서 크고 작은 부산계의 무용페스티벌, 콩쿨 등의 입상으로 무용수 개개인의 입지를 높여왔다. 부산 춤꾼 외에도 이번 기획공연에 참여한 정신혜 무용단 단원으로는 양해인, 배강원, 안형국, 이준영, 이상세, 노기현, 구미숙, 김수진, 김호정, 박근진, 노연정 20명의 무용수들이 하루에 5명씩 개인 안무한 작품들로 올려졌다.

첫날 '점: 찍다'를 시작으로 '선: 긋다', '접: 잇다', '문: 엮다'로 이어지고 마지막 날은 '결정 그리고 결정'에서 무용단을 이끌어 온 정신혜 예술감독의 독무가 펼쳐졌다.

개인적인 시간상 전부 볼 수 없었고 '문: 엮다'의 박근진, 한예리, 노연정, 김호정, 권예진의 작품만 감상하였다.

박근진은 현재 전북 도립국악원, 정동극장 단원으로 '선 위에서 오늘을 살아간다'라는 제목의 작품을 첫 무대로 장식했다. 오브제 끈을 사용하여 삶의 길로 상징하였고 그 선 위에서의 과거를 되돌아보면서 시 · 공간을 자유롭게 움직임을 구사하며 유연한 호흡으로 풀어가고 있었다, 첫 씬에서 보여준 기대감이 점차 개인기량위주의 움직임으로 일관하는 듯해 미래에 내한 불확실싱만금이나 짜임새 있는 완결미기 아쉬웠다.

두 번째 작품「8434(The gift)」의 한예리는 정신혜무용단의 대표작품인「소나기」와 「굿 good」에서의 주역 무용수로서 두각을 펼쳐 보이다가 현재는 영화배우로 활동 중이다.

조명의 길 형상으로 자신이 걸어가고 있는 삶의 여정을 담담하게 자신만의 밀도 높은 집중적인 감정몰입과 춤언어로 표현하며 비교적 군더더기 없는 간결한 움직임의 선으로 보여 주었다. 중반 이후 춤에의 몰입이 고조될 즈음 본인의 어렸을 적부터 성장하는 모습을 담은 영상을 회상조로 처리한 것이 오히려 춤의 단절감으로 다가와 보였다.

세 번째 작품 「시소(See Saw)」의 노연정은 울산시립무용단 수석무용수로 활동하고 있다. 2인무로서 최영준과 함께 호흡하였는데, 두 사람간의 만남, 갈등, 갈등에서 빚어지는 분노 등 서로간의 관계를 시소로 표현하였다. 무용수로서 손색이 없는 신체적, 기량적인 면을 십분 활용하면서 대담하고 적극적인 표현이 인상에 남는다. 단지 2인무의 구성법이 좀 더 치밀하고 다양하게 펼쳐졌더라면 하는 아쉬움이 남는다.

네 번째 작품「달에서 비쳐오는 빛」의 김호정은 창원시립무용단 수석으로서 활동하고 있다. 달을 상징하는 소품을 바닥에 놓고 어둠에서 빛으로의 음양을 천을 사용하여 효과적으로 무대를 처리하였다. 강렬한 붉은 색의 의상을 입고 한국춤 호흡의 깊이가 배어 나오면서 섬세하면서도 여성이 갖고 있는 내밀한 강렬함을 유감없이 풀어내고 있었다. 하지만 달을 소재로 한 작품들은 많은 안무자들에 의해 공연되어져 왔기 때문에 주제에 대한 신선함과 독창성이 좀 더 요구되어진다.

이 날의 마지막 작품 '파란(波蘭)'의 권예원은 현재 신라대학교 무용학과 조교로 근무 중이다.

이 작품은 2001년「결(決)」로 정신혜 예술감독이 부산무용제에서 대상을 받은 작품과 2011년 대학 무용축제「파란(波蘭)」의 작품에서 보여준 것과 맥을 같이 하고 있다. 이번 무대에서는 개인의 독무로 작은 몸짓에서 나타내는 강렬한 욕구와 극복의 에너지로서 보여주고 있다. 첫 씬을 호리존트 전체에 파도영상의 배경을 시작으로 마치 작은 물체가 꿈틀거리는 듯한 움직임에서 파도가 실리는 듯한 효과를 연출하기도 하였다.

20주년을 맞아 새로이 도약을 삼는 이번 기획공연은 각각의 안무자들이 자신들의 춤인생을 되돌아보고 춤꾼으로, 안무자로서 스스로의 가능성을 성찰해 본 무대였다고 본다. 이 무대를 마련하기까지 예술감독 정신혜의 열성적인 열의가 고스란히 배어 나온 20인의 몸짓에서 향후 10년 후의 획을 기대하여 본다.

27.2017.10 / 몸 / 영남춤축제〈춤, 보고싶다〉- 한국 춤의 과거와 현재 그리고 미래를 담아내는 그릇

국립 부산 국악원이 지난 8월 26일부터 9월 23일까지 한 달간 2017 영남춤축제「춤, 보고싶다」의 대규모 축제를 개최하였다. 부산 국악원 연악당과 예지당, 야외마당에서 개 · 폐막공연과 특별기획공연, 공모를 거친 15팀의 참여로 20여 차례의 공연이 올려졌다.

부대 행사로 춤 워크숍, 어울마당 풍물세상, 시민 대동춤이 야외마당에서 펼쳐져 시민들과 함께 어울려졌고, 영남춤학회와 공동주최로 학술세미나도 열렸다.

부산영남지역에서 활동하고 있는 원로, 중진, 청년무용가가 대거 참여하여 류파별 전통춤과 신전통춤, 창작춤의 레퍼토리를 관객들에게 선사함으로써 영남춤의 명성을 되살리고 영남이 춤의 중심지로서 많은 무용인들과 관객들이 상호 교류하는 계기가 되었으며, 세계의 춤으로 나아가는데 중요한 발판이 되었다.

개막은 국립부산국악이 종묘제례악과 일무로 문을 열면서「선유락」을 비롯하여 판소리, 가야금산조, 한바탕 신명을 불러일으키는 창작품 「꽃나비 풍장놀이」로 시작을 알렸다. 개막공연에 뒤를 이어 특별기획 프로그램인 국제 민속춤 축제 '춤으로 만나는 아시아'가 올해 10회째를 맞이하였다. 아시아로 통하는, 아시아춤 축제로 거듭나기 위하여 아시아춤문화연구소가 참여하고 뉴질랜드 마오르족의 춤을 비롯하여 인도네시아, 연변, 인도, 한국의 국립부산국악원과 김미숙 무용단이 참가하여 대표적인 민속춤을 다양하게 선보이면서 각 민족 간의 특징적인 전통춤세계를 엿볼 수가 있었다.

김명자 무용단은 우봉 이매방 선생 추모공연으로 「거목의 춤을 기억하다II」에서 이매방 선생님이 남겨주신 레퍼토리를 주로 부산출신 중진들로 구성한 제자들이 검무, 사풍정감, 입춤, 대감놀이, 살풀이춤, 장구춤, 승무를 추어 스승을 추모하고 전통춤의 면모를 보여주었다.

가장 원로인 김진홍 선생의 전통춤 보존회에서는 '일행일도'라는, 선생을 뒤따르는 제자들의 무대로 꾸며졌다. 부은허튼춤, 영남입춤, 동래한량무, 열림굿과 찬조출연에 김온경의 산조춤과 엄옥자의 원향 살풀이춤으로 영남의 맥을 이어가는 원로들과 춤판을 더욱 풍성하게 하였다.

무려 2시간을 넘는 공연으로, 거듭 태어나 비상하는 듯한 선생님의 생생한 춤에서 많은 사람들에게 커다란 여운을 안겨주었다.

원필녀 무용단은 '최현춤을 다시 읽다' 스승 최현과의 결혼으로 선생의 춤정신과 춤사위를 누구보다도 몸소 익힌 레퍼토리를 이번 무대에서 대표작인「비상」을 비롯하여「여울」「한」「신명」을 유감없이 펼쳐보였으며, 그밖에 「연가」「고풍」「신이여」등을 찬조출연자들이 선보였는데, 계속적으로 전승하여 오랜 빛을 발하기를 기대하여 본다.

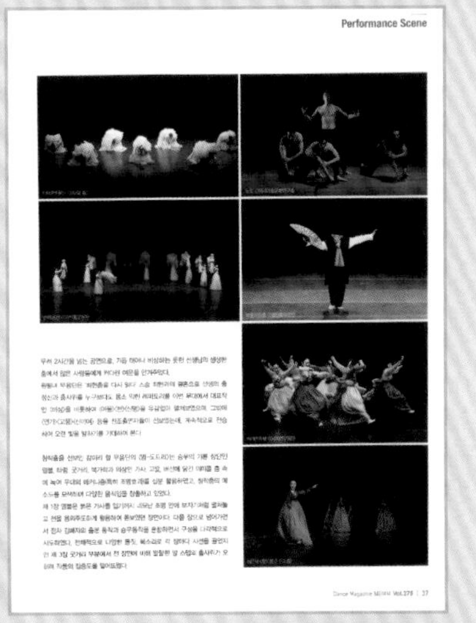
Performance Scene

Performance Scene

Performance Scene
자기만의 창작 춤 세계에 도전, 신선한 무대
부산시립무용단 〈몸으로 쓰는 시(Body Language)〉

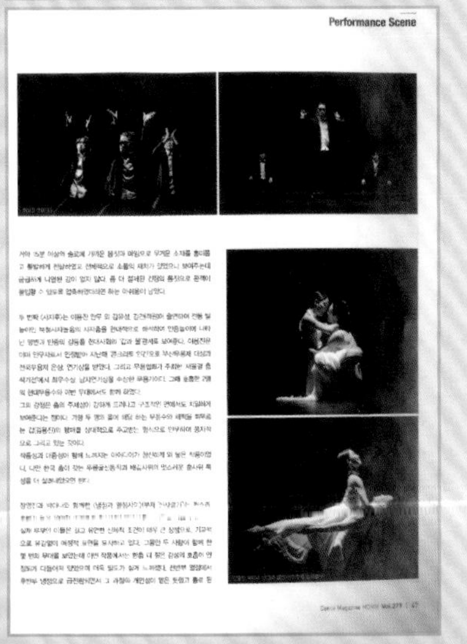
Performance Scene

창작춤을 선보인 강미리 할 무용단의 「엄-도드리」는 승무의 기본 장단인 염불, 타령, 굿거리, 북가락과 의상인 가사, 고깔, 버선에 담긴 의미를 춤 속에 녹여 무대의 메커니즘(특히 조명효과)를 십분 활용하였고, 창작춤의 메소드를 모색하며 다양한 움직임을 창출하고 있었다.

제1장 염불은 붉은 가사를 입기까지 네모난 조명 안에 보자기처럼 펼쳐놓고 천을 용의주도하게 활용하여 돋보였던 장면이다. 다음 장으로 넘어가면서 점차 김매자의 춤본 동작과 승무동작을 혼합하면서 구성을 다각적으로 시도하였다. 전체적으로 다양한 몸짓, 북소리로 각 장마다 시선을 끌었지만 제3장 굿거리 부분에서 전 장면에 비해 발랄한 발 스텝의 춤사위가 오히려 작품의 집중도를 떨어뜨렸다.

서지영 무용단의 '춤 본향'에서는 부산의 텃밭을 일군 문장원, 이매방, 황무봉의 대표적 작품을 비롯하여 국수호, 조흥동의 작품과 본인이 안무한 대표적인 춤 「아리랑춤 · 셋」과 길 닦음 춤을 선보였다. 부산춤계의 대표적인 중진들로 구성한 출연진들이 무대를 꽉 채웠으며 레퍼토리보다는 출연진들 하나하나의 숙련된 춤사위가 돋보였던 무대였다.

폐막 무대에선 부산시립무용단과 대구시립무용단, 경북도립무용단이 합동 교류 공연을 펼치면서 대규모의 축제를 마무리하였다. 전부 언급은 하지 못하였지만 이번 기획이 단발성이 아닌 한국에서의 대표적인 한국춤의 대축제로 거듭나길 바라며 많은 관객과의 소통을 위해서는 더 탄탄한 기획력 및 홍보의 뒷받침이 필요하다고 본다. 이번 행사에서 드러난 부족한 점이나 아쉬운 점 등을 분석하고 보완할 부분을 기록으로 남겨 영남춤 자산 체계화에 도움이 될 수 있도록 하였으면 한다. 이 행사에 공을 들인 국립부산국악원 담당자, 무대스텝, 세트를 무상으로 제공하는 등 일심전력을 다해 도움을 준 관계자들의 역할이 매우 컸고 항상 감사하는 마음이다.

28.2018.2 / 몸 / **부산시립무용단**「몸으로 쓰는 시(Body Language)」

자기만의 창작 춤 세계에 도전, 신선한 무대

부산시립무용단이 새해 첫 공연으로, 특별기획인 안무가 양성 프로젝트 '몸으로 쓰는 시(Body Language)'를 17일 부산문화회관 중극장 무대에 올렸다.

시립무용단은 크게 정기공연을 년 2회와 기존 레퍼토리들로 다양한 무대를 올린다. 그러나 무용수들은 그 틀 안에서 스스로의 창작적 역량을 펼치기에는 한계가 있고 자신만의 춤 언어와 몸짓의 개성도 드러내지 못하게 된다.

이번 특별기획공연은 그러한 아쉬움을 불식시키고, 프로젝트에 참여한 5명의 안무자와 출연진들이 자신만의 창작 춤 세계에 도전한 신선함을 엿볼 수 있는 무대이다.

작품 「살아간다는 건 대단한 거야!」는 시립무용단 단원으로서 처음 안무를 맡은 김시현에 의해 올려졌다. 그동안 여러 차례 현대 춤 공연에 참여하면서 자유자재의 몸짓을 구사하는 장점을 지녀 누구보다도 자연스럽게 움직임을 표출해내는 무용수이다.

첫 장면에 단 위에서 마치 자살을 시도하는 듯 소품으로 밧줄이 아닌 반짝이로 목줄을 상징적으로 코믹하게 보여주고, 산낙지를 어항에서 꺼내고 술에 의지하며 나약하게 한탄을 하는 모습, 직접 친어머니가 등장하여 하모니카를 불어주며 위로해주는 등 연극적인 요소가 돋보였다. 마지막에 다시 첫 장면의 단 위로 올라가서 밝아진 모습으로 스마일 풍선을 보여주며 막을 내렸다.

거의 15분 이상의 솔로에 가까운 몸짓과 마임으로 무거운 소재를 흥미롭고 활발하게 전달하였고 전체적으로 소품의 재치가 있었으나 보여주는데 급급하게 나열된 감이 없지 않다. 좀 더 절제된 긴장의 몸짓으로 관객이 몰입할 수 있도록 압축하였더라면 하는 아쉬움이 남았다.

두 번째 「사자후」는 이용진 안무 외 김유성, 강건(객원)이 출연하여 전통 탈놀이인 북청사자놀음의 사자춤을 현대적으로 해석하여 민중놀이에 나타난 양반과 민중의 갈등을 현대사회의 '갑과 을'관계로 보여준다. 이용진은 이미 안무자로서 인정받아 지난해 '콘크리트 인간'으로 부산무용제 대상과 전국무용제 은상, 연기상을 받았다. 그리고 무용협회가 주최한 '새물결 춤 작가전'에서 최우수상, 남자연기상을 수상한 무용가이다. 그때 호흡한 2명의 현대무용수와 이번 무대에서도 함께 하였다.

그의 강점은 춤의 주제성이 강하게 드러나고 구조적인 면에서도 치밀하게 보여준다는 점이다. 가령 두 명의 을에 해당하는 무용수와 채찍을 휘두르는 갑(김용진)의 행패를 상대적으로 주고받는 형식으로 안무하여 풍자적으로 그리고 있는 것이다.

작품성과 대중성이 함께 느껴지는 아이디어가 참신하게 와 닿은 작품이었다. 다만 한국춤이 갖는 무릎 굴신동작과 배김사위의 멋스러운 춤사위 특성을 더 살려내었으면 한다.

장영진과 박미나와 함께한 「냉정과 열정사이」(부제 '신사랑가')는 판소리, 춘향가 등을 음악적 배경으로 현실적인 연애사를 보여주는 작품이다. 실제 부부인 이들은 길고 유연한 신체적 조건이 매우 큰 장점으로, 기교적으로 유감없이 애정적 표현을 묘사하고 있다. 그동안 두 사람이 함께 한 몇 번의 무대를 보았는데 이번 작품에서는 한층 더 짙은 감성의 호흡이 안정되게 다듬어져 있었으며 더욱 밀도가 짙게 느껴졌다. 전반부 열정에서 후반부 냉정으로 급전환되면서 그 과정의 개연성이 옅은 듯했고 홀로 된 무용수의 막연한 기다림으로 전반부에 비해 여운의 미가 다소 반감이 되어 구체화된 춤 표현이 더욱 강조되었으면 한다.

네 번째 안무가 이현주와 강모세가 함께 출연한 「칠구년 시월성」은 앞의 세 작품이 외향적으로 표현한 것에 비해 내면적이고 추상적인 정서가 돋보인 작품이다. 자전적인 내용으로, 스스로를 빛내기 위한 자신의 꿈과 이상을 향해 한 걸음 한 걸음 전진해나가는 과정을 이야기하였다. 강모세의 걸음은 오브제에 가까운 동작으로서 달빛이 점점 밝게 비춰오는 것을 보여주고 있었다. 도입부에서 주인공의 첫 장면은 내면적인 느낌을 자아내며 인상적이었으나 지속적으로 끌고 가는 힘이 발전적이지 않고 내딛는 걸음걸이 장면 연결성도 의도하여진 만큼의 전달성이 잘 드러나지 않아 좀 더 심도 있는 표현연구가 필요하다.

마지막 작품 「르쌍스(Re-ssance)」는 남도욱 안무와 6명의 출연진으로 구성되어 한국 사회의 문화 암흑시대를 극복해 보겠다는 의지를 그해 겨울-변화-부흥으로 그렸다.

맨 첫 장면은 네모 난 유리병 등잔 안에 든 불빛과 한명의 무용수로 시작을 알리면서 암울한 분위기를 연출하고 있었다. 뛰어넘어야 할 벽을 향한 몸부림과 각각의 격렬한 몸짓이 펼쳐졌다. 벽을 향한 몸짓은 강렬하면서 독창적인 표현이라기보다는 세련된 동작으로 일사분란하다는 느낌을 받았고 마지막엔 한명의 무용수가 부흥의 이미지를 극대화시키고 있었다.

전체적으로 기교적이면서 전하고자 하는 메시지와 에너지가 전달되고 있지만 구성의 단조로움이 아쉬움을 남겨 역시 춤 언어를 좀 더 강하고 특색있게 드러냈으면 한다.

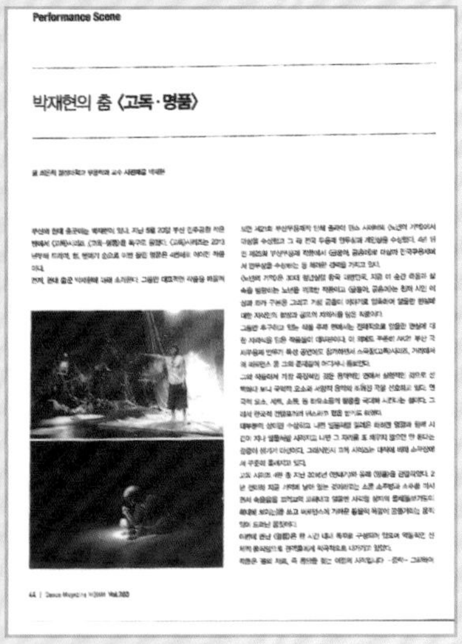
Performance Scene
박재현의 춤 〈고독·명품〉

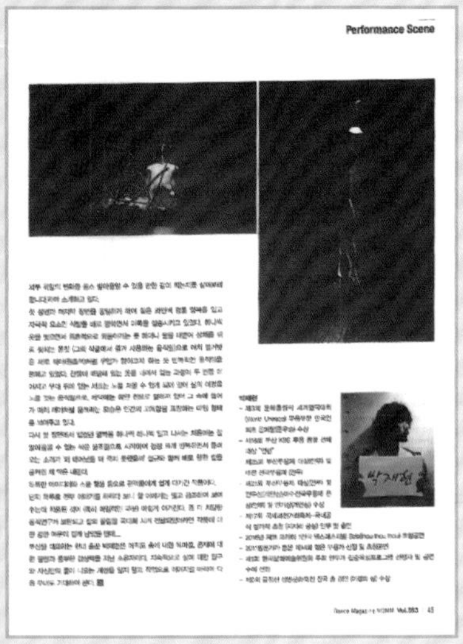
Performance Scene

Review
제 14회 국립부산국악원 무용단 정기공연
舞我(무아)–바람을 딛고 오르다

지난해보다는 훨씬 활달하고 다채로운 면이 돋보였고 무엇보다도 관객들에게도 쉽게 이해되고 다가갈 수 있었던 무대였다. 전체적으로 무대장치, 의상을 검정 톤으로 맞추었는데 이왕이면 작품 사이사이 전환에 있어서도 자연스럽게 이어질 수 있는 전반적인 연출력이 보강되었으면 한다. 이러한 창작기획공연에 참여한 안무자와 출연진 모두가 스스로의 틀을 깨어보려는 의지와 시도가 계속 지속되어진다면 다음 무대의 새로운 도전 또한 기대가 된다.

29.2018.6 / 몸 / **박재현의 춤 「고독·명품」**

부산의 현대 춤꾼에는 박재현이 있다. 지난 5월 20일 부산 민주공원 작은방에서 〈고독〉 시리즈, 〈고독–명품〉을 독무로 올렸다. 〈고독〉 시리즈는 2013년부터 드라마, 텅, 뻔데기 순으로 이번 올린 명품은 4번째로 이어진 작품이다.

먼저, 현대 춤꾼 박재현에 대해 소개한다. 그동안 대표적인 작품을 떠올려보면 제21회 부산무용제작 단체 줄라이 댄스 시어터의 〈노년의 기억〉에서 대상을 수상했고 그 해 전국 무용제 안무상과 개인상을 수상했다. 4년 뒤인 제25회 부산무용제 작품에서 〈금홍아, 금홍아〉로 대상과 전국무용제에서 안무상을 수상하는 등 화려한 경력을 가지고 있다.

〈노년의 기억〉은 30대 청년실업 왕국 대한민국, 지금 이 순간 죽음과 삶속을 방황하는 노년을 위로한 작품이고 〈금홍아, 금홍아〉는 천재 시인 이상과 화가 구본웅 그리고 기생 금홍이 이야기로 압축하여 암울한 현실에 대한 지식인의 절망과 공포의 자의식을 담은 작품이다.

그동안 추구하고 있는 작품 주제 면에서는 전체적으로 암울한 현실에 대한 자의식을 담은 작품들이 대부분이다. 이 외에도 꾸준히 AK21 부산국제무용제 안무가 육성 공연에도 참가하면서 소극장 〈고독〉 시리즈, 거리에서의 퍼포먼스 등 그의 존재감이 어디서나 돋보인다.

그의 작품에서 가장 특징적인 것은 음악적인 면에서 실험적인 것으로 선택하다 보니 국악적 요소와 서양적 음악의 조화된 곡을 선호하고 있다. 연극적 요소, 세트, 소품, 등 타요소들의 활용을 극대화 시킨다는 점이다. 그래서 한국적 컨템포러리 댄스라고 평을 받기도 하였다.

대부분의 상이란 수상하고 나면 밀물처럼 밀려온 화려한 영광과 함께 시간이 지나 썰물처럼 사라지고 나면 그 자리를 또 채우지 않으면 안 된다는 갈증이 생기기 마련이다. 그래서인지 고독 시리즈는 대작에 비해 소극장에서 꾸준히 올려지고 있다.

고독 시리즈 4편 중 지난 2016년 〈뻔데기〉와 올해 〈명품〉을 관람하였다. 2년 전이라 지금 기억에 남아 있는 것이라고는 소품 소주병과 소주를 마시면서 속울음을 끄억끄억 토해내고 얼굴엔 사각형 상자의 물체(돋보기같이 확대해 보이는)를 쓰고 퍼포먼스에 가까운 동물적 욕망이 꿈틀거리는 움직임이 드러난 몸짓이다.

이번에 만난 〈명품〉은 한 시간 내내 독무로 구성되어 있으며 역동적인 신체적 움직임으로 관객들에게 적극적으로 다가가고 있었다.

작품은 '몸의 재료, 즉 몸담을 찾는 여정의 시작입니다 –중략– 그리하여 외부 욕망의 변화를 몸소 받아들일 수 있을 만한 감이 되는지를 살펴보려 합니다.'라며 소개하고 있다. 첫 장면과 마지막 장면을 동일하게 하여 짙은 와인색 명품 양복을 입고 자극적 요소인 식칼을 배로 향하면서 이목을 집중시키고 있었다. 하나씩 옷을 벗으면서 원초적으로 되돌아가는 듯 하더니 팔을 내뻗어 상체를 뒤로 젖히는 몸짓(그의 작품에서 즐겨 사용하는 움직임)으로 마치 벌거벗은 채로 태아(원초적)처럼 무언가 향하고자 하는 듯 반복적인 움직임을 행하고 있었다. 천장에 매달려 있는 옷을 내려서 입는 과정이 두 번쯤 이어지고 무대 뒤에 있는 세트는 노를 저을 수 있게 되어 있어 삶의 여정을 노를 젓는 움직임으로, 바닥에는 하얀 천으로 덮혀져 있어 그 속에 들어가 마치 태아처럼 웅크리는 모습은 인간의 고독함을 표징하는 마임 형태를 보여주고 있다.

다시 첫 장면에서 입었던 양복을 하나씩 하나씩 입고 나서는 처음에는 잘 알아들을 수 없는 작은 읊조림으로 시작하여 점점 크게 반복하면서 들려 오는 소리가 '왜 태어났을 때 죽지 못했을까' 절규와 함께 배로 향한 칼을 움켜쥔 채 막은 내린다.

독특한 아이디어와 소품 활용 등으로 관객들에게 쉽게 다가간 작품이다. 단지 독무로 전부 이야기를 하려다 보니 할 이야기는 많고 급조하여 보여주는데 치중된 것이 (특히 마임적인 부분) 아쉽게 여겨진다. 좀 더 치밀한 동작연구가 보완되고 칼의 울림을 극대화시켜 전달되었더라면 작품에 대한 강한 여운이 깊게 남았을 텐데....

부산을 대표하는 현대 춤꾼 박재현은 아직도 춤에 대한 목마름, 존재에 대한 불안과 풍부한 감성력을 지닌 소유자이다. 지속적으로 삶에 대한 탐구와 자신만의 묻어 나오는 개성을 잃지 말고 작업으로 이어지길 바라며 다음 무대도 기대하여 본다.

30.2021.5 / 몸 / **제 14회 국립부산국악원 무용단 정기공연 「舞我(무아)」–바람을 딛고 오르다**

코로나19로 인해 공연들이 위축되어진 가운데 지난 4월 23, 24일 양일에 걸쳐 제14회 국립부산국악원 무용단 정기공연 '**舞我**(무아)–바람을 딛고 오르다'가 예술감독 정신혜 안무 (지도–박숙영, 일무지도–객원 김영숙)로 올려졌다. 작품주제는 '춤은 팔풍을 행하고 절주에 화합하는 것이다' 라는 악학궤범 구절에서 **無名**(무명)이 팔풍을 만나 '있음'을 인식하고 마침내 질서와 조화를 만나 '있음을 발견하는 과정에서 무명의 몸은 바람과 만나 **無我**(무아)가 된다는 의미를 담아 주제로 삼고 있다.

어느 공연보다도 많은 예산과 탄탄한 기량의 무용수들로 작품 제작에 심혈을 기울여온 국악원의 무용공연은 공연마다 기대가 된다. 국악원 공연은 전통성을 간직하면서 한국무용의 가장 특징적인 요소로 올려지기 때문에 다른 단체나 공연과는 차별성을 갖는다.

그동안 올려졌던 공연의 성향을 크게 세 분류로 나누어보면, 첫 번째로는 전통무용 재현, 두 번째로는 전통무용 재구성, 세 번째는 전통무와 창작무의 혼합형태로 나누어진다.

현재 창작무의 공연은 현대무 협업 등을 통해 동작의 확대로 인해 그 경계선이 모호해지는 가운데 국악원 창작무는 크게 자유로울 수는 없다고 본다.

전통무와 스토리텔링의 교합형태이거나 전통무 재구성으로 주를 이루어 무대에 올려졌다면 이번 정기공연에서는 **佾舞**(일무)를 소재로 가져오기는 하였으나 정신혜 예술감독 취임 후 그동안 예술감독 이전 창작작품에서 펼쳐졌던 스타일에서 크게 벗어나지 않았고 고스란히 그 결정체 무대로 보여졌던 무대였다.

전반부 프롤로그, 1~3장은 주인공과 군무씬으로 이미지화하여 바람을 상징한 구성이 주를 이루었고 4장은 질서와 조화의 장점을 국악원 연주단을 포함하여 전단원이 **佾舞**(일무)를 그대로 재현하는 형식이다.

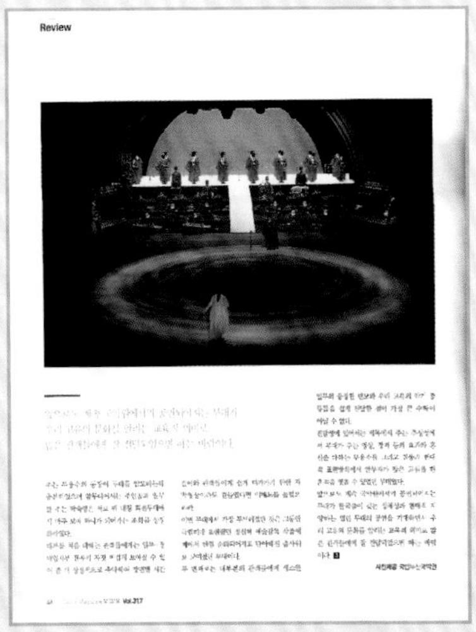
Review

프롤로그 무대구성 면에서는 영상을 사용하여 마치 우주의 은하계 빛으로 관객을 몰입시켰으며 샤막 안에서의 꿈틀거리는 각각 인체가 빛어내는 움직임이 개별에서 모여들면서 하나의 커다란 군상으로 만물이 형성하는 과정을 보여주고 있다.

1장부터 무용수들을 크게 두 부류로 나누어 인간을 상징하는 주인공과 이미지적으로 형상화하고 있는 군무 씬으로 크게 두 부류로 나누고 있다.

전체적으로 흐름이 일관되게 통일감을 주고는 있으나 패턴이 춤이 파격적이지 않아 특징적 요소가 크게 와닿지는 않았다.

첫날 주인공 남자 무용수 서한솔이 등장할 때 관람하였는데 무대가 원형무대 위에서 군무진과 함께 움직일 때는 협소하여 크게 돋보이지 않아 오히려 군무진과 의상 질감을 달리한다거나 계속 움직이기보다는 내적 지향적인 절제력과 내면의 감정적 요소가 강조된 연기력이 필요하다.

3장에서 무대장치가 배경의 멋을 톡톡히 하였는데 관악기 형태의 여러 대나무가 배경으로만 있기보다는 무용수들이 좀 더 적극적으로 공간 활용을 하였더라면 좋지 않았을까 하는 아쉬움으로 남는다.

음악면에서는 4장 일부에 국악원 연주단이 전부 투입되어 연주하다 보니 이번 공연은 라이브가 아닌 MR로 현악기 나오는 부분이 매우 거슬리게 들렸는데 음향이 너무 커서 그 효과가 반감이 되었다.

예기치 않게 4장에서는 뒷막이 올라가고 후 무대에 정좌하고 있는 붉은 전통복식을 한 연주단의 웅장한 모습과 단 위에서 일무를 추는 무용수의 등장이 무대를 압도하는데 충분하였으며 앞무대에서는 주인공과 일무를 추는 박숙영은 서로 원 대칭 회전무대에서 마주 보며 하나가 되어가는 조화를 상징화하였다.

대부분 처음 대하는 관객들에게는 일무-정대업지무 전곡이 자칫 버겁게 보여질 수 있어 좀 더 상징적으로 축약하여 장면별 시간 길이와 관객들에게 쉽게 다가가기 위한 자막영상이라도 곁들였다면 이해도를 높혔으리라.

이번 무대에서 가장 두드러졌던 것은 그동안 극렬하게 표현했던 정신혜 예술감독 작품세계에서 한결 순화되어지고 단아해진 춤사위로 보여졌던 무대이다.

두 번째로는 대부분의 관객들에게 생소한 일무의 웅장한 면모와 우리 고유의 악기 종류들을 쉽게 전달한 점이 가장 큰 수확이 아닐 수 없다.

전달성에 있어서는 제목에서 주는 추상성에서 무대가 주는 영상, 장치 등의 효과와 혼신을 다하는 무용수들 그리고 전통과 현대적 표현방식에서 안무자가 많은 고심을 한 흔적을 엿볼 수 있었던 무대였다.

앞으로도 계속 국악원에서의 공연되어지는 무대가 한국춤이 갖는 정체성과 현대적 지양하는 열린 무대의 공연을 기대하면서 우리 고유의 문화를 알리는 교육적 의미로 많은 관객들에게 잘 전달되었으면 하는 바람이다.

31.2021.7 / 몸 / **부산시립무용단 제83회 정기공연「본색(本色)」, 김미자의 춤** – 천년의 세월이 흐르는 춤

Review
부산시립무용단 제83회 정기공연 〈본색(本色)〉,
김미자의 춤 – 천년의 세월이 흐르는 춤

부산시립무용단 제83회 정기공연으로 '본색'이 5월 27-28일 양일간 부산문화회관 대극장에서 올려졌다. 지난 2020년 새로 부임한 이정윤 예술감독 겸 수석안무자의 2번째 정기공연이다. 부임하기전 제80회 정기공연은 객원 안무 형식을 띠면서 예술감독을 선출하기 위한 무대로 부산을 상징하는 '남풍-south breeze' 작품이 올려졌다. 다양한 이미지를 표현한 무대로 보편성 획득으로 선임이 되었다. 그 이후 취임 작품인 소생'은 많은 기대속에서 올려졌는데 2020년 코로나를 거치면서 대군무 작업에는 많은 제약이 뒤따라 전작에 비해서는 아쉬움을 남겼다.

이번 두 번째 정기공연 '본색'은 춤의 가치, 본연의 아름다움을 재조명하는 작품이다. 뚜렷한 주제가 있는 작품이라기보다는 소품의 형식을 띠고 있었다 크게 2부로 나누어 1부는 예술감독 연출, 안무인「무악(舞樂)-고요의 시간」은 향연으로「운무I」「춘설」「고혹」「정취-내삶의 듦」「운무II」「파사-바람 지동치듯이」6작품과 2부에서는 국수호 연출 안무의「**舞歌** 용호상박」이 올려졌다. 이번 공연의 가장 큰 특징은 부산시립국악관현악단과 서양악기 그리고 2부에서는 작창의 생생한 연주, 악·가·무로 이루어졌다.

1부 첫 막이 올라가고 우선 라이브 연주자들의 배치와 무대는 무대위에 무대를 설치하여 눈길을 끌었다. 연주자들과 악기들을 작품마다 하수, 중앙, 상수 순으로 전 방향에 배치하여 반주라기보다는 오히려 협연에 가깝게 보였으며 한 작품이 끝나면 다음 방향으로 옮겨가면서 음악과 춤의 만남에 역점을 두고 있었다.

가면을 쓴 두 무용수가 마임으로 시작을 알렸다. 가면은 가려짐으로 더욱 인간의 본성과 실체를 드러내고자하는 의도로 표현하였는데 기존에서 보면 가면무와는 다르게 군상들의 모임과 해체에서 새롭게 시도하려고 하는 의도가 역력히 드러났다.

두 번째「춘설」은 배정혜의 안무로 초연에서 보였던 가야금(작곡 황병기 밤의 소리)에 맞추어 꽃을 들고 추는 꽃춤이다. 여성의 섬세한 발걸음과 가야금 곡이 잘 어울려졌다. 곡시간에 비해 5명의 무용수 구성이 단조롭고 춤사위가 한정되어 시간적으로 축약하여 재구성하였더라면 효과적이지 않았을까.

세 번째「고혹」은 무대 중앙 단위에 거문고 독주(이정호의 burning)로 배치하고 독무의 형식을 띠고 있다. 마치 스페인 춤을 연상하듯 소품 작은 부채를 들고 춘 김도운(27일)의 강렬한 움직임과 표정으로 한껏 시선을 모았던 작품이다. 네 번째「정취 – 내 삶에 듦」허탈하게 가면을 쓴 인물이 상수 앞에 앉아 있고 군무진들이 마치 명상적 분위기를 자아내면서 그림자처럼 고요하고 담담하게 펼쳐졌는데 다른 작품들이 외향적 볼거리로 강조하였다면 내향적인 정서로 다가갔다.

다섯 번째「운무II」는 삼현육각과 서양악(이정호의 무화)이 재즈적인 리듬을 가미하여 전통 기악곡 대풍류의 타령장단과 어울어짐에서 한판의 난장판을 연상시키며 흥을 돋구었다.

마지막「파사-바람 지동치듯이(배주희 작곡 이정호 편곡)」파사는 (소매끝자락) 마치 바람에 나부끼는 모양을 우락에 맞추어 (정가 이아미) 여성무용수들의 서정성을 강조하면서 생동감과 화사함을 안겨주었다.

2부 국수호 연출 안무「**舞歌** 용호상박」은 판소리 적벽가를 춤극으로 승화시켜 2인무(초연2014)를 확대 장편 군무로 재구성하였다. 첫날 장영진(주유 역) 허태성(조조 역)이 펼치는 대결무장면에 의해 체격면에서도 대조를 이룬 두 무용수의 기량이 한층 돋보이면서 무대를 압도적으로 이끌어 갔다. 큰 무대에서 자칫 지루해질 수 있는 2인무에 5명의 소리북을 (한승석, 정상희 작창) 단상위에 배치하고 군무진들의 전쟁을 묘사한 깃발춤과 적벽강의 백만대군의 죽음을 상징한 장면을 라이브 드럼과 피리 연주를 가세하여 스케일을 규모 있게 하였다.

1부가 서정적이고 섬세하면서 다양한 작품을 선보인것에 비해 2부에서는 굵은 선의 맥있는 에너지가 넘치는 기개를 볼 수 있었다. 한 무대에 동시에 올린 의욕적으로 보인 이번 공연에서는 1부의 섬세한 여운이 채 사라지기 전에 2부의 스케일에 압도 당하지 않았나 아쉬움이 남는다. 2부의 용호상박을 대작으로 재구성하여 오히려 분리된 공연이 되었더라면 일회성이 아닌 장기적으로 볼 때 춤 브랜드에 걸맞지 않았을까, 새로운 예술

감독에 대한 기대가 라이브음악과 무대의 변화 등 총체적 연출로 관객들에게 볼거리로 제공하였다고 본다. 무엇보다도 원로에 대한 예우에 관객들이 더 많은 갈채를 보냈다. 앞으로 각 작품들을 춤의 구조적 측면에서 좀 더 구체화시켜 부산시립무용단만이 가질 수 있는 고정 레파토리화 되었으면 한다.

김미자의 춤 – 천년의 세월이 흐르는 춤

한성준, 한영숙의 맥을 이은 이애주(제27호 승무 예는 보호자)로 이어진 이애주류의 춤을 사사받아 마련한 '천년의 세월이 흐르는 춤'– 김미자의 인의예지가 6월 9일 2021년 국립 부산국악원의 수요공감 무대인 예지당에서 올려졌다. 김미자는YeArt Center 대표이자 국가무형문화재 제27호 승무 이수자 이며 이애주한국전통춤의 사무국장이다. (안타깝게도 이애주 보유자는 공연 한달전에 타계하여 마지막 승무 이수자이다)부산에서는 그 명맥을 이어가는 춤꾼들이 점점 사라져 가고 있어 김미자 춤 공연은 의미있게 다가왔다. 이번 공연에서 선보인 작품은 6작품으로 직접 독무로서 올려진 작품은 태평무, 살풀이춤, 한량무(서울시 무형문화재 제45호)를 선보였다.

첫 프로그램의 막을 연 평소에 볼수 없었던 '예의 춤'은 절을 드리며 몸을 숙임으로써 마음으로 하늘을 경배하는 예의 정신을 기본으로 특별히 작품이라기 보다는 주로 도드리, 잦은 타령에 맞추어 마음을 모우는 군무로써 시작을 알리는 서막에 해당된다.

두번째 태평무는 경기도당굿의 장단에 맞추어 다양하게 변하는 발디딤새가 가장 특징적인 춤이다. 한영숙–이애주로 이어지는 이번 태평무는 디딤새가 경쾌하면서 디딤 사이사이 머무름이 특징으로 무게감있게 다가왔다. 세 번째 본살풀이(기본 살풀이)는 군무이지만 구성의 변화보다는 5명의 무용수가 하나가 되어 호흡을 모아 절제하며 단아하게 선보였다.

네 번째 살풀이(서울시 무형문화재 제46호) 많은 춤꾼들에게 선보여왔던 작품으로 춤전과장(17분)을 올렸다. 내향적인 겉으로 드러내지 않는 속내에서 그동안 사사받은 전 과장을 호흡의 다스림 속에서 무게감을 실어내고 있었다. 특히 떨어뜨린 수건을 잡을 때 좌우 감는 사위는 평소에 접할 수 없는 이색적인 모습을 선보였다.

마지막 승무에서도 (전 과장 25분) 북을 치고 나서 당악부분은 북을 치기보다는 북을 향하여 빠른 춤사위로 팔을 휘들려 치는 형태를 선보였다. 전 과장에서 사사받은 춤사위가 흩틀어지지 않으려고 몰입된 신중함과 흥에 비해 머무르는 사위가 강조되어 한층 무게감으로 다가왔다. 승무 살풀이 전 후 무게감이 짙은 가운데 한량무 극무용형식으로 진주 한량무(경상남도 무형문화재 제3호)와 유사하게 전개되었다. 등장인물들이 밝은 조명아래서 풍자적으로 빠르게 전개되어 대조를 이루면서 관객들에게 유쾌함을 선보였다. 한영숙으로 이어지는 이애주의 춤특징을 이번 김미자 춤에서 견고하면서도 탄탄함을 빈번하게 머무르는 동작에서 엿볼 수가 있었다. 또한 음악 반주에 있어서도 전 프로그램(1시간 반이상)을 유인상 음악감독의 생연주자들이 탄탄하게 받쳐주고 있어 춤과 음악이 하나가 될 수 있도록 큰 몫을 다하고 있었다. 아쉬웠던 것은 서막과 한량무가 무대에서 압축하였더라면 본인의 춤이 더 빛나지 않았을까. 한성준의 민속춤은 1930년대 집대성하여 무대화된 가장 대표적인 승무, 살풀이가 이번 김미자의 춤이 고스란히 이어져 가길 마치 첫 발을 내딛듯 기반을 탄탄히 하고자하는 신념의 무대로 고집스럽게 보여졌다. 앞으로 한 단계 성숙해지기 위해서는 탄탄한 기반 위에 자신의 재해석한 좀 더 유연한 춤으로 다음무대에서 기대하여 본다.

32.2021.9. / 몸 / **2021 영남춤축제 - 춤, 보고싶다**

국립부산국악원에서 2017년 첫 개최 이후 올해로 4회째를 맞이하는 영남춤축제가 지난 7월 14일 8월 14일 한달동안에 이어졌다. 특히 올해는 국립국악원 개원 70주년을 맞이하여 1951년 처음 시작된 장소 부산에서 4개의 국립국악원 단체가 합동 개막공연으로 선보여 더욱 의미가 있다. 전국 공모를 통해 선정된 30대부터 60대까지 춤꾼 30인은 한국전통 춤판에 다양한 레퍼토리를 예지당(소극장)에서 독무로서 각 6인의 무대와 창작춤판에서는 7개 작품이 2차례에 걸쳐 각 3인과 4인으로 구성되어 연악당(대극장)에서 펼쳐졌다. 그 외에 '춤 워크숍'을 통해 궁중무 「춘앵전」과 「처용무」를 배울 수 있는 기회도 주어졌다.

전통춤판 마지막날인 8월 4일에 선보였던 춤꾼들은 김민종의 '승무', 하선주의 '통영진춤' 이경화 '살풀이춤–한영숙류' 장래훈 '한량무–김진홍류' 하연화의 '살풀이춤–이매방류' 정미숙 '소고춤—권명화류'와 창작춤판 마지막날인 8월 7일 배정현 안무의 '초록재, 다홍재', 강경희, 이연정 안무의 '궤:길을잇다' 김미자 '태, 무극' 복미경 안무의 '음양–빛을 담다'에 국한하고자 한다.

전통춤판에 올려졌던 6인은 부산춤꾼 5인과 타지역 1인으로 구성되었고 창작춤판 4인중 부산지역 3인과 타지역 1인으로 구성됐다.

8월 4일 프로그램의 첫 번째 김민종의 '승무'를 시작으로 올려졌다. 전체적으로 남성의 강건하고 맥 있는 호흡으로 전주대사습 놀이 전국대회 장원답게 흐트럼이 없는 호방한 춤사위와 북놀음으로 관객들을 사로잡았다. 단지 장삼의 뿌림에 있어서 손과 북가락으로 이어지는 소매 끝의 연결이 강하다보니 여운의 멋이 절감되었고 대삼 소삼의 조화에서 대삼에 치우쳐져 앞으로 연류으로 다져진 호흡의 연결로 춤의 여운을 살려나갔으면 한다.

두 번째 하선주의 '통영진춤'은 통영의 신청에서 전승돼 온 것으로 경사에 수명장수를 뜻하는 녹색 저고리와 부귀공명을 의미하는 붉은색 치마를 입고 목에는 흰 수건을 두르고 추다가 뒤에는 수건을 풀어서 색다른 형태의 수건춤으로 이어진다. 병풍을 뒷 배경으로 하고 화문석위의 한정된 공간에서 단아한 고은 자태로서 그동안 여러차례 올려진 다져진 춤결이 차분하게 한층 돋보였다. 자신만의 고유 전통춤 레퍼토리에서 좀 더 춤 맥의 전승체제를 갖춘다면 지방문화재로서 인정받기에 손색이 없다고 본다.

세 번째 이경화의 '한영숙류 살풀이춤'은 한영숙류 춤을 재현하기보다는 장단을 먹어가며 긴 호흡으로 머물면서 섬세함을 강조하였을 뿐만 아니라 자신의 감정을 충분히 실어내고 있었다. 자칫 지나치면 주관적인 감정으로 흘러갈 수 있으므로 넘치지 않는 절제력이 요구되며 재현에 머무르지 않는 재해석한 자신만의 춤세계로 펼쳐져 이어 나갔으면한다.

네 번째 장래훈의 '한량무–김진홍류' 장래훈은 부산시립무용단 단원으로 올해 평생 몸담고 있던 직장에서 은퇴한 부산을 대표하는 남성 춤꾼이다. 이날 도입부에 공간 활용도에 있어 시선과 표정 등 오래 경험한 무대인으로서 두각을 나타내고 있으며 관객들의 시선을 모으기에 충분하였다. 김진홍류로 이어지는 장래훈의 한량무는 개인기량으로 돋보여진 활달한 춤으로 보인 것에 비해 경상도 덧배기춤이 특징인 토속적인 면이 다소 묻어나오지 않아 우선 전수를 확고하게 하고나서 자신의 춤세계로 펼쳐졌으면 한다.

다섯 번째 하연화의 '이매방류 살풀이춤'은 시간적으로 형태의 변화가 있으면서 이어져 오고 있는데 이번 살풀이춤은 이매방에서 김명자로 이어받은 춤을 충실하게 재현하였다. 전체적으로 춤결이 곱게 다듬어져 물흐르듯 노련미를 엿볼 수가 있었다. 단지 내적 호흡의 감정의 폭을 높여 좀 더 호소력 있고 잦은몰이 장단에서는 당찬 발걸음으로 흥과 해원의 멋을 높였더라면 하는 아쉬움을 남겼다.

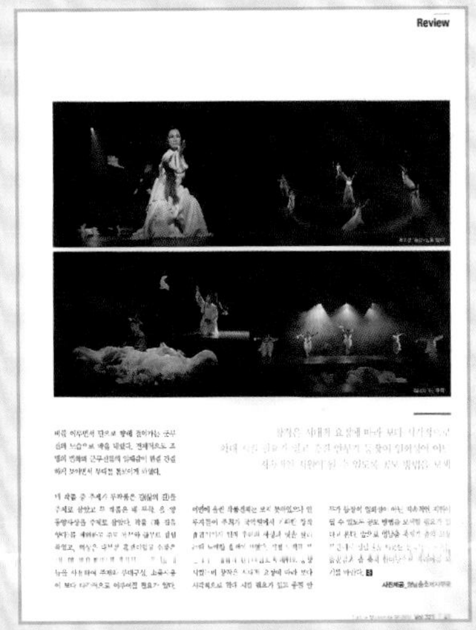

마지막 무대는 정미숙의 '소고춤' 권명화로 이어지는 소고춤을 장식하였다. 이날 장래훈과 함께 최장의 연배로 첫 시작을 잦은몰이 장단에 흥을 돋우면서 걸어나와 차츰 특유의 지역적 특색인 투박미를 강하게 살리고 있었다. 장단이 점차 빨라지면서 고조되었을 때 소고를 치고 내려앉으면서 소고채를 땅에 내려 꽂을때가 가장 별미였다. 이후 계속 이어져서 오히려 흥이 반감이 되지 않았나 하는 아쉬움으로 재구성 압축했더라면 더 효과적이지 않았을까 한다.

한 달 동안 다섯 번의 전통춤판이 30명의 춤꾼들이 무대위에 올랐다. 출연자 한사람이 대략 10분으로 시간적 제한을 두어 하루에 6명씩 출연하였는데 〈승무〉인 경우 민속가락이 북을 포함하여 전 과장의 다양한 가락으로 구성되어 있다. 단순히 기량 발표회가 아닌 전문인으로서의 발판이 되는 무대로서 10분을 제한두는 것에는 예외일 필요가 있다. 그리고 생음악 반주와 무대를 제공하여 평소 접할 기회가 많지 않은 춤꾼들에게 한층 생생한 춤판의 열기를 고조시켜주었다. 이왕이면 반주자들 간의 호흡이 선결이 되면서 춤과 조화로운 무대가 계속 지속적으로 이루어졌으면 하는 바람이다.

이번 전통춤판을 보면서 춤에 대한 계보를 정확하게 팜프렛에 명시하여 누구에 의해 전수됐는가를 밝힐 필요가 있고 크게 전통춤이 추어지는 3가지 경향으로 분류할 수 있다.

첫 번째는 전수에 의한 재현무, 두 번째는 재해석에 따른 개인의 내적 감정이입을 강조하는 경우, 세 번째는 무대에 따라 재구성을 하는 경우 앞으로 전통춤의 다양한 레퍼토리와 전승계보를 밝히면서 춤 경향에 따른 춤꾼들이 많이 배출되기를 바란다.

폐막식 공연을 앞두고 두 번째 창작춤판이 펼쳐진 날이 이번 영남춤 축제 마지막날이 되었다. 코로나19 확산으로 거리두기 4단계로 접어들면서 아쉽게도 시립무용단간의 교류 공연이었던 폐막식 공연이 타지역 시립무용단의 불참으로 취소가 된 것이다.

창작춤판 둘째날인 8월 7일 첫 번째 막을 연 배정현 안무의 〈초록 재, 다홍 재〉는 미당 서정주시 〈신부〉에서 모티브를 가져와 우리네 어머니들의 정서를 끌어내어 어머니의 상이기도 한 신부를 위로하고 기다림을 주제로 올려졌다.

신부의 모습이 상수 앞에서의 뒷모습과 초록, 다홍 등 속에 들어있는 4명의 무용수가 오케스트라 박스에서 올라오면서 시작을 알렸다. 전체적으로 신부를 상징한 여인의 독무와 그 주변을 둘러싸고 있는 군무진으로 펼쳐졌으며 창틀 안의 신랑, 신부의 그림자 효과로 방 안을 상징하였다. 소품으로는 창틀과 이어지는 긴 천으로 여인네의 독무로 삶 길에서의 애환을 표현하였다. 음악은 장면별로 변화를 주어 춤을 뒷받침하여 주고 있었으며 마지막 엔딩에서는 군무진들의 표현을 극대화하면서 창틀을 향해 영상의 이미지를 바라보면서 마무리하였다. 안무자인 배정현은 2년전 부산무용제에서 대상을 차지하여 중견무용가로 발돋음하였는데 이번 무대에서는 독무로 부각을 시키고 있었다. 특히 신부옷을 벗고 마치 비장한 여인네의 하얀의상을 입고 내면적 아픔을 표현하였는데 소재의 신선도가 떨어지고 4명의 군무진들은 대극장무대에서 헐겁게 보여 군무진 보강으로 극적 표현력이 보다 강화되었더라면 하는 아쉬움이 남았다.

두 번째 〈궤:길을 잇다〉는 그동안 꾸준히 부산춤판에서 활동을 해 온 강경희와 이연정이 안무에 의해 올려졌다. 〈궤:길을 잇다〉는 각자의 인생길은 저마다 선택과 그 연속선으로 이어지는 길 위에서 무탈과 극복할 수 있는 길로 향한다는 주제로 올려졌다. 도입부 생명의 시작은 한 덩어리가 된 4명이 무대 중앙에서 시작하여 점차 중앙에 있던 천을 십자로 사방으로 풀어내면서 각자의 길을 상징하고 있었다. 그 길 위에서의 교차하거나 원심, 구심을 향하여 번갈아 움직임을 반복하면서 극렬하고 속도감 있게 변화를 주었다. 각각 표현과 통일감, 제자리에서 함께 상체 움직임을 반복하다가 천사용을 각자 들고 움직임을 고조화 시켰다. 마지막 부분에서 상의를 벗고 한 사람씩 차례차례 일렬로 앉아서 마치 배가 노를 저어가듯 앞으로 미래의 이상향을 향해가면서 막을 내렸다. 소인원이면서 각자 표현과 통일된 움직임이 전체적으로 서로가 응집력을 가졌다. 오히려 소극장에서 관객과 일체감을 가졌더라면 더 효과적이지 않았을까 구성상 대극장에서 제한된 공간사용이 총체적인 무대로서보다 고려되었어야 했다.

세 번째, 〈태 · 무극〉은 김미자 안무로 한영숙-이애주춤으로 이어지는 튼튼한 토대를 바탕으로 한 전통춤 개인공연을 한 직후 올려진 작품이다. 우주탄생과 죽음으로 회귀하는 생명의 생성을 주제로 삼았는데 주제가 거창하였지만 실제로는 죽은 자와 저승사자와의 두 구조를 이루고 있었다. 첫 장면은 영상으로 어린아이들을 통해 본 죽음에 대한 생각을 영상으로 보여주면서 시작되었다. 영상이 끝나면 마치 정한수를 든 소반을 들고 제주가 등장하여 무대 중앙 앞에서 절을 하고 나서 후 무대와 앞 무대 사이 · 중앙으로 연결된 길에서 저승사자와 제주가 서로 응시하고, 그 양옆에는 망자들이 긴 천을 들고 무대 앞으로 나오고 상징적인 한 망자가 저승사자를 따라가고 있었다. 오케스트라 박스안으로 모여든 천을 든 망자들과 여창에 맞추어 어린아이들을 강강술래에서 손잡고 뛰면서 무대 위로 등장시켜 서로 대비시켰다. 무대 후면엔 악사와 창을 부르는 연주자들이 저승사자와 같이 검은 의상을 입고 타악을 치며 무대 앞에 있는 저승사자와 망자를 향하였는데 이때 전체 무용수가 날뛰면서 격렬해지면서 모여든다. 마지막에는 다시 제주가 혼자 소반위 잔을 올리면서 제주가 혼자 후막으로 가면서 마무리 짓는다. 개인의 넘치는 의욕이 영상과 많은 등장인물, 생음악 연주자 출연시키면서 열연하였다. 열연장면에서 공감대가 떨어진 것은 관객이 몰입하기전에 스스로 몰입되어 객관적 시야를 염두에 두고 절제력을 가졌었더라면 훨씬 효과적으로 되었을 것이다. 대부분 무대를 상하 위주로 사용하였는데 창작무 형상화에서 가장 필요한 것은 공간성이다. 창작무 주제에 대한 설정과 이에 따른 춤사위 응용력이 요구된다.

네 번째 마지막 무대는 〈음양-빛을 담다〉 복미경 안무로 유일하게 이 날의 타지역에서 온 팀으로 의욕에 찬 군무로 펼쳐졌다. 동양사상인 음양, 상극과 상생을 1장 빛의 파장, 2장 빛의 노래, 3장 빛을 담다로 구성하였다. 그래서인지 전체적으로 조명의 효과를 장면마다 담아내고 있었다. 흑(군무) 백(독무)로 구성하여 독무 뒤에 그림자처럼 횡렬로 선 군무진들이 독무를 따라 무대 위 라인을 그리면서 전 무대를 길 따라 이동하면서 때로는 군무를 에워싸면서 빛의 파장을 만들어내고 있었다. 2장에서는 독무 복미경이 직접 가곡을 부르면서 음양을 상징한 태극의 흐름을 손의 움직임에 따라 뒤에 있는 무용수와 2인무를 동일시 하고 각각의 움직임으로 조화를 이루었다. 마지막장에서 무대 바닥에는 물방울과 같은 조명 효과가 깔리고 그 위에 느린 움직임으로 빛을 담아 등장하는 무용수들이 점차 조명의 다양한 변화에 따른 춤사위가 통일적으로 일사불란하게 펼쳐졌다. 군무진들이 펼쳐진 동작이 길어지다보니 점차 내용에서 멀어지는 듯 오히려 주제를 반감시켰고 보다 압축시킨 상징적 움직임이 더 효과적이지 않았을까. 마지막 장면은 단 위에서의 독무와 군무진들과의 대비를 이루면서 단으로 향해 걸어가는 군무진의 모습으로 막을 내렸다. 전체적으로 조명의 변화와 군무진들의 일체감이 한결 간결하게 보이면서 무대를 돋보이게 하였다.

네 작품 중 주제가 두작품은 길(삶의 길)을 주제로 삼았고 두 작품은 태 · 무극, 음 · 양 동양사상을 주제로 삼았다. 작품 〈궤-길을 잇다〉를 제외하고 주로 독무와 군무로 편성하였고, 의상은 대부분 흑백이었고 소품은 〈음양 · 빛을 담다〉를 제외하고 모두 천, 매듭을 사용하여 주제와 무대구성, 소품사용이 보다 다각적으로 이루어질 필요가 있다.

이번에 올린 작품전체는 보지 못하였으나 안무자들이 주최가 국악원에서 기획한 창작 춤판이어서 인지 우리의 사상과 멋을 살리는데 노력한 흔적이 보였다. 직접 노래를 부른다거나 생음악 연주자들로 무대위로 등장시켰는데 창작은 시대적 요청에 따라 보다 시각적으로 확대 시킬 필요가 있고 중진 안무가 능산이 일회성이 아닌 지속적인 지원이 될 수 있도록 공모 방법을 모색할 필요가 있다고 본다. 앞으로 영남춤 축제가 춤의 고장 부산에서 영남권을 비롯한 전국에서 모여든 춤꾼들과 춤 축제 한마당으로 자리매김 되기를 바란다.

10
몸
Cover story
Focus
Review
Interview

Review

부산문화회관 기획 'MOTI-어디로부터'에서 춤의 미래를 보다

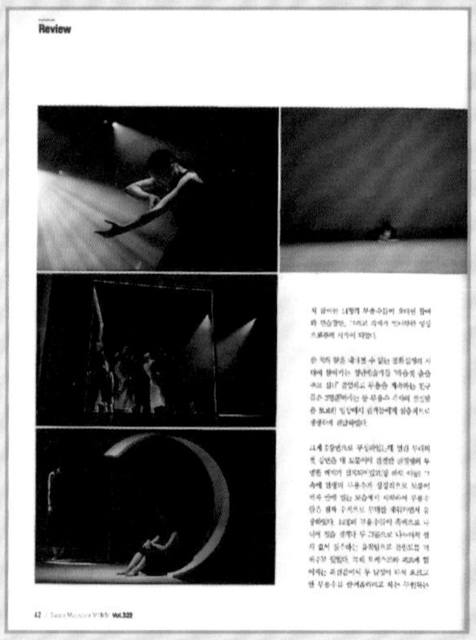
Review

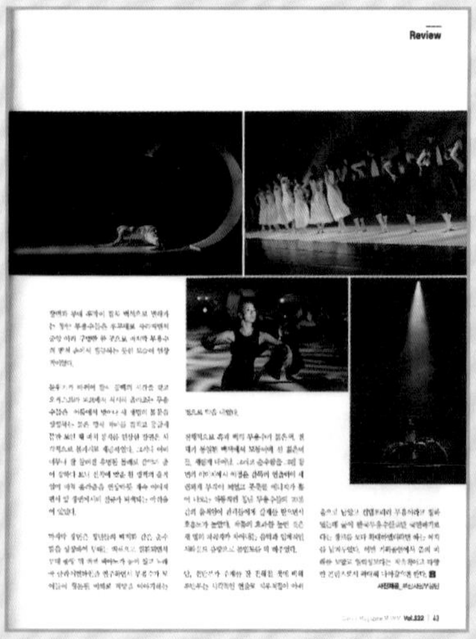
Review

33.2021.10 / 몸 / **부산문화회관 기획「MOTI」** - 어디로부터에서 춤의 미래를 보다.

부산문화회관 기획춤판 'Moti-어디로 부터'가 이정윤 시립무용단 예술감독 연출 안무 신작으로 9월 3~5일 부산문화회관 대극장에서 올려졌다.

(재)부산문화회관에서는 지난 2019년부터 연극을 시작으로 장르별로 자체 제작 작품을 매년 하나씩 선보인 후 올해는 무용 분야에 지원한 것으로 코로나 19 발병이후 청년 예술가들에게 비상을 위해 무용 발판이 될 수 있도록 마련한 신선한 기획이었다.

지난 5월, 지역 한국무용수를 대상으로 오디션 과정을 거쳐 14명 무용수를 선발하여 2개월간의 준비 끝에 올려진 기획 춤판이다. 작품명 Moti란 Motivation의 준말이자 모티(모퉁이), 끄티(끝)이란 의미로 모퉁이에 선 청년들이 끝이 아닌 긍정적인 방향으로 동기 부여 의도로 제작한 작품이다. 첫 장면에 앞서 참여한 14명의 무용수들이 오디션 참여와 연습장면, 그리고 각자가 인터뷰한 영상으로부터 시작이 되었다.

한 치의 앞을 내다볼 수 없는 불확실성의 시대에 살아가는 청년예술가들 '마음껏 춤을 추고 싶다' 졸업하고 무용을 계속하는 친구들은 3명뿐'이라는 등 무용수 각자의 절실함을 토로한 영상에서 관객들에게 심층적으로 생생하게 전달하였다.

크게 5장면으로 구성하였는데 열린 무대의 첫 장면은 네 모퉁이에 간결한 골절형의 투명한 액자가 설치되어있고(상 하로 이동) 그 속에 한 명의 무용수가 상징적으로 모퉁이 액자 안에 있는 모습에서 시작하여 무용수들은 점차 수적으로 무대를 채워가면서 등장하였다. 14명의 무용수들이 흑백으로 나뉘어 열을 짓거나 두 그룹으로 나누어서 쉴새 없이 질주하는 움직임으로 몰입도를 더 해주고 있었다. 특히 오케스트라 피트에 떨어지는 좌절감에서 두 남성이 다시 오르고 한 무용수를 끌어올리려고 하는 구원하는 장면과 무대 후막이 점차 백색으로 변해가는 동안 무용수들은 후무대로 사라지면서 중앙 아래 구멍만 한 곳으로 마지막 무용수의 뻗친 손에서 절규하는 듯한 모습이 인상적이었다.

분위기가 바뀌어 잠시 공백의 시간을 갖고 오케스트라 피트에서 서서히 올라오는 무용수들은 어둠에서 벗어나 새 생명의 불꽃을 상징하는 붉은 망사 치마를 걸치고 둥글게 등만 보인 채 마치 둥지를 연상한 장면은 시각적으로 볼거리로 제공하였다. 그러나 이미 너무나 잘 알려진 유명한 볼레로 음악과 춤이 강하다 보니 전곡에 맞춘 한 명씩의 움직임이 마치 훌라춤을 연상하듯 계속 이어지면서 앞 장면에서의 절규가 퇴색되는 아쉬움이 있었다.

마지막 장면은 청년들의 백지화 같은 순수함을 상징하여 무대는 백색으로 전환되면서 무대 중앙 뒤 백색 피아노가 놓여 있고 노래곡 클라이멘타인을 연주하면서 무용수가 모여들어 정돈된 미화로 희망을 이야기하는 것으로 막을 내렸다.

전체적으로 흑과 백의 무용수가 붉은색, 전체가 통일된 백색에서 모퉁이에 선 젊은이들, 새롭게 태어남, 그리고 순수함을 그린 장면의 이미지에서 이정윤 감독의 연출력이 세련되게 부각이 되었고 풋풋한 에너지가 뿜어 나오는 역동적인 청년 무용수들의 70분간의 움직임이 관객들에게 갈채를 받으면서 호응도가 높았다. 작품의 효과를 높인 것은 세 명의 작곡자가 자아내는 음악과 입체적인 서라운드 음향으로 몰입도를 더 해주었다.

단, 전반부가 주제를 잘 전해진 것에 비해 후반부는 시각적인 연출로 치우쳐짐이 아쉬움으로 남았고 컨템포러리 무용이라고 칭하였는데 굳이 한국무용수들로만 국한하기보다는 장르를 보다 확대하였더라면 하는 여지를 남겨두었다. 이번 기획공연에서 춤의 미래를 보았고 일회성보다는 지속적이고 다양한 콘텐츠로서 확대해 나아갔으면 한다.

34.2021.12 / 몸 / **경북도립무용단 제9회 정기공연** - 「춤, 춘향가」 **제31회 부산 대학무용 커뮤니티 예술축제**

"춤과 판소리가 어우러졌던"

경북도립무용단은 1992년 12월 창단된 경북도립국악단 내의 무용팀으로부터 도립무용단이 승격되기 전까지는 그 정체성이 전통춤 단체였다.

창단된 지 불과 4년, 현재는 작년에 제2대 김용복 상임안무자가 취임한 이후 1년이나 지나서 이번 정기공연에서 작품「춘향가」가 첫 선을 보였다.

〈춘향〉은 무용극으로 더 알려져 있었는데 이번 공연에서는 판소리 '춘향가'를 소리로 창작되었다. 즉 이번 공연은 판소리를 바탕을 판소리에 담겨져 있는 해학과 풍자의 멋을 살린 작품이라고 할 수 있다. 설정한 의도는 춤과 판소리가 어우러지는 가운데, 소리군이 표현하는 아니리(입담)와 창으로 춤을 불러일으키게 하면서 창작춤의 형식을 이끌어내고 있었다.

소리의 세계를 다채롭게 하여 말하는 소리, 보는 소리, 듣는 소리, 판소리로 구성하였고, 작품의 내용을 크게 프롤로그 그리고 4개의 장과 마지막 에필로그로 설정하였다. 프롤로그의 첫 장면은 뒷막 앞에 무용수 전체가 누워서 마치 망망한 바다를 연상시키는데, 점차 사이사이 상체를 일으키는 무용수들이 번갈아 절도있게 구성의 묘를 살리며 떠나가는 배로 변해가면서 본격적인 막이 올랐다.

제1장에서는 이몽룡과 방자 그리고 창자 각각 한사람씩 독무 형식으로 압축된 성격묘사와 개인기로 시선을 끌기에 충분하였다. 다음 장면으로는 춘향과의 2인무 전개를 두 사람으로 국한시키지 않고 3쌍으로 군무로 이루어 두 남녀의 사랑 장면을 경쾌하게 이끌어내고 있었다.

이어서 방자와 창자 사이에서 오가며 화답하는 대화 형식을 취하면서 색다른 시도를 꾀하고 있었다. 하지만 무대 여건상 배경 없이 두 사람이 나란히 서서 창을 하면 거기에 맞추어 춤으로 표현하게 되어 이러한 춤의 종속 때문에 오히려 무용수 보다는 시선이 창자에게 빼앗겨 버려 입체적 무대 효과의 연출이 다소 아쉬웠다. 가장 극적으로 다가갔던 쑥대머리 장면은 군무진 전체가 춘향의 내면을 표현 형식으로 하되 창과 어우러지면서 호소력 있게 전달되었다.

시선을 공간적으로 돌리면, 이번 무대가 영남대 천마아트센터 그랜드 홀에서 갖추어야 할 구조가 취약한 편이었다. 소규모 18명의 정단원과 4명의 객원으로 22명으로 구성된 단원들이 첫 장면부터 마지막까지 장치나 특수효과에 의존하지 않고 쉴새없이 출연하기엔 무리가 뒤따랐다고 할까. 그러나 에필로그 축제의 장에서는 모두가 하나가 되어 신명난 춤으로 관객들의 호응도를 적극 끌어내었다. 무엇보다도 생연주자들의 연주가 다소 조명이 열악한 극장을 효과있게 뒷받침하였다.

그러한 성과에도 불구하고 아쉬운 점은 앞에서 보여졌던 장면과 동떨어지기 쉽게 전환이 되었다는 점이다. 보다 일괄적으로 창작역량으로 이끌어갔더라면 더 신선한 작품이 되지 않았을까. 물론 일회성 공연으로서 보다는 적극적으로 레퍼토리화 하여 도민들이 쉽게 다가갈 수 있는 접근성이 있는 장소에서 관람가능한 지속적인 공연으로 개작하고 재창작하는 과정이 뒤따라야 한다고 본다.

앞으로 대표적 작품으로 되기 위해서는 도립무용단만이 가질 수 있는 고유한 지역의 특징 및 소재에 대한 탐색에는 노력이 더 필요하리라 본다.

Review

“춤과 판소리가 어우러졌던” 경북도립무용단 제 9회 정기공연

〈춤, 춘향가〉

Review

“미래의 부산 춤을 가늠한다”

제31회 부산 대학무용 커뮤니티 예술축제

Review

울산시립무용단 제44회 정기공연

〈고래화〉에서 지역의 상징성을 보다

Review

“미래의 부산 춤을 가늠한다”

제31회 부산 대학무용 커뮤니티 예술축제

부산 소재의 대학무용인들의 큰 잔치 ‘부산대학무용 커뮤니티 예술축제’(전 대학무용제, 이하 ‘부산 대학무용제’)가 31회를 맞이하여(운영위원장 부산여자대학교 김해성) 11월 5일부터 7일까지 금정문화회관과 공동주최로 금정문화회관 금빛 누리홀과 은빛 샘홀에서 펼쳐졌다.

5, 6일 양일간 부산대학교, 신라대학교, 부산여자대학교와 초청대학 창원대학교와 계명대학교 등 부산의 3개 대학과 영남권 2개 대학의 초청공연에서 고수들의 안무 작품이 올려졌고, 8일 마지막 날은 학창들 작품으로 올려졌다.

부산 대학무용제는 전국에서 가장 먼저 대학무용제가 창립된 1990년 첫 개최 이후(2020년 제외하고는) 올해로서 벌써 31회나 치러진 역사를 자랑한다. 그동안 올린 작품수는 211개의 작품이나 되었고, 제24회 2013년부터는 재학생들이 안무한 작품들이 소극장에서 올려지는 등 개방적인 폭도 넓어졌다. 또한 시대 변화에 맞춰 제30회부터 명칭이 ‘부산 대학무용 커뮤니티 예술축제’로 변경하여 각 대학 무용과 교수들의 우수 작품 발표회와 창작자로서의 미래 동량인 학생들에게 무대를 제공하여 그동안 창작 산실로 자리매김하여 왔다. 첫 날, 공연에 앞서 미래의 부산춤을 이끌어갈 예비 무용가들의 터전이 될 수 있는 진취적인 교육의 장인 심포지엄이 각 인접분야의 전문가들의 발제로 이루어졌다.

채희완 부산대 명예교수를 좌장으로 하여 박철홍(음악), 이정윤(미술), 장훈석(조명), 김태희(문화콘텐츠)의 발제와 장장 2시간 이상에 걸쳐 열띠게 토론하였다. 공연은 사정상 첫 날에만 관람하였는데, 부산대학교의 강미리, 박상용 교수의 안무 〈월월이 청청〉은 강강술래를 바탕으로 새롭게 무대화시킨 작품(초연 2016년)이었다. 도입부에 보름달 달밝은 밤에 학이 등장하고 선비를 등장시켜 단순히 원무 형식의 놀이가 그 대형 변화가 아닌 보다 풍요로운 무대로 형상화시켜 군무진들의 일체감과 함께 관객들에게 흥을 돋우어 주었다.

두 번째는 신라대학교 이태상 교수 안무 작품 〈얼굴 빨개지는 꼬마 까마귀〉는 그동안 까마귀 시리즈를 꾸준히 창작해온 이 교수의 눈 익은 안무적 색깔이 눈에 띄었다. 다만 상징적인 꼬마 까마귀가 좀 더 드러나기 보다는 군무진들의 움직임이 주를 이루면서 압도당하여 주제성이 미약하게 전달되었다. 좀 더 군무진들의 움직임을 압축하였더라면 하는 아쉬움은 있었지만, 학생들의 유연하고 민첩한 기량을 유감없이 펼쳐보였다.

세 번째는 창원대학교 배귀영교수 안무 〈저무는 땅〉은 평소에 많이 접하기 힘든 창작발레로 삶의 내면적 심리적 갈등에 초점을 둔 작품이었다. 도입부에 테크닉 위주보다는 감정적 호소력으로 드라마틱하게 다가왔다. 점차 시작에 비해 시간의 흐름에 따라 속도나 구성에서 보다 극적인 커다란 변화가 있었더라면 보다 효과적으로 전달되지 않았을까하는 아쉬움이 다소 남았다.

네 번째 작품은 서덕구 아트팩토리 대표의 안무 〈Refresh Your Mind〉였는데, 이 작 품은 실용무용으로 다양한 힙합, 팝핀, 코레리 등 스트리트 댄스 조합의 움직임 연출로 구성하였다. 열띤 학생들의 몸짓에서 스스로 즐거워하며 에너지를 분출하는 열기가 관객들을 압도시키면서 마지막을 장식하였다. 좀처럼 큰 무대에 대 군무진들로 구성하여 설 수 있는 기회가 적은 학생들에게는 이번 공연에서 마치 선의의 경쟁처럼 여느 무대보다도 단합된 모습과 일사불란한 기량들을 펼쳐보일 수 있는 좋은 기회였다고 본다.

다만 전체적으로 작품을 압축하여 주제성을 확고하게 작품성 전달에 주안점을 두면서 커뮤니티 예술축제 명칭에 맞게 앞으로 취지의 방향성을 새롭게 설정할 필요는 있다고 하겠다.

35.2022.1 / 몸 / 울산시립무용단 제44회 정기공연 「고래화」에서 지역의 상징성을 보다

울산하면 떠오르는 상징은 무엇인가. 하나만 들라고 하면 고래 [鯨, Whale]를 빼놓을 수 없다. 이번 울산시립무용단의 정기공연(예술감독 및 안무 홍은주) 신작은 바로 이 고래를 소재로 한 「고래화」이다.

지난 12월 10일,11일 이틀에 걸쳐 울산문화예술회관 대극장에서 펼쳐졌는데 두 번째날 관람하였다. 우선 작품의 얼개는 세계적인 문화유산으로서 반구대 암각화 발견 50주년을 맞으면서 바위그림에서 보이는 수많은 고래떼들은 3마리 거북(여자의 자궁을 상징)을 따라 올라가는 모습에 착안한 상상력을 가동시킨다. 그리고 음양의 조화를 빌려 생산의 풍요를 드러내고 있는 것을 먼저 연상시킨다.

주제로는 인간 욕망으로 인한 고래 파괴와 그 파괴로 인한 인간들의 상실감을 그리면서 다시 자연과 인간 사이의 조화를 꾀하는 것으로 다루었다. 장면은 프롤로그 1장에서 4개 장의 전개 그리고 에필로그로 구성되어 있었다.

프롤로그 첫 장면에서는 영상으로 채워진 막이 관객들을 압도시키면서 상수 앞부분 욕망을 빨간 꽃으로 입에 물고 앉아있는 한 무용수 몸짓으로부터 시작되는데, 그와 동시에 매우 암시적이다. 영상 후막에서의 언뜻 내비쳐진 고래를 상징한 무용수가 보이면서 서막을 알린다.

다음 1장이 시작되면서 바닥에 흙이 있는 것처럼 한지를 지푸라기처럼 깔아 놓았다. 원시 시대의 들녘민들이 생동하는 움직임으로 이어져 가는 춤의 풍경인데, 객원 무용수 손예란의 마임 연기가 흡입력이 뛰어나 공동체인 마을 들녘민과의 조화를 이룬다. 점차 전개되면서 바닥의 흙을 뿌리면서 고조시키는 효과를 내고 있다.

2장 첫 장면으로 오케스트라 피트에서 제사장이 중심에 앉아 있고, 양 옆에 2명씩 총 4명의 무용수가 등장하였다. 소품은 물함지박에 머리를 풀고 뿌리면서 정화를 상징하였고, 이어 제씻김굿 형태의 극렬한 몸짓과 타악으로 분위기를 고조시켰다. 앞 장면과 유사한 효과로 좀더 압축시켰더라면 하는 아쉬움이 다소 느껴졌다.

3장에는 물결의 파동 영상과 함께 바닥에 물이 차오르는 효과, 두 남녀의 헤어짐과 기다림의 장면과 듀엣춤이 정갈하게 보여지면서 본격적인 고래의 춤으로 이어진다. 평온에서 갑자기 찾아온 전투, 이때 소품으로 긴봉(사냥무기 상징)의 군무는 줄을 맞추기에는 십분 발휘할 수 있는 공간이 협소하여 점층적으로 늘려가면서 좀더 증폭된 형태로 하면 더 상승되지 않았을까.

이번 공연에 협력안무(객원 안무, 연출 박종원) 차원에서 실용무용 도입은 동작언어 면에서 다양성을 추구한 반면에 현실적인 면에서는 연륜이 있는 무용수가 분절된 동작을 하기엔 무리가 다소 따랐다. 더욱이 하늘거리는 의상과의 매치도 고려했어야 했다. 에필로그에서의 급조한 난타 축제로 막을 내려 앞 장면의 여운이 길지 않고 급하게 흩어지는 아쉬움도 다소 남았다.

전체적으로 이어지는 장면이라기보다는 장면별 독립적으로 구성하면서 군무신들이 빠르게 전개한 반면에 독무의 제사장 부분은 시간적으로 많이 차지하여 집중도를 오히려 떨어뜨렸다. 마지막 걸어나오는 장면 연결도 역시 부조화를 낳았다. 매 장면마다 마지막 신에서 고조감은 추구하

Review

다 보니 무용수들이 혼신을 다하는데도 불구하고 에너지가 분산되었고 절도감 있게 장면들을 빌드업하여 단계적으로 발전시키면서 극대화된 장면으로 연출되었더라면 관객들에게 더 감흥을 높혔으리라.

울산시립무용단은 타 시립무용단과는 다른 여건이라 유일하게 라이브를 다룰 수 있는 반주단이 있어 총체적 조건을 갖춘 단체이다. 이번 공연에서는 음악적 부문, 특히 연주단으로 생생한 타악연주 외 티벳, 일본 축제곡들을 적절하게 효과적으로 사용하였다. 또한 전 장면마다 소품들, 가령 소등(풍선), 물자반, 봉(창칼), 씻김굿에서 보이는 지전 등 1시간반 가까운 홀로그램 영상 및 무대장치 등등 그야말로 풍성하면서 버라이어티하게 열정적으로 채워진 무대여서 보는 관객들이 빠져들기에 충분하였다.

많은 예산을 들인 장막 형식을 띤 정기공연 자체를 일회성보다는 브랜드화할 필요가 있다. 이번 작품 「고래화」로 그치기보다는 '고래 시리즈'로 중장기 계획 하에서 다양하게 펼칠 필요가 있다. 울산지역만이 가질 수 있는 상징적인 레퍼토리가 될 수 있으리라 본다.

36.2022.5 / 몸 / Field Sketch **제28회 신인춤제전** - 젊고 푸른 춤꾼 한마당

Field Sketch
부산에서 열린 전국규모의 유일한 신인 등용문, 제28회 신인춤제전
젊고 푸른 춤꾼 한마당

Field Sketch

부산에서 열린 전국규모의 유일한 신인 등용문

4월, 한창 꽃망울이 터지는 아름다운 계절에 밤낮의 일교차가 커서 아직은 옷깃을 여밀 때 (사)부산미학연구소 (사)부산민주항쟁 기념사업회 주최로 제28회 신인춤제전ㅡ젊고 푸른 춤꾼이 4.15~17일에 걸쳐 민주공원 소극장에서 펼쳐졌다.

1995년에 시작으로 해마다 열리고 있는 전국 유일의 신인 춤꾼 발굴 무대이다. 대학을 갓 졸업한 새내기가 사회에 첫발을 공식적으로 내딛는 춤의 길 신고식인 것이다.

크게 두 부분으로 「젊은춤」 「푸른춤」 행사로 나뉘어져 「젊은춤」은 갓 졸업한 춤꾼과 「푸른춤」은 「젊은춤」을 거쳐간 연륜있는 춤꾼이 출연한다.

원래 취지는 참신하고 개성이 강한 작품을 각 대학별 졸업발표회를 운영진에서 보고 추천하는 형식으로 부산 위주에서 지역으로 점차 확대하고 경남 창원지역, 경북 대구지역, 부산 출신인 타지역 졸업자 등 광역권까지 참여하고 있다.(각 지역의 대학 폐과로 인해 위축되어 있는 실정에 활력소가 되고 있다.) 출연시간은 10분 이내로 10명씩 오른다.

이번 공연에서 전체를 언급하기보다는 인상작 「젊은춤」 5인, 「푸른춤」 4인으로 국한시킨다.

「젊은춤」에 안무 조아영의 〈구설수〉는 독무로 조명의 빛이 들어오면서 소품 하수 뒷 무대에 일용컵으로 쌓아 올린 피라미드 형태가 보이면서 소품의 활용에 집중되어졌다. 하고 싶은 말을 쏟아놓지 못하는 것에 짓밟기도 하고 내던지기도 하면서 시종일관 함구무언하는 욕구불만의 표현을 강조하였다. 종국에는 피라미드 형태의 오브제 뒷면에서 마치 창문을 열 듯 그 사이로 몸체를 들어내면서 끝을 맺는다. 쉽게 급조하여 맺는 것이 좀 더 강렬한 표현이 아쉬웠다.

〈광대〉 (안무 · 출연 오동훈)는 유일하게 전통 탈춤의 말뚝이 의상을 입고서 색색가면을 깔아놓아 공연 중에 교체하여 쓰면서 관객들에게 묻는 형식을 취하고 있었다. 처음부터 마임으로 시작하면서 춤사위 한바탕 추어지는 것 없이 시종일관 마임으로 그치고 있어서 좀 더 구체적인 몸짓의 언어가 있었더라면 더 돋보여지지 않았을까!

〈사막에 첫눈〉 (안무 · 출연 이인우, 이재영) 장르를 떠나서 발레, 현대무용, 브레이크 댄스 등을 조합하여 무리없이 두 남녀 무용수가 자연스럽게 동작의 묘비를 갖게 하였다. 희망적으로 두 남녀가 함께 빛을 향하는 것으로 끝맺음을 하였는데 입체적인 묘사가 아쉬움을 남겼다.

〈혼재〉 (안무 서주원 · 출연 서주원, 오소영)는 두 남녀 무용수가 동전의 앞뒷면의 떼려야 뗄 수 없는 양면성을 흰색 의상의 여성 무용수와 검은색 의상의 무용수 사이의 앙상블 조화가 잘어울렸던 반면 흰색의 여성 무용수의 기교가 뛰어나 보였다. 좀 더 밀착된 묘사의 표현이 있었더라면 뛰어난 작품이 되지 않았을까?

〈방구석 연예인〉 (안무 · 출연 박소희)은 조그만 의자를 소품으로 사용하며 핸드폰의 통화로 시작되면서 대사, 마임, 소도구를 이용한 연기가 주가 된다. 커다란 전환점 없이 지속적으로 마임으로 지구력 있게 의자에 기대기도 하고 끌고가기도 하면서 안락함을 묘사하고 있다. 다른 작품에 비해 발랄한 모습으로 밝음을 지양하고 있었는데, 동작면에서는 아쉬움을 남겼다.

그렇지만 전체적으로 「젊은춤」은 톡톡 튀어오르는 밝음을 기대하는 것과는 달리 다가올 세상에 현재의 자신에게 물음을 던지면서 희망을 잃지 않으려는 기대감을 추구하고 있었다. 반면, 「푸른춤」은 「젊은춤」으로 등단하고 지속적인 무대라 할 수 있다.

첫무대로 펼쳐진 독무 〈In the Gray〉의 박은지 는 출연진 중에 연륜이 있는 부산의 대표적인 현대무용수이다. 연륜답게 자아를 집중시키면서 자신의 표현. 느낌을 자유롭게 구사할 줄 아는 무용수이다. 지나칠 정도로 잔잔한 에너지의 여운에서 견고함과 불투명한 미래에 대해 심도있게 존재의 의미를 물으며 빛을 향하고 있었는데, 그녀의 강렬한 도전의 몸짓이 아쉬웠다.

〈숨〉 (안무 · 출연 표예찬)은 처음부터 부동자세에서 떠는 손을 밟아 떼려는 표현에서 시작하면서 동작연결보다는 표현 위주로 개성이 돋보였다. 전반부의 극렬한 표현에 비해 쉽게 마무리되어져 보다 표현에 맞는 춤언어가 요구된다고 하겠다.

〈내안의 코뿔소〉 (안무 김한솔, 출연 이제형, 김한솔)은 남녀 2인무로 구성이 되어 서로 밀착과 떨어짐을 적절하게 구사하면서 전개면에서 진지하게 심화시키고 있었다. 단지 마무리가 급조하여 끝까지 심도있게 끌고 갔더라면 하는 아쉬움이 남는다.

〈공간〉 (안무 최재호, 출연 임은서, 황창대, 최재호)는 3인무로 안무되어 마치 노젓는 긴 막대를 사용하여 소품을 적절하게 춤과 일체감을 준 작품이다. 4개의 긴 막대를 바닥에 도형 형태로 놓고 시작을 알린다. 소품이 클수록 오히려 춤에 방해를 놓는데 치밀하게 3인무와 빚어내는 구조적으로 이동하는 공간 변화의 묘미를 주어 흥미로웠다. 신선한 아이디어와 춤사위와의 조화가 잘 이루어졌다.

전체적으로 몸언어에 대한 구축과 표현, 특히 우리의 몸짓의 기반이 앞으로의 과제로 남았다. 여기서 다루어지지 않았던 작품에서도 춤에 대한 열망의 눈빛과 지나친 포장없이 순수함이 묻어나온 신선한 날 것으로 보여졌다. 단지 푸른빛이나 색채감이 뚜렷하지 않은 대부분의 무채색의 의상이다 보니 작품마다 차별성이 크게 보여지지 않았다.

전개에 있어서 전개에 비해 마무리가 급조하고 대부분 군무에 있어서도 보편적이어서 오히려 2인무가 더 개성적으로 드러나 보여졌다. 자신의 목소리로 이번 무대에 오른 20명의 신인들에게 지속적인 환경과 계기가 계속적으로 마련될 필요가 있다.

37.2022.7 / 몸 / Field Sketch 부산의 국,시립단체 정기공연에서 지역의 춤,정체성 찾기「부산 40계단」

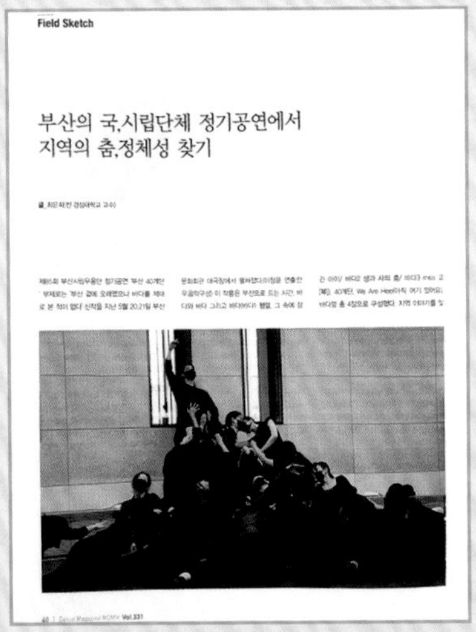
Field Sketch

부산의 국,시립단체 정기공연에서
지역의 춤,정체성 찾기

Field Sketch

지난 2년동안 코로나19로 팬데믹 안에서 자유롭지못했던 공연단체들이 거리두기에서 풀려나 각 공연단체들이 봇물 터지듯 야심차게 준비한 공연들이 연이어 올려졌다.

부산의 대표적인 부산시립무용단과 국립부산국악원도 예외없이 각각 5월과 6월에 각각 올려졌다. 두 단체 모두 지역에 관련된 정체성 찾기가 부산시립무용단은 지역을 소재로 창작하였고 국립부산국악원은 부산의 대표적 탈놀음을 바탕으로한 현대적 해석에 의해 재창조되었다.

제85회 부산시립무용단 정기공연「부산 40계단」부제로는 `부산 곁에 오래였으나 바다를 제대로 본적이 없다` 신작을 지난 5월 20, 21일 부산문화회관 대극장에서 펼쳐졌다. (이정윤 연출.안무.음악구성) 이 작품은 부산으로 드는 시간, 바다와 바다 그리고 바다 (바다1 행렬,그 속에 잠긴 아이. 바다2 생과 사의 춤. 바다3 miss 고[琴].)40계단, We Are Hee (아직 여기 있어요) . 바다멍 총 4장으로 구성했다. 지역이야기를 잊고 있었던 시간과 중첩된 힘든 현재 일상의 시간을 착안한 의도는 높이 살만하다.

작품 콘셉은 '부산 40계단`은 `만남`과 `그리움`과 같은 소원과 성장의 이야기를 다루고 있다.일제강점기에 건립되어 6.25 전쟁과 같은 상처와 피난민 애환에 얽힌 상처투성이들의 춤과 영혼의 만남을 부각시키고 있다.

전체적으로 서사적 드라마틱 경향보다는 장면에 따르는 시각적 이미지에 충실하면서 추상적 경향으로 이끌어 가고 있었다.

작품 초반에 3인을 각각 상징적 장면(한 사람씩 조명을 비추면서)으로 시작되었으며 어머니를 잃은버린 아들(이산가족.여기서 세월호를 연상시키기도 하였음).연인의 생사를 알 수 없는 참전용사,피란시절 예술인(작곡가)를 중견 남성무용수 이성원,이정식,그리고 김병주와 부산시립국악관현악단의 거문고 연주자 주윤정과 객원 남성무용수 5인과 조우하였다.

첫 장면, 음악은 첼로 선율로 편곡한 `돌아와요 부산항`으로 아낙네 들의 춤으로 시작하여 헤어진 가족들을 찾아헤매이며 소품을 신발을 들고 사용하였는데 사선으로 늘어놓은 신발에서 애끓는 표정으로 사이를 지나다니면서 누군가를 찾기위해 신발을 소중히 든 아들이 어머니에 대한 그리움을 절규적으로 표현한 이성원의 독무가 유난히 돋보였다.

다음 장으로 이어지는 생사를 알 수 없는 연인에 대한 참전용사의 그리움을 여성 군무와 남성 군무,남녀군무의 흑과 백으로 나누어 암울한 죽음의 춤이 펼쳐졌다.중반에 이르러 빨간 조명과 의상의 연주자에 집중시키면서 휠체어를 탄 무용수가 거문고를 건네주면서 마치 독립된 장면으로 연상이 되었는데 거문고 연주가 주가 되면서 상체를 벗은 5명의 남성 무용수의 춤과 어울어졌다.

장면마다의 음악은 클래식부터 `애국가`,`경상도 아가씨`를 배경음악으로 하였으며 영상은 다큐멘터리 피난의 모습을 빈번하게 배경으로 나타나 작품의 이해를 돕도록하였고 무대는 40계단을 상징한 경사진 비탈의 무대로 입체감을 살리고 있었다.

이번 공연은 전체적으로 죽은 영혼의 춤들로 시종내내 암울하고 무겁게 이어졌으며 하이라이트는 대군무의 뒤엉킨 애환을 그린 마지막 장면에서 2t 가량의 물이 폭우가 쏟아내려지면서 절규하는 통곡하듯 절규하는 몸짓으로 침묵속의 대단원의 막이 내렸다. 마치 아픈 영혼을 씻겨주듯이.

부산의 역사적인 정체성에 물음을 던진 이번 작품에서 1시간 반이란 시간을 이정윤 감독은 감성적인 요소를 최대로 일관된 연출로 전 작에 이어 이미지를 최대로 살려 형상화하였다.

다만 일반 관객에게는 이미지 전달상만으로는 작품에 몰입하기엔 다소 한계를 갖게하면서 좀 더 치열한 삶에 대한 묘사와 부산만이 갖는 투박한 몸짓의 특성화에는 아쉬움으로 남았다.

38.2022.7. / 몸 / 「야류별곡」 음악이 풀어가는 서사에 힘입은 춤의 향연

Review

야류별곡
음악이 풀어가는 서사에 힘입은 춤의 향연

국립부산국악원 무용단의 제15회 정기공연 (야류별곡 – 달의 시간으로 사는 마을) (정신혜 연출, 안무)이 6월3일과 4일, 양일간 국립부산국악원 연악당에서 객석을 꽉 채우면서 올려졌다. 부산의 대표적인 민속 탈놀음 동래야류(국가무형문화재 제18호) 전체과장이 각 과장마다 기본틀을 유지하면서 현대무대에 맞게 재창작되어졌다. 구성은 5과장으로서 문둥이과장, 양반과장(디섯 양반과 말뚝이), 영노과장, 할미과장(영감, 할미, 제대각시), 동살맞이과장과 프롤로그 달의 시간으로 사는 마을, 에필로그 – 해의 시간 등으로 설정하였다.

프롤로그에서 마을 사람들이 달의 풍요를 상징하는 원의 보름달 구성으로 화합의 의미를 맺고 풀고 푸는 덧배기춤으로 시작하였다. 야류의 가장 강한 말뚝이탈을 들고 춤의 캐릭터를 내세워 마을주민과 꼬리잡기로 서로 어우러지면서 모든 등장인물과 한바탕 춤이 이루어진다. 이어서 풍성한 달의 여신은 한국 여인의 풍성한 속바지로 어머니의 품을 상징적으로 잘 표현하였다.

1장 문둥이과장에서는 부부 문둥이와 부부에게서 태어난 애기문둥이(창작 캐릭터)가 더해지고 가족의 따스함을 표현하는데, 애기문둥이를 관절 인형으로 설정하여 이야기를 쉽게 풀어내는 재치와 해학이 돋보였다. 3장 영노과장에서는 5인의 군무와 독수리 날개를 연상시키듯 커다란 상의 의상으로 양반들을 몰아치는 창작무로 구성하였다. 할미과장에서는 제대각시를 군무화하여 일렬의 옆걸음으로 열을 지면서 줄줄이 등장, 부각시켜 관객들에게 위트를 선사한 재미있는 볼거리를 제공하였다.

4장 할미과장은 할미의 죽음이 급조하여 마무리하였는데, 죽음을 좀더 무게있게 실었더라면 하는 아쉬움이 있었다. 그랬다면 다음에 이어지는 5장 동살맞이 과장과 대비되면서 음악이 멈춘 침묵속에 전원이 사각의 등소품을 들고 등장, 하나씩 등이 켜지면서 등행열로 상여처럼 이어지는 감동이 더해지지 않았을까. 말뚝이를 중심으로 주위 모든 등장인물들이 등장하면서 차츰 원형으로 돌아갈 때 화합을 염원하면서 동이 트는 것을 맞이하며 에필로그로 이어진다. 출연자 모두 가면을 벗으면서 밝음을 지양하고자 하는 각자의 자유로운 구성과 문둥애기와 할미의 모습으로 막을 내린다. 무엇보다도 무대의 풍성함을 더해준 것은 국악원만이 가지는 악(樂)이 실제로 따라와준 점이다.

타악으로만 연주되는 마당놀이에서 기악단과 연희단의 연주를 십분 살리면서 마당에서의 대사 전달의 어려움을 쉽게 전해주고 있었다. 장치로는 뒷막중앙에는 마치 달무리를 상징한 LED 의 동그라미 형태의 현대적장치가 장면마다 색색으로 바뀌면서 마지막 장면에는 빨갛게 변하고 무대를 환상적인 효과로 크게 살리고 있었다. 개인 캐릭터인 말뚝이를 비롯한 모든 각 인물들이 특징과 기본틀을 살리다보니 저마다 개인 역량을 발휘하였다. 다만 대사가 많이 없는 대신에 중간 중간에 군무춤이 더 보강됐더라면 하는 아쉬움이 있었다.

특히 이번 출연진 전원이 75분 동안 시종일관 가면을 쓴 상태로 이루어진 점이 가장 특징이라고 볼 수 있다. (프롤로그와 에필로그의 특별출연 애기문둥이 움직임 구성한 2인을 제외)

가장 아쉬었던 점은 의례것 마지막에 전체가 빠른 장단으로 돌아 갈때 몰아치는 것이 투박한 덧배기춤의 질감을 떨어뜨렸으며 폭넓은 보폭의 여유로우 무게감을 살렸으면 보다 특유의 춤사위가 살이 나지 않았을까.

Review

Review

전체적으로는 원작의 단단한 구성과 거의 원형에 벗어나지 않는 기본 틀에 충실하려는 노력이 엿보였으며 총체적 연출무대가 관객들에게 감흥을 더해주었다고 본다. 늘 하는 이야기이긴 하지만 , 지역적 특성상 일회성 공연으로 끝나기 보다는 지속적인 레파토리화 하여 재해석한 지역의 춤을 콘텐츠화 할 필요가 있으며 앞으로도 과장별로 확대하여 시대에 발맞추어 현실세계에 공감할 스토리가 필요하다고 본다. 이번의 공연이 늦은감이 없지 않으나 그 지역만이 갖고 있는 토양을 타지역과 차별성과 독자성을 갖는 무대작업이 계속 이어지길 기대하여 본다.

V. 공연 연보 CHRONOLOGY OF PERFORMANCE CHRONOLOGY

1. 전체공연 연보 *Chronology of All Performances*
2. 개인공연 Special *Dance Concert of Eun-Hee Choi*
3. 시립무용단 *City Dance Company*
    - 부산시립무용단 *Dance Concert of Busan Metro Dance Company*
    - 울산시립무용단 *Dance Concert of Ulsan Metro Dance Company*
4. 기획초청공연 *Dance Concert Festival*
    - 한국무용제전 *Korean Dance Festival*
    - 부산여름무용축제 *Busan Summer Dance Festival*
    - 대학무용제 *University Dance Festival*
5. 국내 기타 *Others in Korea*
6. 춤패 배김새 *Baegimsae Dance Troupe*
7. 해외공연 *Overseas Performances*
    - 국외 *Abroad*
    - 대마도,시모노세키 *Anrang Festival of Tsushima,Shimonoseki*

1. 전체공연 연보 Chronology of All Performances

일시	행사명	작품명	장소
1978.12.09 -10.	제1회 창무회 공연.	「작법」,「이한송이 피어남에...」.	국립극장 소극장, 서울.
1979.11-12.	한미친선 우정의 사절단 민속무용단 도미공연.	「작법」,「장고춤」,「화관무」,「무당춤」.	
1981.04.04.	제2회 창무회 공연.	「도르레」,「소리사위」.	세종문화회관 소극장, 서울.
10.17-18.	제3회 대한민국무용제 출연.	「고시래」.	문예회관 대극장, 서울.
11.09.	심소 김천흥 궁중무용 출연.	「연학대무」,「첩승무」,「경풍도」,「박접무」.	문예회관 대극장, 서울.
12.	창작국악 발표회.	「갑탄」.	세종문화회관 소극장, 서울.
1982.06.08.	제3회 창무회 공연 출연.	「도르래」,「고시래」,「사물」,「신새벽」.	문예회관 대극장, 서울.
08.08.	제1회 개인발표회. 「하지제」.		문예회관 대극장, 서울.
10.28 -29.	제4회 대한민국무용제 안무 및 출연.	「넋들임」.	문예회관 대극장, 서울.
11.17 -24.	제4회 대한민국무용제 대상기념 지방순회공연.	「넋들임」,「사물」,「도르래」.	부산, 청주, 대전, 목포, 전주, 대구.
1983.01.24 -26.	한국정신문화연구원 주최 특별공연.	「넋들임」.	한국정신문화연구원 대강당, 서울.
06.24 -25.	부산시립무용단 주최-제3회 청소년 무용제.	「허재비의 꿈」,「선.선.선」.	부산시민회관 대강당, 부산.
10.27 -28.	부산시립무용단 제12회 정기공연.	「하성명」,「모북놀이」,「허재비의꿈」,「늪」.	부산시민회관 대강당, 부산.
1984.05.02 -03.	부산시립무용단 주최-제4회 청소년 무용제	「꽃 향음 피어나는 바람같이」,「정(情)하늘」.	부산시민회 대강당, 부산.
05.23 -24.	제13회 부산시립무용단 정기공연.	「지난 겨울」,「소곡」,「정(情)하늘」,「늪」.	부산시민회관 대강당, 부산.
09.07.	제14회 부산시립무용단 정기공연.	「춤108」,「처용의 향연」,「소곡」,「지난겨울」.	부산시민회관 대강당, 부산.
1985.04.30.	제1회 한국무용제전.	「변신」.	문예회관 대극장, 서울.
05.07.	창무춤터 초청공연.	「변신」.	창무춤터, 서울.
06.03 -04.	제2회 개인발표.	「소리굿」 외 3편.	경성대학교 콘서트 홀, 부산.
1986.03.14 -16.	창무 춤판 기획공연.	「제웅맞이」.	창무춤터, 서울.
04.28.	제2회 한국무용제전.	「왕의 뜰」.	문예회관 대극장, 서울.
1987.04.27.	제3회 개인발표회.	「파문」 외2편.	경성대학교 콘서트홀, 부산.
04.30.	제3회 한국무용제전.	「파문」.	문예회관 대극장, 서울.
1988.05.28.	제4회 한국무용제전.	「매듭풀이」.	문예회관 대극장, 서울.
09.19.	제24회 서울올림픽 대회 요트경기장 개회 안무.	「파도를넘어서」.	부산 수영만 요트경기장, 부산.
10.14.	춤과 미술과 시의 만남.	「외출하다」.	창무춤터, 서울
12.12.1988.	소극장 춤 "Best 5"초대전.	「외출하다」.	창무춤터, 서울.
1989.04.21.	제4회 개인발표회.	「매듭풀이」 외 2편.	경성대학교 콘서트 홀, 부산.
04.30.	제5회 한국무용제전.	「누이여, 나의 누이여」.	문예회관 대극장, 서울.
08.06.	제2회 부산여름무용축제 야외공연.	「열림굿 89」.	광안리 방파제, 부산.
1990.04.15.	「'90열림춤 한마당」.		동래민속예술관 놀이마당, 부산.
04.27.	제15회 무형문화재 정기공연 김진홍무용발표회 찬조.	「춘앵전」.	국립극장 소극장, 서울.
09.02 -03.	이매방 북소리 III출연.	「살풀이 춤」.	호암 아트홀, 서울.
11.18.	제1회 대학무용제.	「검은산 하얀방 넘어」.	부산문화회관 대극장, 부산.
1991.05.08.	제7회 한국무용제전.	「어두운 날들의 바람은 그치고」.	문예회관 대극장, 서울.
06.08.	제5회 개인발표회.	「무아」 「어두운 날들의 바람은 그치고」.	부산문화회관 대극장, 부산.
07.18.	제4회 부산여름무용축제.	「현씨아미」.	경성대학교 콘서트홀, 부산.
09.14 -23.	개인공연 및 동서 베를린 민속문화축제 참가.	「어두운 날들의 바람은 그치고」,「태평무」,「부채춤」,「농악」,「무아」.	독일딜레머 박물관, 독일.
11.30.	제1회 전통춤 5인전.	「춘앵전」.	부산문화회관 대극장, 부산.
1992 05.22.	전통춤 5인전.	「춘앵전」.	문예회관 대극장, 서울.
05.29.	부산문화회 시낭송의 밤 초청공연.	「승무」.	코모도호텔 충무홀, 부산.
07.18.	토요상설무대 김진홍의 전통춤 찬조출연.	「산조춤」.	부산문화회관 중극장, 부산.
10.27.	제3회 대학무용제.	「물맞이굿-하늘은 열리고」.	부산문화회관 대극장, 부산.
11.08.	제2회 전통춤 5인전.	「승무」.	부산문화회관 대극장, 부산.
11.22.	창무예술원 개관 축제 초청공연.	「현씨아미」,「넋들임」.	창무예술원 포스트 극장, 서울.

1993.01.30.	토요상설무대 초청공연.	「춘앵전」.	부산문화회관 중극장, 부산.
03.23.	'93현대춤작가 12인전.	「백방」.	문예회관 대극장, 서울.
05.29.	토요상설무대 초청공연.	「태평무」.	부산문화회관 중강당, 부산.
06.15-21.	최은희와 춤패배김새 순회공연.	「도시의 새」, 「아리랑 진혼무」, 「어두운 날 바람은 그치고」.	청주 충북 예술문화회관, 창원 울산 KBS홀.
08.07-08.	일본 아리랑 축제.	「부채춤」, 「장고춤」, 「북춤」, 「오방신장무」, 「도살풀이」, 「농악」, 「태평무」.	대마도 이즈하라항 특설무대,일본
10.15.	제4회 대학무용제.	「영산회상불보살」.	부산문화회관 대극장, 부산.
10.23.	제15회 서울무용제.	「여인등신불」.	문예회관 대극장, 서울.
11.01.	제3회 전통춤 5인.	「태평무」.	문예회관 대극장, 서울.
11.04.	이형자 무죄석방 촉구의 밤 초청공연.	「살풀이 춤」.	눌원 소극장, 부산.
1994.03.24.	제6회 개인공연.	「여인등신불」, 「새움」, 「물맞이」.	부산문화회관 대극장, 부산.
04.12.	전통춤 5인전 초청공연.	「승무」.	울산 KBS홀,울산
05.04.	마산만 살리기.	「새물맞이굿」.	마산수협공판장,마산
05.13.	전통춤 5인전 초청공연.	「승무」.	경남문화예술회관, 진주
05.17.	제10회 한국무용제전.	「물맞이굿」.	문예회관 대극장, 서울.
06.13-18.	이매방 북소리 IV.	「승무」.	국립극장대극장, 부산문화회관 대극장, 마산실내체육관.
07.03.	제7회 부산여름무용축제.	「백방」.	경성대학교 콘서트홀, 부산.
07.22-31.	'94북경국제대학 페스티발 참가 강습 공연.	「춘앵전」, 「태평무」.	북경전림관극장, 북경대학극장, 차이나극장, 중국.
10.05.	제15회 부산시민의 날 94부산포 축제 참가지.	「강강수월래」.	해운대 백사장, 부산.
10.17.	중요무형문화재 제27호 「승무」 이수.		
11.08.	제3회 전통춤 5인전.	「살풀이춤」.	부산문화회관 대극장, 부산.
11.	마당극 20주년 기념공연.	「고풀이」.	공주 우금티,공주
11.26.	우리민속한마당-최은희의 춤마당.	「살풀이춤」, 「승무」 외 3편.	국립민속박물관, 서울.
1995.02.25.	일본나가사끼현 대축제참가.	「전통춤」.	일본 나가사끼현 체육관,일본
03.19.	제6회 부산여성 큰 잔치 초청공연.	「승무」.	부산시민회관 소극장, 부산.
03.	열림춤 한마당.	「신맞이춤」.	동래민속관 놀이마당, 부산.
04.30.	제11회 한국무용제전-우수작품 리바이벌.	「매듭풀이」.	대구문화예술회관 대극장,대구
05.28.	'95중요무형문화재 제27호 승무, 제97호 살풀이춤 이수자 발표회.	「승무」, 「살풀이춤」, 「춘앵전」.	동래민속관, 부산.
07.13.	제8회 부산여름무용축제	「어방풀이」.	광안리 해변 특설무대, 부산.
08.12.	토요상설무대 배김새 초청공연.	「태평무」, 「살풀이춤」.	부산 문화회관 중극장, 부산.
08.17.	바다예술제.	「어방풀이」.	광안리 야외특설무대, 부산.
08.19.	95세계한민족축전 한민족 예술제.	「영산회상 불보살」.	부산 문화회관 대극장, 부산.
09.16.	중요무형문화재 이수자 발표회.	「춘앵전」, 「살풀이춤」.	광주남도예술회관,광주
09.21.	제4회 전국무용제 연기상 수상.	「백의」.	대구문화예술회관 대극장,대구
10.21./11.18./11.21	공단 순회공연-익산, 구미, 울산 안무 출연.	「태평무」, 「도시의 새」, 「새움」, 「물맞이」.	익산, 구미, 울산.
11.3-4.	최은희와 춤패배김새 10주년 기념공연.	「매듭풀이」, 「도시의 새」, 「히로시마 1995 오늘」, 「백의」.	부산문화회관 중극장, 부산.
1996.02.25.	오늘의 춤꾼 내일의 춤꾼.	「춘앵전」, 「대금산조」, 「태평무」, 「부지음」, 「살풀이춤」, 「영혼의 번제」.	포스트 극장, 서울.
03.06.	신맞이 굿.	「검결무」, 「탈춤」, 「학춤」, 「신맞이굿」.	경성대학교 콘서트홀, 부산.
03.10.	제2회 해원상생굿.	「백의」.	해운대 특설무대, 부산.
03.28.	맑고 향기롭게 초청공연.	「영산회상 불보살」, 「살풀이춤」.	부산시민회관 대강당, 부산.
05.16-17.	제1회 원효 문예대전.	「영산회상 불보살」.	경주 분황사,경주
06.04.	제1회 전통춤 개인발표회.	「승무」, 「춘앵전」, 「입춤」, 「살풀이춤」.	국립국악원 소극장, 서울.
07.07.	제9회 부산여름무용축제.	「태양꽃」.	광안리 해변, 부산.
07.10.	제9회 부산여름무용축제.	「영혼의 번제」.	경성대 콘서트홀, 부산.
07.25-31.	인도네시아 국제 무용페스티발 참가.	「태평무」, 「제웅맞이」.	그라하 박티 부다야-타만 이스마일 마라즈키,인도네시아.
08.06.	제1회 부산바다축제.	「96 춤바다 춤굿」.	해운대 특설무대, 부산.
09.14-15.	아시안 위크.	「물맞이」.	사직실내체육관, 부산.
10.27.	제7회 대학무용제.	「서기 2000년을 여는 춤-태초의 공간에서」.	부산문화회관 대극장, 부산.
12.15-16.	우봉 이매방 고희기념 무용공연	「허튼춤」.	국립중앙극장 대극장, 서울
1997.01.04.	신맞이굿(토요상설).	「학춤」, 「택견」, 「검결무」, 「탈춤」, 「승무」, 「허튼춤」, 「살풀이」, 「춤굿」.	부산문화회관 중강당, 부산.
02.22.	수영전통 달집놀이.	「강강술래」.	광안리해변, 부산.
02.29.	창무회 20년, 창작춤 20년.	「태초의 공간에서」.	문예회관 대극장, 서울.
03.13-14.	창무회 20주년(부산).	「태초의 공간에서」, 「땀흘리는 돌」, 「춤본 II」, 「류-생명의 나무」.	부산문화회관 대.소극장, 부산.
08.12-15.	벽지순회공연.	「부채춤」, 「북춤」, 「학춤」, 「탈춤」.	안동, 양산, 포항.

08.23.	97경기 과천 세계마당극 큰잔치.	「장승맞이굿」,「오방신장무」.	과천 야외무대, 과천
09.03-04	'97창무국제예술제.	「영혼의 번제」.	창무예술원 포스트극장, 서울.
10.14	호주 시드니 문화 축제 참가.	「사물」,「작법」.	시드니 오페라하우스 야외광장, 호주.
10.22.	중국 길림성 예술대학 초청공연.	「춘앵전」,「태평무」.	길림성 문화활동센터 동양대극장. 중국.
1998.03.06.	신맞이 굿-IMF를 위한 지신밟기.	「학춤」,「오방신장무」,「물맞이」,「강강수월래」.	파라다이스 호텔 야외마당, 부산.
03.14.	신맞이 굿.	「학춤」,「소고」,「탈춤」,「오방」,「춤신명」.	파라다이스 호텔 야외마당, 부산.
04.07.	제2회 전통춤 개인 발표회.	「승무」,「허튼춤」,「살풀이춤」,「태평무」.	경성대학교 콘서트홀, 부산.
04.15.	부산관광특집제작.	「오방신장무」,「탈춤」,「학춤」.	파라다이스 호텔 야외마당, 부산.
05.29-30	내일을 여는 춤.	「승무」,「하얀배」.	창무예술원 포스트극장, 서울.
07.05.	제11회 부산여름무용축제.	「태양의 바라」.	광안리해변 특설무대, 부산.
07.21.	Kvaemer사 명명식.	「부채춤」,「북춤」.	파라다이스 호텔 야외마당, 부산.
08.01-04.	일본 아리랑축제.	「학춤」,「부채춤」,「입춤」,「탈춤」,「북춤」,「소고춤」,「신명춤」.	대마도 이즈하라항 특설무대, 일본.
08.03.	제4회 부산바다축제.	「물맞이」.	송도 특설무대, 부산.
08.15.	제4회 해원 상생굿.	「넋들임」.	용두산 공원, 부산.
09.13.	최은희와 춤패 배김새 우수레퍼토리 공연.	「여인등신불」,「백의」.	국립국악원 예악당, 서울.
10.10.	32회 처용문화제 개막식.	「물맞이」.	울산태화강, 울산.
11.03.	제9회 대학무용제.	「네개의 바다」.	부산문화회관 대극장, 부산.
12.21.	춤패 배김새 첫 번째 옛춤판.	「춘앵무」,「승무」,「태평무」,「살풀이춤」,「배김허튼춤」.	경성대학교 콘서트홀, 부산.
1999.03.14.	새천년맞이 신맞이 춤.	「동래학춤」,「소고춤」.	부산 파라다이스 호텔, 부산.
03.22-23.	제3회 전통춤 개인 발표회-최은희 홀춤.	「태평무」,「입춤」,「산조춤」,「덧배기춤」,「승무」.	예노 소극장, 부산.
04.05.	제3회 통일대장승맞이굿.	「오방신장무」.	금정산, 부산.
04.16.	부산문화회관 외국인초청공연.	「북」,「입춤」,「물맞이」,「허튼춤」.	부산문화회관 중극장, 부산.
05.20.	부산시립무용단 정기공연-봄신명, 춤신명, 새천년.	「하얀배」.	부산문화회관 중극장, 부산.
07.04.	제12회 부산여름무용축제.	새천년을 부르는「소리 · 굿 · 바람」.	광안리 해변 특설무대, 부산.
08.05-10.	일본 아리랑 축제.	「학춤」,「부채춤」,「태평무」,「삼고무」,「물맞이」,「소고춤」,「신명춤」.	대마도 이즈하라항 특설무대, 일본.
08.15.	제4회 해원상생한마당.	「넋들임」.	용두산공원, 부산.
09.17.	제6회 민족춤제전.	「높새바람」.	문예회관 대극장, 서울.
10.01.	제7회 개인무용발표회-최은희의 춤.	「높새바람」,「넋들임」.	부산문화회관 대극장, 부산.
10.16.	부산문화회관 외국인을 위한 초청공연.	「부채춤」,「입춤」,「물맞이」.	부산문화회관 중극장, 부산.
10.20.	'99 문화의 날 행사.		부산문화회관 중극장, 부산.
11.14.	춤패 배김새 두 번째 옛춤판.	「춘앵무」,「도살풀이춤」,「산조」,「배김 허튼춤」.	경성대학교 콘서트홀, 부산.
12.18	재부 한국춤 자선공연.	「승무」.	경성대 콘서트홀, 부산.
12.29-1.3	2000 대만 카오슝 기와북 페스티발.		대만 카오슝, 대만.
2000.01.01.	새천년 해맞이굿.	「새천년 맞이굿」.	낙동강 야외무대, 부산.
02.19.	대보름 달맞이 한마당.	「달맞이춤 한마당」.	부산민주공원, 부산.
02.27.	낙동강을 살리자.	「새천년 맞이굿」.	낙동강 야외무대, 부산.
03.10-11.	제16회 한국무용제전.	「네 개의 바다」.	문예회관 대극장, 서울.
04.01-03.	춤작가 12인전.	「벍-빛으로 향한 떨림으로...」.	문예회관 대극장, 서울.
06.27.	대구무용제.	「네 개의 바다」.	대구 문화예술회관, 대구.
08.04-06.	일본 아리랑 축제.	「부채춤」,「태평무」,「오방신장무」,「삼고무」,「새천년 맞이굿」.	대마도 이즈하라항 특설무대, 일본.
08.12.	고성오광대 정기공연 특별출연.	「새 천년을 부르는 소리 · 굿 · 바람」.	고성군 회화면 당황포국민관광단지, 고성.
09.07.	제11회 대학무용제.	「어머니의 강」.	부산문화회관 대극장, 부산.
10.10.	제81회 전국 체전-성화보존식.	「금강산 설화-선녀와 나무꾼」.	부산시청 등대광장, 부산.
10.20.	제42회 부산광역시 문화상 시상식.	「어머니의 강」,「북춤」.	부산문화회관 중극장, 부산.
10.28.	2000년 최은희와 춤패배김새-자연과 춤, 물과 생명구도의 길.	「나를 보내신 이를 찾아」,「북춤」,「배김허튼춤」.	구포 덕천고가다리 및 강변,부산.
11.18.	울산 국악 관현악단 창단 연주회.	「방황」.	울산문화예술회관 대극장, 울산.
11.25.	장애인 위문 공연-향기나는 무용공연.	「부채춤」,「북춤」,「여행II」,「백의」.	배화학교, 부산.
12.05.	황해사 창립 30주년 기념 대법회.	「백의」中에서,「태평무」.	포항 황해사, 포항
12.15.	제1회 카톨릭 명인, 명무 초청자선 공연.	「산조춤」,「배김허튼춤」.	KBS 부산홀, 부산.
2001.02.07.	정원대보름 지신밟기.	「길놀이」,「신명춤」.	울산 남구 태화강 둔치, 울산.
03.21.	전국 시도립무용단 안무자 춤 교류전.	「산조춤」.	창원 성산 아트홀 소극장, 창원.
05.24.	울산시립무용단 창단공연.	「우로보로스」.	울산문화예술회관 대극장, 울산.

09.07.	부산, 울산, 경남 3개 시도 춤 교류전.	「우로보로스」.	부산문화회관 대극장, 부산.
09.14.	제2회 울산시립정기공연.	「처용무」, 「음운」, 「조각배」 외 3.	울산문화예술관 소극장, 울산.
09.20.	제105 부산시립국악관현악단 정기 연주회.	「산조춤」.	부산문화회관 대극장, 부산.
09.25.	2001최고 안무자 초청 자선공연.	「진주교방굿거리 춤」.	KBS 부산홀, 부산.
10.19.	제3회 울산 시립정기공연.	「처용의 북울림」.	울산문화예술회관 대공연장, 울산.
10.29.	제4회 서울공연예술제역대수상작-제23회 서울무용제.	「넋들임」 중 일부.	문예회관 대극장, 서울.
11.22.	제4회 울산시립정기공연.	「붉-팔관회: 밝은세상」.	울산문화예술회관 대극장, 울산.
2002.03.21.	제5회 울산시립정기공연.	「요놈, 춘풍아 !」.	울산문화예술회관 소극장, 울산.
04.02.	춤패 배김새 기획공연 세 번째 옛춤판.	「진주교방굿거리」, 「도살풀이」, 「태평무」, 「승무」, 「2002배김허튼춤」.	경성대학교 콘서트홀, 부산.
06.05.	2002월드컵 기념 축하공연.	「신 물맞이」.	울산대공원, 울산.
06.08.	청소년 예술제.	「소리-굿-바람」.	부산시민회관 대극장, 부산.
06.19.	제6회 울산시립 정기공연.	「태화강은 흐른다」.	울산문화예술회관 대공연장, 울산.
07.03-07.	제15회 부산여름무용축제.	「춤추는 바다」.	해운대 야외특설무대, 부산.
07.15.	춤과 소리의 한마당.	「북울림」, 「장고놀음」, 「부채춤」, 「소고놀음」, 「풍물깃발」, 「모북놀이」, 「삼고무」.	울산문화예술회관 대극장, 울산.
07.23.	창원 울산 시립무용단 초청공연.	「처용의 북울림」.	부산문화회관 대극장, 부산.
08.03-05.	일본 아리랑 축제.	「진주교방굿거리춤」, 「사랑가」, 「부채춤」, 「삼고무」, 「태평무」, 「물맞이」.	대마도 이즈하라항 특설무대, 일본.
08.23.	제10회 만파식적제.	「살풀이춤」.	신라감은사, 경주.
09.25-26.	아시아게임 축하공연 출연.	「허황후」.	부산문화회관 대극장, 부산.
11.04.	제6회 가얏고와 정기공연-무사의 춤.	「승무」, 「살풀이춤」.	대전 평송수련원 소강당, 대전.
11.12.	제17회 한국무용제전.	「배김 허튼춤」.	국립국악원 예악당, 서울.
12.21.	제4회 2002 최은희의 홀춤.	「승무」, 「살풀이」, 「수궁가」, 「그 영혼은 새가되어」, 「배김허튼춤」.	부산민주공원 소극장, 부산.
2003.03.26.	2003경성대학교 예술대학 교수예술제.	「창작 본」, 「그 영혼은 새가 되어」.	경성대학교 콘서트홀, 부산.
06.12.	2003대전춤 작가전.	「그 영혼은 새가되어」.	대전 대적과학문화센터 콘서트홀, 대전.
07.06.	제16회 부산여름무용축제-푸른바다 춤.	「뒷풀이」.	해운대 야외특설무대, 부산.
08.03.	일본 아리랑 축제.	「춤 바라」, 「장고놀이」, 「소고춤」, 「멋든춤」, 「태평무」, 「삼고무」, 「물맞이」.	대마도 이즈하라항 특설무대, 일본.
08.17.	2003경주 세계문화엑스포-대학문화축제.	「물맞이」.	경주 엑스포 행사장 처용마당, 경주.
09.08.	제18회 한국무용제전.	「수마트라의 꿈」.	부산문화회관 대극장, 부산.
10.03.	황옥실버문화축제.	「허황옥」, 「물맞이」.	대성동 고분 박물관 거리 특설무대, 김해.
10.29-30.	제9회 최은희의 춤.	「천둥소리」.	을숙도문화회관 대극장, 부산.
2004.02.27.	자선기금마련 특별공연-춤패배김새 네 번째 옛춤판.	「태평무」, 「살풀이춤」, 「산조」, 「승무」, 「배김허튼춤」.	민주공원소강당, 부산.
03.17.	기획공연 최은희의 큰 춤판.	「천둥소리」.	국립국악원 예악당, 서울.
03.29-04.01.	경성대학교 교수예술제.	「보르딘 현악중주 2번 D장조」, 「무반주 바이올린을 위한 향, 율, 약, 어울림」.	경성대 콘서트홀, 부산.
06.21.	제13회 부산무용제.	「나비, 바다를 날다」.	부산문화회관 대극장, 부산.
07.04.	제17회 부산국제여름무용축제-바다.춤.	「수마트라의 꿈」.	해운대 야외특설무대, 부산.
08.08.	일본 아리랑 축제.	「터울림」, 「춤.바라」, 「교방굿거리춤」, 「사랑가」, 「삼고무」, 「산조춤」, 「물맞이」.	대마도 이즈하라항 야외특설무대, 일본.
08.14.	춤패 배김새-한국의 숨결.	「터울림」, 「춤 바라」, 「교방굿거리춤」, 「사랑가」, 「삼고무」, 「산조춤」, 「물맞이」.	해운대 대천공원, 부산.
10.02.	6개 광역시 연합 무용교류전.	「나비, 바다를 날다」.	광주문화예술회관 대극장, 광주.
11.11.	제15회 대학무용제.	「신 물맞이」.	부산문화회관 대극장, 부산.
2005.03.16.	제10회 최은희의 춤.	「하얀배」, 「보르딘 현악중주 2번 D장조」, 「무반주 바이올린을 위한 향」, 「영혼의 번제」.	경성대학교 콘서트홀, 부산.
04.25.	제4회 서운암 들꽃축제.	「들꽃의 춤」, 「승무」.	서운암 야외무대, 양산.
05.04	춤패 배김새 20주년 특별기획공연 다섯 번째 옛춤판.	「동래학춤」, 「도살풀이춤」, 「진주교방굿거리춤」, 「수영말뚝이춤」, 「태평무」, 「배김허튼춤」.	부산민주공원 소강당, 부산.
07.03-06.	일본 아시아 민족무용교류회.	「태평무」, 「교방굿거리춤」, 「춤 바라」, 「장구춤」, 「오방신장무」, 「배김허튼춤」.	동경, 일본.
08.08.	제1회 부산국제해변무용제.	「태양꽃」.	광안리 야외특설무대, 부산.
08.30-09.02.	제2회 델픽 세계문화축제-Sound of Korea.	「살풀이춤」, 「태평무」, 「북춤」, 「오방신장무」.	말레이시아 쿠칭, 말레이시아.
10.14.	제20회 한국무용제전.	「배김허튼춤」.	성균관 대학교 60주년 기념관 새천년홀, 서울.
2006.02.15.	춤패배김새 여섯 번째 옛춤판.	「동래학춤」, 「봉산탈춤」, 「춘앵전」, 「진주교방굿거리춤」, 「태평무」, 「산조」, 「배김허튼춤」.	민주공원 소극장, 부산.
02.22.	한국의 명인명무전.	「살풀이 춤」.	국립국악원 예악당, 서울.
04.11.	제11회 최은희의 우리춤 큰 춤판.	「터울림」, 「승무」, 「춘앵전」, 「태평무」, 「향발무」, 「호적살풀이」 외.	부산문화회관 대극장, 부산.
07.09.	제19회 부산국제여름무용축제.	「류 - 흐르다...」.	해운대 특설무대, 부산.

07.14. 버슴새기획공연 우리소리 우리몸짓 그리고 흥과 멋. 「입춤」. 부산문화회관 중극장, 부산.
08.06. 일본 아리랑 축제. 「터울림」, 「춤 바라」, 「오방신장무」, 「태평무」, 「입춤」, 「부채춤」, 「장고춤」, 「물맞이」. 대마도 이즈하라항 특설무대, 일본.
08.14-18. (사)민족미학연구소 봉산탈춤 중국 순회공연. 「태평무」. 길림성 연변 자치주, 안도현 홍기마을, 용정시 개산툰 마을, 중국.
09.07. 제17회 대학무용제. 「류 - 흐르다…」. 부산문화회관 대극장, 부산.
12.18-19. 2006 창무한국창작춤 메소드 공연-최은희 춤패배김새. 「몸~부림」, 「이름 없는 수초들의 노래」. 창무예술원 포스트극장, 서울.
12.22-23. 제17회 춤패배김새 정기공연. 「몸~부림」, 「이름 없는 수초들의 노래」. 부산민주공원 소극장, 부산.

2007.01.29. 제14회 창무국제예술제-창무회 30주년 기념작. 「물의 정거장」. 아르코 예술극장 대극장, 서울.
06.12. 최은희의 춤. 「목숨 오름-꽃을 위한 생명」. 경성대학교 콘서트홀, 부산.
07.07. 제20회 부산국제여름무용축제. 「물의 정거장」. 경성대학교 콘서트홀, 부산.
08.24. 제21회 한국무용제전 「목숨 오름」 국립국악원 예악당, 서울.
10.21. 한민족예술교류: 한.중.일.러 예술단 연합공연. 「춤패배김 허튼춤」. 부산문화회관 대극장, 부산.

2008.07.06. 부산여름무용축제. 「일·출」. 해운대 특설무대, 부산.
08.03. 일본 아리랑 축제. 「축원무」, 「입춤」, 「탈춤」, 「부채춤」, 「한량무」, 「장고춤」, 「살풀이춤」, 「춤신명」. 대마도 이즈하라항 특설무대, 일본.
10.25-27. 춘천 댄스페스티벌. 「일·출」. 백령문화관, 춘천.
12.05 최은희 큰춤판. 「춤 디딤, 춤 사위, 춤 신명」. 김해문화의 전당 마루홀, 김해.

2009.07.25-26. 3인3색 춤판. 「한여름에 내린 비」. 가마골소극장, 부산.
08.02. 일본 아리랑 축제. 「오방신장무」, 「장고춤」, 「진쇠춤」, 「부채춤」, 「탈춤」, 「태양꽃」. 대마도 이즈하라항 특설무대, 일본
08.22-23. 일본 2009 조선통신사 한일 문화사업. 일본 시모노키시 자매 도시공원 유메광장, 시민회관 대극장,시모노키시,일본
11.17 봉생문화상 수상자 특별공연. 「호적살풀이춤」. 부산시민회관 대강당, 부산.
12.01 최은희무용단의 2009창작공연. 「화신」. 부산문화회관 대극장, 부산.

2010.07.04. 제23회 부산국제여름무용축제. 「시원의 메시지」. 해운대 특설무대, 부산.
11.02. 최은희의 춤 : 흐르다 II. 「호흡으로 풀어보는 생명과 자연의 춤」. 경성대학교 콘서트홀, 부산.

2011.03.18. 최은희의 신묘년 굿판. 「승무」, 「호적살풀이춤」, 「그 영혼은 새가 되어」. 경성대학교 콘서트홀, 부산.
04.25. 제25회 한국무용제전. 「사(沙)」. 아르코예술극장, 서울.
08.20-21. 일본 2011 조선통신사 한일 문화사업. 시모노키시 자매 도시공원 유메광장, 시민회관 대극장, 일본.
11.06. 일본 조선통신사연고지 전국교류회 쓰시마대회. 「진쇠춤」, 「태평무」, 「부채춤」, 「검무」, 「구정놀이」, 「태양제」. 일본 대마도 교류센터 이벤트홀, 일본.
11.24. 2011포스트춤판. 「춘앵무」. 창무예술원 포스트극장, 서울.

2012.10.17. 최은희의 춤. 「흐르다 III」. 경성대학교 콘서트홀, 부산.
10.31. 제23회 대학무용제. 「숨-움틈의 몸짓」. 영화의 전당 하늘연극장, 부산.

2013.06.02. 2013 부산국제무용제. 「일·출」. 해운대 특설무대, 부산.
07.19. 배김새 & 야마다세스코. 「즉흥 콜라보레이션-곁에 있다」. LIG 극장, 서울.
09.17. 최은희의 춤. 「시린샘」. 영화의 전당 하늘연극장, 부산.
12.19. 내일을 여는 춤. 「살풀이춤」, 「적멸」. 창무예술원 포스트극장, 서울.

2014.03.15. 월간 무용과 오페라: 제1회 대한민국 명무전. 「한영숙류 태평무」, 「호적살풀이춤」. 국립국악원 예악당, 서울.
04.04. 최은희의 춤. 「어디로 가고 있습니까?」. 경성대 콘서트홀, 부산.
08.03. 제50회 일본 아리랑 축제. 「축원무」, 「오방신장무」, 「장고춤」, 「부채춤」, 「사자춤」, 「소고춤」, 「춤신명」. 대마도 이즈하라항 특설무대, 일본
10.07-11 내일을 여는 춤. 「어디로 가고 있습니까?」. 창무예술원 포스트극장, 서울.

2015.03.04. 산조예찬 풍류사랑방 수요춤전. 「황무봉류 산조춤」. 국립국악원 풍류사랑방, 서울.
04.03. 최은희의 춤-신굿판. 「승무」, 「오방신장무」, 「태평무」, 「동래고무」, 「동래학춤」, 「산조춤」, 「장고춤」, 「비나리」, 「살풀이춤」, 「물맞이」. 경성대학교 콘서트홀, 부산.
10.22-23 최은희와 헤수스 히달고의 춤. 「눈보라 Blizzard」. 영화의전당 하늘연극장, 부산.
10.30. 제26회 대학무용제. 「류-흐르다」. 영화의전당 하늘연극장, 부산.
11.04. 제29회 한국무용제전. 전통춤 - 「태평무」. 강동아트센터 소극장, 서울.

2016.08.07. 일본아리랑축제. 「오방신장무」, 「장구춤」, 「태평무」, 「부채춤」, 「남산놀이 & 비보이」, 「진도북춤」, 「소고춤」, 「춤신명」. 대마도 이즈하라항 특설무대, 일본.

09.29,	제25회 춤패 배김새 정기공연 행(行) 교(交) 합(合).	「살풀이춤」.	국립부산국악원 연악당, 부산.
11.29.		「눈보라 Blizzard」.	프랑스 상로극장, 프랑스.
11.30.		「눈보라 Blizzard」.	프랑스 히포캠프, 프랑스.
12.03.		「눈보라 Blizzard」.	프랑스 도빌극장, 프랑스.
12.28.	창무회 창작춤 40년 폐막 갈라공연.	「눈보라중 독무」.	창무예술원 포스트극장, 서울.
2017.04.29.	세계무용의날 기념공연-역사의 춤, 오늘을 춤추다.	「호적살풀이춤」,「춤신명」.	을숙도문화회관 대극장, 부산.
08.12.	일본군위안부 해원상생한마당.	「열림북」.	유라리광장, 부산.
09.10.	영남춤축제 춤 보고 싶다-최은희의 우리춤 큰 춤판.	「춘앵전」,「승무」,「산조춤」,「진주검무」,「하얀섬」.	국립부산국악원 연악당, 부산.
11.24.	최은희와 헤수스 히달고의 춤.	「망명 ExiL」.	영화의전당 하늘연극장, 부산.
2018.03.18.	프랑스 초청공연.	「망명 ExiL」.	프랑스 이루빌 극장, 프랑스.
08.05.	일본 아리랑 축제.	「춤바라」,「쟁강춤」,「오방신장무」,「태평무」,「진주교방굿거리」,「비보이」,「진도북춤」,「남산놀이마당 & 비보이」,「춤신명」	대마도 이즈하라항 특설무대, 일본.
10.07.	제21회 서울세계무용축제 SID.	「망명 ExiL」.	서강대학교 메리홀, 서울.
2019.02.23.	춤패 배김새 신맞이 춤판.	「진주교방굿거리」,「도살풀이춤」,「소고춤(권명화류)」,「살풀이춤」,「소고춤」,「배김허튼춤」.	민주공원 소극장, 부산.
08.24	일본국 위안부 해원상생한마당.	「북열음」.	부산민주공원 중극장, 부산.
11.02.	제30회 대학무용제.	「샤만트리 Shaman Tree」.	영화의 전당 하늘연극장, 부산.
11.13.	제40회 서울무용제 개막.	「무념무상 - 어디로 가고 있습니까?」.	아르코예술극장, 서울.
12.15	2019 춤으로 갈무리하다.	「호적살풀이춤」.	부산문화회관 대극장, 부산.
2020.10.07.	울산시립무용단 창단20주년기념공연-여정을잇다(온라인).	「산조춤(황무봉-김매자류)」.	울산문화예술회관 소극장, 울산.
11.05.	예총주관 제5회 예인예술제-마음을 그리다.	「살풀이춤」.	부산예술회관 공연장, 부산.
2021.07.23.	춤패 배김새 36주년 기념공연.	「길」.	영화의전당 하늘연극장, 부산.
12.09.	두리춤터 오픈씨어터. 교학상장-황무봉류	「산조춤」.	두리춤터 BLAK Box 극장
2022.03.30-31.	춤의 연대기.	「춘앵전」,「숨」	서울남산국악당 크라운해운홀
05.19.	한국창작춤1978, 우리는 이렇게	「작법(나비춤)」,「도르레」,	두리춤터 BLAK Box극장
09.16.	제6회 가야명상문화 축제	「태평무」	김해문화전당 마루홀

Chronology of All Performances

9~10.12.1978 The 1st Dance Concert of the Chang Mu Dance Company ***Jak Beop, A Flower Here Is Blossoming.*** Small Theater of the National Theater of Korea, Seoul

11~12.1979 Good-Will Envoy for Korean-American Friendship of Folk Dance of Korea's Special Tour Concert in U.S.A. ***Jak Beop: a Buddhist dance, Janggo Chum: Korean double-drum dance, Hwagwan Mu: Korean folk dance with a floral hair ornament on, Mudang Chum: a Korean shaman's dance.*** Richmond, Virginia.

4.4.1981 The 2nd Dance Concert of the Chang Mu Dance Company. ***Pulley, Sound Moves.*** Small Theater of Sejong Center for the Performing Arts, Seoul.
17~18.10.1981 The 3rd National Dance Festival of R.O.K. ***Gosilae.*** Grand Hall of The National Culture & Arts Center, Seoul.
9.11.1981 Simso Cheon-Hong Kim's Court Dance Concert. ***Yeonhak Dae Mu, Cheop Seung Mu, Gyeongpungdo, Pakjeop Mu.*** Grand Hall of The National Culture & Arts.
12.1981 Center in Seoul Creative Korean Court Dance Concert. ***Gaptan.*** Small Theater of Sejong Center for the Performing Arts, Seoul.

8.6.1982 Creative Korean Court Dance Concert. ***Pulley, Gosilae, Four Objects, A New Daybreak.*** Grand Hall of The National Culture & Arts Center, Seoul.
8.8.1982 The 1st Special Dance Concert of Eun-Hee Choi. ***Hajije: A Midsummer Holiday.*** Grand Hall of The National Culture & Arts Center, Seoul.
28~29.10.1982 The 4th National Dance Festival of R.O.K. ***Soul Reception*** Grand Hall of The National Culture & Arts Center, Seoul
17~24.11.1982 Special Tour Concert Celebrating the grand prize winning at the 4th National Dance Festival of R.O.K. ***Soul Reception, Four Objects, Pulley.*** Busan, Cheongju, Daejeon, Mokpo, Jeonju, Daegu

24~26.1.1983 Special Concert sponsored by the The Research Center of Korean Mind & Culture. ***Soul Reception.*** Grand Hall of The National Research Center of Korean Mind & Culture, Seoul.
24~25.6.1983 The 3rd Youth Dance Festival sponsored by Busan Metro Dance Company. ***A Strawman's Dream, Zen.Zen.Zen.*** Grand Hall of Siminhoegwan Community Center, Busan.
27~28.10.1983 The 12th Dance Concert of Busan Metro Dance Company. ***Haseongmyeong, Mobuk Play, A Strawman's Dream, The Swamp.*** Grand Hall of Siminhoegwan Community Center, Busan.

2~3.5.1984 The 4th Youth dance Festival sponsored by Busan Metro Dance Company. ***Like A Wind Blooming Flower Scent, Sentiment Sky.*** Grand Hall of Siminhoegwan Community Center, Busan.
23~24.5.1984 The 13th Dance Concert of Busan Metro Dance Company. ***Last Winter, A Piece, The Swamp.*** Grand Hall of Siminhoegwan Community Center, Busan.
7.9.1984 The 14th Dance Concert of Busan Metro Dance Company ***Chum The Dance 108, Cheo Yong's Banquet, A Piece, Last Winter.*** Grand Hall of Siminhoegwan Community Center, Busan

30.4.1985 The 1st Korean Dance Festival ***Transformation*** Grand Hall of The National Culture & Arts Center, Seoul
7.5.1985 Special Guest Concert, invited by Chang Mu Chum Teo Dance Theater ***Transformation*** Chang Mu Chum Teo Dance Theater, Seoul
3~4.6.1985 The 2nd Special Dance Concert of Eun-Hee Choi. ***Goot (Korean exorcism) of Sounds*** and other 3 pieces. Concert Hall of Kyungsung University, Busan.

14~16.3.1986 Special Guest Concert invited by Chang Mu Chum Teo Dance Theater. ***Transformation*** Chang Mu Chum Teo Dance Theater, Seoul.
28.4.1986 The 2nd Korean Dance Festival ***The King' s Garden*** Grand Hall of The National Culture & Arts Center, Seoul

27.4.1987 The 3rd Special Dance Concert of Eun-Hee Choi ***Ripples*** and other 2 pieces. Concert Hall of Kyungsung University, Busan.
30.4.1987 The 3rd Korean Dance Festival. ***Ripples***. Grand Hall of The National Culture&Arts Center, Seoul.

28.5.1988 The 4th Korean Dance Festival. ***Untying A Knot***. Grand Hall of The National Cul!ure & Arts Center, Seoul.
19.9.1988 The 24th Seoul Olympic Games: Opening Ceremony of The Yachting Games. ***Over The Waves***. Suyeong Bay Yachting Center, Busan.
14~16.10.1988 A Meeting of Dance, Fine Art & Poetry. ***To Go Out***. Chang Mu Chum Teo Dance Theater, Seoul.
12.12.1988 Small Theater Special 1988: Best 5 Dances of the Year. ***To Go Out***. Chang Mu Chum Teo Dance Theater, Seoul.

21.4.1989 The 4th Special Dance Concert of Eun-Hee Choi. ***Untying A Knot*** and other 2 pieces. Concert Hall of Kyungsung University, Busan.
30.4.1989 The 5th Korean Dance Festival. ***Sister, Oh My Sister***. Grand Hall of The National Culture & Arts Center, Seoul.
6.8.1989 The 2nd Busan Summer Dance Festival: Outdoor Performances. ***Goot (Korean folk exorcism) of Opening '89***. Breakwater of Gwang Alli Beach, Busan.

15.4.1990 ***Open Dance Gala 1990*** . Outdoor Stage of Dongnae Folk Art Center, Busan.
27.4.1990 The 15th Special Concert of Korean Intangible Treasures: Jin-Hong Kim's Dance. ***Chun Aeng Jeon: a Korean classical solo canary dance***. Small Theater of The National Theater of Korea, Seoul.
2~3.9.1990 Mae-Bang Lee's Special Concert: Drumming Sounds III. ***Sal Puli Chum: a Korean dance of repelling bad spirits***. Hoam Art Hall, Seoul.
18.11.1990 The 1st University Dance Festival. ***Beyond A Black Mountain And A White Room***. Grand Hall of Busan Cultural Center.

8.5.1991 The 7th Korean Dance Festival. ***The Wind of Dark Days Is Over, And···***. Grand Hall of The National Culture & Arts Center, Seoul.
8.6.1991 The 5th Special Dance Concert of Eun-Hee Choi. ***Mu Ah: Losing Oneself and The Wind of Dark Days Is Over, And···***. Grand Hall of Busan Cultural Center.

18.7.1991 The 4th Busan Summer Dance Festival. *Ms. Hyun of the Ami: a young female spirit featuring in a Korean exorcism*. Concert Hall of Kyungsung University, Busan.

14~23.9 1991 Personal Performances & East-West Culture Festival in Berlin. *The Wind of Dark Days Is Over, And···, Taepyeong Mu: a Korean classical queen dance wishing for welfare, Buchae Chum: a Korean fan dance, Nong Ak: Korean folk music of peasants, Mu Ah: Losing Oneself*. Dilemma Museum, Germany.

30.11.1991 The 1st Traditional Korean Dance Concert: Five Dancers. *Chun Aeng Jeon: a Korean classical solo canary dance*. Grand Hall of Busan Cultural Center.

22.5.1992 Traditional Korean Dance Concert: Five Dancers. *Chun Aeng Jeon: a Korean classical solo canary dance.* Grand Hall of The National Culture & Arts Center, Seoul.

29.5.1992 Poetry Reading Night of Busan Culture Club: Special Guest Performance. *Seung Mu: a Korean classical monk dance.*Chungmu Hall of the Hotel Commodore, Busan.

18.7.1992 Saturday Standing Concert: Jin-Hong Kim's Korean Dance Performance. *Sanjo Chum: a Korean dance to the Sanjo rhythm.* Middle Hall of Busan Cultural Center

27.10.1992 The 3rd University Dance Festival *Goot: Korean folk exorcism for Greeting Water Spirits.* Grand Hall of Busan Cultural Center.

8.11.1992 The 2nd Traditional Korean Dance Concert: Five Dancers. *Seung Mu: a Korean classical monk dance.* Grand Hall of Busan Cultural Center

22.11.1992 Opening Ceremony of Chang Mu Art Center: Special Guest Dance Concert.*Ms. Hyun of the Ami: a young female spirit featuring in a Korean exorcism, Soul Reception*. Chang Mu Art Center Post Theater, Seoul

30.1.1993 Saturday Standing Concert: Special Guest Dance Concert. *Chun Aeng Jeon: a Korean classical solo canary dance.* Middle Hall of Busan Cultural Center

23.3.1993 Special Concert: 12 Modern Dance Compcsers of 1993. *Baek Bang: a hundred ways.* Grand Hall of The National Culture & Arts Center, Seoul.

29.5.1993 Saturday Standing Concert: Special Guest Dance Concert. *Taepyeong Mu: a Korean classical queen dance wishing for welfare.* Middle Hall of Busan Cultural Center, Busan.

15-21. 6.1993 Special Tour Concert: Dance of Eun-Hee Choi & Baegimsae Dance Troupe. *A Bird Of The City, Arirang Jinon Mu: a soul-consoling dance for the dead, The Wind of Dark Days Is Over, And···*. Chu Ok Art Center of Cheongju City, KBS Event Hall in Changwon and Ulsan

7-8.8.1993 The Anrang Festival of Tsushima. *Buchae Chum: a Korean fan dance, Janggo Chum: a Korean double-drum dance, Buk Chum: a Korean drum dance, ObangsinIang Mu: a Korean folk dance praying to the gods of Azimuth for good luck and well-being against the evil spirits, Dosal Puli: a Korean ritual dance for repelling bad spirits, Nong Ak: Korean folk music of peasants, Taepyeong Mu: a Korean classical queen dance wishing for welfare.* Tsushima Island, Japan.

15.10.1993 The 4th University Dance Festivel. *Yeongsan Hoesang BulBosal: a traditional Korean Buddhist folk song.* Grand Hall of Busan Cultural Center, Busan.

23.10.1993 The 15th Seoul Dance Festival. *Yeoin Deungsinbul: a female Buddha.* Grand Hall of The National Culture & Arts Center, Seoul.

1.11.1993 The 3rd Traditional Korean Dance Concert: Five Dancers. *Taepyeong Mu: a Korean classical queen dance wishing for welfare.* Grand Hall of The National Culture & Arts Center, Seoul.

4.11.1993 Night of Not-Guilty Plea for Hyeong-Ja Lee: Special Guest Dance Performance. *Sal Puli Chum: a traditional Korean dance for repelling bad spirits.* Nulwon Small Theater, Busan.

24.3.1994 The 6th Special Dance Concert of Eun-Hee Choi. *Yeoin Deungsinbul: a female Buddha, A New Bud, Goot: Korean folk exorcism for Greeting Water Spirits.* Grand Hall of Busan Cultural Center, Busan.

12.4.1994 Traditional Korean Dance Concert: Five Dancers as a guest performance. *Seung Mu: a Korean classical monk dance.* KBS Event Hal, Ulsan

4.5.1994 Special Campaign: New Life to Masan Gulf. *Neo-Goot: traditional Korean exorcism for Greeting Sea Spirits.* Fisheries Co-Op Market, Masan.

13.5.1994 Traditional Korean Dance Concert: Five Dancers as a guest performance. *Seung Mu: a Korean classical monk dance.* The Culture & Art Center of the Southern Gyeongsang Province

17.5.1994 The 10th Korean Dance Festival. *Goot: traditional Korean exorcism for Greeting Water Spirits.* Grand Hall of The National Culture & Arts Center, Seoul

13-18.6.1994 Mae-Bang Lee's Special Concert: Drumming Sounds III. *Seung Mu: a Korean classical monk dance.* Grand Hall of The National Theater of Korea, Grand Hall of Busan Cultural Center, The Indoor Stadium of Masan City.

3.7.1994 The 7th Busan Summer Dance Festival. *Baek Bang: a hundred ways.* Concert Hall of Kyungsung University, Busan.

22-31.7.1994 Beijing's International University Festival : for the workshop & performance. *Chun Aeng Jeon: a Korean classical solo canary dance, Taepyeong Mu: a Korean classical queen dance wishing for welfare.* Jeolimgwan Theater of Beijing, Beijing University Theater, China Theater, China.

5.10.1994 The 15th Busan Citizens Day Special Event: 1994 Busan Port Festival Program Supervisor. *Ganggangsuweolae: a traditional Korean moon-greeting play.* Haeundae Beach, Busan

17.10.1994 Succession of *Seung Mu:* a Korean classical monk dance of intangible cultural treasure No. 27 in Korea. Officially Certified.

8.11.1994 The 3rd Traditional Korean Dance Concert: Five Dancers. *Sal Puli Chum: a traditional Korean dance for repelling and purging bad spirits.* Middle Hall of Busan Cultural Center, Busan.

11.1994 The 20th Anniversary of Madang Geuk : a traditional Korean outdoor opera of Special Dance Concert I. *Go Puli.* Ugeumchi, Gongju City

26.11.1994 Korean Folk Culture Gala: Dances of Eun-Hee Choi *Sal Puli Chum: a traditional Korean dance for repelling and purging bad spirits, Seung Mu: a Korean classical monk dance and other 3 pieces.* The National Folk Museum of Korea, Seoul.

25.2.1995 The Grand Festival of Nagasaki-Hyun in Japan *Traditional Korean Dances.* The Community Stadium of Nagasaki-Hyun, Japan.

25.2.1995 The Grand Festival of Nagasaki-Hyun in Japan. ***Traditional Korean Dances.*** The Community Stadium of Nagasaki-Hyun, Japan.
19.3.1995 The 6th Grand Festival of Women in Busan: a special guest performance. Seung Mu: a Korean classical monk dance. Small Theater of Busan Citizen's Hall, Busan.
3.1995 Grand Dance Gala: Dances of Openness. ***Sin Maji Chum: a God-greeting dance.*** Dongnae Folk Cullure Center, Busan.
30.4.1995 The 11th Korean Dance Festival: Revival of Excellent Dances. ***Untying A Knot***. Grand Hall of Daegu Cultural Center, Daegu.
28.5.1995 Special Concert: The 1995 Successors' Performance of Intangible Cultural Treasures No. 27 & No. 97 in Korea. ***Seung Mu: a Korean classical monk dance & Sal Puli Chum: a traditional Korean dance for repelling and purging bad spirits, Chung Aeng Jeon: a Korean classical solo canary dance.*** Dongnae Folk Cullure Center, Busan.
13.7.1995 The 8th Busan Summer Dance Festival. ***Eobang Puli 1995: a kind of folk ceremony performed in collaborative fishing in Korea.*** Gwang Alli Beach, Busan.
12.8.1995 Saturday Standing Concert: Special Guest Dance Concert of Baegimsae Dance Troupe. ***Taepyeong Mu: a Korean classical queen dance wishing for welfare, Sal Puli Chum: a traditional Korean dance for repelling and purging bad spirits.*** Middle Hall of Busan Cultural Center, Busan.
17.8.1995 Busan Sea Art Festival. ***Eobang Puli: a kind of folk ceremony performed in collaborative fishing in Korea.*** Outdoor Stage of Gwang Alli Beach, Busan.
19.8.1995 The World Korean Festival: The Korean Art Festival in 1995. ***Yeongsan Hoesangbul Bosal: a traditional Korean buddhist folk song.*** Grand Hall of Busan Cultural Center, Busan.
16.9.1995 The Special Performance of Intangible Cultural Treasure Successors in Korea. ***Chung Aeng Jeon: a Korean classical solo canaiy dance, Sal Puli Chum: a traditional Korean dance for repelling and purging bad spirits.*** The Namdo Art Center, Gwangju.
21.9.1995 The 4th National Dance Festival in Korea: a prize winning for the best performance. ***White Robe***. Daegu Culture & Art Center, Daegu.
21.10/18.11/ 21.11.1995 Special Tour Concerts Industrial Complexes in Korea. ***Taepyeong Mu: a Korean classical queen dance wishing for welfare, A Bird Of The City, A New Bud, Mul Maji: Water-Spirit Greeting.*** Iksan, Gumi, Ulsan
3-4.11.1995 The 10th Anniversaiy of Baegimsae Dance Troupe With Eun-Hee Choi: Special Celebratory Concert. ***Untying A Knot; A Bird Of The City; Hiroshima Today 1995; White Robe.*** Middle Hall of Busan Cultural Center, Busan.

25.2.1996 Dancer of Today, Dancer of Tomorrow. ***Chung Aeng Jeon: a Korean classical solo canaiy dance, Daegeum Sango: a dance to the Sanjo rhythm with korean traditional instrumetns, Taepyeong Mu: a Korean classical queen dance wishing for welfare, Sal Puli Chum: a traditional Korean dance for repelling and purging bad spirits, A Burnt Offering of the Soul.*** Post Theater, Seoul.
6.3.1996 Goot: traditional Korean exorcism for Greeting God Spirits. ***Geomgyeol Mu: a Korean sword dance, Tal Chum: a Korean mask dance, Hak Chum: a Korean crane dance, Sin Maji Goot: Korean exorcism for greeting god spirits.*** Concert Hall of Kyungsung University, Busan.
10.3.1996 The 2nd Annual Performance of Haewon Sangsaeng Goot: traditional Korean exorcism wishing for purging & reviving. ***A White Robe.*** Haeundae Beach, Busan.
28.3.1996 Special Guest Dance Concert: Pure & Fragrant. ***Yeongsan Hoesangbul Bosal: a traditional Korean buddhist folk song, Sal Puli Chum: a traditional Korean dance for repelling and purging bad spirits.*** Grand Hall of Busan Citizen's Hall, Busan.
16-17.5.1996 The 1st Culture & Arts Festival for Wonhyo: a guru monk of the Shilla Dynasty. ***Yeongsan Hoesangbul Bosal: a traditional Korean Buddhist folk song.*** Bunhwang-Sa Temple, Gyeongju.
4.6.1996 The 1st Eun-Hee Choi's Traditional Korean Dance Concert I. ***Seung Mu: a Korean classical monk dance, Chung Aeng Jeon: a Korean classical solo canary dance, Ip Chum: a traditional Korean-style duo dance performed by Gisaengs, Sal Puli Chum: a traditional Korean dance for repelling and purging bad spirits.*** Small Theater of The National Theater of Korea, Seoul.
7.7.1996 The 9th Busan Summer Dance Festival. ***The Solar Flower***. Gwang Alli Beach, Busan.
10.7.1996 The 9th Busan Summer Dance Festival. ***A Burnt Offering of The Soul.*** Concert Hall of Kyungsung University, Busan.
25-31.7.1996 Indonesia Dance Festival. ***Taepyeong Mu: a Korean classical queen dance wishing for welfare, Je Ung Maji: the effigy-greeting.*** Graha Bhakti Budaya-Taman Ismail of Narzuki, Indonesia.
6.8.1996 The 1st Busan Sea Festival. ***Dancing Sea Dancing Goot 1996***. Haeundae Beach, Busan.
14-15.9.1996 The Asian Week. ***Mul Maji: Water-Spirit Greeting.*** Sajik Indoor Stadium, Busan.
27.10.1996 The 7th University Dance Festival of Korea. ***A Dance Calling the Year 2000 A.D. in the Space of the World's Beginning***. Grand Hall of Busan Cultural Center, Busan.
15-16.12.1996 Mae-Bang Lee´ Special Concert. ***Heoteun Chum.***

4.1.1997 Saturday Standing Concert: Sin Maji Goot: Korean exorcism for greeting god spirits. ***Hak Chum: a Korean crane dance, Geomgyeol Mu: a Korean Knife Dance, Tal Chum: a Korean mask danee, Seung Mu: a Korean classical monk dance, Heoteun Chum: a Ko rean ad-lib folk dance, Sal Puli: Korean exorcism for repelling and purging bad spirits, Chum Goot: a dance exorcism.*** Middle Hall of Busan Cultural Center, Busan.
22.2.1997 Suyeong Traditional Community Field Play: Daljip: Moon's Nest Noli. ***Ganggangsullae.*** Gwang Alli Beach, Busan.
29.2.1997 20 Years of Chang Mu Dance Company and Changjak Chum. ***In The Space of Beginning of the World***. Grand Hall of The National Culture & Arts Center, Seoul.
13-14.3.1997 20 Years of Chang Mu Dance Company (Busan). ***In the very beginning of Time.*** Grand Hall of Busan Cultural Center, Busan.
12-15.8.1997 Special Tour Concerts to Remote Regions of Korea. ***Buchae Chum: a Korean fan dance, Buk Chum: a Korean drum dance, Hak Chum: a Korean crane dance, Tai Chum: a Korean mask dance.*** Andong, Yangsan, Pohang.
23.8.1997 Gwacheon World Performing Arts Festival. ***Goot: Korean exorcism for Greeting Jangseung of a Korean totem pole, Obangsinjang Mu: a Korean folk dance praying to the gods of Azimuth for good luck and well-being against the evil spirits.*** Open-Air Stage, Gwacheon
3-4.09.1997 '97 Changmu International Art Festival. ***A Burnt Offering of the Soul.*** Chang Mu Art Center, Seoul.
14.10.1997 Sydney Culture Festival in Australia. ***Samul: Korean traditional percussion quartet, Jakbuep: a Buddhist Dance.*** Sydney Oprea House Outdoor Square, Australia.

22.10.1997 Invited Performance by Jilin University of Art, China. *Chung Aeng Jeon: a Korean classical solo canaiy dance, Taepyeong Mu: a Korean classical queen dance wishing for welfare.* Jilin Provincial Cultural Activity Center Oriental Grand Theater, China.

6.3.1998 Sin Maji Goot: Korean exorcism for greeting god spirits of Jisin Bapggi for The I.M.F. Bail-Out. *Hak Chum: a Korean crane dance, Obang: Azimuth, Mui Maji: Water-Spirit Greeting, Ganggangsuwolae.* Outdoor Garden of Paradise Hotel, Busan.

14.3.1998 Sin Maji Goot: Korean exorcism for greeting god spirits. *Hak Chum: a Korean crane dance, Sogo: a Korean small drum, Tal Chum: a Korean mask dance, Obang:Azimuth, Trance of Dance.* Outdoor Garden of Paradise Hotel, Busan.

7.4.1998 The 2nd Eun-Hee Choi's Traditional Korean Dance Concert. *Seung Mu: a Korean classical monk dance, Heoteun Chum: a Korean ad-lib folk dance, Sal Puli Chum: Korean exorcism for repelling and purging bad spirits, Taepyeong Mu: a Korean classical queen dance wishing for welfare.* Concert Hall of Kyungsung University, Busan.

15.4.1998 Busan Metropolitan City's Tourism Promotion. *Obang: Azimuth, Tal Chum: a Korean mask dance, Hak Chum: a Korean crane dance.* Outdoor Garden of Paradise Hotel, Busan.

29-30.05 1998 The Dance Opening Tomorrow. *Seung Mu, A White Boat.* Chang Mu Art Center Post Theater, Seoul.

5.7.1998 The 11th Busan Summer Dance Festival. *The Cymbals of The Sun.* Gwang Alli Beach, Busan.

21.7.1998 Christening Ceremony of Kvaemer Co. *Buchae Chum:a Korean fan dance, Buk Chum: a Korean drum dance.* Outdoor Garden of Paradise Hotel, Busan.

1-4.8.1998 The Arirang Festival of Tsushima. *Hak Chum: a Korean crane dance, Buchae Chum: a Korean fan dance, Ip Chum: a traditional Korean duo dance performed by Gisaengs, Tal Chum: a Korean mask dance, Buk Chum: a Korean drum dance, Sogo Chum: a Korean small drum dance, Sinmyeong Chum: a Korean folk dance for high spirits.* Tsushima Island, Japan.

3.8.1998 The 4th Busan Sea Festival. *Mul Maji: Water-Spirit Greeting.* Special Concert Stage in Songdo, Busan.

15.8.1998 The 4th Annual Performance of Haewon Sangsaeng Goot: Traditional Korean Exorcism Wishing for Purging & Reviving. *Soul Reception.* Yongdusan Park, Busan.

13.9.1998 Baegimsae Dance Troupe with Eun-Hee Choi: Special Concert with the Best Repertoire. *Yeoin Deungsinbul: a female Buddha, White Robe.* Ye Ak Dang of The National Center For Korean Traditional Performing Arts, Seoul.

10.10.1998 The 32nd Cheo Yong Culture Festival: Opening Ceremony. *Mul Maji: Water-Spirit Greeting.* Taehwa River, Ulsan.

3.11.1998 The 9th University Dance Festival. *Four Seas.* Grand Hall of Busan Cultural Center, Busan.

21.12.1998 Baegimsae Dance Troupe's 1st Special Concert Series: Dance & Tradition. *Chun Aeng Mu: a Korean classical solo canary dance, Seung Mu: a Korean Classical Monk Dance, Taepyeong Mu: a Korean classical queen dance wishing for welfare, Sal Puli Chum: a traditional Korean dance for repelling and purging bad spirits, Baegim Heoteun Chum: a Korean ad-lib folk dance.* Concert Hall of Kyungsung University, Busan.

14.3.1999 Sin Maji Chum : a Korean-style God-greeting dance for a New Millennium *Dongnae Hak Chum : a Korean crane dance of Dongnae region : Sogo Chum : a Korean small drum dance.* Paradise Hotel, Busan

22-23.3.1999 The 3rd Traditional Korean Dance Concert: Hol Chum of Eun-Hee Choi. *Taepyeong Mu: a Korean classical queen dance wishing for welfare, Ip Chum: a traditional Korean duo dance performed by Gisaengs, Sanjo Chum: a dance to the Sanjo rhythm, Deotbaegi Chum: a Korean folk dance of the Goot Geoli rhythm, Seung Mu: a Korean classical monk dance.* Small Theater of Kyungsung University, Busan.

5.4.1999 The 3rd Daejangseung Maji Goot: traditional Korean exorcism for receiving the great totempole spirit for The Korean Unification. *Obangsinjang Mu: a Korean folk dance praying to the gods of Azimuth for good luck and well-being against the evil spirit.* Geumjeong Mountain, Busan.

16.4.1999 Special Concert of Busan Cultural Center: Classical Korean Dance Performance for the Western Expatriates. *Buk Chum: a Korean drum dance, Ip Chum: a traditional Korean duo dance performed by Gisaengs, Mul Maji: Water-Spirit Greeting, Heoteun Chum: a Korean ad-lib folk dance.* Middle Hall of Busan Cultural Center, Busan.

20.5.1999 Special Concert of Busan Metro Dance Company: High Spring, High Dance & New Millennium. *A White Boat.* Grand Hall of Busan Cultural Center, Busan.

4.7.1999 The 12th Busan Summer Dance Festival. *Sound-Goot-Wind.* Gwang Alli Beach, Busan.

5-10.8.1999 The Arirang Festival of Tsushima. Hak Chum: a Korean crane dance, *Buchae Chum: a Korean fan dance, Taepyeong Mu: a Korean classical queen dance wishing for welfare, Samgo Mu: a Korean dance with three drums, Mul Maji: Water-Spirit Greeting, Sogo Chum: a Korean small drum dance, Sinmyeong Chum: a Korean folk dance for high spirits.* Tsushima Island, Japan.

15.8.1999 The 4th Annual Performance of Haewon Sangsaeng Goot: traditional Korean exorcism wishing for purging & reviving. *Soul Reception.* Yongdusan Park, Busan.

17.9.1999 The 6th Grand Gala of Minjok Chum. *Nopsae of the North East Wind.* Grand Hall of The National Culture&Arts Center, Seoul.

1.10.1999 The 7th Special Dance Concert of Eun-Hee Choi. *Nopsae of the North East Wind, Soul Reception.* Grand Hall of Busan Cultural Center, Busan.

16.10.1999 Special Concert of Busan Cultural Center: Classical Korean Dance Performance For the Western Expatriates. *Buk Chum: a Korean drum dance, Ip Chum: a traditional Korean duo dance performed by Gisaengs, Mul Maji: Water-Spirit Greeting.* Middle Hall of Busan Cultural Center, Busan.

20.10.1999 Day of Culture in Korea: Special Event. Busan Cultural Center, Busan.

14.11.1999 The 2nd Special Concert of Baegimsae Dance Troupe; Dance & Tradition. *Chun Aeng Mu: a Korean classical solo canary dance, Dosal Puli Chum: a traditional Korean dance for repelling and purging bad spirits, Sanjo, Baegim Heoteun Chum: a Korean ad-lib folk dance of Gyeongsang Province.* Concert Hall of Kyungsung University, Busan.

18.12.1999 Korean Dance Charity Performance in Busan. *Seung Mu: a Korean classical monk dance.* Concert Hall of Kyungsung University, Busan.

29.12.1999-3.1.2000 The Kaosung International Drum Feslival. Kaosung, Taiwan.

1.1.2000 New Year's Sun-Greeting Goot: Korean exorcism ceremony for A New Millennium. *Maji Goot: traditional Korean exorcism for receiving*

19.2.2000 Moon-greeting Festival of the Daeboreum: the first full moon of the year. ***Moon-Greeting Dance.*** Busan Democracy Park, Busan.
27.2.2000 Special Campaign: Bring Life To Nakdong River. ***Maji Goot: traditional Korean exorcism for receiving god spirits of A New Millennium.*** Outdoor Concert Hall of Nakdong Rwer, Busan.
10-11.3.2000 The 16th Korean Dance Festival. ***Four Seas.*** Grand Hall of Busan Cultural Center, Busan.
1-3.4.2000 Special Concert: 12 Dance Composers. ***Bright-Shaking Toward the Light.*** Grand Hall of The National Culture & Arts Center, Seoul.
27.6.2000 Daegu Dance Festival. ***Four Seas.*** Daegu Cultural & Art Center, Daegu.
4-6.8.2000 The Arirang Festival of Tsushima. ***Buchae Chum: a Korean fan dance, Taepyeong Mu: a Korean classical queen dance wishing for wel fare, Obangsinjang Mu: a Korean folk dance praying to the gods of Azimuth for good luck and well-being against the evil spirits, Samgo Mu: a Korean folk dance with three drums, Maji Goot: traditional Korean exorcism for receiving god spirits of A New Millennium.*** Izuhara of Tsushima, Japan.
12.8.2000 The Annual Performance of Gosung Ogwangdae: a traditional Korean five-clown folk band in Gosung: Special Guest Performance. ***The Sound, Goot and Wind Calling A New Millennium.*** The National Tourist District of Danghang Po in Hoehwa-myeon, Gosung-gun.
7.9.2000 The 11th University Dance Festival. ***The River of All Mothers.*** Grand Hall of Busan Cultural Center, Busan.
10.10.2000 The 81st National Sports Festival of Korea: the Olympic Torch Lighting Ceremony. ***Myth of Geumgangsan: Diamond Mountain of A Nymph and A Lumberjack.*** Lighthouse Square of the Busan Metropolitan City Hall, Busan.
20.10.2000 The 42nd Culture Award of Busan Metropolitan City: Presentation Ceremony. ***The River of All Mothers, Buk Chum: a Korean drum dance.*** Middle Hall of Busan Cultural Center, Busan.
j28.10.2000 Special Concert of Eun-Hee Choi & Baegimsae Dance Troupe in 2000: Nature and Dance, A Way To Salvage Water and Our Life. ***Searching for the One Who Sent Me Here, Oe Suk Chum: a Korean single-drum dance, Baegim Heoteun Chum: a Korean ad-lib folk dance of Gyeongsang Province.*** Gupo Riverbank near Geokcheon Bridge, Busan.
18.11.2000 Special Concert for the Foundation of Ulsan Municipal Orchestra of Korean Classical Music. ***Wandering.*** Grand Hall of The Ulsan Culture & Art Center, Ulsan.
25.11.2000 Special Concert for The Physically Challenged Youth: Dance Performances with Fragrance. ***Buchae Chum: a Korean fan dance, Buk Chum: a Korean drum dance, Journey II, Baegim Heoteun Chum: a Korean ad-lib folk dance of Gyeongsang Province.*** Baehwa School, Busan.
5.12.2000 Buddhist Ceremony for the 30th Founding Anniversary of Hwanghae-sa Temple. ***White Robe (in part), Taepyeong Mu: a Korean classical queen dance wishing for welfare.*** Hwanghae-sa Temple, Pohang.
15.12.2000 The 1st Charity Fair of Catholic Artists. ***Sanjo Chum: a Korean folk dance perfomed to the Sanjo rhythm, Baegim Heoteun Chum: a Korean ad-lib folk dance of Gyeongsang Province.*** KBS Event Hall, Busan.

7.2.2001 The Jisinbapgi Folk Play for the 1st Full Moon Night of Korean New Year. ***Gilnoli: a Korean folk play with flags, Sinmyeong Chum: a Korean folk dance for high spirits.*** The Riverbank of Taehwa River, Ulsan.
21.3.2001 The National Municipal & Provincial Dance Company Choreographers' Dance Exchange Program in Korea. ***Sanjo Chum: a Korean folk dance perfomed to the Sanjo rhythm.*** Small Theater of Seongsan Art Hall, Changwon.
24.5.2001 Special Concert for the Foundation of Ulsan Metropolitan Dance Company. ***Ouroboros.*** Grand Hall of Ulsan Culture & Art Center,Ulsan
7.9.2001 Special Dance Exchange Program: Dances of Busan-Ulsan-Gyeongsang Province Regions. ***Ouroboros.*** Grand Hall of Busan Cultural Center, Busan.
14.9.2001 The 2nd Special Concert of Ulsan Metropolitan Dance Company. ***Cheo Yong Mu, Eum Un, Small Boat*** and other 3 pieces. Small Hall of Ulsan Culture & Art Center, Ulsan.
20.9.2001 The 105th Special Concert of Busan Municipal Orchestra of Korean Classical Music. ***Sanjo Chum: a Korean folk dance perfomed to the Sanjo rhythm.*** Grand Hall of Busan Cultural Center, Busan.
25.9.2001 The Special Charity Concert: the Best Choreographer of The Year 2001. ***Gyobang Goot Geoli Chum of Jinju Region.*** KBS Event Hall, Busan.
19.10.2001 The 3rd Special Concert of Ulsan Metropolitan Dance Company. ***Cheo Yong's Drumming Sound.*** Grand Hall of Ulsan Culture & Art Center, Ulsan.
26.10.2001 The 4th Special Repertoire Concert of the Seoul Performing Arts Festival Award Winners: the award-winning dance performance from the 23rd Seoul Dance Festival. ***Soul Reception*** (in part). Grand Hall of The National Culture & Arts Center, Busan.
22.11.2001 The 4th Special Concert of Ulsan Metropolitan Dance Company. ***Bright- Palgwanhoe: a Korean Buddhist ritual of a Bright World.*** Ulsan Culture & Art Center, Ulsan.

21.3.2002 The 5th Special Concert of Ulsan Metropolitan Dance Company. ***You Chap, Chun Pung!.*** Small Hall of Ulsan Culture & Art Center,Ulsan
2.4.2002 The 3rd Special Concert of Baegimsae Dance Troupe: Dance & Tradition. ***Gyobang Goot Geoli Chum of Jinju Region, Dosal Puli Chum: a Korean ritual dance for repelling bad spirits, Taepyeong Mu: a Korean classical queen dance wishing for welfare, Seung Mu: a Korean classical monk dance, Baegim Heoteun Chum in 2002.*** Concert Hall of Kyungsung University, Busan.
5.6.2002 Special Event for The Korea-Japan World Cup Games 2002. ***Neo-Mul Maji: Greeting of Water Spirits.*** Ulsan Grand Park, Ulsan.
8.6.2002 The Youth Art Festival. ***Sound-Goot-Wind.*** Grand Hall of Busan Cultural Center, Busan.
19.6.2002 The 6th Special Concert of Ulsan Metropolitan Dance Company. ***The Taehwa River Is Running.*** Grand Hall of Ulsan Culture & Art Center, Ulsan.
3-7.7.2002 The 15th Busan Summer Dance Festwal. ***A Dancing Sea.*** Special Outdoor Concert Hall of Haeundae Beach, Busan.
15.7.2002 Special Concert: Meeting of Dance & Sound. ***Drumming Sounds, Janggo Noleum: a Korean double-drum folk play, Buchae Chum: a Korean fan dance, Sogo Noleum: a Korean small-drum folk play, Pungmul Gitbal: the flag of the Korean folk play, Mobuk Noli: a Korean drum folk play for the rice planting labor, Samgo Mu: a Korean triple-drum dance.*** Grand Hall of Ulsan Culture & Art Center, Ulsan.
23.7.2002 Special Guests Concert: Ulsan Metropolilan Dance Company & Changwon Municipal Dance Company. ***Che Yong's Drumming Sound.*** Grand Hall of Busan Cultural Center, Busan.
3-5.8.2002 The Arirang Festival of Tsushima. ***Gyobang Goot Geoli Chum of Jinju Region, Salang Ga: a Korean folk song of love, Buchae Chum: a***

Korean fan dance, Samgo Mu: a Korean tripledrum dance, Taepyeong Mu: a Korean classical queen dance wishing for welfare, Mul Maji: Greeting of Water-Spirits. Tsushima Island, Japan.

23.8.2002 The 10th Manpasikjeok Festival. ***Salpuri Chum.*** Gameunsa Temple Site, Gyeongju.

25-26.9.2002 The Special Art Performance for the Busan Asian Games 2002. ***Heo Hwang Hu: the Empress Heo.*** Grand Hall of Busan Cultural Center, Busan.

4.11.2002 The 6th Special Dance Concert of Gayatgowa: the Dance of a Warrior. ***Seung Mu: a Korean Classical monk dance, Sal Puli Chum: a traditional Korean dance for repelling and purging bad spirils.*** Small Hall of The Pyeongsong Center, Daejeon.

12.11.2002 The 17th Korean Dance Festival. ***Baegim Heoteun Chum.*** Ye Ak Dang of The National Center For Korean Traditional Performing Arts, Seoul.

21.12.2002 The 4th Eun-Hee Choi's Traditional Korean Dance Concert: Hol Chum of Eun-Hee Choi. ***Seung Mu: a Korean Classical monk dance, Sal Puli: a traditional Korean folk ritual for repelling and purging bad spirits, Sugung Ga: a Korean folk song of the ocean palace, That Soul Becoming A Bird, Baegim Heoteum Chum: a Korean ad-lib folk dance of the Gyeongsang provincial region.*** Busan Democracy Park, Busan.

26.3.2003 The Annual Festival of the Arts Faculty of Kyungsung University. ***A Prototype of Changjak, That Soul Becoming A Bird.*** Concert Hall of Kyungsung University, Busan.

12.6.2003 The Daejeon Art Workshop: Dance Composers in 2003. ***That Soul Becoming A Bird.*** Concert Hall of Daedeok Science & Culture Center, Daejeon.

6.7.2003 The 16th Busan Summer Dance Festival: Blue Sea & Dance. ***Dwit Puli: Korean folk music sung after work.*** Special Outdoor Concert Stage of Haeundae Beach, Busan.

3.8.2003 The Arirang Festival of Tsushima. ***Dance & Symbals, Janggo Noli: a Korean folk play with double drums, Sogo Chum: a Korean small-drum dance, Meotdeum Chum: a Changjak dance of nicety, Taepyeong Mu: a Korean classical queen dance wishing for welfare, Samgo Mu: a Korean folk dance with three drums, Mul Maji: Greeting of Water Spirits.*** Tsushima Island, Japan.

17.8.2003 The Gyeongju World Expo 2003: University Culture Festival. ***Mul Maji: Greeting of Water Spirits***, Chea Yong Square of the Gyeongju World Expo, Gyeongju.

8.9.2003 The 18th Korean Dance Festival. ***Dreams of Sumatra.*** Grand Hall of Busan Cultural Center, Busan.

3.10.2003 Hwang-Ok Silver Generation Culture Fair. ***Heo Hwang-Ok, Mul Maji: Greeting of Water Spirits.*** The Ancient Tomb Museum Street of Daeseong-dong, Gimhae.

29-30.10.2003 The 9th Special Dance Concert of Eun-Hee Choi. ***Sounds of Thunderbolts.*** Grand Hall of Eulsukdo Culture Center, Busan.

27.2.2004 Charity Fund-Raising Concert: the 4th Special Concert of Baegimsae Dance Troupe's Dance & Tradition. ***Taepyeong Mu: a Korean classical queen dance wishing for welfare, Sal Puli Chum: a traditional Korean dance for repelling and purging bad spirits, Sanjo, Seung Mu: a Korean Classical monk dance, Baegim Heoteun Chum: a Korean ad-lib folk dance of the Gyeongsang provincial region.*** Small Hall of Busan Democracy Park, Busan.

17.3.2004 Special Concert: the Big Dance Concert of Eun-Hee Choi. ***Sounds of Thunderbolts,*** Ye Ak Dang of the National Center for Korean Traditional Performing Arts, Seoul.

29.3-1.4.2004 The Faculty Art Festival of Kyungsung University. ***Borodin's String Quartet No. 2 in D Major, Fragrance-Vinaya-Reed-Decorum for an Unaccompanied Violin.*** Concert Hall of Kyungsung University, Busan.

21.6.2004 The 13th Busan Dance Festival. ***Butterflies: Flying Over the Ocean.*** Grand Hall of Busan Cultural Center, Busan.

4.7.2004 The 17th Busan International Summer Dance Festival: Ocean-Dance. ***Dreams of Sumatra.*** Special Outdoor Concert Stage at Haeundae Beach, Busan.

8.8.2004 The Arirang Festival of Tsushima. ***Teo Ulim: roaring echoes of the ground, Chum-Bala: Dance & Zen Symbol, Gyobang Goot Geoli Chum of Jinju Region, Salang Ga: a Korean folk song of love, Samgo Mu: a Korean triple-drum dance, Sanjo Chum: a Korean folk dance perfomed to the Sanjo rhythm, Mul Maji: Greeting of Water-Spirits.*** Tsushima Island, Japan.

14.8.2004 Special Concert of Baegimsae Dance Troupe: the Breath of Korea. ***Teo Ulim: roaring echoes of the ground, Chum-Bala: Dance & Zen Symbol, Gyobang Goot Geoli Chum of Jinju Region, Salang Ga: a Korean folk song of love, Samgo Mu: a Korean triple-drum dance, Sanjo Chum: a Korean folk dance perfomed to the Sanjo rhythm, Mul Maji: Greeting of Water-Spirits.*** Ou!door Theater of Daecheon Park at Haeundae, Busan.

2.10.2004 The Cultural Alliance of the 6 Metropolitan Cities in Korea: Special Dance Exchange. ***Butterflies: Flying Over the Ocean.*** Gwangju Culture & Art Center, Gwangju.

11.11.2004 The 15th University Dance Festival of Korea. ***Neo-Mul Maji: Greeting of Water-Spirits.*** Grand Hall of Busan Cultural Center, Busan.

16.3.2005 The 10th Special Dance Concert of Eun-Hee Choi. ***A White Boat, Borodin's Siring Quartet No.2 in D Major, Fragrance for An Unaccompanied Violin, Soul on the Altar.*** Concert Hall of Kyungsung University, Busan.

25.4.2005 The 4th Wild Flowers Festival of Seo Un Am. The Dance of Wild Flowers, ***Seung Mu: a Korean Classical monk dance.*** Special Concert Stage of Seo Un Am at Tongdo-sa Temple, Yangsan.

4.5.2005 The 5th Special Concert of Baegimsae Dance Troupe: Dance & Tradition (The 20th Founding Anniversary Concert). ***Dongnae Hak Chum: a Korean crane dance of Dongnae region, Dosal Puli Chum: a Korean ritual dance for repelling bad spirits, Gyobang Goot Geoli Chum of Jinju Region, Suyeong Malttugi Chum: a Korean folk dance of Malltugi of a willy servant character at Suyeong region, Taepyeong Mu: a Korean classical queen dance wishing for welfare, Baegim Heoteun Chum: a Korean ad-lib folk dance of the Gyeongsang provincial region.*** Busan Democracy Park, Busan.

3-6.7.2005 Asia-Japan Ethnic Dance Exchange. ***Taepyeong Mu: a Korean classical queen dance wishing for welfare, Gyobang Goat Geoli Chum of Jinju Region, Chum Bala: Dance & Zen Symbal, Janggu Chum: a Korean folk dance with double-drums, Obangsinjang Mu: a Korean folk dance praying to the gods of Azimuth for good luck and well-being against the evil spirils, Baegim Heoteun Chum: a Korean ad-lib folk dance of Gyeongsang Province.*** Tokyo, Japan.

8.8.2005 The 1st Busan International Beach Dance Festival. ***The Solar Flower.*** Special Outdoor Concert Stage at Gwang Alli Beach, Busan.

30.8-2.9.2005 The 2nd Delphic Games: Sound of Korea. ***Taepyeong Mu: a Korean classical queen dance wishing for welfare, Buk Chum: a Korean drum dance, Obangsinjang Mu: a Korean folk dance praying to the gods of Azimuth for good luck and well-being against the evil spirits.*** Kuching, Malaysia.

15.2.2006 The 6th Special Concert of Baegimsae Dance Troupe: Dance & Tradition. ***Dongnae Hak Chum: a Korean crane dance of Dongnae region, Bongsan Tal Chum: a Korean mask dance of Bongsan region, Chun Aeng Jeon: a Korean classical solo canary dance, Gyobang Goot Geoli Chum of Jinju Region, Taepyeong Mu: a Korean classical queen dance wishing for welfare, Sanjo Chum: a Korean folk dance performed to the Sanjo rhythm, Baegim Heoteun Chum: a Korean ad-lib folk dance of Gyeongsang Province.*** Busan Democracy Park, Busan.

22.2.2006 Special Dance Concert: the Master Dancers & Dances of Korea. ***Sal Puli Chum: a traditional Korean dance for repelling and purging bad spirits.*** Ye Ak Dang of The National Center For Korean Traditional Performing Arts, Seoul.

11.4.2006 The 11th Special Dance Concert of Eun-Hee Choi: the Grand Gala of Korean Dances. ***Teo Ulim: roaring echoes of the ground, Seung Mu: a Korean Classical monk dance, Chun Aeng Jeon: a Korean classical solo canary dance, Taepyeong Mu: a Korean classical queen dance wishing for welfare, Hyangbal Mu: a Korean court dance performed with Hyangbal of ancient Korean percussion instrument, Hojeok Sal Puli: a Korean folk dance for repelling and purging bad spirits performed with Hojeok of a traditional Korean wind instrument,*** and many others. Grand Hall of Busan Cultural Center, Busan.

9.7.2006 The 19th Busan International Summer Dance Festival. ***Ryu...To Flow.*** Special Outdoor Concert Hall of Haeundae Beach, Busan.

14.7.2006 Busumsae Performance of Our Sound & Our Dance and Fun & Cool. ***Ip Chum: a traditional Korean duo dance performed by Gisaengs.*** Middle Hall of Busan Culture Center, Busan.

6.8.2006 The Arirang Festival of Tsushima. ***Teo Ulim: roaring echoes of the ground, Chum Bala: Dance & Zen Symbol, Obangsinjang Mu: a Korean folk dance praying to the gods of Azimuth for good luck and well-being against the evil spirits, Taepyeong Mu: a Korean classical queen dance wishing for welfare, Ip Chum: a traditional Korean duo dance performed by Gisaengs, Buchae Chum: a Korean fan dance, Janggo Chum: A Korean folk dance with double drums, Mul Maji: Water-Spirit Greeting.*** Special Stage, Port of Izuhara, Daemado, Japan.

14-18.8.2006. Circuitous Performance with Bongsan Tai Chum: a Korean mask dance of Bongsan region in China by (Corp) National Institute of Aesthetics. ***Taepyeong Mu: a Korean classical queen dance wishing for welfare. Jilin Privince Yanbian Autonomous Region,*** Hongki Village in Ando Coutry, Gaesantun Village in Yongjeong City, China.

7.9.2006 The 17th University Dance Festivel. ***Ryu...to Flow.*** Grand Hall of Busan Cultural Center, Busan.

18~19.12.2006 Chang Mu Korean Creative Dance Method Performance: Eun-Hee Choi, Baegimsae. ***Struggling, A Song of Nameless Water Plants.*** Chang Mu Art Center, Post Theater, Seoul.

2 2-23.12.2006 The 17th Regular Performance of Baegimsae. ***Struggling, A Song of Nameless Water Plants.*** Small Theater of Busan Democracy Park, Busan.

29.1.2007 The 14th Chang Mu International Art Festival: the 30th Anniversary of Chang mu Company. ***The Station of Water.*** Grand Hall, The Art Theater of Arco, Seoul.

12.6.2007 Dance of Eun-hee Choi. ***Life Arising for Flowers.*** Concert Hall of Kyungsung University, Busan.

7.7.2007 The 20th Busan International Summer Dance Festival. ***The Station of Water.*** Concert Hall of Kyungsung University, Busan.

24.8.2007 The 21th Korean Dance Festival. ***Life Arising for Flowers.*** Ye Ak Dang of The National Center For Korean Traditional Performing Arts, Seoul.

21.10.2007 Korean National Art Exchange among Art troupes of Korea, China, Japan, and Russia. ***Baegimsae-Baegim Heoteun Chum: a Korean ad-lib folk dance of Gyeongsang Province.*** Grand Hall of Busan Cultural Center, Busan.

6.7.2008 The 21th Busan Summer Dance Festival. ***Sunrise.*** Special Outdoor Concert Hall of Haeundae Beach, Busan.

3.8.2008 The Arirang Festival of Tsushima. ***A Wish Dance, Ip Chum: a traditional Korean duo dance performed by Gisaengs, Tal Chum: a Korean mask dance, Buchae Chum: a Korean fan dance, Hallyangmu: a traditional Korean Dance of Hallyang, Janggo Chum: a Korean folk dance with double drums, Sal Puli Chum: a traditional Korean dance for repelling and purging bad spirits. Trance of Dance.*** Special Stage, Port of Izuhara, Daemado, Japan.

25-27.10.2008 Chuncheon Dance Festival. ***Sunrise.*** Baengyeong Cultural Center, Chuncheon.

5.12.2008 Grand Dance Festival of Eun-hee Choi. ***Stepping of Dance, Moving of Dance,*** Trance of Dance. Maru Hall, Gimhae Cultural Center, Gimhae.

25-26.7.2009 Special Gala: 3 Artists 3 Colors. ***Rain in the Mid-summer,*** Kamagol Small Theater, Busan.

2.8.2009 The Arirang Festival of Tsushima. ***ObangsinIang Mu: a Korean folk dance praying to the gods of Azimuth for good luck and well-being against the evil spirits, Janggo Chum: A Korean folk dance with double drums, Jinshoi Chum, Buchae Chum: a Korean fan dance, Tal Chum: a Korean mask dance, The Flower of the Sun.*** Special Stage, Port of Izuhara, Daemado, Japan.

22-23.8.2009 Korean News Agency: Korea-Japan Cultural Project. Shimonoki City Urban Park to Yume Square, Civic Center Grand Theater of Busan.

17.11.2009 Special Gala: Winner of the Bongsaeng Culture Award. ***Hojeok Sal Puli: a Korean folk dance for repelling and purging bad spirits performed with Hojeok of a traditional Korean wind instrument.*** Civic Center Grand Theater of Busan

1.12.2009 The 13th Special Dance Concert of Eun-Hee Choi. ***Incarnation.*** Grand Hall of Busan Cultural Center, Busan.

4.7.2010 The 23th Busan International Summer Dance Festival. ***Message of Origin.*** Special Outdoor Concert Hall of Haeundae Beach, Busan.

2.11.2010 The 14th Special Dance Concert of Eun-Hee Choi: To Flow II. ***Dance of Life and Nature with Breath.*** Concert Hall of Kyungsung University, Busan.

18.3.2011 The Year of the New Millennium Shaman Dance with Eun-Hee Choi. ***Seung Mu: a Korean Classical monk dance, Hojeok Sal Puli: a Korean folk dance for repelling and purging bad spirits performed with Hojeok of a traditional Korean wind instrument, That Soul Becoming A Bird.*** Concert Hall of Kyungsung University, Busan.
25.4.2011 The 25th Korean Dance Festival. The Sand. Art Theather of Arco, Seoul.
20-21.8.2011 Korean News Agency: Korea-Japan Cultural Project. Shimonoki City Urban Park to Yume Square, Civic Center Grand Theater of Busan.
6.11.2011 Korean News Agency; National Exchange Conference; Tsushima Contest. ***Jinshoi Chum, Taepyeong Mu: a Korean classical queen dance wishing for welfare, Buchae Chum: a Korean fan dance, Gum Mu: A Korean Sword Dance, Gu Jeong Nori: a Korean traditional Game of New Year's Day, A Solar Memorial Service.*** Event Hall of Daemado Exchange Center, Japan.
24.11.2011 Post Dance Festival in 2011. ***Chun Aeng Mu: a Korean classical solo canary dance.*** Chang Mu Art Center, Post Theater, Seoul.

17.10.2012 The 15th Special Dance Concert of Eun-Hee Choi. ***Ryu...To Flow III.*** Concert Hall of Kyungsung University, Busan.
31.10.2012 The 23rd University Dance Festival. ***Breath-Motion of Sprouting.*** Haneulyeon Theatre of Busan Cinema Center, Busan.

2.6.2013 Busan International Dance Festival. ***Sunrise.*** Haeundae Special Stage, Busan.
19.7.2013 Baegimsae & Yamada Sesko. ***Improvised Collaboration: To Be Around.*** LIG Theather, Seoul.
17.9.2013 The 35th Anniversary Special Dance Concert of Eun-Hee Choi. ***Well-Dazzling-Blue.*** Haneul Theatre of Busan Cinema Center, Busan.
19.12.2013 The Dance Openning Tomorrow. ***Sal Puli Chum: a traditional Korean dance for repelling and purging bad spirits, Annihilation.*** Chang Mu Art Center, Post Theater, Seoul.

15.3.2014 Monthly Dance and Opera: the 1st Korea Famous Dance. ***Taepyeong Mu Version of Han Young-Sook: a Korean classical queen dance wishing for welfare, Hojeok Sal Puli: a Korean folk dance for repelling and purging bad spirits performed with Hojeok of a traditional Korean wind instrument.*** Ye Ak Dang of The National Center For Korean Traditional Performing Arts, Seoul.
4.4.2014 The 17th Special Dance Concert of Eun-Hee Choi. ***Where Are You Going?.*** Concert Hall of Kyungsung University, Busan.
3.8.2014 The 50th Arirang Festival of Tsushima. ***A Wish Dance, Obangsinjang Mu: a Korean folk dance praying to the gods of Azimuth for good luck and well-being against the evil spirits, Janggo Chum: a Korean folk dance with double drums, Buchae Chum: a Korean fan dance, The Lion Mask Dance, Trance of Dance.*** Special Stage, Port of Izuhara, Daemado, Japan.
7-11.10.2014 The Dance Opening Tomorrow. ***Where Are You Going?.*** Chang Mu Art Center, Post Theater, Seoul.

4.3.2015 The Praised Sanjo, Wednesday Dance Festival in Yeonheuipungnyu Theater ***Sanjo Chum : a Korean folk dance performed to Sanjo rhythm Han Young-sook Version.*** Yeonheuipungnyu Theater, National Gugak Center
3.4.2015 The 18th Special Dance Concert of Eun-Hee Choi. ***Seung Mu: a Korean Classical monk dance, Obangsinjang Mu: a Korean folk dance praying to gods of Azimuth for good luck and well-being against the evil spirits, Taepyeong Mu: a Korean classical queen dance wishing for welfare, Dongnae Hak Chum: a Korean crane dance of Dongnae region, Dongnae Gomoo, Sanjo Chum: a dance to the Sanjo rhythm, Janggo Chum: a traditional Korean dance with double-drum, Sal Puli Chum: a traditional Korean dance for repelling and purging bad spirits, Mul Maji: Water-Spirit Greeting.*** Concert Hall of Kyungsung University, Busan.
22-23.10.2015 Eun-Hee Choi & Jesus Hidalgo. ***Blizzard.*** Haneul Theatre of Busan Cinema Center, Busan.
30.10.2015 The 26th Univertity Dance Festival. ***Ryu...To Flow.*** Haneul Theatre of Busan Cinema Center, Busan.
4.11.2015 The 29th Korean Dance Festival. ***Taepyeong Mu.*** Small Theater of Gangdong Arts Center, Seoul.

7.8.2016 Arirang Festival of Tsushima. ***Obangsinjang Mu: a Korean folk dance praying to gods of Azimuth for good luck and well-being against the evil spirits, Janggo Chum: a Korean folk dance with double drums, Taepyeong Mu: a Korean classical queen dance wishing for welfare, Buchae Chum: a Korean fan dance, Namsan Nori: Korean traditional games & B-boying, Jindo Drum Dance, Sogo Chum: a Korean small-drum dance, Trance of Dance.*** Special Stage, Port of Izuhara, Daemado, Japan.
29.9.2016 The 25th Baegimsae Regular Performance. ***Sal Puli Chum: a traditional Korean dance for repelling and purging bad spirits.*** Yeonak Hall of Busan National Gugak Center, Busan.
24.11.2016 Eun- Hee Choi & Jesus Hidalgo. ***Blizzard.*** Haneulyeon Theater of Busan Cinema Center.
29.11.2016 ***Blizzard.*** French Theatre of Commerce.
30.11.2016 ***Blizzard.*** Hippo Camp in French.
3.12.2016 ***Blizzard.*** The Doville Theatre, France.
28.12.2016 Closing Performance of the 40th Chang Mu Creative Dance Special Gala. ***Solo in the Blizzard.*** Chang Mu Art Center, Post Theater, Seoul.

29.4.2017 World Dance Day Commemorative Performance-the Dance of History Dancing today. ***Hojeok Sal Puli: a Korean folk dance for repelling and purging bad spirits performed with Hojeok of a traditional Korean wind instrument, Obangsinjang Mu: a Korean folk dance praying to gods of Azimuth for good luck and well-being against the evil spirits, Trance of Dance.*** Eulsukdo Cultural Center Grand Theater, Busan.
12.8.2017 Japanese Military Sexual Slavery Haewon Win-Win Hanmadang. ***Drum of Opening.*** Yurari Square, Busan.
10.9.2017 Yeongnam Dance Festival-Want to See Dance. ***Chung Aeng Jeon: a Korean classical solo canaiy dance, Seung Mu: a Korean Classical monk dance, White Island.*** Yeonak Hall of Busan National Gugak Center, Busan.
24.11.2017 Eun-Hee Choi & Jesus Hidalgo. ***Exile.*** Haneul Theatre of Busan Cinema Center, Busan.

18.3.2018 Invited Performance in France. ***Exile.*** Theater of Iruville, France.
5.8.2018 Arirang Festival of Tsushima. ***Chum Bala: Dance & Zen Symbol, Jaeng Gang Chum, Obangsinjang Mu: a Korean folk dance praying to gods of Azimuth for good luck and well-being against the evil spirits, Taepyeong Mu: a Korean classical queen dance wishing for welfare, Gyobang Goot Geoli Chum of Jinju Region, B-Boying, Drum Dance of Jindo Region, Namsan Nori: a korean traditional games,***

Trance of Dance. Special Stage, Port of Izuhara, Daemado, Japan.

7.10.2018 The 21th Seoul Interational Dance Festival. ***Exile.*** Sogang University Mary Hall, Seoul.

23.2.2019 Baegimsae Dance Festival for Greeting of God. ***Gyobang Goot Geoli Chum of Jinju Region, Dosal Puli Chum: a traditional Korean dance for repelling and purging bad spirits, Sogo Chum: Version of Kwon Myung-Hwa of a Korean small-drum dance, Sal Puli Chum: a traditional Korean dance for repelling and purging bad spirits, Sogo Chum: a Korean small-drum dance, Baegim Heoteun Chum: a Korean ad-lib folk dance of Gyeongsang Province.*** Small Theater of Busan Democracy Park, Busan.

24.8.2019 Japanese Military Sexual Slavery Haewon Win-Win Hanmadang. ***Drum of Opening.*** Middle Theater of Busan Democracy Park, Busan.

2.11.2019 The 30th University Dance Festival. ***Shaman Tree.*** Haneul Theatre of Busan Cinema Center, Busan.

13.11.2019 The 40th Seoul Dance Festival. ***Where Are You Going?.*** Art Theater of Arco, Seoul.

15.12.2019 Wrap Up with a Dance. ***Hojeok Sal Puli: a Korean folk dance for repelling and purging bad spirits performed with Hojeok of a traditional Korean wind instrument.*** Grand Hall of Busan Cutural Center, Busan.

7.10.2020 Ulsan City Dance Company Performance Celebrating 20th Anniversity. ***Sanjo Chum: Version of Hwang Moo-bong and Kim Mae-Ja of a dance to the Sanjo rhythm.*** Small Hall of Ulsan Cutural Center, Ulsan.

5.11.2020 The 5th Artist Arts Festival-to Picture My Heart. ***Sal Puli Chum: a traditional Korean dance for repelling and purging bad spirits.*** Concert Hall of Art Center, Busan.

23.7.2021 The 36th Anniversary Special Concert of Baegimsae Dance Troupe. ***Road.*** Haneul Theatre of Busan Cinema Center, Busan.

05.12.2021 Joint Performance by Winners of Busan Metropolitan City.***Sanjo Chum.*** Small Theater of Busan Citizen's Hall, Busan.

09.12.2021 Duri Theater Open Theater. ***Sanjo Chum: Version of Hwang Moo-bong in Simultaneous Growth of Teachers and Students.*** Duri Theater BLAK Box Theater, Seoul.

03.30-31.2022 Chronology of Chum.***Chun Aeng Mu, Sum.*** Crown Haeun Hall of Seoul Namsan Gugukdang, Seoul.

19.05.2022 Korean Creative Chum 1978 As We Are Like This. ***Jak-Beop: a Butterfly Chum, Pulley.*** Duri Theater BLAK Box Theater, Seoul.

16.09.2022 The 6th Gaya Meditation Culture Festival. ***Taepyeong Mu.*** Maru Hall of Gimhae Cultural Center, Gimhae.

2. 개인공연 Special Dance Concert of Eun-Hee Choi

개인공연 연보 세부사항

년 도	공연명	작 품	장 소	음 악	연출및기타	무대미술	조 명	의 상	출 연
1982. 8. 8	최은희의 춤	하지제	문예회관 대극장	신혜영(연주)	연출 : 김구림 대본 : 홍윤숙(시)	김구림	이상봉	정선	이철진, 손영호, 이재의, 김세동, 남경주, 문성재, 최은희.
1985. 6.3~4	최은희의 춤	춘앵전 소리굿 산운 변신	부산산업대학교 콘 서트홀	국립국악원 김영동 황병기 음악편집 김옥균		정진윤	김장태	정 선, mr.리	이영미, 정미숙, 윤보경, 이영화, 김죽엽, 김희선, 안주리, 윤경화, 이영림, 장래훈, 김선홍,최은희
1987. 4. 27	최은희의 춤	왕의 뜰 제웅맞이 파문	부산산업대학교 콘 서트홀	김영동 「단군신화」 신혜영 외 3인 Karlheinz Stock-hausen「Mikro-phonie I , II」중 백병동 「浦口」, II.土取利行 「流水」, III.장덕산 작곡		정진윤	김장태	정 선, 김민지	이돈희, 박은홍, 윤보경, 정미숙, 김희선, 안주리, 목혜정, 안귀숙, 김미정, 박경아, 박현주, 이경미, 단정강, 안희영, 신은주, 장옥란, 차은정, 하연화, 주은선, 김창명, 최은희
1989. 4.21~22	최은희의 춤	파문 매듭풀이 누이여, 나의 누이여!	경성대학교 콘서트홀	편집 안일웅, 土取利行, 장덕산 신혜영 황장수		정진윤	김장태	정 선 고려사 최은실	강선미리, 강연욱, 구영희, 김순례, 오은주, 윤미진, 진영자, 황지영, 김창명, 성동헌, 전현철, 배형섭, 정미숙, 안줄이, 서상순, 이경미, 신은주, 하연화, 주은선, 박은실, 최은희.
1991. 6. 8	최은희의 춤	무아 어두운 날들의 바람 그치고	부산문화회관 대극장	작곡 : 신혜영	대본 : 장정임	정진윤	신상준	이수동	최은희, 윤보경, 김희선, 하연화,박은실, 강선미리,진영자, 박미영, 성영은, 하선애, 홍이경, 김문경, 김인주, 김정원, 김현지, 박미라, 박재현, 박진희, 심지희, 이경희, 이명미, 이현정, 이지연, 이지영, 정영심, 한수정,한영화, 최은희, 윤보경, 김희선, 하연화, 박은실, 주은선, 오은주, 김수원, 손미란, 장윤정, 하선애, 허광이, 홍이경, 이정식, 박성호, 임형준, 최병규, 홍동운, 김종덕, 홍석기
1994. 3.24	최은희의 춤	여인등신불 새움 물맞이	부산문화회관 대극장	작곡 : 신혜영	대본 : 장정임	정진윤	신상준	고려사	윤보경, 신은주, 황지영, 손미란, 홍이경, 장윤정, 전현철, 천병일, 이정식, 김종덕, 임형준, 김문경, 김정원, 김현지, 박재현, 이경희, 이영미, 이지영, 이현정, 정영심, 한영화, 한수정, 김영란, 김정희, 김효종, 박미정, 박우영, 박은진, 양성미, 오수연, 윤수경, 이영주, 이화성, 이희정, 정재연, 조미성, 최은희.
1996. 6.4	최은희의 홀춤 (이매방류 춤을 중심으로)	승무,춘앵전,입춤 판소리,살풀이 춤	국립국악원 소극장						특별출연 : 김영숙, 안숙선, 정화영(북) 최은희.
1998. 4.7	최은희의 홀춤 (한국춤 레퍼토리 I)	승무,대금산조, 허튼춤,살풀이춤, 부지음, 태평무	경성대학교 콘서트홀				김장태, 서자경	이남복 고려사, 신의상실	특별출연 : 민영치 최은희
1999. 3.22	최은희의 홀춤 (한국춤 레퍼토리시리즈 II)	태평무, 입춤, 산조춤, 덧배기춤, 승무	경성대학교 멀티미디어 소극장	고성 오광대 보존회 회원 (연주)			서자경		특별출연 : 이윤석, 정미숙,신은주,하연화,박정은 최은희.

년 도	공연명	작 품	장 소	음 악	연출및기타	무대미술	조 명	의 상	출 연
1999. 10. 1	최은희의 춤	네 개의 바다	부산문화회관 대극장	Naoki Nishimura -space odyssey Shaman's Dream -breathing outTulku - sacred circle 중에서 편집		정진윤	신상준	김영곤	신은주, 하연화, 홍이경, 손미란, 박정은, 김민경, 정경희, 최순희, 박성혜, 서우정, 이창규, 김현주, 김윤희, 남지원, 이정아, 장향이, 권수임, 기묘영, 정남선, 최의옥, 강경숙, 공지원, 김경미, 김미정, 권수민, 이정은, 송화영, 조은정, 채윤희, 최은희
		높새바람		김덕수 「명상」 이광수 & red sun 「까치」				고려사	최은희
		넋들임		작곡 홍선례					
2000. 10.28	최은희와 춤패 배김새	나를 보내신 이를 찾아	구포 덕천고가다리 밑 강변에서 (야외공연)	편집 : 김영동 – '조각배', 김 '방황' 김수철 – '팔만대장경' 中 원일 – '꽃잎 메인 테마' 등	대본 : 채희완			김영곤, 마레	정미숙, 신은주, 하연화,강선미리,홍이경, 정경희, 홍석기, 이창규, 김민주, 김현주, 김윤희, 권수임, 남지원, 김묘영, 정남선, 이경희, 김경미,김 가효, 김미정, 권수민, 조은정, 최아람, 홍선영, 강원길, 김영찬, 최은희.
2002. 12.21	최은희의 홀춤 그 영혼은 새가 되어	승무, 박성희의 판소리 〈수궁가 중〉, 살풀이춤, 그 영혼의 새가 되어, 배김 허튼 춤	민주공원 소극장	부산 시립 관현악단 – 채수만 (대금) 김경수 (피리) 김성수 (아쟁) 신문범 (장구) 작곡 : 지원석	대본 : 정일근			마레, 신의상실	특별출연 : 박성희(판소리) 정미숙, 윤보경, 신은주, 하연화, 김민경, 황정옥, 최은희.
2003. 10.29~30	최은희의 큰 춤판	천둥소리	을숙도문화회관 대극장	조안무 : 신은주 지도 : 하연화 무대감독 : 하지훈 기획 : 황정옥	원작 : 김주영 무용대본 : 양효은	정진윤	장훈석	마레	하연화, 신은주, 오은주, 손미란, 구영희, 김민경, 한종철, 조은정, 김경아, 정수임, 이은정, 최의옥, 김영진, 김민아, 김연경, 이혜정, 박수정, 최은희.
2004. 3.17	최은희의 큰 춤판	천둥소리	을숙도문화회관 대극장		대본 : 양효은 원작 : 김주영	정진윤	김철희	마레	신은주, 하연화, 구영희, 오은주, 손미란, 김민경, 조은정, 최의옥, 김종헌, 김영찬, 장영진, 김경아, 이주현, 이현정, 김민아, 김연경, 이혜정, 박수정, 최은희.
2005. 3.16	최은희의 춤	하얀배	경성대학교 콘서트홀	Breathing out,Heal- ing Seas-Shamens Dream. Sairei Cicle - TULIKU			장훈석	김영곤 마레	최은희 특별출연 : 뮤즈현악4중주단 Vn I 임병원, Vn II 황지원, Va 최영화, Vc 김판수
		음악과의 만남		보르딘현악4중주 야상곡 1악장 – Allegro moderato, 3악장 – Notturno:Anante					하연화,신은주
				무반주바이올린 「향 제10번」 작곡 : 임우상					특별연주 : 임병원 최은희
		영혼의 번제		Stephan Micus 「Darkness and Light」		정진윤		김영곤	최은희

년도	공연명	작품	장소	음악	연출및기타	무대미술	조명	의상	출연
2006. 4.11	최은희의 우리춤 큰판		부산문화회관 대극장						
		※ 첫째마당 춤열림(청신의 단계)		바라 : 김민경 대고 : 박성호 중고 : 장재희, 조대일 신디사이저 : 김한나 모듬북 : 설영성, 최의옥, 김영찬, 장영진 좌반 : 조은정, 김경아,이현정, 김민아, 박진주,이귀운, 이혜정, 심부근, 장하나, 황경아				이수동 의상실,	
		태양제-춤바라							이주현, 박수정, 김동희, 김선형, 박애리, 박지언, 윤초이, 하윤정
		터밟기-화랑춤							
		오방신장무							박성호, 최의옥, 김영찬, 장영진, 김민경, 조은정, 김경아, 정수임, 김민아, 이혜정, 박진주
		※ 둘째마당 춤맞이(오신의 단계)			지도 : 신은주,하연화, 박성호 진행 : 김정원,김미정 분장 : 김종한				
		춘앵전							최은희, 하연화, 신은주, 심부근, 하윤정
		향발무							특별출연 정재연구회 : 이미주, 김미라, 김경진, 추정금, 변지민, 박지애, 신정원, 조선영
		태평무							정미숙, 하연화, 구영희, 손미란, 이현정, 김경혜, 강아름, 박수정, 박미현, 장하나, 황경아
		승무						이서윤 의상실 마레	최은희
		삼고무							하연화, 신은주, 구영희, 조은정, 김경아, 이주현, 이현정, 이혜정, 김동희, 심부근
		살풀이춤							특별출연 이영희
		진주교방굿거리 춤							특별출연 진주교방굿거리춤 보존회 부산지부: 정혜윤, 하연화, 주은선, 변서현, 박성호, 정수민, 이유리
		장고춤							신은주, 조은정, 김경아, 이주현, 이현정, 김민아, 박수정, 이귀운, 김선현, 심부근, 장하나
		※ 셋째마당 춤내림(오신의 단계) 호적살풀이춤		남산놀이마당 꽹과리 : 설영성 장고 : 장재희 호적 : 김현일 신디사이저 : 김한나					최은희
2007. 6.12	최은희의 춤 「목숨오름」 – 꽃을위한 생명.	목숨오름	경성대학교 콘서트홀	작곡 : 양용준 이아미 (소리)		3D 최성원	장훈석	가아넷	최은희
2008. 12. 5	최은희의 큰 춤판	춤.디딤 춤.사위 춤.신명	김해 문화의전당 마루홀	남산놀이마당 (연주)			권경환	이수동	최은희 김기원, 박상용(찬조출연), 정미숙, 하연화, 구영희, 박성호, 김정원, 김민경, 조은정, 김경아, 장영진, 박광호 그 외 재학생 34명
2009. 12.1	최은희무용단의 2009 창작공연	化 身	부산문화회관 대극장	작곡 : 양용준	대본 : 안주현	이욱상	곽동인	강동인	하연화, 구영희, 박성호, 한수정, 조은정, 김영찬, 장영진, 김경아, 안주현, 이혜정, 정은주, 하원겸, 박수정, 이사론, 김보경, 최혜란, 남진아, 정현주, 진현주, 백혜인, 최은희

년 도	공연명	작 품	장 소	음 악	연출및기타	무대미술	조 명	의 상	출 연
2010. 11. 2	최은희의 춤 흐르다 II	흐르다 II	경성대학교 콘서트홀	최인식 (연주)	대본 : 최은희, 정재형		장훈석	konon.T	강영기(선화)하용부, 최은희
2011. 3.18	최은희의 신 굿판	춤열림, 춤맞이, 춤내림	경성대학교 콘서트홀, 앞마당	설영성, 우진수, 이우창 (타악연주)			장훈석		최은희, 박성호, 한수정, 남지원, 조은정, 안주현, 박수정, 정은주, 이규화, 진현주, 외 재학생6명
2012. 10. 17j	최은희의 춤 흐르다 III	흐르다 III	경성대학교 콘서트홀	김종욱		백철호		김영곤	하연화, 한수정, 허경미, 양한나, 최은희
2013. 9.17	최은희작가 춤데뷰 35주년 기념공연 – 시린샘	시린샘 붉게타던사막, 하얀섬	영화의전당 하늘연극장	총음악 : 김종욱 김보빈, 곽수은, 이아미 (소리)	무감 : 박세준 기획 : 안주현	백철호 무대제작 : 정현철, 백승범	장훈석 오대영	노현주	하연화, 한수정, 박정은, 정현주, 김동석, 최은희
2014. 4. 4	최은희의 춤 – 어디로 가고 있습니까?	시간을 걷는 여자	경성대학교 콘 서트홀		무감 : 김영찬 총진행 : 하연화 진행 : 한수정, 김정원, 김수현, 김지선, 김동현 진행보조 : 심소민, 김민지, 서수정, 장서윤	백철호 영상드론 : 오승환		konon.T	양종예 (안무)
		미친백조의 호수							김남진 (안무)
		당신은 어디로 갑니까?		작곡 : 김보빈					최은희 (안무)
2015. 4. 3	최은희의 신 굿판	춤열림 춤맞이 춤내림	경성대학교 콘서트홀				장훈석	김영곤	최은희, 하연화, 김정원, 한수정, 김지선, 양한나, 엄효빈, 김가윤, 이담희, 박예술, 신예송, 강민정, 김지윤, 백소희, 심재희, 이다영, 주화영, 김슬기, 강지원, 노은서, 박수진, 박희란, 배수현, 이정원, 한주현 특별출연 : 정영만, 이현호, 부산시 무형 문화재 제3호 동래학 춤 보존회, 풍물패 이바디
2015. 10. 22 ~23	최은희와 헤수스히달고의 춤	눈 보 라 Blizzard	영화의 전당 하늘연극장	김보빈 (작곡)	공동안무: 최은희& 헤수스 히달고 연출 : 최은희 기획 : 김기효 대본 : 시놉시스(저자Maxence Fermine)중에서	백철호	장훈석	이혜빈	최은희, Jesus Hidalgo한수정, 박재현, 김수진, 김수현, 허종원, 구은혜, 박은지
2016. 11. 29 12~3	최은희와 헤수스히달고의 춤	눈 보 라 Blizzard	상로극장 히포캠프 극장 도빌극장	김보빈 (작곡)	공동안무 : 최은희& 헤수스 히달고 대본 : 시놉시스(저자Maxence Fermine)중에서			이혜빈	최은희, 한수정, 박재현, 허종원, 구은혜, 박은지, 이유미
2017. 11.24	최은희와 헤수스히달고의 춤	망 명 Ex.iL	영화의 전당 하늘연극장	작곡 : 윤이상, Monologue, SaiSalomo 피에르 불레즈 Domaines–P 사운드디자인 : 헤수스히달고	공동안무: 최은희& 헤수스 히달고		박신욱	곽세영	최은희, 구은혜, 권수정, 강동환 연주 ; 노르베르트
2018. 03.18	최은희와 헤수스히달고의 춤	망 명 Ex.iL	프랑스 에루빌 극장	작곡 : 윤이상, 피에르 불레즈 사운드디자인 : 헤수스히달고	공동안무: 최은희& 헤수스 히달고			곽세영	최은희, 구은혜, 권수정, 강동환 연주 ; 노르베르트
2018. 10.06	제21회 서울세계무용축제SID	망 명 Ex.iL	서강대학교 메리홀	작곡 : 윤이상, 피에르 불레즈 사운드디자인 : 헤수스히달고	공동안무: 최은희&			곽세영	최은희, 구은혜, 김정은, 정진우 연주 ; 노르베르트

3. 시립무용단 연보 세부사항 City Dance Company

부산시립 무용단 - 상세내용 Dance Concert of Busan Metro Dance Company

년도	공연명	작품	장소	음악	연출및기타	무대미술	조명	의상	출연
1983. 6. 24~25	제4회 청소년무용제	선,선,선 허재비의 꿈	부산시민회관 대강당		안무&구성 : 최은희 훈련장 : 김미숙				부산시립무용단 전원
1983. 10.27~28	부산시립무용단 제12회 정기공연	허재비의 꿈 늪 하성명 모북놀이	부산시민회관 대강당	이성진(부산민속예술단) 작곡 : 장덕산	대본 : 황루시 안무&구성 : 최은희 훈련장 : 김미숙			정 선	최은희, 이용환, 김순희, 신욱자, 송진수, 김광식, 황윤희, 박순애, 길옥례, 김희수, 김미영, 이미선, 이송희, 신영아, 문정숙, 김현임, 이상복, 김정숙, 김성근, 유명자, 이기원, 장대현, 김혜정, 손심심, 조종임, 주미선, 이영숙, 박성란, 이현미, 이돈희, 이종근, 엄미애, 이귀선, 최난지, 김춘기, 김영숙, 백자현, 이 철, 정경희, 조영선
1984. 5.02~03	제4회 청소년무용제	꽃향음피어나는바람같이 정(情), 하늘	부산시민회관 대강당		안무&구성 : 최은희 훈련장 : 김미숙				부산시팁뚜용딘 진원
1984. 5.23~24	부산시립무용단 제13회 정기공연	지난겨울 늪, 소곡(小曲), 정(情), 하늘	부산시민회관 대강당	음악: 이의경 쇠: 이용식 북: 김종기 장고: 김종대	대본 : 박진주 안무 : 최은희 훈련장 : 김미숙 무 감 : 권영준	한장원	김인환	정 선	최은희, 신욱자, 김광식, 박순애, 길옥례, 신영아, 김현임, 유명자, 장대현, 김혜정, 손심심, 박성란, 주미선, 엄미애, 이현미, 이돈희, 최난지, 백자현, 이 철, 조영선, 서순덕, 김현주, 하경자, 정말숙, 정경희, 김영진, 문영숙, 조종임, 신숙경, 손옥경, 장인숙, 김은숙, 박은경, 김금희, 양은경, 김영미, 박은홍, 김숙영, 주옥선
1984. 09. 07	부산시립무용단 제14회 정기공연	처용의 향연 소곡(小曲),	부산시민회관 대강당				권영준		
		지난겨울		음악: 이의경 쇠: 이용식 북: 김종기 장고: 김종대	대본 : 박진주 안무 : 최은희 훈련장 : 김미숙 무 감 : 권영준	한장원		정 선	부산시립무용단 전원
		춤 108	부산시민회관 대강당	음악: 김용만 황의종	대본 : 송명희 안무 : 최은희 훈련장 : 김미숙 음향 : 정정식 **특별출연 : 이매방**	김응기	권영준	우인희	최은희, 신욱자, 김광식, 박순애, 신영아, 김현임, 유명자, 장대현, 김혜정, 손심심, 박성란, 주미선, 엄미애, 이현미, 이돈희, 최난지, 백자현, 이 철, 조영선, 서순덕, 김현주, 하경자, 정말숙, 정경희, 김영진, 문영숙, 신숙경, 손옥경, 장인숙, 김은숙, 박은경, 양은경, 김영미, 박은홍, 김숙영, 주옥선

년도	공연명	작품	장소	음악	연출및기타	무대미술	조명	의상	출연
2001. 02. 07	정월대보름	지신밟기	남구 태화강 둔치 야구장		안무 : 최은희 지도 : 현숙희 단무장 : 전현철				울산시립무용단 전원
2001. 03~21	전국시도립 안무자춤 교류전	산조춤	성산아트홀						최은희
2001. 04~28	울산문수축구경기장 기념공연	태양의 춤	문수축구경기장						울산시립무용단 전원
2001. 9. 7	울산시립무용단 창단공연	우로보로스	울산문화예술회관 대극장	작곡 : 신혜영	대본 : 김열규 안무 : 최은희 지도 : 현숙희 기획 : 전현철 기술 : 엄주권 무대 : 김진수 조명 : 김남용	정진윤 3D영상 : 최성원		배용, 마레	울산시립무용단 전원
2001. 06~26	부산.울산.경남 3시도 예술단교류	우로보로스			안무&구성 : 최은희 지도 : 현숙희				울산시립무용단전원
2001. 08~28	세계도자기엑스포 울산시립무용단초청공연		경기도이천(설봉공원내) 야외공연장						울산시립무용단전원
2001. 05~24	창원,울산시립무용단 초청공연	우로보로스	부산문화회관 대극장		안무&구성 : 최은희				울산시립무용단 전원
2001. 09~14	제2회 정기공연 춤과 소리의 만남	조각배 外	울산문화예술회관 소극장		안무 : 최은희			비단길, 마레, 윤정	
2001. 10~19	제3회 정기공연	처용의 북울림	울산문화예술회관 대극장	작곡 : 윤소희	안무&구성 : 최은희 무대장치- 울산처용무 보존회 기술-엄주권, 무대-김진수 조명-김남용 음향-황재영			이수동	특별출연 - 김용옥, 홍석기, 이창규, 박원우, 나민재, 이성원
2001. 11.22	제4회 정기공연	불굼혜 -밝은 세상	울산문화예술회관 대극장	작곡 : 지원석 대취타 : 부산대학교 국악과	재구성,안무 : 최은희 연출, 대본 : 이병훈 지도 : 현숙희 드라마트루기 : 최명석 기술감독 : 엄주권 무대감독 : 김 진수 음향감독 : 황재영	이경표	김남웅	이수동, 이영숙	울산시립무용단 전원 의물 : 경성대학교 무용학과, 울산예술고등학교 무용과 사자무 : 동해민속예술원 탈춤지도 : 황해순 궁중정재지도 : 김영숙
2001. 12.22	해설이 있는 청소년을 위한 춤	독2 外	울산문화예술회관 소극장	작곡 : 김영진, 백규진	총연출 : 최은희 지도 : 현숙희 안무 : 최은희, 현숙희, 홍이경 대본 : 정일근 기술 : 엄주권 무대 : 엄재영 음향 : 이상문	이종근, 황경호	김정두	이수동, 송진숙	울산시립무용단 전원
2001. 12.28	제4회 정기공연	송년공연 전통춤 한마당	울산문화예술회관 대극장		안무 : 최은희 지도 : 현숙희 기술 : 엄주권 무대 : 김진수 음향 : 황재영		조명감독 : 김남용		울산시립무용단 전원

년 도	공연명	작 품	장 소	음 악	연출및기타	무대미술	조 명	의 상	출 연
2002. 3.21	제5회 울산시립무용단 정기공연	요놈, 춘풍아	울산문화예술회관 소극장	작곡 : 지원석	대본 : 채희완 안무 : 최은희 연출 : 황해순 지도 : 현숙희 음향 : 이상문 무감 : 엄재영 기술감독 : 김기원	송관우	김정두	예원아트	한 량 들 : 우진수, 나민재, 박진수, 이성원 평양기생 : 길영경, 김영희, 유혜경, 이현경 개성기생 : 김윤희, 박민정, 박영신, 이진옥 허민정 진주기생 : 김현정,김현주, 박정은, 이민정, 이상희, 장수임, 황희정 주 모 : 김미정,정윤경,정지현 아 낙 : 박계영, 방명희, 류호정 마을처녀 : 홍이경, 길영경, 김영희, 김윤희, 박민정, 박영신, 유혜경, 이진옥, 이현경, 허민정 중국사신 : 구태우, 나민재, 박진수, 우성호, 이성원 풍 물 패 : 박상웅,강성주,박순호,박원우
2002. 05.14	여성문수회 고희잔치 초청공연	요놈, 춘풍아	울산종합체육관	안무 : 최은희					
2002. 6.19	제6회 울산시립무용단 정기공연	태화강은 흐른다	울산문화예술회관 대극장	작곡 : 지원석 연주 : 윤찬구, 우진수, 강성주, 박상욱, 박성태, 박순호, 김영희, 백시내, 이 진, 임세란, 엄현숙, 장은진, 정은아, 정영희, 최미란	대본 : 정일근 지도 : 현숙희 무술지도 : 강응순, 이정광 기술감독 : 엄주권 무대진행감독: 김기원 무감 : 김진수 음향 : 황재영	박재현	김남웅	마레	최은희, 현숙희, 홍이경, 한수정, 이창규, 홍석기, 구태우, 나민재, 이성원, 박원우, 박진수, 우성호, 길영경, 김영경, 김윤희, 김미정, 김현주, 김현정, 김영희, 류호정, 박정은, 박계영, 박민정, 박영신, 박지애, 방명희, 이상희, 이귀은, 이민정, 이주현, 이진욱, 이현경, 유혜경, 장수임, 정윤경, 정지현, 황여주, 황희정, 허민정
2002. 07~15	울산광역시 5주년기념및 민선3기출범축하공연	북울림 外	울산문화예술회관 대극장		안무 : 최은희				울산시립무용단 전원 반주(장구)–장덕화, 소리– 신영희,김영임
2002. 07~23	3개시도 춤 교류전	처용의 북울림	부산문화회관 대극장	작곡 : 윤소희 연주 : 울산시립 무용단 연주단	안무&구성 : 최은희 훈련지도 : 현숙희 무대장치 : 울산처용무 보존회 기술 : 엄주권 진행 : 김기원 무대 : 김진수 조명 : 김남용 음향 : 황재영		김남웅	이수동 비단길	울산시립무용단 전원
2002. 08.20	우리춤 우리가락	승무 外	울산문화예술회관 대극장	연주 : 울산시립 무용단 연주단	연출 및 재구성 : 최은희 지도 : 현숙희 기술 : 엄주권 진행 : 김지원 무대 : 엄재영 음향 : 박우흠				울산시립무용단 전원

무용제 - 한국무용제전 Korean Dance Festival

1985.05.05	제1회	소리 굿, 변신	문예회관 대극장
1986.04.25	제2회	왕의 뜰	문예회관 대극장
1987.04.30	제3회	파문	문예회관 대극장
1988.05.28	제4회	매듭풀이	문예회관 대극장
1989.04.29	제5회	누이여, 나의 누이여!	문예회관 대극장
1991.05.08	제7회	어두운 날들의 바람은 그치고	국립중앙극장 대극장
1994.04.17	제10회	물맞이	문예회관 대극장
1995.04.30	제11회	매듭풀이	문예회관 대극장
2000.03.11	제16회	네 개의 바다	문예회관 대극장
2002.11.22	제17회	배김 허튼춤	국립 국악원 예악당
2003.09.08	제18회	수마트라의 꿈	부산문화회관 대극장
2005.10.14	제20회	배김 허튼춤	성균관대학교60주년 기념관 새천년홀
2007.08.24	제21회	목숨오름 - 꽃을 위한 생명	국립국악원 예악당
2011.04.23	제25회	사(沙)	아르코예술극장
2015.11.04	제29회	전통춤 <태평무>(한영숙류)	강동아트센터 소극장

무용제 - 부산여름무용축제 Busan Summer Dance Festival

2004년 부산국제여름무용축제로 개칭

1989.08.06	제2회	89 열림 굿	광안리 방파제
1990.07.15	제3회	여름맞이	광안리 방파제
1991.07.18	제4회	현씨아미	경성대 콘서트홀
1991.07.20	제4회	91 신바람	광안리 방파제
1992.07.19	제5회	이슬을 걷어다오	광안리 야외무대
1994.06.26	제7회	도깨비천국	광안리 야외무대
1994.07.02	제7회	백방	경성대 콘서트홀
1995.07.09	제8회	95 어방풀이	광안리 야외무대
1996.07.07	제9회	태양꽃	광안리 야외무대
1996.07.10	제9회	영혼의 번제	경성대 콘서트홀
1998.07.05	제11회	태양의 바라	광안리 야외무대
1998.07.09	제11회	하얀배	경성대 콘서트홀
1999.07.14	제12회	새천년을 부르는 소리 · 굿 · 바람	광안리 야외무대
2000.07.02	제13회	밝-빛으로 향한 떨림으로...	경성대 콘서트홀
2002.07.07	제15회	춤추는 바다	해운대 야외무대
2004.07.04	제17회	수마트라의 꿈 II	해운대 야외무대(우천으로 경성대 콘서트홀)
2006.07.09	제19회	류(流) - 흐르다...	해운대 야외무대
2007.07.07	제20회	역 – 물의 정거장 中	경성대 콘서트홀
2008.07.06	제21회	일(日),출(出)	해운대 야외무대
2010.07.04	제23회	Message of origine (시원의 메시지)	해운대 야외무대

무용제 - 대학무용제 University Dance Festival

2019년 커뮤니티 여름축제로 개칭

1990.11.16	제1회	검은산 하얀방 넘어	부산문화회관 대극장
1992.10.27	제3회	물맞이 굿 – 하늘은 열리고	부산문화회관 대극장
1993.10.15	제4회	영산회상 불보살	부산문화회관 대극장
1996.10.29	제7회	서기 2천년을 여는 춤 - 태초의 공간에서	부산문화회관 대극장
1998.11.03	제9회	네 개의 바다	부산문화회관 대극장
2000.09.07	제11회	어머니의 강	부산문화회관 대극장
2004.11.10	제15회	신 물맞이	부산문화회관 대극장
2006.09.07	제17회	류(流) - 흐르다.	부산문화회관 대극장
2008.10.24	제19회	일 · 출	부산문화회관 대극장
2012.10.31	제23회	숨-움틈의 몸짓	영화의 전당 하늘연극장
2015.10.30	제26회	流 흐르다...	영화의 전당 하늘연극장
2019.11.02	제30회	샤만 트리 Shaman Tree	영화의 전당 하늘연극장

5. 국내 기타 Others in Korea

1985.05.07.	창무춤터 초청공연	변신	창무춤터
1986.03.14-16.	창무춤판 기획공연	제웅맞이	창무춤터
1988.09.19.	제24회 서울올림픽 대회 요트경기장 개회 안무	파도를넘어서	부산 수영만 요트경기장
10.04.	춤과 미술과 시의 만남	외출하다	창무춤터
12.12.	1988.소극장 춤“Best5”초대전	외출하다	창무춤터
1991.11.30.	제1회 전통춤 5인전	춘앵전	부산문화회관 대극장
1992.05.22.	전통춤 5인전	춘앵전	문예회관 대극장
06.08-09.	92춤의 해 부산무용인의합동공연	어두운 날들의 바람 그치고	부산문화회관 대극장
11.08.	제2회 전통춤 5인전	승무	부산문화회관 대극장
11.22.	창무예술원 개관 축제 초청공연	현씨아미,넋들임	창무예술원 포스트 극장
1993.01.30.	토요상설무대 초청공연	춘앵전	부산문화회관 중극장
03.23.	‘93현대춤작가 12인전	백방	문예회관 대극장
05.29.	토요상설무대 초청공연	태평무	부산문화회관 중극장
06.15.-21.	최은희와 춤패배김새 순회공연	도시의새, 아리랑 진혼무,어두운 날 바람은 그치고	충북청주예술문화회관, 창원,울산KBS홀
10.23.	제15회 서울무용제	여인등신불	문예회관 대극장
11.01.	제3회 전통춤 5인전	태평무	부산문화회관 대극장
1994.04.12.	전통춤 5인전 초청공연	승무	울산KBS홀
05.13.	전통춤 5인전 초청공연	승무	경남문화예술회관
10.05.	제15회 부산시민의 날 94부산포 축제 참가지도	강강수월래	해운대 백사장
11.08.	제4회 전통춤 5인전	살풀이춤	부산문화회관 대극장
11.26.	우리민속한마당“최은희의 춤마당”	살풀이춤,승무 외3편	국립민속박물관
1995.05.28.	‘95중요무형문화재 제27호 승무, 97호 살풀이춤 이수자발표회	승무,살풀이춤,춘앵전	동래민속관
08.19.	95 세계한민족축전 한민족 예술제	영산회상 불보살	부산 문화회관 대극장
09.16.	중요무형문화재 이수자 발표회	춘앵전, 살풀이춤	광주남도예술회관
09.21.	제4회 전국무용제 연기상 수상	백의	대구문화예술회관
10.21. 11.18.-21.	공단 순회공연-익산,구미,울산 안무 출연	태평무, 도시의 새, 새움, 물맞이	익산,구미,울산
11.03.-04.	최은희와 춤패 배김새 10주년 기념공연	매듭풀이, 도시의 새, 히로시마 오늘 1995,백의	부산문화회관 중극장
1996.02.25.	오늘의 춤꾼 내일의 춤꾼	춘앵전, 대금산조, 태평무, 부지음, 살풀이 춤, 영혼의 번제	창무예술원포스트 극장
08.06.	제1회 부산바다축제	96 춤 바다, 춤굿	해운대특설무대
1997.01.04.	신맞이굿(토요상설)	학춤, 택견, 검결무, 탈춤, 승무, 허튼춤, 살풀이, 춤굿	부산문화회관 중극장
02.29.	창무회 20년, 창작춤 20년	태초의 공간에서	문예회관 대극장
08.09.12.13.	벽지순회공연	춤굿-신맞이,북놀음,춤한마당,뒷풀이	안동, 양산, 포항
09.03.-04.	‘97 창무국제예술제	영혼의 번제	창무예술원 포스트극장
1998.07.21.	Kvaemer사 명명식	부채춤,북춤	파라다이스 호텔 야외마당
08.03.	제4회 부산바다축제	물맞이	송도 특설무대
09.13.	최은희와 춤패 배김새 우수레퍼토리 공연	여인등신불, 백의	국립국악원 예악당
1999.04.16.	부산문화회관 외국인초청공연	북, 입춤, 물맞이, 허튼춤	부산문화회관 중극장
05.20.	부산시립무용단 정기공연 봄신명, 춤신명, 새천년	하얀배	부산문화회관 대극장
06.04-06.07.	정보통신, 세기말 실크로드	높새바람-신내림과 땅의 춤	문예회관 대극장
10.16.	부산문화회관 외국인을 위한 초청공연	부채춤, 입춤, 물맞이	부산문화회관 중극장
12.18.	재부 한국무용교수 초청 한국춤 자선공연	승무	경성대학교 콘서트홀
2000.04.01.-03.	현대춤작가 12인전	붉-빛으로 향한 떨림으로...	문예회관 대극장
06.27.	대구무용제	네 개의 바다	대구 문화예술회관

08.12.	고성 오광대 정기공연 특별출연	새천년울 부르는 소리.굿.바람	고성군 회화면 당항포 국민관광단지
12.15.	제1회 카톨릭 명인, 명무 초청자선 공연	산조춤, 배김허튼춤	KBS 부산홀
2001.09.25.	2001최고 안무자 초청 자선공연	진주교방굿거리 춤	KBS부산홀
2001.09.20.	부산시립국악관현악단 제105회 정기연주회	산조춤	부산문화회관 대극장
10.29.	제4회서울공연예술제 역대수상작-제23회서울무용제	"넋들임"中일부	문예회관대극장
2002.06.05.	2002월드컵 기념 축하공연	신 물맞이	울산대공원
06.08.	제16회 부산청소년 예술제 찬조출연	2002소리.굿.바람	부산시민회관 대강당
08.17.	토요상설무대	승무 (이매방 류)	부산문화회관 소극장
09.25.-26.	아시아게임 축하공연	'허황후'	부산문화회관 대극장
11.04.	제6회 가얏고와 정기공연-무사의 춤	승무,살풀이 춤	대전평송수련원 소강당
2003.06.12.	2003대전춤 작가전	그영혼은 새가되어	대전 대적과학문화센터 콘서트홀
2004.02.27.	자선기금마련 특별공연,춤패배김새 네 번째 옛춤판	승무,배김허튼춤	민주공원 소극장
03.17.	기획공연 최은희의 큰 춤판	천둥소리	국립국악원 예악당
2005.08.08.	제1회 부산국제해변무용제/	태양꽃	광안리 야외특설무대
2006.02.22.	한국의 명인명무전	살풀이 춤	국립국악원 예악당
07.14.	부산 버슴새 기획공연 우리소리 우리몸짓 그리고... 흥과 멋	입춤	부산문화회관 중극장
2007.01.29.	제14회 창무국제예술제-창무회30주년기념작	물의 정거장	아르코예술극장 대극장
2009.07.25-26.	3인3색춤판	한여름에 내린비	가마골소극장
2011.11.24.	포스트춤판	춘앵무	포스트극장
2014.10.09.	Dance for Tomorrow	어디로 가고 있습니까	창무 포스트극장
2015.03.04.	풍류사랑방 수요춤전	산조예찬	국립국악원 풍류사랑방
2016.12.28.	창무회 창작춤 40년 폐막 갈라공연	눈보라	포스트극장
2017.04.29.	역사의 춤, 오늘을 춤추다	호적살풀이춤,춤신명	을숙도문화회관 대극장
08.12.	일본군위안부 해원상생한마당	열림북	부산 자갈치 친수공간(자갈치시장 건물 뒤편)유라리광장
09.10.	2017영남춤축제 춤,보고싶다-최은희의 우리춤 큰춤판	춘앵전, 승무, 하얀섬	국립부산국악원 연악당
2018 .10.07.	제21회 서울세계무용축제	망명	서강대학교 메리홀
2019.02.23.	춤패 배김새 신맞이 춤판	살풀이춤	민주공원 소극장
11.13.	제40회 서울무용제	어디로 가고 있습니까?	아르코예술극장 대극장
12.15.	2019 춤으로 갈무리하다	호적살풀이춤	부산문화회관 대극장
2020.10.07.	울산시립무용단 창단 20주년 기념공연- 여정을 잇다 예술감독전(온라인)	산조춤(황무봉-김매자류)	울산문화예술회관 소공연장
11.05.	제5회 예인 예술제-마음을 그리다	살풀이춤	부산예술회관 공연장
2021.12.05.	부산광역시문화상 수상자 합동공연 – 제56회 수상(공연예술)	산조춤	부산시민회관 소극장
12.09.	두리춤터 오픈씨어터 敎學相長	평생 무용교육 발전에 헌신해 온 교수들의 진솔한 춤 이야기-	
	그들의 춤에서 무용계의 나아갈 길을 묻다	황무봉류 산조춤	두리춤터 BLAK BOX 극장
2022.03.30-31.	춤의 연대기.	춘앵전,숨	서울남산국악당 크라운해운홀
05.19.	한국창작춤1978, 우리는 이렇게	작법(나비춤),도르래	두리춤터 BLAK Box극장
09.16.	제6회 가야명상문화 축제	태평무	김해문화전당 마루홀

6. 춤패 배김새 Baegimsae Dance Troupe

*역대 회장단

'86 - '89 - 제1대 대표 정미숙
'90 - '91 - 제2대 대표 윤보경
'92 - '93 - 제3대 대표 김희선
'94 - '99 - 제4대 대표 신은주
'00 - '15 - 제5대 대표 하연화
'16 - '17 - 제6대 대표 한수정
'18 - '21 - 제7대 대표 손미란

*역대 배김새 단원

정미숙, 윤보경, 안줄이, 김희선, 목혜정, 안귀숙, 신은주, 하연화, 전현철, 이경미, 서상순, 박은실, 강선미리, 오은주, 황지영, 구영희, 손미란, 홍이경, 김종덕, 박성호,박미영, 한수정, 김정원, 이지영, 한영화, 박재현, 윤수경, 이화성, 황정옥, 김민경, 정경희, 남지원, 김현주, 박정은, 안영주, 박영애, 박수정, 정현주, 이혜정, 김경아, 안주현, 조은정, 김영경, 양한나, 김지선, 이현정, 정수임, 엄효빈, 정은주, 김미란, 최지원, 이주현, 백소희, 이다영, 김지윤, 이소윤, 배정현

정기공연

1986.12.05.	춤패 배김새 창단공연	무궁화 꽃이 피었습니다 (공동안무; 정미숙, 윤보경, 안줄이, 안귀숙)	가마골 소극장
1989.12.06.	제2회 춤패 배김새 정기공연	히로시마 오늘 1989 (안무;정미숙), 무지개 나라의 물방울 (안무;윤보경)	경성대 콘서트홀
1990.06.29.	제3회 춤패 배김새 정기공연	그날이후 (안무;정미숙), 나를 동여매든 벌을 풀고 (안무;김희선)	경성대 콘서트홀
1991.11.15.	제4회 춤패 정기공연	아리랑 진혼무 (안무;윤보경), 빛이 될 때까지 (안무;하연화)	경성대 콘서트홀
1992.12.04.	제5회 춤패 정기공연	도시의 새 (안무;김희선), 이슬을 걷어다오 (안무;신은주)	문화회관 대강당
1993.12.03.	제6회 춤패 정기공연	이름없는 별 (안무;정미숙), 휴화산 (공동안무;강선미리,황지영,오은주)	문화회관 중극장
1994.12.04~5.	제7회 춤패 정기공연 및 소극장 기획공연	우리가 불러야 할 노래 (안무;신은주), 속이 비어있는 덩어리 (안무;손미란)	가마골 소극장
1995.11.03~04	최은희와 춤패 배김새 10주년 기념공연	매듭풀이,도시의 새,히로시마 오늘 1995,백의 (안무;최은희, 김희선, 정미숙, 신은주)	문화회관 중극장
1995.11.09~11.	제8회 정기공연	여행 (안무;홍이경), 눈하나 눈둘 (안무;한영화)	Say 소극장
1996.09.12.	제9회 정기공연 (춤과 연극, 음악과의 만남)「녹색방」 연극과의 만남	아직도 바다에 인어가 살고 있을 까(안무;강선미리),	
	음악과의 만남	보따리(안무; 김희선)	Say 소극장
1998.12.22.	제10회 정기공연	콘크리트 숲 그늘(안무;김민경),독 - 잃어버린 공간(안무;홍이경),우리는 중딩을 알까?(안무;한영화)	경성대 콘써트홀
1999.12.17.	제11회 정기공연	나비II (안무;신은주), 송(안무;황정옥)	경성대 콘서트홀
2000.5.24~25.	춤패배김새 15주년 기념공연	'신새벽-몸과 신기류의 만남' - (안무;신은주),	
5.27~28.		꿈(안무;황정옥)	민주공원 소극장
2001.12.02.	제13회 정기공연	가시(안무;신은주), 퓨전 시나위(안무;하연화)	민주공원 소극장
2002.11.18.	제14회 춤패 배김새 정기공연	(안무;하연화) 달(안무;이화성) 하늘.꽃(안무;황정옥)	코드 소극장
2003.11.20.	제15회 춤패 배김새 정기공연	흙에서(안무;김민경), 광야(안무;신은주)	을숙도문화회관 대극장
2005.09.23.	춤패배김새 20주년 큰춤판	물길(공동안무;신은주, 김민경)	금정문화회관 대극장
2006.12.22.	제17회 춤패 배김새 정기공연	몸~부림,이름 없는 수초들의 노래(안무:최은희,안무보; 신은주,지도;하연화)	민주공원소극장
2007.11.29.	제18회 춤패 배김새 정기공연	푸른눈물(안무;하연화)	해운대문화회관 해운홀
2008.10.11.	제19회 춤패 배김새 정기공연	흑선가갸(안무;한수정), 좁은방(안무;안주현), 장미, 그 가시를 품다(안무;김경아)	경성대학교 예노소극장
2010.12.29	춤패 배김새 25주년 기념공연	「환」 나비 날다(안무;하연화), 꿈꾸는 식물(안무-;안주현)	국립부산국악원 대극장
2011.07.27~28.	제21회 춤패 배김새 정기공연	'古and GO'진주교방굿거리춤, 달빛교(하연화, 안무;박수정) 처용무, 얼레리 꼴레리(한수정,안무; 남지원)	
		학춤, 닿고 싶다(손미란, 안무;조은정), 태평무, 파도위의 사과(김정원, 안무;안주현)	부산문화회관 소극장
2013.12.16.	제22회 춤패 배김새 정기공연	대마도 조선통신사 교류20주년 기념공연「물길」 (공동안무-하연화, 손미란)	부산문화회관 중극장
2014.07.23.	제23회 춤패 정기공연	여름맞이 (재구성-하연화)	부산예술회관 공연장
2015.12.23	춤패 배김새 30주년 공연	발등 우에 하늘을 두고, 배기다.(공동안무;하연화, 한수정)	영화의 전당 하늘연극장
2016.09.29.	제25회 춤패 배김새 정기공연	行. 交. 合(안무;최은희, 재구성;하연화)	국립부산국악원 연악당
2017.10.29.	제26회 춤패 배김새 정기공연	Hole 심연 (안무- 한수정)	해운대문화회관
2019.09.21.	제27회 춤패배김새 정기공연	각시(覺時)-불현 듯, 알아차리다(안무-하연화)	영화의전당 하늘연극장
2021.07.23.	춤패 배김새 36주년 정기공연	길 (총안무-최은희/안무-정미숙, 하연화, 한수정, 이화성)	영화의전당 하늘 연극장

기획공연

1988.02.23.	전통무용과의 만남 - 김희선의 춤		가마골 소극장
1988.04.30.	전통무용과의 만남 - 정미숙의 춤		가마골 소극장
1988.07.02.	전통무용과의 만남 - 목혜정의 춤		파랑새 예술극장
1988.08.30.	전통무용과의 만남 - 안줄이의 춤		파랑새 예술극장
1988.10.29.	전통무용과의 만남 - 윤보경의 춤		파랑새 예술극장
1989.08.06.	기획시리즈 만남	껍질 (안무;이경미), 회향 (안무;신은주)	가마골 소극장
1989.09.18.~19	기획시리즈 만남	소리 없는 소리 (안무;서상순), 가을 뜨락에 서서 (안무;하연화)	가마골 소극장
1990.04.15.	'90 열림춤 한마당		동래민속 예술관 놀이마당
1991.07.05.~10	기획시리즈	만남 열리는 맥 (안무;김희선), 보이는 것과 보이지 않는 것 (안무;박은실), 춤과 무예와의 만남 (공동안무;강선미리,김순례,오은주)	가마골 소극장
1993.06.15,16,21	최은희와 춤패 배김새 순회공연-	도시의 새,아리랑 진혼무,어두운 날들의 바람 그치고 (안무;김희선,윤보경,최은희)	청주 예술회관,창원 KBS홀,울산 KBS홀
1994.12.04~05	소극장 기획공연	우리가 불러야 할 노래 (안무;신은주) 속이 비어 있는 덩어리 (안무;손미란)	가마골 소극장
1995.02.02.	신단원 워크	삐에로는 우리를 보고...(공동안무;박미영,김문경), 고요의 바다 (김종덕), 눈하나 눈들 (공동안무;한영화,박미영), 다시 (공동안무;한수정,이지영)	장우 소극장
1996.03.06	신맞이굿(안무 및 재구성; 최은희)		경성대 콘서트홀
1996.09.08.	열린무대	회향 (안무; 김종덕)	광안리 해변
1997.08.09.~13.	벽지순회공연	동래학춤,봉산탈춤,부채춤,춤굿	안동 지례 예술촌, 양산 통도 환타지아,포항 도솔관
1997.09.07.	야마다 세츠고의 춤 - 속도의 꽃		부산문화회관 중강당
1998,03.10.	'98 배김새 워크샵 1	꼬리(안무;홍이경), 21c 꿈나무 (안무;한영화), 못 (안무;김민경), 향음 (안무;최은희)	경성대학교 예노 소극장
1998.03.15.	'98 배김새 워크샵 II	(死) ,(沙), (徒) (안무;이지영), 망자의 (안무;윤수경), 그리움의 가속도 (안무;박미영)	경성대학교 예노 소극장
1998.12.21.	춤패 배김새 기획공연	첫번째 옛춤판 (윤보경,정미숙,신은주,하연화,최은희)	경성대콘서트홀
1999.02.04.	'99배김새 워크샵	나는 꽃으로 피어나다 (안무;박정은), 그대 앞에 봄이 있어 (안무;정경희), 송 (안무;황정옥)	경성대 예노소극장
1999.03.14.	춤패 배김새	새 천년 신맞이굿 (안무,재구성;최은희)	파라다이스 호텔 야외마당
1999.11.14.	춤패 배김새 기획공연	두번째 옛춤판 (정미숙,윤보경,하연화,신은주)	경성대학교 예노소극장
2000.10.28	최은희와 춤패 배김새	나를 보내신 이를 찾아 (안무;최은희)	구포 덕천 고가다리밑 강변
2002.04.02.	춤패 배김새 기획공연	세 번째 옛 춤판 공연 / 진주교방굿거리,도살풀이춤,태평무,승무, 2002 배김허튼춤 (정미숙, 윤보경, 하연화, 신은주)	경성대학교 콘서트홀
2004.08.14.	춤패 배김새 주최	한국의 숨결 (총감독 최은희)	해운대 대천공원내 야외공연장
2004.02.27.	춤패 배김새 기획공연	네 번째 옛춤판 - 백혈병 학생 돕기 - 태평무,살풀이춤,산조, 승무,배김허튼춤 (최은희,정미숙,윤보경,하연화,신은주외)	
2005.	춤패 배김새 신입단원 워크샵 공연	진동이 되어, 부석 황이 되어	부산민주공원 큰방
2005.02.13.	춤패배김새창단20주년특별기획공연	솔리스트전/ **춤추는 아리랑** (안무;김경아), 가(伽).가(歌).가(假)(안무;한수정), 호박 (안무;이화성)	민주공원 소극장
2005.05.04.	춤패 배김새 20주년 특별기획공연	다섯번째 옛춤판 - 동래학춤, 태평무,도살풀이춤,교방굿거리춤,수영말뚝이,승무,배김허튼춤 (최은희,정미숙,윤보경,신은주,하연화,김민경,김윤희,김경아,남혜림,성하진,이주현,이현정)	부산민주공원 소극장
2006.02.15.	춤패 배김새 여섯번째 옛 춤판	동래학춤,춘앵전,탈춤,진주교방굿거리춤, 태평무,산조,배김허튼춤 (최은희,하연화,신은주,김민경,조은정,김경아,이주현,이현정,정수임)	부산민주공원 소극장
2007.04.20.	춤패 배김새 솔리스트전	한 그루 나무가 서 있습니다 (안무; 김경아), 해,바라기(안무;안주현), 悲 나비(안무;조은정),길을 가다(이현정)	경성대학교 예노소극장
2012.	춤패 배김새 워크샵	남지원, 박수정, 김지선, 양한나	공간소극장
2013.07.19.	야마다세스코와 함께하는 즉흥 콜라보레이션	"곁에 있다" (야마다세스코, 하연화, 허경미)	LIG 아트홀
2019.2.23.	춤패 배김새 신맞이 춤판	교방굿거리,도살풀이춤,권명화류 소고춤,살풀이춤,배김 허튼춤 (최은희, 정미숙, 윤보경, 하연화, 손미란, 김지윤, 백소희, 이다영)	부산 민주공원 소극장

페스티발 및 초청공연

1989.08.06.	제2회 부산여름무용축제 야외공연	「열림굿 89」 (연출;최은희,지도;정미숙)	광안리 방파제
1989.10.01.~09	공간무용인의 밤	무지개 나라의 물방울 (안무;윤보경)	공간
1990.07.15.	제3회 부산여름무용축제 야외공연	여름맞이 (안무;윤보경,하연화)	광안리 방파제
1991.07.20.	제4회 부산여름무용축제 야외공연	신바람'91 (안무;윤보경,정미숙)	광안리 방파제
1991.11.03.~11.	열림춤판'실험과 전망'	아리랑 진혼무 (안무;윤보경)	학전소극장
1992.03.27.	눌원무용페스티발	지상의 유토피아를 위한 불림(안무;정미숙)	눌원소극장,부산
1992.04.28.~29.	민족극 한마당	아리랑 진혼무(안무;윤보경)	민족 굿터 신명천지
1992.05.19.	부산 젊은 춤꾼들의 창작전	빛이 될 때까지 II (안무-하연화)	부산문화회관 대극장
1992.06.14.	제2회 내구무용제	도시의 새 (안무-김희선)	대구문화예술회관 대극장
1992.07.19.	제5회 부산여름무용축제	이슬을 걷어다오 (안무-신은주)	해운대해수욕장 특설무대
1992.07.26.	제1회 부산무용제	도시의 새 (안무-김희선)	부산문화회관 대극장
1992.08.15.	제1회 해변무용제	태양의 춤,신명의 춤 (안무-신은주)	해운대 해수욕장 특설무대
1992.	「춤의 해」 여름야외이벤트순회공연	이슬을 걷어다오 (안무-신은주)	여수,목포,내장산,광주
1993.03.08.	한국무용연구회 주최 93'신인 안무가 발표회	새 눈속에 감겨진 어둠 (안무;김희선)	문예회관 대극장
1993.07.25.	제2회 부산무용제	이름없는 별 (안무;정미숙)	부산문화회관 대극장
1994. 04.02	제1회 민족춤제전	아가들도 세상을 뜨는구나 (공동안무;최은희,정미숙)	문예회관 대극장
1994.07.04.	제3회 부산무용제	꽃감관 (안무;윤보경)	부산문화회관 대극장
1995.03.22.	제2회 민족춤제전	히로시마 그리고 오늘 1995 (안무;정미숙)	
1995.07.04.	제4회 부산무용제	백의 (안무;신은주)대상	부산문화회관 대극장
1995.08.17.	광복 50주년 기념 '95 부산 바다예술제	어방풀이 (안무;최은희)	
1995.08.19.	'95 세계 한민족 축전 예술제	영산회상 불보살 (안무;최은희)	부산문화회관 대극장
1995.09.21.	제4회 전국무용제	백의 (안무;신은주, /연기상, 장려상, 미술상)	대구문화예술회관 대극장
1996.06.25.	제5회 부산무용제 축하공연	백의	부산문화회관 대극장
1996.08.06.	제1회 부산바다축제	'96 춤,바다,춤굿 (안무;최은희)	해운대 특설무대
1996.	창무초청 춤과 연극과의 만남	아직도 바다에 인어가 살고 있을까.(안무;강선미리)	창무 포스트 극장,서울
1997.01.04.	토요상설	신맞이굿 (안무,재구성;최은희)	부산문화회관 중극당
1997.02.29.	창무회 20년, 창작춤 20년	태초의 공간에서 (안무;최은희)	문예회관 대극장,서울
1997.05.23.	'97 부산신인동인 춤한마당	껍질 (안무;오은주)	부산무용센터
1997.06.30.	제6회 부산무용제	곳 (안무;김종덕)	부산문화회관 대극장
1997.10.17.	제7회 신인안무가전	꼬리 (안무;홍이경)	문예회관 소극장
1997.02.25.	'99드림 앤 비전 댄스 페스티벌	나비 (안무;신은주)	포스트 극장
1999.05.03.	'99 부산춤 한마당	콘크리트 숲 그늘 (안무;김민경)	부산무용센터
1999.06.05.	제 6회 민족춤 제전	은빛환상 (안무;정미숙)	문예회관 대극장
1999.08.03.	제 4회 부산 바다축제	물맞이 (안무;최은희)	송도 특설무대
1999.12.17.	'99차세대 춤꾼 시리즈1	서리,나비II (안무;신은주)	포스트극장
2000.06.15.	2000년 젊은 안무가전	블랙홀 (안무;한수정) 무제치늪 (안무;박재현)	부산문화회관 중극장
2000.07.04.	부산여름무용축제 젊은 안무가 페스티발	서리 (안무'신은주)	경성대 예노소극장
2000.12.15.	제1회 카톨릭 명인,명무 초청 자선공연	산조춤, 배김허튼춤	KBS 홀,부산
2002.11.22.	2002한국무용제전	배김허튼춤(연출;최은희,공동안무;정미숙,윤보경,신은주,하연화)	/국립국악원 예악당.
2002.11.11.	제4회 영 · 호남 교류전	배김허튼춤	부산시민회관 대강당
2002.06.07.~08.	내일을 여는 춤	향 (안무;하연화)	포스트극장
2003.07.15.~17.	제12회 부산무용제	물의 사원 (안무;정미숙)	부산문화회관 대극장
2004.06.23.	제13회 부산무용제	나비. 바다를 날다 (안무;하연화)	부산문화회관 대극장
2004.10.30.	6개광역시연합 무용교류전	나비. 바다를 날다	광주문화예술회관 대극장.

2005.08.08. .	제1회 부산국제해변무용제	태양꽃 (안무;최은희)	광안리 야외특설무대
2005.10.14.	제20회 한국무용제전	배김허튼춤	성균관대학교60주년 기념관 새천년홀,서울
2006.05.13.	부산동인제10춤마당	파아란 (안무;조은정)	금정문화회관 소극장
2006.12.18.~19.	창무 한국창작춤 메소드 12번째 공연	몸~부림,이름없는 수초들의 노래 (안무;최은희,안무보;신은주,지도;하연화)	포스트극장
2008.11.30.	새물결 동인춤 모음전	장미, 그 가시를 품다 (안무;김경아)	부산문화회관중극장
2012.11.14.	새물결 춤작가전	달리...아무도 없다. (안무;남지원)	부산문화회관 소극장
2012	해운대문화회관 목요상설무대	진주교방굿거리춤외	해운대문화회관 소극장.
2012.06.05	부산국제무용제 폐막축하공연	배김허튼춤	부산문화회관 중극장
2012.09.26.	제50회 무용예술제	춤길 (안무;정미숙)	부산문화회관 대극장
2012.11.25.	6개광역시연합교류전	가을 몸짓 나래를 펴다 - 춤길	광주문화예술회관 대극장.
2016.11.02.	제1회 예인예술제	배김허튼춤	부산예술회관

기타,행사

1994.	우금티 순국영령 추모예술제	고풀이춤
1994.	마당극 20년 기념공연	칼노래 칼춤
1995.	제1회 정신대 할머니를 위한 해원 상생굿	아리랑 진혼무
1995.	공단 순회공연 (익산, 구미, 울산)	
1996.	정신대 할머니를 위한 해원 상생굿	백의
1996.	중, 고교 방문 순회공연	
1997.	부산문화회관 주최	신맞이
1997.	정신대 기금마련 공연	백의
1998.	신맞이 굿	
1999.	통일 대장승 맞이굿 행사 참가	오방신장무
1999.	외국인을 위한 초청공연	
1999.	강원 국제 관광 엑스포 참가	
2000.	새천년 해맞이 공연	
2000.	제81회 전국체전 성화봉송 보존식 참가	
2000.	제43회 부산시 문화상 시상식 참가	
2000.	장애인 위문 공연	향기나는 무용공연
2001.	달맞이 축제 참가	
2001.	UN 오륙도 축제 참가	
2001.	예타래 발표회 찬조출연 /부산문화회관대극장	
2002.	부산광역시 주최 해맞이 축제 참가	
2002.	아시안게임 선수촌 개막식, 폐막식 참가	
2002.	최은희 춤 참가	배김허튼춤
2003.	KBS 국악한마당 참가	춤바라, 물맞이, 배김허튼춤
2003.	부산시 국립국악관현악단 정기공연 참가	천둥소리(안무-하연화)
2003.	2003 조선통신사 한,일 전통복식 교류전	진주교방굿거리 춤, 멋든춤
2003.	제1회 경기민요찬조출연	진주교방굿거리춤
2003.	황옥실버문화축제	물맞이굿
2003.	만덕 은행나무 축제	삼고무, 물맞이
2004.	일반인을 위한 찾아가는 무용공연 - 한국의 숨결	
2004.	정신대 할머니를 위한 해원상생굿 참가	아리랑 진혼무
2004.	APEC 유치 기념공연 참가	
2004.	APEC 성공개최를 위한기념공연 참가	터벌림, 춤.바라, 물맞이, 신명춤
2004.	금정산생명문화축전 2004 생명의 금어를 찾아서 참가	솟대 - 오름에 대한 단상
2004	UN오륙도축제 참가	물맞이굿, 북. 신명춤
2004.	세계생명포럼 2004 참가	물맞이 굿
2004.	일본군 위안부 피해자를 위한 추모제 참가	아리랑 진혼무
2005.	대보름 달맞이 한마당 참가	물맞이굿, 신명춤
2005.	통도사 서운암 들꽃축제 참가	승무, 북춤, 신명춤
2005.	금정산생명문화축전 2005 -생명의 금어를 찾아서	물맞이 굿
2005.	경성대학교 개교50주년 기념 무용학과 동문의 밤 참가	배김허튼춤
2005.	서구 청소년 수련원 개관식 축하공연 참가	배김허튼춤
2005.	ICA 2005 축하공연 참가	삼고무, 부채춤
2005.	제8회 진주탈춤 한마당 참가	북춤, 신명춤
2005.	Carbon 2005 축하공연 참가	배김허튼춤
2005.	광복60주년 일제강점 희생자 위령제전 (제7회 정신대 해원상생 대동굿)참가	오방신장무
2005.	조선통신사의 밤 참가	오방신장무, 삼고무
2005.	제9회 오륙도 축제 참가	배김허튼춤

2005.	2005 부산 방문의 해 기념 및 APEC 성공개최기원 한국의 춤 참가	
2005.	부산 온천천 새물맞이 행사 참가	물맞이, 신명춤
2005	서울 KBS 카톨릭재단	배김허튼춤
2005.	북관대첩비 맞이 궁중대회 문화축전 참가	청수한동이
2005.	2005 양산시민을 위한 무용공연 참가	배김허튼춤
2006.	해운대 해맞이 공연 참가	청수한동이
2006.	허황옥 실버문화축제 – 최은희와 춤패 배김새	
2006.	조선통신사행렬행사 /용두산 공원	
2007.	문화의 달 한민족 예술교류전	배김허튼춤
2007.	제80회 우리춤 문화한마당	
2007.	생명평화 천지굿 9번째 민족통일 대동장승한마당	
2008.	우리가락 우리마당 /용두산공원	
2008.	부산국제 합창제 /부산문화회관 대극장	천둥소리
2009.	조선통신사 납시오 /서울 명동	오방신장무
2009.	해신제 /부산 동구 영가대	물맞이굿, 소고춤
2009.	조선통신사 문화축제 퍼레이드 /용두산공원-광복로	
2009.	조선통신사의 밤 /용두산공원 특설무대	배김허튼춤
2010.	우리가락 우리마당 /용두산 공원	
2010.	금정산 생명축전	배김허튼춤
2011.	조선통신사 문화축제 퍼레이드 /용두산공원-광복로	
2012.	우리가락 우리마당 /용두산공원 특설무대	
2013.	우리가락 우리마당 /용두산공원 야외무대	
2014.	우리가락 우리마당 /부산시민공원	
2015.	광복 70년맞이 열두번째 정신대 해원상생 대동한마당 /부산자갈치 친수공간	해원상생맞이굿
2015.	우리가락 우리마당/부산시민공원 흔적극장	
2015.	한. 일 교류 뮤지컬 쓰시마이야기 /대마시 교류센터 티아라홀	
2016.08.13	열세번째 일본군위안부해원상생한마당 /부산 영도대교아래 유라리광장 친수공간	
2018.05.05.	조선통신사축제-조선통신사의 밤 한.일 문화교류공연 /용두산공원 특설무대	
2018.05.05	조선통신사축제 평화의 행렬 /용두산공원~광복로 입구	
2019.06.26	70주기백범 김구선생 추모제 /부산시민회관소극장	서시, 내소원은 대한독립

7. 해외공연 Overseas Performances

국외 Abroad

01	1991.09.14.-23.	개인공연 및 동서 베를린 민속문화축제	어두운 날들의 바람은그치고,태평무,부채춤,농악, 무아	독일딜레머박물관
02	1994.07.22.-31.	'94 북경국제대학 페스티발 참가 강습,공연	춘앵전, 태평무	북경전림관 극장, 북경대학극장, 차이나극장
03	1996.07.25.-31.	인도네시아 국제 무용페스티발 참가	태평무,제웅맞이	타만이스마일 마라주키
04	1997.09.27.~28.	호주 시드니 문화 축제참가	작법,사물	시드니오페라하우스. 야외광장
05	1997.10.22.	중국 길림성 예술대학 초청공연 경성대학교 무용학과 초청공연	춘앵전, 태평무	길림성 문화활동센터 동양대극장
06	1999.12.29.-01.03.	Kaohsiung 2000 international fiag and drum festival		대만 카오슝
07	2005.07.08.-18.	일본아시아 민족무용교류회 (마유즈미 무용단 초청)	태평무,교방굿거리춤,춤바라,장구춤,오방신무,배김허튼춤	일본 동경
08	2005.08.30. 09.02.	제2회델픽세계문화축제-Sound of Korea	살풀이춤,태평무,북춤,오방신장무	말레이시아 쿠칭
09	2006.08.14.~18.	(사)민족미학연구소 봉산탈춤 중국 순회공연	태평무	길림성 연변 자치주,안도현 홍기마을,용성시 개산툰 마을
10	2016.11.29.	SAISON 2016-2017 A Corps écrits Spectacle BLIZZARD	눈보라	프랑스 노르망디 깡
11	2016.11.30.	SAISON 2016-2017 A Corps écrits Spectacle BLIZZARD(extraits)	눈보라	프랑스 쌍트로극장
12	2016.12.01.	Autour du Flux et de la respiration dans la danse traditionnelle coréenne	살풀이춤	
13	2016.12.03.	SAISON 2016-2017 A Corps écrits Spectacle BLIZZARD	눈보라	프랑스 노르망디 깡 도빌극장
14	2018.03.16.	EX.IL CIE ALLERETOUR	Ex.iL 망명	프랑스 노르망디 깡 에루빌극장
15	2018.08.05.	일본 아리랑 축제.	춤바라,쟁강춤,오방신장무,태평무,진주교방굿거리,비보이,진도북춤남산놀이마당 & 비보이,춤신명	대마도 이즈하라항 특설무대, 일본

대마도·시모노세끼 Anrang Festival of Tsushima, Shimonoseki

01	1993.08.07.- 08.	일본 대마도 아리랑 축제 참가	부채춤,장고춤,북춤,오방신장무, 도살풀이, 농악, 태평무	대마도 이즈하라항 특설무대
02	1995.02.25.	일본나가사끼현 대축제참가	전통춤	나가사끼현 체육관
03	1998.08.01.-04.	일본 대마도 아리랑 축제	학춤,부채춤,입춤,탈춤, 북춤, 소고춤, 신명춤	대마도 이즈하라항 특설무대
04	1999.08.07.-10.	일본 대마도 아리랑 축제	학춤,부채춤,태평무, 삼고무,물맞이,소고춤, 신명춤	대마도 이즈하라항 특설무대
05	2000.08.04.-06.	일본 대마도 아리랑 축제	부채춤, 태평무, 오방신장무, 삼고무, 새천년 맞이굿	대마도 이즈하라항 특설무대
06	2002.08.03.-05.	일본 대마도 아리랑 축제	진주교방굿거리춤, 사랑가, 부채춤, 삼고무, 태평무, 물맞이	대마도 이즈하라항 특설무대
07	2003.08.03.	일본 대마도 아리랑 축제	춤바라, 장고놀이, 소고춤, 멋든춤, 태평무, 삼고무, 물맞이	대마도 이즈하라항 특설무대
08	2004.08.08	일본 대마도 아리랑 축제	터울림, 춤바라, 교방굿거리춤, 사랑가, 삼고무, 산조춤, 물맞이	대마도 이즈하라항 특설무대
09	2006.08.06	일본 대마도 아리랑 축제	터울림, 춤바라, 오방신장무, 태평무, 입춤, 부채춤, 장고춤, 물맞이	대마도 이즈하라항 특설무대
10	2007.08.05	일본 대마도 아리랑 축제	축원무, 입춤, 탈춤, 부채춤, 한량무, 장고춤, 살풀이춤, 소리 춤신명	대마도 이즈하라항 특설무대
11	2008.08.03	일본 대마도 아리랑 축제	축원무, 한량무, 소고춤, 부채춤, 탈춤, 태양꽃	대마도 이즈하라항 특설무대
12	2009.08.02	일본 대마도 아리랑 축제	오방신장무, 장고춤, 진쇠춤, 부채춤, 호적살풀이,물맞이, 학춤, 소고춤	대마도 이즈하라항 특설무대
13	2009.08.22-23	일본2009 조선통신사 한일 문화교류사업	조선통신사행렬재현	시모노세키시 자매도시공원~유메광장,시민회관 대극장
14	2011.08.20-21	일본 2011 조선통신사 국제 문화교류사업	조선통신사 행렬재현	시모노세키시 자매도시공원~유메광장,시민회관 대극장
15	2011.11.05.	일본 2011 조선통신사 연고지 전국교류회 쓰시마 대회	진쇠춤, 태평무, 부채춤, 검무, 구정놀이, 태양제	일본 대마시 교류센터 이벤트홀
16	2014.08.02.-03.	일본 이즈하라항 50주년 대마도 아리랑축제	축원무,오방신장무,장고춤,부채춤,사자춤,소고춤,춤신명	대마도 이즈하라항 특설무대
17	2016.08.07.	일본 대마도 아리랑 축제	오방신장무,장구무,태평무,부채춤,남산놀이&비보이,진도북춤,소고춤,춤신명	대마도 이즈하라항 특설무대
18	2018.02.25.	대마도 조선통신사 유네스코 등재 기념공연 참가		대마도 이즈하라항 특설무대
19	2018.08.05.	2018 쓰시마 이즈하라항 축제	춤바라,쟁강춤,오방신장무,태평무,진주교방굿거리,비보이,진도북춤. 남산 놀이마당&비보이. 춤 신명	대마도 이즈하라항 특설무대

开幕式

中华人民共和国万岁
世界人民大团结万岁

7 29 '96

7 29 '96

林省文化活动
国旗在我心中
——国旗知识展览
'97年10月25日

'97年10月24日

高雄2000
旗鼓祈福
高雄2000

Ouest
Jeudi 15 m

Hérouville-Saint-Clair

L'exil raconté en danse et en musique

Le rendez-vous

« C'est une première, accueillir une création d'envergure internationale », explique Frédéric Fournier, chargé de communication à la saison musicale. *Ex.iL* est une création chorégraphique pour quatre danseuses, qui conjugue danse traditionnelle coréenne et danse contemporaine, accompagnée à la clarinette basse. **« Pour l'occasion, Norbert Genvrin, notre directeur, sera à la clarinette basse. Il jouera sur des compositions de Isang Yun et Pierre Boulez. »**

« On donne des clés de compréhension »

Jeudi soir, une conférence est proposée à 18 h 30, dans la salle de l'auditorium du conservatoire, en présence des musiciens et des danseuses : **« On essaie de le faire de plus en plus depuis qu'on a le nouveau conservatoire, pour les élèves et le public. Pour donner des clés de compréhension, il faut lier une démarche pédagogique aux spectacles que nous programmons dans la saison. »** Toute l'équipe sera présente, chacun parlera de sa partie. **« Norbert va beaucoup parler des deux compositeurs. »** Pour les personnes qui n'auront pas pu se libérer, un livret sera distribué à

« EX. iL », création franco… contemporaine.

l'entrée en salle, le ven…
EX. iL est le fruit d'un… entre Jesus Hidalgo, … que et chorégraphe de… AlleRetour et Eun He… graphe coréenne. Ap… 2015, ce nouveau sp… la thématique de l'ex… une dimension mus… que. Et aussi deux… coréens et français (… re boulez). La dista… départ, la nouvelle… veau mode de vie … ce-temps sont évoc…

Jeudi 15 mars, à … rium du conserva… raux. **Vendredi 1…** théâtre d'Hérouvi…

Hérouville-Saint-Clair

COMÉDIE DE CAEN
CDN DE NORMANDIE
SPRING

Infos et réservations :
Rencontres
Spectacles
Concerts

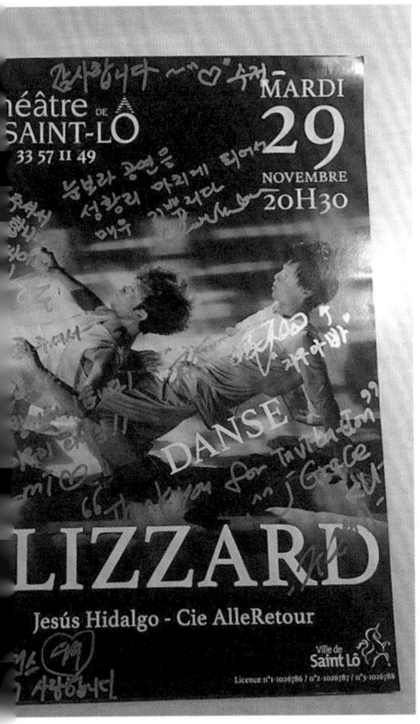
SAINT-LÔ
33 57 11 49
MARDI
29
NOVEMBRE
20H30
DANSE
Jesús Hidalgo - Cie AlleRetour

au brouillon
de culture

Conservatoire National
de Région
Studios Danse 2-3
Caenlamer

ACCES
PIETONS

백두산 천지

패배김새

98~99- 대마도

춤패 배김새
'99年 8月 8日

98'対馬アリラン祭り
'98年 8月 2日

歓 대마도에 어서오십시요
ようこそ 対馬へ

厳原町港まつり対馬アリラン
祝 '99 厳原港開港100周年
長崎県酒販
'99年 8月 8日

対馬アリラン
原港開港100周年

港まつり 対馬アリラン
祝'99厳原港開港100周年
長崎県酒販

港 まつり 対 馬 ア リ ラ ン 祭
マル平ガス対馬株式会社

町 港 ま つ り 対 馬 ア リ ラ ン
長崎県酒販
対馬支部

춤
패

춤패배

춤패

춤패배김새

朝鮮通信使
記録物世界記憶遺産
日韓共同登録記念式

조선통신사
UNESCO 세계기록유산 한일공동등재 기념식
朝鮮通信使記録物世界記憶遺産日韓共同登録記念式・日韓がともに未来へ
2017. 11. 25.(토) 17:30 ~ 20:30

VI. 최은희 연보 CHRONOLOGY OF EUN-HEE CHOI

1955.11.16~
인천 송림동에서 아버지 최진준과 어머니 장경원의 장녀로 출생.
7세 때 서울 안암동 소재의 이현자 무용학원에서 처음 무용을 접함.
보문동 동신국민학교에 입학해서 무용반(발레)에 입문함.
초등학교 2학년 때 「엄마 닭과 병아리」를 소재로 한 작품으로 성심 여자대학 콩쿨에 참가함.
가정적인 이유로 무용을 중단하고 중학교 때 미술반에 입문하기도 했지만, 황장덕 선생의 권유로 성신여고 무용반에 들어가면서 무용에 본격적으로 입문함.

1963.
어머니 장경원 별세.

1970.03
성신여자고등학교 입학.

1973.
고등학교 3학년 시절, 이화여대 콩쿨에서 박재희 선생의 안무작 '휴전선의 철새'로 참가해 한국무용 군무부분 특상을 받고, 성신여고 무용반에서 3년 연속 우수한 성적을 거두어 종합우수상을 수상함.

1974.02.19
성신여자고등학교 졸업.

1973.03
이화여자대학교 체육대학 무용과 입학.
이화여대 시절 김매자 교수에 의해 학구적 도움과 더불어 창작작품 방법론에 대한 영향을 받음.
대학 1학년 때부터는 김병섭 선생으로부터 우도농악을 사사 받고, 대학 3학년 때부터 한영숙 선생에게 승무를 사사 받음.

1978.01.04~12.31
국립국악원 연주단(무용) 단원으로 활동.
김천흥 선생, 최현 선생과의 만남으로 전통에 대한 악 · 가 · 무를 익히며 궁중무용과 민속무용 등을 익힘.

1978.02.27
이화여자대학교 체육대학 무용과 졸업.

1978~1982
창무회에서 활동.

1978.12.9~12.12
창무회 창단 공연(국립극장 소극장) - 임학선, 임현선, 최은희, 이노연이 함께 참여하였고, 최은희는 「이 한송이 피어나네...」 작품을 안무 · 출연하여 춤 작가로 데뷔.

1980.03.01~08.30
이화여자대학교 무용학과 조교.

1980.08.30
이화여자대학교 교육대학원 체육교육전공 졸업.

1981.04.04
창무회 제2회 공연(세종문화회관 소극장) - 「도르래」, 「소리사위」 공동안무 및 출연.

1981.11.09
〈심소 김천흥 궁중무용〉 출연 - 「연화대무」, 「첩승무」, 「경풍도」, 「박접무」

1982.06.08
창무회 제3회 공연(문예회관 대극장) - 「신새벽」, 「사물」 출연.

1980.09.01~1982.04.30
한국정신문화연구원 사전편찬부 편수원보.
이매방 선생님께 살풀이춤 사사 받음.

1981.11.09 ~ 1983.06.30
심소 김천흥 궁중무용 출연 - 「연화대무」, 「첩승무」, 「경풍도」, 「박접무」

1982.03.01~1983.06.30
경기대학 체육학과 강사, 대구신일전문대 강사.

1982.08.08
제1회 개인 발표회(문예회관 대극장) - 「하지제」(시: 홍윤숙).

1982.10.28~10.29
제4회 대한민국무용제 안무 및 출연(문예회관 대극장) - 「넋들임」 안무 및 출연.
제4회 대한민국무용제 대상 수상.

1983.01.23
화가 정진윤과 서울 코엑스에서 결혼.

1983.04~1984.09
부산시립무용단 상임안무자 위촉-
제12회 정기공연 「하성명, 모북놀이, 허재비의 꿈, 늪」(부산시민회관 대극장)
제13회 정기공연 「지난겨울, 소곡, 정 · 하늘, 늪」(부산시민회관 대극장)
제14회 정기공연 「춤108, 처용의 향연, 소곡, 지난겨울」(부산시민회관 대극장)
등 안무 및 연출.

1983.12.16
큰딸 정여름 출산.

1984.09
경성대학교 무용학과 교수 위촉.

1985.
부산에서 최초로 순수한국무용 민간동인단체 〈춤패 배김새〉 창단하여 초대 예술감독으로 활동.

1985.06.03~06.04
제2회 개인 발표회(경성대학교 콘서트홀) - 「소리굿」 외 3편

1986.
춤패 배김새 창단 기념공연 「무궁화 꽃이 피었습니다」

1986.09.27
둘째딸 정보람 출산.

1987.03
아버지 최진준별세.

1987.04.27
제3회 개인 발표회(경성대학교 콘서트홀) - 「파문」 외 2편

1988.09.19
88서울 올림픽대회 요트경기 개회식 행사(부산 수영만 요트경기장) - 「파도를 넘어서」 안무.

1988.10.04/ 12.12
창무 춤터 기획의 '춤과 미술, 시의 만남'에서 「외출하다」 공연 - 소극장 춤 Best 5에 선정되어 초청 공연함.

1989.04.21
제4회 개인 발표회(경성대학교 콘서트홀) - 「매듭풀이」 외 2편

1990.03.01~2001.02.28
(사)한국무용연구회 상임이사

1990.09.02
이매방 북소리III(호암아트홀) 「살풀이춤」 출연
1991.06.08
제5회 개인 발표회(부산문화회관 대극장)「어두운 날들의 바람 그치고」, 「무아」
1991.09.14~09.23
개인공연 및 동서 베를린 민속문화축제 참가(독일딜레머 박물관) - 어두운 날들의 바람은 그치고, 태평무. 부채춤, 농악, 무악
1993~2022
일본 대마도 아리랑 축제에 참가하며 매년 해외 초청 공연 참가.
1993~1999
민족 미학 연구소 위원
1994.03.24
제6회 개인 발표회(부산문화회관 대극장) - 「여인 등신불」 외 2편
1994.06.13~06.18
이매방 북소리IV 「승무」 출연(국립극장 대극장, 부산문화회관 대극장, 마산실내 체육관)
1994.07.22~07.31
94북경국제대학 페스티발 강습 및 공연(북경전림관극장, 북경대학 극장, 차이나극장) - 「춘앵전」, 「태평무」
1994.10.17
중요무형문화재 제 27호 승무 이수자.
1995.07.06
제4회 부산무용제 대상 수상.(「백의」 연출)
1995.09.22
제4회 전국무용제(대구문화예술회관) 연기상 수상 - 「백의」
1995.12.30
광복 50주년 기념 '95세계한민족축전'에 맡은바 임무를 성실히 수행해 표창장 수상.
1995.08.19
95세계한민족축전 한민족 예술제(부산문화회관 대극장) - 「영산회상 불보살」
1995.11.03~11.04
최은희와 춤패 배김새 10주년 기념공연(부산문화회관 중극장) - 「매듭풀이」,「도시의 새」, 「히로시마 오늘1995」, 「백의」
1996.06.04
제1회 전통춤 개인 발표회(국립국악원 우면당) 이매방류 춤을 중심으로 - 「승무」,「춘앵전」, 「입춤」,「살풀이춤」
1996.12.15~16
우봉 이매방 고희기념 무용공연「허튼춤」출연(국립극장 대극장).
1997.02.29
창무회 20년, 창작춤 20년(문예회관 대극장) - 「태초의 공간에서」
1997.03.13~03.14
창무회 20주년(부산문화회관 대극장, 소극장) - 「태초의 공간에서」
1997.10.14
호주 시드니 문화 축제 참가
1997.10.22
중국 길림성 예술대학 초청공연

1998.04.07
제2회 전통춤 개인 발표회(경성대학교 콘서트홀) - 「승무」, 「허튼춤」, 「살풀이춤」, 「태평무」
1998.09.13
최은희와 춤패 배김새 우수 레퍼토리 공연(국립국악원 예악당) - 「여인 등신불」, 「백의」
1999.03.22~03.23
제3회 전통춤 개인 발표회 《최은희 홀춤》(경성대학교 소극장) - 「태평무」, 「입춤」, 「산조춤」, 「덧배기춤」, 「승무」
1999.10.01
제7회 개인 발표회(부산문화회관 대극장) - 「높새바람」, 「넋들임」, 「네개의 바다」
1999.12.29~2000.01.03
2000 대만 카오숑 기와북 페스티발 참가.
2000~ 2020
(사)민족 미학 연구소 이사
2021~ 현
(사)민족 미학 연구소 감사
2000.2~2020.02
한국무용예술학회 이사
2000.10.28
2000년 최은희와 춤패 배김새(구포 덕천 고가다리 및 강변) - 자연과 춤, 물과 생명 구도의 길 / 「나를 보내신 이를 찾아」, 「외북춤」, 「배김 허튼춤」
2000~2002
울산시립무용단 초대 안무자 위촉
-2001.05.24 창단공연「우로보로스」
-2001.09.14 제2회 정기공연 「처용무」, 「음운」, 「조각배」 외 3종
-2001.10.19 제3회 정기공연 「처용의 북울림」
-2001.11.22 제4회 정기공연 「밝 - 팔관회(밝은세상)」
-2002.03.21 제5회 정기공연 「요놈,춘풍아!」
-2002.06.19 제6회 정기공연 「태화강은 흐른다」
-2002한일월드컵 문수경기장 개막식 안무 (울산시립무용단)
외 안무 및 연출.
2001.07.01~2013.07.15
KBS 부산무용콩쿨 운영위원 (제19,22,23,28,29,31회)
2001.07.01~10.30, 2004.03.30, 2005.05.13, 2010.07.07, 2011.07.15
2013.07.15
2001.10.28~2019.08.25
KBS 부산무용콩쿨 심사위원 (제19~24/28,29,31,32,33,34,35,37회)
2001.10.28, 2002.10.12, 2003.10.04, 2004.10.09, 2005.10.08
2006.10.11, 2010.10.12, 2011.10.10, 2013.10.15, 2014.09.13
2015.09.13, 2016.09.04, 2017.08.27.~09.27, 2019.08.25
2002.01.01~2021.02.28
(사)한국무용연구회 부이사장 (2013년'(사)한국춤협회'로 명칭변경)
2002.09.25~09.26
부산 아시안 게임 선수촌 개폐식 안무 및 '허황후' 주연 출연.
2002.07.12
제11회 전국무용제 운영위원회 위원

2002.12.21
제4회 최은희의 홀춤(부산 민주공원) - 「승무」, 「살풀이」, 「수궁가」, 「그 영혼은 새가되어」, 「배김 허튼춤」
2003.10.29~10.30
제9회 최은희의 춤(을숙도문화회관 대극장) - 「천둥소리」
2003.11.18 ~ 2018.09.21
대학무용제 운영위원장 (제14,16,18,22,23,29회)
2003.11.18~19, 2005.09.28.~29, 2007.10.09~10, 2011.11.21
2012.10.31, 2018.09.21
2003.02.06, 2004.05.01~2006.02.28, 2013.03.01~07.31
경성대 예술대 부학장
2004.07.01~04, 2005.07.06~09
부산 국제여름무용축제 운영위원장
2005.03.08~2008.02.28
대한무용학회 이사
2005.03.16
제10회 최은희의 춤(경성대학교 콘서트홀) - 「하얀 배」, 「보르딘 현악중주 2번 D장조」, 「무반주 바이올린을 위한 향」, 「영혼의 번제」
2005.07.03~07.06
일본 아시아 민족무용교류회(일본 동경) - 「태평무」, 「교방굿거리춤」, 「춤바라」, 「장구춤」, 「오방신장무」, 「배김 허튼춤」, 「오방신장무」
2005.08.07~11
제1회 부산 국제해변무용제 집행위원
2005.09.27
제2회 국제 델픽세계문화올림픽 최우수 여성 무용수상 수상.
2006.04.11
제5회 최은희의 우리 춤 큰 춤판(부산문화회관 대극장) - 「터울림」, 「승무」, 「춘앵전」, 「태평무」, 「향발무」, 「호적살풀이춤」
2007.01.27
제14회 창무국제예술제 학술 심포지엄 논평위원
2007.02.28~2009.02.28
(사)우리춤 협회 이사
2007.05.30, 2009.05.14 / 2009.07.20
동아무용콩쿨 심사위원 (제37회,39회)
2007.06.12
제11회 최은희의 춤(경성대학교 콘서트홀) - 「목숨오름」 - '꽃을 위한 생명'
2007.08.21
남편 정진윤 새벽에 타계. 경주 내면리 마하보디 선원에서 수목장.
2008.01.12
2007 춤 비평가 특별상 수상.
2008.01.27
한국무용연구회 부회장 역임 및 본회 발전 기여에 대한 공로패 수상.
2008.01.30~2011.02.28
한국무용협회 부산광역시지회 회장.
제20회 전국무용제 개최.
2008.02.01~2009.02.28
한국무용예술학회 편집위원
2008.10.22
제29회 서울무용제 심사위원
2008.12.05
제6회 전통춤 최은희 큰춤판(김해문화의 전당 마루홀)
2009.01.30~2013.2.22
부산광역시 문화예술위원회위원
2009.12.04
제21회 봉생문화상 (공연부문) 수상.
2009.12.01
제12회 최은희무용단의 2009창작공연(부산문화회관) - 「화신」
2010.06.07~2012.06.06, 2014.09.01~2016.02.29
을숙도문화회관 운영자문위원
2010.10.01
아시아 태평양 음악 국제학술회의 및 특별공연
2010.10.06~2016.10.22 , 2019.07.01.~2020.02.29
부산광역시립무용단 운영위원
2010.11.02
제13회 최은희의 춤(경성대학교 콘서트홀) - 「흐르다」 II - 호흡으로 풀어보는 생명과 자연의 춤」
2011.03.01~현(2022)
한국무용협회 부산광역시지회 고문
2011.03.01~11.30
제20회 전국무용제 집행위원장.
2011.03.18
제7회 최은희의 신묘년 굿판(경성대학교 콘서트홀) - 「승무」, 「호적살풀이춤」, 「그 영혼은 새가 되어」
2011.04.07~2013.04.06
부산 국립극장 건립사업 추진위원회위원
2011.05.04~2014.05.03
재단법인 부산문화재단 이사
2011.07.04
제20회 부산무용제 운영위원장
2012.03.17 , 2020.06.08
AK21 국제안무가 육성공연 심사위원
2012.10.17
제14회 최은희의 춤(경성대학교 콘서트홀) - 「흐르다 III」
2012.10.27
제20회 전국무용제 감사패 수상.
2013.01.12
제18회 2012 한국춤 평론가상 특별상 수상.
2013.09.17
제15회 최은희작가 춤데뷰 35주년 기념공연 「시린샘」.
2013.11.27
제53회 경상남도민 체육대회 공개행사 용역대행사 선정 심사위원
2013.12.13
부산시 문화상 (공연예술부문) 수상.

2014.03.12~2015.02.28
김해국제공항 문화예술자문위원
2014.04.04
제16회 최은희의 춤 2013 부산시 문화상 기념공연 (경성대학교 콘서트홀) - 「어디로 가고 있습니까?」
2014.12.26~2018.02.28 , 2020.02.01~29
재단법인 영화의 전당 정기대관 심사위원
2015.02.25~2020.02.28
(사)부산국제무용제 조직위원회 감사
2015.04.03
제8회 최은희의 춤(경성대학교 콘서트홀) - 「신 굿판」
2015.07.07
제24회 부산무용제 심사위원
2015.10.22~10.23
제17회 최은희와 헤수스 히달고의 춤(영화의 전당 하늘연극장) - 「눈보라」
2016.04.30
둘째딸 정보람과 김보빈 결혼.
2016.09.26
제24회 임방울 국악제 전국대회 심사위원
2016.11.16 , 2019.11.08
제20,23회 새물결 춤 작가전 심사위원
2016.11.29
11.29. Blizzard/ 프랑스 노르망디 상로극장
11.30. Blizzard/ 프랑스 히포캠프
12.03. Blizzard/ 프랑스 도빌극장
2017.11.24
제18회 최은희와 헤수스 히달고의 춤(영화의 전당 하늘연극장) - 「망명 Ex.iL」
2018.03.16
프랑스 초청공연 / 망명 / 프랑스 에루빌 극장
2018.11.08~2020.02.29
부산광역시 인사위원회 위원
2018.12.11
3 · 1운동 및 대한임시정부수립 100주년 부산광역시 기념사업추진 위원회위원
2019.05.26
제28회 전국무용제 제주예선 심사위원
2020.12.20
첫째딸 정여름과 이승엽 결혼.
2021.02.26
(사)한국춤협회 무용특별상 수상.
2021.02.29
경성대학교 무용학과 정년퇴임.
김해 춤 스튜디오 개설
2021.07.23
춤패 배김새 36주년 정기공연 (영화의 전당 하늘연극장) -「길」 연출, 총안무
2022.03.30~31
춤의 연대기. 「춘앵전」, 「숨」
2022.05.19
한국창작춤1978, 우리는 이렇게. 「작법(나비춤)」, 「도르래」
2022.09.16
제6회 가야명상문화 축제. 「태평무」

수 상

1982.10.29	제4회 대한민국무용제 대상
1995.09.22	제4회 전국무용제 연기상
1995.12.30	광복 50주년 기념 '95세계한민족축전'에 맡은바 임무를 성실히 수행 표창장
2005.09.27	제2회 국제 델픽세계문화올림픽 최우수 여성 무용수상
2008.01.12	2007 춤 비평가 특별상 수상
2008.01.27	한국무용연구회 부회장 역임 및 본회 발전에 기여 공로패
2009.12.04	제 21회 봉생문화상 (공연부문)
2012.10.27	제 20회 전국무용제 감사패
2013.01.12	제18회 2012 한국춤 평론가상 특별상
2013.12.13	제56회 부산시 문화상 (공연예술부문)
2021.02.26	(사)한국춤협회 무용특별상 수상

AWARDS

1982.10.29	Grand Prize at the Fourth Korean National Dance Competition
1995.07.06	Grand Prize at the Fourth Busan Dance Festival
1995.09.22	Performing Prize of the 4th National Dance Festival
1995.12.30	Award from the Minister of Culture-Sports on the 50th Independence Commemoration Day in 1995
2005.09.27	Best Female Performer's Award of the 2th Delfick World Culture Olympic.
2008.01.12	Special Award of Dance Critics
2008.01.27	Certificate of Merit for Vice-director of Korean Dance Association
2009.12.04	21st Award of Bong-Saeng Culture in Performance
2012.10.27	Appreciation Plaque of National Dance Festival
2013.01.12	Special Award of Korean Dance Critics
2013.12.13	Culture Award of Busan City

어린시절

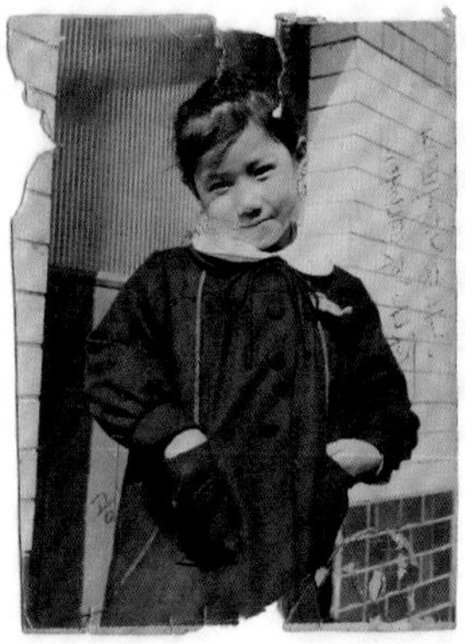

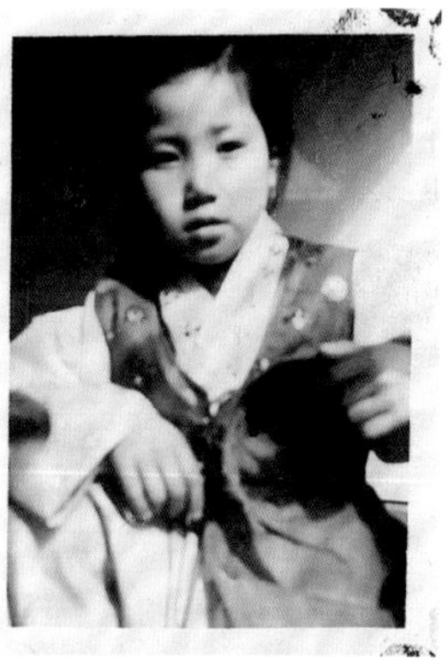

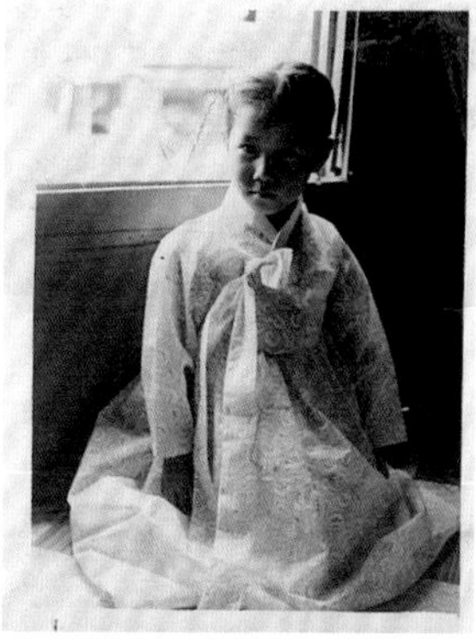

청소년 시절

대학시절

대학졸업후

88 10 15

제1회 창무회공연

대학졸업후

제16대 부산무용협회 지회장 이·취임식
사단법인 한국무용협회 부산광역시지회
일 시 : 2009. 2. 11. (수)
장 소 : 오션듀 푸드클럽
離就任을 祝賀드립니다

제16대 부산무용협회 지회장 이·취임식
사단법인 한국무용협회 부산광역시지회
일 시 : 2009. 2. 11. (수)
장 소 : 오션듀 푸드클럽
離就任을 祝賀드립니다

제16대 부산무용협회 지회장 이·취임식
사단법인 한국무용협회 부산광역시지회
일 시: 2009. 2. 11. (수) 장 소: 오션듀 푸드클럽

제16대 부산무용협회 지회장 이·취임식
사단법인 한국무용협회 부산광역시지회
일 시: 2009. 2. 11. (수) 장 소: 오션듀 푸드클럽

사단법인 한국무용협회 부산광역시지회
일 시: 2009. 2. 11. (수)
사단법인 한국무용협회부산광역시지회

제16대 부산무용협회 지회장 이·취임식
사단법인 한국무용협회 부산광역시지회
일 시: 2009. 2. 11. (수) 장 소: 오션듀 푸드클럽

16대 부산무용협회 지회장 이·취임식
사단법인 한국무용협회 부산광역시지회
일 시 : 2009. 2. 11. (수)
장 소 : 오션듀 푸드클럽

고문

크고 강한 부산

제19회 부산무용제
2010.7.14-15 부산문화회관 중극장

제20회 부산무용제
2011.7.4-6 부산문화회관 중극장

제21회 부산무용제
2012.6.25-27 부산문화회관 중극장

(사)한국무용협회 부산광역시지회
제49차 정기총회
일시: 2010년 1월 30일 (토) 오전11시 | 장소: 부산시민회관 세미나실

2011 춤으로 갈무리하다
국립부산국악원 대극장
2011년 12월 20일(화)

2012 Collection of New Wave Dance Artists
11.14 수요일 pm.7:30

제52회 부산예술제
The 52nd Art Festival in Busan
부산시민회관

무용콩쿠르시상식
KBS BUSAN DANCE CONCOURS
주최 부산광역시 KBS 부산방송총국

제23회 부산 청소년예술제
전국 청소년 무용경연대회
일 시 : 2009년 4월 5일

특별생방송 제56회

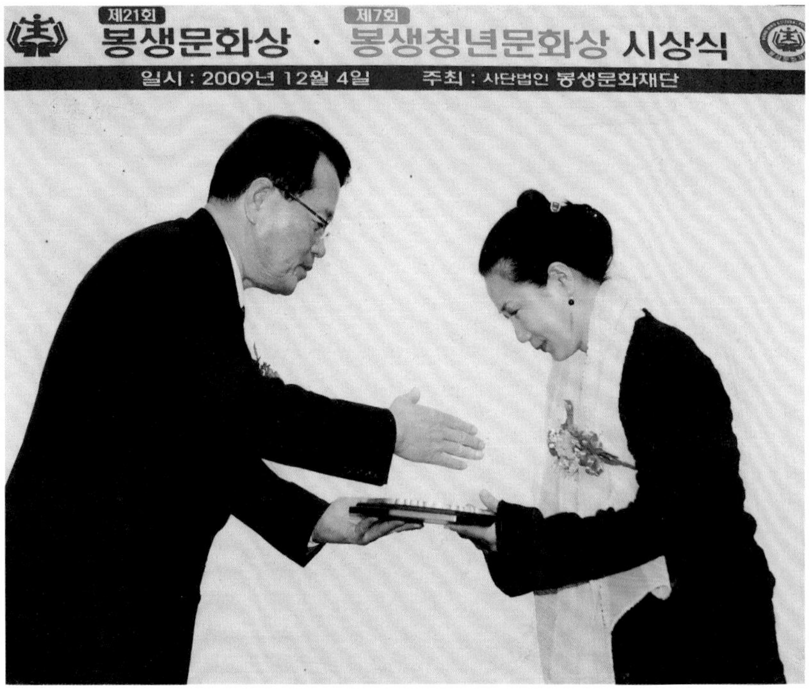
제21회 봉생문화상 · 제7회 봉생청년문화상 시상식
일시 : 2009년 12월 4일 주최 : 사단법인 봉생문화재단

경성대학교 교육대학원 무용교육전공 세미나
일시:1999. 8. 28 ~ 29 PM 3:00 장소:경주교육문화회관

2008년 한국무용연구회 신년모임
일시:2008. 1. 27. 17시 장소:코엑스인터컨티넨탈 호텔[지하1층 Vivace Room] 주최:한국무용연구회[010-6246-4356]

2010년 동계강습회
최승희의 쟁강춤
19.02.2010 21:58

2003 SKDS 한국무용연구회 강습회 및 심포지움
일시: 2003.2.15~17
장소: 호텔경주교육문화회관

2006 대학무용제 제8회 학술심포지엄
대학 무용교육의 미래
2006 10.12 부산문화회관 국제회의장

한국춤평론가회 2000세미나
세기 춤 예술의 발전방향과 대학무용학과 구
일시 : 2000. 4. 28 ~ 30 장소 : 충무마리나리조트 주최 / 한국춤평론가

문화 · 무용 · 교육
2007
일시: 2007년 10월 31일(수) 14시 장소: 경성대학교 누리생활관 디지털 이미지홀 주최: 부산대학무용진흥회

2003 SKDS 한국무용연구회 강습회 및 심포지움
일시: 2003.2.15~17
장소: 호텔경주교육문화회관

2012 BID 국제포럼
2012 BID International Forum
• 장소:해운대 그랜드 호텔 스카이홀
• 주최: 부산광역시, (사)부산국제무용제조직위원회
• 주관: 동의대학교 스포츠과학연구소
• 후원: 문화체육관광부, 한국춤평론가회

용제 Busan International Dance Fes
주최 : 부산광역시 (사)부산국제무용제 조직위원회

21세기 새로운 문화정보와 춤
일시: 2008년 9월 24일(수) 14시 장소: 부산예술대학 세미나실 주최: 부산대학무용진흥회

공연후... 여러 모습들

창무회 대상

祝

KYUNGSUNG UNIVERSITY CONCERT HALL
콘서트홀

울산시립무용단 창단공연
축
울산광역시립예술단

경
울산시립무용단 창단공연
축
2001. 5. 24(목) 울산광역시립예술단

경
울산시립무용단 창단공연
축
2001. 5. 24(목) 울산광역시립예술단

울산시립무용단 창단공연
축

경

환 WELCOME BIENVENUE 영
제24회 서울올림픽대회 요트경기
THE XXIVTH OLYMPIAD YACHTING REGATTA
REGATES DE VOILE DE LA XXIVEME OLYMPIA

파라다이스

제4회 방일영 국악상 시상식

2010.6.20(일)08:00
동래문화회관 대극장.소극장.연습실(무용.성악.기악)
제35회 부산·동래
전국전통예술경연대회
주최: 사단법인 부산민속예술보존협회

립부산국악원과 함께하는 대학무용축제
뿌리춤전
국립부산국악원 대극장
2011년 6월 28일 ~ 29일

사람의 꽃! 인연의 꽃!
주최 | 들꽃축제위원회 후원 | 영축 총림 통도사 · 경상남도 · 양산시

2017
Yeongnam
Dance
Festival

경성대학교 예술대학 무용학과 졸업작품발표회
2010 11.4 pm 6:30
경성대학교 콘서트홀

경성대학교 예술대학 (무용학과)
노보시비르스크 국립무용전문학교
교류대학 협정식

EXIT

제자들과 함께

팜플렛
₩1,000
티켓
현매
판매

Ⅶ. 부 록 APPENDIX: POSTER AND PAMPHLET

팸플릿, 포스타

1982.8. 8. 하지제

장소/문예회관대극장

崔恩姬춤
CHOI EUN HEE DANCE PERFORMANCE
夏 至 祭

1982. 8. 8. (日)PM7 : 30
문 예 회 관 대 극 장
한 국 무 용 연 구 회

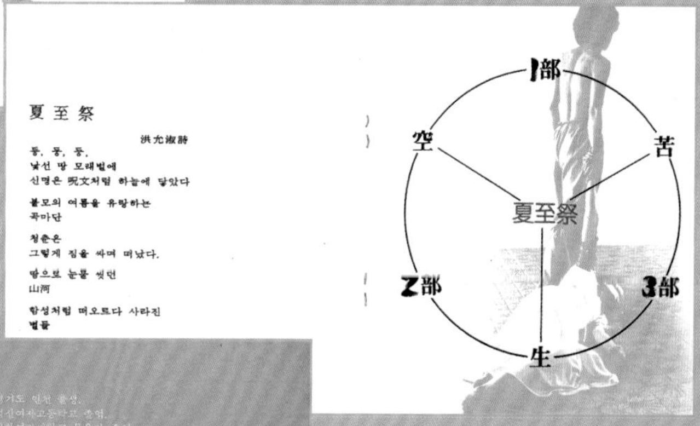
夏 至 祭
洪允淑詩
둥, 둥, 둥,
낯선 땅 모래벌에
신명은 呪文처럼 하늘에 닿았다
불모의 여름을 유랑하는
꼭마단
청춘은
그렇게 짐을 싸며 떠났다.
땅으로 눈물 씻던
山河
함성처럼 떠오르다 사라진
별들
1部
苦
3部
生
2部
空
夏至祭

■스탭■
조명 / 이상봉
음향 / 조갑중
무감 / 이병훈
연주 / 신혜영

1985.6.3~4. 소리굿 外

장소/경성대학교 콘서트홀

CHOI EUN HEE DANCE PERFORMANCE
최 은 희 춤
變身 외
春 鶯 轉
山 韻
소 리 굿
1985.6.3㈪▶4㈫. PM.7:00
부산산업대학교 콘서트홀
후원 : 부산산업대학교 예술대학
부산시 '85문화예술창작지원

CHOI EUN HEE DANCE PERFORMANCE
최은희 춤

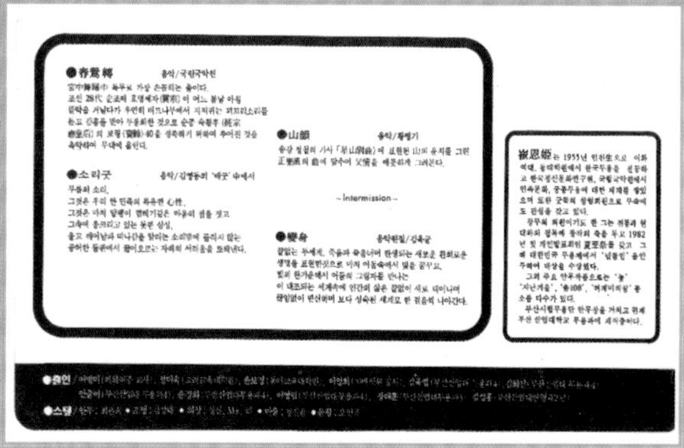

1987.4. 27. 왕의뜰 外

장소/경성대학교 콘서트홀

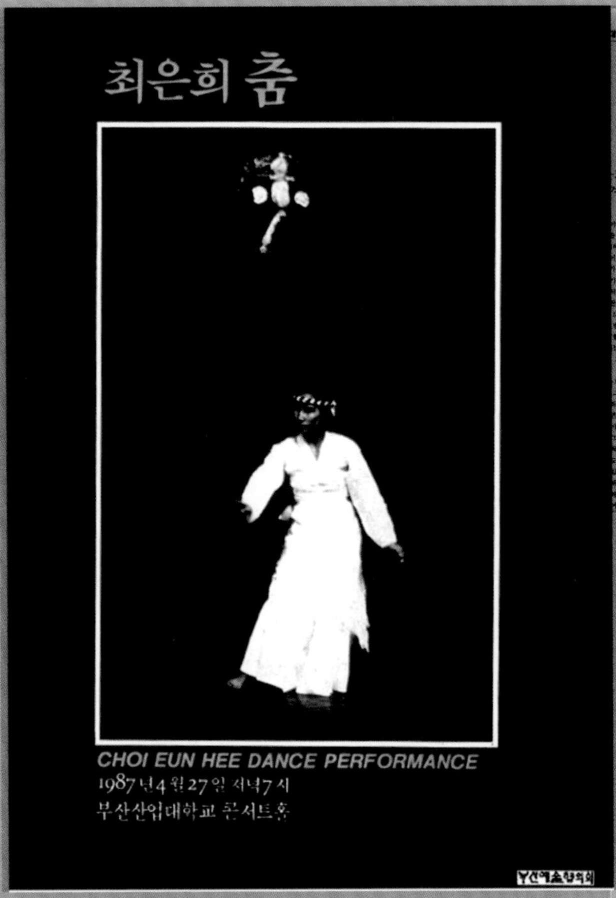
최은희 춤
CHOI EUN HEE DANCE PERFORMANCE
1987년4월27일 저녁7시
부산산업대학교 콘서트홀

무용제 대상 최은희의 작품세계 / 이 순 열

공연평
제(祭)
단순화 시킨 限의 맥락
崔恩姬

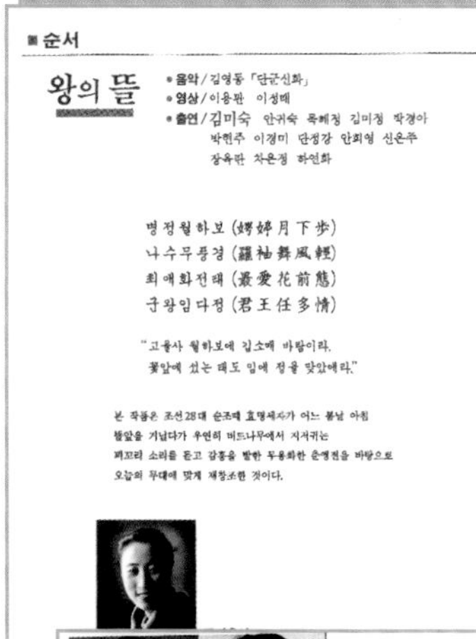
순서
왕의 뜰
• 음악 / 김영동 「단군신화」
• 영상 / 이용환 이정태
• 출연 / 김미숙 안귀숙 육혜정 김미정 박경아 박현주 이경미 단정강 안희영 신은주 장옥란 차은정 하연화
명정월하보 (螟蜓月下步)
나수무풍경 (羅袖舞風輕)
희애화전태 (喜愛花前態)
군왕임다정 (君王任多情)

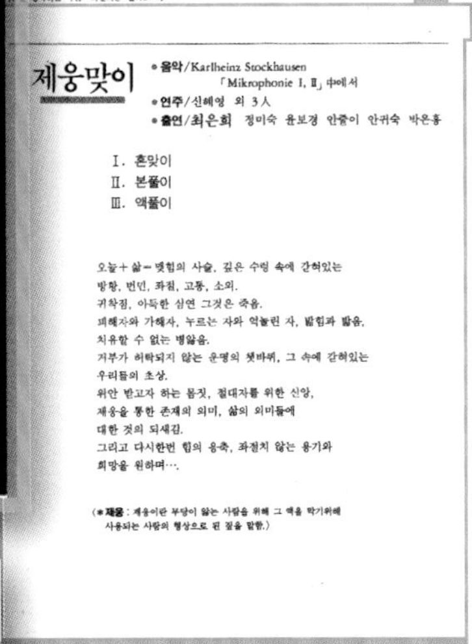
제웅맞이
• 음악 / Karlheinz Stockhausen 「Mikrophonie I, II」 中에서
• 연주 / 신혜영 외 3人
• 출연 / 최은희 정미숙 윤보경 안종이 안귀숙 박은홍
I. 혼맞이
II. 본풀이
III. 액풀이

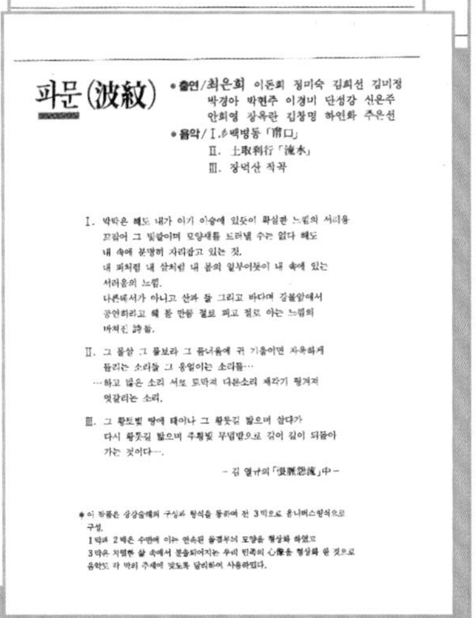
파문(波紋)
• 출연 / 최은희 이돈희 정미숙 김희선 김미정 박경아 박현주 이경미 단정강 신은주 안희영 장옥란 김정정 하연화 추은선
• 음악 / I. 朴範薰 「雨口」
II. 上原(利行) 「流木」
III. 정덕산 작곡

창무큰춤판
첫째날(금) 7:30
둘째날(토) 4:30,7:30
세째날(일) 4:30
창무춤터
춤과 미술과 시의 만남/한만영·황인숙· 외출하다
최 은희의 춤판
10월14,15,16일

1988.10.14~16. 외출하다

장소/창무춤터(서울)

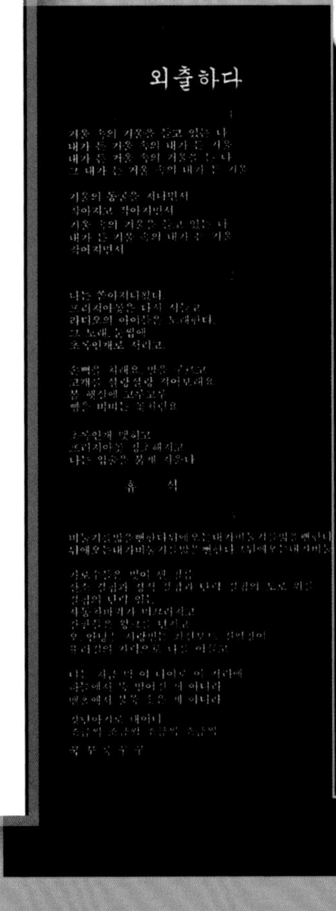
외출하다

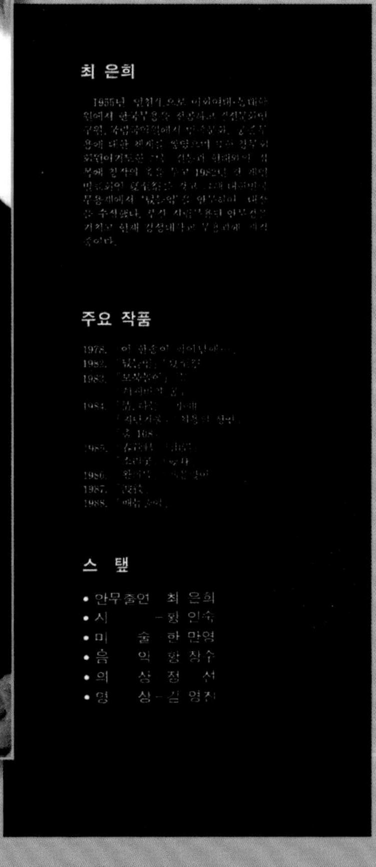
최 은희
주요 작품
스 탭
• 안무출연 최 은희
• 시 황 인숙
• 미 술 한 만영

1989.4.21~22. 파문 外

장소/경성대학교 콘서트홀

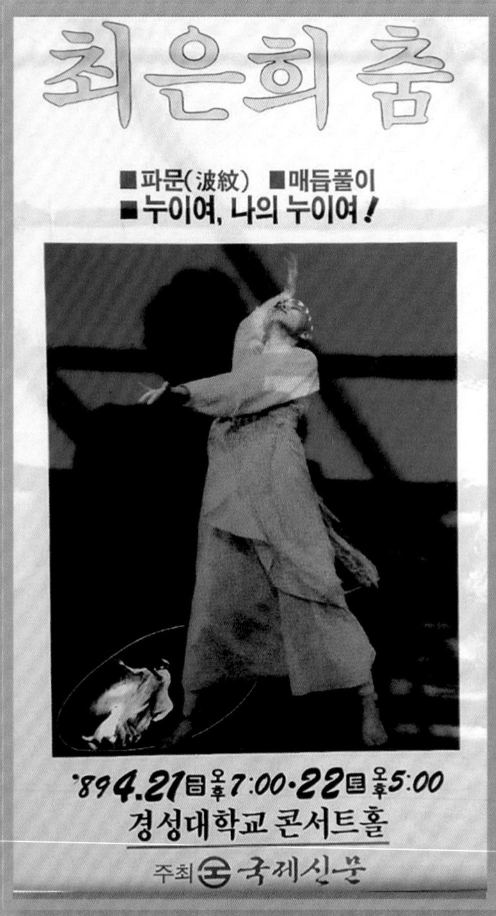

최은희 춤
■파문(波紋) ■매듭풀이
■누이여, 나의 누이여!
'89 4.21 금 오후 7:00 · 22 토 오후 5:00
경성대학교 콘서트홀
주최 국제신문

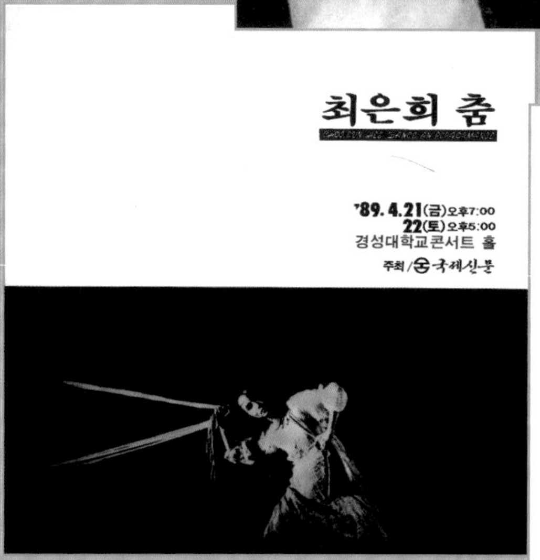

최은희 춤
'89. 4.21(금)오후7:00
22(토)오후5:00
경성대학교콘서트 홀
주최/국제신문

인사말씀

국제신문
代表理事 崔寔林

부산에서 의욕적으로 활동하고 있는 崔恩姬교수의 작품이 부산의 봄무대에 오르게 됨을 축하드리며, 아울러 역량있는 향토무용가의 공연을 국제신문이 주최하게 된 것을 기쁘게 생각합니다.

崔恩姬교수는 일찍부터 한국무용에 남다른 수련과정을 거쳤고, 강렬한 예술에의 집념으로 우리나라 무용계에 우뚝서서 자리를 굳힌 무용가입니다. 崔교수는 대한민국 무용제, 한국무용제전 등 권위있는 무대에 나서서 대한민국 무용제 대상을 수상하는 등으로 탁월한 역량을 인정받았읍니다. 뿐만 아니라 부산시립무용단의 안무자로서 다년간 헌신하여 지역문화 발전에 기여해 왔고, 경성대 교수로 자리를 옮긴 뒤에는 후진양성과 함께 무용동인그룹 「매김새」의 활동을 뒷받침하는 한편, 꾸준하게 학구적이고 실험적인 실험무대를 펼쳐오고 있읍니다.

崔교수는 특히 88서울올림픽대회 부산 요트경기대회의 식전공연 안무를 맡아 훌륭한 작품을 선보임으로써 국위를 선양하기도 한 우리 지역 무용계의 자랑이 되고있읍니다.

우리 지역 언론창달의 선도자로서의 사명을 가지고 복간한 국제신문은 지역문화 발전에도 큰 관심을 가지고 지역 예술인들의 의욕적인 활동을 뒷받침 하려고 합니다.

우리가 함께 살아가고 있는 항도 부산이 조화롭고 균형된 발전을 이루게끔 앞장서 이끄는 일이 국제신문의 책무이며, 지역사회의 발전은 지역문화의 개화가 이루어지지 않고서는 기대할 수 없기 때문입니다.

이번에 경성대 콘서트홀에서 베풀어질 「최은희 춤」 공연을 국제신문이 마련한 것도 지역문화에 대한 국제신문이 가지고 있는 관심과 애정의 표현인 것입니다.

아무쪼록 이번 공연이 성공적으로 이루어져서 부산 문화가 큰 발전을 이룰 수 있는 하나의 디딤돌이 되기를 바라며 또한 한국무용계의 발전에도 기여하는 자리가 되길 바랍니다.

이번 공연을 준비해온 崔恩姬교수를 비롯한 모든 출연진, 스태프진들에게 격려의 말씀을 드리며 연습에 흘리신 땀 만큼의 성과가 있으시길 기원합니다.

또한 이 공연에 부산 시민 여러분들의 따뜻한 관심과 성원을 바라마지 않습니다.

감사합니다.

1989. 4.

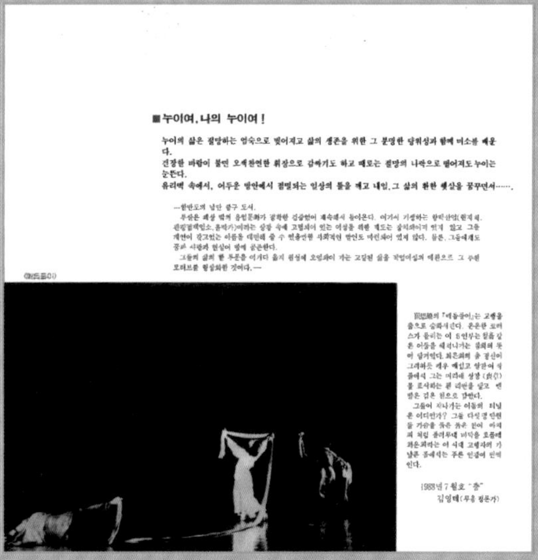

■누이여, 나의 누이여!

누이의 삶은 절망하는 엄숙으로 빚어지고 삶의 생존을 위한 그 분명한 당위성과 함께 미소를 배운다.
건장한 바람이 불면 오색찬연한 휘장으로 감싸기도 하고 때로는 절망의 나락으로 떨어져도 누이는 눈뜬다.
유리벽 속에서, 어두운 방안에서 점멸되는 일상의 틀을 깨고 내일, 그 삶의 환한 햇살을 꿈꾸면서……

작품해설

■파 문(波紋)

막막은해도 내가 여기 이승에 있듯이 확실한 서러움 모질어 그 빛깔이며 모양새를 드러낼 수는 없다해도 내 속에 분명히 자리잡고 있는것.
내 피 처럼 내 살 처럼 내 몸의 일부이듯이 내 속에 있는 서러움의 느낌. 다른데서가 아니고 산과 들 그리고 바다며 강물 앞에서 공연하라고 해볼 만큼 절로 괴고 이는 느낌의 바쳐진 詩들.

■매듭풀이

오늘을 살아가는 인간들이 부딪히는 '현대'라는 굴레는 좌절, 번민, 고뇌 등의 응어리들을 만들어 낸다. 끝이 보이지 않는 긴 터널의 절흙 같은 어둠……
이러한 응어리를 우리 가까이에서 면면히 이어져 내려오는 민간신앙의 하나인 씻김굿 중의 한 과정인 고풀이 형식을 통하여 풀어내고 다시금 오늘의 삶을 충전시킬 실아 솟구치는 몸짓의 제의로 형상화한 것임.

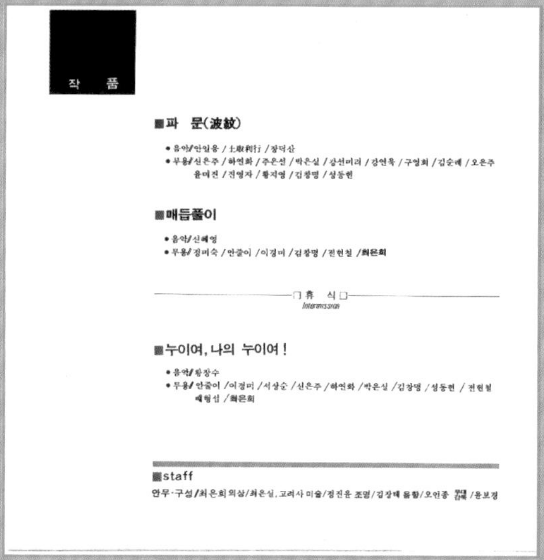

작 품

■파 문(波紋)

- 음악/안일웅 / 土取利行 / 장덕산
- 무용/신은주 / 하연화 / 주은선 / 박은실 / 강선미리 / 강연옥 / 구영희 / 김순례 / 오은주 윤미진 / 진영자 / 황지영 / 김창명 / 성동현

■매듭풀이

- 음악/신혜영
- 무용/정미숙 / 안줄이 / 이경미 / 김창명 / 전현철 / 최은희

休 식
Intermission

■누이여, 나의 누이여!

- 음악/황장수
- 무용/안줄이 / 이경미 / 서상순 / 신은주 / 하연화 / 박은실 / 김창명 / 성동현 / 전현철 배형섭 / 최은희

■staff

안무·구성/최은희 의상/최은실, 고려사 미술/정진윤 조명/김장태 음향/오인종 무대감독/윤보경

1991.6.8. 무아, 어두운 날들의...

장소/부산문화회관 대극장

인사말

부산은 나에게 있어서는 제2의 고향입니다.
처음의 고향은 출생하여 부모와 스승밑에서 성장, 배움터였다면 부산은 나의 가정과 삶의 터전이자 일터가 있는 곳입니다. 그동안 진정한 한 인간으로서 예술을 추구하기 위함과 지도를 해 오면서 많은 부족함과 미흡함을 깨닫는 소중한 나날들이었습니다.

그중 가장 안타까웠던 것은 재능이 있는 제자들이 도중에 춤을 포기하고 한 편씩 춤을 떠나갈 때 였습니다. 그러나 이제는 밭알 한 알 한 알 주워모으듯 어려움을 이겨내고 춤의 외길로 정진하는 제자들도 차츰 늘어나 저마다 스스로 날개짓 하는 모습을 볼 때 대견함을 갖게 됩니다.

앞으로도 자신의 춤에 대한 애정과 발전은 물론 후진 양성에 더욱 많은 애정을 쏟아야 됨과 지역문화 발전에 사명감을 갖게되어 책임감이 무겁게만 느껴집니다.

무대에 서기까지 쉼없이 묵묵히 따라준 배김새단원과 출연진 여러분에 깊은 애정을 느끼며, 이번 무대를 통하여 스스로의 실력배양과 춤 무용 발전에 밑거름이 되었으면 합니다.

그동안 아낌없는 격려와 채찍질하여 주신 김현웅선생님, 김매자교수님과 무대에 올리기까지 수고하여 주신 스탭진여러분께 감사드립니다.

1991. 6. 8.

최은희

최은희춤
CHOI EUN HEE DANCE PERFORMANCE

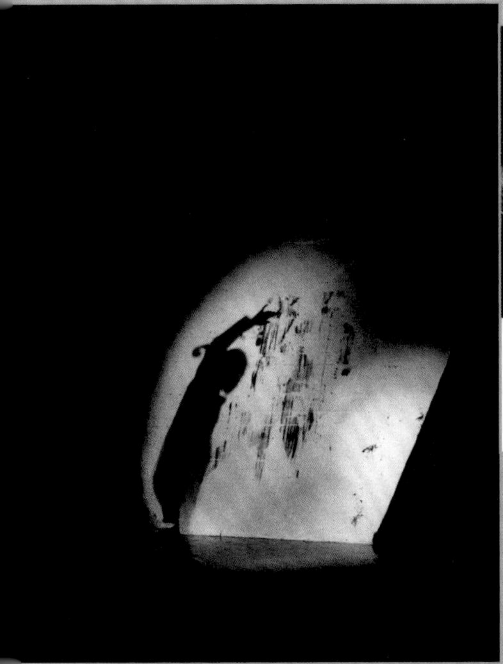

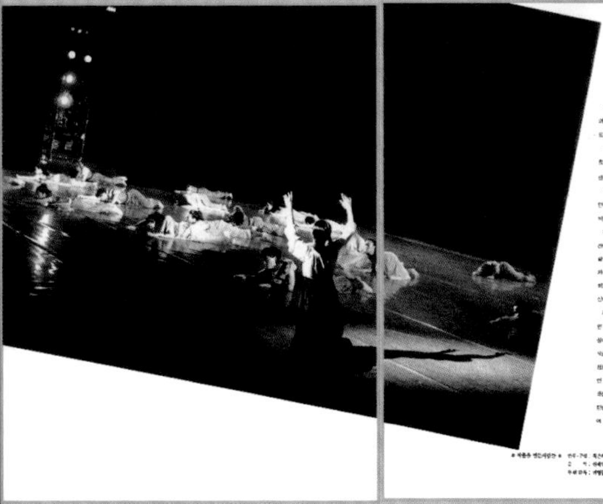

1994.3.24. 여인등신불 外

장소/부산문화회관 대극장

1994 CHOI EUN HEE CHUM
최은희 춤
'94.3.24 P.M 7:30
부산문화회관대강당

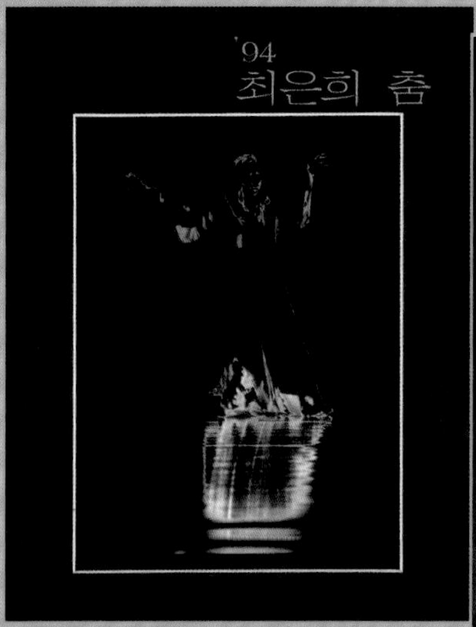

'94
최은희 춤

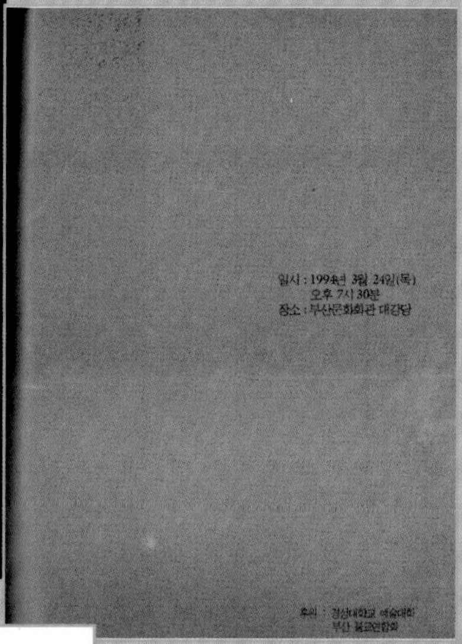

일시 : 1994년 3월 24일(목)
오후 7시 30분
장소 : 부산문화회관 대강당

후원 : 경성대학교 예술대학
부산 불교연합회

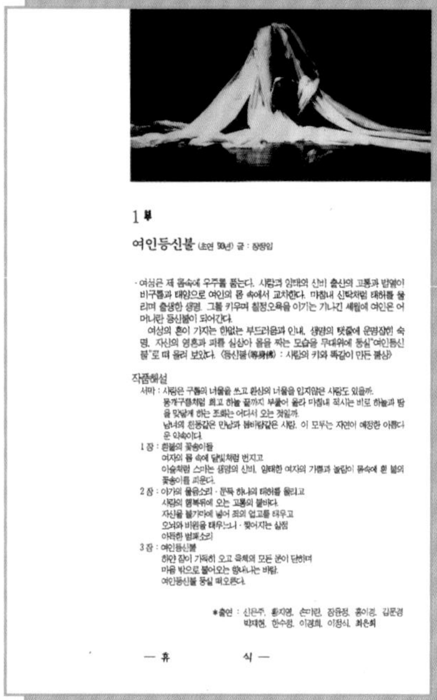

1부

여인등신불 (초연 '93년) 글 : 장정임

· 여성은 제 몸속에 우주를 품는다. 사랑과 잉태의 신비 출산의 고통과 법열이 비구름과 태양으로 여인의 몸 속에서 교차한다. 마침내 신탁처럼 태허를 울리며 출생한 생명. 그를 키우며 칠정오욕을 이기는 기나긴 세월에 여인은 어머니란 등신불이 되어간다.

여성의 혼이 가지는 한없는 부드러움과 인내, 생명의 탯줄에 운명잡힌 숙명. 자신의 영혼과 피를 실삼아 몸을 짜는 모습을 무대위에 등실"여인등신불"로 띄 올려 보았다. 〈등신불(等身佛) : 사람의 키와 똑같이 만든 불상〉

작품해설

서막 : 사람은 구름의 너울을 쓰고 환상의 너울을 입지않은 사람도 있을까.
뭉게구름처럼 희고 하늘 끝까지 부풀어 올라 마침내 적시는 비로 하늘과 땅을 맞닿게 하는 조화는 어디서 오는 것일까.
남녀의 천둥같은 만남과 봄비랑같은 사랑. 이 모두는 자연이 예정한 아름다운 약속이다.

1 장 : 환불의 꽃송이들
여자의 몸 속에 달빛처럼 번지고
이슬처럼 스미는 생명의 신비. 잉태한 여자의 기쁨과 놀람이 몸속에 흰 불의 꽃송이를 피운다.

2 장 : 아기의 울음소리 · 문득 하나의 태허를 울리고
사랑의 행복뒤에 오는 고통의 불바다.
자신을 불기마에 넣어 죄의 업고를 태우고
오뇌와 비원을 태우느니 · 찢어지는 살점
아득한 범패소리

3 장 : 여인등신불
하얀 잠이 가득히 오고 육체의 모든 문이 닫히며
마음 밖으로 불어오는 향내나는 바람.
여인등신불 둥실 떠오른다.

*출연 : 신은주, 황지영, 손미란, 장윤정, 홍이경, 김문경
박재현, 한수정, 이경희, 이정식, 최은희

— 휴 식 —

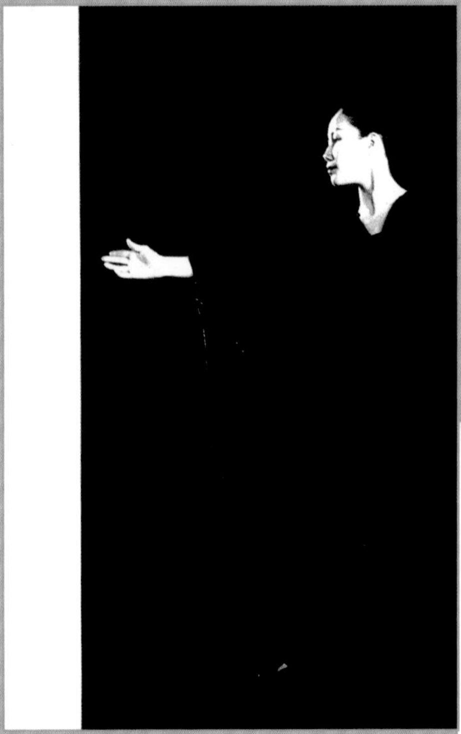

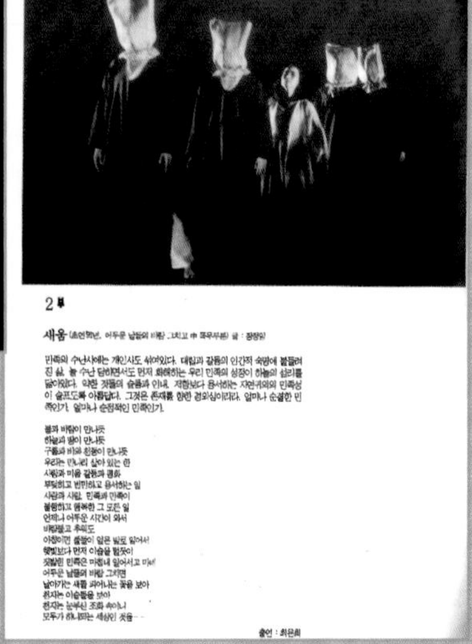

2부

새울 (초연 '91년, 어두운 날들의 바람 그치고 中 豊舞부분) 글 : 장정임

민족의 수난사에는 개인사도 섞여있다. 대립과 갈등의 인간적 숙명에 볼들려진 삶. 늘 수난 당하면서도 먼저 화해하는 우리 민족의 성정이 하늘의 섭리를 닮아있다. 약한 것들의 슬픔과 인내. 저항보다 용서하는 자연귀의의 민족성이 슬프도록 아름답다. 그것은 존재를 향한 경외심이리라. 얼마나 순결한 민족인가. 얼마나 순정적인 민족인가.

봄과 바람이 만나듯
하늘과 땅이 만나듯
구름과 비와 천둥이 만나듯
우리는 만나리 살아 있는 한
사랑과 미움 갈등과 평화
부딪히고 번민하고 용서하는 일
사람과 사람, 민족과 민족이
불행하고 행복한 그 모든 일
언제나 어두운 시간이 와서
바람불고 추워도
아침이면 햇살이 얇은 빛로 일어서
햇빛보다 먼저 이슬을 털듯이
짓밟힌 민족은 마침내 일어서고 마네
어두운 날들의 바람 그치면
날아가는 새를 피어나는 꽃을 보아
흔지는 이슬들을 보아
천지는 눈부신 조화 속이니
모두가 하나되는 세상인 것을···

출연 : 최은희

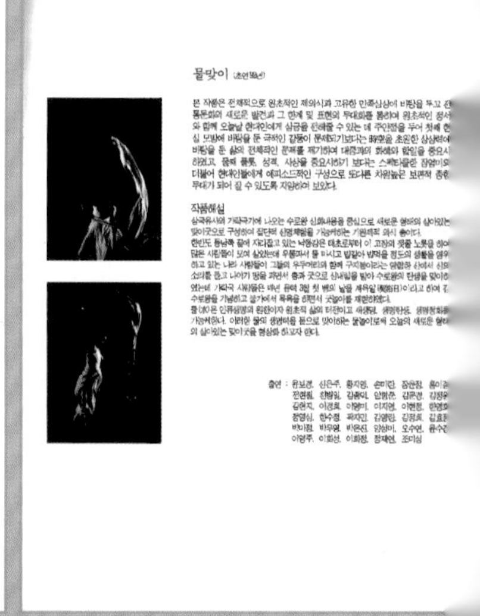

물맞이 (초연 '93년)

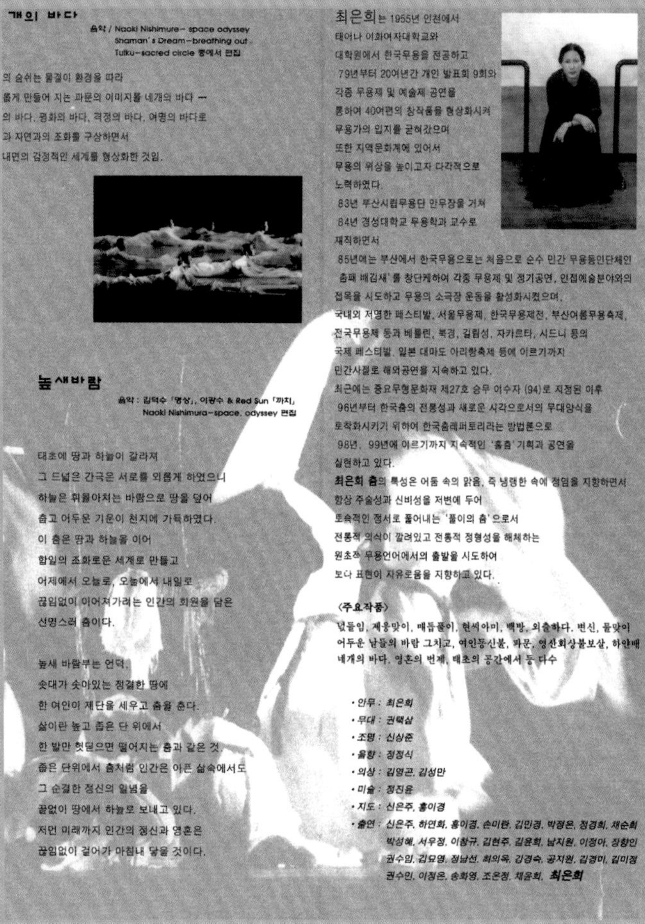
네개의 바다
음악 / Naoki Nishimure-space odyssey
Shaman's Dream-breathing out
Tulku-sacred circle 중에서 편집
의 숨쉬는 물결이 환경을 따라
롭게 만들어 지는 파문의 이미지를 네개의 바다 —
의 바다, 평화의 바다, 격정의 바다, 여명의 바다로
과 자연과의 조화를 구상하면서
내면의 감정적인 세계를 형상화한 것임.
높새바람
음악 : 김덕수 「명상」, 이광수 & Red Sun 「까치」,
Naoki Nishimura-space odyssey 편집
태초에 땅과 하늘이 갈라져
그 드넓은 간극은 서로를 외롭게 하였으니
하늘은 휘몰아치는 바람으로 땅을 덮어
춥고 어두운 기운이 천지에 가득하였다.
이 춤은 땅과 하늘을 이어
합일의 조화로운 세계를 만들고
어제에서 오늘로, 오늘에서 내일로
끊임없이 이어져가려는 인간의 의원을 담은
신명스런 춤이다.
높새 바람부는 언덕,
솟대가 솟아있는 정결한 땅에
한 여인이 제단을 세우고 춤을 춘다.
삶이란 높고 좁은 단 위에서
한 발만 헛딛으면 떨어지는 춤과 같은 것
좁은 단위에서 춤처럼 인간은 아픈 삶속에서도
그 순결한 정신의 일념을
끝없이 땅에서 하늘로 보내고 있다.
저먼 미래까지 인간의 정신과 영혼은
끊임없이 걸어가 마침내 닿을 것이다.
최은희는 1955년 인천에서
태어나 이화여자대학교와
대학원에서 한국무용을 전공하고
'79년부터 20여년간 개인 발표회 9회와
각종 무용제 및 예술제 공연을
통하여 40여편의 창작품을 형상화시켜
무용가의 입지를 굳혀갔으며
또한 지역문화계에 있어서
무용의 위상을 높이고자 다각적으로
노력하였다.
'83년 부산시립무용단 안무장을 거쳐
'84년 경성대학교 무용학과 교수로
재직하면서
'85년에는 부산에서 한국무용으로는 처음으로 순수 민간 무용동인단체인
춤패 배김새를 창단케하여 각종 무용제 및 정기공연, 인접예술분야와의
접목을 시도하고 무용의 소극장 운동을 활성화시켰으며,
국내외 저명한 페스티벌, 서울무용제, 한국무용제전, 부산여름무용축제,
전국무용제 등과 베를린, 북경, 길림성, 자카르타, 시드니 등의
국제 페스티벌, 일본 대마도 아리랑축제 등에 이르기까지
민간사절로 해외공연을 지속하고 있다.
최근에는 중요무형문화재 제27호 승무 이수자 (94)로 지정된 이후
'96년부터 한국춤의 전통성과 새로운 시각으로서의 무대양식을
토착화시키기 위하여 한국춤레퍼토리라는 방법론으로
'98년, '99년에 이르기까지 지속적인 '흐름' 기획과 공연을
실현하고 있다.
최은희 춤의 특성은 어둠 속의 맑음, 즉 냉랭한 속에 정임을 지향하면서
항상 주술성과 신비성을 저변에 두어
토속적인 정서로 풀어내는 '풀이의 춤'으로서
전통적 의식이 깔려있고 전통적 정형성을 해체하는
원초적 무용언어에서의 출발을 시도하여
보다 표현이 자유로움을 지향하고 있다.
〈주요작품〉
넋들임, 제웅맞이, 매듭풀이, 현세아미, 백팔, 외출하다, 변신, 물맞이
어두운 날들의 바람 그치고, 여인등신불, 파문, 영산회상불보살, 하얀배
네개의 바다, 영혼의 번제, 태초의 공간에서 등 다수
· 안무 : 최은희
· 무대 : 권택삼
· 조명 : 신상준
· 음향 : 정정식
· 의상 : 김영곤, 김성만
· 미술 : 정진윤
· 지도 : 신은주, 홍이경
· 출연 : 신은주, 하연화, 홍이경, 손미란, 김민경, 박정은, 정경희, 채순희
박성혜, 서우정, 이창구, 김현주, 김윤희, 남지원, 이정아, 장향민
윤수미, 김모영, 정남선, 최미옥, 강경숙, 공지원, 김경미, 김미정
권수민, 이정은, 송화영, 조은정, 채윤희, 최은희

1999.10.1. 네개의 바다 外

장소/부산문화회관 대극장

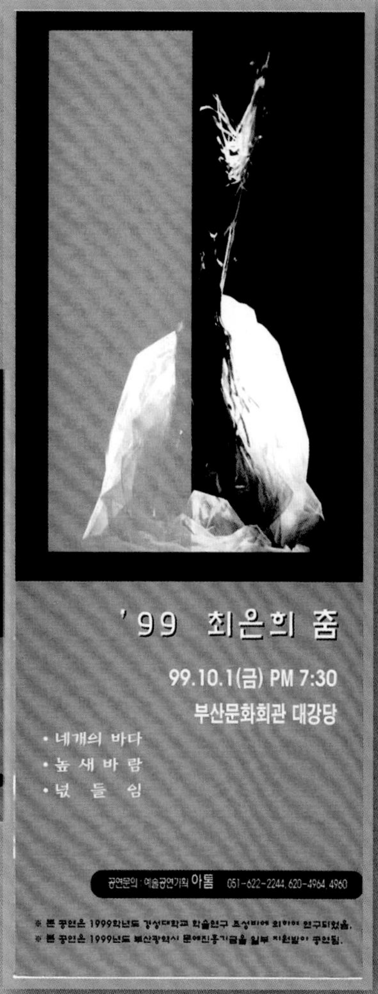
'99 최은희 춤
99.10.1(금) PM 7:30
부산문화회관 대강당
· 네개의 바다
· 높 새 바 람
· 넋 들 임

'99 최은희 춤
99.10.1(금) PM 7:30
부산문화회관 대강당
· 네개의 바다
· 높 새 바 람
· 넋 들 임
공연문의 : 예술공연기획 아톰 051-622-2244, 620-4964, 4960
※ 본 공연은 1999학년도 경성대학교 학술연구 조성비에 의하여 연구되었음.
※ 본 공연은 1999년도 부산광역시 문예진흥기금을 일부 지원받아 공연됨.

최은희와 춤패 배김새
자연과 춤, 물과 생명, 구도의 길
나를 보내신 이를 찾아
2000.10.28(토) 오후 4시
구포 덕천 고가다리 밑 강변에서
· 주관 : 최은희와 춤패 배김새 · 부산광역시 북구청
· 후원 : 문화관광부, 부산광역시, 경성대학교 무용학과
· 공연기획 : 아톰 · 공연문의 : (051)620-4960, 4964

2000.10.28. 나를 보내신 이를 찾아

장소/구포덕천 고가다리 및 강변에서

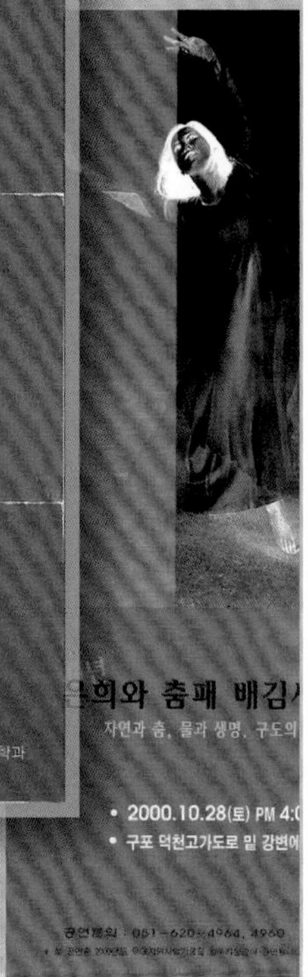
최은희와 춤패 배김새
자연과 춤, 물과 생명, 구도의 길
• 2000.10.28(토) PM 4:
• 구포 덕천고가도로 밑 강변에

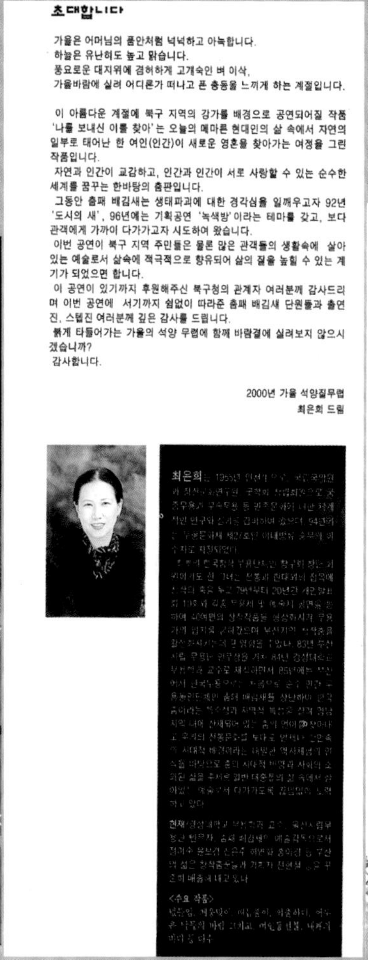
초대합니다
가을은 어머님의 품안처럼 넉넉하고 아늑합니다.
하늘은 유난히도 높고 맑습니다.
풍요로운 대지위에 겸허하게 고개숙인 벼 이삭,
가을바람에 실려 어디론가 떠나고픈 충동을 느끼게 하는 계절입니다.
이 아름다운 계절에 북구 지역의 강가를 배경으로 공연되어질 작품
'나를 보내신 이를 찾아'는 오늘의 메마른 현대인의 삶 속에서 자연의
일부로 태어난 한 여인(인간)이 새로운 영혼을 찾아가는 여정을 그린
작품입니다.
자연과 인간이 교감하고, 인간과 인간이 서로 사랑할 수 있는 순수한
세계를 꿈꾸는 한바탕의 춤판입니다.
그동안 춤패 배김새는 생태파괴에 대한 경각심을 일깨우고자 92년
'도시의 새', 96년에는 기획공연 '녹색방'이라는 테마를 갖고, 보다
관객에게 가까이 다가가고자 시도하여 왔습니다.
이번 공연이 북구 지역 주민들은 물론 많은 관객들의 생활속에 살아
있는 예술로서 삶속에 적극적으로 향유되어 삶의 질을 높일 수 있는 계
기가 되었으면 합니다.
이 공연이 있기까지 후원해주신 북구청의 관계자 여러분께 감사드리
며 이번 공연에 서기까지 쉼없이 따라준 춤패 배김새 단원들과 출연
진, 스텝진 여러분께 깊은 감사를 드립니다.
붉게 타들어가는 가을의 석양 무렵에 함께 바람결에 실려보지 않으시
겠습니까?
감사합니다.
2000년 가을 석양길무렵
최은희 드림

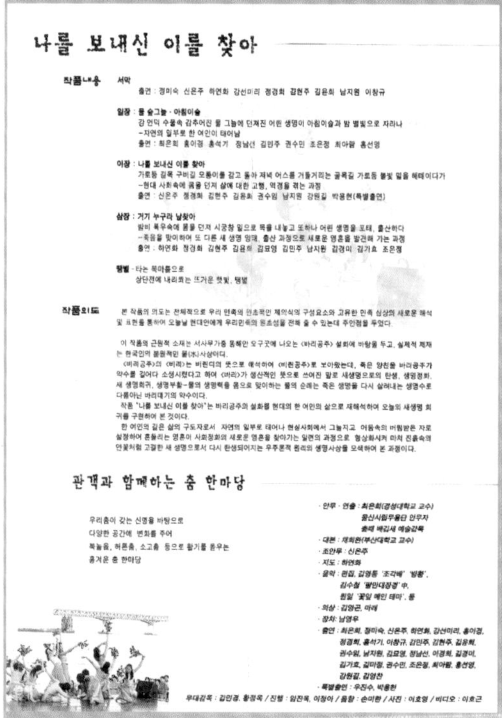
나를 보내신 이를 찾아
작품내용
작품의도
관객과 함께하는 춤 한마당

2003.10.2. 천둥소리

장소/을숙도문화회관 대극장

을숙도문화회관대극장
2003. 10. 29/30 [오후 8시]
최은희의 천둥소리

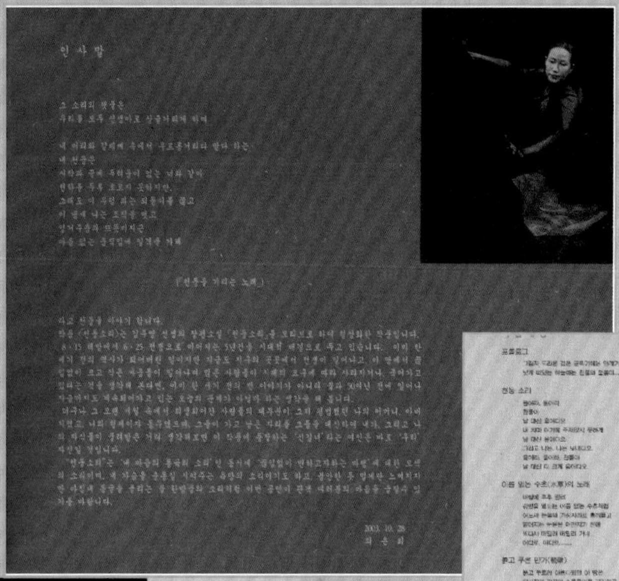

인사말

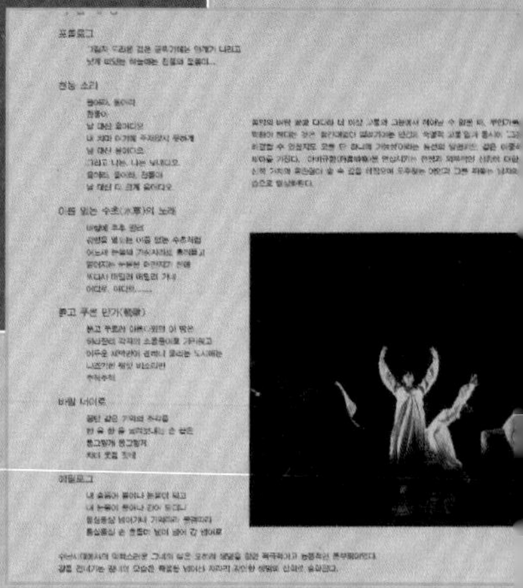

최은희의 큰 춤판
-천둥소리-
2003. 10. 29-30[오후8시]
을숙도문화회관대극장

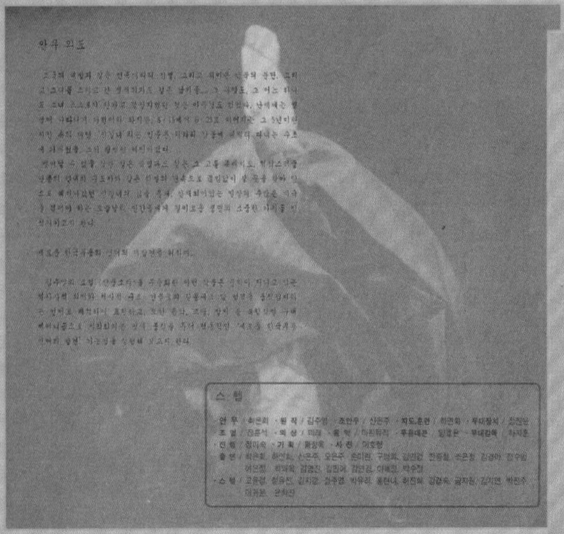

최 은 희

부산 한국창작춤의 텃밭을 일군 대표적 춤꾼인 최은희씨는 1955년 인천 출생으로 그녀나이 6세에 무용에 입문 하였다. 이화여대와 동 교육 대학원에서 한국무용을 전공하였고, 국립국악원(1978)과 정신문화 연구원(80~82)에서 궁중무용과 무속무용등에 대한 체계적인 연구와 실기를 겸비하여 왔었다.

이기간 동안 김천흥, 한영숙, 김범섭, 강선영, 이매방, 김매자 선생님들께 사사했다. 부산으로 이주한 후 그녀는 부산과 경남의 무속과 민속춤에 많은 연구를 하였으며, 이러한 그녀의 경력은 하지제('82), 제웅맞이('86), 매듭풀이('88), 물맞이 굿('92), 영산회상불보살('93)등에서 나타나듯 한국의 토속적인 제의식들이 작품의 근간을 이루게 하였다.

최은희씨는 최초의 한국창작무용 단체인 창무회 창단단원으로 활동하여 넋들임('82)을 안무하여 대한민국 무용제에서 대상을 수상한바 있으며 부산시립무용단 안무장('83~84), 울산시립무용단 초대안무장('2000~2002)을 역임하여 부산과 지역의 창작무용계를 활성화 하는데 큰 영향을 주었다.

현재 경성대학교 교수로 재직하며 후학들을 양성하는 한편 춤패 배김새의 총감독으로서 전통의 현대적 계승이라는 명제로 한국춤의 질적 향상을 위하여 다각적으로 활로를 모색하던중 1994년 중요무형문화재 제27호 승무 이수자로 지정 받았다.

최은희의 춤은 군더더기가 없는 간결함을 특징으로 선의 미학에 찬착하고 있는 듯 보인다.

현) 경성대학교 무용학과 학과장
춤패 배김새 총감독
중요 무형문화재 제27호 승무이수자
(사) 한국무용연구회 부이사장
(사) 부산무용협회이사
(사) 부산민주 항쟁기념 사업회 이사

<주요작품>

넋들임, 제웅맞이, 매듭풀이, 현씨아미, 백방, 외출하다, 변신, 물맞이, 어두운 날들의 바람은 그치고, 여인등신불, 파문, 영산회상불보살, 하안베, 네 개의 바다, 영혼의 번제, 태초의 공간에서,어머니의 강, 우로보로스, 대화 강은 흐른다 등 다수

2004.3.17. 천둥소리

장소/국립국악원 예악당(대극장)

최은희의 춤판
천둥소리
2004. 3. 17(수) 오후 7:30
국립국악원 (예악당대극장)

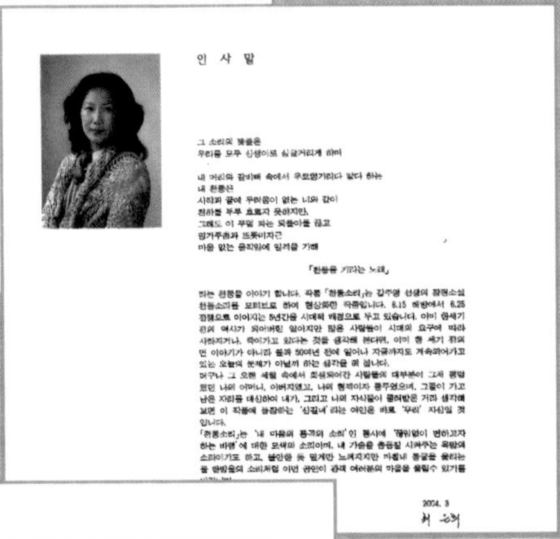
인 사 말

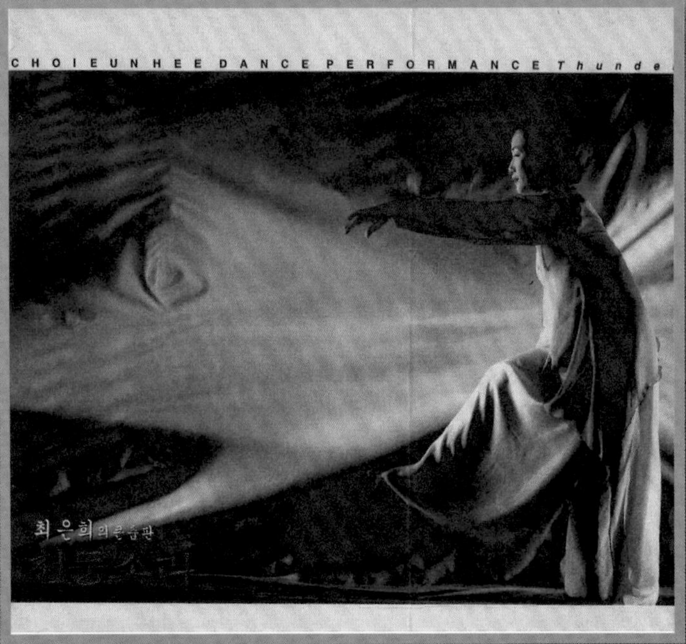
CHOIEUNHEE DANCE PERFORMANCE Thunde
최은희의춤판

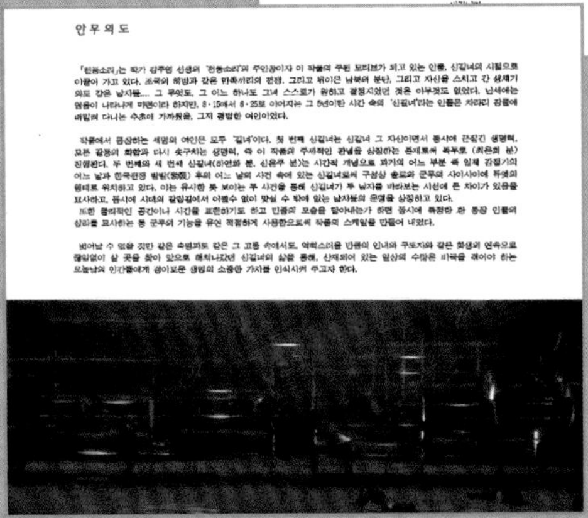
안 무 의 도

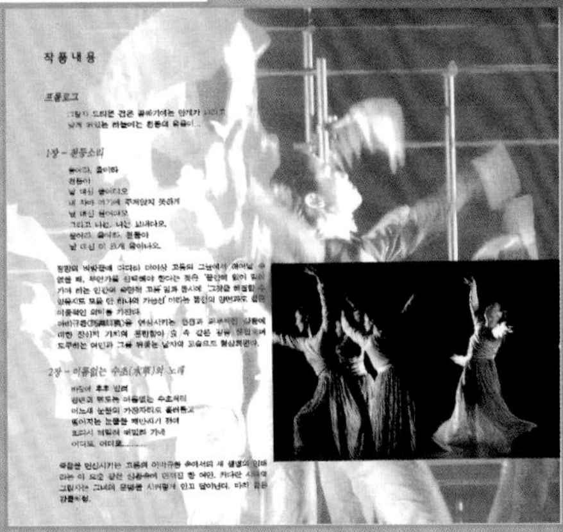
작 품 내 용

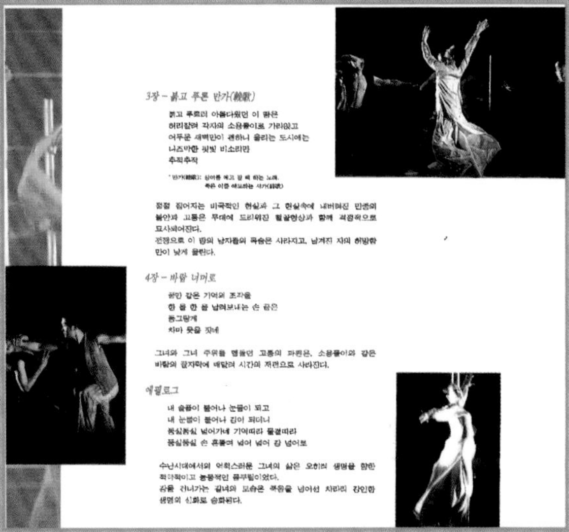
3장 - 붉고 푸른 반가(頒歌)
4장 - 바람 너머로
에필로그

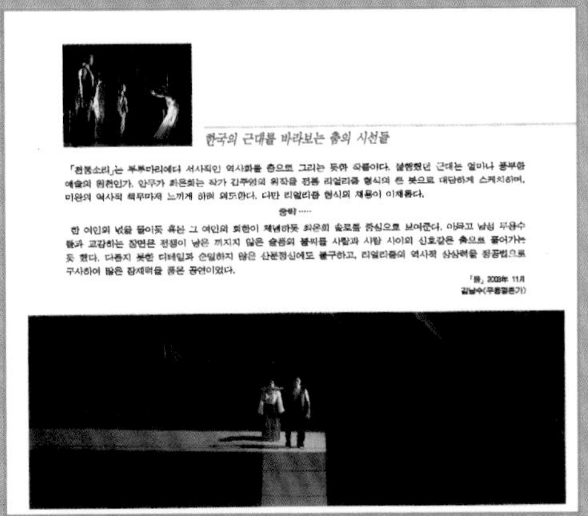
한국의 근대를 바라보는 춤의 시선들

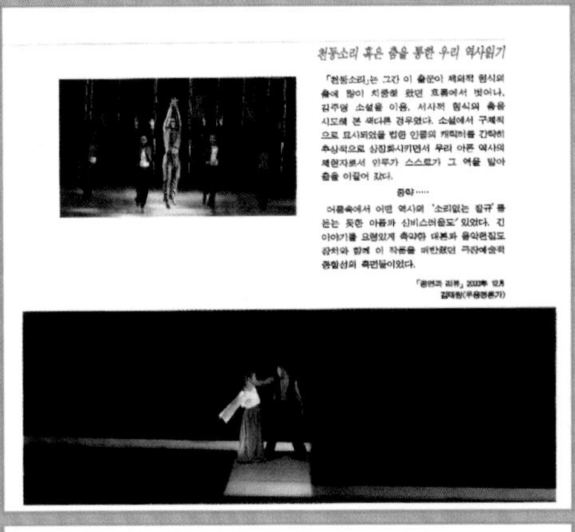
천둥소리 혹은 춤을 통한 우리 역사읽기

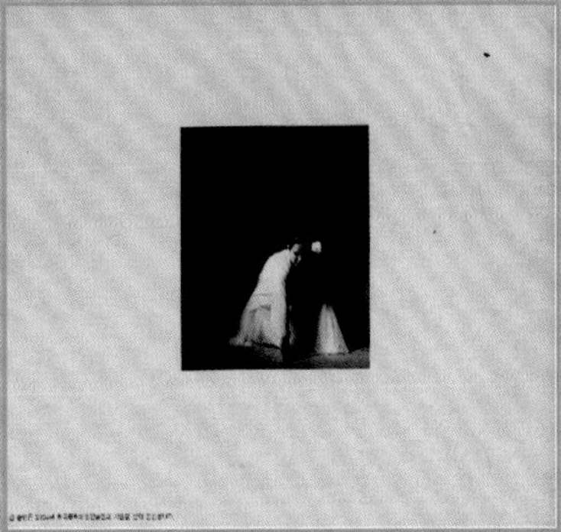

출 연 진

최 은 희

최은희의 춤
최은희의 춤

2005.3.16. 하얀배 外

장소/경성대학교 콘서트홀

최은희의 춤 CHOI EUN HEE SOLO REPERTORY SERIES

경성대학교 콘서트홀

2005. 3. 16(수) 오후7시30분

창작춤판을 펼치면서

묵묵히 겨울을 지낸 나뭇가지에 어느새 새순이 돋아나고 있습니다.
그 생명은 참으로 고귀하게 보입니다.
무대를 통해서 삶의 지혜와 성찰 결과로 끊임없이 펼쳐 보였던 수년 동안의 작업을 떠올려 봅니다.
이제는 무대를 떠난 삶은 생각할 수 없을 뿐만 아니라 무대만이 생생한 삶을 느낄 수 있는 현존하는 나의 삶의 일부가 되었습니다.
그간 나의 몸짓, 느낌, 숨결을 다하여 올렸던 작품들 중에서 독무로 펼쳐졌던 창작 춤만을 모아 올리고자 합니다.
그 동안 저의 춤에 관심과 격려를 아껴주신 여러분께 감사의 말을 전해 드리며 자리를 함께 해 주시길 바랍니다.
특히 이번 공연에 직접 출연하여 연주해 주신 임병원 교수님과 뮤즈 현악 4중주 단원들께 감사드리며 춤패 배김새의 하연화, 신은주 선생에게도 감사드립니다.

2005. 3. 16
경성대 무용과 교수 최 은희

최 은 희_ 현재, 경성대학교 예술대학 부학장, 춤패 배김새 총감독, (사)부산무용협회 부지부장, (사)한국무용연구회 부이사장, (사)민족미학연구소 이사, (사)부산민주항쟁기념사업회 이사

● 스 탭_ 미술: 정진윤 / 의상: 비단길, 미래 / 조명: 장춘석 / 음향: 남혜림 / 무대감독: 최의옥 / 진행: 김미정, 김경아, 이주현, 이현정 / VTR: 이호근 / 사진: 이장수
● 문 의_ TEL. 051)620-4964, HP. 011-876-0836
● 본 공연은 2005년도 한국문화예술진흥원의 지원을 받아 공연됩니다.

I. 하얀배 A White Boat

인간의 삶을 흔히들
긴 항로를 지나가는 배에
비유하기도 한다.
나의 삶은 그 항로의 어디쯤
와 있는 것일까?
아직도 가야할 먼 여정의 척박한 삶,
그 척박한 삶의 구원과 동경에 대한
먼 그리움, 환상의 구도 여행을
승무의 긴 장삼 소매자락이
공간에 뿌려지는 모양새가
마치 신비스러우며 자유스러움과
환상적인 형상을
파문을 이는 듯한 초월적인 이미지를
바탕으로 하얀배의 이미지로
형상화 하고자 하였다.

● 초 연_ 1998년 | 안무·출연_ 최은희 | 음악편집_ 〈Breating out〉〈Healing Seas〉 - Shamens Dream, 〈Salrel circle〉 - TULKU

II. 음악과의 만남 An Encounter with Music

보로딘의 현악 4중주를 위한 야상곡 (concerto grosso string Quartet No.2)

● 초 연_ 2004년 | 안무·출연_ 최은희 | 제 1악장_ Allegro moderato, 제 3악장_ Notturno Andante | 특별연주_ 뮤즈 현악 4중주단

무반주 바이올린을 위한 「향 제10번」(HYANG X for solo violin)

● 초 연_ 2004년 | 특별연주_ 임병원 | 작 곡_ 임우상 | 안 무_ 최은희 | 출 연_ 하연화, 신은주

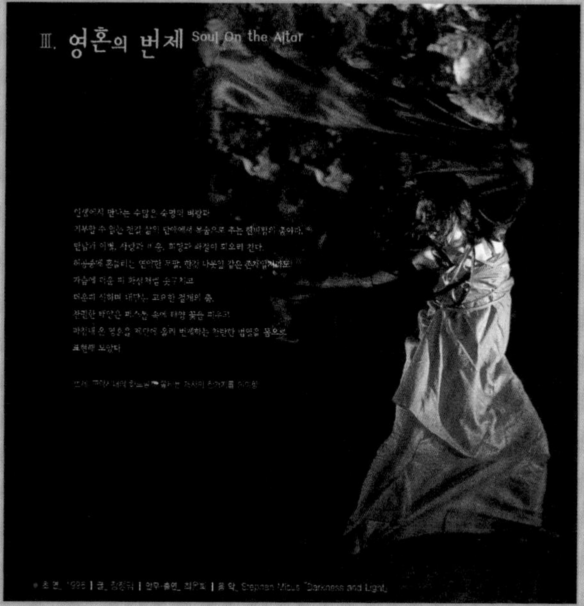

III. 영혼의 번제 Soul On the Altar

● 초 연_ 1995 | 안무·출연_ 최은희 | 음 악_ Stephan Micus "Darkness and Light"

2007.6.12. 목숨오름 – 꽃을 위한 생명

장소/경성대학교 콘서트홀

최은희춤 -「목숨오름」
- 꽃을 위한 생명
Spark of Life Arising Life for Flowers

「목숨오름」- 꽃을 위한 생명

Greeting

최은희의 창작춤 30년
-한국춤과 디지털 미디어의 조우-
최은희춤「목숨오름」
Spark of Life Arising Life for Flowers
- 꽃을 위한 생명 -
2007. 6. 12(화) 오후 8시 / 경성대학교콘서트홀

제1장 목숨오름 (Chapter One : Spark of Life Arising)

제2장 존재의 혼돈 (Chapter Two : Chaos of the Being)

침묵과 빛 (Prologue : Silence and Light)

주요 안무작 Major Choreographed Works
스탭(staff)

제3장 목숨내림 (Chapter Three : Spark of Life Declining)
에필로그 구원의 짓 (Epilogue : An Act of Salvation)

2009.12.1. 화신

장소/부산문화회관 대극장

CHOI EUN HEE 2009 REPERTORY
최은희 무용단의
2009 창작 공연작
化身 INCARNATION
화 신
정행을 거쳐 도달하는 화신의 경지!
재탄생하기 위한 수행 과정소멸과 죽음까지
인간의 재탄생을 위한 의미 있는 생명의 여정!
2009.12.1(화) 오후7시30분
부산문화회관대극장
티켓051-645-3755,sati.or.kr

化身

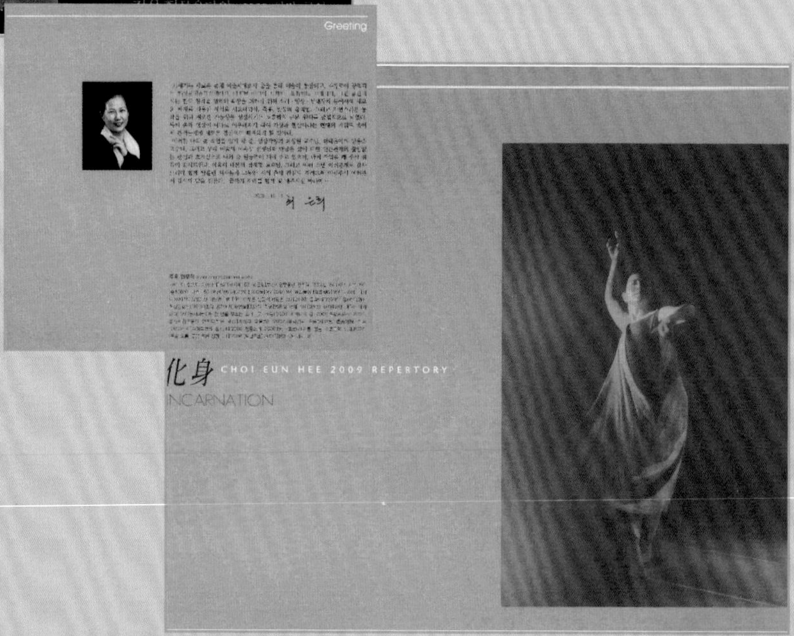

Greeting
化身 CHOI EUN HEE 2009 REPERTORY
INCARNATION

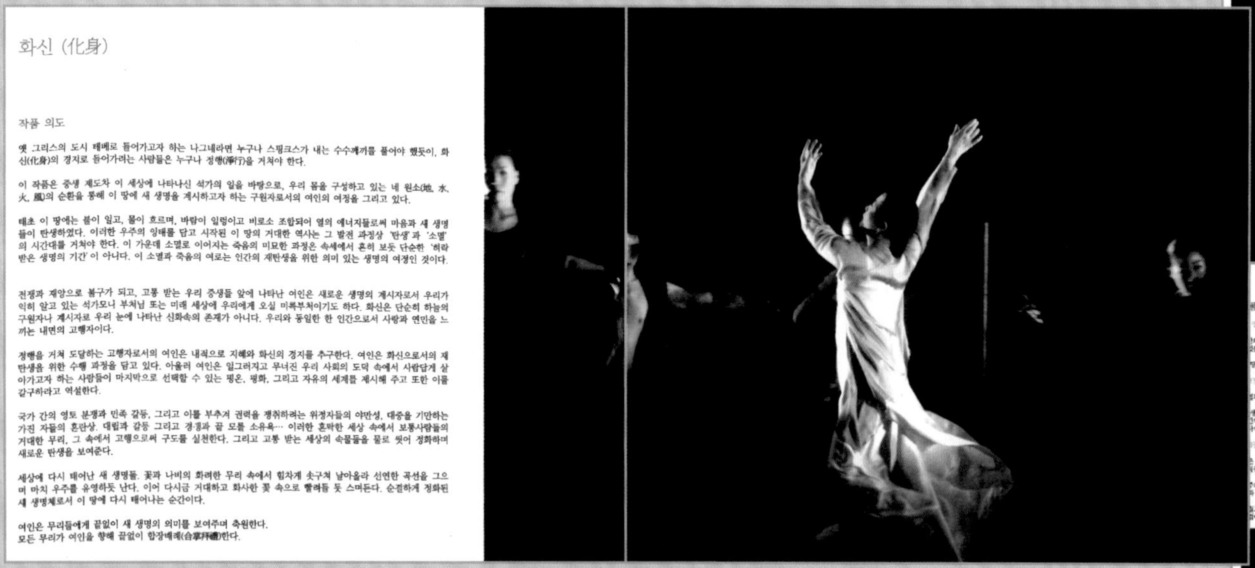

화신 (化身)

작품 의도

옛 그리스의 도시 테베로 들어가고자 하는 나그네라면 누구나 스핑크스가 내는 수수께끼를 풀어야 했듯이, 화신(化身)의 경지로 들어가려는 사람들은 누구나 정행(淨行)을 거쳐야 한다.

이 작품은 중생 제도차 이 세상에 나타나신 석가의 일을 바탕으로, 우리 몸을 구성하고 있는 네 원소(地, 水, 火, 風)의 순환을 통해 이 땅에 새 생명을 계시하고자 하는 구원자로서의 여인의 여정을 그리고 있다.

태초 이 땅에는 불이 일고, 물이 흐르며, 바람이 일렁이고 비로소 조합되어 열의 에너지들로써 마음과 새 생명들이 탄생하였다. 이러한 우주의 잉태를 담고 시작된 이 땅의 거대한 역사는 그 발전 과정상 '탄생'과 '소멸'의 시간대를 거쳐야 한다. 이 가운데 소멸로 이어지는 죽음의 미묘한 과정은 속세에서 흔히 보듯 단순한 '허락받은 생명의 기간'이 아니다. 이 소멸과 죽음의 여로는 인간의 재탄생을 위한 의미 있는 생명의 여정인 것이다.

전쟁과 재앙으로 불구가 되고, 고통 받는 우리 중생들 앞에 나타난 여인은 새로운 생명의 계시자로서 우리가 익히 알고 있는 석가모니 부처님 또는 미래 세상에 우리에게 오실 미륵부처이기도 하다. 화신은 단순히 하늘의 구원자나 계시자로 우리 눈에 나타난 신화속의 존재가 아니다. 우리와 동일한 한 인간으로서 사랑과 연민을 느끼는 내면의 고행자이다.

정행을 거쳐 도달하는 고행자로서의 여인은 내적으로 지혜와 화신의 경지를 추구한다. 여인은 화신으로서의 재탄생을 위한 수행 과정을 담고 있다. 아울러 여인은 일그러지고 무너진 우리 사회의 도덕 속에서 사람답게 살아가고자 하는 사람들이 마지막으로 선택할 수 있는 평온, 평화, 그리고 자유의 세계를 제시해 주고 또한 이를 갈구하라고 역설한다.

국가 간의 영토 분쟁과 민족 갈등, 그리고 이를 부추겨 권력을 쟁취하려는 위정자들의 야만성, 대중을 기만하는 가진 자들의 혼란상. 대립과 갈등 그리고 경쟁과 끝 모를 소유욕… 이러한 혼탁한 세상 속에서 보통사람들의 거대한 무리, 그 속에서 고행으로써 구도를 실천한다. 그리고 고통 받는 세상의 속물들을 물로 씻어 정화하며 새로운 탄생을 보여준다.

세상에 다시 태어난 새 생명들. 꽃과 나비의 화려한 무리 속에서 힘차게 솟구쳐 날아올라 선연한 곡선을 그으며 마치 우주를 유영하듯 난다. 이어 다시금 거대하고 화사한 꽃 속으로 빨려들 듯 스며든다. 순결하게 정화된 새 생명체로서 이 땅에 다시 태어나는 순간이다.

여인은 무리들에게 끝없이 새 생명의 의미를 보여주며 축원한다.
모든 무리가 여인을 향해 끝없이 합장배례(合掌拜禮)한다.

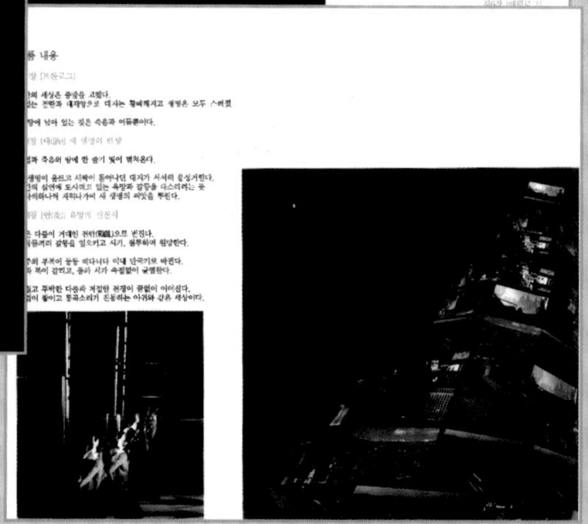

2010.11.2. 流 흐르다Ⅱ

장소/경성대학교 콘서트홀

최은희 춤
流 - 흐르다Ⅱ

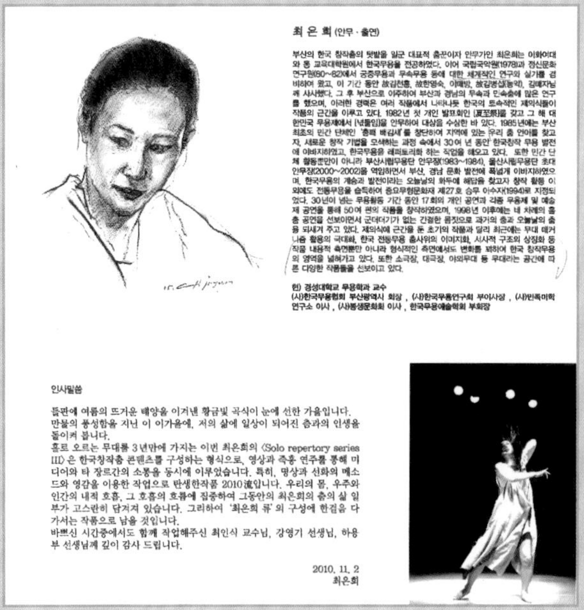

최 은 희 (안무 · 출연)

부산의 한국 창작춤의 텃밭을 일군 대표적 춤꾼이자 안무가인 최은희는 이화여대와 동 교육대학원에서 한국무용을 전공하였다. 이어 국립국악원(1978)과 정신문화연구원(80~82)에서 궁중무용과 무속무용 등에 대한 체계적인 연구와 실기를 겸비하여 왔고, 이 기간 동안 故김천흥, 故한영숙, 이매방, 故김병섭(농악), 김매자님께 사사했다. 그 후 부산으로 이주하여 부산과 경남의 무속과 민속춤에 많은 연구를 했으며, 이러한 경력은 여러 작품에서 나타나듯 한국의 토속적인 제의식들이 작품의 근간을 이루고 있다. 1982년 첫 개인 발표회인 [夏至祭]를 갖고 그 해 대한민국 무용제에서 [넋들임]을 안무하여 대상을 수상한 바 있다. 1985년에는 부산 최초의 민간 단체인 '춤패 배김새'를 창단하여 지역에 있는 우리 춤 언어를 찾고자, 새로운 창작 기법을 모색하는 과정 속에서 30여 년 동안 한국창작 무용 발전에 이바지하였고, 한국무용을 레퍼토리화 하는 작업을 해오고 있다. 또한 민간 단체 활동뿐만이 아니라 부산시립무용단 안무장(1983~1984), 울산시립무용단 초대 안무장(2000~2002)을 역임하면서 부산, 경남 문화 발전에 폭넓게 이바지하였으며, 한국무용의 계승과 발전이라는 오늘날의 화두에 해답을 찾고자 창작 활동 이외에도 전통무용을 습득하여 중요무형문화재 제27호 승무 이수자(1994)로 지정되었다. 30년이 넘는 무용활동 기간 동안 17회의 개인 공연과 각종 무용제 및 예술제 공연을 통해 50여 편의 작품을 창작하였으며, 1998년 이후에는 네 차례의 홀춤 공연을 선보이면서 군더더기가 없는 간결한 몸짓으로 과거의 춤과 오늘날의 춤을 되새겨 주고 있다. 제의식에 근간을 둔 초기의 작품과 달리 최근에는 무대 메커니즘 활용의 극대화, 한국 전통무용 춤사위의 이미지화, 서사적 구조의 상징화 등 작품 내용적 측면뿐만 아니라 형식적인 측면에서도 변화를 꾀하여 한국 창작무용의 영역을 넓혀가고 있다. 또한 소극장, 대극장, 야외무대 등 무대라는 공간에 따른 다양한 작품들을 선보이고 있다.

현) 경성대학교 무용학과 교수
(사)한국무용협회 부산광역시 회장, (사)한국무용연구회 부이사장, (사)민족미학연구소 이사, (사)봉생문화회 이사, 한국무용예술학회 부회장

인사말씀

들판에 여름의 뜨거운 태양을 이겨낸 황금빛 곡식이 눈에 선한 가을입니다.
만물의 풍성함을 지닌 이 이가을에, 저의 삶에 일상이 되어진 춤과의 인생을 돌이켜 봅니다.
홀로 오르는 무대를 3년만에 가지는 이번 최은희의 〈Solo repertory series III〉은 한국창작춤 콘텐츠를 구성하는 형식으로, 영상과 즉흥 연주를 통해 미디어와 타 장르간의 소통을 동시에 이루었습니다. 특히, 명상과 선화의 메소드와 영감을 이용한 작업으로 탄생한작품 2010流입니다. 우리의 몸, 우주와 인간의 내적 호흡, 그 호흡의 흐름에 집중하여 그동안의 최은희의 춤의 삶 일부가 고스란히 담겨져 있습니다. 그리하여 '최은희 류'의 구성에 한걸음 다가서는 작품으로 남을 것입니다.
바쁘신 시간중에서도 함께 작업해주신 최인식 교수님, 강영기 선생님, 하용부 선생님께 깊이 감사 드립니다.

2010. 11. 2
최은희

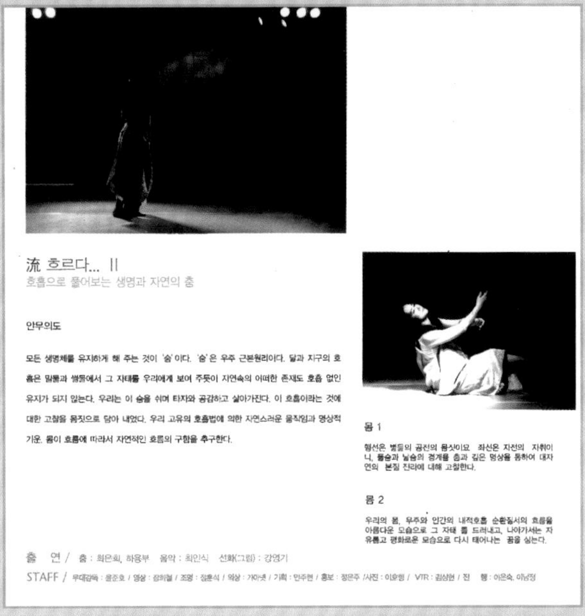

流 흐르다... Ⅱ
호흡으로 풀어보는 생명과 자연의 춤

안무의도

모든 생명체를 유지하게 해 주는 것이 '숨'이다. '숨'은 우주 근본원리이다. 달과 지구의 호흡은 밀물과 썰물에서 그 자태를 우리에게 보여 주듯이 자연속의 어떠한 존재도 호흡 없인 유지가 되지 않는다. 우리는 이 숨을 쉬며 타자와 공감하고 살아가진다. 이 호흡이라는 것에 대한 고찰을 몸짓으로 담아 내었다. 우리 고유의 호흡법에 의한 자연스러운 움직임과 명상적 기운. 몸이 호흡에 따라서 자연적인 흐름의 구함을 추구한다.

몸 1

행선은 별들의 공전의 몸짓이요 좌선은 자전의 자취이니, 들숨과 날숨의 경계를 춤과 깊은 명상을 통하여 대자연의 본질 진리에 대해 고찰한다.

몸 2

우리의 몸, 우주와 인간의 내적호흡 순환질서의 흐름을 아름다운 모습으로 그 자태를 드러내고, 나아가서는 자유롭고 평화로운 모습으로 다시 태어나는 꿈을 싣는다.

출 연 / 춤 : 최은희, 하용부 음악 : 최인식 선화(그림) : 강영기

STAFF / 무대감독 : 윤준호 / 영상 : 강희철 / 조명 : 정훈식 / 의상 : 가야넷 / 기획 : 안주현 / 홍보 : 정은주 /사진 : 이호형 / VTR : 김상현 / 진 행 : 이은숙, 이남정

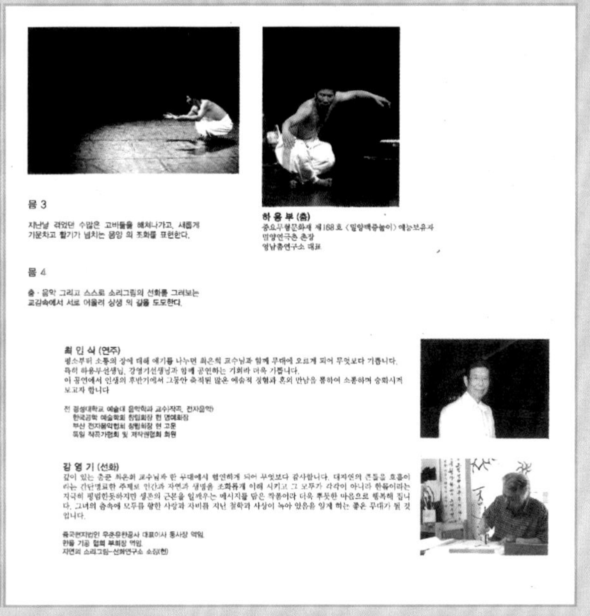

몸 3

지난날 겪었던 수많은 고비들을 헤쳐나가고, 새롭게 기운차고 활기가 넘치는 몸앙 의 조화를 표현한다.

하 용 부 (춤)
중요무형문화재 제168호 〈밀양백중놀이〉 예능보유자
밀양연극촌 촌장
영남춤연구소 대표

몸 4

춤 · 음악 그리고 스스로 소리그림의 선화를 그려보는 교감속에서 서로 어울려 상생 의 길을 도모한다.

최 인 식 (연주)
평소부터 소통의 장에 대해 얘기를 나누던 최은희 교수님과 함께 무대에 오르게 되어 무엇보다 기쁩니다.
특히 하용부선생님, 강영기선생님과 함께 공연하는 기회라 더욱 기쁩니다.
이 공연에서 인생의 후반기에서 그동안 축적된 많은 예술적 경험과 혼의 만남을 통하여 소통하며 승화시켜 보고자 합니다

전 경성대학교 예술대 음악학과 교수(작곡, 전자음악)
한국공학 예술학회 창립회장 현 명예회장
부산 전자음악협회 창립회장 현 고문
독일 작곡가협회 및 저작권협회 회원

강 영 기 (선화)
깊이 있는 춤꾼 최은희 교수님과 한 무대에서 협연하게 되어 무엇보다 감사합니다. 대자연의 존들을 호흡이라는 간단명료한 주제로 인간과 자연과 생명을 조화롭게 이해 시키고 그 모두가 각각이 아니라 한몸이라는 지극히 평범한듯하지만 생존의 근본을 일깨우는 메시지를 담은 작품이라 더욱 뿌듯한 마음으로 행복해 집니다. 그녀의 춤속에 모두를 향한 사랑과 자비를 지닌 철학과 사상이 녹아 있음을 알게 하는 좋은 무대가 될 것입니다.

중국현지법인 우춘유한공사 대표이사 동사장 역임.
한울 기공 협회 부회장 역임.
자연의 소리그림-선화연구소 소장(현)

최은희 춤
流 - 흐르다Ⅱ
최은희 춤
CHOI EUN HEE 2010 REPERTORY SERIRS
2010. 11. 2 (TUE) PM : 8:00, 경성대학교 콘서트홀
이 발표는 2010년 경성대학교 학술연구비지원에 의하여 연구되었음.
This publication was supported by Kyungsung University Research Grants in 2010.

최은희 춤
流 · 흐르다Ⅲ
최은희 춤 流 · 흐르다Ⅲ
CHOI EUN HEE 2012 REPERTORY SERIES
2012. 10. 17 (수) PM 7:30 경성대학교 콘서트홀
This publication was supported by Kyungsung University Research Grants in 2012.
608-736 경성대학교 예술대학 무용학과 부산광역시 남구 대연3동 314-79번지 Tel:051)663-4964 Fax 051)626-4061

최 은 희 (안무 · 출연)

부산의 한국 창작춤의 텃밭을 일군 대표적 춤꾼이자 안무가인 최은희는 이화여대와 동 교육대학원에서 한국무용을 전공하였다. 이어 국립국악원(1978)과 정신문화연구원(80~82)에서 궁중무용과 무속무용 등에 대한 체계적인 연구와 실기를 겸비하여 왔고, 이 기간 동안 故김천흥, 故한영숙, 이매방, 故김병섭(농악), 김매자님께 사사했다. 그 후 부산으로 이주하여 부산과 경남의 무속과 민속춤에 많은 연구를 했으며, 이러한 경력은 여러 작품에서 나타나듯 한국의 토속적인 제의식들이 작품의 근간을 이루고 있다. 1982년 첫 개인 발표회인 [夏至祭]를 갖고 그 해 대한민국 무용제에서 [넋들임]을 안무하여 대상을 수상한 바 있다. 1985년에는 부산 최초의 민간 단체인 '춤패 배김새'를 창단하여 지역에 있는 우리 춤 언어를 찾고자, 새로운 창작기법을 모색하는 과정 속에서 30여 년 동안 한국창작 무용 발전에 이바지하였고, 한국무용을 레퍼토리화 하는 작업을 해오고 있다. 또한 민간 단체 활동뿐만이 아니라 부산시립무용단 안무장(1983~1984), 울산시립무용단 초대 안무장(2000~2002)을 역임하면서 부산, 경남 문화 발전에 폭넓게 이바지하였으며, 한국무용의 계승과 발전이라는 오늘날의 화두에 해답을 찾고자 창작 활동 이외에도 전통무용을 습득하여 중요무형문화재 제27호 승무 이수자(1994)로 지정되었다. 30년이 넘는 무용활동 기간 동안 19회의 개인 공연과 각종 무용제 및 예술제 공연을 통해 50여 편의 작품을 창작하였으며, 1998년 이후에는 네 차례의 홀춤 공연을 선보이면서 군더더기가 없는 간결한 몸짓으로 과거의 춤과 오늘날의 춤을 되새겨 주고 있다. 제의식에 근간을 둔 초기의 작품과 달리 최근에는 무대 매커니즘 활용의 극대화, 한국 전통무용 춤사위의 이미지화, 서사적 구조의 상징화 등 작품 내용적 측면뿐만 아니라 형식적인 측면에서도 변화를 꾀하여 한국 창작무용의 영역을 넓혀가고 있다. 또한 소극장, 대극장, 야외무대 등 무대라는 공간에 따른 다양한 작품들을 선보이고 있다.

현)경성대학교 무용학과 교수
(사)한국무용협회 부산광역시 회장, (사)한국무용연구회 부이사장
(사)민족미학연구소 이사, (사)봉생문화회 이사, 한국무용예술학회 부회장

인사말씀

〈流, 흐르다… Ⅲ〉과 만나다

모든 생명이 그러하듯, 흐르고 변해가는 '나'와 새롭게 마주하는 시간.

풍風, 그리고 류流, 바람이 불듯, 물 흐르듯 그렇게 유동해 가는 것이
저 심연深淵, 우리네 마음인 것을…

오래 전부터 '流, 흐르다' 시리즈로 무대작업을 해왔습니다.
이젠 제게 일상이 돼버린 '춤 · 삶'을 그 속에 고스란히 담아 녹였습니다.

이번 〈流, 흐르다… Ⅲ〉에선 장르 간 소통을 위해
특별히 음악 연주를 함께 해주신 김종욱 교수님께 감사드립니다.
아울러 저와 함께 춤 열기를 뿜어내 줄 네 춤꾼들에게도 감사드립니다.

2012. 10. 17 최 은 희

流 · 흐르다… Ⅲ

'숨'으로 풀어보는 춤과 음악의 조우

안무의도

살아 있는 것들은 모두 '숨'을 쉰다. 그래서 '숨'은 우주 근본 원리이다. 자연이 밀물과 썰물의 이치를 통해 지구와 달의 호흡을 보여주듯이, 자연의 어떠한 존재도 호흡 없이는 존재가 불가능하다.

'숨을 쉰다'는 것은 들숨과 날숨의 반복적 조화를 전제한다. 이 작품은 이러한 생명체의 원초적 생태에 주목, 여기서부터 타자와 공감하는 우리 삶의 모습을 찾아 춤사위에 담으려고 했다. 아울러 '숨'에서 기인하는 자연의 움직임과 명상적 기운의 흐름을 신탁神託에 의한 막연한 추상에서 벗어나, 탁월하고도 끼 많은 개성적 무용세계를 구축한 다섯 사람의 춤꾼에게 모두 인탁人託, 그것을 실체화하려고 했다. 이제 이 작품은 다섯 꾼들의 춤을 음악에 실어 얽혔던 '숨길'의 타래를 풀어나갈 것이다.

태생적 한계를 뛰어 넘은 육신의 비상飛上을 모색했다. 그래서 유영하듯 무대를 넘나들며 생명의 터로서 자연의 맥을 찾고자 꾼들의 등 · 퇴장 없이 한 덩이의 무대를 만들었다. 다섯 꾼의 하나 된 몸짓을 무대라는 커다란 무명 폭에 담아 그것을 쪼개고 이으며, 때론 무리를 지어 갖가지 색을 입혀 보고, 또 탈색도 해보았다.

〈流 · 흐르다 Ⅲ〉은 신개념 콘텐츠 구성으로써 본격 한국 창작춤의 야심찬 도전이다. 그동안 〈流 · 흐르다〉 시리즈를 통하여 연주와 영상이라는 장르상의 결합을 통해 무용영역의 실험적 통섭을 꾀한 바 있다. 지난 2006년 첫 무대작업 〈流 · 흐르다 Ⅰ〉에서 '무리'[群]를 통해 표출했던 몸짓은 〈流 · 흐르다 Ⅱ〉(2010)에서는 '하나'로 중심화 했다. 그리고 이제 〈流 · 흐르다 Ⅲ〉에서는 그 '하나 된 중심'을 오방으로 흩어 '숨길'을 텄다. '숨'의 흐름이 다섯 춤꾼의 손끝에 얹혀 온 세상으로 퍼져나가는 순간이다.

내용 – 얼개짜기

[생성] 모든 존재가 거대한 멈춤이다. 숲이 우거지자 존재들이 태동한다. 있음으로서의 존재가 되살아나 '숨' 쉰다. 그리고 거대한 뿌리가 내린다. 나뭇잎 흔드는 소리, 흐르는 물소리, 물살 가르는 '숨' 소리가 뿌리를 에워싼다. 만물이 소생한다.

[파동] '숨' 쉰다. 들이쉬고 내쉬며 만물이 부딪쳐 솟구친다. 자연과 인간이 순환된다. 존재의 찰나적 만남은 구름으로 무리 지어 바람으로 흐르다, 마침내 불로 타오르며 유영한다. 모든 존재가 한데 어우러져 비상한다. 그리고 이내 조각 지어 흩어진다.

[소멸] 무리는 한 줌의 재로 땅 위에 잦아든다. '숨'은 희뿌옇게 멈춰(寂滅)있다. 그러다 다시 태고와 교감한다. '없음'으로서의 존재가 다시 '숨길'을 연다. 태동은 '없음'의 바탕에서 시작된다. 그리고 적멸의 세상에 생명의 숲을 잉태한 '숨' 소리가 아득히 울린다.

2012.10.17流 흐르다Ⅲ

장소/경성대학교 콘서트홀

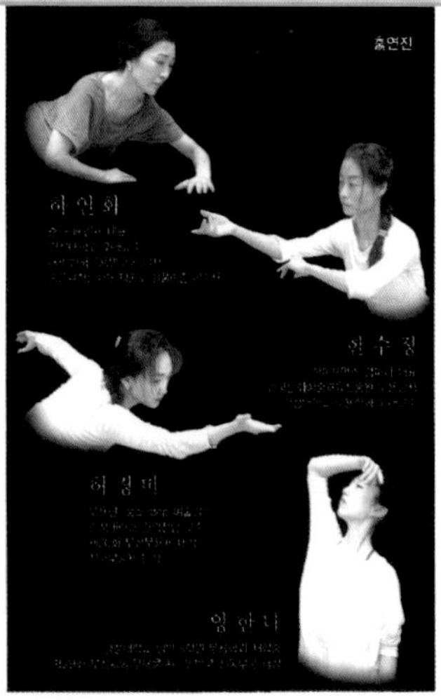

출연진
허연화
한수정
허경미
양한나

글_ 최은희 정재형
안무_ 최은희
춤_ 최은희 허연화 한수정 허경미 양한나
음악_ 김종욱 (경성대 교수)
영상(3D)_ 최성원 (용인대 교수)
미술감독_ 백철호 (경성대 외래교수)

음악 김 종 욱

서울대학교 음악대학 작곡과 작곡전공 졸업
미국 Johns Hopkins University Peabody Conservatory of Music 졸업
한국교회음악학회, ISCM 한국지부 회원, 향신회, 부산창작합창21 회원
현재 경성대학교 예술대학 음악학부 교수

주요작품 "Image Ⅰ, Ⅱ" for Orchestra 외 다수 기악곡
혼성합창곡 "주를 찬양하라" 외 다수의 합창곡

STAFF

무대감독_ 박세준
의상_ 비단길
기획_ 안주현
홍보_ 정은주 김영경
사진_ 이호형
VTR_ 김상현
총진행_ 정미숙
진행_ 김경욱 장하나 이규화
박수정 최우정 김지선

2013.9.17. 시린샘

장소/영화의전당 하늘연극장

시린샘 Well-dazzling blue
2013.9.17. 오후 7시30분
영화의전당 하늘연극장
주최, 주관_ 최은희무용단
후 원
협 찬

Well-dazzling blue
시린샘
최은희작가 춤데뷰 35주년 기념공연

최은희 Well-dazzling blue
춤작가 데뷰 35주년 기념공연
2013.9.17 Tue pm7:00
부산영화의전당하늘연극장
시린샘
안무는 최은희 교수,
춤은 최은희, 하연화 경성대 예술대학 무용학과 외래교수(춤패 배김새 대표),
한수정 경성대 예술대학 무용학과 외래교수, 한 댄스컴퍼니 대표,
박정은 울산시립무용단 지도자,
정현주 춤패 배김새 단원,
김동석 현대무용단 M-note 단원 등이 출연한다.
주최, 주관_ 최은희무용단
후 원
봉생문화재단
(사)부산예술단체총연합회, (사)한국무용협회 부산지회, (사)한국춤협회, (사)민족미학연구소,
스 텝

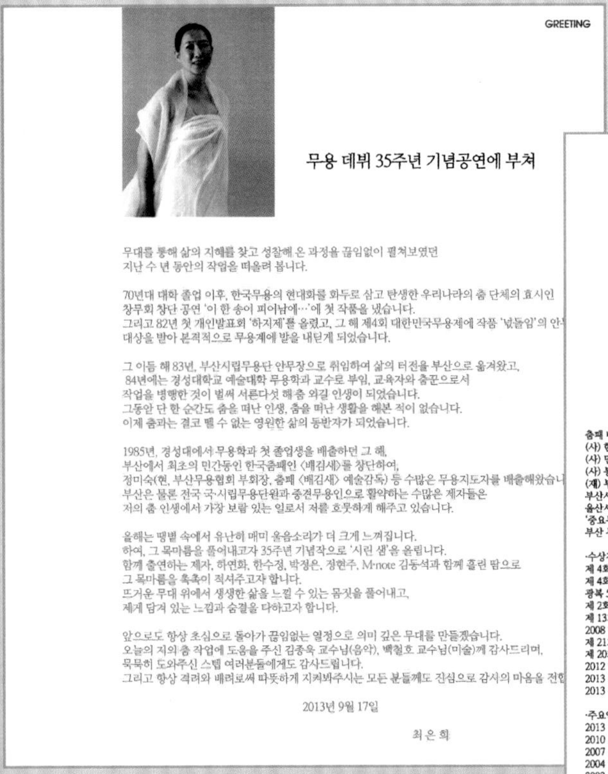

GREETING

무용 데뷔 35주년 기념공연에 부쳐

무대를 통해 삶의 지혜를 찾고 성찰해 온 과정을 끊임없이 펼쳐보였던
지난 수 년 동안의 작업을 떠올려 봅니다.

70년대 대학 졸업 이후, 한국무용의 현대화를 화두로 삼고 탄생한 우리나라의 춤 단체의 효시인
창무회 창단 공연 '이 한 송이 피어남에…'에 첫 작품을 냈습니다.
그리고 82년 첫 개인발표회 '하지제'를 올렸고, 그 해 제4회 대한민국무용제에 작품 '넋들임'의 안무
대상을 받아 본격적으로 무용계에 발을 내딛게 되었습니다.

그 이듬 해 83년, 부산시립무용단 안무장으로 취임하여 삶의 터전을 부산으로 옮겨왔고,
84년에는 경성대학교 예술대학 무용학과 교수로 부임, 교육자와 춤꾼으로서
작업을 병행한 것이 벌써 서른다섯 해 춤 외길 인생이 되었습니다.
그동안 단 한 순간도 춤을 떠난 인생, 춤을 떠난 생활을 해본 적이 없습니다.
이제 춤과는 결코 뗄 수 없는 영원한 삶의 동반자가 되었습니다.

1985년, 경성대에서 무용학과 첫 졸업생을 배출하던 그 해,
부산에서 최초의 민간동인 한국춤패인 〈배김새〉를 창단하여,
정미숙(현, 부산무용협회 부회장, 춤패 〈배김새〉 예술감독) 등 수많은 무용지도자를 배출해왔습니
부산은 물론 전국 국·시립무용단원과 중견무용인으로 활약하는 수많은 제자들은
저의 춤 인생에서 가장 보람 있는 일로서 저를 흐뭇하게 해주고 있습니다.

올해는 땡볕 속에서 유난히 매미 울음소리가 더 크게 느껴집니다.
하여, 그 목마름을 풀어내고자 35주년 기념작으로 '시린 샘'을 올립니다.
함께 출연하는 제자, 하연화, 한수정, 박정은, 정현주, M-note 김동석과 함께 흘린 땀으로
그 목마름을 촉촉이 적셔주고자 합니다.
뜨거운 무대 위에서 생생한 삶을 느낄 수 있는 몸짓을 풀어내고,
제게 담겨 있는 느낌과 숨결을 다하고자 합니다.

앞으로도 항상 초심으로 돌아가 끊임없는 열정으로 의미 깊은 무대를 만들겠습니다.
오늘의 저의 춤 작업에 도움을 주신 김종욱 교수님(음악), 백철호 교수님(미술)께 감사드리며,
묵묵히 도와주신 스텝 여러분들에게도 감사드립니다.
그리고 항상 격려와 배려로써 따뜻하게 지켜봐주시는 모든 분들께도 진심으로 감사의 마음을 전합

2013년 9월 17일

최은희

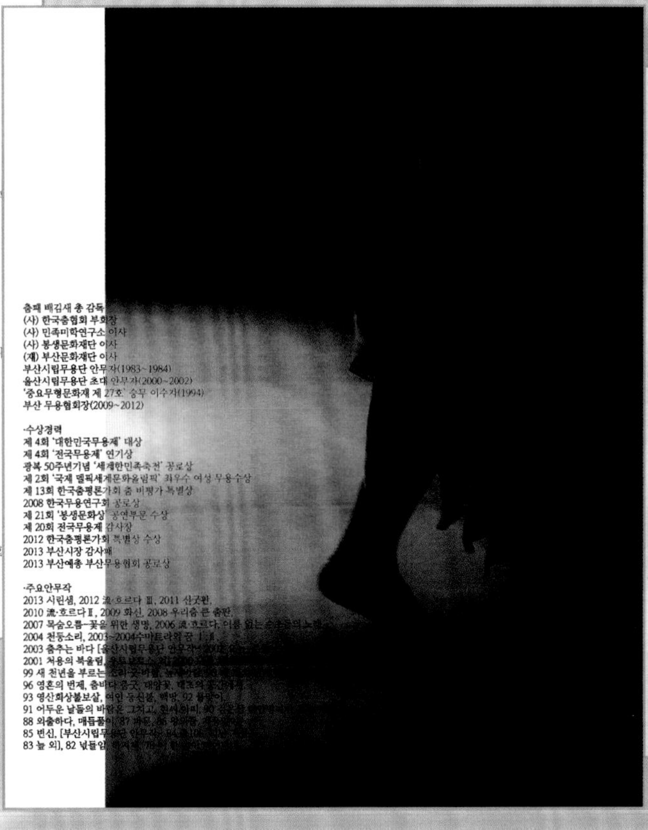

춤패 배김새 총 감독
(사) 한국춤협회 부회장
(사) 민족미학연구소 이사
(사) 봉생문화재단 이사
(재) 부산문화재단 이사
부산시립무용단 안무자(1983~1984)
울산시립무용단 초대 안무자(2000~2002)
'중요무형문화재 제 27호' 승무 이수자(1994)
부산 무용협회장(2009~2012)

·수상경력
제 4회 '대한민국무용제' 대상
제 4회 '전국무용제' 연기상
광복 50주년기념 '세계한민족축전' 공로상
제 2회 '국제 델픽세계문화올림픽' 최우수 여성 무용수상
제 13회 한국춤평론가회 춤 비평가 특별상
2008 한국무용연구회 공로상
제 21회 '봉생문화상' 공연부문 수상
제 20회 전국무용제 감사장
2012 한국춤평론가회 특별상 수상
2013 부산시장 감사패
2013 부산예총 부산무용협회 공로상

·주요안무작
2013 시린샘, 2012 流·흐르다 Ⅲ, 2011 산굿판,
2010 流·흐르다 Ⅱ, 2009 화신, 2008 우리춤 큰 춤판,
2007 목숨오름-꽃을 위한 생명, 2006 流·흐르다,
2004 천둥소리, 2003~2004수마트라의 꿈 Ⅰ·Ⅱ,
2003 춤추는 바다
2001 처용의 북울림,
99 새 천년을 부르는
96 영혼의 번제, 춤바다
93 영산회상불보살, 여인 동신불, 백방, 92
91 어두운 날들의 바람은 그치고,
88 외출하다, 매듭풀이, 87
85 변신, [부산시립무
83 늪 외], 82 넋들임

최은희(안무·출연)

부산의 한국 창작춤의 텃밭을 일군 대표적인 춤꾼이자 안무가 최은희는
이화여대와 동교육대학원에서 한국무용을 전공하였다.
1978년 국립국악원과 정신문화연구원(1980~1982)에서 체계적인 연구와 실기를 겸비한 뒤,
부산시립무용단 안무장(1983)과 울산시립무용단 초대 안무장을 역임하면서
부산·영남 지역의 창작춤 활성화에 기여해왔다.
그 가운데 제16대 부산무용협회장을 역임하면서 전국 규모의 무용 행사인
제20회 전국무용제를 부산에 유치, 역대 최고의 행사로 이끌어내는 쾌거를 이루었다.
최은희는 후학 양성에 특별한 관심을 쏟았다.
1984년부터 현재까지 경성대학교 예술대학 무용학과 교수로 재직하면서
후진 교육은 물론, 전국적으로 춤 문화에 이바지할 숱한 인재를 키워왔다.
더불어 부산 최초의 민간 한국무용단체인 춤패 배김새를 창단(1985)하여
지역에 있는 우리 춤 언어를 찾기 위해 새로운 창작기업을 모색하며,
지난 30여 년 동안 한국 창작무용 발전에 혼신의 힘을 다하여
한국무용을 레퍼토리화 작업에 진력해 오고 있다.
해외 공연으로는 동서베를린 민속문화축제 초청공연, 북경 국제대학페스티벌,
인도네시아 국제무용페스티벌, 호주 시드니문화축제, 중국 길림예술대학 초청 공연,
2000년 새천년 대만 카오슝기와북예술제, 대마도 조선통신사행렬진흥회에서 주관하는
아리랑축제에 20여 년 동안 12차례나 공연에 직접 참여해왔다.
또한 일본 마유즈미무용단 20주년 초청 아시아 한·중·일 민족무용교류전,
말레시아 쿠칭에서 열린 제2회 델픽세계문화올림픽 등에도 참가했다.
이렇듯 최은희는 20여 회 개인 공연, 50여 편의 창작품을 해왔으며,
23년 동안 경성대학교 무용학과 주축으로 부산여름무용축제를 개최하거나
관련 국제 행사에도 참가하는 등 국내외 문화 행사 및 개인 무용예술 작업 등에서
헤아릴 수 없을 정도의 많은 공연 및 행사에 기여해 왔다.
앞으로도 작품 내용적 측면뿐만 아니라 현실적인 측면에서도 변화를 꾀하여
한국창작무용의 영역에 새 지평을 열어가고자 오늘도 노력하고 있다.

2014.4.4. 어디로 가고 있습니까

장소/경성대학교 콘서트홀

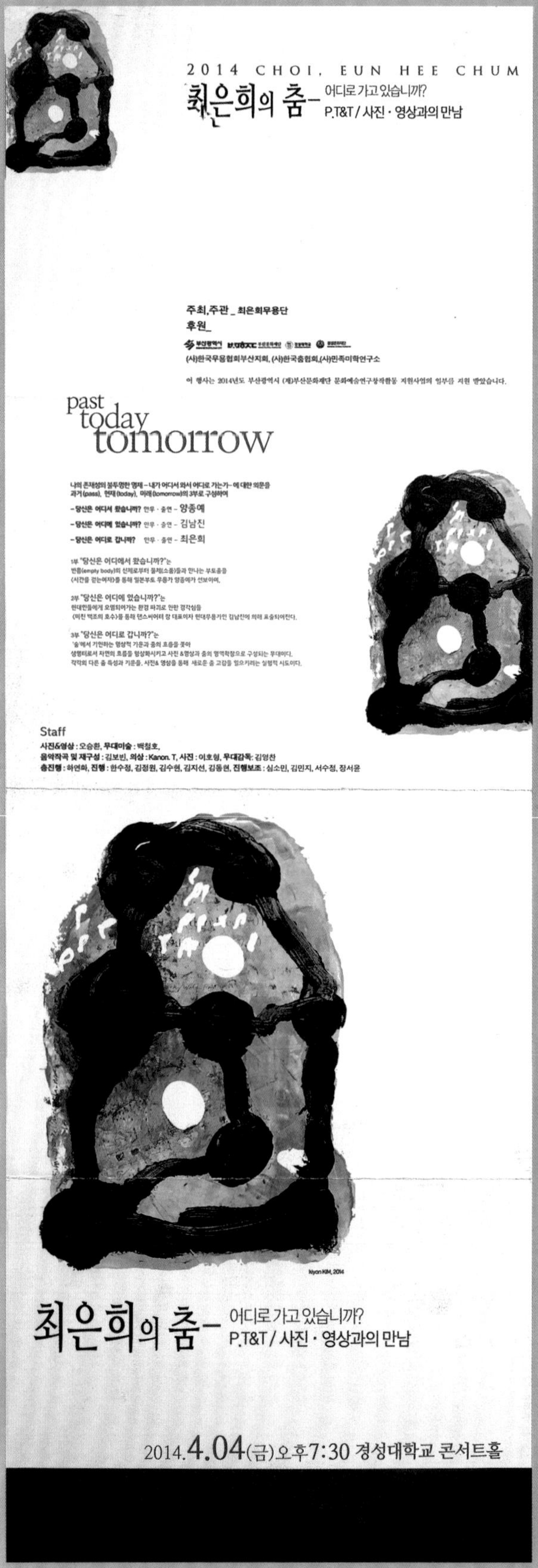
2014 CHOI, EUN HEE CHUM
최은희의 춤– 어디로 가고 있습니까?
P.T&T / 사진 · 영상과의 만남
주최,주관_ 최은희무용단
후원_
(사)한국무용협회부산지회, (사)한국춤협회,(사)민족미학연구소
past today tomorrow
–당신은 어디서 왔습니까? 안무 · 출연 – 양종예
–당신은 어디에 있습니까? 안무 · 출연 – 김남진
–당신은 어디로 갑니까? 안무 · 출연 – 최은희
Staff
최은희의 춤– 어디로 가고 있습니까?
P.T&T / 사진 · 영상과의 만남
2014.4.04(금)오후7:30 경성대학교 콘서트홀

인사말씀
2부/ today(현재)
당신은 어디에 있습니까? (where are you?)
안무 · 출연 – 김남진(KIM NAM JIN)
영상 – 장희철
[미친 백조의 호수] / 20分
1부/ past(과거)
당신은 어디서 왔습니까? (where are you from?)
안무 · 출연 – 양종예(YANG JONG YE)
[시간을 걷는 여자] / 20分
사진& 영상
오승환 교수

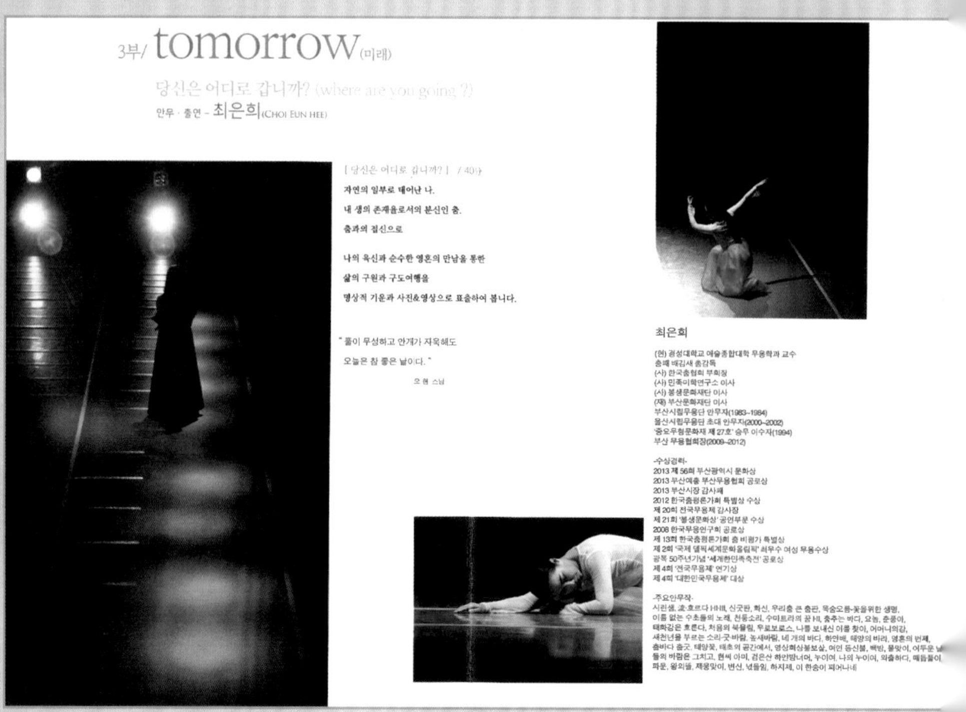
3부/ tomorrow(미래)
당신은 어디로 갑니까? (where are you going ?)
안무 · 출연 – 최은희(CHOI EUN HEE)
최은희

2017.11.24. 망명

장소/영화의전당 하늘연극장

최 은 희와 헤수스 히달고의 춤
망 명亡 命
choreography by
EunHee Choi
et
Jesús Hidalgo
Ex.iL

2017.11.24. Exil 망명

장소/영화의전당 하늘연극장

2017 choi,eun hee & Jesús Hidalgo chum
망 명
亡 命
Ex.iL
2017. 11. 24 Fri 7:30pm
영화의전당 하늘연극장 BUSAN CINEMA CENTER DURERAUM
부산광역시 해운대구 수영강변대로 120
TEL 051_780_6000 www.dureraum.org
주최 _ 최은희무용단 ChoiEunHee Dance Company
주관 _ 최은희무용단
후원 _ 한국문화예술위원회 부산광역시 부산문화재단 한국무용협회부산지회
티켓: R석 3만원/S석 2만원/A석 1만원, 단체 할인: 20인이상 30% / 50인이상 50%
본 공연은 2017 지역문화예술특성화지원사업의 지원으로 시행됩니다.

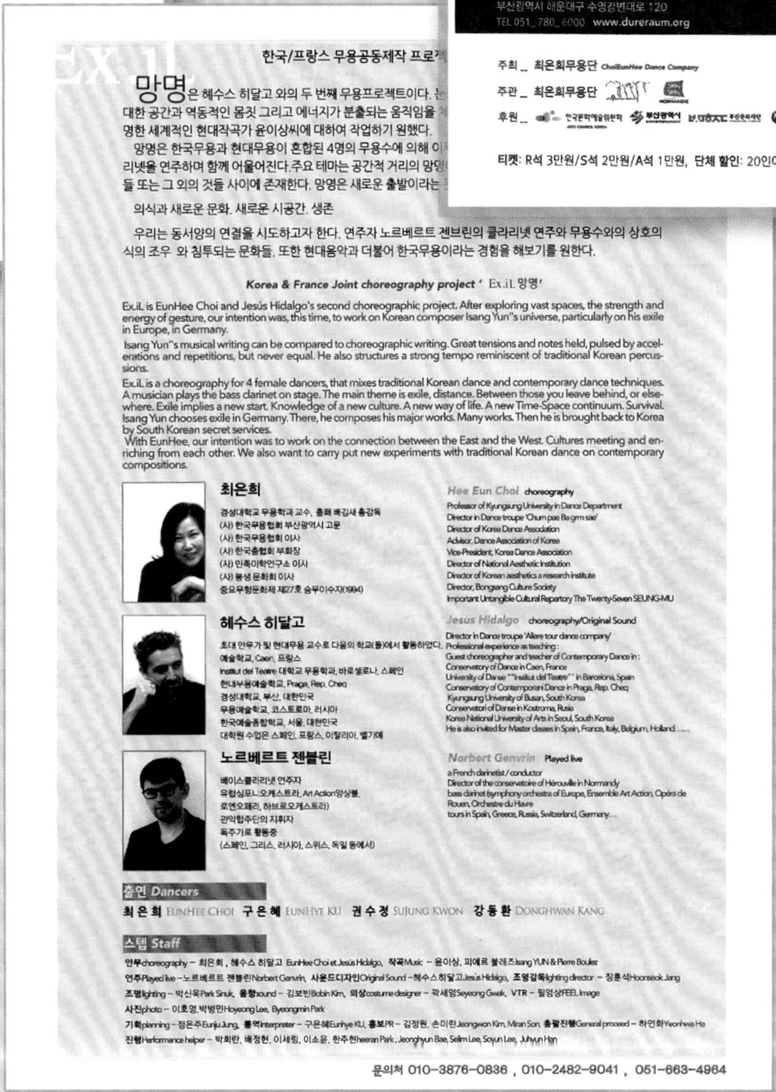

Ex.iL

한국/프랑스 무용공동제작 프로젝

망명은 헤수스 히달고 와의 두 번째 무용프로젝트이다. 눈
대한 공간과 역동적인 몸짓 그리고 에너지가 분출되는 움직임을
명한 세계적인 현대작곡가 윤이상씨에 대하여 작업하기 원했다.

망명은 한국무용과 현대무용이 혼합된 4명의 무용수에 의해 이
리넷을 연주하며 함께 어울어진다.주요 테마는 공간적 거리의 망명
들 또는 그 외의 것들 사이에 존재한다. 망명은 새로운 출발이라는

의식과 새로운 문화. 새로운 시공간. 생존

우리는 동서양의 연결을 시도하고자 한다. 연주자 노르베르트 젠브린의 클라리넷 연주와 무용수와의 상호의식의 조우 와 침투되는 문화들. 또한 현대음악과 더불어 한국무용이라는 경험을 해보기를 원한다.

Korea & France Joint choreography project ' Ex.iL 망명'

Ex.iL is EunHee Choi and Jesús Hidalgo's second choreographic project. After exploring vast spaces, the strength and energy of gesture, our intention was, this time, to work on Korean composer Isang Yun"s universe, particularly on his exile in Europe, in Germany.

Isang Yun"s musical writing can be compared to choreographic writing. Great tensions and notes held, pulsed by accelerations and repetitions, but never equal. He also structures a strong tempo reminiscent of traditional Korean percussions.

Ex.iL is a choreography for 4 female dancers, that mixes traditional Korean dance and contemporary dance techniques. A musician plays the bass clarinet on stage. The main theme is exile, distance. Between those you leave behind, or elsewhere. Exile implies a new start. Knowledge of a new culture. A new way of life. A new Time-Space continuum. Survival. Isang Yun chooses exile in Germany. There, he composes his major works. Many works. Then he is brought back to Korea by South Korean secret services.

With EunHee, our intention was to work on the connection between the East and the West. Cultures meeting and enriching from each other. We also want to carry put new experiments with traditional Korean dance on contemporary compositions.

최은희

경성대학교 무용학과 교수, 춤패 배김새 총감독
(사) 한국무용협회 부산광역시 고문
(사) 한국무용협회 이사
(사) 한국춤협회 부회장
(사) 민족미학연구소 이사
(사) 봉생 문화회 이사
중요무형문화제 제27호 승무이수자(1994)

Hee Eun Choi choreography

Professor of Kyungsung University in Dance Department
Director in Dance troupe 'Chum pae Ba grm sae'
Director of Korea Dance Association
Advisor, Dance Association of Korea
Vice-President, Korea Dance Association
Director of National Aesthetic Institution
Director of Korean aesthetics a research institute
Director, Bongsang Culture Society
Important Untangible Cultural Repertory The Twenty-Seven SEUNG-MU

헤수스 히달고

초대 안무가 및 현대무용 교수로 다음의 학교(들)에서 활동하였다.
예술학교, Caen, 프랑스
Institut del Teatre 대학교 무용학과, 바르셀로나, 스페인
현대무용예술학교, Praga, Rep. Cheq
경성대학교, 부산, 대한민국
무용예술학교, 코스트로마, 러시아
한국예술종합학교, 서울, 대한민국
대학원 수업은 스페인, 프랑스, 이탈리아, 벨기에

Jesús Hidalgo choreography/Original Sound

Director in Dance troupe 'Allere tour dance company'
Professional experience as teaching :
Guest choreographer and teacher of Contemporary Dance in :
Conservatory of Dance in Caen, France
University of Danse ""Institut del Teatre"" in Barcelona, Spain
Conservatory of Contemporani Dance in Praga, Rep. Cheq
Kyungsung University of Busan, South Korea
Conservatori of Danse in Kostroma, Rusie
Korea National University of Arts in Seoul, South Korea
He is also invited for Master classes in Spain, France, Italy, Belgium, Holland . . . ..

노르베르트 젠블린

베이스클라리넷 연주자
유럽심포니오케스트라, Art Action앙상블,
로엔오페라, 하브르오케스트라)
관악합주단의 지휘자
독주가로 활동중
(스페인, 그리스, 러시아, 스위스, 독일 등에서)

Norbert Genvrin Played live

a French clarinetist / conductor
Director of the conservatoire of Hérouville in Normandy
bass clarinet (symphony orchestra of Europe, Ensemble Art Action, Opéra de Rouen, Orchestre du Havre
tours in Spain, Greece, Russia, Switzerland, Germany…

출연 Dancers

최 은 희 EUNHEE CHOI **구 은 혜** EUNHYE KU **권 수 정** SUJUNG KWON **강 동 환** DONGHWAN KANG

스텝 Staff

안무choreography – 최은희 , 헤수스 히달고 EunHee Choi et Jesús Hidalgo, **작곡**Music – 윤이상, 피에르 불레즈Isang YUN & Pierre Boulez
연주Played live – 노르베르트 젠블린Norbert Genvrin, **사운드디자인**Original Sound – 헤수스히달고Jesús Hidalgo, **조명감독**lighting director – 장훈석Hoonseok Jang
조명lighting – 박신욱Park Sinuk, **음향**sound – 김보빈Bobin Kim, **의상**costume designer – 곽세영Seyeong Gwak, VTR – 필영상FEEL Image
사진photo – 이호영, 박병민Hoyeong Lee, Byeongmin Park
기획planning – 정은주Eunju Jung, **통역**Interpreter – 구은혜Eunhye KU, **홍보**PR – 김정원, 손미란Jeongwon Kim, Miran Son, **총괄진행**General proceed – 하연화Yeonhwa Ha
진행Performance helper – 박희란, 배정현, 이세림, 이소윤, 한주현heeran Park, Jeonghyun Bae, Selim Lee, Soyun Lee, Juhyun Han

문의처 010-3876-0836 , 010-2482-9041 , 051-663-4964

2015.10.22~23. 눈보라

장소/영화의전당 하늘연극장

영화의전당 BUSAN CINEMA CENTER
2015
&
눈보라
choi,eun hee
France
Jesus Hidalgo
2015. 10. 22 Thu-23 Fri 7.30pm
영화의전당 하늘연극장 BUSAN CINEMA CENTER DURERAUM
부산광역시 해운대구 수영강변대로 120
TEL 051_780_6000 www.dureraum.org
주최,주관_ 최은희무용단,
후원_ 한국문화예술위원회 부산광역시 부산문화재단, INSTITUT FRANÇAIS
한국무용협회부산지회, (사)민족미학연구소, 부산문화신문
출 연 한수정 Soo-Jung Han 박재현 Jae-Hyun Park 김수현 Su-Hyun Kim 허종원 Jong Won Heo 구은혜 Eun Hye Ku
Staff
안무출연 – 한국,최은희/프랑스,Jesus Hidalgo, 연출 – 최은희, 무대미술Stage Art – 백철호 Cheol Ho Baek, 작곡Music – V.Kei,
음향Sound – 김보빈Bo Bin Kim(Sound director in BCS), 조명Light –장훈석 Hunseok Jang(Light director in BCS), 의상Custom – 이혜빈 Hye Bin Lee,
무대감독Stage Director – 신상현 Sang Hyun Shin, 영상Video – 이연승 Yeon-seung Yi, VTR – 천승요 Sungyo Chun,
기획(통역)Plan and Translate –김기효 Ki Hyo Kim (Tisch school of Art, MA), 사진Picture – 이호형 Hohyeong Lee
문의처 – 영화의전당 061_780_6000 /최은희무용단 010.2445.9839

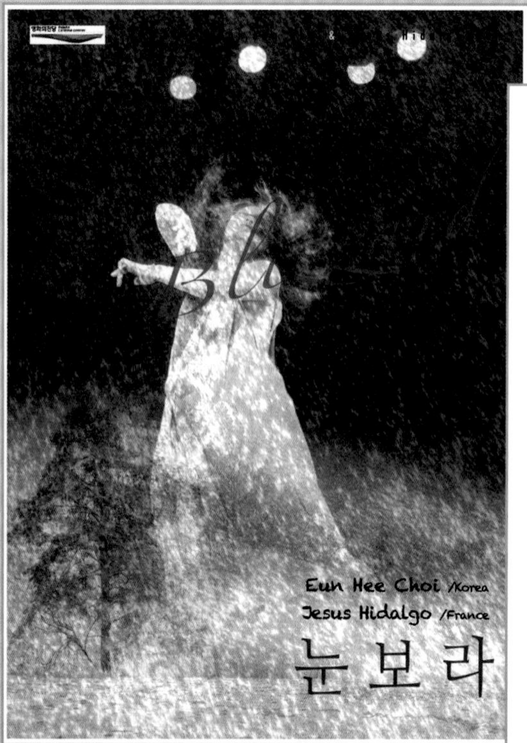

Eun Hee Choi /Korea
Jesus Hidalgo /France
눈보라

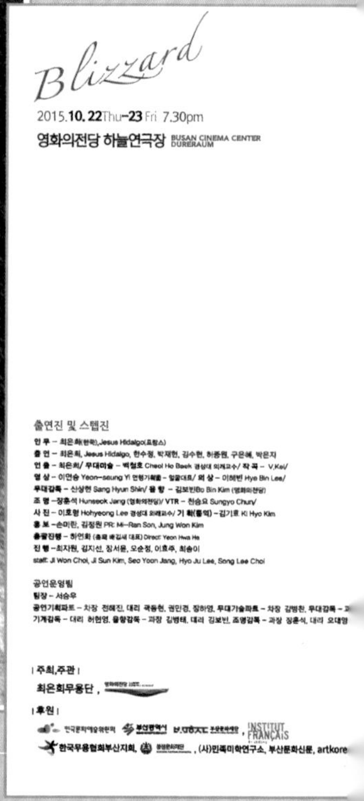

Blizzard
2015.10.22Thu-23 Fri 7.30pm
영화의전당 하늘연극장 BUSAN CINEMA CENTER DURERAUM
출연진 및 스탭진
공연운영팀
주최,주관
최은희무용단,
후원
INSTITUT FRANÇAIS
한국무용협회부산지회, (사)민족미학연구소, 부산문화신문, artkorea

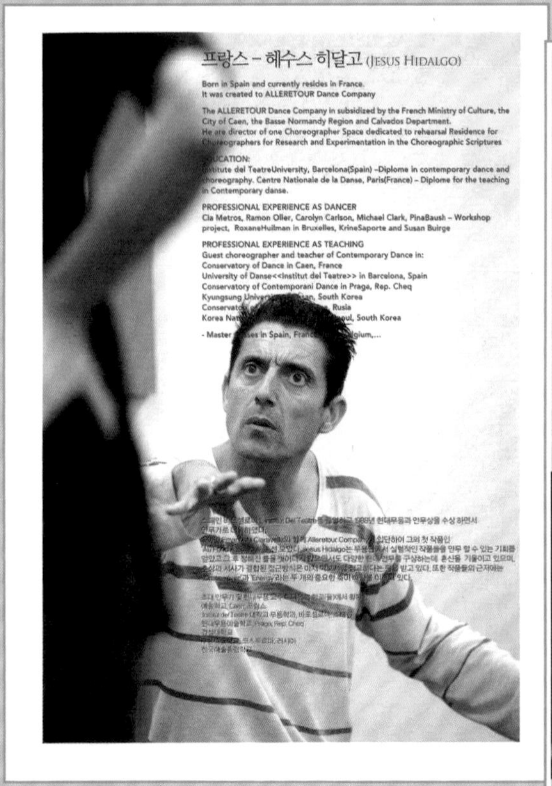

프랑스 – 헤수스 히달고 (JESUS HIDALGO)
Born in Spain and currently resides in France.
It was created to ALLERETOUR Dance Company
The ALLERETOUR Dance Company in subsidized by the French Ministry of Culture, the City of Caen, the Basse Normandy Region and Calvados Department.
He are director of one Choreographer Space dedicated to rehearsal Residence for Choreographers for Research and Experimentation in the Choreographic Scriptures
EDUCATION:
Institute del TeatreUniversity, Barcelona(Spain) –Diplome in contemporary dance and choreography. Centre Nationale de la Danse, Paris(France) – Diplome for the teaching in Contemporary danse.
PROFESSIONAL EXPERIENCE AS DANCER
Cia Metros, Ramon Oller, Carolyn Carlson, Michael Clark, PinaBaush – Workshop project, RoxaneHuilman in Bruxelles, KrineSaporte and Susan Buirge
PROFESSIONAL EXPERIENCE AS TEACHING
Guest choreographer and teacher of Contemporary Dance in:
Conservatory of Dance in Caen, France
University of Danse<<Institut del Teatre>> in Barcelona, Spain
Conservatory of Contemporani Dance in Praga, Rep. Cheq
Kyungsung Univ… South Korea
Conservat… Rusia
Korea Nat… South Korea
- Master … in Spain, Fran… gium,...

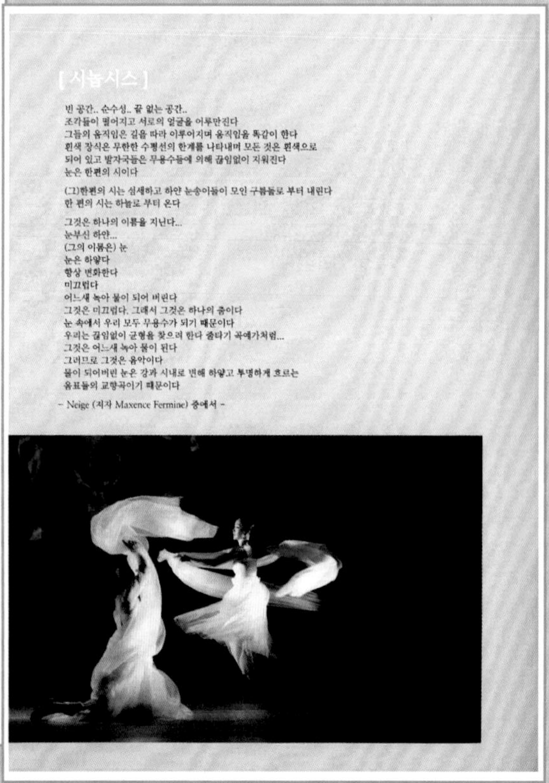

[시놉시스]
빈 공간.. 순수성.. 끝 없는 공간..
조각들이 떨어지고 서로의 얼굴을 어루만진다
그들의 움직임은 길을 따라 이루어지며 움직임을 똑같이 한다
흰색 장식은 무한한 수평선의 한계를 나타내며 모든 것은 흰색으로
되어 있고 발자국들은 무용수들에 의해 끊임없이 지워진다
눈은 한편의 시이다
(그)한편의 시는 섬세하고 하얀 눈송이들이 모인 구름들로 부터 내린다
한 편의 시는 하늘로 부터 온다
그것은 하나의 이름을 지닌다...
눈부신 하얀...
(그의 이름은) 눈
눈은 하얗다
항상 변화한다
미끄럽다
어느새 녹아 물이 되어 버린다
그것은 미끄럽다. 그래서 그것은 하나의 춤이다
눈 속에서 우리 모두 무용수가 되기 때문이다
우리는 끊임없이 균형을 찾으려 한다 줄타기 곡예가처럼...
그것은 어느새 녹아 물이 된다
그러므로 그것은 음악이다
물이 되어버린 눈은 강과 시내로 변해 하얗고 투명하게 흐르는
음표들의 교향곡이기 때문이다
– Neige (저자 Maxence Fermine) 중에서 –

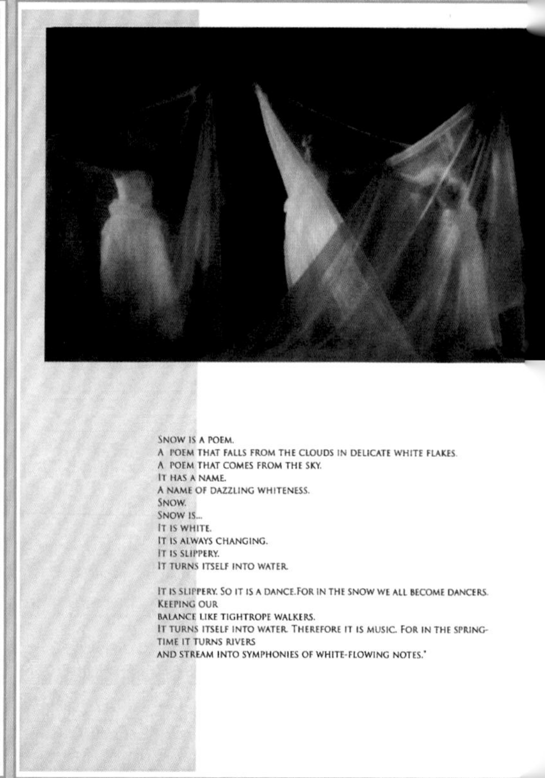

SNOW IS A POEM.
A POEM THAT FALLS FROM THE CLOUDS IN DELICATE WHITE FLAKES.
A POEM THAT COMES FROM THE SKY.
IT HAS A NAME.
A NAME OF DAZZLING WHITENESS.
SNOW.
SNOW IS...
IT IS WHITE.
IT IS ALWAYS CHANGING.
IT IS SLIPPERY.
IT TURNS ITSELF INTO WATER.
IT IS SLIPPERY. SO IT IS A DANCE.FOR IN THE SNOW WE ALL BECOME DANCERS.
KEEPING OUR
BALANCE LIKE TIGHTROPE WALKERS.
IT TURNS ITSELF INTO WATER. THEREFORE IT IS MUSIC. FOR IN THE SPRING-
TIME IT TURNS RIVERS
AND STREAM INTO SYMPHONIES OF WHITE-FLOWING NOTES."

한국 '프랑스 무용공동제작 프로젝트 눈보라 〈Blizzard〉

한국 창작무용 단체와 프랑스 현대 무용가의 공동작업을 통한 새로운 개념의 창작무용, 미술, 음악 등 다양한 장르의 예술가들과 협업하여 기존의 무용 형식과 장르의 경계를 확장하며 실험적인 작품을 선보이는 프랑스 현대무용가와 한국창작무용 단체 간의 협업을 통해 동양과 서양, 전통과 현대를 연결하는 새로운 개념의 크로스오버 창작무용을 선보인다. 이는 동양의 구심(求心)과 서양의 원심(遠心)이 되어 융합 에너지를 만드는 것이다.

지속적이고 다양한 형식의 워크숍을 통해 실질적인 교류와 공동 창작의 전형 창출, 6개월 동안 다양한 형식의 교류 및 공동 워크숍을 통해 신체적 에너지-동양철학의 기(氣) 개념을 중심으로 서양 현대무용과 한국전통춤의 개념과 원리에 대한 비교 연구에서 출발하여 작품의 컨셉과 대본 구성, 동작 연구와 안무 구상, 무대 연출까지 실질적인 공동 창작의 방식을 실현한다.

특히 이번 프로젝트 '눈보라'는 영화의전당 하늘연극장에 설치되어 있는 7.1채널 서라운드 음향시스템을 적극 활용하기 위해 작곡 단계에서부터 서라운드로 제작했고, 무대에 설치 된 서라운드 마이크로 무용수의 움직임을 소리로 집어내어 객석과 무대가 같은 공간인 것처럼 느낄 수 있게 디자인 하였다.

그리고, 현장에서 무용수의 움직임과 음악이 완전히 하나가 될 수 있도록 'MAX/MSP' 프로그램 이용해 서라운드로 변환시켜 사운드 디자인 프로그램에 집어넣어 실황 움직임에 따른 단계별로 실시간 서라운드 효과를 구사하여 무용수가 좀 더 자유롭게 움직일 수 있는 프로젝트가 될 것이다.

한국 – 최은희 (EUN HEE CHOI)

부산의 한국 창작춤 텃밭을 일군 대표적인 춤꾼인 최은희는 이화여대와 동교육대학원을 졸업하고 국립국악원과 정신문화연구원에서 체계적인 연구와 실기를 겸비하여 왔었다. 이 기간동안 故김천흥, 故한영숙, 故이매방, 김매자선생님으로부터 사사받았다. 1985년 부산최초의 동인 민간 한국무용단체인 '춤패 배김새'를 창단하여 부산, 영남지역의 창작무용활성화에 이바지하였으며 20여년 동안 부산여름무용축제를 개최하여 국제행사의 규모로 기여하였다.

부산시립무용단 제3대 안무자(1984~84), 울산시립무용단 초대 안무자(2000~2002)를 역임하였으며, 제16대 부산무용협회장(2009~2012)을 역임하면서 지역문화계를 활성화하는데 큰 영향을 주었다.

1984년부터 현재 경성대학교 무용학과 교수로 재직하면서 후학들을 양성하는 한편 춤패 배김새의 총감독으로서 전통의 현대적 계승이라는 명제로 한국춤의 질적향상을 위한 다각적인 활로를 모색하던 중 부산 문화예술의 대표성을 지닌 무용가로 인정받아 제56회 부산광역시 문화상(2013)을 수상한 바 있다.

경성대학교 무용학과 교수
춤패 배김새 총감독
(사) 한국무용협회 부산광역시 고문
(사) 한국춤협회 부회장
(사) 민족미학연구소 이사
(사) 봉생 문화회 이사
중요무형문화재 제27호 승무이수자(1994)

Eun Hee Choi as a representative dancer and choreographer, who cultivated creative movements in Busan. She was born in In-cheon, and majored in Korean Traditional Dance in Ewha Womans University and the same graduate school of education. In addition, she learned court and folk dance through a methodical approach in the National Center for Korean Traditional Performing Arts and the Academy of Korean Studies. She could study under Cheon heung Kim, the late Young Sook Han, the late Mae Bang Lee, the late Byeong Sub Kim during that time. After that, she moved to Busan and studied shamanism and folk dances in Kyungnam as well as in Busan. These careers let her choreograph dance performances based on folksy ceremonies. As working in Chang Mu Group as a member, she has choreographed about 250 performances, which were centered on grafting modern style onto tradition since 1979. She was able to hold her position as a dancer and choreographer because her 50 creative choreographies were performed on diverse dance and art festivals. Her first individual performance, 'Ha Ji Jae', the Jae means our shamanism ceremony, Our forefathers thought that retribution for the deeds of a former life is an agglomerate knot, and a shaman untangles it with their movements when holding a ritual. She tried to embody that ritual. It was on stage in 1982, and at the same year, she was awarded the grand prize with her another choreograph, 'Nag Thool Lim' which means Experience in Koreans'life is expressed by a form of exorcisms, namely Jinohgwi, which is one of our shamanistic ceremonies. Since holding of official position as a professor in Kyung-Sung University, she not only has worked hard to train the upcoming generation, but also ran 'Busan Summer Dance Festival' for 30 years, which contributed to the development of local culture. In 1985, she founded 'Chum Fe Bae Gim Se', which is the first private dance troupe in Busan and this dance troupe has served the improvement of Korean Traditional Creative Dance for about 20 years in the course of discovering our own dance languages and new creative techniques. Moreover, she has shifted from Korean Traditional movements into a repertoire.she not only worked with her own dance group, but also led the Busan (1983-1984) and the Ulsan municipal dance company (2000-2002) respectively as a choreographer.

헤수스 히달고의 눈

눈

하나의 공간은 텅 비어있고, 순수하다. 텅빈 흰색, 공간은 무한하다.

떨어지고 있는 눈 꽃은 각 무용수의 얼굴을 어루만진다.
그들의 노선, 오솔길, 도로들은 움직임을 변형시킨다.
서예의 움직임. 고대, 현대.
그 움직임은 항상 같다.
그것은 변한다 왜냐하면 우리는 그렇게 느끼기 때문이다.
무한한 수평성과 같은 흰색 장식은 무한하다.
모든 것은 하얗다.
끊임없이 사라지는 눈 꽃은 공간 속의 desinees를 무용수들에 의해 따라간다.
새로운 길, 새로운 흐름, 새로운 운명.
춤은 고동치는 시간이다, 계절과 같이.
겨울은 잠자는 시간이다. 그 시간은 그 이후를 준비한다. 앞, 그 다음, 고대, 현대.
전통과 현대, 모든 것은 계절의 순환에 의해 돌아간다.
미래는 과거를 필요로 한다 필요로 했던 과거가 미래의 목표였듯이.
눈. 하얀. 순수
눈꽃의 법칙은 또 다른 것을 증명한다.

모든 것은 함께 맞아떨어진다 퍼즐처럼.
이미지가 없는 퍼즐.
그 이미지는 모든 것이다.
전체는 사라질 것이다, 다시 시작할 수 있도록.

눈, 하얀, 순수.

Jesus Hidalgo's snow

Snow.
A space empty, pure. A blank whiteness. A space infinit.
Falling flakes that caress each face dancers.
Their routes, trails, roads inflected movements.
Calligraphy of the movement. Ancient, modern.
The gesture is always the same.
It changes because we want to feel that.
A white decor as the infinite horizon unlimited.
Everything is white.
Flakes that constantly erase trace desinees in the space by the dancers.
A new path, a new course, a new desin.
A dance that pulse time, like the seasons.
Winter is the time of lethargy. The time that prepares the after. The front, the after.
Ancient, modern.
Tradition and modernity, all bound by the cycle of the seasons.
The future need of the past as the past in need of is projector in a future.
Snow. White. Pure.
Law ' a snowflake is identical to another.
All fit together like a puzzle.
A puzzle without images.
The image is all.
A whole which will disappear, to be able to start again.
Snow, white, pure.

최 은 희 Eun Hee Choi

안무가 최은희는 한국무용 현대화를 일군 경성대 무용학과 교수로서 중요무형문화재 제27호 승무를 이수하고, 부산의 지역 무용단인 춤패 배김새 총감독과 부산무용협회 고문으로 부산무용협회장을 역임했다. 한국춤협회 부이사장과 민족미학연구소 이사, 봉생문화재단 이사로도 활동하고 있다.

헤수스 히달고 Jesus Hidalgo

안무가 헤수스 히달고는 프랑스 칸 예술학교, 스페인 바르셀로나 공연예술대학 무용학과, 체코 프라하 현대무용예술학교, 러시아 코스트로마 무용예술학교 등 에서 초대 안무가 및 대학 무용과 현대무용 교수로서 활동 했다. 현재 우리나라에서는 프랑스를 오가면서 한국예술종합학교, 경성대학교 등에서 움직임을 통해 현대무용을 표현해 내는 안무에 대해 가르치며 활동하고 있다.

한 수 정 Soo-Jung Han

경성대학교 무용교육대학원을 졸업하였고 1995년 춤패배김새에 입단하였다. 이어 창원, 울산, 부산 시립 무용단 단원으로 활동하여왔다. 2010년부터 창작 작업을 꾸준히 이어오고 있으며, 제20회 전국무용제에서 개인 연기상을 수상하였다. 주요 안무작 〈블랙홀〉, 〈늪-오게〉, 〈Lost〉, 〈ICE BABY〉, 〈처용, 아사날 엇디 하릿고〉, 〈고래-달을 품다〉 등이 있다.
현재는 경성대학교 외래 강사로 출강하고 있다.

Soo-Jung Han graduated from Kyungsung University and joined Chumpae Baegimsae in 1995. After that, she performed as a professional dancer in Chang-won, Wolsan and Busan National Dance Company. Since 2010, she has choreographed her works, and won a personal acting dancer award at No. 20 the Whole National Dance Festival. Her major choreographies are <Blachole>, <Swamp-Ohgae>, <Lost>, <ICE BABY>, <Chaeyong, Asanal Eotdi Harikgo>, <Whale- bears moon> etc. Now, she is teaching students at Kyungsung University as a part-time instructor.

박 재 현 Jae-Hyun Park

부산대학교 대학원을 수료하였고, 2010년 July Dance Theater 창단 후 대표로 활동 중이다. 활동 기간 동안 '부산 KBS 무용 콩쿨'에서 대상을 수상하였고 '제 1회 한국문화예술위원회 주최 안무가 집중육성프로그램 선정 및 공연수혜,' 크리틱스초이스 평론가가 뽑은 제14회 젊은 무용가 선정, '제3회 문화올림픽 세계 델픽대회 (세계유네스코) 무용부문 은메달 수상, 제 24회 부산무용제 대상 및 안무상, 전국 무용제 은상 및 연기상을 수상하였다. 현재 2016년 체코 프라하에 초청 솔로공연을 준비 중에 있다.

Jae-Hyun Park completed Master of Art Course in Busan National University, and continues working as a choreographer after founding a Dance troup 'July Dance Theater'. He won a grand prize in Busan KBS Dance Competition, nominated in No. 1 choreographer concentration-fosterage program hosted by Korean Culture and Arts Commitee, as No. 14 Young Dancer selected by Chris-choice critics, silver medal in dance part in No. 3 Cultural Olympics 'the World Delpic Competition(UNESCO), a grand and choreograpy prize in No. 24 Busan Dance Festival and a silver medal and acting dancer in the Whole National Dance Festival. Now, he is preparing for his solo performance invited by Prague in the Czech Republic 2016.

춤패 배김새
36주년 정기공연
길
故 정진윤 作 역사의 그늘 - 뿌리깊은나무

2021.7.23. 길

장소/영화의전당 하늘연극장

길

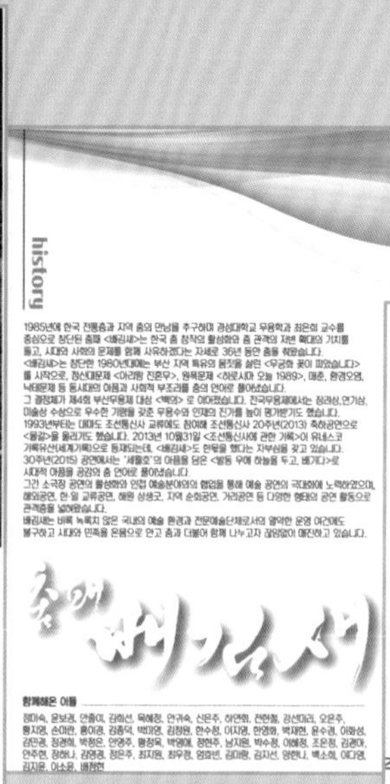
history
춤패 배김새

36주년 정기공연
길
주최/주관: 춤패배김새
후원:
한국문화예술위원회
Arts Council Korea
부산광역시
2021. 7.23. (금) pm07:3
영화의전당 하늘연극
본 공연은 2021년 부산광역시, 부산문화재단 지역문화예술특성화지원사업으로 지원을 받

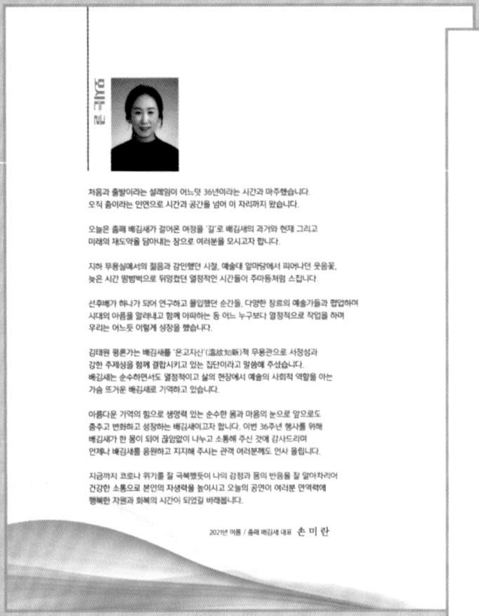

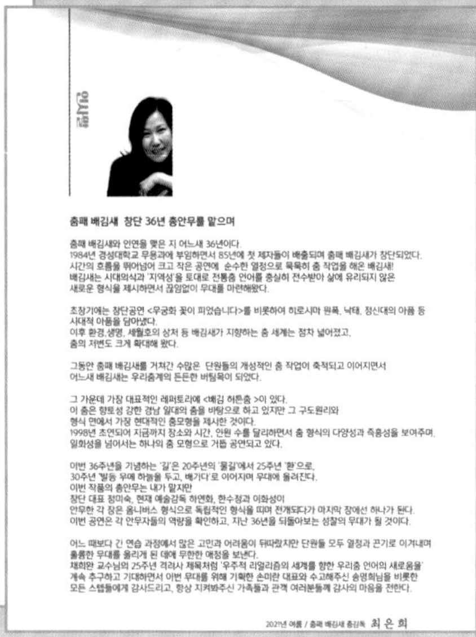
인사말
춤패 배김새 창단 36년 총안무를 맡으며

program intentions

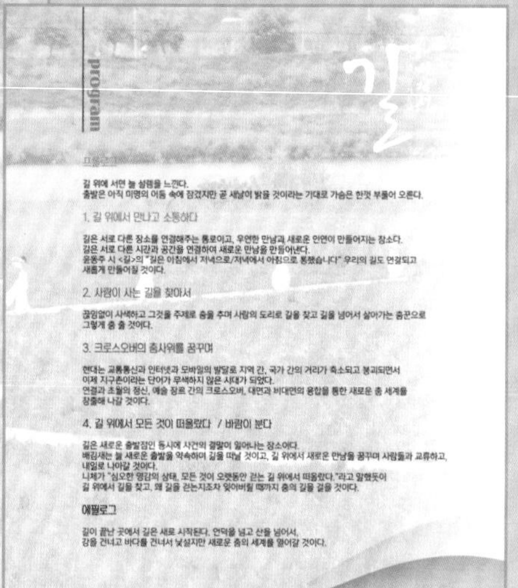
program
길

출연진

출연진

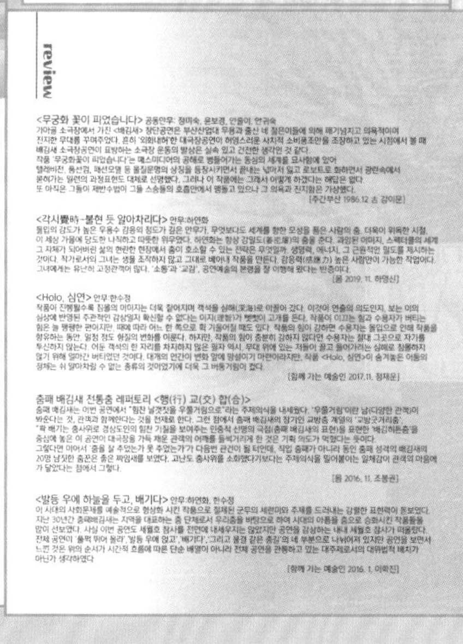
review

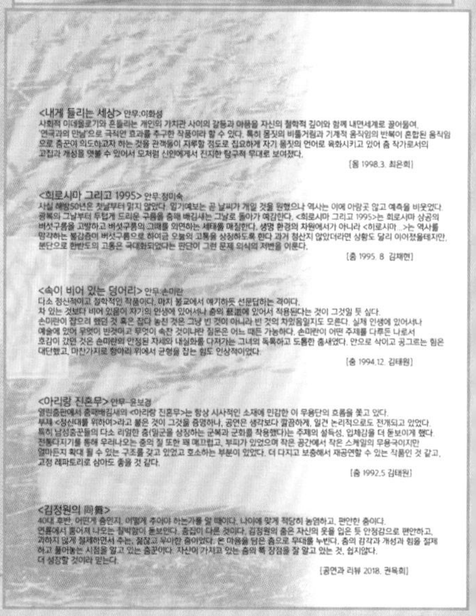

1996.6.4. 최은희 의 홀춤

장소/국립국악원소극장

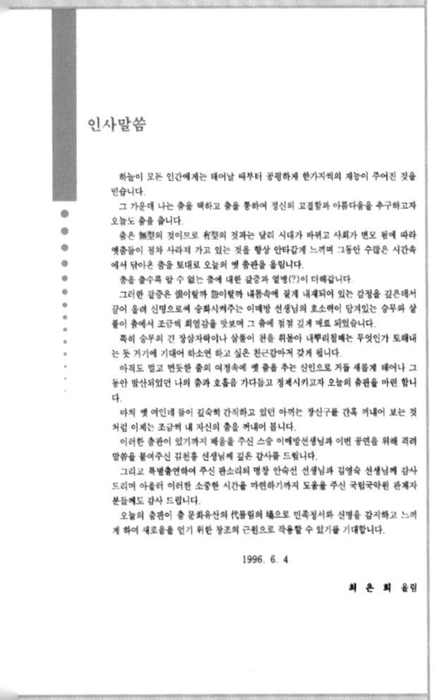

인사말씀

하늘이 모든 인간에게는 태어날 때부터 공평하게 한가지씩의 재능이 주어진 것을 믿습니다.

그 가운데 나는 춤을 택하고 춤을 통하여 정신의 고결함과 아름다움을 추구하고자 오늘도 춤을 춥니다.

춤은 無형의 것이므로 有형의 것과는 달리 시대가 바뀌고 사회가 변모 됨에 따라 옛춤들이 점차 사라져 가고 있는 것을 항상 안타깝게 느끼며 그동안 수많은 시간속에서 닦아온 춤을 토대로 오늘의 옛 춤판을 올립니다.

춤을 출수록 알 수 없는 춤에 대한 갈증과 열병(?)이 더해갑니다.

그러한 갈증은 恨이랄까 情이랄까 내몸속에 깊게 내재되어 있는 감정을 깊은데서 끌어 올려 신명으로써 승화시켜주는 이매방 선생님의 호소력이 담겨있는 승무와 살풀이 춤에서 조금씩 희열감을 맛보며 그 춤에 점점 깊게 매료 되었습니다.

특히 승무의 긴 장삼자락이나 살풀이 천을 휘돌아 내뿌리칠때는 무엇인가 토해내는 듯 거기에 기대어 하소연 하고 싶은 친근감마저 갖게 됩니다.

아직도 멀고 먼듯한 춤의 여정속에 옛 춤을 추는 신인으로 거듭 새롭게 태어나 그동안 발산되었던 나의 춤과 호흡을 가다듬고 정제시키고자 오늘의 춤판을 마련 합니다.

마치 옛 여인네 들이 깊숙히 간직하고 있던 아끼는 장신구를 간혹 꺼내어 보는 것처럼 이제는 조금씩 내 자신의 춤을 꺼내어 봅니다.

이러한 춤판이 있기까지 배움을 주신 스승 이매방선생님과 이번 공연을 위해 격려 말씀을 붙여주신 김천흥 선생님께 깊은 감사를 드립니다.

그리고 특별출연하여 주신 판소리의 명창 안숙선 선생님과 김영숙 선생님께 감사드리며 아울러 이러한 소중한 시간을 마련하기까지 도움을 주신 국립국악원 관계자 분들께도 감사 드립니다.

오늘의 춤판이 춤 문화유산의 代물림의 場으로 민족정서와 신명을 감지하고 느끼게 하여 새로움을 얻기 위한 창조의 근원으로 작용할 수 있기를 기대합니다.

1996. 6. 4

최 은 희 올림

발표자 최 은 희

- 중요무형문화재 제27호 승무 이수자
- 경성대학교 무용학과 교수

'90. 9. 2~3 이매방북소리판 출연 (살풀이춤, 허튼춤) (호암아트홀)
'90. 11. 8 제2회 전통춤5인전 (승무) (부산문화회관 대강당)
'94. 4. 12 전통춤5인전 초청공연 (승무) (울산KBS홀)
'94. 5. 13 전통춤5인전 초청공연 (승무) (경남문화예술회관)
'94. 6. 13~18 이매방북소리Ⅳ출연 (승무) (국립극장대극장, 부산문화회관 여산실내체육관)
'94. 10. 17 중요무형문화재 제27호 승무 이수자 지정
'94. 11. 8 전통춤5인전 (살풀이춤) (부산문화회관 중강당)
'94. 11. 26 우리민족 한마당 "최은희의 춤마당" (살풀이춤, 승무외 3편) (국립민속박물관)
'95. 3. 19 제6회 부산여성 큰잔치 초청공연 (승무) (시민회관 소강당)
'95. 5. 28 '95중요무형문화재 제27호 승무 97호 살풀이춤 이수자 발표회 (승무, 살풀이춤, 춘앵전) (동래민속관)
'95. 8. 12 토요상설무대 배김새초청공연 (태평무, 살풀이춤) (부산문화회관 중강당)
'95. 9. 16 중요무형문화재 제27호, 97호 이수자 광주초청공연 (살풀이춤, 춘앵전) (광주남도예술회관)
'95. 12. 4 광주 M.B.C 이매방 초청 공연출연 (승무, 허튼춤)(문예회관 대극장)
'96. 1. 13 토요상설무대 초청공연 (승무) (부산문화회관 중강당)
'96. 2. 25 오늘의 춤꾼 내일의 춤꾼 '최은희의 춤' (춘앵전, 살풀이춤, 태평무, 영혼의빈제 안무출연) (광무예술원 POST 극장)
'96. 3. 26 맑고 향기롭게 법정스님법회 초청공연 (살풀이춤 출연, 영산회상불보살 안무) (시민회관 대강당)

이매방 선생님의 사사경력 및 공연연혁

최은희(崔恩姬)는 1955년 인천생으로 이화여대. 동교육대학원에서 한국춤을 전공하고 국립국악원. 한국정신문화연구원을 거치면서 궁중무. 무속등에 관심을 갖고 민족문화에 대한 체계를 쌓고 있던중, 이 기간동안 김천흥. 이매방. 김매자 선생님들께 사사 받았고 특히 이매방 선생님과 만남은 '80년 살풀이 춤을 사사받음에서 처음 이루어 졌다.

그동안 개인공연과 국내의 유명한 춤 페스티벌에 참가하였으며 '82년 대한민국무용제에는 살풀이춤을 모태로 한 "넋들임"을 안무하여 대상을 수상한 바 있다. 그리고 부산 시립무용단 안무장('83-'84)을 거치면서 이매방선생님의 지도와 특별출연한 승무와 북을 모태로한 "춤 108"을 선보인바 있다.

그후 경성대학교 무용학과('84년)로 자리를 옮겨 후배 양성 등 한국춤의 질적향상을 위하여 다각적으로 꾀하던중 '94년 중요무형문화재 제27호 승무 이수자로 지정 받았다. 성별, 연령, 체형 등이 다른데서 나타나는 춤사위는 각자마다 차이가 나는데, 최은희의 춤은 간결함을 특징으로 삼고 있다.

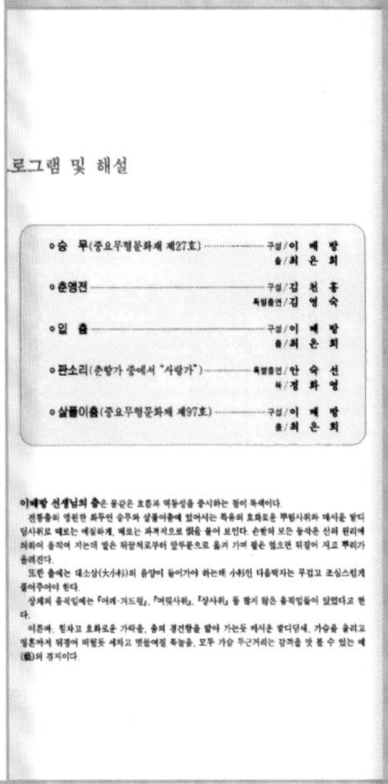

로그램 및 해설

○승 무(중요무형문화재 제27호)	구성/이 매 방 춤/최 은 희
○춘앵전	구성/김 천 흥 특별출연/김 영 숙
○입 춤	구성/이 매 방 춤/최 은 희
○판소리(춘향가 중에서 "사랑가")	특별출연/안 숙 선 북/정 화 영
○살풀이춤(중요무형문화재 제97호)	구성/이 매 방 춤/최 은 희

이매방 선생님의 춤은 물같은 흐름과 역동성을 중시하는 점이 특색이다.

전통춤의 영원한 쌍두인 승무와 살풀이춤에 있어서는 특유의 호화로운 뿌림사위와 매서운 발디딤사위로 때로는 애절하게, 때로는 파격적으로 멋을 풀어 보인다. 손발의 모든 동작은 신의 원리에 의하여 움직여 지는데 발은 뒤꿈치로부터 앞부분으로 옮겨 가며 팔은 엎으면 뒤잡어 지고 뿌리가 올려진다.

또한 춤에는 대소삼(大小衫)의 음양이 들어가야 하는데 小衫인 다음박자는 무겁고 조심스럽게 풀어주어야 한다.

상체의 움직임에는 「어깨·거드럼」, 「머릿사위」, 「상사위」 등 많지 않은 움직임들이 있었다고 한다.

이른바, 힘차고 호화로운 가락을, 춤의 경건함을 밟아 가는듯 매서운 발디딤새, 가슴을 울리고 영혼마저 뒤엎어 버릴듯 세차고 맺음여질 독놀음, 모두 가슴 두근거리는 감격을 맛 볼 수 있는 예(藝)의 경지이다.

최은희의 홀춤
···이매방류 춤을 중심으로···
• 일시 : '96.6.4(화) 19 : 30
• 장소 : 국립국악원소극장
• 후원 : 한국문화 예술진흥원

1998.4.7. 승무 외

장소/경성대학교 콘서트홀

98.4.7(화)19:30
경성대학교 콘서트홀
후원: 경성대학교 문화부

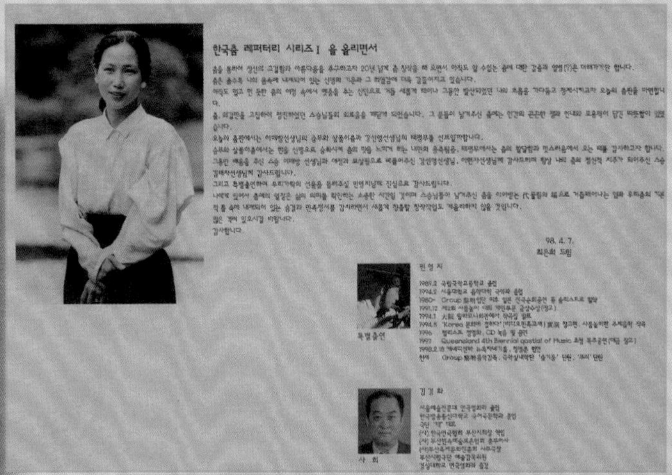

한국춤 레퍼터리 시리즈 I 을 올리면서

98. 4. 7.

최은희 드림

특별출연

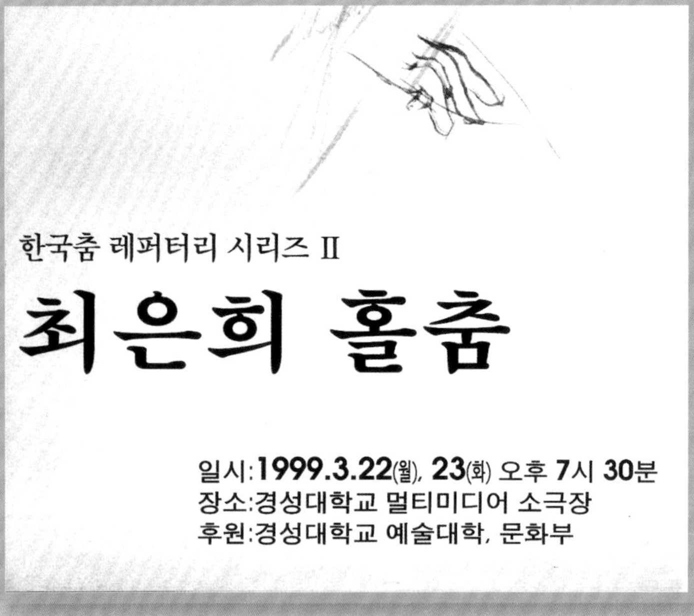

한국춤 레퍼터리 시리즈 Ⅱ
최은희 홀춤
일시:1999.3.22(월), 23(화) 오후 7시 30분
장소:경성대학교 멀티미디어 소극장
후원:경성대학교 예술대학, 문화부

1999.3.22. 최은희 의 홀춤

장소/경성대학교 멀티미디어 소극장

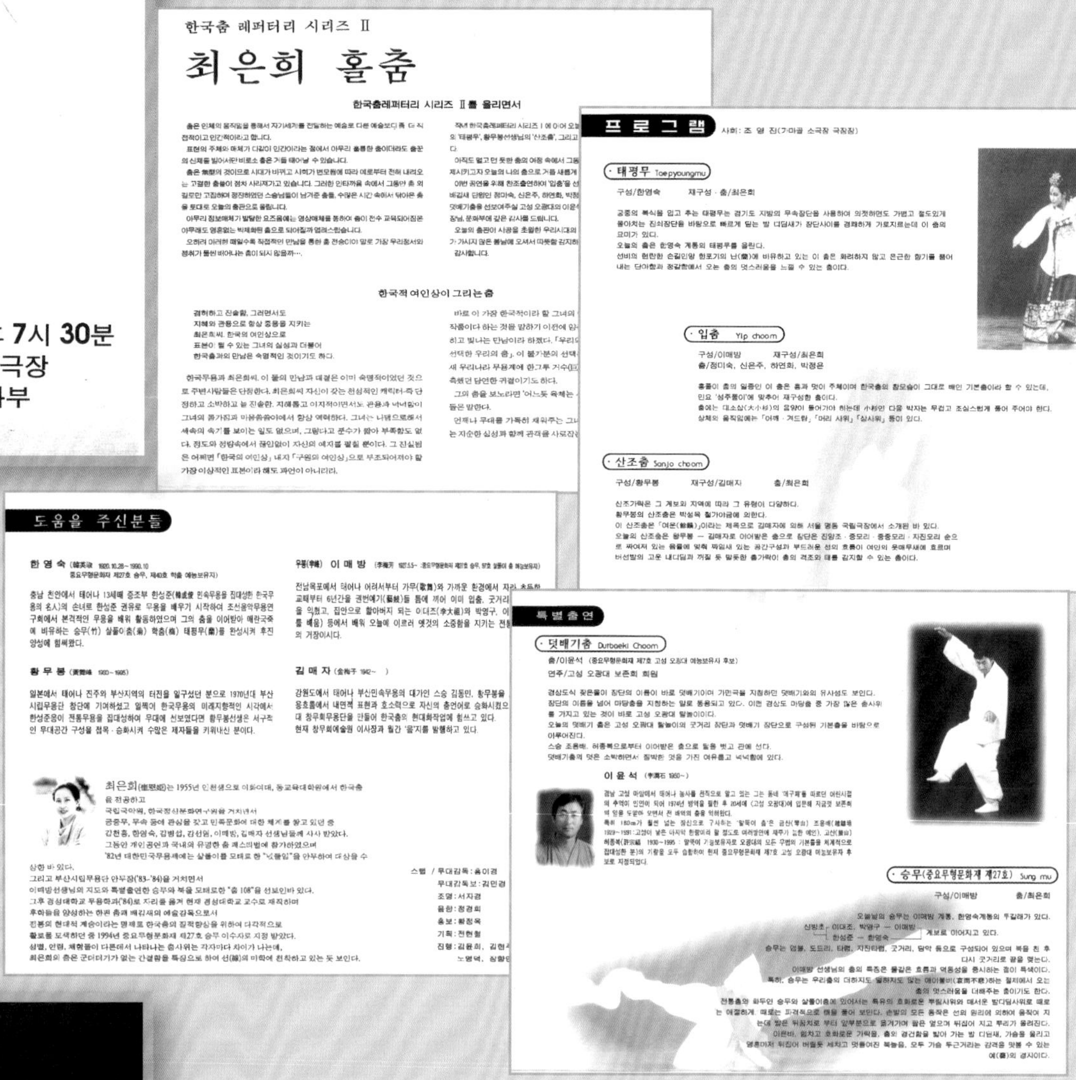

한국춤 레퍼터리 시리즈 Ⅱ
최은희 홀춤
한국춤레퍼터리 시리즈 Ⅱ를 올리면서
한국적 여인상이 그리는 춤
프로그램
태평무 Taepyoungmu
입춤 Yip choom
산조춤 Sanjo choom
도움을 주신분들
한 영 숙
이 매 방
황 무 봉
김 매 자
특별출연
덧배기춤 Dutbaeki Choom
이 윤 석
승무(중요무형문화재 제27호) Sung mu

2002.12.21. 최은희 홀춤 –새가 되어

장소/민주공원소극장

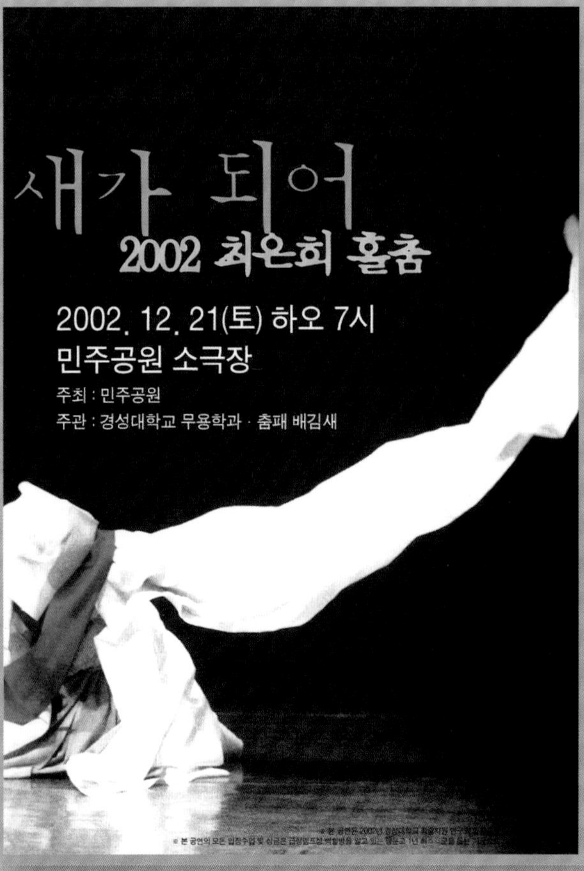

새가 되어
2002 최은희 홀춤
2002. 12. 21(토) 하오 7시
민주공원 소극장
주최 : 민주공원
주관 : 경성대학교 무용학과 · 춤패 배김새

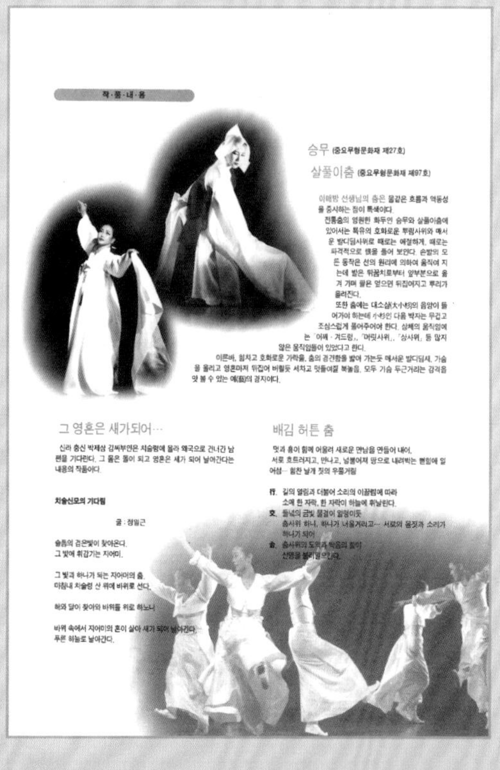

승무(중요무형문화재 제27호)
살풀이춤(중요무형문화재 제97호)
그 영혼은 새가되어…
배김 허튼 춤

2006.4.11. 최은희 우리춤 큰춤판

나의 춤 스승님

碧史 故.한영숙 (韓英淑 1920. 10.28 ~ 1990. 10)
중요무형문화재 제27호 승무, 제40호 학춤 예능보유자

충남 천안에서 태어나 13세 때 한성준(韓成俊1875~1941:민속무용을 집대성한 한국무용의 名人) 옹의 손녀로 한성준 옹 권유로 무용을 배우기 시작하여 조선 음악무용연구소에서 본격적인 무용을 배워 활동하였으며, 그의 춤을 이어받아 매란국죽에 비유하는 승무(竹), 살풀이춤(菊), 학춤(梅), 태평무(蘭)를 완성시켜 후진 양성에 힘써왔다. 춤으로는 처음으로 국가문화재로 인정받았으며 승무 보유자로 지정되었다. 서울 올림픽 폐막제에서 전 세계인이 지켜보는 가운데 살풀이 춤을 추어 큰 감동을 주었으며, 전통 예술을 꽃 피운 춤꾼이자 명무자로 춤의 대모라 할 수 있다.

心韶 김천흥 (金千興 1909. 3.30~)
중요 무형문화재 제1호 종묘제례악 일무, 해금, 제39호 처용무 예능보유자

서울 남산 밑 도(陶)동에서 태어나 14세에 1922년 조선말 국립 아악서 양성기관인 이왕직 아악부 양성소 2기로 국악에 입문하였다. 1923년 조선조 마지막 임금인 순조 황제 50회 탄신을 축하하는 어전에서 무동으로 춤을 추면서 이 시대 궁중무용의 마지막 춤꾼이자 문헌으로 된 우리 궁중무용 40여종을 발굴, 궁중무용의 정통 계승자가 되었다. 가면극 연구회를 창설하여 탈춤을 보급하였고 민속무용에 이르기까지 전통적인 여러 춤을 터득하여 전통무용의 보존과 재현에 공헌이 클 뿐 아니라, 해금 연주의 일인자이면서, 다루는 악기가 없을 정도로, 악·가·무를 고루 갖춘 만능 예술인이자 국악계의 거장이다.

宇峰 이매방 (李梅芳 1927. 5.5~)
중요 무형문화재 제27호 승무, 제97호 살풀이 춤 예능 보유자

전남 목포에서 태어나 어려서부터 가무(歌舞)와 어우러진 환경에서 자라 초등학교때 부터 8년간 권번예기들 틈에서 입춤, 굿거리 등을 익혔다. 집안 할아버지 되시는 이대조와 박영구에게서 승무와 북놀이, 이창조의 검무를 이어받아 오늘에 이르러서 '북소리' 씨리즈 공연으로 북가락을 다양하고 가락이다 그 짜임새를 예술적으로 승화시켜 외부 놀이에서 3고무, 5고무, 7고무, 11고무의 창작화와 권번에서 이어받은 보렴승무, 삼현승무, 살풀이 춤, 한량무, 태평무, 흥춤, 장검무, 그리고 장고 기법을 수많은 전통춤 계승과 보급에 공헌을 하신 전통 민속무용의 거장이다.

The Grand Gala of Korean Dances by Eun-Hee Choi 2006 | 3

부산의 한국 창작춤의 텃밭을 일군 대표적 춤꾼인 최은희는 1955년 인천 출생으로 이화여대와 동 교육대학원에서 한국무용을 전공하였다. 이어 국립국악원(1978년)과 정신문화연구원(80~82)에서 궁중무용과 무속무용 등에 대한 체계적인 연구와 실기를 겸비하여 왔고, 이 기간 동안 김천흥, 故한영숙, 이매방, 故김병섭(농악), 김매자님께 사사받았다. 그 후 부산으로 이주하여 부산과 경남의 무속과 민속춤에 많은 연구를 했으며, 이러한 경력은 여러 작품에서 나타나듯 한국의 토속적인 제 의식들이 작품의 근간을 이루고 있다.

최초의 한국창작무용 민간 단체인 '창무회' 창단 단원으로 활동하며 1979년부터 전통과 현대와의 접목에 창작의 축을 두고 30여 년 간 끊임없이 250여 편의 국내외에서 실험 작품을 발표해 왔다. 또한 안무와 출연을 병행하여 각종 무용제 및 예술제 공연을 통하여 50여 편의 창작품을 형상화시켜 무용가의 입지를 굳혀 갔으며, 1982년에는 첫 개인 발표회인 「夏花籍」를 갖고 그 해 대한민국 무용제에서 「넋들임」을 안무하여 대상을 수상한 바 있다. 1988년 서울 올림픽 대회 요트경기 개회식 행사 「파도를 넘어서」안무를 맡기도 하여 지역문화계에 있어서 무용의 위상을 높이기도 하였다. 경성대학교 교수로 재임한 이후에는 후진 양성에 힘쓰는 한편 지역문화 발전에 이바지하고자「부산여름무용축제」를 개최하여 17년 동안 무용전문 축제를 운영하고 있으며, 2003년에는 국제적인 행사 규모를 확대하고자 「부산국제여름무용축제」로 그 명칭을 변경하여 매년 7월에 경성대학교 주최로 무용축제를 개최하고 있다.

…중·일 민족무용교류전, 말레이시아 쿠칭에서 제2회 말릭 세계문…와 같은 예술 활동과 교육 활동의 공로 및 성과를 인정받아 제15회 …장 시상(1994), 광복 50주년 기념 문화체육부장관 표창장 수상 …수상(연출) 및 제4회 전국무용제 연기상(1995), 제1회 부산바다축…를 받아 공로패를 수상(1996)하였으며, 제2회 말릭 세계문화올림픽…도하였다. 또한 88서울 올림픽대회 요트경기 개·폐회식 안무, …개·폐회식 안무, 2002 한·일 월드컵 문수경기장 개막행사 안무 …세계에 널리 알렸다.

…아니라 부산시립무용단 안무장(1983~1984), 울산시립무용단 초대 …면서 부산, 경남 문화발전에 폭넓게 이바지 하였으며, 한국무용의 계승과 발전이라는 오늘날의 화두에 해답을 찾고자 창작활동 이 외에도 전통무용을 습득하여 중요무형문화재 제27호 승무 이수자(1994)로 지정 되었다. 25년이 넘는 무용활동 기간 동안 13회의 개인 공연과 각종 무용제 및 예술제 공연을 통해 50여 편의 작품을 창작하였으며, 1998년 이후에는 네 차례의 춤을 공연을 선보이면서 군더더기가 없는 간결한 몸짓으로 과거의 춤과 오늘날의 춤을 되새겨 주고 있다.

연구 활동으로는 「한국 창작품의 표현 기법에 관한 고찰」(한국무용연구회), 「강이문 선생의 학문 세계와 비평적 시각– 강이문 선생의 학문 세계」(민족미학연구소), 「새로운 우리춤에 대한 몇 가지 제안」(부산여름무용축제), 「한국 대학 무용학과의 개편 방안」(한국춤평론가회), 「배김새춤 춤모형에 관한 연구」(한국무용연구회) 등의 논문이 있다.

■ 주요 안무작

「이 한 송이 피어나네」, 「하지제」, 「넋들임」,
「누이여. 나의 누이여」, 「제웅맞이」, 「매듭풀이」,
「현씨 아미」, 「백방」, 「외출하다」, 「변신」, 「몸맞이」,
「어두운 날들의 바람은 그치고」, 「여인 풍신놀」, 「파문」,

최은희
The Grand Gala of Korean Dances
Eun-Hee Choi 2006

2006 최은희의
우리춤 큰 춤판

The Grand Gala of Korean Dances by Eun-Hee Choi 2006

시공을 초월한 우리시대의 춤

2006 우리춤 큰 춤판은 세태의 소망과 지역민(民)간의 화합하는 이상향에 대한 비원으로 신을 부르고(請神), 놀리고(娛神), 보내는(送神)의 단계로 춤열림, 춤맞이, 춤내림의 총 세 마당으로 구성하여, 우리춤의 밝은 미래를 지향하고 삶의 활력을 불어넣어 새롭게 태어나고자 하는 염원의 춤판으로 펼쳐진다.

[작품순서]

춤열림 (請神의 단계)
Opening of Dancing Spirits
- 터울림
- 태양제(춤바라)
- 터발기(화랑춤)
- 오방신장무

춤맞이 (娛神의 단계)
Greeting of Dancing Spirits
- 춘앵전
- 향발무
- 태평무
- 승무
- 삼고무
- 산조이 춤
- 진주교방굿거리춤,
- 장고춤

춤내림 (送神의 단계)
Descending of Dancing Spirits
- 호적살풀이 춤

5

2006 최은희의
우리춤 큰 춤판

터울림 춤바라

첫째 마당 _ 춤열림 (請神의 단계)

Opening of Dancing Spirits

신을 부르는 단계로 시원의 북소리인 북 울림으로 춤판의 시작을 알린다. 청정한 바라소리로 삼라만상 청정지역의 세계로 정화시켜 남성의 역동적인 터발기로 부정을 씻어 내고, 오방색의 깃발을 통해 춤판을 다진다.

터울림 (Teo-ulim)

2006 최은희의
우리춤 큰 춤판

The Grand Gala of Korean Dances by Eun-Hee Choi 2006

춘앵전(春鶯囀) Chunaengjeon

둘째마당 _ 춤맞이 (娛神의 단계)

Greeting of Dancing Spirits

우리춤의 정수인 엄격하게 절제된 궁중무–춘앵전과 향발무, 자유로움과 신명의 민속무인 태평무, 승무, 삼고무, 살풀이춤, 진주교방굿거리춤, 장구춤으로 악기와 더불어 다양하게 펼쳐지는 본 춤판.

춘앵전(春鶯囀) (Chunaengjeon)

궁중무용 중 독무로 가장 손꼽히는 춤이다.

조선 순조 때 효명세자께서 어느 봄날 아침 일찍 뜨락을 거닐다가 우연히 버드나무에서 지저귀는 꾀꼬리 소리를 듣고 감흥을 받아 무용화한 것으로, 순조 28년 6월의 진작(進爵)에서 순원 숙황후(純元肅皇后)의 보령(寶齡) 40을 경축하기 위한 춤을 축약한 것이다. 무원(舞員)은 1인으로 무동(舞童)이 추기도 하나 대개 여기(女妓)가 많이 추었고 복식은 화관을 쓰고 꾀꼬리를 상징하는 앵삼(鶯衫)과 하피(霞帔), 수대(繡帶), 한삼(汗衫)을 끼고 화려한 화문석 위에 추는 우아한 춤인데, 특히 이 춤 가운데 화전, 꽃 앞에 선 교태가 바로 이 마당인데, 반주 음악은 평조회상(平調會相) 전곡을 사용하는 점이 크게 이채롭다 할 수 있다. 독무의 춘앵전을 5인무로 재구성하였다.

춤이 시작되면 부르는 창사는 순조무자(戊子1928) 예제(睿製)의 멋진 시이다.

> 娉婷月下步 (빙정월하보)
> – 고울사 달빛 아래를 걸으니
>
> 羅袖舞風輕 (나수무풍경)
> – 단 옷 소매에 바람이 일렁이네
>
> 最愛花前態 (최애화전태)
> – 꽃 앞의 자태가 참으로 사랑스러워
>
> 君王任多情 (군왕임다정)
> – 군왕이 다정하게 임하시네
>
> 아마도 舞中最愛는 춘앵전인가 하노라.

• 출연 : 최은희, 하연화, 신은주, 심부근, 하윤정

2006 최은희의
우리춤 큰 춤판

향발무(響鈸舞) Hyangbal Mu

태평무(太平舞) Taepyeong Mu

태평무가 어느 때부터 전승되었는지 확실히 알 수가 없으나 중부지방 이 외의 지역에서는 태평무가 전해지지 않은 점으로 보아 이 춤의 유래를 정재에서의 파생되었거나, 또는 관기, 관노희, 무속 무용에서 그 연원을 찾기도 한다. 그러나 그 어느 것도 확실한 근거를 갖지 못하며 주로 중부지방의 재인청(才人廳)과 세습무격(世襲巫覡)들에 의하여 전해지고 있을 뿐이다.

반주음악이 경기도 무속음악인 진쇠가락을 비롯하여 터벌림, 도살풀이 등의 가락으로 되어 있고, 춤 또한 경기도 무무(巫舞)의 동작이 나온 것으로 보아 이 태평무는 경기도 도당굿에서 행하여진 무악과 무무를 연고(緣故)…

셋째마당 _ 춤내림 (送神의 단계)

Descending of Dancing Spirits

춤판의 마지막을 알리고 다시금 새로워진 삶을 위한 기원의 호적살풀이춤으로 무대의 막을…

호적살풀이 춤 (Hojeok Salpurichum)

> 흰옷 입은 사람들의
> 꿈으로 엮는 춤의 춤
> 마지막 춤, 살을 풀어 추는 춤
> 떨리는 아름다움
> 멈춤 속의 움직임
> 눈물 젖은 웃음으로
> 살 풀고 액 때우고
> 화를 사뤄 한을 풀어
> 온몸으로 춤을, 춤을 추어라
> 신이 오르고 신명이 나서
> 마침내 하나가 되는
> 그 날까지 그 날까지 춤을 추어라
> 산하나 강하나 하늘 하나 땅 하나
> 아아, 드디어, 우리도 하나
> 살풀이 살풀이춤을 추네.
>
> 「난초잎 앞에 놓고 중 일부 – 홍해리 」동학사,1994

삶의 경험과 생활에서 느끼는 감흥을 같은 한과 서러운 미학이 담겨 있는 애절하고도 호소력 있는 호적소리에 녹아 삶의 해로운 기운을 풀어내고 원초적, 제의적 요소를 갖추어 새로운 형태로 구성한 살풀이 춤이다. 긴 수건이 공간에 뿌려지는 환상과 여운으로 환희의 세계로 승화시키고자 하는 염원이 담겨져 있다.

• 출연 : 최은희
• 음악연주 : 꽹과리–설영성 / 장고–장재희 / 호적–김현일 / 신디사이저 – 김한나

2006 최은희의
우리춤 큰 춤판

The Grand Gala of Korean Dances by Eun-Hee Choi 2006

승무(僧舞) Seung Mu

승무(僧舞) (Seung Mu)

중요무형문화재 제27호/ 승무는 한국의 모든 춤 중에서 가장 승화되고 상징성이 높은 춤으로 세월이 거듭될수록 그 예술성이 높이 평가되고 있는 대표적인 전통 민속춤 중의 하나이다.

음악은 염불, 도드리, 타령, 자진타령, 굿거리, 당악 등으로 구성되어 있다. 승무의 특징은 느린 염불 음악에 맞추어 긴 장삼 소매가 공간에 뿌려지는 모양새로서 마치 초인적인 형상을 담고 있다. 그것은 곧 동양회화에서의 여백에 해당되고 가야금의 음과 음 사이의 공간을 채워주는 농현에 비유될 수 있다. 마치 비어 있는 듯한 시 공간적 여백은 물리적으로는 단순히 비어 있는 여백에 불과하지만 그것은 한 곳으로 뿌려진 선, 집중된 동작에서 표현되는 파문으로 가득 채워진 생동하는 미적 시공간일 수 있다. 이 신비스러운 파문은 맺힌 것을 풀어주는 이완일 수도 있고 풀린 것을 맺어주는 긴장일 수도 있다. 맺고 푸는 모양새가 동양회화의 여백속에서 마치 초인적인 이미지를 표현하고 있는 듯하다. 오늘날의 승무는 이매방 계통, 한영숙 계통의 두 갈래가 있다.

신방초 ┌ 이대조, 박영구 ── 이매방 ┐
　　　　└ 한성준 ──────── 한영숙 ┘

오늘 춤은 이매방 계보로 이어진 승무를 선보인다. 이매방 선생님의 춤의 특징은 물 같은 흐름과 역동성을 중시하는 점이 특색이다. 특히, 승무는 우리춤의 더하지도 덜하지도 않는, 애이불비(哀而不悲)하는 절제에서 오는 춤의 멋스러움을 더해주는 춤이기도 한다. 전통춤의 화두인 승무와 살풀이춤에 있어 특유의 호화로운 뿌림사위와 매서운 발디딤 사위로 때로는 애절하게, 때로는 파격적으로 恨을 풀어 보인다. 손발의 모든 동작은 선(線)의 원리에 의하여 움직여지는데 발은 뒤꿈치에서부터 앞부분으로 옮겨가며 팔은 엎으며 뒤집어지고 뿌리가 올려진다. 이른바, 힘차고 호화로운 가락을, 춤의 경건함을 밟아 가는 발 디딤새, 모두 가슴 두근거리는 감격을 맛볼수 있는 예(藝)의 경지이다.

• 출연 : 최은희

삼고무 (Samgo Mu)

북춤의 하나인 법고에서 파생된 춤으로 법고는 승무를 추고난 후 춤춘이가 해탈의 경지에 이르기 위해 북을 두드리지만 삼고무는 3개의 북을 삼면에 놓고 멋스러운 태와 우리 가락의 맛을 느끼도록 다양한 움직임으로 재구성한 것이다.

• 출연 : 하연화, 신은주, 구영희, 조은정, 김경아, 이주현, 이현정, 이혜정, 김동희, 심부근

2008.12.5. 춤, 디딤 外

장소/김해문화의전당 마루홀

2008 최은희 큰 춤판
2008.12.5(금) 오후 7시30분
김해문화의전당 마루홀
첫째마당 춤 디딤
둘째마당 춤 사위
셋째마당 춤 신명
한국무용연구회
(사)봉생문화회, 김해여성복지회관
●공연문의 / 경성대학교 무용학과 Tel 620-4964 Fax 626-4061

2008 최은희 큰 춤판

2008.12.5(금) 오후 7시30분
김해문화의전당 마루홀

무용단
대학, (사)한국무용연구회
민족미학연구소, (사)봉생문화회, 김해여성복지회관

공연문의 경성대학교 무용학과
Tel 620-4964
Fax 626-4061

작 품 내 용

첫째마당_춤·디딤

춤의 시작을 여는 장으로 시원의 북 울림으로 춤판의 시작을 알린다. 청정한 바라소리로 삼라만상 청정지역의 세계로 정화시켜 남성의 역동적인 터밝기로 부정을 씻어내고, 오방색의 깃발을 통해 춤판을 다진다.

터울림(Teo-ullim)

지상의 모든 생물과 무생물들이 낼 수 있는 많은 소리들을 정제하여 아름답게 표현한 소리의 북 울림은 8자의 대고, 5자의 중고, 모듬북, 10여 개의 좌반의 북으로 도약하는 힘과 기상을 표출해 낸다.

· 출연 : 김민경, 장영진, 강새롬, 김희란, 주영희, 윤현숙, 박신영, 정혜미, 김민실, 백혜인, 신은영, 양한나, 이화진, 장미란, 강다혜, 김유진, 김지선, 배지원

태양제-춤바라(Chumbara)

바라는 '힘'이란 말로서 바라의 소리로 모든 악기를 물리치고 도량을 청정하게 하며 마음을 정화시키고자 하는 기원 양식의 춤이다.

· 출연 : 박지언, 박애리, 장하나, 김예지, 김희리, 김영경, 남진아, 정현주, 진현주

터밟기-화랑춤(Hwarangchum)

부정을 씻어내고자 잡신과 악귀를 제압하고 터를 정화시키기 위한 역동적인 남성무이다.

· 출연 : 박성호, 장영진, 박광호

오방신장무(Obang Sinjangmu)

오방색 깃발로써 다섯 방위의 터를 다진다.

· 출연 : 김민경, 조은정, 김경아, 김동희, 김선현, 심부근, 하윤정

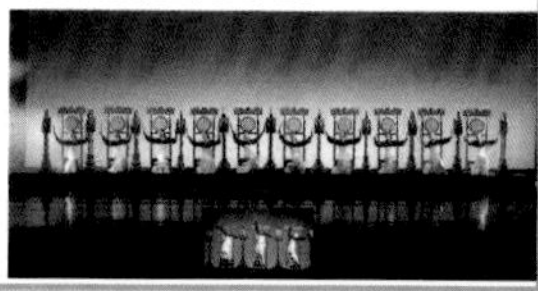

둘째마당_춤·사위

지역의 대표적인 동래고무와 우리춤의 정수이면서 대표적인 민속무인 태평무, 승무, 삼고무, 한량무로 춤의 아름다운태와 멋을 내보이는 장이다.

태평무(Teapyeng Mu)

태평무는 선비의 현란한 손길인 양 한 포기의 난(蘭)에 비유하고 있는 이 춤은 화려하지 않고 온근한 정갈함에서 오는 춤의 멋스러움을 느낄 수 있는 춤이다.
오늘의 태평무는 한성준 류, 한영숙류가 계보로 전하는 춤으로 태평무의 춤의 내용은 왕과 왕비 그리 축원하는 춤으로서 의상은 있어서 궁중왕비 복식인 당의를 착용하고 경쾌하며 가볍고 절도 있게 몰아치 로게 딛는 발디딤새가 장단 사이를 경쾌하게 가로지르는 데 이춤의 묘미가 있다.

· 출연 : 최은희

동래고무(Dongnaegomu)-부산광역시 무형문화재 제10호

동래고무는 고려초기 궁중여악을 관장했던 교방청 여기들에 의해 행해졌던 향악정재의 하나의 무고가 져 전래되었던 북춤의 일종이다.
이 동래고무는 4인의 무원들이 중앙에 큰 북을 놓고 서로 자리를 옮겨가며 북을 치면서 춤을 추는데 서도 절제된 춤사위가 돋보이는 춤이다. 오늘의 동래고무는 쌍고무로 선보인다. 대표적 춤사위는 머리 실이, 팔자사위, 북춤사위등을 들 수 있다. 반주음악은 잔영산(세령산), 염불, 도드리, 창사, 자진타령, 에서는 이 곡을 '정악' 또는 '풍류' 라 칭하였다.

· 출연 : 김보경, 박설유, 최혜란, 정혜미, 남진아, 박신영, 정현주, 진현주, 강다혜, 김민실, 김유진, 백혜인, 신은영, 이화진, 양한나, 장미란

승무(Seung Mu)-중요무형문화재 제27호

한국의 모든 춤 중에서 가장 승화되고 상징성이 높은 춤으로 세월이 거듭될수록 그 예술성이 높이 평가되고 있는 대표적인 전통 민 중의 하나이다.
오늘의 춤은 이매방 선생님의 승무로 춤의 특징은 물 같은 흐름과 역동성을 중시하는 점이 특색이다. 특히, 승무는 우리 춤의 더하지도 하지도 않는 애이불비(哀而不悲)하는 절제에서 오는 춤의 멋스러움을 더해주는 춤이기도 하다. 전통춤의 화두인 승무와 살풀이춤에 있어 유의 호화로운 뿌림사위와 매서운 발디딤, 와단전으로부터 뚫어올리는 몸놀림은 때로는 애절하게, 때로는 파격적으로 恨을 풀어 보인 (손발의 모든 동작은 선(線)의 원리에 의하여 움직여지는데 발은 뒤꿈치에서부터 앞부분으로 옮겨가며 팔은 얹으며 팔은 얹으며 뒤집어 뿌리가 올려 진다.) 이른바, 힘차고 호화로운 가락은, 춤의 경건함을 밟아 가는 발 디딤새, 모두 가슴 두근거리는 감격을 맛볼 수 있는 (藝)의 경지이다.

· 출연 : 최은희, 정미숙, 박성호, 김정원, 김민경, 김경아

삼고무(Samgo Mu)

북춤의 하나인 법고에서 파생된 춤으로 승무를 추고난 후 춤춘이가 해탈의 경지에 이르기 위해 북을 두드리지만 삼고무는 3개의 북을 면에 놓고 멋스러운 태와 우리 가락의 맛을 느끼도록 다양한 움직임으로 재구성한 것이다.

· 출연 : 하연화, 구영희, 조은정, 김동희, 김선현, 심부근, 김보경, 서보경, 서아령, 최혜란

한량무(Hallyang Mu)

양반들이 일상생활 속에서의 멋과 여유로움을 즐기며 추웠던 춤으로서 춤의 형태는 동래 덧배기 춤아 그 바탕이 된다. 부산지역의 대 인 민속춤의 하나이며, 생활속의 여유를 즐기며 추는 춤이기에 멋과 흥이 넘치는 춤이다.

· 출연 : 박성호, 김기원, 박상용, 박광호

셋째마당_춤·신명

춤판의 마지막을 알리고 다시금 새로워진 삶을 위한 기운의 호적살풀이와 지역적 토속성이 강한 여러 가지 배김사위 바탕으로 재구성한 배김허튼춤의 신명나는 막을 닫는 춤판이다.

호적살풀이춤(Hojeok Salpurichum)

삶의 경험과 생활에서 느끼는 감흥을 깊은 한과 서러운 미학이 담겨 있는 애절하고도 호소력 있는 호적소리에 녹아 삶의 해로운 기운을 풀어 원초적, 제의적 요소를 강조하여 새로운 형태로 구성한 살풀이 춤이다. 긴 수건이 공간에 뿌려지는 환상과 여운으로 환희의 세계로 승화시키고자 는 염원이 담겨져 있다.

· 출연 : 최은희 음악연주-남산놀이마당, 호적-김현일

배김허튼춤(Baegimhuhten Choom)

배김 허튼춤은 경남지역의 고유한 "배김사위"를 바탕으로 한 허튼춤 모형을 제시한 것이다. 배김 허튼춤의 형식은 기본적인 허튼춤을 바탕으로 여 지역적 토속성이 강한 여러 가지의 배김사위를 가미한 춤으로 몇 가지의 춤 놀이인 밀양백중놀이, 고성오광대, 동래학춤 등에서 보여지는 독 춤사위를 엮은 것이다. 배김사위는 '땅에 힘차게 내려 박는다는 명칭'으로 강하고 춤 폭이 크고 멋스러우며, 흥을 맺고 풀어가는 독특한 표현 이라고 할 수 있다.

· 출연 : 하연화, 김민경, 조은정, 김경아, 심부근 남산놀이마당- 장재희, 류재철, 조대일, 이무창, 방형용

주 요 출 연 진

최 은희 Eun-Hee Choi

부산의 한국춤 텃밭을 일군 대표적 춤꾼인 최은희는 이화여대와 동교육대학원을 졸업하고 이어 국립국악원(1978년)과 정신문화연구원(80~82)에서 궁중무용과 무속무용 등에 대한 체계적인 연구와 실기를 겸비하여 왔다. 그 후 부산으로 이주하여 부산과 경남의 무속과 민속춤에 많은 연구를 했으며, 이러한 경력은 여러작품에서 나타나듯 한국의 토속적인 제 의식들이 작품의 근간을 이루고 있다.
최초의 한국창작무용 민간 단체인 '창무회' 창단단원으로 활동하며 1979년부터 전통과 현대와의접목에 창작의 축을 두고 300회 공연을 끊임없이 발표해 왔다. 또한 안무와출연을 병행하여 각종 무용제 및 예술제공연을 통하여 50여 편의 창작품을 형상화시켜 무용가의 입지를 굳혀갔으며, 1982년에는 첫 개인 발표회인 「夏至祭」를 갖고 그 해 대한민국 무용제에서 「넋들임」을 안무하여 대상을 수상한 바 있다. 1988년 서울 올림픽 대회 요트경기 개회식 행사 「파도를 넘어서」안무를 맡기도 하여 지역문화계에 있어서 무용의 위상을 높이기도 하였다. 경성대학교로 재임한 이후에는 후진 양성에 힘쓰는 한편 1985년에는 부산 최초의 민간단체인 '춤패 배김새'를 창단하여 지역에 있는 우리춤 언어를 찾고, 새로운 창작기법을 모색하는 작업을 해오고 있다. 또한 민간단체 활동뿐만 아니라 부산시립무용단 안무장(1983~1984), 울산시립무용단 초대 안무장(2000~2002)을 역임하면서 부산, 경남 문화발전에 폭넓게 이바지 하였으며, 한국무용의 계승과 발전이라는 오늘날의 화두에 해답을 찾고자 창작활동 이 외에도 전통무용을 습득하여 중요 무형문화재 제27호 승무이수자(1994)로 지정되었다. 군더더기가 없는 간결한 몸짓으로 과거의 춤과 오늘날의 춤을 되새겨 주고 있다.

現/ 경성대학교 무용학과 교수
춤패 배김새 총감독
(사)한국무용 연구회 부이사장
한국무용예술학회 부회장
중요무형문화재 제27호 승무이수자

지도.출연 / 찬조출연

정미숙
춤패배김새 예술감독
경성대학교 외래교수,
부산예고 출강
(사)부산무용협회 이사

하연화
춤패배김새 대표
경성대학교 외래교수
한국문화예술교육진흥원 예술강사
(사)한국무용 연구회 이사

구영희
경성대학교 외래교수
(사)한국무용연구회 이사
제23회 전국전통 예술국악 경연대회 대통령상 수상

박성호
경성대학교 겸임교수
경성대학교 대학원 교육학 박사과정
동래한량무 전수 장학생

김기원
부산시립무용단 단원

박상용
부산시립무용단 단원

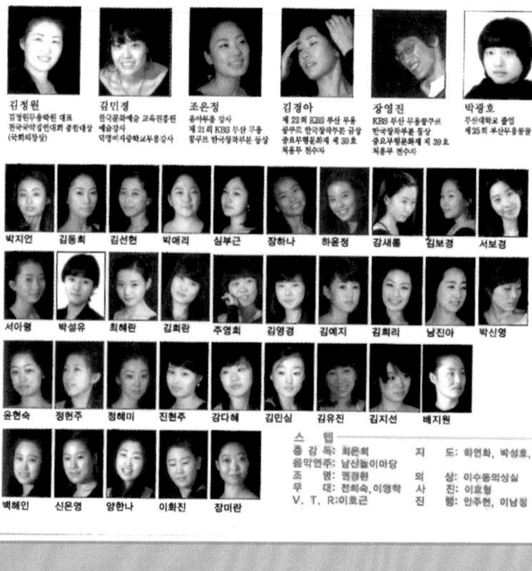

김정원
김정원무용학원 대표
전국국악경연대회 종합대상 (국회의장상)

김민경
한국문화예술 교육진흥원 예술강사
덕명여자중학교무용강사

조은정
유아무용 강사
제 21회 KBS 부산 무용 콩쿠르 한국창작부분 동상

김경아
제 22회 KBS 부산 무용 콩쿠르 한국창작부분 금상
중요무형문화재 제 39호 처용무 전수자

장영진
KBS 부산 무용콩쿠르 한국창작부분 동상
중요무형문화재 제 39호 처용무 전수자

박광호
부산대학교 졸업
제25회 부산무용콩쿨 대상

박지언, 김동희, 김선현, 박애리, 심부근, 장하나, 하윤정, 강새롬, 김보경, 서보경
서아령, 박설유, 최혜란, 김희란, 주영희, 김영경, 김예지, 김희리, 남진아, 박신영
윤현숙, 정현주, 정혜미, 진현주, 강다혜, 김민실, 김유진, 김지선, 배지원
백혜인, 신은영, 양한나, 이화진, 장미란

스 텝

총 감 독:	최은희	지 도:	하연화, 박성호, 구영희
음악연주:	남산놀이마당		
조 명:	권경환	의 상:	이수동의상실
무 대:	전희숙, 이영학	사 진:	이호형
V. T. R:	이효근	진 행:	안주현, 이남정

2011
신묘년(辛卯年)
최은희의 신新굿판

· 일시 : 2011. 3.18(금) 오후 7:30
· 장소 : 경성대학교 콘서트홀, 앞마당
· 주최 : 최 은 희 무용단 · 후원 : 경성대학교 무용학과, 부산무용협회

인사말씀 Greetings

춤판에 모십니다.

작품내용 Contents

춤맞이(娛神의 단계)

2011.3.18. 최은희의 신굿판

장소/경성대학교 콘서트홀 앞마당

공연순서 Program

춤열림(請神의 단계)
Opening of Dancing Spirits
터울림 Tur Wul Lim
길늘음 Gil Nol Eum
허튼춤 Huh Tun Chum

춤맞이(娛神의 단계)
Greeting of Dancing Spirits
검무 Gum Mu
승무 Seung Mu
한량무 Hanryang Mu
그 영혼은 새가되어 The soul is becoming a bird
진주교방굿거리춤 Jinju Gyobanggutgeorichum

춤내림(送神의 단계)
Descending of Dancing Spirits
호적살풀이춤 Hojeok Salpurichum
관객과 함께

출연 및 지도

출연자

2015.4.3. 최은희의 신굿판

장소/경성대학교 콘서트홀

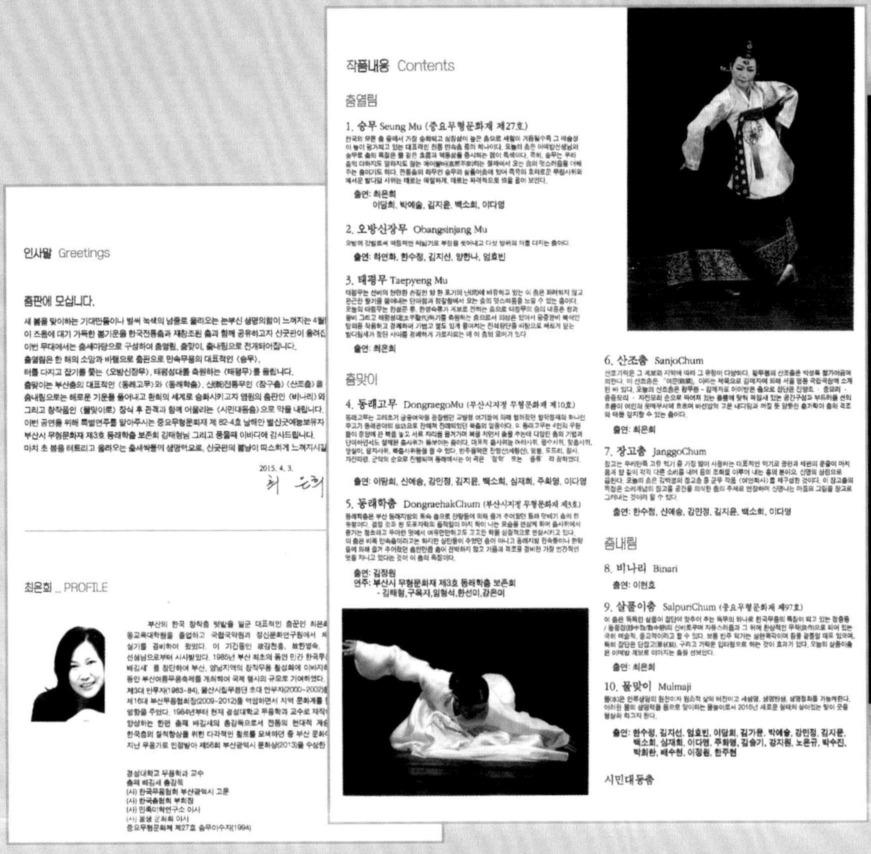

인사말 Greetings

춤판에 모십니다.

최은희 _ PROFILE

작품내용 Contents

춤열림

춤맞이

춤내림

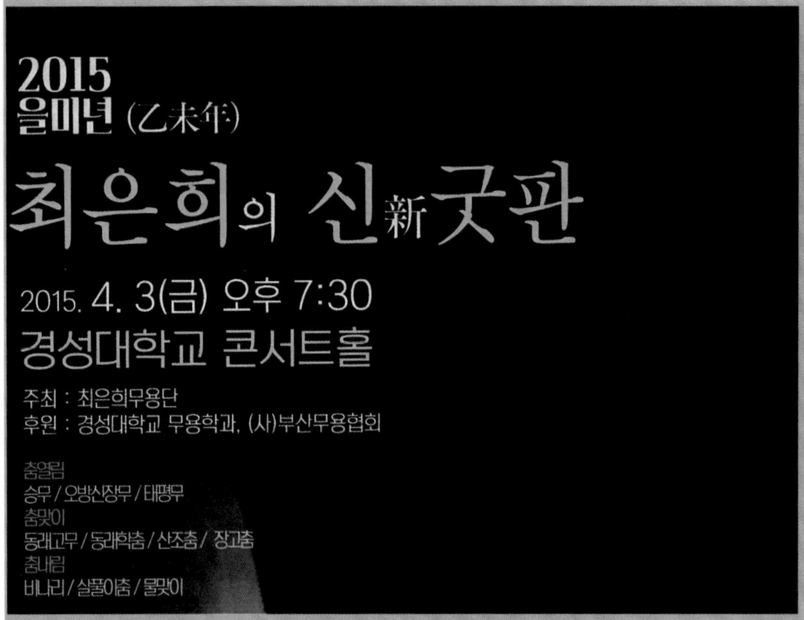

2015
을미년 (乙未年)
최은희의 신新굿판

2015. 4. 3(금) 오후 7:30
경성대학교 콘서트홀

주최 : 최은희무용단
후원 : 경성대학교 무용학과, (사)부산무용협회

춤열림
승무 / 오방신장무 / 태평무
춤맞이
동래고무 / 동래학춤 / 산조춤 / 장고춤
춤내림
비나리 / 살풀이춤 / 물맞이

1991. 09.14~23. 베를린 민속문화축제

장소/베를린

Gastspiel der Choi Un-Hi Tanzgruppe

Traditionelle Tänze aus Korea

(최은희) 무용단

Donnerstag, den 19. September 1991, 19.00 Uhr

Völkerkunde-Museum Dahlem
Lansstraße 8, W-1000 Berlin 33

Veranstalter: Koreanisches Musikmanagement Hong-Za Dörge
in Verbindung mit den Staatlichen Museen Preußischer Kulturbesitz
und der Senatsverwaltung für Kulturelle Angelegenheiten

Eintritt: 15,– DM

Kartenvorverkauf: Telefon 802 97 56 und Abendkasse

Un-Hi Choi, die **Leiterin der Tanzgruppe**, in Korea geboren, erhielt an der Ihwa-Universität in Seoul ihr Diplom als Tänzerin. Sie war Preisträgerin im Koreanischen Tanzfestival 1986 und 1988 und Choreographin vom historischen bis zum modernen Tanz. Bei den olympischen Spielen in Seoul 1988 trat sie mit ihrer Tanzgruppe vor der Eröffnung der Wassersportveranstaltung auf. Zur Zeit unterrichtet sie an einer Universität in Seoul.

Mitwirkende der Tanzgruppe:

Choi Un-Hi

Yoon Bo-Kyong, Chung Mi-Suk, Sin Un-Zu,
Ha Yoon-Ha, Jin Yoong-Za, O Un-Zu,

Park Mi-Yoong, Lee Yong-Mi, Park Jin-Hi,

Han Su-Jyong, Lee Yong-Mi, Ceung Yong-Sim

OGRAMM

u A 무아
Ursprung im Konfuzianismus und
en Höfen getanzt. Man kann die-
isches Thema zugrunde legen,
ntemplation über das Einfache im

g Mu 승무
ch, der das Kloster verlassen hat,
n den Zwiespalt mit der Vergangen-
on keinem anderen asiatischen Land

hum 부채춤
Grundlage ohne ein bestimmtes

yung mu 태평무
am königlichen Hof in der Tracht
z hat etwa die Bedeutung eines
anze Land Glück für ein Jahr

오방신장무
Geister wird hier dargestellt mit
edenen Farben, die alle vier Him-
Mitte bedeuten.

Zi shin balgi 지신밟기
Ein einmal im Jahr stattfindender Ritus der Vernichtung böser Dämonen zu dem Zweck, den Bauern gute Ernten, dem Fischer guten Fischfang zu bringen, also jedem Beruf zu gutem Gelingen zu verhelfen. Dieser Brauch ist heute noch in Korea üblich und mit dem persönlichen Besuch in die Häuser jeder Familie verbunden.

Pause

Odun nal ui baram kuchigo 어둔날들의 바람 그치고
Der dunkle Wind (das ist der Tanz im alten Stil) bezieht sich sinngemäß auf die Vergangenheit, während der dagegen gestellte neue moderne Tanz neue Hoffnung für die Zukunft bedeutet. Es soll hiermit der Konflikt zwischen alter und neuer Mentalität dargestellt werden.

Koreanische Chorprobe
jeden Donnerstag 19.30 Uhr
Bachstelzenweg 2
1000 Berlin 33
Anmeldung 8 02 97 56

2005 07.16. 아시아민족무용교류회

장소/일본

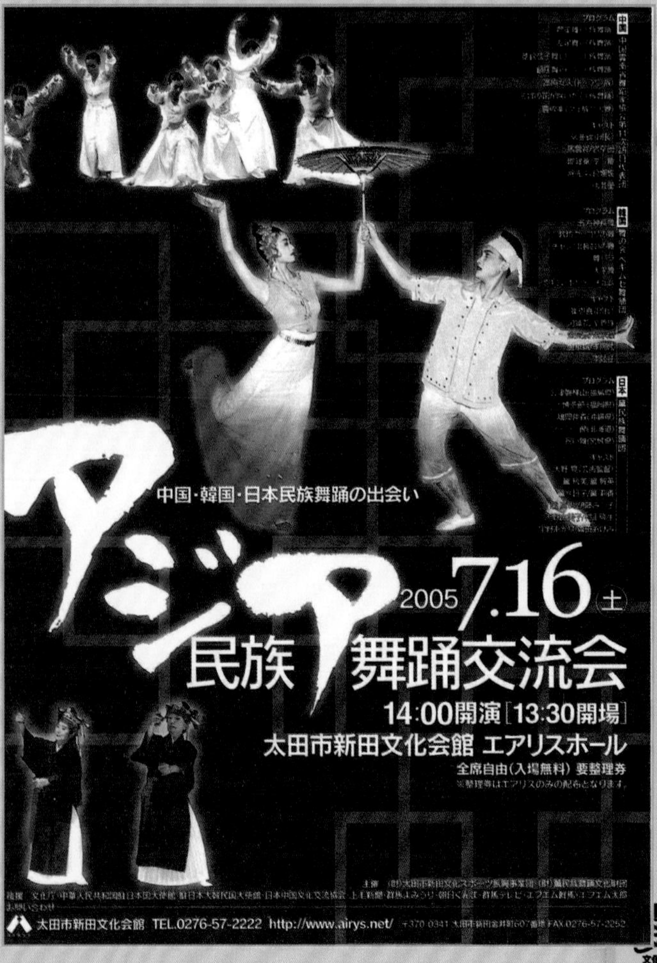

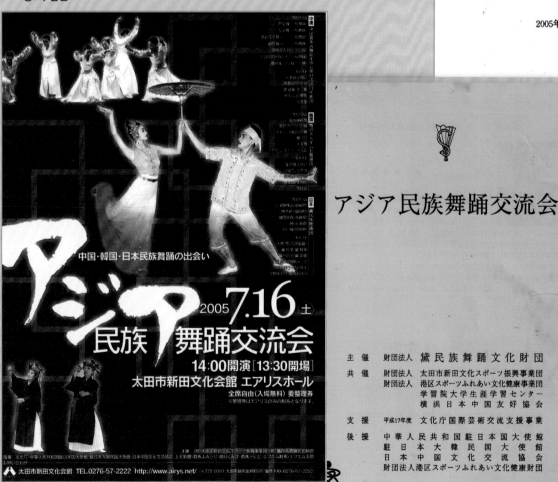

中国・韓国・日本民族舞踊の出会い
アジア
2005 7.16 (土)
民族 舞踊交流会
14:00開演[13:30開場]
太田市新田文化会館 エアリスホール
全席自由(入場無料) 要整理券
太田市新田文化会館 TEL.0276-57-2222 http://www.airys.net/

アジア民族舞踊交流会

主　催	財団法人	黛民族舞踊文化財団
共　催	財団法人	太田市新田文化スポーツ振興事業団
	財団法人	港区スポーツふれあい文化健康事業団
		学習院大学生涯学習センター
		横浜日本中国友好協会
支　援	平成17年度	文化庁国際芸術交流支援事業
後　援		中華人民共和国駐日本国大使館
		駐日本大韓民国大使館
		日本中国文化交流協会
		財団法人港区スポーツふれあい文化健康財団

文化庁

2005年アジア民族舞踊交流会プログラム

第　一　部

1. 五方神長舞 (韓国)
2. パイ舞 (中国・ラフ族舞踊)
3. 会津磐梯山 (日本・福島県民謡)

で (中国・タイ族舞踊)
(韓国)
(中国・イ族舞踊)
(日本・沖縄県)
人 (中国・トーアン族
(長鼓)の舞 (韓国)

— 休　憩 —

第　二　部

(日本・福岡県)
子舞 (中国・チベット
コリの舞 (韓国)
(日本・北海道)
花が咲いた (中国・
(韓国)
(中国・イ族舞踊)
ホトゥンチュム (韓国
(日本・宮城県)

2

太平舞

7. 左足舞(中国・イ族舞踊)
高山の頂上ではさまざまな花が咲き乱れ、若者や娘が飛び跳ねて輪ができた内外
いる。若者たちも娘たちも手をつなぎ足をあわせて仲むつまじく集ってとても楽しそう

8. ペギム・ホトゥンチュム(韓国)
舞いと楽しさ、そこに粋(いき)な感じが調和している神明な舞です。
進行形式は 行—交—合 の構造で、そこに即興性、創意性、表現性を加味していま

9. 祝い舞 (日本・宮城県)
〔花田植〕
東北・仙台市の郊外の秋保地区に伝わる民俗芸能で、豊年を願い、一心に祈りを
える乙女達の姿を踊りにしたものです。
〔豊年舞〕
土に生きた私たちの祖先は、豊かな稔りこそこの上ない喜びだったに違いありませ
を祝い祈る踊りこそ、舞踊のエネルギーの原点とも言えます。豊年の喜びを歌い上げ

韓国舞の会ペギムセ舞踊団訪日団メンバー

団長 崔恩姫
景星大学舞踊学科 教授

河蕙花　辛恩珠　金永燦

成河珍　金京娥　李周眩　李炫钲

8

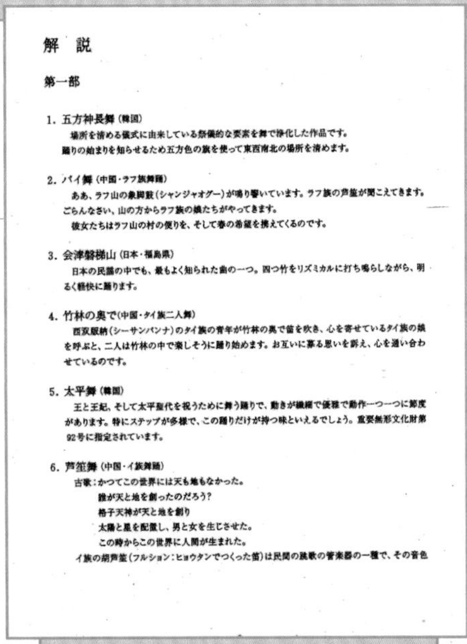

解 説

第一部

1. 五方神長舞 (韓国)
場所を清める儀式に由来している祭儀的な要素を舞で浄化した作品です。
踊りの始まりを知らせるため五方色の旗を使って東西南北の場所を清めます。

2. バイ舞 (中国・ラフ族舞踊)
ああ、ラフ山の象脚鼓(シャンジャオグー)が鳴り響いています。ラフ族の芦笙が聞こえてきます。
ごらんなさい、山の方からラフ族の娘たちがやってきます。
彼女たちはラフ山の村の便りを、そして春の希望を携えてくるのです。

3. 会津磐梯山 (日本・福島県)
日本の民謡の中でも、最もよく知られた曲の一つ。四つ竹をリズミカルに打ち鳴らしながら、明るく軽快に踊ります。

4. 竹林の奥で(中国・タイ族二人舞)
西双版納(シーサンパンナ)のタイ族の青年が竹林の奥で笛を吹き、心を寄せているタイ族の娘を呼ぶと、二人は竹林の中で楽しそうに踊り始めます。お互いに慕る思いを訴え、心を通い合わせているのです。

5. 太平舞 (韓国)
王と王妃、そして太平聖代を祝うために舞う踊りで、動きが繊細で優雅で動作一つ一つに節度があります。特にステップが多様で、この踊りだけが持つ味といえるでしょう。重要無形文化財第92号に指定されています。

6. 芦笙舞 (中国・イ族舞踊)
古歌：かつてこの世界には天も地もなかった。
誰が天と地を創ったのだろう?
格子天神が天と地を創り
太陽と星を配置し、男と女を生じさせた。
この時からこの世界に人間が生まれた。
イ族の胡芦笙(フルション：ヒョウタンでつくった笛)は民間の跳歌の管楽器の一種で、その音色

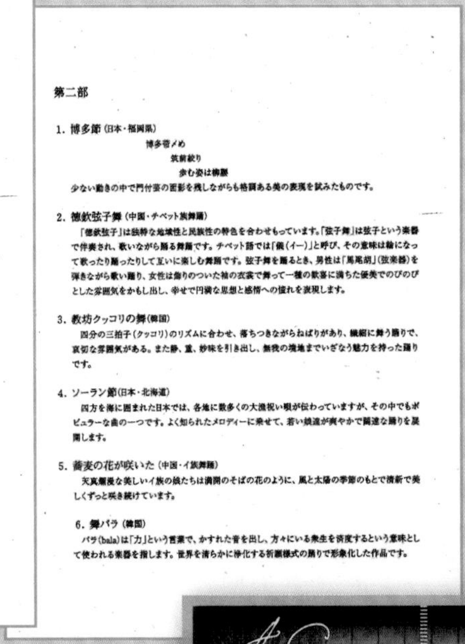

第二部

1. 博多節 (日本・福岡県)
博多帯メめ
筑前絞り
歩む姿は柳腰
少ない動きの中で門付芸の面影を残しながらも格調ある美の表現を試みたものです。

2. 德欽弦子舞 (中国・チベット族舞踊)
「德欽弦子」は独特な地域性と民族性の特色を合わせもっています。「弦子舞」は弦子という楽器で伴奏され、歌いながら踊る舞踊です。チベット語では「儀(イー)」と呼び、その意味は輪になって歌ったり踊ったりして互いに楽しむ舞踊です。弦子舞を踊るとき、男性は「馬尾胡」(弦楽器)を弾きながら歌い踊り、女性は飾りのついた袖の衣装で舞って一種の歓喜に満ちた優美でのびのびとした雰囲気をかもし出し、幸せで円満な思想と感情への憧れを表現します。

3. 教坊クッコリの舞(韓国)
四分の三拍子(クッコリ)のリズムに合わせ、落ちつきながらねばりがあり、繊細に舞う踊りで、哀切な雰囲気がある。また静、重、妙味を引き出し、無我の境地までいざなう魅力を持った踊りです。

4. ソーラン節(日本・北海道)
四方を海に囲まれた日本では、各地に数多くの大漁祝い唄が伝わっていますが、その中でもポピュラーな曲の一つです。よく知られたメロディーに乗せて、若い娘達が爽やかで闊達な踊りを展開します。

5. 蕎麦の花が咲いた (中国・イ族舞踊)
天真爛漫な美しいイ族の娘たちは満開のそばの花のように、風と太陽の季節のもとで清新で美しくずっと咲き続けています。

6. 舞バラ (韓国)
バラ(bala)は「力」という言葉で、かすれた音を出し、方々にいる衆生を済度するという意味として使われる楽器を指します。世界を清らかに浄化する祈願様式の踊りで形象化した作品です。

2016. 11.29. SAISON 눈보라

장소/프랑스 노르망디 깡

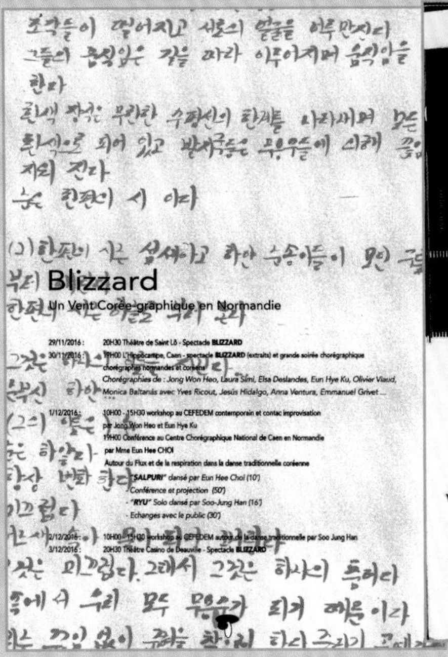

Blizzard
Un Vent Corée-graphique en Normandie

29/11/2016 : 20H30 Théâtre de Saint Lô - Spectacle BLIZZARD
30/11/2016 : 19H00 L'Hippocampe, Caen - spectacle BLIZZARD (extraits) et grande soirée chorégraphique chorégraphes normandes et coréens
Chorégraphies de : Jong Won Heo, Laura Simi, Elsa Deslandes, Eun Hye Ku, Olivier Viaud, Monica Baltanás avec Yves Ricout, Jesús Hidalgo, Anna Ventura, Emmanuel Grivet ...
1/12/2016 : 10H00 - 15H30 workshop au CEFEDEM contemporain et contac improvisation par Jong Won Heo et Eun Hye Ku
19H00 Conférence au Centre Chorégraphique National de Caen en Normandie par Mme Eun Hee CHOI
Autour du Flux et de la respiration dans la danse traditionnelle coréenne
- "SALPURI" dansé par Eun Hee Choi (10')
- Conférence et projection (50')
- "RYU" Solo dansé par Soo-Jung Han (16')
- Echanges avec le public (30')
2/12/2016 : 10H00 - 15H30 workshop au CEFEDEM autour de la danse traditionnelle par Soo Jung Han
3/12/2016 : 20H30 Théâtre Casino de Deauville - Spectacle BLIZZARD

Danse

À Corps écrits

Blizzard Jesús Hidalgo

Chorégraphie :
Eun-Hee Choi et Jesús Hidalgo

Dansée par : Eun Hye Ku, Su Hyun Kim, Jong Won Heo, Soo Jung Han, Jae Hyun Park et Eun Ji Park

Scénographie : Cheol Ho Baek
Musique : Vinnie Kei
Son : Bo Bim Kim
Lumières : Hunseok Jang
Costumes : Hye Bin Lee
Régie scène : Sang Hyun Shin
Vidéo -VTR : Yeong-Seung Yi / Sungyo Chun
Plan & traduction : Ki Hyo Kim
Image : Hohyeong Lee

Une co-production : Eun-Hee Choi Dance Company, Busan Cinema Center, Institut Français, alleRetour danse avec le soutien de Busan Culture Art Promotion, Bongseong Cultural Foundation, alleRetour danse

mardi 29 nov. 2016

20h30

Tout public
Tarif A
Durée : 1h15

Avec la complicité de : La Médiathèque

Jesús Hidalgo, chorégraphe français contemporain et Choi Eun-Hee, chorégraphe coréenne traditionnelle se sont inspirés de l'univers immaculé du roman de Maxence Fermine, *Neige*, pour leur dernière collaboration sur scène.

Admirer la neige avec un regard nouveau, ne pas la considérer comme étant uniquement un symbole pur, froid et glacial, mais l'associer également à la vie dans un processus exprimant le passé et le présent, tel est le parti pris de ces deux danseurs. Une occasion également de puiser dans les traditions chorégraphiques et le vocabulaire contemporain pour régénérer la pratique de la danse.

Blizzard est le fruit d'une collaboration artistique entre la chorégraphe Eun Hee Choi et le chorégraphe Jesús Hidalgo Il s'agit d'une création à la frontière entre danse traditionnelle coréenne et danse contemporaine, dont la création a eu lieu au Ha-neul Yeon theater à Busan (Corée du sud).

Lecture d'extraits de *Neige* de Maxence Fermine en lever de rideau par les Haut-parleurs.

18

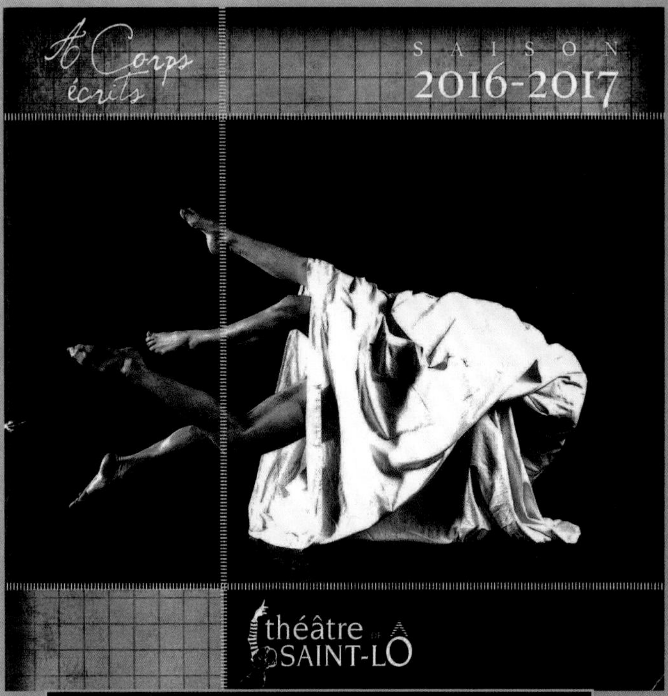

À Corps écrits
SAISON
2016-2017
théâtre de SAINT-LÔ

2016. 11.30. SAISON 눈보라

장소/프랑스 쌍트로극장

Blizzard
Un Vent Corée-graphique en Normandie
눈보라
Eun Hee CHOI
Jesús HIDALGO

Blizzard
Création au Busan Cinema Center - Dureraum, à Busan, Corée du Sud
le 22 et 23 octobre 2015
Choregraphie :
Eun-Hee Choi et Jesús Hidalgo
Dansée par :
Eun Hye Ku, Jong Won Heo,
Soo Jung Han, Jae Hyun Park, Yu Mi Lee et Eun Ji Park
Scenographie : Cheol Ho Baek, Musique : Vinnie Kei, Régie son : Bo Bim Kim, Lumières : Hunseok Jang
Régie lumières : Damiano Foà, Costumes : Hye Bin Lee, Régie scène : Sang Hyun Shin
Vidéo – VTR : Yeong-Seung Yi / Sungyo Chun, Image : Hohyeong Lee, Plan & traduction : Ki Hyo Kim
Une production :
Eun-hee Choi Dance Company, Busan Cinema Center et alleRetour danse
Projet soutenu par l'Institut français, Busan Cultural Foundation, Kyungsung University de Busan,
Dance Association of Korea (Busan) et du National Aesthetic Institute
et par le Centre Chorégraphique National de Caen en Normandie, le Théâtre Roger Ferdinand à Saint Lô,
le Théâtre Casino de Deauville, l'E.R.C.C - L'HIPPOCAMPE et le CEFEDEM de normandie
CAENA

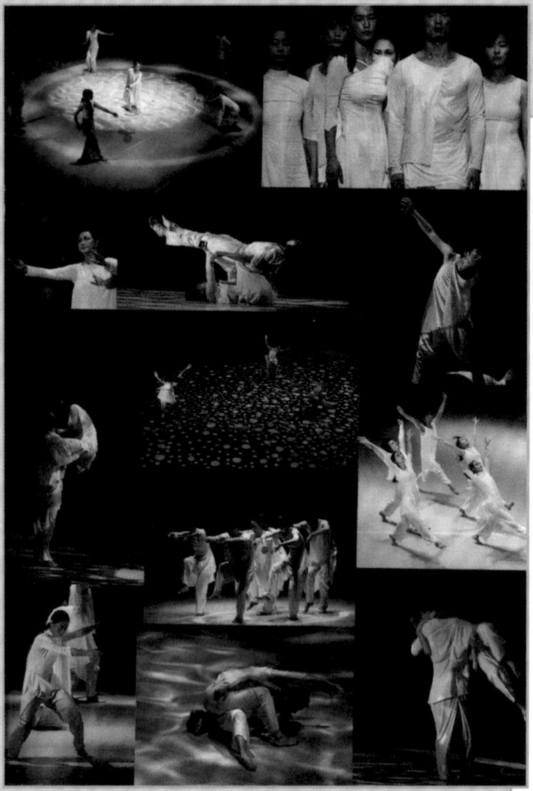

눈
보
라
Eun Hee CHOI
Jesús HIDALGO
Eun Hye KU
Soo Jung HAN
Jae Hyun PARK
Jong Won Heo
Yu Mi LEE
Eun Ji PARK

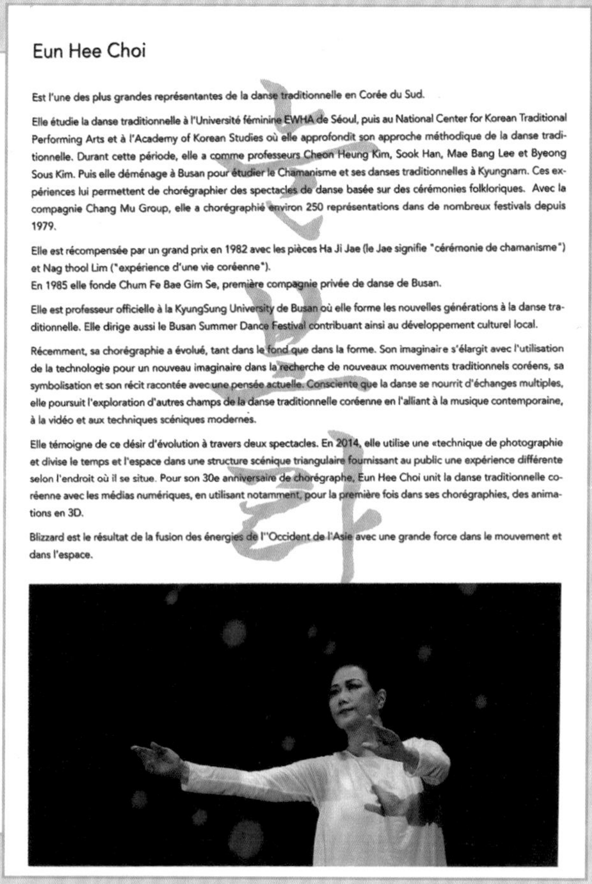

Eun Hee Choi

Est l'une des plus grandes représentantes de la danse traditionnelle en Corée du Sud.

Elle étudie la danse traditionnelle à l'Université féminine EWHA de Séoul, puis au National Center for Korean Traditional Performing Arts et à l'Academy of Korean Studies où elle approfondit son approche méthodique de la danse traditionnelle. Durant cette période, elle a comme professeurs Cheon Heung Kim, Sook Han, Mae Bang Lee et Byeong Sous Kim. Puis elle déménage à Busan pour étudier le Chamanisme et ses danses traditionnelles à Kyungnam. Ces expériences lui permettent de chorégraphier des spectacles de danse basée sur des cérémonies folkloriques. Avec la compagnie Chang Mu Group, elle a chorégraphié environ 250 représentations dans de nombreux festivals depuis 1979.

Elle est récompensée par un grand prix en 1982 avec les pièces Ha Ji Jae (le Jae signifie "cérémonie de chamanisme") et Nag thool Lim ("expérience d'une vie coréenne").
En 1985 elle fonde Chum Fe Bae Gim Se, première compagnie privée de danse de Busan.

Elle est professeur officielle à la KyungSung University de Busan où elle forme les nouvelles générations à la danse traditionnelle. Elle dirige aussi le Busan Summer Dance Festival contribuant ainsi au développement culturel local.

Récemment, sa chorégraphie a évolué, tant dans le fond que dans la forme. Son imaginaire s'élargit avec l'utilisation de la technologie pour un nouveau imaginaire dans la recherche de nouveaux mouvements traditionnels coréens, sa symbolisation et son récit racontée avec une pensée actuelle. Consciente que la danse se nourrit d'échanges multiples, elle poursuit l'exploration d'autres champs de la danse traditionnelle coréenne en l'alliant à la musique contemporaine, à la vidéo et aux techniques scéniques modernes.

Elle témoigne de ce désir d'évolution à travers deux spectacles. En 2014, elle utilise une «technique de photographie et divise le temps et l'espace dans une structure scénique triangulaire fournissant au public une expérience différente selon l'endroit où il se situe. Pour son 30e anniversaire de chorégraphe, Eun Hee Choi unit la danse traditionnelle coréenne avec les médias numériques, en utilisant notamment, pour la première fois dans ses chorégraphies, des animations en 3D.

Blizzard est le résultat de la fusion des énergies de l''Occident de l'Asie avec une grande force dans le mouvement et dans l'espace.

2016. 12.03. SAISON 눈보라
장소/프랑스 노르망디 깡 도빌극장

alleRetour
L'Hippocampe
E.R.C.C. - L'HIPPOCAMPE
Espace de Recherche et de Création Chorégraphique
Novembre 2016

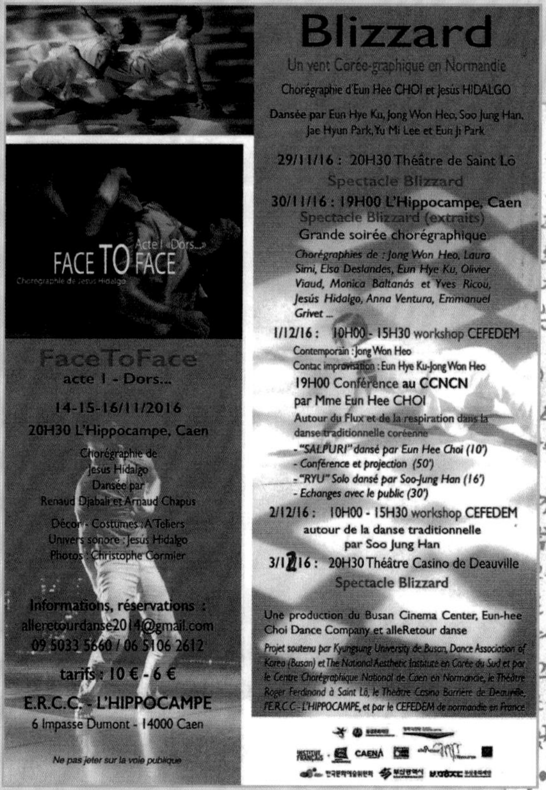

FACE TO FACE Acte I «Dors...»
Choregraphie de Jesus Hidalgo

FaceToFace
acte I - Dors...
14-15-16/11/2016
20H30 L'Hippocampe, Caen
Chorégraphie de
Jesús Hidalgo
Dansée par
Renaud Djabali et Arnaud Chapus
Décor - Costumes : A'Teliers
Univers sonore : Jesús Hidalgo
Photos : Christophe Cormier

Informations, réservations :
alleretourdanse2014@gmail.com
09 5033 5660 / 06 5106 2612
tarifs : 10 € - 6 €
E.R.C.C. - L'HIPPOCAMPE
6 Impasse Dumont - 14000 Caen
Ne pas jeter sur la voie publique

Blizzard
Un vent Corée-graphique en Normandie
Chorégraphie d'Eun Hee CHOI et Jesús HIDALGO
Dansée par Eun Hye Ku, Jong Won Heo, Soo Jung Han, Jae Hyun Park, Yu Mi Lee et Eun Ji Park

29/11/16 : 20H30 Théâtre de Saint Lô
Spectacle Blizzard
30/11/16 : 19H00 L'Hippocampe, Caen
Spectacle Blizzard (extraits)
Grande soirée chorégraphique
Chorégraphies de : Jong Won Heo, Laura Simi, Elsa Deslandes, Eun Hye Ku, Olivier Viaud, Monica Baltanás et Yves Ricou, Jesús Hidalgo, Anna Ventura, Emmanuel Grivet ...
1/12/16 : 10H00 - 15H30 workshop CEFEDEM
Contemporain : Jong Won Heo
Contac improvisation : Eun Hye Ku-Jong Won Heo
19H00 Conférence au CCNCN
par Mme Eun Hee CHOI
Autour du Flux et de la respiration dans la danse traditionnelle coréenne
- *"SALPURI" dansé par Eun Hee Choi (10')*
- *Conférence et projection (50')*
- *"RYU" Solo dansé par Soo-Jung Han (16')*
- *Echanges avec le public (30')*
2/12/16 : 10H00 - 15H30 workshop CEFEDEM
autour de la danse traditionnelle
par Soo Jung Han
3/12/16 : 20H30 Théâtre Casino de Deauville
Spectacle Blizzard

Une production du Busan Cinema Center, Eun-hee Choi Dance Company et alleRetour danse
Projet soutenu par Kyungsung University de Busan, Dance Association of Korea (Busan) et The National Aesthetic Institute en Corée du Sud et par le Centre Chorégraphique National de Caen en Normandie, le Théâtre Roger Ferdinand à Saint Lô, le Théâtre Casino Barrière de Deauville, l'E.R.C.C - L'HIPPOCAMPE, et par le CEFEDEM de normandie en France

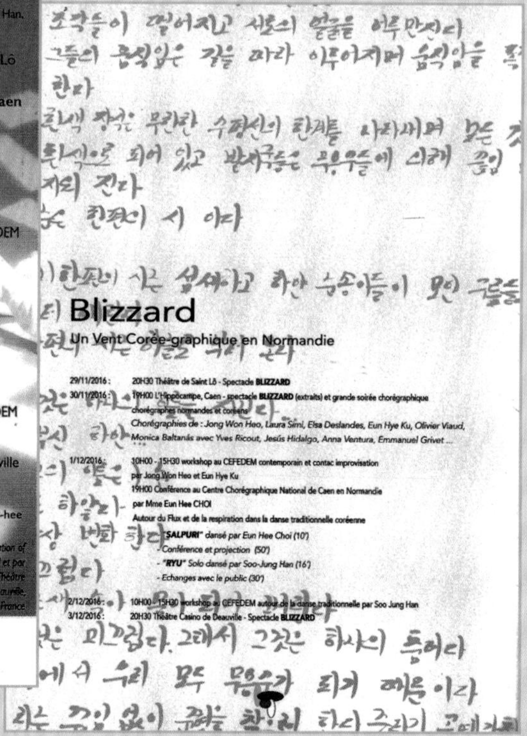

Blizzard
Un Vent Corée-graphique en Normandie

29/11/2016 : 20H30 Théâtre de Saint Lô - Spectacle **BLIZZARD**
30/11/2016 : 19H00 L'Hippocampe, Caen - spectacle **BLIZZARD** (extraits) et grande soirée chorégraphique chorégraphes normandes et coréens
Chorégraphies de : Jong Won Heo, Laura Simi, Elsa Deslandes, Eun Hye Ku, Olivier Viaud, Monica Baltanás avec Yves Ricout, Jesús Hidalgo, Anna Ventura, Emmanuel Grivet ...
1/12/2016 : 10H00 - 15H30 workshop au CEFEDEM contemporain et contac improvisation par Jong Won Heo et Eun Hye Ku
19H00 Conférence au Centre Chorégraphique National de Caen en Normandie par Mme Eun Hee CHOI
Autour du Flux et de la respiration dans la danse traditionnelle coréenne
- **"SALPURI"** *dansé par Eun Hee Choi (10')*
- *Conférence et projection (50')*
- **"RYU"** *Solo dansé par Soo-Jung Han (16')*
- *Echanges avec le public (30')*
2/12/2016 : 10H00 - 15H30 workshop au CEFEDEM autour de la danse traditionnelle par Soo Jung Han
3/12/2016 : 20H30 Théâtre Casino de Deauville - Spectacle **BLIZZARD**

2018. 03.16. Ex.iL 망명

장소/프랑스 노르망디 깡에루빌극장

Ouest-France
Jeudi 15 mars 2018

Hérouville-Saint-Clair

L'exil raconté en danse et en musique

Le rendez-vous

« **C'est une première, accueillir une création d'envergure internationale** », explique Frédéric Fournier, chargé de communication à la saison musicale. *Ex.iL* est une création chorégraphique pour quatre danseuses, qui conjugue danse traditionnelle coréenne et danse contemporaine, accompagnée à la clarinette basse. « **Pour l'occasion, Norbert Genvrin, notre directeur, sera à la clarinette basse. Il jouera sur des compositions de Isang Yun et Pierre Boulez.** »

« EX. iL », création franco-coréenne contemporaine. CRÉDIT PHOTO : OUEST-FRANCE

« On donne des clés de compréhension »

Jeudi soir, une conférence est proposée à 18 h 30, dans la salle de l'auditorium du conservatoire, en présence des musiciens et des danseuses : « **On essaie de le faire de plus en plus depuis qu'on a le nouveau conservatoire, pour les élèves et le public. Pour donner des clés de compréhension, il faut lier une démarche pédagogique aux spectacles que nous programmons dans la saison.** » Toute l'équipe sera présente, chacun parlera de sa partie. « **Norbert va beaucoup parler des deux compositeurs.** » Pour les personnes qui n'auront pas pu se libérer, un livret sera distribué à l'entrée en salle, le vendredi.

EX. iL est le fruit d'une collaboration entre Jesus Hidalgo, directeur artistique et chorégraphe de la compagnie AlleRetour et Eun Hee Choi, chorégraphe coréenne. Après *Blizzard* en 2015, ce nouveau spectacle ex[...] la thématique de l'exil en y ajo[...] une dimension musicale et h[...] que. Et aussi deux composi[...] coréens et français (Isang Yun e[...] re boulez). La distance, le nou[...] départ, la nouvelle culture, le [...] veau mode de vie et le nouvel [...] ce-temps sont évoqués.

Jeudi 15 mars, à 18 h 30, à l'a[...] rium du conservatoire, espace [...] raux. **Vendredi 16 mars,** à 20 [...] théâtre d'Hérouville.

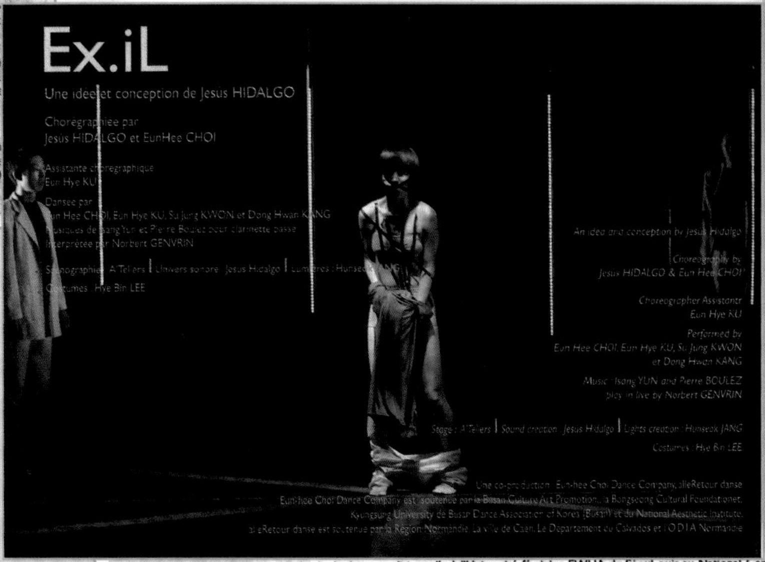
Ex.iL
Une idee et conception de Jesús HIDALGO
Chorégraphiee par
Jesús HIDALGO et EunHee CHOI
Assistante choregraphique
Eun Hye KU
Dansee par
Eun Hee CHOI, Eun Hye KU, Su Jung KWON et Dong Hwan KANG
Interprétée par Norbert GENVRIN
Costumes : Hye Bin LEE
An idea and conception by Jesús Hidalgo
Choreography by
Jesús HIDALGO & Eun Hee CHOI
Choreographer Assistantr
Eun Hye KU
Performed by
Eun Hee CHOI, Eun Hye KU, Su Jung KWON
et Dong Hwan KANG
Music : Isang YUN and Pierre BOULEZ
play in live by Norbert GENVRIN
Stage : A'Teliers | Sound creation : Jesús Hidalgo | Lights creation : Hunseok JANG
Costumes : Hye Bin LEE
Une co-production : Eun-hee Choi Dance Company, alleRetour danse

SAISON MUSICALE D'HÉROUVILLE
VENDREDI 16 MARS
20H00 / THÉÂTRE D'HÉROUVILLE
TARIF 12 & 16 €
réservations 02 31 46 27 29 - informations 07 69 79 82 75
billetterie FNAC - Carrefour - Intermarché - Système U
www.saisonmusicale.fr
EX.IL
CIE ALLERETOUR
DANSE CONTEMPORAINE
MUSIQUE DE ISANG YUN ET PIERRE BOULEZ
Eun Hee CHOI et Jesús HIDALGO, Chorégraphes
Eun Hye KU, Su Jung KWONG et
Kyoung Hee KANG, Danseurs
Norbert GENVRIN, Clarinette Basse
RCF
TSF98
cezam

A étudie la danse traditionnelle à l'Université féminine EWHA de Séoul, puis au National Center for Korean Traditional Performing Arts et à l'Academy of Korean Studies où elle approfondit son approche méthodique de la danse traditionnelle. Durant cette période, elle a comme professeurs Cheon Heung Kim, Sook Han, Mae Bang Lee et Byeong Sous Kim. Puis elle déménage à Busan pour étudier le Chamanisme et ses danses traditionnelles à Kyungnam.

En 1985 elle fonde Chum Fe Bae Gim Se, première compagnie privée de danse de Busan.

Récemment, sa chorégraphie a évolué, tant dans le fond que dans la forme. Son travail s'élargit avec l'utilisation de la technologie pour un nouveau imaginaire dans la recherche de nouveaux mouvements traditionnels coréens, sa symbolisation et son récit racontée avec une pensée actuelle. Consciente que la danse se nourrit d'échanges multiples, elle poursuit l'exploration d'autres champs de la danse traditionnelle coréenne en l'alliant à la musique contemporaine, à la vidéo et aux techniques scéniques modernes.

CHOI Eun Hee

As a representative dancer and choreographer, who cultivated creative movements in Busan.
She was born in In-cheon, and majored in Korean Traditional Dance in Ewha Womans University and the same graduate school of education. In addition, she learned court and folk dance through a methodical approach in the National Center for Korean Traditional Performing Arts and the Academy of Korean Studies.

She could study under Cheon heung Kim, the late Young Sook Han, the late Mae Bang Lee, the late Byeong Sub Kim during that time. After that, she moved to Busan and studied shamanism and folk dances in Kyungnam as well as in Busan. These careers let her choreograph dance performances based on folksy ceremonies.

Since holding of official position as a professor in Kyung-Sung University, she not only has worked hard to train the upcoming generation, but also ran 'Busan Summer Dance Festival' for 30 years, which contributed to the development of local culture. In 1985, she founded 'Chum Fe Bae Gim Se', which is the first private dance troupe in Busan and this dance troupe has served the improvement of Korean Traditional Creative Dance for about 20 years in the course of discovering our own dance languages and new creative techniques.

Moreover, she has shifted from Korean Traditional movements into a repertoire.she not only worked with her own dance group, but also led the Busan (1983-1984) and the Ulsan municipal dance company (2000-2002) respectively as a choreographer.

최은희무용단
ChoiEunHee Dance Company
alleRetour danse
Projet International Franco-Coréen
Inernational project France-Korea
MONOL
Isang
Ex.iL
망명
création 201
pour 4 danseurs et un musicien live
Chorégraphie
Jesús HIDALGO et EunHee CHOI
Choreography

[...] e je réalise avec Eun Hee [...] oré les grands espaces, la [...] diffusée en France et en [...] npositeur contemporain

[...] avec une écriture musi-

[...] er à l'écriture chorégra- [...] cette musique passion- [...] er de la notion de temps [...] registres extrêmes pour la clarinette basse participe à l'expression d'un spectacle qui se veut engagé et soutient tout ma démarche chorégraphique avec les danseurs. Les modifications de tempi donnent un univers cyclothymique et apportent une dynamique au mouvement et une énergie constante au spectacle.

Quelle a été votre démarche dans le travail de création ?

J H : Depuis 2011 que je noue une relation très étroite avec la culture Coréenne, je suis passionné par ce pays fascinant. J'ai été amené à mener de nombreux projets dans ce pays en tant que chorégraphe invité et professeur dans différentes universités à Seoul ou à Busan. J'ai choisi pour cette création de m'appuyer sur un compositeur contemporain dont la musique aux couleurs traditionnelles est utilisée pour la premier fois dans un spectacle de danse. La revendication de son patrimoine de musique traditionnelle est permanente chez Yun. J'ai choisi de m'associer à Mme EunHee Choi, chorégraphe traditionnelle Coréenne et Professeur à Kyungsong University de Busan pour apporter ce soupçon de culture traditionnelle à mon travail chorégraphique contemporain. Les quatre danseurs sont Coréens également et tous sensibilisés à leur culture d'origine en plus d'être d'excellents danseurs dans le langage contemporain corporel. Enfin, j'ai souhaité que les œuvres de Yun pour clarinette basse soient interprétées en direct, ou le musicien donne une respiration [...]

사진촬영 / 1980~90년대
김수남 (하지제), 김찬복 (넋들임)
조대형, 최형모, 김명탁, 이석우, 한종경
2000년대
김홍희, 이호형, 이선화, 박병민

편집,디자인 / 신동배, 이기철

감수,영문번역 / 김창호 (동의대 명예교수)

Photograph 1980-90s
Su Nam Kim (*Hajije*), Chan Bok Kim (*Soul Reception*)
Dae Hyung Cho, Hyung Mo Choi, Myung Tak Kim,
Seok Woo Lee, Jong Kyung Han
2000s
Hong Hee Kim, Ho Hyung Lee,
Sun Hwa Lee, Byung Min Park

Editorial Design Dong Bae Shin, Ki Chul Lee

Supervision &
English Translation Chang Ho Kim

최은희, 한국춤의 긴 여정
THE COMPLETE WORKS OF EUN - HEE CHOI : A LONG JOURNEY OF KOREAN DANCE

발행일 2023년 3월 7일
지은이 최은희
펴낸이 강수걸
펴낸곳 산지니
등 록 2005년 2월 7일 제333-3370000251002005000001호
주 소 부산시 해운대구 수영강변대로 140 BCC 613호
전 화 051-504-7070 | **팩 스** 051-507-7543
홈페이지 www.sanzinibook.com
전자우편 sanzini@sanzinibook.com
블로그 http://sanzinibook.tistory.com

ISBN 979-11-6861-132-0 93680

*책값은 뒤표지에 있습니다.
*잘못 만들어진 책은 구입처에서 교환해드립니다.